Principles of Political Economy

with Some of Their Applications to Social Philosophy

政治经济学原理

约翰·斯图亚特·穆勒（John Stuart Mill）著　　李风华 等 译

JOHN STUART MILL

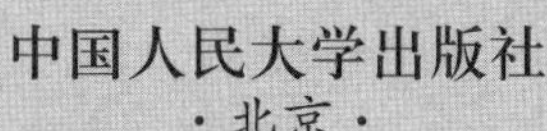

·北京·

译者序言

1848 年是一个让人怀念的年份。

这一年产生了革命，产生了《共产党宣言》，也产生了约翰·斯图亚特·穆勒（或译为密尔）的《政治经济学原理》，就是本书。《共产党宣言》无疑是人类历史上最重要的作品之一，而《政治经济学原理》当时在学术领域的影响却更为广泛，堪称古典政治经济学的集大成之作，也值得我们重视。

马克思对于穆勒的政治经济学的评价非常有名。“1848 年大陆的革命也在英国产生了反应。那些还要求有科学地位、不愿单纯充当统治阶级的诡辩家和献媚者的人，力图使资本的政治经济学同这时已不容忽视的无产阶级的要求调和起来。于是，以约翰·斯图亚特·穆勒为最著名代表的毫无生气的混合主义产生了。这宣告了‘资产阶级’经济学的破产，关于这一点，俄国的伟大学者和批评家尼·车尔尼雪夫斯基在他的《穆勒政治经济学概述》中已作了出色的说明。”①马克思的话是尖锐的，语气不屑一顾。我的理解是，穆勒的《政治经济学原理》名气太大，事实上构成了《资本论》的直接竞争对象，因此马克思有意放出各种狠话，毕竟《资本论》第一卷中提到穆勒的地方实在太多。若撇开这种强烈的立场批判和学术自负，这段话也说出了本书的优点：综合了斯密、马尔萨斯、西斯蒙第等众多大家的理论，堪称古典政治经济学的集大成之作；同情劳动阶级，对共产主义思想抱有同情和欣赏。穆勒的价值不止如此，阿什利（J. S. Ashley）在 1909 年版的序言中认为，本书不仅具有历史价值，有助于读者理解当时人们的思想，而且仍然是迄今为止最富有思想激励性的著作之一。过了五十多年，布莱登（V. W. Bladen）在 1965 年版的序言中重申了这一观念。我以为，这一判断今天仍然成立。尤其是本书试图将经济学规律与社会进步、道德哲学结合起来阐述，这在整个经济学传统中堪称别具一格。相比较主流经济学的保守态度和激进

① 马克思，恩格斯. 马克思恩格斯全集：第 23 卷. 北京：人民出版社，1972：17-18.

政治经济学的颠覆立场，穆勒中间偏左的人道主义关怀、结合现实问题的机制分析和积极改革的道德倾向的努力、贯通经济学与社会政治哲学的方法论，仍然具有长远的学术价值，也具有关照现实的思想力量。我可以负责任地说，穆勒政治经济学包含了大量有价值的内容。只是由于边际革命之后的主流经济学往往偏重技术与方法，往往不读前贤，而马克思主义政治经济学又因为马克思强烈的憎恶而忽略穆勒，这使得穆勒许多有价值的思想往往被今人习焉不察或者湮没无闻。

有关约翰·斯图亚特·穆勒的生平，这里不再复述，请读者自行查找。想了解有关穆勒的经济学思想的主要内容或者当代中国学者对穆勒的看法，请上知网。更深入的研究，自当搜索有关穆勒研究的英文文献。本序言所讲的，是学界往往忽略而译者却觉得不妨拿出来说道的东西——非主流知识——也许还够不上，只能算我的意见，甚至可能是我的偏见。这里，我将介绍穆勒书中自己所感兴趣的三个问题，然后就翻译过程稍做说明。这三个问题分别是农民、阶级与分配正义。

一

本书对农民问题的分析是非常细致的。

穆勒从分配的角度来观察所有制以及相应的产品分配。在农业中，如果土地、劳动和资本这三种要素都归地主所有，如此就构成奴隶制度。考虑到奴隶制度在现代社会基本上绝迹，这里不做介绍。当代社会的农业制度主要区分为自耕农制度和佃农制度，而后者又区分为分益佃农制度和投标佃农制度。

在自耕农制度下，生产要素和产品都归自耕农所有，因此风险也只能由自己承担。在通常情况下，自耕农的每位家庭成员都参加劳动，收获的产品能够使全家过上相对美好的生活，这种美好生活的前提是：土地能够供养耕种土地的人口。在这种优越的土地制度下，农民能够充分发挥自己的创造性和热情，提升土地产量，过上相对稳定的生活，从而不必靠出卖自己的劳动力来换取生活资料，这种自由和有创造性的生活不仅能够极大地提升人民的创造力、道德修养，而且会对人口的增长起抑制作用（保持原有的生活水平的愿望和对土地的欲望会使农民对生育采取审慎的态度）。

分益佃农制度的产品分配规则是由习俗决定的，其中土地归地主所有，农民通过承担租约来耕种土地，农民按剩余产品的一定比例支付地租。地租由于是按照惯例来规定的，所以实际上，他们是半土地所有者，对土地改良和劳动有较高的积极性（当然，他们的积极性没有自耕农高）。同样地，分益佃农制度也能使人们在生育方面更为审慎。

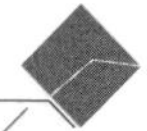

在投标佃农制度下，农民通过签订由竞争决定的租约来获得耕种土地的权利，耕种出来的产品被划分为地租与劳动报酬两部分，劳动报酬取决于地租，地租取决于人口与土地的比例，所以，他们生活质量的决定因素是投标佃农的数量。总的来说，他们的命运不能由自己决定，通常过着悲惨的生活。这种投标佃农制度只是一种临时性的安排，也就是说，等到国家境况好转时，这项制度即被废除。那么如何使这种临时性的安排被废除呢？穆勒指出，问题的症结在于租赁制度。要解决这个问题，必须打破由竞争决定地租的租赁制度。方法有两种：一种是实行永久租地权，将地租由惯例或法规确定下来，然后把它转换成免疫地租，从而使投标佃农变为自耕农；另一种是颁布法令，规定在开垦荒地后，只需要缴纳基于荒地价值计算的适度的与利息相当的免疫租，即可成为土地所有者。

在对农民的耕作制度及收入状况做出探讨时，穆勒认为，自耕农制度是最好的一种耕作制度，分益佃农制度优于投标佃农制度。区分这三种耕作制度的好坏在于探讨生产资料与劳动者的关系：若劳动者能够直接利用生产资料进行生产，那么不仅对劳动者有利，而且对生产起促进作用；反之，则会阻碍劳动者和生产的发展。穆勒对各种耕作制度的分析是非常深刻的，车尔尼雪夫斯基就很欣赏穆勒的自耕农理论，认为他指出了斯密学派所没有看到的问题。站在学术史的今天，我们不难看到，他已经触及后来小农经济学家所指出的“内卷化”或“过密化”问题。

穆勒所引爱尔兰《济贫法案》调查委员会的记录指出：“每一个农民都会尽一切努力去获得一小片土地，在投标时，他们考虑的不是土地的肥力以及自身负担地租的能力，而只是出价多少才最有可能获得土地所有权。他们承诺的地租几乎总是超出他们的承受能力，因而只要他们获得了土地使用权，就会负债累累。他们以地租的形式让出了土地的全部产品，除了留下供他们生存所需的足量的马铃薯外。但是即使如此，也不足以缴纳他们所承诺的地租，因此他们的负债一直在增加。在某些情况下，即使他们所持有的土地生产出了最多数量的产品，或者在他们的耕作制度下，能在最有利的季节进行生产活动，其产品也不足以支付投标地租。因此，如果农民能履行与地主订立的契约（这一点是很难做到的），那么他们耕作的土地将毫无所得，并且要给地主支付一笔额外的费用以获得继续耕作土地的机会。”

投标佃农与近代中国农村的佃农制度有许多相似之处。穆勒对投标佃农制下小农极其悲惨的命运抱有深刻的同情：“在本书的第一版写成并出版之后，如何解决投标佃农人口的问题，成了英国政府最迫切的实际问题。长期以来，八百万人口中的大多数人绝望地挣扎于悲惨的投标佃农制下，已经沦落到以藜藿勉强度日的地步，对改善其命运完全无能为力。最后，甚至连这种最低质量的食物也无法自给，只能选择死亡，或永久依靠他人救济。不然的话，就必须根本变革迄今为止他们一直不幸生活在其中的经济制度。这种紧急态势迫使立法机关和全国人民予以关注，但很难说取得了多少成效。因为弊端的根源是土地租赁制度，在这种制度下，人们除了饿死的恐惧之外，所有勤劳和节俭的积极性都被扼杀了。而国会提出的补救办法甚至连这一点也抹杀了，取而代之的是给予他们可以申请救济的权利；然而，对于纠正弊端的原因，除了一番空话之外，没有做任何事情，虽然国库已经为这种错误花费了几千万英镑。”

爱尔兰是不幸的，又是幸运的，通过移民去美洲而大大缓解了人地关系。中国是不幸的，又是幸运的，通过革命实现了土地公有制，并最终通过工业化而大大缓解了人地关系。从穆勒对爱尔兰投标佃农的论述中，我们不难得出两个看法：第一，竞争并不是在任何情况下都是一种好的制度，在地权问题上尤其不是。第二，土地公有制相对于私有制有优势。① 虽然所有看出地权弊端的资产阶级学者都期望存在一种小土地所有制（其实约翰·罗尔斯也是如此），但这只是一种美好愿望而已。在这方面，马克思比他们更为冷峻，解决方案更为彻底——国有化。

穆勒虽然不敢像马克思那样彻底主张国有化，但其良心与学识也为国有化留下了空间。“爱尔兰的土地、每个国家的土地，都属于该国人民。被称为地主的这些人从道德和正义上讲，除了获得租金或土地可售价值的补偿权利之外，没有其他任何权利。就土地本身而言，最重要的考量就是采用什么样的占有方式和耕作方式对全体居民最有用。”

穆勒当然不是一个社会主义者。但正如洛克虽然是一个经典自由主义者，学者也能够在洛克的思想中找到社会主义的因素。一个诚实的学者，即使其信仰属于自由主义，但其论述往往也蕴含了通往社会主义的可能路径。从这一点来看，穆勒的理论高出当代的产权理论太多。

二

在当代主流经济学家眼中，只有一个个分散的个体，阶级并不存在。但在古典政治经济学家那里，阶级是一个重要的不可忽视的话题。马克思的《资本论》的写作计划中原本拟有“阶级”一章，但是没有写成，很是让人惋惜。考虑到马克思的阶级经济学必然是以古典政治经济学的阶级分析作为分析与批判的对象，

① 当然，主张土地公有制并不一定就是土地利用和管理的集中计划管理，一种更为有利的做法是土地上的多级所有，从而兼顾集体生存与个人自由。参见拙文《理想地权：一个思想实验》（《哲学动态》，2012 年第 10 期，第 74～83 页）。

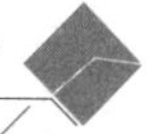

穆勒的阶级看法颇值得重视。

在阶级分析的框架上，穆勒主要沿袭李嘉图的收入分配制度。参与分配的三种生产要素分别是劳动、资本和土地。宏观上，产业社会可以被看作由地主、资本家和生产劳动者（又称“劳工”）三个阶级组成，其中每个阶级依其身份获得一部分产品。在农业劳动产品的分配中，产品在地主和劳动阶级之间进行分配。前面对几种农业制度的分析大体上说明了地主阶级、自耕农阶级、佃农阶级的相对地位。而在工业产品的分配中，参与分配的只有生产劳动者和资本家两个阶级。这里也有两种情况：一是当生产资料是资本家的财产时，产品归资本家所有，即雇佣劳动；二是劳工拥有资本，为自己劳动，产品归自己，即生产合作。

在雇佣劳动问题上，穆勒花了大量篇幅着重讨论影响工资的基本因素和不同行业工资之间的差别。在讨论影响工资的基本因素时，穆勒假定世界上不存在各种不同类型的劳动，这时工资是由对劳动的需求和供给决定的，竞争是工资的主要调节因素，习俗与个人特征只能发挥修正作用。这里有两层意思：一是工资由资本和人口的相对数量决定（物价和粮食的价格都不会对工资起决定作用），所以他主张通过减少生育来提高工资。二是竞争对工资的影响只有调节作用，即使粮食价格的升降最终也是通过控制人口数量来影响工资的。穆勒为此提出了关于补偿低工资的一般方法：一是通过增加资本；二是通过控制工人的数量，包括通过国民教育减少人口的出生和转换工人的身份两种手段。在补偿低工资的方法中，穆勒批评福利制度，注重人自身的意识和习惯，他希望劳动阶级自身的思想和要求发生变化。关于不同职业的工资的差别，穆勒认为，这一方面是竞争的结果，但另一方面也有一些高额报酬却是缺乏竞争的后果，即这种垄断价格源于自然垄断的威力，最后造成劳动阶级的分化和固化。总的来说，穆勒对于工资的分析是比较细致的，其对于供求关系、人口数量、最低工资限额、教育、自然垄断、性别差异、有独立生活来源等等因素的分析今天也是成立的。

穆勒对生产合作非常看好，认为这将构成劳动阶级的未来。在穆勒的眼中，当前劳动阶级的心智已经大大提高，自发的教育运动正在民众中兴起，争取选举权的斗争也已经出现，所以有理由相信，在政府和个人的努力下，未来他们的思想觉悟和道德修养将会得到极大提高。工人阶级知识水平的提高将使他们在未来更理性、自由。在精神上，他们将要求自己掌控自己的行为与生活；在生活上，他们将要求法律对与他们相关的各种问题做出规定（能够利用法律作为自己的武器）；在对待知识方面，他们会更尊重知识和人才。总之，未来变得更理性的劳动阶级能够自觉控制人口，从而就业率会得到提高。不仅如此，理性的劳动阶级还积极参与合伙经营，共同拥有资本、参与管理、依据劳动进行分配，从而最终促进生产的发展。在这种模式下，工人的利益与企业的利益是一致的，资本和劳动的宿怨将被消除，从而劳工能够摆脱雇佣关系。穆勒在文中大量引用了各种劳动者联合的成功事例，期望这个良好的愿望能够实现。今天来看，他的分析不敢触及私有制，对工人参与经营过度乐观，认为合伙经营就能使劳工占有生产资料。这只是一种美好的愿望。

总的来说，穆勒虽然基本上站在资产阶级的立场上，但多少对劳动阶级抱有一定的同情心。放在今天的经济学光谱上，他的这种立场也还算得上左翼，比起弗里德曼、布坎南、科斯等一众诺奖得主来说，堪称“良心”了。

不仅如此，对于今天的经济学分析来说，穆勒的阶级分析中的另一个可贵的地方在于，他的阶级绝不仅仅限于地主、资本家和生产劳动者这个基本结构，而是有更为广泛而细致的应用。比如，除了这三大阶级外，本书还有“工匠阶级”“生产阶级”“中产阶级”“商人阶级”“有闲阶级”等等说法，而且联系上下文可知，穆勒往往也将“专业人员”“制造商”“银行家”等等一切具有经济意义的群体都视为一种阶级主体，并探讨他们在经济社会生活中的利益得失。这种比较宽泛而灵活的视野是值得肯定的。当前国内有学者呼吁在政治经济学中重视阶级分析，窃以为穆勒的做法有值得借鉴之处。

三

穆勒其实是一个政治哲学家。时至今日，穆勒在政治哲学中的地位绝不亚于其在经济学中的地位。别的不说，其有关自由和民主的理论，仍然是研究者无法绕过去的重要学说。其实，正义问题也是穆勒的关注重点，而这是一个横跨经济学与社会政治哲学的重要领域。

分配正义在当前的中国学术界是一个热门话题，当然，这主要局限于政治哲学界。学者们的主要框架、思想与讨论语境来自罗尔斯，这是必然的，这既是因为罗尔斯在政治哲学中的重要地位，也是因为研究者的学术背景大抵来自哲学与政治学。在我看来，经济学者很少谈及分配正义，或者说，研究分配正义的学者缺少经济学背景，尤其是财政税收学背景，这不免是一个缺憾。多年前，我阅读《作为公平的正义：正义新论》时看到，罗尔斯认为，正义制度应当可以考虑为一种停滞状态，并将这一概念归功于穆勒。我当时觉得，这种观念很新奇，因为一直以来，绝大多数人都觉得发展或者进步是一件理所当然的事情。而罗尔斯将停滞与正义联系起来，其实对于那些迷信增长乃至帕累托状态的人而言，堪称一剂解药。但停滞状态究竟为何？这对于我而言，仍然是一个谜团。直到这次翻译本书看到穆勒的论述时，方才释然。

本书使用“分配正义”一词的地方并不多，全书仅有两处提及这个词语。一

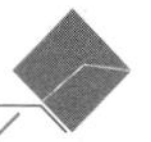

处是“对圣西门主义和傅立叶主义的考察”一节，这种计划需要一个执行者或执行机构来确保分配正义的实施；另一处是在论述赋税平等问题时提出，“分配正义不是要仿效大自然造成的不平等和错误，而是要纠正这种不平等和错误”。虽然本书并不像当代学者那样，将分配正义时刻挂在嘴边，但并不意味着本书没有讨论分配正义问题。全书使用“正义”（justice）或“正当”（just）一词的地方非常多，而且多数是与分配联系在一起的。[①] 这里的正义，在很大程度上与平等同义，文中也时而混用。当然，在穆勒的眼中并不是只有正义，他对于进步与效率也相当重视。布莱登在多伦多大学的校注版序言中指出，在讨论分配问题上，穆勒着重强调的是正义问题，虽然对适宜性或者恰当性（expediency）问题也给予了相当大程度的重视。[②] 在某种意义上可以说，罗尔斯在论证差别原则时所考虑的平等与效率问题，在穆勒这里已经初现端倪。

穆勒对分配问题的研究存在两个基本视角，即一个是所有制，另一个是政府税收，其中前者属于市场形成的自然分配，而后者则属于政府。前面有关农民、阶级问题的论述就属于穆勒的所有制领域，这些属于分配正义的前提性制度；而在政府税收方面，穆勒主要是坚持斯密的四条原则，其中最重视的就是税收平等原则。穆勒特别论述了累进税与比例税的优劣；永久性收入（比如遗产收入）与限期性收入（比如工资、年金等）征税问题、对地租和遗产征税问题等。下面介绍穆勒有关地租税与遗产税的理论基础。

“假设有这样一种收入，其所有者不花任何气力，也不做任何牺牲，它就会不断增长；拥有这种收入的社会阶级采取完全消极被动的态度，听凭事情自然发展，就会变得愈来愈富有。在这种情况下，国家没收这种收入的全部增长额或一部分增长额，完全没有违反私有财产制赖以建立的那些原则。这当然不是说没收人们的所有财产，而仅仅是没收由于事态的自然发展而增加的财富，用它来造福于社会，而不是听凭它成为某一阶级不劳而获的财富。今天地租实际上正是这种情况。”从现实来看，穆勒的这些论述，对于因城市化而造成的拆迁暴富、城市房价等问题也是有参考价值的。他在这里对不劳而获的批评，与自由意志论的看法正好相冲突，是人类正义观念中的宝贵精神遗产。

穆勒同时也主张遗产税。他认为，私有制虽然包括馈赠权，但不包括继承权。父母留给子女一份合理数额的财产即可，如果还有超出部分，正确的做法是用于社会公益事业。因此，遗产税的作用就在于限制任何人通过馈赠、遗赠或继

① 出于中文用语习惯的考虑，我们有时会联系上下文将 justice 或 just 译为“公平”，比如将“just distribution”译为“公平分配”。

② V. W. Bladen, “Introduction,” in J. S. Mill, *Principle of Political Economy*, London: University of Toronto Press, Routledge & Kegan Paul, 1965, p. xlix.

承获得的财产数量，从而防止大宗财产积聚在少数不劳而获的人手里。“一般来说，遗赠自由应成为一条普遍原则，它只应受以下两个条件的限制：第一，如果遗赠人有后代且其生活尚不能自立而成为国家的负担，则应为其保留一部分遗产，数额应相当于国家供养时所给付的抚养费；第二，任何人获得的遗产都不应超过维持中等程度的自立生活所需的数额。在没有遗嘱的情况下，全部财产应归国家所有，只给财产所有者的后嗣留下正当而合理的一部分财产，就像父母或祖先根据其后嗣的具体情况、生存能力以及抚养方式而给其留下一部分财产那样。”穆勒这一立场放在当代仍属极为激进，可以说比绝大多数思想都更接近共产主义。不过穆勒并非不谙人情，他承认：“超过一定数量的遗产是非常适当的课税对象。但这种税不宜太重，以致人们生前就会通过馈赠或隐匿财产来逃避这种税，而人们一旦这样逃税，是很难有适当的办法加以制止的。在我看来，所谓累进原则（就是对较高的数额征收比例较高的税），不适用于一般的赋税，但把该原则应用于遗产税，却是公正而恰当的。”

穆勒对于地租税和遗产税的看法今天仍然没有过时。在这个收入差距日益扩大的时代里，一部分人凭借继承或者出生地——所谓“投胎技术”——而很快占据社会的优势地位，这些现实向我们提出了如何推进分配正义的问题。从理论上来看，当前少数学者往往满嘴正义，但没有实际内容，这是很让人遗憾的事情。尤其值得我们注意的是，构成穆勒这些观点的理论基础是一条重要的原则：“基于公共利益而施加限制的对象，不应是通过劳动获得的财富，而应是不劳而获的财富。”（“It is not the fortunes which are earned, but those which are unearned, that it is for the public good to place under limitation.”）① 窃认为，在社会主义初级阶段，如果不能消灭不劳而获，那么对不劳而获进行限制，也是应当的。

四

本书翻译所依据的版本是多伦多大学的校注本《穆勒全集》中的第二卷和第三卷，这个版本是一个编辑标注本，其中包含了1848年直到1871年期间各版的变化。考虑到普通读者通常没有对穆勒思想进行文本学探讨的需求（如果有的话，该研究者显然已经可以直接阅读英文原著了），因此没有注明修订之处。

目前本书已经有赵荣潜、桑炳彦、朱泱、胡企林译的商务印书馆版（以下简

① 参见 J. S. Mill, *Principle of Political Economy*, London: University of Toronto Press, Routledge & Kegan Paul, 1965, p. 811。1848年版和1849年版的原话不是这样的，而是“具有偏向性的税收，相当于一种温和的抢劫”，1852年版改成了现在这段文字。应当说，这是一种非常大胆的论述，虽然穆勒本人也未能彻底坚持，但其中所蕴含的精神鼓舞人心。

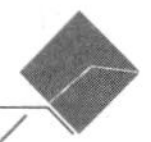

称“商务本”）和金镝、金熠译的华夏出版社版（以下简称“华夏本”）。商务本在前，筚路蓝缕，以启山林；华夏本借鉴前贤，多有补善。本书翻译时参考了之前两个译本，获益很多，在此表示言不尽意的感谢。对于一个跟随翻译的译者而言，参考现有的译本可以节省许多工作。尤其是有的时候，我们第一遍译过，觉得没有问题，但比较前译，才发现自己理解有偏差，因此必须参照做出修改。每每这个时候，我都心怀感激，觉得自己身处这样一个严谨的学术翻译传统之中是一件很荣耀的事情。但这也给自己带来了一种新的烦恼。有的时候，自己的翻译与前人几乎没有差别（毕竟穆勒的文字明白晓畅，翻译很难有大的花样），我们反而要费神设法使自己的翻译有别于现有的译本，以免抄袭之评。坦率地讲，如果没有以前的版本作为参照，翻译质量很可能不会有现在这么好，但也没有那么多顾虑，译事反而要轻松许多。我当年独力翻译阿马蒂亚·森的《理性与自由》时，一年下来翻译了五六十万字。刚开始时觉得磕磕碰碰，术语斟酌和语序安排均煞是费事。但后来已经习惯了森的术语和文字风格，译事自然轻松了许多，甚至感觉语言转换也是一件比较惬意愉快的事情。哪里想到现在的重译，他人珠玉在前，竟是我烦恼在后的根源！

本版译文与商务本和华夏本的差异主要在于：第一，少数词语的差别，尤其是涉及政治哲学方面的术语。比如 distributive justice、public spirit（商务本和华夏本或者将其译为公益精神，或者将其译为热心公益的精神），我们将它分别译为分配正义、公共精神，这是符合当前中文哲学界的惯例的。就此而言，我希望本书的读者不能仅仅关注经济学领域，而是能够像穆勒那样，同时考虑它的政治哲学意义。

第二个比较重要的差异是版本上的区别。我们所参照的多伦多大学的校注本，因为没有将各版差异和修改之处翻译出来，实质上相当于 1871 年版（穆勒生前校订的最后版本），它与商务本和华夏本略有区别。比如第一编第六章第二节关于租地小农场主被赶走的事宜，在我们所依据的版本中这段文字是脚注，但在商务本和华夏本中都是正文。又比如第五编第二章第四节中提到了所得税率，商务本和华夏本皆作“1 英镑征收 7 便士（现在是 6 便士）”。从多伦多大学校注版本的注释可以看出，1848 年、1849 年、1852 年、1857 年诸版皆作“7 便士”，1862 年版作“7 便士（现在是 9 便士）”，而 1865 年版作“7 便士（现在是 6 便士）”，但 1871 年版作“7 便士（现在是 4 便士）”。从这些版本变迁可以看出穆勒生前英国所得税率的变化，也体现了穆勒的严谨性。再比如在第五编第五章第一节末尾，商务本与华夏本在讲完征收保险税的害处之后，还有一大段话讲各国（尤其是法国）还在征收火险税。而在多伦多大学版的正文中并没有这段文字，这段文字被挪到了注释中，但 1848 年、1849 年、1852 年和 1862 年的版本仍然有这段话。显然，穆勒后来删除了这段话，其具体考虑已不得而知，我估计是因为火险税可能在许多国家已被废除，因此穆勒觉得原有论述已经不合时宜。又比如第五编第六章第三节提到格拉斯通废除普通食品税时，1865 年版有注——“不过仍对每夸特谷物课征 1 先令税，显然是为了支付登记费，人们几乎没有感到这是什么负担”，而 1871 年版就不再有此注。第五编第八章第三节提到土地法修正案时，也提到韦斯特伯里勋爵最近提出的法案，但 1871 年版也同样删去了。类似的地方还有一些，我们皆从 1871 年版，这里就不一一列举了。

本书的翻译分工如下：

李风琦：序言、绪论、第二编第二章。

冯娜：第一编第一、四、七、十、十二章，第二编第一、八、十、十三、十六章，第三编第一、三、四、六、七、十、十二、十八章。

胡筠沂：第一编第二、五、十一章，第二编第三、四、五、七、九、十一、十四章，第三编第二、五、八、九、十一、十四章。

陈春燕：第一编第三、六、八、九、十三章，第二编第六、十二、十五章，第三编第十三、十五、十六、十七、十九、二十、二十一、二十三章。

张丹：第三编第二十二章。

李风华：第三编第二十四、二十五、二十六章，第四编，第五编。

全书由李风华统一校订。

高晓斐老师提议翻译本书并将这一重任交给我，后来王晗霞老师接手策划工作，周华娟老师的细致编校减少了大量错误，在此一并表示感谢。中国人民大学出版社承担起这样一个思想传承的事业，能够参与其中，这是我的光荣！

李风华

2022 年 12 月于岳麓山脚下

序　言

本书所研究的问题，许许多多优秀的著作早已论述过了，因而需要对本书的出版做出一些解释。

也许只要说明现存研究政治经济学的著作未能考虑最新的理论进展这一点，可能就足够了。近些年来学者们对许多问题的研究，特别是对货币、对外贸易以及或多或少与殖民地相联系的重要问题的研究，产生了很多新理论，并且促进了这些理论在实践中的应用。看来有必要重新审视政治经济学这个学科的整个领域。即便其目的只是将这些思考的结果和由最优秀的思想家所提出的原理相协调，也应当这样做。

然而，弥补现有相似主题的著作的不足并不是作者唯一甚或主要的目的。本书的构思不同于任何一本自亚当·斯密著作问世以来在英国出版的政治经济学著作。

亚当·斯密著作最大的特点，且与其他并驾齐驱或略胜一筹的著作的最大不同之处是，它不只是表述一般性原理问题，更是时刻将理论与实践应用联系起来。这使其研究思路与主题蕴涵着比政治经济学更宽泛的范围，而不仅仅将其看成抽象思维的一部分。从实践应用来看，政治经济学与社会哲学的许多学科分支领域间有着密不可分、错综复杂的关系。除了某些纯粹枝节方面的问题外，就算不涉及实践问题，仅从纯经济问题的研究方法来看，亚当·斯密的著作也能获得广泛的赞誉。正是因为亚当·斯密从未放弃这一真理，他在政治经济学应用领域中孜孜不倦地追求着远超一般政治经济学所能提供的思考——对经济学原理实际应用的推导给出了有充分依据的看法。正是这一点，使得《国富论》成为政治经济学中唯一一部既在一般读者中广为流传，也在上层人士和立法者心中留下强烈印象的著作。

对当前作者来说，这是一部在目的与总体概念上与亚当·斯密的著作相似，但契合当今时代更为广泛的知识和更先进思想的著作，也是目前政治经济学所需要的贡献。《国富论》中很多部分的论述早已过时，而且总的来说也不完善。政治经济学，从严格意义上来说，自亚当·斯密时起就已脱离了幼年时代。而社会哲学，实际上这位杰出思想家从未将其与所研究的特殊问题相分离，虽仍处于发展的初期阶段，但与他那个时代相比已有很大的进展。然而，自本学说出现后，还未曾有人尝试将他分析问题时注重实际的方法与已增长的知识结合起来，或是坚持用现代最好的社会思想说明社会经济现象，恰如他为那个时代的哲学所做的贡献，并获得了令人钦佩的成就。

这是本书作者对自己提出的设想。哪怕实现部分的成功，也将是十分有价值的成绩，为此，他无所顾忌，甘愿冒着一切可能失败的危险。然而，这里要补充一句，尽管他的目标是切合实际的，且在相关问题的性质所允许的范围内也是通俗的，但是他并不因追求此目标而刻意牺牲学科认证的严谨性。尽管他希望其著作能超越仅仅对政治经济学抽象原理的一般说明，同时他也希望著作中应有这种说明。

[第二版对序言的增补（1849年）]

本版的修订与补充一般是无足轻重的；但是在本著作完成时，关于社会主义的争论所体现的重要性日益增加，因而将著作中关于社会主义的章节加长一些篇幅是合乎要求的。更进一步的必要性是，本书反对某些社会主义者所提出的具体方案，这已经被误解为本书普遍地谴责所有关于社会主义制度及其有关的问题。不过，要想全面评价社会主义理论及其所提出的相关问题，只能寄希望于另外再单独写本书了。

[第三版的附加序言（1852年7月）]

本版对前一版从头到尾进行了修正，其中几个章节要么增加了内容，要么彻底重写。这其中要指出的是关于废除投标佃农制的方法的第二编第十章，其中的建议只与爱尔兰有关，且爱尔兰的状况由于其后所发生的事件而导致了很大的变化。此外，对第三编第十八章的国际价值理论也进行了增补。

“论所有制”这一章的内容基本上是推倒重来。关于该章中对著名的社会主义者所提具体制度的反驳，我完全没打算使读者误解成对整个社会主义制度的谴责。本书中唯一具有重要意义的反对意见是：人类总体上尚处于未做好准备的阶段，特别是劳动阶级，他们在需要智力或美德等行为的各种规则面前表现出极端的不胜任。这使我认为，社会改良的伟大目标应当是使人们教养化，从而适应于最大的个人自由与公平分享劳动成果（当前的财产法律并未声称以此为目标）相结合的社会状态。当人们的智力和道德的教育达到这一状态时，无论是某种形式的私人所有制（即使其与目前的形式大为不同），还是生产工具共同所有和按规则分配产品的所有制，是否会导致趋向幸福环境并最乐观地估计会实现人性的最完美地步，稳妥地说，应是留给那个时代人们回答的问题。当前的人们无力解决这个问题。

“论劳动阶级的可能命运”这一章内容充实了自第一版出版以来法国合作社的很多实践经验。这个重要经验表明在劳动者中间更广泛、更快捷地建立合作社的时机已成熟，也能较顺利地实现于受诽谤的欧洲民主运动发生之前。当前欧洲民主运动虽在残暴势力的压迫下如鸟兽散，但已将希望的种子播撒于未来。我已尽力做到清晰地说明以这个合作社为第一步的社会变革的趋势；同时将合作社的目标与夸大或完全错误地对竞争的攻击区分开来，后者是合作社运动的支持者过于执着的方面。

[第四版对序言的增补（1857 年）]

本版（第四版）已做了全面修订，同时在某些地方插入了一些必要的附加注释。其中添加内容较多的章节是“信用对价格的影响”“论可兑换纸币的管理”这两章。

[第五版对序言的增补（1862 年）]

第五版进行了全面的修订，且事实上较以前版本在某些研究主题上更新了一些最近时期的素材，根据需要插入了新增的例证和图表，大体来说并未增加太多的文字。

[第六版对序言的增补（1865 年）]

本版如以前各版一样做了全面修订，根据必要性在适当的地方增加了注释和对新的反对意见做出了回应。总的来看，也没有增加太多的文字。内容增添最多的是“论利率”这一章，主要是介绍了新情况以及许多细小的改进。在此，我对我的好朋友凯尼斯（Cairnes）教授的建议和批评深表感激，他是当今最具科学精神的政治经济学家之一。

[第七版对序言的增补（1871年）]

本版除了个别词语修订外，与最近出版的“文库版”和“大众版”几无差别。自这几版出版后，出现了几次关于供需理论、罢工和工会对会员工资影响等方面的有益探讨，从而增进了人们对这些主题的认识。但就作者观点来说，目前将这些成果纳入政治经济学专著的时机还未成熟。[①] 鉴于类似原因，所有对爱尔兰土地法的最近修订，经过一定时间的实践检验均表明，用意良好的法律实施能处理和解决好爱尔兰经济制度中最大的弊病。

① 要了解当前讨论的情况，可参见桑顿的《论劳动》[Thornton, “On Labour,” in the “Fortnightly Review” of May and June, 1869 (n. s. V, 505-518, 680-700)]，并且从桑顿的答复中我们可知，他在那本富有启发意义的著作的第二版中已答复了这些问题。

目　录

绪　论

在人类活动的每一个领域，实践都长期领先于科学。对自然力作用方式的系统研究，是人们长期努力将自然力应用于实践之后的产物。相应地，虽然政治经济学作为科学分支的概念形成于现代，但其研究的主题却是人类所有时代极为熟悉的，即必须包含着人类的主要实践利益，在某些时代还是人们最为关注与重视的问题。

这个研究主题就是财富。研究政治经济学的学者们声称他们讲授和研究的是财富的性质，以及财富生产与分配的规律：包括直接或间接地由人类状态或任何社会形态所产生的行为方式，以及在经济繁荣或萧条等状况下，对人类追寻普遍目标的影响。这并不是说任何一本政治经济学著作都会讨论或列举所有这些原因，但是都会尽可能详尽地说明这些行为背后的规律和原理。

财富究竟意味着什么，每个人都会有从日常生活角度出发且认为是自信满满的见解。关于财富的研究，人们不会与对人类其他重大利益问题的研究混淆。大家都知道致富是一回事，而获得知识，变得勇敢、仁爱则是另一回事；研究如何使国家富裕，与研究使国家自由、高尚，或使文化、高雅艺术、军事、政治等水平更高是清楚明白的两回事。诚然，这些领域彼此不直接相关联，却相互影响着。一国的人们有时要先富裕起来，然后才会获得自由；有时却应先得到自由才会富裕起来。人们的信念和律条强烈地影响着他们的经济条件；同时又会对人们的智力发展和社会关系产生影响，反过来再影响到人们的信念和律条。但是，这些问题尽管紧密相连，却仍是有本质区别的，人们对此从未有过异议。

本书并不打算为术语定义一个良好而精确的概念，只要概念明确且能符合实际问题即可。虽然很少有人会在财富这样简单的概念上产生严重的混乱，可历史上这种思想的混乱曾经存在过——理论家和政治实践家在某个时期还会深受其影响，并在其后几个世代，因为概念的混乱导致欧洲的政策走上了完全错误的道路。我指的是自亚当·斯密时代以来被称为重商主义（mercantile system）的一整套理论学说。

当这一整套理论学说广为盛行时，国家的所有政策都公开认定或是心照不宣地赞成，财富只由货币或是虽未铸成货币但能直接转换成货币的贵重金属构成。根据这种流行的观点，无论是聚集大量金钱还是金银矿，都会增加国家的财富。任何的贵金属外流都会使国家变穷。如果一个国家既不拥有金矿，也没有银矿，则能够增加财富的唯一途径是对外贸易，因为这是唯一能增加国家货币量的途径。任何一个对外贸易部门，如果有一笔买卖其流出国外的货币量超过流入国内的货币量，不管以其他形式能产生多大数量、多大价值的收益，都会被视为失败的买卖。货物的出口受到优待和鼓励（在某种程度上意味着极其烦琐的手续和消耗国家实际资源），因为按贸易规则必须用货币支付出口商品，这样出口国才有希望由此返回金银。进口除贵金属外的任何商品，都被认为是国家的损失，损失额是进口商品的全价。除非进口是为了重新出口并带回利润，或是通过进口国家某些行业实际所需原材料和工具，使本国具备以较低成本出口更多商品的能力。世界贸易被看成是国家间的竞争，以夺取现有存量金银中的最大份额。在这场贸易竞争中，只有使别的国家受到损失或是至少防止别国获得收益，一个国家才能有所收获。

经常发生的是，一个时代人们的主流观念——若不靠智慧和勇气并付出超乎寻常的努力，当时是没有人能摆脱它的——会在随后时代显得如此荒唐可笑，以致人们难以相信这样的事情曾经是那么的可信。把货币等同于财富就是这样的学说体系。这个观念似乎太荒唐可笑了，以致人们很难将其看成严肃观点并认真对待。这就像一个疯狂粗鲁的小孩，只要任何一个成年人出言指出即可纠正。但是没有人敢断言，在那种主流观念盛行的环境下，他能不被迷惑。普通生活以及一般商业过程所引起的所有联想全都促成了这一观念的形成。当这些联想成为观察问题的唯一中介时，我们现在认为如此显而易见的荒谬观点就似乎成了老生常谈的真理。事实上，一旦有人真正地去诘问，它就注定站不住脚。但或许无人去质疑这一点，因为他们并不熟悉对经济现象研究进行描述和推理的某种方式。他们只能在亚当·斯密及其诠释者的影响下，对这些方式有个大致的理解。

在日常交谈中，经常用货币表示财富。如果你问一个人有多富有，得到的回答是他有数千英镑。所有的收入和支出、收益和损失，任何使人变得更富有或更贫穷的东西，都与货币的进出关联着。这是千真万确的，在一个人的财产目录清单中，不只是他实际拥有或是归属于他的货币，还包括其他所有有价值的物品。然而将这些算进账本的并不是物品本身的特性，而是凭借将其卖出去后能换回的货币的总数。如果其卖出的价钱少，即使物品本身并没有变，其所有者相应的富裕程度也会降低。同样的道理，人们将其货币存放不用也不会变得富有，因此人们必须有意愿为了获利而将货币花出去。那些通过贸易而致富的人，正是通过以货易钱或以钱易货的方式实现的。这里，初始阶段与最后阶段都是这一过程中必不可少的。但是，他买进货物是为了获利，就必须再将货物卖出去换回货币，并期望获得比预先更多的货币。因而，对这个人来说，获得金钱似乎成为其全部终极目的。通常还会发生的情况是，他并不用货币支付商品，而是用其他物品来支付，通过买进等价值的货物以抵补所出售的商品。但是他接受与其货币价值相当的商品，并相信最终当他将商品再转手出售后会带给他更多的钱。商人做的生意越大，资本周转就越快，但在某些时候只会留存小部分现金货币。对他们来说，唯一感到有价值的就是一切都能随时转换成货币，当净收益还未支付或是未记入贷方时，他并不认为交易已经结束。当他彻底退出商品贸易时，会将其所有的商品都转换成货币，他此时才会关注其最终的利得。此时货币好像是唯一的财富象征且成为获得财富的唯一手段。如果有人提出质疑："除了满足本人和他人的需求及获得身心愉悦外，人们还会出于什么目的而如此地追求货币?"重商主义的捍卫者们也根本不会被此问题所困扰。确实，他们会说，这些都是财富的用途，并对货币用于国内贸易赞誉有加。因为在这种情形下，你所支付的货币数量刚好等价于使国内其他人富裕的货币数量。如果你愿意，你可以将你每年所得的财富花费于任何嗜好，但你的财富并不是嗜好，它的货币总值等于你的年度货币收入或支出。

然而，虽然有很多事例使得重商主义理论的前提看上去似是而非，但是其将货币与其他有价值的财产清晰地区分开来的做法还是有一些道理的，尽管是非常不充分的。实际上，当我们公允地衡量一个人所拥有财富的优势时，并不是看他实际拥有多少有用且合意的物品，而是看他对有用且合意的物品的控制权，以及他所能应对的紧急情况或是为满足欲望而具备的获得所需任意物品的能力。现在，货币本身就拥有那种能力。在文明国家，其他所有国内商品只能通过其能兑换的货币数量来体现这种能力。拥有任何一种物品，仅仅只是拥有这一具体物品，别无他用。如果你想得到其他物品，你必须首先将你拥有的那件物品卖掉，或只好忍受着不便利与等待（如果不是不可能的话），或是去寻找需要你的物品且刚好你也需要他的物品的人进行交换。但是如果你有货币，你就能立即买到你所需要的任何物品。因而一个人拥有的财富是货币，或是能迅速兑换成货币的物品，则在他和其他人看来他们所拥有的并不是任何一件物品，而是能用货币购买到的所有物品。当超过一定的数量时，财富效用的最大作用并不是沉醉于其所能买到的享受，而是其能为所有者实现一般目的的能力。货币在立即且有把握地实现该目的方面的能力是任何一种其他财富所无法比拟的。货币是唯一既能够被应用于某一用途，又能立即被转换成任何一种用途的财富形式。这种差别也给政府

留下了深刻的印象，因为对政府来说这有着非常重要的意义。若是不能征收货币形式的税收，则文明政府得自税收的好处就会甚少。如果政府需要支付一大笔紧急款项，特别是为战争或补贴需要在国外支付，或是为征服他国、避免被他国征服等因素（到近代以前，这是国家对外政策的两个主要目标），则除货币外，再没有其他支付媒介能达到此目的。所有这些都促使个人和政府在估计其财力时，几乎都赋予了货币重要且独一无二的地位，而不管是实际所有还是可能拥有的货币，同时他们将所有其他物品（当其被视为财源的一部分时）仅仅看成是获得货币的间接手段。只要拥有货币，就能对所渴求的物品获得无限的、即时性的支配权。这就是重商主义对财富观念所做的最好答复。

然而，谬误终究是谬误。当我们发现其貌似正确的表面现象时就可以认识到这一点。当人们开始探究事物的本质问题（即使是以不完美的方式）是以基本事实为主要前提，而不是用日常讨论的方式与用语来寻求时，就能认识到重商主义理论的真实特性。当他们自问货币的真正含义是什么（货币的本质特征是什么）以及在使用过程中的精确特性是什么时，他们就会认识到货币同别的物品一样，只是因为有用才值得人们占有。同时，货币的用途并不是其表象所展现出来的那样无限，而是受到严格限制，即只能根据货币拥有者的意愿，为促进产业产品的分配提供便利。进一步的研究表明，一个国家货币数量的增加与流通速度的加快并未增加货币的用途。不管是数额巨大的还是数额较小的货币使用，其产生的结果都是一样的。200 万夸特（quarters）谷物肯定比 400 万夸特谷物养活的人少，但是尽管名义价格要低些，200 万英镑却可以做与 400 万英镑同等规模的生意，买卖同样多的商品。货币本身并不满足任何需要。货币对人有价值，是以一种很便利的形式代表着所有者获得的各种收入，在适当的时候这种收入能转换成他所需要的任何一种有用的物品。使用货币的国家与不使用货币的国家有着巨大的差异，但这种差异只表现在便利性上，使用货币只是节省时间与减少交易麻烦，正如用水力代替手工磨面，或是（如亚当·斯密所述）道路便利所带来的益处一样。同理，错把货币等同于财富，类似于把通往你家的快捷公路等同于你的房子和土地，都是大错特错的。

货币是社会公众和个人最重要的工具，被看成财富是正当的。但是，任何以服务人们为目的且本质上不能由大自然免费提供的东西都可被称为财富。富有，意味着拥有大量有用的物品，或是有购买这些物品的能力。因此，拥有购买能力且能买到的一切物品都构成财富的组成部分，任何有用的物品或是人们愿意购买的物品都能进行交换。凡是不能用于交换的物品，无论其多么有用且又是人们所必需的，都不能构成政治经济学中所说的财富。比如，空气虽然对人们来说是绝对必不可少的，但因为人人都可以免费得到它，所以在市场上根本没有价格。储存空气得不到任何利润或好处。因此，空气的生产与分配规律是与政治经济学完全不同的研究主题。但是，尽管空气不是财富，人类却由于免费获得空气而变得更富有，因为人类为满足这一迫切的需求所节省的时间和劳动可以用于其他方面。可以想象一下空气成为财富的组成部分。如果人们长期习惯性地待在空气无法自然进入的地方（比如沉在海底的潜水钟），那么人工提供的空气就如同自来水一样会有价格。又如果自然界发生剧变，空气变得非常稀薄而不足以满足人们的消费，或是其被人垄断时，空气就可能会有一个很高的市场价值。在这种情况下，超过自身需求而占有的空气，就会成为占有者的财富。乍看之下，这对人类来说是一个巨大的灾难，实际上却使人类财富呈现总体的增长状态。这种错误论断没有考虑到的是，不管空气占有者在损害社会其他成员利益的前提下变得多么富有，其他所有人只会变穷，因为他们不得不为以前能免费获得的空气而付费。

这就导致在对财富的理解上，个人所占有的财富与国家或人类所占有的财富是完全有区别的两回事。人类的财富，其本身不包括那些不能提供某种用途或满足感的物品。但是，对个人来说，某种东西就算本身毫无用处，只要他能通过交换获得他认为有用的东西或能从中获得满足感，就算是财富。举例来说，某块土地通过抵押获得数千英镑的抵押贷款，这就是财富，因为其能为占有者带来租金，或是将其出售从而还清土地所有者全部的债务。但对国家来说，这块土地就不是财富，因为如果契约被取消，国家不会因此变穷或是变富。抵押债权人会失去 1 000 英镑，同时土地所有者会得到 1 000 英镑。对整个国家来说，抵押本身并不是财富，仅仅使 A 得到了 B 的一部分财富而已。且 A 可以将获得的1 000 英镑财富转让给他人，但是他所转让的财富仅限于这 1 000 英镑且名义上仍是土地所有者 B 的财富共有权人。公债基金持有者或国家债券持有者也类似于这种情况。他们都是国内总财富的债权人，当债务废除后并不影响总财富，而只是财富的国内转移：一种为了使政府或纳税人受益，不正当地夺取社会上某些成员财富的手段。因此，公债资产不能算成国家财富的一部分。统计人员进行计算时应常常记住这一点。例如，根据所得税计算国内总收入时，通过公债获得的收入经常未被扣除。纳税人按其全部名义收入纳税，并未允许将其公债收入扣除。因而在计算中，国家的一部分收入存在着重复计算，从而导致总收入值大约比实际值多 3 000 万英镑。同时，一个国家的财富还包括本国公民所持有的外国公债以及别国欠本国公民的债务等。然而，一国的财富虽能把本国公民所拥有的外国公债及公民全部拥有的国外债权算入，但它并不是人类集体财富的一部分。它是决定分配的一个因素，但并非总财富的组成部分。

另一个例子是奴隶，他们对奴隶的占有者来说是财富，但对国家和整个人类来说并不是财富。在可以蓄奴的国家，财富的概念出奇地混乱，竟然允许在国家财富中将奴隶财产按市场价格计入总财富或总资本中。如果将一个人看成是拥有生产能力的客观物品，并允许当他的这种能力隶属于他人时可计入国家财富，那么当他的这种能力隶属于其本人时也应同样是国家财富的一部分。在他主人的心目中，奴隶资产的所有价值是能从他身上榨取的资产，这种榨取并未增加两人的资产总量，也未增加两人所在国家的财富总量。然而，在正当的财产分类中，一个国家的人们是不会将其计入财富中的。财富是因为人而存在的。“财富”一词表明，人很想拥有能满足自身愿望的物品，这其中并没有包括自己，而是自身之外的东西。人本身并不是财富，尽管人是获得财富的手段。

有人建议将财富定义为“手段”（instruments）：这意味着财富不仅仅指机器和工具，更指个体和社会为达到他们的目标所积累的一切手段。因此，一块农田就是一种手段，因为凭借农田可以得到谷物。谷物是一种手段，因为凭此可得到面粉。面粉是一种手段，因为凭此可得到面包。面包是一种手段，因为凭此可使人免除饥饿并活下来。在这里，我们最终会得到一种不是手段的东西，这些东西因其内在的特质而为人们所需要，而不是作为获得其他目标的手段。这种观点从哲学的角度来看是正确的，或是更确切地说，这种表达方式与别的表达方式一同使用时是非常有用的，这并非为了故弄玄虚，而是对一般的财富观点给出更加清晰和更符合实际的表述。然而，这与习惯性的语言表达方式离得太远，很可能难以被大众接受，因此除了偶尔的举例说明外，别无用处。

因此，我们可以将财富定义为一切具有交换价值且有用或是大家合意的东西。或是换一种说法，财富就是所有有用或大家合意的东西，但不包括无须劳动或做出牺牲就能得到的东西。按此定义，唯一可能的异议是曾经广为争论且悬而未决的问题：非物质性的产品到底算不算财富？比如，工人的技能，还有其他一些天生的能力或是人们的体力与智力能不能称为财富？这并不是一个特别重要的问题，为方便起见，我们将会在其他地方加以讨论。

关于财富，我们先谈到这儿。此后，我们将关注点转移到不同财富的差异性上，特别是国与国之间以及不同时代之间，财富的这种不同既体现在数量与种类上，更体现在社会成员间不同的分配状况上。

现在也许不存在完全依靠野生动植物提供的东西存活下来的人或社会了。但是仍然有许多部落只依靠或几乎完全依靠打猎及打鱼来生存。他们以兽皮为衣，他们的居住地是原始木材或树枝做成的简陋屋子，且他们随时可以将其抛弃。他们很难储存食物，因而没有食物储备，常常出现食物极度匮乏的现象。这种社会所拥有的为数不多的财富，就是他们身上穿的兽皮以及少量的装饰品（大多数野蛮人都有装饰自己的嗜好）；一些粗糙的原始器皿，以及用于捕杀猎物或为生存而抵抗有敌意的竞争者的武器；用于横跨江河与湖泊或是出海打鱼的独木舟；还可能有一些毛皮或是其他野生物品，他们将其收集起来以从文明人那里换取所需的毛毯、白兰地酒、烟草等；或许还有小部分未消费完的外来物品。此外，还应把他们的土地算入这个物资极度匮乏的财富清单中。相比定居的社会，土地是他们很少利用的生产手段，但这仍是他们生活资料的根源。如果其附近的农业社会所需要的土地超过农业社会本身所能提供的，那么他们的土地还能获得市场价值。这是迄今为止人们所知的一种极端贫困的社会状态，但即便是富裕得多的社会，部分居民的生活状态在物质和舒适度方面也并不比那些野人好多少。

人类摆脱上述生活状态的第一个伟大的进步是，可以驯养一些较有用的动物，从而进入畜牧业或游牧的生活状态。就此人类摆脱了狩猎生活，靠牛羊奶及其制品以及逐年繁育的牛羊群生活。这种生活状态不仅其本身合乎人们的期望，而且有助于其进一步发展。在这种状态下，社会可以聚集数量可观的财富。只要地球上大量的天然牧场没有被完全占有，且牧草的生长速度快于消耗速度，则生活资料的存储就会不断积累与增加。在这个过程中所付出的劳动仅仅是用于守卫畜群以防野兽的攻击，以及防止其他人的明抢暗夺。这样，节俭的人通过自己的努力，以及氏族和部落首领依靠其忠诚子民的努力，最终获得了大量的牛群和羊群。这样，游牧状态下出现了财产占有上的不平等。这种情况在社会物资极度匮乏的野蛮状态下是罕见的，因为野蛮社会中没有人会在绝对生存必需品之外再有多余的物品。在此极度匮乏的状态下，连绝对生存必需品都必须由整个部落成员共享。但在游牧生活状态下，一些人会有数量较多的牛羊，能大量提供可供多人食用的食品，同时另一些人则没有任何多余的物品，甚至根本就没有牲畜。但是人们不再会过朝不保夕的生活了，因为那些成功的人会将剩余产品中没有其他用处的东西用来供养这些相对不幸的人。此时，对于成功的人来说，其所联系的人越多，他们就越安全，相应地其所拥有的权力也在不断增长。这样一来，他们就能够使自己从劳动中解脱出来，专事监督与管理，同时要求依附者在战争时期为其作战，在和平时期为其服务。这个社会状态的一个特征是，社会的一部分人，甚至在某种程度上是整个社会的人都拥有闲暇时间。人们只需要花费一部分时间来寻找食物，其余的时间也无须为未来担忧，劳累后也可歇息。这样一种生活非常有利于激发人们的新欲望，也有可能使他们的欲望得到满足。这些欲望表现为远超野蛮社会的更华丽的衣服、更好的器皿与家具。同时，多余的食物也能使部落中的一部分人从事这样的生产。我们发现，所有或部分游牧社会有粗糙的家庭制造业，甚至还有一些较为精细的家庭制造业。有充分的证据表明，当这些现代文明的发源地还普遍地处于游牧状态时，他们就已在纺织、编织、印染、皮革加工，以及看起来难度更大的金属加工等方面表现出相当高的技能。甚至思维科学也产生于这一拥有闲暇时间的社会发展阶段。根据较为可信的传说，最早的天文观测也被认为是迦勒底牧羊人发现的。

从这种社会状态向农业社会转换并非想象中的那么简单（因为人类习惯的重大改变都是很困难的，一般都伴随着痛苦且过程非常缓慢），但是这种转换是随着事物的自然发展而同时产生的。社会人口和牲畜数目的增长终会导致天然牧草的供应乏力，这毫无疑问地会导致人们开始进行土地耕作，并使得其后仍残存的游牧部落袭击农业部落，直到农业部落有足够的力量反击游牧部落的侵略为止。游牧部落在此情况之下只会变得越来越穷，最后只好被迫转向农业社会。

但是当这伟大的一步完成后，人类随后的发展似乎并未如预期的那样迅速（除了个别情况外）。即使在最糟糕的农业制度下，土地提供给人类的食物数量还是要远远超过纯放牧所能提供的数量，最终的必然结果是人口的增长。但是额外的食物必须通过额外的劳动才能获得。因此，农业状态下的人们不仅闲暇时间少于游牧时期，而且需要长时间地使用不完善的工具和不熟练的技艺（世界上很大部分区域仍然采用这种农业生产模式）。除非一些地方拥有特别好的气候与水土条件，一般情况下农民无法生产超过自身消费需求的食物，从而也无法供养任何规模的从事其他产业的劳动群体。而且这些剩余的食物，无论多少，都会被生产者必须顺从的政府，或是拥有强大力量的个人，或是借助于宗教与传统的从属观念成为土地贵族的人掠夺。

那些从史前以来就占据着亚洲广阔平原的君主国，最先采用这种政府占有模式。这些国家的政府，虽然会因君主个人品质的不同而有所变化，但都很少会留给生产者除生存所必需食物之外的物品，甚至常常是将其生活必需品也剥夺走，以至政府在剥夺后，又不得不将其中的一部分借给生产者，从而使他们能够播种并维持生活到下一个收获季节。在这种制度下，尽管大部分民众生活艰难，但只要管理上还过得去，政府通过迫使广大民众缴纳少量的贡品就能维持与社会一般状况相差甚远的表面繁荣景象。因而在欧洲人的心目中，东方国家都是非常富裕强大的，这种根深蒂固的印象直到最近时期才消除。对于这些财富，不算被征收者拿去的大部分比例，除皇亲国戚外，还有很多人参与分享。大部分财富被分配给政府的各级官员，以及君王所钟爱或突发奇想的项目上。偶尔有一部分用于公共建设，如水库、水井、用于灌溉的水渠（在热带气候地区没有这些设施很难进行耕作）以及堤坝，为商人而建的集市，供旅行者休憩的旅舍，这些设施都无法由财力匮乏的使用者来修建。它们的存在要归功于王公大臣的慷慨大方以及为自身利益着想的深谋远虑，或要归功于各地富人的乐善好施或贪图虚荣。这些财富，若追根溯源，常常是直接或间接来自公共收益，且大部分常常来自君王的直接赏赐。

这种社会的统治者，在将大部分财富用于供养他本人和他所关心的全部人，

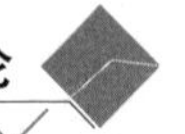

以及维持他的安全与社会地位所必需的大量士兵之外，将其所有的剩余财富恣意用于交换他所喜爱的奢侈品。那些因为君王赏赐或是得益于公共收益而致富的阶级，也会热衷于消费奢侈品。于是就出现了一个狭小而奢华的市场，以满足他们对精美而昂贵的制成品的需求。这些需求常常全部由先进社会的商人创造，但通常也会在国内形成一个工匠阶级。这些人对物品的属性所知甚少，但通过足够的耐心、敏锐的洞察力与观察力、灵巧的手工技法将特定的丝织品加工成非常精致的物品，正如印度的某些棉纺织品。这些工匠依靠政府和官员所享有的产品中的剩余粮食来生活。实际上在这种情况下，有些国家的工匠并非将活计带回家去做，待完成后再领取薪酬，而是带上工具到雇主家中，一直吃住到工作完成。然而，这种社会状态下人们的所有财产都不安全，导致最富有的商人们最先倾向于购买那些不易腐坏、价值含量高而体积小的物品，从而适宜于隐藏或携带。因而，黄金和珠宝在这些国家财富中占有很大的比例，很多富有的亚洲人几乎将全部财富携带在自己身上，或是他的妻妾身上。除了君主外，谁也不想将他的财富投资于不动产。君主，如果确信他的王位是稳固的，还确信能将王位传给继任者，有时就会沉溺于大兴土木，就像兴建金字塔、泰姬陵和塞卡亚王陵（Mausoleum at Sekundta）一样。在满足乡村耕种者需要的基础上，原始制造业者由乡村工匠发展而来，他们依靠耕种者提供的免租土地，或是从村民上缴给政府的收成中支付乡村工匠实物报酬。然而，这种社会状态并不妨碍商人阶层的出现。这一阶层由粮商和高利贷者两部分人构成。粮商通常不直接向耕种者购粮，而是向政府官员购买。政府官员愿意将收来的各种粮食租税交由商人转运，从而送到王公大臣、文武官员、军队和需要粮食的工匠等各色人等聚居的地方。放高利贷者放贷给因年成不好或因苛捐杂税而破产的耕种者（他们为了维持生计和继续耕种而借贷），并在下一个收获季节获得巨额利息。或者他们大规模地借贷给政府，借贷给那些能从国家获得收益的王公贵族，以此获得指派税官收税的权力或得到某地所有权的担保，以此收益来抵债。为确保这一点，政府常常会同时将很大一部分权力交给放高利贷者，直到这些地区被赎回或收益已偿付完债务为止。因此，这两类商人的生意主要是针对构成政府税收的产品来实现的。通过这种税收，商人的资本能够定期得到偿还并获得利润，而且这也几乎是他们最初资本的所有来源。这是大多数亚洲国家经济状况的一般特征，自有文字记载的历史开始到现在，只要没有外来的影响，就一直如此。

众所周知，在古代欧洲的农业社会中，事物的发展完全不同。这些社会在早期大都是小城邦社会——最早建立在无人居住的地区或是原有居民被驱走的地区——土地均等或是分级分配给组成社会的各个氏族。在某些情况下，这个地区不是一个城邦，而是一个城邦联盟，据说是由同一氏族或是由同时到达该居住点的人来占据。每一个氏族都生产自己所需的粮食和衣服——通常是由氏族的妇女生产那个时代人们所喜爱的粗棉织品。这里无须纳税，也没有领取俸禄的政府管理人员，即使有，其俸禄也是由专门保留下来的供奴隶耕作的份地来提供的。军队由全体公民组成。因此，土地的所有产出归耕作的氏族共同所有，没有任何扣除。因此，只要事态的发展允许这种财产分配方式持续下去，这个社会的状况，特别是对大多数自由耕作的农民来说，也许还算不错。在这种社会制度下，有时人类的精神文明会发展得特别迅速并取得辉煌的成就。特别是当种族优越、气候宜人，具备许多可以肯定的有利事件（现已无迹可寻）等因素，且兼具地理优势，即居住于辽阔内海的沿岸，且内海对岸已有人居住时，则人类的精神文明的发展更为迅速。这种地理位置有助于人们了解外国的生产情况，容易接受外国的思想与发明创造，从而使社会易于摆脱成规的束缚——这种束缚对未开化的人们的影响尤为严重。这里仅以他们在工业上的发展为例，他们很早就产生了各种各样的需求与欲望，这激励着他们用所有已掌握的方法去开发自己的土地资源，以获得尽可能多的产品。当他们的土地变得贫瘠时，或是在他们的土地达到所能提供产量的最大限度后，他们往往转而经商，购入外国的产品并销往其他国家以获利。

然而，事物的这种状态起初就是不稳定的。这些小型社会几乎总是处于无休止的战争状态，这有很多原因。在未开化而单一的农业社会中，一个最常见的原因是，不断增长的人口数量对有限土地所施加的压力愈来愈大，这种压力在歉收年份、农业处于原始状态，以及依靠非常狭小的国土来提供食物时进一步加剧。正是由于这些原因，社会常常集体迁移，或是派出一大批手持武器的年轻人去寻找某些不太好战的人，要么迫使这些人远离他们的土地，要么将其变成为掠夺者耕作的奴隶，从而为掠夺者获利。较落后的部落这样干是为生活所迫，较富裕的部落这样干则是出于野心和尚武精神。经过一个时期以后，所有这些城邦社会要么成为征服者，要么成为被征服者。有时，战胜国满足于向战败国征收贡品，而战败国的人在承受这种负担后，认为这也免除了本国军事与海上防卫的昂贵开支与麻烦，兴许还能在战胜国的保护下分享由经济繁荣所带来的更多好处。与此同时，战胜国获得剩余的财富，集体过着奢侈与华丽的生活。利用这种剩余的财富，人们建造了巴特农神庙*和希腊雅典卫城的入口，购买了菲狄亚斯（Pheidias）的雕刻作品，举行了庆祝盛典并在盛典上演出了埃斯库罗斯（Aeschylus）、索福克勒斯（Sophocles）、欧里庇得斯（Euripides）和阿里斯托芬（Aristophanes）专门为此创作的戏剧。但是这种政治关系的状态却是难以持久的，虽若

* 又译为帕台农神庙、帕特农神庙。——译者注

其能持续下去定会对人类的进步和终极利益大有益处。小的征服者若不能同化其所征服的社会，最终的结果常常是被别人征服。因而，世界的统治权最终落入深谙此道的罗马人手中。无论采用其他什么谋略，罗马人总是一开始或最后让其首领占有大部分土地，并让剩余的大土地所有者进入统治集团。这里没必要详谈罗马帝国悲惨的经济史。一旦财富的不平等开始出现，社会又不能时常地依靠工业发展来弥补财富所造成的损失，这种情况就会愈演愈烈，从而导致超级财主吞噬小额财主。最终，罗马帝国的广阔土地就由相当少的几个家庭拥有。为了满足他们的奢侈生活，更多的是为了炫富，相当昂贵的物品被生产出来，与此同时，土地的耕种者沦为奴隶，小佃户也几近被奴役。从这时起，帝国的财富渐渐枯竭了。起初，公共财政收入与富人财力至少能支撑整个意大利的公共和私人修建的富丽堂皇的大型建筑的开支，但最后因为管理不善，帝国的财力日渐萎缩，从而不足以支撑这些开支，以致已有的建筑渐渐衰颓。文明世界的力量与财富难以抵抗北部边界游牧民族的入侵，他们蹂躏了帝国并成功地建立了与之不同的秩序。

由此，在欧洲社会形成的新格局中，每个国家的人口都可以被看成由两个不同的民族或种族——征服者和被征服者——按不同的比例组成：前者是土地的所有者，后者是土地的耕种者。这些耕种者允许在一定条件下占有土地，这些条件由暴力产生，通常是苛刻的，但很少是完全奴役的状态。在罗马帝国后期，奴隶制度普遍地被转换成农奴制度：在罗马人的科洛尼（Coloni）制度下的奴隶更接近农奴，而不是事实上的奴隶。野蛮征服者讨厌并且没有能力监督生产，因而别无选择——只好允许返还土地耕作的某些实际收益来激励耕种者生产。例如，他们迫使耕种者每周为领主工作三天，其余时间生产的收益则归耕种者自己所有。如果耕种者按领主的要求为城堡的各种日常消费供应产品，同时经常服从于额外的征调任务，那么，只要满足这些要求，领主就允许他们自行处置自己所生产的剩余产品。中世纪的这种制度类似于后来的俄国所实施的制度（在那里，在最近的措施被实施前，农奴制度仍是基本的制度），农奴不是不可能获得财产，而且事实上，他们的积累是现代欧洲财富的初始源泉。

在那个暴力和无序的年代，农奴所能积累的任何点滴剩余产品的第一用途均是用于赎回自由，并迁移到罗马统治区域内某个未被毁坏的城镇或具有防御功能的村落。或者他们不赎回自由，而是逃匿到其他地方。在那些避难的地方，周围都是他所在阶级的其他成员，他加入他们的生活，依靠本人和同伴的英勇，从而在某种程度上免于受到武士阶层的凌辱与勒索。这些被解放的农奴大都成了工匠，通过交易自己所生产的产品，换取封建土地上生产的剩余粮食和原料而赖以生存。这使欧洲出现了一种与亚洲各国极为相似的经济状况，不过亚洲国家有唯一的君主和一大群随着宦海沉浮的宠臣和官僚，欧洲则有一个人数众多且相当稳固的大地主阶级，但远没有亚洲国家那么穷奢极欲，因为他们个人所能支配的剩余产品的数目少得多。并且在很长的时期内，他们要将其剩余产品的大部分用于豢养好战的家臣，因为政府所能提供的保护非常少，这种为自己提供的安全保障是必不可少的。与经济条件相当的亚洲国家的政体相比，在这种社会状况下，个人的地位更为稳定和牢固，这正是有利于社会进步的一个主要原因。自这一时期起，社会的经济进步从未中断过，人身与财产的安全保障一直在缓慢而稳步地增强，服务于生活的技艺在持续地发展，掠夺不再是积累的主要源泉。封建的欧洲则发展成商业和制造业化的欧洲。在中世纪后期，意大利和佛兰德*（Flanders）的城镇、德国的自由城镇、法国和英国的某些城镇，居住着人数众多且精力充沛的工匠以及一大批富有的自由民，他们的财富主要依靠制造业和进行制造业产品贸易而获得。英国的平民、法国的第三阶层以及欧洲大陆的中产阶级，大都是这些人的后代。由于他们是喜欢节俭的阶层，而封建贵族子弟是挥霍成性的阶层，因而前者渐渐地取代后者并成为大部分土地的所有者。这种自然演化的趋势有时会受阻于旨在将土地保持在现有家族手中而颁布的法律，有时又会因政治上的革命而加速。渐渐地，虽是很缓慢地，在所有文明程度较高的国家中，土地的直接耕种者摆脱了奴隶或奴隶状态，尽管他们在欧洲各国中所获得的法律地位与经济地位差异甚大，但也与欧洲人的后裔在大西洋彼岸所建的各个庞大的社会大不相同。

现在，世界包含着几个广阔的区域，它们拥有着各种各样的财富，其丰裕程度是以前时代的人们所不能想象的。在那里没有强制性劳动，人们每年可从土地上收获大量粮食。这些粮食除供养着实际生产者之外，供养着相同数目甚或人数更多的从事生产便利产品、奢侈品和从事产品运输的劳动者，还供养着大批从事指挥与监督工作的各种劳动人员；除此之外，还供养着比古代最奢华社会多得多的各种各样从事非生产性职业的劳动者甚或无业人员。同一块土地上生产出的粮食能供养比以前多得多的人口（至少在同一区域内），同时这种供养方式是安全而有保障的，不会出现早期欧洲历史上常见的那种周期性饥荒（目前东方诸国仍常有发生）。除了粮食的数量大为增加外，质量与品种也大为改善，与此同时，除粮食之外的各种便利品和奢侈品已不再局限于人数很少的富有阶层享用，而是大量地普及到日益扩大的广大社会阶层中。这种社会的集体财力空前巨大，可以被用来推动任何惊人的事业，诸如供养舰队和军队，修建具有实用目的或装饰门面的公共工程，兴办国家慈善事业（如为西印度奴隶支付赎金），开拓殖民地，教育当地民众。总之，社会可以运用财力做任何需要花钱可完成的事业，且无须

* 又译为佛兰德斯。——译者注

民众为此勒紧裤腰带，甚或民众无须为此降低生活水准。这是过去世界从未有过的现象。

但是，现代工业社会在所有这些特征方面彼此差异甚大。尽管相比过去，财富增加了很多，各社会的富足程度却并不相同。即使是被公认为最富有的国家，其中有些国家对生产性资源的利用更为充分，相对于国土面积而言，也较其他国家获得了更多的产量。它们不只是有财富数量上的差距，在财富增长速度上差异也很大。财富分配的差距仍远大于财富生产的差距。不同国家中最贫困阶级的生活状况有很大的差别，在最贫困阶级之上的其他阶级的人口比例与富有程度也有很大差别。参与土地产品初始分配的阶级的称谓与性质，在不同的地区也表现各异。在有些地方，土地所有者阶级完全脱离生产；在另一些地方，土地所有者几乎全部是耕种者，拥有犁耙并经常亲自犁田。在土地所有者不参与耕种的地方，有时候在土地所有者和劳动者间有个中间代理阶层，即农业经营者，他们预先付给劳动者工资，提供生产器具，并获得扣除给土地所有者租金之外的所有产品。在其他情况下，地主、受雇的代理人和劳动者共同分享产品。此外，制造业有时由分散的个人经营，这些人自备或租用所需的工具和机器，很少雇用家庭以外的人。有时制造业由富有的制造商经营，他们拥有昂贵且复杂的机器，聚集大量的劳动者在一座建筑内共同工作。商业方面也有着同样的差别。确实，各地的批发业务都由大资本来经营，但整体上看占有大量资本份额的零售业，有时却是在小店铺中经营，主要由店主本人及其家人来干活，也许还会雇用一两个学徒。有时则是大公司经营，其资金由富有的个人或是组建的合伙组织来提供，并雇用众多的男女雇员。以上就是通常所说的文明世界的不同地方在经济现象中所表现出来的差异性。除此之外，我们前面评论过的时期比较早的社会状态，仍然在当今世界的某个地方存在着，且远远落后于我们的时代。美洲仍然存在着狩猎社会，阿拉伯和北亚的草原上仍然存在着游牧社会，东方社会在本质上历来如此。俄罗斯帝国，即使到现在很多方面也仍与封建时代的欧洲没什么区别。人类社会的每一个重大形态，包括因纽特人或巴塔哥尼亚人的较低级的社会形态，现在都依然存在着。

在财富的生产和分配方面，不同的人类种族间存在着显著的差异，就如同其他现象一样，一定是由多种原因造成的。将这种差异完全归因于人们在不同时期和地点对自然规律和生活实用技能的掌握程度的差异是不够充分的。还有许多其他原因在共同起作用，物质方面的知识进步和传播的不平衡，在一定程度上，既是财富生产和分配状态差异的原因，又是财富生产和分配状态差异所产生的结果。

就各个国家的经济状况取决于物质方面的知识而言，这是自然科学及建立在自然科学之上的工艺技术应该研究的问题。但是，就道德和心理方面的原因来说，它们依赖于制度与社会关系，或是人类本性的规律。对它们的研究不属于自然科学范畴，而是属于道德与社会科学范畴，正是所谓的政治经济学的研究对象。

财富的生产是人类从地球上获取赖以生存和享受的物质的手段，显然是不能随心所欲的，它需要具备许多必要的条件。在这些条件中，有些是物质方面的，取决于物质的属性，也取决于特定地点和时期人们对物质属性知识的掌握程度。这些不是政治经济学的研究范畴，而是予以假定，并将其看成自然科学或日常经验的基础。政治经济学把这些有关外部世界的事实与有关人类本性的其他真理结合起来，试图探索出一些衍生的或派生的决定财富生产的规律：这些规律必须能解释现在及过去富有与贫穷的差异，并作为对未来财富有何种增长的预测基础。

不同于生产规律，分配规律在一定程度上归属于人类社会的制度，因为任何社会的财富分配方式均取决于该社会中通行的法令或习俗。不过，尽管政府或国家有权决定应该有什么样的制度，它们却不能任意决定这些制度应该怎样运行。它们在财富分配方面所拥有的权力依赖于哪些条件，社会所能接受的各种行为方式如何影响分配问题，这些如同自然科学规律一样，也是科学研究的主题。

生产和分配的规律，以及由此推断出的某些实际结论都是本书的主题。

第一编　生产

第一章　论生产要素

第一节　何为生产要素

生产要素（requisites of production）包括两类：劳动和适当的自然物品。

劳动，或是体力劳动，或是脑力劳动；这一区别还可以更直白地表述为：肌体活动或精神活动。这一概念不单单包括在某一特定职业中所付出的努力，还包括与之相关的因脑力思考或肌体活动而带来的一切不愉快感觉，所有身体不适或精神烦恼，又或者二者兼具。说到另一要素——适当的自然物品，需要指出的是，它是某些能够满足人类需求的自然存在或生长的物品。例如，洞穴和树窟能够用作庇护之地；果实、根茎、野生蜂蜜以及其他自然物品能够维持人类生命。但即使是如此，通常也需要耗费大量劳动——不是为了创造这些东西，而是寻找和占有它们。在所有物品中，除了那些少数且不重要的物品（但在人类社会早期是非常重要的）之外，自然提供的其他物品都需要经过人类努力使其发生某种程度的改变之后，才能用于满足人类需求。即使是狩猎部落和捕鱼部落所赖以生存的森林动物或海洋生物，尽管对其进行的主要劳动是捕捉，但在其成为食物之前也必须将其杀死，切成碎块，然后再进行某些烹饪过程（几乎在所有情况下都需要），这一系列活动都需要投入一定程度的人类劳动。自然物品在变成可供人类直接使用的形态之前要经过一些变化，这种转变可以是上文提到的在物品性质和外观上发生的微小改变，或者是彻底的改变以至无法识别出它原有的形状和结构。地表上的一块矿石与一张犁、一把斧头、一把锯子之间，鲜有相似之处；瓷器与制作它所需的花岗岩粉末之间，或混有海藻的沙砾与玻璃之间也几乎没有相似之处。羊毛与绒制品或一把棉籽与一匹布之间的巨大差距就更不必说了。羊和棉籽并不是自然生长，而是精心劳动和培育的结果。在这些例子中，最终成品和自然提供的物品相比有极大不同，因此，习惯上讲就是，自然界仅仅供应原料。

然而，自然界并不仅仅提供原料，它还提供动力。地球上的物质并非呆滞之物，任由人类改变其形状和性质，而是具有活跃的能量，可与劳动形成合力，甚至代替劳动。在人类社会早期，人们将谷物放置在两块石头之间碾压成粉末；后来又发明了一种装置，转动一个手柄使一块石头在另一块上面旋转；把这种制作过程稍加改进，仍可用作东方常用的磨面方法。然而，这需要耗费大量体力劳动，因而它常用于惩治冒犯主人的奴隶。后来，人们意识到应节省劳动，并减轻奴隶的痛苦。当这个时代来临时，人们发明了借用风力或水力而不是人力来转动石头的方法，这样也就不必消耗大量体力了。在这种情况下，自然界的力量——风力或水力——完成了部分先前人力所做的工作。

第二节　定义劳动的作用

类似于上述情况，部分劳动工作被分配给某种自然力来完成，这很容易使人对人力和自然力的相互作用产生错误的认识：似乎这两种作用力的合作仅限于自然力能够代替劳动完成工作的情形；好像在手工制作物品的情形中（正如习惯上的讲法），自然界仅提供被动的原料。这是一种错觉。自然力实际上在前后两种情形中一样积极主动地运作。一个工人将亚麻或大麻剥成一根根纤维，并亲手把其中的几根捻在一起，然后借由一种叫作纺锤的简易工具将其制成线，并一根一根地排列整齐，然后再借用一种叫作梭子的工具将同样的线上下交错着穿过它们，这样他就制成了一匹布。根据原料的不同，它可能是亚麻布或大麻布。这样说来，这个工人亲手完成了这匹布，没有自然力的参与。但是什么力促使每一步操作成为可能，并产生布且使其能连接在一起呢？是纤维的黏性或聚合力，这是一种自然力，我们能够凭借机械力来精确测量它们，并确定其能够抵消或平衡多大的机械力。

如果我们探究一下所谓人作用于自然的其他情形，同样会发现：一旦物品处于恰当的位置，自然力或换言之物质属性，就会发挥作用。在这一过程中，人类做的或能够做的就是将物品放置在合适的位置上，使其借由自身内在力和其他自然物品的内在力发挥作用。人类仅仅是将物品移至某处或移开另一物。人们向大地播种，然后植物自身的自然力促使其发生生根、发芽、抽叶、开花、结果等一系列的作用。人们拿斧子砍树，树因自然重力而倒下，再以特定的方式用锯切割，利用物理性质——柔软物质让步于坚硬物质——将其分割成木板，然后再以特定的方式将其排列，并钉牢或粘紧，这样就制成了桌子或房子。人们点燃燃

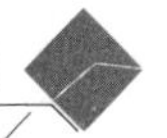

料，然后利用它产生的能量来烹饪食物，熔化或软化钢铁；将麦芽或甘蔗汁事先放置到容器里，然后制出啤酒或糖。人们除了移动之外，没有其他方法来对物质产生作用。人体肌肉能够做的唯一事情就是运动或阻碍运动。人们通过肌肉收缩对外物产生压力，如果这个力足够大就会使物体运动起来，或如果外物正处于运动中，那么这个力会阻碍、改变或完全阻止其运动。仅此而已。不过，这足以说明：人类从自然界所获得的支配力远大于自然力本身，这种支配力现在已经很强大，而且毫无疑问注定会变得更加强大。人们利用这种支配力，或是通过运用现存的自然力，或是通过运用物体混合或结合而产生自然力。例如，人们用火柴点燃燃料，并将盛水的锅置于上面，便产生了蒸汽动力，而且这种力已被广泛用于满足人类的目的。①

因而，在物质世界中，劳动总是且仅是使物体产生运动，然后由物质属性、自然规律来完成余下的事情。人类的技能和创造性在于发现运动，并施之以人力来实现他们预想的效果。不过，运动是人类通过肌肉所立即、直接获得的唯一结果，但人类并不一定要直接利用肌肉来获得他们想要的一切运动。最早的也是最为显著的是牛的肌肉运动，后来，无生命的自然力也可以代替人力，如风力、水力，这一发明是利用运动物体的部分动力代替肌肉来转动轮子。借由风力和水力提供服务而完成的一系列活动，类似于前面所讲的，先有人的肌肉运动将特定物体置于特定位置也就是所谓的机械上，但在整个过程中，肌肉运动只需一次，且不必连续重复，因此，总的来说，这极大地节省了劳动。

第三节　在不同行业中，自然力的效率如何

一些作者提出，在不同行业中，自然力对劳动的帮助是否会有差别，而且他们认为，在一些行业中劳动贡献最大，而在另一些行业中却是自然力贡献最大。然而，关于这个问题似乎存在着许多困惑。在任何人类工作中，自然力所起的那部分作用无法确定，也无法评估。我们不可能确定自然在一件事中所起的作用要比在另一件事中大，甚至也不能说劳动所起的作用就小。或许只是需要较少的劳动，但如果这种劳动是完全必不可少的，那么所获得的结果既是劳动的产物，又是自然力的产物。当为了获得某种结果而同时需要这两种条件时，去讨论其中一种的贡献有多大、另一种的贡献有多小实在毫无意义。这就如同试图去确定哪一半剪刀在裁剪过程中发挥的作用更大；也如同试图去确定 5 和 6 哪个数字对其乘

① 参见穆勒先生的《政治经济学纲要》(*A Fundamental Principle of Political Economy*) 第一章。

积 30 的贡献更大。这种想法通常的表现形式为：认为自然力在人类农业活动中所起的协助作用要比在制造业中大。法国经济学派就持有这种观点，就连亚当·斯密也不免受其影响，这一观点源于人们对地租性质的误解。地租是支付给自然力的价格，而在制造业中却无须支付，因此这些学者就认为：既然支付了租金，那必定是因为自然提供了更多助力。然而，认真分析一下这个问题就会发现：之所以支付租金不过是因为土地数量有限罢了。假如空气、热量、电力、化学能源以及制造业所需的其他原料也很有限，如同土地一样被垄断和占有，那么它们也需要严格支付租金。

第四节　有些自然要素的数量是有限的，而另一些实际上是无限的

这导致了一种差别，我们很快就会发现这一差别的重大意义。有些自然力的数量是无限的，而另一些则是有限的。当然，数量无限并非其字面的意义，而是实际意义上的无限，即数量超过了任何情况下或至少是目前情况下可利用的量。土地数量在一些新建国家中实际上是无限的，即土地承载量超过了国家现有人口或未来几代人口可能使用的量。但即使是在这样的国家里，便于市场交易或运输的土地数量通常也是有限的，同样地，人们乐于占有、耕种和利用的土地数量也是有限的。在所有古老的国家中，能够耕种的土地，特别是至少还算肥沃的土地一定属于数量有限的自然要素（natural agents）一类。水，如果用于满足日常目的，那么河湖岸边的水可能用之不竭，但如果用于灌溉，可能无法充分满足其所有需求；而在用水依赖于水池、水塘或水不充裕、易于枯竭的水井等地方，水的数量就变得极其有限了。在水资源充沛的地方，水力资源的总量，即可以通过水流落差来服务生产的机械力，与其他水力资源更为充沛的地方相比，前者或许极为有限。煤炭、金属以及其他有用物质，与土地资源相比，更为有限。它们不仅受地域限制，而且会枯竭，尽管在特定地域和时间之内可以免费获取，但是它们的现有数量也可能远远超过了目前的使用量。在大多数情况下，海洋渔业资源实际上是无限量的大自然恩赐。但北极捕鲸一度供不应求，即使付以高昂的价格，仍然无法满足人们的需求。由此促使南海捕鲸业极大地扩张，并导致鲸类呈现灭绝的趋势。水产资源是一种非常有限的自然资源，如果无节制地允许每个人捕捞，那么，它将会快速枯竭。空气，甚至是处于我们称之为风的状态，在绝大多数情况下，都可以充分获得并用于各种可能，海洋或大江水运也是如此。不过，在多数情况下，如果风力或水运更易获取，那么为这种运输方式提供服务的码头

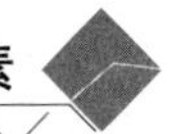

或泊位则远不能满足需要。

此后，我们将会看到：社会经济将在多大程度上依赖于一些数量有限且极为重要的自然要素，尤其是土地。当下，我想说的是：只要某种自然要素的数量实际上是无限的，除非它受到人为垄断的影响，否则它不具有任何市场价值，因为没有人会为免费获得之物付出任何代价。但只要该物实际上具有数量限制，并且该物不能想要多少就有多少，需要申请才能占有和使用，那么该自然要素的所有权和使用权就具备了交换价值。一旦某一地区水力资源的需求量超过了水力的供应量，那么人们将会为使用水力而支付等价物。同样地，某地区的农业用地需求量超过了它的拥有量，或它所拥有的高质量和优越位置的土地量不足时，该种质量和位置的土地就会以某种价格出售，或出租以收取年租。这一问题本书随后还会做深入讨论，不过在进行充分呈现和阐释之前，对其原理和论断做简洁提示大有益处。

第二章　论作为生产要素的劳动

第一节　用于直接生产产品，或是为生产产品做准备的劳动

局限于生产某种满足人们需要的产品的生产过程的劳动，既包括直接应用于生产该产品的劳动，又包括其生产所必不可少的前期准备过程的劳动。例如，在制造面包的过程中，面包师傅的劳动是生产出面包；但是对于磨坊工人来说，尽管他的劳动不是直接生产面包而是生产面粉，但这种劳动同样也是生产面包的总劳动的一部分；播种者的劳动和收割者的劳动亦是如此。可能有人认为，所有这些人的劳动都应该视为产品生产的直接劳动。毕竟谷物、面粉和面包只不过是同一种物质的三种不同形态。关于这个问题在语言表达上的争论暂且不谈，在土地上播种的农民，他的劳动与物质的各种形态都不相关联；还有制犁匠，他的劳动与最终成果之间的联系更间接。所有这些人的劳动报酬最终都来自面包或者面包的售价，制犁匠和其他人一样。因为犁除了耕地外没有什么别的用处，如果不是为了增加收入，没有人会因为其他原因制造或者使用犁。因此，源自土地的收益就是制犁匠劳动的等价报酬的源泉。如果产品是以面包的形式被使用或消费，这个等价报酬一定来自面包。面包必须为所有这些劳动者和其他若干劳动者提供足够的报酬。诸如为修建农舍的木匠和瓦匠，为保护庄稼而筑篱、挖沟的人，为铸造犁具以及其他工具而开采或提取原材料的矿工和冶金工。然而，这些人和制犁匠的报酬并不是依赖于一次收成所制作的面包，而是直到犁具、农舍和篱笆全部破损为止时所制作的全部收成的面包。我们还需要增加另一类劳动，即把产品从它的生产地运到它最终消费地的劳动，包括把谷物运到市场的劳动，将谷物从市场运到磨坊的劳动，磨坊工人把磨好的面粉运给面包师的劳动，最后把面包师制作好的面包运到最终消费地的劳动。这种劳动有时是相当可观的：

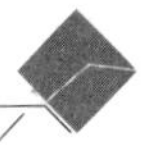

英格兰的面粉来自大西洋彼岸，谷物来自俄罗斯中部地区。除了直接雇用的劳动者以外，还需要搬运工和水手，以及花费巨大的工具，例如轮船——建造轮船将会涉及更多的劳动。但是，这些劳动并不依赖于面包的全部报酬，而是依赖于其中的一部分。轮船在使用期间，可以用于运输各种不同的商品。

例如，假设一件犁具在破损之前的寿命是 12 年，那么每年只有十二分之一的劳动被计入年收成。因此，估算生产一种商品所涉及的劳动绝不是一件简单的工作。计算所涉及的项目极多，对某些人来说可能是无限多的。因为如果我们把铁匠制造犁具的劳动计入制造面包的过程，那么为什么（可能会问）不计入用于制造铁匠工具的劳动？为什么不计入制造那些铁匠工具所用工具的劳动？为什么不进一步追溯所有这些物品的起源？但是在这个追溯的过程中再往前迈进一两步，我们就会进入一个极小的无法计算的区域。制造一件犁具的十二分之一的劳动是一个可观的数量。但是，同一套工具或许能制造上百件犁具，这些犁具在 12 年内会在尽可能多的农场翻土。因此，工具制造者制造工具的劳动的一千二百分之一将用于某个农场的年收成。当把这部分进一步分摊到多袋谷物和面包上时，这部分的数量与商品相关的任何实际意义是不值得考虑的。的确，如果工具制造者不劳动，就绝不会生产出谷物和面包；但是考虑到他的劳动，谷物和面包的售价提高幅度也不会超过十分之一便士*。

第二节　用于生产随后的劳动生存资料的劳动

即使另一种劳动对一件物品的生产仅有间接或者极小的作用，也需要给予特别关注。换句话说，它参与到了维持劳动者生存资料的生产中。除了极小规模的生产以外，预先雇用劳动是每个生产过程中必不可少的条件。除了猎人和渔夫的劳动以外，几乎没有任何其他种类的劳动能够立即获得回报。在获得成果以前，生产性劳动需要持续一段时间。除非劳动者在开始工作以前便已经拥有一定量的食物储备，或者能够从其他人那里获得补给，其数量能够维持他的生存，直到生产完成，否则他只能时不时地劳动以满足他的生存需要。他不可能获得充足的食物，因为对每一种获得形式来说都需要储存好的食物。农业生产需要花费数月才能收获食物。尽管农民的劳动在此期间内不需要一直持续，但是也要占用相当长的时间。不仅农业不事先生产食物是不可能的，而且依靠农业的任何大型社会都需要事先准备相当数量的食物来维持自身的存续。像英格兰或法国这样的国家之

* 1 英镑＝20 先令，1 先令＝12 便士。——译者注

所以能够进行当年的农业生产，是因为那些国家或某些地区往年提供了充足的食物来支撑他们的农业人口直到下一年收成的收获。他们之所以能够生产出许多除食物以外的其他物品，是因为在上一年的收成结束时储备的食物不仅足以养活农业劳动者，而且能养活一大部分工业人口。

在各种对开展当前劳动所必需的前期劳动中，用于生产储备粮食的劳动占据绝大一部分。但是需要特别注意的是，不同类型的前期劳动或准备阶段的劳动之间存在区别。磨坊工、收割者、犁田者、制犁匠、搬运工和造车者，甚至水手和造船者，只要被雇用，他们的报酬都来自最终的产品——面包，因为他们或者对谷物施以劳动或者是为生产提供工具。生产养活所有这些劳动者的食物的劳动，与其他部分的劳动一样，是最终结果——当前收成生产的面包——的必需条件，但是却不像他们的报酬一样来自最终产品。这种前期劳动的报酬来自先前的食物。为了增加某种产品，需要劳动、工具、原材料以及养活劳动者的食物。但是工具和原材料除了生产产品没有什么别的用处，或者至少不能用于其他用途，并且他们付出劳动的报酬只能来自生产的产品。相反，食物是非常有用的，直接用于养活人类。生产食物所耗费的并被食物补偿的劳动，不需要从随后所养活的劳动的生产获得报酬。如果我们假设一部分劳动者在制造产品的同时又种粮食养活自己，那么，他们将会获得食物和制成品来作为他们辛苦的回报。但是如果他们只种植原材料和制造工具，那么他们除了制成品就没有其他的回报。

由于拥有可用于维持劳动者生存的食物，在此基础之上的索取是另一种报酬——报酬来自节欲（abstinence），而不是劳动。如果一个人拥有储存的食物，他就有权荒度时日来消费，或者是养活照顾他的人，或是养活为他打架、唱歌、跳舞的人。如果他没有这样做，而是将食物给予生产性的劳动者用以支持他们的工作，那么他就可以并会很乐意从生产的产品中获得报酬。他不会满足于单纯的偿还。如果情况和原先一样，他几乎没有得到什么，那么他不会因为推迟享用、节省食物而获得任何好处或愉悦。他会对这种忍耐寻求等价报酬。他会期望预付的食物在收回时会有所增加，用商业术语来说，即期望获得利润（profit）。对利润的追求会逐渐诱导他减少自己的消费，增加食物储存，或者至少会让他放弃增加个人舒适或满意度。维持其他生产工具或原材料工人生活的食物，必须由某人预先提供，同时，他也必须从最终产品中获得利润。但有一点不同的是，最终产品提供的不仅有利润，还有劳动的报酬。工具制造者（例如制犁匠）不一定要等到收成已经获得之后才能得到报酬，农夫会预付报酬给他，继而成为犁的所有者。但是，预付的报酬均来自收成。因为除非农民认为收成将能弥补报酬，并且会带来预期的利润，也就是说，收成所产生的报酬不仅包括土地劳动者的报酬（预期利润），还要有足够余额来支付制犁匠的报酬，给予制犁匠和农民两者以利

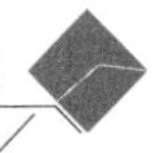

润，否则农民也不会承担这笔费用。

第三节　用于生产原材料的劳动

由此可见，在列举和划分各种间接或很小的促进其他活动的生产性劳动时，我们不需要考虑生产生存资料的劳动或者生产性劳动者所消耗的其他生活必需品，因为这些劳动的主要结果和目的就是生存本身。尽管拥有食物储存会完成其他工作，但这只是一个附带结果。其余对生产起间接作用的劳动，可以划分为以下五大类。

第一类是用于生产原材料的劳动。这些原材料要用于以后的工业生产。在很多情况下，这只是一种占有性质的劳动（a labour of mere appropriation），并且已被邓诺耶（Dunoyer）先生恰当地命名为采掘业。例如，矿工的劳动是把地下的物质挖掘出来，这些物质通过工业转变成适用于人类使用的各种物质。但采掘业采掘的不仅仅是原材料。例如，煤不仅可以用于工业生产过程，而且可以直接为人类供暖。当以这种形式使用时，煤就不是产品的原材料，而是最终产品。宝石的采掘也是如此。这些宝石的一小部分用于生产艺术品，诸如利用钻石来制作玻璃刀，利用金刚砂和金刚石来打磨。但是，宝石的主要目的是直接作为装饰品使用。尽管宝石在被这样使用之前通常需要人类加工，但是这可能让我们有理由把它们视为原材料。各种不同种类的金属矿石均是原材料。

在这一种类下，原材料的生产包括伐木工人的劳动，他们的劳动包括用于伐木和为建筑业准备木材，或者为木匠或其他工匠提供木材。在美国、挪威、德国、比利牛斯山和阿尔卑斯山的森林中，伐木工人的劳动大部分是用于砍伐自然生长的树木。在其他情况下，我们必须在伐木工人的劳动之外加上种植和培育树木的劳动。

同样地，这一种类下的劳动也包括种植亚麻、大麻、棉花，养蚕，生产饲料、染料，种植油料植物以及很多其他的物品，所生产的这一切物品只是为了满足其他工业部门生产的需要。因此，猎人的劳动只是为了获得皮毛或者羽毛，牧羊人的劳动只是为了获得羊毛、兽皮、角、猪鬃、马鬃等。在加工过程或者制造过程中，作为原材料使用的这些物品具有各种各样的特性，这些物品来自动物、植物和矿物的每一部分。除此之外，很多工业部门的最终产品又是其他工业部门生产的原材料。纺纱工人生产出的线除了作为织布业的原材料以外，几乎没有其他的用处。即使是织布机生产出的产品，也主要是作为服装业或家居业制造的原材料，或者是作为生产性工业进一步加工的原材料，例如用于制造帆船。制革工人发现他们的全部工作就是将原材料转化成所谓的已加工原材料（prepared material）。严格地说，来自农夫手中的几乎所有粮食，都不过是面包师或厨师的原材料。

第四节 用于制造工具的劳动

第二类间接劳动是用于制造器具或工具的辅助性劳动。我是按最广泛的含义来使用这些术语的，包括在生产过程中使用的所有耐用性工具或辅助性器具，从点火要用的一块燧石和钢铁，到一艘蒸汽船，甚至是制造机器最复杂的器具。工具和原材料之间的界限可能有点模糊。一些用于生产过程中的物质（例如燃料）在日常用语中既不被称为工具，也不被称为原材料，其常用的表达方式只能通过科学研究根据其需要划分为不同的类别。为了避免不区分科学重要性的类别和名称的增加，政治经济学家一般把用作直接生产手段（immediate means of production，下面将马上讨论非直接生产手段）的所有物质，要么全归入工具，要么全归入原材料。或许划分这个界限最常见最简单的办法就是把在生产过程中只用一次就毁坏的工具（至少是作为手头工作服务的一个工具）看成是原材料。因此，燃料一旦燃烧就再也不能作为燃料使用，燃料能够如此使用的只有第一次没有燃烧的部分。并且，它不仅不能在未被消耗的情况下使用，而且只能在被消耗时才有用。因为如果燃料没有被毁坏，那就不会产生热量。同样，羊毛在被纺成线后被毁掉，线在被编织成衣服后不能再当作线使用。但是，斧头在被用于砍伐树木时没有被毁掉，以后可能还会被用于砍伐成百上千棵树木。虽然斧头每次使用时都会有一点损耗，但是它不像煤炭和羊毛一样是通过自身的消亡来完成它的工作。相反，质量越好的工具越能抵抗磨损。把一些物品归为原材料是十分正确的，这些物品虽然能够使用两三次，但是并不是作为它第一次存在时的物品使用。用于制造油箱或管道的铁融化之后可以被制造成犁或蒸汽机；用于建筑房屋的石头在房屋被推倒之后可以用于再建筑另一座房屋。但是，这在原始产品存在的情况下是做不到的。它们作为原材料的功能只有在第一次使用并被耗尽之后才能实现。被归为工具的物品则与此不同，它们可以被反复用来制造新的物品，直到被完全磨损为止。这中间有时需要相当长的一段时间。而已经制造完成的物品可能没有受到任何影响而继续存在，并且只会因自身的规律或损坏而最终毁灭。①

① 一位富有才华且态度和蔼的评论家在《爱丁堡评论》(*Edinburgh Review*) 撰文，认为原材料和工具之间的差别很大，提议把原材料视为"经历生产过程的潜在改变之后的所有物质，是它们交易的主要物质"；把工具（或器具）视为"用于生产那种改变的物质，但是它们自己不会成为交换的结果"。根据这些规定，在制造厂消耗的燃料将会被视为工具，而不是原材料。这个词的使用比在本书的区分更符合材料这个词的原始物理含义。但是基于这种意义上的区别几乎与政治经济学无关。[参见 *Edinburgh Review*, LXXXVIII (Oct., 1848), 314，该评论由纳索·西尼尔 (Nassau Senior) 撰写。]

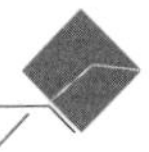

原材料和工具的区别所引起的具有重大意义的唯一实际差别，就是之前曾引起我们注意的地方。由于原材料一经使用便会毁灭，所以为生产原材料所需的全部劳动，以及人们为使这种生产持续进行的节欲，都必须从原材料的简单使用所产生的成果中获得报酬。相反，工具是可以被反复使用的，其生产的全部产品能够为工具制造者的劳动以及为维持这种劳动所累积的节欲提供报酬。如果每个产品都贡献出一部分，通常来说是非常小的一部分，那么就足以满足这些劳动和节欲的报酬，或者足以补偿直接生产者预付给工具制造者的报酬。

第五节　用于保护劳动的劳动

第三类，除了用于生产原材料和辅助性工具的劳动以外，还必须防止生产过程受到自然灾害或人为暴力或贪婪的干扰所导致的产品损失。这就产生了另一种劳动，即不直接作用于产品自身，而是对产品的生产起积极作用的劳动。换句话说，这种劳动用于保护工业。全部用于工业用途的建筑物，诸如厂房、仓库、船坞、粮仓、牲口棚或其他用于农业劳动的建筑物，均是这种劳动的保护对象。在这里，我排除了供劳动者居住的建筑，或者说是劳动者个人的宿舍。这些像他们的食物一样，满足了劳动者的实际需要，并且要计入他们的劳动报酬里。还有很多形式的劳动仍然是直接地用于保护生产性活动。例如牧人几乎全部的工作就是保护牲口不受伤害，做到这一点，畜群自己就会发展壮大。我已经提到了筑篱和挖沟、砌墙或筑堤的劳动，除此之外，还必须加上士兵、警察和法官的劳动。这些公职人员实际上并不是专门用来保护工业生产的，他们的报酬也不是来自私人生产者生产开支的一部分。但是他们都是从税收中获得报酬。税收来源于工业生产。在任何治理较好的国家中，他们为生产提供的服务均远远超过其成本。因此，对整个社会来说，他们的报酬是生产开支的一部分。如果生产所带来的收益不足以维持除了所需的其他劳动者外的这些劳动者的生活，至少从形式和方式上，生产就不能进行。除此之外，如果政府不提供对工业生产的保护，生产者就必须从生产中抽出大部分时间和劳动来保护生产，或者是雇用武装人员来保护。在这种情况下，所有的劳动都必须直接从生产的产品中获得报酬，而那些支付不起这种额外劳动报酬的物品将不会被生产。在当前的安排下，产品对相同的保护支付一定量的费用，尽管政府支出中偶尔出现浪费和挥霍，但是仍能够以较低的费用换到质量较好的保护。

第六节　用于产品运输和分发的劳动

第四类，有大量的劳动并不是用于生产产品，而是将产品提供给想要使用的人。许多重要种类的劳动者发现他们专门受雇来实现这种功能。首先是全部从事陆运或水运的劳动者，即赶骡人、船员、水手、码头工、煤炭装卸工、搬运工、铁路员工等等，然后是全部运输工具即轮船、驳船、马车、火车等的建筑者，还必须考虑到公路、运河和铁路。公路有时是由政府修建，免费对公众开放。但是修建公路的劳动仍需从产品中获得报酬。每个生产者为道路修建缴纳一定量的税，也就是在为公路给他带来的便利支付费用。如果对公路做出恰当的评判，那么公路为工业增加的收入远远超过为其缴纳的税款。

另一种数量极多的劳动者就是经销商和贸易商，也可以称作分销商，他们把生产出的产品送到想要使用的消费者手中。如果消费者只能直接从生产者那里得到他们想要的物品，就会浪费大量的时间，面临诸多不便，并且常常无法实施。生产者和消费者都太分散了，并且后者通常与前者距离很远。为了减少时间和劳动的损失，人们很早就诉诸集市和市场，消费者和生产者定期在那里见面，没有任何中间代理。这个计划适用于很多物品，特别是农产品，因为农民在某些季节拥有一定量的空闲时间。但是，即使在这种情况下，对于从事其他职业并且不住在这附近的消费者来说，参加这样的活动仍存在诸多麻烦和不便。并且，很多物品的生产需要生产者持续不断地照管，而这些定期的市场必须间隔很久才能举办一次。消费者想要的物品要么需要提前准备很久，要么需要保持长时间的不供给。在社会资源尚未允许建立商店之前，这些需求普遍依靠流动经销商来供给。每月出现一次的小贩比一年仅出现一两次的集市更受消费者青睐。在远离城镇或大型村庄的乡下地区，小贩仍然没有被完全取代。但是一个有固定住所和固定顾客的经销商获得了人们更多的信赖。如果距离较近，消费者更喜欢去经销商那里消费。因此，经销商发现，在距离足够多的消费者较近的地方开设商店对经销商更有利，因为这能够承担得起他们的报酬。

在大多数情况下，生产者和经销商是同一个人，至少在资金所有和运营控制方面是如此。就生产过程的最后阶段来说，裁缝、鞋匠、面包师以及很多其他的手艺人，是他们所交易物品的生产者。然而，只有当物品是在零售地或者接近零售地的区域生产时，同时制造量和销售量都较小的情况下，制造者和零售商的功能才能一致。当物品必须从很远的地方带来，一个人就不能有效地监管物品生产和物品销售。当物品又好又便宜地被大规模制造出来时，单个制造厂需要很多当

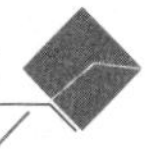

地的渠道来完成它的供给，因而把零售权授权给其他代理是最方便的。甚至是衣服和鞋子，当它们需要立刻大量供给时，通常消费者不是直接从生产者那里获得，而是从中间的经销商那里获得，例如消费者是军团或济贫院。中间的经销商知道从哪个生产者那里能获得又好又便宜的物品。即使物品注定最后以零售的形式售卖，便利性也会促使新的经销商出现。当产品和交易不断增加且超过一定数量时，当单个制造厂为很多商店供货，并且单个商店通常从不同的制造厂获得商品时，对制造者和零售商两者来说，由于直接商谈浪费时间并造成不便，因而他们宁愿与少数几个大型经销商做生意。大型经销商只是买了然后卖出去，从不同的生产者那里收购商品并分发给零售商，然后零售商进一步分发给消费者。所有这些不同的要素组成了经销阶层（distributing class），其代理是对生产阶层（producing class）的补充，由此决定产品的分发或它的价格——是分销商对他们的努力和节欲的报酬来源。节欲使他们能够为经销业务预付必要的资金。

第七节　与人类有关的劳动

我们目前已经列举了很多种属于外部性质的劳动，这种劳动是从属于生产的。但是，还有第五种形式的劳动，同样从属于生产，只不过更为间接而已，其劳动的对象是人类。每个人从婴儿到被抚养长大，需要一些人或数个人大量的劳动。并且如果没有这种劳动或者这部分劳动，孩子就绝不会长大到一定年龄，也不会拥有反过来使他成为一名劳动者的能力。对整个社会来说，养育婴儿的劳动和开支来自费用的一部分，这是生产的条件，并由未来的劳动者增加的产出来弥补。对个人来说，这种劳动和开支通常来自其他动机，而不是为了获得这样的最终回报。并且，对于大多数政治经济学的目的来说，不需要把它当成生产开支来考虑。但是，社会的技术教育或工业教育，即用于学习和教授生产技术的劳动以及用于获得和传播这些技能的劳动，实际上且一般来说仅仅是为了获得更大的或更珍贵的生产利益才发生的，其目的是使学习者得到一个等价的或者更高的报酬，同时使受雇用的老师的劳动获得足够的报酬。

作为造就生产力的劳动，无论是体力劳动还是脑力劳动，都可以看作社会完成它的生产过程的劳动的一部分。或者换句话说，可以看作生产成本对社会影响的一部分。所以用于维持生产力的劳动，防止他们因偶然事故或疾病被“毁坏”或被“削弱”而付出的劳动也应被同样看待。内科医生或外科医生的劳动，当被从事工业生产的人使用时，必须被视为社会经济遭受损失时，用来修复社会生产成员的生命和身体或脑力劳动者的生产能力，以保护部分社会生产性资源不因死亡或疾病而丧失。对个人来说，实际上这只是引诱他们接受医疗动机的一部分，尽管有时是难以觉察的一部分。人们截肢或者尽力治愈发烧主要不是出于经济动机，尽管他们仅仅出于经济动机会接受治疗。因此，这种劳动和支出，尽管有助于生产，却不以生产而结束，也不是为了从生产中获得回报，因而不属于政治经济学所宣称的生产性劳动的一般命题范围。从社会而不是个人角度来考虑，这种劳动和支出一定被视为影响社会生产过程中预先垫付的成本的一部分，并通过产品获得补偿。

第八节　发明和发现的劳动

此外，还有一种劳动是工业生产过程中发明者的劳动，通常被归为脑力劳动，尽管不像体力劳动那么直接，但是也直接作用于最终产品。我之所以说它通常被归为脑力劳动，是因为实际上它并非完全是脑力劳动。所有人的努力都是一些脑力因素和一些体力因素的合成。即使最愚蠢的工人每天重复爬楼梯的机械行为，也包含了一部分脑力活动。实际上，即使是最聪明的狗或大象也可能不会学会爬楼梯。最迟钝的人，提前指导一下，就能够学会转磨。但是，马在没有人驱使和监督的情况下就不能转动磨盘。与此同时，当脑力劳动产生任何外在的结果时，最纯粹的脑力劳动也包含某些体力劳动的成分。牛顿如果没有亲身参与写作或口述就不会产生《自然哲学的数学原理》。当他在大脑中酝酿时，他一定画过很多图表，写过很多计算和证明。发明者除了运用他们的脑力劳动，在他们的想法成功转变成现实之前，他们必须运用大量的体力劳动来建造模型和做实验。然而，无论是脑力劳动还是体力劳动，都是使生产进行下去的劳动的一部分。瓦特发明蒸汽机的劳动，同建造机械的技工或操作工具的工程师一样，都是生产中必不可少的一部分，并且他们都期望从产品中获得报酬。用于发明的劳动常常和制作实施的劳动是按同一种方法进行评估和支付报酬的。很多装饰品制造商雇用的发明者，他们凭借设计图案而领取工资或薪水，与那些依照这些图案而生产的人一样。严格说来，设计和依设计生产都是生产劳动的一部分。就像作者的劳动，与这本书的印刷者和装订者一样，都是图书生产的一部分。

从整个国家或整个世界来看，学者或思想家的劳动，从狭义上理解，同实际技能的发明者一样，都是生产的一部分。很多这种发明是理论发现的直接结果，并且自然界力量的知识扩展所产生的成果是为了应用到物质生活中。电报是奥斯特（Ersted）做实验和安培（Ampère）研究数学最意想不到的结果。现代航海技术是亚历山大的数学家对一个平面和一个圆锥所形成的三条曲线的性质的纯粹

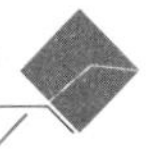

推理和单纯的好奇调查的意外发现。即使从纯粹的生产和物质的观点来看，纯粹的思想也是无限重要的。然而，因为这些物质的成果很少是学者追求的直接目的，所以他们的报酬一般不是源于经历很长一段时间后他们的发现所引起的产量的偶然增加。对大多数政治经济学的目的而言，不需要考虑最终影响。但是当（政治经济学应该时常准备这样做）我们改变观点时，不考虑个人行为和他们做决定的动机，而是考虑整个国家和整个世界的结果，脑力劳动就一定被视为社会生产性劳动中最有影响力的部分，并且用于支持和支付这种劳动的部分社会资源也是社会花费中最具有生产性的部分。

第九节　农业、工业和商业劳动

在前面的调查中我提到了用于促进生产的几种劳动模式，我很少用农业、工业和商业这种常用的分类。因为事实上这种区分很难达到分类的目的，很多生产性工业的大分支“无处安放”，或者不做曲解就无法归类。例如矿工、筑路工人和水手，更不用说猎人或渔夫。农业和工业之间也不能精确地划分界限。例如，磨坊工人和面包师是属于农业劳动者还是制造者呢？他们的职业从性质上看是制造。食物在到达他们手里之前已经与土地分离了。但这一点同样适用于打谷者、扬谷者、奶油和奶酪的制作者。这些人的生产活动通常被视为是农业活动，或许是因为这些劳动经常是由住在农场的居民完成的，他们与耕地的农民受到同样的监督。基于很多目的，所有这些人包括磨坊工人和面包师，都被归为耕种者和收割者这一类。他们全都参与食物生产，并且其报酬依赖于食物的生产。当一些人变得富裕，另外一些人也会如此。他们一起形成了“农业界”（agricultural interest）。他们以联合的劳动向社会提供一种服务，并且从一种共同的资源中获得报酬。即使土地的劳作者不生产粮食，而是提及工业原材料时，出于多方面的考虑，他们同样被划归为社会经济中的制造业者。卡罗来纳州（Carolina）的种棉者和澳大利亚的牧羊者与纺织工人的共同利益超过与谷物种植者的共同利益。但是，我们今后会看到，直接在土地上进行操作的工业具有一些特性，这些特性依赖于很多重要的结果，因而与随后的一系列生产不同，不论是否由同样的人或不同的人操作。并且与打谷者和扬谷者参与的工业不同，与纺纱工人参与的工业也不同。因此，当我谈到农业劳动时，除非在文中有说明或暗示，否则我一般都是指这种劳动，并且是专指这种劳动。“制造”这个词当需要精确使用时含义太模糊，因此当我使用这个词时，我希望读者能够按通俗的含义而不是科学的含义去理解。

第三章　论非生产性劳动

第一节　劳动生产的不是物品，而是效用

劳动是生产所不可或缺的，但并不总是影响着生产。很多劳动都具有高度的有用性，然而其目的并不是生产，因此劳动可分为生产性劳动和非生产性劳动。政治经济学家们在应当把什么样的劳动算作非生产性劳动的问题上存在争议，但是他们并未认识到，这一争议实际上并不重要。

很多学者认为，除非劳动的成果属于某种可感知的物质实体，而且能够从一个人转移到另一个人，否则就不能将这种劳动说成是生产性的。还有一些学者，其中包括麦克库洛赫（McCullooch）先生和萨伊（Say）先生，则把“非生产性劳动”一词视为贬义的，反对用它来描述能够带来好处、产生愉悦并且物有所值的任何有用的劳动。他们认为，只要政府官员、军官、医生、律师、教师、音乐家、舞蹈家、演员、家庭佣人等人的劳动无愧于其报酬，并且其人数也未超出所做工作的需求量，他们的劳动就不应该被“贬低”为非生产性劳动。由此可见，这些学者似乎把“非生产性”一词等同于浪费或者毫无价值，但这只不过是对所争议的问题的误解。毕竟生产不是生存的唯一目的，“非生产性”一词也不一定是贬义的；况且目前也没有人打算这样做。这只是用词和分类的问题。然而，即使观点一致，用词上的分歧也很重要，因为虽然这两个用词都可能符合整个事实，但是它们往往也会促使人们倾向于注意事实的不同部分。因此，当我们用生产性或者非生产性来描述劳动时，就必须考虑到它们可能具有的各种含义。

首先，必须记住，即使在所谓的物质实体的生产中，劳动也没有生产出产品中的物质。全世界所有人的所有劳动都不能生产出一丁点物质。织造呢绒只是用特殊的方式重新排列羊毛颗粒而已，种植玉米只是把一部分被称为种子的物质放

到一个能把泥土和空气中的物质颗粒聚集在一起的环境中，形成被称为植物的新物质。虽然我们不能创造物质，但是我们可以使它具有某种属性，使它从对我们无用到变得对我们有用。正如萨伊所确切指出的那样，我们生产的或者想要生产的东西，乃是效用（utility）。劳动并不创造物品，而是创造效用。其次，我们并不消耗和毁灭物体本身，组成物体的物质只是在形式上发生了或多或少的改变而已，真正被消费的只是它们适用于其所适用的目的的属性。因此，萨伊和其他人恰恰提出了这个问题：既然说生产物品时只是在生产效用，那么，为什么不是所有生产效用的劳动都具有生产性呢？为什么不把修复肢体的外科医生、维护秩序的法官或议员以及切割和打磨钻石的工匠的劳动视为生产性劳动呢？为什么否认传授给我们生存技能的教师的劳动为生产性劳动，却认定带给人们短暂的味觉愉悦的制糖商的劳动为生产性的呢？

的确，所有这些种类的劳动都能生产效用，如果生产效用足以对应人类通常形成的生产性劳动的概念，那么现在萦绕在我们脑海中的问题就不是问题了。生产和生产性，当然是简略的表达，二者包含有产生出某种东西的意思，但这种东西，我想应该普遍理解为财富（wealth），而非效用。生产性劳动意味着其能够生产财富。因此，我们又回到第一章中谈到的什么是财富的问题，以及财富是只包括物质产品还是应该包括所有有用的产品的问题。

第二节　效用的三种分类

目前劳动产生的效用有三类，它们分别是：

第一类，固定和体现在外部物体中的效用，即通过劳动使外部物体具有对人类有用的性质。这是常见的情况，不需要说明。

第二类，固定并体现在人类自身的效用，即运用劳动使人类具有能够对自己和别人有用的品质。所有与教育有关的人的劳动，不仅包括教师、导师和教授的劳动，而且从其成功地提高了人的素质方面而言，还包括政府官员以及道德家和传教士的劳动；从其维持生命和身体或精神功效方面而言，也包括医生的劳动；此外，还包括形体训练等各种类型的教师的劳动、科学与艺术教师的劳动、求学者的劳动，以及所有毕生致力于提高和培养自身或他人体力和脑力所花费的全部劳动。

第三类，也是最后一类，并未固定或体现在任何物体中的效用。这种效用仅存在于所提供的服务中，即在或长或短的一段时间内给予人们一种快乐，使其郁闷或者是痛苦的状况得以改善，但是并没有使任何人或物得到永远的改善。也就是运用劳动直接生产某种效用，而不是（像前两种情况那样）作用于其他物体并使之具有这种效用。例如乐师、戏剧演员、朗诵或吟诵演员和节目主持人的劳动。的确，这种劳动会在较长时间内在观众的情感、立场或者基本的心境愉悦方面产生积极或消极的影响，但是这两种影响都不是表演者进行表演与观众花钱观看表演所刻意追求的结果，人们所期望的不过是当时的快乐。陆军军人和海军军人的劳动同样如此，他们充其量可以防止国家被征服、侵略或者侮辱，这是一种服务，但在其他方面，他们没有使国家进步或者后退。议员、法官、审判员和政府所有其他人员的劳动亦是如此，他们的劳动除了可能对改善国民心理产生影响外，他们提供的服务还维护了和平与安全，这些便是他们产生的效用。一些人可能会认为，运输者、批发商或者经销商的劳动也应该归于此类，因为他们的劳动没有增加物品的任何属性。但我认为，他们改变了物品的属性，使物品处在人们需要它的地方，而不是在其他地方。这是一种非常有用的性质，它所提供的效用体现在物品之中。现在，物品实际上处于人们需要使用它们的地方，效用增加的结果是，物品可以按照与增加效用所赋予的劳动成正比的更高的价格出售。因此，这种劳动不属于第三类，而是属于第一类。

第三节　生产性劳动，是指产生固定并体现在物体中的效用的劳动

我们现在要考虑的是这三类劳动中哪一类应该算作生产财富的劳动，因为这就是“生产性”一词所包含的生产财富的意义。第三种类型的效用，是只在享受时才存在的快乐，以及只在执行时才提供的服务，不能被视为财富，除非是一个公认的隐喻。对财富这一概念而言，积累是必要的。物品被生产出来以后，若在使用之前不能保存一段时间，我从来不认为其可以算作财富，因为无论生产或享用多少这种效用，受益的人既没有因此而变得更富有，境况也没有得到丝毫的改善。但是，将既有用又易于积累的任何产品视为财富，却不会明显地违背财富概念的习惯用法。一个国家的工匠所具有的技能、精神和毅力，被认为是其财富的一部分，与他们的工具和器械一样，均属于这个国家财富的一部分。①根据这个定义，我们应把所有用来创造永久性的劳动都视为生产性的，无论这种效用是体

① 因此，一些权威人士认为，财富概念的基本含义，不仅包括可以被积累，而且包括可以被转移。由于个人所拥有的宝贵品质乃至生产能力不能与本人分离而转移给其他人，因此他们并不认为这些是财富，并且否认耗费在学习技能上的劳动是生产性劳动。然而，在我看来，例如，技术工匠的技能，既是人们乐于拥有的能力，也是具有一定持久性的能力（且不说利用它们还能生产出物质财富）。如果只因为它附着在个人身上便拒绝承认它是财富，那么也应该拒绝承认煤矿或者制造厂是财富，因为它们是依附于某个地方的。而且，尽管技能本身不能与本人分离而转移给购买者，但是，技能的使用却可以转移给购买者；

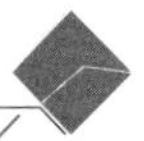

现在人身上，还是体现在其他生物和非生物身上。我在之前的一本著作①中推荐过这种命名方法，说它最有助于分类工作，我现在还是这样认为。

不过，当用财富一词衡量人类从事生产活动的能力时，一般人总是心照不宣地与物质产品产生联系。技术工匠的技能只有作为某种能够在物质层面上获取财富的手段时，才可能被算作财富，而任何无助于达到这一目的的才能，都根本不能算作财富。除了隐喻上的意义之外，人们很少说一个国家由于它的国民拥有才华、美德和修养而变得富有，除非它们确实是适于出售的物品，可以吸纳其他国家的物质财富，就像古希腊和一些现代国家那样。因此，如果我需要创造新的专用术语的话，我宁愿用产品的持久性而不是产品的物质性来作为区分的标准。但是，当习惯用法已深入人心时，使用术语的时候就要尽可能地不违背习惯用法；因为通过"曲解"而对人们普遍接受的术语所做的任何修改，通常是不值当的，会因新旧词汇之间的冲突使相关术语的含义变得模糊不清。

因此，在本书中，我谈到的财富只是物质财富，而生产性劳动仅仅是生产体现在物质实体中的效用的劳动。但是，根据我对这个词的限定，我将会在限定允许的范围内充分利用这种被限定的含义。我不会拒绝将不是以生产物质产品作为其直接结果而是将物质产品的增加作为其直接结果的劳动称为生产性劳动。因此，我把花费在为获取生产技能上的劳动称为生产性劳动，不是因为技能本身，而是因为技能所创造的制成品，以及学习生产技能的劳动在本质上对于产品的生产是有利的。政府官员以这样或那样的方式为产业的发展提供了不可或缺的劳动，我们必须将其视为生产性劳动，甚至视为关于物质财富的生产性劳动。因为如果没有这种劳动，像现在这样丰富的物质财富根本不可能存在。我们不妨将这种劳动说成间接的生产性劳动，而耕作者和棉纺织工的劳动则是直接的生产性劳动。二者的共同点在于，它们都使社会的物质产品比之前更为丰富了，它们增加了或者有利于增加物质财富。

第四节　所有的其他劳动，不论多么有用，都归类为非生产性劳动

与生产性劳动相反，可以把非生产性劳动理解为不以创造物质财富为最终结

尽管不能出售技能，却可以雇用技能；况且在所有法律允许的国家里，技术工匠可以与其技能一起被出售。因此，技能在可转移方面的缺陷并不是它天生的特性，而是源于法律和道德所设置的障碍。如前所述，我并没有将人类本身归类于财富，财富是为人类而存在的。但是人类所需要的能力，只是作为一种手段而存在，是靠劳动获得的，因此在我看来，它当然应归属于财富。

① 参见《略论政治经济学的若干未定问题》(*Essays on Some Unsettled Questions of Political Economy*)中的第三篇论文——《论生产性与非生产性二词》("On the Words Productive and Unproductive")。

果的劳动；无论如何大量地或成功地从事这种劳动，它都不会使整个社会，乃至于整个世界的物质产品更为丰富，反而会由于雇用劳动者从事这种劳动时所需要消耗的物质产品而使物质产品额减少。

用政治经济学的术语来讲，凡是以享受当下为目的但又不增加持久性享受的累积存量的劳动，都是非生产性劳动。根据我在本书中的定义，所有能够带来永久性利益的劳动，如果在其所增加的利益中不包括任何形式的物质产品的增加，则无论其多么重要，都必须归类为非生产性劳动。拯救一位朋友的生命的劳动不是生产性劳动，除非这位朋友是一个生产性劳动者，并且他的产出超过他的消费。对于一个宗教人士来说，拯救灵魂远比拯救生命重要，但是并不能因此称传教士或神职人员为生产性劳动者，除非他们像“南海布教团”（South Sea Missionaries）有时所做的那样，在传播教义的同时还传授文明世界的技能。显而易见，一个国家所供养的传教士或牧师人数越多，它在其他事情上能够花费的财富就会越少；相反，它在农业和制造业生产者身上花费的财富越多，它能够花费在其他地方的财富也就越多。在其他条件同等的情况下，前者的做法会减少这个国家的物质产品存量，而后者则会增加其物质产品的存量。

非生产性劳动可能与生产性劳动一样有用，从持久性利益的角度看，它可能更有用；或者其用途可能只在于某种愉快的感觉，感觉过后便没有了痕迹；或者它甚至连愉快的感觉也没有，只是一种绝对的浪费。在任何情况下，社会和人类没有因为它变得更富有，只会变得更贫穷。不从事生产的任何人消耗的物质产品，都会在社会所拥有的物质产品中予以扣除。不过，虽然社会不能因非生产性劳动而变得富有，但是个人却可以。非生产性劳动者可以从那些因自己的劳动而获得愉悦感的人的手中获得一笔相当可观的报酬。但是前者的所得正是后者的所失，后者的花费也许物有所值，不过他们在同等情况下也会变得贫穷。当裁缝做好一件上衣并把它卖掉时，除去金钱会从顾客那里转移到裁缝那里之外，顾客还会拥有一件之前从未有的上衣，但是演员只是从观众手中获得金钱，并没有留下任何财富作为对观众的补偿。因此，演员的劳动没有给整个社会留下任何东西。社会还会损失演员所得中所有被其消费的部分，只保留了他所积存的那部分。然而，一个社会可以通过非生产性劳动，以牺牲其他社会的利益而增加其财富，正如个人可以牺牲其他人的利益而使自己变得富有一样。意大利的歌剧演唱家、德国的家庭女教师、法国的芭蕾舞演员等，如果他们回国，他们在国外的收入就成为他们各自国家财富的来源。希腊的某些小城邦，特别是那些比较原始和落后的城邦，提供雇佣兵，他们受雇于东方的王孙贵族，进行无用的和破坏性的战争，并带着他们服役时的积蓄回国安享晚年。他们是非生产性劳动者，他们得到的报酬连同战利品，对于提供这些报酬的国家来说，是没有回报的支出。虽然整个世

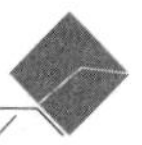

界毫无所获，但是希腊却大有所得。后来，希腊及其殖民地又向罗马帝国提供了另外一批冒险家，即所谓的哲学家与演说家，他们向上层社会的子弟传授那些被认为最有价值的技艺，他们大多是非生产性劳动者，但他们可观的报酬却成为他们自己国家财富的来源。以上事例中的这些人都不会为这个世界增加财富。这些劳动者的服务即便是有用的，他们的所得也是牺牲了整个世界的部分物质财富而获得的；如果没有用，那么这些劳动者的消费就是对整个世界的一种浪费。

然而，浪费并非仅仅局限于非生产性劳动方面。如果生产性劳动的消耗超过产出，也可能会造成浪费。如果劳动者的技能欠缺，或管理者的决策失误，也会造成生产性劳动的滥用；如果一个农民坚持用三匹马和两个人耕种，但经验表明两匹马和一个人足矣，那么这些过剩的劳动虽说是出于生产性目的，却也是一种浪费。如果所应用的一种新的生产方法被证明没有原来的方法好，或者没有达到预期的效果，那么花费在完善和应用这种生产方法上的劳动，也是一种浪费。生产性劳动也有可能使一个国家变得更贫穷，如果它所生产的财富，也就是它所增加的有用物品与合意物品的存量，不是人们当前所需要的，就会造成像商品因供大于求而销售不出去一样，或者就像投机者在无任何交易之前就建成船坞和仓库一样。北美的某些州正是犯了这种错误，过早建造铁路和修筑运河，才最终导致无力还债。有人怀疑英国不均衡地发展铁路事业，在某种程度上也是在重蹈北美的覆辙。当社会急需或财源有限而要求迅速回笼资金时，那些以远期利益为目的而投入的劳动，不仅有可能使国家在当前陷于贫穷，而且有可能因为这些劳动者的所有消费，使国家最终变得更为贫穷。在这种情况下，国家倒不如将劳动首先投入可以迅速获得回报的事业，而对于提供远期回报的事业推迟投入。

第五节　生产性消费和非生产性消费

生产性和非生产性的区别不仅适用于劳动，还适用于消费。所有社会成员不都是劳动者，却都是消费者，而他们的消费既可能是非生产性的，也可能是生产性的。并且只要是对生产没有做出任何直接贡献或间接贡献的人，都属于非生产性消费者；只有生产性劳动者才是生产性消费者，当然，生产性劳动者不仅包括从事劳动的人，还包括指挥劳动的人。但是，即使是生产性劳动者的消费，也不全是生产性消费。生产性消费者也有可能进行非生产性的消费，他们在保持或改善他们的健康状况、体力和工作能力，或在培养其他生产性劳动者以接替他们的工作等方面所进行的全部消费，都是生产性消费。但是，对娱乐或奢侈品的消费，无论是无所事事者还是辛勤劳动者，因为并不会以生产为目的，社会也不会因此而进步，所以必须视为非生产性消费。不过，也许应该将一定数量的享乐认为是必需的，因为若少了它，劳动将达不到最高效率。只有用于维持并且提高社会生产力的消费，才是生产性消费，无论这种社会生产力是存在于土壤、原材料或是生产工具的数量和效率上，还是蕴藏于人民之中。

有许多产品只能用于非生产性消费。必须将每年对金丝饰带、菠萝或者香槟酒等方面的消费看作非生产性消费，因为这些东西既对生产没有帮助，也没有用于维持生命或体力，而且可以用更为便宜的东西来代替它们。因此，不应该将生产这些东西的劳动视为政治经济学家所说的生产性劳动。我认为，为非生产性消费者生产物品所耗费的劳动，对于社会的持久富裕没有帮助。为一个不生产任何东西的人缝制上衣的裁缝是生产性劳动者，但几周或几个月后，这件上衣破损了，穿它的人并没有生产出任何东西来代替它，那么，社会并没有因为裁缝的劳动而变得更加富有，这与用这笔钱去歌剧院看戏没什么两样。不过，在这件上衣还未破损之前，裁缝的劳动还是增加了社会财富，也就是说，在该劳动产品被某一非生产性社会成员消费之前，社会财富是有所增加的。金丝饰带和菠萝的消费情况就是这样，只是与上衣相比，它们不具备必需品的性质。不过，这些东西在被消费之前，也是财富。

第六节　为生产性消费供给物品的劳动和为非生产性消费供给物品的劳动

然而，由此我们可以看出，对社会财富的某种区分比对生产性劳动与非生产性劳动之间的区分更为重要。对供生产性消费所用的劳动与供非生产性消费所用的劳动之间的区分，也就是用于维持和增加国家生产性资源的劳动和其他劳动之间的区分。一个国家的产品中，只有一部分用于生产性消费，其余的则用于生产者的非生产性消费，以及非生产者的全部消费。假设年产出的一半用于前者，那么，国家就只有一半的生产性劳动者为国家生产持久性财富。而另一半生产性劳动者的劳动则年复一年且世世代代地被占用，生产的物品一经消费便荡然无存，永远得不到回报。而且，就国民资源所产生的永久性影响来说，后一半人的非生产性消费都属于一种纯粹的浪费。假设后一半劳动者停止工作，闲散一整年，由政府和教会供养，即使在这种情况下，前一半劳动者也能像以前一样工作，生产出满足自己以及后一半劳动者的生活必需品，并且能保持原材料的存量以及生产工具不至于减少。的确，非生产者要么忍饥挨饿，要么被迫自行生产自己的生活必需品，整个社会在一年中仅拥有刚够维持生活的必需品。但是，生产资源却并

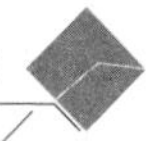

未受到损坏，来年的产量也未必会比没有发生这种停产的状况时少。然而，如果情况反过来的话，前一半劳动者停止日常生产，后一半劳动者继续他们的工作，那么国家到年底就会陷入一贫如洗的地步。

如若人们对一个富裕国家从每年的产出中拿出很大一部分产品去满足非生产性消费的情况表示惋惜，那就大错特错了。国家从必需品中抽出大部分用于人们的享乐或者满足更高层次的需求，是无可厚非的。这部分产品正是代表着社会为满足基本生存所提供的资金的水平，它是对社会具有多少供人享乐的手段与达到除生产以外的所有其他目的的能力的一种衡量。一个社会可以动用大量剩余来达到这些目的，这实际上是一件值得庆贺的事。令人惋惜并且无法改变的是，社会对这些剩余的分配太不公平了，大部分被用在了毫无价值的事情上，剩余的较大份额则落入了大多数不能提供等价服务作为回报的人的手中。

第四章　论资本

第一节　资本是用于再生产的财富

在前几章中我们已经看到，除了劳动和自然力这两种主要的和普遍的生产要素外，还有另外一种生产要素。如果没有它，工业只能处于起初原始的、简陋的生产状态，其他生产操作均不可能。这也就是先前劳动产品的原始积累。这种劳动产品的积累库存被称为资本（capital)。彻底理解资本在生产中的作用尤为重要，因为关于这一主题所产生的一些错误观念，都源于对这一点不完整和混淆的理解。

对于完全不理解这一问题的人来说，资本就是货币的同义词。为了揭露这种误解，我将重复在绪论中所说的话。货币不是资本与财富的同义词。货币本身并不能行使资本的任何职能，因为它不能辅助生产。要做到这一点，它就必须与其他东西交换，然而任何能够用于交换的其他东西，都能够以同等程度辅助生产。资本能为生产所做的是提供工作所需的场所、保护、工具和材料，以及在生产过程中供养和维持劳动者的生产生活。这些都是当下劳动需要过去劳动以及过去劳动产物所提供的服务。无论任何东西，只要用于这种用途——满足生产劳动所需的以上各种先决条件——就是资本。

为了熟悉这个概念，我们可以考量一下用于一国生产性行业的投资资本所能够做的事情。例如，制造商将其资本的第一部分以建筑物的形式用于装配和承担其他制造。第二部分以机械的形式存在。第三部分则根据他所生产的产品性质而定。如果他是一个纺纱业者，便以原棉、亚麻或羊毛的形式存在；如果他是织布业者，便以亚麻线、羊毛、丝绸、棉或线的形式存在；如此等等。依照现在的习惯，工作人员的食品和衣物，不由自己直接提供；除了食品或服装的生产者之

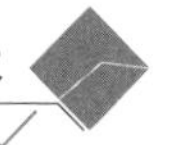

外，很少有资本家将任何值得一提的那部分资本以此种形式呈现。相反，每个资本家均拥有金钱，并支付给工作人员报酬，所以工人们可以自己满足所需。而且，在资本家的仓库里有成品，通过出售这些成品，他可以获得更多的钱，同样以此可以雇用工人以及补充库存材料，维修厂房和机械，并更换废旧设备。然而，他所持有的货币和成品并不全是资本，因为它们并不完全用于这些目的。他利用一部分货币以及出售成品的一部分收益来满足他个人及其家庭的消费，或雇用马夫和助手，或供养猎人和猎犬，或教育子女，或纳税以及用于慈善。那么他的资本是什么呢？确切地说，就是他所拥有的用于维持生产的那部分资本，而不管它以何种形式存在。至于其中的一部分，甚至是全部，是否能直接用于满足劳动者的需要，这无关紧要。

例如，假设这个资本家是一个五金制造商，他的资本除了机器之外，目前全是铁制品。铁制品并不能供养劳动者。然而，只要改变这些铁制品的用途，就可以供养劳动者。假设他打算用一部分收益来养猎犬，或雇一些仆人，但他改变了自己的意图，把这部分收益用于生产活动，以工资的形式支付给更多的劳工。这样一来，这些劳工就能够购买和消费食物，否则这些食物将被猎犬或仆人消费。因此，雇主虽然没有看到或接触过食物，但他的行为已经确定了该国将更多的食物用于生产性劳动者，而将更少的食物用于非生产性劳动者。现在改变假设，假设不是用养猎犬或雇用仆人的金钱而是用购买餐具和珠宝的那部分金钱来支付工资。并且为了使效果更加明显，让我们假设这种变化的规模相当大，大量用于购买餐具和珠宝的金钱被转移到用于雇用生产性劳动者，与此同时，我们假设这些劳动者像以前的爱尔兰农民那样，处于半失业和半温饱状态。那么，这些劳动者收到增加的工资后，将不会购买餐具和珠宝，而是用于购买食物。然而，该国却没有额外的食物，就如前一种情况那样，不能够自由地把任何非生产性劳动者或动物的食物用于生产目的。因此，如果有可能，国家将进口食物；如果不可能，劳动者将在一段时间内处于食物供给不足状态。但是，由于资本家从非生产性支出到生产性支出的变化会改变商品需求，结果就是下一年将生产更多的食物，而减少餐具和珠宝的生产。所以事实再一次表明，无须直接对劳动者的食物做任何事情，只要有人将其资本（无论是哪一类资本）从非生产性目的转为生产性目的，就会产生更多食物被用于生产性劳动者消费的效果。因而，资本与非资本之间的区别不在于商品的种类，而在于资本家的意向——他是将资产用于这一目的还是另一目的；而且，一切资产，无论其多么不适用于劳动者，只要该资产或其产生的价值用于生产性再投资，它就是资本的一部分。由各个所有者指定用于生产性再投资的所有价值的总和构成了国家的资本。是否所有这些价值都可直接适用于生产目的，这并不重要。无论它们采用何种形态，这都只是暂时性的，一旦用于生产，它们就能够转化成适用于生产的东西。

第二节　指定用于生产的资本要多于生产中实际使用的资本

由于凡是用于生产的产品都是资本，因此，反过来说，国家的全部资本都用于生产。然而，第二个命题必须带有一定的限制并做一些解释。一笔资金可能正在寻求用于生产，但或许所有者还没有找到合适的投资意向，这时这笔资金仍然是资本，但却是未使用的资本；或者有些资本是未售出的商品，不能直接用于生产性用途，而且目前又不可销售，因此，这些商品在出售之前也处于未使用资本的状态。又或者，人为或意外情况可能使人们有必要提前拥有更多的资本，即，在进入生产之前拥有比生产所需的更多的资本。假设政府在其生产的早期阶段征税，例如征收原料税。制造商必须在开始制造之前提前纳税，因此他需要更多地积累资金，要多于他所进行的生产所需或实际应用所需。他必须有更多的资本来维持相同数量的生产性劳动，或者是用给定的资本来维持较少的劳动。因此，这种征税模式不必要地限制了该国的产业发展，其所有者用于生产的一部分资金偏离了生产目的，转为提前向政府支付的款项。

又例如：农民可能在耕种时节之前就需要提前支付一个季度、两个季度甚至是三个季度的租金。因此，租金必须从他自己的资本中支付。就目前而言，如果支付地租是为了土地本身，而不是为了通过劳动对土地进行改良，那么它就不属于生产性支出。因为这种租金不是用于维持劳动者生存，亦不是为劳动产品提供工具或原料，而是为使用已被人占有的自然要素而支付的价格。的确，这种自然要素同任何工具一样都是不可或缺的（甚至更为重要），但并非使用它必须要付出代价。就工具（劳动所生产的物品）而言，支付某种价格是其存在的必要条件，但是土地却是自然存在的。因此，土地租金并不属于生产性开支。然而，从资本中必须支付的这一款项，与自然所需资本或不同土地制度下所需支付的资本相比，前者需要更大量的资本和更多过去劳动产品的累积。这种额外的资本，虽然其所有者打算用作生产性支出，但实际上却是用作非生产性支出，而且每年不是由其自身生产的产品来置换，而是由农场主剩余资本供养的劳动者生产的产品来置换。

最后，尽管一个国家的大部分生产资本用于支付劳动者的工资和薪金，但显然，这部分资本并非生产所严格必需的和不可或缺的。超过了生活和健康实际必需的那一部分（对技术劳动者而言，超出量实际上会更大）并非用于维持劳动，而是作为报酬，劳动者可以等待生产完成后再获得这部分报酬，而不必作为资本

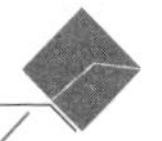

预先存在；如果劳动者不得不完全放弃这部分报酬，那么生产仍会照样进行。为了每日或每周向劳动者提前预付这笔报酬，资本家就必须事先准备比满足当下生产规模所使用的更多的库存或资本，以备生产使用。无论劳动者获得多少报酬，都要超出精明奴隶主为了自身利益而付给奴隶的报酬很多。事实上，只有在积累了大量资本之后，才能预先支付得起超出维持生存最低限度的任何劳动报酬，因为无论付出多少，这种报酬都不真正地应用于生产，而是应用于生产性劳动者的非生产性消费，这也表明需要充足的生产资金来允许习惯性地将这种报酬用于单纯享乐。

可以看到，我们总是假设劳动者依靠资本而生存，显然这是事实，尽管资本不一定由一个所谓的资本家来提供。当劳动者用他自己的资金来维持生存时，就像农场主或地主依靠自己的土地产品来生存，又或者是像工匠自己工作那样，他们仍然依靠资本，即预先提供的资金来维持生存。农民不是依靠今年的收成来维持当下的生存，而是依靠上一年的收成来维持今年的生活。工匠不是靠他当下手中的工作收益来生活，而是靠先前完成的和已经出售的产品收益生活。每个人都是靠自己的小额资本维持生存，并定期用其劳动产品来进行替代。同样，大资本家也类似，以事先提供的资金来维持生存。如果他亲自操持业务，他个人或家庭的支出只要不超过其按市场价格计算的公平的劳动报酬，就必须被视为他的资本的一部分，与其他任何资本一样，属于生产性消费；他的个人消费，就生活必需品而言，也是生产性消费。

第三节　审查某些情况下阐释资本概念的事例

尽管论述可能有些烦琐，但我必须增加一些阐释，以便将资本概念论述得更加清晰、更具说服力。正如萨伊先生所由衷指出的那样，运用例证来阐释政治经济学理论非常有必要，因为政治经济学中盛行的最大错误可能就在于对基本概念缺乏透彻的把握。这也不足为奇，一棵树的分支可能患病，但其余部分仍然健康，然而树根不健全却会扩散，从而使整棵树不健康。

因此，我们思考一下，那些依靠利息存活而不亲自参加生产的人所拥有的财产是否能被视作资本以及在什么情况下可被视作资本。就个人而言，日常用语中称其为资本并无不当之处。一切资金，所有者不仅可以从中获得收入，而且可以在不耗散资金本身的同时使用该收入，这对于所有者来说就相当于资本。但是，把对个人来说正确的命题不假思索地急于转变为通用观点，已经成为政治经济学中无数错误观念的根源。在目前这种情况下，对个人来说是资本的资金，但对国家来说是不是资本，就要根据这笔资金是否已经被其他人挥霍了来决定。此处，假设其所有者没有挥霍该资金。

例如，A 拥有一万英镑资产，将其借予一个农民或制造商 B，并在 B 的生产中收获利润。这笔资金就如同是 B 的资本一样。不是就个人而言，而是就其财产而言，A 才是那个真正的农民或制造商。价值一万英镑的资本用于生产——维持劳动力并提供工具和原材料。该资本属于 A，然而由 B 来支配，B 获得的报酬是其产生的利润和他支付给 A 的利息之间的差额。这是最简单的情形。

接下来，假设 A 的一万英镑不是借给 B，而是通过抵押贷款借给一个土地所有者 C，C 运用这笔资金来筑篱、排水、修路或改善土壤肥力，以此来提高其产业的生产力，这就属于生产性使用。一万英镑被投资于土地，而不是被挥霍掉，而且它会产生永久性的回报。现在土地产量在增加，如果这一万英镑被高效使用，在几年内，将足以收回资本并增加好几倍。在这里，这就是一个用于提高国家产出的价值一万英镑的资本。但如果 C 出租其土地，并以增加租金的形式来获取回报，这时债权人 A 每年以利息形式从这些收益中收取定额报酬。现在我们将改变一下情况，假设 C 没有将贷款用于改良土地，而是偿还先前债务，或给予子女。如此使用的一万英镑是不是资本，将取决于最终获得者如何使用这笔资金。如果子女把财富投资于生产性事业，或者债权人收回贷款后，将其又借给另一个土地所有者来改善土地，又或者让制造商拓展其业务，那么它仍然是资本，因为它被投入到了生产中。

然而，假设借钱者 C 是一个挥霍无度的人，他抵押土地借钱不是用于增加土地的财富，而是恣意浪费，纵情声色犬马。在一两年内挥霍一空，却没有回报。A 还和以前一样富有，但他已不再是拥有他的一万英镑，而是拥有土地留置权，他仍然可以变卖土地而获得这笔钱。然而，C 要比以前少了一万英镑，变得贫穷，与此同时却没有人变得更富有。或许有人会说，C 花钱时从中获取利润的那些人变得更富有了。毫无疑问，如果 C 是赌博输掉了这一万英镑，或是被他的仆人骗走了，这只是一种财富转移，而非破坏，那些获得财富的人还可以将其投入生产。但是，如果 C 获得了同等价值的生活必需品或奢侈品，这些东西由他自身享用或被其仆人、宾客消费，那么这些物品将消失殆尽，而且没有生产出任何替代品。然而，若把同等金额用于农业或制造业中，那么在年底时就会有更多的劳动新产品来平衡消费开支，并且有剩余。原本可以获得收益的消费，由于 C 的浪费，被白白消耗了。C 的贸易商可能在此过程中获利，但如果资本用于生产，那么就能从建筑商、筑篱者、工具制造商以及向劳动阶层提供消费品的贸易商中获得同等的利润，而且在达到期限之时，C 会收回一万英镑或其替代价值（还不算任何增加），但现在却一无所有。因此，总的结果是损失了一万英镑，也就是 C

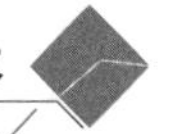

非生产性支出的差额，这对社会是不利的。对于 A 来说，没有实质性的差别，因为他的收入可以得到保证，只要担保有效，而且市场利率一致，他就可以始终以原始价值出售抵押品。因此，对于 A 来说，C 所抵押的那一万英镑的产权实际上就是那个数额的资本。但这对社会来说是否也是如此？当然不是。A 有一万英镑的资本，但由于 C 的挥霍已消失殆尽。A 现在得到的收入，不是从其资本产物中所得，而是来自属于 C 的一些其他收入来源，可能是土地租金，也就是农场主从其资本产物中支付给 C 的报酬。国家资本减少了一万英镑，也就相应地减少了这一万英镑作为资本将会产生的国民收入。损失不会落在资本所有者 A 身上，因为挥霍者同意赔偿他。但挥霍者的损失也只是社会所承受损失的一小部分，因为债权人专注使用和消费的只是利息，资本本身应该被用于永久维持相同数量的劳动者，这些劳动者可定期地再现他们所消费的东西，但这种情况下他们维持生活的资本就会被剥夺且没有补偿。

现在我们进一步改变假设，假设这笔钱不是由地主借用，而是由国家借用。A 把他的资本借给政府用于战争，他向国家购买所谓的政府证券，也就是说，政府每年要向其支付一定的收入。如果政府用这笔钱修铁路，这就是一种生产性消费，A 的财产仍被用作资本。但是由于它被用于战争，即政府向没有生产任何东西的军官和士兵支付军饷，且在没有回报的情况下购买一定数量的火药和子弹，这时政府就处于像 C 一样挥霍无度的状态。A 的一万英镑曾经作为国家资本存在，但现在已不复存在，就财富或生产而言，犹如石沉大海，虽然由于其他原因，这样使用可能有其道理。A 的后续收入不是来自他自己资本的产物，而是来自社会剩余资本产物的税收，对社会来说，A 的资本没有产生任何回报来补充其支出。它已经彻底被消耗掉了，A 现在拥有的是对其他人的资本和工业回报的索取权。他可以出售这种权益，并得到等额资本的回报，后续再投入生产性使用。确实如此，但他没有收回自己的资本，或其资本所产生的任何东西，其资本及所有可能的回报都已消失殆尽，他得到的是另一个人的资本，那个人愿意交换他对税收的留置权。另一个资本家将自己替代 A 作为公众的债权人，而 A 则替代另一个资本家作为生产资金或可用于生产的资金的所有者。社会的生产力不会因为这种交换而增加或减少。政府在花掉 A 的钱时，国家资本已被消耗，因为一万英镑的资本被撤出或被禁止用于生产性消费，取而代之的是被用于非生产性消费，被消耗殆尽却没有产出等价物。

第五章 关于资本的基本命题

第一节 产业受资本的限制

如果前面的解释已经达到了它们的目的，那么读者根据资本的定义不仅完全掌握了资本的有关理念，而且还十分熟悉具体的资本，熟悉在模糊不清、错综复杂的个别情况下的资本。这有助于完全不熟悉的读者了解有关资本的某些基本命题或一般原理。这种全面的理解堪称远离黑暗、步入光明的重大步骤。

这些命题中的第一个是产业（industry）发展受到资本的限制。这是如此明显以至被应用到大量日常语言中。但是，偶尔发现某个真理是一回事，习惯性地认出它并承认没有命题与它不一致是另一回事。这个真理直到最近还几乎完全受到立法者和政论家的普遍忽视。与此相悖的学说仍然广有市场。

下面的常见表达就包含这一真理。扶持某个特殊行业的做法被描述为向该行业投放资本。发展农业则是向土地投放资本。在制造业中雇用劳动就是把资本投资于制造业。这意味着，如果没有足够的资本，产业就无法获得充分的发展。实际上，只要能够清楚地理解，这个命题就一定会得到赞同。“投放资本”（applying capital）这种表达是一种比喻，实际投放的是劳动，资本只是一个必要的条件。同样，严格来说，我们通常所说的“资本的生产力”（productive powers of capital）这个表达是错误的。只有劳动和自然要素才具有生产力。或者，如果说资本的某一部分从广义的语言来说有其自身的生产力，那也只有工具和机器，这就像风或水一样，可以被视为与劳动相配合。劳动者的食物和生产中的原材料不具有生产力。但是如果不提供食物和原材料，劳动就不能发挥它的生产力。与提供的用于生产的原材料和用于吃的食物相比，不可能有更多的产业。一件非常明显却又常被人们忘记的事情是，一个国家的人民不是由现在劳动的产品而是由过

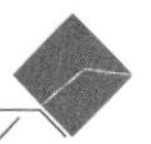

去劳动的产品来维持和满足他们的需要。他们消费的是已经生产出来的产品，而不是将要被生产的产品。当前，已经生产出的产品只有一部分用于生产性劳动。因此，生产性劳动将不可能多于这部分（一国资本）用于分配给能够满足和提供生产所需的原材料和工具的劳动。

但是，很显然人们忽视了这一事实，一直以来人们都认为法律和政府在没有资本的情况下可以创造产业。不是通过使人们更加勤奋，或者提高他们劳动的效率，这些都是政府在某种程度上能够间接促成的目标。但是，在没有任何提高劳动者技能和精力的情况下，以及没有促成一些之前懒惰的人去劳动的情况下，人们仍然认为政府在没有提供额外资金的情况下能够创造额外的就业机会。政府可以通过禁止性法律来阻止一些商品的进口。在这种情况下，它会导致这些商品在国内生产，政府就会自豪地宣称给这个国家增加了一个新的工业分支，将会炫耀统计表中的生产产量和就业人口的数量，并且把全部这些看成是通过禁止性法律获得的国家收益。尽管这种政治算法在英国的可信度已经降低，但它在欧洲大陆的各个国家仍然十分盛行。如果立法者已经意识到产业受资本的限制，他们就会看到，国家的总资本一直没有增加，他们通过立法所引起的在新产业上的投资，一定是从其他产业中撤出或扣除的。这些其他产业已提供或者将会提供的就业数目，可能与在新产业中雇用的劳动者数量相同。①

第二节　产业受资本的限制，但并不总是达到其限度

虽然产业受到资本的限制，但是我们并不能因此认为产业总是能达到资本所设置的限度。资本可能暂时没有被使用，就如同没有卖出去的商品，或者还没有进行投资的资金。在这段时间里，它不对产业产生任何促进作用。或者说，可能没有那么多劳动者让资本得以维持和被雇用。这种情况在新开发的殖民地出现过，资本有时为了寻求劳动而被无用地消耗。斯旺河殖民地（Swan River Settle-

① 必须承认一个例外，即通过禁止性法律创造或支撑的工业属于所谓的家庭制造业。这些人早已经被人供养，即由其他参与生产的家庭人员供养。资本不需要被转移到他们所从事的工作中，除了原材料和工具的价值以外，而原材料和工具的价值通常是微乎其微的。因此，如果一个保护性关税导致这个原本不存在的就业的产生，那么，在这种情况下，国家的产量会真的增加。

为了使我们的理论命题无懈可击，必须考虑到这种特殊情况，但是它不涉及实际执行的自由贸易学说。家庭制造业从本质上来说不需要保护，因为劳动者的生存资料由其他资源提供，无论产品的价格降低多少，产出几乎全是净收益。因此，如果家庭制造业退出竞争领域，这绝不是出于必要性，而是因为产品不值得劳动花费。根据这种精明的判断，那些曾从事这一领域的人转移到了另一领域。与付出劳动制造衣服相比，他们更喜欢购买衣服。除非社会给予他们的价格高于他们自己对产品的估价，否则他们不会一直付出劳动。

ment，现在称为西澳大利亚）在它被建立后的第一年就是一个例子。很多人依靠现存的资本维持生活，这些人什么也没有生产，或者消费的比他们生产的要多。如果减少劳动者的工资，或者在相同工资条件下延长他们的工作时间，或者如果早已经有资本维持他们家人的生活，他们能够比目前在增加产品方面做出更大的贡献，那么一个给定的资本将会为更多的产业提供工作机会。生产性劳动者的非生产性消费现在全部由资本提供，他们可能会停止或者推迟这种消费，直到产品被生产出来。额外的生产性劳动可能由这部分数量来维持。通过这种方法，社会可能从其现有的资源中获得更大的产量。当一大部分资本突然遭到损毁时，就必须采用这种方式，从而让剩余的资本发挥最大的作用。

当产业不能达到资本所能容纳的限度时，政府可能采取各种方法。例如通过引进额外的劳动者，使其更接近这一限度。正如引进苦力和自由黑人到西印度群岛。政府还有一种方法能够创造额外的产业。它们能够创造资本。它们可以征税，并用于一定量的生产。它们还可以采取几乎是等价的做法，对收入或支出征税，并将所得款项用于偿还公共债务。公债持有人在得到偿还后，仍然渴望从他的财产中得到收入。因此大部分财产会被投入生产性活动中，但是其中的很大一部分来自用于非生产性支出的资金。因此，人们所缴纳的税收不全部来自他们本来可以节约的部分，而是部分——如果不是主要的话——来自他们本来的支出。可以补充的是，由生活技能或其他方面的改进而引起的资本（或者更确切地说，劳动）的生产力的任何提高，都会增加劳动的就业机会。当有一个更大的生产总量时，它总是可能使增加的一部分量被储存起来并被转化为资本。特别是当生产性工业的收益增加时，这会促使人们抵抗额外的诱惑，把资金从非生产性目的转化为生产性目的。

第三节　资本的增加能增加劳动就业机会，且没有明确的限度

一方面，产业受资本的限制；另一方面，资本的每一次增加都会给或者能够给产业带来额外的就业机会，并且这是没有明确的限度的。我并不否认，资本或者部分资本可能没有被用来支持劳动者，而是被用于固定机器、建筑、改良土地等等。在任何大量增加的资本中，有相当大一部分通常会被用于这个方面——这部分资本只被用来与劳动者配合，而不是被用来维持他们的生计。我想指出的是，被用于维持劳动者的这部分资本，假设其余条件不发生改变，可能无限增加，因此不会产生劳动者找不到工作的情形。换句话说，如果有具备工作能力的

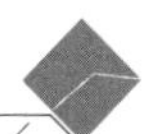

人，并有食物来供养他们，那么他们可能总是被用于生产某种物品。这个命题需要多说一些，因为在目前的一般术语中赞同这类命题是非常容易的，但是在错综复杂的社会事实中，很难一直坚持这一观点。它与常见的学说大相径庭。人们普遍认为，富人的非生产性支出对穷人的雇佣来说是必需的。在亚当·斯密以前，这个学说几乎没有被质疑过。甚至从亚当·斯密时代以来，一些声名卓著的学者①认为，如果消费者节约并转化为资本的金额超过他们收入的一定份额，而用于非生产性消费的金额没有达到一国资本的特定比例，那么额外的积累就会被白白浪费掉，因为如此创造出来的资本所生产出来的商品没有市场。我认为在政治经济学中，很多错误起源于没有事先用简单的案例来检验理论的惯例，而是过于仓促地陷入复杂的具体现象中。

每个人都能看到，如果一个仁慈的政府拥有社会全部的食物、全部的工具和原材料，它能强迫所有具备生产性劳动能力的人进行生产性劳动，并给予他们一定份额的食物，而不用担心这种生产性劳动没有用武之地。因为只要有任何一个人的需要没有得到满足（这种需要可以用物品来满足），社会的劳动就会转变为生产能满足这种需要的物品。现在，资本的个人所有者，当他们用新的积累增加其资本后，所做的事情与假设一个仁慈的政府所做的事情完全一样。既然允许通过假设来分析各种情况，那么就让我们来假设一种最极端的情况。假设每个资本家都认同自己没有品行端正的劳动者更值得称赞，不应该生活得更好，因此从良心出发，把他的剩余利润储存起来。或者假设这种节欲不是自发的，而是通过法律或舆论强加给所有资本家和地主的。现在非生产性支出减少到最低限度。人们会问，增加的资本怎样才能找到劳动者呢？谁会购买增加的资本将要生产的商品呢？即使是之前生产的产品也找不到消费者。因此，（据说）商品将卖不出去，它们会在仓库里腐烂，直到资本降到原先的水平，或者说，直到资本降低的水平与消费者需求下降的水平一致。但是，这只看到了事情的一半。在所假设的情况下，资本家和地主不再有对任何奢侈品的需求。但是，当这些人把他们的收入转变为资本时，他们不会因此消灭他们消费的能力，而是将这部分消费能力转移到了他们所雇用的劳动者身上。现在，就劳动者而言，有两种可能的假设。要么劳动者数量按一定比例随着资本的增加而增加，要么劳动者数量没有增加。如果是前一种，理解起来就没有任何困难。为新人口必需品的生产取代了一部分旧的奢侈品的生产，并且正好提供已失去的工作机会。但是，假设人口没有增加，资本家和地主先前有关奢侈品的全部花费就会以额外的工资形式被分发给现有的劳动者。我们假设劳动者的必需品已经得到了充足的供给。接下来会发生什么呢？劳

① 例如，马尔萨斯（Malthus）先生、查默斯（Chalmers）博士、西斯蒙第（Sismondi）先生。

动者将成为奢侈品的消费者。先前用于生产奢侈品的资本仍然能够以同样的方式来使用。不同的是，奢侈品由社会广泛地分享，而不是局限于少数人。严格地说，假如劳动者的体力能够确保他们生产出足够多的令其欲望得到满足的财富，那么增加的积累和增加的生产就可能一直持续下去，直到每个劳动者对财富的追求与他们持续工作的动机相匹配。因此，限制财富的绝不是消费者的不足，而是生产者和生产力的不足。资本的每一次增加，给劳动要么带来额外的就业机会，要么带来额外的报酬，要么使国家富裕，要么使劳动阶层富裕。如果能找到额外的人手来工作，就会增加生产总量。如果只能找到相同的人手，就会给他们更大的份额。或许在这种情况下，通过刺激他们付出更大的努力，就会扩大生产本身。

第四节　资本是节省的结果

有关资本的第二个基本命题涉及资本的来源。资本是节省（saving）的结果。这一点已经在前面所讲的内容中充分说明了。但是这个命题还需要进一步的说明。

如果所有人把他们生产的全部产品以及他们从其他人的生产中获得的全部收入都花费在个人嗜好方面，资本就不能增加。全部的资本，除了很小的一部分以外，最初都是节省的结果。我之所以说有小部分除外，是因为一个自食其力的人可能消费他自己生产的全部物品而不会变穷，并且提供他赖以生存的必需品，直到他已经收获或者卖掉他的商品。尽管这些是资本，但却不是节省出来的，因为全部用于满足他的需要，或许它们很快会被他在坐吃山空中消费完。我们可以想象，一些人或家庭居住在很多单独的一小片土地上，每个人或家庭依靠自己的劳动生产生存，并且消费掉全部的生产。但即使是这样，也必须（从其个人的消费中）节省出至少必要的种子。因此，即使是在最简单的经济关系下也必须有一些节省。人们必须生产多于使用，或者使用少于生产。人们必须多节省才能雇用更多的劳动，以便完成个人所无法胜任的大量工作。所有用于供养其他劳工的产品势必来自最初的节省，某些人首先生产出产品，然后抑制自己对这些产品的消费。因此，大体上可以这样说，所有资本，尤其是所有的新增资本，均是节省的结果。

在一个充满野蛮暴力的社会形态中，常见的情形一直是，拥有资本的人并不是节省资本的人，而是某个很强壮的人或者是有权有势的社会集团中的一员——通过掠夺来使他自己拥有资本。即使在财产受到保护的社会形态中，在很长时间

里，资本的增加通常也主要来自剥夺，尽管从本质上来说与节省是一样的。这里不使用节省一词，是因为这种情况下的资本增加不是自愿的。实际生产者是奴隶，他们在暴力的威胁下被迫生产尽可能多的产品，并且只消费极端自私、丧尽天良的奴隶主所允许的极其微薄的部分产品。然而，这种强迫性节省将不会引起任何资本的增加，除非一部分奴隶主愿意更加节省。如果他把奴隶生产和克制消费的全部产品用来满足他个人的嗜好，他将不会有资本增加，也不能维持增加的奴隶人数。为了维持全部奴隶的生产生活，必然包含一个先前的节省，至少应包含先前储存提供的食物。然而，这种节省不可能由奴隶主的自我强加贫困来实现，而是更有可能通过当时还是自由的奴隶们自身来实现。通过掠夺或战争，奴隶主剥夺了他们的个人自由，并把他们的积累转移给了征服者。

在其他情况下，节省这个词及通常与之相关的表述，并不是很适合用来描述资本增加的方式。例如，如果说资本加速增加的唯一方式是通过节省的增加，那样会使人很容易想到更苛刻的节欲和更残酷的贫困。但是，很显然，无论劳动的生产力提高多少，都会创造节省下来的额外资金，并且不仅能在没有额外贫困的情况下扩大资本，而且同时能增加个人消费。不过，从科学意义上来说，这里包含通过节省而来的增加。虽然消费得多，但是节省下来的更多。生产的量远远超过消费的量。把这种情形称为更大的节省是十分正确的。尽管这个词略有不妥，但是没有其他的词更理想。消费少于生产，即是节省。这也是资本增加的过程，而完全不需要减少消费。我们不能使自己成为词语的奴隶，以至于不能在某种程度上使用节省这个词。不要忘了，除了消费减少外，资本增加有另一种方式，即生产更多。

第五节　全部资本都会被消费掉

有关资本的第三个基本命题，与上一节所讨论的紧密相关，即虽然资本是节省下来的，是节省的结果，但是最终都会被消费掉。节省这个词并不意味着节省下来的不用于消费，也不意味着一定要推迟消费，而仅仅指如果要立即消费，那么它就不是由节省的人来消费。如果仅仅为了将来使用而放置，这被称为储存。资本在储存期间是完全不用于消费的。但是如果作为资本来使用，是要全部消费掉的，尽管不是通过资本家来消费。部分资本用于替换那些由我们磨破的工具或机器。部分用于购买种子或原材料，这些种子或原材料通过播种或制造而毁灭，并在最终产品的消费中被完全毁灭。其余部分作为工资被支付给生产工人，以供他们的日常所需。或者如果他们转而节省一部分，一般来说，这也不是储存，而是（通过储蓄银行、互济会或一些其他渠道）作为资本被再次使用和消费掉。

现在所说的原理是一个典型的例子，说明我们非常有必要关注该命题中最基本的理论。这是最基本的原理之一，可是没有人在这件事情上认真思考并深入了解，大多数人在首次被告知这一原理时甚至不愿意承认它。对一般大众来说，节省下来的是用于消费的，这并不是显而易见的事情。对他们来说，节省的人似乎就是储存的人。当这是为了供应家庭或类似情况时，他们可能认为那种行为是可以的或者更是值得赞赏的。但是他们没有想到这样做对其他人的好处。在他们的理解中，节省就是自己保存某件物品，而花费就是把物品分给别人。将他的财富花费在非生产性消费上的人，将这种行为看成是广泛分发利益。这个人会受到很多赞赏，甚至是花费不属于他自己财富的人也会得到同样的赞赏。这个人不仅毁掉了他自己的资本，如果他曾经有资本的话，而且通过借债并承诺偿还而拥有了属于别人的资本，该资本也同样被毁掉。

这一常见的错误来自人们只注意到节省或花费所产生的一小部分结果，没有看到也没有想到其他的影响。人们看到节省的资金进入了保险箱，然后就看不见了，所花费的流入到了商人和侍从手中，但是这两种情况都没有看到到达的最终目的地。节省（为了生产性投资）和花费，在生产的第一阶段十分接近。两者的影响开始于消费，并伴随着一定量财富的毁灭。仅仅消费的物品和消费的人不同。在一种情况下，有工具的损耗、原材料的毁灭，提供给劳动者的一定量的食物和衣服由于他们的使用而毁灭。在另一种情况下，有一种消费，也就是酒、装备马车和家具的毁灭。到目前为止，这两种情况对国家财富的结果是相同的。在两种情况下都毁灭了相同数量的财富。但是在花费方面，第一阶段也是最后阶段。一定量的劳动生产消失了，没有留下任何东西。但相反的是，节省的人在进行资本毁灭的全部时间里，使劳动者从事修复工作。他最终将会发现，劳动不仅会补足消费，而且会促进消费的增长。在没有任何新的节省行为的情况下，这个操作过程也会无限重复下去，一次节省下来的资金可以永久维持相应数量的劳动者，每年都会维持他们的生产并伴随着产生一定量的利润。

人们之所以产生这一常见的错误，是因为货币的介入掩盖了这些现象的本质。几乎所有支出都是通过货币来进行的，货币因而被看成是交易中的主要特征。因为货币不会毁坏，而是转手，所以人们忽视了在非生产性支出情况下发生的毁灭。货币只是被转移，人们认为财富只是从挥霍者手里转移到了其他人手中。但是这不过是弄混了货币与财富。已经毁灭的财富不是货币，而是用货币来购买的酒、装备马车和家具。这些毁灭是没有回报的，社会财富总额从整体上来说减少了。或许有人会说，酒、装备马车和家具不是生存资料、工具和原材料，无论如何都不能用于劳动。它们只适用于非生产性消费，并且它们是在生产时而

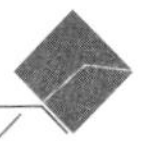

不是消费时毁坏社会财富。我乐意认同这一点，为了这个争论也是必要的。如果这些昂贵的奢侈品是来自一个现存的储存，无须补充，那么这个观点是非常中肯的。但是因为情况与此相反，只要有消费者需要奢侈品，奢侈品就会一直被生产出来，并且为了迎合需求的增加，产量也会增加。如果某位消费者决定每年在奢侈品上花费 5 000 英镑，就会有相应数量的劳动者用于每年生产不能用于生产的物品，他们的服务在增加国家财富方面已经没有用了。他们每年消费的工具、原材料和食物要从用于生产目的的社会总储存中扣除。任何阶级的目光短浅或奢侈腐化的行为，都会促使国家的工业生产那些满足他们使用的奢侈品。这种情况下不仅生产性劳动者的就业机会减少，而且用于生产生存资料和工具的实际存在的就业人数也会减少。

总之，节省会使社会及个人变得富裕，而花费则会使社会及个人变得贫困。换句话说，整个社会是由于花费被用于维持和帮助生产性劳动而变富裕的，但会因为花费被用于享乐而变穷。①

第六节　资本不是靠保存，而是靠不断的再生产积累起来的

回到我们的基本理论。生产出来的每件物品都是要消费的。节省下来的和花费掉的两者均是如此，并且前者和后者几乎一样快。所有日常形式的语言都趋向

① 值得注意的是，在某种情况下，个人的挥霍会引起社会总财富在某种程度上减少或被损坏，或者被损坏后会或多或少地得到补偿。其中一种情况是，挥霍者通常不会成功地花费掉他们自己的全部财富。他们习惯性的粗心大意导致他们在各个地区经常被节俭的人欺骗和抢夺。挥霍者的财富一直被代理人、管家甚至仆人大量积累。挥霍者支付所购买物品的价格通常要比精打细算的人更高，这使得他们成为受欢迎的顾客。因此，实际上，他们所拥有和消灭的财富并不能等同于他们所挥霍的财产。很大一部分只是被转移到了其他人手中，这些人可能会节省一部分下来。另一种需要观察的情况是，一些人的浪费可能迫使其他人节约。假设某位挥霍者突然想要某种奢侈品，由于事先没有预测到，供应通常不会增加，那么价格就会上涨，价格上涨的幅度可能会超过一些习惯性顾客的承受范围，从而使这部分人放弃他们习惯性的嗜好，并将这部分财富节省下来。如果他们没有那么做，而是继续在之前的商品上花费很多的财富，那么商人售卖同等数量的物品就能获得更多的报酬，这个报酬是由挥霍者来支付的。因此，挥霍者损失的这部分被转移到了商人手中，并可能增加了商人的资本。挥霍者增加的个人消费就是其他购买者减少的部分，其他购买者对相同的等价物获得的满足与他们习惯性的满足相比减少了。与此同时，一定会在某个地方发生与此相反的过程。因为挥霍者一定会在其他方面减少购买来平衡这个增加量。他或许会撤回用于维持生产性劳动的资金，那么生产生存资料和工具的商人手中就会有商品滞留，或者同样数量的商品获得的收入变少了。但是，勤劳者的这种收入或资本的损失，除非数量特别巨大，一般都会通过省吃俭用来弥补。因此，社会的资本从总体上看可能不会受损。挥霍者满足自我嗜好所花费的不是永久性资源，而是其他人暂时的愉悦和舒适。在每一种情况下，社会都会由于个人的花费而变穷，除非这种花费迫使其他人削减他们的开支。一些人的挥霍会以其他更晦涩的方式，用其他人额外的节省来补偿。但是，这些只能在第四编中去思考了，其中涉及对各种限制资本积累的原理。

于掩盖这一点。当人们谈到一个国家的古代财富，谈到从祖先那里继承财富时，在类似的表达中，总认为如此传下来的财富是在很久以前生产的，是在第一次获得时生产出来的，并且，除了当年加到资本总额的部分，那一年没有生产任何国家资本。事实远不是如此。英国现存的大部分资本都是在最近 12 个月里通过人类的双手生产出来的。巨大的资本总额中实际上只有极小一部分是在 10 年前就已经存在的——除了农舍和工厂，以及少数几条船和机器以外，国家现存的生产性资本几乎没有任何部分是来自 10 年前的。如果在那段时间里没有新的劳动用于修复它们，那么它们甚至在大多数情况下都不会存在那么久。土地永远存在，而且几乎只有土地才能永远存在。生产出来的所有物品都会消亡，并且大多数物品很快就消亡了。大多数资本按其性质来说不适合长期保存。有少数产品，而且只有少数产品才能长期存在。威斯敏斯特大教堂已经存在了数个世纪，偶尔进行维修；一些希腊雕像已经存在了 2 000 多年；金字塔也存在了 4 000 多年，建造时间久的已存在 6 000 多年。但是，这些物品都是致力于非生产性的使用。如果我们除去桥梁和沟渠（可能有些国家要加上贮水池和堤坝），很少有用于工业目的的建筑物能够持续存在。这些建筑物不能抵抗一次又一次的磨损，而且为了永远保存它们而建设得十分坚固也不符合经济效益。资本一代又一代的存在并不是靠保存，而是靠不断的再生产。一般来讲，资本在生产之后很快就被使用和毁坏了。但是消费这些资本的人同时又被雇用来生产更多的资本。资本的增长与人口的增加相似。每个人都会出生、死亡，但是每年出生的人数超过死亡的人数。因此，人口总是在增加，尽管组成人口中的每一个人都是最近才来到人世的。

第七节　为什么国家可以从灾难状态中迅速恢复

资本的这种不断消费和再生产通常为振奋人心的奇迹提供了解释，即国家从灾难状态中迅速恢复，被地震、洪水、飓风和战争毁坏的痕迹在短时间内就会消失。敌人可以通过燃烧和战争毁坏一个国家，毁灭或者搬走这个国家现存的几乎全部可移动的财富。这个国家所有的居民都破产了，但是几年之后，一切又恢复了以前的样子。这种自愈力一直让人迷惑不解，或者一直被视为具有绝妙力量的节省原则的例子——能在如此短的时间间隔里修复这种巨大的损失。事实上，这其中没有一点绝妙之处。敌人所毁坏的，正是居民他们自己在短时间内所毁坏的。他们如此迅速地再生产的财富，也可能是在短时间内必须被再生产出来，并且在任何情况下都能被再生产出来的财富。除了在再生产时期他们不能消费之前已经生产出来的物品以外，就没有什么改变了。迅速修复他们灾难的可能性主要

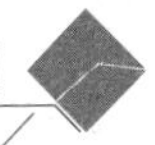

取决于这个国家人口是否减少了。如果这个国家的劳动人口在那个时候并没有灭绝，并且之后也没有饿死，他们拥有同以前一样的技术和知识，以及很多耐用的建筑物可能未受到损害，或者仅仅是部分地受到损害，那么他们几乎拥有满足以前生产量的所有必要条件。如果有尽可能多的食物留给他们，或者留有贵重物品来购买食物，使他们能在一定的贫困条件下维持生存并处于工作状态，那么，他们将会在短时间内增加产量，共同获得像从前一样多的财富和资本。另一条件是他们习惯于在他们的职业中一直付出从前那样的努力。从通俗意义上来说，这也没有显示出节省原则的任何力量，因为所发生的不是有意识的节欲，而是非自愿的贫困。

但是，仅通过一套专业术语来思考的习惯是非常致命的，因此好学的人没有理由自夸能够免于俗人常见的那种智力缺陷。到目前为止，据我所知，在查默斯博士以前没有任何一位政治经济学家给出这种简单的解释。这位学者的许多观点在我看来都是错误的，但是他有总是研究第一手现象的优点，并且用他自己的语言表达出来，这些表述通常有助于揭露真相，而专业术语则往往趋向于隐藏真相。

第八节　用公债支付政府开支的后果

查默斯博士在另一个紧密联系的内容上——出于战争目的的政府举债或者其他非生产性支出——得出了一些重要结论。这些公债必须来自资本（通过赋税支付，赋税一般来自收入偿付，并随着经济的增长而得以偿付的部分或全部支出），因此根据我们所规定的原则，这将使这个国家趋向于贫困。但是，这种存在最大规模支出的年份通常是表面十分繁荣的年份，这个国家的财富和资源没有减少，反而在这个过程中有迅速增加的迹象，在其结束之后又扩充到很大的规模。众所周知，这是英国在上一次持久的大陆战争期间的情况。针对这种情况，政治经济学领域中产生了很多毫无根据的理论，这一现象引起了人们的关注，并在短时间内获得了人们的认可。几乎所有的这种理论都趋向于赞扬非生产性支出，贬低生产性支出。为了避免大量描述各种影响国家生产性资源使之未能达到预期状况的各种因素，我们将不考察这些因素的作用，仅设想最为不利的可能情况：政府所借到并消耗的全部数量实际上是贷款人从已经投入到生产性就业中提取出来的。因此，这个国家的资本在今年会减少很多。但是，除非提取的数量巨大，否则国家的资本下一年就没有理由达不到以往的水平。贷款不能取自构成工具、机器和建筑物的那部分国家资本。它必须全部来自用于支付劳动者的那部分资本，并且劳动者将因此遭受痛苦。但是如果没有劳动者会饿死，如果他们的工资能够承担一定量的减少，或者如果慈善机构能阻止他们遭遇绝对贫困，那么就没有理由认为他们的劳动在下一年会比上一年生产得更少。如果他们像往常一样生产，已经少支付了数百万英镑，那么这数百万英镑将由他们的雇主获得。因此，国家资本中的缺口立刻得到了修复，但是这是由劳动阶级的被剥夺以及往往是极端苦难来修复的。这也是为什么在这种时期，即使是在最不利的情况下，有人可能也会很容易地获得暴利，这些人的繁荣通常被社会看成是国家的繁荣昌盛。①

这就导致了查默斯博士专门提到的那个争论不休的问题，即政府为了特别的非生产性支出所需的资金，是通过举债来筹集资金进而由税收支付利息更好呢，还是靠税收一次性筹集全部的资金——用财政术语来说就是年收年支——更好呢？查默斯博士强烈支持后一种方法。他说，一般人认为一次抽取一年全部的量，这种要求既不可能也不是很方便。不是在很艰难的情况下，人们不可能一次性从他们的年收入中付出全部的量。最好是以利息的形式要求人们每年进行少量支付，而不是让他们做出巨大的牺牲，即一次性付出全部的量。对此他的回答是，在两种情况中所做出的牺牲是一样的。无论花费多少，都从年收入里提取。国家生产的全部和每一部分的财富，都形成或有助于形成年收入。以税收形式提取一定量资金会造成贫困，公债形式也不可避免地会造成贫困。苦难不能被避免，而只是被转移给了最无力承担也最不该承担的劳动阶层。而为了维持不间断的支付利息的税收所产生的身体上的、道德上的和政治上的所有不便，是纯粹的损失。每当从生产中或用于生产的资金中提取资本，借给国家用于扩大非生产性方面时，提取的全部总和都是从劳动阶层身上扣除的。因此，公债事实上是在同一年付清的，所需偿还的全部牺牲实际上已经做出了，只不过是被偿还给了错误的人，因此没有消灭债权；并且由最糟糕的税收支付，这个税收只对劳动阶层征收。在劳动阶层以最痛苦和最不公平的方式尽力消灭债务之后，国家仍然要还债并长期支付利息。

---

① 与此同时，人们必须记住，战争从生产性就业中提取的不仅有资本，还有劳动者。从生产性劳动者的报酬中提取的资金部分用于支付相同的或其他的个人非生产性劳动。准确地说，这部分资本的影响，即战争支出行为与查默斯博士所指出的正好相反。就目前的情况而论，这直接抵消了文中描述的影响。从生产部门抽调劳动者去陆军和海军，劳动阶层没有受到损坏，资本家没有受益，国家的总生产通过战争支出减少。根据查默斯博士的理论，这虽然符合英国的情况，但是完全不适用于其他国家的情况。例如不适用于拿破仑战争时期的法国。在那个时期，法国的劳动人口连续几年被大量征兵，支持战争的资金主要靠法国军队蹂躏其他国家索取税收来提供，仅仅只有一小部分是来自法国的资本。因此，在法国，劳动者的工资不仅没有下降，反而上升了。雇主们没有受益，而是受到了损害。这个国家的财富由于大量的生产性劳动暂停或全部损失而受损。在英国，所有的这些都与此相反。相对来说，英国雇用了很少的非本土的士兵和水手，同时从生产性就业中转移了数亿的资本，以为大陆盟友供应战争弹药并支援军队。因此，正如本书所述，英国的劳动者受到了损害，资本家大发横财，而永久性的生产性资源则没有减少。

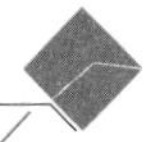

这些观点在我看来是十分合理的，只要公债所吸收的价值本来可以用于这个国家的生产性产业。然而，实际情况却很少与这个推测相符。不富裕的国家的贷款主要来自外国资本，这些外国资本可能不会对比政府安全性低的项目进行投资。而那些富裕和繁荣的国家一般不是从生产性就业中提取资金，而是靠收入不断增加新的积累，其中的一部分通常如果没有被这样利用，那么就会被转移到殖民地或者寻求国外的其他投资。在这种情况下（后面会进行更加详细的考察①），通过举债获得的资金，不会损害劳动者或者扰乱国家的工业，与税收增加的量相比，这甚至对这两方面都是有利的。因为税收，特别是沉重的税收，几乎总有一部分本可以被节省下来以增加资本中的资金支付。除此之外，一个国家每年能增加如此多的财富，其中的一部分能用来扩大非生产性支出，而不会减少资本，甚至不会阻碍资本的大量增加。显然，即使贷款提取的全都是资本，并可获得该国的就业机会，与所假设的第一种情况相比，这对劳动阶级的损害也更少，人们反对公债的理由也更弱。这一问题在其他地方讨论可能更合适，在这里简短地预先讨论一下，是为了防止人们从之前列出的前提条件推导出错误的结论。

第九节　对商品的需求而不是对劳动的需求

我们现在来讨论有关资本的第四个基本命题，或许，该命题比前面所提到的任何一个基本命题都更容易被人们忽视或者误解。支持和雇用生产性劳动的，是花费于生产的资本，而不是购买者对劳动所完成的产品的需求。对商品的需求不是对劳动的需求。对商品的需求决定了劳动和资本应该用于生产哪个特定的分支。它决定了劳动的方向，但不决定劳动本身的多或少，或者维持劳动或支付的多少。这些取决于资本的量，或者直接用于维持劳动和报酬的其他资金。

例如，假设人们对天鹅绒有需求，购买天鹅绒的资金已经准备好了，但是却没有资本用来建筑工厂。天鹅绒的需求再大可能也是没有结果的。除非资本进入这个领域，否则将不会有任何天鹅绒被生产出来，因此也没有可购买的。实际上，除非购买者的购买欲望非常强烈，将用于购买的一部分价格预先支付给工人，他们才可以雇用这些工人来生产天鹅绒。也就是，除非购买者把他收入的一部分转换成资本，并把这部分资本投资于制造业，否则他们什么也买不到。我们现在把这个假设反过来，假设有足够多的资本准备制造天鹅绒，但是没有需求，那么天鹅绒就不会被制造出来。但是，一部分资本并不是专门用来制造天鹅绒

① 参见本书第四编第四章、第五章。

的。制造商和他们的劳动者不是为了顾客的愉悦而生产，而是为了满足他们自身的需求。既然有满足生产要素的资本和劳动，他们就可以生产需要的其他产品，或者如果没有其他需求，而他们自己有某种需求，就可以生产满足自己消费需求的物品。所以，劳动者是否就业不取决于购买者，而是资本。当然，我没有把突然改变的影响考虑在内。如果在供给的商品已经生产出来之后，需求意外停止，这就会引起问题发生变化，即资本实际上已经用来生产没有人需要或者使用的物品。因此，资本会消失，并且提供给劳动者的就业机会也会终止。这不是因为不再有需求，而是因为不再有资本。因此，这种情况未能检验这个命题。合适的检验是，假设这个改变是渐进的、可预见的，以及伴随着没有被浪费的资本，制造不再继续仅仅是由于没有替换磨损的机器，没有将产品销售的收入进行再次投资。因此，资本可用于一个新的就业机会，它将会像以前一样维持同样多的劳动者。制造商和他的工人们失去了在特定商业中获得的技能和知识的优势，这些技能和知识在其他行业中只能部分被使用，这就是社会由于这种变化而遭受的损失。但是，劳动者仍然能够工作，以前雇用他们的资本要么在同一人手中，要么借给了其他人，要么雇用这些劳动者，要么在其他工作上雇用相同数量的劳动者。

这一命题，即购买产品并不是购买劳动。对劳动的需求是由先前生产的工资组成的，不是取决于生产出来的商品的需求，这是一个需要大量例子来说明的命题。一般人认为，它是一个悖论。在著名的政治经济学家中，除李嘉图先生和萨伊先生以外，我几乎找不到其他能一直坚持这一观点的人。几乎其他所有人偶尔都会表示，购买劳动生产的商品的人，就好像是劳动的雇主。在同样的意义上，就好像他通过工资支付直接购买劳动自身，并创造了一个实际的需求。连这样一个初级的问题也仍然未能解决，政治经济学进展缓慢也就毫不奇怪了。在我看来，如果对劳动的需求意味着工资上涨的需求，或者劳动者就业人数的增加，那么对商品的需求就不构成对劳动的需求。我认为，购买商品并自己消费的人，没有给劳动阶级带来任何利益。只有避免消费，并且直接支付给劳动者报酬来交换劳动，才会对劳动阶级有利，或者增加他们的就业人数。

为了更好地说明这个命题，让我们来看以下情况。消费者可以花费他的收入来购买服务或者商品。他可以把其中的一部分用于雇用砖瓦匠来建房子，或者雇用挖掘工人来挖掘人工湖，或者雇用劳动者来种植树木和设计游乐场。或者这些都不做，他可以把相同的价值花费在购买天鹅绒和蕾丝上。问题是，花费他收入的这两种形式对劳动阶级的利益影响是否不同。这是显而易见的，前一种情况下他雇用的劳动者在第二种情况下将不会被雇用，或者至少不会受到那样的雇用。但是那些与我观点不同的人认为，这是没有结果的，因为消费者若购买天鹅绒和

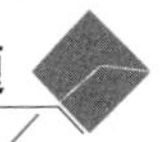

蕾丝，他同样要雇用劳动者。换句话说，即雇用那些制造天鹅绒和蕾丝的人。然而，我认为，在后一种情况下他没有雇用劳动者，而只是决定了其他人应该要雇用劳动者来做什么种类的工作。消费者不会用他自己的资金来支付纺织工人和蕾丝工人每天的工资。他购买已经完成的商品，即由劳动和资本已经生产出来的商品。他既没有支付报酬也没有提供资本给劳动者，而是由制造商提供。假设他过去习惯性地把他这部分收入用于雇用砖瓦匠，砖瓦匠把他们的工资用在食物和衣服上，那么这些物品也是靠劳动和资本生产出来的。然而，他更偏好天鹅绒，因此他创造了一个额外的需求。这个需求没有一个额外的供给就不能被满足，并且这个供给没有一个额外的资本也不能被生产出来。那么，资本来自哪里？消费者目标的改变不会使一国资本增加。那么，显然，如果没有相应增加的资本来生产额外的天鹅绒，这一增加的天鹅绒的需求就不能得到满足。消费者现在用于购买天鹅绒的钱，以前是付给砖瓦匠的，以供他们在食物和必需品方面的开支，他们现在要么不买要么通过竞争从其他劳动者的份额中榨取。因此，以前用来生产满足这些砖瓦匠使用的必需品的劳动和资本，被剥夺了市场，砖瓦匠必须寻找其他就业机会。他们找到了制造天鹅绒的新需求。我并不是说，生产必需品的劳动和资本全部转而被用来生产天鹅绒。但是，不管这其中经历了多少曲折，最终还是生产出了天鹅绒。现存的资本可用于两件事情中的一件，即生产天鹅绒或者生产砖瓦匠的必需品。但是不能两件事都做；这两件事情中的哪件会发生要看消费者的选择。如果消费者选择天鹅绒，泥瓦匠就不会有必需品。

更进一步，让我们来假设与此完全相反的情况。消费者习惯于购买天鹅绒，但是他们决定终止这个花费，并且将每年购买天鹅绒的钱用来雇用砖瓦匠。如果通常的观点是正确的，消费者开支模式的这种改变不会给劳动带来额外的就业机会，而只把天鹅绒制造者转变成砖瓦匠工人。然而，只要我们更仔细地检查，就会看到用于劳动报酬的总额有所增加。假设天鹅绒制造者意识到他的商品需求减少了，就会减少生产，并且会从用于制造的资本中撤出相应的一部分。从维持天鹅绒制造者生活中收回的这部分资本，并不是消费者用于维持砖瓦匠生活的那部分资金，而是另外的资金。因此，有两种资金可用于维持劳动和支付劳动报酬，而以前只有一种。天鹅绒制造者并没有转变为砖瓦匠，对砖瓦匠来说，这创造了一个新的就业机会，并且天鹅绒制造者转变为其他劳动者，很可能是生产供砖瓦匠消费的食物和其他物品。

在回答这个问题时一般人可能会说，尽管被用来购买天鹅绒的钱不是资本，但它却取代了资本。尽管它没有为劳动创造一个新的需求，但它却是使现有需求能够保持的必要条件。有人可能会说，当制造商的资金被锁定在天鹅绒上时，不能直接用于维持劳动。直到天鹅绒被卖出，制造天鹅绒的资本由购买者的费用替换之后，制造商的资金才会构成对劳动的需求。因此，有人可能会说，天鹅绒制造者和天鹅绒购买者没有两种资本，在他们之间只有一种资本，即根据购买行为，购买者转变为制造者。如果他购买的是劳动而不是天鹅绒，那么他只不过是把这个资本转移到其他地方，他在一个地方创造的劳动需求与他在另一个地方消灭的劳动需求一样大。

这个论点的前提条件是不能被否定的。腾出一笔本来没有支持劳动而被锁定的资金，对于劳动者的利益来说，意味着创造了一个新的资本。确实，如果我花费 1 000 英镑购买天鹅绒，那么我就能使制造商用 1 000 英镑来支持劳动，当天鹅绒没有卖出去时，就没有劳动能被如此雇用。如果我不买它，天鹅绒就一直卖不出去。由于我的目的改变了，用这笔资金雇用了砖瓦匠，毫无疑问，我并没有创造一个新的劳动需求。因为当我一方面用 1 000 英镑雇用劳动时，在另一方面我就永远消灭了天鹅绒制造者的 1 000 英镑资本。但是，一个突然的变化会对变化自身造成混淆。如果当购买者停止购买时，他用于制造天鹅绒的资本一定会消失，然后他花费同样的数目用于雇用砖瓦匠，这并不会创造就业机会，而仅仅只是劳动者在所就业行业之间的转换。除非天鹅绒制造者的资本能够被腾出来用于新的投资，否则我所认为的增加的就业机会就不会产生。但是每个人都知道，如果有足够的时间，用于就业机会的投资资本总能够抽出来。如果天鹅绒制造者由于没有接到以前一样的订单，但他事先已经注意到了这个情况，他就会少生产价值 1 000 英镑的天鹅绒并把这部分资本事先抽出来。如果他事先没有注意到，天鹅绒因此仍然在他的手中，那么储存量的增加会使他在下一年暂停或者减少生产，直到完成盈余。当这个过程完成了，制造商会发现他自己像从前一样富有，一般来说不会降低雇用劳动的力度，尽管他的一部分资本现在用于维持其他种类的劳动。在这个调整发生之前，他对劳动的需求几乎不会改变，也不会增加。但是只要它一旦发生，对劳动的需求就会增加。以前只有一种资本用于维持纺织工人制造价值 1 000 英镑的天鹅绒，现在这笔同样的资本用于制造其他物品，此外还有 1 000 英镑被分发给砖瓦匠。现在有两种资本用于支付两种劳动的报酬。然而在以前，其中一种是顾客的那部分资本，仅仅充当机器上的一个轮子。另一种是制造商的资本，用来年复一年地雇用劳动。

实际上，我认为这个命题可以表述如下：一个人不是靠消费自身，而是靠不消费自身来对劳动者有利。这对一些人来说是老生常谈，但对另一些人来说是一个悖论。如果我没有花费 100 英镑来购买酒或丝绸，而是用 100 英镑来支付工资，那么在这两方面对商品的需求都是一样的。一方面是对价值 100 英镑的酒或丝绸的需要；另一方面是对同样价值的面包、啤酒、劳动者的衣服、燃料和其他嗜好的需求。但是在后一种情况下，会多出价值 100 英镑的社会产品在社会的劳

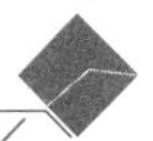

动者之间分发。我消费得更少，并把我的消费能力转移给了劳动者。如果没有这样做，我的消费减少就不会让其他人的消费增加，这就是一个明显的矛盾。当生产没有减少时，一个人对消费的克制一定会被转嫁到另一些人身上，即把他的购买能力转移给其他人。在这种假设情况下，我的消费最终不一定会减少，因为我所支付的劳动者会给我盖一栋房子，或者制造一些我将来要消费的东西。但是无论如何，我已经推迟了我的消费，并把我当前在社会产品中所占份额的一部分转移给了劳动者。如果过一段时间后我得到了补偿，这个补偿不是来自现存的生产，而是来自随后增加的产品。因此，我让其他人消费了更多的现存产品，并且让劳动者拥有消费这些产品的能力。

反对上述命题的说法是荒谬的，《济贫法案》(Poor Law) 堪称这方面的最好例证。如果为了满足自己的使用，不论我怎样消费所购买的物品，或者是留出一份以工资或救济的形式满足他们的直接消费，都会给劳动阶级带来同样的好处，那么拿走我的钱去支持穷人的政策的合理理由是什么？因为我的非生产性支出同样对他们有利，并且同时我还得到了享受。如果社会既能吃蛋糕又能拥有蛋糕，那么为什么会不允许双重嗜好的存在呢？但是常识告诉每一个人，在他自己的情况里（尽管他不能看得更远），他所支付的济贫税实际上是从他自己的消费里扣除的，不管他是提前支出还是推迟支出，这都不会改变这种情形，从而使两个人能吃上同样的食物。如果他不需要缴纳这个税收，因此他就能自己拥有这部分，穷人在社会总生产中所占份额就更小，因为他自己会消费更多。①

① 下面的事例在阐明这一观点的方式上略有不同，有必要进一步说明。

假设一位富人 A，每天都花费一定量的工资或费用救济穷人，接受者在收到钱后就会以购买粗茶淡饭的形式来消费。后来 A 去世了，把他的财产留给了 B，B 终止了这种形式的支出，每天花费同样的资金在他自己的餐桌上。我选择这种假设，是因为除去对比主题之外，其他所有因素在这两种情况下都是相似的。为了不让货币交易这一模糊的媒介掩盖基本的事实，让我们进一步假设，A 和继承人 B 都是地主，并且 A 的施舍对象所消费的食物，以及为 B 的餐桌所提供的奢侈品，都是在他们自己的土地上生产出来的。问题是：B 的支出是否给予了他贫困的邻居像 A 一样多的就业机会或者食物？

从所述情况来看，似乎在 A 活着的时候，他在花费工资或救济方面的一部分收入，是从他农场里以食物的形式供应劳动者，并被这样消费掉。但是他的继承者 B，取而代之的是需要一个等量的价值用于自己家里的昂贵的食物消费。因此，与 A 活着的时候相比，在 B 管理的年代，农民每年生产更少的日常食物，生产更多的昂贵的美味佳肴，并且在全年中劳动和贫困阶级分得更少的食物。这符合本书所阐述的原则。但那些持不同看法的人却认为，生产 B 所需要的奢侈品，不是一种替代，而是先前提供给 A 的劳动者食物的增加，并且国家的总产量将会增加。但是当问到怎样实现这种双倍生产时，即在资本和劳动早已经充分使用的情况下，农民在不减少其他物品生产的情况下，怎样才能够满足 B 的新需要。提供的唯一模式就是，他应该首先生产食物，然后把食物给予 A 以前施舍的劳动者，并应该靠他们的劳动来生产 B 所需要的奢侈品。因此，当反对者受到严厉的追问时，这似乎就是他们真正的意思。但显而易见的是，依据这个假设，需要奢侈品的 B 必须等到第二年，而这个奢侈品却是他今年想要的。根据最初的假设，他每天消费奢侈的晚餐，与以前由 A 提供给他的劳动者定量的面包和土地相同。没有时间先给予劳动者，再提供给 B。B 和劳动者的需要都不能得到满足，B 只有在削减以前提供给劳动者的那部分资金的情况下，才能满足自己对商品的需求。

实际上，反对者可能会反驳说，既然在这种情况下时间是唯一能促使 B 的支出与 A 给予劳动的就业机

那么，一个需求只有推迟到工作完成时才能够得到满足，他并没有提供预付资本，而仅仅是由其他人偿还预付，无法产生任何的劳动需求。这样的花费，就劳动阶级的就业机会而言，其全部影响是微不足道的。它并不能创造任何就业机会，而且会牺牲之前已经存在的其他就业机会。

但是，尽管就劳动和资本的就业机会而言，对天鹅绒的需求只不过是使早已经存在的就业机会不转变为其他方面，但是对已经从事天鹅绒制造业的生产者和不打算退出的人来说，这是至关重要的。对于他们来说，需求的下降是一个真正的损失，即使他们的商品最终全部卖出去了，这种损失也可能达到很高的程度，迫使他们为减少损失而从这个行业退出。相反，需求的增加会使他们扩大业务，即从一个大资本中获得利润。如果他们能够拥有或借到更多的资本，更快地周转这些资本，那么他们就会更频繁地雇用劳动者，或者雇用比以前更多的人。因此，在特定的部门，某种商品的需求的真正增加，往往会使相同的资本给予劳动更多的就业机会。这种错误在于人们没有察觉到，在这种假设的情况下，一个部门的劳动和资本所得到的这种利益仅仅是取自另一个部门。一旦这种改变产生其自然结果，即需求的增加会相应导致额外的资本被投放到这个行业，这种好处也就不复存在。

充分理解一个命题的依据，通常也会了解它的局限所在。现在所说的一般原则，是商品的需求只决定劳动的方向，以及所生产的财富种类，而不能决定劳动的数量或效率，或者财富的总量。但是这里有两种例外的情况。第一种例外情况是，当劳动者已被供养但未得到充分利用，能够生产某种物品的新需求就可以刺激已经供养的劳动者更加努力，从而可能导致财富增加，使劳动者自己和其他人

会一样多，那么为什么我们不能假设B推迟了他个人奢侈品消费的增加部分，直到它们能由A所雇用的人的劳动提供为止呢？在那种情况下，我们可能会说，他所雇用和供养的劳动者与他的前任一样多。毫无疑问会是这样。但是为什么会是这样呢？因为他的收入花费方式与他的前任完全一样——用于工资上的支出。A从他的个人消费资金中保留一部分直接支付给劳动者，B也同样如此，只不过不是由他自己支付，而是让租地农场主代他支付。基于这种假设，在第一年B就他个人而言，既没有以A的方式花费这一部分，也没有以他自己的方式花费掉，而是从他的收入中节省了一部分，并把这部分借给了租地农场主。在随后的几年里，如果B规定只能使用年收入，那么他就让租地农场主拖欠欠款。这笔欠款成了一笔额外的资本，让租地农场主能够永远地雇用和供养A的劳动者。没有人会认为那是一种变化，即把被用来支付给劳动者工资的收入节省下来用于投资，会剥夺劳动者的就业机会。人们认为有影响的是，雇用劳动者转变成购买个人使用的商品，这是我们最初假设的代表。

在我们的例子中，我们假设没有买和卖，或者没有使用货币。但是除了作用过程的细节以外，我们所描述的情况完全符合事实。任何一个国家从整体上看实际上均是一个单一的农场和工厂，社会的每个成员从中取得指定的产品份额，就像他手里拥有一定数量的英镑，在他方便的时候用来交换并带回他喜欢的商品。他没有像我们想象中的那样，事先通知了他需要的东西。但是经销商和生产者能够通过观察发现他需要的东西，若需求发生任何改变，供应也会发生相应的改变。如果某位消费者不再将他的一部分工资收入，在同一天（不是随后的和遥远的某天）用于购买他自己消费的物品，并且坚持这种改变的做法直到生产有时间来适应需求的变化，那么，从那个时候起这个国家生产的供劳动者使用的食物和其他物品会减少，减少量正好相当于当前对额外的奢侈品需要的价值。劳动者作为一个阶级，其境况会相应恶化。

都获得好处。从其他地方获得生活来源的人在空余时间可以做的工作，（如前面所指出的那样，）不需要从其他行业中抽取资本，只需要一定量的支出（通常很小）来购买工具和原材料，即使这部分开支通常由专门的储蓄来提供。命题的依据不存在了，因此命题本身也就不成立了，由于商品需求的突然增加，这种就业机会可能在不剥夺其他行业的等量劳动的情况下得以产生。即使在这种情况下，需求也是通过现存的资本来对劳动发挥作用的，但是它提供了一个诱因，致使资本可以调动比以前更多的劳动。

第二种例外情况我将在下一章中详细论述，涉及商品市场的扩大所造成的众所周知的结果，即劳动分工的不断发展促使社会生产力（productive forces of society）的配置效率提高。和第一种情况一样，这与其说是实质上的例外，不如说是表面上的例外。劳动的报酬，不是购买者所支付的钱，而是生产者的资本。需求仅仅决定资本以何种方式被雇用，以及为哪种劳动支付报酬。但是如果需求决定应该扩大商品生产规模，它能够使相同资本生产更多的商品，这可能会间接导致资本增加，最终使劳动者的报酬增加。

商品的需求在交换理论中的重要性要大于其在生产理论中的重要性。从整体和长远的角度来看，生产者的报酬源自他自己资本的生产力。销售产品是为了获得钱，随后用钱去买其他的商品，相互交换等量价值只是为了彼此的便利。事实上，行业的划分是提高劳动生产力的一种主要手段，交换能力的提高能大量增加产量，但归根结底仍然是生产提供劳动报酬和资本，而不是交换。我们必须严格地弄清楚这一点，即交换过程——无论是通过物物交换，还是以货币为媒介进行交换——只是一种每个人把他的劳动报酬或者资本转变为他最方便拥有的特定形式的交换机制，至于这一报酬本身的来源并不重要。

第十节 关于征税的谬误

前面的原则揭示了许多流行观点和学说的谬误，这些谬误不断以新的形式出现。例如，一些有望致富的人认为，只对上层和中层阶级的人征收所得税而不对穷人征收所得税，这是一个错误。有些人甚至说这是一种欺诈，因为从富人身上取走的税收本来就是要花在穷人身上的，这种税与直接从穷人身上征税的伤害一样大。我们现在知道该如何看待这种学说了。确实，从富人那里取得的税收，如果没有被拿走并节省下来且转变为资本，甚至被花费在仆人或非生产性劳动者阶级的生活资料和工资上，那么从某种程度来讲，由于对富人征税，富人对劳动的需求毫无疑问会减少，并且穷人会受到不利影响。正是由于这些影响或多或少总会产生，因此对富人征税总会有一部分税收被转嫁到穷人身上。但是即使在这里，人们也会对上述看法提出疑问：难道政府在收到税收之后不能像纳税人一样拿出大部分直接购买劳动吗？在全部税款收入中，其中一部分如果不被支付给政府，就会以商品的形式被消费（甚至被花费在服务上，如果款项已经由资本家预付）。这部分税款，根据我们已经阐述的原则，注定会落到富人身上，而绝不会落在穷人身上。就这部分税款而言，税后对劳动的需求与税前对劳动的需求完全相同。迄今，用于雇用国家劳动者的资本被保留下来了，并且仍然有能力雇用相同数量的劳动者。有同样数量的产品被用于支付工资，或者被分配支付给劳动者的食物和衣服。

如果那些反对我的人是正确的，那么除了向穷人征税以外不可能向任何人征税。如果向劳动者征税，即对劳动的产品征税，劳动阶级将支付全部的税收。然而，相同论点同样证明了不可能向劳动者征税。因为税收要么被花费在劳动上，要么被花费在商品上，最终都回到了劳动者身上。那么税收便拥有了一个奇特的属性，即税收没有落到任何人身上。同样，把劳动者所拥有的全部拿走并分配给社会的其他成员，这对劳动者不造成任何伤害。因为这都将“花费在他们身上”，这种理论与上面所说的逻辑相同。这种错误会产生是由于没有直接看到现象的本质，而是仅仅注意到支付和花费的外在机制。正是由于他们减少了消费，他们就是承担税收的人。支付的税收本来是他们用来使用和享受的。与此同时，如果负担并没有落在他们用于消费的方面，而是落在他们节省下来用于维持生产的方面，或者是被花费在维持或者支付非生产性劳动者方面，从某种程度上来说，税收会减少劳动阶级使用和享受的物品。但是，如果政府实际上像纳税人一样花费一大部分税款用于直接雇用劳动，如雇用水手、士兵和警察，或者用于还债（还债甚至会增加资本），那么劳动阶级不仅没有由于税收失去任何就业机会，而且还可能会有所增加，全部税收便落到了所得税的纳税人身上。

在国家的全部产品中，劳动者以外的其他人用于自身的消费支出丝毫无助于供养劳动者。除了消费者以外，没有人会从这种纯粹的消费中受益。一个人不能既消费他自己的收入，又同时让这笔收入供其他人消费。被从税收中取走的一部分不能同时剥夺他自己和其他人的消费，而只能是要么剥夺他自己的消费，要么剥夺其他人的消费。要知道谁是受害者，我们必须了解谁的消费一定会减少。但不管是谁，他都是真正承担税负的人。

第六章　论流动资本和固定资本

第一节　固定资本和流动资本的含义

为了全面论述资本这一主题，我们有必要就资本通常被划分的两种类型进行分析。这两种类型的区别非常明显，在前面两章中我们虽然没有明确其名称，但已经多次谈到。现在是时候给出它们的确切定义，并给出关于它们的某些论断了。

在生产任何一种商品的资本中，都有一部分资本使用一次之后，就再也不能以资本的形式存在了，再也不能为生产提供服务，至少不能够再提供同样的服务，也不能够对同一生产提供服务。比如，构成原材料的那部分资本就是这样的：用来制作肥皂的牛脂和烧碱，一旦用于制作肥皂，就不再以牛脂和烧碱的形式存在了，并且不能再用于肥皂制造业了，虽然肥皂还能够以原材料或者工具的形式用于其他生产部门。用于支付工资的那部分资本，或作为劳动者的生活资料而被消费掉的那部分资本，也被归入这一类。棉纺业主支付给其工人的那部分资本，一旦被支付之后，就不再是以棉纺业主的资本而存在了，其中工人消费掉的那部分资本，就彻底不再以资本的形式而存在，即便工人节省下了其中的一部分，也只能将节省下来的这部分看作是新的资本，看作是二次积累行为的产物。以这种方式存在的资本，即在一次性使用中就完成它在生产过程中所应当履行的全部职能的资本，被称作流动资本（circulating capital）。这一名称虽然并非十分恰当，但是因为这部分资本需要靠制成品的销售来不断获得更新，而更新后便需要购买原材料和支付工资，因此，它不是靠保持，而是靠转手来履行职能的。

然而，还有一大部分资本存在于生产的工具中，具有一定的持久性，它们不是靠转手，而是靠保持来发挥作用的，而且，它们的效用不会因为一次使用而消失殆尽。建筑物、机器以及被称为器具或者工具的全部或大部分物品都属于这一类资本，其中的一些物品具有相当强的持久性，它们作为生产工具的功能可以存在于多次重复的生产操作中。投入在土地上的永久性改良的资本大都也应归于这一类。还有那些在项目一开始就为以后的经营铺平道路所一次性花费的资本也是如此，例如，开矿的支出，开渠的支出，修筑道路或者修建船坞的支出，等等。还可以列举其他事例，但这些事例已经足够了。凡是以具有一定程度的持久性的形态而存在的并在与此相应的时期内产生收益的资本，都被称为固定资本（fixed capital）。

有些固定资本需要定期或者不定期地予以更新。所有的机器和房屋都是这样的。它们每隔一段时间便需要通过维修来进行更新，直到最终完全损坏，再也不能用作房屋和机器了，而是重新归入原材料一类。还有一些固定资本，除非遭受意外事故，否则是不需要完全更新的，但是也需要定期或者不定期地支出一些费用用于其维修。船坞或者运河等设施，一旦竣工，除有意识地加以破坏或者地震等其他自然灾害之外，是不需要像机器那样进行重新制造的，但是需要定期的或者经常性的开支以便对其进行维修。开矿的支出不需要花费第二次，但是需要有人肯花钱排水，否则矿井最终会被废弃。在各类固定资本中最持久的，是人们用于改良某一自然要素诸如土地的生产能力的资本。像对贝德福德平原（Bedford Level）这样的沼泽地带或者洪水泛滥区所进行的排水、填土、筑堤等防护措施，都是永久性的改良，但是排水沟渠和堤坝需要经常性的检查与维修。通过开挖地下排水沟渠以提高土地生产能力的改良，也同样具有持久性的特征，还有为土地施加长效肥料，用于改变土壤与空气和水之间的关系，而不是直接供农作物消耗，或者在重质土壤中掺杂一些沙子和石灰，在轻质土壤中掺杂一些黏土和泥灰，都具有持久性的特征。然而，即便是这样的改良，也需要不定期的支出予以维护，使其保持全部的效用，尽管支出可能很小。

但是，这些改良名副其实，它们可以提高收益，并且在扣除了用于改良的全部支出之后仍然会留有剩余。这种剩余便形成了最初投资的收益，这种收益不会像机器那样最终因磨损和毁坏而终止，而是会永远存在下去。因此，生产能力得到提高的土地，在市场上会有与其提高了的生产能力成正比的价值。因而人们通常认为投入土地改良中的资本，仍然存在于土地所增加了的价值中。不过，我们决不能由此产生误解。这种资本与其他资本一样，已经被消耗掉了，它已经被用在了供养土地改良者和他们所使用的工具的磨损上。但它却是一种生产性消耗，对于人们占有的自然要素——土地的生产能力的提高产生了永久性的影响。我们可以将增加的产量视为土地与固定于土地中的资本共同作用的结果。但是在现实中，已经消耗掉的资本是无法重新收回的，因而它的生产能力便永久性地与土地

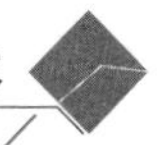

的原品质所具有的生产能力相互融合在一起。因此，此后对于这种资本的使用所给予的报酬，不再依赖于支配劳动与资本收益的法则，而是依赖于支配自然要素报酬的法则。我们将在后文中对什么是支配自然要素报酬的法则加以论述。①

第二节　通过牺牲流动资本来增加固定资本，对劳动者可能是有害的

流动资本和固定资本对国家总产量所产生的作用有很大的差别。由于流动资本一经使用便消失殆尽，或对于其所有者来说就不复存在，同时由于靠这种一次性使用所生产的产品是所有者收回投资或从生产性使用中获取回报的唯一源泉，因而这些产品必须能够达到这些目的，换句话说，这种一次性的使用必须再生产出与其用掉的全部流动资本相当的资本。然而，固定资本的情况并非如此。因为例如机器不会在一次使用中就全部损坏消失，所以也就不必通过一次性使用所生产的产品就收回全部固定资本。如果机器在每一段时间内所产生的收益可以抵补机器的维修费用以及折旧费用，同时可以为机器的总价值提供与正常利润相当的剩余，则这台机器对于其所有者来说就是值当的。

由此可见，固定资本的增加若是以牺牲流动资本为代价，则必然会损害劳动者的利益，至少是暂时有损于劳动者的利益。不仅对机器来说是如此，而且对所有使资本沉淀于其中的改良来说也是如此，这些资本将不能用于供养和偿付劳动。假设某人耕种自己的土地，每年用 2 000 夸特谷物的资本来满足劳动者之所需（为了简单起见，我们忽略了种子和工具等方面的因素）。这些劳动者的劳动每年为他生产出 2 400 夸特的谷物，利润为 20%。我们假设这些利润刚够他每年的消费，从而他可以年复一年地用他原来的 2 000 夸特谷物进行生产。我们进一步假设他花掉一半资本对土地进行永久性改良，他雇用了一半的劳动者花费一年来进行这种改良，改良之后，他将只需要从前的一半劳动者来高效地耕种他的土地。其余的资本仍像从前那样使用。第一年，劳动者的状况没有发生变化，只是有一部分原来因耕地、播种和收割取得报酬的劳动者，现在是因改良土地而获取报酬的。然而，到了年底，这个土地改良者就不会像从前那样拥有 2 000 夸特谷物了。只有 1 000 夸特谷物能够像往常那样被生产出来。现在，他只有 1 000 夸特谷物和经过改良的土地。他在以后的每年中将只雇用一半的劳动者，并向他们提供仅相当于从前数量一半的必需品。如果改良的土地和减少一半的劳动者能够

① 参见本书第二编第十六章。

像以前那样生产出 2 400 夸特谷物，那么他的损失会很快得到弥补，因为收益增加得这么快，可能会促使土地改良者节省下一部分增加到资本中，从而使他可以雇用更多的劳动者。但也可以想象情况不会是这样的，因为（我们可以假设改良后的效果将会持续下去，并且维持它的费用也很少）即使土地改良后生产的不是 2 400 夸特谷物，而是 1 500 夸特谷物，但土地改良者从改良中得到的收益也还是很大的，原因是 1 500 夸特便可以收回目前 1 000 夸特的流动资本，而且还获得了包括固定资本和流动资本在内的 25%的总资本利润率，而不是从前的 20%。所以，这一改良对土地所有者而言是非常有利的，但对于劳动者来说却是极为不利的。

上述假设只是理想状态，或至多仅适用于类似将耕地改作牧场的情况。虽然人们在以前常常这样做，但现代农学家们却认为这不是改良，而是倒退。① 但是，这对我们的论点并无实质性的影响。假设土地改良并不是按上面描述的方法进行的，也并未使原先依靠土地生存的部分劳动者失去土地，而能使相同数量的劳动者生产出更多的产品。我们还进一步假设由于改良，土地与相同数量的劳工所生产出来的更多的产品都是人们所需要的，而且是能够找到买主的。土地改良者在这种情况下会需要与以前数量相同的劳动者，并且支付给他们的工资也不变。但是，他从何处能找到资金来给他们支付工资呢？他已不再拥有可达到这一目的的原来的那 2 000 夸特谷物的资本。其中 1 000 夸特的流动资本已不复存在，用于土地改良了。如果他要雇用和以前同样多的劳动者，并且向这些劳动者支付同以前一样高的工资，他就必须靠借入，或者从其他来源中得到 1 000 夸特来弥补这一缺额。但是，这 1 000 夸特谷物已用于供养或者准备用于供养同等数量的劳动者。他们不是新创造出来的资本，而是从一个生产部门转移到另一个生产部门。虽然改良者弥补了他自己流动资本的缺额，但整个社会流动资本的缺额却没有得到弥补。

一些人认为机器绝对不会对劳动阶级造成损害。他们的观点是：机器可以降低产品的价格，大大增加人们对于产品的需求，从而让比以往更多的人找到工作。不过，在我看来，这一论点并不像人们通常所认为的那样具有说服力。印刷术的发明固然造成了抄写员的失业，但毫无疑问，他们很快就会被人数更多的排字工和印刷工取代。现在棉纺业中就业的劳动者的人数，是哈格里夫斯（Hat-

---

① 19 世纪，苏格兰北部的一些小租地农场主被赶走就是这方面的一个事例，爆发马铃薯荒并且废除《谷物法》（Corn Laws）以来的爱尔兰的情况，是另外一个事例。最近爱尔兰农业总产量大幅下降，在某种程度上显然就是由将供养劳动者的土地改作放养牲畜的牧场引起的，如果不是通过移民和屠杀使爱尔兰人口减少，土地用途是不可能改变的。因此，最近的这两个事例都说明，所谓的土地改良反而降低了国家供养人口的能力。但总的来说，现代科学技术所形成的所有改良都会增加总产量，或者不管怎样都不会减少总产量。

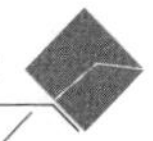

greaves）和阿克赖特（Arkwright）的发明问世之前的就业人数的好几倍。这表明，已经有大量的固定资本被投入棉纺业，而且有超过以前水平的大量的流动资本也被投入该行业。但如果这些流动资本是取自其他行业，如果替代昂贵的机器的投资资金不是由改良所增加的储蓄提供，而是取自社会的总资本，那么这种单纯的资本对于劳动阶级又有什么好处呢？流动资本转变为固定资本使劳动阶级所蒙受的损失，难道仅仅通过一部分剩余的流动资本从老行业转移到新行业就会得到补偿吗？

我认为，所有企图证明劳动阶级整体上不会由于机器的采用或者永久性改良中资本的投入而暂时遭受损失的看法都是错误的。而认定在实施改良的具体行业中劳动阶级将蒙受损失的看法基本上是可以接受的，并且它显然符合常识。然而，人们常说，尽管一个行业的劳动者的就业机会减少了，但是其他行业的劳动者的就业机会却会相应地增加，因为消费者会将由于某种物品降价而节省下来的钱用于其他物品的消费上，从而增加对其他种类的劳动的需求。这看起来似乎是很有道理的，不过，正如我们在上一章中所论述的那样，它包含一个谬误，人们对商品的需求和对劳动的需求，是完全不同的两码事。的确，消费者现在有额外的财力来购买其他物品，但并不会创造出其他物品。除非有资本可以用于生产它们，纵然改良没有从其他行业中吸取资本，它也不会使任何资本闲置。因此，其他行业的生产和就业机会并不会像人们所设想的那样增加。某些消费者对于商品需求的增加，会被另一些人的需求的停止所抵消。这些人就是被改良所取代的劳动者。他们现在必须通过竞争，或者必须靠别人的施舍才能够生存下来。

第三节　这种情况很少发生

然而，我并不认为，生产领域的改良会经常地（如果的确发生过的话）对整个劳动阶级造成哪怕是暂时的损害。只有在突然发生大规模的生产改良时才会损害劳动阶级，因为此时投入的大量资本需要由已经用作流动资本的资金来提供。然而，改良的进行总是很缓慢的，人们很少或者从未从实际生产中抽取流动资本，而是靠每年增加的资本来进行改良。很难找到在固定资本迅速增加的时期和地点，流动资本没有以相同的方式大幅增长的实例。贫穷落后的国家根本不会进行这种耗资巨大的大规模的生产改良。为获取持久收益而采用昂贵的机器设备向土地投资，这种为了长远目标而牺牲眼前利益的行为表明：第一，财产所受的保障相当全面；第二，工业企业很活跃；第三，所谓的“有效积累欲望”（effective desire of accumulation）的水平很高。这三者正是社会资本迅速增加的基本特征。

因此，不仅在靠牺牲流动资本而增加固定资本的情况下，而且甚至在固定资本增长过多和过快，从而阻碍了流动资本按人口的增长速度而相应增长的情况下，劳动阶级均会遭受一定的损害。但实际上，这种情况却几乎不可能发生，因为任何国家都不会让固定资本在比例上超过流动资本。假如在 1845 年的投机狂热时期，得到国会批准的铁路工程都已如期竣工，则这种从来不可能发生的情况很可能会发生，但这种事例却提供了一个突出例证，说明要把用于原有行业的很大一部分资本投入新的领域将会遭受巨大的困难，这种困难大到足以阻碍要求投资的企业过快地发展，足以对现有的雇佣劳动的资源造成损害。

此外，我们应该予以补充的是，即便生产改良真的在某一时期内减少了社会的总产量和流动资本，然而，改良最终也会使二者都得到增长。生产改良增加了资本的收益，而资本收益的增加必然对资本家和消费者均有好处，它会使资本的利润增加，使消费者所支付的价格降低。在这两种情况下，都会使资本积累增加，并且使利润进一步提高，进一步刺激资本的积累。在前面所列举的事例中，土地改良的直接结果就是使总产量为 2 400 夸特的谷物下降到了 1 500 夸特，然而资本家的利润却由原先的 400 夸特增加到现在的 500 夸特。如果资本家能够把多出的这 100 夸特节省下来，那么在几年内改良者所减少的那 1 000 夸特资本就会得到补足。现在，进行生产改良的任何行业的经营范围几乎都扩展了，这些扩展的经营范围极大地刺激了资本家，使他们增加了自己的资本。因此，通常情况下进行改良的行业，其业务量基本上肯定会扩大，这会极大地刺激该行业的资本家增加资本，因而改良最终所吸取的大部分资本均取自改良本身所带来的增量利润以及增量储蓄。

生产改良有助于增加资本积累，从而有助于总产量的增加，尽管有时可能会暂时减少总产量。但这一趋势将展现出更明显的特征：如果土地对于资本的积累和产量的提高都有规定的限制，那么一旦达到这种限制程度，产量就会停止进一步的增长。但是生产的改良，无论会产生其他什么作用，都将促使其中一个方面的限制程度或两个方面所受到的限制程度得到减轻。这些事实将会在下一阶段的研究中得到更加清楚的展示。我们将会看到，一国将要积累的甚至能够积累的资本量，以及将要生产的甚至能够生产的总产量，都是和该国现有的生产技术状况成正比的。而且，每一项改良即使在一个时期内会减少流动资本量和产品总量，但最终也会使两者比以前有所增长。这就是对机器反对论者的明确答复，并且在下文中会证明①，即便是在目前的社会状况下，机器的发明最终也会造福于劳动者。但这并不能使政府推卸责任，政府有责任减轻并尽力阻止这种因最终产生利

① 参见本书第四编第五章。

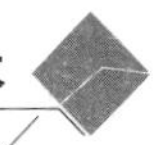

益的源泉而给当代劳动者带来的不幸。如果投资于机器或有用工程中的资本的增长速度非常快，以致大大减少了供养劳动的资金，那么，执政者就应该采取措施来调整其增长速度。同时，改良从整体上来说并不减少就业机会，但是几乎总是会使某一特定阶级的劳动者失业，所以立法者最应该关注的对象，就是那些为了其同胞和子孙后代的利益而遭受损失的人。

回顾固定资本与流动资本存在的理论区别，我们不难发现，因为用于再生产的全部财富都归入资本类，所以有些资本既不符合固定资本的定义，也不符合流动资本的定义，例如，制造商或者经销商的仓库中任何时候都有一些尚未出售的成品存货。尽管可以将其划归资本的范畴，但它们还不是实际被运用的资本。它们还不能参与生产，首先需要被出售和交换，也就是说，先要被转换为与之等价的其他商品。因此，它们既不属于固定资本，也不属于流动资本，但是它们将会变成其中的任何一种资本，或者最终在两种资本之间进行分配。制造商将销售成品所得的收入，一部分支付给他的工人，一部分用于补充生产所需要的原材料，一部分用于购置新的厂房和机器或维修旧的厂房和机器，但是，究竟各个部分使用多少，则取决于他所从事的制造业的特点以及当时的需要。

应该进一步指出的是，虽然用于购买种子或者原材料的那部分资本和固定资本不同，它需要从总产量中一次性取出，但它与劳动就业的关系却如同固定资本与劳动就业的关系。花费在原材料上的资本和投入机器中的资本，都要从供养和补偿劳动者的资本中抽取出来。而且，如果现在把用于支付工资的资本转而用来购买原材料，那么对劳动者所造成的损害，同将其转变成固定资本所造成的损害是一样的。不过，永远都不会发生这种变化。生产改良的目的总是为了节省，在生产状况一定的条件下，永远都不会增加种子或原材料方面的支出，因而也不必担心劳动者的利益会由于这方面的原因而受到损害。

第七章　论决定生产要素的生产力水平因素

第一节　土地、劳动及资本在不同时间和地点具有不同生产力

我们已对生产要素做了全面论述，并发现，它们可以简述为三种：劳动、资本以及自然提供的原料和动力。其中，主要的和不可或缺的是劳动和地球上的原料。自然动力或许可以协助劳动，并且有助于生产，但它却不是生产所必需的。剩下的要素——资本，其本身是劳动的产物，因此，它在生产中所起的作用实际上就是劳动在间接地发挥作用。但这并不意味着它不需要单独说明。首先，为了满足工作期间消费所需的资本，需要提前施加劳动，这种劳动的必要性毫不逊色于工作本身所需要投入的劳动。其次，迄今为止，绝大部分资本只有通过维持投入生产中的劳动才有助于生产，其余的资本——工具和原料——和自然要素以及自然提供的原料一样直接作用于生产。

现在我们来讨论政治经济学中的第二大问题，即这些要素的生产力水平（degree of productiveness）取决于何种因素。因为，很显然，在不同时间和地点，生产力的生产效率差别很大。在相同的人口和领土范围内，一些国家的产量比另一些国家要大得多；而且对于同一国家，这一时期的产量也比另一时期要大。不妨比较一下英国与面积和其相同的俄罗斯区域，或比较一下英国与人口和其相同的俄罗斯区域；比较一下现在的英国与中世纪的英国；比较一下现在的西西里岛、北非或叙利亚与在被罗马征服之前盛极一时的它们。导致生产力差异的一些原因是显而易见的，然而还有一些原因是不明显的。下面我们将说明其中的几个。

第二节　较高生产力的原因——有利的自然条件

生产力较高的最明显的原因就是有利的自然条件。这些条件有很多种，其中

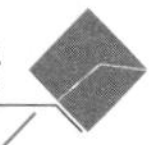

土壤肥力是主要条件之一。在这其中，差别又极大，从阿拉伯沙漠到恒河、尼日尔河和密西西比河的冲积平原，有利的气候甚至比富饶的土壤更为重要。有些国家适宜居住，但气候太冷，不适宜农业生产。其居民也就无法超越游牧状态，如果不是像处境糟糕的因纽特人一样以狩猎或钓鱼为生，他们就必须像拉普兰人一样以驯鹿为生。有些国家可以种植燕麦，但不是小麦，如苏格兰北部。还有一些地方虽然可以种植小麦，但是雨量过多和缺乏阳光，导致作物收成不稳定，如爱尔兰的部分地区。越逼近南部，或者越靠近东部的欧洲温带地区，培育一些新的农业部门首先成为可能，然后发展成为优势产业，葡萄、玉米、无花果、橄榄、蚕丝、大米、大枣等相继出现，直到后来有了糖、咖啡、棉花、香料等。这些地方的气候也适宜种植一些较为常见的农产品，只要稍加培育，就可实现一年两熟甚至三熟。气候差异不仅对农业很重要，对许多其他生产部门也有重要影响，而且影响暴露在空气中物品的耐久性，如建筑物。如果凯尔奈克（Karnac）和卢克索（Luxor）的寺庙没有受到人为破坏，它们或许能够以原有的完美状态永远存在下去，因为其中的一些碑文，尽管历史久远，但比我们的气候条件下 50 年前的碑文还要清晰。在圣彼得堡，30 年前修筑的巨大花岗岩建筑，由于长期暴露在严寒酷暑之中，据旅行家们分析，几乎需要重建。南欧的纺织品在色彩丰富度和颜色鲜亮度方面要远胜于英国纺织品，归根结底是由于其气候条件较好，任凭多么技艺高超的化学家、多么完备的染色工具也无法在朦胧和潮湿的气候中制出完全等质的物品。

气候还能够减少生产者的物理需求。在热带地区，尽管居住条件较差，缺少衣物和燃料，但人们仍可以舒适地生活；在严寒气候下，燃料绝对是生活必需品，而在热带地区，除了工业使用燃料之外，人们几乎不用。经验证明热带地区的人们需要较少的食物，长期以来，理论已经证明，我们消费的大多数食物不是用于满足人体器官营养所需，而是为了保持人体热量，并为重要的人体机能提供必要的刺激，这在热带地区通过阳光和空气就可以充足提供。因此，热带地区的居民，无须像其他地方的居民一样为了获得生活必需品而投入更多的劳动。如果居民特性没有诱使他们运用这些优势来增加人口或贪图享乐，他们就有更多额外的劳动来追求更高层次的目的和享受了。

在有利的自然条件中，除了土壤和气候外，还必须提到丰富的矿藏，特别是位置便利、易于开采的矿藏。例如英国的煤田，对当地居民来说，对它的开采可以弥补气候的不利影响。还有英国和美国拥有的埋藏较浅、储量丰富、易于冶炼的初级资源——铁矿石，而且紧挨可供炼铁的煤矿。在山区和丘陵地区，丰富的自然水力极大地补偿了这些地区土壤普遍贫瘠的劣势。但或许最大的优势是位于沿海地区，特别是伴随有良好的自然港口，以及在其旁边有可供航行的大河流。

这些优势全然在于节省运输成本。但很少考虑这一问题的人则不会充分体会到其中蕴含的巨大经济优势；当然，没有考虑到交换和所谓的分工对生产的影响，也就无法充分估计其所带来的经济效益。重要的是，它往往不仅能够补偿土壤贫瘠的不利，而且几乎可以补偿每一个其他的自然劣势，特别是在工业早期阶段，劳动和科学尚未提供能够与自然抗衡的人工通信手段。在古代和中世纪，最繁荣的社会不是那些拥有最广袤领土或最肥沃土壤的国家，而是那些迫于自然劣势而不得不最大限度地利用其最便利的沿海地理位置的地区，如雅典、提尔（Tyre）、马赛、威尼斯、波罗的海沿岸的自由城市等等。

第三节　较高生产力的原因——较足的劳动干劲

有关有利的自然条件就论述这么多。有利自然条件的价值显而易见，且从未被低估。但经验表明，有利的自然条件对社会所起的作用，几乎从来没有比财富和地位对一个人的性格和能力产生的影响大。无论是现在还是过去，拥有最有利气候和肥沃土壤的国家并非最富有或最强大的，但（就人民群众而言）通常是最贫穷的国家，尽管处于贫困之中，全体民众可能仍怡然自得。在这些国家中，支撑人们生活所需是极少的，以至穷人很少感到焦虑，气候使人愉悦，悠闲时光是其最喜欢的奢侈品。在激情的呼唤下，他们拥有丰富的能量，但不是表现在持续和永久的劳动上。因为他们很少关注远大的目标，也未能建立良好的政治制度，进而由于没有较好保存其劳动成果，导致产业热情进一步被削弱。成功的生产，如同大多数其他类型的成功一样，更多地取决于人类素质，而不是他们的工作环境。艰难困苦而非安逸更能激发身心能量。因此，侵犯和征服他人，并迫使他们为自己利益劳动的人类部落，大多崛起于艰难困苦之中。他们或是生活于北方的森林环境之中，或是像希腊人和罗马人一样，受训于严格的军事纪律。自从现代社会环境终止这一纪律以来，欧洲南部再也没有出现过类似的征服者，而军事活动、思辨思想和工业活力，这一切的重心也都转移到了自然条件较差的北方。

因此，我们可以将更足的劳动干劲作为生产力较高的第二个原因。这种干劲不是偶然性的，而是常规的和习惯性的付出。没有人能够像北美印第安人一样，毫无怨言地默默忍受大量暂时性的疲劳和困苦，或者使其身心长时间保持在最大限度的紧张之中。然而，人尽皆知的是，每当他从当前欲望的压力中有一个短暂的喘息，他就会放松下来。在短暂的强烈刺激下，个人或国家能够并愿意付出的努力没有什么区别，区别在于他们对待远大目标时所付出的努力和将这种努力贯穿于日常工作之中的恒心。具备这些品质是人类取得任何巨大进步的必要条件。

为了促使野蛮人文明化，就必须使其受到新的需求和欲望的激发，即使这种需求和欲望不是非常高尚，但只要能够促使他们身心进行稳定而规律的运动即可。如果牙买加和德梅拉拉（Demerara）的黑人在获得解放之后，如人们所预料的那样在获得了生活必需品后就不愿意多干一点点劳动，因为在热带地区人口稀少，土地肥沃，足以维持生存，那么他们虽然不会比以前奴隶制状态下过得更差，但一定会陷于一种更加野蛮的境地。最具诱导性的工作动机是他们对优质服装和个人饰品的热爱。没有人会支持培养这种嗜好，而且在大多数社会里，这种嗜好往往导致贫穷而不是富有。但基于黑人的心态，这可能是促使他们自愿承受有组织劳动的唯一动机，从而获得或维持自愿劳动的习惯，而后转化为追求更有价值的目标。在英国，需要向人灌输的，不是对财富的欲望，而是如何使用财富和正确对待无法用财富购买到或不需要财富就可实现的欲望目标。要真正改善英国人的性格，无论是促使他们拥有更远大的抱负，还是只是使其正确评估他们目前的欲望目标，就必须减弱他们追求财富的热情。然而却不需要减弱这种奋发向上、脚踏实地的工作精神，英国最好的工人都具有这种精神，这也是他们最宝贵的品质。

人类往往不知道如何去把握最理想的中庸之道：劳动需倾力而为，尤其是投入其全部体力与心智力；倘若只是为了获取金钱，则尽量使一天的劳动时间少些、一年的劳动时间少些、一生的劳动时间少些。

第四节　较高生产力的原因——较高的技能和知识

决定社会劳动生产力的第三个要素是社会现有的技能和知识，无论是劳动者本身拥有的技能和知识，还是指导其劳动的管理者所掌握的技能和知识。凭借日常操作工人灵活的双手，从事指导工作者的聪明才智以及可转化为工业生产目的的自然力和物品属性都可以极大地促进生产效率，这一点毋庸多说。同样不言而喻的是，一国民众的劳动生产力受到他们的生产技术知识的限制，而且这些技术知识的进步，以及应用于产业发展的自然物品或自然力的任何改进，都会提高相同数量和同等强度劳动的产量。

这些技术改进的一个主要领域在于工具和机械的发明和使用。不过这些用于提高生产和节省劳动力的方式无须在本书中加以详细论述。巴贝齐（Babbage）先生在其知名著作《论机器和制造业的经济》（*Economy of Machinery and Manufactures*）中以一种科学而又通俗易懂的方式进行了解释和举例说明。该书用整整一个章节来举例说明，机器在执行“人力不足以承担、人手不足以胜任”的工作时所发挥的作用。不过，我们无须花费太多精力就可以找到实例来说明，在没有工具协助的情况下，有些劳动根本无法完成。在许多情况下，不用蒸汽发动机或其他方式来驱动水泵，就无法排掉聚集在矿井中的水，这样矿藏被开采到一定深度后就必须放弃；没有船舶就无法横跨海洋；没有某种工具就不能砍树，也不能开凿岩石；耕种土地就必须有犁，至少要有锄头。然而，非常简单和粗鄙的工具就足以帮助人类完成迄今为止的大多数工作，随后的发明则主要使得工作完成得更加完美，而且最重要的是，极大地节省了劳动，因而节省的劳动又可用作他途。

知识协助生产产生效果的方式，远不止使用机器这一种。在农业和园艺领域，机械的使用虽然超越了犁和一些其他简单工具的发明和逐步改进，但现在还只是初步展现出它可以做一些重要工作。最伟大的农业发明在于对土地本身和种植作物直接采用更合理的耕种过程，例如轮作法，以避免土地每耕种两三季就需休耕一季的问题；为土地施肥以恢复因耕种而流失的土壤肥力；翻耕地表土和深层土并做好排水；将泥塘和沼泽改良为可耕地；用经验证明对植物和树木进行修剪、整枝和支撑的行之有效的方法；还有较为昂贵的植物培育方式，即种植时使根或种子保持一定的间隔，且使其周围土壤更为精细。在制造业和商业中，一些最重要的改进旨在节约时间，使得劳动和支出的回报速度更快；还有一些改进则旨在节省原料。

第五节　较高生产力的原因——整个社会较高的知识水平和信任度

社会知识水平的提高对财富增加的影响，无须多做阐释，因为即使是最没文化的人也能从铁路和轮船这样非常明显的例子中看出这一点。然而，尚未被人们如此充分理解和认可的是，人们智力成果的广泛传播所具有的经济价值。能够胜任工业企业的主管人员，甚至是能够执行高于日常事务工作的人员数量远远不能满足需求，这从支付给这些人的薪金和普通劳动者工资之间的巨大差异就可以看出。实务操作能力的缺乏致使大多数劳动阶层不是好的规划者——他们连家庭经济生活也安排不好，懒散，没有计划——因此他们只能从事低级劳动，而且效率低下。大众教育的重要性，即使从这个有限的方面来看，也非常值得政治家们——特别是英国的政治家们——关注。因为据习惯于雇用不同国家劳动者的主管以及善于观察的人士证明，其他国家的工人往往无须受教就可以表现得非常聪慧，但是英国工人除了砍伐木头和端茶倒水之外，从事其他任何工作都必须接受教育，尽管工人们几乎总是进行自我教育。苏黎世的埃歇尔（Escher）先生（一

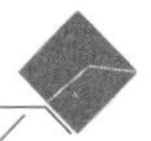

个工程师和棉花生产商，他从许多不同的国家雇用了将近两千个工人），在他1840年提交给济贫委员会关于培训贫穷儿童的证词中将英国工人和欧洲大陆工人的性格做了一番对比，我相信，所有具有类似经验的人都会认同他的话。

“意大利人反应敏捷，远远胜过其他任何国家的劳动者，这表现为他们能够迅速理解手中任何新的劳动说明，很快明白雇主的意图，并适应新环境。法国工人具有类似的自然特质，只不过略逊一些。我们发现，英国、瑞士、德国和荷兰的工人们的自然理解能力较差。毫无疑问，若是作为雇佣工人，英国工人非常受人喜爱，因为我们发现他们在相关专业领域接受了较好的训练，可以专注于一项工作。然而，若是作为商业人员或普通业务员以及雇主满意的随从人员，我更喜欢撒克逊人和瑞士人，尤其是撒克逊人，因为他们接受了较好的大众教育，其知识水平超过了那些专门人员，只要稍加准备就可以胜任交给他们的任何工作。如果我雇用一名从事蒸汽机安装的英国工人，那么他将只懂得蒸汽机安装，无论机械领域的其他情形或其他分支与其事业多么密切，他都一概不知。如果要他说出工作中力学的各种相关分支可能出现的任何状况以及如何处理它们，并提出相应的建议或写一份明确的陈述报告，他将束手无策。”

关于劳动阶层的素质教育和道德信任之间的关联，埃歇尔先生说：“我们发现，受过良好教育的工作人员在各方面都有卓越的道德品质。首先，他们从不酗酒；享乐时也谨小慎微，表现得更为理性和儒雅；他们乐于接触上层社会，举止恭敬有礼，因而更易于被上层社会接受；他们爱好音乐，喜爱阅读，享受美好风景，每每结伴到乡间远足；他们勤俭节约，对待自己以及雇主都是如此；因此他们诚实可靠。”在谈及英国工人的问题时，埃歇尔先生说：“就其受过专门训练的工作而言，他们是最熟练的工人；然而，就其行为而言，他们却是最无序、最颓废和最不守规矩的，是我们所雇用的任何国家工人中最不受尊重和最不值得信赖的。而且我所说的表达了每一个大陆制造商的经验，尤其是英国制造商，他们抱怨最多。不过，这些堕落的特质不适用于受过教育的英国工人，而只是出现在缺少教育的英国人身上。当未受过教育的英国工人从英国雇主铁一样纪律的束缚下解放出来，并且受到有教养的大陆工人礼貌友好（从雇主那里习得）相待时，他们就会完全忘乎所以，不知道自己的职责，持续一段时间之后就会变得完全无法无天且不中用。”① 这一观察结果得自英国本土的经验。一个未受过教育的英国工人一旦萌发了任何平等的想法，他的思想就会被平等观念干扰，当他不再受役于他人时，就会变得傲慢无礼。

劳动者的道德素质对于其劳动的效率和价值来说，如同聪明才干一样重要。

① 不仅这位智慧且有经验的劳动雇主的全部证词值得关注，而且在该报告中，其他人对类似问题的许多证词也值得重视。

暂且不论放纵不羁对其身心健康的影响，也不论浮躁无常的习惯对其工作精力和连续性的影响（这种影响显而易见，无须多加论证），单单这一点就值得深思——他们劳动的总成果在多大程度上取决于自身的诚信度。目前，在监督或检验劳动者是否已经完成他们的工作上所花费的劳动，都来自真正的生产性劳动中本应该投入的劳动。在这样一种辅助性职能上所花费的精力，并非事物本身所必需，而是源于劳动者的不诚实。大量的外部预防措施并不能完全奏效，因为当下几乎所有的雇佣劳动者都一样，只要管理者稍微放松警惕，他们就会抓住机会逃避履行合同。人们之间相互信任的好处贯穿于人类生活的各个方面，或许在经济方面的优势最不值得一提，但即使是这样，也是无法估量的。我们只考虑一下人类不诚信对社会财富造成浪费的最明显的情形。所有富裕国家中都会有靠掠夺或欺诈他人为生的人，这些人的数量无法确定，但据最低的估计，像在英国这样的国家，其人数也非常可观。供养这些人是国家工业的直接负担。而警察、整个惩罚机构以及部分民事和刑事司法部门正是由于这些人的存在，而成为国家不得不承受的第二种负担。付费昂贵的律师行业，就其工作而言，不是由于律师自己设想的法律漏洞而诞生的，而主要是靠人类的不诚信在维持。随着社会诚信度的提高，所有这些费用会变得越来越少。这只是单纯的节省。如果劳动者能够诚实地履行自己的职责，所有人都士气高昂，意志坚定，按照计划有条不紊地安排各项工作，严格履行他们的合同，那么这将会极大地提高产量，节省时间和花费，由此所带来的巨大效益要远远超过那种单纯的节省。合作行动的开展取决于人与人之间在多大程度上可以相互信赖。在一些拥有一流工业能力的欧洲国家中，阻碍其大规模开展业务的最严重因素是很少有人在收付大笔款项方面值得信赖。商人在对待有些国家的商品时非常谨慎，因为他们不能确信商品的质量是否符合样品的质量。在英国出口贸易中，这种短视欺诈行为并不罕见。每个人都听说过“魔鬼的尘埃”（devil’s dust）。巴贝齐先生举出了许多这样的例子，其中一个就是由于伪造和欺诈行为屡屡出现，导致出口贸易的一个分支实际上终止已久。与此同时，在巴贝齐先生的同一部著作中也有大量事例说明商业贸易可以从已证明的信赖中获得巨大收益。“在我国最大的一个城镇中，每天都会进行非常大规模的销售和采购业务，而在这一过程中缔约方却没有交换任何一个书面文件。”不难想象，这种诚信在每年的贸易中为该城镇的生产者和经销商带来了多大的回馈，节省了多少时间和费用，同时还避免了不必要的麻烦。“在上一次战争期间，英国制造商受到了欧洲大陆的排挤，那时已经建立的信誉度在促成交易信心方面发挥了巨大的效用。我们最大的一家公司与德国中部的一家公司有着密切的贸易往来，但是当时欧洲大陆港口都抵制我们的制造品，并对所有违反柏林和米兰法令的人施以重罚。然而，这家英国制造商却能够继续接到订单，这些订单附有如何

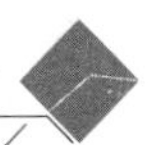

托运的指示、何时和以何种方式付款的信件。他认识这些笔迹，但信件上只签有公司某个人的教名，有些情况下甚至没有任何签名。这些订单被一一执行，并且无一例外都按时收到了货款。”①

第六节　较高生产力的原因——较高的安全感

在决定生产要素生产力水平的次要原因中，最重要的是安全感。这里的安全感是指社会为其成员所提供的全民保护。包括政府提供的保护（protection by the government）和免受政府机构干预的保护（protection against the govern-

① 巴贝齐先生也注意到，一些小事例可以进一步说明社会成员互不信任对社会造成的浪费。“买方支付的费用包括物品的价格以及鉴定物品是否与合同相符所花费的资金。在某些情况下，物品的好坏无须检查，显而易见，在这种情况下，该物品在不同商店的价格没有太大差别。例如，一块糖的好坏几乎一目了然，因此，它的价格是如此一致，且利润空间小，杂货商也就不会急于去出售它。然而茶的质量好坏却非常难以判断，并且可以通过混合掺杂来进行欺骗，即使是有经验的人也难以辨认，因此茶的价格差别较大，每个杂货商都急于把它卖给顾客。在某些情况下，鉴定物品的难度和费用是如此巨大，以至让人觉得其偏离了公认的原则。因此，有这样一条通用准则，认为政府购买物品要比自己制造物品更便宜，然而，人们却认为政府建立大型面粉厂（如德普福德的那些面粉厂）自己磨面，比起鉴定购买的每一袋面粉，以及雇用人员设计检测层次无穷的掺假伎俩要更经济。”类似美国这样的国家若不讲诚信，可能会丢掉大量的面粉出口贸易。

再有：“几年以前，非常盛行一种所谓的改良三叶草种子的工艺，以致引起了下议院的关注。在提交给委员的证词中这样写道，要改良白色三叶草的种子，首先是将其润湿，然后用硫黄熏干；要改良红色三叶草的种子，则需将其放入装有少量靛蓝的袋中，摇动而改善其颜色。但是，没过多久人们就发现了这一点，于是改良者们又改用洋苏木染料，并加入些许绿矾，有时也会加入铜绿。因此，这就会立刻改善老种子的外观，但是却降低了（如果不是说破坏了的话）其已经衰老的生长力。虽然这种方法没有对好种子造成损害，但是其外观的改进却使种子的市场价格从 5 先令提高到了 25 先令。但是，最大的弊端是，这种处理方式使无价值的种子在外观上同好种子一样。一位证人试种了一些这种改良豆，发现在 100 颗豆子中最多有一颗发芽，有些即使发芽了随后也会死掉，然而好种子通常有 80%或 90%的存活率。处理后的种子被卖给该国的零售经销商，他们当然力图以最便宜的价格买进，然后再卖到农民手里。无论是经销商还是农民都无法辨别种子的好坏。因此许多耕种者减少了对此种物品的消费，而其他人则被迫支付更高价格向有能力区分混合种子且诚实可信的人购买。”

巴贝齐还指出，虽然爱尔兰亚麻的自然品质并不劣于其他国家，但市场价格每磅却要比国外或英国亚麻价格低一到两个便士。造成这种情况的一部分原因是编织过程中的疏忽，但另一部分原因是科里的证词所提及的。科里先生多年来担任爱尔兰亚麻委员会的秘书。他说：“亚麻业主几乎都是社会下层人士，他们认为可以通过欺诈买家来最大化自身利益。亚麻以重量出售，于是亚麻业主便采用各种权宜之计来增加分量。然而，每一种权宜之计都是有害的，特别是浸水，这种伎俩非常普遍，过后会使亚麻发热。每一捆（每捆大小不一）亚麻的内部通常都塞满了鹅卵石或各种泥土来增加重量。这样的亚麻便被出售或出口到大不列颠。”

有人在向下议院委员会提交的证词中提到，诺丁汉（Nottingham）的花边贸易由于制造假冒伪劣商品而遭到重创。“有人制造出了一种单边锁口的花边（我仍然引用巴贝齐先生的话），它虽然看上去很好看，但由于洗过之后就会脱线，几乎完全损坏。在一千人中也找不出一个能够区分单边锁口和双边锁口的人，甚至是工人和制造商也不得不借用放大镜才可识别；还有一种类似的情况是，在辨别所谓的荷叶花边时也必须用到放大镜。”

ment)，且后者更为重要。如果一个人知道，局势稍有动荡，自身所拥有的任何资产就会被贪婪的政府官员掠走，那么很多人就不可能努力生产多余的必需品。这是对一度繁荣和兴盛的亚洲地区最终陷入贫穷的公认解释。从英国到欧洲治理得最好的地区来看，安全感程度有许多等级。在大革命之前的法国许多省份里，由于恶性的土地征税制度以及无法抗拒的横征暴敛，每个耕作者都不得不陷入贫困，也不愿意好好种田。唯一能够完全挫伤生产者积极性的不安全感，来源于政府或手握大权的政府官员。因为对于所有其他破坏者，人们尚有希望自我保护。古代的希腊和希腊殖民地以及中世纪的佛兰德和意大利，并不拥有现代意义上的安全感，当时社会动荡不安，人民生命和财产安全备受威胁。但它们是自由国家，人民通常不会受到政府的任意压迫，也不会遭受其政府的全面掠夺。各项国家制度所激发的个人能量使其能够成功抵御外敌，因此他们的劳动生产力显著提高，人民保持自由，且财富不断聚集。罗马的专制主义结束了整个帝国的战争和内部冲突，使全体人民摆脱了先前的不安全感，但是却使人民陷入了自己政府的残酷压迫，从而变得积贫积弱，直至被野蛮却自由的入侵者轻易击败。他们既不情愿战斗也不情愿劳动，因为政府不再允许他们享有自身奋斗和劳动的成果。

现代国家人民生命和财产的安全感大都源于习俗和舆论，而非法律。在现代或近代欧洲国家中，尽管君主名义上是专制的，但是受到既定惯例的约束，实际上没有人会感到自身处于政府任意扣押其财产或向其征收贡品的危险之中。然而，由于专制政府通常缺乏公开性，因而其政府必然会存在许多小规模的掠夺行为，其下级官员也会存在其他暴行。在英国，人们得益于制度和习俗的良好保护而免遭政府官员的苛政。但是为了免受其他侵害而获得安全感，却不能依赖于他们的制度或习俗。当人们诉诸法律需要支付昂贵的费用才能获得损害赔偿和财产保护时，他们宁愿财产受损也不要这种法律的保护，从而不能说法律真正对财产提供了保护。在英国，财产安全依靠的是舆论（公开暴力除外）和对揭露的畏惧，这比法院判决和法律执行的威力大得多。

除了社会有意保护合法财产所造成的不完善的情况之外，还有许多其他不完善的制度阻碍了一国生产性资源的最大利用。随着讨论的深入，我们将进一步提供许多这方面的内容。在这里只需要指出这一点就足够了，可以预见：工业效率的高低取决于劳动者能够在多大程度上享有其工业成果；社会机制是否有利于调动劳动者的积极性，取决于社会提供给劳动者的报酬能否尽可能地与其产出效益相称。一切有利于某一阶级或某类人群而不利于他人的法律或惯例，都会阻碍社会其他成员努力追求自身利益，从而将劳动和劳动成果相分离，这违反了经济政策的基本原则（姑且不论所有其他的谴责理由），终将导致社会总生产力水平远远低于它本该达到的水平。

第八章　论合作或劳动联合

第一节　劳动联合是较高生产力的一个主要原因

在前面已经列举了有助于提高生产力的一些因素，但还有一个因素我们尚未提及。因为这一因素非常重要，而且涉及很多有待讨论的问题，因此必须对其单独加以阐述。这个因素就是合作（co-operation），或许多人的联合行动（combined action）。这个因素对生产有着非常巨大的促进作用，因而出现了一个被称为“劳动分工”（division of labour）的独立研究领域，引起了政治经济学家们的广泛关注。这确实是非常值得关注的，但是人们却忽视了这一内容所涵盖的其他情况和实例。我认为，韦克菲尔德（Wakefield）先生首先指出了这种以偏概全的做法所带来的有害结果，在劳动法则的背后，还有一个更为基本的法则，它包含了劳动分工的内容，为劳动分工提供了依据。

韦克菲尔德指出①，合作可分为两种：第一种是若干人从事同一工作时的相互帮助；第二种是若干人从事不同工作时的相互帮助。我们可以把第一种称为简单合作，把第二种称为复杂合作。

“简单合作的好处可用以下事例来说明：2 只猎犬一同追杀野兔的数量要比 4 只猎犬独自追杀野兔的数量多。在人类所进行的很多简单合作中，2 个人共同劳动的成果要比 4 个人或者 16 个人单独劳动的成果多。例如抬重物、伐木、锯木、赶在好天气抢收农作物、短时间内合理安排对大片土地排水、拉纤、划大船、开矿、搭建脚手架、粉碎铺路石等工作都是如此。当然还有成千上万种其他形式的简单合作，在所有这些简单合作中，许多人在同一时间、同一地点以同一种方式

① 韦克菲尔德版亚当·斯密《国富论》（*Wealth of Nations*）第一卷第 26 页的编者注。

工作是绝对必要的。新荷兰*的野蛮人即便是在最简单的合作中也是从不会互相帮助的。因此，他们的境况很难比他们捕到的野兽强，甚至在某些方面会比捕捉到的野兽更差。任何人只要设想一下，如果英国的劳动者在简单的工作中突然停止相互帮助将会产生的后果，他立刻就会充分认识到这种简单合作的好处。在无数的工作中，劳动的产量在某种程度上是与劳动者之间的相互帮助成正比的，这是社会进步的第一步。”社会进步的第二步是，当“一群人联合起来劳动所生产的食物超过他们自身的需要，而另一群人联合起来劳动所生产的衣物也超出他们自身的需要时，这一群人就可以用剩余的衣物去交换另一群人剩余的食物；当这两群人联合起来生产的食物和衣物多于他们总体上的衣食需求时，他们就可以通过交换获得适用的资本，这可以在他们各自的行业中为更多的劳动者提供工作机会”。由此，在简单合作的基础上，就产生了韦克菲尔德先生所说的复杂合作。前者是若干劳动者联合起来在同一工作中相互提供帮助，后者则是若干劳动者联合起来通过劳动分工相互提供帮助。

“一个重要的区别存在于简单合作与复杂合作之间。对于简单合作而言，劳动者在合作时总会意识到合作的进行，这一点对于最为无知的和愚钝的人也是很明显的。对于复杂合作而言，在合作的所有人中，只有极少数会在某种程度上察觉到合作的进行。造成这种区别的原因也是很明显的。当若干人在同一时间、同一地点一起搬运重物或者拉动同一绳索时，毫无疑问他们是在相互合作。这是一眼便可以看出的事实。然而，当若干人或者若干人群在不同的时间、不同的地点进行不同的工作时，他们彼此之间的合作虽然确实存在，但是却不像前者那样容易被察觉出来；而想要察觉出这种合作，需要进行一番较为复杂的思考。”

在当前的社会情况下，养羊是第一部分人的工作，梳理羊毛是第二部分人的工作，纺织羊毛是第三部分人的工作，将毛线织成布匹是第四部分人的工作，印染布匹是第五部分人的工作，制作上衣是第六部分人的工作，这还不包括这些工作过程中所需要的搬运工、批发商、经销商和零售商等等。这些人互不相识也不了解，但却为了生产出相同的最终产品——上衣而进行合作。此外，还有大量其他参与合作的人，因为这些人都需要食品和其他消费品，除非他们可以指望其他人来为他们生产这些物品，否则他们就不能将自己的全部时间都花在自己的工作上。因此，为这些生产者生产粮食和建造房屋的每个人都在不知不觉地将自己的劳动与这些生产者的劳动结合在一起。这是一种虽未明说但却实实在在的协作。“生产的食物超过自己需要的那群人，可以与生产的衣物超过自己需要的那群人进行交换；如果这两群人由于相距太远或者不愿意彼此交换而相互隔绝（除非这

* 新荷兰指澳大利亚。——译者注

两群人实际上能够合并为一群人，并且共同生产足以满足整体需要的食物和衣物），那么他们就不能把生产足够食物和衣物的全部工作分成相互独立的两部分。”

第二节 分工的作用

行业的划分对生产所产生的影响，比我们通常论述这一问题的方式对读者能够产生的影响更为重要。当生产不同的物品成为不同人的专门或者主要工作时，每种物品的产量会大大提高。分工的实际作用远不止这些。没有某种程度的分工，很多物品就根本无法生产出来。

假设一些人或一些家庭，全都从事完全相同的生产活动。每个家庭都有一片自己的土地，在这片土地上通过自己的劳动种植自己生存所需的粮食。因为这些人全都是生产者，没有人购买剩余的产品，所以每个家庭必须自行生产自己所需要消费的其他物品。在这种情况下，如果土地肥沃，人口不与生活资料同步增长，则毫无疑问，会有某种类型的家庭制造业出现，也许首先是由妇女在家庭内部为全家缝制衣服（这是分工的第一步），而且会靠人们的联合劳动建造和维修住房。不过，除了简单的食物（食物的供应量也是不稳定的，随季节的变化而变化）、粗劣的衣服和非常简陋的住房外，每个家庭几乎不可能生产出更多的东西。通常，他们要尽最大努力才能生产出这些东西。由于工具极为简陋，即使是在生产粮食方面，他们的力量也无法充分发挥出来。如果他们要为自己生产出日常用品或奢侈品，则要花费很多的时间，而且在很多情况下，还需要去其他地方进行生产。因此，行业的种类会很少，由于都是生产必需品的行业，所以效率也很低，不仅是由于生产工具简陋，还因为当土地和靠土地维持的家庭制造业可以使单个家庭自给自足时，在家庭人口保持不变的条件下，就没有促使劳动和土地生产更多物品的动力。

但是假设发生了某件事，使这个家庭所在的小村落爆发了一场革命。假设一群工匠带着工具和足够维持一年生活的食粮来到这个地区并居住下来。这些新来的工匠生产的是当地人所喜爱的日用品和装饰品。他们在吃完自己所带的食物之前，就生产出了足够的物品来交换更多的食物。当地居民的经济状况由此也发生了巨变，他们现在可以获得过去仅仅依靠自己的劳动无法生产出来的日用品和奢侈品了，而现在，只要能生产出更多的食物和必需品，他们就能获得这些物品。他们因此得到激励，努力提高自己的劳动生产力。在他们初次获得的日用品当中，很可能还有比较好的工具。此外，他们也会更加勤奋并且尽自己所能来提高劳动效率。得益于这些，他们通常能够成功地使其土地不仅为他们自己生产出粮食，而且能够生产出更多的粮食来交换这些工匠的产品。这些新的居民建立了所谓的剩余农产品市场。他们的到来不仅促进了当地经济的繁荣，给当地居民带来了他们所生产的物品，而且提高了当地的粮食产量。如果他们没有来此消费，这些多余的粮食是不会被生产出来的。

这一学说和我们之前所提出的论断，即商品市场并不构成对劳动力的使用，并无矛盾。[①] 并不是因为新来者的需求，这些当地人才有能力供养自己，实际上他们的劳动已经起到作用。这种需求对他们起到的作用是，调动了他们的劳动积极性，使他们的劳动具有更大的活力和效率，并以新的动力刺激他们做出新的努力。同样，新居民的生活和工作也不是依靠当地人的需求，他们存有一年的粮食，可以和当地的居民一起生活，而且可以和当地人一样只生产少量的粮食和必需品。不过，我们可以看出，对于劳动者的生产能力的提高非常重要的一个因素是周围有从事不同产业的劳动者。一种劳动产品能与另一种劳动产品相交换，是提高劳动者生产能力的一个条件，如果没有这种交换，劳动总量必然会减少。当某种新产品的市场得以形成并且使新产品产量增加时，新产品产量的增加并非总是靠牺牲另一种产品来获得，而一般是新创造出来的成果，或者是通过改良或合作的方式获得的成果。而如果没有提高产量的动机，则可能不会进行这些改良与合作。

第三节　城镇和乡村之间的劳动联合

从以上分析中我们可以看出，一个国家要么拥有大量的城镇人口，要么将大量农产品出口到其他国家，否则该国就不可能拥有生产力水平较高的农业。我在这里为了简便而使用“城镇人口”一词，指的是那些进行联合劳动且一般集中在城镇和大村落中的非农业人口。韦克菲尔德先生将这一理论运用到了其对殖民地的研究中，并引起了很多人的关注。而且，毫无疑问，它必将引起更多人的关注。这是一项具有实践意义的伟大发现，该理论一出现，问题便显而易见了，人们也就看不到发现者的功绩了。韦克菲尔德先生率先指出现在已经普遍采用的有关建立新殖民地的方法：使一些家庭比邻而居，每家分得一小块土地，然后各家都以完全相同的方式从事生产。虽然在有利的条件下这可以保证这些家庭获得比较充足的生活必需品，但是却不利于大规模生产并促使产量迅速增长。在他的理

① 参见本书第一编第五章第九节。

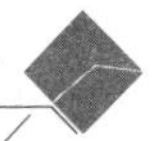

论中，他指出殖民地的建设首先要拥有与其农业人口成比例的城镇人口，其次要避免土地耕种者居住得过于分散，避免由于距离太远而无法将城镇作为他们的产品市场。这种方案所依据的理论与那些有关支持集中土地从事大规模生产的理论或者与雇用劳动力耕种会提高生产力水平的任何理论都毫不相干。虽然土地被分割成小块农田并由自耕农耕种的确可以获得最大的产量，但是城镇人口能够促使这些自耕农进一步提高产量。而且，如果农民离最近的非农业产业区域太远，因而无法将其作为可以吸收他们剩余产品的市场，同时也不能靠其获得他们需要的其他产品，那么，一般来说，就不会再生产出这种剩余产品或是其他与之相当的产品。

首要的问题是，城镇人口的不足限制了像印度这样的国家的劳动生产力。印度的农业完全采用小农生产制度。然而，劳动联合的规模相当大。在必要的情况下，靠村社制度和习俗来采取联合行动。或者，在它们无法充分发挥作用时，政府（当其运行得还算好时）便会介入，动用税收收入并靠联合劳动的方式来建造农业生产所必不可少的蓄水池、堤坝和灌溉设施。然而，由于农具和耕作方式过于落后，纵然是在土地肥沃、气候适宜的条件下，农产品的产量也低得可怜。而且，即使不改变小农土地所有制，也可以使土地为比现在数量多得多的居民提供充足的粮食。不过要做到这一点，还需要某种刺激，需要借助于简便和廉价的交通手段，才可以为与乡村地区相互联系的众多城镇人口提供这种刺激。然而，城镇人口并未增长，因为农耕者对城镇的产品没有需求，而且没有增长需求的欲望(战火频仍和横征暴敛，致使个人财产没有保障)。在这种情况下，快速发展印度生产性资源的最佳方法是，加大其农产品（棉花、靛蓝、食糖、咖啡等）向欧洲市场的出口力度。在印度，这些物品的生产者将消费其农民同胞生产的粮食。这些物品的市场在得以拓宽之后，将会逐渐增加人们对剩余粮食的需求。如果政府治理得当，那将会强化人们对欧洲商品的需求和欲望，或者对只有在印度制造业人口增加后才会生产出来的产品的需求和欲望。

第四节　较高程度的分工

因此，如果没有某种形式的劳动联合和职业划分，就不可能出现工业文明的萌芽。不过，当这种划分已经完全确立起来时，每一个生产者向许多其他生产者提供某种商品，并且从许多其他生产者那里获得自己消费的大部分物品已经成为一种习惯。这虽然不是绝对必要的，但确实能够使职业划分原则得到进一步贯彻和落实。人们发现，职业划分得越精细，每个劳动者的劳动范围越小，劳动生产率就越高。因此，便出现了那些所谓的著名的分工事例，想必本书的读者对此已经很熟悉了。亚当·斯密所阐述的制造别针的例子，虽然已无人不知，但是由于它能很恰当地说明问题，所以我仍然要再一次引用它。亚当·斯密指出："制造一枚别针的劳动大概要经过 18 道工序：第 1 个人拔丝，第 2 个人平直，第 3 个人切割，第 4 个人磨尖，第 5 个人打磨以安装针头……而制造针头的劳动需要 2～3 种相互区别的工作：安装针头是一项独立的工作，涂白别针是另一项工作，甚至将别针用纸包起来也是一项操作……我见过一家只雇了 10 人的小厂，在那里，一些工人需要做 2～3 种不同的工作。虽然他们很穷，也只有很简单、必要的机器设备，但是只要他们努力工作，他们每天可以制造出大约 12 磅的别针。一磅的重量是 4 000 多枚中号别针。因此，这 10 个人每天能够制造出 48 000 多枚别针。也就是说，每人每天可以制造出 48 000 多枚别针的 1/10，即 4 800 枚别针。但是，如果他们单独进行所有的操作，并且他们之中没有任何人受过这方面的专门训练，那么，他们每人每天制造出的别针不会多于 20 枚，甚至有可能一枚也制造不出来。"

萨伊先生列举了一个更具说服力的实例，用来说明劳动分工的结果，尽管这个实例取自一个并不是很重要的行业——扑克牌制造业。萨伊先生说："据业内人士讲，制作一张手掌大的扑克牌，在其出售之前至少需要经过 70 道工序，每一道工序都需要由不同岗位上的工人来完成。如果某家扑克牌制造厂没有 70 个工种，那是因为劳动的分工尚未达到所需的精细程度，因为同一工人需要负责完成 2～4 项不同的操作。这种分工所产生的影响是巨大的。我曾经见过一家有 30 个工人的扑克牌制造厂，制造厂每天可以制作出 15 500 张扑克牌，即每个工人每天的制造量超过 500 张。不过，如果每个工人都需要独立完成所有的工序，那么，即使他技术非常娴熟，可能每天制作的扑克牌也不会超过 2 张。因而这 30 个工人每天的制造量将不再是 15 500 张，而是不到 60 张"。①

在钟表制造业，正如巴贝奇先生所说："根据提交给下议院某个委员会的证词中的描述，钟表制造需要 102 项不同的工艺，每项工艺都招收一名学徒。这名学徒只学习他师傅的技艺，学徒期满后，不能在任何其他工艺部门工作。能够把钟表的散件组装起来的钟表装配工，是这 102 人中唯一能在任何其他工艺部门工作的人。"②

---

① 参见萨伊的《实用政治经济学教程》(*Cours d' Economie Politique*) 第一卷，第 340 页。

"依靠如此繁多的手工工序制造出的物品，竟能够以如此低的价格被出售，这就充分证明这种精细的劳动分工能够节省大量的劳动。"

② 参见《论机器和制造业的经济》，第三版，第 201 页。

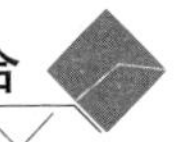

第五节 试析分工带来的好处

职业分工能提高劳动效率的原因是众所周知的，无须进行说明，但是将它们一一列举出来还是有价值的。亚当·斯密将其归纳为三点："首先，提高了每个工人技能的娴熟程度；其次，节约了在工作转换中损失的时间；最后，发明了大量方便和节省劳动的机器，从而使一个人能够做很多人的工作。"

其中，第一个也是最为明显和普遍的好处是提高了工人的技术娴熟程度。这并非因为一件事情做的次数多了，就做好了，而是取决于工人的才智和他专心的程度。不过，反复做一件事，就会变得更加容易一些，身体器官频繁使用会变得更有力量：肌肉会更加强健，筋腱会更加柔韧，大脑会更加灵活而且不易疲劳了。做一件容易的工作，做好的机会就更大一些，并且肯定做得更快。最初需要很长时间才能完成的工作，最终可以迅速地完成，最初慢工出细活，最后快工也能出细活。脑力和体力劳动皆是如此。即使是一个孩子，在经过多次练习以后，也能够本能地将一连串的数字迅速地加起来。讲任何一种语言、流利阅读、照谱奏乐，都是熟能生巧的典型事例。就体力劳动而言，舞蹈、体操、器乐演奏，都是需要经过反复练习才能达到迅速熟练的例子。在简单的手工操作中，这种效果当然会更明显。亚当·斯密指出："在特定的制造业中，某些人手操作的敏捷程度，已经超出了那些从未见过这种操作的人的双手所能承受的限度。"① 当然，劳动的分工越精细，获得这种技能所需的时间就越短，但如果一个工人需要完成的操作种类过多，使他无法频繁地重复每一项操作，那么，他便达不到上述熟练程度。劳动分工的好处并非仅仅提高了效率，还减少了学习技艺的过程中所损失的时间以及所浪费的原材料。巴贝齐先生指出："一个人在学习技艺的过程中总会浪费和损坏一定数量的原材料，而且每适应一项新的工作，他都会浪费一些原材料或半成品。如果一个人需要不断地变换工作，那么他浪费的数量将会比专注于一项工作时所浪费的数量多得多。"② 而且，一般来说，一个人一心一意学习

① "在天文观测中，操作人员的感官因为习惯而变得异常敏锐，他们甚至可以估计出时间上 1/10 秒的差别，而且他们还能够按照 1/5 000 英寸的幅度逐步调整他们的观测仪器。在最普通的制造工艺中，情况也是如此。一个安装别针针头的小孩需要连续几个小时重复同一种操作，这种操作需要使肌肉在一分钟之内完成若干种不同的运动。据近期的《曼彻斯特时报》报道，一种特别的编织品或者嵌织品最初进入市场时的价格是 3 先令，但是现在的价格仅为 1 便士，它并不是像通常那样由于新机器的发明才实现的，而仅仅是因为工人操作的熟练程度提高了"。[参见《爱丁堡评论》(*Edinburgh Review*)，1849 年 1 月号，第 81 页。]

② 参见《论机器和制造业的经济》，第三版，第 171 页。

某项工作技能，没有需要学习其他工作技能的干扰，那么他将会更快地胜任这项工作。

关于亚当·斯密列举的劳动分工带来的第二个方面的好处，我认为他和其他人一样都对此强调得有些过了。为了客观评价他的观点，我在此引用他的原话："在节省因更换工作岗位而浪费时间方面，劳动分工所带来的好处比我们初步认识到的要多得多。人们不可能很快完成从一个工作岗位向另一个位于不同地点、使用不同用具的工作岗位的转换。一个耕种小块土地的乡村编织工，一定会在织布机和田间的来往途中耗费大量时间。如果这两项工作都能在同一地点进行，那么他所耗损的时间会大幅减少。然而，即使是在这种情况下，他的时间耗损也是相当大的。一个人在变换工作岗位时通常要懒散一会儿。刚开始新工作时，他的心思很难立即投入到工作中。正如人们所说的那样，他的心还定不下来。在这段时间内，与其说他是在工作，还不如说是在混日子。由于农村劳动者不得不每半小时更换一次工作和工具，每天几乎需要进行 20 多项工作，因而他们自然而然地——或更确切地说是不可避免地——养成了这种散漫的习惯，这使他们变得懒惰，甚至是在最紧迫的场合也提不起精神。"对具有努力工作动机的人来说，这一对于乡村劳动力效率低下的描述肯定是过于夸张了。很少有人比园丁还频繁地换工作和工具。难道园丁就总是无精打采的？很多高级工匠需要用各种各样的工具做名目繁多的工作。诚然，他们完成每一项工作的速度也许并没有从事单项操作的工人快，但是除了单纯从操作速度这一角度考虑之外，在任何其他意义上说，他们都是更熟练的劳动者，也是更加充满活力的劳动者。

巴贝齐先生紧随亚当·斯密的观点。他认为："人的双手或者大脑在一段时间内从事某项工作，若转换到另一工作岗位，便不会立即充分地发挥出其全部的效力。工作中得以用到的肢体的那部分肌肉在运动中会变得柔韧，而未被用到的那部分肌肉则会变得僵硬，这就导致了每一次变换工作时动作的缓慢和不协调。而长期工作的习惯会使得到锻炼的肌肉承受疲劳的能力增强。脑力劳动的转换也是这种情况。人们在开始研究新问题时注意力总是难以集中，只有经过一段时间的工作后才会集中。在相继工序中频繁地更换所使用的工具，也会导致变换作业耗费时间。如果这些工具比较简单并且更换得不太频繁，则时间的耗费还不大。但是在很多工艺中使用的工具都非常精密，并且每使用一次都需要进行精确的校准，因此在许多情况下，校准工具的时间比使用工具的时间还长。滑动刀架、刻线机和钻孔机等均属于此类。因此，在大规模的制造厂中，保持每台机器只用于一项工作的做法是比较经济的。例如，使第一台机床沿其床面长度方向对滑动刀架做螺旋状运动，只用于加工滚筒，使第二台机床在通过夹具的位置时做匀速运动，只用来磨削加工工件的表面，再用第三台机床专门切削加工轮子。"

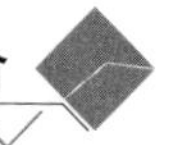

我绝非认为上述看法没有意义，但我觉得某些与此相对立的看法被忽略了。如果这种体力或脑力劳动与另一种不一样，那么这恰恰可能成为使劳动者在某种程度上得到放松的原因。而且，如果说劳动者开始第二项工作时不能立即焕发出全部活力，那么第一项工作也不可能在高度紧张的状态下无限做下去。根据一般的经验，工作的变换通常会给劳动者提供喘息的机会，否则他很可能就得完全休息。与只完成一项工作相比，一个人不断地变换工作可以不知疲倦地做很长时间。做不同的工作，需要使用不同的肌肉或者不同的脑力，某些肌肉或脑力在其他肌肉和脑力工作时可以得到休息和恢复，进行脑力劳动时体力可以得到休息，反之亦然。这种变化本身对所谓的元气（animal spirit，由于没有更科学的说法，只能用这个词）具有调节作用，这对于所有非机械性工作的效率来说，是非常重要的，而即使是对于机械性工作的效率来说，它也并非不重要。当然，这种相对的重要性因人而异，有些人要比其他人更适合长时间从事某一项工作，而不适合更换工作，他们往往需要较长的时间才能够鼓起干劲而且不会感到疲倦，同时也需要较长的时间才能使他们个人的才能得到充分发挥。因此，他们的才能一旦发挥出来，他们就不愿意停顿下来，而是会继续下去，即使工作可能会损害他们的健康也不管不顾。气质在某种程度上也影响了这些差异。有些人的才能发挥似乎天生就很慢，他们往往需要工作很久才能取得成就；另一些人尽管才思敏捷，但很快就会江郎才尽。不过，这一方面的情况与大多数其他方面的情况一样，虽然先天的差异具有一定的决定作用，但是习惯上的差异作用更大。从这一行迅速转入另一行的习惯，与其他习惯一样，是靠早期培养的。这种习惯形成之后，工人就不会在每一次变换工作时都出现亚当·斯密所说的那种懒散情形，他们不但不会缺少干劲和兴趣，反而会精神饱满地投入到每一部分的新工作中去。而如果某一项工作的时间过长（异常兴奋的情况除外），则不会有这种感觉。通常妇女比男人具有更大的可变性（至少在目前的社会环境下是如此）。现在所讨论的问题是很多事例中的一个，从中可以发现，在形成人类认识方面，妇女的思想和经验是不被重视的。很少有妇女会认为，工作时间拖得越长，工作精力越旺盛，而且她们不会认为在更换工作后的一段时间内，工作效率会降低。我认为，就妇女而言，造成这种差异的原因与其说是天性，还不如说是习惯。男人从事的工作十有八九是专业性的，而妇女从事的工作则十有八九是一般性的，涉及大量的琐碎之事，而做这些事情只需要很少的时间，妇女经常需要很快地从一项手工操作转向另一项手工操作，而脑力变换也更为频繁，因此这种变换很少使她们花费力气和时间，而男人通常需要长期而稳定地从事一项工作或有限的几项稳定的工作。但有些情况则刚好相反，于是她们的性格也会随之改变。妇女在从事男人通常所从事的单调的工厂工作中的效率并不比男人低，否则工厂就不会广泛雇用她们了。同时，如果一个男人养成了做多项工作的习惯，他也不会像亚当·斯密所说的那样懒散和懈怠，反而会精力充沛，充满活力。当然，事实上，即使对于最为多才多艺的人来说，也不宜过于频繁地更换工作，因为不断变换工作比起千篇一律的工作更容易使人疲劳。

亚当·斯密列举的劳动分工所带来的第三个方面的好处，在一定程度上是实实在在的好处。一个人越是精力集中、长时间地投入到某项工作中，就越有可能创造出有关这一特定工作的节省劳动时间的发明。一个注意力分散的人不可能对一项工作有实际上的改进。不过，能否创造出发明，更多地取决于个人全面的智力水平和动脑筋的习惯，而不是取决于专门化的工作。而且，如果这种专门化工作在某种程度上不利于培养智力，则很可能会造成更大的损失。还必须进一步指出的是，一旦发明成功，则无论发明成功的原因是什么，都应当将劳动效率的提高归功于发明本身，而不是劳动的分工。

亚当·斯密没有提到现代制造业中劳动的精细分工所带来的最大好处（仅次于工人技能娴熟程度的提高所带来的好处），但是巴贝齐先生却关注到了，这便是按能力将工人分类可以更为经济地分配劳动。在同一工作的各个不同部分，需要具有不同技术和不同体能的工人。让技术水平高的工人从事最复杂的工作，让体力好的工人从事最艰苦的工作，从而使他们充分发挥各自的优势，谁都能做的工作则留给那些只适合从事这项工作的人去做。只有当生产过程的每一部分工作都由技术和体能上最适合的工人完成时，生产的效率才能达到最高水平。在制造别针的工作中，不同部分的操作需要不同的技能，因而工人一天的工资从 4.5 便士到 6 先令不等。而且，如果要求工资最高的工人必须完成整个生产过程，那么他的一部分时间就浪费在了日工资从 4.5 便士到 6 先令的工作上了。即使不考虑完成工作量所造成的损失，并且假设他可以在 10 个工人联合劳动生产出 10 磅别针的相同时间内独自生产出 1 磅别针，那么在这种情况下，根据巴贝齐先生的计算，制造成本将是实施劳动分工时的成本的 3.75 倍。他接着指出，在制造缝衣针的工作中，这种差别还要更大，因为生产过程中不同部分操作的日工资是从 6 便士到 20 先令不等。

上述说的是劳动分工可以从工人的技能中最大限度地获取它所带来的好处，此外还有一种类似的好处，即分工还可以从工具中最大限度地获取效用。一位才华横溢的作家说[①]："如果某个人从事多种不同的工作并且拥有他所需要的全部工具，那么他至少会有 3/4 的工具经常闲置。显而易见，与其让一位社会成员拥有全部的工具，还不如尽可能地将这些工具分配给社会中的每一位成员，并且使

① 参见约翰·雷（John Rae）的《关于政治经济学问题的某些新原理》（*Statement of Some New Principles on the Subject of Political Economy*，美国，波士顿），第 164 页。

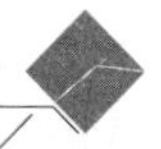

每一位社会成员仅从事某一项工作。这种转变对整个社会和每一位社会成员所带来的利益都是巨大的。首先，得到经常使用的各种工具会为购置工具的费用带来较高的回报。其次，这将使工具的所有者有能力去提升工具的质量，使其更加完善。最后，这可以为全社会未来的需求做好更充分的准备。”

第六节　分工诸限度

正如所有论述这一问题的学者所指出的那样，劳动分工受到了市场规模（extent of the market）的限制。如果将制造别针的工作划分为10道不同的工序，并且一天就可以制造出48 000枚别针，那么只有当消费者的数量足够多，多到每天大约需要48 000枚别针时，这种分工才是行之有效的。如果消费者每天的需求量只有24 000枚别针，则劳动分工就只能按和这一数量相当的生产规模来进行。因此，对于某一商品的需求的增加会提高生产该商品的劳动的效率。市场的规模可能受到以下因素的限制：人口数量太少；人口居住过于分散而且相距太远，不方便相互往来且陆路与水路运输不便；居民过于贫困，他们集体劳动的效率太低，没有能力消费大量的商品。因此，那些可能购买某种商品且懒惰、缺乏技能的消费者和联合劳动因素，均会限制该种商品的生产者之间联合劳动的实际规模。在人类文明的早期阶段，每一特定地区的需求都必然是非常有限的，因此，只有那些控制着沿海与运河运输的人才能促进产业的蓬勃与发展，他们把全世界或者沿海与运河地区都作为自己的产品市场。世界财富总量的增加，远洋运输能力的提高，以及国内道路、运河或者铁路运输的改进，都将使各个国家生产商品的市场不断扩大，因而使相关商品生产的劳动分工得到很大的发展，其结果必然是提高了各国的劳动生产力。

在很多情况下，劳动分工还受到工作性质的限制。例如，农业生产就不能像很多制造业那样分工非常精细，因为各种农业劳动不可能同时进行。第一个人不能总是耕地，第二个人也不能总是播种，第三个人也不可能总是收割。只干一种农活的人可能在一年中剩下的11个月里都无事可做，即使另一个人持续进行全部的农业劳动，在大多数气候恶劣的日子里也能够获得足够的休息时间。进行大规模的农业改良需要很多人一起工作，不过除了少数指挥人员外，其他人全都以相同的方式进行劳动。如果不实行众多劳动的联合，运河的开凿或者铁路路基的建设就无法完成。但是，除了工程师和少数几个办事人员之外，其他人全都是挖土工。

第九章　论大规模生产和小规模生产

第一节　制造业中大规模生产方法带来的好处

基于劳动联合的重要性，我们明显可以看出，进行大规模生产可以在很多时候极大地提高生产效率。为了最大限度地提高劳动效率，众多劳动者必须相互联合，即使只是为了进行简单合作而联合；企业的规模必须足够大，才有可能将众多劳动者聚集在一起；而资本就必须足够多，才能供养这些劳动者。而且，在工作性质允许且市场规模得到保证的情况下，更需要实现精细的劳动分工。这是大型生产企业得以建立的主要原因之一。即便扩大生产规模也没有导致进一步的分工，但是扩大生产规模可以把工作分配给最适宜从事该工作的人，这也会使企业有很好的经济效益。这一点巴贝奇先生已经说得很清楚了。①

如果机器可以在 24 小时内连续工作（显然这是使用机器的唯一有效模式），这就需要有人照看工人们交接班。对于门岗或雇用来干这项工作的其他人而言，照看一个人的进出和照看 20 个人的进出是一样的，他的休息都会受到同等程度的干扰。同样，对机器随时进行调整或修理是必要的。而且，让熟悉机器制造的工人来做这件事情，会比让使用机器的人来做这件事情好很多。因为机器的良好性能和使用寿命在很大程度上取决于能否迅速消除其部件的振动或缺损，所以让工人在现场及时巡视将有效减少因机器磨损而产生的开支。但对于单台花边机或单台织布机来说，这一办法太昂贵了。由此便引出了扩大工厂规模的理由。应该使机器的数量恰好适合一个维修工人投入自己的全部时间以保持它们正常运转。如果机器的数量超过了这个数目两倍或三倍，那么依据同样的经济原则，就会相

① 参见《论机器和制造业的经济》，第二版，第 214 页及以下各页。

应地占用两个或三个熟练工人的全部时间。

当工人的一部分劳动比如织布或者其他与此类似的操作属于纯粹的体力劳动时，制造商很快就会想到，这部分操作若是由蒸汽机来完成，则一个工人（在织布的实例中）就可以同时照看两台或多台织布机了。因为我们已经假设雇用了一位或者几位跟班技师，因而织布机的台数使这些技师刚好能够胜任维护蒸汽机与织布机正常运转的工作。

依据同样的原则，制造厂的规模也在逐步扩大，以致夜间照明的费用达到相当高的数目。由于已经安排了夜班值班人员，可以随时照管这些照明设施，同时又有维修机器的机械师，因而增添生产供照明所用的煤气设备会使企业进一步扩大生产规模，同时通过减少照明开支和发生火灾的危险，来降低生产成本。

在工厂达到这一规模以前，就需要建立起财务部门，雇用职工来给工人发工资并且监督工人的出勤，而且该部门必然与供应原料以及出售成品的销售商的代理机构相互交流。与为少数工人服务相比，为大批工人发放工资并查对交易账目并不会多占用他们多少时间，也不会花费他们多少精力。假设业务量翻了一番，当然也许需要增加会计或者供销代理商的数目，但是肯定不需要加倍地增长。业务量的每一次扩大，都会使完成全部业务所需要的劳动量成比例地减少。

一般来说，业务支出并不与业务量的增加成比例。让我们以我们所熟知的邮政局的一系列业务为例。假设伦敦邮局与信件邮递相关的业务不是集中在一家单独的康采恩去完成，而是分散给五六家相互竞争的公司去完成，那么每家公司都必须建立一个几乎与现在一样大的机构。因为每家公司都必须为收发伦敦各个地区的信件做好安排，都必须派遣邮递员到每一条街道甚至每一条小巷，而且若要达到与现在一样好的服务质量，那么每天投递信件的次数就要与现在邮局的投递次数一样多。每家公司都必须在各个地区设立一个收集信件的办事机构，并且还得设立从不同的办事机构收集信件和分发信件的全部辅助机构。此外，还需要雇用大量的高级职员来管理和监督其下属的工作。这不仅意味着付给这些人的工资的支出将增加，而且意味着也许在很多情况下都无法雇用到合格的员工，因而无法达到工作的预期目的。

在特定情况下，可以根据一项准确可靠的检验方法来确定自由竞争状态下大规模生产所带来的好处，是否比小规模生产获得的蝇头小利更值得关注。即在现有环境下，处于同一经营领域中的大小企业，生产效率高的一方通过降价销售产品而挤垮另一方，从而使自己在生产上具有更大的优势。一般来说，持续降价倾销商品的能力源自劳动效率的提高。而且，如果这种能力是通过更加精细的行业分工或者通过工人提高劳动技能的专业化程度而获得的，较少的劳动就会生产出同样多的产量，而同样多的劳动则会生产出较高的产量，也就是说，它增加的不仅是剩余产品，还有行业的总产量。如果特定物品的数量不需要增多，那么有一部分劳动者会因此失业，并且用于雇用与供养他们的资本也就会腾出来，于是把他们的劳动应用于其他地方，国家的总产量也将得到提高。

然而，大规模制造厂出现的另一个原因，是采用了需要配备昂贵机器才能实现的生产工艺。配备昂贵的机器：一是需要有巨额资本；二是除非让机器发挥全部生产能力，并有希望将生产出来的全部产品售出，否则是不会配备这种机器的。基于这两个原因，在使用昂贵机器的地方，就不可避免地进行大规模生产。但是在这种情况下，降价能力是否对社会总产量产生了有利的影响，并非像我们前面所说的那样易于验证。降价能力不是取决于产量增加的绝对数量，而是取决于产量相对于生产支出比例的增加量，正如前文所阐述的那样①，这种比例甚至可能会由于年总产量的下降而有所增加。因为机器的使用使原先不断被消耗并且再生产出来的流动资本转化成了固定资本，而每年只需要少量开支就可以维持这种固定资本，只要有很少的产量就足以负担这部分开支，并且生产者足以重置其余的流动资本，因此，机器非常适合制造商的需要，使他可以通过降价的手段来挤垮竞争对手，尽管这样做导致国家的总产量不增反降了。的确，机器生产物品的价格会更加便宜，因此单就这种物品来说，销量也许会增加，而不是减少，因为社会的损失从整体上来说都落到了工人身上，即使他们是许多制成品的消费者，但也不是其最主要的消费者。虽然这一特定的产业部门可能自行发展壮大，但是它却靠整个社会来补充其减少了的流动资本。如果该部门的劳动者能够避免失业，那也是因为失业的影响被分摊到了所有劳动阶层中。如果他们之中的任何人沦落为非生产性劳动者，依靠自愿或法定的慈善救济为生，那么社会的总产量就会相应地减少，一直到正常的积累增长将其补足为止。但如果劳动阶层的境况使他们能够承受工资的暂时性下降，而且失业的劳动者被其他职业吸收，则他们的劳动仍然是生产性劳动，社会减少的总产量也会得到弥补，尽管工人遭受的损害并未得到补偿。我重复前面已经得出的论断，是为了加深人们对以下事实的印象，即一种生产方式并不会因为它能使某种特定商品卖得便宜，就增加整个社会的劳动成果。售价降低一般伴随着产量的增加，但却不是必然如此。不增加产量的情况仅仅是一种在理论上有可能出现的例外情况，而不是事实上经常出现的情况，其原因前面已说过，后面也将有更详细的说明，这里就不再重复了。

用大规模生产方式代替小规模生产方式所节省的很大一部分劳动，是资本家自己的劳动。如果100个拥有小额资本的生产者分别开展同一业务，则每个人都需要花费自己的全部精力来管理企业，至少没有时间或心思去干别的事情。而一

---

① 参见本书第一编第六章第二节。

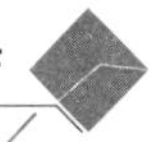

个拥有相当于他们全部资本的制造商，雇用10～12个职员，就可以管理他们的所有业务，同时还有空干别的事。小资本家通常所有事情都事必躬亲，而大资本家可以把一些细节上的事交给下属去做。小农场主需要亲自犁地，小商人需要亲自站柜台，小织布主需要亲自织布。在大多数情况下，这种职能的联合是不经济的。在企业中，领导者要么把其指挥才能耗费在日常琐事上，而对企业缺乏指导；要么只做指挥工作，日常事务却处理不好。然而，必须指出的是，我并不认为这种劳动的节省像有些人所说的那样重要。毫无疑问，花在监督小额资本上的劳动要比花在监督大额资本上的劳动多得多。然而，小生产者却在这种劳动付出中得到了补偿，他们通常会感到自己就是主人，而不是某个雇主的奴仆。也可以说，如果他们重视这种独立性，他们就会甘愿为此付出代价，甘愿降价出售其产品来同大经销商或大制造商竞争。但他们要维持生存就不能长期这样做。因此，他们逐渐从社会上销声匿迹。他们在毫无希望的竞争中耗尽了自己仅有的小额资本后，或是沦落为雇佣劳动者，或是依靠别人的资助生活。

第二节　合股原则的优点和缺点

众多小额资本合并形成大额资本，或换言之，联合股份（joint-stock）公司的建立，极大地促进了大规模生产的发展。合股原则有着很重要的优势。

首先，许多项目建设所需要的资本量远远超出了最富有的个人或者私人合伙制企业（private partnership）的财力。任何个人都无力承建从伦敦到利物浦的铁路工程，即使铁路工程已经建成，个人是否有能力经营其运输业务也很值得怀疑。诚然，政府在修筑铁路和经营运输这两个方面都可以胜任，尽管在合作形式尚处于早期阶段的国家，也只能靠政府来完成需要大量资金的工程。虽然政府可以通过征税获得所需资金，而且也已习惯经营这些大型工程项目，然而，由于众所周知的原因（对此我们在后面会详细说明），如果还有任何其他可以采用的方法，那么政府机构经营工程项目是最不合适的。

其次，虽然某些事业并非个人绝对没有能力经营，但是个人经营的规模与连续性往往无法满足社会的迫切需要。个人的确能够不定期地从伦敦向世界各地发出客船和邮轮，在联合股份公司出现之前，就已经这样做了。但是，随着人口、贸易以及支付能力的不断增长，人们已经不再满足于偶然的出行机会，而要求邮轮有规律地定期运营，在某些地方需要每天发出一两班，在另一些地方需要每周发出一班，而在其他一些地方则需要每月定期发出两班大型豪华邮轮。显然，要维持这种成本昂贵的定期运营业务，需要大量的资本与合格的管理人员，而这绝非单个资本家所能做到。同样地，还有一些事业虽然完全可以利用小额资本或者中等规模的资本经营，但是却需要大笔认购的股金来保证公众的资金安全。特别是当业务性质需要众人自愿将金钱托付给有关企业时，例如银行业和保险业，情况更是如此。这两个行业充分体现了合股的原则。然而，由于统治者的愚蠢和自私，直到最近一个时期，英国还通过法律禁止这两个行业采用合股原则，全面禁止集资办银行和海损保险业务，以便政府特许的机构——英格兰银行以及伦敦交易所和皇家交易所这两家保险公司——获得有利的垄断地位。

此外，合股或联合经营还有一个优点，便是公开性。公开性虽然不是合股原则的必然结果，但却是该原则产生的自然结果，并且在某些重要情况下也是带有某种强制性的结果。在银行业、保险业以及其他完全依赖信用的行业中，公开性是比大笔认购资本使经营获得成功更为重要的因素。私人开办的银行发生严重亏损时可以保密，甚至是在亏损已经严重到使银行倒闭的情况下，试图挽回损失的银行家仍可以设法使其维持好些年，直到最终完全破产。但定期公开账目的股份公司却很难隐瞒亏损情况。即使账目造假也仍然能够被核查，股东若是在股东大会上对账目的真实性提出质疑，便会使公众有所警惕。

以上便是合股经营优于个体经营的一些好的方面。不过，如果来看问题的另一面，就会发现私人经营也有优于合股经营的一些方面。其中最主要的优势是个体经营者更加关心事业的成功。

联合股份公司的管理机构主要由雇员组成。尽管董事会负责监督公司的管理并且掌握着任用和罢免经理的权力，但公司的管理者只是关注个人所持有的股份，对于公司经营的好坏没有特别的兴趣。而他们的股份仅仅是公司资本的很小一部分，通常也只是董事们自己财产的很小一部分，而且公司的管理者一面参与公司的管理，一面从事许多其他对其自身利益来说同样重要或更为重要的事情，除了雇用来的管理者外，没有人真正关心股份公司的经营管理。但经验表明，比起那些关乎切身利益的经营管理者，职业经理人的管理就差很多了。日常谚语也证明，当需要雇人管理企业时，“主人的眼睛”一定要洞察一切。

好的经营管理者需要具备两种完全不同的条件：忠诚与热情。雇用来的管理者的忠诚是可以保证的。当他们的工作受到严格的约束时，就很难违背良心做事，一旦失职就会保不住饭碗。但是，成功的大企业需要处理很多事情，这些事情往往很难事先确定，也不可能将其转化成准确无误的责任。首要的是，管理者必须时刻把企业的利益放在心上，不断地制订各种方案，为增加企业的利润、减少企业的开支而奋斗。不大可能指望一个受雇于他人并且为他人谋取利益的人会如此强烈地关心企业的事情。人类的实践活动已经证明了这一点。不妨看一下整个统治者阶层以及政府的部长们，委托给他们的工作是所有职业中最有趣和最富

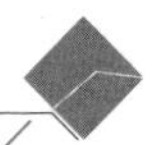

有激情的，国家的兴衰同他们的自身利益是密切相关的。而且公众对他们的赞美与斥责是实实在在的，对此人们有最强烈的感受和最广泛的认同。然而，绝大多数政治家却没有对此激励表现出昂扬的热忱，如果无所作为不会给他们带来更多的麻烦，他们就不会考虑造福公众的计划。或者除混日子以外，他们藏匿起其他方面的野心，以此来逃避舆论的指责。从小的方面来说，所有雇用过工人的人都深有体会，即工人只要不被解雇，就总想少干活儿。还有家庭仆役，众所周知，除非主仆长期相处已使仆人变得忠心耿耿，否则，只要缺少了明确的规矩约束，家仆就不会重视主人的利益。

联合股份公司还有一个缺点就是不会精打细算，在某种程度上这也是所有大企业的通病。大宗资本与交易的管理者通常对小额资金是毫不在乎的，特别是其中没有多少自身利益时，情况更是如此。他们似乎从来都不为小额资本费神，而且这种态度还为他们赢得了慷慨大方的美名。不过，聚沙成塔，集腋成裘，这种小额收入与支出终将造成巨额的利润或者亏损。大资本家对此是心知肚明的，他们在企业中建立了相应的规章制度，并且严格执行这些规章制度，以杜绝大企业的习惯性浪费。但是，联合股份公司的管理者很少竭尽全力地在企业的每件小事中开展此项工作，贯彻执行这种制度。

根据这一点，亚当·斯密提出了明确的论断，即除了在银行和保险等大体上可以照章办事的行业外，永远不能指望联合股份公司在没有垄断权的条件下能够自行维持下去。不过，亚当·斯密总是对正确的原理过度夸张，以上所述就是其中之一。在他生活的那个时代，除了他提及的那些公司之外，很少有联合股份公司不靠垄断就能长久存在下去。但是从他所处的时代开始，已经有很多这样的公司。而且毫无疑问，随着联合精神和联合能力的持续增长，还会有更多这样的公司出现。亚当·斯密只注意到独资企业经营者会坚持不懈地以较为旺盛的精力来管理自己企业的优势，但是却忽视了很多会抵消这些显著优势的各种负面因素。

其中最重要的抵消因素之一，与领导者的智力和活力有关。利益的刺激是个人努力的动力，但是如果个人的智力低下，那么再努力也是没用的。在大部分靠资本家个人管理的企业中必然会出现这种情况。当企业规模较大且能靠足够的报酬吸引到优秀的求职者时，就有可能为企业管理部门和所有下属的专业管理部门挑选有学识和有教养的管理者。这一点足以补偿他们对经营结果不够关心的缺陷。他们的精明也能使他们发现普通人竭尽全力也发现不了的获利机会。他们丰富的知识和正确的判断力使他们很少犯错误，也不会像其他人那样因为害怕犯错而不敢冒险。

必须进一步指出，联合股份公司并不一定要向它所雇用的高层管理者或其下属的工作人员支付固定薪金，有很多方式可使雇员的利益同公司的盈亏或多或少地密切联系起来。在自负盈亏和按日、按周或者按年支付固定工资之间存在着一系列不同的做法。即使是普通的非技术性劳动也可以实行计件工资制，众所周知，这种做法具有很高的效率，只要工作易于划分，且能对工作质量进行监督，那么精明的雇主就会经常采用这种方法。对于联合股份公司的经理或者私人企业的高层管理人员而言，通常的做法是把他们的经济利益和雇主的利益挂钩，以利润提成的方式向他们支付部分报酬。虽然给予雇员的个人利益无法同资本家与企业的利益相提并论，但足以在物质上极大地激发雇员的热情和认真负责的态度，这通常会使他们的工作质量远远超过大多数老板为自己工作时所能达到的水平。进一步推广这一报酬原则具有重大的社会价值和经济意义，在后文我们还将对其做出更为详尽的论述。

正如我在前面比较大企业和小企业时已经得出的论断，在自由竞争的特定情况下，竞争结果将表明是私人企业还是股份公司最适宜生存，因为效率最高、经济利益最大的一方最终能靠降价销售来挤垮另一方。

第三节　大规模生产所需的条件

能否用大规模生产代替小规模生产，这当然首先取决于市场规模。大规模生产的优势只有在交易额很大时才能得以体现。因此，这意味着人口众多和经济繁荣，或者颇具规模的出口市场。而且，这种变化同其他生产方式的变化一样，在很大程度上受到资本积累的影响。尤其是在一国的资本年度增长量很大时，才会有大量资本寻找新的投资机会。而靠新资本要比靠从现有处于使用状态的资本更能快捷地组建新的企业，当少数人手中持有大量资本时，也会使这种变革快捷得多。的确可以靠广泛筹集小额资本来得到一定量的大额资本。但这并非适用于所有的产业部门，而且还得需要社会具有非常高的商业信誉和创业精神，因而只有在产业进步并发展到高级阶段才能采用广泛集资的方法。

在市场规模最大、商业信誉与创业精神最为普及、资本年度增长额最大、个人拥有的大量资本最多的国家里，各个生产领域中大企业替代小企业的现象日趋明显。在英国这些特征表现得最为明显，不仅大规模的制造型企业在不断增多，而且在买主汇聚的地区，大型的零售商店和仓库也在不断增多，而这些大企业总有能力挤垮小商小贩。不用说，造成这种局面一方面是由于劳动分工，另一方面显然是由于大型交易节省了劳动。例如，完成一笔大宗生意并不比完成一笔小宗生意耗费更多的时间和精力，但是却比完成很多笔小宗生意少耗费许多时间和精力。

单纯从生产和最大限度地提高劳动效率的角度看，这种变革是完全有利的。

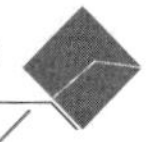

不过，在某些情况下它也会有一些弊端，这些弊端与其说是经济方面的还不如说是社会方面的，其性质前面已经给出了。无论从小生产转变为大生产可能带来什么样的弊端，但是从大生产转变为更大规模的生产时却不会带来这些弊端。但在某一行业，当独立的小生产者体制根本不可能存在或者已经被取代，许多工人在一家企业工作的体制已经形成时，进一步扩大生产规模通常就会带来绝对有利的结果。例如，显而易见，如果伦敦的煤气或自来水是由一家公司供应而不是像现在这样由多家公司供应，后者则一定会节省大量的劳动。即使只有两家公司，也意味着需要安装两套设备，而如果只有一家公司，只要将设备稍加扩充就可使全部业务运营得同样好。如果有两家公司，就会有两套设备和两套工作，尽管通常只需用一套设备就能供应全部的自来水和煤气。如果两家公司未能就划分供应区域达成协议，那么就无法防止像在同一区域内安装双重管线这样的无谓浪费。如果只有一家公司，它可能会降低收费标准，从而保持现有的利润率不变。但是，它会这样做吗？即使它没有这样做，整个社会仍然会从中受益，因为股东也是社会的成员，即使消费者支付的费用不变，股东也能获得更高的利润。因此，认为几家公司相互竞争会使价格不断下降的观点是错误的。当竞争者非常少时，他们最终会通过签署协议停止竞争。或者，他们会通过一致降价来挤垮一个新来者，而一旦新来者站稳了脚跟，他们就会与新来者联合起来采取一致的行动。因此，一项对公众具有真正意义的事业只有依靠大规模的经营才有利可图，以致当市场几乎不允许自由竞争时，通过几套昂贵的设施来向社会提供这种服务，就是一种极不经济的公共资源的分配方式。较好的方法是立即将其作为公用事业予以处理，如果这种事业不适宜于政府自行经营，那就应将它全部交给能为公众提供最佳服务的公司或联合企业来经营。例如，就修筑铁路来说，谁也不愿看到因在已经通铁路的地方再修筑第二条铁路而带来资金和土地的巨大浪费（且不说由此引起的各种麻烦），因为两条铁路不会比一条铁路提供更好的运输服务，而且也许过不了多久两条铁路就会合并。国家应该只允许修建一条这样的铁路，但同时决不应该放弃控制权，而只能像在法国那样，给予暂时的转让权。而且，国会允许现有公司获取的政府授予的那些法定权利，同所有不利于公众事业发展的所有权一样，只有被看成是一种偿付责任（a claim to compensation）时，在道德上才能站得住脚。

第四节　大面积耕作和小面积耕作之间的比较

农业方面的大规模生产和小规模生产之间的问题，即大面积耕作和小面积耕作之间的问题，在很多方面与工业上的大规模生产和小规模生产之间的问题有根本的区别。我们将在后面讨论二者在社会方面的差异以及对于财富分配所造成的影响。但是，即使在生产方面，较之大规模工业体制，大规模农业体制的优越性也不是那样明显。

我已经指出，农业生产很少从分工中受益。即使是在最大的农场，劳动分工也很有限。当然，同一部分人不会既放牧，又做生意或者种地，但除了这些初步的和简单的分工之外，就没有更为精细的分工了。韦克菲尔德先生把农业生产中进行的劳动联合称为简单合作，即一些人在相同的时间、相同的地点，相互帮助干同样的工作。但老实说，在我看来，这位富有才华的学者高估了这种合作对于严格意义上的农业生产所发挥的作用，普通的田间作业并不需要这种合作。让很多人在同一块田地里一起犁地、翻土或者播种，并没有什么特别的优势。除非时间紧迫，否则就算是进行收割，也无须如此。一般来说，一户人家就可以从事这些田间作业中所需要的全部联合劳动，即使是那些确实需要很多人联合起来才能完成的工作，小农场也能够胜任。

分割土地所造成的生产力的浪费常常是灾难性的，但这主要是由于把土地分得过于零散，而使种植者没有足够多的土地进行耕种。在这一点上，适用于大规模工业生产的原则同样也适用于大规模农业生产。一般来说，为了实现最高的生产效率，每一名农户应该拥有足够耕种的土地，使其牲畜和农具能够得到充分使用（即使这一论断成立，那也是有条件的）。然而，并非只有大农场能做到这些，英国一些很小的农场也能够做到这一点。大农场主在畜栏的建造方面具有优势，将很多牲畜圈养在同一个畜栏里，比将它们分散养在若干个畜栏中所需要的成本要低。而大农场主在农具的购置方面也享有一定的优势。小农场主不大可能购置昂贵的农具。但即使是最好的农具，也不太昂贵。小农场主需要加工的谷物数量较少，因而购置一台脱粒机是不合算的。但这种机器可以由邻近的农户购置，或者由某人单独购置，然后再租给他人使用，特别是当这种机器是靠蒸汽运转，移动并不困难时。① 大农场主可以节省一些运输成本。把少量产品运到市场上和把大量产品运到市场上所付出的辛苦差不多；在运送肥料和日用品方面也是如此。购买大批量的物品，价格会便宜些。或许在某种条件下，必须考虑到上述各种有利条件，但却不应该把它们估计得过高。在英格兰，过去几代人都没有经营小农场的经验，但爱尔兰在这方面却有着丰富的经验，不仅有最失败的经验，也有最成功的经验，我们可以引用爱尔兰权威人士的话来反驳在英格兰颇为流行的观

① 从以蒸汽为动力的播种机和收割机的发明来看，也许在后面需要对正文中的这种说法加以修改。然而，这些发明对大农场和小农场相对优势所产生的影响，不取决于这些工具的劳动效率，而取决于其费用。没有理由认为小农场主或小农场主的联合也不能拥有它们。

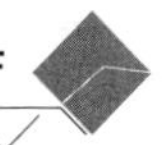

点。例如，北爱尔兰最有经验的农业家和成功的改良家布莱克（Blacker）先生的经验主要来自对划分最精细的农田进行最好的耕作。他认为，租地人租佃5～10英亩的土地就可以过上很好的生活，就可以支付大农场主所能付得起的那样高的地租。他说："我坚信，亲自扶犁耕地的小农场主，只要适当轮种作物和饲养牲畜，就可以把大农场主挤垮，换言之，他就可以付得起大农场主付不起的地租。我的这一看法已被许多认真思考过这一问题的实干家们证实了……在英国，拥有700～800英亩土地的农场主，便称得上是乡绅。他必须有马可以骑，还要有双轮马车可以乘坐，也许还要雇用一个监工来替他看管工人。他肯定无法在800英亩的土地上亲自监督劳动的工人。"① 在做了一些其他说明以后，他进一步指出："除了小农场主没有的所有这些缺陷之外，大农场主还要花费很多开销把肥料从住处运到很远的田里，再把收获的作物运回来。喂养一匹马比养活一个小农场主、他的妻子以及他的两个孩子所需要的土地产品还要多。而更为重要的是，大农场主向工人说：'干活去!'而小农场主需要雇用工人时却说：'来干活!'我想聪明的读者都能体会到其中的差别。"

反对小农场的最有说服力的一个理由是，小农场不会也不能像大农场那样，大量饲养与土地面积成比例的牲畜，因为肥料的供给得不到满足，土地就会更加贫瘠。然而，人们发现，只有当小块土地落到贫穷到养不起与土地面积数量相当的牲畜的农民手中时，才会产生上述结果。小农场并不等同于饲养牲畜非常糟糕的农场。为了公正地做比较，就必须假设大农场主拥有的资本量与分散在小农场主中间的总资本量相等。当这一条件成立或者接近成立而且实行圈养（现在人们认为在大农场上，圈养也是非常经济的）时，经验不但不会证明小农场不利于开展大规模的牲畜养殖业，反而证明事实与此相反。在佛兰德的一个小农场，牲畜成群，粪肥充裕，已经成为佛兰德农业最引人注目的特征，不论欧洲大陆还是英格兰的业内人士，都对此称赞不已。②

---

①　威廉·布莱克《爱尔兰地产管理获奖论文》（Prize Essay on the Management of Landed Property in Ireland），1837年，第23页。

②　以下内容援引自一篇有关佛兰德畜牧业的论述精辟的论文［这篇论文是作者亲自观察和搜集最可靠的资料写成的，由实学推广社图书馆（the Library of the Society for the Diffusion of Useful knowledge）出版］。"一个全部土地为可耕地的农场所饲养的牲畜数量之多，使那些不知道牲畜饲料从何处来的人惊讶不已。通常的比例是每3英亩土地就饲养1头牲畜。在畜牧业非常集中的小块土地上，比例还要更高一些。对照分析一下不同地区圈养母牛的平均产奶量就会发现，佛兰德地区母牛的产奶量大大超过了本国最好的奶牛饲养场的产奶量，而且从一定量牛奶中炼制出的奶油数量也要多些。面积为10英亩或12英亩土质疏松的可耕地，竟能饲养四五头牛，这确实令人诧异，但这种情况在瓦埃斯（Waes）农村却随处可见"（第59～60页）。

帕西（Passy）先生在其《论耕作制度及其对社会经济的影响》（*Des Systêmes de Culture et de leur Influence sur l'Economie Sociale*）一书中对这一问题做了非常精辟的论述。在法国，可以说该书是在已出版的此类书籍中讨论这两种耕作制度的最为公正的著作之一。

"毫无疑问，英格兰在相同面积的土地上所饲养的牲畜数量最多，只有荷兰和伦巴第（Lombardie）的同资本主义的耕作方式相比，如果说小面积耕作或小农耕作有缺点的话，那就是技能和知识水平低下，但这种低下在一般情况下是不存在的。佛兰德和意大利实行的是小面积耕作和小农耕作，与英格兰相比，它们早在好几代人之前农业就达到了很高的水平，并且从整体上说，它们的农业或许仍然处于世界前列。小农往往具有丰富的实践经验，这种经验是通过日常积累和认真观察事物获得的。例如，在出产优质葡萄酒的国家，小农在酿酒方面就具有非常丰富的知识。毫无疑问，他们缺少科学，至少是缺少理论知识，而且在引进新工艺方面还缺少改良精神。当然，它们还缺乏做实验的资金，只有富裕的地主和资本家才能做这样的实验。至于那些在大片土地上进行的系统性改良（如大规模的排灌工程的建设）或者那些由于其他原因确实需要很多人的联合劳动才能进行的改良，对于小农甚至小地主而言则是不行的，虽然他们为此相互合作的情况史无前例，但可以肯定

某些地区可以与之竞争。但这是否只是耕作方式不同所造成的一种结果，而与气候或者地理位置无关呢？我认为是不容置疑的。不论过去人们有什么议论，事实上，凡是在大农场和小农场并存的地方，小农场主虽然没有饲养那么多的羊，但是总体来看，却饲养了最大数量的可以提供粪肥的牲畜。

“例如，在比利时，安特卫普（Anvers）和东佛兰德两个省份的农场规模最小，平均每 100 公顷（250 英亩）耕地饲养 74 头牛和 14 只羊。而农场规模最大的两个省那慕尔（Namur）和埃诺（du Hainaut），平均每 100 公顷耕地饲养 30 头牛和 45 只羊。习惯来说，10 只羊相当于 1 头牛，那么我们发现，在前一情况下是 76 头牛维持土壤的肥力，而在后一情况下却是不到 35 头牛维持土壤的肥力。二者之间有着巨大的差别（参见内务部长公布的统计数字）。在比利时土地分得最精细的地区，牲畜的数量同英格兰差不多。只按可耕地面积计算一下英格兰的牲畜数量，则每 100 公顷土地饲养 65 头牛和 260 只羊，合计相当于 91 头牛，只比前一情况多 15 头牛。此外，还应记住，比利时几乎全年都实行圈养，不会丢失粪肥。而英格兰实行放牧则损失了一部分可以安全利用的粪肥。

同样地，在法国的诺尔省（Nord），规模最小的农场饲养着最大数量的牲畜。在里尔（Lille）和阿兹布鲁克（Hazebrouck）两个县，除了饲养大量马匹外，还分别饲养了 520 只羊和 46 头牛，而在农场规模较大的敦刻尔克（Dunkerque）和阿维纳（Avesnes）县则分别只饲养了 440 只羊和 40 头牛。（见法国商务部长公布的统计数字）

“对法国其他地区的情况进行调查也都得出了类似的结果。毫无疑问，在城镇近郊的小农场主们，不饲养牲畜也可以很容易地买到肥料，但是，通常要使土地出产最多，就必须设法提高土地的肥力。的确，小农场肯定无法饲养很多羊，这是非常不利的，但它们却能够比大农场饲养更多的牛。在任何一个国家，只要消费者有需求时它们就得这样做。如果它们不具备这一条件，则它们就肯定会消亡。

“下面引述的是有关多姆山省（Puy de Dôme）的万萨区（Vensat）的详细资料，其准确性完全可以用我所援引的著作的可靠性来保证，我引用的是万萨地区长官朱塞劳（Jusseraud）博士所公布的统计数据。这些统计数据充分反映了该地区小农耕作制度的发展对牲畜数量和种类产生的极大影响，从而使土地的生产力得到保持和提高。该地区有1 612公顷土地，划分成 4 600 小块，由 591 个业主所共有，其中 1 466 公顷土地已经耕种了。在 1790 年，17 家农场占有三分之二的土地，其余土地则归另外 20 家农场。从那时起，土地一再被划分，现在被划分得已达到了极致，这对牲畜的数量有什么影响呢？牲畜的增长相当多。1790 年该地区只有约 300 头牛和 1 800～2 000只羊，而现在则有 676 头牛和 533 只羊。这就相当于有 1 300 只羊被 376 头公牛和母牛代替了，同时肥料的数量（把各种因素都考虑在内）则从 490 增加到了 729，增加了 48.78%以上，且不说牲畜现在更为强壮、喂养条件更好，由此对于增加土壤肥力做出的贡献也比以前大得多。

“上述事实证明了我们的论点，即实际上，与大农场相比，小农场饲养的牲畜数量并不少，与此相反，在相同的条件下，小农场饲养的牲畜数量更多，对此只能做出这样的解释：因为要从土壤中获取更多的产品，它们就必须为保持土壤的生产能力做出更大的努力。不过，只要将所有其他对小农耕作的指责逐一与事实进行核对，我们就会发现它们都是没有根据的，并且可以看出，人们之所以提出这些指责，仅仅是因为进行比较的国家处于不同的地理位置，进而促使农业繁荣的原因不同”（第 116～120 页）。

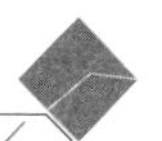

的是，随着其知识水平的不断提高，这种联合的现象会变得非常普遍。

在小农占有土地的地方，上述不利因素都会被一种在其他耕种制度下绝对没有的极大的劳动热情取代。权威人士在这一点上表现出一致的赞同。当小农耕作者需要租赁土地进行耕种，甚至不能按照固定条件租赁（如前不久在爱尔兰所发生的那样），而是按超出其支付能力的名义租赁时，这实际上是随其缴付能力的变动而要缴付最高水平的地租，在这种情况下，是无法对小农耕作制度进行公正评价的。要理解小农制，就得研究耕作者自身就是土地所有者，或者至少是对土地拥有永久使用权的享受地租分成的佃农的情况。他们为提高产量和改良土地所做出的努力，将全部或者至少部分地给他们自己和他们的子孙后代带来好处。我们将在后面较为详细地讨论土地所有权这一非常重要的问题，到时我们会再引证自耕农辛勤劳动的实例。在这里只需指出，英国农民即使没有永久租赁权，也能从政府分配的小块土地上获得非常高的产量，而该产量要比大农场主从同样大小的土地上获得的产量高。

一般来说，大面积耕作对仅仅以获利为目的的投资是最为有利的，我认为其真正的原因如下。从某种意义上说，大农场主占用的土地并没有得到充分的耕种，也没有很多的劳动花费在它上面。这并不是因为联合节省了劳动，而是因为雇用的劳动越少，相对于支出而言，收益率也就越高。不能指望雇工能像将劳动果实全部归己所有的自耕农甚至佃农那样拼命工作。然而，这种劳动也是生产性的，它能够使生产的总产量增加。在掌握的技能和知识相同的情况下，大农场主获得的产量肯定少于主动努力工作的自耕农或者小农场主获得的产量。不过，虽说大农场主的收益较少，可他能使用的劳动更少，既然他不管怎样都要为雇用的劳动付酬，那么雇用较多的劳动对他来说显然是不划算的。

然而，在其他条件相同的情况下，小农耕种条件下的土地的总产量是最高的，因此一个国家能够在小农经济下供养更多的人口，但英国学者一般都认为，小农经济下的净产量，即耕作者消费以后剩余的产量肯定较少。因而，该国从事其他方面的人口，即从事制造业、商业、航运业、国防、教育、自由职业、政府职能部门、文学艺术等工作方面的人口必然较少，因为所有这些人都靠这些净产量为生，因而彰显该国（暂时忽略实际耕作者的情况）国力的主要方面以及社会福利的基本方面会比较差。然而，人们的这些观点过于想当然了。毫无疑问，较之于大规模农业，小规模农业下的非农业人口与农业人口的比例要小一些。但是，在小农经济下，非农业人口的绝对数量并不一定较少。如果农业人口和非农业人口数量之和较大，则非农业人口本身的数量可能也会较多，然而占人口总量的比例较小。如果总产量较大，那么净产量可能也就较大，但在总产量中的比例较小。不过，连韦克菲尔德先生有时似乎也会混淆这些不同的概念。据估计，法国三分之二的人口为农业人口，而英格兰至多只有三分之一的农业人口。韦克菲尔德先生由此推断："既然在法国 2 个耕作者的劳动只能养活 3 个人，而在英格兰 2 个耕作者的劳动却能养活 6 个人，那么英格兰农业的生产力是法国的两倍。"这主要是因为通过劳动联合所形成的大面积耕作的效率较高。但首先，事实本身被夸大了。在英格兰，2 个人的劳动并非能够养活 6 个人，该国还从外国和爱尔兰进口了不少粮食。在法国，2 个耕作者的劳动则不止供给 3 个人的食物，有时还向外国提供亚麻、大麻，并在一定程度上提供蚕丝、油料、烟草，近来还提供食用糖，而在英格兰，这些东西全都需要从国外进口。法国使用的木材几乎都是国内生长的，而英格兰使用的木材则几乎全部都是进口的，法国的主要燃料是靠具有农民身份的人采集并运到市场上的，而在英国，这些人则是不算作农民的。我没有将皮革和羊毛计算在内，因为这两国都有这些基本产品，也没有将国内消费的葡萄酒或白兰地计算在内，因为英格兰也相应地生产啤酒和烈性酒。不过，英格兰没有大量出口啤酒和烈性酒，却大量进口烈性酒，而法国则向全世界提供葡萄酒和烈性酒。我没有谈到水果、蛋类等一些不太重要的农产品，法国在这些方面的出口量是巨大的。但是，我们可以不过分强调这些细节，而只需要考察韦克菲尔德先生的说法本身。假设在英格兰 2 个人真能生产出供 6 个人生存的食物，而在法国需要 4 个人的劳动才可以达到同样的目的。那么，英格兰是否一定拥有较多的剩余产品来供养非农业人口呢？答案是否定的，只不过英格兰能将总产量的三分之二用于此目的，而不是三分之一。假设产量翻了一番，那么，其中的三分之一就会与当初的三分之二一样多。实际情况可能是，由于在法国的制度下雇工的数量较多，同样的土地上就可以生产出供养 12 个人的食物，而在英国的制度下只会生产出供养 6 个人的食物。如果确实是这样（这完全符合假设条件），那么虽然在法国 8 个人的劳动就能生产出供养 12 个人的食物，而在英格兰只需要 2 个人的劳动，但在这两个国家从事非农业活动的人口数量可能是一样的。我并没有说实际情况就是如此。大家都知道，从整体上说，法国（其最先进的地区另当别论）土地的平均产量大大低于英格兰，而且相对于两国土地的面积和土壤肥沃程度而言，英格兰在我们目前所说的意义上，拥有更多的从事其他方面的人口。但这种差别肯定不能按韦克菲尔德先生的简单标准来衡量，否则可以说美国农业生产的效率比法国还低，因为根据最近的人口普查，平均每 5 户人家中就有 4 户从事农业生产。

法国农业的落后（虽然这样讲有些夸大其词，但是从整个国家来看，这却是事实）很可能是由该国产业技术和能力的平均水平较低造成的，而不是由于任何特殊原因。即使部分是由土地分割得过于精细造成的，也不能因此断定小规模耕作就是不利的，只不过说明（这是毋庸置疑的事实）法国农场的规模太小了，更

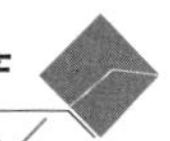

为糟糕的是，土地被分割成了令人难以置信的很多的小块，距离太远造成了相互之间极大的不便。

就净产量而非总产量这一问题来说，大规模耕种和小规模耕种之间的优劣，特别是当小农场主本人就是土地所有者时，尚不能下定论。这是至今仍然存有争议的一个问题。英国的流行观点有利于大农场，而在欧洲大陆，权威人士则似乎更倾向于另一边。海德堡（Heidelberg）的劳教授著有一部迄今论述最为全面且深入的政治经济学著作，通过大量的事实和典故论证了自己对这一问题的看法，并与其德国同胞一样，认为以下论断是确定无疑的，即小农场或中等规模的农场不仅总产量较高，而且净产量也较高。不过，他还补充说，某些大农场主已经成为新技术改良的带路人。[①] 但我见到的最公正、最有说服力的评论是帕西先生提出来的，他（总是对净产量进行讨论）在粮食和饲料的生产上认为大农场有利，而在需要大量劳动和细心照料的农作物的生产上认为小农场有利；后者不仅包括葡萄和橄榄，而且包括根茎植物、豆科植物和作为工业原料的经济作物，对这些植物均需付出悉心的劳动。根据所有权威人士的意见，数量较多的小农场对许多次要农产品的丰富发展来说是十分有利的。[②]

很显然，任何劳动者只要通过土地生产出的食物多于他本人及其家庭的消费量，就提高了供养非农业人口的能力。虽然他本人剩余的粮食不够买衣服，但是制作衣服的非农业劳动者却有可能靠他生产的食物生存下来。因此，任何农业家庭，只要生产出了自己的生活必需品，也就增加了农业的净产量。而且，每个出生于农村并且从事农业生产的人正是用这种方式，使农业的总产量有所增加。问题是，即使在欧洲，在土地分割最精细的由自耕农耕种的地区，农业人口的增长是否已使土地的分割接近于或趋向接近于极限呢？法国土地分割过细是人们公认的，但却有确凿的证据表明，它还远没有达到减弱供养非农业人口能力的那一点。这已被城镇人口剧增的数量证实，最近城镇人口的增长率大大超出了总人口的增长率[③]，这表明（除非城镇劳动者的生活条件急剧恶化，否则没有理由相信这一点），即使采用这一不甚公平合理的比例来检验，也能得出农业的生产力必然在提高的结论。同时，也充分表明，在法国农业比较发达的地区以及近期农业仍然落后的地区，农村人口自身所消费的农产品数量也在大幅增加。

---

① 根特市（Ghent）的弗雷德里克·德克默特（Fred. de Kemmeter）先生 1839 年在布鲁塞尔出版的法文译本中的第 352 页和第 353 页。

② 帕西先生指出："在诺德（Nord）行政区，一家拥有 20 公顷（50 英亩）土地的农场，有时一年能生产出价值 1 000 法郎（40 英镑）的牛犊、奶制品、家禽和蛋，扣除支出后，相当于每公顷土地提供的净产量为 15～20 法郎。"［参见《论耕作制度》(*Des Systèmes de Culture*)，第 114 页。］

③ 在 1851 年和 1856 年两次人口普查之间的这个时期内，仅巴黎的人口增长率就超过了全法国的人口增长率，而与此同时，几乎所有其他大城市的人口也都有所增长。

我坚信，学者们在政治与社会问题的科学研究上所应当避免的各种错误中，在缺乏证据的情况下夸大其词的论断是最不可饶恕的。因而我在本书前几版中对法国农业保留了看法，我不知道讲到什么程度才不会违背事实，尽管当时我还没有充分的依据来说明法国农业进步的实际情况。著名的农业统计学的权威人士莱翁斯·德拉维纳（Léonce de Lavergne）先生根据法兰西研究院道德和政治学院的要求所做的调查得出：自从1789年爆发革命以来，法国农业的总产量翻了一番，利润和工资也几乎增加了一倍，而地租则增加得更多。德拉维纳先生所具备的最大优点之一就是公正无私，他揭开了这一令人怀疑的问题的真相，他努力要说明的不是法国农业已经取得了多大成就，而是法国农业还需要做出多大的努力。他说："我们还需要花至少70年的时间才能开垦200万公顷（500万英亩）的荒地，这超出了我们现有荒地的一半，使我们的农业产量翻了一番，人口增加了30%，工资增长了100%，地租增加了150%。按照这一速度，我国要达到英格兰当前的水平，还需要七八十年。"①

有了这一论证之后，我们现在肯定不再会认为小自耕农及小农场与农业进步互不相容了。唯一值得怀疑的是速度问题，即两种体制中的哪一种能够使农业发展得更快。了解这两种体制的人一般都认为，两种体制互相结合能够使农业发展得最快。

在本章中，我们仅从生产和劳动效率方面探讨了大规模耕作和小规模耕作的问题。我们将在下文探讨这两种耕作方式对产品分配以及对耕作者本人的身体健康和社会福利的影响，因为这些问题值得我们对其进行更深入的考察。

---

① 参见《1789年之后的法国农村经济》(*Economie Rurale de la France depuis 1789*)，法兰西研究院院士和法国农业总会会员莱翁斯·德拉维纳先生著，第二版，第59页。

第十章 论劳动增长规律

第一节 生产增长取决于劳动、资本和土地三个要素的增长规律

在前文中我们已经相继考察了每一种生产要素或生产条件，以及采用何种方式来促进这些不同要素的功效。在结束与生产有关的讨论时，还有一个极为重要的问题仍需考察。

生产并非一成不变，而是一个逐步增长的过程。只要生产没有受到不良制度或低劣技术水平的阻碍，那么工业生产通常趋于增长态势。生产不仅受到生产者增加其消费手段的欲望的刺激，而且受到消费者数量增加的刺激。生产增长的规律是什么，它受到哪些条件的制约，生产增长实际上有无限度，如果有的话，限度又是什么，在政治经济学中没有什么是比弄清楚这些问题更重要的事情了。当然，这也是政治经济学中人们普遍缺乏理解的一些问题，而且在这些方面所犯的错误也确实造成了极大的危害。

我们已经看到，生产的必要条件有三个，即劳动、资本和自然要素。资本一词包括由劳动所创造的所有外部产品和物质必需品，而自然要素则包括非劳动创造的一切外部物品和物质必需品。但在自然要素中，我们不必考虑那些数量无限，不能被人占有，且永远不能改变其性质的要素，因为不论生产规模如何，这些要素随时准备向生产提供同等程度的援助，例如空气和阳光就是如此。既然目前正在考察的是阻碍生产而非便利生产的要素，那么我们则不需要考虑上述那类要素，而是要考虑那些在数量或生产力方面都不充足的要素。这些要素都可以用“土地”一词来表示。土地，从狭义上讲，是农产品来源的首要要素；如果我们将土地这一术语进行扩展，使其内涵包括矿山和渔业，那么它就涵盖了土地本身

所承载的事物（地表上种植或饲养的东西），或是水域中的部分东西，也就是说，它包含了目前我们所关心的一切东西。

因此，我们没有必要再做更多的阐释就可以直接说，生产的必要条件是劳动、资本和土地。因此，生产的增加取决于这些要素的性质。生产的增长或是这些要素本身增长的结果，或是生产力提高的结果。生产增长的规律一定是这些要素规律作用的结果；生产增长的限度，无论是什么样的限度，也一定取决于这些要素的限度。我们将逐一考察这三个要素所发挥的作用，换言之，也就是首先考察劳动，其次考察资本，最后考察土地对生产增长的规律。

第二节　人口规律

劳动的增长就是人类的增加，也就是人口的增加。关于这个问题，马尔萨斯先生的论文所引发的讨论已经揭露真相，虽然人们不是普遍认同其观点，但他的观点已是人尽皆知。因此，在这里我们只需对这一问题做一简要考察。

所有有机生命体固有的繁殖能力可以被认为是无限的。如果地球任由一种植物或动物，以及供养它们的东西摆布，那么在气候适宜的环境下，该植物或动物就会在短短几年内遍布世界各地，可能不同物种繁衍的快速程度会有所不同，但足以迅速布满整个地球。有很多种蔬菜，其中一棵就会在一年内产生 1 000 个胚芽。假使其中只有两棵植物发育成熟，那么 14 年之后这两棵植物就会繁衍到 16 000 多棵。一类只具有中等程度繁殖能力的动物能够在一年内使其数量翻四番，如果它们在半个世纪内只繁殖了这么多的话，那么 10 000 只动物将在两个世纪之内膨胀到 250 万只以上。动植物有机体必定是按几何级数在增长，只是每一物种增长的速率不同罢了。

就有机生物体的这种属性而言，人类也不例外。人类的繁殖能力是无限的，如果最大限度地发挥这种能力，那么人口的实际增长会非常迅猛。不过，这种能力从来没有得到最大限度的发挥。在已知的最有利于人类存在的环境中，即在一个勤劳且文明的社会下所发展的富饶地区，在不到 20 年内，包括连续几代人在内的人口数量就增加了一倍（不包括新移民在内）。① 人类的繁殖能力甚至超过这一水平。在一个气候适宜、提倡早婚、夭折人数较少、卫生健康状况良好以及生活资料丰裕的地方，我们只要考虑一下普通家庭的子女人数，这一点就很明确了。如果我们只是假设，人们生活在良好的卫生条件下，每一代人可能仅比上一

① 这一点颇受争议，但据我所知，凯里（Carey）先生关于美国人口翻一番（不包括移民及其后代在内）所需要的时间，估计最多不超过 30 年。

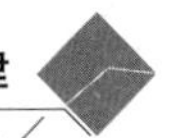

代人增长一倍，那么只能说这是对人类繁殖能力的最低估计。

在二三十年以前，这些命题可能仍需要相当多的强调和解释，但与此有关的证据是如此充分和不可争辩，以致完全驳斥了各种反对意见，而且现如今人们已将其视为公理。然而，有些人极其不愿意承认这些命题，而且还时不时地提出一些转瞬即逝的理论，认为人类的繁殖能力是适应社会的天意安排，在不同的社会环境下会呈现不同的增长规律。① 正确理解这一主题的障碍并非源于这些理论，而是对造成多数时间和地区人类的实际增长远远落后于人类繁殖能力的原因混淆不清。

第三节　哪些因素实际上抑制了人口增长

然而，这些原因丝毫不神秘。什么能够抑制地球上兔子的数量过剩？不是因为缺乏生殖能力，而是另有原因，即天敌太多、供给不足、不是食物不够吃就是被吃掉。人类则通常不会受到天敌的威胁，而抑制人类人口增长的因素是战争和疾病。如果人类的繁殖只是像其他动物的繁殖一样，源于盲目的本能驱使，那么人类也将受到与其他动物一样的限制，人口出生数量将会达到人类体质所承受的最大限度，人口数量将依靠死亡来减少。② 但是，人类行为或多或少受到可预见

① 其中的一种理论——道布尔迪（Doubleday）先生的学说或许值得一提，因为它不仅近来获得了一些追随者，而且标榜有机生命的普遍规律。该理论认为，人类和所有其他生物的繁殖力与养料的数量成反比，也就是说，缺乏食物的人会迅速繁衍，而所有生活在舒适环境中的阶级，依据生理规律则会少生育，因此，一个社会如果不从贫穷阶级那里得到补充就无法保持其人口数量。毫无疑问，对于动物和果树而言，营养过剩反而不利于其繁殖，而且极有可能当食物供应有限时，生殖的生理条件会达到最佳，尽管无法证明这一点。但是，任何倾向于这种理论甚至是承认与马尔萨斯先生原则相悖的其他结论的人，只需受邀去翻阅一下贵族名录，观察一下大家族（这对那个阶级来说几乎是普遍的），或是想象一下英国神职人员的大家庭以及英国的普通中产阶级家庭，就会明白。凯里先生的评论很有道理，道布尔迪先生的理论若是对的，那么美国人口的增长（除了移民外）就会是史上最慢的了。

凯里先生有一个自己的理论，也是建立在生理学的基础上，即有机体所获得的全部营养以最大比例输送到系统中最常用的部位。据此，他预计人类繁殖能力的降低，不是由于人们摄入了丰富的营养，而是由于人们更多地消耗脑力来适应先进文明。这种猜测看起来相当可信，随后的经验或许可以证实它。但是，如果人体机能真的发生了如凯里先生所假设的那种变化，那么导致生殖能力降低的原因也不是放弃自我克制的必要，而是自我克制更为容易，因为最高的生殖能力与生殖能力较低这两种情况可以并存。

② 凯里先生认为下述这一命题是荒谬的，即假定物质呈现为有机体的最高组织形态——人类，要比其呈现为有机体的最低组织形态——人类食物的增长速度更快，也就是说，人类的繁殖速度要比萝卜和卷心菜快。但是，根据马尔萨斯先生的理论，人口增长的限度不取决于萝卜和卷心菜的增长能力，而是取决于可以种植它们的土地数量。只要土地数量实际上是无限的，就像美国那样，因此食物可以按其自然增长速率增加，人类也就可以在获取食物方面没有任何困难，从而以最高速率增长。除非凯里先生可以证明，不是萝卜和卷心菜，而是土壤本身或其中包含的营养元素趋向于自然繁殖，并且以超过人类最快的增长速度繁殖时，他才说到了问题的点子上。而在此之前，他的论点至少是：这部分论述大概是没有意义的。

后果的影响，以及优于纯粹的动物本能冲动的影响，因此人类不可能像猪一样繁殖，而是能够通过审慎考虑（prudence）或社会情感（social affection）来——虽然程度不一——抑制生育，从而避免出生的孩子夭折或陷于贫穷。随着人类文明程度的不断提高，人口增长越来越受制于对贫穷的畏惧，而不是贫穷本身。即使在不存在饥饿问题的地方，许多人因为害怕失去现有的体面生活也会采取同样的行动。迄今为止，对于大多数人来说，没有其他动机能够比上述那两个动机更能抑制人口增长的趋势。一直以来，绝大多数的中间阶层和较贫穷的阶层，一旦摆脱外界束缚，就会选择较早结婚，而且在大多数国家中，这类人都会多生子女，只要能够维持符合其出生的生活条件或是习惯的生活状况即可。在中产阶级中尚存在许多人为了维持生活条件或期望改善生活条件而抑制生育，但是在劳动阶层中，这种愿望却很少存在或发挥作用。如果劳动者能够以自身长大时的生活水平为基准来供养自己的家庭，那么即使是那些深谋远虑的劳动者也会感到心满意足。然而，他们常常甚至不考虑这一点，而是甘于认命，或者是依靠政府或慈善机构的接济。

在一个非常落后的社会状态中，如中世纪的欧洲，以及目前亚洲的许多地方，饥荒确实可以遏制人口增长。正常年份不会出现饥荒，食物匮乏的时节才会饿殍遍野。在这种社会状态下，饥荒爆发率和恶劣程度要甚于目前欧洲的状况。在这些饥荒年份，饥饿和随之而来的疾病会致使大量人口死亡，而在之后连续的几年好光景中，人口会再次膨胀，然而遇到荒年，人口就会再次大量死亡。在一个较为良好的社会状态下，即使是最贫困的人，也很少有人只限于维持最低的生活水平。抑制人口增长的不是过度死亡，而是生育节制。这种节制有各种各样的方式。在一些国家，它是谨慎自觉的自我克制的结果。劳动人民有自己习惯的生活条件，他们意识到，家庭人口数量过多，必然会拉低其生活水准，或者无法使其子女保持现有的生活水平，因此，他们不愿意这样做。众所周知，在这个问题上，长期大规模自愿节育的国家是瑞士的部分地区和挪威。关于这两个国家恰好有非常真实的信息，马尔萨斯先生非常细心地搜集了许多资料，在其之后，又获得了更多的补充资料。在这两个国家，人口增长非常缓慢，经发现，原因不是死亡人口过多，而是出生人口太少。其出生率和死亡率都非常低，平均寿命居欧洲首位。与世界上任何其他地区的情况相比，在这两个国家的人口构成中，儿童所占比例最小，而成年人所占比例最大。低生育率使人们保持优裕的生活状况，直接有助于延年益寿。同样，谨慎的节育不仅避免了疾病的产生，而且消除了贫穷的根源。值得一提的是，这两个如此受人尊敬的国家，都是以小型土地所有者为主的国家。

还有另外一些情形，也许不是人民自己，而是国家出于人民利益所做的审慎

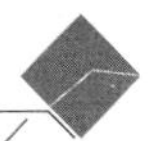

且长远的考虑，男女双方只有在有能力维持良好的生活条件之后，才被允许结婚。据报道，在这种法律规范下（后面我们将更加充分地说明这一法律），人民的生活状况还不错，非法生育也没有想象的多。再者还有一些地方，抑制人口增长的因素似乎并不是源于个体的审慎考虑，而是一些普遍的甚至是偶然的社会习惯。在英国的乡村地区，18 世纪的人口增长因难以获得住所而着实受到有效抑制。当时有这样的习俗，未婚劳动者可以在其雇主那里寄宿，而已婚者则必须有住所，而且当时英国《济贫法案》规定，教区必须供养失业贫民，这也致使地主们不愿意促成劳动者结婚。大约在 19 世纪末，战争和制造业对劳动力的巨大需求，使得鼓励人口增长成为一种爱国表现。与此同时，农场主们得益于长期高昂的物价，而越来越倾向于过富人生活，渴望下层劳动者远离其住所，再加上滥用《济贫法案》获取利益的动机驱使，他们逐步将劳动者赶进了农舍，且不再拒绝为劳动者建造农舍了。除此之外，有些国家还有这样一种古老的习俗：一个女孩在纺织出足够的嫁妆（必须得满足她整个婚后生活所用）前不应该结婚。据说这一习俗极大地抑制了人口增长。目前在英国，要是处于经济不景气的年份，工业区内的结婚率就会降低，可以看出，这是审慎考虑抑制了人口增长。

但是，无论在任何地区，也无论是何种抑制因素使人口增长得相对缓慢，只要抑制动机稍一减弱，人口增长率就会迅速提高。不过，劳动阶级境况的改善只是带来了暂时性的宽裕，这种宽裕很快就会因为人口的增加而迅速被抵消。他们通常选择在其生活境况得以改善的时候多生育子女，而这会致使其子孙的生活又趋于恶化。除非普遍提高他们的知识和道德文化修养，或至少提高他们舒适生活习惯的标准，教导他们更好地利用各种便利条件，否则他们的境况将得不到永久性的改善，而最有前景的计划最多也只是增加人口，而不是增加人民的幸福感。按照劳动者的习惯标准——如果有这样的标准的话，只要不低于这个标准，他们就会多生育。劳动者在知识水平、文明程度和社会改善方面的每一次提高，都有助于提高他们的生活水准。毫无疑问，在西欧较为发达的国家，这一标准在逐步而缓慢地提升。在英国，粮食产量和就业水平从未像最近的 40 年那样迅速增长，然而，自 1821 年以来，每一次人口普查都显示人口增长率要低于前一时期。同样，法国的农产品和工业产品正在迅速递增，而每五年一次的人口普查却显示其人口出生率在下降。

我们将在另一章中讨论有关人口与劳动阶层状况的关系问题。就目前而言，我们仅仅把人口视为一种生产要素，而且就其特质来说，我们不免要说其自然繁殖能力是无限的，只是在大多数情况下，由于各种各样的制约因素，这种无限的增长力实际上只有很小一部分得以实现。在简要指出这一点后，我们将继续讨论其他要素。

第十一章　论资本增长的规律

第一节　节省的手段和动机取决于什么

从上一章我们可以看出，作为生产要素的劳动、资本和土地，它们对增加生产的阻碍并不是由这些要素中的第一个造成的。无论是在规模上还是在速度上，劳动不会阻碍生产的增加。人口具有按几何级数均匀和快速增长的能力。如果生产的基本条件只有劳动，生产可能会自然地以相同比例增加，并且没有限制，直到人类的数量已经达到实际所需空间的限度。

但是生产还有其他要素，这其中我们下一个应该考虑的是资本。任何国家或者整个世界，在获得当前的生产之前，人口数量都不会超过由过去的劳动生产出来的产品所支持的数量。在任何国家或者整个世界，生产性劳动者的数量都不会超过由过去的劳动生产出来的产品所支持的数量，这部分产品是其所有者为了再生产的目的节省出来的，这被称为资本。因此，我们需要进一步讨论资本增加的条件，进而决定资本快速增长的原因以及这种增长的必要限度。

因为所有的资本都是节省的产物，都是为了将来的利益而对当前消费的节欲，所以，资本的增加必须取决于两个因素：一是能够节省下来的资金数目，二是节省意向的强度。

能够节省下来的资金，是劳动产品在生产过程中供应生活必需品之后的盈余(包括那些用于替代原材料以及用于修复的固定资本)。这种节省在任何情况下都不会超过这一余额。虽然节省有可能达到这个额度，但从未达到这一点。这种盈余用来供给生产者提供必需品之外的享乐品，用来供养所有非生产人员，并增加资本。它是一国真正的净产量（net produce）。从狭义来看，净产量这个词通常只表示资本家的利润和地主的租金。基于这一含义，资本的净产量仅仅指偿付资

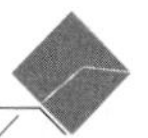

本开支之后的资本所有者获得的报酬。但是，这个词的意义过于狭隘。雇主的资本形成了劳动者的报酬，如果这个报酬超过了生活必需品的花费，就会形成他们的盈余，这个盈余要么被花费在娱乐上，要么被节省下来。

这部分资金，这种净生产，这种超过生产者物质需要的额外部分，是决定节省量的一个要素。供养劳动者之后的劳动产品越多，被节省下来的量越多。这部分也同样在一定程度上有助于决定节省下来的量有多少。节省的部分动机取决于从节省中获得收入的前景。实际上，用于生产的资本，不仅能够进行再生产，而且会产生一个增加量。从资本中获得的利润越大，积累的动机就越强。事实上，形成节省的诱因不是节省下来的全部资金，也不是国家的土地、资本和劳动的全部净产品，而只是其中的一部分，即资本家报酬所形成的一部分，被称为股本利润。然而，即使还没有看到后面的解释，人们也很容易理解透彻，当劳动和资本的总生产效率很高时，资本家的回报可能也很大，并且这两者之间通常会形成一定比例，尽管不是一成不变的。

第二节　造成积累欲望的实际强度存在差别的原因

但是，节省的意向并不完全取决于外部诱因，即从节省中获得的利益。同样是金钱的诱因，对不同的人和在不同的社会中倾向是非常不同的。积累的有效欲望具有不一样的强度，这不仅是由于个人性格的多样性，还会受到社会和文明的一般状况的影响。像所有其他道德一样，人类的节省意向表现出很大的差异性，符合所处环境及其发展阶段的多样性。

如果充分调查这一主题，将会超出这本书分配给它的篇幅。好在我们能够查阅一些其他文献，这些文献已对这个主题做了详尽的论述。马尔萨斯先生的著名文章《人口论》已经提供了宝贵的贡献。在现在讨论的这一点上，我能够同样自信地提到另一文献——约翰·雷博士所写的《政治经济学新原理》（New Principles of Political Economy），尽管这一文献的知名度相对低一些。[①] 据我所知，该

① 这一文献经常被人用来举例说明，一篇文献的受欢迎程度更多的是取决于偶然因素，而不是这一文献的质量。假如在一个合适的时间和受欢迎的环境出现，就会拥有取得巨大成功的一切必需条件。这一文献的作者是定居在美国的苏格兰人，知识渊博，思想活跃，具有很强的哲学概括能力，能够生动地阐述和说明其观点，有时则失于夸张。该文献的主要错误是把自己置于亚当·斯密的对立面，这种在老主题上出现的新思想往往容易引起争议。我把这一点称为“错误”（虽然我认为很多批评是合理的，有些还是很有远见的），因为从约翰·雷博士的批评来看，二者真正不同的观点很少，并且因为雷对马尔萨斯这位伟大先行者的批评是基于先行者的主要不足之处是理论前提“过于注重人的因素”，而这部分理论前提对于其结论来说，既不是必需的，也没有真正用上。

文献从原理和历史两方面最为清晰地阐述了决定资本积累的原因。

所有的积累都涉及为了将来的利益而做出当前的牺牲。但是这种牺牲在不同的环境状况下会有所不同，并且做出这种牺牲的意愿也非常不同。

在权衡未来和现在时，未来一切事物的不确定性（uncertainty）是一个首要的因素，这种不确定性在程度上也具有很大的不同。因此，“所有能增加我们自己的或其他人的储蓄的可能性的因素”都正当合理地“提高积累的实际欲望的强度。因此，一个有益于健康的气候或者职业，通过提高生命延续的可能性，从而有增加这种欲望的趋向。从事安全的职业且生活健康的人，与从事危险职业或生活在威胁人类生命的恶劣气候里的人相比，前者可能更容易节省。水手和士兵都是挥霍者。在西印度群岛、新奥尔良、东印度群岛的居民都是十分挥霍的。同样的人若居住在欧洲有益于健康的地方，他们就不会卷入奢侈时尚的漩涡，而是节俭勤快。战争和瘟疫过后，社会上总是会盛行浪费和奢侈之风。因为类似的原因，凡是提升社会事务的安全性都有利于增强这一原则。在这个方面，法律和秩序的普遍推行以及和平稳定的社会前景，对积累欲望都有很大的影响”①。安全感越高，积累欲望的有效强度就越大。在财产不太安全，或者变迁对财富的损害非常频繁和严重的地方，很少人会去节省。而那样做的人大多数都需要对资本有一个很高利润的诱因，能够使他们放弃当前享乐的诱惑而去选择一个不确定的未来。

从理性的视角看，这些为追求未来利益而牺牲当前利益的考虑影响了消费支出。但是做出牺牲的倾向并不仅仅取决于其利益考虑。节省的计划通常是没有什么理由的，但有时候又过于理性。

积累欲望的强度不足可能是由于人们目光短浅，或者对其他方面的利益需要不足。目光短浅可能既有智力方面的原因，也有道德方面的原因。智力水平低下的个人和社会总是目光短浅，因此，通过某种方式提高智力水平是有必要的，这能够使当前不存在的事物，特别是将来的事物，对人的想象和意愿产生影响。我们不妨想象一下，我们目前的节省有多少不是为了自己的利益，而是为了其他人的利益，例如子女的教育、子女生活水平的提高、其他亲人的未来利益，即通过付出金钱或时间来提升他人的能力，追求有益于公共或私人的目标，等等。如果人们的思想状况普遍处于接近罗马帝国衰落的时期，即既不关心他们的后代，也不关心朋友、公众或者任何维持他们生存的物品，他们将不会为别人而放弃自己的任何嗜好，除了为他们自己的将来进行一些必要的储蓄之外。他们将会利用终身年金或者其他形式为自己的晚年留出储蓄，并且其储蓄的资

① 参见约翰·雷的《政治经济学新原理》，第123页。

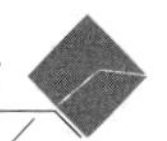

金将与他们的生命一起耗尽。

第三节　积累欲望强度不足的事例

这些智力和道德上的不同原因，使不同的人种在积累欲望的实际强度方面的差异性比通常提到的更大。在这个特定方面整体处于落后状态的文明通常更缺乏积累欲望，而不是广受人们关注的其他方面。例如，在狩猎部落中，“人们通常目光短浅，不管未来。因为在这种状态下，未来代表什么也没有，既不能预见也无法控制……除了缺乏未雨绸缪的动机以外，还缺乏深谋远虑的认知与行动习惯，这导致人们不能把头脑中一些遥远的点看成是一些固定联系，并且不能通过一系列事件连成一个整体。因此，即使这个动机被唤醒，人们有能力做出必要的努力去影响这种联系，但为了建立这种联系，也仍然面临着训练他们的大脑如何执行思考和行动的任务”。

例如，圣劳伦斯河沿岸有几个小的印第安村庄。一般来说，它们被一大片土地围绕，土地上的树木似乎已经灭绝了很久。此外，还有一大片森林。被清理的土地很少被耕种过，我几乎可以说，绝对没有被耕种过，森林中也没有修建任何小道来耕种土地。然而，土地是肥沃的，纵然不是肥沃的，他们的房子周围也堆积着足够的肥料。只要每个家庭围起半英亩土地并耕种它，种植土豆和玉米，这个产量就足以维持他们半年的生活。但他们经常时不时地面临困境，再加上偶尔的放纵，他们的人口数量快速减少。在我们看来，令人很奇怪的是，他们在收入问题上的漠不关心并不是来自对劳动的厌恶。相反，当能够马上获得收入时，他们会变得非常勤奋。因此，他们除了从事狩猎和捕鱼这种特殊的职业外，还经常受雇于圣劳伦斯河上的航运工作，可以看到他们被雇用来在船上摇橹或撑杆，或者帮助木筏通过急流。障碍不是对农业劳动的厌恶。毫无疑问，问题是他们的偏见。但是纯粹的偏见总是可以克服，并不能创造行为原则。当来自农业劳动的收入又快又多时，他们也是农民。因此，圣雷吉斯印第安村庄附近的圣法兰西斯湖上的几个小岛非常适宜种植玉米，会产生上百倍的回报，即便是半成熟的玉米也能提供一个愉快且充足的就餐。因此，为了这个目的，他们每年都会在这些土地中最好的那块地上耕种。由于牲畜不能接近那块地，因此也就不需要篱笆。如果需要像篱笆这种额外的支出，我怀疑他们就会像忽视他们村庄附近的公共用地一样忽视那块地了。显而易见，他们村庄附近的公共用地曾经被种植过。然而，附近居民的牲畜毁坏了没有被篱笆保护的庄稼，这种额外的必要支出因此阻碍了他们的耕种。这些土地被归为回报较慢的手段，在这个小型社会里，积累欲望的实际强度尚未达到要耕种这块土地的要求。

“这里值得注意的是，他们不做则已，若做就做得非常优秀。他们耕种的这一小块玉米地是经过彻底除草和锄地的，这些工作稍有疏忽就会大大减少产量，经验已经使他们清楚地意识到这一点，并据此采取了行动。显然阻碍他们扩大耕种面积的并不是必要的劳动，而是从劳动中获得的收入显得太过‘遥远’。事实上，我确信，在一些比较偏远的部落中，印第安人的劳动花费要大大超过白人的花费。相同部分的土地在没有休耕和施肥的情况下，如果不是用锄头和用手把土块弄碎，他们几乎不会获得任何回报。在这种情况下，白人会重新开垦一块土地。新土地第一年几乎不可能回馈他的劳动，他可能要在接下来的几年里才能获得回报。对于印第安人来说，接下来的几年太遥远了，以至不能留下深刻印象。尽管为了获得过去几个月所带来的劳动回报，他甚至要比白人更辛苦地工作。”①

耶稣会会士的经验证实了这个观点，他们尝试教化巴拉圭印第安人。他们获得了这些野蛮人的充分信任，对野蛮人的影响足以改变其全部的生活方式。他们获得了野蛮人的绝对服从，建立了和平，并教给野蛮人欧洲农业运作的全部技术，以及很多比较复杂的艺术。据夏勒瓦（Charlevoix）所说，“镀金工、油漆工、雕刻工、金匠、钟表匠、木匠、染匠”随处可见。这些职业并没有为了技工的个人利益而实行，产品完全由传教士处置，人民自愿服从其专制统治，因此完全克服了由厌恶劳动所产生的阻碍。真正的困难是人们目光短浅，不具备思考未来的能力，并且需要他们的指导者坚持不懈的仔细监督。“因此，如果一开始时让他们照料耕牛，由于他们的懒惰和粗心，他们可能会让耕牛在晚上仍然套着犁。更糟糕的例子是，他们把耕牛宰了做成晚餐。当受到指责时，他们会有充足的理由辩解说他们饿了……据乌罗阿（Ulloa）所说，传教士必须走访印第安人的家，明确他们真正需要的东西。若没有这种照料，印第安人决不会照看任何东西。当屠宰牲畜时，传教士也必须在场，不仅是为了平均分肉，更是为了不丢失任何东西。”夏勒瓦说：“尽管所有避免生活必需品匮乏的预防措施都被精心照料和严密监督，但是传教士有时仍然被弄得狼狈不堪。”（印第安人）“不会为他们自己保存充足的粮食，甚至是种子。至于其他供给物品，如果没有受到严密照料，就会很快被消费掉，并使人们的生活陷入困顿之中。”②

举一个积累欲望的实际强度处于刚才这种情况与现代欧洲之间的中间例子：A 国人的情况值得关注。就他们的个人习惯和社会条件的各种情况而言，可以预料到他们在一定程度上很谨慎并具备自我控制力，这远远优于亚洲人，但是低于大多数欧洲民族，以下的证据能够证明这个事实。

① 参见约翰·雷的《政治经济学新原理》，第 136 页。

② 参见约翰·雷的《政治经济学新原理》，第 140 页。

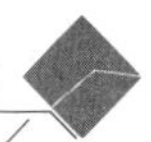

耐用性是积累欲望实际强度的主要标志之一。旅行者的证词表明A国人制造的工具的耐用性远低于欧洲人制造的相同工具。关于房屋，我们听说，除了较高级别的以外，其余的一般是由未烧透的砖块、黏土或涂上泥巴的竹片建造而成，屋顶则用芦苇固定成板条。我们几乎想象不到有比这更脆弱或耐久性更差的房屋构造了。他们的隔墙是用纸做的，需要每年进行更新。对他们的农具和其他器具可以做同样的观察。它们几乎全是用木头制的，很少使用金属。因此它们很快就会被磨损，需要频繁的更新。当积累欲望的实际强度较大时，会促使他们花费比当前更大的支出用于建筑材料，但是会更耐用。出于同样的原因，很多土地在其他国家会得到耕种，但在A国会处于荒弃状态。所有的旅行者都注意到A国大片的土地，主要是沼泽，一直处于自然状态。使沼泽地成为耕地一般来说需要一个过程，完成这个过程需要几年的时间。首先是要进行排水，将地表长时间暴露在太阳下，完成大量的改造工作之后才能种庄稼。尽管付出这样的劳动可能会有一个相当可观的回报，但是这个回报需要很长时间才能得到。这种耕种土地的方式意味着积累欲望的实际需求比该国现存的需求要大。

“正如我们所观察到的，收获的产品总是实现某种目的的手段。它可以用来满足未来的需求，并受到其他类似手段所服从的同一种规律的支配。A国主要的产出是大米，一年收获两次，一次是在六月份，另一次是在十月份。因此每年都要为十月到来年六月之间的八个月储备粮食。由于难以估计这八个月的情况，为了防止贫困，他们现在不得不进行自我克制。这种自我克制的数额似乎很小。实际上，帕里宁神父（The father Parennin，被视为最聪明的耶稣会会士之一，花费了大量时间走访A国的各个阶级成员）认为，他们在这方面非常缺乏远见，也不节俭，这是该国经常发生萧条和饥荒的原因所在。”

限制A国生产的因素不是因为缺乏工业，而是因为缺乏远见，这一点比半农业化的印第安人的情况更加明显。“哪里能够很快得到回报，人们就会在哪里制造出相应的工具，而且人们只用了很少的时间就能制造出来。”众所周知，“适合一国自然条件和居民需要的技术知识取得了巨大进步”，这促使人们的工作充满活力，更有效率。“一国温暖的气候、肥沃的土地、居民获得农业技术知识、发现和推广农业优良品种，这使得他们几乎能很快地从每一块土地中取得回报，人们认为其数量远远多于耕种和收获的劳动量。他们一般收获两次，有时收获三次。当他们种植高产植物，例如水稻之类的农作物时，他们能够依靠他们的技术，从几乎每一块可耕地中获得充足的回报。因此，他们在所有可耕地上都种了农作物。丘陵，甚至是山坡，都被他们修成了梯田；水在那个国家是重要的生产性要素，通过灌溉系统引入每块土地，或者通过从远古时代早已经使用的巧妙简单的水压机提升到高处。他们善于对很深并积有大量腐质的土地进行灌溉。这说明，只要所制造的工具能很快发挥出效益，他们甚至会把最难加工的材料制成工具。比如，在很多湖泊和河流纵横交错的地方，出现了结构类似秘鲁水上花园的木筏，木筏上覆盖土壤用于种植蔬菜。这样的劳动因此能够迅速取得回报。没有什么比温暖的阳光、肥沃的土壤和丰富的雨水更能促进植物生长的了。然而，正如我们所看到的那样，倘若回报虽然很丰富但是很遥远，情况就完全不同。看到这些小型漂浮农场时，欧洲旅行者感到很惊讶：这些农场所在的沼泽仅需要被抽干就能很快变成耕地。令他们感到奇怪的是：A 国人为何不把劳动投入坚固的土地，从而使其成果比在几年内一定会腐烂和消亡的结构更为丰盛？A 国人对未来的思考不如现在那么多，积累的有效欲望在未来与现在差异很大。欧洲人通常着眼于遥远的未来，他们惊讶于 A 国人目光短浅以及缺乏足够的前瞻性但能持续不断地工作，从而陷入难以忍受的痛苦。A 国人的眼光局限在狭隘的范围，满足于日复一日的现状，并且已经学会了把长时间的辛苦工作想象成一种命运的安排。”①

当一个国家在现存的知识状态下所得到的生产报酬与该国实际积累欲望的平均强度一致时，它就达到了所谓的静止状态（stationary state）。在这个状态下，除非发生了生产技术改进或积累欲望强度增强，否则资本不会进一步增加。在静止状态下，尽管资本大体上没有增加，但是一些人变得更加富有，另一些人变得更加贫穷。那些低于通常标准节约程度的人成了穷人，他们的资本消亡了，并为那些积累的有效欲望超过平均水平的人提供了节省空间。而这些人能够自然而然地成为他们不怎么节俭的同胞的土地、工厂和其他生产工具的购买者。

是什么原因使一个国家的资本回报高于另一个国家，又是什么原因使某些情况下新增资本只有降低回报才可能找到投资机会，这将会在接下来的章节进行详细说明。如果 A 国真的已经达到了所谓的静止状态，当资本的回报仍然高达法定利率的 12%，并且（据说）实际上在 18%与 36%之间波动时，积累就已经停止。因此，我们可以推断，超过这个国家现存资本的资本量时就不能找到高利润率的投资机会，但任何更低的利率都不能使 A 国人抵抗足够大的诱惑从而放弃当前的享受而用于积累。荷兰的情况与此相反，在其历史上最繁荣的时期，政府通常能够以 2%的利率借到款项，有可靠抵押物的个人能够以 3%的利率借到款项。缅甸或印度本土各邦的利率很高，这是因为不管是国家还是几乎所有的私人借款人的信用都很差或者非常贫困，高利率是对放款人所承担风险的必要补偿。如果 A 国的资本在回报仍然很高的时候就不再增加资本，那么这表示该国人民积累的有效欲望程度较低，换句话说，与大多数欧洲国家相比，该国人民更重视

① 参见约翰·雷的《政治经济学新原理》，第 152～155 页。

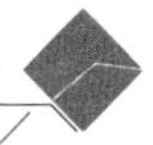

现在，而不考虑未来。

第四节　积累欲望强度过高的事例

到目前为止，我们所讨论的都是积累欲望平均强度较低的国家。理智和冷静的计算将证明，任何较为安全情况下的积累欲望强度都将更高。我们现在必须讨论的是积累欲望强度绝对超标的国家。在欧洲比较繁荣的国家，有许多挥霍无度的人。有些欧洲国家（其中尤其以英国为最）中靠体力劳动为生的那些人，通常其经济水平和节约程度并不高。但是，在社会中有很大一部分人，包括专业人员、制造商和商人阶级，一般来说比社会中其他阶级的人有更强的节约动机和方法，其积累的欲望十分强烈，财富快速增加的迹象非常明显。当特定情况使得大量资本被投入某个方面，例如铁路建设或外国风险投机时，由此所带来的各种寻求出路的资本总额之大令人瞠目结舌。

在英国，有很多因素使得积累倾向尤其突出。这个国家长期免受战争的蹂躏，很早以来财产就不受军事暴力或专制掠夺的损害，因此在资金安全性方面产生了世代相传的信任感，人们会据此将资金委托给他人管理，而大多数其他国家的信任感直到最近才得以建立，而且也不稳固。英国的地理条件使得发展工业而不是依靠战争成为英国国力和国威的根源，一部分充满进取心和活力的优秀人才转而从事制造业和商业，并通过生产和节约而不是占有已经生产和节省的物品来满足他们的欲望和野心。这在很大程度上取决于这个国家良好的政治制度，在这个国家规定的范围内允许个人行动自由，鼓励个人积极进取和自力更生，同时赋予他们联系和合作的自由，并大规模地促进工业企业的发展。与此同时，相同的制度给予人们追求财富的欲望最直接和最有力的刺激。封建制度的较早衰落已经消除或者削弱了早期贸易阶层和那些已经习惯于鄙视他们的阶层之间会引发怨恨的区别，由此而兴起的政体使得财富成为政治影响的真正来源。财富除了自身内在的效用外，还被赋予了某种人为的价值。财富成了权势的同义语。由于权力来自人类社会群体的共同赋予，因此财富成为个人追求的主要目标，是衡量人生成功的尺度和标志。从社会的某个等级提升到更高的等级，是英国中等阶层生活的最大目标，而获取财富就是实现这一目标的手段。迄今为止，由于不劳动而致富的人的社会地位总是高于通过劳动致富的人，因此人们便极力节省，不仅能在工作时获取大笔收入，而且能挣取足够的退休金，退休后也能过上富裕的生活。在英国，人们摒弃个人享受的倾向在很大程度上促进了这些做法，这是清教徒国家的特征。但是，一方面由于缺乏个人享受而使得积累变得更容易，另一方面由于许多人追求挥霍浪费又使得积累更加困难。个人地位与财富标志之间有很强的联系，使得大多数英国人愚蠢地装出能够大笔挥霍的样子，这使得他们从花费中得到的快乐可能比世界上任何其他国家的民众都要少。因此，英国的实际积累欲望从未达到荷兰曾经达到的那个高度。荷兰富裕的有闲阶级（idle class）对社会产生了重大的影响，他们从未挥霍无度，他们确立了自己的生活尺度以及礼仪标准，并一直保持他们节俭和朴素的习惯。

很久以来，在英国和荷兰以及当前欧洲的很多其他国家（他们正在快速追赶英国），积累欲望不必像亚洲国家那样需要有高额回报才会发生，利润率很低也足以使人们积累，而且积累速度不但没有放缓，反而比以往更快速地提高。增加生产的第二个要素资本一直在增长，没有任何迹象表明资本不足。仅就该要素而言，生产可以无限制地增长。

如果资本回报率进一步降低，那么积累的速度无疑会受到很大的阻碍。但是，为什么资本的增加会导致这样的结果？这一问题促使我们思考生产三要素中的最后那个要素。既然限制生产的不是其他两个要素，即劳动和资本的增加限度，那么就必须考虑剩下的那个要素，该要素的固有特性就是自身存在数量上的限制。生产的增长一定取决于土地的特性。

第十二章　论土地生产力增长的规律

第一节　有限的土地数量和有限的土地生产力是对生产的真正限制

土地不同于劳动和资本这两种生产要素，它不能无限增加。土地面积是有限的，而且生产力较高的土地面积尤其有限。同样，能够在任何一块土地上生产的产品数量显然也是有限的。这种有限的土地数量及其有限的生产力，是对生产增长的真正限制。

人们已经清楚地认识到，有限的土地数量及其有限的生产力，是对生产增长的真正限制。但是这种最终的限度从未在任何情况下达到过，因为没有一个国家能够将所有生产粮食的土地进行如此的精耕细作，以至无法再从中获得更多的产品（即使农业知识没有取得任何新进展）；同时也因为地球表面仍有很大一部分土地没有被开垦。因此，人们通常认为，而且非常自然地就会首先想到，就目前而言，这一要素对生产或人口的限制还很遥远，而且还需经历几代人才有必要来考虑这一限制规律。

我认为这不仅是一个错误，而且是整个政治经济学领域中最严重的一个错误。与其他问题相比，这一问题更为重要和基本。它涉及在一个富有和勤劳的社会中，有关贫穷原因的全部主题，除非彻底弄清楚这个问题，否则我们的研究没有任何进行下去的意义。

第二节　土地生产规律就是随着劳动和资本的增加而呈现的收益递减规律

土地的各种属性对生产所产生的限制，不像墙壁所产生的阻碍作用那样——

立在一个特定的地方不动，除了完全阻止物体向前运动之外没有其他任何阻碍。我们不妨将这种限制比作一根弹性很大、伸缩自如的橡皮筋，它从未被如此高度紧绷以致无法再动弹，但在其远未达到最终极限之前就已经感觉到压力，并且越接近该极限，感觉就越强烈。

在农业发展到一定阶段，但不是非常发达的阶段时，土地生产规律就表现为：在特定的农业技术和知识状态下，增加劳动而产量却不会同等程度地增加；也就是说，增加一倍劳动不会使产量翻一番；或者换句话说，产量的每一次提升一定得对土地投入更多比例的劳动。

这种农业产出的一般规律是政治经济学中最重要的命题。如果规律不同，那么几乎所有的财富生产和分配现象都不同。人们在这一问题上仍然普遍地存在最根本的错误认识，不是过于关注表面因素，而是没有认识到表面因素下作用的规律，也就是把这些表面因素的影响误认为最终原因。然而，这些表面因素可能只影响最终原因的形式和模式，规律才决定事物的本质。

显然，当为了提高产量而不得不开垦劣等土地时，产量不能和劳动同比例增长。劣等土地意味着在该土地上投入同样的劳动而收获较少的产量。劣等土地既可以是土壤肥沃程度较差的土地，也可以是地理位置不好的土地。要是前一种情况则需要在种植作物方面投入更大比例的劳动，而后一种情况则需花费较多的运输费用将其产出品运往市场。如果在工资、肥料等方面对土地 A 做出特定的支出，就可以产出 1 000 夸特小麦，而为了再产出 1 000 夸特小麦则必须耕种土地 B，然而土地 B 不太肥沃或距离市场较远，那么产出 2 000 夸特小麦所需投入的花费是原来产出1 000 夸特小麦的两倍多，农产品的增长率要低于所投入的劳动力增长率。

当然，人们也可以不去耕种土地 B，而是通过精耕细作来提高土地 A 的产量。人们可以增加犁地或耙地的次数；深翻土地而不是浅犁；犁过之后，可以用锄头代替耙再松松土；除草更频繁或更彻底；使用更高级或更精巧的农具；提高施肥量或使用更优质的粪肥，或者施肥时，将其仔细混合并掺入土壤中。通过采用这些模式可以使相同的土地产出更大，而且当我们必须提高产量时，所要采取的手段总不外乎这些。但是，从耕种劣等土地的事实中我们可以看出，产量的增加必须投入更高比例的花费。不肥沃或距离市场较远的土地必然收益较差，而且不能依靠它来满足增长的需求，除非增加成本，那样的话，价格也会上涨。如果不是通过提高他们最初生产时所设定的成本，而是通过增加劳动和资本，就可以继续由优质土地来满足增长的需求，那么这些优质土地的所有者或农场主就可以凭借低价而挤垮其他人，从而占领整个市场。而此时，不太肥沃或处于较偏远地区的土地，其所有者实际上或许为了维持生计或自立还会种植，但却不可能有任

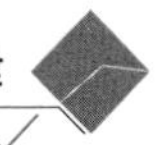

何人为了获取利润而租种它们。这些土地可获得的利润足以吸引资本对其投资这一事实证明了：在较好土地上的种植达到某个点后，投入更多的劳动和资本所获得的报酬，在最好的情况下，也不会比从不太肥沃或地理位置较差的土地上获得的收益更高。

英格兰或苏格兰已在充分开垦的土地上进行精耕细作，这表明人们开始在较为不利的条件下增加土地产量。如此精耕细作的花费必然昂贵，且价格比先前粗放耕种更高才能使人们获利；但是，如果人们能够在尚未被开垦过的土地上获得同等产出率，那么就不必采用这种方式了。当人们有机会获得与已耕种土地肥力相当的未开垦的荒地来满足社会增长需求时，他们就不会试图采用被视为欧洲最好的耕种方法来获得更高的土地产量。土地使用以投入一定比例的劳动来获得最大收益为限度，但是不能超出了这一限度，因为任何额外的劳动都应投入别处。一位眼光敏锐的旅行者在美国写道[①]：“英国人接受这种低产量和粗枝大叶的耕种方式（正如我们所说的那样）需要漫长的时间。人们忘记了，这里土地富足，劳动极其昂贵，因此必须遵循与人口众多国家完全不同的原则，这也就导致了在一切需要付出劳动的事情上，都显得不那么完美和令人满意。”在我看来，上述提到的两个原因中，真正能够起到解释作用的是土地的富足而非昂贵的劳动。因为无论劳动多么昂贵，当需要食物时，劳动总是优先于其他任何投入而应用于生产。但是这种劳动应用于未开垦土地要比应用于已经高度开发的土地具有更好的效果。只有当没有任何可供开垦的土地，或者是土地距离市场较远或不太肥沃，以致不提高价格就无法获利时，再将欧洲精耕细作的方式应用于美国的土地才能具有优势。或许城镇附近的土地除外，因为节省的运输成本可以补偿土地本身收益较低的劣势。正如美国的耕种方式不同于英国的耕种方式一样，英国的耕种方式也有别于佛兰德、托斯卡纳（Tuscany）拉夫罗岛（Terra di Lavoro）的耕种方式，后面提到的这些地区通过投入更大量的劳动获得了相当大的总产量，但是这种耕种方式绝不会给只为利润的投机者带来任何优势，除非大幅提高农产品的价格。

毫无疑问，上述已被阐明的原则必须加以某种解释和限制才可被接受。即使土地已被精耕细作，若仅仅增加普通数量的劳动或肥料，则不会得到与花费成比例的收益，但是如果投入极大的劳动和资本通过改善排水或长期施肥来改良土壤本身，则有可能实现与投入的劳动和资本等同的收益，甚至有时收益会更多。但如果资本总是寻求最有利的投资出路，而恰好这种最有利的投资也急需该资本，那么这种事情就不可能发生。不过，如果这种最有利的投资出路需要漫长的等待

① 参见约翰·罗伯特·戈德利（John Robert Godley）的《美国书简》（*Letters from America*），第1卷，第42页；并参见莱尔（Lyell）的《美国游记》（*Travels in America*），第2卷，第83页。

才能获得收益，那么只有处于工业最发达阶段的人们才会做出这种选择。但即使是处于最发达阶段，与土地所有权和使用权有关的法律或惯例也往往会妨碍该国闲置资本自由地流入农业改良渠道，因此人口增长带来的食物需求量的增加，有时仍需依靠精耕细作和增加投入来满足，即使人们已经懂得了无须增加成本的生产方法。毫无疑问，如果明年能够将充足的资本投入英国所有已知的和公认的土地改良（将以现行的价格支付），也就是说，产量增加的比例与花费的比例一样大，甚至产量增加的比例更大，那么结果就是（特别是如果我们把爱尔兰纳入假设的话）在很长一段时间内将无须耕种劣等土地。如果有可能的话，相当大一部分现在耕种的产量较低、地理位置不优越的土地将不会被耕种；或者（由于所讨论的改进不太适用于良好的土地，而是适用于将劣等土地改造为良田）通过减少施肥和不必太精耕细作的普通耕种来缩小整体的耕种面积：也就是回到更接近美国农业的那种耕种方式，但只有那些不易被改良的劣等土地才会被荒弃。这样一来，相较于之前的花费，整个耕地的总产量将大比例提升，而土地收益递减的一般规律在此情况下将暂时不起作用。然而，即使在这种情况下，也没有人可以预想，国家所需要的全部产量可以完全依赖于最肥沃土地以及肥力稍微次一点但位置最优的土地来供应。毫无疑问，许多粮食还将继续在不太有利的条件下生产，只不过收益要比较为肥沃、位置优越的土地低一些。而且随着人口的进一步增加，需求量也会提高，收益递减的一般规律又将发挥作用，人们将依靠投入更大比例的劳动和资本来增加产量。

第三节 生产技术的改进可以抵抗收益递减规律

在其他条件不变的情况下，土地产量的增加随着所使用劳动力的增加而递减，这一真理实际上往往被人们忽略而非否认。然而，这一真理却受到了美国著名政治经济学家——凯里先生的直接抨击，他认为农业生产的真正规律恰好相反，即产量的增长比例要高于劳动的增加比例，或者换句话说，土地可以向劳动提供持久增长的收益。为了证实这一说法，他指出耕种不是始于较肥沃的土地，以及随着需求的增加，耕种从肥沃土地逐步扩展到贫瘠土地，而是始于贫瘠土地，在经过很长时间之后才扩展至肥沃土地。在一个新地方定居的人们都是从开垦地势较高且贫瘠的土地开始，而不会首先耕种河边肥沃且温润的土地，因为那里不利于健康，而且排水会花费大量的劳动力。随着人口和财富的增加，耕作逐渐延伸至山坡下，通常（他甚至说普遍）最肥沃的土地最后被耕种。凯里先生在他最新精心撰述的《社会科学原理》(*Principles of Social Science*) 中详细论述

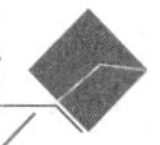

了这些命题以及从中得出的推论，他认为这些推理颠覆了他所说的英国政治经济学的基础及其所有的实际结论，尤其是有关自由贸易的理论。

依其所言，凯里先生有很好的理由来反对政治经济学中的一些最高权威。这些权威想当然地将他们阐释的规律视为普遍规律，而没有认识到这些规律并不适用于新定居国家初次开垦土地的情形。在人口稀少和资本短缺的地方，需要花费大量支出改造后才适合耕作的土地必然不会被早早耕种。虽然这些土地在时机成熟之后，它们的产量往往比较早耕种的土地产量要高，不仅绝对产量高，而且即使将最初开垦土地的劳动也包括在内，其单位劳动的产出比例也较高。但是，并没有人说收益递减规律在社会初创时就起作用。虽然一些政治经济学家可能认为该规律发挥作用的时间要早于它实际运行的时间，但是它的确很早就发挥作用了，这足以支持他们在此基础上所创建的一些理论。凯里先生几乎难以断言在任何古老的国家，像英国或法国，无论是现在还是几个世纪以来都是如此——未开垦的土地要比那些已经耕种的土地更肥沃。甚至根据他自己并不完善的标准（我无须停下来专门指出它有多么不完善），我们能够说，根据土地的位置是否能够判断当今英国或法国未耕种的土地就位于平原或者河谷，而已耕种的土地就位于丘陵？相反，我们每个人都知道，未开垦的土地是地势较高或贫瘠的土地，当人口增加到要求扩大耕种面积时，应该是从平原扩展到山丘。或许一个世纪里会出现一次将贝德福德蓄洪区的水抽干或者排尽哈勒姆（Harlem）的湖水这样的现象，但这些都是事物正常进展中出现的极其罕见的短暂例外，而且在一切先进文明的国家中，这样的事情已经很罕见了。①

凯里先生自己无意间强有力地证明了他所反对的规律的现实性，因为他极力坚持的一个命题是：在一个发达的社会里，土地上的最初产品价格在稳定地上涨。现在，政治经济学最基本的真理表明，除非以劳动来衡量的产品生产成本趋于上升，否则价格上涨是不可能发生的。作为一般性规律，如果对土地投入更多的劳动可以使收益比例增加，那么产品的价格必然会随着社会的进步而下降，而不是上升，除非生产金银的成本会下降更多。然而，这种情况却较为罕见，在整个历史长河中只在两个时期出现过，一个是墨西哥和秘鲁矿场开放之后，另一个是我们现在生活的时期。除了这两个时期，在所有已知的时期，贵金属的生产成本或是固定不变的，或是呈上升态势。因此，如果农产品的货币价格随着财富和人口的增加而趋于上升，那么就无须其他证据来证明，当需求量增大时，人们从土地中提高农产品所需的劳动力也往往会增加。

---

① 爱尔兰可以说是一个例外，整个国家的大部分土地由于没有排水仍然不能耕种。虽然爱尔兰是一个古老的国家，但不幸的是该国社会和政治环境使其处于贫穷和落后的境地。如果能够排除积水进行耕种，那么也无法确信爱尔兰的沼泽地会成为凯里先生所说的肥沃的河谷地带，或是最贫瘠的土地。

我不会像凯里先生那样，我不会断言农产品的生产成本及其价格总是随着人口的增加而上升。虽然确实有这样的趋势，但这种趋势可能有时会长期受到抑制。这一效果不是取决于单一因素，而是取决于两个相互对抗的因素。还有另一个因素习惯性地影响着土地收益递减规律。我们现在就来考虑这一因素，即文明的进步。我用这样一个一般性且稍微有点模糊的表达，是因为要包括的事情如此多样，几乎没有一个更加严格意义上的术语能将它们都涵盖进去。

其中，最明显的就是农业知识和技能的进步，以及发明的不断涌现。农业的改进有两种：一种是不用增加同等的劳动就能使土地提高绝对产量；另一种是没有增加劳动产量，但是降低了投入的劳动和花费。属于第一种改进的有：采用作物轮作，废弃休耕制。推广轮作制度有利于培育新品种。在18世纪末，英国农业通过引入萝卜新品种所引发的变化被认为是一场革命。首先，这些改进不仅使土地每年能够收获一次，无须再每两三年就休耕一年，而且还直接提升了土地的生产力，因为饲料的增加而使牲畜的数量大大增加，从而为作物生长提供了更丰富的肥料。其次，陆续引入了营养更丰富的新作物如马铃薯，或产量更高的品种如瑞典萝卜。在同一类改进中还有：更好地了解肥料的性质，以及应用最有效的施肥方式；引入新的和更有效的肥料如鸟粪，以及将以前的废物转化为肥料；发明深耕或排水方法；改善繁殖和饲养牲畜方法；将人类消费食物或生产食物过程中被浪费的物品转变为动物饲料；等等。如下方面则属于第二种改进，即减少劳动但没有增加土地的生产力：改进工具；引入节省人力的新仪器如扬谷机和脱粒机；采用更加精巧、省力的耕种方式，如在英国逐步推广苏格兰犁地方式，即用一个人驱赶两匹马的方式来代替一队人或两个人驱赶三四匹马的方式。这些改进不会提升土地的生产力，但是它们同前者一样可以抵消农产品生产成本随着人口和需求的增加而上升的趋势。

在效果上类似于第二种农业改进的是交通运输能力的改进。良好的道路相当于好的工具。无论是土地在生产产品时节约了劳动还是将产品运输到消费市场时节约了劳动，这都无关紧要。此外，无须多说，只要从远处运来肥料的成本有所下降，或是农场内部的许多运输更为便利，就会使耕种本身的劳动有所节约。铁路和运河实际上降低了经由它们送往市场上的所有物品的生产成本，当然，同时也降低了运输所有生产设备和辅助器材的成本。经由这些运输手段，土地才得以耕种，否则耕种者不提高土地价格就无法获得收益。航海运输的改进，对于从海外运输来的食品或材料而言，也具有同样的效果。

这些类似的做法似乎大都是纯粹的机械改进，至少表面上看起来与农业没有什么特殊联系，但仍然能够以消耗较小的劳动来获得特定量的食物。冶炼钢铁过程的巨大改进会使农用工具变得更便宜，降低铁路、货车、手推车、船只或许还

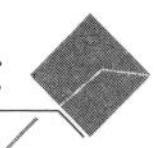

有建筑物和许多其他东西（因为铁制品造价昂贵，当前还没有用铁来建造）的成本，并因此降低生产食物的成本。食品原材料加工过程的改进也将产生同样的效果。首先，应用风力或水力来研磨面粉，就像应用农业中其他非常重要的发明一样，会降低面包的价格；其次，面粉机结构方面的任何重大改进都将具有类似的影响。降低运输费用所产生的效果已经考虑过了。还有一些工程发明极大地便利了地球上的所有大型工程建设。平面测量技艺的改进对于排水、运河和铁路制造极为重要。荷兰沼泽地和英格兰的部分地区是通过风力或蒸汽驱动水泵来进行排水的。在需要兴建灌溉水渠、蓄水池或堤坝的地方，机械技术是降低生产成本的重要手段。

有些制造业方面的改进却无助于粮食的实际生产，因此不能帮助抵消或阻止土地收益递减规律，然而，这些制造方面的改进具有另一种与此等价的效果。它们不能阻止收益递减，但却能在某种程度上进行补偿。

制造业的原材料都来自土地，其中许多来自农业，特别是在整个服装材料的供应方面，因此土地生产的一般规律即收益递减规律最终也一定会像适用于农业那样适用于制造业。随着人口的增加以及土地愈发难以实现增产，任何原材料供应的增加就如同增加食物一样都必须通过增加更多比例的劳动来获得。但是，原材料的成本通常只占整个制造业成本的很小一部分，因此在工业生产中所花费的农业劳动只占商品生产中所花费的全部劳动的一小部分。随着生产量的增加，其余所有的劳动往往会持续而快速地减少。制造业比农业更容易受到机械改进和节省劳动力发明的影响。从前文我们可以看出，劳动分工及其熟练度和经济分配在多大程度上取决于市场规模和大规模生产的可能性。因此，在制造业中，趋向于提高工业生产力的许多因素都极大地抑制了趋向于降低工业生产力的那一个因素，因而社会进步所要求的生产增加不会提高生产成本，而是会不断降低成本。这个事实可以通过这两个世纪以来几乎每种制成品的价格和价值在逐渐下降表现出来。最近七八十年以来，机械的发明进一步加速了其下降，这种下降会持续下去，并且突破可以明确规定的任何限度。

现在完全可以想象到，随着产量的增加，农业劳动效率会逐渐降低，因此粮食的价格会逐渐上升，为满足全部人口的食物需求而从事粮食生产的人口比例会越来越高。然而，与此同时，其他所有工业部门的劳动生产力却会如此迅速地提高，从而可以节省制造业所需要的劳动量，而且可以获得更大的产出，因而总体上来说，社会的整体需求要比以前更容易满足。由此而产生的福利甚至可能会惠及最贫穷的阶层，服装和住房价格的不断下降可以弥补他们在食物上增加的成本。

因此，生产技术的任何改进都会以这样或那样的方式对农业劳动收益递减规律产生抑制作用。同时，也不是只有工业改进具有这样的效果。政府改良以及几乎每一种道德和社会进步都以同样的方式起作用。假设一个国家处于法国大革命以前的境况：税收几乎由工业阶层来承担，这种原则实际上是对生产的惩罚；而且人们的人身或财产受到的贵族或宫廷的任何损害都得不到赔偿。大革命的风暴清除了这种体制，即使我们仅仅从提高劳动生产力这一效果来看，这不也相当于许多工业发明吗？消除农业上的财政负担，例如废除什一税，其产生的效果就如同将生产现有产品所需的劳动突然减少了十分之一一样。废除《谷物法》或其他任何限制在生产成本最低的地方进行商品生产的法令，均无异于生产条件得到了巨大的改善。当先前作为猎场或用于其他消遣目的的肥沃土地被用于农业生产时，农业总的生产力就会提高。众所周知，由于管理不善，《济贫法案》在英格兰造成了严重的影响，糟糕的租赁制度致使爱尔兰农业劳动效率低下且无效。没有比改进土地使用权和所有权方面的法律能够更直接地影响劳动生产力的了。废除对土地继承权的限制、降低财产转让费用以及推行其他任何能够促进土地自由买卖的制度，使土地从不善经营者的手中落入善于经营的人手中，并且用自愿的长期租赁制度以及任何可容忍的租赁制度代替爱尔兰佃农制。最重要的是使耕种者获得了来自土地的长期利益。所有这些事情都如同纺纱或蒸汽发动机的发明一样，是真实的改良，有些甚至是伟大的生产改良。

教育方面的改进也有同样的作用。工人的智慧是劳动生产力中最重要的因素。如今，在一些最文明的国家，工人的智力水平是如此低下，以至国家要想方设法提高生产力，最有效的做法不如去提升大脑而不仅仅是手。劳动者的谨慎、节俭和普遍的信任与他们的智慧一样重要。劳动者和雇主之间的友好关系、利益的一致性以及感情的和睦也极其重要——或许极其重要（我更愿意这样说），因为据我所知，现在还不存在这样友好合作的情感。而且不仅仅是劳动阶级的思想和品格的改善会对工业产生有益的效果。在有闲阶级中也是如此，更高的智力、更加扎实的教育以及更强烈的道德观念、公益精神或慈善之心，将会使他们在国家经济资源配置以及制度和习俗方面产生和促进最有价值的改进。下面来看一些最明显的现象：法国农业在某些方面的落后，可部分归因于富有的土地所有者沉溺于城镇中的享乐，而人们原本指望农业可以受益于这一受过教育的阶级的影响。几乎任何可能的人类事务的改善，都将直接或间接地有利于劳动生产力的提高。诚然在许多情况下，更自由和虔诚的精神文化会削弱体力劳动的投入度，但实际上会使这些投入的劳动更有效率。

农业产业生产力取决于这两种相互对立力量的性质，我们可以据此得出各种基本推论。我们还必须注意到，上述我们所说的农业方面的推论几乎稍加修饰就可以适用于农业所能代表的其他产业，即一切从地球上获取原材料的产业。例

如，采矿业通常以超比例地增加费用来实现增产。更甚的是，即使年产量保持不变，也需要投入更多的劳动和资本。因为矿山不可能再现已开采出来的煤或矿石，不仅所有的煤矿最终都会枯竭，而且即使它们还没有表现出枯竭的迹象，其开采成本也会不断增加；井筒必须更深，通道必须更远，排水必须施加更大的驱动力；产品必须从更深的地方采掘或运输距离变得更远。因此，与农业相比，收益递减规律更加无条件地适用于采矿业。当然，生产改进这一对抗因素也会在更大程度上适用。采矿业比农业更容易受到机械改进的影响。蒸汽发动机的首次伟大应用就是在采矿业，并且在冶炼金属的化学工艺中更具有无限改进的可能性。此外，还有一种经常发生的情况有助于抵消一切现有的矿山枯竭的进程，那就是发现同等丰富或优越的新矿。

综上所述，所有在数量上有限的自然要素，不仅其最终的生产力是有限的，而且在该能力达到最大限度之前，它们就越来越难以满足人们日益增长的需求。然而，随着人类支配自然能力的逐步增强，尤其是人类知识的进步以及人们对自然要素的性质和力量的进一步掌握，这一规律也将受到短暂的中止或抑制。

第十三章 前面所述规律的后果

第一节 积累欲望不足而导致生产受限的补救措施

从前述内容可以看出，生产的增长受到两方面因素的限制：一是资本不足，二是土地不足。生产的增长陷于停顿，要么是因为实际积累欲望不够强烈，不能促进资本进一步增加，要么是因为拥有多余收入的人虽然有可能将收入的一部分节约下来，但由于社会所能支配的土地是有限的，增加资本投入所获得的报酬无法与他们为此所产生的节省相抵消。

在一些亚洲国家，积累的观念很淡薄，人们既不肯储蓄，也不肯为有储蓄能力而工作，除非受到巨大的收益诱惑。甚至如果等待获益所需的时间较长，他们也不愿进行储蓄。在这些地方，由于既没有足够的资本也没有足够的远见卓识来采用以自然力代替人力的新发明的器械，导致生产仍然很原始。从经济的角度看，这些国家亟须解决的问题是提高发展水平和加强实际积累欲望。可采用的方法包括：首先是要建立政治制度，保障财产的安全；减轻赋税，杜绝以税收名义对人民横征暴敛；实行更持久、更先进的土地使用制度，以尽可能保障耕种者在投入的劳动、技能和经济方面不可分割的利益。其次是要提高公众的认知水平，破除一切阻碍劳动积极性发挥的习俗和迷信；促进人们的精神活动的发展，使人们积极追寻并实现新的理想和目标。再次是要引进能够提高资本收益水平且与较低的积累欲望相适应的国外技术；输入外国资本以使生产的增长不再完全依靠国民的节俭和远见；在为国民树立榜样的同时，促使国民打破习惯的束缚并获得新观念，这即使不能改进他们的实际情况，也会使他们产生新的需要，拥有更大的抱负，更多地考虑未来。这些方法或多或少地适用于所有的亚洲居民，并且适用于文明程度和工业化程度较低的一些国家，诸如俄国、土耳其、西班牙和爱

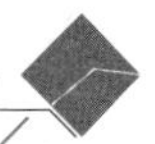

尔兰。

第二节　并非只在财产不平等的国家才有必要限制人口数量

不过，在另外一些国家（英国在这些国家中居于首位）中，劳动热情和实际积累欲望都无须任何激励，人们为了微薄的酬劳就会勤奋工作，为了蝇头小利就会大量储蓄。在这些国家，尽管从整体上看，劳动阶级节俭的程度还未达到所要求的程度，但是富裕阶层的积累欲望则需要有所降低，而不是继续加强。在这些国家中，如果资本的增长不是由于其收益的减少而被抑制或者停顿，则这些国家的资本永远不会短缺。正是由于收益不断递减的趋势，才导致生产的增长常常伴随着生产者状况的恶化，而这种趋势是土地生产的必然的、固有的结果，它最终会使生产的增长完全停顿。

在所有已跨越农业早期发展阶段的国家中，如果生产不能同时得到发展，人口增长所导致的每一次粮食需求的增加，就总是会减少每个人在公平分配的条件下所能得到的份额。若没有了尚未开发利用的肥沃土地，又不进行促使商品价格降低的方法的改进，那就只能靠大比例地加大劳动投入才能进一步增加生产。人们必须更加努力地劳动，或减少粮食的消费，或牺牲部分其他享受来换取通常所需要的粮食。在很多情况下，尽管人口有所增长，但这种必然趋势并未显现，这是由于有利于生产的改良在不断涌现：人类的发明创造提高了劳动效率，可以使人类与大自然进行势均力敌的抗争。一旦原有的资源被人类的大量需求消耗殆尽，那么，人类就会从难以驾驭的自然力中攫取新的资源。

由此可以得出一项重要的推论，即并不是像很多人所认为的那样，只有在财产状况很不均衡的情况下才有必要限制人口数量。在任何一种文明程度下，较多的人口总体上无法过得像较少的人口那样好。人口过剩所致的惩罚并非由于社会的不公，而是来自自然的吝啬。财富分配不公甚至并未加剧这种不幸，而只是使人提前感受到了这种不幸。有人认为，人口的增长在增加“口”的数量的同时也增加了“手”的数量，这种说法是不切实际的。新的“口”与老的“口”需要同样多的粮食，而新的“手”却无法生产出与旧的“手”同样多的粮食。如果所有生产工具作为共同财产为全体人民所有，同时产品在人们中间能够绝对平均地分配，那么一个能够以这种方式构成的社会就会充满活力，劳动产品与当前一样充足，并且所有的人都会过得很舒适。不过，如果人们保持现有的习惯，在这种优越的生活条件的刺激之下，只需二十年多一点的时间，人口就会翻一番，届时人们的生活状况将会怎样呢？除非生产技术在同一时期内得到了前所未有的改进，否则人们必须耕种贫瘠的土地，还得在优质的土地上付出更大的投入，才能满足如此多的人口对粮食的需求，由此所产生的必然后果是，社会中的每个人都将会比以前更穷。如果人口继续以相同的速度增长，则每个人很快便只可能拥有生活必需品，而后不久，每个人可能连充足的生活必需品都无法拥有，人口的进一步增长还将因死亡而终止。

不论是现在还是任何其他时期，劳动的产量能否得到提高，人民的平均生活状况能否得到改善，均取决于人口增长的速度是快于还是慢于科技进步的速度。在人口的密度达到某种程度，并已获得了劳动联合的利益之后，每次人口的进一步增长都只会损害人们的平均生活状况。但是，技术进步具有相反的作用，可以不断地改善由于人口增长所造成的生活状况的恶化，甚至可以不断提高人们的生活水平。在此，必须从广义上去理解技术进步，它不仅包括新的产业发明，或者原有发明创造的推广和应用，而且包含制度、教育、舆论以及一切人类事务方面的改进，只要它们能给予生产新的激励或新的便利即可，这与所有的技术进步所具有的作用相同。如果一国生产力的提高能够与人口增长所需产量的增长同步，那么需要增加产量时，就无须耕种更为贫瘠的土地来增加产量，也无须在收益已经递减的原有土地上投入更多的劳动来增加产量，或者不论怎样，随着技术的推广，土地生产力的下降均可以由劳动效率的提高而获得补偿。增加的人口可以靠上述两种方法中的一种来维持，并且人们保持同以前一样好的生活。但是，如果人类支配自然的力量停止增长或遭到削弱，而人口增长的速度却并未放缓，如果控制自然要素的力量保持不变，却要求这些要素提供更多的产量，那么除非在平均的水平上使每个人付出更大的努力，或减少每个人从总量中得到的平均份额，否则增加的人口就不会得到较多的产品。

事实上，在某些时期人口的增长快于技术进步，而在另一些时期，技术进步则快于人口的增长。在法国大革命之前的很长一个时期内，英国人口增长得十分缓慢，但科技进步至少在农业方面似乎增长得更为缓慢，因为虽然并未出现任何使贵金属价格下跌的情况，但粮食的价格却大幅度上涨了，使得英国由粮食出口国变为进口国。不过，这并不是最后的结论，因为在该世纪的前半叶丰收的年份很多，但是却没有延续到后半叶，从而使粮食的价格在后半叶上涨，尽管整个社会的发展处于常态。在此期间，制造业的改进或进口商品成本的下降，是否能够补偿土地劳动生产力的下降，这一点尚不能确定。不过，自从瓦特、阿克赖特和他们同时代的人完成了伟大的机械发明以来，劳动获得收益的增长速度很可能与人口的增长速度一样快，而且如果收益的增加并未引起人类固有的繁殖能力的增强，则收益的增加很可能已经超过了人口的增长速度。在过去的二三十年间，农业生产进步飞快，以至土地产量的增加超过了所使用的劳动量的增加，即使在

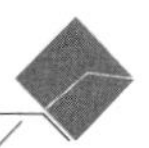

《谷物法》的废除大大减轻了人口对生产造成的压力之前，粮食的平均价格也已明显降低。然而，虽然在一定时间内，技术进步会与人口增长保持同步，甚至超过了人口的实际增长，但是毋庸置疑的是，技术进步永远不会达到人口增长可能达到的最大速度。实际上，如果人口得不到限制，便无法阻止人类生活状况恶化的趋势。如果人口能得到更为严格的限制，并且技术进步照样发展，则整个国家或全体人民就会获得比现在还要高的收入。通过技术进步从自然界获取的更多产品将不会全部用于供养更多的人口，虽然总产量不会大幅增加，但人均产量一定会提高。

第三节　即使在粮食进出口方面实行自由贸易，也要限制人口数量

如果一国的人口增长速度超过了技术改进的速度，那么该国就必须以越来越差的条件耕种原来的土地，或者必须通过扩大耕种贫瘠的土地来满足人们日益增加的粮食需求，否则，该国获取生活资料的难度就会越来越大。此时，如果人口的增长速度仍和以前一样，该国也可以采用以下两种措施来缓解这种状况：一种是从国外进口粮食，另一种是进行移民。

从外国进口较为便宜的粮食与在国内运用农业发明以低成本生产粮食是一样的。它同样提高了劳动生产能力。以前是用一定数量的劳动力种植粮食，现在则是用同样多的劳动力从事棉花、工艺品或者某些用于交换粮食的其他商品的生产。这种改进和农业上的发明类似，能够在某种程度上抑制劳动生产能力的下降。不过，这种情况与农业发明的情况一样，劳动生产能力很快就会恢复原样，退去的潮水又会重新涨上来。诚然，当某个国家从整个地球上如此广阔的地域上获取粮食时，占据地球一个小角落的该国，其人口的增长对于这一广阔地域所产生的影响是微不足道的，即使该国的人口已经翻了两三番，也不会有人感觉到生产的发条被上紧了，或者全球的粮食价格有任何的上涨。不过，这种考虑忽略了以下几个问题。

首先，能提供进口粮食的并非整个地球上的所有地区，而只是沿海或者河运便利的地区。大多数国家的沿海地区往往都是人口最早定居和人口最稠密的地方，因而很少有剩余的粮食。因此，粮食的主要供应来源是某些通航的大河流域，诸如尼罗河、维斯杜拉河（Vistula）或者密西西比河沿岸，而且在地球上的发达地区中，也并没有很多像这种能够不加剧削弱土地的生产能力而随时满足不断增长的粮食需求的地方。在当前的交通条件下，有些国家根本无法从内陆获得

大量的粮食供应。通过改善道路状况、开凿运河和修筑铁路，最终会克服这一障碍，但这是一个缓慢的过程；现在除美国外，所有的粮食出口国在这方面的进展都非常缓慢，而且美国在这一方面的进展也无法与人口的增长保持同步，除非有效控制其人口的增长。

其次，即使粮食出口国家的全部地区都供应粮食，而不是一小部分地区，其供应粮食的总量也是有限的，并且不可能在不增加相应生产成本的情况下获得它们。粮食出口国可以划分为两类：一类是实际积累欲望较强的国家，另一类则是实际积累欲望较弱的国家。澳大利亚和美国的实际积累欲望较强，它们的资本迅速增加，粮食产量或许会迅速提高。但在这些国家中，人口的增长也异常迅速，它们的农业生产不仅要满足本国不断增长的人口需要，而且要满足粮食进口国家人口增长的需要。因此，从发展的趋势来看，它们很快就会耕种较为贫瘠或者相对遥远的交通不便的土地，或者采用类似于古老国家所采用的那种劳动生产率较低和花费较大的耕种方式。

但是，粮食价格很低且工业繁荣的国家很少，只有那些将文明的生活方式全部传播到富饶但未开发的土地上的国家才能做到。那些古老的国家之所以出口粮食，恰恰是因为它们的工业还非常落后，因为这些国家的资本和人口的增长尚未达到会使粮食涨价的地步。俄国、波兰以及多瑙河平原上的国家就是如此。在这些地区，实际积累的欲望较弱，生产技术很不完善，资本短缺，资本增长，特别是国内资本的增长非常缓慢。当其他国家对粮食的需求增加时，它们只能逐步增加粮食产量来满足这种需求。俄国人和波兰人目前不生产棉布和金属制品这些英国用于交换谷物的东西，因为他们根本就没有这些行业。生产者可能会因市场对其产品开放受到激励而努力工作，总有一天可以从他们那里及时得到所需要的粮食。但在由农奴或者刚刚脱离奴役状态的农业人口构成的国家中，人们的习性往往不利于激发这种努力工作的精神，即使在大变革时代，他们的这些习性也不会迅速转变。如果需要大幅度的资本支出才能提高粮食产量，那么这些资本只有在新商品以及更为广泛的交往的刺激下靠缓慢的节省获得（在这种情况下，人口很可能快速增加），或者必须从外国进口。如果英国想要迅速从俄国和波兰进口粮食，那么英国的资本就必须输出到这两个国家来生产这些谷物。然而，这样做将会有很多困难，处于巨大的劣势之中。这种劣势源于语言、风俗的差异和由国家制度与社会关系所造成的许许多多的障碍；而且最终这些资本将不可避免地刺激当地人口的增长，利用这些资本生产出来的粮食很可能在出口前就被消费掉了。因此，如果这不是通过引进外国的技术和思想给予这些落后国家的文明以刺激的唯一方式，那么通过依靠这些国家增加出口来满足其他国家无限增长的粮食需求是不现实的。但是，一个国家的文明进步需要一个漫长的过程，在此期间，无论

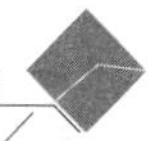

是粮食出口国还是粮食进口国，其人口都会大量增长。因此，对于整个欧洲而言，与某一较小国家相比，这种资本输出方式对抑制粮价因需求的增长而上涨的作用并不明显。

因此，只要人口增长的速度快于技术改进的速度，劳动收益递减规律就不仅适用于粮食自给的国家，而且实际上也同样适用于从价格最便宜的地区进口粮食的国家。当然，粮价的突然下跌无论是以何种方式形成的，都会像突然改进的技术一样，使事物的自然发展趋势滞后一两个阶段，不过这并不会改变事物的进程。伴随着自由进口所发生的某个偶然性事件与粮食自由贸易的反对派和狂热派所设想的情况相比，前者可能会产生更大的暂时性影响。玉米（maize，或印第安谷物 Indian corn）在数量上足以供养整个英国，虽然其营养价值较低，但其价格甚至比马铃薯还要便宜。如果用玉米代替小麦作为穷人的主食，则用于粮食生产的劳动的生产力必将大大提高，家庭开销必将大大减少。这样，即使英国的人口像美国的人口那样快速增长，也需要好几代人的时间才能赶上粮食的快速增长。

第四节　即使向外国移民，一般也要限制人口数量

当一国人口的增长对其土地的生产能力（不是对其资本）造成很大压力时，除进口粮食之外，还有另外一种方法可以缓解压力，这就是移民，尤其是以殖民方式进行移民。从现有的情况来看，这一方法的确是富有成效的，因为它寻求所有尚未开发的肥沃土地，如果某国国内就有这样的土地，那么通过移民就可以在不降低劳动生产力的情况下使增长的人口对粮食的需求得到满足。因此，当殖民地近在咫尺，而且人们的习性适合迁移时，这种方法将是非常有效的。从美国较为古老的地区向新开拓的地区进行移民，就其全部计划与目标而言，这实质上就是殖民，由此使美国人口的增长不受限制，这既未降低劳动收益，也未增加谋生困难。如果澳大利亚或者加拿大的内陆地区与大不列颠的距离，就像威斯康星州及艾奥瓦州与纽约州那么近，如果英国过剩的人口无须漂洋过海就可以迁移到那里，而且如果他们像其新英格兰亲属那样具有冒险精神和不眷恋家乡的性格，那么这些无人居住的大陆对英国就会做出像美国的新州对老州那样的贡献。但是，尽管有组织的移民是迅速减轻人口压力的最重要方法，并且爱尔兰正在遭受土豆歉收、废除《济贫法案》以及全国性的废除基本租赁制度的三重影响，在危机发生时的自发性移民均比任何国家计划迁走的移民要多，但是仍然有待于用实践经验证明能否长期采用这种移民措施，能否像美国那样，化解每年增加的那部分人

口（以最快的速度增长时，这部分人口由于在较短时期内超过了技术进步的改进，导致社会上所有中等家庭的生活更加窘迫）。如果无法做到这一点，则即使从经济角度看，移民也避免不了人口限制。在此，我们不对这一问题进行更深入的讨论。涉及殖民的实际问题、殖民对古老的国家所具有的重要意义以及殖民所应遵循的基本原则等，本书将在后面的章节中做较详细的论述。

第二编　分配

第一章　论所有制

第一节　绪言

本书第一编所阐述的原理，在某些方面与我们现在即将要考察的那些原理有很大的不同。财富生产的规律和条件带有自然真理的特质。它们不以人的意志为转移。无论人类生产什么，都必须以外在物体的构成以及人类自己的身体和心理结构所固有的特性来生产。无论他们喜欢与否，他们的产品都将受到他们以前所累积数量的限制，并且若积累量一定，产品将与他们的精力、技能，机器的完善性，以及他们合理运用合作劳动的优势成正比。无论他们喜欢与否，在同一块土地上，除非在种植过程中有所改良，否则双倍劳动量并不会产生双倍数量的食物。无论他们喜欢与否，个人的非生产性支出往往会使社会变得贫穷，而只有他们的生产性支出才会使其变得富裕。人们在这些不同的事情上可能存有偏见或愿望，但这并不能决定事物本身。事实上，我们无法预见由于人类进一步扩展了对自然规律的认识，以及提出我们目前尚未知道的新工艺，会使生产方式在多大程度上有所改变，或使劳动生产力在多大程度上得以提升。但是，无论我们在物体构成所设定的限度内可以为自己创造出多大的空间，我们都知道那必定是有限度的。我们不能改变物质或精神的固有属性，只能或多或少成功地运用这些性质，以产生我们满意的结果。

财富的分配并非如此。这只是一个与人类制度有关的问题。一旦物品被生产出来，人类（个人或集体）就可以随意而为。他们可以基于任何条件将它们交由自己中意的任何人来支配。此外，在任何社会形态中，除了完全独居外，物品的任何处置方式均只能在社会同意，或者更确切地说只能在由社会中能够积极影响他人的那部分人同意的情况下进行。即使一个人凭他个人的劳动生产物品，若没有其他任何人帮忙，除非经社会许可，否则他也无法保有这些物品。不仅社会可以从他那里拿走，而且如果社会只是默认，或既没有集体干预也不雇用他人来对个人物品加以保护，那么个人也可以从他那里夺走物品。因此，财富的分配取决于社会的法律和习俗。社会统治阶级的意见和情感决定了财富分配的规则。这些规则在不同年代和国家是极为不同的；而且如果人们愿意，差别会更大。

毫无疑问，人类的意见和情感不是偶然产生的，它们是人类本性中的各种基本法则加上知识、经验、社会制度的现实状况以及智力和道德文化共同作用的结果。但是，人类意见产生的规律不在我们现在研究的主题之内。它属于人类进步的一般理论的一部分，是比政治经济学更广泛和更深奥的探究主题。我们在这里要考虑的不是财富分配所依据的法则所产生的原因，而是其造成的后果。至少，这些法则不具有任何武断性，而是像生产规律一样富有自然法则的性质，在这种情况下，人类可以控制自己的行为，但不能控制自己的行为对自己或他人所产生的后果。社会可以将财富以它认为是最好的任何规则进行分配，但必须像其他任何自然科学或精神科学那样，通过观察和推理去探究实施这些法则所造成的实际结果。

然后，我们着手考虑在实践中已采用的或在理论上可以构想的那些分配土地和劳动产品的不同方式。其中，极少数特殊情况除外，我们首先关注那些主要的和基本的制度，这种制度一直是社会采取经济措施的依据，尽管它的次要特征变化多样。当然，我所指的是私有财产制度（institution of individual property）。

第二节　所有制问题的提出

私有财产作为一种制度，并非来源于人们对其效用的任何考虑。这些考虑是该制度建立之后，人们力主维护它而做出的辩解。通过研究历史和我们同时代中类似社会形态而获得的有关蛮荒时期的知识，充分说明最初建立法庭（总是先于法律出现）不是为了确定权利，而是镇压暴力和制止纷争。主要是基于这个方面的考虑，他们自然会赋予最早的占有者以法律效力，而将最开始行使暴力夺取或企图夺取他人财产的人视为侵略者。如此一来，就实现了维护和平的目的，这也是政府最初的目标。与此同时，确认对已占有物品的人对该物品的所有权，即使该物品不是某个人努力的结果，也附带向他们和其他人承诺，凡是自己的劳动成果都会得到保护。

将财产所有制作为社会哲学中的一个问题考虑时，我们不必探讨它在任何欧洲现存国家中的真正起源。我们不妨假设，在一个之前不受任何控制或被占领的

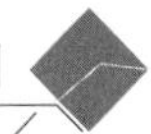

社会，一群殖民者率先占据了一片无人居住的区域，他们除去共同拥有的物品之外，没有携带其他任何物品，而且他们有权采用他们认为最好的制度和政体。因此，他们必须选择依靠私有制还是某种公有制以及集体机构来开展生产。

如果选择私有制，那么我们必须假定它不带有妨碍有益于古代社会原则运作的最初的不平等和不公正。我们必须假定，每一个成年的男子或女子都将被保证不受限制地运用并发挥他或她的体力和脑力，生产手段、土地和工具将在其中公平地分配。如此一来，就外部条件而言，他们都处于同一起点上。可以想象，在最初的分配中，可以对自然灾害所造成的伤害进行补偿，并且使处于弱势的社会成员享有优惠，以保障其平等。但是，这种分配一旦实施，就不会再受到干扰，个人将依靠自身的努力和一般机遇来充分使用分配给他们的物品。反之，如果不采用私有制，则必须采取的计划是将土地和所有生产工具作为社会的共同财产，并在共同账户下进行生产运营。我们不妨假定，社会劳动将由社区投票选举产生的一个或数个行政官员来指挥，又必须假定社会成员均自愿服从他们的指挥。产品的分配将以类似的方式成为一种公共行为。分配原则可以是完全平均，也可以根据个人需求或贡献来进行分配，无论采取何种方式都需符合社会中普遍存在的公平观念或政策。

这种小规模社团的实例有禁欲主义者、摩拉维亚教派（Moravians）、拉普（Rapp）门徒等等。他们倡导把人类从一个财富分配不均的苦难和不道德的国家中解放出来，并且在更大范围应用这一思想。这些愿望和计划在积极探索社会首要原则的时期变得更加流行。在像现在这样的时代里，当重新考虑所有首要原则被认为不可避免时，并且当社会中受苦阶级比历史上的任何时期都具有发言权时，这种性质的思想不可能不被广泛传播。欧洲近期的革命已经引起人们对这个问题的大量思索，而且这种思想的各种不同形式已经引起人们的格外关注。因此，这种关注不可能减弱，恰恰相反，会越来越强。

抨击私有制原则的人可以分为两类：一类主张生活和享受物质手段的分配要绝对平等；另一类则虽然承认不平等的存在，但认为它必须基于某种现有的或是假定的公平或普遍利益，而不是像现在社会中存在的这么多出于偶然的不平等现象。第一类的代表人物是作为当代人中最早提出该思想的欧文（Owen）和其追随者。最近明显倡导类似理论的是路易斯·布朗（Louis Blanc）和卡贝（Cabet）（虽然前者主张平均分配只能作为向更高公平标准过渡的手段，但所有人都应该各尽所能地工作，而后各取所需）。这种经济制度的特有名称是共产主义——一个源于欧洲大陆的词汇，后来才被引入英国。社会主义一词起源于英国共产主义者并被应用于定义他们的学说，如今在欧洲大陆它具有更广泛的意义，即不一定是指共产主义或者是完全废除私有制，而是适用于任何土地和生产工具不应由个人所有，而应该由社区、团体或政府所有的财产制度。在这样的知识体系中，最具权威的是圣西门主义和傅立叶主义，它们均以真正的创始者或者公认的创始者命名。前者作为一种思想体系已经消亡，但在其公开宣传的几年里，播下了几乎所有社会主义思潮的种子，并从那以后在法国广泛传播。而后者的信徒在人数上十分乐观，其才华和热情仍然十分高涨。

第三节　对共产主义的考察

无论这些不同方案的优点或缺点是什么，我们都没有理由认为它们不具有可行性。任何理性的人都会相信，一个由几千名居民构成的村庄，他们共同耕种足够供养目前相应人数的土地，并通过联合劳动和最先进的生产工艺来制造其所需，是可以提高产量以维持其舒适生活的；而且它也能够想方设法从每一个有劳动能力的成员身上获得为达到此目的所需的劳动，当然，如果有必要，也会采取强制手段。

人们对财产共有和产品平均分配制度通常存在一种反对意见，即每个人会不断地逃避其在工作中应承担的责任，毫无疑问，这是一个实际存在的困难。但是那些提这种反对意见的人忘了，在现行体制下社会各行各业十之八九也存在着同样的困难。持反对意见的人认为，只有那些靠自身努力来获利的劳动才是诚实和有效的。但是，在英国，从最低工资到最高工资，所有的工作中只有很小一部分劳动者是为自己的利益而工作。从爱尔兰的收割工或水泥搬运工再到高级大法官或国务大臣，几乎所有工作都是按照日工资或者固定工资来计酬的。工厂的工作人员与其工作的利害关系要比共产主义社团中的成员与其工作的利害关系薄弱些，因为前者不像社团成员那样为自身本就是其中一员的组织工作。毫无疑问，可以这样讲，虽然在大多数情况下，劳动者本身与其工作并无个人利害关系，但他们却受到与其工作有利害关系的人的监视和监督，那些人指挥他们劳动，并且承担部分脑力劳动。然而，即使是这一点也远非普遍的事实。在所有的国有企业和许多大型成功的私人企业中，不仅仅是具体的劳动，就连管理和监督工作也是委托给领薪水的职员来完成的。虽然只有当主人很警惕并且很聪明时，“主人的眼睛”才像俗语所说的那样具有价值，但必须记住，在社会主义农场或制造厂，每个劳动者不是在一个主人的眼皮下工作，而是处于整个社会的监督之下。在一些极端情况下——有人坚决不履行自己分内的工作，社团将采取与当今社会相同的方式来强制其遵守社团的各项要求。解雇是目前唯一的补救办法，但如果其他任何劳动者并不比前任劳动者表现得更好，那么这种方法就是无效的。解雇的权

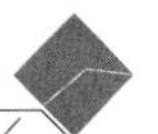

力只能使雇主从他的工人那里获得惯有的劳动量，但惯有的劳动可能或多或少会效率低下。即使劳动者由于懒惰或疏忽而失去工作，在最不利的情况下，也不会比在贫民工作场所受纪律管束更糟糕。如果在这种制度下，避免这种情况发生的愿望成为劳动者工作的动力，那么在另一种制度下，也会有足够的动机。当整个或大部分额外劳动的利益归属于劳动者时，我并不会低估这对劳动者所产生的激励作用，但在目前的产业制度下，这种激励在绝大多数情况下并不存在。即使共产主义劳动者可能不如自耕农或私人企业主那样富有活力，也有可能要比与自己没有利害关系的雇佣劳动者更富活力。在当前社会状况下，雇佣未受过教育的劳动者阶层的现象相当普遍。现在，让全民接受教育已经成为共产主义制度的一项准入条件，若真是这样，那么毫无疑问，该组织内的成员会像领薪水的主管人员或中高级职员一样尽职尽责。不应该设想这些中高级职员会不忠于他们的职责，因为只要他们不被解雇，不管他们如何懒散地履行职责，都会得到相同的薪水。毫无疑问，按照一般规律来讲，固定薪酬不会使任何类别的工作人员产生最大的热情，对共产主义劳动方式而言，这也是一种同样合理的批评。

即使这种弊端必然存在，也不会达到那些不习惯于思考自己不熟悉事情的人所设想的那样严重的程度。之前的人所具有的公共精神要比现代人惯于设想的多得多。历史已证明，大多数人可以被成功地教育并具有大公无私的公共精神。当然，没有比共产主义社团更适合这种精神滋长了。因为现在致力于追求各自利益的一切身心活动的努力都会被投入另一个需要的领域，也就是追求社会的整体利益。同样地，这可以用于解释天主教神父或僧侣对教会的献身精神，因为对他们而言，除了教会利益之外再无其他利益。当然，在共产主义制度下也可以使公民依附于社团。无论公共意志是什么，该社团的每一位成员都遵从最普遍的也是最强烈的个人意志，即公众舆论。这种意志具有阻止任何被社会明确指责的行为或不作为的力量，对此没有人会否认。为了获得他人的赞美和钦佩，人们开展激烈的竞争行为。他们甚至在所有的情形中（即使是琐碎无聊或公众从中无利可图的事情）彼此公开竞争。社会主义者并不否定人们为了共同利益而竞相多干活。因此，在共产主义制度下，劳动劲头会在多大程度上被削弱，或者从长远来看是否会消失殆尽，这是一个当前尚未解决的问题。

反对共产主义的另一种观点与此类似，常用于反对《济贫法案》，即如果社会中的每一个成员都愿意工作，而且能够保证维持自身以及任何数量孩子的生存，那么对人类繁衍的审慎限制将结束。如此一来，人口将以一定的速度不断增长，社团的生活水平将持续下降，最终社会将爆发饥荒。如果共产主义没有限制人口的动机，也就相当于对人口增长没有其他任何约束，那么这种担忧肯定会有大量依据。但是，在共产主义制度下，人们恰恰可以期望社会舆论会强烈地反对这种不节制的自私。人口的任何增长都会降低人们生活的舒适度或使整体生活条件恶化，毫无疑问将会（现在还没有）使社会每一位成员感到不便。而且，不能将这一切归因于雇主的贪婪或富人享有的不公正特权。在这种已经改变的情况下，社会舆论一定会谴责这种或者其他任何破坏社会整体利益的自我放纵行为；如果这种谴责没有起到作用，则通过一些惩罚手段来加以制止。共产主义方案特别劝诫人们要预防人口过剩所产生的弊端，并且没有给这种观点的反对者留有任何反驳余地。

更为现实的困难是如何在社会成员中公平地分配劳动。工作种类繁多，以什么标准来衡量不同的工作呢？又由谁来评判纺了多少棉纱，或运了多少货物，或砌了多少砖，或扫了多少烟囱相当于犁了多少地呢？共产主义学者们非常强烈地感受到了在不同性质的劳动之间进行调整的困难，因而他们通常认为应该这样规定：所有人都应该轮流来从事各类有用的劳动。但这种中断劳动分工的安排会牺牲合作生产所具有的优势，且会大大降低劳动生产力。此外，即使在同样的工作中，名义上的劳动平等实际上也可能蕴含着极大的不平等。因此，若是强制执行，人们的正义感就会促使人们坚决反对这种规定，因为不是所有人都能适合一切劳动。即使是相同数量的劳动，对于体力强弱、意志坚定与薄弱、动作快慢、愚钝与聪明等各方面不同的人来说，也会成为不一样的负担。

不过，这些困难虽然是真实存在的，但却不是无法克服的。按照个人体力和能力来分配工作，遇到特殊情形，则根据一般原则稍加变动，这对于处在公平观念指导下的人类智力而言绝不是问题。而且，在一个旨在实现公平的制度下，即使对人们的工作做了极不合理和极不公平的安排，但与今天工作安排的不合理和不公平程度（且不说报酬了）相比，也远远不值得计较。我们还必须记住，共产主义作为一种社会制度只存在于人类的思想中，目前人们对其存在的困难的了解要远远超过对其能力的理解；并且人类只是刚开始以其智慧来详细设计共产主义的组织手段，以便克服其存在的困难，从而运用其能力获得最大的益处。

因此，如果要在可能发生一切情况的共产主义与如今已然出现各种苦难和不公正的社会之间做出选择，如果私有制必然会导致我们现在看到的这种现状，即产品分配几乎与劳动成反比，从不劳动的人获得的份额最多，其次是名义上做点工作的人，如此发展下去，劳动报酬将随着工作的艰苦程度和令人不满意程度的增加而减少，直到最疲劳的体力劳动者所获得的报酬甚至都不能赚取生活必需品的地步，如果要在如此社会和共产主义社会之间做出选择，那么共产主义存在的一切困难，无论大小，都将不值一提。不过，为了此番比较更加合理，我们必须将最好状态下的共产主义与财产私有制可能达到的状态进行比较，而不是同如今的私有制状况做比较。财产私有制原则从未在任何国家得到过公正的试验，比起

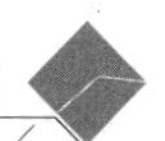

其他国家来，英国更是如此。现代欧洲社会秩序的初步建立并非来自公平分配或是工业所得的财产分配，而是征服和暴力。尽管多个世纪以来这种体制一直在以勤劳来缓解暴力所产生的结果，但是仍然保留了大量其起源时的痕迹。有关财产的法律从来都没有与能够证明财产私有正当的原则相吻合。它们承认本不应有财产所有权的人以所有权，而仅有部分所有权的人以绝对的所有权。它们并不会公平对待所有人，它们对某些人施加了障碍，而另一些人则享有优惠。它们有意制造不公平，并阻止所有人一开始就公平竞争。固然，所有人都应该在完全平等的条件下开始竞争不符合任何财产私有原则。但是，如果不是加剧了财产私有原则的自然作用所造成的机会不平等，而是已经做了大量不破坏原则本身的努力来缓和这种机会不平等；如果立法的倾向是促进财富的分散，而不是集中（鼓励分割大宗财富，而非聚拢财富），那么人们就会发现，财产私有原则与物质及社会罪恶之间并无必然联系，尽管几乎所有的社会主义学者都认为它们之间密不可分。

人们为财产私有制所做的一切辩护，都意味着对个人劳动和节欲成果的一种保障。对于没有做出任何劳动贡献或努力而占有他人劳动和节欲成果的人也给予保障，这并非该制度的本质，而是一个偶然产生的结果。当这一结果达到一定程度时，非但不会对私有制的合法化产生促进作用，而且会与之相抵触。为了对财产所有制的终极命运做出判断，我们必须假设私有制的每一项错误均会得以纠正，该制度应遵循公平原则，即薪酬和劳动之间成比例，这也是每次为该制度进行辩解的依据所在。当然，我们还必须假设已经实现了两个条件：一是普及教育，二是适当地限制社会人口数量。否则的话，无论是共产主义制度还是其他任何法律或制度，都无法阻止人类生活水平的恶化和后退。而如果有了这两个条件，即使是在目前的社会制度下，也不会出现贫穷。而且社会主义制度，也不会再像社会主义者通常所说的那样，是人类规避现存罪恶问题的唯一避难所，而只是一个未来需要权衡何种制度更具优势的问题。采取最好形式的私有制还是最佳状态的社会主义制度，两者能够终究取得多大成就，我们都一概不知，因此还无法决定两者中的哪一种制度将是人类社会的最终形态。

如果可以做一个大胆推测，这可能主要取决于一个考虑因素，即这两种制度中的哪一种更符合多数人的自由和自主发展。在基本的物质资料得到满足之后，人类下一个更强烈的需要就是自由，而且这种需要（不同于物质需要，会随着文明的进步而变得更稳健且易于控制）随着人类智力和道德水平的提升，会愈来愈强烈，而不是减弱。社会制度和实践道德的完善将确保所有人完全独立和行动自由，只要他们不损害他人利益就不会受到任何限制。如果教育制度教导人们或社会制度要求人们为了换取一定程度的舒适或财富而控制自身行为，或为了平等而放弃自由，那么这种教育或社会制度将剥夺人性中最高尚的特性之一。但共产主义制度将会在多大程度上保存这种特性，还有待进一步考察。毫无疑问，这和其他所有反对社会主义方案的观点一样，被过分夸大了。社团成员不需要过比今天更甚的集体生活，也不需要对其支配个人产品份额或可能的大量闲暇时间（如果他们的生产仅限于那些值得生产的物品，他们就会拥有大量闲暇时间）方面进行控制。个体无须被束缚于一种职业或特定的地方。共产主义约束的是与大多数人的现状相比的自由。英国以及其他大多数国家的普通劳动者，几乎没有选择职业或行动的自由，他们实际上都要依赖于固定的规则和他人的意志，这与真正的奴隶制相差无几。一半数量的人处于家庭奴役之下，尽管欧文主义以及大多数其他形式的社会主义，都赋予妇女在所有方面具有与迄今为止居主导地位的男性一样的平等权利。但是，不能通过与目前社会的不良状况的对比来评估共产主义的主张，而且也不足以据此承诺那些目前在自由方面徒有虚名的人以更大的人身自由和精神自由。问题在于，个性的庇护所是否依然存在？公众舆论是否会成为暴君的桎梏？个体绝对服从整体并受之监督，是否会抹杀所有个体的思想、情感以及行动，从而具有整体一致性？尽管目前的社会与共产主义制度相比，现在社会的教育和追求具有多样性，而且个人对集体的依赖程度也要低很多，但上述那些问题已是它的显著弊端。被指责有离心倾向的社会绝非一个健全的社会。还有待进一步确定的是：共产主义方案是否适合人类多样性的发展。个体之间具有差异性，即品味和才干的多样性以及思想观点的多样性，这不仅构成了人类生活的大部分乐趣，而且才智相互碰撞，每个人都提出观点，迸发出无数自己难以想象的知识火花，将会成为思想和道德进步的主要动力。

第四节　对圣西门主义和傅立叶主义的考察

迄今为止，我仅限于对社会主义的极端形态——共产主义学说——进行考察。据此学说，不仅生产工具、土地和资本是社会的共同财产，而且产品和劳动力也要尽可能地平均分配。对社会主义的反对，无论依据是否充分，主要都是抨击此种形态的。其他社会主义学说与共产主义的主要不同在于，前者并非完全依赖路易斯·布朗先生所说的勤劳与光荣，而是或多或少地保留了个人金钱利益对劳动的激励。因此，当他们宣称要实行按劳分配（proportioning remuneration to labour）原则时，已是对严格的共产主义理论的一种修正。在法国，产业工人联合组织为了使社会主义的尝试付诸实践，它们在开始时几乎不会考虑个人的工作量而采取平均分配报酬的做法。但是，几乎在每一种情况下，这种做法都很快就会被放弃，随后不得不按工作量计酬。原先的原则要求有更高的公平标准，并适

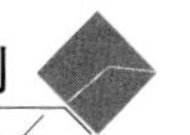

应更高的人性道德水准。按劳分配实际上只有当工作量完成的多少是一个自由选择的问题时，才是真正的公平。而当它取决于体力或能力的自然差异时，这种按劳分配原则本身就是不公平的。它使富足者更富有，给予那些禀赋最好的人以最高的报酬。然而，将其作为对当前道德标准所形成的和由现有的社会制度所促进的自私性格的一种妥协，是高度适宜的。在教育得到彻底改革之前，相较于以更高理想作为目标而言，它更有可能很快见效。

被称为圣西门主义和傅立叶主义的两种更为精巧的非共产主义的社会主义学说，通常认为反对共产主义的那些学说完全不适用于自己。虽然它们敞开心扉对待反对自己的各种言论，但是由于它们在许多方面具有博大的智慧，以及它们对社会和道德的一些根本问题进行了大量富有哲理性的思考，因此它们可以被公正地视为过去以及当前阶段最显著的成就之一。

圣西门主义并没有计划将产品平均分配，而是考虑将产品不平均分配；也不主张所有人都从事同一职业，而是要根据自身专长或能力而有所不同；就如同军队中军官的官阶那样，每个人从事的职务由负责指挥的权威者指派，并按照职权本身在权威者心目中的重要程度以及承担这项职务的人员所做出的功绩按劳分配。可以采用不同的方案组织统治机构，但必须与整个制度的根本一致，它也可以通过普选产生。在最初学者的设想中，统治者应该是德才兼备之人，他们凭借超凡的智力优势而获得他人的甘心拥戴。在某些特殊的社会状况下实施该方案，不是不可能。历史上确实有过一个与此有点类似的成功试验，也就是我曾提到过的耶稣会在巴拉圭的试验。一个野蛮民族，他们属于人类的一部分，但却比其他任何民族都更厌恶为了遥远的目标而做出持续的努力，然而可以通过一种商品社团的形式将他们组织起来，并置于有教养的文明人的精神统治之下。这些野蛮人就会恭敬地服从他们的绝对权威，受之指导，学习文明生活的技艺，并为社团进行实践劳动，而不会产生促使他们为自身劳动的动力。这种社会制度由于受到外国势力的外交干预，仅持续了很短的时间就消亡了。该制度能够得以实施，可能是由于少数的统治者与大量的被统治者在知识和智力方面有着巨大差距，而与此同时，他们之间无论是社会方面还是文化方面都没有任何中间阶层。而在任何其他情况下，它可能都会完全失败。该社团的领导者要绝对专制。如果专制主义的委托人（与该制度的创始者意见相反）依照公众投票结果而时不时地更换，那么这种制度就不会有多大的改进。但是，我们不妨假设，无论选择何种机制，都可以经由下属机构选拔一个或几个人，使每个人都能够胜任其工作，每个人的报酬与绩效成比例，事实上这些人已经成为向所有社会成员实施分配正义（distributive justice）的执行者；或者无论他们如何使用这项权利，都会令人满意；或者不使用武力就可以使人诚服。然而，这不过是无须辩驳的空想罢了。人们可能会默认一些固定的规则，如平等的规则，会以为它们是机遇或上天的安排。但是，由少数人来公平地权衡每一个人，并且以个人意志和判断来给予一个人多些，而给予另一个人少些，除非人们相信这些统治者是超人，并且对其怀有超乎本能的恐惧，否则人们定不服从。

在所有的社会主义学说中，最巧妙也最具远见卓识的是傅立叶主义。该学说并不考虑废除私有制，甚至也没有要废除继承权。反而，它公开将资本如同劳动一样作为产品分配的一个要素来加以考虑。它提议，产业运作应该由大约 2 000 名成员组成的社团来进行，他们在自己所选择的领导者的指导下，在一个面积约 4 400 英亩的地域上共同劳作。在分配时，首先为社团的每一个成员（无论是否能够劳动）都分配最低限度的生活资料，然后将剩余产品按预先确定的比例在劳动、资本和才干（talent）三个要素之间分配。社团的资本可以分为数额不等的股份，并由不同成员持有，在这种情况下，他们就如同股份制公司的情况一样，按股份比例分取红利。每个人按才干所分得的产品份额，是根据个人在他或她所属的集体中的职等或职级高低决定的。在任何情况下，这些等级都是由他或她的同事的选择授予。人们无须共同消费或享用个体所分得的报酬。对愿意独居的家庭，将会提供分开居住的场所。为了节省在居住方面以及家庭其他消费方面的劳动与开支，所有社团成员都居住在同一大型建筑物之内。此外，人们不再有其他的共同生活。因此，社团的整个购买和销售业务均由单个代理人执行，那些原来被单个分销商拿走的、由产业所提供的大部分产品利润，现在可以降到最低水平。

该学说与共产主义不同，至少在理论上并没有消除当前社会现状中存在的任何努力工作的动机。相反，如果该方案能够按照其初创者的意图施行，它甚至会强化这一动机。因为比起当前的社会，每个人更加确信会因体力和脑力技能的提升而获得更多的劳动成果，而不是只有那些处于社会最有利地位的人或运气极佳的人才可以收获颇多。傅立叶主义者还有一个机智见解，那就是他们坚信自己已经解决了使劳动更具吸引力这一伟大且根本的问题。他们以十分强烈的论据抗辩说，这并非不可实现之事。尤其是在这一问题上，他们与欧文主义者的观点一致，即人们为了维持生计而从事的劳动，其强度无论多么大都不会超越那些已具有充足生活资料而为了追求乐趣的人所从事的劳动。这的确是一个非常重要的事实，研究社会哲学的人或许能从中得出重要的启示。不过，据此而展开的争论极易被扩大化。如果充满不适和疲劳的职业会被大众作为娱乐而自由地追求，那么为什么不想一想，这样的职业之所以会成为娱乐，完全是因为它们是可以自由追求的，因而也就可以随意终止。放弃某一职位的自由，是否往往会成为该职位是令人痛苦还是令人愉悦的区分标准呢？许多人在整整一年里都居住在同一个城

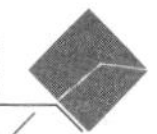

镇、同一条街道或同一座房子里，从未有过搬家的想法。但是，若他们受制于权威而被限制居住在同一个地方，他们绝对无法容忍这样的监禁。

根据傅立叶主义者的观点，几乎没有任何有用的劳动是自然或必然不合人心意的，除非它被认为是不光彩的，或是过度的，又或是无法激发人们的同情心或上进心。他们认为，任何人都不会过度劳累，因为社会上不存在有闲阶级，而且不会像现在社会这样将大量劳动浪费在无益的事情上；并且将充分利用社团协作的优势，既提高生产效率又节约消费。他们还认为，使劳动更具吸引力的其他必要条件是，由社会团体来承担所有劳动的实施，每个人可以根据他或她的选择同时从属于多个社团，由他们的同伴根据其所提供的服务水平进行投票，从而决定他们在团体中的级别。社团的每个成员均可根据自身的多样兴趣和才能参加多个社团，从事多种类型的职业（有些是体力方面的，有些是脑力方面的），并可能在一个或多个社团中身居高位。如此一来，就可以达到或接近当初设想的真正的公平。在这种情况下，每个人天生的才华不是受到限制，而是会得到最大限度的发挥。

即使从这么简短的概要中我们也能看出，这一制度不会违背任何影响人类行为的基本法则，即使是在目前道德和知识都还欠缺的状况下也是如此。宣称这一制度不会成功，或其支持者的大部分希冀都会落空，这将是极其轻率的。说到这一主义，它和其他形式的社会主义一样令人向往，因而都有正当理由来争取试验的机会。它可以在适中的规模下进行试验，除了那些参与尝试的人之外，是不会给人身或金钱带来任何风险的。究竟哪一种或哪几种财产公有制将在多大程度上或多久取代目前以土地和资本私人占有为基础的“产业组织”，这将是一个经验问题。同时我们可以确认，在不试图限制人类本性最终发展的条件下，政治经济学家们在相当长的时间内将主要关注以私有制和个人竞争为基础的社会的存在和发展问题；而且，在目前的人类发展状况下，我们追求的主要目标不是颠覆私有制，而是进行改善，使社会每个成员都能获益。

第二章　续论所有制

第一节　私有制认可按契约自由地获得财产

下面要讲的问题是，私有财产这一概念的含义是什么，以及在应用私有财产的原则时将会有怎样的限制。

私有财产制度，从其根本要义而言，是指承认每个人通过自身的努力取得具有排他性的处置产品的权利，或是通过馈赠、公平交易等非欺诈和非暴力手段从生产者处获得产品的处置权。整个制度的基础是产品的处置权来源于生产者。因此，人们可能会对现行的制度提出异议，即该制度承认个人对不是自己生产的产品拥有所有权。例如（或许有人说），工人以自己的劳动和技能生产了工厂的全部产品，然而产品并不属于他们，他们只能依法拿到规定的工资。产品的所有权归于仅仅提供了资金的人，这个人可能对工作本身未做出任何贡献，甚至连监督指挥的工作都没做。对此的回答是，工厂工人的劳动只是生产产品的必要条件之一；没有原材料和生产设备，劳动将无法进行；没有预先提供一笔资金供生产者维持劳动期间的生活费用，劳动也将无法进行。所有这些都是原先劳动的成果。若劳动者拥有这些，他们就无须将产品分给任何人；但是只要他们不拥有这些，就必须给予拥有这些的人一定量的等价产品，以换取包含前期劳动和因为前期生产劳动而进行节省（劳动产品不用于享乐，而是节省下来用于生产）的补偿。资本也许在大多数情况下也不是通过当前所有者劳动或节欲而产生的，但其是由某个前人的劳动或节欲而产生的，也许他确实被不公正地剥夺了资本的所有权。不过，在当今的世界里，更可能是通过馈赠或是自愿签订契约从而将资本转移到现在的资本家手中。因此，起码其后的所有者直到当前的所有者都至少有过节欲。有人认为，事实上也是如此，那些继承别人储蓄的人，相较没有从先人处得到任

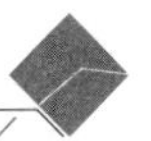

何继承而不得不辛劳工作的人，享受着不该享有的优惠；我不但赞成此说法，而且坚决主张，这种从先人处继承下来的不劳而获的利益应当被削减到与公平原则相符的程度。而实际情况是，相比较那些从先人处继承资本的人，未从先人处获得资本的劳动者处于不利的态势；同样的实情是，这些劳动者远比那些祖先没有储蓄的劳动者好得多。他们与这些继承人共享利益，尽管有着某种程度的不平等。通过当事者双方的协商，实现现在的劳动和过去劳动及储蓄的成果的合作，双方互为依存。没有劳动，资本一无是处；没有资本，劳动一事无成。如果说劳动者为就业竞争，那么资本也在国内争抢劳动者。竞争经常被说成是导致劳动阶层贫困与地位降低的必然原因，好像高工资并不像低工资那样是竞争的产物。劳动报酬都是在竞争规律的作用下形成的结果，美国和爱尔兰的情形均是如此，而且比英国更为典型。

这时，财产的所有权包括按契约获取财产的自由。每个人对自己生产的产品拥有所有权，意味着每个人也有权在他人同意的条件下获得他人所生产产品的所有权。其前提是生产者必须出于好意馈赠或是通过等价交换出让其所有权。因此阻止这种做法就会侵犯生产者对产品的所有权。

第二节 私有制意味着财产的取得时效

在考察私有制不能包含的事项之前，我们必须对其涵盖的一个事项加以特别说明，这就是经过一定时期的占有后，应按取得时效（prescription）赋予所有权。确实，按照所有权的基本含义，那些通过暴力或欺诈方式获得他人产品所有权的，或是因不知情而占用他人已取得所有权的产品的情况，都不应赋予其所有权。但是，随着时间的推移，相关证人已经死亡或无从查找，交易的真实情况也难以澄清，则不能将他们的获取行为视为非法，并且得向他们提供合法所有者应有的保障。因此，在若干年内，任何国家的法律都承认，应将从没受到法律质疑的所有权视为完整的所有权。即便当时的占有是通过非法或剥夺而来的，经过一代人之后，很可能真正的所有者也会提出诉讼，欲重新行使其已失去多年的所有权。相较于不予纠错的做法，纠错通常将会产生更大的不公正，且于公于私都会产生极大祸害。这似乎有些严酷，当初合法的所有权仅仅因为时间的流逝就被宣告为无效。但是，有时一段时间之后（即使仅关注个别情况，不考虑所有者安全感的普遍影响），苦乐的天平会反向倾斜。人类遭遇的不公正行为，如同自然灾害，失修时间越长，补救难度越大，因为需要将其后产生的一切重新撕裂。人类的交易行为，即使是最简单明了的，也不能说其在60年前是适当的，因而在今天也是适当的。无须赘言，不去纠正过去的不公正行为的理由，不能适用于对待不公正的制度或规定。因为有害法律或惯例等同于遥远过去的一次不公正行为，只要有害法律或惯例存在，就会不断发生着一系列不公正行为。

这正是私有制的本质。现在要考察的是，不同社会形态下存在过的或者现存的私有制的各种表现形式，是否为私有制原则产生的必然结果，以及根据私有制原则来看，这些形式是否可取。

第三节 私有制包括馈赠权，但不包括继承权；考察继承问题

所有权只包含每个人通过自身才能、使用自身才能生产的产品，或是通过市场公平交易获得产品从而享有的权利，以及他自愿将自己的产品馈赠他人的权利，从而他人接受并享有这一权利。

据此，馈赠或死后赠予的权利成为私有制观念的一部分，继承权有别于馈赠因而未被纳入私有制观念之中。将某人生前未做出安排的财产首先传给子女，若其无子女则传给血缘最近亲属的做法，也许合理，也许未必。不管怎么说，这些都不是私有制原则所导致的结果。虽然解决这些问题需要从很多方面加以考察，比如政治经济学方面，但是在这里阐述思想家对此问题的观点及真知灼见也是有益的。

在这一问题上，无从推断现存的观念是古已有之，还是由古代推演而来。在古代，人们死后将财产传给子女或血缘最近亲属是非常自然和妥当的安排，无人考虑其他的替代安排。首先，这些人通常就在（死亡）现场；他们占有财产，即使没有其他权利，他们也具有先占（first occupancy）权，这种权利在早期社会是非常重要的。其次，他们通常在所有者生前就是这些财产的共同所有者。如果财产是土地，一般来说国家将财产权授予整个家族，而非某个人；如果财产中包括牲畜或动产，则其可能由家族中或由劳动或战斗的所有成员共同努力取得，且由他们共同努力来保卫。现代意义上的排他性私有权，很难进入那个时代人们的观念之中。因此，当家族上一任族长过世后，他只留下分配给他的物品，其他物品都在继承他权威的新家族族长手中。若以其他方式处置财产，就会使这个由观念、利益、习俗联合起来的小共同体解体，从而使他们生无所依、四处漂泊。这些看法的感性成分高于理性成分，却对人类的思想产生着极大的影响，即人们由此建立子女拥有占有祖先财产的先天权利的观念，这是一种不可剥夺的权利。在

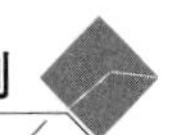

古代社会，赠予的权利极少得到认可。这件事确凿地证明了（就算没有其他证明材料）古代的所有权观念与现代观念截然不同。①

但是，封建家族（家长制最后的历史形式）业已消亡。社会单位也不再是由一位共同祖先的子孙后代形成的家族或氏族构成，而是个体或最多由一对夫妇及其未成年的子女构成。财产由个人而非家族继承，子女成年后不再与父母的职业或财产有关。子女只有在征得父亲或母亲同意后才能分享父母的金钱财产，且子女在拥有和控制父母的财产方面并没有发言权，通常只对部分财产拥有独享权。至少在英国，父母有权剥夺其子女的财产继承权（除了限定继承权或受权利转让方面的限制外），并可将财产留给外人。一般来说，血缘关系较远的亲属与家族完全脱离，也和家族利益毫无关联。他们对较富裕的家族的唯一要求是，在其他条件相同时，优先谋求一个好职位，或是在实际需要时得到一定的帮助。

社会结构变化如此之大，必然导致继承及支配财产的理由发生巨变。现代著述家对没有遗嘱的过世者将财产传给子女或近亲属给出的理由通常有如下两个：首先，法律认定此方式较其他任何方式更接近死者的心愿；其次，与父母一起生活且享受父母财产的子女在被剥夺其继承父母财产的权利后会陷入贫苦，这是非常残酷的事情。

这两种解释都有较强的说服力。毫无疑问，在过世者未有遗嘱的情况下，法律应按父母或监护人的责任对待过世者的子女或被抚养人，行使父母或监护人的职责。然而，法律不能决定个人的要求，但必须按照一般规则行事。接下来，我们才能考察这些规则应是什么。

首先，我们可以认定，除非有特殊情况，任何人都没有义务将金钱分享给旁系亲属（基于个别的私人关系除外）。现在无人会指望旁系亲属能继承财产（无直接继承人的情况除外），因而在无遗嘱且法律未做出相关规定的情况下，人们也不会认为旁系亲属能继承财产。因而，我认为旁系亲属拥有财产继承权没有任何站得住脚的理由。边沁（Bentham）先生早就指出，在过世者无遗嘱且均无直系晚辈或长辈均无继承人的情况下，财产应收归国有。其他权威人士也赞同此观点。那些血缘关系较远的亲属大多也不会对此有所争论。很少有人会坚信这会是合理的，即一位无子女的财产所有者（这种情况经常发生）应在其死后将财产送给素未谋面的远亲，这位远亲在得到财产前根本不知道他们之间的关系。因而从道义上讲，这位远亲未必比陌生人有更多的声索权。这一理由对于一切旁支亲属甚至最近的旁系亲属也是适用的。旁系亲属没有真正的声索权，就算有，也等同于非亲属的声索权。在这两种情况下，即使存在声索权，也是以馈赠的方式

① 关于诸如这些和众多类似的绝妙例证，可参阅梅因（Maine）先生的大作《古代法》（*Ancient Law and its Relation to Modern Ideas*）。

为宜。

子女的声索权则是另一种性质，它是真实的、不可被剥夺的。即使这样，我也大胆认为人们通常所采取的方法是不当的。一方面，在我看来，某些应归于子女的被低估了，另一些又被夸大了。最有约束力的义务条款是，除非父母能保证子女童年时期过上舒适的生活，培养子女使其成年后能自谋生路，否则父母就根本不应该将子女带入人世。然而，无论在实践上还是理论上，这一点都被人们忽略了，这是对人类智慧的一种玷污。另一方面，在我看来，当父母拥有财产时，子女就对此财产有声索权也是错误的。无论父母继承了多少财产或拥有多少财产，我都不认同仅仅因为觉得亏欠子女而将财产传给子女，从而使他的子女不劳而富。即使这样做确实能给子女带来利益，我也仍不赞同。但是，此点具有高度的不确定性，它依赖于个人特质。不考虑个别极端案例，遗赠子女适当的财产，而非大量财产，无论对个体还是社会而言都有极大的好处。这是古今道德家的共识，也是许多有识父母的确论。如果他们能不顾及旁人的说三道四，真正为子女的利益着想，他们是会经常这样去做的。

父母对子女承担的义务与保证人类生存的事实密不可分。父母有义务将子女培养成善良且对社会有用的成员，有责任为未成年子女提供良好的教育、生活条件和手段等，有责任创造条件来使子女在社会上获得公平的竞争机会并取得成功。据此，每个子女都有提出此要求的权利，但我不赞同子女有超出此要求的其他权利。在某种情况下，父母的这种责任可以被更清晰地理解，而不会被外部因素所蒙蔽和欺骗，即非婚生子女的情况。一般认为，父母有责任负担非婚生子女一定的生活费，使其能过上各方面都还满意的生活。我认为，父母对任何子女所承担的责任都不应超出对非婚生子女所承担的责任；如果父母做到这一点，父母应将剩余的财产捐赠给公益事业或更为适合的人，子女对此应毫无怨言。

为给子女某种公平的机会，以使其过上理想的生活，通常不应使他们在孩童时代养成成年后难以为继的骄奢淫逸的生活习惯。同样，这一职责通常被收入有限的所有者公然违背，因为他们留下的财产很少。富裕家族的子女从小养成了跟父母一样大手大脚花钱的生活习惯，父母通常会为他们留下超出子女成长所需要的更多的财产。我说这是通常情况，因为即使这样，也还是会存在别的方面的问题。可以断定，养成战胜困境的坚强意志，较早认识、感受和体悟财富获取的经历，对子女性格塑造和今后的幸福生活都有着极大的好处。那些从小过着优越生活的子女，今后将难以再维持这样的生活，他们因而会为此感到不平。这是很充分的理由，因而他们要求遗产的权利与其成长方式休戚相关，这成为一种极易过分强调的权利要求。贵族和拥有土地的乡绅的长子之外的子女们的情况尤其如此，因为贵族和乡绅的财产大部分被传给长子。而除长子外的其他儿子人数众

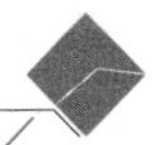

多，他们都与未来继承人生长在相同的骄奢环境，但是他们所分得的财产通常只能维持其个人保持原有的生活习惯，而无法保证其妻子和子女也能够维持相同的生活习惯。实际上，这也不值得向任何人抱怨，要想维持婚姻和家庭原有的生活状态就得自己付出努力。

总之，无论是公正评价还是出于为个人与社会的真实利益着想，承认父母给私生子女的财产数额，或给长子之外诸子的财产数额是合理的规定已经足够多。我以为，这就是国家对未留下遗嘱的过世者传给子女财产的一个合理的数额，如果还有剩余，我坚持认为正确的做法是用于社会公益事业。然而，我并没有说父母给予子女的数额不能超出道德上有权要求的限度。在某些情况下这样做是有必要的；在很多情况下是值得赞赏的；甚至在一切情况下都是允许的。对此，最好的方法是通过馈赠的形式来实现。是否如此做，并非取决于子女，父母有权依据自己的喜好和合理性判断来赠予子女财富，来表达其对子女的慈爱，来回报子女对他们的服务和做出的牺牲。

第四节 馈赠权是否应受限制，如何限制

馈赠权本身是否应当受到限制，这是一个非常重要而深刻的问题。馈赠权与无遗嘱继承权不同，它是所有权的属性之一。若所有者在生前或过世后不能将某一物品按自己的意愿赠送他人，则这一物品的所有权是不完整的。所有拥护私有制的理由都认为应将所有权延伸到此范围内。但是所有权只是达到目的的手段，并非目的本身。像其他所有权一样，馈赠权与人类的长远利益发生冲突，冲突有时尤为强烈。比如，立遗嘱者不满足于将财产馈赠给 A，而是指定 A 死后将财产传给其长子并世代相传。毫无疑问，人们为了获得永世家业而自发地努力工作，但是这份永世家业对社会的危害要超过激励他奋斗所产生的价值。因而，在没有这种激励的作用下，当有获取巨大财富的机会时，人们也会有很高的积极性。当某人善意地将财产捐赠给公益事业，却事先规定其使用的方式（比如规定所捐赠的财产被用于建立某教育机构，要求该教育机构必须教授什么课程）时，这也是一种馈赠权的滥用。因为任何人都无法知道他去世几个世纪后，教授哪些课程是适宜的，法律不应同意这样的财产处置方式，除非过一段时间后有关政府机构可以对相关条款加以修订。

以上这些是非常明显的限制。但是，即便是最简单地行使馈赠权，如在决定立遗嘱人死亡后立即将财产直接转交给谁的问题上，人们往往也会根据恰当性（expediency）观念对其加以限制或变更。到目前为止，这些限制几乎都是对子女

有利的。在英国，原则上这一权利不受限制。其受到阻碍的唯一障碍是基本上要得到财产原所有者的同意，事实上当前的财产所有者不能将其馈赠给他人（他无物可赠），他只具有终身使用权。作为欧洲大陆法系的基础——罗马法，起初根本不允许馈赠，即使之后引进了相关权利，也规定必须为每一个孩子预留财产的相关份额。现在某些大陆国家的法律仍有这样的要求。按照大革命后的法国法律，父母能自由处置的财产不得超过分配给一个孩子的财产份额，并且所有孩子平分父母的财产。这可被称为限定继承的财产规定，这种规定使父母的大部分财产交由子女共同支配。在我看来，此方式与一个子女继承大部分财产的方式在原则上一样是不合情理的，虽然其并未与公正概念发生冲突。我曾经提出，从道德上来说，子女有要求父母财产的权利。但子女有可能不成器或不孝顺父母而失去声索权。子女也许拥有其他财源或希望，例如父母养育子女并使其接受教育长大成才，就已完全满足父母对子女的道德要求；或是其他人拥有超过子女的声索权。

法国的法律对馈赠权做出了极其严格的限制，并将其作为一项民主措施来实施，目的是限制长子继承制，防止因继承导致财产大量集中的趋势。对于这些做法我深表赞同，但我认为其采取的手段并不明智。如果不考虑现实的舆论和大众的情感，由我来制定最为合理的法律条款的话，我会倾向于对人们接受馈赠或继承财产的物品的范围进行严格的限定，而不是限制一个人可以馈赠的物品的范围。每个人都有权任意处置他或她拥有完全所有权的产品，但却不能滥用这种权利来使某些人过于富裕，从而远远超过其自立所能达到的舒适的限度。财产的不平等源自勤劳、俭朴、意志、才能等方面，以及某种程度上的机遇差异，且与私有制原则密不可分。如果我们认可私有制原则，我们必须承受此原则所导致的一切后果。但是我以为，任何未通过自己的能力而凭他人的馈赠获得的财富均应有一个规定的限度，这是无可厚非的。如果他要得到限度之外的更多财富，就必须依靠自己的劳动。① 我不认为对馈赠财产强加某种程度的限制会使设立遗嘱的人感到无法承受。立遗嘱的人会估计其大宗财产的实际价值，以及其可以交换到的享受与利益。即便这种财富价值估计得十分荒谬夸张，大家也非常明白，拥有适度财富的所有者与五倍于其财富的所有者在享受与幸福方面相差无几，而其余五分之四的永恒利益则由支配这些财产的其他人分享。确实，如果实际上流行的观念认为对其最钟爱的人或亲朋挚友所能做的最好的事情就是赠予他大量毫无内在

① 在资本所有者本人经营企业的情况下，他完全有权将其全部资本都遗赠给某个人。他应该能够把企业交到他认为最适合管理企业的继承人手中，让企业得到有效管理。这样企业主去世后留下的工业或商业设备就不致损坏（在法国的法律制度下，这种有害现象时有发生）。同样，应该允许财产所有者将祖先的宅邸、园林以及足够维护这些产业的财产遗赠给他的一个继承人，让后者承担道义上的看护责任。

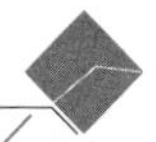

价值但又得花很多钱才能买到的物品，那么即便上述法律获得通过并实行也会收获甚微。因为即便有人倾向于此法律，人们也总会想方设法规避法律的约束。除非得到公众情感上的强烈支持，否则法律也会失效。不过，基于法国舆论对强制分割财产法案的支持情况，我们可以断定，在某些国家或社会的体制中，这种法律有可能得以推行。然而，目前英国的情况正好与此相反。如果这种限制能够得以很好实施，那么其所带来的利益是巨大的。财富将不再使少数富有的人变得更过分富有，可以用于公益事业，或是让为数更多的人分享。除了炫耀或显示不正当的权利外，没有人出于真正的个人目的去拥有巨大的财富。因而拥有巨额财富的人数不断减少，生活舒适、悠闲，享受着除虚荣以外其财富带给人们的乐趣的人在不断增加。这些人就成为有闲阶级，由于他们的直接努力，或是他们通过舆论对公众的情感或品味的影响。通过向国家直接赠予，或是向相关机构进行馈赠，大部分辛勤劳动的积累也可用于公益事业。在美国，这种做法已被广泛应用，美国人民关于继承问题的理论与实践，看来特别合理而有益。①

第五节　土地所有权异于动产所有权的依据

下一个要考虑的问题是，私有制成立所依据的各种理由是否适用于目前的排他性占有权认可的所有物品？如果不适用，能否有其他理由来使其得到承认？

所有制的基本原则是保证所有人拥有通过自身劳动生产出来的或是通过节欲积累起来的产品。这一原则不能适用于非劳动产品，如由土地提供的原材料。如果土地的生产力完全来源于自然，而并非劳动，或是有办法将每一种来源所获得的物品进行区分，那么这种自然界产生的物品交由某个人占有是既不必要，也不公正的。确实，当土地用于农业生产时，其使用必然具有排他性，耕地、播种和收获的应都是同一人。不过，可像古代日耳曼人一样，人们对土地只占有一季度；或是随着人口的增长周期性地重新分配；或是国家成为所有土地的所有者，

① “在美国，特别是新英格兰，对慈善事业或教育事业的巨额遗赠或捐献是其近代历史上的一个显著特点。富有的资本家不但在遗嘱中将其一部分财产捐赠给国家的社会事业机构，而且不少人生前也会给这些机构捐出大笔款项。那里并没有法国那种子女均分财产的强制性法律，也不存在英国那种长子继承权之类的限定继承权的习俗。因此，富人觉得自己有权在其亲属和公众之间分配财富。不可能有家庭或父母能够在其生前的时间里，一直有幸看到他们的所有子女都得到很好的抚养并过上独立生活。我看到的是，仅仅在马萨诸塞州一地，最近30年来对有关宗教、慈善和文学事业的遗赠和捐献的清单的总额不下于600万美元或100万英镑。”（参见莱尔：《美国游记》第1卷，第263页。）

在英国，在还有近亲在世的情况下，若有人遗赠给公共事业或慈善事业的财产数额稍微多一点，就有在死后被陪审团宣布为精神病患者的危险，或者大法院将因为怕浪费财产而废除该遗愿。

土地由耕种者租赁或是随意使用。

虽然土地不是劳动的产物，但其大部分有价值的特质是来自劳动。劳动不仅是使用工具的必要条件，几乎同样也是加工工具的必要条件。在开垦和平整土地以易于耕种时需要大量劳动。在很多情况下，就算土地已经开垦好，土地的生产能力也完全依赖于劳动和技艺。在使用人工排涝前，贝德福德平原的产出极少或几乎没有。爱尔兰的沼泽地在人工排涝前除了能提供点沼气作燃料外别无所用。由古德温沙砾构成的佛兰德的维厄斯地区（Pays de Waes），曾是世界上最贫瘠的土地之一，现已通过劳动变为肥沃的地区，成为欧洲土地生产力最高的地区之一。耕种还需要房屋和栅栏，这些都是劳动的产物。不过，这种劳动的成果不是短期就能得到的。劳动和费用是即时支出的，其得到收益却需等待经年，甚或很长很长的时间。如果土地所有者不能收获利益，而由外人得益，他是不肯付出劳动和经费的。如果要对土地进行这种改良，他必须等待足够长的时间才能从改良中得益，然而他却无法确定是否会拥有如永久性租约那样长的时间。①

第六节　土地所有权只在特定条件下有效，而这些条件并不总能实现；对限制条件的考察

这些就是从经济观点出发为土地所有权提供的合理性理由。如此看来，只在土地所有者同时是土地改良者时才有效。一般来说，在任一国家内，当土地所有者不再是土地改良者时，政治经济学对其所确立的土地所有制在理论上就站不住脚了。没有一种合理的所有制理论认为土地所有者可仅仅因为土地所有权而坐享其成。

① “正是对土地的永久占有意识，才使得人们耗费自己的聪明才智和坚强毅力去劳动，为造福自己的同类而全力拼搏。最肥沃的土地往往由水流冲积而成，经常遭受洪涝的威胁和沼泽的侵蚀。有了永久占有土地的保障，人们才愿意付出长期而艰巨的劳动来挖掘排涝渠道，建造防洪堤坝，化洪涝之水为灌溉资源，变贫瘠之地为富饶之地。在相同土地所有权的保障下，人们不再满足于每年从土地上获取收成，他们从野生植物中区分出各种有用的多年生作物、灌木和树木进行培植并加以改良，可以说是改变了它们的本质，并大量繁殖。那些口感鲜美的水果，有些经过了数个世纪的培育，有些则引自遥远的地方。人类还深翻土地，更新土质，混合各种成分，促进空气流通，从而使土地更加肥沃。他们加固山坡上的土壤，不使其流失，用茂盛的植被覆盖田野，使每一处土地都造福于人类。他们所付出的劳动，往往只有在十年或者二十年之后才能有收获，还有一些劳动成果，可造福后世几百年。所有的人都同心协力地去增加大自然的生产力，追求无限丰裕的回报。在这些回报中，有很大一部分被那些没有土地所有权的人消费掉。乍看起来，这些人似乎由于土地被他人据为己有而被剥夺了土地的占有权；但若是土地没有被瓜分掉，这些人本来也可能找不到饭吃。”[参见西斯蒙第的《政治经济学研究》(*Etude sur l'Economie Politique*) 第三编——《论土地的财富》(De la Richesse Territoriale)。]

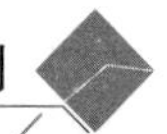

英国经常出现土地所有者与土地改良者不一致的情况，但不能说这是普遍现象。在大多数情况下，英国以禁止对土地改良为条件约束耕种者。在本岛的南部地区，通常没有土地租约，土地耕种者除了依靠地主资本外，几乎无法进行永久性的土地改良。因此，相较于英格兰北部地区和苏格兰低洼地区，本岛南部地区在农业土地改良方面仍是极为落后。事实是，地主对土地进行大范围的改良难以与长子继承制的法律和习俗相符。当土地被整体交给继承人时，也给继承人带来了严重的资金问题，使其无法对土地进行改良，其个人资产因抚养除长子之外的后代而消耗殆尽，其土地本身也因同样的原因而承担着沉重的负担。因此，只有小部分地主有能力进行耗资巨大的土地改良，其他地主大多要通过举债或增加土地抵押贷款。通常的情况是，他们在继承土地时，土地已经背负着沉重的负担。但是，背负着沉重抵押贷款负担的土地所有者的地位是很不稳固的。表面财产远远超过实际资力的人，很难进行勤俭节约。同时，对于除土地收入之外别无经济来源的土地所有者来说，哪怕是地租和价格的微小变动都是非常可怕的。因而，很少有地主为了土地的长远利益而在当前做出牺牲，这也就不足为奇了。那些单枪匹马进行土地改良，并对农业科学认真研究过的土地所有者能够做到这一点，但大地主很少认真对此进行研究。按说他们可能诱使土地耕种者去做他们不肯或不能做的事情。但是在英国，即便签订租约，耕种者也经常抱怨土地所有者根据早已废弃或过时的农业习惯来束缚他们。大多数地主根本不肯订立租约，只允许耕种者收获一个季度，这导致土地改良的状态甚至劣于他们的祖先所处的荒蛮时代：

> 到处都是没有领主的土地
> 漫山遍野都是野果与谷物
> 农作物耕种不得超过一年

因此，英格兰的土地制度从经济合理性来看根本不适合现有条件。但是如果英格兰的实现条件是不完全的，那么爱尔兰就是完全不具备条件。个别情况除外（他们之中有些人非常令人尊敬），毕竟爱尔兰的地主只会尽力榨取土地的收益。在有关“特别负担”（peculiar burthens）的讨论中，颇具讽刺的说法是：土地的最大负担就是地主本身，以此来形容爱尔兰地主可谓恰如其分。地主们除了给耕种者留下一点点不致其饿死的马铃薯外，耗尽了土地的所有收益，但从不对土地做任何付出。当地主有改良土地的想法时，通常首先是将当地人赶走，连一丁点马铃薯都不留给他们，任凭其在外乞讨甚至饿死。① 当土地所有制建立在这样的

① 我想恳请读者注意，这一段落是在20多年前写的。在我们所处的这个年代，道德和经济都发生了十分惊人的变化，如果不时时修改这本著作，就没法跟上时代前进的步伐。

基础上时，就再无从为其辩解了。是时候以新制度来取代旧制度了。

在论及“所有权的神圣性”(sacredness of property)时，需要被经常牢记的是，土地的所有权并不具备真正意义上的神圣性。土地并非人类创造，它是所有物种的原始遗产。土地的完全占有是出于人类的一般利益。如果土地私有制对人们不再有利，则就是不正当的。不允许占有他人生产产品的所有权并非残酷之举，耕种者没有义务为地主生产所用的产品，而地主除了没有分配到本不属于他的东西外，并没有损失什么。但是，对于新出生的人来说，大自然所馈赠的土地早已被他人占有。对这个新生者来说，倒是甚感残酷。当人们认识到这一点并表示赞同时，人们头脑中关于道德权利等观念也应属于这个世界的新进者。因而有必要使他们信服土地私有制有利于全人类（也包括他们本身）。但是，如果地主与耕种者的关系都如爱尔兰一样，那么任何一个心智健全的人都不会接受这种看法。

即便最坚决捍卫土地私有制的人，也会认为其不同于其他财产的私有权。在社会大多数人无缘于土地所有权，只有极少数人占有的情况下，人们通常试图做出如下解释，至少在理论上使其符合公正的观念：人们会赋予土地所有制某些责任，以使其与道德观念和法律行为一致。如果国家能如对待公职人员一样对待土地所有者，只要进一步宣称土地所有者有权抛弃土地即可。土地所有者在土地方面所拥有的权利，完全取决于国家的一般政策。所有制原则给予土地所有者的不是土地的权利，而只是国家的基本政策导致土地所有者与土地相关的利益部分的损失所给予的补偿。国家是不能废除这种权利的。无论是土地所有者的产权，还是国家承认的其他财产的权利，国家都不能在没有一次性给予与其财产相当的金钱补偿，或是每年支付相当于这些财产的收益的补偿的基础上，剥夺他们的所有权。这符合所有权的一般原则，是理所当然的。如果土地是所有者的先祖通过劳动或节欲所获，则理应得到补偿；即便是通过其他方式获得土地的所有权，也应按同样的方式得到补偿。即使国家的目的是使全体人民受益，也不应使特定人群的利益受损。当所有权附带着所有者的特殊相关情感时，补偿应相应地高于原物价值本身。而根据这一限制条款，国家可以基于社会普遍利益的要求来处置土地所有权，正如修建一条铁路或建造一条街道时所做的那样，甚至在相关法律通过的情况下可以扩展到全国范围。当对于恰当耕种土地和土地所有权附带要求的问题地主无法应对且加以解决时，则社会将这一事务交由地主去任意处置是十分危险的。此时，立法机关不妨将地主整体转换成公债持有人或年金领取者，强行将爱尔兰地主的平均收入转换为固定地租，将佃户提升为业主。如果地主愿意接受这个条件，则应坚持按市场价值对其土地进行补偿。

有关土地所有制和租赁制的表现形式及各自的优缺点，我们将在其他章节加

以讨论。在本章，我们只谈论土地所有权本身及其合理性依据的证明，以及对所有权加以限制的条件（依据推导的结果）。依我来看，应对土地所有权进行精确的阐释，在出现疑问的时候不应偏袒土地所有者，这应被视为一个公理。对于劳动产品和动产的所有权来说，情形正好相反。所有者对这类产品的使用权和排他性的占有权应是绝对的，但有损他人利益时除外。但是，不能将土地独占权赋给任何个人，这样做不会产生任何实际的积极作用。使一部分人对共同继承的财产拥有独占权，其余的则无权染指，这已构成一种特权。一个人通过自己的劳动无论获取多少动产，并不妨碍其他人通过同样的方式获取的动产数量。但是土地的情况则不然，只要有人占有了某块土地，别人就失去了占有该块土地的机会。特权、独占权作为一种不可避免的邪恶，人们可以对其加以辩驳；当它发展到某种程度且不能得到补偿时，它就失去了存在的理由。

举例来说，以耕种为目的的土地独占权并未包括禁止别人进入土地的独占权。事实上也不应确立这样的独占权，除非事情发展到必须对土地进行防护，以免土地的产出蒙受损失，或是侵犯到土地所有者的隐私。英国有两位公爵擅自将一部分苏格兰高地围起来，禁止他人进入周边数平方英里的山区，以免扰乱其中野生动物的正常活动，这是对独占权的滥用。它已超出了法律对土地独占权规定的正当界限。一般来说，如果地主不将土地用于耕种，则土地私有制的成立理由根本不存在。而且，任何人将某块土地看成其私有财产时，他都应明白，其对土地的占有得到了社会的默许。但必须满足一个潜在条件，即因他的土地所有权不会给别人带来利益，所以至少他的占有不得剥夺人们在此地未被占有前从土地中所得的收获。就算分析耕地的情形，尽管法律允许大众中的某一人拥有数千的土地作为其财产，他也没有获得任意使用或是滥用土地，且不许别人进入的许可。他可随自己的心意处置土地租金或收益，但就土地而言，他所做的与土地有关的每一件事或禁止做的与土地有关的每一件事，都要受到道德的约束。且无论何时，其行为均应受到法律的约束，并迫使其利益及愿望与公众的利益一致。一般来说，整个人类对其居住的星球的土地有着原始的所有权，他们放弃的权利不得与仍然保留的权利相冲突。

第七节　所有权的滥用

除劳动产品的所有权和土地的所有权之外，还有其他可以作为或曾经作为所有权的对象，事实上这种所有权压根就不应存在。不过，它们在文明世界早已销声匿迹，因而我无须再对此加以阐述。首先讨论的是对人身的所有权（property in human beings)，这几乎是不言自明的道理。这种制度在任何社会都无立锥之地，特别是自称建立在正义和人类合作基础之上的社会。但是，国家曾不公正地将此以法律条文的形式加以认可，且在人类持续的几个世代里，法律批准对他人人身的买卖并可以当作财产继承。而在废除这种所有权时，如果不给予受害者充分的补偿，则会是另一种错误。1833 年一项公正的措施使这一错误得以避免再发生，这是国家采取的一次最公正、实际上也最为有益的集体行动。其他不应确立的所有权案例有公职所有权，诸如法国旧体制下的法官职务，以及没有完全脱离封建制度的国家中与土地联结在一起的司法权。在英国，与此相似的例子有军职委任权、神职授予权或神职人员薪酬等级的确定权等。有时向公众收税也被视为所有权，以及其他的独占权、排他性的特权等。这些所有权的滥用经常发生在半文明半开化的国家，然而，即使在最文明的国家里也时有发生。在法国，一些重要的职业，包括公证人、诉讼代理人、经纪人、估价人、印刷工，以及（直到最近的）面包师和屠夫，其从业人员数目受限于法律规定。因而，这些法定数目内的从业人员的名誉和价值具有很高的市场价格。实情既已如此，废除这种特权而不给予补偿是有失公允的。在这一点上，还有一些含混不清的事例。问题在于，在这些特殊情况下，是什么足以构成要求权，以及法律是否对这种特权的滥用给予制度化的承认，甚或只是偶然的默许。但税率显然是年年变动的，对于税率变动所造成的损失进行补偿的要求是不合情理的。或是对类似由都铎王朝授予个人垄断权所造成的他人的损失要求补偿也是荒唐的，因为这种特权随时都有可能被撤销。

关于所有制的讨论就到此为止。从政治经济学研究目的方面来说，这是必须讨论的问题，将其讨论仅限于经济方面是无益的。现在我们要研究的是在这种制度确定的情况下，社会成员的不同关系如何，土地产品与劳动产品的分配受什么原则影响，及其结果如何。

第三章　论参与产品分配的各阶级

第一节　产品有时在三个阶级里分配

私有制已被认定为一个事实，我们接下来必须列举该制度所产生的不同阶级。这些阶级的相互协作或者它们的参与对生产必不可少，而且它们也能因此按规定获得一部分产品。我们要研究，这些阶级根据其自身利益而自发采取的行动，是根据什么样的规则在它们之间分配产品。之后再研究法律、制度和政府的措施在取代或者修改自发分配方面的影响或者潜在影响。

前面曾多次提到，生产的三种要素分别是劳动、资本和土地。这里所理解的资本是由以前的劳动所积累的手段和器具；而土地是由自然提供的材料和工具，要么处于地球内部，要么处于地球表面。因为这些生产要素中的每个都可能被单独分配，因此产业社会可以被看作由地主、资本家和生产劳动者三个阶级组成，其中每个阶级根据其身份获得一部分产品。如果它们不出让产品，其他人或阶级就不能获得任何东西。实际上，社会上其余的人通过提供等价的非生产性服务来维持他们自身的花费。因此，从政治经济学角度来看，不妨认为这三个阶级组成了整个社会。

第二节　产品有时全部归属一个阶级

虽然这三个阶级有时作为单独的阶级存在，产品在它们之间分配，但是它们不一定或者不会一直如此存在。有时情况多少会不一样，在某些社会里，这些阶级的完全分离是一般规则。世界上几乎只有英格兰和苏格兰以及比利时和荷兰的部分地区，用于农业生产的土地、资本和劳动一般来说是归属于不同所有者的财产。一般情况下，同一个人要么拥有这些要素中的两种，要么拥有全部三种要素。

在同一个人拥有全部三种要素的情况下，包括现存社会的两个极端情况，这涉及劳动阶级的独立和尊严。首先，劳动者本身就是地主。这是美国北部各州常见的情况，也是法国、瑞士、斯堪的纳维亚半岛上的三个国家以及德国部分地区的常见情况①，意大利的部分地区和比利时也有这种情况。毫无疑问，所有这些国家和地区都拥有大量土地财产，以及没有很多土地但仍然需要雇用大量临时工或者长期工。然而，大部分人所拥有的土地份额太小了，以至于除了农民和他的家人之外不需要其他劳动者，甚至农民一家的劳动已经过剩了。用于雇用的资本并不总是自耕农的，将很多这些小片土地抵押出去是获得耕种的手段。但是资本的投资风险是由农民承担的，尽管他为此支付利息，但是不会给予任何人干涉自己的权力，除非他停止支付利息，否则不会丧失土地所有权。

在奴隶制国家，土地、劳动和资本也会属于同一个人。在这种情况下，劳动者自身也归地主所有。在奴隶解放之前的英国西印度殖民地和尚未采取类似正义行为的产糖殖民国，是农业和制造业劳动大量聚集的例子（糖和朗姆酒的生产是二者的联合）。在这种情况下，土地、工厂（如果可以这样称呼的话）、机器以及沦落的劳动者，全都是资本家的财产。与这种情形完全相反的是自耕农——完全没有产品的分割。

第三节　产品有时分别归属两个阶级

当三种要素不是由同一个人拥有时，经常发生的情况是其中两种要素属于同

---

① 挪威统计表（《济贫法案》调查委员会说，他们的信息由欧洲几乎每个国家和美国的大使和领事提供）显示，在1825年最后一次人口普查中，在1 051 318个人中有59 464个不动产所有者。这59 464个不动产所有者一定意味着存在59 464个户主或者大约300 000人。这些不动产所有者一定超过总人口的四分之一。麦格里戈（Macgregor）先生认为，丹麦（可能包括西兰岛以及邻近的岛屿）的总人口为926 110人，其中地主和农场主的数量约为415 110人，或者接近一半。斯勒斯威克-霍尔斯坦（Sleswick-Holstein）的总人口为604 085人，地主和农场主的数量约为196 017人，或者大约三分之一。瑞典的业主和农场主占总人口的比例尚不清楚。但是斯德哥尔摩统计表估计劳动者住宅所附属的土地的平均数量为1～5英亩。尽管哥德堡（Gothenburg）统计表提供了一个更低的估计，但它补充道，农民拥有大部分土地。在符腾堡（Wurtemburg），我们听说三分之二以上的劳动人口是他们自己住宅的业主，并且几乎所有人都拥有至少四分之三英亩到1英亩半的花园。在这些陈述中，没有区分业主和农民。但是“所有的统计表都认为日工的人数很少”［参见《外国通讯录序言》（*Preface to Foreign Communications*），第38页］。劳动人民一般是雇佣工人的情况几乎是大不列颠所独有的。

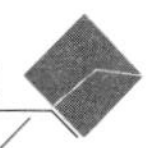

一个人。有时同一个人拥有资本和土地，但不拥有劳动。地主会直接和劳动者签订契约，提供耕种所需的全部或部分资金。这种制度在欧洲大陆是常见的，劳动者一方面既不是农奴，另一方面也不是业主。它在大革命之前的法国很常见，现今在法国的部分地区，当土地不是耕种者的财产时，它仍然在实行。在意大利的平原地区，除了一些主要的畜牧区，例如托斯卡纳（Tuscany）的马雷马（Maremma）和罗马平原，通常也盛行这种制度。在这种制度下，产品在两个阶级即地主和劳动者之间分配。

在其他情况下，地主按习惯并不提供任何资金，劳动者并不拥有土地，但是拥有少量可供使用的资金。无论是政府保留土地的所有权，还是允许个人绝对地或在一定意义上拥有部分土地，这种制度通常在爱尔兰盛行，在印度以及大多数东方国家非常普遍。然而，印度的情况要比爱尔兰好很多。如果耕种者没有资金不能耕种，土地所有者按习惯会为耕种者预先支付。对这些预先支付，本地的土地所有者通常要求很高的利息。但是主要的土地所有者——政府会发放无息贷款，在收获之后会收回预付金和租金。产品在这里同上述情况一样，在两个阶级即地主和劳动者之间分配。

这些是在农业劳动产品分配类别中的主要变化。在制造业中，产品的分配绝不会超过劳动者和资本家两个阶级。在所有的国家里，最初的工人要么是奴隶，要么是家庭妇女。在古代的制造业中，无论规模的大小，劳动者通常是资本家的财产。一般来说，如果体力劳动能被看成是一个自由人的尊严，那就只有农业劳动。与此相反的是与自由劳动处于同一时期的制度，即资本由劳动者所有，在这种情况下制造业实现了第一次巨大的进步。技工可以拥有供自己使用的织布机或一些工具，并且自负盈亏地工作。或者至少最终是这样做的，尽管在他成为一名师傅之前，通常得先为别人工作若干年，首先是当学徒，然后是当熟练工人。但一个熟练工人的身份一辈子都不过是一名雇佣劳动者，并在中世纪的行会中没有地位。在乡村，木匠和铁匠不能靠他的商业回报来供养他所雇用的劳动者，他事实上就是他自己雇用的工人。在类似情况下，店主也自兼售货员。但是，在市场规模足够大的地方，资本家或劳动的雇佣者阶级和劳动阶级的分立已经完全确立。一般来说，资本家除了指示和监督以外不会从事其他劳动。

第四章　论竞争和习俗

第一节　竞争不是产品分配的唯一调节者

在财产私有制的规定下，产品分配是两种具有决定性力量的结果：竞争和习俗。弄清每种因素的影响力大小，以及其中一种因素影响另一种因素的方式，是很重要的。

一般来说，政治经济学家惯于仅仅强调其中的第一种因素，即夸大竞争的影响，很少考虑另一种因素和相矛盾的原则，英国的政治经济学家更是如此。他们倾向于认为竞争在所有情况中发挥作用，无论实际上有没有竞争趋势。如果我们认为只有通过竞争的原则才能使政治经济学具备科学的特征，那么这在一定程度上是可以理解的。只要地租、利润、工资、价格都取决于竞争，就可以为它们制定相关的规则。假设竞争成为它们唯一的调节者，那么根据它们所受的竞争制约，就可以制定具有广泛普遍性和科学精准度的原则。政治经济学家有充分的理由认为这就是他们的职责所在。而且政治经济学作为一门抽象或假设的科学，人们不能要求它做那么多，实际上它也做不了更多的事。但是，如果假设竞争发挥的作用实际上具有这种无限的影响力，那么这将是对人类事务实际进程的一个重大误解。在这里我不讨论垄断，无论是自然垄断还是人为的垄断，或者是权威机构对生产或交换许可权的干涉。对于这些令人困扰的因素，政治经济学家一直是有所考虑的。我所讨论的情况是不存在任何限制竞争的因素，即不存在事务性质上的障碍和人为阻碍，但是其结果仍然不是由竞争决定的，而是由习俗（custom）或惯例（usage）决定的。竞争要么根本没有发生，要么是以一种不同于通常假设的自然方式来产生影响。

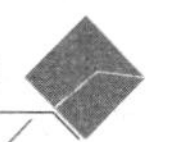

第二节　习俗对地租和土地租佃方式的影响

事实上，只是到了近代，竞争才在相当大的程度上成为契约的支配原则。我们回顾的历史越远，我们看到的所有交易和契约受固定习俗的影响越大。其原因是显而易见的，即习俗是弱者防备强者的最有力量的保护者，在没有法律或政府提供充足保护的情况下，习俗是弱者的唯一保护者。习俗是一道屏障，即使是在人类最受压迫的条件下，暴政在某种程度上也对它有所顾忌。在一个兵荒马乱的社会，对于勤劳的人来说，竞争的自由是一个没有意义的词语。他们所处的环境不能使他们达成自由竞争的协议，而且总是有一个独裁者动用武力勒索，迫使人民接受他提出的各项条件。不过，虽然法律是由最强者制定的，但是无限制地滥用法律并不符合最强者的利益，他们一般也不会这样做。于是，法律的每次放宽都趋于成为一种习俗，而每种习俗又将成为一种权利。在原始社会状态下，由此产生的不是任何形式的竞争，而是权利，它决定了产品的份额由生产者享有。除了最近时期以外的全部社会形态，尤其是地主和农民之间的关系，以及后者对前者的支付，都是由当地的习俗决定的。直到近代，土地占有条件（作为一项普遍规则）从未与竞争有关。人们普遍认为，当前土地占有者只要满足习俗的要求，就能有权保有他所租入的土地，因此他在某种意义上成了土地的共同所有者。即使是占有者没有获得永久占有权，占有的条件通常也是固定不变的。

例如，在印度和其他社会结构类似的亚洲社会里，佃农（the ryots）或自耕农（peasant-farmers）并不被视为地主可以随意解约的佃农，甚至不是凭租约租种的佃农。在大多数村庄确实有一些佃农处于这种不稳定的地位，他们或者他们的后代在人们已知或相对较近的时期定居在这个地方，但是所有被视为原始居民的后代或代表，甚至很多古代佃农的后代和代表，只要他们按照惯例支付地租，就能被认为有权保有他们的土地。事实上，在大多数情况下，这些照惯例支付的地租是多少或者应该是多少，已经成为一件难以澄清的事情。因为侵占、专制和外国的征服在很大程度上毁灭了它们的证据。但是当古老而又纯粹的印度受到英国政府的统治或由其官员管理时，当调查国家收入的细节时，通常会发现大地主和国家的需求已经通过财政掠夺膨胀到无以复加的地步，但它仍然会认为要为每一次增加的苛捐杂税挖空心思以拟定一个特殊的名目来作为征税的借口。除了名义上的租金外，这样的征税有时由三四十个不同的项目构成。如果地主有增加地租这种公认的权利，那么一定不会采取这种增加支付的迂回方式。这种方式的采用证明了曾经存在一项有效的限制，即一个真正的照惯例支付的地租，而且只要佃农根据习俗支付了地租，他们在某个时期内所拥有的土地权利就不限于名义上的权利。[①] 统治印度的英国政府总是通过把各种评估合并成一个来简化土地占有权，从而使地租在名义上以及实际上随意调整，或者至少有一个详细的协议。但是它非常尊重佃农对土地的权利，尽管当前的改革者（改革即使到现在也只有部分得到有效实施）很少给佃农留下超过最低限度的生活费。

在现代欧洲，耕种者已经逐渐摆脱了个人奴隶状态。西罗马帝国的野蛮征服者发现，管理他们征服地的最简单方式就是让土地的耕种者继续占有土地，通过允许奴隶保留一定程度的行动控制权，承担向主人提供食品和劳动力的义务，来节省他们自己监督奴隶的繁重工作。一个常见的权宜之计是分配给奴隶一些专用的土地，土地尽可能能够维持他的生存，当有需要的时候就会让他在主人的其他土地上劳作。逐渐地，这些不明确的义务就变成了明确的义务，即提供固定数量的食物或固定数量的劳动力。随着时间的推移，主人倾向于把他们的收入花费在奢侈品上而不是用于供养家臣，从而实物地租就变成了货币地租。每一次的让步起初都是自愿的，并且可以随意撤回，后来逐渐具备了习俗的效力，最终被法庭确认并强制执行。通过这种方式，奴隶逐步上升成自由的佃农，他们按照固定的条件永久地拥有土地。这个条件有时非常严苛，人们生活得非常悲惨。但是他们的义务是由当地的习俗或者法律决定的，不是由竞争决定的。

严格来说，在耕种者从未受到人身束缚或者不再受到人身束缚的地方，贫穷落后社会的迫切情况导致另一种制度的产生。在欧洲的某些地区，甚至是在某些高度发达的地区，直到今天这种制度仍然一直保持着很大的优势。我所说的是分益佃农制（métayer system）。在这种制度下，土地在各个家庭中被分成了小型农场，地主一般按该国的农业制度提供所需要的资金，并按固定的比例收取产品以代替地租和利润。这一比例一般是以实物支付，通常是一半（如同词语 métayer，mezzaiuolo 和 medietarius 所隐含的意思一样）。然而，在有些地方，例如那不勒斯（Naples）省肥沃的火山地区，地主拿走了三分之二，而耕种者凭借优秀的农业技艺仍然能够生活。但是无论这一比例是三分之二还是二分之一，都是一个固定的比例，不因农场或佃农的不同而改变。当地的习俗是一个普遍性的规则，没有人想要增加或降低地租，或者用不同于习俗的条件来租赁土地。作为地租调节者的竞争并不存在。

---

① 印度人的古代法典有时将产品的六分之一或者四分之一当作合适的地租，但是没有证据表明这些法典所制定的规则在历史的某个阶段真正实行了。

第三节　习俗对价格的影响

当没有垄断时，价格比地租更早地且更普遍地受到竞争的影响。但是即使是在目前的商业竞争活动中，这种影响也不是我们有时所假设的那样绝对。在政治经济学领域里，我们经常遇到的命题是在同一市场里不可能有两种价格。毫无疑问，这是竞争不存在任何障碍情况下的自然结果。但是每个人都知道，在同一市场中几乎总是存在两种价格。在每一个大市镇以及几乎所有行业中都有廉价商店和昂贵商店，甚至同一商店也通常把同样的物品以不同的价格卖给不同的顾客。作为一般规则，每个零售商按他的理解把顾客划分为不同等级并采用与之相适应的价格。在大宗商品的交易中，批发行业真正处于竞争的支配性地位。在这里，买方和卖方是经销商或制造商，他们的购买行为不受世俗赶时髦的影响，也不取决于贪图个人便利的小动机，而是纯粹的商业交易。因此，在批发市场这个一般命题是正确的，即相同的物品在同一时刻没有两种价格。在每一时刻、每个地方只有一种市场价格，这种价格可以在时价表上找到。但是零售价格，即由实际顾客支付的价格，受到竞争的影响似乎非常缓慢而且不完全。而且，当竞争确实存在时，它通常不会使价格降低，只不过使高价格所带来的收益在大量经销商之间划分。因此，消费者所支付的价格的很大部分转变成了零售商的收益，而且任何人在调查他所购买的物品的生产者的收益时，通常都会因为这部分收益如此之小而感到惊讶。如果一座大城市的市场确实拥有吸引大资本家从事零售业的足够诱因，那么人们通常会发现，一个更好的投机行为是通过低于市场价售卖其他物品来获得巨大的商业，而不是仅仅同别人划分经营领域。在大城镇的主要零售行业，这种竞争的影响越来越明显。而且快速和廉价的运输使顾客越来越少地依靠他们附近的经销商，从而使整个国家日渐转化为一个大城镇。但是迄今为止只有在大型商业中心，零售交易才主要或在很大程度上由竞争决定。在其他地方，当竞争发挥作用时，它只是作为一种偶然的干扰影响。习俗才是习以为常的调节者，它能够时不时地修改买方和卖方对于公平或正义的现存观念。

在很多交易中，所制定的商业条款在交易中是一项积极的约定，使用这些条款的人总是处于主动地位，使背离固定习俗的其他人产生麻烦或不愉快。众所周知，图书贸易直到最近还是这样，尽管在这一贸易中存在互相竞争的积极精神，但是竞争在打破贸易规则方面并没有发挥它应有的作用。所有职业的报酬都是由习俗来调节的。内科医生、外科医生、法律顾问和律师的费用几乎都是不变的。这不是因为这些职业缺乏充足的竞争，而是因为竞争只是减少了每个竞争者受到雇用的机会，而不是降低薪资水平。

由于已经形成的习俗在很大程度上反对竞争，即使竞争者人数众多，追逐利益的愿望以及竞争的精神很强烈，我们也可以确信，更常见的情况是人们满足于较少的利益，即与他们的安逸或愉悦相比，他们更轻视金钱至上的利益。我相信在欧洲大陆经常可以发现某个地方的某种或全部种类的物品的价格和费用高于其他距离不远的地方，其原因往往只是顾客习惯并默认这种价格。有充足资本和进取心的竞争者可能强行压低价格，并在这个过程中赚取财富。但是现在还没有富有进取心的竞争者；那些拥有资本的人宁愿一成不变地使用他们的资本，或者以较缓慢的方式获得较少的利益。

以上所述凡是与本书后面内容相关的，不论是否明确指出，都应当看成是对这种结论的一般校正。一般而言，我们的推论必须假定，在所有没有受到真正阻碍限制的情况下，竞争通常发挥了众所周知的自然效应。在可以存在自由竞争而无竞争存在的地方，或者在竞争虽然存在但是其产生的结果受其他力量的支配时，这个结论或多或少会失效。在将政治经济学的结论应用到实际生活中时，为了避免错误，我们不仅要考虑竞争达到最大限度时会发生什么，还要考虑竞争没有达到最大限度时其结果会受到多大影响。

在经济关系的各种情况中，我们将首先讨论并认识的是不存在竞争性交易的、由蛮力或既定惯例所决定的经济关系。这将是后面四章的主题。

第五章　论奴隶制度

第一节　从奴隶状况来看奴隶制度

正如我已经指出的，在私有财产制度的影响下所呈现的各种社会形态中，有两种社会形态在其他方面截然相异，但是有一点是类似的，那就是土地、劳动和资本属于同一人。其中一种社会形态是奴隶制度，另一种社会形态是自耕农制度。在前一种情况下，地主拥有劳动。在后一种情况下，劳动者拥有土地。我们先讲前者。

在奴隶制度下，所有的产品都归地主所有。他的劳动者的食物和其他必需品，是他花费中的一部分。劳动者除了地主认为应该给予他的东西外别无所有，而且这些东西地主也可以随时收回。地主可以决定他们的工作强度，或者地主有能力强迫他们努力工作，直至奴隶的承受限度。他们的不幸只能由地主的人性或金钱利益稍微缓解。对于第一点，我们现在暂时不谈。对于第二点，如此可憎的社会制度的运行取决于输入新奴隶的难易程度。如果能获得大量身强力壮的成年奴隶，并且输入价格适中，那么奴隶主出于自身利益的考虑会迫使奴隶工作到死，并进口新奴隶来替代他们，而不会采取让奴隶生儿育女这种缓慢且昂贵的办法。一般来说，奴隶主早就知道这种办法。众所周知，在奴隶贸易合法时期，英国的奴隶殖民地就是这样做的。据说现在古巴的情况依旧如此。

在古代，当奴隶只能由战俘或者从已知世界遥远且人烟稀少的部落绑架而来时，一般来说，通过奴隶生儿育女来保持奴隶数量更有利可图，为此奴隶主需要更好地对待奴隶。因为这个原因，加上其他一些因素，古代奴隶的境况尽管偶尔非常糟糕，但是可能比近代国家的各个殖民地的情况好一些。古代斯巴达农奴（Helots）通常被认为是个人奴隶制最可怕的形式，但是事实似乎并非如此。他们被正式武装起来（尽管没有穿上古希腊步兵的甲胄），并成为国家军事力量的组成部分。毫无疑问，他们处于卑贱而低劣的等级，但是他们的处境似乎是各种农奴制中最宽松的一种。在罗马贵族对新征服世界进行掠夺的时代，罗马的奴隶制度似乎残酷得多。罗马人是一个残酷的民族，无能的贵族把无数奴隶的生命视为草芥，他们将奴隶当作消遣娱乐的工具，就像肆意挥霍他们的不义之财一样。但是消除奴隶制度最糟糕的“特征”仍然是有希望的：解放奴隶比较容易，并且日益常见。被解放的奴隶立刻获得了公民的全部权益，而且有时他们不仅获得了财富，在后期还获得了荣誉。在皇权统治时期，随着法规的逐渐放宽，奴隶得到了很多法律的保护，他们开始拥有财产，并且总体上说奴隶制度的弊端大大减轻了。但是，在奴隶制转变为温和的隶农制（villenage）之前，奴隶的境况很难使他们的生产或人口快速增加。直到奴隶制转变为农奴制之后，奴隶才不仅拥有了财产和法律权利，他们的义务也或多或少地受到惯例的限制，而且他们劳动的一部分是为了他们自己的利益。

第二节　从生产状况来看奴隶制度

只要奴隶制国家的人口相对于他们的可耕种土地面积来说较少，奴隶在可以忍受的管理下的劳动就能够生产超过他们自身生存所需的东西；尤其是对奴隶的劳动进行了大量的监管，防止了人口分散，从而确保了联合劳动的某些优势；因此，在土壤肥沃、气候适宜的条件下，合理地计算自己的利益并且拥有大量奴隶的奴隶主就拥有了致富的手段。然而，这种社会形态对生产的影响是众所周知的。毋庸置疑，由于害怕惩罚而被迫进行的劳动是低效率且没有收益的。在某些情况下，确实可以用鞭子去驱使人类努力从事甚至完成某些工作，这些工作是无论雇主提供多高的报酬都不会有人愿意去从事的。如果可以整合大量劳动的奴隶制度不存在，那么一些需要大量联合劳动的生产活动，例如糖的生产，在美洲各殖民地就不可能迅速发展。也有一些野蛮部落厌恶从事经常性劳动，如果他们不被征服并成为奴隶，或者征服他人使他人成为奴隶，他们就几乎不可能从事生产性活动。但是，在充分考虑这些因素之后，仍然可以肯定，奴隶制与先进的技术水平以及高效率的劳动互不兼容。实行奴隶制的国家通常需要依赖外国人才能获得技术含量较高的产品。令人感到绝望的奴隶制度极大地压抑了人们的聪明才智。古代和东方国家通常鼓励奴隶发挥他们的聪明才智，而在比较先进的社会里，奴隶的聪明才智对主人构成威胁并使主人感到害怕。因此，在美国的某些州，教奴隶读书是一项重大刑事犯罪。所有依靠奴隶劳动的生产活动都是以最原

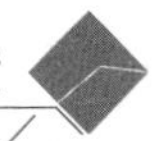

始和最落后的方式进行的。甚至就奴隶的体力而言，平均来说也没有用到一半。奥姆斯特德（Olmsted）先生已在其重要的著作中充分说明了蓄奴州工业系统的非生产性和浪费性。奴隶制最温和的形式一定是农奴制。农奴附着于土地，靠分得的土地养活他自己，并每周为他的主人工作几天。接下来的一段来自琼斯（Jones）教授的《论财富的分配》（*Essay on the Distribution of Wealth*，或者更确切地说是关于地租）①，这本著作收集了各国有关土地占有权的大量宝贵事例。

“俄国人，更确切地说是那些观察俄国习俗的德国学者，在这个方面给出了一些颇有说服力的论据。他们说，两个米德尔塞克斯（Middlesex）郡的农民一天割的草，相当于六个俄国农奴一天的割草量。尽管英国的粮食价格昂贵而俄国的便宜，收割一定量的干草所需要的费用，一个英国农民只需半个戈比，而一个俄国地主需要花费三个戈比或四个戈比。② 普鲁士参赞雅各布（Jacob）曾证明，虽然在俄国所有物品都很便宜，但是一个农奴的劳动价格，是一个英国劳动者劳动价格的两倍。舒马尔茨（Schmalz）先生根据他的了解和观察，对一个普鲁士农奴的低效益劳动给出了一份令人吃惊的描述。③ 他明确指出，在澳大利亚，一个农奴的劳动只相当于一个自由雇佣劳动者劳动的三分之一。一本精心编写的农业书（我曾引用其中一些段落并受益）根据实际经验计算出用于确定耕种某个一定规模的庄园所需劳动者的数量。显而易见，劳役地租对农业人口的劳动效益确实具有负面影响。因此，在任何改革方案都不易推行的奥地利，用其取代劳动地租的各种方案和计划受欢迎的程度，并不低于经济活跃的德国北部各省。”④

任何卓越的指挥和监督都不能弥补劳动自身性质上的缺陷。琼斯教授评论说，土地所有者“以他们自己支配耕种者的性质，应当成为农业人口勤劳的唯一指挥者和监管者”⑤。因为当劳动者是主人的财产时，资本主义农场主这一中间阶级将不会存在。任何地方的大地主都是一个懒惰的阶级，或者即使他们劳动，也只愿意承担那些最轻松且收益最高的事情，从而使他们获得最大份额。正如琼斯先生所观察到的那样，“贵族土地所有者为了拥有特权和高位而保护自己，以及由于他们的地位优势和习惯的需要会设法担任军事和政治的职务。希望他们会

---

① 参见理查德·琼斯的《论财富的分配和税收来源》（*Essay on the Distribution of Wealth and on the Sources of Taxation*），修订版［伦敦：默里，1831］，第50页。

② 参见施马尔茨的《政治经济学》（*Economie Politique*），法语版［M. 弗里托，巴黎：伯特兰，1826］，第1卷，第66页。

③ 同上书，第2卷，第107页。

④ 匈牙利革命政府在其存在的短暂期间，留给这个国家的一项最大的利益就是废除了劳役地租，使农民摆脱了农奴制的束缚，并规定地主的补偿由国家支付，而不是由被解放的农民承担。即使取代革命政府的专制政府也不敢取消这项规定。

⑤ 参见琼斯教授的《论财富的分配》，第53～54页。

成为勤劳的耕种者，是不现实的，也是荒谬的”。即使是在英国，如果每块土地的耕种都取决于土地所有者，那么任何人都能判断其结果。土地所有者广泛利用科学并努力劳动的实例时而有之，少数情况下也能取得一定成就，但是农业的整体情况是很糟糕的。

第三节　从奴隶主利益来看奴隶解放

奴隶主是否会因为奴隶的解放而遭受损失，这一问题与自由劳动和奴隶劳动对社会所产生的效应是完全不同的。人们曾将它作为一种抽象的命题进行了大量讨论，似乎有可能得出一般性的答案。对于雇主来说，奴隶劳动和自由劳动哪个更有利，取决于自由劳动者的工资。而工资又取决于劳动人口相对于资本和土地的比例。一般来说，雇佣劳动比奴隶劳动效率更高，因此雇主支付比他以前供养奴隶生存费用更高的工资后，仍然能从中获利，但是他不能无节制地这样做。毫无疑问，人口增长对主人金钱利益方面的影响，加速了欧洲农奴制的衰落以及西方国家农奴制的消失。由于人口对土地压力的增大，加之农业方面的技术没有任何改进，因此供养农奴的成本一定会增加，他们的劳动价值也会降低。如果工资率像在爱尔兰或英格兰（在英格兰，考虑到工资与劳动效率的比例，其劳动同爱尔兰的劳动一样便宜）那样，就不会有人认为奴隶制是有利可图的。如果爱尔兰的农民是奴隶，他们的主人会很愿意像现在的地主那样，支付大量资金仅仅是为了摆脱他们。在土地肥沃、人烟稀少的西印度群岛，在衡量自由劳动和奴隶劳动之间的利益时，人们会毫无疑问地倾向于奴隶制。对奴隶主废除奴隶制的补偿，不会超过可能甚至低于他们的损失。

前面已充分阐述了奴隶制的起因，这里无须多说。奴隶制的缺点也是毋庸置疑的。而英国权贵阶级中的大部分人对美国的废奴斗争所表露出的情感，表明当前这一代英国人对于这个问题的看法严重落后于他们的上一代。他们认为，西印度黑奴解放者的子孙应该热切期盼建立一个强有力的军事联邦国家，这个国家受信奉的原则以及强烈的利益驱使，会以武力将奴隶制推广到它的势力所及的地球上的每一个角落。这种看法表明，中上层阶级的领导者的思想状态是极为可悲的，并将在英国历史上留下一个不可磨灭的污点。幸运的是，他们对于这一邪恶事业除了给予语言上的支持外很快就停止了实际援助，虽然他们并不因曾期望它成功而感到羞愧。美国各州的人为废奴事业付出了血的代价，由于他们在精神和道德价值方面无可估量的高度，奴隶制才得以废除。奴隶制在巴西和古巴找到了最后的临时庇护所。除了西班牙以外，再没有欧洲国家参与过这一罪恶行径。甚

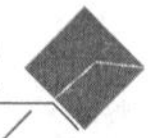

至农奴制在欧洲也不再是合法的存在，丹麦作为第一个效仿英国解放其殖民地奴隶的欧洲大陆国家而获得了荣誉。而受到诽谤的法国临时政府最早的英勇行为之一就是废除奴隶制。荷兰政府也并不愿意落在人后，我认为，现在它的殖民地及附属地实际上已经不存在奴隶制，尽管在爪哇岛强迫人们为政府当局劳动仍然是一项公认的制度。我们有理由期盼，这一制度很快就会被完全的人身自由制度取代。

第六章　论自耕农

第一节　英国和欧洲大陆对自耕农制度的不同看法

自耕农制度与奴隶制度相同的地方在于，全部产品都属于单一的所有者，不存在地租、利润和工资的区分问题。不过，在所有其他方面，这两种社会形态却是彼此对立的。在奴隶制下，劳动阶级遭受最深重的压迫和歧视，而在自耕农制度下，劳动阶级则最大限度地自由支配自身的命运。

然而，在政治经济学领域，小规模土地所有制的利弊得失是争论最为激烈的问题之一。在欧洲大陆，虽然有人对流行的观点持有不同的意见，但是在大多数人的心目中，人数众多的自耕农所具有的优越性却是不言而喻的。然而，英国的权威人士或是不知道欧洲大陆农学家的观点，或是对其置之不理，声称这些人丝毫不了解大规模土地所有制的优势，大规模土地所有制的优越性只有在拥有大型农场的地方才能体现出来；由于大规模的土地耕作所需要的资本积累规模大于欧洲大陆上通常所具有的资本积累的规模，因而欧洲大陆上的大块土地除去用作牧场的之外，绝大部分都是被划分成小块土地出租耕种的。这种说法似乎有些道理，但并非完全站得住脚。因为，如果说欧洲大陆由于经验不足对于使用大量资本的大规模耕作制度了解甚少，那么一般来说，英国的学者们实际上对于自耕农问题也知之甚少，并且对自耕农的社会地位和生活方式的认知往往错误百出。迄今为止，甚至英国古老的传统观念也与欧洲大陆的普遍意见一致。英国的自耕农在其存在时曾被吹嘘为英国的荣耀，在其消失后也一直受到深切的缅怀，他们都是小自耕农或小农场主。尽管他们大都已不复存在，可他们所具有的那种倔强的自立精神却受人尊敬。如今，在英国的某些地方仍然可以经常见到自耕农，只可惜这样的地方很少，诸如坎伯兰（Cumberland）与威斯特摩兰（Westmoreland）

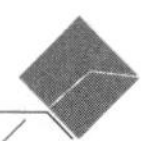

的“政治家”，虽然他们通常要按习惯缴纳某些税款，但这种固定的税款并不会对他们的自耕农身份产生比土地税更大的影响。在那些熟悉农村情况的人当中，只有一个人对这两个郡的这种土地占有制度表示赞许，这就是华兹华斯（Wordsworth）先生，他笔下的自耕农的原型必定就是英格兰这两个郡的农民。①

然而，由于英国通常的耕作制度使英国人无从了解自耕农制度的本质和运作情况，也由于英国人通常对其他国家的农业经济极端无知，所以英国人对自耕农这一概念还很陌生并且难以理解，甚至在语言上也有一定的障碍，他们通常称呼土地所有者为“地主”，与其相关联的词是“佃户”（tenants）。在爱尔兰爆发大饥荒时，有人曾经在国会和报纸上提出建议，希望建立自耕农制度以改革爱尔兰的农业。当时，一些自命不凡的学者全然不了解“自耕农”一词的含义，竟然把爱尔兰的佃农租赁制度误认为是自耕农制度。由于人们对自耕农制度知之甚少，所以我认为在讨论其相关问题之前，首先说明自耕农制度的真实情况是至关重要的。我将列举一些证词来详尽地说明一些国家或地区的耕作方式以及耕作者舒适而幸福的生活，在那里，除耕种土地的劳动者之外，既没有地主，也没有农场主。

第二节 关于瑞士自耕农制度的证词

我并不想着重介绍北美洲的情况，众所周知，在那里，只要是从罪恶的奴隶制度中解放出来的任何地方，一般来说，耕种者几乎就是土地所有者。能够将美洲的天然沃土与现代欧洲的科学技术相结合的国家，就具备了得天独厚的有利条件，只要人民的财产安全得到保障，政府民主且开明，就几乎没有什么事情能够

① 华兹华斯先生在其介绍英国北部湖泊地区风光的一篇文章中做了如下叙述：在溪谷的上游地带，几百年来有“一个由牧羊人和农夫组成的理想国家，这些牧羊人和农夫多半是其所占有并耕种的土地的主人。每个人的耕作仅够养活自己一家人，或者偶尔招待一下左邻右舍。每家每户都饲养有两三头奶牛以获取牛奶和奶酪。教堂是唯一一座高耸于这些农宅之上的建筑物，宛若这个纯朴国家的最高首府。这个位于一个强大帝国中央的国家的成员，组成了一个理想的社会或一个有组织的公社，环绕四周的群山，显露出这个国家制度的设计者与监管人的威容。这里既没有身世显赫的贵族骑士，也没有地主乡绅，不过，这些为数众多的地位低下的子民却意识到，他们居住并且耕种的这片土地，五百多年来一直归与他们同姓同种的人们所有……这些溪谷中种植的小麦刚好可以满足每个家庭对于面包的需求。多雨而潮湿的气候敦促他们在山坡上用石块搭起一间间小屋来作为羊群的庇护所，在遇到暴风雨的日子里，他们便在这些小屋中喂养羊群。每家每户都用自家的羊毛纺织布料和缝制衣服，几乎每家都有纺织工，他们在其他方面的需求也由自家纺织出的布予以满足。他们依靠肩扛、手提或者马驮把布料运到市场上去卖，每周都有一个小小的商队下到山谷，或者翻山越岭前往最近的市镇”。参见《英国北部湖泊地区风光随笔》（*A Description of the Scenery of the Lakes in the North of England*），第三版，第50～53、63～65页。

对勤劳上进的各阶层的繁荣发展造成实际障碍。也许，我应该像西斯蒙第先生那样着重讨论古代意大利的情况，尤其是拉齐奥（Latium）地区的情况，当时这片平原人口稠密，后来实行的是与之完全对立的制度，同时也由于疟疾肆虐而变得人烟稀少。但我宁愿引用西斯蒙第先生基于亲身经历而提供的证词。

西斯蒙第先生说："要判断自耕农是否幸福，特别有必要对瑞士的情况进行深入的考察与研究。在瑞士，我了解到，由享有自己劳动果实的人从事的农业生产能使大多数人生活得很舒适，独特的地理位置塑造出了人们伟大的独立人格，全体居民富裕的生活也使商业呈现出一片繁荣兴旺，尽管这个国家的气候恶劣，土地不甚肥沃，晚霜和易变的气候经常使耕作者的希望化为泡影，但看到连最穷的农民也拥有非常宽敞、非常牢固、刻有精心雕琢的图案的木屋时，我由衷地赞叹不已。在屋内，宽敞的走廊把大家庭的各个居室隔开；每间居室内只放一张床，配有帷帐、被褥和洁白的床单；床周围讲究地摆放着家具；衣柜里装满了衣服；乳品间很宽大、通风良好而且非常干净；每家每户都储存有大量的谷物、咸肉、干酪和木柴；牛棚内饲养着欧洲最优良、受到最为细心的照料的牲畜；花园里繁花似锦；男人和女人都穿得干净又暖和。妇女们炫耀地穿着古代的服饰；所有人都显得那么健康和强壮。让其他国家去炫耀它们自己的财富好了，但瑞士却可以因其拥有这样的农民而深感自豪。"①

这位杰出的作家对于自耕农发表了这样的看法：

"凡是有自耕农的地方，人们都会感受到舒适、安全，对未来满怀信心并具备自强不息的精神，这一切展示出一幅洋溢着幸福与高尚道德的画面。农民与其子女们在祖上留下来的小块土地上从事全部劳作，既无须向任何人缴纳地租，也无须为任何人发放工资。他们依据自身的消费来调节生产，吃自己种植的粮食，喝自己酿造的酒，穿用自家的亚麻或羊毛缝制的衣服。他们很少关心市场价格，由于很少进行买卖，所以决不会因行情的突然变化而破产。他们对未来没有恐惧而是充满了期望。他们终日劳作并非为了满足当前的需要，而是为了子孙后代的利益。哪怕在几分钟的空闲时间里，他们也会做各种各样的事，如栽树、挖渠、改良周围动植物的品种。他们所继承的少量祖业就是他们的储蓄银行，随时准备接受他们的全部微薄收益并且利用他们的全部闲暇时间。自然界永恒的作用力给他们带来了百倍的回报。他们强烈感受到了作为土地所有者的由衷喜悦。于是他们总是急于以任何价格购买土地，即使价格高于土地的价值也在所不惜。但是他们这样做是为避免在市场上为自己的劳动压价竞争，为使自己无须花高价就有面包吃，为保证经常有机会进行劳动，难道他们对由此得到的好处估价过高吗？

① 参见西斯蒙第的《政治经济学研究》中的第3篇论文。

"自耕农是所有耕种者中获取土地产品最多的一类，因为他们对未来考虑得最多，也最有经验。他们最善于调动人力，因为他们在为全家人分派活儿时，能保证大家每天都有活干，没有一个人吃闲饭。在所有类型的耕作者中，他们也是最幸福的。与此同时，在实行自耕农制度的地方，土地养活的人口比其他任何地方都多，而土地的肥力却不会枯竭。最后，在所有类型的耕作者中，自耕农对于商业与制造业的促进作用也最大，因为他们最富裕。"①

这是一幅描绘自耕农辛勤劳作以及对土地充满深厚感情的图画。英国观察家对瑞士文明程度较高的各州所做的观察，也证实了这种情况。英格利斯（Inglis）先生写道："漫步在苏黎世附近的任何地方，只要随意看看四周，就会看到当地居民在辛勤劳作。如果此地的自耕农能获得10%的收益，那我会说，'这是他们应得的'。我现在说的是农村劳动，当然，我相信每一行业中的苏黎世人都非常勤劳，不过我可以肯定地说，自耕农在耕种土地时表现出来的勤劳最为突出。每当我习惯性地在凌晨四五点钟打开窗子眺望湖水和远处的阿尔卑斯山时，便看到田间已有人在劳作了。每当我傍晚散步归来，太阳早已落山，时间已过八点半，但我总会遇到还在割草或者搭葡萄架的人……放眼望去，每块田地，每片果园，每处篱笆，甚至一花一草，无不展示出人们倾注于土地上的巨大心血。例如，在横穿或紧靠田边的小路上，他们绝对不会让谷穗像英国那样延伸到路上任凭路人去采摘和践踏，而是到处都围上篱笆，每间隔大约一码就有一木桩，木桩间插满了高约两三英尺的树枝。如果你在傍晚留意花椰菜菜园或者卷心菜菜园，你就会发现每棵菜都浇了水。苏黎世周围遍布着大型菜园，园内的每棵菜都得到了最精心的照管。蔬菜的栽种体现出了数学的精确性，人们看不到一棵杂草、一块石子。他们不像我们那样将蔬菜的种子埋在土里就行了，而是将菜种在小坑内，每个坑内施一点粪肥，每天浇水。在播过种子的地方，上层土壤都被精心平整过；所有的灌木和花都捆扎在木桩上；在靠墙栽种果树的地方，也都把树藤绑扎在靠墙搭起的架子上；在那里，每一件事情都安排得妥妥帖帖。"②

---

① 在其另一本著作《新政治经济学原理》（*Nouveaux Principes d'Economie Politique*）的第三篇第3章中，西斯蒙第说："在几乎横穿整个瑞士以及法国、意大利和德国的几个省份时，我们从不需要询问某一块土地是属于自耕农的还是农场主的。若看到土地被耕种得很好，农民生活得很愉快，土地平整，便可断定，这是自耕农的土地。当然，暴虐的政府有可能破坏人们因为拥有地产而享有的安乐生活和表现出来的聪明才智，税收有可能夺走田地最好的产品，蛮横的政府官吏有可能扰乱农民的安宁；由于无力对付有权有势的邻居，人们有可能在心头埋下沮丧的种子，因此在重新归撒丁王统治的那个美丽地区，自耕农和打短工的人一样衣衫褴褛。"他在此处提到的萨瓦（Savoy）地区，那里的农民一般都是自耕农，可是根据可靠的报道，这些农民都极端困苦。但是，正如西斯蒙第先生接下来所说的，"只信奉政治经济学的原则是徒劳无益的，仅仅靠它不足以带来好处，不过至少可以减少弊害。"

② 参见英格利斯的《1830年的瑞士、法国南部和比利牛斯山区》（*Switzerland, the South of France, and the Pyrenees*, 1830），第一卷，第2章。

这位学者是这样描述高耸的阿尔卑斯山上的一个偏僻山谷的①：

“在整个恩加丁（Engadine）地区，土地归农民所有，和其他地区一样，这些农民所拥有的产业数量相差很大……一般来说，恩加丁的农民完全依靠土地产品生活，只有家庭所需要的少数几种物品，诸如产于其他地方的咖啡、糖和酒等是例外。每家每户都自己种植、梳整、纺织并且缝制亚麻衣物。他们还利用自家产的羊毛，不用经过工匠漂染和裁缝制作，就可以自己做成蓝上衣。可供耕种的土地面积已经无法再扩展了，勤劳而又善于精打细算的农民已经做了所能做的一切。在恩加丁，没有一寸荒地，尽管这里最低的地方也并不比斯诺登山（Snowdon）的峰顶低。凡是能长草的地方都种上了庄稼。任何一块能长草的岩石都是绿色的；凡是裸麦能够生长的地方无不种上了裸麦；大麦和燕麦也都有其适合生长的位置。并且，凡是能够收成一捧小麦的地方，耕作者都会见缝插针地种上小麦。恩加丁的穷人比欧洲任何一个农村的穷人都要少。在大约有六百居民的苏斯（Suss）村，所有人都过得富裕且舒适，没有一个人欠别人哪怕是一口粮食。”

尽管瑞士的农民整体上过得都很富足，但是还不能说在全国范围内贫穷已经绝迹。最大的也是最富有的伯尔尼（Berne）州便是一个典型。因为，虽然在当地自耕农居住的地区与其他地区一样，自耕农非常勤劳，生活也很富足，但由于《济贫法案》（实施《新济贫法》以前的英国除外）的实施和贯彻工作在整个欧洲落实得非常差，致使该区存在着人数众多的贫民。② 在某些其他方面，瑞士也不能作为说明自耕农制度所有优点的实例。瑞士各州都有关于当地土地和人口状况的统计资料，这些资料大都编制得认真科学，含有近期的详细数据。从这些资料可以看出，土地往往被分割得过细。在富庶的苏黎世州，自耕农负债之多，正如有的学者所指出的，“几乎达到了令人难以置信的地步”，以至“只有通过极端的勤劳、节俭、禁欲以及完全的商业自由，才有可能使他们真正直起腰来”。③ 到目前为止，从这些书中得出的一般结论是，自 19 世纪初以来，由于将贵族或者

① 参见英格利斯的《1830 年的瑞士、法国南部和比利牛斯山区》，1830，第一卷，第 8 章和第 10 章。

② 自从我在本书中写下这段文字以来，伯尔尼州在制定和实施《济贫法案》方面已发生了很大变化。不过我对于这些变化的细节尚不甚了解，故而无法在此对其多加评论。

③ 参见格罗尔德·迈尔·冯·克诺瑙（Gerold Meyer Von Knonau）的《瑞士历史地理统计图表》（*Historisch-geographisch-statistische*[*s*]），第一卷，《苏黎世州》（Gemälde der Schweiz），1834 年，第80～81 页。他还说，在苏黎世的某些村庄，所有土地均被抵押出去了。然而，不能因为债务总额很大，就说每一位自耕农都身受债务的牵连。例如，在沙夫豪森州（Canton of Schaffhausen），据说几乎全部土地都被抵押出去了，但是抵押额很少超过这些土地注册价值的一半［参见爱德华·埃默森的《瑞士历史地理统计图表》，第十二卷，《沙夫豪森州》（Der Kanton Schaffhausen），1840 年，第 52 页］，而且抵押贷款通常都是用于改良和扩大土地［参见普皮科费尔（Pupikofer）的《瑞士历史地理统计图表》，第十七卷，《图尔高州》（Der Kanton Thürgau），1837 年，第 209 页］。

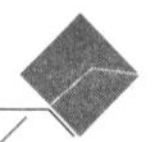

州政府所拥有的大量地产分给农民，致使农业的每一个部门以及自耕农的衣食住行都得到了显著而迅速的改进。一位对图尔高（Thürgau）州有过深入考察的学者甚至说，自从将封建地主的领地分给农民之后，非常普遍的情况显示，现在三分之一或者四分之一的土地所生产出的谷物和喂养的牲畜数量，就同以前全部土地所生产的谷物以及所喂养的牲畜数量一样。[①]

第三节　关于挪威自耕农制度的证词

挪威是自耕农制度最悠久且自耕农在总人口中所占比例最高的国家之一。莱恩（Laing）先生对该国的社会经济状况做出了令人颇感兴趣的描述，这表明他非常赞同小规模土地所有制。我引用了其中如下几段话。

“尽管这里的小土地所有者还算不上优秀的农民，但这不同于苏格兰，后者是由懒惰和不够努力造成的。在这些山沟与峡谷中所兴建的灌溉工程的规模，显示出一种奋进与协作精神（读者应该特别注意这一点），而苏格兰则丝毫没有这种精神。干草是牲畜冬季的主要饲料，但干草、谷物以及马铃薯很容易因浅土层以及因岩石反射十分强烈的阳光而枯萎，为此，人们竭尽全力地从峡谷的源头引水浇田。人们用木槽（将树干挖空而制成）从山丘间常年有水的溪流引水，一路穿过密林，跨越深谷，沿着陡峭的山崖前行，再在主槽上连接支槽将水引到每户的地头，最后再用活动的木槽将水源分配到每块田地上。而且，在这个季节，通过使用类似于漂染布匹的工匠所使用的戽斗和安置于每两个田埂之间的木槽成功地进行灌溉。若非亲眼所见，谁都不会相信用这种人工的装置能在短时间内灌溉面积如此之大的土地，主槽竟四通八达。我在一个峡谷中步行了十英里，发现两侧的山崖上都有木槽，而在其中的一侧，木槽沿着主要的山谷蜿蜒而下，竟长达四十英里。[②] 做这些工程的也许是技术拙劣的农民，但他们绝不是懒惰的，也绝不是对协作原则一窍不通的，他们愿意为了共同利益维护这种设施。毫无疑问，

① 参见普皮科费尔的《图尔高州》，第 72 页。

② 凯（Kay）先生在其著作《英国和欧洲人民的社会状况与教育》（*Social Condition and Education of the People in England and Europe*），第一卷，第 126 页中援引了赖欣施佩格（Reichensperger）在《农业问题》（*Die Agrafrage*）一书中所发表的观点：“在欧洲，以最完善的方式兴建范围最为广泛、耗资最为巨大的草场以及田地灌溉设施的地方，乃是那些土地经过细致划分且掌握在小型自耕农手中的地方。他列举了环绕巴伦西亚（Valencia）的平原，法国南部的几个地区，特别是沃克吕兹省（Vaucluse）和罗纳河口省（Bouches duRhône）的布依、伦巴第、托斯卡纳、锡耶纳区（districts of Sienna）、卢卡（Lucca）、贝加莫（Bergamo）、皮埃蒙特（Piedmont）以及德国的很多地方作为例证，说明在欧洲的这些地方，土地在小型自耕农中间都分得很细。在所有这些地方，都由小自耕农自行兴建并且维护着规模宏大、耗资巨大的大规模农田水利灌溉系统与设施。由此表明，他们通过联合可以完成需要巨额资本的工程。

在这些方面，他们要比我们苏格兰高地峡谷中的佃农村社（community of cottars）先进得多。他们感到自己是主人，可以从自己的劳动中获得成果。在那里，处于良好状态的道路和桥梁同样证明，拥有共同利益的当地居民使它们得到了维护，当地并不征收过路费。”①

关于自耕农制度总体上对欧洲大陆所产生的影响，莱恩将自己的观点表述如下②：

“如果我们听信大农场主、农学家和（英国）政治经济学家的言论，就会认为理想的农业耕作方法定会随着大农场的解体而消失。他们认为，除非用大资本经营大农场，否则不可能有理想的农业耕作方式。排水、施肥、经济合理地安排农活、除草、实行轮作、使用高档的农具，所有这些，只有动用大笔资本和雇用大量劳动力的大农场才能做到。这些话听上去是非常正确的，但是如果我们放下他们的书本而去看一下那里的田地，把大规模耕作最好的地区和小规模耕作最好的地区冷静地加以比较，那么我们就会发现这样一个不容置疑的事实，即在佛兰德、东弗里斯兰（East Friesland）、荷尔斯泰因（Holstein），简而言之，将欧洲大陆从松德海峡（the Sound）到加来（Calais）一线的全部可耕地，与地处相同纬度英国沿海一线相同质量的土地相比，前者收成要更好一些。在同等土壤和气候条件下，如果像佛兰德、荷兰、弗里斯兰与荷尔斯泰因的迪特马什（Ditmarsch）那样将小块土地划归农民所有，则人们的精耕细作会显著提高土地的产量。连我们的农学家们也无法否认，即使连贝里克郡（Berwickshire）、罗克斯巴勒郡（Roxburghshire）或者洛锡安（Lothians）的大农场主们，也不能像佛兰德的小农那样对土地进行花园式耕作，像他们那样认真地施肥、排水和除草，并且从贫瘠的小块土地上获得那么多的粮食。在苏格兰或者英格兰耕作得最好的教区内，土地浪费现象严重。例如，大农场的边角地过多，田间道路过宽（过宽是道路工程质量差造成的，反之，道路过宽又导致道路质量差），有许多被人遗忘的公用地、荒地以及杂树丛生的闲置地带。如果将这些土地归拢起来进行耕种，养活教区内的全部贫民绰绰有余。毋庸置疑，大农场只对条件最好的良田才投入大量的资本，而对需要花费较多的时间和劳动加以改良因而不可能迅速收回投资成本的土地则不屑一顾。不过，虽然靠雇用别人进行这种耕作是无利可图的，但是自耕农自己进行耕种则是有利可图的。自耕农最初并未考虑更高的条件，只是为了糊口而耕种土地。然而，几代人之后，土地变得肥沃了，价值增加了，于是他们的生活也就有了改善，甚至有能力采用非常先进的耕作方法了。佛兰德、伦巴第和瑞士的小型农户，都普遍采用了犁沟排水、夏季厩养、稀释肥料等耕作方法，而

① 参见莱恩的《挪威生活记事》(*Journal of a Residence in Norway*)，第36～37页。

② 参见《一位旅行家的笔记》(*Notes of a Traveller*)，第299页及以后各页。

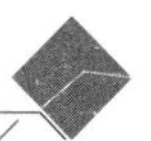

我们最先进的大农场也只不过刚刚开始采用这些方法。靠众多小农户的合作可以生产出最大量的奶酪①；为使财产免受水灾和火灾而提供保险；开展当代最先进和最昂贵的农业生产活动——甜菜糖的生产；通过小型耕作方式的精心管理，向欧洲市场供应亚麻和大麻；使国外最低阶层的家庭的餐桌上也摆满丰富的蔬菜、水果和家禽，而在我国，甚至中产阶级的餐桌也不会如此丰盛。这些丰富的供给实质上是与小农经济相关联的。所有这些都属于实行小自耕农制度的国家的特点，这使考察者在听到我国土地专家的宏论后要认真思忖一番，是否真的只有依靠雇用劳动和投入大量资本的大农场才能最大限度地提高土地的生产力，才能为一国居民提供大量的生活必需品和便利品。"②

第四节　关于德国自耕农制度的证词

在德国广泛实行自耕农制度的很多欣欣向荣的地区中，我选择帕拉蒂纳特（Palatinate）予以介绍，因为我所引用的有关该地区的农业与人口的资料，来自一位英国人近期所做的调查。著述家豪伊特（Howitt）先生习惯于从积极的一面来考察英国的一切事物和社会情况，而且他在论述莱茵地区的农业时，尽管毫不客气地指出当地的农民使用的工具粗笨、耕作方法落后，但他仍然指出，农民受到自己拥有土地所有权的喜悦心情的激励，通过提高劳动强度来弥补生产工具的不完善。"农民非常认真地耙地和除草，他们获得的收成也将是相当可观的。""农民是农村生活中的原住民，他们在这个国家中具有非常重要的地位，因为他们本身就是土地的所有者。事实上，这个国家的大部分土地都掌握在他们手里。农村土地是被分割成小块之后分配给农民的……这与我国农民的情况截然不同。在我国的大部分地区，土地的耕作者与土地的所有权是完全分离的，耕作是完全

① 瑞士农民共同出资合作生产奶酪的方式值得关注："瑞士的每个教区通常都从弗赖堡州（Freyburg）格吕耶尔（Gruyère）地区雇人进行放牧并且制作奶酪。平均每四十头奶牛需要雇用一位奶酪师傅、一位挤奶工和一位牧羊人。每头牛的主人记下牛奶的日产量。奶酪师傅及其助手负责挤牛奶、收集牛奶并且制作奶酪。每季度末，每头牛的主人将得到他那一份奶酪，重量与他的那一头牛的牛奶产量成比例。这种合作方式取代了小规模自给自足的生产方式，原先每个人只能加工三四头母牛的奶，现在他们则能够得到重量相同而质量却好得多的奶酪，因为这些奶酪是由专业人员做出来的。按照每头牛一定量的钱数或者奶酪数对奶酪师傅及其助手支付工资，有时他们也可以承租奶牛，付给牛主人钱或者奶酪。"参见《一位旅行家的笔记》，第 351 页。在法国的汝拉（Jura），人们采用了一种与此类似的生产方式。详见拉韦涅（Lavergne）的《法国的农村经济》（*Economie Rurale de la France*），第二版，第 139 页及以后各页。在劳动联合这一有趣的事例中，最引人关注的是对雇佣人员整体上的信任，而这种信任肯定需要得到实践的证明。

② 参见《德国的农村和家庭生活》（*Rural and Domestic Life of Germany*），第 27 页。

依靠别人所提供的劳动进行的，而在这里，农民本身就是土地的所有者。可能就是出于这一原因，他们成为可能是世界上最勤劳的农民。他们整日忙碌、起早贪黑，因为他们知道是在为自己劳动……德国的农民虽然进行着艰辛的劳动，但他们实际上并不穷困。他们每个人都有自己的住宅、果园和路边种植的果树，这些果树通常都是硕果累累，他们必须想办法对其进行支撑并加以保护，否则果实就会坠落到地上而摔裂；他们拥有自己的谷物地、用作饲料的甜菜地和大麻地等，他们就是自己的主人，他们与家庭的每一位成员都具有极大的劳动积极性。你可以看到超越世界其他地方的坚持不懈的勤劳与厉行节约在这里所产生的实际结果。诚然，德国人并不像英国人那样机敏，你从来都看不到他们在忙碌，或者打算在很短的时间内做很多工作……相反，他们总是慢吞吞地，但一直都在干着。他们日复一日、年复一年地埋头苦干——富有耐心，孜孜不倦，具有坚持不懈的精神。英国的农民已经毫无置产的观念，他们习惯于认为自己拥有土地是大地主的法规所不能容许的，因此他们灰心丧气、意志消沉……与此相反，德国的农民则把国家看成是为他和他的伙伴而存在的。他们拥有作为主人的感觉；他们与左邻右舍的利益都与国家的利益密切相关；只要他们积极肯干、厉行节约，任何人都无法用将他们放逐或者送入济贫院来威胁他们。因此，他们挺着腰杆走路，他们以自由而自尊的神情面对别人。”①

谈到他们的勤劳，这位学者进一步描述说：“他们每时每刻都不会使自己闲下来。即使在最冷的冬季，只要气候允许进行户外活动，他们就总能找到要干的活。当大地还处于冰封状态时，他们就向地里运肥。大地一解冻，他们就忙着清理沟渠，修剪老朽的或不结果的树枝。那些缺柴烧的穷人则不辞辛劳去深山老林里砍柴。英国的普通老百姓如果看到德国人如此卖力地砍柴，一定会觉得惊讶。在大雪封山的日子里，如果你能够到山上和林间去，你就会看到他们在劈树桩、砍树枝，并且想方设法（只要林业管理人员允许）将木柴收集起来运回家，他们吃苦耐劳的精神简直令人难以置信。”② 在对德国农民是如何细心和吃力地栽培葡萄进行生动的描述之后，他接着说③：“英国有大片的牧场和大农场，在牧草收割、粮食入仓以后，农村就会处于一种比较悠闲和宁静的状态。但在德国，随时随地都可以看到辛勤劳作的人们，锄地、栽种、修剪、除草或者采摘。他们像一位不断向市场提供各种农产品的种菜人。他们自己种植胡萝卜、罂粟科植物、大麻、亚麻、驴喜豆、苜蓿、油菜、芸苔、甘蓝、芜菁甘蓝、黑芜菁、瑞典芜菁和白芜菁、起绒草、洋蓟、饲料用甜菜、欧洲防风、菜豆、蚕豆、豌豆、巢菜、

① 参见《德国的农村和家庭生活》，第 40 页

② 参见《德国的农村和家庭生活》，第 44 页。

③ 《德国的农村和家庭生活》，第 50 页。

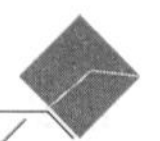

玉米、荞麦、茜草、马铃薯以及产量很高的烟草和小米。上述所有这些或绝大部分都种在自家的土地上，由自家人照管。为此，他们首先需要播种，其中很多还需要移植，然后需要锄地、除草、灭虫、剪枝，并且对各种农作物要相继进行收割和采摘。他们拥有自己的浇灌草场，几乎所有的草场都需要适时浇灌，然后收割牧草，再进行浇灌；他们需要重新疏通和更新水渠；他们需要将新鲜的蔬菜和水果运往市场；他们需要饲养他们的牛、羊、马（其中大都实行圈养）和家禽；他们还需要在炎炎夏日下修剪过于繁茂的葡萄树的枝杈。不难想象，这是一幅多么繁忙的景象啊！”

这种引人入胜的描述是真实的，任何一位到过这个耕作发达、人口稠密的地区的具有敏锐观察力的游客都能证明。旅居当地的著名教授劳在其论述帕拉蒂纳特的农业的著作①中对此做了更加详细的叙述，同时也完全证实了这一点。劳教授不但证实了当地的农民很勤劳，而且证实了他们有较高的技能和智慧；他们的施肥方法非常合理，轮作制度也很科学；他们的农业在过去几代有了长足的进步，如今他们仍精神饱满地做进一步的改进。“这些乡下人坚持不懈的性格与他们积极上进的心态一样有名，他们成年累月地忙个不停，从不停歇。由于他们非常善于安排工作，所以把适合工作的任何短暂的时间都合理地加以利用。他们善于利用每一次机会，努力掌握有用的新事物和寻找有利的新方法。这种热情是很值得称赞的。他们对自己的工作有着长远打算，他们总能为自己的工作计划提出理由，尽管这些理由并非总是站得住脚的。他们很像大部分阅历丰富的观察员，不必靠计算而仅凭感觉就可以进行谋划。他们善于捕捉可以预示他们可能获益或者受损的种种迹象。”②

德国其他地方的情况也与此类似。凯先生说：“众所周知，在萨克森（Saxony），自农民成为自耕农以来，他们的居住条件、衣着打扮、生活方式，尤其是土地的耕作，在最近的三十年间都有了迅速而又持续的发展。我曾经以考察风土人情为目的，在一位德国导游的陪伴下，先后两次游历了被人们称为“撒克逊的瑞士”（Saxon Switzerland）地区（在萨克森）。为此，我有十足把握断言，与萨克森的耕作相比，欧洲任何其他地方的农业耕作都要稍逊一筹。那里的农场与伯尔尼州、沃德州（Vaud）、苏黎世州以及莱茵河流域的各地区的农场一样，呈现出一片兴旺景象。它们状态良好，得到精心照管。田地就像一座大庭园，土地整洁，没有树丛或者灌木蔓延，也几乎看不到一棵多余的灯芯草、蓟草或其他杂草。每年春天，人们都用从庭园里排出的积水连同液态肥料一起浇灌草场，草场

---

① 参见卡尔·劳的《论帕拉蒂纳特特别是海德尔堡地区的农业》（*Ueber die Landwirthschaft der Rheinpfalz, und insbesondere in der Heidelberger Gegend*），海德尔堡，1830年。

② 参见《德国的农村和家庭生活》，第15～16页。

之中毫无杂草，这给我留下了深刻的印象，我在英国见到的任何一块草场都无法与之相比。农民在产品的数量和质量、在平整土地和基本耕作的各个方面相互竞争。所有的小自耕农都急切寻找提高产量的耕作方法，他们一心希望跟上农业改进的步伐；他们将自己的子女送去农业学校读书，以便将来他们能够在工作中帮助自己；同时，他们会迅速地效仿左邻右舍所采用的每一项新的改进方法。”①如果这些描述没有言过其实，那么他们的智力不仅超过了英国的农民，而且胜过了英国的农场主。

凯先生1850年出版的著作，包含作者在欧洲很多地方进行考察与调研所获取的大量事实，以及许多著名学者的相关证词，他们都断言自耕农制度具有显著优势。我从他所引用的有关自耕农制度对于农业的影响的证词中摘取了以下这些内容。

“作为普鲁士居民的赖欣施佩格，他居住的地方的土地就被分割得很细。为了说明土地自由保有制度的重大作用，他出版了一部篇幅很长、叙述详尽的著作。他非常确信，小农或自耕农耕作的土地，与少数大地主所拥有的由佃农耕作的土地相比，不仅土地的总产量高，而且扣除全部耕作成本之后的净产量也更高……他列举事实证明，在小块土地所有制占主导地位的农村，土地的肥力一定会迅速提高。他说，普鲁士莱茵河流域中各地区的小块土地的价格要比大块土地的价格高得多，并且地价上涨的速度也快得多。他与劳教授都指出，如果小块地产的生产能力至少没有以与地价相同的比例提高，那么以这种方式上涨的小块地产的价格必将使最后的买主破产。然而，尽管小自耕农在购买土地时所支付的地产价格在日益上涨，但是他们却变得越来越富有。这种情况可以说明，小块地产的总利润和纯利润都在相应地增加，而且当土地由小自耕农耕种时，土地的纯利润也比由大农场主耕种的土地利润更高一些，他的这种看法显然是正确的。他还说，小地产价格的提高不可能仅仅是竞争的结果，因为如果只是这样的话，那么小自耕农的利润和富裕程度就会有所下降，可是这样的结果并未因地价的提高而出现。

“阿尔布雷克特·撒尔（Albrecht Thaer），另一位研究各种农业制度的德国著名学者，在其最新的著作《合理的农业原理》（*Grundsätze der rationellen Landwirthschaft*）中表示，他坚决相信由小自耕农耕种的土地的净产量要高于由大地主或他的佃农耕种的土地……撒尔先生的这种观点更加值得重视，因为他在年轻的时候曾极力支持英国的大地主和大型农场制度。”

---

① 参见约瑟夫·凯（其为文学硕士、高等法庭法律顾问以及剑桥大学的走读学士）所著的《英国和欧洲人民的社会状况与教育：显示外国的小学教育与地产分割的成果》（*The Social Condition and Education of the People in England and Europe; Showing the Results of the Primary Schools, and of the Division of Landed Property in Foreign Countries*），第一卷，第138～140页。

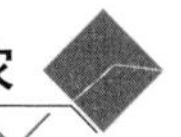

凯先生基于个人的观察补充道："在我曾经目睹的任何国家的耕作方式中，普鲁士、萨克森、荷兰和瑞士的自耕农制度，是我见过的国家的耕作方式中最为完善也最为经济的一种。"①

第五节　关于比利时自耕农制度的证词

不过，比利时的情况可以成为反对英国对自耕农偏见的最具说服力的实例，因为原来比利时的土地是欧洲最贫瘠的土地之一。麦克库洛赫先生说②："西佛兰德、东佛兰德和埃诺各省的大片平原物产丰富，这完全是农民坚持不懈、努力耕耘的结果。因为当地的天然土壤几乎完全是寸草不生的，而现在土地十分肥沃，这完全是无比精心的管理和及时施加各种肥料的结果。"在实学推广社（Society of the Diffusion of Useful Knowledge）出版的农民系列丛书中，有一部经过精心编写、内容丰富的著作——《佛兰德的农业》（*Flemish Husbandry*）。作者是这样描述的③：佛兰德的农民"似乎只要有一块可耕种的土地就什么也不缺了，不论土壤的质地如何，他们总能让它生长出某种农作物。坎平(Campine)地区的沙地与海滨沙地类似，很可能它原来就是这样的沙地。一步一步地跟踪人们改良这种土地的过程是十分有趣的。在这里你可以看到，一座座农舍和简陋的牛棚建立在了这片不毛之地上：松散的白沙被风吹成了一些高低不平的沙丘，只能依靠灌木丛的根须聚拢在一起，但却有很小的一片土地经过平整并且四周挖有沟渠，这片土地的一部分还被新生的金雀花覆盖着，另一部分则种着马铃薯，也许还能够看到一小片矮小的三叶草"。不过，不论是固态的还是液态的肥料都被精心收集起来了，"而这一点是关键，过不了几年，在其周围就会出现一个个初具规模的小农场……如果没有可用的肥料，则起先只能在纯粹的沙地上种金雀花，这种植物在最为贫瘠的土地上也能生长，三年后即可收割，作为柴火成捆地卖给面包铺和砖瓦厂以获取若干收益。它的落叶可以略微提高土壤的肥力，它的根须则能够增强土壤的密度。现在，这块土地已经可以进行耕种了，而且无须施肥就可以种植荞麦甚至黑麦。到了荞麦或者黑麦收获的时候，人们很可能已经积攒了足够的肥料并可以正式耕种了。一旦种植的三叶草和马铃薯使农民可以饲养奶牛并且积攒肥料，则土地改良就会加快进行，过不了几年，土壤就会发生质的

---

① 参见约瑟夫·凯（其为文学硕士、高等法庭法律顾问以及剑桥大学的走读学士）所著的《英国和欧洲人民的社会状况与教育：显示外国的小学教育与地产分割的成果》，第一卷，第116～118页。

② 参见《地理学词典》(*Geographical Dictionary*)的"比利时"词条。

③ 参见《佛兰德的农业》，第11～14页。

变化：它会变得松软湿润，并且因为获得了三叶草和其他作物根块分解出来的植物质而肥沃起来……在对土地进行逐步改良以及正常耕种之后，人们就难以分辨出原先的天然好地和靠辛勤劳动加以改良的土地，至少二者的收成与其他各国土质不同的土地的收成更为接近。这是说明佛兰德的耕作制度具有优越性的一大证据。因为它表明土地可以不断地进行改良，而且土地肥力的不足可以通过精耕细作与合理施肥，特别是后者来弥补”。

在这种小块地产或小农场上进行精耕细作的人们，由于他们是为自己劳动的，因此，数个世纪以来就采用了农作物轮作与合理施肥的耕种方式，而这一切在英国均被视为近代的新发现。因此，即使在今天，权威人士也认为，他们的农业总体上优于英国的农业。上述作者最后总结道①：“佛兰德最贫瘠的或者中等土地的收成，通常优于英国现代化农场中同类土地的收成。在资本的投入、各种农具的应用以及牛羊的选育和饲养方面，我们都远胜佛兰德的农民。”不过这位作者认为②，他们“在奶牛的饲养方面远远领先于我们”，“而且，英国农民的受教育程度一般也高于佛兰德的农民。但是，在改良土壤方面，在各种肥料的施用方面，在实行作物轮种方面，特别是在节省土地、使其任何部分都经常处于生产状态方面，我们仍然需要向佛兰德的农民学习”。并且，不是向各个地方有教养、有事业心的那些佛兰德农民学习其独特的做法，而是学习佛兰德农民的一般做法。

这个国家的很多农业发达地区均实行自耕农制度，土地由所有者自行经营，但全部或者部分土地一直是靠他们用铁锹进行人工耕种的。③“如果土地完全依靠铁锹耕种，则无须养马，而是每三英亩土地饲养一头奶牛，用人工种植的牧草和作物的根茎作为饲料去喂养。这种耕作方式主要在地产规模很小的瓦埃斯地区实行。各位家庭成员承担所有的劳动”。子女很快就开始“按照他们的年龄和体力，帮忙干各种比较轻松的农活，诸如除草、锄地、喂牛。如果他们能够生产出足够自己烤制面包的黑麦和小麦，并且能够生产出足够的供奶牛食用的马铃薯、芜菁、胡萝卜和三叶草，那么他们的生活就可以过得很好；同时，他们出售自己生产的油菜籽、亚麻、大麻、黄油所获得的收益，扣除购买肥料的支出（这笔支出的金额一般都相当大）之后，还可以带给他们相当不错的利润。假设土地的总面积为 6 英亩，则对于农户占用的土地面积而言，这种情况是很平常的，这也是一名男子所能管理的”。于是（作者对耕作的情况做了描述之后指出），“如果一名男子与他的妻子和 3 个年轻的孩子加起来的劳动力相当于 3 个半成年男子，则这个家庭每年将需要 39 蒲式耳粮食、49 蒲式耳马铃薯、1 头肥猪以及 1 头奶牛

① 参见《佛兰德的农业》，第 3 页。

② 参见《佛兰德的农业》，第 13 页。

③ 参见《佛兰德的农业》，第 73 页及以后各页。

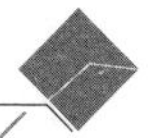

供给的黄油和牛奶。而1.5英亩的土地将用于生产他们所需要的粮食和马铃薯，还可以将其中的一些玉米用来饲养这头猪（还可以用制造黄油的下脚料喂猪）。另外，还需要1英亩的土地用于种植三叶草、胡萝卜、马铃薯和倒茬萝卜，它们可以用于饲养奶牛但仍绰绰有余。于是，2.5英亩的土地就足以供养这个家庭，另外3.5英亩土地的产品可以用于出售，并将其所得用来支付地租或者支付购买土地的借款利息，也可以用于重置磨损的农具，或者用于购买肥料和全家人的衣物。但是，将这3.5英亩土地用于种植大麻、亚麻和芸苔等植物则最为有利可图；或者，也可以将其中的1英亩土地用于种植三叶草和根块植物，还可以增加养1头奶牛，并将其产品出售。因此，对于一个家庭如何靠6英亩中等土地生活并且致富的问题，我们就已经得到了答案”。通过计算说明一个家庭无须雇用劳工就能以最完善的方式耕种这么多土地之后，这位学者接着说：“在一个完全靠铁锹耕种且拥有10英亩土地的农场中，如果这一家庭再增加男、女各一名成员，则所有的工作更便于进行；如果再增加一匹马和一辆马车用于运出肥料和运回产品，有时还可驭马耙地，那么这一家庭就能够耕种15英亩了……于是，我们就可以理解。”（这是通过详细分析和计算得出的结果。①）“一名仅有一小笔资本和15英亩状况良好土地的勤劳的男子，依靠铁锹进行耕作，不仅可以维持个人生计，养活一家人，缴纳一定数量的地租，而且还可以在其一生中积攒一大笔钱。”但是，他为做到这一切所付出的艰辛劳动，很大一部分并不是花费在纯粹的耕作上，而是消耗在为能在遥远的未来获取报酬而对土地本身所进行的改良上。难道这种辛劳与不付地租没有任何关系吗？如果没有事实上的永佃权或者事先的承诺，或者如果不能确定在租入的土地上辛勤劳动和厉行节约日后就能成为自耕农的话，那么这种辛劳有可能存在吗？

至于他们的生活方式，“佛兰德的农场主和劳动者的生活则比英国同一阶层的人节俭得多，除了星期天和收获期之外，他们很少吃肉。脱脂牛奶、马铃薯和黑面包是他们的日常食物”。那些前往欧洲走马观花的旅行者们往往据此断言，欧洲大陆任何国家的农民都过着贫困潦倒的生活，它们的农业制度和社会制度都是失败的，只有英国的制度才能使劳动者幸福。实际的情况是，不论英国的制度是否真能使劳动者幸福，其劳动者在这一制度下确实永远无法试图过得更好。英国的劳动者实在难以理解一个劳动者不花光其所挣到的全部收入的这种行为，因而，他们习惯于将厉行节约的习惯误认为是贫穷的表现。为此，我们不妨了解一下对这种现象的正确解释。

“于是，他们逐渐积攒起资本，他们最大的抱负就是自己拥有土地。他们急

---

① 参见《佛兰德的农业》，第81页。

切地抓住每一次购买小农场的机会，同时土地的价格由于竞争而大大提高，因此，土地带来的收益几乎不超过购买土地款项的2%的利息。大地产逐步消失，土地被分割成小块，并以高昂的价格出售。但是，国民财富和产业却不断增加，它们分散于民众之中，而不是积聚在几个人的手中。”

这样的事实众所周知也很容易理解。但是，令人大惑不解的是，有些人非但不以佛兰德的实例来推荐自耕农制度，相反，却认为它是对自耕农制度的一种警告，其理由只是一种臆想的人口过剩，这种臆想是从布拉邦特（Brabant）和东佛兰德的农民在发生饥荒的1846—1847年间陷入贫困时的事实中推断出来的。我引用一位了解这方面情况的学者的证词，虽然他未以任何经济理论作为依据，但是却表明这种贫困无论严重到什么程度，都不是因为这些小农在任何正常情况下无法充分满足他们所供养的所有人的需要而造成的，而是由这些人耕种自己所拥有的土地以及生产自己所需要的粮食这一基本状况决定的。也就是说，必须由他们自行承担收成的好坏所带来的一切后果，而不能像大农场主那样可以将部分灾难转嫁到消费者身上。如果我们回忆一下1846年的收成——粮食部分歉收，马铃薯几乎绝收，在这样一次罕见的灾难中，6英亩土地的产出（其中还有一半的土地用于种植大麻、亚麻或者油菜）不足以供应全家人一年的口粮就不足为怪了。不过，我们不应该将佛兰德不幸的农民与耕种几百英亩土地的英国资本家相比较。如果这个农民是一个英国人，他也不是那个资本家，而是资本家的一个雇佣劳动者。那么在歉收的年月里，打工者的生活就不会困苦吗？难道没有人了解当年在所有拥有小自耕农与农场主的国家里所发生的情况吗？我认为，没有理由可以相信，在歉收程度相同的情况下，比利时一定会比其他国家更为贫穷。①

第六节　关于英法海峡群岛自耕农制度的证词

英法海峡群岛自耕农制度具有优越性的证据十分具有说服力，在已经做了大量上述引用的情况下，我还要再增加引用有关这些岛屿经济状况的描述，这些描述是由一位著述家通过个人观察并对他人提供的资料进行深入研究之后做出的。

① 人们后期议论的有关比利时的贫困，不论这种贫困是否具有永久性，似乎只限于本身从事工业生产或者从事与农业生产相关的工业生产的那一部分人，并且是由对比利时工业品的需求减少造成的。除去前面我们已经引用的有关德国、瑞士和比利时情况的证词之外，还可以援引尼布尔（Niebuhr）有关罗马坎帕尼亚（Campagna）的证词。他在发自蒂沃里（Tivoli）的一封信中这样写道：“凡是拥有世袭的农场主或小自耕农的地方，都具有一种勤劳和诚实的精神。我相信，如果有人愿意将其所拥有的大块地产分割成可以由自耕农保有的小地产，那么山区的抢劫行为就一定会绝迹。”参见《有关尼布尔的生活与信件》(*Life and Letters of Niebuhr*)，第二卷，第149页。

威廉·托马斯·桑顿（William Thomas Thornton）先生在其著作《为自耕农申辩》（*Plea for Peasant Proprietors*）一书（该书在选材和写作技巧方面颇具特色，应当视为该问题的标志性著作）中做了如下说明："从如此狭小的地区运送这么多的产品到市场上去，这在英国也不多见。这件事本身就可以证明，这些耕作者在很大程度上已经摆脱了贫困，因为作为他们自己生产的产品的完全拥有者，他们当然仅出售自己不需要的那一部分。无论如何，对任何观察者来说，当地人对自己的生活相当满意这一点是显而易见的。希尔（Hill）先生说：'我发现根西岛（Guernsey）是我过去接触过的生活最幸福的地方。'乔治·黑德（George Head）爵士说：'无论旅行者走到什么地方，都可以感受到那里的舒适生活。'英国游客第一次徒步或者乘车越过圣彼得港的边界时，都会对迎面而来的民宅林立的小岛风光感到意外，其中有许多民宅类似于他们自己国家中的中层阶级的民宅，不过，他们很难猜出居住在那些民宅中的究竟是哪一类人，虽然这些民宅对于农场主来说并不够大，但是对于打工的劳动者来说，无论从哪个方面来看都过于完美……事实上，全岛除少数渔民的小屋外，任何民宅都不像英国农场劳动者的普通住宅那样简陋……卸任不久的根西岛行政长官德·莱尔·布罗克（De L'Isle Brock）先生说：'打量一下英国农民的茅舍，并拿他们的与我们这里的农民的房舍相比较。'……乞丐完全看不到了……贫民，至少他们的身体是健康的，这几乎同乞丐一样罕见。储蓄银行的账目也证明，根西岛劳动人民的生活一般都很富足。1841 年，英国本土大约 1 500 万的人口中，拥有存款的人数不到 70 万，即平均每 20 人中有 1 人有存款，平均存款额仅为 30 英镑；在同一年，根西岛 2.6 万的人口中，有存款人数为 1 920 人，平均存款额为 40 英镑。"① 有关泽西岛（Jersey）与奥尔德奈岛（Alderney）的证词所说明的情况与此也基本类似。

桑顿先生就英法海峡群岛小自耕农经济的效率和生产能力给出了大量证据。他将有关情况总结如下："由此可知，在英法海峡群岛的两个主要岛屿上，农业人口的密度与不列颠相比，一个是其两倍，另一个则是其三倍。在不列颠，每 22 英亩的耕地仅有一个耕作者，而在泽西岛，每 11 英亩的耕地仅有一个耕种者，但在根西岛，平均每 7 英亩土地就有一个耕种者。目前，这些岛屿的农业除了供养耕作者之外，还要分别供养其密度相当于大不列颠 4 倍和 5 倍的非农业人口。这种差别并不是由海峡群岛的土壤肥沃或者气候良好造成的，因为与英国南部相比，泽西岛的自然条件要更为恶劣，根西岛的自然条件也并不好。这种差别完全是农场主们精心管理以及大量施肥的结果。"② 他在另一处又说③："1837

① 参见威廉·托马斯·桑顿的《为自耕农申辩》，第 99～104 页。

② 参见威廉·托马斯·桑顿的《为自耕农申辩》，第 38 页。

③ 参见威廉·托马斯·桑顿的《为自耕农申辩》，第 9 页。

年，英格兰大农场中小麦的平均产量仅为21蒲式耳，而且任何一郡的最高平均产量也不超过26蒲式耳。从那时起，全英格兰的最高平均产量为30蒲式耳。在岛上平均土地面积只有16英亩的泽西岛，依据英格利斯先生的记述，1834年每英亩土地的小麦平均产量为36蒲式耳，但是官方给出的数字表明，在1829—1833年这5年期间，其平均产量为40蒲式耳。根据英格利斯先生的说法，岛上农场土地平均面积更小的根西岛，平均产量达到每英亩32蒲式耳就可以算是好收成了，不过，这种年景是很常见的。在英格兰，人们认为每英亩缴纳30先令的租金对于中等条件的土地来说是相当合理的①，而在英法海峡群岛，除贫瘠的土地外，每英亩土地的租金至少是4英镑。”

第七节　关于法国自耕农制度的证词

有关自耕农制度不好的印象通常源于法国。人们常认为，法国本来有可能在最恶劣的农业条件下借助自耕农制度取得良好的成果，但是由于土地的细分，法国正在迅速丧失这些成果。如果不是已经丧失这些成果并使农民处于饥饿边缘，实在难以说明如此背离事实的印象为何会广泛存在。在大革命以前，法国的农业极其凋敝，农民异常贫困。那时他们并不像现在这样普遍拥有土地。然而，的确有不少地方的大部分土地均为农民的财产，这对于法国惨淡的农业和普遍贫穷的农民来说，已经是极其引人注目的例外。在这个问题上无可争议的一位学者是阿瑟·扬（Arthur Young）——小农场制度的坚决反对者、现代英国农业学派的领军人物，他曾经在1787年、1788年和1789年几乎走遍了整个法国。当他看到非常突出的耕作业绩时，毫不犹豫地认为它是自耕农制度的产物。他说②：“离开了索沃（Sauve），我意外地看到一大片土地，地里除了巨大的岩石以外似乎什么也没有，然而其中的一大部分土地已经被围住并种上了农作物，也给予了辛勤的照料。每家每户都种下一些橄榄树、桑树、杏树或者桃树，并且在这些树之间栽种了葡萄树，因此可以设想整个地面被零零散散地混杂在一起的植物与凸出的岩石所覆盖着的景象。这个村庄居民的勤劳应当得到奖励，如果我是法国部长，我就会嘉奖他们。他们会迅速地把自己周围的荒山野岭改造成园林。这些勤劳的农民之所以能够化山石为沃土，我认为是因为这些东西属于他们自己。如果他们受到同样一种万能法则的激励，他们也会化腐朽为神奇。”他又说③：“在罗森达尔

① 参见威廉·托马斯·桑顿的《为自耕农申辩》，第32页。
② 参见阿瑟·扬的《法国游记》，第一卷，第50页。
③ 参见阿瑟·扬的《法国游记》，第一卷，第88页。

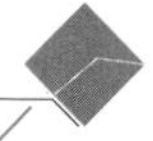

(Rossendal，位于敦刻尔克附近)，勒·布伦（Le Brun）先生很有礼貌地带我参观了经他改良的沙丘。在当地与市镇之间，整齐地排列着许多小巧的房屋，每座房屋都带有果园和一两块用篱笆围着的田地，这些地方当初都被色白如雪的沙土所覆盖，如今则在人们勤劳的双手下得到了改良。私有财产的魔力真的可以点石成金。”他还说[①]：“走出甘奇（Gange)，我惊讶地看到人们在灌溉方面所做出的巨大努力，那是迄今为止法国给我留下的最为深刻的印象。之后，我又翻越遍布梯田的崇山峻岭。在圣劳伦斯，有很多土地得到了灌溉。这种景象令农民心生向往。从甘奇乘车去往崎岖不平的山区的过程，是我在法国最赏心悦目的一段旅程，到处有热火朝天的劳动和欣欣向荣的景象。这里充满着一种活力，它具有冲破前进道路上一切艰难险阻的无比力量，它使岩石披上了绿装。对于稍有常识的人，其答案显而易见，即人们享有所有权。将一片只有石头的土地给予某人，并保证其所有权，他将会把这片荒地变成一片菜园；给予他占有一片菜园 9 年的期限，他将会使这片菜园变成一片沙漠。”

在对西比利牛斯山的山麓地区所做的描述中，阿瑟·扬不再谈他所推测的，而只谈他所见到的。“启程前往莫内尼（Moneng)[②]，不久就看到了一处我在法国未曾见过的景象，我简直不敢相信自己的眼睛。这里矗立着一排排用石块砌成、砖瓦覆盖的坚固而舒适的农家小屋，每一家都有一小片果园，用修剪齐整的蒺藜篱笆围着，园中种有许多桃树和别的果树，篱笆中间三三两两地长着若干漂亮的小栎树，它们都得到了非常细心的照料。显然，只有果园的主人才可能做到如此认真。每家都有一片用草皮围住的农田，围栏之间有门可通。在英国也有一些地方（那里还有自耕农）很像贝尔恩（Béarn）的农村，但是难以与我从波城(Pau）乘车前往莫内尼的 12 英里路途中所见到的景象相媲美。那里的一切都归小型自耕农所有，农场并没有小到会使居民过着贫困和悲惨的生活。四处整洁，充满着温暖与舒适的气息，这从他们新建的房屋与马厩、精心照料的果园、篱笆、门前的空地甚至从他们的鸡笼和猪圈中都可以看出。如果一位农民的幸福生活受到一份以九年为期的租约的限制，他是不会让他的猪过得舒服一些的。现在我们来到贝尔恩，它离亨利四世的出生地只有几英里。当地的农民是否继续享有这位明君的恩赐呢？看来他温和高尚的品质仍在支配着这个地方，农民们都生活得很安乐。”他一再强调法属佛兰德农业的优势。那里的农场“都很小，但是大都归小自耕农所有”[③]。在马槽乡（Pays de Caux）的农村也实行了小自耕农制度，但是那里的农业却很糟糕。他在对比两个地区的两种情况后对此做出的解释

① 参见阿瑟·扬的《法国游记》，第一卷，第 51 页。

② 参见阿瑟·扬的《法国游记》，第一卷，第 56 页。

③ 参见阿瑟·扬的《法国游记》，第一卷，第 322～324 页。

是，它“是一个以工业生产为主的地区，对遍布全区的棉纺织业来说，农业耕作只是一种副业”[1]。现今这一地区仍然以制造业为主，小自耕农依旧很多，但不论是从庄稼的长势还是从官方的统计数据来看，这里都是法国农业最为发达的地区之一。“在佛兰德、阿尔萨斯（Alsace）和阿图瓦（Artois）的部分地区以及加龙河（the Garonne）沿岸，法国的农业都不亚于我们。”[2] 在这些地方以及奎尔西（Quercy）的大部分地区，“土地被耕作得像花园而不像农田。也许从地块狭小这一点看，它们太像花园了”。[3] 在这些地方，普遍实行有效的轮作制度，这种制度在意大利早已实行，不过当时在法国并未引人注目。“一种农作物收获之后马上播种另一种农作物的快速轮作制度”（所有的考察人员在莱茵河谷都可以看到与此相同的情况），“很难做到完美无缺，而且这一点对于所有想要实现良好耕作的其他地方的农业生产来说，也许是至关重要的问题。正如我们在这些省份所看到的农作物普遍地得到合理分布一样，在种植会造成耕地污染、肥力下降的农作物之前，需要先行种植可以净化和改善耕地质量的农作物”。

然而，一定不能认为阿瑟·扬在自耕农问题上的证词自始至终都肯定自耕农制度。在洛林（Lorraine）、香槟（Champagne）和其他地区，他发现农业生产的状况很糟，小自耕农的生活很贫困，他认定这是土地分得过细的结果。他将自己的观点概括如下[4]：“我在这次旅行之前曾经认为，搞好小农场的耕作是很容易的，占有这些农场的人无须支付地租，这就足以使他们有条件进行土地改良，并且积极努力地进行耕作，但是我在法国看到的情况，却大大地改变了我对自耕农制度最初的美好设想。在佛兰德，我看到 30～100 英亩的土地的耕作情况很好，却几乎看不到那种在其他地方十分普遍的小地产。在阿尔萨斯和加龙河沿岸，土壤肥沃得几乎无须投入更多的人力，某些小地产就能耕作得很好。在贝尔恩，我穿过了一个小农较多的地区，其整洁、安宁与舒适的景象使我印象深刻，这一切只有靠小地产才能实现。不过，这种小地产绝不是无足轻重的，根据我从房屋之间的距离来看，这些土地的面积应该为 40～80 英亩。不算这种情况以及其他个别情况，我实在看不出小地产除了能使其所有者坚持不懈地辛勤劳作之外，还有什么值得称赞的其他地方。的确，有必要对读者强调一点，虽然我见过的许多小自耕农的耕作糟糕到了令人难以想象的地步，但是土地所有者的辛勤劳作极其显著，富有成效，对此无论怎样赞扬都不过分。这种情况足以证明，在所有因素中，土地所有权是激励人们坚持不懈地进行艰苦劳动的最大动力。这一真理的威

① 参见阿瑟·扬的《法国游记》，第一卷，第 325 页。
② 参见阿瑟·扬的《法国游记》，第一卷，第 357 页。
③ 参见阿瑟·扬的《法国游记》，第一卷，第 364 页。
④ 参见阿瑟·扬的《法国游记》，第一卷，第 412 页。

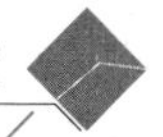

力是如此巨大，适用性是如此广泛，以至我不知道若要想劝附近的村民到山上去开荒种地，除了承诺他们可以获得那里土地的所有权之外，还能有什么别的办法。事实上，在朗格多克（Languedoc）山区以及其他地方，我都看到了村民背着装有泥土的竹筐改造不毛之地的情况。”

因此，我们不妨将这位农学家和大规模土地耕作制度的鼓吹者的经验理解为，如果由自耕农耕种的小块土地的面积不是小到无法使每一个家庭的时间和精力都得到充分利用的地步，则自耕农制度就会产生很好的效果。因为他经常强调的理由是，尽管农民们怀着很大的热情运用他们的知识与智慧所能想到的一切办法去改良他们那块家传的小地产，但是如果这块土地的面积太小，他们仍有大量的空闲时间。为此，他建议制定法律来规定土地细分的限度。在某些农村，土地的分割已经超出资本的状况和主要农作物的性质所允许的限度，但分割仍在继续进行。在这种情况下，他的这种主张对这样的农村来说是合乎情理的。如果分给每个农民的土地（即使他拥有全部产权）小到无法使他过上舒适的生活，那么这种制度将具有小自耕农制度的全部弊端而几乎没有任何好处。因为在这种情况下，农民或者必须依靠自己的土地产品过贫困的生活，或者像没有土地时那样经常受雇于人，靠打工的工资生活。不过，如果附近所有农场的土地面积差不多，则他们被雇用的希望就十分渺茫了。由此可见，自耕农制度的优越性在土地不会分得过细的条件下才能得以体现，即需要这些土地供养的人数同这些土地所生产的产品成比例。这一问题与大多数有关劳动阶级生活状况的问题一样，也被归结为人口问题。那么，小自耕农制度到底是刺激了人口的过度增长，还是抑制了人口的过度增长呢？

第七章　续论自耕农

第一节　自耕农制度对劳动积极性的促进作用

在考察自耕农制度对劳动阶级最终的经济利益（这种最终的经济利益由人口的增长决定）的影响之前，我们先关注一下土地制度对道德和社会所产生的影响，这一点可以说已经由上一章摘引的情况分析或相关事实以及权威人士的观点所证实。

新接触这一问题的读者一定会因为我提到的全部证据而产生深刻的印象。一位瑞士统计学家认为自耕农“几乎超出了常人的勤劳”。[①] 至少在这一点上，权威人士是一致同意的。那些只见过一个自耕农地区的人，总认为当地居民是世界上最勤劳的。观察者基本同意这种非凡的勤劳与自耕农身份特点有关。这是“私有财产的魔力”，用阿瑟·扬的话说，就是“点石成金”。但这种私有财产激励观并不一定意味着该制度下没有地租，更不意味着没有税收，它仅仅意味着地租的费用是固定的，不容易因土地拥有者的改进或地主的意愿而增加。免予缴纳地租的佃户实质上就是地主，注册登记保有地产者与自由保有地产者皆是如此。这里需要的是固定期限的永久占有权。“将一片只有石头的土地给予某人，并保证其所有权，他将会把这片荒地变成一片菜园；给予他占有一片菜园9年的期限，他将会使这片菜园变成一片沙漠。”

我们已经引用并且仍将进一步引用权威人士所发现的细节。上一章已经解释了有关自耕农惯常的耕种制度，以及自耕农千方百计想要争分夺秒地增加未来生产和土地价值的做法[②]，即在小型农场中，至少当土地的耕种者就是土地的所有者时，对土壤肥沃程度相同的土地应用完全相同的农业知识时，总产量将会增

---

① 参见《沙夫豪森州》（见前），第53页。

② 参见本书第一编第九章第四节。

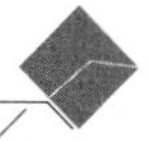

加。《佛兰德的农业》一书着重阐述了人们怎样通过不知疲倦的劳动去克服资源匮乏、工具落后以及科学知识欠缺等困难。在相同的土壤条件下，与苏格兰和英格兰的最佳耕种地区相比，佛兰德和意大利的自耕农耕种所收获的产量更多，这一点得到了证实。毫无疑问，对于生产这些农作物所花费的劳动，如果由雇主支付工资，将会使雇主得不偿失。但是对自耕农来说，这种劳动不需要成本，他只是在他的空闲时间里追求他喜欢的（我们也可以说成他所热衷的）活动。①

我们还看到，佛兰德的耕种者靠这种非凡的努力不仅成功取得了丰硕的结果，而且使他们较早地获得了大量农业知识。而在只依靠雇佣劳动进行耕种的国家，获得这些知识则要晚得多。德拉凡尔奈（de Lavergne）对法国真正适合小规模耕种制度地区的小型自耕农的农业技术水平的提高提供了有力的证词。“在佛兰德肥沃的平原，在莱茵河、加龙河、夏朗德河（Charente River）、罗纳河（Rhone River）各流域，最小型的自耕农也掌握着各种改良土壤和提高劳动生产率的办法，并且不惜花费巨大也要加以实施。不管耕作多么积极，他们仍然以较大的成本收集肥料，用于修复和不断增加土壤的肥力。每种牲畜都膘肥体壮，庄稼也长势良好。有些地方盛产烟草、亚麻、菜籽、茜草、甜菜根；其他一些地方则盛产葡萄、橄榄、洋李、桑葚。土地只对勤劳的人给予巨大的财富。我们所消费的大部分菜园产品，不也是巴黎近郊的小规模耕作的成果吗？”

第二节　自耕农制度对智力开发的影响

除了对劳动的积极影响，还应当考虑自耕农制度的另一方面，即把这一制度

① 关于自耕农对他自己土地的感情，历史学家米什莱（Michelet）这样描述：

“要想知道法国农民内心深处的思想感情，一个很容易的办法就是在星期天到乡下跟着农民走走。远远地盯着走在我们前面的他。现在是两点钟；他的妻子在做祷告，他穿着假日的衣服；看上去他是去看他的情妇。

“哪有什么情妇？他是去看他的土地。

“我并不是说他直接到那里去。不，他今天没有事，可去可不去。从星期一到星期六他不是每天都去吗？因此，他转了个弯，走上另外一条路，他在别处有事。然而——他还是去了。

“现在，他快到了自己的田地；这是一个进去看看的机会。他站在那里，但是看样子还不会走进去；为什么？然而——他还是进去了。

“他今天应该是不会干活的，他穿的是假日服装，这是一身干净的衬衫和上衣。可是，他会拔一下草，把那块石头扔出去，这还是没有关系的。旁边还有一根树桩，但他没有带工具，他打算在明天把它去掉。

“于是他交叉双臂，认真、仔细地察看着自己的田地。他看了很久、很久，简直出了神。最后，如果他感到有人在注视自己，或者看到有人走过，他会慢慢地走开。走了 30 步，他停下来，转过身，向自己的田地阴沉而意味深长地看了最后一眼，但对能够看到这些的那些人来说，这一眼充满了热情、爱情和忠诚。”［参见 J. 米什莱：《人民》（*Le Peuple*），第 1 篇第 1 章，1846 年，第 1～2 页。］

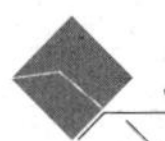

当作普及教育的手段。书本和办学校对教育来说是绝对必要的，但是远远不够。人们的智力运用得越多就越发达，还有什么训练比涉及人们切身利益的事更能促进智力的开发呢？任何利益都不能忽视，只有靠坚强的意志和智力的努力才能获得。一些土地规模较小的贬损者过度强调困扰莱茵河流域或佛兰德地区自耕农的烦恼和焦虑，正是这些烦恼和焦虑使自耕农胜过英国的短工。确实，说短工过着无忧无虑的生活是有些夸大其词。可以设想，在短工面临失业的可能性时，他肯定会焦虑，除非他有机会获得教会给予的一大笔施舍，并且不会因为得到这笔施舍而感到羞愧与窘迫。在现存的社会和人口状态下，有很多事情会使短工感到焦虑，却没有一件使他感到精神振奋。欧洲大陆自耕农的状况与此相反。令人精神沮丧、意志消沉的那种焦虑——不敢保证能够养家糊口——人们已经很少体验了。只有在偶然情况即土豆减产与农作物普遍减产同时发生的时候，他们才会体验到那种焦虑。他们所焦虑的是正常的收成会多些还是少些；他们所关心的是从生产劳动中获得合理的份额。他们是自由人，不是永远长不大的孩子（根据现在流行的慈善观，劳动阶级似乎都满足这个条件）。他们与中等阶级没有什么区别，他们具有与这些人相同的事业和目标，而且他们所受到的智力训练大部分与这些人相同。如果在智力教育中有第一条原则，那么这个有益于智力开发的原则应该是使大脑处于主动状态，而不是被动状态。发展这项能力的秘诀是让人们去做大量的事情，而且尽量诱导他们做这些事情。这不会减少其他智力培养方式的重要性甚至是必要性。农民拥有土地并不能阻止他们变得粗鲁、自私和心胸狭隘。这要靠其他方面的影响和教育。但是对一种智力活动强烈的刺激并不会阻止智力开发的其他手段。相反的是，培养将所获得的知识的每一个片段应用到实际的习惯，会促使我们所获得的教育和阅读卓有成效。在大多数情况下，纯粹的学习是没有这种附加效果的，就像把种子扔到石头上一样。

第三节　自耕农制度对促进人们事先规划和自我控制的影响

自耕农制度不仅对人们的智力开发有积极影响，而且有利于树立谨慎、节制和自我控制的道德风尚。主要由短工构成的劳动阶级通常是目光短浅的。众所周知，他们通常是今朝有酒今朝醉，明日愁来明日愁。因而很多关注劳动阶级福利的人持有一个固定的观点，即除非工资的增加至少能够使他们的品味和习惯得到相应的改进，否则对他们几乎没有什么益处。自耕农以及那些期望成为自耕农的人却倾向于另一个极端，他们为明天考虑得太多了。他们通常会因吝啬而不是挥霍受到指责。他们摒弃了合理的嗜好，整个人生都是为了节约。在瑞士，几乎每

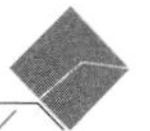

个拥有储蓄能力的人都有储蓄。佛兰德的情况已经在前面提到了。虽然人们普遍认为法国人喜欢享乐且自我放纵，但是法国的农村人口却具有勤俭节约的精神。就整体而言，这是一种可喜的方式；但就个人而言，确实有点节俭得过分而非不足。有些人住的是茅草屋，吃的是树皮草根，旅行者误认为这就是普通贫困的证据和样本。但实际上有很多人的皮革包里放着五法郎，他们可能将这些货币保存一辈子，除非是为了拿出来实现他们最大的愿望——购买土地。如果说农民拥有土地会对社会道德产生不利影响，那么这种危害是由于农民太关注金钱利益，从而使他们变得狡诈并不怀好意地去算计别人。法国农民不是头脑简单的乡巴佬，但也谈不上是“多瑙河畔的农夫”*。在生活和文艺作品中他们往往以“狡猾的庄稼汉”的形象出现。但是，这是人类智力开发和人类解放所必经的发展阶段，法国农民正处于这个阶段。尽管在这一方向上有点过头了，但是与劳动阶级的鲁莽和目光短浅相比，其危害小些，并且是暂时的。这是以非常低的代价去换取自立（作为一个民族的基本因素）这一无可估量的美德。自立这种美德是人类优秀品质的首要条件之一，它是一种“砧木”，如果其他美德没有嫁接在上面，就很难生根。就劳动阶级而言，即使只想过上中等舒适程度的物质生活，这种品质也是必不可少的。法国的农民以及欧洲大多数国家的自耕农都是由于拥有这种美德才胜过其他劳动阶级。

第四节　自耕农制度对人口的影响

一个在很多方面对节俭和谨慎产生促进作用的经济关系，会对人口增长这一根本问题产生不利影响吗？大多数就此事发表过观点的英国政治经济学家都认为，它的确会促进人口的增长。麦克库洛赫先生的观点是众所周知的。琼斯先生声称①：“农村人口从土地中增加他们的收入，并进行实物消费，一般来说，其内在控制力促使他们倾向于抑制人口增长的动机是很微弱的。结果是，除非一些完全不受他们意愿控制的外部原因能够迫使农村人口的增长率放缓，否则，在土地有限的情况下农村就会很快陷入匮乏与贫穷的状态，并且最终由于不可能获得足够的生存资料，人口增长将停止。”他在其他地方又说②：这种农民“确实基于动物的本能状态来增加他们的数量，而且很少受上层阶级或文明人那种调控人口均衡增长的动机和愿望的制约”。琼斯先生允诺将会在下一部著作中给出“导致这一特色的原因”，但这部著作一直没有问世。我完全无法推测他是从关于人

* 参见《拉·封丹寓言》。——译者注

① 参见《论财富的分配》，第146页。

② 参见《论财富的分配》，第68页。

类本质的哪个理论以及影响人类行为的哪种动机得出这种结论的。阿瑟·扬也把这一“特色”假定为一个事实。但是，虽然他不习惯使自己的观点过于平和，但也不愿像琼斯先生那样把自己的学说推向极端，正如我们已经看到的那样，扬本人证明了琼斯先生所说的农村人口的各种例子。他认为，农村人口既不会趋向于“匮乏与贫穷的状态”，也不会遭遇到“不可能获得足够的生存资料”的危险。

人们很容易基于不同的经历而对这一问题有着不同的看法。迄今为止，依靠土地或工资生活的劳动人口，其数量总是增加到他们惯常的舒适标准所设定的极限。当这一标准很低时，财产规模或工资水平会降到只够人们勉强维持生活的水平。在自耕农制度下，人们完全可以接受极其低的生活水平的观念。而且，如果人们已经对贫穷的生活状态习以为常，且人口膨胀，那么土地也会被过度细分。但这是另一个问题。真正的问题是，假设一个农民拥有的土地是不足的，但是足够他们过上舒适的生活，与假设他们是过着同样生活水平的雇佣劳工相比，毫无节制的生育会提高他们的舒适程度的可能性是大还是小？基于各种先验的考虑，这种可能性较小。工资是否取决于人口的数量，这是一个需要思考和讨论的问题。所谓人口数量大量增加会使工资降低的说法往往是错误的，要想正确认识这个问题，需要动一番脑筋思考。不过，每个农民都能从他所充分了解的情况中得出使他自己很满意的判断，即他的那片土地能否像维持一家人那样维持几家人的生活。很少人愿意让他们的子女过得比他们自己差。有土地留给子女的父母，完全可以判断子女能不能依靠这些土地生活。但是以工资为生的父母不明白他们的子女为什么不能以同样的方式生活，因而他们相信机遇。“即使在最有用和最需要技术的行业和制造业中，”莱因先生说①，“劳动者的需求也是无法预见的、不稳定的且无法估计的”，但是在实行小型土地所有制的“农业社会中，这是可能的。农民对自己的生计进行盘算的时候，他将要付出多少劳动，以及这些劳动可以从土地上获得多少生存资料，都是可预见且已知的。他的那块土地是否能够养活一个家庭，他能否结婚，这都是每个农民能够毫不迟疑、不假思索就回答的问题。在不能做出明确判断之前，这些问题只能取决于机遇，因此造成在英国的下等阶级和上等阶级中出现了很多鲁莽的、无远见的婚姻，并产生了过剩人口这一弊端。当确定性不存在时，机遇是每个人进行计算时都会考虑到的因素。这是因为，按照英国的财产分配制度，确定能维持生活的人只占一小部分，而不是约三分之二。”

西斯蒙第比其他任何一个学者都更加敏锐地看到了人口过剩给劳动阶级带来的灾难，这也是他热衷于支持自耕农制度的原因之一。他有很多机会在多个国家而不是一个国家判断自耕农制度对人口所产生的影响。让我们来看看他的证据。

---

① 参见《一位旅行家的笔记》，第 46 页。

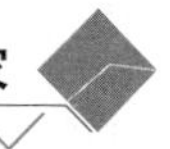

“在继续实行小自耕农耕种制度的国家，人口有规律地迅速增加，直到达到自然条件的限度。也就是说，遗产连续在几代人之间分割并加以细分，只要增加劳动，每个家庭就能从更小的一块土地中获得相同的收入。一个拥有辽阔天然牧场的父亲，把牧场分给他的儿子们，他的儿子们把这片牧场变成了农田和草地，然后他的儿子们由于不用休耕又将其土地细分给后代，农业知识的每一次提高都为财产的进一步细分提供了条件。但是，不用担心地主会使他的孩子们沦为乞丐，因为他精确地知道他必须留下多少遗产给他的孩子们，他也知道法律会将这些遗产平分给他们。他知道超过这一分割线就会使他的后代从他本人所处的阶级中被排挤出去，一般对于农民以及贵族来说，正当的家族自尊会使他们避免不能妥善供养出生的孩子。如果生得过多，至少他们不会结婚，或者他们兄弟姊妹之间同意哪一个人应该为家族延续香火。在瑞士各州，均没有发现因农民的遗产被划分得过细导致他们的子女没有一份体面的资产的现象。尽管存在农民的子女到外国寻找无限可能的工作机会这种习俗，但是有时这种习俗会加剧他们的人口过剩。”①

挪威也提供了类似的证据。尽管没有长子继承制的法律或习俗，也没有制造业可以吸收过剩人口，但财产的细分并未达到有害的程度。“土地在子女之间细分，”莱恩先生说，“已经实行了上千年了，从来没有出现过由于地产被细分到最小程度而使人们的生活难以维持的现象。经统计我发现每个农场都会养 25～40 头牛，在挪威，一个农民一年必须至少花费 7 个月的时间为这些牛提供冬季饲料和畜棚。显然，由于这样或那样的原因致使土地集中，从而抵消了财产细分的影响。根据我长期以来的推算，在这样的社会制度下最实际的原因只能是，挪威不实行像爱尔兰那样的土地租赁制度，同时共同继承人的死亡以及女性继承人在地主之间的联姻导致了全部所有权的集中，这将会抵消相同继承权子女细分土地的影响。我设想，在这种社会状况下，在任何时期，全部的土地都是由同样的年收入 1 000 英镑、100 英镑和 10 英镑的土地构成。”这种情况的实际出现要以全社会对人口实行有效的和谨慎的控制为前提条件，将这种谨慎的人口控制归功为自耕农制度的特性，是合乎情理的。

“在瑞士的某些地区，”凯先生说②，“例如在阿尔戈维（Argovie）州，一个农民在 25 岁以前绝对不会结婚，他们通常结婚比较晚。在这个州里，女人也很少在 30 岁以前结婚……土地的划分和土地的廉价转让不仅促进了农村地区农民的节约，而且对小城镇的劳动者也有这种作用，尽管或许在程度上更低一些。在较小城镇里的劳动者往往在城镇外面拥有一小块土地，他将这块土地看成是他的

① 参见《新政治经济学原理》，第三篇，第 8 章。

② 参见凯先生的《英国和欧洲人民的社会状况与教育：显示外国的小学教育与地产分割的成果》，第一卷，第 67～69 页。

菜园，并在晚上耕作。他在这里种植全家冬天所需的蔬菜和水果。在一天的工作结束后，他会和他的家人一起到菜园里耕作一会儿，根据季节进行栽培、播种、除草或者做播种和收获的准备工作。对拥有这些菜园的渴望，使人们强烈地巩固了谨慎的习惯并抑制草率的婚姻。阿尔戈维州的一些制造商告诉我，一个市民只有在已经购买了一块菜园或者一个带菜园的房子之后才会满足，并且城镇劳动者为了节省足够的钱来购买这些奢侈品中的一件或两件，通常会推迟几年再结婚。”

这位学者的统计资料①还表明，普鲁士的平均结婚年龄不仅要大于英国，而且“这个差距正在逐渐扩大”，与此同时，“普鲁士的私生子数量要少于欧洲的其他国家”。凯先生还说：“不论我在德国北部和瑞士的哪个地方旅行，我确信所有的农民都渴望拥有土地，正是这种欲望对人口的增加形成了强有力的控制”②。

根据奥斯坦德（Ostend）的英国领事福特（Fauche）先生的观点③，在佛兰德，“农场主的儿子以及有条件成为农场主的人会推迟他们的婚姻，直到他们拥有了一个农场”。一旦成了一名农场主，则下一个目标就是成为一名地主。哥本哈根（Copenhagen）的领事布朗（Browne）先生说④：“丹麦人有了储蓄后做的第一件事就是买表，其次是买马和牛，并把马和牛租出去以获得可观的利息，然后他的志向是成为一名小地主，在丹麦这个阶级比其他阶级生活得更好。实际上，我了解到，虽然这个阶级实际生活所需的资料与劳动者相比要更多，但是在其他任何国家里均没有一个人能够如此容易地获得这些生活资料。”

而法国的情况对自耕农制度倾向于造成人口过剩的说法给予了有力的反驳。该国的条件并不那么有利，大部分土地规模都太小了。虽然法国的土地所有者数目并不确定，但无论怎样估计，最少也有500万。基于对一个家庭人数的最低计算（对法国来说应该从低计算），表明超过一多半的人口要么拥有土地所有权，要么有权继承土地所有权。但是，大部分土地太小以致不能维持土地所有者的生存。根据一些计算结果，这些土地所有者中有300万人不得不去充当雇佣工人，或者成为分益佃农去耕种额外的土地来维持生活。当拥有的财产不足以让拥有者依靠工资生活时，自耕农的状况就使它失去了控制过剩人口这一特殊效益。而且

---

① 参见凯先生的《英国和欧洲人民的社会状况与教育：显示外国的小学教育与地产分割的成果》，第一卷，第90页。

② 在我所转引的源自凯先生的著作《普鲁士人民的生活状况》中，普鲁士统计部长通过数据证明了人均食物和衣服的消费正在连续大幅增长，并且合理地推断出农业的生产率也相应地增长。他接着说：“自1831年以来，土地的划分愈来愈在全国各地盛行。现在，独立的小型土地所有者比以前更多。但是，能听到很多依赖他人的劳动者对贫困的抱怨，却从没听到自耕农对贫困的抱怨有所增加。”参见凯先生的《英国和欧洲人民的社会状况与教育：显示外国的小学教育与地产分割的成果》，第一卷，第262～266页。

③ 参见《济贫法案》调查委员会委员的一封信，此信刊载于《国外书信集》（*Parliamentary Papers*，第一份报告的附件F），第640页。

④ 同③，第268页。

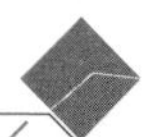

英国人经常预言法国会变成“贫民窟”。如果这一预言成为现实，也不能证明相同的农业经济制度在其他情况下具有控制人口增长的作用。但事实究竟如何呢？法国的人口增长率在欧洲是最低的。大革命使人们摆脱了极其绝望的悲惨生活，一下子过上了富裕的生活，在此期间人口大幅增加。但是，这一代人已经长大了，他们出生在已经改善的环境里，没有体验过生活的悲惨，但节俭的精神在他们身上体现得尤为突出，并使人口的增长一直没有超过国家财富的增长。劳教授所制作的一张表①列出了很多国家人口的年增长率。1817—1827 年的法国，人口年增长率为 0.63%，而同一时期的英国为 1.6%，美国约为 3%。勒哥特先生对

① 其表如下（参见劳先生著作的比利时译本，第 168 页）：

国家或地区	年份	比例（%）
美国	1820—1830 年	2.29
匈牙利	（基于罗雷尔的计算）	2.40
英国	1811—1821 年	1.78
英国	1821—1831 年	1.60
奥地利	（罗雷尔）	1.30
普鲁士	1816—1827 年	1.54
普鲁士	1820—1830 年	1.37
普鲁士	1821—1831 年	1.27
荷兰	1821—1828 年	1.28
苏格兰	1821—1831 年	1.30
萨克森	1815—1830 年	1.15
巴登	1820—1830 年（霍尼许）	1.13
巴伐利亚	1814—1828 年	1.08
那不勒斯	1814—1824 年	0.83
法国	1817—1827 年（马蒂尼）	0.63
以及较近的时期	（摩罗·德·琼斯）	0.55

但劳先生补充说，摩罗·德·琼斯提供的数据并不完全可信。

由奎特勒（Quetelet）先生制作并收入劳先生的著作［《论人类及其素质的开发》（*Sur l'Homme et le Développement de ses Facultés*），第一卷，第 7 章］中的一些资料，其中有几项数据与上表不同，可能是由于作者选取的是不同年份的平均值，具体如下：

国家或地区	比例（%）
爱尔兰	2.45
匈牙利	2.40
西班牙	1.66
英国	1.65
莱茵河普鲁士	1.33
奥地利	1.30
巴伐利亚	1.08
荷兰	0.94
那不勒斯	0.83
法国	0.63
瑞典	0.58
伦巴第	0.45

官方报告的有关人口的增长所做的分析①显示，1801—1806 年人口的年增长率为 1.28%，1806—1831 年人口的年增长率仅为 0.47%，1831—1836 年为 0.60%，1836—1841 年为 0.41%，1841—146 年为 0.68%。②1851 年人口普查的数据表明，五年间人口增长率仅为 1.08%，或者年增长率为 0.21%。同时，1856 年人口普查的数据表明，五年间人口增长率仅为 0.71%，或者年增长率为 0.14%。因此，用德·拉沃涅（M. de Lavergne）先生的话来说，"法国的人口几乎停止增长"。③这种缓慢的增长完全导致了死亡人数的减少，出生人数没有一点点增加，同时出生人口在总人口中所占的比例持续减少。④人口缓慢增长的同时，资本迅速增加，致使劳动阶级的生活状况得到了明显的改善。这一阶级同时也是一部分土

《经济学家》（*Journal des Economistes*）杂志 1847 年 5 月刊载了勒哥特（Legoyt）先生精心制作的一份报告，其中下表揭示了 1846 年法国人口普查的结果。

国家或地区	普查结果（%）	出生人口与死亡人口的差额（%）
瑞典	0.83	1.14
挪威	1.36	1.30
丹麦	—	0.95
俄国	—	0.61
奥地利	0.85	0.90
普鲁士	1.84	1.18
萨克森	1.45	0.90
汉诺威	—	0.85
巴伐利亚	—	0.71
符腾堡	0.01	1.00
荷兰	0.90	1.03
比利时	—	0.76
撒丁尼亚	1.08	—
大不列颠（不包括爱尔兰）	1.95	1.00
法国	0.68	0.50
美国	3.27	—

① 《经济学家》杂志，1847 年 3 月刊和 5 月刊。

② 勒哥特先生认为，1841 年的人口总数被低估了，因此 1841—1846 年人口的增长率被高估了；整个时期的实际增长率应是处于最后两个平均值之间，或者应略高于 0.50%。

③ 《经济学家》杂志，1847 年 2 月刊。在该杂志的 1865 年 1 月刊中，勒哥特先生稍微改动了其中的几项数据，我认为是改正了过去的数据。这一系列的百分比依次是 1.28%、0.31%、0.69%、0.60%、0.41%、0.68%、0.22%和 0.20%。在最后一次人口普查，即 1861 年的人口普查中，所得的百分比与新要求的各县数据无关的百分比为 0.32%，略有回升。

④ 勒哥特提供的数据如下表所示：

年份	年出生人口（人）	占全国总人口的比例（%）
1824—1828 年	981 914	1/32.30
1829—1833 年	965 444	1/34.00
1834—1838 年	972 993	1/34.39
1839—1843 年	970 617	1/35.27
1844—1845 年	983 573	1/35.58

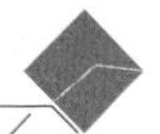

地所有者成员的生活状况难以确定，而且变动很大。但是，在大革命期间没有直接从土地所有权的变革中直接获益的少数劳动者，从那时起其生活状况肯定得到了大幅改善。①劳博士证明，在土地可能分得更细的另一个地区——巴拉蒂纳特，也存在类似的情况。②

我不知道是否存在一个真实的例子可以支持自耕农制度会促使人口快速增加

根据勒哥特先生的观点，最后两年出生人口数的增加是由于受到了大批移民入境的影响。他说："人口数量与结婚人数都在持续增长，尽管增长速度不是很快，但出生人数却在减少，这只能归结为一些家庭提高了厉行节约的强度以及深谋远虑的能力。这是可以从我们国家和社会制度出发予以预见的一种结果。动产和不动产的分割日益深化，激发了我国人民守旧并且追求舒适生活的本能。"

在诺曼底的四个县中，有两个县非常繁荣，死亡人数甚至超过了出生人数。1856年的人口普查表明了84个县中有54个县的人口总量绝对减少，这是一个值得关注的事实。它有力地驳斥了所谓的"贫民窟"理论。参见德·拉沃涅对相关数据的分析。

① "我国人口中仅享有工资收入因而最容易陷入贫困的阶级的当前（1846年）衣食住行等生活待遇方面，与19世纪初相比，有了很大的改善。凡是记得19世纪初的情况从而可以与当前境况做出比较的人，都可以证实这一点。人们如果对此问题产生怀疑，可以像我曾经做过的那样，向当地的老农民和老工人咨询，而且你也不会被他们拒绝。我们也可以依赖观察细致的维莱默（Villermé）先生在其著作《关于工人阶级的道德与物质生活状态的描述》（*Tableau de l'Etat Physique et Moral des Ouvriers*）第二篇第一章所列举的事实"［A. 克莱芒（A. Clément）：《对贫困原因的反思》（*Recherches sur les Causes de l'Indigence*），第84～85页］。该作者还认为（第118页），"自1789年以来，农业散工的工资也增加不少"，并且指出，甚至城镇中通常处于最悲惨境况的那一部分人的生活水平也有所提高。他列举的证据如下："在最近的15年或者20年间，我国城镇工人的生活习惯发生了很大变化，工人阶级中的一些人，比如里昂的纺织工人，他们现在花费在衣着与装饰品方面的金钱要比以前多得多……"（从所有这些相关描述可以看出，他们与地位相仿的我国手织机纺织工人一样，在劳动者中得到的工资最低。）"他们不再像以前那样衣衫褴褛了"（第164页）。

在本书早期版本中记载的上述资料，是当时我所能够接触到的资料中最好的。但是在德·拉沃涅先生的重要著作《1789年以来法国的农村经济》（*Economie Rurale de la France depuis 1789*）中可以找到更新、更详细且更为准确的资料。依据这位勤奋刻苦、见多识广并且秉笔直书的研究者的观点，自大革命爆发以来，法国劳工的平均日工资提高的比率达到63.33%，而且由于就业状况更加稳定，因此劳工总收入增长的比率更大，起码翻了一番。对此，德·拉沃涅先生做出了如下陈述（第二版，第57页）：

"阿瑟·扬估计平均日工资为19苏（苏为法国辅币，合9.5便士），这一金额现在大约相当于1法郎50生丁（生丁为法国辅币，合1先令3便士），但是工资的这种增长仅仅反映劳动生活改善的部分情况。虽然农村人口的数量基本上没有发生变化，但是自1789年以来人口增长大都集中在城镇，因此实际工作的日数增加了。这是因为：首先，人们的寿命延长了，体格健壮的人增多了；其次，劳动组织得更好了，部分是由于取消了某些节日，部分是由于比较活跃的产品需求所产生的促进作用。当我们将农村工人的工作日数增加了这一因素考虑进去时，就相当于他们的年收入翻了一番。工资增长至少使劳工的生活状况得到相应的提高，这是因为主要生活必需品的价格虽然有所改变，但是变动极小；而工业品，诸如纺织品，其价格大大下降。劳工的居住条件至少在大部分省份中也都得到了改善。"

德·拉沃涅先生所估计的平均日工资额，是依据这种或者其他各种经济观点，就法国所有省份的不同情况进行详细的对比分析之后才得出来的。

② 参阅上文已引用过的劳博士有关巴拉蒂纳特（Palatinate）农业的小册子。他说，在战争最后的几年中劳动的日工资很高，这样的情况一直持续到1817年，其后的货币工资额有所减少，但是很多商品的价格下降的幅度更大，因此人们的生活状况有了明显的改善。雇主给予农场劳动者的食物在数量和质量两个方面均有很大的提高。"与40年前相比，现在贫困阶级的生活状况要好得多，以前人们只能得到很少的一点肉食和布丁，根本吃不起奶酪、山黄油之类的食品"（第20页）。"工资的增加，"这位教授补充说，"不应该以货币来估算，而是应该以劳动者能够获得的必需品和便利品的数量来估算。根据公认的观点，这证明了资本总量一定增加了。"不仅如此，这还表明了劳动者人口没有以相同比例增加。因此，这一实例与法国的情况一样，即使土地划分过细，也伴随着相应的谨慎强度来控制人口数。

这一说法。毫无疑问，自耕农制度未能阻止人口快速增加的例子可以列举出来，其中一个典型例子就是比利时。目前有关比利时人口增长的前景尚不明确。在欧洲大陆，比利时人口增长速度最快，该国的情况要求它必须马上对这种增速加以控制，这意味着它要克服现存习俗的强烈阻碍。其中的不利因素之一就是天主教强有力地控制人们的思想，并在任何地方都强烈反对控制人口。但我们必须记住，该国人民坚持不懈的辛勤劳动并运用他们所掌握的先进农业技术已使现存的人口增长速度没有什么实际上的害处了。大量尚未分割的大规模土地，仍然可以通过逐步分割的办法来成为增加必要总产量的资源。除此之外，还有很多大型工业城镇、采矿和采煤区可以吸收并雇用每年增加人口中的很大一部分。

第五节　自耕农制度对土地细分的影响

但是，即使自耕农制度伴随着人口过剩，这一危害也不一定会导致另一经济危害，即土地划分过细。我们并不能因为土地划分得过细，就认为农场规模也很小。正如大规模的土地完全可以和小规模的农场并存一样，小规模的土地也可以和大规模的农场并存。而且，自耕农生育过多也不一定会造成占有权划分过细。正如人们所预料的那样，佛兰德农民对与自己职业相关的事情早已拥有了令人钦佩的见识。劳博士说①：“不划分土地的习俗并将其认为这是有价值的这一观点在佛兰德广为流传。即使是现在，当一个农民死后留下几个孩子时，尽管他的遗产既没有限定继承人也没有托管，但是他的子女们不会选择分割遗产，他们宁愿全部卖掉，然后分享所得价款，因为他们认为这些地产就像宝石一样，一经分割就会丧失其价值。”甚至是在法国，这种观点也广为流传，这从土地交易十分频繁就可以得出，10 年间土地交易的总量已达到全国土地总量的四分之一。帕西先生在他的论文《论 1800 年以来厄尔县农业状况的变化》(On the Changes in the Agricultural Condition of the Department of the Eure since the Year 1800)② 中描述的事实也得出了同一结论。他说：“这个县的例子证明，财产分割和耕作分配之间并不像一些作者所构想的那样存在使二者趋向于相同的联系。土地所有权的变更对土地规模没有明显影响。在实行小规模耕作制度的地区，属于同一所有者的土地经常被分给很多佃户耕种，而在实行大规模耕作制度的地区，同一农场主租用几个地主的土地也是常见的。尤其是在维克辛（Vexin）平原，很多精

① 参阅布鲁塞尔译本，第 334 页。劳博士引经据典，参见 Schwerz，*Landwirthschaftliche Mittheilungen*，ⅰ.185。

② 参见 *Journal des Economistes*，Ⅰ (1842)，p. 63。

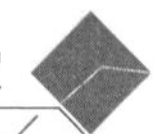

力充沛并且富有的耕种者不满于只拥有一个农场，其他人也会在他主要持有的土地之外增加他们能够租用的邻近的全部土地，从而通过这种方式使总面积在某些情况下达到甚至超过 200 公顷（500 英亩）。土地划分得越细，这种类型的活动就变得越频繁。因为这对有关各方都有利，所以很有可能这种形式在以后会得到巩固。”

德·拉沃涅先生说：“在一些地方，例如在巴黎近郊，实行大规模耕作制度的优点很明显，农场的规模有扩大的趋势，几个农场合并成一个农场，一些农场主通过向不同的土地所有者租借土地来扩大他所拥有的农场的规模。”这位知名的学者还说①，诺尔、索姆（Somme）、加来海峡、夏塞纳（Seine Inférieure）、埃纳（Aisne）和瓦兹（Oise）等都是小耕地很多的县，它们都是法国最富饶、耕作得最好的地方，其中在它们之中又以诺尔最优，这是一个引人注目的事实。

毫无疑问，在一些实行自耕农制度的国家，尤其是德国和法国的一些地区，土地过度细分，从而持有土地的规模很小。巴伐利亚（Bavaria）和拿索（Nassau）政府都认为有必要以法律形式对土地细分加以限制。普鲁士政府也曾计划对莱茵河流域各省的土地采取相同的方法，但是没有成功。但是，我并不认为小规模耕作永远只出现在小农制度下，也不认为大规模耕作都是在大地主制度下实行的。相反，我认为在小规模土地被划分给很多地主的地区，大规模土地也是被分成小块租给大量农场主，产生这两种情况的原因都是资本、技术和农业经营处于落后状态。有理由相信法国土地分得过细也是由这个原因造成的。土地细分的情况正在减少，而不是增加。一些人认为土地细分的程度一直在增加，从而感到恐惧，不论这是真恐惧还是假恐惧，都是没有理由的。②

---

① 参见《1789 年以来法国的农村经济》，第二版，第 117 页。关于类似趋势的事实请参见同一本著作中的第 141 页和第 250 页等。与此同时，书中也有关于土地分得过细或者土壤的性质与其产品不相适应所造成的有害后果的大量事实。

② 莱恩先生在最近出版的著作《对 1848 年和 1849 年欧洲人民的社会和政治状况的考察》(*Observations on the Social and Political State of the European People in 1848 and 1849*）中，致力于赞颂英国，贬低其他地方的所有事情，而这些事情是其他人甚至是他自己以前的著作认为值得赞扬的。他认为，在地主去世后，“尽管土地自身没有被划分或进一步细分，但是土地的价值被分割了，这不利于社会的进步。被分割的每个价值对土地来说都变成了债务或负担”。因此，农业人口的处境有所恶化。“尽管土地分割的情况依旧如此，耕作的效果也没有变差，但农民的生活状况一代不如一代。”他对法国小规模土地所有者的债务给出了解释（第 97～99 页）。如果这些观点是正确的，那么，莱恩先生在其他著作中加以肯定并一再重复的观点，即土地所有权对防止人口过剩具有特殊功效的观点将会作废。但是，就事实而言他完全错了。在挪威——他实际居住的唯一国家，他并没有说挪威自耕农的状况正在恶化。他已经引用的事实表明，有关比利时、德国和瑞士的论断是不切实际的。而且有关法国人口增长缓慢的事实也证明，如果法国的自耕农状况正在恶化，也不是由莱茵先生所设想的原因造成的。我认为，实际情况是，在实行自耕农制度的国家里，人们的生活状况在不断改善，土地的产量甚至土壤的肥力都在增加，并且在供养农业阶级之后仍有剩余，从而使城镇居民的人口数量及生活水平都有所提高。关于这个问题，以及对土地细分的问题，到目前为止只讨论有关法国的情况，后续提出的补充事实和观察，将会在附录中呈现。

对习惯于实行大规模耕作制度的国家来说，如果自耕农制度有助于该国的土地细分，那么这应当是该制度的有益影响之一，即这个制度对于尚未成为自耕农但期望成为自耕农的人来说，在很大程度上促进了节约。在英国，农业劳动者的储蓄除了存在银行里以外没有其他的投资机会。而且他们不会因为任何的节约而提升自己的地位，除了可能成为一名存在破产风险的小店主之外。因此，英国的日工完全不具备使自己成为一名土地所有者类似的强烈的节约精神。几乎所有的权威人士都认为，土地细分的真正原因是，人们与其把土地整块卖给富有的没有目标也不想改良土地而只想靠地租获得收入的人，还不如卖给用自己的少量积蓄进行投资的农民，从而使土地交易者获得较高的价格。对于没有土地的人来说，期望拥有这样一种投资机会是最大的诱惑，诱使他们勤劳、节俭与自制，以便他们成功实现所追求的目标。

对自耕农制度的直接作用和间接影响的调查结果表明，以下几点是成立的：这种形式上的土地所有制与生产技术的不完善状态没有必然的联系；它对于最有效利用土壤生产能力所产生的有利影响与不利影响大致相当；没有什么其他的现存农业经济制度能够比它对国民的勤劳、才智、节约和谨慎产生如此大的促进作用，总的来说，也没有其他制度能够如此有力地阻止国民无远见地增加人口。因此，总的来说，没有什么其他的现存制度能够比它更有利于提高精神和物质两个方面的福利水平。与英国雇佣劳动的耕作制度相比，我们不能不认为自耕农制度对劳动阶级是最有利的。① 我们目前并不需要把它和劳动者联合的土地共有制度进行比较。

---

① 法国的历史证实了这些结论。历史上农民有三次成为土地的购买者，而且每次购买不久就出现了法国的农业繁荣时期。

历史学家米什莱指出（《人民》第一编第1章）："在最糟糕的时期，人们普遍贫困，即使是富人也穷得要靠变卖物品维持生计。这时，衣衫褴褛的穷人带着金币出现了，他们购买了一小块土地。这些农民能够低价购进土地的灾难时期过后，总会出现出乎意料的繁荣。例如，15世纪末，路易十一统治下的法国极其凋敝，眼看要在对意战争中彻底覆灭，发动战争的贵族们不得不出让土地。而土地易手之后，经济却突然发展起来，百废俱兴。宫廷历史学家将这个幸运时期称为开明的路易十二时代。

"不幸的是，好日子并未持续多久。土地刚刚修整到能够加以利用时，税收官员就上门骚扰了。宗教战争随即爆发，几乎将一切夷为平地。接着又发生了令人畏惧的灾难，可怕的饥荒中母以子为食。谁还会相信这个国家有可能恢复元气？但战争刚一结束，农民就从荒芜的田园和烧焦的村舍中拿出窖藏的财物，开始购置土地。10年之后，法国的面貌又焕然一新了。过了20年或30年，农民的财产价值都翻了两番或三番。学者们将这一时期颂扬为开明的亨利四世以及伟大的黎塞留时代。"

无须多言，第三个时期就是大革命时代。

任何人若想要研究与上述相反的情况，都可以把这些历史时期中的大规模的土地分割和小规模的土地发展的特征，与16世纪英国历史上所发生的重大经济事件相比，在这一时期，英国遭遇了全国范围的灾难，为了给大型牧场腾地，"政府清除"了小型自耕农，并使劳动阶级的生活状况永久性恶化。

第八章　论分益佃农

第一节　分益佃农的性质及其种类

上述是土地和劳动产品不被分割、完全属于劳动者的情况，那么接下来论述它们被分割的情况，但只在劳动者和地主两个阶级之间进行分配；而资本家的角色则视情况而定，不是劳动者就是地主。当然也可以设想，只有两个阶级来分享产品，资本家是其中之一；劳动者和地主这两类人结合起来可作为其中的另外一个。如此情况可能以两种方式发生。第一种情况是：劳动者虽然拥有土地，但可以把它租赁给某个承租者，并受后者雇用。不过，这种情况即使出现也是极少数情况，它与由劳动者、资本家和地主所构成的三重制度并没有实质上的不同，因此这种情况也无须进行任何专门的讨论。第二种情况是：自耕农拥有土地并且自己耕种，但他所需要的小额资本是经由抵押土地而得来的，这种情况较为常见，但也没有任何特别重要的特殊性。这时只有一个人，即农民本人，才有权干预经营。他每年支付固定年金给资本家作为利息，就如同向政府支付固定的税收一样。我们不打算对这些情况做详细论述，而只是叙述那些具有显著特征的事件。

当分享产品的双方是劳动者或地主时，二者中由谁来提供资金或像有时发生的那样由双方按一定比例来共同提供，这都不太重要。本质的差别并不在于此，而是在于两者之间的产品分配是由习俗还是竞争来调节。我们先讨论前一种情况，也几乎仅仅存在于欧洲，即分益佃农制。

分益佃农制的原则是劳动者或农民与地主直接签订租约，他们不以货币或实物的形式来支付固定租金，而是支付一定比例的产品，或者更确切地讲，是从产品中扣除了维持资本所必需的部分之后，按剩余产品的一定比例来支付地租。这一比例通常（如其名称的含义）就是对半开；但在意大利的某些地区，这一比例是三分之二。关于资本的供给，因地区而异：在某些地方，地主提供全部；在有些地区，地主提供一半；在其他一些地方，地主提供特定的一部分，例如耕畜和种子，而由劳动者提供工具。①“这种协议，”西斯蒙第说，主要讲的是托斯卡纳的情况，“通常是契约的内容，规定了分益佃农应从事的某些劳务，以及主动支付一些偶然费用。然而，这份契约和另一份契约中所规定的义务差别甚小；日常惯例同样可以支配这些契约，并补充契约中没有写明的一些规定，如果地主试图违背惯例，索取比其邻居更多的租金，而不是对半分成，那么，就会招致别人的憎恨，也定然找不到一个忠诚的佃户了。因此，我们可以认为所有分益佃农的契约都是相同的，至少在每个省份，这种契约从来不会在寻求职业的农民之间产生任何竞争，也从不会提供相对便宜的土地耕种条件。”夏托维奥（Châteauvieux）在谈到皮德蒙特（Piedmont）的分益佃农时也有同样的观点。②“他们把农场视为世袭遗产，从未想到更新租约，而是代代相传，如此执行，既没有书面文件，也不注册登记。”③

第二节　分益佃农制的优势与不足

如果产品是以固定的习惯，而不是变化着的契约来分配，那么政治经济学中则不需要研究分配法则。对于自耕农制度而言，只需考虑这一制度所产生的影响

① 根据阿瑟·扬的说法（第一卷，第403页），在法国大革命之前，各地在这方面的情况具有多样性。在香槟地区“地主通常要提供一半的耕牛和一半的种子，而分益佃农则提供劳动、农具以及负责纳税；而在一些地区，地主对此也要分担一些。在鲁西永（Roussillon），地主负担一半的税收；在几内（Guienne），从欧什（Auch）到弗留兰（Fleuran），地主承担全部的税收。在阿吉龙（Aguillon）附近的加龙沿岸，分益佃农提供一半的耕牛。在法兰西岛的南吉斯（Nangis），我曾见过这样一份契约：地主提供牲畜、农具、马具和税收，分益佃农则提供劳动及其自身的人头税；地主修缮房屋和大门，而分益佃农则修缮窗户；地主提供第一年的种子，分益佃农提供最后一年的种子，而在此期间每年的种子则双方分摊。在波旁内（Bourbonnois），地主提供各种牲畜，但分益佃农要根据其意愿进行售卖、交换以及购买；地主的管家负责保管这些账目，因为地主拥有一半销售额，当然也承担一半的消费额。”在皮德蒙特，他说，“地主通常要承担税收和负责修缮房屋，而分益佃农则提供耕畜、农具和种子”（第二卷，第151页）。

② 参见《意大利来信》（*Letters from Italy*），所引句子摘自里格比（Rigby）博士的译本（第22页）。

③ 然而，土地租佃权的这种事实上的固定性，即使在意大利也并不是非常普遍。西斯蒙第认为，在那不勒斯的一些地方、卢卡、热那亚（Genoa）的里维拉（Riviera）（在这些地方，地主从产品中获得的份额虽然是固定的，但比例较大），分益佃农之所以生活贫困，就是没有这一权利。虽然收成不错，但人民非常贫困。“如果舆论不维护农民利益，托斯卡纳的人民也可能遭到同样的命运；这里的地主即使换了一个分益佃农，也丝毫不改原来的契约，尽管如此，他们并不敢提出当地没有过的苛刻条件。”（参见《政治经济学新原理》第三编，第5章。）

即可。首先是它对农民精神上和物质上的影响；其次是它对劳动效率的影响。从这两方面来看，分益佃农制具有自耕农制度所特有的优势，不过优越程度较低。与自耕农相比，分益佃农的劳动动机没有那么强烈，因为他的劳动成果只有一半而非全部属于自己。但是分益佃农要比散工的努力动机强烈得多，因为后者对劳动成果毫不关心，他们感兴趣的只是自己不被解雇就可以了。如果分益佃农不违约就不会被终止合约，那么他们所具有的努力动机将比其他任何没有租赁权的佃农（tenant-farmer）更强烈。至少分益佃农和地主是合伙关系，并享有他们共同收益的一半。而且，他的永佃权受习俗保护，因此他对土地的眷恋之情，多少同地主对土地的情感一样。在这里，我们假设这一半的产品足以保障他过上舒适的生活。是否真是这样，取决于（在农业状况一定的条件下）土地的细分程度；而土地的细分程度又取决于人口原则的运用。人口的增长超过了土地所能够适当供养的数量，或超过了工业所能够吸纳的数量，这种情况即使是对于自耕农来说也是在所难免的，当然，对于分益佃农来说更是屡见不鲜。然而，我们曾注意到，在自耕农制度下促使人们在这方面谨慎行事的趋向，在分益佃农制下也是如此。此外，对于自耕农来说，能否供养一个家庭是容易且可以精确计算出来的。如果拥有全部产品的人能够很容易地判断出，是否可以通过增加产量来保持生活水准不变情况下供养更多的人口，那么拥有一半产品的人也能够同样简单地做到这一点。① 分益佃农制除了具有自耕农那种控制人口的能力之外，似乎还具有另外的人口控制能力，即地主可以通过拒绝土地的进一步细分来施加控制权。然而，我不认为这种控制能力有多重要，因为农场即使不被细分，也能够承载更多的人口；而且还因为，总产量的提高几乎总是伴随着人口的增长，如此一来，分享一半产品的地主也是直接获益者，而贫苦只是落到了劳动者身上。毫无疑问，地主最终也会因劳动者的贫苦而遭殃，从而不得不贷款给劳动者，尤其是在歉收时节。预见最终的这种烦忧可以对重视未来安全要甚于眼前利益的地主产生有益的作用。

亚当·斯密对分益佃农制的缺点做过非常公正的论述。他指出，对于分益佃

---

① 巴师夏（Bastiat）断言，即使是在法国（它无疑是推行分益佃农制最不成功的国家），这一制度在控制人口方面的作用也非常突出。“已经查明的事实是：生育过多的现象主要出现在工薪阶层。对于他们来说，为了未来而推迟结婚的观念十分淡薄，因为人口过多而产生激烈竞争所造成的弊害，在他们看来并不明显，或是在遥远的将来才会出现。因此，不包含雇佣劳动阶层的人口结构是最有利的。在实行分益佃农制的国家，婚姻主要取决于耕种的需要；如果由于某些原因，比如人手不足而妨碍生产，结婚就会增加；反之，人满为患时就会下降。农场规模与人口数量之间的比例关系，是否按照先前的想法加以确定并产生较大效益，是一个极易查明的事实。因此，当不能为过剩人口找到出路时，人口数量就会保持稳定，正如我们在南方各县已经看到的那样。”参见《关于分益佃农制的考察》（Considérations sur le Métayage），《经济学家》1846 年 2 月号，第 236～237 页。

农来说，“总产量越大，他们所占有的份额也就越大，因此尽可能提高总产量也是其自身利益所在”。他又接着说[①]：“但是，在分益佃农制下，耕种者根本不可能将他们所分得的产品节省下来，哪怕是很小的一部分，去用于土地的进一步改良。因为地主无须劳动，就分走了产品的一半。什一税不过分走了总产品的十分之一，就对土地改良造成了极大的阻碍。因此，更不用说，一项税分走了一半，就必定会彻底阻碍人们对土地的改良。利用地主提供的资本来促使土地尽可能多产，固然是分益佃农的利益所在；但是，用自己的任何一部分资本与地主资本混合，绝非分益佃农所乐意的。在法国，据说有六分之五的土地仍由分益佃农耕种。地主常常指责农民不愿意用主人的牲畜来耕田，而用它们来拉车，因为拉车的利润全部归农民自己所有，而耕田的利润则要平分。”

这确实指出了该租佃制的本质所在，即一切改良所花费的资本均必须由地主提供。然而，在英国，无论是农场主可以被随时解约，还是（如果阿瑟·扬是正确的）有“九年租约”的情况，都是如此。如果地主愿意提供资金进行土地改良，那么分益佃农会有强烈兴趣来实现这一愿望，因为由此所产生利益的一半会属于他本人。然而，如我们目前所讨论的，在习俗所赋予的分益佃农享有永久租赁权的情况下，一切改良都必须征得农民的同意；而农民具有墨守成规、不喜革新的特点，若不通过教育加以纠正，毫无疑问，即使该制度的倡导者似乎也会承认，这会严重阻碍土地改良。

第三节　关于分益佃农制在各国发挥作用的例证

分益佃农制没有得到任何英国权威人士的推广。阿瑟·扬说[②]：“这种做法丝毫没有什么可取之处，反而反对它的理由倒是可以列出成千上万条。其之所以保留下来的唯一理由就是迫不得已。农民是如此贫困，以至地主必须向农场提供牲畜，否则农场根本不会有人耕种。这对地主来说是一个极其沉重的负担，因此，他被迫使用所有方法中最危险的方法来进行耕种，他把自己的财产完全交到这样一些人手中——他们一般是无知的，有许多人是粗心大意的，还有少数人则较为邪恶……在所有的土地租赁方式中，这是最糟糕的：受骗的地主收到的租金寥寥无几；农民处于最贫穷的境地；土地的耕作极为粗劣；国家与相关各方受到的损害一样严重……可以肯定的是，在这一制度盛行的地方，无用且可怜的农民随处可见……我在米兰内斯（Milanese）看到的那些贫瘠、干旱的土地，都是在

① 参见《国富论》，第三篇，第2章。

② 参见《旅行》(*Travels*)，第一卷，第404～405页。

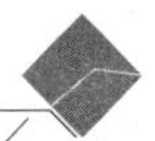

分益佃农手里。”他们几乎总是向地主借种子或粮食，而且“他们的生活条件比日工劳动者更差……只有少数地区（在意大利）是以货币地租的形式将土地租给佃农。但凡采用这种方式的地区，它们的作物产量更高。这是分益佃农制弊端的一个明证”。麦克库洛赫先生说[①]：“凡是实行分益佃农制的地方，都已经停止了所有的改良活动，而耕作者更是陷入极端贫困的境地。”琼斯先生也赞同这一主流观点，并引用杜尔哥（Turgot）和德斯蒂-特雷西（Destutt-Tracy）的观点来予以支持。然而，所有这些学者对这项制度的印象似乎主要来源于法国（尽管阿瑟·扬有时会提及意大利），而且是大革命之前的法国。现在，处于旧制度下的法国分益佃农的状况，绝不再是这一契约的典型代表了。这一制度的本质是地主缴纳一切赋税。但在法国，贵族免于缴纳直接税，于是政府将日益增加的苛捐杂税全部压在了土地占有者身上。杜尔哥将分益佃农极其悲惨的生活境况归咎于这些苛捐杂税。在某些情况下，他们的生活确实十分悲惨。在杜尔哥管理的省份——利穆赞（Limousin）和安哥穆（Angoumois），依照他的说法，在扣除了一切负担之后，余下每人每年消费的金额不超过20～30里弗尔（20～40先令）。“我并不是指现金，而是就全年收成中他们所消费的全部实物以现金计算而作出的估计。”他们并不像意大利的分益佃农那样具有实际的永佃权（阿瑟·扬指出[②]：“在利穆赞，分益佃农的境况不比仆人好多少，他们被任意驱赶，且一切事情都必须遵从地主的意愿”。）我们一经考虑就很明了，这一事实以及上述那些情况并不能用来作为指责具有较好形式的分益佃农的证据。空有躯体而别无所长的人们，如同爱尔兰佃农一样，生活境况已糟糕到无以复加的地步，没有什么可以限制他们生育，土地将不断细分，直至爆发真正的饥荒才能得以停止。

最可靠的权威人士在谈到意大利分益佃农的耕作时，为我们呈现了一幅完全不同的画面。首先是关于土地的细分。在伦巴第，根据夏托维奥的描述，超过50英亩的农场或少于10英亩的农场都很少见。这些农场全部都由与地主平分利润的分益佃农占用。他们全都居住“在宽敞且华丽的住宅里，这些住宅在欧洲的其他任何国家都很罕见”。他们的住宅设计呈现出“房屋的占地面积最小，而可利用空间极大。最适合放置和储藏粮食，最为经济，而且发生火灾的风险也最小”。庭院“从整体上来看，整齐、宽敞、错落有致、井井有条，我们那些肮脏、杂乱的农场根本无法与之相比”。他对皮德蒙特也做出了同样的描述。庄稼的轮作十分优良。“我认为没有一个国家能像皮德蒙特那样，可以将其一大部分产品运到市场。”虽然皮德蒙特的土壤并非天然肥沃，但其距“多个城市很近”。因此，它的农业，无论是在土地总产量上还是在土地净产量上都极为有利。“农耕

① 参见《政治经济学原理》，第三版，第471页。

② 参见《旅行》，第一卷，第404页。

时节，每把犁要耕种 32 英亩地……玉米地得以被精心细致地耕耘和除草。在玉米开始成长之后，用一把犁和两头牛就可以除去所有的杂草，而不会损伤一棵玉米。”有关农业技能就介绍这么多。“前一茬作物以及之后的一茬作物都是大丰收。”“一匹马儿拉着石碾打麦子，并由一个男孩照看着，而劳工则用耙翻动麦秸。这一过程大约会持续两周，既快速又经济，而且所有颗粒都会被收集……世界上没有一个地方的农民能像皮德蒙特的农民一样，精通经营和管理土地之道。这也解释了为何人口庞大的皮德蒙特仍能大量出口粮食。”所有这一切都发生在分益佃农制下。

在阿尔诺（Arno）河谷，包括佛罗伦萨上下整个区域，上述那位学者说①：“橄榄树覆盖着山麓，树荫深处坐落着无数小农场，那里居住着山区的百姓。栗子树在高高的山坡上昂首屹立，它们浓郁的青翠与橄榄树的淡白色调相映成趣，为这片圆形露天剧场平添了几分鲜亮。道路两旁矗立着彼此距离不足百步的村舍……它们与道路隔有一小段距离，用一面墙隔开，前面有缓缓的斜坡。墙头通常放置着许多古色古香的花盆，里面种有花卉、芦荟和橙子树苗，房屋上则爬满了葡萄藤……在这些房子前面，我们看到一群农家妇女，她们穿着白色亚麻上衣、丝绸胸衣，头戴花饰草帽……这些房子彼此相邻，显然其附着的土地一定很小。在这些山谷中，地产必然分得很细，每户拥有 3～10 英亩土地。土地分布在房子周围，并被小型沟渠或者成排林木（有些是桑树，但绝大部分是白杨树，可用其树叶喂养牲畜）分割成若干小块。每棵树上都缠绕着葡萄藤蔓……可以用无轮犁和两头牛来耕种这样大小的长方形田地。每 10 个或 12 个农民会拥有两头牛，他们相继使用这些牛来耕种所有的农场……几乎每一个农场都养有一匹骏马，并用它来拉一辆制作精良的红色双轮小车，它们承担着农场所有的运输任务，而且会送农家妇女去参加弥撒或舞会。因此，每逢假日，就会看到数百辆这样的小车驶向各个地方，车上坐着头戴花饰、身着缎带的年轻女性。”

这不是一幅贫困的景象；就上述所谈到的农业而言，它有力地驳斥了英国学者们关于分益佃农的指责。不过，夏托维奥就耕作者生活条件所做的证词，在某些方面并不那么有利。“构成当地居民幸福生活的，既不是土壤天然的肥力，也不是令旅行者眼花缭乱的充裕物产，而是参与总产品分配的个体数量，它决定了每个人能享有的份额。而在当地，这一份额很小。固然，前面所述的向人们展示了一幅灌溉良好、土壤肥沃、四季常青的令人愉快的村舍景象；那里的土地被分割成若干小块，像是菜园里的苗圃一样，种植着种类繁多的农产品；如上述所言，所有这些土地都分布在精心打造的房子周围，房屋上附着葡萄藤，并缀以鲜

① 参见《意大利来信》，第 78～79 页。

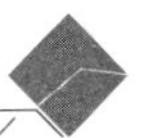

花。但是，走进屋内，我们就会发现里面缺少了各种生活所需的便利设施，餐桌无比简陋，尽显寒酸之气。”在这里，夏托维奥可能不自觉地将分益佃农的生活状况与其他国家自耕农的生活状况做了一番比较，而适当的标准应是将其与日工的生活状况做比较。

阿瑟·扬说①：“人家向我保证说，这些分益佃农（特别是在佛罗伦萨附近的）生活很安逸；在假日里会身着盛装，而且不乏金、银、丝绸等奢侈品，饮食也相当好，有大量的面包、葡萄酒和蔬菜。在某些情况下这也许属实，但总的来说，事实并非如此。如果认为分益佃农仅靠两头牛便可以耕种一个农场，且生活舒适的话，实在是可笑。证明分益佃农生活贫困的一个明显证据是：地主除了提供一半牲畜，还要经常借钱给农民以供其购买另一半牲畜之需……而居住在城市远郊的分益佃农则更是贫困，甚至需向地主借粮食以维持生活；他们吃的食物是掺杂着野豌豆的黑面包；他们喝的是少量葡萄酒与大量水兑成的饮料，被称为艾夸若拉（aquarolle）；他们只在星期日才会吃上一顿肉；他们衣着朴素。”琼斯先生认为佛罗伦萨附近的分益佃农生活得较为舒适，这种情况部分是因为编织草帽的兼业；根据夏托维奥的说法，农家妇女编织草帽每天可以赚到 15～20 便士。不过，这个事实确实也支持了分益佃农制。因为在英格兰的某些地方，诸如贝德福德郡（Bedfordshire）和白金汉郡的农村地区，那些工人阶层的妇女和儿童也编织草帽或缝制花边，但是这一阶层的生活并不富裕，甚至比其他地方的农民还要糟糕，农业劳动者的工资也被同等程度地压低了。

尽管夏托维奥描述了分益佃农的贫穷生活，但他至少对意大利分益佃农制是赞同的。该制度使地主勤劳起来，时刻关注耕作情况，这对于出租土地、收取固定地租的大地主来说是从未有过的。它使地主和分益佃农之间构成了一个利益共同体，双方友善相待；我常常目睹了这种友善的关系对社会道德状况所产生的提升作用。在这种制度下，地主总是对作物收成十分感兴趣，从不拒绝为土地做提前垫付，因为土地会回报以利息；正是由于这种垫付以及由此而萌发的希望，这些富有的地主阶级才逐渐带动了意大利整个农村经济的发展。意大利拥有大量的水利灌溉系统，并且在丘陵地带实施梯田作业。这些渐进但持久的改良，是缺乏财力的普通农民无法完成的。对于那些租种土地的农场主或出租土地收益固定的大地主来说，也是无法完成的，因为这种改良与其并无利害关系。因此，该制度的益处在于使富有的地主阶级与分益佃农相互合作，由前者提供改良耕作的资金，后者则全心全意充分利用这些资金进行改良，以实现双方共同的利益。

不过，最有利于该制度的证词是由西斯蒙第提供的，该证词的优势在于既具

---

① 参见《旅行》，第二卷，第 156 页。

体又十分精确；他的信息不是出自旅行者，而是来自熟知农村生活的当地地主。他描述的一般来说是托斯卡纳，特别是他自己的产业所在地尼埃沃尔山谷（Val di Nievole）的情况，这一地区并非位于佛罗伦萨所谓的特权圈之内，它是农场规模看起来最小的地区之一。他对该地区的分益佃农的房屋和生活方式做了如下描述[①]：

“房屋用石灰和水泥建造成坚固的墙，至少是两层楼，有时在底层还要再修两层。底层一般用作厨房，还设有饲养两头带角牲畜的牲畜圈，以及被称为蒂纳尼亚（tinaia）的仓库，该名字源于一种名叫蒂纳（tini）——无须使用任何压榨工具而发酵用的酒池子；在这里还有盛着油和小麦的封闭木桶。房屋旁会建有一个棚子，人们在那里可以修葺农具、为牲口铡饲料。在第一层或是第二层，通常有三四间卧室。每年的5—6月份，人们会在最宽敞和通风最好的房子里养蚕。大柜子是装衣物用的，几把木椅子是这些房子的主要家具。不过，新婚妻子总是会带来桃木制的衣柜。床上没有幔帐，也没有床帷，除了铺有充满弹性的麦秸褥子之外，我们还会看到每张床上放有一两个羊毛毡子，或是在一些最贫困的家庭里，铺着结实的麻布褥子。每逢节日的时候，妇女们会在家里最好的床上铺上丝制毯子。只在厨房里设有壁炉；同时还有供家庭就餐用的大木桌，以及几把长凳；一个大柜子既用于搁置面包和其他食品，又用于存放面粉；还有一套相当完备但却不值钱的各种盘子、碗碟和陶瓷盆子；一两盏金属灯具；一台罗马式秤；以及至少两个用来提水的水罐。家庭成员的所有内衣和在外工作服都是家庭里的妇女缝制的。男女穿着的这些衣服，厚的称为梅扎拉那（mezza lana），薄的称为莫拉（mola），是用大麻或亚麻缝制的，里面絮有棉花或羊毛；布匹也是纺织妇女染的。人们很难想象，为了纺织布匹、缝制梅扎拉那，妇女们要付出多少艰辛的劳动。至于库房里存放着多少褥子，家庭成员又有多少件衬衫、上衣、裤子、裙子和袍子，为了了解实况，我记下了我最熟悉的一个农民家庭的存放物。这个家庭不是最贫困的，亦不是最富有的，它是依靠自己的劳动，耕种大约8.33英亩土地，分得一半的收成而过着幸福的生活。[②] 这位年轻的妇女拥有50克朗的

① 参见前面提及的他的第六部论文集，第295～298页。

② 1835年4月24日，在佩夏附近的波尔塔韦西亚（Porta Vecchia）地区，瓦朗特·帕皮尼（Valenta Papini）的女儿简（Jeanne）与吉奥瓦希努·兰迪（Giovacchino Landi）成婚，嫁妆清单如下：28件衬衣，7套贵重服装由（由特殊的绸缎面料缝制而成），7件印花衣服，2套冬天穿的劳动服（梅扎拉那），3套夏天穿的劳动服和衬裙（莫拉），3条白裙子，5条染色的布围裙，1条黑色的丝围裙，9条彩色的劳动围裙（莫拉），4条白手帕，8条彩色手帕，3条丝手帕，2条绣花面纱，1条罗纱巾，3条毛巾，14双长袜，2顶帽子（1顶毡帽，1顶细草帽），2件金浮雕，1对金耳环，1串带有两个罗马银冠的念珠，1只带有金十字架的珊瑚项圈……此外，这一阶层所有较为富裕的已婚妇女都有一套她们在一生中可能仅穿四五次的节日盛装——维斯特迪西塔。

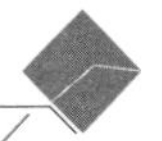

嫁资，其中 20 克朗是支付现金，其余是分期付款，每年支付 2 克朗。托斯卡纳克朗价值 6 法郎（合 4 先令 10 便士）。在托斯卡纳，其他土地面积较大的分益佃农家庭的姑娘嫁资一般是 100 克朗，合 600 法郎。”

这能说是贫困，或是一贯贫困吗？普遍的情况是，西斯蒙第先生甚至说分益佃农女儿的嫁资一般是 24 英镑。在意大利，就这一阶层的生活水平而言，这一数额至少相当于 50 英镑；即使一位姑娘的嫁资只有这一数额的一半，她也还是可以拥有上述成套衣物的，这是西斯蒙第认为的平均状况。那么，这一阶层的一般生活水平应该同其他国家的大部分农民，甚至是资本主义农场主不分伯仲；除了新的殖民地或美国之外，任何国家的日工都不能与之相比。根据一位旅行者对其食物质量较差的印象，是很难推翻上述结论的。食物质量较差很可能是出于节俭，而非贫困。南方人并不喜欢奢华的饮食，这里所有阶级的饮食都以蔬菜为主，大陆的农民并不像英国劳工那样喜食面包。不过，根据西斯蒙第的说法，托斯卡纳农民的饮食“既营养又健康，而且丰富多样，它是由纯粹的小麦面粉做的棕色面包，不掺杂任何混合物。在收成不好的季节里，他们一天只吃两顿饭，上午 10 点吃玉米粥，傍晚时分先喝汤，再吃面包，另外再吃一些开胃菜。夏天，他们吃三顿饭，分别是在早上 8 点、下午 1 点以及晚上，不过，他们只有在晚上才生火做饭，晚饭有汤、一盘腌肉或者鱼干，还有搭配面包一起吃的青豆或青菜。腌肉量很少，因为对于普通家庭来说，他们认为每人每年吃 40 磅腌肉就足够了，每个星期会在汤里放两次腌肉。星期天的餐桌总是会摆上一盘鲜肉，重约 1 磅或 1.5 磅，不管家里有多少人，它都足够一家人享用了。一般来说，托斯卡纳的农民普遍都会生产橄榄油供自家食用，它不仅用于照明，而且一年四季都可以用来炒菜，用它炒的菜既美味又营养。早餐时，他们吃面包、奶酪和水果；晚餐时，吃面包和沙拉。他们喝当地酿造的劣质葡萄酒（用压榨发酵后的葡萄渣兑水而制成的酒）。然而，他们也为打场或节假日而在家里备上一些质量较好的葡萄酒。对于一名成年男子来说，每年大约要消费 50 瓶葡萄酒和 5 袋小麦（大约能烤 1 000 磅面包）”①。

西斯蒙第关于这种社会状况对道德的影响所做的评论也十分值得关注。习俗框定了分益佃农的权利和义务，而赋税则由地主支付。“分益佃农可以享有土地带来的一切收益，而无须承担保护土地的责任。与土地有关的一切争执均由地主处理，因为分益佃农与其邻居和睦相处，他们之间不会相互竞争或猜忌；而且，他们与邻居、地主、税务官员以及教会之间都十分和睦；他们卖的少，买的也少，他们赚的钱不多，因此也没有人向其要钱。人们常常会谈到托斯卡纳的居民

① 参见《政治经济学研究》，第 305～306 页。

性情温和、仁慈，但是却没有充分注意到最有助于保持这种温和性情的原因是什么。由于这种性格，超过人口四分之三的居民，几乎没有任何争执的机会。”只要分益佃农履行其固有的义务，他们就会依照惯例（尽管不是依据法律）拥有稳定的土地占有权，这也使得他们对土地常怀眷恋之情，并产生十分强烈的个人利益感，这种感觉几乎是地主应有的特性。“分益佃农视租用土地如同祖传的土地一样，精心爱护，不断尽力改良，注重长远发展，并指望着这一土地能够世代传承下去。的确，许多分益佃农世代生活在同一块租用土地上，他们了解土地的一切，也能够真切感受到土地所能够带来的一切。层层梯田，不断绵延，其宽度往往不足 4 英尺，但是分益佃农认真研究了每一块梯田的特性。这一块比较干燥，那一块比较潮湿；这一块土层较厚，那一块土层刚刚覆盖住岩石；这一块适合小麦生长，那一块则适合黑麦生长；这里种植玉米将白费力气，那里不能种蚕豆和扁豆；远处的亚麻长得较好，沟沿边上的地更适合种黄麻。因此，人们十分惊讶，分益佃农在一块 8.3 英亩的土地上、斜坡上所种植的作物品种，比一个富裕的农场主在 500 英亩的土地上种植的品种还要多。这是因为，后者深知他们只是暂时占有土地，而且必须遵循常规作业，忽略那些细节。但是，分益佃农凭借经验启发，并通过利益与情感的激发充分发挥聪明才智，成为最好的行业能手，而且，面对未来，他们不仅想到了自己，还考虑到了他的后辈。因此，当他在种植一棵橄榄树（拥有百年寿命）时，会在低谷处修一条排水沟渠，从而使其免遭积水危害，他也会研究如何深翻底层土壤。”①

第四节　废除分益佃农制是否可取

我并非想通过这些引文来证明分益佃农制所具有的内在优越性，但是毫无疑问，它们明确证明了无论是“耕作粗劣”，还是“极度贫困”都与该制度没有必然联系，而且，英国著述者们的恣意谩骂不过是一种十分狭隘的见解罢了。我认

① （参见《政治经济学研究》，第 292～293 页。）西斯蒙第先生曾经对这些富有智慧的人给予了高度赞扬。“他们中间会识字读书的人很少，但是每个家庭中往往会有一人成为教士，每到冬天的晚上他会读书给全家人听。他们的语言甚似纯粹的意大利语。他们都有即兴赋诗的爱好。在夏天的节庆日里，尼埃沃尔山谷的居民喜欢在晚上 9～11 点去看戏，入场门票的价格略高于 5 个苏法币（合 2.5 便士）。阿尔菲里（Alfieri）是他们非常喜爱的演员，这些目不识丁的人对于阿特里德斯（Atrides）的故事也十分熟悉。他们在辛勤劳作之后，也希望通过大胆的诗歌朗诵来放松一下。”（参见《政治经济学研究》，第 312 页。）与普通的农民不同，他们喜欢从故乡的美景中寻找乐趣。“在尼埃沃尔山谷，每家每户屋前都有一个打麦场，面积一般为 150～180 平方英尺。这里往往是农场中最为平坦的地方，可以俯瞰平原和山谷，一览美景。我几乎不会驻足观赏风景，除非有个农夫一同来与我观赏，他会指指眼前的美好风光，生怕我会错过这种享受似的。”（参见《政治经济学研究》，第 308～309 页。）

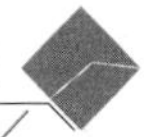

为，意大利的农村经济是有利于具有永久占有权的小农耕作制度的又一例证。这是一个即使在分益佃农契约所具有的特殊性质造成不利的条件下，仍能依靠永久使用权和小土地占有两种要素，而取得成就的例子。分益佃农制的缺点在于：租地者努力劳动的积极性，要比那些同样具有永久使用权、支付固定租金或基于某种规则支付变动地租，从而获得自身努力劳动的全部成果的人低50%。分益佃农制会在有迫切需要的社会里自然而然地产生，我们不必急于推广；但是我们也不必仅仅因为从先验的角度而认定它有缺陷，就想要废除它。如果这一制度在托斯卡纳的实践，如同著名的权威人士西斯蒙第所描述的那样，在每一个细节上都一致，而且人们的生活方式和农场规模也如同他所描述的一样，会世代延续下去的话[①]，那么，企图在农业改良的幌子下引入货币租赁和资本主义农场制度，而最终改变这种远远超过了欧洲大多数国家的农村福利状况的做法，则十分令人沮丧。即使在那些分益佃农确实贫困、土地分割的确很细的地方，也不能认定这种变革就会带来更好的结果。农场规模的扩大和引入措施改善农业，通常都会减少土地劳动力的数量；除非工商业领域中资本的增长能为这些无业者提供就业机会，或者，除非还有闲置的土地可供其开垦，否则，由此而产生的竞争会降低他们的工资，他们当日工时的生活状况，很可能会比作为分益佃农时的更糟。

琼斯先生非常正确地指责了18世纪的法国经济学家们追求其所鼓吹的采用货币地租的目标，他们企图用租地农场主制来代替分益佃农制，但是没有想过如何将目前的分益佃农转变为租地农场主。正如他公正地指出的那样，除非使分益佃农能够积蓄金钱成为资本所有者，否则这种转变就无法实现；因而，要促成这种情况，地主就必须长时间忍受收入的减少，而不是期望它会增加，这通常也就是那些人会进行尝试的直接动机。如果这种转变得以实现，并且分益佃农的处境没有发生任何变化，如果他们继续保有习俗所赋予的一切其他权利，但只是摆脱了地主索求得到一半劳动产物的权利，取而代之的是支付适度的固定地租，那么，他们的处境会比现在的要好。因为他们所做的任何改良的成果，全部而不是一半会归属于他本人。不过，即使如此，他们的利益也不是没有受到损害。因为分益佃农虽然自己不是资本家，但是有一个资本家的合伙人，而且，他们可以支配相当大的一笔资金，至少在意大利是这样，农场建筑物的精致程度可以作为证明。而且，在无须投入就可获得固定收入的情况下，分益佃农也就不再指望地主

① 西斯蒙第说："我从未见过一个分益佃农家庭会主张将所占有的小块土地再细分，除非它无法胜任，除非它觉得有把握在一块较小的土地上也能获得同样的乐趣。而且，也不曾看到在一个家庭中几个儿子都结婚，并组成同样多的新家庭的情况，而是一般只有一个儿子结婚，并负责管理家务，其他儿子都不结婚，除非那个成家的人没有子嗣，或者除非其他儿子中有人获得了一份新的可供租用的土地。"（参见《政治经济学新原理》，第三篇，第5章，第198页。）

会愿意让其支配动产来冒农业改良的风险。因此，即使这种转变不影响分益佃农事实上的永久使用权，而确实将其转变为免于缴纳地租的自耕农，也仍然会存在问题。如果我们假定分益佃农转化为一个纯粹的承租者，地主可以随意剥夺其承租权，地租也会因竞争而提高到任何谋求生存的不幸之人所提供或允诺提供的水平，那么，分益佃农将失去一切能够防止其处境恶化的特质，他们将从目前半土地所有者的地位上跌下并且沦落为一个投标佃农（cottier tenant）。

第九章　论投标佃农

第一节　投标佃农制的性质和作用

顾名思义，我所说的投标佃农制，无一例外是指农民在订立土地契约时没有资本家农场主的干预，以及这一契约的各项条件，尤其是租金的多少，不是由习俗而是由竞争决定的制度。在欧洲，实行这种制度的主要例子是爱尔兰，投标佃农这一名称就是从那里产生的。① 爱尔兰的大部分农业人口直到最近都还是投标佃农，除去目前北爱尔兰租地权构成的例外情况之外。实际上，即使是最小块的土地，很多劳动者也不能以永久佃户的身份获得（我们可以设想这是由于地主和已经占有土地的佃户都反对进一步细分土地的结果）。但是，由于缺少资本，用土地来支付工资的习俗已经广为流传。人们发现，即使是那些为投标佃农或大型农场主工作的临时劳动者，通常也不是以货币支付工资，而是耕作一块已经施肥的土地一个季度，这种做法一般被称作可奈科（conacre）。在这种情况下，他们同意支付每英亩若干英镑的货币地租，但是实际上并没有支付货币，而是以货币的价值折算劳动来清偿债务。

在投标佃农制下，产品被分为租金和劳动者的报酬两部分。显而易见，一方由另一方决定。劳动者的所得是地主没有拿走的部分，他们的生活状况取决于租金的多少。但是，租金是由竞争来调节的，取决于土地的供求关系。土地的需求取决于竞争者的数量，即全部的农村人口。因此，这种租赁制度使人口法则直接作用于土地，而不是像英国那样作用于资本。在这种情况下，租

① “投标佃农”这一词语的本义是指从小型农场主那里租借一间农舍和一两英亩土地的转租承租人。但是长期以来，学者们延伸了这一词义，把小型农场主以及通常由竞争决定地租的所有租地农民都包括进来了。

金取决于人口和土地之间的比例。由于土地的数量是有限的，而人口具有无限增加的能力，除非某种因素能够控制人口增长，否则对土地的竞争会马上促使租金超过维持人们生存的最高点。因此，投标佃农制的影响取决于控制人口增长能力的程度，这种控制要么是源于习俗或个人谨慎，要么是源于饥饿和疾病。

断言投标佃农制绝对不会使劳动阶级过上富裕的生活，这是不切实际的。如果我们能够假设这一制度是在一群习惯于高生活标准的人中实行的，那么他们不会支付较高的地租，除非支付之后仍留有大量的生存资料，且人口的适度增加也不会让未被雇用的人口通过竞争增加租金。当技术提高使土地产量增加时，他们不会因支付较高的地租而给生活带来不便，因此，这种制度下的这一耕作阶级就会像处于其他任何制度下的阶级一样，可能会获得同样丰厚的报酬以及同等份额的生活必需品和奢侈品。然而，如果他们的租金是随意决定的，他们将不会享有托斯卡纳分益佃农从他们与土地的联系中得到的那种特殊利益。他们既不能使用属于地主的资本，也不能像永久拥有占有权的农民那样，从身体和精神两个方面努力来弥补资本的不足。与此相反，租地人的努力所造成的土地价值的提高只会使他在下一年或租约期满后支付更高的租金。如果地主比较公平且理智，那么他们也许不会利用竞争给他们带来利益。地主占有这种利益的程度因人而异。但是，期望人类的某个阶级或某个集团都会采用这种有损于他们直接的金钱利益的行为，是一定会落空的。当一个人在考虑是否要为比较遥远的将来做出当前的努力和牺牲时，在这一问题上，疑虑和不确定性一样具有重大影响，即使努力和牺牲的成果被别人取走的可能性很低，也会使努力和牺牲大打折扣。消除这种不确定性的唯一措施就是逐渐形成一种习俗，确保同一占有人享有永久占有权，而且不经公众一致同意就没有义务承担增加的租金。北爱尔兰租地权就是这样一种习俗。租约即将期满的承租人将从他的后继者那里获得一笔相当可观的金额作为对他们农场的信誉偿付①，这首先是限于在土地竞争中能够实际支付这笔资金的人。同一事实也证明，即使竞争受到很大的限制，地主也不能占有全部的利益，因为地主获得的租金没有达到新佃户不仅承诺而且实际支付的地租总额。佃户这样做是因为他确信租金不会增加，因为他有习俗作担保，虽然这种习俗不被法律所承认，但具有来自其他方面的制裁所产生的约束力。在爱尔兰，人们对这一事

① “对于一个没有租约的佃户，即使没有任何迹象表明他对这块土地进行过改良，仅出售他对于农场的占有权或所有权，也能够获得相当于10～16年甚至20～40年的租金，这样的事情并不罕见。”［参见《德文爵士委员会的证据摘要》(*Digest of Evidence taken by Lord Devon's Commission*)，德文爵士委员会，绪论，2卷本，都柏林：托伦，1847—1848年，第一卷，第1页。］编者又说，“那个地区（北爱尔兰）比较平静，可能主要是由于这一事实。”

实是非常了解的。[①] 这些支柱少了任何一根，在进步的社会里都不可能形成限制土地租金的习俗。如果财富和人口是固定的，则租金一般也是固定的，而且在地租长久不变的情况下，人们可能认为它是不可改变的。但是，财富和人口的一切增加都趋向于增加租金。在分益佃农制下，已经建立的模式确保土地所有者能参与增加的产品的分配。而在投标佃农制下，土地所有者只能通过重新调整契约才能做到，而在一个不断进步的社会里，重新调整契约几乎总是对地主所有者有利。因此，地主所有者的利益必然与将地租变成一种固定要求的习俗相矛盾。

第二节　在人口过多的国家实行投标佃农制的必然结果是产生名义地租

在地租的数额没有受到法律或习俗限制的地方，投标佃农制具有分益佃农制的各种缺点，且几乎没有该种制度的任何优点，在那种占有制度的最好形式下，这些缺点都是可以弥补的。投标佃农所从事的农业几乎充满了不幸。但耕种者的生活状况却不具有这种必然性，因为通过对人口的充分限制，减缓了对土地的竞争，并防止了极端贫困的产生。谨慎的习惯和较高的生活标准一旦建立起来，就有足够的机会保持下去。尽管在这样有利的情况下，与得到习俗保护的分益佃农（如托斯卡纳的分益佃农）的情况相比，谨慎的动机相当微弱。这是因为被如此保护的分益佃农家庭，只要它们自己不毫无远见地增加人口就不会陷入贫困。但是对投标佃农家庭来说，无论自身多么谨慎和自制，都有可能因为其他家庭人口的增加而致使地租上涨。保护投标佃农远离这种不幸只能通过使这一阶级普遍具有责任心和荣耀感这种有益的情操。通过这一方法，他们才有可能得到有力的保护。如果这个阶级习惯性的生活标准较高，那么年轻的一代可能不会同意支付较高租金，从而使他自己过得比上一代人差。或者，像一些国家实际发生的那样，除非农场是空闲的，否则年轻的一代就不会结婚，这可能成为人们普遍认可的习俗。

但是，我们在考虑投标佃农制的影响时，无须考虑较高的生活标准是否植根于劳动阶级的习惯。这种制度只有在农村劳动者习惯性的需求处于最低水平时才

① “在绝大多数情况下，这不是对土地所发生的费用或所实施的改良的补偿，而仅是一种生命保险或免于暴行的豁免权。”［参见《德文爵士委员会的证据摘要》，德文爵士委员会，绪论，2卷本，都柏林：托伦，1847—1848年，第一卷，第1页。］“北爱尔兰目前的承租权”（作者明智而审慎地提出）“是孕育不动产的胚胎”。“在那里，如果无视承租权，使承租人在为获得对他信誉的偿付的情况下被驱逐，那么通常会引起暴乱。”［同上书，第8章，第319页。］“蒂珀雷里（Tipperary）的混乱状态和遍及爱尔兰的农民协会，不过是为了获得爱尔兰承租权的一场有组织的战争。”

能被发现。只要他们没有真的挨饿，就会生儿育女，并且人口只能由疾病和由于生活必需品的短缺所造成的死亡来控制。爱尔兰大部分农民的状况就是如此。当一个民族陷入这种状况，而且自远古以来就一直如此时，他们总想从中解脱，投标佃农制几乎是他们一个无法逾越的障碍。当人们习惯于这种状况，即除非无法获得必需的生活资料就绝不会控制人口增长时，而且当他们的生活资料只能靠土地获得时，有关地租的全部契约和协议都只是名义上的。对土地的竞争会使农民同意支付超过他们本应该支付的金额。当他们支付了他们能够支付的一切以后，他们几乎总是有很多未付债务。

“关于爱尔兰农民的状况，可以公正地说，”爱尔兰《济贫法案》调查委员会秘书雷文斯（Revans）先生说①，“每一个没有足够的土地来生产食物的家庭，都会有一两个家庭成员靠乞讨为生，因此，不难设想每一个农民都会尽一切努力去获得一小片土地，在投标时，他们考虑的不是土地的肥力以及自身负担地租的能力，而只是出价多少才最有可能获得土地所有权。他们承诺的地租几乎总是超出了他们的承受能力，因而只要他们获得了土地使用权，就会负债累累。他们以地租的形式让出了土地的全部产品，除了留下供他们生存所需的足量的马铃薯之外。但是即使如此，也不足以缴纳他们所承诺的地租，因此他们的负债一直在增加。在某些情况下，即使他们所持有的土地生产出了最多数量的产品，或者在他们的耕作制度下，能在最有利的季节进行生产活动，其产品也不足以支付投标地租。因此，如果农民能履行与地主订立的契约（这一点是很难做到的），那么他们耕作的土地将毫无所得，并且还要向地主支付一笔额外的费用以获得继续耕作土地的机会。沿海渔民和北方各地区拥有织布机的人所支付的地租，通常高于他们所持有的土地的全部产品的市场价值。人们可能认为，在这种情况下，他们不持有土地会更有利。但是捕鱼可能在一两周中一无所获，因此对织布机产品的需求也可能会减少，在这种情况下，他们不拥有种植粮食的土地，就有可能挨饿。不过，按照投标地租的数目全额支付的情况很少。农民长期对他们的地主负债，他那可怜的财产——他自己及其家人的破衣、两三把凳子、几件陶器，就是他那破屋的全部家当，即使全部卖掉，也不足以清偿一直在增加的债务。农民大多拖欠一年的地租，拖欠的原因大多都是贫穷。假如某一年农民所持有土地的产量高于往年，或者他们通过某些机遇拥有了一些财产，他的生活水平也不可能因此提高。他既不能纵容自己吃更好的食物，也不能吃更多的食物；他既不能添置家具，也不能使他的妻子和孩子穿得更好一些。他必须将获得物交给他的地主。偶

① 参见雷文斯·约翰（Revans John）的《爱尔兰的罪恶：成因及补救》（*Evils of the State of Ireland, their Causes and their Remedy*），第2版，伦敦：哈查德，1837年，第10页。这本小册子的内容还包含了对惠特利（Whately）大主教主持的委员会所搜集的大量证明材料的整理和分类。

然增加的收入只能使他减少所拖欠的地租，并因此延长退租的日期。但是，这正是他们所期待的底线。”

我们可以引用爱尔兰土地占有委员会所搜集的证词中①，尤克里王室的神职人员赫尔利（Hurly）先生所提供的一个事实，这是一个极端的例子，即土地的竞争极为激烈，有时这种竞争将名义上的地租抬高到十分荒谬的程度。赫尔利先生指出：“我所了解到的一个农民投标一块我十分熟悉的农场，出价为每年50先令，我看到竞争把地租抬高到如此程度，出价者宣称每年支付450先令。”

第三节　名义地租与勤劳、节俭或抑制人口相矛盾

在这种情况下，一个佃农靠勤劳或谨慎能得到什么？由于鲁莽又能失去什么？如果地主在任何时候都充分运用他在法律上的全部权利，投标佃农将无法生存。如果他们尽自己全部的努力使土地产量翻倍，或者谨慎避免多生子女以防把这些产品吃光，那么他们唯一的收获就是多一些剩余支付给地主。但是，如果他有20个孩子，仍然要先养活他们，因为地主只能拿走剩余的部分。整个人类几乎只有投标佃农处于这种状况，即他的生活是好还是差与他自己的行为毫无关系。如果他是勤劳的或谨慎的，除了他的地主外没有人会受益。如果他是懒惰的或放纵的，则会损害其地主的利益。简直无法想象还有比这更缺乏劳动或自制动机的情况。自由人的激励因素被剥夺了，激励奴隶的各种因素又尚未被替代。他没有什么期望，除了剥夺他所持有的土地外没有其他忧虑，并且他通过最后的防卫式内战保护自己的土地不被剥夺。洛克主义运动与白衫运动（Whiteboyism）的参与者都是除了每天以一点糟糠为食外就一无所有的人，他们由于无法忍受仅有的一点食物也被他人剥夺而揭竿而起。

某些自命不凡的公众导师把爱尔兰产业的落后以及爱尔兰人缺乏改善他们生活状况的精神，归因于凯尔特（Celtic）民族独有的懒惰与漫不经心。对人类的天性和生活中最重要的问题形成这样的观点，不是极大的讽刺吗？一切关于社会和道德对人类思想所产生的影响避而不谈的庸俗做法中，最庸俗的就是把行为和品格的多样性归因于天生的差别。当一切事情已经安排好了，人们不会从远见卓识或努力中获得任何利益，哪个民族不会变得懒惰和漫不经心？如果人们一直是在这样的安排下生活和工作，并且已经形成了无精打采和漠不关心的习惯，当人们处于付出努力就能真正获益的环境时，不能第一时间做出这种改变有什么好奇

① 证据请参见《议会文件集》(*Parliamentary Papers*)，1845年，第20章，第851页。

怪的？像爱尔兰人那样崇尚愉悦、多愁善感的民族，不会像英国人一样热衷于稳定的日常劳动是非常自然的，因为爱尔兰人可以从脱离这种劳动中获得更多的生活乐趣。但是与同属于凯尔特民族的法国兄弟相比，他们不是更不适于劳动；同托斯卡纳人或古代希腊人相比，也是如此。一个容易激动的民族在受到适当的激励时，最容易点燃奋发图强的精神，在没有这种激励的情况下，他们往往不会努力工作。在英国或美国，没有劳动者比爱尔兰人更努力工作，但不包括投标佃农制下的情况。

第四节　印度的佃农租赁制

印度的许多耕种土地的农民与投标佃农制下的佃农处境十分类似，同时又有很大的区别，我们可以对比二者获得一些知识。在印度的大部分地区，契约方总是只有地主和农民两方。地主通常拥有完全的权利，除非他通过一个特别的法律文件将他的权利授予某人，使其成为他的代理人。然而，农民或印度的佃农所支付的地租，很少像爱尔兰一样由竞争决定。尽管各地的习俗千差万别，而且实际上没有一种反对统治者意志的习俗能被保存下来，但是在邻近的区域总会存在一些相同的规则。收租人不会和每一个农民单独讨价还价，而是参考其他地区所采用的规则确定租金。因此，承租人可以保有某种租种权或者永久占有土地权的观念逐渐形成。而一种反常的现象也随之产生，即租地农民可以永久耕种的同时，地主拥有任意提高租金的权力。

莫卧儿帝国政府在印度大部分地区取代印度人的统治之后，推行了一套不同的规则。政府对土地进行了仔细的测量，然后根据测量的结果分别估算并固定了每块地向政府应缴纳的数额。如果这种估算没有超出太多，则印度佃农可以处于比较有利的自耕农地位，不过必须缴纳沉重但固定的免役地租（quit-rent）。然而，由于缺乏对各种非法勒索的保护，他们生活状况的改善只是名义上的，而不是实际上的。除非偶尔出现一名慈善且精力充沛的地方官员，否则除了农民无力支付更多以外，对政府的强取豪夺没有实际意义上的限制。

英国统治者接替莫卧儿对印度的统治时就是这样的情况，而且他们最初是想终止这种土地收入的随意性，认为对政府需求加以固定的限制是很重要的。他们没有试图恢复莫卧儿帝国所采用的评估办法。一般来说，英国政府对印度本土所采用的制度并不重视，反而去调查现存的并在实践中受到尊重的各种权利，加以保护并扩大，这一做法是非常合理的。然而，长期以来英国政府严重地歪曲了这一事实的真相，完全误解了现存的习俗和权利。这种误解的原因在于普通人没有

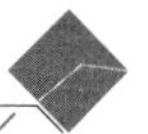

能力思考与他们实际上熟悉的社会关系完全不同的社会关系。英国习惯于大规模的土地耕作制度和大地主，所以英国统治者认为印度的情况也应如此。他们到处寻找可以胜任这一工作的人选，最后选中了一群被称为柴明达尔（zemindar）的收税官。一位对印度问题进行过深入思考的历史学家指出①："柴明达尔具有地主的一些特征，他在某一特定的地区收缴地租，统治这一地区的耕种者，生活得比较奢侈，当他去世后由他的儿子接任他的位置。因此，英国人毫不迟疑地认为柴明达尔就是印度的土地所有者、贵族和乡绅。他们没有考虑到柴明达尔虽然收缴税收，但并不能保有这些租金，只留下一小部分，其余的全部上交给政府。他们也没有考虑到虽然柴明达尔统治这些印度佃农，并在很多方面对他们实行专制，但是他们并不把佃农看成是他们自己的佃户加以统治，这些佃户既不是他们可以随意解约的，也不是和他们签订契约的。印度佃农的土地所有权是一种世袭的权利，土地收租者更换佃农是非法行为，他从佃农手中拿走的每个铜板都必须登记入账。如果他从收缴上来的税收里多拿一分钱，就属于欺诈行为。"

"印度曾经有一个机会，"这位历史学家继续说，"这个机会是世界历史上没有出现过的。当时处于君主统治之下的直接耕种者与土地的利害关系最为密切。对于柴明达尔的权力来说（诸如他们过去的那种权力），很容易给予充分的补偿。政府宽宏大量地做出决定，为了改善国家的状况，可以牺牲君主的所有权。通过给予所有权来实施改良的做法是非常值得赞赏的，这会赋予这些人无比强大的力量，远远超过对其他任何阶级所产生的作用。在任何国家，这些都被赋予农业中实施各种重要改良的土地直接耕种者。而且这一做法可以和任何国家所曾采用的最好改良手段并列，并可能有助于补偿印度人民长期忍受暴政带来的不幸。但是，当时的立法者是英国贵族，而贵族的偏见最终占了上风。"

就善意的倡导者所期望的主要结果来说，这一做法已被证明是完全失败的。他们不善于估计任何给定制度的实行会随着一个国家现存的情况不同而发生变化，自以为光荣地在孟加拉各省造就了一批英式地主，事实上他们只是造就了一批爱尔兰地主。新兴的土地贵族辜负了人们寄托在他们身上的一切期望。他们在土地改良上毫无建树，所做的一切都是自掘坟墓。也没有像爱尔兰一样设法采取措施使地主免于遭受因目光短浅而造成的损失。由于债务或拖欠税收，孟加拉几乎全部的土地都被抵押出去或卖掉了。一代人之后，大多数已往的柴达明尔都不存在了。其他家族，多半是加尔各答货币兑换商的后代，或在英国政府的统治之下富裕起来的当地官员的后代，对他们取而代之。这些人依靠别人被迫出让给他们的土地过着毫无意义的寄生虫生活。不管政府声称为造就这一阶级付出了多少

① 参见詹姆斯·穆勒的《英属印度史》（*History of British India*，伦敦：Baldwin，Cradock，and Joy 出版社，1817 年），第 4 编，第 8 章。

金钱，都只是一种极大的浪费。

英国统治较晚的印度地区避免了再犯用公共收入来资助一批无用的大地主的错误。在马德拉斯（Madras）的大部分地区和孟买管辖的地区，地租由直接耕种者直接上交给政府。在西北各省，政府与村社集体签订契约，确定每个人所支付的份额，但他们为个人行为共同承担责任。而在印度的大部分地区，直接耕种者没有以固定地租获得永久租赁权，政府按照爱尔兰地主管理庄园的原则来管理土地。既不是通过竞争，也不是根据耕种者承诺支付的数额收缴地租，而是先由耕种者自己决定能够支付的数额，然后由政府根据它的需求确定数额。在很多地区，一部分耕种者被视为其他人的佃户，政府只向被视为村庄的原住民或征服者的后代（他们的人数通常很多）征税。地租有时固定为一年一次，有时是三五年一次。但目前政策的倾向是长期租种。在印度北部各省，土地的租赁期已经延长到三十年。这种制度实施的时间不长，所得到的经验还不足以表明长期的租赁对耕种者实施改良的动机所产生的影响与永久租赁权相比差多少。① 但是，每年结算和短期租赁这两种计划肯定是不适用的，只能说它们与以前存在的无限剥削相比好一些。它们未经任何人的批准，只是临时性的安排，当国家有能力拥有更丰富的知识时就会被抛弃，以实现更长远的目标。

① 1865年版的注释：自这段文字被写下来以后，印度政府采纳了这项决议，在北方各省实施固定地租，把长期租赁转变成永久租赁。

第十章 废除投标佃农制的方法

第一节 爱尔兰投标佃农应该转变为自耕农

在本书的第一版写成并出版之后，如何解决投标佃农人口的问题，成了英国政府最迫切的实际问题。长期以来，八百万人口中的大多数人绝望地挣扎于悲惨的投标佃农制下，已经沦落到以藜藿勉强度日的地步，对改善其命运完全无能为力。最后，甚至连这种最低质量的食物也无法自给，只能选择死亡，或永久依靠他人救济。不然的话，就必须根本变革迄今为止他们一直不幸生活在其中的经济制度。这种紧急态势迫使立法机关和全国人民予以关注，但很难说取得了多少成效。因为弊端的根源是土地租赁制度，在这种制度下，人们除了饿死的恐惧之外，所有勤劳和节俭的积极性都被扼杀了。而国会提出的补救办法甚至连这一点也抹杀了，取而代之的是给予他们可以申请救济的权利；然而，对于纠正弊端的原因，除了一番空话之外，没有做任何事情，虽然国库已经为这种错误花费了几千万英镑。

“我认为，在证明爱尔兰经济弊端的真正原因是投标佃农制这一点上，不必再做任何争论；当凭借竞争来确定农民租地成为一国的惯常做法时，寄希望于勤劳、活力、除死亡以外的人口限制，或者是任何轻微地减少贫困的程度，都无异于是镜花水月。如果我们务实的政治家不够成熟，没有承认这一事实；或虽然他们在理论上承认了，但没有多大的切身感触，固然也无法认识到造就它的任何原因；另外，仍然还有一种纯粹基于实际的考虑，使他们无法回避，从而去发现它。如果人们迄今为止所赖以生存的收成还是岌岌可危的，那么，除非对农业技术和劳动积极性给予新的、巨大的刺激，否则，爱尔兰的土地将无法供养目前的人口。该岛屿西半部分的全部农产品，即使不缴纳地租，现在也无法供养它的所有居民了，他们将必然成为帝国每年的财政负担，除非其人口数量通过移民或饿死而减少到与其勤劳程度相适应的最低状态，或者，除非找到能够使该产业更有成效的手段。”

自从写下这些话之后，发生了一些任何人都没有预料到的事情，使爱尔兰的英国统治者免去了好些尴尬之事，原本这些事情会因为他们的冷漠和缺乏远见而使其受到公正的惩罚。在投标佃农制下的爱尔兰再也未能为其人口提供足够食物了，虽然国会采取了补救措施来促进人口增长，但是对生产没有任何刺激作用。然而，爱尔兰民众不是依靠政治智慧，而是由于意想不到的原因而得以解放。自助移民——威克菲尔德制度（Wakefield system）（依靠先前移民者的收入来支付后期移民者的费用），根据自愿原则开始大规模实施，目前，人口已经下降到现行农业制度可以支撑的就业和供养的数量。与 1841 年相比，1851 年的人口普查结果显示，人口减少了约 150 万。随后的人口普查（1861 年的人口普查）显示，人口又进一步减少了约 50 万。如此一来，爱尔兰移民来到北美这块富饶大陆，开辟了一条求生之路，这块土地能够在不降低生活标准的情况下供养全世界世世代代不断增加的人口。爱尔兰农民也凝视着这个大洋彼岸的人间天堂，将其作为摆脱撒克逊人的压迫以及大自然的暴虐的避难所。毋庸置疑，无论是今后在爱尔兰普遍推行英格兰的耕作制度，还是像萨瑟兰郡（Sutherland）那样，将爱尔兰改造为一片牧场，农业就业机会将减少多大程度，失去工作的人们就会以同样的速度移民（就像 1851 年之前的那 3 年内有 100 万爱尔兰人移居美国一样），并且无须国家资助。认为一个国家的土地是为了几千个地主的利益才存在，只要农民缴纳地租，社会和政府就履行了其职责的那些人，或许可以从这一结果中看到如何才能圆满解决爱尔兰难题。

但是，时代不同了，如今的人再也不会容忍如此蛮横无理的主张了。爱尔兰的土地、每个国家的土地，都属于该国人民。被称为地主的这些人从道德和正义上讲，除了获得租金或土地可售价值的补偿权利之外，没有其他任何权利。就土地本身而言，最重要的考量就是采用什么样的占有方式和耕作方式对全体居民最有用。当大部分居民对他们及其祖先生活并忍受苦难的国家的公正原则感到绝望，转而在另一个大陆上寻求他们在本国无法实现的土地所有权时，收租的地主或许会感到这对其非常有利。但是，帝国的立法机关应该从另一个角度来看待数百万民众的被迫移民活动。如果一个国家的居民因为政府不能为其提供一个适合居住的地方而移居他国，那么政府就应该受到批判和谴责。不过，没有必要剥夺地主合法权益所具有的任何金钱价值，但爱尔兰的实际耕作者要求在本国能够实现他们在美国实现的梦想——耕者有其田，这是理所应当的。

良好的政策需与这种要求相适应。那些既不了解爱尔兰也不了解任何外国情况的人，将英国的具体实践作为他们社会和经济优越性的唯一标准，并打算将投标佃农制转变为雇佣劳工制，来将其作为改善爱尔兰人悲惨境遇的唯一补救措施。但这

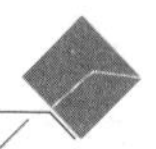

只是改善爱尔兰农业的一种方法，而不是在改善爱尔兰人的生活状况。一个日工的地位并不能促使一个缺乏远见、节俭和自制力的人富有这些品质。如果爱尔兰农民普遍地成了工薪者，而仍然保有原来的习惯和精神风貌，那么，我们应当看到的只能是四百万或五百万日工过着与投标佃农曾经所经历的同样不幸的生活，同样安分守己地过着苦日子，同样不计后果地多生育，甚至同样无精打采地工作。这是因为他们不会全体被解雇，即使被解雇了，也可以依靠济贫度日。而如果他们成为自耕农，那么效果就会大不一样。一个在勤劳和谨慎方面需要大力学习的民族——众所周知，欧洲居民最缺乏这种勤劳美德——要获得新生，就必须给予最强大的刺激来激发这种美德，而没有一种激励能与土地所有权相提并论。在耕作者和土地之间建立起永久的利害关系，可以保证耕作者坚持不懈地劳作，这是目前已知的防止人口过剩的最有效方法，尽管这一措施并不十分可靠。若这一方法失效，那么其他任何方法则更加无法起作用，而且随之产生的弊害不再是经济措施所能补救的。

在需要改良方面，爱尔兰的情况与印度的情况类似。在印度，虽然时不时会发生很多错误，但没有人提议以农业改良的名义将佃农或自耕农赶出他们所占有的土地；人们曾经寻求的改进不过是为了使其租地权更加稳固，唯一的区别是，一些人主张赋予农民永久租赁权，而另一些人则认为签订长期租赁合约就足够了。在爱尔兰也存在着同样的问题。不置可否，即使在爱尔兰，有时也会发现长期租约在某类地主的运作下会产生奇迹，但它必须是低租金的租赁合约。依赖于长期租约则无法废除投标佃农制。在投标佃农制存在时，租赁合约是长期的，二十一年以及三代人同时生效是当时普遍的一个期限。但是，租金是通过竞争确定的，金额要远远高于佃农的支付能力，因此，佃农既没有与土地之间的利害关系，也不能依靠劳动来获取收益，租赁的好处只是名义上的。在印度，政府没有轻易将土地所有权转让给农场主，也就能够防止这种弊害。因为政府本身就是地主，它可以根据自己的判断来确定租金。但是，在私人成为地主的情况下，当租金通过竞争来确定，而且竞争对象又是为了维持生计而奋斗的农民时，除非人烟稀少而导致竞争浮于表面，否则名义地租就是不可避免的。大多数地主都会攫取眼前的利益和权利；而且只要他们发现投标佃农还可以向其提供一切，则指望他们出于同情心来自觉克制这些恶行，就是无济于事的。

永久租地权比长期租赁合约对土地改良具有更大的刺激作用。这不仅是因为，长期租约期限再长，在最长期限届满之前，都得经历各种各样的短暂租赁过程，直到合约完全解除，而且还有更根本的原因。其实非常容易理解，即使在纯粹的经济学中也无须借助想象力来加以解释："永久"要比"期限最长"更具效力；即使租期长到足以将子女及其所关注的所有人包括在内，但在他的精神境界高到公共利益（其中也包括永久租地权）可以完全左右其情感和欲望之前，他是不会以同样的热情来增加土地价值的，因为他与土地之间的利害关系在逐年减弱。此外，当永久租赁制度如同所有欧洲国家中的情况一样，已经成为土地所有制的一般原则时，那么，任何一种有期限的租约，不论租期多长，都肯定会被视为是一种不值得考虑和有失尊严的事情，因而人们不会渴望得到它，即使得到了也不会对其产生多大的感情。但是，一个国家在实行投标佃农制时，永久租地权的问题就变得次要了，而更重要的是限制租金的问题。资本家支付租金经营农场是为了利润而不是面包，因此，可以放心地通过竞争来确定地租。不过，劳动者所支付的租金却不能如此处理，除非劳动者已经处于文明和进步的状态，然而，任何地方的劳动者都没有达到这种状态，而且在这种租赁制下也很难达到。农民的地租不能任意而为，更不能任地主自行决定，它必须按照惯例或法律来确定。在没有建立起像托斯卡纳的分益佃农制那样具有互利性质的习俗时，理性和经验表明，地租应该由政府当局来确定，从而使地租转变为免役地租，租地农民转变为自耕农。

为了全面实现完全废除投标佃农制这种变革，最显而易见的方式就是由国会制定法令来迅速且彻底地进行变革；将爱尔兰的整个土地交予佃农占有，将目前实际支付的地租（不是名义地租）变为一种固定缴纳的地租。这是废除协会在其宣传和鼓动最富成效的时期以“固定土地租用权”为名提出的一项要求。这项要求最早、最热情以及最坚定的倡导者——康纳（Conner）先生①曾用“估价和永佃”的说法更加贴切地表达了这一要求。在这样的措施中不会有任何的不公正，因为它已经对地主未来可能放弃的增加价值的现值做了补偿。与斯坦（Stein）和哈登伯格（Hardenberg）两位大臣所实施的办法相比，它对现存社会关系的破坏并不会十分激烈，这两位大臣在19世纪初通过一系列法令彻底改革了普鲁士王国的土地占有状况，因而成为该国最大的功臣并名垂青史。颇有见地的外国人——冯·劳默尔（Von Raumer）和古斯塔夫·德博蒙特（Gustave de Beaumont）曾著书论述过爱尔兰的问题。在他们看来，这种补救办法确实而且显然是消除爱尔兰弊病所必须采取的，因此，他们很难理解为何这一变革还未实施。

然而，要想这样做，首先，需要完全征收爱尔兰上层阶级的土地。如果我们所制定的原则是符合各种真理的，那么，这样做将是完全合理的，但只有当它是实现大量公共福利的唯一手段时，才可以使用。其次，只剩下爱尔兰的自耕农，也远远不是人们所期望的。一些以大额资本进行耕种的大型农场，由该国受过最好教育的人进行管理，这些人有能力正确地科学评估发现的价值，并能够承担巨额花费的试验所带来的延迟和风险，这种大型农场是良好农业制度的主要组成部

① 康纳先生曾经著有名为《爱尔兰的政治经济实况》（*True Political Economy of Ireland*）、《致德文爵士的信函》（*Letter to the Earl of Devon*）、《关于爱尔兰高额地租盘剥情况的两封信函》（*Two Letters on the Rackrent Oppression of Ireland*）等许多小册子。自1832年以来，康纳先生一直就此问题进行宣传和鼓动。

分。在爱尔兰甚至也存在许多这样的地主，驱使他们离开土地，这是全社会的不幸。而且，目前租种的大部分土地，对于在最有利条件下实施自耕农制度而言，仍然显得面积太小。此外，佃户们也不总是愿意将自耕农作为第一职业选择，对于他们当中的很多人来说，让他们怀有通过勤劳和节俭来获得土地的希望，会比让他们立即拥有土地所有权更为有效。

然而，也有一些更温和的措施，不会遭到与上述类似的反对，而且，如果将这些措施推行到它们能够达到的最大限度，那么，将会在不可忽视的程度上实现人们所追求的目标。措施之一就是颁布法令，规定任何开垦荒地的人都可以成为其所有者，只要缴纳等同于荒地价值适度利息的免役租即可。当然，这需要强迫地主交出荒地（不具有观赏性质的荒地），这是采取这项措施的一个必要条件。另一个权宜之计就是尽可能多地购买出售的土地，然后分成小块出售给农民，这一措施也可以通过与个人合作来实现。为了实现这一目标，有人曾设想依据这些原则建立一个协会（尽管这种尝试并不成功）。就目前的实践而言，英国已经成功建立起了自由保有土地协会，但这主要不是为了农业，而是出于选举目的。

这是一种利用私人资本来改造爱尔兰的社会和农业经济的模式，它不仅不会使资本所有者有所损失，而且会给其带来相当大的利润。一个对租户不太有利的由在荒地改良协会实施并取得了显著成功的措施，表明只要保证爱尔兰农民可以获得自己的劳动成果，就可以激发他们的劳动热情。甚至在原则上也并非一定要采取永佃制；如果租种农民有望用自己获得的资本（正如荒地改良协会的租地人在其制度的有益影响下获得资本那样）来购买属于自己的农场，那么只要采用荒地改良协会[①]收取适度地租的长期合约就足够了。土地一旦被出售，协会就可以

① 虽然这个协会由于连年饥荒而不得不停止活动，但是人们应该铭记它的成就。以下是该协会睿智的干事罗宾逊（Robinson）上校所撰写的1845年报告的摘要，该摘要收录在德文爵士委员会所编辑的《议会文件集》（*Parliamentary Papers*，1845年，第20章，第84页）中。

“245个佃农，其中很多人已近赤贫，几年之后，这些每人占有10～20英亩土地的农民，依靠自己的劳动以及协会的援助，将其农场价值增加到了4 396英镑；其中，在过去的一年中增加了605英镑，整个时期，每个佃农的平均收入为17英镑18先令，上一年的收入为2英镑9先令。每个佃农都可以在31年的租约期限里享有这些改良带来的利益。

“这245个佃农及其家属以铁锹为工具，开垦并耕种了1 032英亩的土地，这些土地原来都是不产作物的荒地，上一年他们在这里所生产的粮食，据有实践经验的权威人士估计，总价值达3 896英镑，平均每人可获得15英镑18先令。而现在土地上实际饲养的牲畜，包括牛、马、羊、猪，按照邻近市场的现价估计，价值达4 162英镑，其中有1 304英镑是自1844年2月以来增加的，整个时期平均每人可获得16英镑19先令，上一年每人是5英镑6先令。在此期间，他们所增加的资产价值相当于每年支付的租金。统计表以及前几份报告的收益情况可以表明，这些佃农普遍地改良小农场，使其耕作和收成几乎同他们家庭劳动人口成比例增长。”

在任何可以容忍的土地租赁制度下，小型农场能够在多大程度上使总产量甚至净产量上涨，没有比上述证词更有力的证据了；值得注意的是，小型土地所有者中蕴藏着无限的勤劳精神和劳动热情。罗宾逊上校指出，改进事业固然取得了显著和快速的进展，但也有例外，例如，有些“占有面积超过20英亩大农场”的佃农，却常常缺乏成功改良山地所不可或缺的持久热情和勤劳精神。

收回资金，并将其重新用作他途。

第二节　这个问题的现状

上述内容写成于1856年。从那时起，爱尔兰产业的巨大危机又有了进一步的加深，因此，有必要考虑一下爱尔兰的现状如何影响本章上一节提出的有关前景和实际措施的看法。

这种情况的主要变化在于投标佃农大幅减少，而且有可能全体灭绝。统计报表显示，小规模的租地数量大量减少，而中等规模的租地数量在增加，这充分证明了上述为普遍事实，而且所有证据都表明这种趋势仍在继续。[①]《谷物法》的废除使爱尔兰的产品出口由耕作产品转变为畜牧产品，这本身或许就足以引发租赁制度的这场变革。牧场只能由农业资本家或地主来管理。但是，涉及数量如此庞大的人口转移的这场变革，通过大量移民以及实施《抵押土地条例》(Encumbered Estates Act)，如今已经全面、迅速地开展起来了。《抵押土地条例》是以往任何政府都不曾给予爱尔兰人民的最大福祉，这一条例中包含的一些最好的条

---

① 然而，我认为，有部分逆流似乎还未引起公众的注意。“某一阶级的人已经通过地产法院拥有了爱尔兰土地，尽管人数不是很多，但足以造成极大危害。在所有的阶级中，他们对地主应承担的职责缺乏起码的认识。”他们大都是城镇的小商人，凭借极其节俭，并频繁地发放高利贷，经过长期运作成功积累了一大笔钱，使其能够购买50英亩或100英亩的土地。这些人从来没有想过要转行当农场主，但对地主的地位感到骄傲，并且想要最大限度地利用他们所拥有的土地。最近，我注意到有这样一个例子。十二年前，这些土地尚未被他们买走时，那里的佃农生活得还算舒适。而在这个时期，佃农的租金已经提高了三次，正如当地牧师同我说的那样，现在的地租同新地主开始行使支配权的时候相比，几乎翻了一番。结果就是，之前生活还算可以的人们现在已经陷入贫困，其中两个人已经背井离乡，在邻近的沼泽地附近住了下来，靠着打工度日。这样的地主即使不被枪杀，也会因为地产的衰败而遭受损失，但是，在此之前，他们已经得到了相当于土地购买价格8%～10%的地租。这绝非罕见的事件。而这种事件造成的后果与那些完全不同、非常合法的处理方式——在那里，终止租赁对于当事人来说是一件好事——截然不同。

“地主想要赶走投标佃农的焦虑心情在某种程度上也被中间人想要获得投标佃农的焦灼心情抵消了。约四分之一的爱尔兰土地都是长期租赁的；如果租约的有效期很长，那么，收取的地租一般要远远低于土地的实际价值。以这种方式租赁的土地很少由租赁所有者自己耕种，他们会以超过自己所付租金很高的价格再转租给农民，并依靠他所收取的地租和交付的地租之间的差额过活。其中有一些租约总是行将期满，而就在期限快满之时，中间人不惜以土地遭受任何永久性损失为代价，而尽可能地多收地租。除此之外，他们与土地再无任何利害关系。为此，投标佃农正好符合其意愿。正值这样处境的中间人急切寻求投标佃农，如同地主想要尽快赶走投标佃农一样，结果就是投标佃农不断地从这一地主转向另一地主。这种情形虽然规模不太，但确实存在，而且只要它存在，就会抵消一般的趋势。也许有人会认为，这一制度会自行重生，也就是说，与导致中间人存在的动机相同的动机将使这一阶层永久性存在。但这样的危险并不会出现。地主们现在已经认识到：虽然这一制度可以带来一时的利益，但却会导致灾难性的后果。因此，现在所有的租约都理所应当地规定了禁止转租条款。”(*See Private Communication from Professor Cairnes*, Appendix H.)

款，通过地产法院已经被永久地纳入该国的社会制度。我们有充分的理由相信，爱尔兰的大部分土地现在由地主或农业资本家在耕种。我们同样有充分的证据可以表明，这些农场主的处境在改善，资本在累加，尤其是他们已经成为银行的主要客户，并且存款在大量增加。就这一阶级而言，主要欠缺的是对租地权的保障或对改良给予补偿的保障。目前，如何弥补这些不足已经引起优秀人才的注意。朗菲尔德（Longfield）法官在1864年秋发表的演讲及其引起的轰动，使这一问题的研究进入了一个新纪元。现在已经到达这样的时刻——我们满怀信心地期待，在短短几年内将有所作为。

但是，与此同时，那些遭到驱赶却没有移居国外的投标佃农，以及没有占有任何土地而依靠农业劳动的整个阶级，他们的处境究竟如何呢？到目前为止，他们的生活极为贫困，而且几乎没有改善的前景。确实，他们的货币工资已经大大超过了上一代人那个低得可怜的水平了，但是同样，他们的生活费用也比当初靠马铃薯生活的那个时代的标准高出很多，因此，真正的改善是名不副实。而且，根据我所得到的最可靠的资料来看，这一阶级的生活水平并没有什么改观。事实上，人口虽然减少了，但仍然远远超出这个国家（作为像英国这样纯粹的畜牧业国家）可以供养的人口数量。或许以下说法不是十分严格：如果现有居民依旧在国内生活，那么，他们只能依靠腐朽、邪恶的投标佃农制，或是作为小农业主生产自己所需的粮食。毫无疑问，如果小型的资本主义农场主能够在支出上获得充分保障，那么，他们就会在现有耕种的土地上雇用更多的劳动者，而且，从某些权威评论家的观点来看，这将有可能使该国维持现有数量人口的实际生活水平。但是，没有人会认为这一做法足以使该国大批农民过上更好的生活。因此，尽管该国移民在一段时间内有所下降，但是一旦遇到饥荒时节，移民又会迅速增加。据预计，在1864年将有不少于10万人离开爱尔兰。就移民本身及其后代而言，或就人类的普遍利益而言，若为此感到遗憾则显得不明智了。爱尔兰移民的子女接受了美国的教育，这将使他们能够更加快速、充分地享有比他们国家更高的文明程度所带来的利益。在二十年或三十年之后，他们在精神上将不再区别于其他美国人。但这是英国的损失和耻辱，英国人民和政府应该扪心自问，仅仅保有爱尔兰土地而失去其民众，对于他们的荣誉和利益会有什么影响。从爱尔兰人民现在的感情来看，或者从他们希望改善其状况一直持有的取向来看，英国可能只有在爱尔兰人口减少和部分劳动人口转换为自耕农之间做出选择了。英国的政府官员对于在几乎任何其他文明国家占主导地位的农业经济形态一无所知，这将使得他们很有可能选择其中较为糟糕的一种。然而，自耕农在爱尔兰土地上已经开始显现，只需要善意的立法者来帮助他们，就可以得到发展。下面一段摘录出自我的杰出的和亲密的朋友凯尼斯（Cairnes）教授的私人信件，完全可以说明这一问题：

“大约在八年或是十年以前，在土地抵押法院拍卖汤孟德（Thomond）、波塔林顿（Portarlington）和金斯顿（Kingston）的土地时，据我观察，有相当多租种这些土地的佃农争相购买了他们自己耕种农场的永佃权。我未能获得在这之后所发生的事情的信息——这些购买者是会继续耕种他们所拥有的小块土地，还是会试图摆脱他们以前的生活方式而去体验地主的生活。不过，我了解了与这一问题有关的另外一些事实。在该国盛行租赁权的地方，为农场商誉而支付的价格是昂贵的。下面的数据摘录自现在已经交由地产法院处置的纽里（Newry）附近的地产清单，它有助于人们了解（尽管不是很充分）这些习惯性权利通常的买卖价格。

“财务报表显示了纽里附近某些农场租赁权的出售价格：

表　附近农场租赁权出售价格

地块	英亩数	地租（英镑）	租赁权售价（英镑）
1	23	74	33
2	24	77	240
3	13	39	110
4	14	34	85
5	10	33	172
6	5	13	75
7	8	26	130
8	11	33	130
9	2	5	5
总计	110	334	980

“这里所列的价格总量大约相当于三年地租之和。但是，正如我所说过的，这只能提供一个不太充分的经常支付价格，或是一般支付价格。这种权利纯粹出自惯例，因而其价值也会随着人们对地主的信任程度不同而有所改变。在目前所举的实例中，从与地产出售有关的诉讼程序过程出现的情况来看，我们有理由相信人们的信任程度并不很高，因为上面给出的价格要大大低于通常所需支付的价格。正如我从最权威的人士那里了解的情况一样，在该国的其他地方，为获得租赁权所支付的价格等同于全部地价，这样的事例在地产法院也可以获得。对于需要缴纳一个相当可观地租的土地，仍然有人愿意支付相当于二十年或二十五年的地租价格来购买，这是一个引人注目的事实。或许有人会问：为什么他们不用同等的价格或是稍高一点的价格将土地买断？关于这个问题的答案，我相信在土地

法中能够找到。即使是在地产法院，小块土地的转让成本与购地价格相比，也是相当可观的，而农场商誉的转让或许无须花费任何代价。该法院在符合现行的法律服务报酬条例，严格节俭，尽量少收费的条件下所收取的转让费，不包括印花税在内，对于购买一小块土地而言最低是10英镑。转让1 000英亩土地的费用也不过如此，大概不会比这多太多。但事实上，这种转让费只是购买小块土地的最小障碍。更大的障碍是土地所有权的复杂状况，这使得土地往往无法细分到小投标者购买能力可及的范围。然而，要改变这种状况，必须采用更激进的措施，而我担心的是，我们可能很快就会看到众议院甚至没有耐心来考虑这件事。建立产权登记制度或许可以成功地将这种复杂的所有权状况简化，但是，在真正复杂情况存在的条件下，难度就不会仅仅因为形式上的简化而被消除。而且，只要现有地主享有的支配权仍然没有减弱，只要每一个殖民者或立遗嘱之人均具有不受限制的特权，他们就完全可以按其自尊心、支配欲或是一时心血来潮来提高他们从土地上获取的利益，那么，在我看来，产权登记制度将无法从根本上消除这种弊端。这些情况导致的后果就是非常有利于大规模的土地交易——实际上，大多数情况是排斥除大规模交易之外的其他一切交易的。很显然，只要法律是如此规定的，那么，自耕农制度的试验就不可能公正实施。然而，我认为，我所说的事实都已表明，在人民的心理上并不存在对采用这一制度的任何障碍。”

对这一问题的讨论就到此为止，它所占的篇幅几乎与本书有点不相称。而且，在这里也结束了对社会经济中那些简单形态的考察，在这些简单形态中，土地产品或者归属于一个阶级，或者仅由两个阶级共享。现在我们将进一步考察土地产品在劳动者、地主以及资本家三者之间进行分配的情况；而且，为了使即将进行的讨论与我们花费大量时间结束的讨论尽可能地紧密结合起来，我将开始讨论工资问题。

第十一章　论工资

第一节　工资取决于劳动的供求关系，即取决于人口和资本

在“工资”这一章题下，我们需要考虑以下几点：第一，决定或影响劳动工资的基本因素；第二，不同工作的工资之间存在差异。对这两类问题分别进行考察，是比较方便的。接下来所讨论的工资法则，即第一个问题，我们假设世界上不存在其他类型的劳动，只有辛苦程度和厌倦程度相同的、普通的、不熟练的劳动。

工资，与其他事物一样，可以通过竞争或者习俗来调节。在英国，如果雇主充分利用竞争，则几乎各种劳动的报酬都会低于现在的水平。然而，在当前的社会情况下，必须把竞争视为工资的主要调节者，习俗或个人的性格只能起到修正作用，并且相对来说作用不大。

因此，工资主要取决于劳动的供求关系，或者，正如人们通常所说的那样，取决于人口和资本的比例。这里所说的人口，仅是指劳动阶级的数量，或者更确切地说，是指受雇用的劳动者数量。这里的资本，仅指流动资本，不是指全部的流动资本，而是指用于直接购买劳动的那部分流动资本。但是，在这部分基础之上，我们必须加上虽然未形成资本却用于交换劳动的全部资金，例如士兵、家庭佣人和所有从事其他非生产性劳动者的工资。遗憾的是，现在还没有一个专业术语来表达这一模式，我们不妨把这一总量称为一国的工资基金（wages-fund）总额。由于生产性劳动的工资几乎形成了这一基金的总额，所以通常就忽视了较小和较不重要的部分，进而认为工资是由人口和资本决定的。虽然采用这种形式比较方便，但是我们要记住，它只是对全部的事实做了一种大概而不是确切的

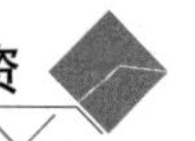

表述。

在这些术语的限制下，工资不仅取决于资本和人口的相对数量，而且在竞争的支配下，工资不能受其他因素影响。如果用于雇用劳动者的基金总额不增加，或者竞争就业机会的人数不减少，那么工资（当然是指一般的工资率）是不可能增加的；反之，如果用于支付劳动的基金不减少，或者领取报酬的工人人数不增加，那么工资不可能减少。

第二节　对有关工资的一些流行观点的检讨

然而，有一些事实明显与这种学说相矛盾，我们有义务进行考察并加以解释。

例如，人们通常说，商业繁荣，工资就高。在任何特定的行业中，人们对其所生产的商品需求旺盛，对劳动的需求迫切，该行业就会支付较高的工资。反之，当出现所谓的“停滞”时，工人被解雇，留下的那部分工人的工资也会减少。与以前相比，尽管在这种情况下，资本既没有增加也没有减少，但事实也确实如此。这是具体现象中的一些复杂情况之一，它掩盖并粉饰了一般原因的作用。但是，这与前面所说的原理并不矛盾。资本的所有者如果没有用资本去购买雇佣劳动，而是将资本闲置在他手里，那么对于劳动者来说，这部分资本就像不存在一样。所有的资本，由于商业情况的变化，有时会出现这种状况。如果一个制造商发现人们对他的商品需求量减少，将不会雇用劳动者来增加他难以处置的库存量。或者，如果他不减少生产，而是将他全部的资本投入不能出售的商品，那么，至少他必须停业，直到他能够获得一部分商品的收入。但是，没有人认为这两种情况中的一种会一直持续下去。如果他这样认为，就会在第一时间将资本转移到其他领域继续雇用劳动。资本会在一个时期内处于闲置状态，在这个时期内，劳动市场的供给会出现过剩，从而工资下降。之后，需求回升，或许会变得异乎寻常地旺盛，使制造商能够以超过他生产的速度卖掉他的产品，从而使他的全部资本都充分发挥功效。如果有可能，他还会另外借入一些资本，否则，这些资本就会流入其他行业。此时，在他所处的特定行业中，工资增加了。如果我们假设经济繁荣或停滞的某种情况同时影响全部的行业，严格来讲，这并不是完全不可能的情况，工资总体上可能会经历一个上升或下降的阶段。然而，这只是暂时的起伏，现在闲置的资本明年可能会大有用处，而今年供不应求的资本明年可能被锁在拥挤的仓库里，并且这些行业的资本将会因此减少并流出。但是，除非资本本身（这一术语通常是指用于支付劳动的各种资金）与劳动供给市场提供的雇佣劳动数量相比增加或减少，否则，没有任何事情能够永久性地改变一般工资。

同样，人们还普遍地认为，高物价引致高工资，因为高物价使得生产者和经销商的境况变得更好，从而能够承担得起给他们的劳动者支付更多的工资。我早已经说过，需求旺盛会带来暂时的高物价，也会使工资暂时上升。但是，只有当收入增加的经销商产生更强烈的储蓄欲望，并使他们的资本有所增加，或者至少使他们购买劳动的资本有所增加时，高物价本身才会引起工资上涨。事实上，情况确实如此。如果高物价直接从天而降，或者来自国外，那么，劳动阶级可能会受益，但这并不是由于高物价本身，而是由于高物价所带来的资本的增加。然而，人们通常将相同的影响归因于限制性法律所导致的高物价，或者是社会其他成员以这种或其他方式的付款，他们的境况与采用过去的支付方式时相比并没有大的变化。这种高物价，如果使劳动者的某一部分受益，就只能是以另一部分的损失为代价。这是因为如果经销商通过获得较高的价格能够增加储蓄，或者通过其他方式增加对劳动的购买，那么，其余的人由于支付这种高物价，则会在相同程度上减少他们的储蓄或者购买劳动的资本。上述两个方面中哪一个方面对劳动市场的影响较大，是由偶然因素造成的。在工资增加的行业里，工资可能会暂时增加，而在其他行业里有所下降。在这种情况下，人们只注意到这一现象的前半段，而通常忽视了后半段，或者即使注意到了，也不知道产生这种现象的真正原因。再者，局部的工资提高是不持久的。这是因为尽管该行业的经销商收入增加，但并不表明他自己的商业有消化大量储蓄的空间。他们增加的资本可能会流向其他行业，从而使由于先前其他阶级储蓄减少而减少的对劳动的需求得到弥补。

另一种常见的观点是，工资（当然是指货币工资）会随着食物价格的变化而变化：粮价上涨，工资增加；粮价下跌，工资减少。我认为这种观点只有一部分是正确的，而且即使是正确的部分，也没有影响工资对资本和劳动之间的比例的依存关系。这是因为，当粮价影响工资时，也是通过这一法则实现的。季节的不同会造成粮价上涨或下跌，但这并不影响工资（除非通过法律或慈善行为人为地调整工资）。或者更进一步说，粮价具有人们所设想的反方向影响工资的倾向，因为在粮食短缺的时期，人们为了寻找工作总是要进行激烈的竞争，并且降低了劳动市场的价格。但是，如果粮价的上涨或下跌具有永久性特征并且能够预先估计出来，就可能影响工资。首先，在通常情况下，劳动者只能保持现有的工作条件，勉强能够养活正常数量的孩子，由此可见，只要粮价在工资没有增加的情况下永久性地上涨，孩子早夭的数量就会增加。这最终会导致工资增加，但这只是与粮价低廉时相比，人口数量变少的缘故。其次，即使工资很高，粮价上涨也不会剥夺劳动者及他们的家庭的生活必需品。从物质上说，尽管他们能够忍受比较糟糕的生活状况，但他们或许并不愿意降低其生活水平。他们可能养成了过舒适生活的习惯，并把这看成是必要的，一旦这种需要难以满足，他们就会进一步抑

制其生育能力。因此，工资不是由于死亡人口的增加而增加的，而是由于出生人口的减少而增加的。所以，在这些情况下，工资会调整到与粮价相适应的水平，尽管是在几乎过了一代人以后。李嘉图先生认为，这两种情况包含了所有的情况。他假定，任何一个地方都有最低工资率，这种工资率从物质上说是维持人口的最低工资率，或者说是使人们愿意维持人口的最低工资率。他进一步假定，一般工资率总是趋向于这种最低工资率，既不能长期低于最低工资率，即不能超过人口增长率下降趋势完全显露出来所需要的时间，也不能长期持续地高于它。从抽象科学的目的看，这一假定包含完全可以接受的真理。换句话说，李嘉图先生由此得出的结论是：从长期来看，工资随着粮价永久性地上涨或下跌。这一结论同他几乎所有的结论一样，假设都是正确的，也就是承认以假设作为出发点。但是，在实际运用中，我们必须考虑到他所说的最低限度是很容易变化的，尤其是在被称为道德最低限度而不是被称为物质最低限度时。如果以前的工资很高，以至现在要使他们能够承受得起这种减少，那么劳动者所习惯的较高舒适生活水平会阻碍这种减少。粮食价格的上涨，或者劳动者生活状况的任何不利变化，都可能通过以下两种方式发挥作用：一是劳动者可以通过工资的上涨调整自己，逐渐产生谨慎控制人口的影响；二是劳动者以前的生育习惯要强于对以前舒适生活的习惯，在这种条件下，劳动阶级的生活水平就会永久性地下降。在这种情况下，他们所遭受的损害是永久性的，并且他们恶化的生活状况将会成为一个新的最低限度，与以前较高的最低生活标准一样是趋向于永久性的。令人担忧的是，在两种起作用的方式中，后一种最为常见，或者在任何情况下，它都足以使那些认为劳动阶级具有自我修复能力的主张在实际上没有效力。有充分的证据表明，在英国从事农业的劳动者的生活状况历史上不止一次遭受到永久性恶化，原因不仅在于劳动需求减少，还在于如果人们为了维持以前舒适的生活水平自行调整人口，只能取得一个暂时性的效果。但是不幸的是，劳动阶级常年处于贫困的生活状况，这使得他们不得不放弃以前的生活标准。而在没有享受过以前富裕生活状况下成长起来的下一代不会企图恢复过去的生活水平，反而使人口增加。①

由于农业的改良、《谷物法》的废除或者其他类似原因，相反的情况出现了，劳动者的生活必需品价格下跌，使得他们能够以相同的工资过上比以前更为舒适的生活。工资不会马上下降，甚至可能会上升。但是工资最终还是会下降，使得劳动者的生活状况不会比以前更好，除非是在繁荣期间，劳动阶级认为不可或缺的舒适生活水平永久性地提高了。不幸的是，这种好的结果是可遇而不可求的。

① 参见威廉·桑顿的著作《人口过剩及其对策》(*Over-Population and its Remedy*)。该书堪称根据最权威的资料编写的英国农民状况简史，它对影响劳动阶级经济状况的各种问题都做出了合理的分析，比当代出版的大部分作品都更优秀。

提高劳动者所认为的比结婚和有一个家庭更不可或缺的生活水平，比降低它更难。如果他们满足于享受提高了的生活水平而不去思考如何保持它，那么，他们会使人口增加，从而回到以前的生活水平。如果由于贫困，他们的子女当初面临食物匮乏、照料不周，那么现在可以养活更多子女，他们的子女长大成人加入这些竞争，可能会使工资下降的幅度超过粮食下降的幅度。如果其影响并没有以这种方式发生，那就是通过结婚的年龄提前、结婚的人数增加或者一对夫妇生育的子女数量增加等方式发生。所有的经验都表明，在粮食价格低廉和充分就业的时期，结婚的人数会大量增加。因此，仅把《谷物法》的废除视为一个劳动者问题，或者认为在任何时候以时髦方式稍微改善劳动者的生活状况的各种计划都具有重要意义，我是不赞同的。只对劳动者产生一点儿影响的事物，是不会在他们的习惯和要求方面留下永久印象的，他们很快就恢复到了以前的状况。为了让暂时的原因使劳动者产生永久性的利益，就必须使他们的生活状况的改变足够大才行，这是一种在很多年都能感受到的变化，尽管这种变化可能在一代人的时间内促使他们增加人口。确实，只有当改善具有这种显著的特征，并且已经习惯于改善了的舒适生活的一代人长大成人，新一代人有关人口的习惯形成于一个较高的最低限度时，他们生活条件的改善才是永久性的。关于这一点，最典型的例子就是大革命以后的法国。绝大多数法国人的生活状况突然从悲惨境遇提升到独立和比较舒适的水平，其直接的效果是，尽管那个时期有战争的破坏，人口仍然以空前的速度开始增长：这部分是因为条件的改善使得很多孩子被养活，否则，他们早已夭折；部分是因为出生人口的增加。但是，此后一代人是在生活习惯发生巨大改变的情况下长大成人的。尽管当时的法国处于空前繁荣的状态，但每年出生的人口数量几乎没有变化①，而且人口增加也极其缓慢②。

---

① 参见威廉·桑顿的《人口过剩及其对策》，第287～291页。

② 在1715—1765年这引人注目的50年间，英格兰劳动者的生活水平也得到了类似的但不同程度的改善，出现了极其罕见的连续丰收（在这整个时期，确定的荒年不超过5年），那个时期小麦的平均价格远远低于前半个世纪。基于马尔萨斯先生按1720年前60年的平均水平的计算，劳动者每天的收入只能购买2/3配克小麦，而在1720—1750年间，他能购买1配克小麦。根据伊顿（Eton）的统计表，1715年前的50年间，每32配克小麦的平均价格为41先令7.45便士，而在那50年间的后23年，每32配克小麦的平均价格为45先令8便士。但是，1715年之后的50年间的后23年每32配克小麦的平均价格均未超过34先令11便士。劳动阶级的生活状况能得到相当大的改善，尽管是源于偶然的好年景，但因为持续了超过一代人的时间，所以有足够的时间来促使劳动阶级习惯性的要求发生改变。而且，这个时期总是被认为“劳动者所消费食物的质量得到了明显的改善，同时，他们生活的舒适程度和便利程度明显提高”。参见马尔萨斯的《政治经济学原理》[（Malthus，*Principles of Political Economy*（considered with a view to their practical application. London：Murray，1820，p. 254），p. 225]。有关这一时期的特征，还可以参见图克（Tooke）先生的优秀著作《物价史》（*History of Prices*，2 vols. London：Longman，Orme，Brown，Green and Longmans，1838，vol. i，pp. 38 to 61）。有关谷物的价格，可参见该书的附录。

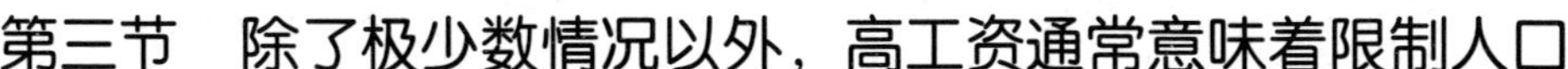

第三节　除了极少数情况以外，高工资通常意味着限制人口

因此，工资取决于劳动人口的数量和用于购买劳动的资本或其他资金的比例。为了方便起见，我们将后者简称为资本。如果某个地方的工资不论何时都比另一个地方要高，如果雇佣劳动者阶级的生存资料非常丰富，生活舒适程度也很高，那么原因只能是资本相对于人口而言比例较大。对劳动阶级来说，重要的不是积累或者生产的绝对数量，甚至不是用于在劳动者之间分配的资金数量，而是这些资金与参与分配的人数之间的比例。要改善这一阶级的状况，除了改变这一比例使之对他们有利以外，别无办法。并且，为了他们利益所进行的各种计划，如果不以此作为基础，那么从长远的目的来看，都是一种欺骗。

在像北美洲和澳洲殖民地那样的国家里，既有文明生活所需的知识和技术，较高的有效积累欲望，又有无限未开垦的土地，资本的增长总是很容易跟上人口最大可能的增长步伐，但是，由于无法获得足够的劳动者，这反而成为资本增长的主要阻碍。因此，所有能够成长起来的人都能找到工作，决不会造成市场供给过剩。每个劳动家庭都享有丰富的生活必需品、大量的生活便利品以及某些生活奢侈品。除非在个人行为不当或者缺乏实际劳动能力的情况下，否则，他们不会存在贫困并且不需要依赖他人。在古老的国家里，由于资本（不是全部的资本，而是用于某个特定行业的雇佣资本）异乎寻常地快速增加，会使某个特定的劳动者阶级获得类似的好处，尽管程度会低些。自从瓦特和阿克赖特的发明问世以来，棉纺织工业飞速发展，在该行业对人口的需求翻倍的时期，用于这一行业的资本可能翻了四番。因此，在地理条件、人们的习俗或倾向所能实现的范围内，该行业从其他行业中几乎吸收了全部的人手。而且，该行业产生了对童工的需求，使得人口增加而不是限制人口的增长，从而更有利于体力劳动者获得直接的金钱利益。尽管如此，大型制造业中心的工资一般来说是很高的，从若干年的平均数额来看，一个家庭的总收入已经达到了令人非常满意的水平。并且到目前为止，还没有任何迹象表明工资会永久性下降，同时，附近的农村地区也受到这个影响，使得农业工资的整体水平提高了。

但是，就一个国家或一个行业的那些情况而言，使人口能够以最快的速度增长而不受损失是罕见的，也是转瞬即逝的。很少有国家能够提供所需要的全部条件。要么工业技术是落后的、停滞的，资本因此增加缓慢；要么有效积累欲望强度较低，使得资本的增加很快就达到它的极限；要么这两方面的因素虽然都处于它们已知的最高水平，但由于质量好的土地早已经被占用且没有新的土地可供开发，因此资本的增长受到了限制。在某一时期内，尽管资本与人口同时翻倍增长，但是如果全部的这些资本和人口需要在同一块土地上寻找就业机会，在没有一系列空前的农业发明的情况下，就无法使生产持续成倍增加。因此，如果工资没有下降，那么利润一定会下跌。同时，若利润下跌，资本的增加就会放缓。除此之外，即使工资没有下降，在这种情况下粮食的价格（后面我会详细说明）也一定会上涨，这就相当于工资下降了。

因此，除了我刚刚提到的那种极其特殊的情况以外，还有另外一种特殊情况，即唯一具有重要实际意义的新殖民地或者与之条件相当的国家，在没有降低工资的情况下，人口以其最大速度增加是不可能的。在没有通过物质或精神手段来成功阻止人口增长的情况下，要想在任何程度上阻止工资下降的势头也是不可能的。因此，没有一个古老国家的人口是以其最快速度增长的，大部分国家的人口是以非常缓慢的速度增加，并且某些国家已经停止增长。这些事实只能通过两种方式来解释。要么是由于自然所允许的出生人口数量没有出生，尽管他们在某些情况下本可以出生；要么是由于他们虽然出生了，但其中很大的一部分夭折了。人口增长缓慢要么是因为死亡，要么是因为谨慎的克制——用马尔萨斯先生的话来说就是由于积极抑制（positive check）或预防性抑制（preventive check）——在所有古老的国家里，一定存在这种或那种因素，并且发挥着巨大的作用。任何地方的人口数量减少，要么是由于个人或国家进行谨慎的控制，要么是由饥荒或死亡造成的。

马尔萨斯先生曾经大费周章地试图确定，对于世界上的几乎每个国家来说，究竟哪种限制因素在发挥作用。并且，他在他的关于人口理论的论文中搜集了相关的证据，即使是现在读起来也能从中获益。在所有的亚洲国家和以前的大部分欧洲国家，劳动阶级并没有被人奴役，除了死亡，一直不存在其他限制人口增长的因素。死亡并不一定是由贫困造成的，很多是因为人们对子女笨拙而粗心的管理，也因为成年人养成的不卫生和不健康的生活习惯，以及灾难性传染病的周期性爆发。在欧洲，缩短人寿命的这些原因已经大大减少，但是它们仍然存在。直到最近的一个时期，如果不是依赖农村人口的不断涌入，我们的大型城镇几乎不能使其人口数量增加。直到最近，利物浦的情况仍是如此。甚至在伦敦，与更为贫穷的地方相比，其死亡率更高，人们平均寿命更短。在爱尔兰，即使马铃薯的产量稍微减少，也会引起流行热病和由于营养不足造成人们体质衰竭而死亡。尽管如此，现在也不能认为欧洲任何一个地方的人口减少，不论是以直接还是间接的方式，主要是因为疾病或者饥荒。限制人口增长的力量主要是预防性抑制，而不是（用马尔萨斯先生的话来说）积极抑制。但是，我认为，全部或者主要是由雇佣劳动者组成的并且没有很多期望的阶级，在其谨慎性动机没有外援的作用

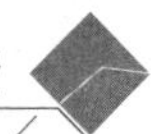

下，很少采取谨慎性补救措施。例如，在英格兰，我非常怀疑大多数农业劳动者采取了任何谨慎的限制行为。他们一般结婚很早，并尽可能多生育子女，正像如果他们定居美国要做的或者能做的那样。在现行的《济贫法案》颁布以前的那一代人，为了这种目光短浅的经济，他们获得了最直接的奖励。他们不仅在失业的时候能凭借简单的条款获得补助，而且在就业的时候，每周都能从教区领到与他们的子女数量成正比的补贴。目光短浅的经济总是优先雇用大型家庭的已婚者，而不是未婚者。后一种促进人口增长的方法仍然存在。在这种促进人口增长的制度下，农村劳动者养成了无节制生育的习惯，这对于没有受过教育的人来说是令人感到愉悦的。这种生育无度的倾向不论以何种方式产生，总的来说，它们都会长期存在。各种各样的社会因素会发挥作用，其中许多因素人们难以辨识，我们无法认为各个阶级和人们身体中的思想或冲动都是积极的。同一种主张在今天可能是正确的，但几年之后可能就需要大幅修改。但是，如果人口的增长速度确实只取决于农业劳动者，那么人口是由出生人口数量决定的，除非死亡人数超过了出生人数，如英格兰南部各省的人口增长速度与美国的一样快。在占人口极大比例的中产阶级和技术工人中，这种限制性原则仍然存在。在英国，他们的人数几乎与普通劳动者的数量相当，在他们中间，谨慎的动机确实发挥了相当大的作用。

第四节　在某些情况下，对人口数量的限制是合法的

我认为，到目前为止，除了每天的工资之外就没有其他财产并且不期望获得其他财产的劳动阶级，不能生育过多的原因始终有两个，要么是受到实际的法律限制，要么是受到某种习俗影响，潜移默化地塑造了他们的行为或者直接引诱他们不结婚，使他们不具有生育过多的意愿。总的来说，我们不清楚在欧洲究竟有多少国家的法律是反对目光短浅的婚姻的。欧洲各个地方的英国外交官和领事寄给制定最初的《济贫法案》的委员会的信中，包含了相当多的有关这一问题的资料。西尼尔（Senior）先生为这些信所作的序言指出①，在依法实施贫困救济的国家里，“在任何地方，实际领取救济金的那部分人都被禁止结婚，并且不能拥有独立维持自己生活手段的人也极少被准许结婚。因此，我们还了解到，在挪威，‘不能向牧师表明自己的生活舒适程度，即未能表明他能够永久居住在某个地方，能够维持一家人的生活并以某种方式创造一个光明的未来’的人，都是不

① 这些信成为委员会《议会文件集》的一个附录（附录 F），也曾被当政者印制成单行本。

能结婚的。

“在梅克伦堡（Mecklenburg），‘由于男子满 22 岁之后还需要服 6 年的兵役，因此婚姻被推迟了。除此之外，结婚双方必须有一个住所，否则牧师不会准许他们结婚。男人在 25～30 岁结婚，女人结婚会迟一些，因为双方首先必须通过提供某种服务来养活他们自己’。

“在萨克森，‘需要服兵役的男子不可以在 21 岁之前结婚。在德累斯顿，从事某种职业的人（这里可能是指手艺人）在成为行业里的师傅之前是不可以结婚的’。

“在符腾堡，‘因为要服兵役，男子在 25 岁之前不准许结婚，除非拥有或获得特别的许可。男子年满 25 岁之后也必须得到许可才准许结婚，以证明他和他妻子的共同收入足够维持一个家庭或者养活他们自己。在大城市，需要 800～1 000 弗洛林（合 66 英镑 13 先令 4 便士至 84 英镑 3 先令 4 便士）；在小城市，需要 400～500 弗洛林；在农村，需要 200 弗洛林（合 16 英镑 13 先令 4 便士）’。”①

驻慕尼黑的公使说：“这个国家贫困的人数一直如此少的主要原因是，在男女双方不能证明有维持生活的适当手段的情况下，法律禁止双方结婚。而且，这一规定在任何地方任何时候都得到了严格执行。确实，长期持续不断的影响以及严格遵守这项规定，对巴伐利亚的人口下降产生了相当大的影响。现在，巴伐利亚的人口数量相对于该国的土地面积来说是很少的。但是，它具有的最有益的影响是避免了极端贫困以及由此带来的悲惨生活。”②

在吕贝克（Lubeck），“贫民结婚年龄被推迟的原因是，首先，他必须证明自己得到了长期的雇用，有工作或者有职业，这使他能够维持妻子的生活；其次，他必须成为一名城市自由民，并且拥有自由民卫兵的制服，这总共需要花费他近 4 英镑的费用”③。在法兰克福，“虽然政府没有对结婚的年龄做出规定，但是人们必须证明其拥有了谋生之道才会被准许结婚”④。

这些声明中所提到的服兵役，表明在某些国家，虽然政府没有对结婚提出直接的法律限制，但服兵役已经成为结婚的一个间接障碍。例如，在普鲁士，强迫每一个处于最可能冲动结婚的年龄段的身强体壮的男子去军队服役几年。这项制度对人口数量产生的影响，可能与德国较小的州所实施的法律限制的影响不相上下。

凯先生说：“瑞士人民根据自身经验，认为推迟子女结婚的时间是非常有利

---

① 参见序言，第 39 页。

② 参见序言，第 33 页；或者附录，第 554 页。

③ 参见附录，第 419 页。

④ 参见附录，第 567 页。

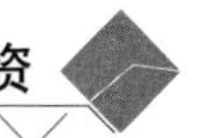

的。在最民主的四五个州选举产生的州议会（请注意是通过普选选举出来的），通过了一项法律，所有年轻人在结婚以前均必须向他们所在地区的官员证明他们有能力维持一个家庭，否则就会予以巨额罚金。在卢塞恩（Lucerne）、阿戈威（Argovie）、翁特瓦尔登（Unterwalden），我认为还有圣加尔（St. Gall）、施魏兹（Schweitz）和乌里（Uri），这种性质的法律已经实行多年。”①

第五节　在其他情况下，对人口数量的限制受特定习俗的影响

在没有对结婚进行一般性法律限制的地方，往往存在与之相当的习俗。在中世纪的同业公会或同业团体繁荣时期，它们的章程和条例特别注重通过限制竞争获得利益，它们使手艺人的利益得到有效保障，使他们只有在完成学徒和熟练工人两个阶段并达到师傅级别的水平时，才能结婚。② 在挪威，主要是农业劳动，法律禁止以不足一年的期限来雇用农业劳工。这一般也是英国的做法，直到《济贫法案》的废除，使得农场主在不需要农业劳工的时候可以立即解雇他们，由教

① 参见前面已经引用过的凯先生的著作，第一卷，第 68 页。

② 西斯蒙第说：“一般而言，各行会中师傅的数量是固定的，只有师傅才可以开店做生意。每位师傅只能带一定数量的徒弟，在自己的作坊中培养他们。在某些行会，一位师傅只能带一名徒弟，但可以雇用少量被称为伙计或熟练工人的工人。通常来说，若这位师傅只能带一名徒弟，他只能雇用一个或者最多不超过两个熟练工人。在行会中，除去徒弟、熟练工人或师傅之外，任何人都不得参与交易或进行加工劳动。不经历一定年限的学徒生涯，任何人都不能成为熟练工人；同样，没有一定年限的熟练工人的经历，达到行会所指定的工作业绩，并通过行会的监督评定，任何人都不能成为师傅。可见，这种做法将行业的招收权完全交给了师傅，只有他们才能招收徒弟，但是又不能无限地招收。所以，他们在招收徒弟时，往往为了自己的利益而提出很高的要价。因此，一个年轻人若想进入一个行业，必须事先筹集到为开始学徒生涯所必须支付的款项以及做学徒期间的全部生活费用，因为在做学徒 4 年或 5 年乃至 7 年期间，其劳动所得全部归师傅所有。在做学徒期间，徒弟完全依赖于师傅，而师傅则可以任意甚至毫无理由地中断徒弟的职业生涯。徒弟在升为熟练工人之后，自由稍有增加，他可以自行选择某位师傅，也可以从一位师傅转向另一位师傅。由于学徒经历是成为熟练工人的条件，所以他可以开始利用其千辛万苦才得到的资格来获取利益了；对于那些只有他有资格做而别人无缘插手的工作来说，他几乎完全有把握从中获得较高的报酬。然而，他若要升为师傅，还需要得到行会的批准。因此，还不能说他已经完全掌握了自己的命运或者具备了稳固的地位。一般来说，他只有在成为师傅之后，才会结婚。

“不论从事实上还是从理论中都可以断定，行会的存在曾经对过多人口的出生产生了抑制作用，不过也仅仅是抑制作用。基于几乎所有行会的做法，一个人不可能在 25 岁之前升为师傅；而且，如果他自己没有资本，没有足够的积蓄，那么，他作为熟练工人的时间就要长得多。许多——甚至是绝大多数——工匠一辈子都只能做熟练工人。然而，在升为师傅之前他们就结婚的实例几乎没有；即使他们自己不计后果地想要结婚，也不会有哪位父亲肯把自己的女儿嫁给一个没有地位的男子。”参见西斯蒙第的《新政治经济学原理》第四篇第 10 章；同时参见亚当·斯密的《国富论》第一篇第 10 章第 2 节。

区给予救济。在挪威，这种习俗以及由法律强制执行造成了整个而不限于农业劳动者阶级均订立至少一年的契约。如果双方彼此满意，这种契约自然就被转变为永久性契约。因此，人们对哪里有空缺或者即将有空缺的情况都十分了解，除非有空缺，否则年轻男子就不会结婚，以免他找不到工作。在坎伯兰和威斯特摩兰，这种习俗仍然存在，不过契约的期限是半年而不是一年，这似乎也起到了同样的效果。农场佣工“吃住都在他们主人的家里，他们很少离开，直到某些亲戚或邻居离世，他们继承了一个小型农场的所有权或租赁权为止。在这里并不存在所谓的剩余劳动。”① 我在另一章中提到过，18 世纪的英格兰是通过很难获得独立住所来控制人口数量的。② 我们还可以列举限制人口的其他习俗。在意大利的某些地方，根据西斯蒙第的说法，在穷人之中存在一些习俗，就像人们所知的地位较高的社会阶层一样，其所有的儿子中只有一个儿子会结婚。但是在日工劳动者中，这种家庭安排似乎不存在。这种家庭安排是小型自耕农和分益佃农为了防止土地划分过细所采用的办法。

在英格兰，现在一般已经不存在这种间接控制人口的遗俗了。不过在某些由一个或者少数几个地主拥有的教区，有时通过联合阻止建造小屋或者将现存房屋推倒来限制常住劳动者人口数量的增加。这样做的目的是限制人口，以免新增人口成为当地的负担，从而对整体人口产生负面影响，因为在那些教区工作的劳动者通常居住在其他地方。周围地区的人们总是对这种做法相当不满，而且他们不能通过类似的方法来保护自己。因为不参加联合行动的人，如果拥有一英亩的土地，并通过在那一英亩土地上建造房屋，他就能使自己获得巨大利益。为了平息这些怨言，国会在过去几年里通过了一项法案，规定穷人的税率不再由教区负责，而是由整个联合救济组织负责。对其他方面很有利的这项提案如果获得通过，就会消除一些曾经发挥控制人口作用的遗俗。不过，这些遗俗的价值，因其作用非常有限，已经变得微不足道了。

第六节　适度的人口限制是劳动阶级唯一的防护措施

因此，在这种情况下，我们几乎可以认为普通农业劳动者控制人口的因素是不存在的。如果城镇的数量和雇佣资本增加，尽管它们迅速增加，但工厂里的工人仍然维持他们现有的平均工资水平，同时也没有把每年增加的农业人口中的一大部分吸收进来，那么，按人们现有的习惯，他们似乎没有理由不像 1846 年以

---

① 参见桑顿的《论人口过剩》(*Over-Population*)，第 18 页，以及一些引用的典故。

② 同上，第 158 页。

前的爱尔兰一样陷入悲惨的生活状况。而且，我们的制造业市场，我暂且不说会衰退，如果不再像过去五十年那样快速扩张，我们就没有把握断言这种命运不会降落到它头上。在我们对未来的预期不考虑这种灾难的情况下，我们可能会诉诸工厂工人那种较高并不断提升的智力，帮助他们调整习惯以适应所处的环境。在某些典型的农业城镇，诸如威尔特郡（Wiltshire）、萨默塞特郡（Somersetshire）、多塞特郡（Dorsetshire）、贝德福德郡、白金汉郡，其劳动者现有的生活状况是极其悲惨的，已经到了令人担忧的地步了。这些地区的劳动者，家庭人口很多，在充分就业的情况下每周的工资也只有 8～9 先令，有时会成为公众同情的固定对象。是时候让他们从对常识的应用中获得好处了。

不幸的是，人们通常是诉诸感情而不是常识来讨论这些问题。尽管人们对穷人的艰苦越来越同情，并且在其他人的帮助下已经为他们做好安排，但是人们却普遍不愿意面对他们处境的真正困难，或者没有注意到改善他们物质条件所不可或缺的各种条件。关于劳动者生活状况的讨论，对他们悲惨生活的哀悼，对漠不关心的人的谴责，以及为了改善这种状况所制订的各项方案，在世界上任何国家和任何时间都没有像现在这样流行。但是，人们心照不宣地完全忽视了工资法则，或者以“残忍的马尔萨斯主义”为名，将其抛在一边。与告诫他们不要多生子女相比，鼓励他们多生子女的做法可能会残忍上千倍，大量子女的存在一定会使其陷入悲惨的生活，并且大部分都会堕落。承认反对生育过多是很残忍的行为，但是人们忘记了这种生育行为一方面是对人们的生物本能的不光彩的屈服，另一方面是当事者令人厌恶的权利滥用。

只要人类还处于半野蛮状态，具有奴隶的懒惰和一些欲望，人们就可能不会想要限制人口。就人类的心理状态而言，物质匮乏的压力可能是一种必要的刺激因素，能够通过利用劳动和必要的智慧来完成过去人类存在方式的最伟大的改革，从而使得工业生活方式战胜了狩猎、牧畜以及军事或者掠夺的生活方式。在这个时代里，物质匮乏发挥了它的作用，正如在奴隶制时期一样。在当今世界的某些国家，虽然它们可能很容易获得来自更文明的国家的援助，但是物质产品的匮乏仍然存在。在欧洲以前也存在那样的年代，即生活物品的匮乏在一定程度上促使人们变成更好的劳动者或更文明的人。相反的是，显而易见，如果农业劳动者比较富裕，他们将会更有效率地工作，成为更文明的公民。那么，我想问：如果他们的人数减少了，他们会不会获得更高的工资呢？这是问题所在，而不是其他。通过攻击马尔萨斯或者其他学者的任何偶然立场来转移注意力，以此反驳人口理论是徒劳的。例如，一些人通过评论马尔萨斯先生取得了轻而易举的胜利，认为马尔萨斯先生主要是通过假设的方式，假定食物的增长可能以算术比率发生，而人口是以几何级数增加的。任何一个公正的读者都知道马尔萨斯先生提出这种不幸的尝试，不仅不是企图用精确的数字去说明无须用数字证明的事实，而且每个具有推理能力的人都一定知道，精确数字对于他的观点来说完全是多余的。其他一些人，例如近期的政治经济学家，非常重视对马尔萨斯先生的早期追随者的一些话语进行修正。有几个学者曾经说，这就是人口增长的趋向超过粮食增长的速度。如果他们的意思是指在没有道德或者谨慎控制的情况下，人口在大多数情况下的增长速度都要快于粮食的增长速度，那么这种观点就是正确的。不过，因为这些控制行为在不同的时间和不同的地方效力不同，所以这些学者的语言可以解释为人口的增长通常快于粮食的增长，并且会使贫穷的人越来越贫穷。在这种解释下，强调其反面也是正确的，即随着文明的进步，谨慎的控制会趋于增强，人口的增长相对于粮食的增长也会放缓。坚持认为在任何不断进步的国家里，都存在人口的增长速度快于粮食的增长速度或者和粮食增长速度一样快的趋势，是错误的。我在这里使用的“趋势”一词，与推断这一观点的学者所说的趋势的意义完全不同。现在不讨论与词汇有关的问题，难道双方不都承认在古老的国家里，人口对人们的生存手段所产生的压迫过多吗？尽管人口的压力减小了，但是最贫困的劳动者阶级的思想和习惯还能得到很大的提高。人们希望在一个进步的国家里总是具有这种倾向，但是这种倾向迄今为止仍然是极其微弱的，而且（从具体情况看）现在还没有扩展到给威尔特郡的劳动者一周超过 8 先令工资的程度。我们需要考虑的唯一问题是：这对一名劳动者来说是一种充裕的且合适的生活水平吗？因为如果回答是否定的，那么人口确实就像现存的事实那样，对工资基金的比例过大。不论人口的压力在以前的某些时期是更为严重还是没有那么严重，这实际上都不重要。重要的是，如果这一比率已经有所改善，最好是希望通过适当的援助和鼓励，使这种改善更快。

然而，对这一问题的争论并不是理性的，而是一种厌恶的感觉，他们用尽各种办法来否认令人不满意的真相，只有在理屈词穷时才会承认。因此，我们有必要对这些办法进行详细检查，有必要摧毁对方有关人口理论所使用的每种辩词。他们花言巧语，决心为劳动者找到一些避难所，以改善他们的境况。他们认为这样做的时候，无须要求劳动者在动物繁殖的本能上实行自制——不论是强制性的还是自愿性的，也不实施与目前相比更多的控制。这些将是下一章讨论的内容。

第十二章　论补偿低工资的一般方法

第一节　由法律或习惯决定的最低工资，并保证就业

为使劳动工资达到理想的水平，人们能够想到的最简单的方法，就是通过法律将其予以固定，过去曾经采用或者现在仍然在采用的各种补偿方案的目标实质上就在于此。所有当事人通常要求工资是可以变动的，因此，恐怕没有人会主张把工资绝对固定下来。但是，有人建议固定工资的最低限额，通过竞争进行调节，使得工资在这一最低限额之上变动。现在，另一种方案已经得到了很多工人领袖的认可，该方案主张必须建立一些由劳资双方代表组成的委员会（英国称之为地方商务委员会，法国称之为劳工协会或使用其他名称），该委员会就工资率问题达成协议，经政府部门公布之后，一般来说可以约束劳资双方。协议是由自然的均衡而不是以劳动市场的均衡为基础达成的，其目的是保证工人能够获得合理的工资，使资本家能够获得合理的利润。

此外，还有一些人（他们并不属于劳动阶级，而是关心劳动阶级利益的慈善家）不赞同政府部门对劳动合约的干涉，他们担心法律的干涉可能是草率而盲目的。他们认为，由利害关系相互冲突的双方各派代表通过协商并依据公平的原则调节彼此的利害关系，就必须首先确立一条能算作公平的规则，如果没有这样一条规则，劳资双方之间的矛盾不仅不会缓和，反而会加剧。他们不想通过法律予以裁决，而是希望在道德上能够达成一致。他们认为，每一位雇主都理应给他的工人足够的工资，如果他不愿主动实行，那么社会舆论就可以施压于他。至于怎样判断工资是否足够，则是根据雇主们自己的感觉，或者是他们所认定的公众的感觉。以上就是对当前有关这一问题的主要见解，我想我已进行了公正的表述。

现在我打算对这些方案中所包含的原则进行评述，而不去考虑其中所涉及的

显而易见的实际困难。我应该假定按照这些方案中的某一方案，工资可以维持在由竞争决定的水平之上。也就是说，工资将高于以现有的资本雇用所有工人所能达到的最低工资率。这是因为，认定竞争只会促使工资下跌的说法是错误的，在一定程度上，竞争也是提高工资的手段。失业的工人只要不是依靠救济度日，他们就会成为就业的竞争者并导致工资下降。但是，如果所有失业的人都能够就业，那么，即使在最自由的竞争制度下，工资也不会下降。关于竞争的性质有很多奇怪的观点，比如，竞争的作用是没有任何限度的，销售者的竞争会使价格下跌，工人的竞争会使工资一直下降到零或者某个无法确定的最低额。但是，这些观点纯属无稽之谈。由于竞争的原因，商品的价格只能下跌到出现足够多的购买者来买走这些商品为止，而工资也只能下降到全部工人都能够参与工资基金的分配为止。如果工资降到这一限度之下，一部分资本就会因为工人的数量不足而被闲置，这也将造成资本家之间的反向竞争并且促使工资上涨。

因此，由竞争所决定的工资率将使现有的工资基金总额在全部劳动人口中进行分配，所以，如果法律或舆论使工资固定在这一比率之上，那么，某些工人就将失业。而让这些工人挨饿并非慈善家的本意，因此，失业工人的生活势必要通过强制性的储蓄进而强制增加工资基金的办法才能得以维持。即使固定了工资的最低限额，但是如果没有规定向所有求职者提供工作或者至少给予工资，那也是毫无意义的。因此，这始终是这一方案的一部分，而且与通过法律或者道德确定工资最低限额的方案相比，它更符合大多数人的想法。有一种颇为流行的看法是，向所有的穷人提供就业机会是富人或者国家的义务。换句话说，如果舆论在道德方面的影响不足以使富人从他们的消费中节省出足够的资金，使所有穷人都能获得一份工资合理的工作，那么国家就有责任通过征收地方税或者动用公款来达到这一目的。这样，工人的数量与工资基金之间的比例的变动势必对工人有利，这不是靠限制人口，而是靠增加资本来解决问题。

第二节　这种最低工资限额和就业保障的必要条件是通过法律限制人口

如果能够仅限于对当前社会这一代人提出这种要求，如果只要求进行强制性的积累，直到足以向现有的人提供工资充足的稳定就业，那么，我就是这种主张的最忠实的支持者。社会主要是由靠体力劳动生存的人组成的。而且，如果劳动者奉献自己的体力使人们能享受到丰富的物品，同时，出于公共利益，他们对这些丰富的物品保留征税的权利，那么他们有权这样做，而且始终都是这样做的。

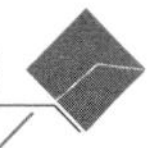

在所谓的公共利益中，最重要的目的是保证人民的生存，因为任何人对于自己的出生都不负有责任。所以，为了使现存的所有人都得到充足的物品，即使社会要求那些持有多余物品的人做出金钱上的牺牲也不为过。

不过，要求已经从事生产与积累的人们节制消费，为目前生存的所有人以及他们的子女及其子女任意生育的后代都提供衣食，这与以上所说的是完全不同的两回事。如果人们承认这种义务并以此作为行动的依据，使对人口增长的一切抑制（积极抑制和预防性抑制）均将遭到废除，这将无法阻止人口以最快的速度增长。而且，由于资本的自然增长至少不会比过去快，因此，为了弥补资本的不足，就必须大幅增加税收。当然，还会迫使一些人用劳动来换取救济。但经验已经表明能从那些接受公共救济的人那里得到什么样的劳动。在人们不是因为工作而得到报酬，而是为了得到报酬才去工作的情况下，劳动肯定是缺乏效率的。要使不能解雇的短工认真劳动，只能借助皮鞭的力量。毫无疑问，不难想象，人们都会忽略这种异议。通过征税所得的资金，可以散布于一般的劳动市场（法国那些鼓吹“就业权利”的人似乎就是这样主张的），而拒绝授予任何失业工人所要求的在特定场所或者特定职业上得到生活救助的权利。在这种情况下，就可以保留对个别工人的解雇权，这样，政府的责任只是在就业不足时增加就业机会，那时，政府就与其他雇主一样，有权选择其所雇用的工人。不过，即使工人非常高效地工作，不断增长的人口也不能使生产同比例地增长。对此，我已多次说过。供养所有人口之后的剩余产品，相对于总产量以及相对于人口的比例将变得越来越少。如果人口的增长速度不变，而生产的速度减慢，那么总有一天剩余的产品将消耗殆尽。用以救助穷人的税收，将取自一国的全部收入，最终将使纳税者与接受者融为一体。此时，不论是通过死亡，还是通过审慎与自制的人口限制，都已经刻不容缓，它们必然会突然地、迅速地发挥其作用。在此期间，所有能够将人类置于蚁巢或者海狸群之上的一切事物，都将悉数散尽。

这些后果已经由久负盛名的学者们在其易于拜读的著作中多次清晰地加以描述。因此，对于有教养的这部分人来说，忽视这些后果是不可原谅的。自诩为公众教师的人，忽视并且放弃对这些后果的考虑，而对工资和《济贫法案》高谈阔论，似乎认为这些争论不值一驳，而认为它们并不存在，这种做法只会使这些人的信誉受损。

每个人都有生存的权利，我们认为这样的观点是正确的。但是，谁也没有权利生了子女以后却让别人去抚养。凡是赞同前一种权利的人，均必须完全放弃有关后一种权利的一切主张。如果一个人没有别人的帮助甚至连自己都养活不了，那么，帮助他的人就有权对他说：我不打算再供养你所生的孩子。然而，许多学者和演说家，包括许多炫耀自己具有高尚情操的人，对生活的看法是如此粗俗，以致竟然认为无法阻止贫民在贫民习艺所内继续生育贫民。有朝一日，后世的人一定会惊奇地问：当时追随这样的传教士而成为改变宗教信仰的人，到底是些什么样的人?

国家对于所有已经出生的人都保证其就业并获得足够的工资是可能的。不过，国家这样做，无论是为了自己，还是为了实现政府之所以存在的各种目的，都必须有一种规定，即：未经政府许可，任何人都不能生育孩子。如果没有一般的和本能的自我控制的动机，则必须有其他的动机来替代。在这种情况下，有必要对婚姻进行限制（限制的程度至少要像德国的某些州所实行的那样），或严厉惩罚生了子女却又无力抚养的人。如果社会能够控制穷人人口的增加，那么社会就能够供养穷人。或者，如果社会对穷人子孙们的悲惨命运毫无道义感，那么对于穷人人口的增加，就可以放宽管制而由他们自己决定，对于穷人的生活，也可以不加照顾而让他们自己去维持。但是，社会如果放任人们自由繁育并且不照顾他们的生活，是不可能不受到惩罚的。

以慈善或者就业的名义慷慨地赠与财物给人民，而不设法使人民处于应该对他们产生重大作用的审慎的、自制的动机之下，这种做法是在浪费对人类大有裨益的财物而没能达到任何目的。如果人民的生活水平明显地依赖于他们的人数，那么，人民最大的长远利益可以通过付出某种代价来获得，即为了改善当代人的物质福利和改善他们子女的习惯而不惜做出任何牺牲。不过，如果不是让他们通过对自己的控制来决定工资，而是依据法律或社会情感来保证他们得到一定的报酬，那么，不论社会能够使他们的生活怎样安逸，都不足以使他们本人及其子孙后代意识到，这样的生活状态需要以他们自己的节制来维持，而只会使他们愤慨地要求社会继续保障他们本人及其子孙后代的生活。

基于这些理由，某些学者从根本上反对英格兰的《济贫法案》以及一切救助身体健全者的制度（至少，在没有一整套法律来预防人口过剩的情况下是如此）。伊丽莎白 43 号法案（即《济贫法案》），就曾经规定由政府向所有生活贫困的身体健全者提供工作和工资。若该法案已得到全面贯彻，并且负责救济的管理人员又不曾采取任何措施设法抵消其自然产生的负面影响，那么，毫无疑问，如今的济贫税一定会将这个国家的土地和劳动所生产的全部净生产物消耗殆尽。因此，马尔萨斯先生和其他人当初做出反对所有济贫法的论断就是不足为奇的。即使在法律上和事实上承认一种可受他人救助的绝对权利，而又不使这种权利严重地影响劳工的勤勉精神和审慎的节制能力，国家也仍然需要有丰富的经验，并对济贫法的各种运作方法进行认真审查。不过，这一点已被最初的《济贫法案》委员会诸委员所做的调查充分证实。尽管他们受到不公正的责难，被认为是法定救助原则的敌人，然而他们却最早充分证明了承认接受救助权利的任何济贫法，与劳工

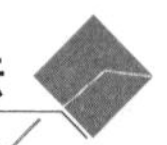

阶层及其子孙后代的长远利益并不矛盾。英格兰各教区所搜集到的并经实践证明的各种事例表明，如果实施救济时给予贫民的生活必需品相当充足，然而这种救济附带被救助者不喜欢的条件，包括限制某些自由或者禁止某些嗜好，那么，提供救助的保障并不会对人民的精神和习惯产生不利影响。如果附带这样的条件，则可以使工人建立起不可动摇的信念：所有社会成员无须听凭命运的摆布；社会不仅能够而且应当保证其所属的任何个人不致处于极端贫困的状态；即使有无法养活自己的人，只要他们限制自己的嗜好，并且遵从严格的规定，他们也无须遭受肉体上的痛苦，也无须担心将要遭受这种痛苦。这对于人类确实是大有裨益的，其本身也是非常重要的，而且对于人类今后的进一步发展更是举足轻重的。因此，对于这种法律或者对于这种法律所据以成立的原理有意无意地加以非难的人，都是人类最可恶的敌人。

第三节　用以补足工资的津贴

前面论述了规定工资水平以及社会人为地向所有愿意工作的人提供充分的劳动报酬的各种尝试的基础，下面我们将要考察另一种盛行的救助方案，它并不主张干预合约的自由，而是由市场竞争来决定工资。不过，当它认为工资过低时，将会努力利用一切辅助性的财源来补充工人的工资。具有这种性质的权宜之计，源自 1834 年以前的三四十年间教区当局所采用的众所周知的津贴制度。最初采用这种制度，是因为农业连年歉收导致粮食价格飞涨，致使劳动工资不足，难以使农业劳动家庭获得它们惯常所消耗数量的粮食。当时的上层社会流行的一种观点是，为国家增添了许多人口的人民是不应该因此而受苦的。再加上人道主义情感的影响，就使农村地区的官员将教区的救济款发放给已经就业的人。这种做法一旦被认可，农场主的直接利益就会迅速扩大，因为他们承担的农业工人的一部分生活费用能因此被转嫁给同一教区的其他居民。这种方案的原则显然是使每个家庭的经济能力都能满足其需求。其结果自然就是：已婚者所获得的多于独身者，人口多的家庭所获得的多于人口少的家庭。事实上，教区往往是根据家庭子女的人数发放津贴。然而，这种方案本来也可以不蕴含直接而强烈的奖励人口的刺激做法，即用于补足工资的津贴可以固定地、等量地发给所有的工人。但因为这一形式是这项制度所能采用的遭到反对最少的，所以，我们不妨假定这一形式已被采用。

显而易见，这种做法不过是规定最低限度工资的另外一种方式，它与直接规定最低工资的方式相比，只有一点不同，那就是容许雇主按照市场价格购买劳动力，然后再以公共基金补足工资的差额。因此，人们对于直接规定最低工资方式所做的全部批评，对于上述那种做法也都适用。这种津贴承诺对于所有的工人，不论其人数多少，都给予一定数量的工资，从而完全消除了主动性或者自律性因素对人口无限增长所形成的障碍。不过，津贴制度除了受到所谓“全部尝试只是为了调剂工资，而不是节制人口”的批评以外，该制度还具有本身特有的荒谬之处，即它必然用一只手发放工资，然后用另一只手收回它。工资率的最低限额只有一种，或者是人们能够赖以为生的最低工资限额，或者是人们习惯于赖以为生的最低工资限额。我们不妨假定它是每周 7 先令。现在某一教区的负责人对劳动阶层这份微薄的工资感到震惊，于是慈悲地把它补到了 10 先令。然而，工人已经习惯于 7 先令了，尽管他们也乐意多拿一些，但事实证明，他们宁愿依靠 7 先令来维持生活，也不愿意抑制其繁育人口的本能。工人的习惯将不会因教区给予他们补助金而有所改变。他们从教区拿到 3 先令，人口因此大为增长，致使工资降到了 4 先令，不过，他们仍然生活得与过去一样舒适。所以，他们或者无须等到人口增加，其工资就会降到 4 先令，贫民习艺所里的大量失业工人足以带来同样的后果。众所周知，津贴制度实际上的确曾经发挥过这样的作用，而英国的工资在其影响下就曾降到前所未有的低水平。在 18 世纪，由于《济贫法案》的执行颇为严格，因此人口增长比较缓慢，致使农业工资的水平远在饥饿线之上。津贴制度一经实施，人口增长非常快，而工资大为降低，因而使拥有工资与津贴两项收入的工人家庭的生活比过去仅有工资一项收入时更差。当工人只靠工资生活时，工资存在着实际上的最低限额。如果工资低于维持人口所必需的最低工资水平，那么，人口的减少会使工资至少恢复到原来的最低水平。但是，如果强迫所有稍有能力的人都勉强捐助进而对工资的不足部分加以补足，则工人们的工资就可能降到饥饿线以下，甚至降到接近零的水平。这一可悲的制度比过去任何一种滥用《济贫法案》的做法都要糟糕。它不但使失业人口贫困化，而且使全部人口贫困化。自《济贫法案》实施以来，这种制度现在已受到严格限制，幸好没有死灰复燃的征兆。

第四节　租地分配制度

虽然上述做法普遍受到责难（这也是人们所希望的），但还有一种工资津贴方式仍然很受欢迎。这种方式，不论是从道德的还是从社会的角度来看，都比教区的津贴更为可取。然而两者所带来的经济后果恐怕极为相似。我所说的这种方式，就是非常有名的租地分配制度（allotment system），这也是弥补工人工资的

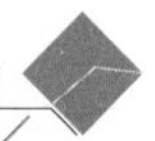

一种办法，即给工人一些别的东西，以弥补其工资的不足。不过，这种补充并不是靠济贫税，而是依靠工人自己的劳动予以弥补，即工人可以租种一小块土地，利用空闲时间栽培供自用的马铃薯和其他蔬菜，如有剩余，还可以出售。如果某工人租种的是已经施过肥的土地，那么，他有时可能需要支付每英亩高达 8 英镑的地租。不过，工人自己及其家属的劳动都是无偿的，因此，尽管地租如此之高，但他仍然可以赚到好几英镑。① 支持这种制度的人强调：租地分配是为了弥补工人工资的不足，而不是对其工资予以替代；租地分配并非使工人能够赖以为生的一种生存方式，而只是使工人利用空闲时间与家人一起种些庄稼。他们通常将每一份租地的面积限定为 0.25 英亩或者 0.25～0.5 英亩，如果租地面积超过上述限度，工人将无法全身心地投入他的主要工作中，进而变成一名差的、不可靠的雇佣工人。如果土地多到足以使工人完全脱离雇佣工人阶层进而成为其唯一的谋生手段，那么这就会使他沦为爱尔兰式的投标佃农（对于工人通常需要支付的高额地租而言，这一说法是很有根据的）。但是，当这些心怀善意的人对投标佃农制采取戒备态度时，他们并没有察觉到他们所提倡的那种制度，如果不是一种投标佃农制，那么从本质上讲，它也是无异于爱尔兰式的一种佃农租赁制度。

毫无疑问，利用征税所得的资金来弥补工人工资的不足，与利用净增国家总产量的办法来弥补工人工资的不足，二者之间存在着本质的区别。而且，用促使工人自己勤劳的办法去帮助工人，与采用津贴促使他们更加无所事事、游手好闲的方法之间，也存在着很大的区别。从这两点来看，租地分配制度的确要优于教区的津贴制度。不过，从它们对工资与人口所产生的影响来看，我实在看不出这两种方法之间有什么重大的区别。所有旨在提高工资的津贴，只要不引起工人阶层的思想和要求的变化，只要在满足工人自身的本能方面和改善其家属的生活方面，工人所创造的相对价值没有变化，都会使工人所得的报酬减少，因而最终会使劳动价格下跌。不过，在我看来，租地分配制度根本不可能产生这样的作用。有时我们会说，土地的占有能使工人顾及未来。地产确实能够产生这样的作用，对于条件固定不变和长期租种对土地的占有，也能够产生与拥有地产相同的作用。但是，仅仅每年租种土地绝不会产生这样的效果。土地租佃曾使爱尔兰人顾及未来了吗？工人得到了租种的土地，他们的行为和生活状况都发生了有益的变化，这样的证言的确很多，我也不想去质疑。但是，只有当以这种方式租种土地的人为数不多时才能产生这样的效果。这些为数不多的人构成了一个特权阶层，他们具有比普通人更高的地位，而且不愿意丧失这种地位。毫无疑问，这些人几乎本来就是一个经过选拔的阶层，由劳动阶层中的佼佼者构成。但是，那些最审

① 参见《济贫法案》调查委员会委员搜集到的有关租地分配制度的证词。

慎、自律的人，却由于这种制度的存在而对结婚生子的问题变得草率了，这正是这种制度的短处。这种做法，就它对劳动阶层基本生活状况的影响而言，我认为一定是无效的或是有害的。如果只有少数工人被分配到租地，他们当然是那些即使没有这样的租地也能生活得很好的人，因此，这种制度对于这一阶层来说，并没有带来什么好处。如果这种制度是一般性的，一个工人或几乎每一个工人都分配到一份租地，那么，我认为其作用同所有的工人都得到一份用于提高工资的津贴所产生的作用差不多。如果在 18 世纪末，英格兰普遍采用租地分配制度，而不是采用津贴制度，那么毫无疑问，它会同样破坏当时的确存在的人口实际限制，人口照样会像实际所发生的情况那样增长。二十年后的工资加上分配租地的收入，也会像工资加上津贴的实际情况一样，其数额不会多于当初没有分配到租地时的工资总量。所以，唯一有利于租地分配制度的区别在于，它使人民自行创造供自己所用的济贫税。

与此同时，我很乐于承认，在某些情况下，即使雇工并不拥有土地的所有权，他们支付适当的地租而占有土地，这也不会成为工资下降的原因，而是工资提高的原因。只有当工人占有的土地能使他们在实际生活需要的范围内摆脱对劳动市场的依赖时，情况才是如此。有两种人，一种依靠工资生活，把租种土地作为额外收入来源，另一种在必要时能完全依靠土地谋生，他们从事雇工劳动只是为了使自己的生活更宽裕。这两种人的地位是有差别的。当没有人为了生存而被迫出卖其劳动的时候，工资很可能就会提高。“自己拥有某种财产从而可以使他们为自己劳动的人，尽管为了节省，他们也经常以马铃薯和玉米充饥，但是，如果工资收入不能为他们提供比马铃薯和玉米更好的食物，他们是不会为了微薄的工资而出卖自己的劳动的。我在欧洲大陆旅行的时候，听说那里的日工资非常高，而粮食却既充裕又廉价，我常常为此感到惊讶。在欧洲大陆的许多地方，土地所有权分散在广大人民手中，人们既无外出打工的必要，也无外出打工的想法，致使当短工的人很少，因而与粮食价格相比，短工者的工资则显得很高。”① 在欧洲大陆的某些地方，甚至城市中的居民，也几乎没有人是依靠其明面上的职业维持生活的。除此之外，没有其他任何理由可以解释他们的劳动价格为何如此高昂，而他们对于能否被雇毫不在乎。不过，如果他们的土地或者其他收入来源只能给予他们一小部分生活费，使他们必须为了工资在供给已经过剩的劳动市场上出卖自己的劳动力，则其结果就将大不相同。此时，他们的土地可以使他们在工资较低的情况下谋生，而且在生活水平降到他们不能够也不愿意生育子女的水平之前，还会使人口大幅增长。

① 参见莱恩：《一位旅行家的笔记》，第 456 页。

有关租地分配制度作用的观点，我已加以论述。我想，除去桑顿先生所提出的反对意见之外，其他反对意见都是站不住脚的。[①] 桑顿先生在这一问题上所持的观点，我认为尚待商榷。他对租地分配制度的辩解所依据的基本原理是：只有非常贫穷的人才会不考虑人口增值的后果而盲目生育子女，如果当前这一代人的生活状况能有很大的改善（桑顿先生认为租地分配制度可以做到这一点），那么，他们的后代就会在生活水平已经提高的环境中成长。因此这些后代在能使他们未来的家庭生活达到他们自己已经享受到的一样优越之前是不会成家的。如果事实证明穷人的生活状况所发生的突然的、巨大的改善，能够通过对他们生活习惯的影响而转化为永久性的改善，那么，我将对此意见表示赞同。法国大革命时期出现的情况就是一个实例。但是，我无论如何也不能相信，工人在其小屋旁边仅凭租种了需要缴纳高额地租的四分之一或二分之一英亩的土地，就能（在工资由于吸收业已存在的贫民劳动而下跌之后）使他们家庭生活的舒适程度大为提高，并且持续一代人（约 30 年之久）的时间，以致他们从小就养成了与真正较高的永久性的生活标准相适应的习惯。如此之小的一块土地所能带来的永久性收益，只能激发起劳工勤勉和节俭的精神，使其获得购买土地所有权的资金。而如果将这样的做法加以推广，就将形成对整个工人阶级在远见卓识与厉行节约方面的一种教育，而这种教育所产生的影响将不会由于这种情况的改变而消失。不过，这种利益的产生并不是由于给了工人什么东西，而是由于激励工人之后想要取得什么东西。

任何补偿低工资的方法，如果没有对人民的意志和习惯产生改变作用，都是没有效果的。在人民的意识和习惯没有受到影响的情况下，任何一种方法，即使在改善赤贫者的生活状况方面获得一时成功，也会使过去限制人口增长的办法在无形中失去作用。因此，任何一种方法，只有在税收能使资本以相同的步伐加速增长时才能继续起作用。但是，这一过程是不可能长久的，它一旦终止，对一个国家所带来的后果必然是，最贫困阶层人数的增加和最贫困阶层以外的人数所占比例的减小。或者，如果这一过程持续的时间很长，则这一比例就会下降为零。这是因为，取消了对人口的自然限制而又无任何其他替代性的限制措施的社会制度，“最终的结局无可避免”。

---

① 参见桑顿：《论人口过剩》，第 8 章。

第十三章　再论补偿低工资的方法

第一节　舆论对人口问题的有害导向

应采取何种方式与贫穷做斗争？应如何消除低工资的弊害？如果为了达到此目的，采用通常推荐的权宜之计并不合适，那么，还有其他可供考虑的方法吗？还是这一问题根本无法解决？政治经济学是不是除了反对一切事情并表明任何事情都不能做之外，什么作用也没有呢？

如果确实是这样，那么，或许需要政治经济学，但终究是可悲的和徒劳无用的努力。如果大部分人一直保持目前的状态，沦为对没有利害关系的辛苦工作丝毫不感兴趣的奴隶，起早贪黑只是为了勉强糊口，而且缺少智力上和道德上的锻炼，这就意味着他们既无智慧也无情感，因此也就变得没有教养。这是因为：他们只顾温饱，而难以教化；为人自私，因为他们只为自己着想；他们不具备作为一个公民和社会成员所应有的乐趣或情感，在其头脑中深深印刻着不公平的意识，并且对于自己缺少的以及他人拥有的一切东西怀有同样的敌意。我不知道还有什么办法能让一个有理性的人站在人类命运的高度去关注自身。任何人对此都无能为力，只能持伊壁鸠鲁（Epicurean）的玩世不恭态度，在不伤害其他任何人的前提下，让自己及其同情的人从生活中获取同样多的满足感，并且让对于文明的无谓喧嚣之声在不经意间流走。但是，如此看待人类事务毫无根据。如同大多数社会弊害一样，贫穷的存在是由于人们屈从于自己的动物本能，而没有做出适当的考量。但是，社会的存在，严格来讲正是由于人并非没有理性的动物。文明，就其每一方面而言，都是与动物本能的一种斗争。文明已经显示出，即使是本能中最为强悍的力量，也能得到充分控制。它将人类本能已经驯服到这样一种程度，即人类与生俱来的许多倾向已经几乎没有任何痕迹或记忆了。如果说文明

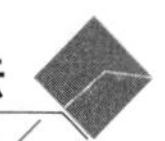

在抑制人口繁殖方面没有产生有效作用，那么，我们必须记住，这是因为它从未被真正尝试过。而它已经做出的那些努力却使之朝着相反的方向发展。宗教、道德以及政治手段相互作用来鼓励人们结婚；而对于已婚者，则鼓励其多生育，仿佛如此才是真正的婚姻。直到如今，宗教甚至都没有停止过这种鼓励。罗马天主教神职人员（没有必要去谈论其他任何神职人员，因为他们对于贫困阶层来说没有任何大的影响）处处都将鼓励结婚作为己任，以防止淫乱。如今，在许多人头脑中仍然存在着强烈的宗教偏见，反对正确的学说。富人假设这种结果不会触及他们自身，那么他们就会认为这种因自然倾向而产生苦难的观点是在质疑上帝的智慧；而穷人则认为“上帝绝对不会只赐予人们吃饭的嘴，而不赐予其粮食”。没有人会认为人类在这一问题上拥有任何发言权或选择权。因此，有关这一问题的全部观点完全混乱不堪，这在很大程度上是因为尽管这是一个事关人类福利事业的最重要的问题，但是人们却以虚伪的圆滑世故将其掩盖，宁愿对这一重大问题做出错误的估量和混乱的思考，也不愿对其展开自由的讲述和谈论。人类为这种言论上的恐慌付出了多少代价，人们对此知之甚少。社会的弊端如同人类肉体的疾病一样，如果没有一个清晰的描述就不能对其进行预防或治愈。所有的经验都表明，除非经过不断的告诫，否则绝大多数人从来不会自己来判断道德问题，也无法看清任何是非对错。而且，在他们保持着婚姻关系的情况下，又有谁会告诉他们在这一问题上应该负何种责任呢？又有谁会因为这种类型的放纵，而使他们本人及其所供养的家庭成员受到任何伤害，哪怕是最轻微的谴责呢？一名酗酒的男子受到自称有道德修养人士的反对与鄙视，他在向仁慈之人请求施舍时的主要理由之一就是：家庭人口很多，实在无力供养。①

人们不会感到奇怪的是，人类在重大职责方面的沉默在使人们遗忘肉体的事实之后，也会导致人们意识不到他们应承担的道德义务。大多数人可能愿意延迟结婚，并在未婚时禁欲。但是，在英国，人们似乎并没有想过结婚之后是否要孩子以及要几个孩子，这一问题完全由他们自己掌控。人们想象着，孩子是上天赐予并降临到已婚夫妇家里的，不是他们能决定的事情，这也确实如俗语所言，决定他们子孙后代数量的是上帝的旨意，而非他们自己。让我们来看看欧洲大陆的一位哲学家对这一观点的看法，这位哲学家是当时最仁慈的人，并且他幸福的婚姻生活得到了人们的赞美。

西斯蒙第指出②：“只要我们没有持各种可怕的偏见，承认我们对于他人——特别是对于我们赋予生命的其他人——所应当承担起的真正职责，而与此相

① 只要人们在情感上将成员多的大家庭与酗酒或其他任何纵欲同等对待，就别指望他们在道德上有任何改进。但是，在贵族和神职人员最先成为纵欲典范的情况下，又能期望穷人做些什么呢？

② 参见西斯蒙第的《新政治经济学原理》，第七篇，第5章［第二卷，第296～297页］。

背的道德观念尚未借神圣的名义对我们加以教导，任何一个睿智的男子在自己能够提供一个可靠的生活条件之前是不会结婚的，而且任何一个已婚父亲都不会生育出超过其自身抚养能力的数量的孩子。而且，他认为，子女有权生活在一个满意的条件下，因此，他渴望新生的一代和老去的一代处于平衡：达到结婚年龄的一个儿子和一个女儿应该代替他们自己的父亲和母亲，而他们自己的子女则应该代替自己和妻子，或者嫁到另一个家庭的女儿的命运应该同自己家娶到的另一个家庭的女儿的命运相同；而且，满足父母生活需要的收入也能满足子女生活的需要。”在一个财富逐渐增加的国家中，人口数量的增长是可以接受的，但这只是一个细节问题，而不是原则性问题。“一旦这个家庭组建起来，正义与人性就会要求他们像未婚者所受的节制一样承受同样的约束。当我们看到所有国家的非婚生子女人数是那么少时，我们必须承认这个限制从总体上看足够有效。在一个人口不能再增长的国家里，或者在一个人口增长速度必须如此缓慢以至难以察觉的国家里，在没有空间可建立新家庭的情况下，一个有八个孩子的父亲必然会意识到，要么其子女中有六个孩子将夭折，要么与他同时代的人中将有三名男子和三名女子以及下一代中他的三个儿子和三个女儿，都将因此而无法结婚。”

第二节　期待改善的理由

有些人认为，倡导劳动阶层在多生育子女方面要足够审慎行事的希望渺茫，因为迄今为止他们在这一点上均没有任何改观，这表明他们缺乏估计人类行为普遍原则的能力。为了确保这一结果的实现，唯一可取的方法可能就是将理想中的观念广为传播。作为一项道德准则，至今没有任何一个国家建立起这样的观念。令人惊奇的是，相比较而言，那些人口增长因个人审慎行事和深谋远虑而被有效抑制的国家，同样也不存在这样的观念。审慎行事是一种义务的观念仍然得不到承认；演说家们和著述家们大多持反对意见，即使是在法国，情况也是如此，那里几乎和英国一样，到处盛行着马尔萨斯式的感伤与恐惧之情。除了这种观念尚未深入人心之外，还有诸多原因。从某些方面来说，它的真实性已经成为它的障碍。人们有理由怀疑，除了穷人（因为他们对于这一问题的偏见溢于言表）之外，在任何一个社会阶层中，是否存在真诚而又急切地想要涨工资的愿望呢？有很多人希望减轻济贫税负担，但是一旦这样做了，人们对于劳动阶层生活状况的必然恶化就将视而不见。几乎所有不是劳动者的人本身就是劳工的雇主，他们当然不会因为雇佣廉价的劳动力而感到惭愧。事实上，那些被认为是由反人口教义的官方鼓吹者组成的人权保障委员会，也很少有耐心去听取它们定义为马尔萨斯

主义的任何见解。农村地区的人权保障委员会主要由农场主组成，众所周知，农场主通常不乐意采用租地分配制度，因为它使劳动者“太独立”。至于上流的绅士们，他们极少与劳动者直接接触，也不存在利害关系，因此期望他们能够持有较好的态度，而且英国的绅士通常都很仁慈。但是，仁慈之人有人性弱点，如果没有人需要他们行善，他们往往就会黯然伤神；从他们那里经常听到的一个基本教义就是：穷人的存在是上帝的旨意。此外，几乎每一个为社会目标积极奔走并推动改革的人，都认为如果承认这一伟大的人口准则，就会使其改革相形失色。他们已经废除了《谷物法》，或减轻了税收，或发行了小额票据，或实施了宪章，或不是复兴就是废除了教会，或废除了寡头政治，而且认为除了他们事业之外的任何重要人物都是敌人。因而，以下问题就不足为奇了：为什么自从人口理论被首次公布以来，90%的议论都是反对声音，而剩下10%的支持声音则间歇存在，而且至今也没有渗透到那些可能被认为是最不愿意接受的人之中，而劳动者正是这些人?

不过，让我们试想一下：如果人口过多而造成的竞争是使劳工贫困的主要原因，进而每个劳动者（同西斯蒙第一起）都将生育子女数量超过社会环境所允许限度的行为视为一种错误（因为过剩的人口消耗了他有权分享的空间），而且这种想法在劳动阶层中广为传播，那么，将会发生什么呢?任何认为这种观点对人的行为不会有很大影响的人，都一定是出于对人性的无知认识。他们从来就没有考虑过绝大多数男性即使是出于对自身利益的考量，也会深受此观念的影响，例如，由于人们不喜欢或鄙视而不去做一些事。在目前讨论的具体情况中，人们过度的放纵同样是受到观念的刺激，而不是出于动物本能，这样说并不夸张。因为观念普遍能够（尤其是在最缺乏教育的阶级中）将对精神和权利的认知与本能力量相结合，并缓和或消除卑微感，由此而引起的情绪上的变化并作用于他人。同样，观念在一味地消除这种刺激作用方面也有很大的效果，而且，一旦观念转向了相反的方向，就会立即使人类行为产生一场变革。我们常常会听到：即使彻底明白工资取决于人口的观点，劳动者的行为也不会受到影响，因为这并不是其子女将来能够在普遍劳动市场上所承受的压力。果真如此，而且同样正确的是：一名士兵的逃跑不会必然导致一场战役的失败，然而，人们却不能因此而认为每一个士兵都可以如此做，一个人的可耻行为会自然地而且不可避免地影响他人，如果大多数士兵都逃跑的话，那么每个人都必将遭遇战争失败。很少有人具有勇气去挑战其所属阶级的基本观念，除非有来自比这一观念更高准则的支持，或者受到一些其他强有力的观点的支持。

还必须铭记的是，有关这一问题的观念一经广泛传播，就会迅速得到绝大多数妇女的强力拥护。妻子通常极不情愿让家庭人口过多，因为子女过多造成的令人难以忍受的家庭重负（伴随着浑身上下的辛劳以及至少大部分的贫苦）都是由妇女承担的。众多女性得以解脱，实为一件幸事，而在此之前，从来不敢提出这种要求的妇女如果得到了社会道义的支持，那么她们一定会这样要求的。在法律和道德尚未制止的野蛮行为中，最令人深恶痛绝的一定是允许任何人自认享有支配他人的权利。

如果这一观念在劳动阶级中普遍树立起来，而且他们的福利要求其适当限制子女的数量，那么其中一些值得尊敬的和品行良好的人就会遵从这一规范，而只有那些惯于轻视社会普遍职责的人才会违背这一规范。如此一来，就会有充分的理由将反对生育子女而造成社会负担的道德义务转变为法律义务。正如许多其他观念在发展进程中的情况一样，有价值的社会义务必须由大众普遍承担。如果大多数人从自身实用性出发而自愿承担社会义务，只有少数人拒绝承担的话，那么，法律就应该强制少数人执行。然而，如果妇女享有与男子同样的公民权利，就如同她们在其他各方面享有明确的权利一样，那么，则不需要法律制裁了。习俗使妇女局限于以身体功能来作为她们的生活手段和影响力来源，如果她们不再受制于这种局限，那么，她们将在其发挥作用的范围内首次享有与男子同样平等的发言权。这将是目前我们可能预见到的为人类利益所采取的各项改进措施中，在道德和社会利益方面，有望取得最丰硕成果的改进。

仍然要考虑的是，在劳动阶级中，是否存在着以工资取决于人口这一原则为基础的观念和情感，以及通过何种方式可以唤醒这样的观念和情感。毫无疑问，许多人会不假思索地宣称上述希望只是空想，不过，在考虑这个问题是否具有希望之前，我想先指明，除非对上述两个问题做出满意的答复，否则，目前在英国盛行的被诸多学者视为文明顶峰的产业制度——社会整个劳动阶层都依赖于雇佣劳动的工资而生存——将不可避免地遭受谴责。我们现在要考虑的问题是：在这种产业制度下，劳动阶层的人口过剩以及生活状况不佳是不是必然的后果？如果审慎地节制人口的做法不符合雇佣劳动制度，那么，这个制度就是令人厌恶的。而且，它会从经济政策宏伟目标（通过建立某种财产制度和调整产业模式）着手来对劳动人民在节制方面施加更强烈和更明显的影响（不再是工人和雇主之间的关系所能起的作用）。

但是，不存在这样不相容的情况。造成贫困的原因与雇佣劳工人口数量之间的关系，并不像它与雇主的关系或是与未来社会主义的关系那样明显。然而，这种关系也绝非神秘难解。工资取决于就业竞争对手的数量这个道理，对于劳动阶层而言，并非难以理解或无法理解。他们当中的绝大部分人早已认识到了这一点，并惯于以此作为其采取行动的准则。所有的工会都非常熟知这一点，为提高工资而进行的每一次成功的联合行动，都在于其成功限制了竞争者的数量。所有

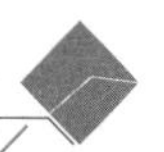

技术行业都急于减少本行业的人数，大多数行业都会要求或竭力要求雇主接受招收的学徒不超过规定数量这一条件。当然，通过排斥别人来限制同行业的人数与自行限制行业人数，这两种方式之间存在着很大的区别，不过两者对于行业的人数与报酬之间的关系都有清晰的认识。这一原则应用于任一行业中都易于理解，不过，若是应用于所有行业中就难以理解了。之所以如此，有以下几个原因：第一，这一原理的作用在明确限定的领域中更易于清晰地分辨；第二，与普通的手工劳动者相比，熟练技工智力水平更高，而且惯于协作和了解其所在行业的基本状况，因而对其整体利益也有更好的把握；第三，也是最后一个原因，他们最为深谋远虑，因为他们的生活是最好的，也就更加珍视其现状。然而，在特定情况下可以清晰地被人们感知并且接受的事物，却无法被理解以及承认作为一般原理，这是不合情理的。如果劳动阶层的头脑能够对其总体状况进行合理的分析，那么至少在理论上，他们一定会立即承认这一原理。然而，劳动阶层中大多数人至今仍然做不到这一点。这或许是因为他们的智力水平尚未开发，或许是因为贫困，致使他们既不害怕生活更糟，也不期望生活会有所改善，所以，他们并不关心自己行为的后果，也不考虑未来。

第三节　改善劳动人民习惯的双重手段之一：教育

因此，为了改变劳动者的习惯，需要对他们的智力和贫困同时采取双重行动。首先，对劳动阶级的子女要进行有效的国民教育。与此同时，要采取一系列措施（如同法国大革命时期所做的那样）来消除整整一代人的极端贫困。

在这里不宜讨论（即使是以最基本的方式）有关国民教育的原则或机制的问题。但是，希望有关这一问题的观念可以逐步改进，希望人们认识到如今单凭口头教育是不够的，甚至在推进比某些阶级声称要提供的教育还要好的教育方面，我们的进展也较为缓慢。我们暂且不论还存有争议的观点，但是可以有充分理由断言，对所有人民群众进行智力训练，其目的均是增加他们的常识，使他们能够对其周围环境做出切实可靠的判断。这是教育赖以建立的不可或缺的基础性工程。此外，无论教育部门做何种努力，都是锦上添花，都是对智力的一种装饰。教育首先要有目标，这一目标一旦得到人们的承认并且确定下来，之后再决定教什么或以何种方式教就不是什么难事了。

针对人民群众所进行的旨在传播良好知识的教育，使其有能力去判断自己的行为倾向。如此一来，即使没有任何直接的灌输，也必定会提升他们的理念，使其认为各种类型的放纵和无先见之明的行为都是可耻的，而且导致劳动市场过剩

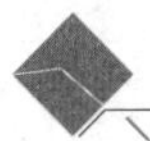

的这种浅见行为，将被视为是侵害公共利益的行为，从而遭到严重谴责。如果这种观念得以形成，将会对人口增长产生适当的限制作用。在我看来，这一点毋庸置疑。但是，要促进这一观念的形成，单凭教育是不够的。教育与极度贫困无法共存，对贫困不堪的人实施教育也难见成效。从未享受过舒适生活的人是难以感受到该种生活的价值的，也就是说，那些朝不保夕、生活凄惨的人，由于一直生活在贫困之中，对其行为往往无所顾忌。个人往往通过奋斗来获得安逸生活，但是就整体劳动者而言，他们最多只能期望维持生存。要改善大多数不熟练的日工人群的习惯和要求是困难和迟缓的，除非能够设法将整体劳工的生活水平提升到相对舒适的程度，并维持到新一代人成长起来为止。

为了实现这一目标，可以采用两种手段。这两种手段既不会伤害任何人，也不会产生自发的或是法定的慈善活动所常有的弊端，而且非但不会削弱，反而会强化对勤勉行为的各种刺激和对未来考虑的各种动机。

第四节　改善劳动人民习惯的双重手段之二：通过国外殖民和国内移民，予以大规模直接救济

首先，实施大规模的国家殖民政策。意思就是，国家给予大量公共资金来资助大批年轻农业人口，立即移居殖民地。像韦克菲尔德先生所提倡的那样，给予年轻夫妇以优先权，或者在没有年轻夫妇时，给予拥有即将长大成人的子女的家庭以优先权。这笔支出将最有效地实现目标，与此同时，殖民地将获得现在和未来最大量的劳动力，这些劳动力是殖民地所需的，但在这里却是过剩的。其他人已经证实，而且在本书的后续章节中也会呈现：这种适当规模的殖民并不会给国家造成任何损失，不用担心那些成本得不偿失。而且，殖民所需的资金，即使采取提前垫付的方式，也不会从维持劳动的就业资本中获得，而是筹自那些过剩的资本。因为这种资本无处投资，不能为其所有者的节制带来丰厚的回报，因此，如果不流往海外进行投资，就会被浪费于国内不计后果的投机活动中。为了劳动阶层的利益，通常没有任何贡献的这一部分国家收入，将用于承担这里所进行的考察移民的费用支出。

其次，提供今后可以开垦的所有公用土地来培养小型土地所有者。这些土地过去不曾作为公共土地使用，而只是用于增加富人的财富领域。如今，是时候将剩余的公用土地留作为穷人谋福利的财产了。为此，我国已经依据基本的《圈地法规总汇》(General Inclosure Act) 建立起相应的管理机构。不过，我还是想提点建议（尽管我承认它被立即采用的希望很小）：今后，在所有允许将公有土地

圈为私有的情况下，均应该先出售或转让一部分土地，用于充分补偿庄园或是社区所有者权益的损失，然后将剩余土地划分为每块五英亩左右，分配给那些用自己的劳动进行开垦和耕种的劳动阶级个人，并成为他们个人的绝对私有财产。对于那些拥有积蓄并足以维持到获得第一次收成时的劳动者，或者能够说服某位负责人向其提供一定数额的资金以及个人担保的劳动者，应该优先考虑。其实，这样的劳动者有很多。工具、肥料，在某些情况下还包括生活资料，应该由教区或国家提供。这种以公款基金所得的利息，则作为一种永久性的免役地租，按照公债的利率来征收，农民有权将其分为适当的若干年来随时偿还利息。如果认为有必要，还可以依据法律来禁止分割这些小地产。但是，如果该计划以当初设想的方式来实施，我并不认为土地会被细分到任何不合理的地步。在土地所有者去世时没有留下遗嘱，而继承人又无法妥善解决的情况下，则可以由政府按其价值收回这块土地，然后转让给能够为其价格提供担保的其他劳动者。就如同在欧洲大陆一样，拥有这些小型地产的欲望，成为审慎和节省的一种诱因，渗透到整个劳动人口中。于是，在部分雇佣工人中间迫切地产生了介于雇佣工人与雇主之间的一个中间阶级，这样，工人得到了双重利益：他们既实现了自己希望达到的目标，又有充分的理由来预期，他们将因自律而被人们效仿。

然而，无论是采取上述补救措施之一还是两者都采用，都必须达到一定的规模，不仅使全部的土地劳动者可以获得工作，而且要大幅提高他们目前的工资，以至能够使他们及其子女过上他们从未享受过的舒适生活，否则，不会有多大的效果。如果目的是要提高人民的永久性生活水平，那么，小规模的措施非但不会产生成效，反而会适得其反。除非使整个一代人像习惯于过现在的贫困生活那样习惯于过舒适生活，否则，就等于任何事都没有做。而且，举棋不定、半途而废的做法，只是在浪费资源而已，还不如把这些资源先保留下来，直到观念和教育的改善培养了这样一批政治家——这些政治家认为，仅仅只有宏图大计还不够，还要利用政治才能把它实施下去，而不是无所作为。

尽管在当前情况下，英国已不再急需专门宣传这些具体措施了，但是我仍然将之前所写的章节保留了下来，因为它们在原则上是正确的。交通运输工具的廉价（这是当代最伟大的科学成就之一），以及几乎所有阶层人士已经获得或正在获取有关世界各地劳动市场情况的知识，已经开启了从英国向大洋彼岸新兴国家自发移民的浪潮。这一移民势头没有减弱的趋势，反而在增强。而且，在国家并没有实施任何有组织的移民措施的情况下，英国的工资水平已有明显的上升，正如在爱尔兰曾经发生的那样，而且这种上升速度将维持一代人或几代人之久。对于过剩人口来说，移民不再是一时的冲动，而是正在成为稳定的谋生出路。这一近代史上的新现象，伴随着自由贸易迅速带来的繁荣昌盛，使人口过剩的英国得到了暂时的喘息之机，借此得以提升各阶级人民群众（包括最贫穷阶层的人民）的道德水平和智力水平，以防止人口再次过剩。这个黄金时机能否得到充分利用，取决于议会的智慧，但指望议会的智慧却是一件非常不靠谱的事情。我们的希望是基于下述情况：在英国历史上还没有哪一个时期像现在这样，智力水平的进步很少依赖政府，而主要是靠民众的普遍努力；也没有像现在这样精神振奋，并很快就扩展到了人类活动的许多方面；同样，也没有像现在这样，每一个部门，从最初级的物质层面到最高级的道德或智力层面，都提出了倾向于公众利益的各种建议，人们几乎不带有任何偏见地听取意见，并且利用一切机会去深入理解和公正地考虑这些建议。

第十四章　论不同职业的工资差别

第一节　由工资差别造成的不同职业的吸引力程度不同

在探讨工资方面，我们迄今为止仅限于探讨导致总体工资的各种原因，也就是决定正常或平均劳动的报酬的各项法则，但是没有提及现存的不同种类的工作由于受不同法则的支配，从而导致通常所支付的工资率也不同。我们现在将考虑这些差异，并研究它们是以什么方式对前面所说的各项结论产生影响的，或者是如何受到这些结论的影响的。

亚当·斯密的著作中有一个著名且非常流行的章节①，该章节对工资这一部分的问题做出了最好的阐述。实际上，我不认为他处理这一问题的方法像有时人们所认为的那样完美和详尽。但是就目前而言，他的分析还是相当成功的。

亚当·斯密说，这些差异的产生部分是由于欧洲没有一个地方实行完全自由的政策，部分是由于“各种职业本身的某些情况。这些情况要么是真的，要么至少是在人们的想象中，对某些金钱获利少的职业给予弥补，进而抵消其他获利多的职业”。他认为，这些情况包括：“第一，工资本身令人感到愉快或不愉快；第二，学习它们的难易程度和成本高低；第三，工作有稳定的或不稳定的；第四，工作中所承担的责任有大有小；第五，工作获得成功的可能性大小。”

对于其中的几点，他曾经举例进行了非常详细的说明，尽管他的某些例子现在已经过时。“劳动工资因工作轻松或困难、干净或肮脏、高贵或卑贱的程度不同而有别。因此，在很多地方，按整年计算，缝纫工的收入要少于纺织工的收入，因为缝纫工的工作相对容易一些。”自亚当·斯密时代以来，纺织工的报酬

① 参见亚当·斯密的《国富论》，第一篇，第10章。

发生了很大的变化。而且，如果纺织工人工作的难度远远大于缝纫工的难度，我认为，这绝不可能是普通的纺织工。“一名纺织工的收入少于一名铁匠的收入。这不是因为纺织工的工作更容易，而是因为纺织工的工作更干净一些。”更可能的解释是它需要的体力更少。“铁匠虽然是一种技术工人，但是他 12 小时的收入一般要少于一名普通煤矿工 8 小时的收入。这是因为与普通煤矿工的工作相比，铁匠的工作没有那么肮脏和危险，而且是在地面上的阳光之下进行工作。对于所有尊贵职业来说，荣誉占报酬的绝大部分。从获得金钱的角度来说，需要将所有事情都考虑进去。”按他的观点，这些人的报酬低于平均水平。“不光彩的职业具有相反的作用。屠夫是一个既野蛮又令人讨厌的职业，但是在很多地方，屠夫却比绝大部分普通职业报酬更高。死刑执行者是最令人厌恶的职业，可就工作量而言，却比任何其他普通的职业收入更多。”

尽管操作手工织机的工人报酬目前很低，但是他们不愿意放弃他们的职业，其原因之一是，据说这种职业对工人有一种特别的吸引力，即允许工人行动自由。近代的一名权威人士说[①]：“他可以随情绪或爱好玩耍或休息；可以早起也可以晚起，可以工作勤勉一些或懈怠一点，都随他高兴。而且，他们之前因嗜好或娱乐所消耗的时间，可以在任何时候通过加倍努力工作来弥补。英国几乎没有任何从事其他工作的人口能够如此自由地不受外界的控制。工厂工人不仅会因为缺勤而被扣工资，而且如果经常缺勤，他就会被开除。泥瓦工、木工、油漆工、细木工、石匠、户外工人都有各自规定的日劳动时数，如果忽视就会导致同样的后果。”因此，“只要纺织机能够使纺织工维持生活，无论生活多么悲惨，纺织工都会坚守岗位。并且，很多暂时被引诱放弃织工职业的人，一旦有从事原来工作的机会，就会重新回到纺织工这个职业中来”。

亚当·斯密继续说：“某些行业的职业要比其他行业的稳定得多。在绝大多数制造业中，一个工人只要能够工作，就有相当大的把握认为他几乎一年中的每一天都有活干。”（当然，因市场供给过剩、需求滞缓或商业危机造成的经营中断除外。）“与此相反，石匠或者砌砖工在严寒或恶劣的天气里就不能工作，并且他在其他所有能够工作的时间里，能否工作取决于顾客的临时需要。于是，他们很容易常常没有工作机会。因此，他被雇用所赚得的收入，不仅要维持他们没有工作时的生活，而且要对他们在获得工作过程中不稳定的情况所产生的焦虑和沮丧进行一定的补偿。所以，绝大部分制造业工人所赚得的收入，估算起来与普通劳动者的日工资差不多，但石匠和砌砖工的收入一般是普通劳动者日工资的一倍半乃至两倍，尽管在其他种类的技术劳动中，石匠和砌砖工所掌握的技术似乎更容

① 参见马格里奇（Muggeridge）先生对手工纺织机工人调查委员会所做的报告（参见《议会文件集》）。

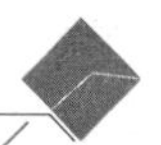

易。因此，这类工人的高工资，与其说是对他们技术的补偿，不如说是对他们职业不稳定性的补偿。”

“如果除工作的不稳定性外，还存在艰苦、不舒适和肮脏等特性，那么，这种最普通劳工的工资，有时也会超过最熟练的技术工人的工资。在纽卡斯尔(Newcastle)，按产量计酬的煤矿工人的工资是普通劳工工资的两倍左右，而在苏格兰的很多地方，可达到普通劳工工资的三倍左右。高工资来源于工作的艰苦、不舒适和肮脏等特性。在大多数情况下，只要他愿意，其职业就可能是稳定的。就艰苦、不舒适和肮脏而言，伦敦运煤工人的职业几乎等同于煤矿工人的职业，但由于运煤货船的到达日期难以固定，就使得绝大部分运煤工人的工作必定是不稳定的。因此，如果煤矿工人通常能获得普通劳工工资的两倍或三倍，那么运煤工人有时能获得普通劳工工资的四倍或五倍，似乎就不令人觉得荒唐了。依据几年前对他们状况的调查，结果表明根据当时的工资率，他们所赚得的收入约为伦敦普通劳工工资的四倍。不论这些收入看起来有多么高，如果对这种职业的全部不利因素给予过多的补偿，那么在一个没有垄断特权的行业里，很快就会出现一大批竞争者，这些竞争者会迅速促使工资降到较低的水平。”①

在一定情况下，对特定职业不舒适的情况进行补偿所带来的报酬不均等，可以认为是完全自由竞争带来的必然结果。而且，毫无疑问，在大致处于同一级别和同一种类的人所从事的职业之间，这种不均等大部分是实际存在的。但是，如果把这一点认为是愉快职业和不愉快职业之间普遍存在的关系，那就完全歪曲了实际情况。真正费力和真正令人憎恶的劳动所得收入，不但不比其他劳动所得收入多，反而几乎比其他所有劳动都少，这是因为只有那些没有其他选择的人才会从事这样的工作。普通劳动市场中的有利情况会产生另一种结果。即如果劳动者的总体数量不是多于而是少于所需要的就业人数，那么令人讨厌的工作一般不会有人去做，除非工资高于普通劳动的工资。但是当劳动的供给远远超过了对劳动的需求时，劳工不确定能不能找到工作，那么只要有人提供就业机会，不论条件如何，都是一种恩惠，这样，情况就会完全相反。理想的劳动者，是那些每个人都想雇用的人，他们仍然可以选择职业。不合乎需要的劳动者只能从事他们能够得到的职业。职业越是让人厌恶，能够获得的报酬就越低，因为这类工作总是落在那些最无能和最堕落的人身上，这些人或者由于极端贫穷或者由于缺少技术和教育，无法找到任何其他工作。部分是由于这个原因，部分是由于下面即将讲到的自然垄断和人为垄断的原因，工资的不均等性整体上完全背离了亚当·斯密错误认定的劳动报酬均等的基本原理。劳动的艰苦程度与工资收入，并不像任何公

① 参见亚当·斯密的《国富论》，第一篇，第10章。

平的社会安排那样成正比，一般来说是成反比的。

亚当·斯密给出的最好的事例之一，是有关一种职业成功的可能性对其报酬的影响的论述。如果完全失败的可能性很大，那么，按照一般的估算，一旦成功，其报酬必须足够弥补这些不利的可能性。但是，由于人性的另一条原理，如果成功的报酬以少数奖金的形式发放，那么，这通常会吸引大量的竞争者，从而使平均报酬可能不仅减少到零，而且降到负数。彩票发行的成功证明了这种可能性。因为购买彩票的投机者作为一个整体，一定会失败，否则彩票的发行者就不能获得利益。亚当·斯密认为某些职业的情况与此类似。“对于某些人来说无法具备从事学习某种职业的资格的可能性，往往因职业的不同而大不相同。就绝大部分机械行业来说，成功的可能性几乎是肯定的，但是就自由职业来说，其成功的可能性是非常不确定的。例如，送孩子去当鞋匠的学徒，毫无疑问他能掌握制鞋的技术，但是如果送他去学习法律，那么他能够精通法律并能以法律为职业生存的可能性至少是 20∶1。就一种绝对公平的彩票而言，那些获奖的人所得的全部利益应该相当于未获奖的人的全部损失。对于某种失败 20 人才成功 1 人的职业而言，那 1 个成功者的全部所得应该相当于那 20 个失败者应得而不能得的总和。大概年近 40 岁的律师才开始从他的职业中获得一些报酬，他应该获得的报酬不仅要补偿他自己如此冗长乏味并昂贵的教育费用，还应该补偿那些一无所得的 20 人的教育时间和费用。尽管律师收取的费用有时显得过高，但他们真正的报酬一定达不到这种水平。计算某个地方任何普通行业的工人——例如鞋匠或者纺织工——其可能的年收入总额和年支出总额，你就会发现前者的总额一般超过后者。但是，如果对所有的律师和所有不同法庭的见习律师做相同的估计，你就会发现他们的年收入只能占到他们年支出的很小一部分，即使你尽量提高对他们年收入的估计，降低对他们年支出的估计，情况也是如此。”①

我们今天与亚当·斯密所处的时代相比较，少数人的收入已经非常高，但是未实现抱负的人也更多了，这种论述仍然是正确的，这必须由掌握确切信息的人做出判断。然而，亚当·斯密所说的报酬，除了律师收取的费用以外，还应该包括律师这个职业所带来的薪酬和名誉，以及在公众眼中令人羡慕的荣誉。对于这些，他似乎没有充分考虑到。

一种冒险的职业，即使没有巨额的奖金，仅凭人们对刺激的热爱有时也能让人趋之若鹜。这是很明显的，“普通人乐意去应征士兵或者出海航行……危险和九死一生的冒险生活并未使年轻人沮丧，而似乎常常劝告他们去从事这类职业。底层人民中的慈母通常不愿意将她的孩子送到海港城市的学校上学，以免孩子看

---

① 参见亚当·斯密的《国富论》，第一篇，第 10 章。

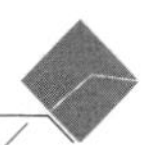

到海船，听到水手们的谈话和冒险经历，从而受其诱惑决定出海远行。在遥远的未来可能发生的危险，不会使我们沮丧，因为我们能够凭借勇气和机智来使自己摆脱困境。并且，在任何职业中，这也不会使劳动工资有所提高。在那些勇气和机智没有利用价值的行业，情况则不同。我们知道在那些看起来非常有损健康的行业中，劳动的工资总是非常高的。有损身心健康属于令人不愉快的情况之一，它对劳动工资的影响应当归于那个令人厌恶的总类型中。”①

第二节　由自然垄断造成的工资差别

以上所阐述的情况说明报酬的不均等对有关各种职业吸引力的均等来说是必要的，是表明自由竞争起平衡作用的各种例子。下面要阐述的是各种真正不均等的情况，它是由一条不同的原理造成的。“劳动的工资，根据工人所需承担的责任大小而不同。每个地方的金匠和珠宝商的工资，不仅比拥有同等技术的许多其他工人的工资要高，而且比拥有更高技术的许多其他工人的工资也要高。这是因为人们将珍贵的材料委托给他们加工。我们将自己的健康委托给医生，将我们的财产，有时甚至是我们的生命和名誉委托给律师和法律代理人。将这种信任委托给微不足道或无足轻重的人，是非常不安全的。因此，他们所获得的报酬必须使他们能够保持这种如此重要的信任所需的社会地位。”②

在这里，高额报酬不是竞争的结果，而是缺乏竞争的结果。它并不是对职业内部不利因素的补偿，而是一种额外的利益，一种垄断的价格，这不是法律影响的结果，而是由所谓的“自然垄断”（natural monopoly）造成的。如果全部的劳动者都值得信任，那么就没有必要支付给金匠额外的报酬来作为信任的代价。人们要求他们具有的诚信程度是不同寻常的，所以那些具备了这种诚信程度的人就能够利用其特殊地位，按其稀缺程度，获得相应的较高的报酬。这就引出了亚当·斯密和大多数其他政治经济学家都未予充分考虑的一类问题，这一疏忽使得亚当·斯密对普通劳动者和熟练劳动者报酬之间的重大差别所做的论述显得很不完善。

有些职业与其他职业相比，所需的学习时间长得多，学习过程中的费用也多很多。如亚当·斯密所解释的那样，这正是从事这种职业获得高额报酬的内在原因之一。如果一位手艺人在获得任何收入之前，必须花费几年的时间去学习这门手艺，并且在他能够相当熟练地进行较好的操作之前还需再花费几年的时间，那

①② 参见亚当·斯密：《国富论》，第一篇，第10章。

么他一定预期他最终赚得的收入足以偿付他过去全部的劳动，并补偿这种偿付的延迟和受教育期间所支出的费用。因此，他的工资，除去一般的工资外，还必须在他今后能够进行工作的年限内，每年按普通利息率偿付上述所支出的总费用。这是在考虑全部的情况以后，熟练劳动和不熟练劳动处于同一利益水平上所必需的，是在任何时期内两种报酬之间可能存在的最小差额。因为，如果不是这样，就不会有人去学习并成为熟练劳工。而这种差额就是亚当·斯密关于该原理所论述的全部内容。当这种差额过大时，他似乎认为，这一定是学徒法和行会规则限制熟练劳工的数量所造成的结果。但是，除去这些或任何其他人为垄断（artificial monopolies）以外，还有一种自然垄断，使熟练劳动者处于比不熟练劳动者有利的地位，这就会使两者所得报酬之间的差额，以各种不同的比例超出仅能均衡他们利益的比例。如果不熟练的劳动者只通过克服学习其职业的困难就拥有与熟练工人相竞争的力量，那么这两种工资之间的差额，就不会超过以劳动报酬的正常回报率对他们的困难所做的补偿。但是，事实上，劳动者需要教育，即使费用不高，也需要一个教学过程，或者劳动者必须用其他来源的费用来维持这段相当长时间的生活费用。这就在每个地方都排除了大量劳动者参加任何这种竞争的可能性。直到最近，即使只要求会读会写的初等教育的全部职业，也只能从特定的阶级中招聘人员，大多数人完全没有机会接受这种教育。因此，相对于普通劳动的报酬，所有这类职业的报酬都会高些。自从能读会写的人越来越多，那些要求初等教育的职业的垄断价格已经大幅下跌了，因为为这类职业所展开的竞争已经达到了令人难以置信的程度。然而，还有很多较大的工资差别不能用竞争原理予以解释。一个只能进行机械复制劳动的办事员，如果能够得到一个砌砖工的工资，那么他的收入就超过了他付出努力的程度。办事员工作的艰苦程度不及砌砖工的十分之一，尽管办事员与砌砖工的工作学习起来一样简单，但其职位的不稳定性要低于砌砖工，因为办事员一般都是终身职业。因此，办事员报酬较高，部分是由于垄断，因为所要求的那种教育尚未普及到足以产生大量竞争者的程度；同时部分是由于受到残余传统习俗的影响，即要求办事员应该维持具有高工资阶级的服装和仪表。有些手工行业，只有经过长时间的练习才能掌握精巧手艺，不论付出多大的代价，也很难找到足够数量能够生产最为精细产品的工人。在这种情况下，支付给他们的工资只由购买者在购买他们生产出来的商品时愿意支付的价格决定。有些钟表制造者、某些天文学和光学仪器的制造者的情况就是如此。如果能胜任这种职业的人数增加了十倍，那么购买者会将他们所生产的产品全部买走，但价格一定不是现在的价格，而是较低的价格，这种较低的价格是较低的工资所带来的必然结果。类似这样的考虑，适用于更大程度上企图限于一定社会阶层的人所从事的职业，即所谓的自由职业。处于社会较低阶层的人，很难被这

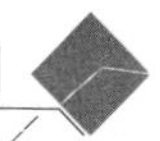

种职业承认，即使被承认了，也不容易取得成功。

确实，迄今为止，在不同等级的劳动者之间，界线的标志非常明显，几乎等同于世袭的等级区别。每个职业主要招收的是已经受雇于那些职业或者被社会认为属于同一等级职业的人的孩子，或者是最初等级较低，通过他们自己的努力成功提升了自己阶层的人的孩子。自由职业（liberal professions）从业人员大部分是由自由职业或有闲阶级的孩子来补充。技术水平较高的手工业职业，则由熟练的手艺人的孩子或者由与其等级相同的技术工人的孩子来补充。技术水平较低的手工业职业，情况与此类似。而不熟练的劳动者，虽偶有例外，但通常都保持了父子相传的传统。因此，迄今为止，各阶级的工资是由这个国家该阶级自身人口数量的增加程度来调整，而不取决于这个国家总人口数量的增加程度。如果从事某一职业的人数过多，这是因为主要补充这一社会等级的人数大大增加，也因为这一等级的家庭人口数很多，而且每家都至少有几个孩子会去从事这个职业。如果手艺人的工资总是大大高于其他普通劳动者的工资，那么，这是因为手艺人是一个更为谨慎的阶级，不会过早地或者过于轻率地结婚。然而，目前的习俗和观念正在迅速地发生改变，也正在逐渐削弱这些区别，即把人们束缚在世袭状况下的习俗或缺陷正在迅速消失。每个阶级所受到的其下阶级的竞争威胁已经增加，并一直在增加。传统的障碍普遍减弱，教育设施早已经大大增加，让更多的人能够接受教育，而且这一趋势仍然在增长。教育设施增长取得了许多非常好的效果，但也产生了一种相反的效应，即熟练劳动者的工资趋于下降。毫无疑问，熟练劳动和不熟练劳动之间报酬的不均等，已经大大超过其合理性。但是，人们期望，这种不合理性不是通过降低熟练劳动的工资，而是通过提高不熟练劳动的工资来纠正。然而，如果加强对一般劳动者人口数量的控制，没有同时伴随着社会各种其他变化的发生，则会出现一种趋势，即等级较低的熟练劳动者，基于低于他们自身的更低生活标准所决定的出生率，在一般群众生活水平得不到提高的情况下，会使他们的生活状况恶化。最底层阶级人口的增加所带来的刺激，足以使他们在毫无难度的情况下填满他们从相邻上一等级获得的额外空间。

第三节　接受补贴的人参与竞争对工资的影响

还有一个不同的情况仍然需要注意，它在一定程度上妨碍了迄今为止上述各条原理所起的作用。熟练劳动所赚得的收入，特别是需要学校教育的任何熟练劳动，其之所以被认为是一种垄断情况，是因为大部分人没有获得这种教育的可能性，这作为一项基本原则是正确的。但通过国家政策或者个人的捐助，通过对大部分人提供远远超过他们自费能够获得同样利益的免费课程，能够在很大程度上抵消这种限制竞争的影响，这也是正确的。亚当·斯密曾经指出，这个原因所造成的结果是使得带有学术性或书生气的职业的报酬总体上下降，特别是牧师、文化人、学校校长以及其他青年教师等职业的报酬。关于这一部分的内容，我不能比他阐述得更好。

“由于人们认为，为某些职业培育适当数量的年轻人是非常重要的，所以有时是公共机构，有时是虔诚的私人创始人，为此目的设立了大量养老金、奖学金、贫困生津贴等，使得从事这些行业的人数大大超过了自发情况下能够达到的水平。我相信，在所有的基督教国家中，绝大部分牧师的教育费用就是以这种方式支付的。完全自费接受这种教育的人很少。因此，这种漫长的、乏味的和昂贵的教育，并不总是确保他们能获得一个合适的奖赏，为了得到工作，教堂里挤满了愿意接受比这种教育应该提供的低得多的报酬的人。以这种竞争方式，穷人带走了富人的赏金。毫无疑问，将一名牧师或者一名神父与任何普通行业的熟练工人相比，都是不合适的。然而，我们有理由认为牧师或神父的收入，与熟练工人的工资的性质是相同的。这三种人的工资都是根据他们与其各自的上级所签订的契约来支付的。基于我们所找到的几个不同国家议会的规定，直到 14 世纪中叶，英国一名牧师或者一名领取薪水的教区神父的工资通常是 5 马克，其所含的白银价值相当于我们现在的 10 英镑货币。在同一时期，一名大师级别的泥瓦匠的日工资是 4 便士，其所含的白银价值相当于我们现在的 1 先令货币；一名熟练的泥瓦匠的日工资是 3 便士，其所含的白银价值相当于我们现在的 9 便士货币。① 因此，假设这两种劳动者能一直被雇用，其工资会比神父的收入高得多。假设大师级别的泥瓦匠一年之中三分之二的时间在工作，其工资就完全等同于神父们的收入了。安妮女王十二世第 12 号法令规定：‘鉴于没有对神父提供足够的供养和激励，所以对某些地区的神父给予关照，因此授权神父凭其签字盖章可以获得一定的津贴或补贴，但每年不得超过 50 英镑，也不得少于 20 英镑。’现在，人们认为一年 40 英镑的薪水对于神父来说就已经很好了，并且，尽管议会有其法案，但有很多神父年薪不到 20 英镑。这的确没有超过很多农村教区的普通劳动者的收入。每当法律试图调整工人的工资时，总是想降低而不是提高其工资。但是，法律已经多次试图提高神父的工资，并且为了维护教会的尊严，授权给予教区牧师们比他们愿意接受的微薄的生活费用更多的津贴。在这两种情况下，法律似乎都没有取得相应的成效，并且法律从来都没有将神父的工资提高到它想要达到的

① 参见爱德华三世第 25 年的劳动法规。

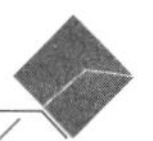

程度，也没有将劳动者的工资降低到它想要的水平。由于神父的处境艰难，竞争者数量众多，法律无法阻止他们愿意接受较少的法定津贴；同时，由于竞争的反向作用，法律无法阻止雇主期望从雇佣劳动者中获得利益或享乐，因而劳动者得到更高的工资。”

“在诸如法律和医学方面等没有俸禄的职业中，如果有相同比例的人通过公共费用接受教育，那么竞争会马上变得非常激烈，从而大大减少他们金钱方面的报酬。从而，这可能会使以自费方式送他们的子女去接受职业教育变得不值得。人们将会完全抛弃这种方式，去接受由公共慈善团体提供的教育，他们的人数和必需品将迫使他们总体上接受其非常微薄的报酬。”

“那些通常被称为文化人（men of letters）的落魄者，恰好类似于上述假设中的律师和医生。在欧洲的每个地方，绝大部分人接受教育是为了进入教堂，但是各种原因阻碍他们加入神职队伍。因此，他们一般接受公费教育，且他们的人数庞大，这使得他们的劳动价格降到了微不足道的地步。”

“在印刷术被发明以前，文化人能够凭他们才能所从事的唯一职业就是成为一名公立学校或私立学校的老师，或者将他们自己所掌握的稀奇有用的知识传授给其他人。这种职业，与印刷术被发明之后为书商写作的其他职业相比，的确仍然是一个更加体面、更有用，而且总的来说甚至是更有利可图的职业。成为一名杰出的自然科学教师所必须具备的投入的学习时间，拥有的天赋、知识以及运用等要素，与从事法律和医学职业的伟大实践家所必备的要素相比，至少是不相上下的。但是，杰出教师通常所获得的报酬与律师或医生的报酬相比是不成比例的。这是因为教师行业挤满了接受公费教育的穷人，而其他两种行业则阻碍那些无力接受自费教育的人。不过，尽管公立学校和私立学校的教师的报酬通常看起来似乎很低，但是，如果那些为赚取面包的更穷的文化人没有退出这一市场的竞争，那么毫无疑问，教师的报酬会更低。在印刷术被发明之前，学者和乞丐似乎一直都是同义词。在那一时期之前，各个大学的校长看起来经常给他们的学者签发乞食证明。”

第四节　有独立生活来源的人参加竞争对工资的影响

自从亚当·斯密的著作问世以来，对文学性劳动的需求已经大大增加。然而，免费教育机构的数量不仅没有增加，反而在一些经历了革命的国家里大幅减少，因此，脑力劳动报酬的降低现在不能归因于那些免费机构的影响。但是，现在由于某种类似的原因，即来自类似其他技术行业的竞争者，也可以被称为业余爱好者，造成了几乎相同的结果。文学性工作成为从事其他职业的人的追求之一，那些被其他职业占据绝大部分时间的人，也有可能在这个方面取得成功。而且，从事这种职业所必需的教育，是全部有教养的人都接受的普通教育。在目前的世界状态下，引诱人们从事这类行业的诱因不是金钱，而是所有人满足自己的虚荣心的动机或者推进个人或公共项目的很强动机。现在，这些动机吸引着大量且越来越多的人从事这类职业，这些人不需要职业带来的金钱利益，即使没有一点报酬，他们也会照样去做。在我们自己的国家里（列举众所周知的实例），近代最有影响力的、整体上最杰出的哲学家边沁，最伟大的政治经济学家李嘉图，英年早逝却极其伟大的诗人拜伦和雪莱，最成功的散文小说作家斯科特，他们中间没有一人是以作家为职业的，而且这 5 个人中只有 2 个人——斯科特和拜伦，能够通过他们所写的作品来维持他们的生活。几乎全部较高等级的作家行业中，人数都同样大为过剩。因此，尽管成功作家所获得的最高金钱利益的奖励，比以往任何时期都高得多，但是，如果将这种机会合理地考虑进去，在现存的竞争情况下，几乎没有任何一名作家能够期望通过写书来维持生活，并且通过为杂志和评论专栏写文章维持生活也会变得越来越困难。现在，一个受过教育的人要想通过笔耕维持生计，就只能从事那些更麻烦和更令人不愉快的文学性劳动，其劳动大部分与报纸或小型期刊相关，并且这类劳动也不会带给个人任何声誉。整体上来说，这些劳动的报酬确实很高，因为尽管他们遭受到了所谓的“穷学者”（穷学者是指接受过某些公共或私人慈善机构的资助而接受专门教育的人）的竞争，但是他们却免受了业余爱好者的竞争，因为业余爱好者有其他手段维持生计，很少愿意从事这种职业。这些考虑与将作家视为一种职业的观念中的某些完全错误观点没有任何联系，而且基于以谋生为宗旨的教师队伍的任何社会安排，是否适合于或者是否能够永久存在下去，都非常值得思想家们关注。

神职人员与文化性职业一样，通常是由有独立生活来源的人从事，他们要么是出于对宗教的热忱，要么是为了神职所具有的荣誉或价值，要么是为了获得神职所提供的高报酬的机会，这也是现在牧师薪水如此之低的主要原因。尽管在社会舆论的影响下，牧师的薪水已经显著提高了，但是对于维持教会所规定的牧师所必备的体面礼仪来说，作为他们唯一生活来源的薪水仍然是非常不足的。

当某种职业主要由大部分生活来源来源于其他方式的人从事时，则与其他职业等量艰苦劳动的工资相比，它的报酬可能低到任何程度。这种典型的例子就是家庭加工业。当在每一个房子里从事纺织和编织的人，其主要生活资料是源于农业时，他们制造出的产品价格售价（组成了劳动的报酬）通常是很低的，从而需要有非常完善的机制才能售出这些产品。在这种情况下，报酬的多少主要取决于这种劳动所生产的商品数量是否能够满足全部的需求。如果没有满足，那么就需

要有一些劳动者全身心投入这种职业，产品的价格必须能够以正常的价格支付给劳动者，因此，家庭生产者的报酬是非常可观的。但是，如果需求极其有限，家庭加工业能够满足这种需求并且还有剩余，那么产品的价格就会降到农民认为值得继续生产的最低水平为止。毫无疑问，正是因为瑞士的手工业者不是依靠他们的纺织机获得其全部的生存资料，所以苏黎世能够在欧洲市场上与英国的资本、燃料及机器竞争。[①] 到目前为止，我们只讨论了劳动者从事副业的报酬，但是对拥有这种额外生活来源的劳动者的影响，几乎可以肯定地说（除非受到了特殊的抵消因素的干扰），他们所从事的主要职业的工资会成比例下降。每个地方的人的习惯（正如前面已经多次提到的那样），都需要达到某种特定的生活标准。没有达到这种标准，他们就不会组建一个家庭。在这种情况下，维持他们生活的收入来源是一个还是两个，对他们来说没有什么区别。如果有第二个收入来源，那么他们对第一个来源的要求就会降低。并且，当人口数量达到一定点（至少迄今为止情况一直是这样）时，他们从事两份工作的总收入可能低于他们从事一份工作所获得的收入。

出于同一原因，人们发现，在其他条件相同的情况下，在那些手工业者的妻子和孩子能够辅助其工作的行业里，工资一般是最低的。在那些行业中，由阶级需求（class demand）所决定的收入，是由全家人的收入组成的，这种收入会一直降到他们几乎肯定会生儿育女的水平为止。但是在其他行业，同样的收入必须是由一个男人的劳动所获得。手工业者全家的收入可能少于其他行业的一个男人的收入。这是因为与结婚之前相比，男女双方的总收入使他们家庭的经济状况进一步改善，他们直接感受到了生活状况的好转，由此导致的唯一结果是对婚姻的谨慎抑制总是在削弱。在大多数编织行业里，女人可以和男人赚得同样多的收入，并且子女在很早的年龄就开始被雇用了。但是，与几乎任何其他种类的行业相比，编织行业中一家人的总收入总是更低一些，而且，他们通常结婚更早。还值得关注的是，某些手工纺织行业的工资总是远远高于该行业的一般工资率。它们都是既不雇用女人也不雇用儿童的行业。这些事实可以由手工纺织工人委员会在 1841 年做出的调查报告证实。但是，我们不能因此排除女人在劳动市场中竞争的自由。这是因为，即使男女双方所赚的总收入低于其他行业一个男人所赚的收入，但是与之相比，这对于不依赖他人获得生存资料的女人的利益可能更大。然而，一个家庭中的母亲（单身妇女的情况完全不同），为了生存必须去工作，至少是在住所以外的地方工作。如果这成为劳动阶级中的一个永久性因素，那

① 苏黎世州五分之四的加工业生产者是小型农场主，他们一般都是自己农场的所有者。该州接近十分之一的人口，即 23 000 人，专门或者兼职从事棉纺业。他们消费的人均棉花数量超过了法国、英国。参见《苏黎世统计摘要》(*Statistical Account of Zurich*)，第 105、108 和 110 页。

绝不是一件好事。对于必须依靠父母的儿童，他们参与竞争从而降低劳动市场的价格所造成的影响，是限制他们劳动以便为他们提供更好的教育的重要因素。

第五节　妇女的工资低于男子的工资的原因

为什么妇女的工资一般低于甚至大大低于男子的工资，这是一个值得思考的问题。这种情况并不普遍。男子和妇女从事相同的职业，从体力要求的角度来看，如果男女都适合，那么，男女的工资并不总是不一样的。在某些工厂里，妇女有时候和男子的收入一样多。在手工纺织行业中情况就是如此。该行业的工资按件数计算，可以对他们的效率做出确信的测试。当效率相同但工资不同时，唯一的解释只能是习俗。习俗的形成要么基于偏见，要么基于现有的社会结构。从社会层面来看，这种社会结构使几乎全部的女性沦为某些男性的附属品，从而能使男子在男女两者所拥有的东西中占大部分。但是，主要的问题与妇女所从事的专门职业相关。我认为，这些职业的报酬总是大大低于由男子所从事的技能和令人不愉快的程度相当的职业的报酬。其中有些情况的原因显然在前面已经说明了。例如有关家庭仆人的情况，一般来说，家庭仆人的工资是由竞争决定的，但是大大高于劳动的市场价值，其超过的部分，几乎与一切由习俗控制的事情一样，很大一部分是由男性仆人获得。在雇主能够充分利用竞争的职业中，与男性的正常收入相比，妇女的低工资是就业人数过剩的一种证明。即尽管与依靠工资为生的男子相比，依靠工资为生的妇女人数很少，但是法律和习俗能让妇女从事的职业数量非常少，因此她们职业领域中的人数仍然过剩。我们必须观察到，现在的问题是，与男子的最低工资水平相比，在劳动市场中足够拥挤的程度可能使妇女的工资大大低于工资的最低水平。妇女的工资，至少单身妇女的工资，必须等于她们的生活费用，但是不需要高于这一水平。在这种情况下，妇女的最低工资达到能提供一个人生存的绝对必需品即可。即使现在过度竞争造成男子工资永久性地降到最低工资水平，男子的最低工资也总是高于妇女的最低工资。依照普遍的习俗，男性劳工的妻子无须补助他的收入，男子的工资必须至少能够维持他自己、妻子和子女的生活，以维持人口的稳定。因为如果工资不够，人口就难以维持。而且，即使妻子有一些收入，他们的总收入也必须足以维持他们自己和他们的子女（至少若干年）的生活。因此，除去妇女所从事的职业以外，受雇者为了生活所从事的任何职业中的工资（除了在某些短暂的危机或者某些一直衰退的行业中），几乎都不可能降到最低水平。

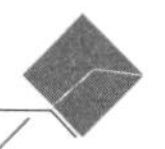

第六节 由限制性法律和协会造成的工资差别

到目前为止，我们的整个讨论过程都是以不受人为干扰的自然竞争为假定条件的，即竞争只受到自然原因的限制，或者受到一般社会情况的自发作用的限制。但是，法律或习俗可能对竞争产生干扰，从而限制竞争。如果招收学徒的规定，或者公司机构的规章，使人们从事某一特定职业的时间长、花费高或者难度大，那么这类职业的工资可能就会高于正常劳动工资的自然比例。如果超过正常工资率的那部分工资不能使产品价格相应地提高，而且，即使人数受到限制的生产者也只能以限定的价格处理他们全部的产品，那么这类职业的工资就可能在没有任何指定限制的情况下如此保持下去。在大多数文明国家，曾经存在过的这种限制，要么已经废除了，要么大为缓解了，并且毫无疑问，很快就会完全消失。然而，在某些行业，在某种程度上，工人协会正在发挥类似的作用。除非工人协会也能限制竞争者的数量，否则，它们就不可能总把工资维持在一个人为设定的工资率水平上。但是，它们确实偶尔会成功地实现这一目的。在某些行业，工人可以限制外人成为熟练工或者学徒，除非人数有限，而且新进入的人要遵守他们所制定的各种限制性规定。手工纺织工人委员会给出的证据表明，这是使手工纺织工人的悲惨状况恶化的原因之一。手工纺织业的就业人数已经过剩，并且几乎陷入破产的境地。但是，很多其他行业的技能并不难学。然而，那些其他行业的工人协会都设有障碍，迄今为止外人仍难逾越。

然而，尽管如此，这些协会在特殊情况下采取的排他性原则虽然残酷，但是从总体上看，这种做法是更加有利还是有弊的问题，我们还需要在更大的范围内考察相关的后果才能做出判断。而在这些后果中，上述所说的事情并不是最重要的。抛开工人有时以个人的愤怒或恐吓的方式犯下的暴行不谈——这些暴行受到任何严格的镇压都不为过，如果人们的一般习俗仍然保持现状不予改善，那么，这些协会在一定的范围内的确成功地限制了某些行业的人数从而提高了这些行业的工资。这可以看成是只在某个特定的地点设立了壁垒，防止过剩人口进入，使他们本阶级的工资水平取决于他们自己的人口增长率，而不是取决于比他们更鲁莽且无远见的其他阶级的人口增长率。乍一看似乎排除更多的人分享相对较少人的所得不公平，但是，即使允许多数人进入并分享所得，也不过是在短期内让多数人获益，由此产生的唯一永久性的影响是使少数人的工资水平降到多数人的低水平上。当考虑到这一点时，所谓的不公平也就不存在了。当劳动阶级的过剩人口出现减少的倾向时，这种考虑的效力会降到何种程度，而且以什么性质的理由可以判断有关行业协会的存在是合理还是不合理，这将会在本书后面几章与协会法规的相关内容里进行讨论。

第七节　工资由习俗决定的情形

为了结束这个话题，我必须重申一下早已经做出的判断，即某些种类的劳动的工资是由习俗决定的，而不是由竞争决定的。诸如内科医生、外科医生、律师甚至法律代理人等职业的人，其报酬或者费用就是如此。这些费用，根据一般规则，是不会发生变化的，而且，尽管竞争对于这些职业产生的作用与其他任何职业一样，但是这种作用只是将业务分成不同的等级，而不是一般地降低所收取费用的比率。造成这种结果的原因可能是，人们普遍认为，如果支付给某些人的报酬相对于他所做的工作的比例更高，那么这些人就更值得信赖。因此，如果一名律师或者一名医生所提供的服务远远低于正常的水平，那么，他们不会获得更多的业务，反而可能会失去他早已经获得的业务。基于类似的原因，凡是雇主特别信任的人，或者存在雇主还要求他们不仅只提供服务的情形，人们所得的报酬通常远远高于他们劳动的市场价格。例如，与在市场上购买完全能胜任该工作所需的人的劳动价格相比，大多数人都会支付给其家庭仆人更高的工资。他们这样做，不仅仅是为了摆阔，而是有更为合理的动机，即要么是因为他们期望他们所雇用的人能愉快地给他们提供服务，而且渴望一直为他们服务，要么是因为他们不喜欢与他们朝夕相处的人讨价还价，要么是因为他们不喜欢接近那些在他们眼前经常出现的低收入者的外表和习惯。从事商业的人对他们的业务员和其他雇员，也会在脑海里产生类似的感觉。雇主的宽容、慷慨和信任，其动机或多或少都是为了排除充分的竞争，而且毫无疑问，这种动机可能曾经甚至现在也仍然在各大产业部门中的雇主身上发挥作用，并且大部分都是可取的。但是，它们绝不能把劳动的平均工资提高到人口对资本的比率之上。由于雇主对每一个受雇的人均提供了更多的工资，雇主雇用更多人的能力就受到了限制。无论他们在道德方面所产生的效果是多么卓越，他们在经济方面所产生的积极作用确实很小，除非那些被拒之门外的人的贫困，对人口增长的限制手段间接地产生了积极作用。

第十五章　论利润

第一节　利润可分成三部分：利息、保险费和监督工资

上文对劳动者在产品中所得的份额做了论述之后，我们将进一步讨论资本家所得的份额，即资本或股本的利润。所谓资本家，就是垫付生产开支的人，他们用自己所拥有的资金支付工人的工资，工作期间供养劳工，还提供必需的建筑物、原材料、工具和机器，而且，依据通常的契约条款，产品归他们所有，他们可以随意支配产品。资本家在其支出得到补偿之后，一般会有剩余，这便是他的利润，即资本家获得的净收入，他们可以将这笔收入用于必需品或者奢侈品的消费，也可以用于储蓄以增加其财富。

正如工人的工资是劳动的报酬一样，资本家的利润，依照西尼尔先生的确切说法，则是资本家实行节省的报酬，也就是资本家通过克制消费，没有将其资本供自己使用，而是让生产工人用于生产消费，即将他的资本供他们所用之后的所得。对于这种克制，资本家要求得到补偿。从资本家的个人享乐方面来说，他往往是一个得益者，通过支配他的资本，使这笔资本的总额大于今后这笔资本所能提供的利润的总和。不过，在他保留这笔资本而不使它减少的期间，他都有权在自己愿意或者需要的时候将它消费掉，或者将它遗赠给别人（在他去世后），或者他可以通过这笔资本来获得一笔收入，用于满足自己的需要或者嗜好而不致使自己变得贫困。

然而，占有资本的人获得的那部分收入，确切地讲，只是使用资本本身的一种等价物，即等价于一个有偿付能力的人在借用它时所愿意支付的数额。众所周知，这就是利息，它只不过是人们没有将其资本直接用于消费，而是允许别人将它用于生产目的时所能获得的全部收入。在任何一个国家里，仅仅因为实行节省

而获得的报酬，是以最佳证券的现行利率衡量的，人们可以将这种证券视为排除了本金丧失的任何原本可能性的证券。凡是自行监管其资本使用的人，其所预期的利得，都要高于普通的利息，而且一般总是高很多，也就是说，利润率远高于利息率。在超出的部分中，有一部分是冒风险的补偿。当他以全面的担保为条件而出借他的资本时，他几乎或者完全不冒风险。不过，当他自负盈亏经营事业时，在许多情况下其资本的一部分或全部都有丧失的风险。对于这种风险，必须得到补偿，否则，他将不会承担这种风险。同样地，对于他所贡献的时间和劳动，也必须得到回报。产业通常是由供给全部或者大部分资金而使事业得以进行的人进行经营管理的，而且，按照通常的安排，他或者是唯一的与经营结果利益相关的人，或者是最大（至少是直接地）的利害关系人。如果企业规模庞大而且复杂，则为了有效地进行控制，他就需要非常辛苦地工作，而且往往还需要非凡的技能。这种辛苦与技能，他也必须得到补偿。

资本的总利润，即生产资金提供者的所得，必须实现三个目的：它们必须对节省给予足够的补偿；对风险进行赔偿；对实行监督所需要的劳动和技能给予补偿。这些不同的补偿，或者付给同一个人，或者付给不同的人。资本，或某一部分资本，可以从别人那里借来，其经营者不承担风险或者经营烦恼。在这种情况下，资本的出借者或资本的所有者，是实行节省的人，并且由于节省而获得利息作为补偿，而总利润与利息之间的差额，则是对企业家（undertaker）① 的辛劳和风险的补偿。同样地，有时全部资本或者一部分资本，是由所谓的匿名合伙人提供的，他们虽然不参与经营，但承担经营中的风险，因此，从承担这些风险的角度来看，他们得到的并不仅仅是利息，而是总利润中契约规定的某一份额。有时，一个人既供给资本又承担风险，而且业务也完全以他的名义进行经营，而管理则由专为此项目雇用的并领取固定薪水的另外一个人承担。当然，这种雇用的人只注重维护自己的薪水，而并不关心经营的成败。让这种人进行管理，除非他们在主要利害关系人的监管之下（纵使不在其直接控制之下）工作，否则，他们的管理效率一定是很低的。因此，富有远见卓识的人几乎总是建议，应该从总利润中拿出一部分作为经理的酬劳，这样做减少了匿名合伙人所得到的份额。最后可能出现的情况是，同一个人既拥有资本又经营业务，如果他愿意并且有能力，他可以除了经营自己的资本之外又同时经营那些信任他的其他资本所有者的资本。不管采取什么安排，都需要对节省、风险和辛劳这三种付出给予补偿，而且都是取自总利润。同时，可以考虑将利润本身分解为三部分——利息、保险费和监督工资。

---

① 遗憾的是，英国人并不熟悉 undertaker 的这种含义，而法国的政治经济学家则流行使用另一个词 entrepreneur。

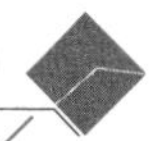

第二节　利润的最低限度以及这一限度的变动

所谓可能永久存在的最低利润率，是指在一定场合、一定时期内，刚够形成补偿资本使用过程中所发生的节省、风险和辛劳的一笔等价金额的利率。首先，必须从总利润中扣除一笔资金，一般而言，其额度应该足以抵补资本使用过程中所产生的一切耗损。其次，资本的所有者克制对其资本进行消费而实行节省，对此必须给予等价金额予以补偿，以便激励他在当时当地继续实行这种节省。这一等价金额究竟需要多大，则取决于当时的社会条件所决定的现值和终值的相对价值，用前面曾经使用过的术语来说，就是取决于实际积累欲望的强度。最后，在抵补一切损耗并对资本所有者克制消费给予一定的补偿之后，还必须有若干剩余，用来补偿将其时间用于企业经营的人的劳动和技能。同样地，这种补偿至少必须足以使大宗资本的所有者愿意为经营而操劳，或者足以用来聘请某些经理人以代替他自己。如果这部分剩余不能超过这一水平，那么，除大宗资本外，所有的其他资本均将脱离生产领域。而且，如果这部分剩余低于这一水平，那么，全部资本都将脱离生产领域而被用于非生产性消费，直到利润率重新提高为止。这就是资本减少所带来的间接后果，后面我们将对此加以说明。

这就是利润的最低限度。不过，这一最低限度很容易变动，而且，在某些时期和场合，它还有可能降到很低的水平，因为这三项要素中有两项是很容易发生变动的。为补偿节省所给予的报酬率，即所谓实际的积累欲望，在不同的社会状态和文明程度下，彼此之间有很大的差别，在前面的章节中我们已经对此做了阐述。在与风险补偿相关的要素中，差别则更大。在此我们所说的不是在同一个社会中不同资本使用方法所包含的风险之间的差别，而是在不同的社会状态下财产安全的程度之间存在的极大差别。如在亚洲的一些国家中，财产总是面临被专制政府或贪婪残暴的官吏横加掠夺的危险境地，在那里，拥有财富或被认为拥有财富的人，不但可能成为掠夺的目标，而且还可能成为强迫交出财富的目标而惨遭折磨。再比如在中世纪的欧洲国家中，虽然政府本身由于软弱无能而无意压榨人民，但是，任何强有力的个人却肆意掠夺得不到任何保护的人民，或者蛮横地侵害他人的正当权益，在这种情况下，就必须有很高的利润率才会使偶尔得到财富的人，不会立即将它用于消费与享乐，而情愿承担上述种种风险而将其用于投资。这些不确定的因素，对于单纯依靠自己资本利息生活的人以及亲自参与生产的人都有影响。在治安基本良好的社会状态下，放贷人只要有可靠担保作为条件，就无须承担由资本特定使用方式的性质所产生的风险。不过，在亚洲的一些国家的社会状态下，实际上恐怕除了以黄金或珠宝作为抵押以外，其他任何的担保都不可靠。而且，如果将钱财贮藏起来，一旦被人知道了，或被人怀疑了，那些被贮藏的钱财及其所有者都将蒙受巨大的风险，那么，这种风险恐怕不是通过那些被贮藏的钱财可以获得的利润所能冲抵的。因此，如果社会状态极不安定，又没有可以用来拯救生命或者化解重大危难的钱财，那么，财富的积累就会在原来的基础上进一步减少。在这样恶劣的政治统治下从事放贷的人，其所承受的风险是根本无法补偿的。在印度的大多数土著居民中，任何人都可能提供贷款，哪怕是向政府提供贷款，其最低条件是：在收到短短几年的利息之后，即使本金完全得不到偿还，放款的人也可以得到满意的补偿。对于积累的本金，如果能够按照每英镑本金几先令的复利计算利息，那么，这对放款人来说基本上是一项有利的交易。

第三节　利润因事业性质的不同而不同

在不同的行业中，资本的报酬是否比劳动的报酬要大，将取决于一个行业是否比另一个行业更具吸引力或者更令人厌恶。例如，零售业的利润，就其所占用的资本的比例而言，大于批发业和制造业的利润。由于这一原因，可以断定，其他行业对于投资的吸引力较小。然而，最大的差别是由风险等级不同造成的。军火加工业的利润一定在很大的程度上高于平均利润，以便军火制造者承受的特殊风险得到补偿。然而，就海洋运输业而言，因其相关的特殊风险可以转换为固定的支付，而且通常就是这样转换的，所以保险费被正式算在生产费用内。同时，船主或货主所得到的补偿，并没有被算入他的利润中，而是被包含在其资本的重置之中。

总利润中用于补偿商人或者生产者的劳动和技能的这一部分，也会因行业的不同而大不相同。这就可以解释为什么药剂师的利润率总是非常高了。正如亚当·斯密所说的那样，其中最大的一部分往往仅是这种职业的合理工资。因此，直到最近一次修改法规为止，药剂师只能在其药品的价格之中得到报酬。某些职业需要人们接受很多的科学或技术方面的教育，而且只能由兼具这种教育以及拥有巨额资本的人从事。工程师这种职业，无论就这一称谓的初始含义即机器的制造者来说，还是就其衍生的含义即公共工程的承建者来说，情况都是如此。这些职业始终都是获利的职业。同样地，还有一些职业需要大量的劳动和技能，但是仅能进行规模受到限制的经营，在这种情况下，这种职业就必须具备高于正常水平的利润率，才能形成正常的回报率。亚当·斯密指出："在一座小型港口城市

中，小杂货商可能从他仅有的100英镑股本中获取40%或者50%的利润，而当地具有相当大规模的批发商，却很少能够从他拥有的10 000英镑股本中获得8%或者10%的利润。小杂货商所经营的杂货店为当地居民提供便利可能是非常必要的，而且狭小的市场又不允许投入大量的资本。然而，这位小杂货商必须依靠经营此店为生，并且必须具备经营这项业务所需要的各种能力。除去拥有小额资本之外，他还必须能读、能写、能算，还必须能够相当准确地评估出五六十种商品的价格与品质，并且找到能够以最低价格购进这些商品的市场。如此富有才华的人，每年获取三四十英镑作为他的劳动报酬绝不过分。如果从表面上看起来似乎很大的资本利润中扣除了上述报酬之外还有剩余，那么，剩余的部分恐怕也不会比正常的利润更多。在这种情况下，表面上的利润中的较大部分，实际上只是相当于他的工资。"

使各种类型的劳动的报酬产生差异，或者使此差异扩大的所有的自然垄断（即由环境而不是由法律所形成的垄断）因素，在资本的不同用途之间也发挥着同样的作用。如果某一领域必须投入巨额资本才有利可图，那么在大多数国家中，能够进入这一领域的人数就会被局限在一个很狭窄的范围内，因而这些人就可以使他们的利润率高于一般的水平。某些行业，也可能由于其自身的性质，其从业者在很大程度上局限于极少数人，因此，可以在从业者之间建立联合组织来使其利润率保持在较高水平上。众所周知，即使在从业人数很少的伦敦的书商队伍中，长期以来也存在着这种组织。至于煤气公司和自来水公司的情况，我在前面已经介绍过了。

第四节　利润均等化的一般倾向

虽然受到上述各种不均等原因的影响，即受到不同行业的风险或者愉悦程度以及自然的或者人为的垄断方面的影响，但是，所有行业的资本利润率都会趋于均等。这是政治经济学家通常的论断，对其加以适当的说明之后，就能成为正确的学说。

不论在什么行业里，只要处于相同的时间与地点，利润中对于节省所做出的实际补偿的那一部分，即严格意义上的利息，都是完全一样的。如果担保的可靠程度相同，利率虽然会随着市场环境的变化有所波动，但是却不会因资本投向的不同而有所变化。在目前的产业情况下，没有任何一个行业的竞争，像货币的贷出与借入的竞争那样频繁和激烈，所有参与经营的人都不时借入货币，其中大多数人经常借入，而所有不参与经营的人，只要拥有货币，就都可能贷出货币。在这两大群体之间，存在着一个敏捷而聪明的中间阶层，该阶层由众多银行家、证券经纪人、票据经纪人等组成，这些人不放过任何哪怕是很小的获利机会：即使影响最轻微的事件，或者在公众心理上留下最短暂印象的事件，只要它对当前或预期贷款需求的增减产生影响，也会立刻作用于利率。在实际产生这种需求变动的行业中，环境性因素是连续不断地发生变化的，有时甚至最优秀的商业票据的利率，即使没有出现所谓的商业危机的巨大混乱，在一年多的时间内，也会出现从不到4%上升到8%或9%的变化。但是，处在相同的时间与地点，对于能够提供同样可靠担保的人来说，利率都是相同的。所谓的市场利率，在任何时候总是众所周知的，而且是明确无误的。

但是，总利润的情况则完全不同，虽然不因行业的不同而有很大的差别，但就不同的个人来说，却有很大的差别，而且几乎任何两种情况彼此都不相同。这取决于资本家本人或其所雇用的代理人的学识、才能、经济头脑和精力，取决于人际关系方面的偶然事件，甚至取决于机遇。在同一行业中的两个商人，即使其经营的商品的质量相同，价格也同样低廉，但其经营成本以及资本的周转时间，几乎都是不相同的。我们不能以为，年龄或者身高相同，体力就一定相同，或者以为教育或经历相同，知识水平就一定相同。同样，我们如果以为等量的资本可以产生等量的利润，并且将其视为商业的公理，这就大错特错了。造成这种结果的原因，除了这里所指出的这一种，还可再列举出二十多种。

尽管利润如此不同，但是从整体来看，各行业的利润，在某种意义上，甚至是非常重要的意义上，仍然是趋于均等的（除自然垄断或人为垄断的情况外）。一般来说（不论其随时如何波动），资本的各种用途，对于具有平均水平的才能和优势的人来说，虽不产生相等的利润，然而产生等量的利润预期。这里所谓的等量，是指某种使用方式所具有的令人不悦或者不够安全等方面的任何缺陷都已经得到补偿之后的等量。如果情况不是如此，那么根据一般经验，若某种经营获利的机会明显地多于其他经营，就会有更多的人投资于这种经营，或者培养他们的子女从事这种经营。事实上，当人们看到某种经营处于上升阶段时，总会发生上述情况，正如今天的工程师行业或者任何新兴而繁荣的制造业的情况，总是如此。反之，如果某种经营不够兴旺，获利机会看来会少于其他经营，那么资本就会逐渐离开这一经营领域，或者至少不再吸引新的资本注入。同时，由于资本在获利较弱与较强的行业之间在资本配置中所发生的种种变化，将促使某种均衡恢复，因此，各种不同行业的利润期望值，从长期而言，是不可能一直保持很大出入的，尽管它们围绕着这一中间值不断波动，但总是会趋于某一共同的平均水平。

资本的这种均等化过程，即人们常说的资本由一个行业向另一个行业的转移

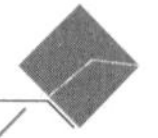

过程，并非像通常所说的那样，是一个繁复、迟缓而且几乎无法实现的过程。第一，它并不总是意味着已经投入某一行业的资本的实际转移。在资本急速增长的情况下，每年新积累的资本首先往往是流向更兴旺发达的行业，经营者依此做出相应的调整。第二，即使是实际上需要转移的资本，也绝不意味着在获利较差的行业中的经营人必须放弃该经营。在商业化的国家里，闲置资本通过众多形式各异的信用渠道，大量流向需要资本的地方，自行扩散于整个经营领域。正是通过这种渠道，均等化才得以实现。第三，至于均等化的过程，包括一部分经销商或者制造商压缩业务，而使另一部分经销商或者制造商扩充他们的经营业务，从而利用借入的资本进行经营的过程。凡是具有相当大规模的经销商或者制造商，几乎没有一个人是只用自己的资金进行经营的。在事业繁荣时期，他们不仅最大限度地使用自己的资本，而且利用其资本为他们带来的信用尽可能地借入他人的资本作为补充。当他们的商品由于供给过剩或者需求减少而销售不畅或价格下跌时，他们就会缩小经营规模，就会减少向银行家或者其他放贷者申请提供的新贷款。反之，如果处于上升阶段的经营领域，则有希望可以使用比以前更多的流动资本，因而从事相关经营的人就会向放贷者提出比原来更多的贷款要求（由于他们的经营环境良好，所以他们能够毫无困难地获得这些贷款)。流动资本在两个行业之间的不同配置方式，在促使这两个行业的利润恢复均等水平方面所起的作用，与拥有相同额度的资本所有者将其资本从一个行业转投到另一个行业所产生的作用是一样的。这种简洁而自发的使生产适合于需求的方式，就足以纠正由商业波动或其他原因所引起的不均等。第四，如果一个彻底衰退的行业，其生产不需要临时调整，而必须进行永久性大幅度的缩减，或者可能需要完全终止生产，在这种情况下，回收资本无疑是一个极为缓慢和艰难的过程，而且几乎总是会造成巨大的损失。固化在机器、建筑物和其他永久性大工程中的大量资本，或者完全不能改为他用，或者需要付出大量的资金予以改造后才能使用。为使损失减小到最低程度，可以让固定资本耗损殆尽而不予以重置，可是时间根本不允许采取这样的变更。不仅如此，彻底改变资本的用途，在已经建立起来的人际关系以及已经获得的技能和经验方面都必须做出很大的牺牲，因而人们在进行这些方面的调整时总是迟疑不决，除非已经没有改变结局的希望，否则还是难以痛下决心。不过，这样的情况显然纯属例外，况且即便在这样的情况下最终仍会实现利润的均等化。第五，还可能出现这样的情况，即在不均等得到纠正之前，促成不均等的另外一个因素又产生了，从而在很大程度上延缓了均等的恢复。据说北美南部各州棉花的生产就长期处于这种状态，由于工业领域不断的改进，对棉花的需求的增长速度大大出乎人们的预料，致使多年来棉花的供给一直不能满足需求，因此，实际上这种商品维持在几乎相当于一种垄断价格的水平上。不过，许多扰乱均等的因素几乎不间断地连接出现。在不存在垄断的情况下，一个行业的利润可能有时会高于一般水平，有时又会低于一般水平，但它总是趋于回到一般水平上，跟钟摆的运动那样。

因此，一般来说，虽然不同的个人所获得的利润互不相同，而且同一个人在不同的年份所获得的利润也不相同，但是，除去短期内或者在某一特定行业突发永久性巨变的情况之外，在同一地点和时间，各个行业的平均利润是不会有很大差别的（为补偿各个行业的不同吸引力所必需的永久性差别，另当别论）。如果不存在垄断或者上述有关棉花行业的偶然现象，并且人们一般认为某些行业比其他行业更具有盈利性，那么这种看法很可能是错误的。因为如果消息十分灵通、动机十分纯正的人们都有这样的看法，那么资本就一定会流入这些行业，其利润就会迅速降低到正常的水平。诚然，最初拥有相同数额资本的人，其在某些行业中成为暴发户的机会要多于其他一些行业。但是，人们会发现，在这些行业中，破产也比较频繁，致使获得巨大成功的机会被遭受完全失败的可能性抵消。而且，通常发生的情况显示，失败的可能性往往更大。因为正如我在前面所说明的那样，所谓获取巨额利益的可能性，在吸引竞争者方面所具有的作用，远远大于算术所能够予以证明的程度。而且我相信，与获取利益较慢但是较有把握获取利益的其他行业相比，后者的利益较为可靠，但是比较迟缓。加拿大的木材行业就是其中一例。在该行业中，其资本的使用方式就具有彩票的性质。因此，人们一般相信，就进入这一行业的全部冒险家整体而言，他们在这一行业中损失的要大于他们所得到的；换言之，这个行业的平均利润率为负值。有一种观点认为，这一点与民族性格有关，或者说得更直白一些，要看一个民族是否具有冒险精神，或者说得难听些，要看一个民族是否具有赌博精神。这种精神，美国强过英国，英国则又胜过欧洲大陆的其他任何国家。在欧洲大陆的某些国家中，人们具有与此完全相反的倾向，致使在安全并且稳定的行业中，其所投入的资本的平均利润水平，或许会低于那些以蒙受巨大损失为代价但有可能获取巨额利益的行业。

但是我们一定不要忘记，即使在竞争十分激烈的国家，习惯对行业的利润多少也会产生重要的影响。有时，人们普遍持有某种观念，认为某个行业的利润非要达到某一水平不可。诚然，并不是所有的经销商都坚持这种观点，并且也没有任何商人在严格坚持这种观点，但是这种观点却会对经销商的经营产生一定的影响。在英国曾经有种共识，尽管我不知道它究竟广泛流传到何种程度，即认为50%的利润率在零售业中是合理且恰当的，它的意思并不是指利润率占到资本总额的50%，而是指零售价格比批发价格高出50%，零售行业的所有开支，诸如坏账、店铺租金、职员、店员以及其他代理人员的薪金，都要从这50%中支付。如果这种习俗普遍存在，而且得到严格遵循，那么，竞争仍会发挥作用，但是消

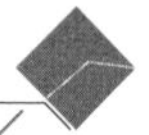

费者在价格方面将无法从竞争中得到任何好处，零售业经营者的利益也将因此而减少，不过，这是通过零售行业进一步细分的方式实现的。在欧洲大陆的某些地方，这一（利润率）标准高达100%。然而，竞争的加剧趋于迅速地淡化这种观念，至少在英国情况是如此。在绝大多数行业（起码在大型的商业中心）中，众多经销商的座右铭是"薄利多销"，宁可以低价进行大量交易，也不以高价进行少量交易。而且，他们通过迅速周转自己的资本，必要时还通过借入的资本予以补充，因而往往使个别的经销商获得了较高的利润，尽管他们必然会使那些未采取同样策略的竞争者的利润降低。无论如何，正如我在前面所指出的[①]，直到今日，竞争对于零售价格的支配力仍然不大。因此，在土地和劳动所生产的全部产品中，仅仅作为商业报酬的那一部分所占的比重仍然过大，而且，在社会经济中，没有任何一个行业像商业这样，其所供养的人数与其所完成的工作量是如此不成比例。

第五节　利润既不取决于价格，也不取决于购买和销售

我希望以上论述已经充分说明"正常利润率"（ordinary rate of profit）这一常见术语的含义、其实际存在的意义以及受到的限制，而现在还需要进一步考察的是，影响正常利润率大小的因素有哪些。

按照一般的理解，经营的利润似乎是由价格决定的。一个生产者或一个经销商似乎是由于他出售商品的所得超过了他生产这些商品的成本才获得了利润。人们习惯认为，利润完全是一种买和卖的结果，他们认为商品的生产者之所以能够获得利润，只是因为他的商品有人购买。需求、顾客和商品市场，都是资本家得以获利的根源。资本家通过出售他们的商品，重置他们的资本，并且使其资本增加。

然而，这仅仅看到了社会经济机制的表面现象。我们发现，货币单纯地由这一方转到另一方，绝不是任何经济现象的实质。如果我们深入考察生产者的各种经营活动就会发现，生产者以其商品交换货币，并不是他获得利润的原因，而只是他获得利润的方式。

利润产生的原因，是劳动生产出了超过维持其本身所必需的产品。农业资本之所以产生利润，是因为人们生产出来的粮食的数量超过了在其生长期间（包括制造工具以及所有其他必要准备工作所花的时间）满足他们自己需求的粮食数

① 参见本书第二编第四章第三节。

量。其结果就是，如果一个资本家在生产物归其所有的条件下供养劳动者，那么在他重置垫付资本之后，还会有部分剩余的产品。我们不妨改变一下推理的方式：资本之所以能够产生利润，是因为粮食、服装、原材料和工具等物品保存的时间长于其生产所需要的时间，因此，如果一个资本家在占有劳动者所生产的全部产品的条件下向劳动者供应粮食、服装、原材料和工具，那么，劳动者除了再生产其自己的生活必需品与劳动工具之外，还可以利用他们的一部分剩余时间替资本家工作。于是，我们看到，利润并不是产生于交换之中，而是产生于劳动的生产能力。一个国家的整体利润总是由劳动的生产能力生产的，与是否存在任何交换行为无关。如果没有分工，就不会有买卖，但是仍然会有利润。如果一国的劳动者所生产的产品比他们的工资多出 20%，则不论价格如何，利润也将是 20%。价格的波动可能使一部分生产者在一段时间内获得的利润高于 20%，而另一部分生产者获得的利润低于 20%，也使一种商品的估价高于其自然价值，而其他商品的价值低于其自然价值，直到价格自行恢复到正常状态为止，但在全部生产者中间进行分配的始终只有 20%的利润。

我将扩展上述简略论述，以便更详细地说明利润率的决定方式。

第六节　资本家的垫付最终由劳动工资构成

在劳动者与资本家被划分为不同阶层的地方，我都无一例外地假定一种情况，即假定资本家垫付了全部费用，包括劳动者的全部报酬。资本家之所以这样做，并不是出于生产过程的固有需要。劳动者可以等到生产完成之后再领取超过生活必需品的那部分工资，如果他拥有的资金足够维持其当前的生活，那么，他甚至可以等到生产完成之后再领取全部的工资。不过在后一种情况下，劳动者由于提供了企业运行所需的部分资金，所以在此范围内，他实际上也成为投资于此企业的资本家。即使在前一种情况下，他也可以被认为是资本家。这是因为他以低于市场价格的价格提供自己的劳动，这相当于他把这部分差额贷给他的雇主，而从企业的收益中再将其连本带利收回。

因此我们可以假定，资本家垫付全部资本，同时得到全部产品，他的利润由产品超出垫付的差额构成，其利润率是这一差额对其垫付款项的比率。但是，这笔垫款又是由什么构成的呢?

现在我们需要假定，资本家不缴纳任何租金，无须购买任何已被占有的自然要素的使用权。实际上，这样的情况几乎是不存在的。农业资本家，除非他自己就是其所耕作的土地的所有者，否则他总是或者几乎总是要支付地租的。即使在

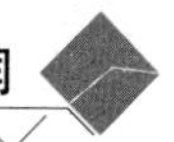

各种制造业中（不提地租）、加工业中所使用的原材料，一般在它们生产的某一阶段也支付过租金。不过，我们尚未考察到地租的本质。在下面我们将会看到，对于我们现在所分析的问题，我们即使不考虑有关租金的问题，也不会犯实质性的错误。

因此，如果把地租问题放在一边，那么，资本家用在生产上的垫款是由什么构成的呢？我们通过研究这一问题就能发现，它是由劳动工资构成的。

每个资本家的大部分支出是直接的工资付款。此外，则是原材料和包括建筑物在内的工具的费用。但是，原材料和工具是通过劳动生产出来的。由于我们所假定的资本家并不能代表单个行业，而是代表整个国家生产性行业中的一种类型，所以，我们不妨假定，他们自制工具、自备原材料。不过，资本家这样做，也是靠先前垫付，而这种事前的垫付，同样地，也是全部由工资构成的。如果我们假定他们不自制而是购买原材料和工具，情况也是一样的。此时，他们向先前的生产者偿付已经垫付的工资。诚然，他们偿付的工资是加上利润的，如果他们自行生产了这些东西，那么，他们自己将得到他们这一部分开支所产生的利润，正像他们得到其他每个部分开支所产生的利润一样。不过，从最初原材料和工具的生产到最后产出制成品的整个生产过程中，所有的垫付都只是由工资构成的。只有小部分资本家例外，他们在生产过程结束之前，就已经获得了他们的那部分利润。为了便利起见，我们将这种情况排除在外。因而，不管最终的产品是什么，它们都不是利润，而是偿还的工资。

第七节　利润率决定劳动费用

因此，资本家的利得似乎取决于并且仅仅取决于这两个因素：一是产品的数量，换言之，是劳动者的生产能力；二是劳动者本身获得的产品在生产量中所占的比例，即劳动者所获得的报酬相对于生产量的比例。这两个因素决定了在该国所有资本家之间作为利润分配的那部分利润总额的依据。不过，利润率，即对于资本的百分比，仅仅取决于这两个因素中的第二个因素，即劳动者所得份额的比例，而不是被分享的总额。如果劳动者的生产量翻了一番，而劳动者分享的比例保持不变，也就是说，劳动者的报酬也翻了一番，那么，尽管资本家的利得也同样翻了一番，但是，由于资本家的垫付也必须翻一番，所以，他们的利润率相较于过去并没有发生变化。

于是，我们就得到李嘉图和其他学者给出的结论，即利润率取决于工资，工资下降则利润率上升，工资上升则利润率下降。不过，在运用这一学说的时候，我们必须强调一点，即要对其措辞进行必要的修改。用我们的话来说就是，利润率取决于劳动费用（这也是李嘉图的本意），而不是取决于工资。

工资与劳动费用，前者是劳动为劳动者带来的收入，而后者则是资本家对劳动支付的费用，二者是两个完全不同的概念，明确区分这一点是至关重要的。为此，不以相同的术语对二者加以描述，尽管人们过去一直这样做。在公众讨论工资时，无论是以口头的方式，还是以书面的方式，大多是从工资支付者的立场而很少是从工资领受者的立场出发的，因此当人们说工资高或者工资低的时候，其实是指劳动费用高低的意思。但是，更符合事实的情况往往与此相反，即在工资最低的地方劳动费用也常常最高。这可能是由以下两个原因引起的：

首先，虽然劳动工资低，但是劳动的效率可能更低。在欧洲各国，爱尔兰的工资是最低的（或者至少过去是如此）。在爱尔兰的西部地区，一个农业劳动者的报酬甚至还不到英格兰工资最低的多塞特郡的劳动者工资的一半。但是，如果一个爱尔兰人两天劳动所完成的工作量，因其技能较低而且不够勤奋，只相当于一个英格兰劳动者一天的工作量，那么，尽管爱尔兰劳动者本身的所得很少，但其劳动成本将与英格兰劳动者的一样高，资本家的利润取决于这两者中的前者，而不是后者。在劳动效率方面，确实存在着这样的差别，这一点不但得到许多人的赞同，而且得到事实的证明，即爱尔兰的工资虽低，但从未有人认为在爱尔兰资本的利润高于英格兰。

其次，使工资与劳动成本不能互为尺度的另一个原因，是劳动者所消费的各种物品的价格时有变动。如果这些物品的价格低廉，则对于劳动者具有重要意义的工资可能会高而劳动成本却可能会低。如果这些物品的价格昂贵，则劳动者的生活可能相当困难，虽然资本家对劳动者的劳动也可能要支付较高的费用。后一种情况往往在与其国土面积相比人口过剩的国家中发生。在那里，食物昂贵，劳动者的实际报酬少得可怜，而且并未使劳动的购买者购买劳动时所负担的费用有所减少，从而低工资和低利润同时存在。与此相反的实例则见于美国，那里劳动者享有比世界上任何其他国家的劳动者都更舒适的生活条件，当然，某些最新建立的殖民国家除外。但是，由于物价低廉（所以能有这种优越生活），同时也由于劳动的效率很高，因此劳动成本至少不比欧洲国家的高，而其利润率则不比欧洲国家的低。

因此，如果以数学用语加以描述，则劳动成本是以下三个变量的函数：劳动的效率、劳工的工资（指劳工的实际报酬）、能够生产或者得到构成实际报酬的各种物品所需的费用。显而易见，相对于资本家而言，劳动成本一定会受到这三个变量中的其中一个变量的影响，而不会受到这三个变量之外的任何其他因素的影响。因此，它们同时也是决定利润率的三个变量。除去这三个因素中的任何一

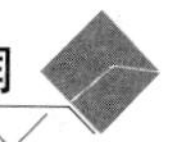

个，利润率绝不会受到其他因素的影响。如果劳动效率已经比过去高，而其报酬并不比过去高，如果劳动效率并未降低，而其报酬减少，同时构成这种报酬的各种物品所需的费用并没有增加，或者，如果那些物品的成本降低，而劳动者并未获得更多的这些物品，当存在上述三种情况中的任何一种情况时，利润都将增加。反之，如果劳动效率比过去有所降低（如民众的体力下降、固定资本遭到毁坏或者教育萎缩可能造成的后果），或者，如果劳动者的报酬有所增加，而构成这种报酬的各种物品的价格却没有降低，或者，如果劳动者所得的报酬没有增加，但其所取得的物品的成本却比过去有所提高；在所有上述这些情况下，利润都将有所减少。一国一般利润率在所有行业中的下降或上升，都不外乎是这些情况的结合所产生的结果。

对于这些命题的论证，在我们讨论的现阶段，还只能做一般的阐述，尽管我希望给出决定性的论证。在考察“价值”和“价格”相关的理论之后，这些阐述将进一步展示其完备性与说服力，届时，我们将具体说明利润法则在各种错综复杂的情况下所发挥的实际作用。不过，这项工作只能在下一编予以完成。在本编还有一个需要探讨的问题，到目前为止，这一问题还可以与价值的考察分别处理，这就是我们接下来要讨论的有关地租的问题。

第十六章　地租

第一节　地租是自然垄断的结果

生产的必要条件是劳动、资本和自然三种要素。除了劳动者和资本家之外，仅有一种人，还必须经得他的同意才能进行生产，因此，他可以要求获得一个生产的份额作为同意的代价，他就是由社会安排的对某种自然要素拥有独占权的人。土地是可以被独占的各种自然要素中最主要的一种，并且使用土地所支付的价格被称为地租。只有地主这一阶级，不论其数量多少或是重要性如何，他们均可以通过其所拥有的某种东西（既不是他们自己生产的，也不是其他任何人生产的），来要求享有产品分配中的一部分。如果还有与此类似的其他情况，在理解了地租的性质和规律之后，那些情况就会很容易理解了。

很明显，地租是垄断的产物，尽管这种垄断是一种自然垄断，它可能会受到管制，甚至可能会为了全体社会而被当作信托财产，但人们不能防止其存在。地主对其占有土地要求获得地租的理由是：土地是许多人想要得到的商品，而且只有从他那里可以得到。如果全国所有的土地都属于一个人，那么，他就可以任意确定地租。全体人民为了获得生活必需品，将必须服从这个人的意志，他也因此会凭其所好提出任何条件。在将土地视为国家财产的东方国度里，实际情况也是如此。因而，在这里，地租和税收相互混淆，而且，专制君主可能会强迫不幸的耕种者缴纳他们所能给予的最大限度的地租。事实上，一个国家的土地独占者必然是该国的专制君主。如果土地被极少数人占有，那么，他们可以相互协商，事实上也确实是如此来确定地租的，就像是一个人行事一样，如此一来，其结果将与上面所述的情况几乎完全一样。然而，这种情况在任何地方都不曾有过，因而所能做的唯一假设就是在自由竞争的条件下，地主人数很多却无法联合，事实也正是如此。

第二节　特定质量或位置的土地，只有在其数量少于需求的时候才能产生地租

凡是数量有限的物品，即使其拥有者不能一致行事，也仍然属于垄断物品。但是，即使是处于垄断的境地，只要是一种大自然恩赐的物品，其存在就无须以任何劳动或者支出作为条件，如果在其所有者之间存在竞争，那么只会在其存在量少于需求量的情况下，才能产生价格。如果需要耕种一个国家的全部土地，那么所有土地都可能会产生地租。但是，没有任何一个国家，不论其面积大小，出于人口的需要而要求耕种其可能耕种的所有土地。人民所需要的粮食和其他农产品，只要他们愿意并能够向耕种者支付产品价格作为报酬，即使在没有耕种所有土地，有时甚至只是耕种了其中一小部分的情况下，也能够得到满足。在社会的早期，人们首先选择最易耕种的土地，到了较为进步的时期，则选择土壤最肥沃的或是位置最便利的土地。因此，在现有情况下，总是有一些土地不能产生任何租金，除非它在肥沃程度或地理位置方面属于优质的一类，而且其存在量少于需求量，否则，将不会产生地租。在土地利用上，如果不借助那些条件较为不利、较不受青睐的土地，则无法获得社会所需要的所有产品。

有一些土地，如阿拉伯半岛的沙漠，无论投入多少劳动，都不会产出任何农产品；还有一些土地，诸如英国的板结沙质土地，尽管能够产出一些农产品，但是在现有的土壤状况下，还不足以补偿生产费用。这样的土地，除非将一些尚有待发明的化学方法应用于农业，除非有人在土地表面铺上某种新的成分，或者将土壤与现有的某种成分混合，实际上就是创造一种新的土地，否则，耕种将无利可图。如果所需要的这种成分存在于底层土中，或在附近的地方就可获得，那么，甚至是改良希望最渺茫的土地，也会成为投机的对象。但是，如果这种成分价格昂贵，而且必须从远处运来，那么，尽管“私有财产的魔力”有时会产生一些影响，但很少有人为了利润如此做。对于无法赚取利润的土地，有时也会有人在亏损的情况下进行耕种，这时，耕种者的部分必需品则由其他来源供给，正如接受救济的贫民，或一些接受修道院或慈善机构救济的农民一样，而比利时的穷人聚集地也是其中一例。可以作为生活手段而耕种的劣等土地，其产出勉强可以抵补种子、其耕作者的食物以及查默斯博士称之为从属劳动者（secondaries）的食物。所谓的从属劳动者，即为他们提供工具和剩余生活必需品的劳动者。任何给定的土地是否能够生产比这更多的产品？这不是政治经济学的问题，而是一个

自然问题。这里假设，土地既不产生任何利润，也不会给劳动者提供除生活必需品之外的任何其他东西。因此，这种土地只能由劳动者自己耕种，否则就会赔钱，而且，更确切地说，该土地在任何情况下都不可能产生地租。可以作为一项投资而耕种的劣等土地，是在抵补购买种子的成本之后，不仅能够向农业劳动者及其从属劳动者提供食物，而且能够向其支付远远超过生活所必需的目前一般水平的工资，还能够为那些向这两类劳动者垫付工资的人留下一笔盈余，这相当于这些人将其资本投向其他任何方面时可以获得的利润。任何给定的土地是否能够生产出比这更多的产品？这时它不再仅仅是一个自然问题，而且还部分取决于农产品的市场价值。这些土地，除了向耕种土地直接或间接雇用的劳动者提供食物之外，还可以为劳动者和资本家做些什么，当然还取决于土地剩余产品的出售价格。农产品的市场价值越高，就越可以在劣等土地上耕种，当然，也要为所使用的资本提供正常的利润率。

然而，土地的肥沃程度在上下等级之间的变动是不易被察觉的；土地的地理位置，即土地与市场的距离，所发生的变动亦是如此。因为有些土地十分贫瘠，无论其产品价格如何，都无法抵补其种植费用。显然，在任何广袤的区域内，也一定有一些土地，无论其产品价格如何，以当时的价格刚好能支付耕种者的工资，并对所使用的资本回馈以正常利润，而不再有任何剩余。因此，这种土地，除非其产品价格上涨，或者直到有一些改良提高了土壤肥力，否则，就不可能产生地租。然而，很明显，社会需要这种质量的土地所生产的产品。因为，如果比这种土地更肥沃或是地理位置更优越的土地足够满足社会需求，那么，产品的价格将不会如此高涨，而其耕种也不会有利可图。因此，这种土地仍然会被耕种。于是，我们可以归纳出一条原理，即在一个国家中，凡是适合耕种的土地，只要其耕种没有受到法律或是其他人为的种种障碍阻止，只要仍然有一部分没有被耕种，那么，实际上耕种最劣等的土地（就其肥沃程度和地理位置而言），是不会产生任何地租的。

第三节　土地地租由其收获已超过最劣等土地回报的那一部分决定

因此，如果在已经耕种的土地中，为其劳动者和资本提供最少收益的那部分土地，只能给予正常的资本利润，而没有任何剩余作为地租，那么，这种土地就会为估算其他所有土地所能产生的地租提供一个标准。任何土地，如果其产出高于已经耕种的最劣等土地，则超出的部分就是正常资本利润以外的报酬。这种盈

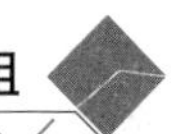

余就是能够让农场主支付给地主的地租。因为，如果农场主不如此支付地租，他就会得到超过正常利润的收入，从而就会造成其他资本家促使各种资本利润均等化的竞争，最终使地主获得这一部分收益。因此，任何土地的地租都是该土地的产出超出以同样资本耕种最劣等的已耕土地产出的那部分。这既不是，也从来没有人认为是分益佃农地租的界限，也不是投标佃农地租的界限，但却是农场主地租的界限。没有任何一个资本主义农场主在租赁土地时，可以长期支付超过这一界限的地租。而如果土地地租低于这一限度，那是因为地主放弃了一部分地租，如果地主选择征收，是可以获得这部分地租的。

这是18世纪末由安德森（Anderson）博士最先提出来的租金理论，但在当时被人们忽略了。二十年后，这一地租理论又几乎同时被爱德华·韦斯特（Edward West）爵士、马尔萨斯先生和李嘉图先生重新发现。这是政治经济学的基本理论之一，如果不理解这一理论，就无法对更为复杂的产业现象予以合理的说明。当我们追溯有关“价值”和“价格”现象的法则时，这一理论的正确性将更加清楚地显现出来。而在此之前，想要消除由这一理论所产生的各种难题是不可能的，而对于那些以前并不了解这一理论的人，要使他们对此理论的推理过程有一个基本的了解，也是不可能的。不过，即使在我们目前的研究阶段，也能够对有关这一理论的某些一般反对意见予以充分的回答。

任何已经耕种的土地均是可以不缴纳地租的，人们曾经否认这一观点，因为地主决不允许别人占用其土地却不支付报酬。那些强调这一观点而反对上述理论的人一定认为，那些勉强抵补耕种费用的土地是连成一大片的，而且不连着较好的土地。如果一大片地产完全是这种土地，或是更劣等的土地，那么其所有者可能也不会一无所获地使用它。如果其所有者是一个富人，那么他很有可能将其用于其他目的，如用作运动场、观赏地或狩猎场。尽管农场主不能通过耕种这片土地来获得任何利益，但是他却可以将其用作天然牧场或用于生产其他自然生长的植物，从而有可能获利。因而，即使是这样的土地也不一定会闲置。它可能会由其所有者自行耕种，当然，这种情况在英国并不罕见。此外，地主还有可能出于博爱的动机，或是为了节省济贫税，而将这种土地的一部分暂时分配给劳动者家庭耕种；或者，地主允许土地任人开垦，开垦人无须支付地租，并且地主希望通过他们的劳动使土地在未来升值。这两种情况都相当普遍。所以，即使一大片完全用于耕作且毫无利润可言的最劣等土地，也不一定会因为不能提供地租而被闲置。再说了，劣等土地通常不可能绵延数平方英里而不中断，其间总会分散混合着一些较好的土地。租种较好土地的人同时也就租种了与其相邻和混合的劣等土地。他所缴纳的地租，名义上虽然是对于整个农场的，但实际上是仅依据某一部分土地的产量来计算的（不论这部分土地的面积占全部农场面积的比例是多少），这部分土地提供的利润要远远超过普通的利润率。因此，我们所说的其他部分不支付地租，从科学的角度来讲是正确的。

第四节　或者土地地租由在最不利条件下使用资本所获得回报的那一部分构成

这种反对意见，我们绝不会承认它是正确的，但是，我们不妨假设它是正确的。假设社会需求迫使粮食价格上涨，进而导致耕种一定等级的土地可以补偿生产粮食的费用，然而，该土地的所有者执意要收取地租，这一地租既不是名义上的，也不是微不足道的，而是构成了农场主收支计算的重大项目中的高额地租，如此一来，人们只好放弃耕种。那么，将会发生什么呢？唯一的结果就是：当时社会需求所要求增加的产量，不是通过扩大耕地面积来获得的，而是全部（不像往常那样总是一部分）通过在已耕种的土地上增加更多的劳动力和资本来获得的。

现在我们已经知道，如果其他条件不变，这种增加资本的投入往往会使利润成比例地减少。我们再假设，在这一时期农业上并没有出现新发明，而且，已经部分使用的发明也没有被引入到更广泛的实践中，从而使农业技能和知识得以迅速推广。我们只是假设，除了粮食需求的增加导致粮食价格上涨之外，没有任何其他变化。因此，随着价格的上涨，人们就能够采取按之前价格无法获利的措施来增加生产了。于是，农场主就可以使用更昂贵的肥料；或是对以前荒芜的土地进行施肥；或是从远处运来石灰或者灰泥，作为土壤的敷料；或更为彻底地粉碎土块或清除杂草；或对部分土地进行排水、灌溉或深耕（按之前的价格是不足以补偿耕种费用的）；等等。如果对粮食的需求增加了，而同时却无法扩大耕种面积，那么，上述这些方法或其中一些方法，一定会被采用。但是，当农场主或土地改良者想要在土地上生产出更多的产品时，他们只会考虑为此而做出的开支是否会带来正常的利润，而不会考虑是否还有剩余来支付租金。因此，即使事实上人们对所有已经耕种的土地（值得考虑的土地范围）都付以地租，但是，总有一些农业资本无须支付地租，因为它只能获得正常的利润率，这也是正确的。这是因为这部分资本是最后使用的，是用于最后增加产量的，总而言之（用一个短语来表达这一问题的实质），它是在最不利的情况下使用的。但是，同样的需求量和同样的价格，既然能使得这部分生产能力最低的资本获得正常的利润，那么，同样也能使得其他部分资本产生与其所拥有的优势相当的更大剩余。而这部分剩余是竞争带给地主的利益。所有土地的地租是以土地所使用的全部资本的收益超出该资本正常利润的那部分利润来计算的；或换句话说，是以土地所使用的全部

资本的收益超出同样的资本在最不利条件下（如同生产能力最低的那部分资本一样）所获得收益之后剩余的那部分来计算的，不论生产能力最低的那部分资本是用于最劣等的土地，还是用于已耕种的土地（就如同在较为简易的条件下进行生产的土地一样），来尽可能从土地上获得更多的产品。

我们并不认为任何情况下的各种事实都完全符合上述原理或其他任何科学原理。我们永远不要忘记，政治经济学的真理只是大概的理论，它具有严密科学的确切性，但却不具有严密科学的精准性。例如，讲述一位农场主不会耕种其回报低于正常利润的土地，也不会再投入资本，严格来讲，这并不准确。他预计其大部分资本将获得正常的利润。但是，当他将自己的命运与农场联系在一起，并且穷尽其技能与努力，寄希望于农场的收益时，他就可能愿意以任何方式将其资本投入农场（为了快速实现收益），只要能使获得的剩余利润（不论多少）超过他所冒的风险的价值以及偿还他所借贷的资本的利息，或是他自有资本的利息（等于将该资本投入其他方面所获得的利息）。但是，一个刚获得这片土地的新农场主，他的计算方式就会有所不同，除非他能够预期他打算投入农场的全部资本均可以获得正常利润，否则他是不会开始投资的。此外，在土地租赁期间，农作物的价格与签订租约时所预期的价格相比，可能有高有低，因此，该土地的地租可能会过高或过低。但是，即使租赁到期，地主也可能不愿意减免本应该减少的地租，而农场主则宁愿同意支付过高的地租，也不愿放弃租赁土地，或是在所有农场都被占有的情况下再去寻求租赁其他农场。我们必须时常想到类似于这样的一些非常规行为，政治经济学不可能有这样的一般原理——它把所有可能影响个别情况结果的复杂情况都考虑在内。再者，拥有少量资本的农场主阶级，他们从事耕作，与其说是为了谋利，倒不如说是为了谋生，因此，只要能够以此为生，他们就不愿离开农场，所以，他们的地租与投标佃农制的地租在性质上相似，地租可能会因竞争（如果竞争者的数量超过了农场的数量）而提高，甚至会使农场主连正常的利润都得不到。我们关于地租、利润、工资和价格所建立的法则，只对某些人来说是正确的，这些人不受其他任何动机的影响，而只受一般情况所引起的动机的影响，并且受到通常的商业损益估算的支配。将这种双重假设应用于农场主和地主时，以下说法就是正确的：农场主的全部资本必须获得正常的利润率，而获得的回报中超出正常利润率的那部分，不论多少都应该付给地主，不过，他不会支付更多的费用。在这种生产状况下，用于农业的一部分资本，只能获得正常的利润；而这部分资本的产出物和其他等量数额资本的产出物之间的差额，就是其他资本可以并且将以地租的名义支付给地主的衡量标准。这就构成了地租法则，并且这一法则可能近乎真理。当然，在具体情况下，这一法则将受到悬而未决的契约、个人的错误估算、习惯的影响，有时甚至受到当事人的特殊情感和性格的修正或扰乱。

第五节　投入土地的资本的回报是地租还是利润

尽管我认为它并不像人们所提及的那样有价值，但是，在这里还是要提一下经常出现的一种言论。在地租这一称谓下，通常包括许多种支付，这些支付并不是对土地本身原有力量的报酬，而是用于支付被投入土地的资本的报酬。在一些学者看来，这种由于这笔资本支出而额外增加的地租应当被视为利润而不是地租。不过，在人们接受这种观点之前，必须对此加以区分。租种者每年的支出几乎总是将农场建筑物的使用考虑在内，不仅包括谷仓、牲畜圈和其他独立的房屋，而且包括住宅，且不说围栏等类似的建筑物。对此，地主所要求的和租种者所支付的地租，无论怎样考虑，都必须足以产生正常的利润，或者更确切地说（这里不涉及风险和困难）是依据建筑物的价值来计算的正常利息。而建筑物的价值，并不是建立之初所花费的成本，而是现在重建相同的建筑物所花费的成本。另外，租种者还肩负更好地维护这些建筑物的职责，使其保持原样，否则，他必然会被要求支付比单纯利息更多的费用。这些建筑物与农场有所不同，就如同农场里的家畜和木材同农场有所不同一样。因而，为建筑物所支付的费用并不能被称为地租，正如为耕牛所支付的费用不能被称为地租一样（如果按照习俗，地主必须为租户提供耕牛的话）。建筑物同耕牛一样，不是土地，而是经常被消耗和再生产的资本。因此，对此所支付的全部款项，准确来讲，都是纯粹的利息。

但是，在我看来，实际上投入土地改良中的、不需要定期更新的一劳永逸地可使土地永久增加生产能力的资本，其所获得的报酬已经完全丧失了利润的特性，而是受地租法则的支配。确实，地主是不会投资于土地改良的，除非他预期改良土地收入的增加将会超过其资本支出的利息。从前瞻角度来讲，可将这种增加的收入视为利润。但是，资本一经支出，改良一旦完成，改良土地的地租与未经改良土地的地租都将受到同一法则支配。同样肥沃的土地，不论其肥力是天然的还是后期改良获得的，采用的都是同等水平的地租。有人认为贝德福德低地（Bedford Level）和林肯郡荒原（Lincolnshire Wolds）所有者的收益应该被称为利润而不是地租，因为除非投入资本，否则这些土地毫无价值。但是，我不这样认为。这些土地所有者不是资本家，而是地主，他们已经将其资本投出去了，该资本已经被消耗和破坏了。这与农场主和制造商的资本不同，他们的资本既不会经由产品重新回到他们手中，也不应该回到他们手中。而不同的是，

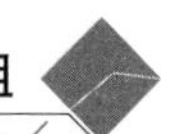

他们现在拥有了具有一定肥力的土地（通过人力来提高土地肥力），这样通过人力增加土地的肥力与天然具有同样肥力的土地，出于同样的原因，将产生同样的地租。

一些著述家，特别是凯里先生，比我试图做的还要更彻底。凯里先生全然不顾两种地租来源的差别，否认其中一种来源，而且认为一切地租都是资本消耗的产物。为了证明这一点，凯里先生声称，在任何一个国家，例如英国或美国，其全部土地的整个价值总额远不及该国由原始森林状态改进到目前状态所消耗的费用总额，或是现在有必要消耗的费用总额。巴师夏先生和其他人将这一惊人的言论看作是捍卫土地所有权方面更具说服力的论点（比起其他论点来说）。凯里先生的论断，其最明显的意思就相当于说，如果英国突然增加了一块富有天然肥力而未经开垦的土地，那么，它是不值得英国居民去开垦的，因为开垦之后所获得的利润要小于所用资本的正常利息。对此，如果有必要做出回答，那么，只需叙述以下事实就足以说明了：在英国，人们仍然还在开垦那些肥力并不等同于而是远远不及已耕种土地的那些土地，而且，伴随着地租的累积所形成的开垦费用，在短短数年之内就可以全部收回。此外，这一论断也完全背离了凯里先生自己的经济学观点。没有人比凯里先生更加坚定无疑地认可以下真理，即随着社会人口的增加、财富的增长和劳动协作的进步，土地的价值和价格都在不断上涨。然而，如果土地的现值低于开垦并使之适于耕种的费用，那么，上述言论就不是真理。因为土地一经开垦就一定具有价值，而且根据凯里先生的说法，自此它会一直升值。

然而，当凯里先生断言，目前任何一个国家的全部土地价值都小于其已经消耗的资本的价值时，他的意思并不是说每一块土地的价值都小于改良其所花的费用，也不是说土地改良从最终结果来看，对其所有者来说是一种损失。而是说，英国的现有土地不是不能按照过去投入土地的费用来出售，而是不能加上建设所有道路、运河和铁路所投入的费用来出售。这种说法可能是对的，但不论是就其目的性而言，还是就其在政治经济学中的重要性而言，都无异于是说：英国的土地价格要小于花费在土地上的费用再加上国债，或是加上法国革命战争的花费，或是加上其他任何一切为了现实的或空想的公共利益所花的费用。道路、铁路和运河的建设并不是用于提升土地的价值，恰恰相反，其建设的自然结果是，由于交通不便的土地以及与其竞争的土地变得可以使用，从而降低了其价值。正是如此，现在南部各郡的地主才向国会请愿，反对建设收费公路。

交通运输的改善趋于打破那些最接近大量消费者聚集的土地的垄断地位，从而降低其现行地租。建设道路和运河不是为了提高已经向市场供应产品的土地的价值，而是为了（除其他目的之外）向市场提供其他更遥远土地的产品，从而降低农产品的供应价格。这一目标实现得越彻底，地租就会越低。我们可以想象，如果美国的铁路和运河，不仅能够降低运输成本，而且，由于它们经营有效可以完全免除运输成本，并使密歇根州的农产品能像长岛的农产品一样，迅速而廉价地运往纽约市场，那么，美国一切土地（除了所处位置便于修缮建筑的土地之外）的全部价值都将丧失，或者更确切地讲，即使是最优质的土地，其出售价格也只能按土地的开垦费用加上每英亩 1.25 美元的政府税收。因为密歇根州的土地，相当于美国最优质的土地，人们按这个价格可以无限制地购买。但令人奇怪的是，凯里先生竟然认为这一事实与李嘉图的地租理论相矛盾。即使我们承认凯里先生所说的一切，这样认为也是正确的，即只要有不提供地租的土地存在，那么，那些确实产生租金的土地，相较于其他土地，一定在土地肥力或与市场的距离方面具有某些优势，而衡量这种优势的测度也是衡量地租的测度。因而，其产生地租的原因就在于它处于自然垄断地位，土地的数量如同它自身所具有的有利条件一样，不足以满足市场需求。这些命题构成了李嘉图所建立的地租理论。如果这些命题成立，那么，我实在看不出来，争论土地目前所提供的地租是大于还是小于为了提高其价值而投入的资本利息以及为了降低其价值而投入的资本利息之和，究竟有何意义。

然而，凯里先生的反对意见要比通常遇到的反对地租理论的观点更富创造力。地租理论可以被认为是政治经济学中的一个难点，因为在我看来，拒绝接受这一理论的人，绝大多数是由于对其没有彻底理解，而那些受到影响来反驳地租理论的人，其理解往往是不准确的、不透彻的，这一点非常显著。例如，许多人认为李嘉图先生的理论是荒谬的，因为他所说的“劣等土地的耕种是优质土地提供地租的原因”这一观点是荒谬的。不过，他并没有说“劣等土地的耕种”，而是说“由于优质土地不足以供养不断增加的人口，因此，仍需耕种劣等土地”。这一命题与归罪于他的那一命题之间的差异，就如同需求与供给之间的差异一样。另外，还有一些反对李嘉图的人声称：即使所有的土地都具有同等肥力，它也仍然有可能产生地租。不过，李嘉图也说过完全一样的话。他说，如果所有土地的肥力都相当，那么，那些比其他土地更接近市场，因而运输成本较低的土地，将产生与此优势相当的地租。因此，在由于社会需要而已耕种的土地中，没有产生地租的土地不是最不肥沃的土地，而是地理位置最不便利的土地。再者，即使不考虑地理位置的差异，假设一国的全部土地肥力相当，那么，在某种假设之下（即社会需求要求耕种全部土地，而且耕种已经超越收益递减法则开始发挥作用的节点），这些土地都可以产生地租。显然，这也是李嘉图学说的一部分。除非强制征收地租，否则，在其他任何假设之下都不可能证明，一个国家的全部土地都可以产生地租。

第六节　地租不纳入农产品的生产费用之内

在考察了地租的性质和成因之后，现在我们回到利润问题上来，并重新审议上一章提出的一个命题。我们在上一章曾指出，资本家的垫付——或者说生产的费用——完全是劳动者的工资，无论任何一部分资本支出，不是工资就是先前的利润，而不是先前的利润就是工资。然而，地租作为一种利润，不可能既分解为利润，又分解为工资，所以，当时我们不得不假设，资本家不需要支付地租，即无须对已被占用的自然要素进行等额支付。我曾承诺，将在适当的地方证明这是一个可以允许的假设，而且证明地租并不是真正构成生产费用或资本家垫付款的任何一部分。目前，这种说法的依据显而易见。确实，所有租种土地的农场主和许多其他阶层的生产者都要支付地租。但是，现在我们已经知道，作为回报，但凡耕种土地并交纳地租的人，都获得了更大生产能力的工具（比起那些没有支付地租的其他同类工具来说）。确切来讲，工具的优良性与其支付的地租成正比。如果只有少数人拥有比现有蒸汽机更大动力的蒸汽机，而且，由于受到各种自然法则的限制，其数量不能满足需求，那么，某位制造商为了租到这样一台蒸汽机就愿意支付租金，那就不能将这笔租金视为是增加的支出了。因为使用这台机器将节省他在其他方面花费的等额费用，如果没有蒸汽机，除非他得增加一笔与租用费用等额的成本，否则他将无法完成相同的工作量。土地也是如此。真正的生产费用是耕种最劣等土地时所产生的费用，或是在最不利条件下使用资本所产生的费用。这种土地或资本，如上所述，不产生地租。但是，这种土地或资本所必需的费用，致使所有其他土地或农业资本必须以地租的形式支付等额的费用。凡是支付地租的人，都从额外的收益中收回了其全部价值，因而，他支付地租，并没有使其处于比同行更不利的境地，而是处于同等地位，因为虽然他的同行没有支付地租，但他们使用的却是效率较低的工具。

现在，我们已经完整地论述了调节土地、劳动和资本的产品分配的法则，不过，我们尚未单独探讨文明社会中实施分配所产生影响的媒介，即交换与价格机制。如果想要更加完整地阐明和最终证实我们所提出的法则，并推导出其最重要的结果，就必须先对交换与价格机制的性质和作用进行说明。由于这一问题涉及的内容非常广泛和复杂，所以，有必要作为单独一编来讨论。

第三编　交换

第一章 论价值

第一节 绪言

我们现在要深入探讨的课题在政治经济学中占有重要且显眼的地位，在某些思想家看来，它的边界就是这门科学本身的界限。一位知名学者曾建议将政治经济学称作“Catallactics”或者交换学，而其他学者则将其称为价值学。在我看来，如果这些称谓都合乎逻辑，那么，我必须得在研究开始之际就讨论有关价值的各种基本法则，而不是延迟到第三编才讨论。我们可以将其推迟这么久，就充分说明了那些有关政治经济学本质的看法存在局限。的确，在本书的前面章节中，我们就对价值理论的一小部分内容进行了预测，特别是在劳动价值和土地价值方面。然而，显而易见的是，在政治经济学的两大部门——财富的生产及其分配中，只有后者与价值问题有关，而且，只有后者在以竞争而不是以常规或是惯例作为分配机制时，才与价值问题有关。即使社会的安排不取决于交换，或不允许交换，生产的条件和规律也仍然和现在一样。甚至在现行的产业生活体制中，职业分工很细，所有从事生产的人的薪酬都取决于某一特定商品的价格，交换不是产品分配的基本法则，就如同道路和车辆不是运动的基本法则一样，而只是影响产品分配机制的一部分。在我看来，这些观点的混淆不仅是逻辑上的错误，而且是实际上的错误。这种谬误是政治经济学中常见的一种错误，即对由事物本质造成的必然结果与由社会安排造成的必然结果二者之间不加区分。在我看来，这种错误时时刻刻产生着两种对立的恶劣影响：一方面使政治经济学家们将其学科中暂时性的真理列为永久性和普遍性的法则；另一方面致使许多人将生产的永久性法则（诸如那些限制人口的必要性所依据的法则）误以为是现行社会结构中所发生的偶然性事件。当然，对于那些有意构造社会制度新体系的人来说，可以完全无视他们，随意而为。

然而，在产业体系完全是以买卖为由的社会状态下，每个社会成员大都不是依赖于他自己参与生产的物品，而是依赖于先卖出继而买入的双重交换所获得的物品。在这种社会构成状况下，价值问题至关重要。几乎有关社会经济利益的每一个推测都蕴含着某些价值理论，有关这一理论的任何一个微小错误都会致使所有其他结论产生相应的错误，我们有关价值概念的任何混乱认知都会造成其他一切概念的混乱和不确定。值得欣慰的是，有关价值法则的任何问题已经不需要当今学者或是任何未来的学者来澄清了，学者们对该问题的理论阐述非常完整，唯一需要克服的困难是如何阐释它，从而使应用该理论时可能产生的困惑得以消除。当然，要做到这一点，必然要予以细致说明，读者要有足够的耐心。然而，读者将得到充分的回报（如果他初次涉及这些研究的话），通过轻松、快速、充分地理解这一问题，他将能够理解政治经济学中余下的大多数问题。

第二节　使用价值、交换价值和价格的定义

首先，我们必须厘定术语。亚当·斯密在经常引用的一段话中曾触及了“价值”一词在其意义上最明显的含混性，有时它意味着有用性，而在其他地方则意味着购买力。用他自己的话来讲，即使用价值（value in use）和交换价值（value in exchange）。但是，正如德·昆西（De Quincey）先生所说的，在说明这个双重意义的时候，亚当·斯密自己也陷入了另一种含混。德·昆西先生说，使用价值极大的物品往往具有很小或者没有交换价值，这是正确的，因为无须劳动或者牺牲就可以获得的物品，无论它是有用的还是必需的，都将不会产生任何价格。但他继续补充说，具有较大交换价值的物品，例如钻石，其使用价值可能很小，甚至没有。这里所用的“使用”（use）一词，不是政治经济学中所关注的意义，而是具有与享乐（pleasure）相对立的意义。政治经济学与哲学家或道德主义者对不同“使用”所做的比较评价毫不相关。在政治经济学中，一件物品的使用意味着它能够满足某种欲望或达到某种服务的目的。钻石在很大程度上具有这种能力，如果没有这样的能力，它将不会有任何价格。使用价值，或者如同德·昆西先生所说的目的价值（teleologic value），是交换价值的极限。物品的交换价值可能在任何程度上均低于其使用价值，但是认为物品的交换价值会高于其使用价值的观点则存有矛盾。这种观点意味着人们为了获得某一物品，以此来作为满足他们嗜好的手段，而愿意付出比他们对此物品所估计的最高价值还要高的价值。

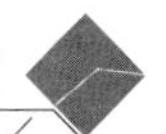

在政治经济学中，“价值”一词在没有附加条件的情况下使用时，通常是指交换价值，或者是如同亚当·斯密及其后继者所称的可交换价值（exchangeable value）。这一用语，无论多少权威加以引用，都无法改变其不是好英语的事实。德·昆西先生采用“交换价值”一词予以替代，实在完美无缺。

需要将交换价值与价格区分开来。早期的政治经济学家将“价值”和“价格”一词用作同义词，甚至李嘉图先生也没有对此加以区分。但是，现代最严谨的著述家们为了避免使用两个良好的科学用语来表达一个概念而造成的浪费，已经使用价格一词来表示在货币意义上的某件物品的价值，即该物品可以交换的货币数量。因此，今后我们说某一物品的价格，是指其货币价值；而某件物品的价值或交换价值，则是指其一般购买力，即拥有该物品时所具有的对于一般可购商品的支配能力。

第三节　一般购买力的含义

不过，在这里需要进一步做出解释。一般商品的支配能力指的是什么？同样的物品能够交换大量某些物品，也能够交换少量的其他物品。一件外套可以交换大量的面包，但只能交换些许宝石。某一物品的价值在与某些商品交换时可能在上升，而与其他商品交换时可能在下降。如果收成不好，一件外套能够交换的面包量要小于去年，但能够交换更多的玻璃或铁，如果已经取消了对玻璃或铁的赋税或是制造方面有所改进的话。在这些情况下，这件外套的价值是下降了，还是上升了呢？当然，我们既不能说下降也不能说上升，而只能说：相对于这一种物品来说，是下降了，而相对于另一种物品来说，则是上升了。不过，还有另外一种情况，人们会毫不犹豫地断定该外套的价值发生了何种变化，即造成外套交换价值变化的原因是直接影响外套本身的某些因素，而不是影响面包或玻璃的某些因素。例如，假设发明了一种新的纺织机，使编织宽幅织物的成本降到了以前的一半，由此产生的结果就是外套的价值降低了，而且外套的价值如果是由于这个原因降低了的话，那么，它的价值不仅仅是对面包或玻璃而言降低了，而是对一切可购物品（那些在同一时间由于类似原因价值也下降的物品之外）而言都降低了。因此，我们应该说，外套的交换价值或一般购买力（general purchasing power）降低了。一般交换价值的概念产生于以下事实，即确实存在这样的原因，它们趋向于改变一件物品同一般物品相交换的价值，这里的一般物品，也就是那些不受类似趋势的原因影响的物品。

在科学地考察交换价值时，有利的做法是只讨论对所考察商品产生影响的各种原因，而不考虑其他因素。那些影响同这种商品相比较的其他商品的原因，将影响这种商品相对于那些商品而言的价值；而影响这种商品本身的原因，则影响该商品相对于一切商品而言的价值。最后，为了将注意力集中于该商品，我们假设除该商品以外的所有商品的相对价值都保持不变，这样做更加便利研究。当考察引起玉米价值上升或下降的原因时，我们假设羊毛、丝绸、餐具、蔗糖以及木材等商品购买玉米的能力尽管有所变化，但是它们之间相互交换的比例仍保持不变。在这种假设下，它们其中的任何一种商品都可以被看作是其他所有商品的代表。因为玉米的价值相对于其他任何一种商品的价值而言无论发生什么变化，它将相对于其他一切商品而言以同样的方式和程度发生变化，这样，我们所需考虑的只是，相对于某一物品而言，玉米的价值是上升了还是下降了。因此，在这里，玉米的货币价值或价格就如同其他任何商品一样，将代表该商品的一般交换价值或购买力。由于具有这样的特质，也为了方便研究，我们会经常利用物品的货币价值或价格来讨论问题。但是，这需要具备以下条件，即货币本身的一般购买力保持不变，除了我们所要考察的物品之外的其他一切物品的价格也都保持不变。

第四节　价值是一个相对用语，各种价值的普遍上升或下降是一种自相矛盾的说法

正如我们前面所下的定义那样，价值和价格之间的区别显而易见，几乎不需要再做任何说明。但是，在政治经济学中，最大的错误就源于忽略最明显的事实。这种区别很简单，而对于价值问题生疏的读者应尽早充分熟知由此而得出的各项推论。其中的一个主要推论如下。物品的普遍价格有可能提高，所有商品的货币价格也都有可能提高，但是，价值却不可能普遍提高。这是自相矛盾的说法。A 商品价值的提高仅仅表现为它能交换更多的 B 商品和 C 商品；而在这种情况下，B 商品和 C 商品却只能交换较少的 A 商品。所有物品不可能相对于彼此来说同时升值。如果市场上有一半商品的交换价值上涨了，那么，这种说法就意味着另一半商品的交换价值下降了；反之亦然，如果前者下降了，那么就意味着后者上涨了。相互交换的物品不可能同时贬值或升值，就如同在 12 个赛跑者中，不可能每一个人都比其他人跑得快，亦如在 100 棵树中，不可能每一棵树都比其他树要长得高一样。这一事实极其简单，然而我们会发现，理论家们和所谓的实践家们所公认的那些学说却忽视了这一点。作为第一个例证，我们可以证实大多数人十分重视价格的普遍上升或下降。因为任何一种商品价格的上涨，通常

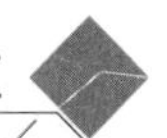

意味着其价值的上升，因而，如果所有商品的价格都上涨了，那么人们就会隐隐感到好像所有物品的价值都上升了，进而觉得一切所有者都变得富有了。假设一切物品的货币价格都上涨或下跌了，如果它们上涨或下跌的幅度都相同，且不管已有的各种契约，那么这种上涨或下跌将没有任何意义。它不会影响任何人的工资、福利或地租。每个人在一种情况下得到了较多的货币，而在另一种情况下则得到了同样少的货币，但是，他们用这些货币所购买的物品与之前相比，既不会多也不会少。它所造成的唯一差别就是用于计算价格的筹码有多有少。在这种情况下，价值真正有所变化的只有货币，而受益或是受损的人只有货币的持有者，或是那些必须收取或支付定额货币的人。如果领取年金的人和债权人受益，那么，支付年金的人和债务人则受损；反之亦然。简言之，这将对固定的货币契约制形成干扰，无论是对债权人有利还是对债务人有利，这种干扰都是有害的。但是，作为一种未来交易而言，对任何人都没有什么影响。因此，应当记住（各种场合也常常会使人们记起），价值的普遍上升或下降是矛盾的；价格的普遍上涨或下跌只不过相当于货币价值发生了变化，除影响现有的收取或支付固定金额的契约以及（必须加以说明）货币生产者的利益之外，无其他任何影响。

第五节　价值法则在应用于零售交易时应如何修正自身

在开始研究价值法则和价格法则之前，我还要做进一步的说明。我必须提醒一下，在此之后也是如此，在我所考察的各种情况中，价值和价格仅由竞争决定。而且，只有这样规定，才能归纳出有关它们的确切法则。而且，必须假设，买家力图贱买，而卖家力图贵卖。因此，我们结论中适用的价值和价格是商业的价值和价格，是市价表上的报价，是批发市场上的价格。在批发市场上，买卖都是商业行为，在这种情况下，买家急切想知道（往往也确实知道），获得某种一定质量的物品的最低价格是多少。因此，这样的至理名言是正确的，即在同一市场上，同样质量的一种物品不可能有两个价格。所以，我们的主张是对于零售价格（在商店购买个人消费品所支付的价格）来说，只有在非常有限的意义上讲才正确。对于个人消费品来说，在不同的商店，甚至在同一个商店，往往不只有两个价格，而是有很多个价格；习惯和偶然性同一般原因一样，也会对这一问题产生很大影响。为个人使用而进行的购买，即使买家是商业人士，也并非总是遵循商业原则：在经营获得利益上的感情和在消费支出上的感情是大不相同的。在那些负担得起的人当中有四分之三的人，无论是由于懒散，还是由于不小心，或者是由于乐于不问价格见好就买，在购买消费品时所支付的价格都远远超过了他们必须支付的价格；而穷人则常常由于无知和缺乏判断，没有时间进行调查和询问以及常常受来自公开的或隐蔽的胁迫而同样支付过高的价格。由于这些原因，决定批发价格的各种原因没有像预期的规律那样对零售价格发挥作用。在零售市场上，这些原因所产生的影响最终可以被感受到，而且是零售价格变化具有一般性和永久性的真正根源。但是，并不存在规律的、确切的一致性。同等优质的皮鞋在不同的商店出售，价格差别很大，而且皮革的价格可能会下降，但不会导致富裕阶层买鞋的开支降低。然而，皮鞋有时也会跌价，究其原因总是如同皮革跌价这样的大环境所导致的。当皮革价格便宜的时候，即使价格在富人们经常光顾的鞋店里没有发生变化，但是，工匠们和劳工们一般都能够较便宜地买到皮鞋了，而且为作坊和军队供应皮鞋的合同价格也明显降低了。在所有关于价格的推论中，人们必须了解的前提是：假设所有各方都关注自身利益，不注意这些区别，这将导致人们不能适当应用政治经济学的抽象原理；更常见的是，由于人们将这些原理与他们所考虑的与该原理无关的其他事实——或者与他们所期望的事实——相比较，进而错误地怀疑这些原理。

第二章　论需求和供给，侧重它们与价值的关系

第一节　价值的两个条件：效用和获得的困难

某一物品要具有交换价值，必须具备两个条件。第一，它必须具有某种效用，即（正如我们前面已经解释过的）它必须有助于人们实现某个目的，满足某种欲望。没有人愿意为某种对自己毫无用处的物品支付价格，或者放弃对他们有某种用处的物品。第二，这种物品不仅需要具有某种效用，而且获得它必须具有一定的困难。“无论什么物品，”德·昆西先生说，“首先，要想获得那种被称为交换价值的人为价值，必须先将它自己作为实现某个理想目的的手段；其次，即使它无可争辩地拥有了这种初步优势，在能够无偿地、无须付出任何努力就能得到它的情况下，它也绝不会具有交换价值。这两个条件中的后一条件是必要的限制因素。因此，通常会出现以下情况，即具有某个理想目的的物品可以无偿获得，你一弯腰就能在你的脚下得到它。但是，由于持续不断地反复弯腰的动作需要付出辛勤的努力，所以人们很快就发现，这种获取实际上不是无偿的。在加拿大广袤的森林里，每隔一段时间就可以无偿地采摘几船的野草莓，但是由于弯腰的姿势以及十分枯燥无味的劳动令人感到疲惫，所以没过多久，每个人都乐于雇用人手做这项工作。”①

正如上一章所指出的，某一物品由购买者所估计的效用，是该物品的交换价值的极限，其价值不会继续上升，除非某种特殊环境要求将它的价值提高。德·昆西先生恰当地说明了这一问题。“走进几乎任何一家商店，购买你第一眼看到的物品，是什么决定这件物品的价格呢？一方面，一百种情况中有九十九种都是

① 参见《政治经济学逻辑》(*Logic of Political Economy*)，第 13 页。

由要素D，即获得的困难（difficulty of attainment）决定的。另一个要素U，即内在效用（intrinsic utility），将完全不起作用。假设这件物品（根据其效用衡量），就你的目的而言值10畿尼，因此你宁愿支付10畿尼也不愿失去它。但是，如果生产它的困难仅值1畿尼，那么1畿尼就是它的价格。然而，虽然U不起作用，但就能假设U不存在了吗？当然不能。因为如果U不存在，那么即使以最低的价格你也不会购买这件物品。尽管U对价格不起作用，但是却能影响到你。另一方面，在第100种情况下，我们假设情况与此相反。你正在苏必利尔湖上的一条蒸汽船上，前往远离文明800英里的无人地区，并且意识到在未来十年内没有任何购买奢侈品的机会，无论是小型的还是大型的奢侈品。同行的一位乘客拥有一个漂亮的音乐鼻烟盒，你会和他在日落之前分别。根据经验，你知道这种玩具具有控制你感情的力量，它能够随时平复你心中的烦躁，你强烈地渴望买下它。离开伦敦的那一刻，你忘记买下它了，这是最后一次机会。但是，音乐鼻烟盒的持有者对你的心情的了解并不亚于你自己，他决定最大限度地抬高U，使其远远超过你出于个人目的对这件物品内在价值的估计。在这种情况下，他不会理会D作为任何控制力量或缓和作用的说法。最终，尽管这种玩具你在伦敦或者巴黎能够用6畿尼买到一整车，但是当最后钟声响起，提醒你现在不买就永远没有机会购买时，你宁愿支付60畿尼，也不愿意失去它。在这里，同之前的情况一样，只有一种因素起作用。之前是D起作用，现在是U。不过，尽管D不起作用，但是D并不是不存在。D的不起作用让U发挥了其全部的效力。就像在一架抽水机里，D的实际压力被撤回，U就像机内的水失去空气的压力喷涌而出一样。但是很明显，D仍然在你脑海里存在，尽管价格是以另一种方式决定的。因为任何交换价值都需要U和D同时存在，并且无法否认，因为你同意将价格抬高到U之前，已经充分考虑到了D，即获得的极端困难（这里最大的可能就是存在不可能性）。特殊要素D消失了，但是在你脑海中取而代之的是无限度的U。毫无疑问，你已经承认在极端情况下U是价格的决定力量，但是这处于潜在的D的感知之下。不过D没有什么实际力量，对价格不起任何作用——这就创造了一种完全的真空，通过这一真空，U急剧上升到它的最高和最终的限度。”

价格完全由买方的需要或者欲望决定的情况，严格来讲，就属于绝对垄断。在这种情况下，想得到的物品只能从一个人那里获得，因此它可以索取任何代价，只要价格不超过无人购买的限度。但是，即使在完全垄断的情况下，价值被迫提升到这一最终的极限，也不是一个必然的结果。当我们考虑到价值规律取决于另一个要素，即获得的困难时，就可以理解这一点了。

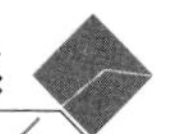

第二节　获得物品的三种困难

决定价值的获得困难，并不总是同一种。在第一种情况下，困难是由供给的绝对限度组成的。有些物品，增加的数量超过一定的狭窄范围，按自然法则来说这是不可能发生的。诸如只能在特定的土壤、气候和光照的环境下生产的葡萄酒、古代雕塑、早期绘画大师的作品、稀有的书籍或钱币以及其他古物珍品。又如面积有限的城市（如威尼斯，或者任何需要筑垒防护的城市）的房屋和建筑用地。无论怎样，任何一个城市最理想的地带、风光欠佳却拥有具有独特自然美景的房屋和公园的地带，都有可能成为这种商品，并且在土地完全被占有以及耕种的国家，实际情况可能就是如此。

但还有第二种情况（包括大部分能够买卖的物品），其获得的阻碍仅限于生产这种商品所必需的劳动和费用。不付出一定的劳动和费用就不能得到这种商品。但是若有人愿意承担这些花费，就可以无限增加该产品的供应量。如果有足够的劳动者和足够的机器，那么棉纺品、毛纺品或者亚麻织品的产量就可能是现在产量的几千倍。毫无疑问，产量的增加是有限度的，当地球无法提供更多的原材料时，产量的进一步增加就会停止。但是，对于政治经济学的任何目的而言，都不需要考虑这个想象中的限度何时会成为现实。

还有第三种情况，它介于前两种情况之间，并且更为复杂。我现在只是简单地提示一下，但是它在政治经济学中的重要性是极大的。有些商品能够通过投入一定的劳动和支出成倍地增加，而不是由固定数量的劳动和支出增加产量。支付一定的费用只能生产有限的产量。如果想要更多的产量，就必须付出更多的费用。正如我们曾多次提及的那样，农产品以及一般来说由土地提供的全部初级产品，都属于这一类。某些非常重要的结果正是源于这一特殊性：其一是必须限制人口；其二是必须支付租金。

第三节　数量上绝对有限的商品

三种类型困难如上所述，一切进行买和卖的物品都必然面临这三种困难中的一种，我们将依次加以考察。首先考察数量上绝对有限的物品，如古代雕塑或绘画作品。

关于这类物品，人们通常会说，它们的价值取决于它们的稀缺性（scarcity)。但是，就我们的目的而言，这种表达不够明确。另外一些人的说法更为精确，即它们的价值取决于需求与供给（demand and supply）。不过，即使是这一说法，也需要做很多解释，才能清楚地说明一件物品的价值和产生这种价值的原因之间的关系。

某一商品的供给是一个可以被理解的表述，它是指提供出售的数量，也就是说，有意购买的人在一个给定的时间和地点能够购买的数量。但是，需求是什么意思呢？它并不仅仅指人们对于商品的欲望。乞丐可能渴望获得钻石，但是他的渴望无论多么强烈，都不会影响钻石的价格。因此，学者们对“需求”一词给出了更为狭窄的解释，把它定义为与购买力相联系的占有欲。为了区分专业意义上的需求和与欲望同义的需求，他们称前者为有效需求（effectual demand）。[①] 在这种解释下，人们通常认为就不存在更多的困难了，并且这个价值取决于上述定义下的有效需求与供给之间的比率。

然而，这些用语不能使那些要求概念明确及表达非常精确的人满意。两种不同名称的事物的比率联系在一起，是非常不恰当的说法。在某种数量和某种欲望，甚至是具有购买力的欲望之间，存在什么比率呢？如果我们将需求理解为需求量，并将这一比率解释为需求量与供给量之间的比率，那么这一比率才是可以理解的。但是，需求量不是一个固定的数量，即使是在同一时间同一地点，它也会随着价值的变化而变化。如果物品价格便宜，其需求量通常大于它价格昂贵的时候。因此，需求部分取决于价值。但是，如前所述，价值是取决于需求的。我们应该怎样使自己从这个矛盾中解脱出来呢？怎样解决二者相互决定的这个悖论呢？

虽然这些困难的解决方案是非常明显的，但这些困难本身并不是幻想出来的。我特意提出这些问题，是因为我确信，每一个试图探究这一主题的人，若没有直接面对并清楚地认识到它们，都会被这些问题所困扰。毫无疑问，正确的解决方案一定早就被多次给出了，但是除了敏锐的思想家和娴熟的讲解者萨伊之外，我尚未发现有人在我之前给出回答。然而，如果不是若干著作没有对这个观点给出明确的论据，如果不是德·昆西先生的实例证明，某些极其聪明并深入研究这一主题的人完全没有看到并加以否认这一点，那么，我本以为所有的政治经济学家对这一点都很熟悉了。

① 亚当·斯密提出“有效需求”这一说法，用以表示那些人的需求，即愿意并有能力支付他所称的处于自然价格（natural price）的商品。自然价格就是指能够使商品长期生产出来并被投放于市场之中的价格。参见他的《论商品的自然价格与市场价格》（Natural and Market Price [of Commodities]），《国富论》第一篇，第7章。

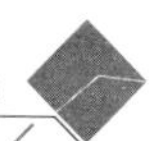

第四节　需求和供给的方程式就是商品的价值法则

需求一词的含义是需求量，并记住需求量不是一个固定的数量，一般会根据价值的变化而变化。我们假设需求在某个特定时间超过了供给，也就是说，有人愿意以市场价值购买，购买的数量大于提供出售的数量。这时，竞争发生在买方这一边，价值从而升高。但是，上升多少呢？（有人可能认为）按短缺的比率上升，即如果需求超过供给的三分之一，价值也上升三分之一。事实绝非如此，因为当价值上升三分之一时，需求仍然可以超过供给，甚至处于较高的价值时，购买的数量比之前更多，同时，买方之间的竞争还会持续下去。如果这个物品属于生活必需品，那么人们宁愿不惜任何代价也不会选择失去它，三分之一的供给不足可能使价格提高两倍、三倍甚至四倍。① 或者，与此相反，在价值提高到短缺的比率之前，竞争可能就停止了。价格提高到不到三分之一，可能导致买方无力购买或者不愿意购买全部数量。那么，价格的提高会停止在哪一点上呢？无论在哪一点上，都会使需求和供给平衡。与这一点相对应的价格，会削减额外的三分之一需求，或者吸引额外的卖方提供足够的供给。无论是这些方式中的一种，还是两种方式的结合，当需求等于或者不超过供给时，价值的提高都将会停止。

相反的情况同样简单。让我们假设供给超过需求，而不是需求超过供给，卖方这一边将会产生竞争，即额外的数量只能通过吸引与其相等的额外需求找到市场。采用降价的手段可以实现这一点，即价值下降，将会使更多顾客购买这个物品，或者诱使那些先前的顾客增加购买。在不同的情况下，重新建立均衡的价值下降情形也不同。一般来说，价值下降最多的物品是两种极端类别的物品，即绝对的必需品或者那些限定只有小部分阶级能够享受的特殊奢侈品。就粮食的情况而言，那些已经拥有足够粮食的人不会因为其价格便宜需求就增多，而是宁愿将在粮食方面节省的钱花费在其他物品上。正如经验所表明的那样，由价格便宜引起的消费增加，只能消除由丰收所增加的供给的一小部分。② 并且只有当农民收回他们的谷物待价而沽时，或者当投机商在谷物价格便宜时买进，待需求更为迫切的时候全部卖出时，价值的下降实际上才会停止。无论是通过降价带来的需求

① “在这个国家，在农作物最大短缺未超过平均产量的六分之一到三分之一，而且这种短缺已经被外国供应缓解的情况下，谷物的价格已经上涨了 100%～200%甚至更高。如果谷物的短缺高达三分之一，并且在以往年份未有任何剩余以及无法通过进口得到任何缓解，谷物的价格可能会提高 5 倍、6 倍甚至 10 倍。”参见图克的《物价史》，第一卷，第 13～15 页。

② 参见图克的《物价史》，以及 1821 年农业委员会的报告。

增加使需求与供给平衡，还是通过收回一部分供应而使之平衡，二者必居其一。

因此，我们看到，需求和供给之间的比率的概念是不恰当的，并且与问题无关。恰当的数学类比是方程式。需求和供给、需求量和供给量将会达到均衡。如果在某一时刻没有达到均衡，竞争会促使它们达到均衡，而达到均衡的方式是调整价值。如果需求增加，价值就会上升；如果需求减少，价值就会下降。此外，如果供给减少，价值就会上升；如果供给增加，价值就会下降。上升和下降不断持续，直到需求和供给再次达到均衡为止。而且，某一商品在任何市场所具有的价值，不是其他的价值，而是在那个市场中使需求和现有的或预期的供给相等的价值。

那么，这就是价值法则，与数量不能任意增加的一切商品有关。毫无疑问，某些商品是例外。还有一种规律适用于种类更多且可以无限增加数量的商品。但是，清晰地理解和准确地把握这种例外情况的理论，也是有必要的。首先，人们将会发现，它对于理解较为普遍的情况大有裨益。其次，关于这种例外情况的原理，与最初人们所设想的相比，其延伸的范围更广，所包含的实例也更多。

第五节　受上述法则制约的各种情况

在供给方面受到自然的且必要的限制的商品很少。但是，任何商品都可以被施加人为的限制。任何商品都可以成为垄断的对象，例如 1834 年以前的茶叶、目前法国的烟草以及英属印度的鸦片等等。人们通常认为垄断商品的价格可以被人为控制，取决于垄断者的意愿，并仅限于买方极端估计这种商品对自己的价值（正如德·昆西先生所列举的发生在美国人烟稀少地区的音乐鼻烟盒事例一样）。这在某种意义上是正确的。然而，就价值取决于供给和需求而言，这并没有构成例外。垄断者可以在消费者有能力或者愿意支付的价格范围之内，按自己的意愿尽可能提高价值。但是，他只可能通过限制供给才能做到。荷兰东印度公司能以垄断价格出售香料岛的产品，但是为了做到这一点，它不得不在香料丰收的季节毁掉一部分产品。如果它坚持出售它所生产的全部产品，那么它一定会迫使市场降低价格，如此低的价格，或许会使它销量最多时所获得的总收入小于销量较小时的总收入。它毁坏多余的产品，至少表明它是持有这一观点的。即使在苏必利尔湖德·昆西先生的小贩事例中，如果小贩持有两个音乐鼻烟盒且渴望卖掉它们，也不能以 60 畿尼的价格出售。假设每个鼻烟盒的成本是 6 畿尼，那么他宁愿出售两个获得 70 畿尼，也不愿意出售一个获得 60 畿尼。这就是说，尽管他拥有极大的垄断力量，但他也愿意以每个鼻烟盒 35 畿尼的价格出售，尽管如此，

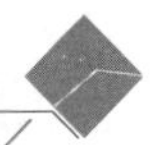

60 畿尼也未超过买方对这一物品就自己目的而言的估计值。因此，垄断价值并不取决于任何特殊的规律，而是通常的需求与供给情况中的一种少有的变化。

此外，虽然在任何时候永远都不可能增加供给的商品很少，但任何商品都有可能暂时出现这种情况。并且对于某些商品来说，这种情况习以为常。例如，农产品在下一次收获之前，其数量不能增加。世界上已经存在的谷物数量，就是来年收获之前人们能够拥有的全部数量。在此期间，谷物实际上就相当于数量不能增加的物品。就大部分商品的情况而言，其数量的增加也需要一定的时间。如果需求增加，在相应的供给产生之前，其价值将会一直上升，以调节需求与供给的关系。

还存在一种与此相反的情况。某些物品的数量可以无限增加，但是不能迅速减少。这些物品是非常耐用的，以至现存的数量与年产量相比一直都很大。黄金和其他更耐用的金属都属于这一类物品，房子也属于这一类。这种物品可以通过毁掉它们而立即减少。但是，这样做只有在以下情况下才对物品所有者有利，即这类物品的所有者拥有这类物品的垄断权，并且所毁坏的这一部分可以通过余下部分的价值增值而得到补偿。因此，这类物品的价值可能会因供给过多或者需求过少而长时期过低，从而导致进一步的生产处于完全停滞状态。供给由于消耗而减少的过程非常缓慢，即使在生产全部停止的情况下，价值恢复到原先的水平也需要很长时间。在此期间，价值将完全由供给和需求决定，并且会随着现存物品的消耗而逐渐上升，直到价值恢复到生产能够得到补偿的水平，生产才会开始。

最后，虽然有些商品的数量能够大量甚至无限增加或减少，但是它们的价值绝不取决于其他任何因素，而只取决于需求与供给。“劳动”这一商品更是如此。关于这一商品的价值，我们已在本书的前一编做过详细的讨论，除此之外还有很多种情况，我们会发现，要解决交换价值的各种困难问题，就有必要借助这一原理。我们在讨论国际价值，即不同国家——或者更一般地指相距较远的地方——所生产物品之间的交换条件时，将特别地对此举例加以说明。但是，要探讨这些问题，我们需要首先探讨数量无限增加和任意增加的各种商品的情况，并且弄清它们的永久价值或者平均价值，除了需求和供给之外，还由什么规律决定。这是我们在下一章将要讨论的内容。

第三章 论生产成本，侧重它与价值的关系

第一节 在不增加成本的情况下就能无限增长的商品，论其价值法则与生产成本

当生产一种商品需要耗费劳动和费用时，无论这种商品能否无限制地增长，都有一个最小值，这个值是该商品永久生产的基本条件。价值在任何时期都是供给与需求之间相互作用的结果，而且始终是为现有供给创造市场所必需的。但是，除非这一价值能够充分补偿生产成本，并提供正常的预期利润，否则，该商品将不会被继续生产。资本家不会在亏损的情况下还持续生产。他们甚至不会在生产利润低于其生活所需的情况下进行生产。那些已经投入资本且不易撤回的人，期待有所转机，他们会在没有利润甚至亏损的情况下坚持生产相当长的一段时间。但是，他们不会无限期地这样做，或者说在没有迹象表明有所好转的情况下他们不会这样做。某一行业不仅要有一些预期利润，而且这些利润还要与当时当地的其他任何行业的预期利润水平相当，这样才会有新的资本注入（当然，还得从其他方面来考虑该行业是否适宜投资），否则，人们就不会这样做。在显然不能获得这样的利润时，如果人们没有真正撤出其资本，那么，他们至少不会再重置那些已经消耗的资本。因此，生产成本加上正常的利润，可以被称为劳动和资本所生产的一切商品的必要价格或价值。没有人愿意在亏损的情况下还投入生产，无论谁这样做了，都一定是由于估算错误，他会尽其所能迅速地加以纠正。

如果一种商品不仅能够通过劳动和资本来制造，而且还能够无限制造，那么，这种必要价值，即生产者能够满足的最低价值，在竞争自由且激烈的时候，也是他们所期望的最高价值。如果一种商品的价值，在偿还生产成本时不仅能够

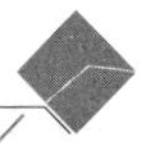

提供正常的利润，而且还有较高的利润率，那么，资本就会涌入来分享这种额外的利润，而且随着该物品供给的增加，其价值会下降。这不仅仅是一种假设或推测，而是熟悉商业运作的人士所熟知的事实。每当一个新的行业出现，并有望提供非比寻常的利润，或者是任何原有的贸易或工业被认为可以提供比正常利润更大的利润时，这种商品肯定会在短时间内被大量生产或进口，如此一来，不仅消除了额外的利润，而且通常会走得更远，使其价值就像当初提升过高一样而大幅下降，直到进一步生产被全部或部分叫停，使过度供应有所纠正为止。如前所述①，生产数量的这些变化不是预先假定的，也不要求任何人转换其职业。那些业务蓬勃发展的人将更多地利用自己的信用来增加产量，而那些没有赚取正常利润的人则收缩其经营范围并缩短其工作时间（用工业术语来表达）。在这种模式下，可以稳健并迅速地实现不同行业预期利润（也许并不是利润）的均等化。

因此，作为一般规则，各种物品趋向于以使得每个生产者都能够补偿生产成本并获得正常利润的价值来相互交换，或换句话说，以使得一切生产者就其支出而言都能获得同等利润率的价值来相互交换。但是，为了使支出（即生产成本）相等的地方利润也相等，则各种物品就必须以其生产成本比率的均值相互交换，也就是生产成本相等的物品，其价值也一定相等。因为只有这样，同样的支出才能产生同等的回报。如果一个农场主用相当于 1 000 夸特谷物的资本，可以生产出 1 200 夸特的谷物，从而可以获得 20%的利润，那么，在同一时期，相当于 1 000 夸特的资本所生产的其他任何物品，都必须具有 1 200 夸特谷物的价值，即能够与 1 200 夸特谷物相互交换，否则，生产者的利润将大于或小于 20%。

亚当·斯密和李嘉图都将一种物品与其生产成本成比例的这个价值称为该物品的自然价值（natual value，或自然价格）。他们指的是：价值围绕着这一点而波动，并总是趋向于回归到这一点上。正如亚当·斯密所表达的那样，这一中心价值会对该物品的市场价值产生持续不断的向心力，相对于它的任何偏离都只是暂时的不规则现象，当这种偏离出现时，中心价值会对其产生纠正作用。从多年的平均水平来看，偏离中心线一侧的摆动与另一侧的摆动能够完全抵消，因而市场价值与自然价值一致。但是，在任何特定时期，市场价值与自然价值很少完全一致。大海的每一处都趋向于一个水平面，但它从来没有确切地处于水平状态，其表面总是伴随着波浪起伏，常常波涛汹涌。可以肯定的是，至少在公海，没有任何一处是永远高于另一处的，每个地方都时高时低，但整个海洋却保持着它的水平状态。

① 参见本书第二编第十五章第四节。

第二节 它们的价值法则——生产成本通过供给的可能变动（而不是实际变动）发挥作用

长期以来，使物品的价值与生产成本保持一致的潜在力量是，二者相互背离时商品供给所发生的变化。如果一种物品以高于其生产成本比率的价格持续销售，那么供给将会增加；而如果以低于该比率的价格销售，则供给会减少。但是我们不能由此认为，供给必须在实际上减少或增加。假设一件物品的生产成本由于某种机械的发明而下降了，或者由于某种赋税而增加了，那么，该物品的价值不久（如果不是立即的话）就会在前一种情况下下降，而在后一种情况下提高。那是因为，如果不是这样的话，供给将在前一种情况下增加，直到价格下跌为止；而在后一种情况下则减少，直到价格上涨为止。正是由于这个原因，以及人们错误地认为价值取决于需求和供给之间的比率，才致使许多人以为，商品的价值无论何时发生变化，这一比率都一定会随之改变。除非供给持续不断地增加，否则，商品的价值就不会因生产成本的降低而下降；除非供给持续不断地减少，否则，商品的价值就不会因生产成本的增加而提高。但事实并非如此，价值的变动并不需要供给发生任何实际的变动，即使发生了变动，而且还是永久性的，这也不是价值变动的原因，而是其结果。确实，如果不能增加供给，那么生产成本的降低就不会使价值下降。但供给的增加绝非必要。往往只需有这样的可能性就足够了，商人们会意识到将要发生什么，他们之间的相互竞争使其被迫通过降低价格来面对即将发生的结果。某种商品在生产成本下降之后，供给是否会持续增加，这完全取决于另外一个问题，即价值下降之后，需求量是否增加了。通常大部分商品需求量会增加，但并非必然。德·昆西先生说："当对个人直接有用物品的价格降低时，这个人会更愿意大量购买。丝绸手帕如果已降至半价，那么某个人购买的数量也许会扩大三倍，但他却不会因为蒸汽机价格的降低而购买更多数量的蒸汽机。他对蒸汽机的需求几乎总是由他所处的环境决定。就他所考虑的一切成本而言，他对机器运转成本的考虑要远远多于他对机器购买成本的考虑。但是，有许多物品，其市场绝对受到一个预先存在的系统的限制，这些物品构成了这一系统的附属部分或组成部分。我们如何才能够通过人为降低钟表表盘的价格，来促使其销量比钟表内部零件或装置的销量更多呢？可以在不增加葡萄酒销量的情况下增加用于生产葡萄酒的酒窖的销量吗？或者，在造船业停滞不前的情况下，造船工具市场有可能扩大吗？……向一个住有 3 000 名居民的村镇销售一批棺材，即使棺木价格再低，也不会诱使居民再多买一副。又如销售一批游艇，

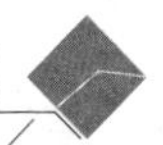

游艇的主要费用在于雇用人员、装储粮食和维修工作的费用，因而单靠降价并不能诱使那些习惯和爱好不在于此的人来购买。主教、律师和牛津大学学生的制服也是如此。”① 然而，没有人会怀疑，所有这些物品的价格和价值都会因其生产成本的降低而降低，以及会因新竞争者的进入和供给的增加而降低。不过，新竞争者进入一个难以大幅扩充的商品市场，将面临很大的危险，相较于那些进入更加鼓励竞争的商品市场的竞争者而言，这将使得那些地位已经稳固的商人能够更长久地保持初始时较低的价格。

再者，我们将情况反过来看，假设生产成本由于某些原因而增加，例如向商品征税。这时价值会上涨，而且很可能是立即上涨。那么，供给会下降吗？只有当价值的上涨使需求减少时，供给才会下降。我们很快就会知道是否会出现这种结果。如果是这样，那么价值就会因供给过多而有所降低，直到生产缩减为止，其后价值会再次上升。有很多物品只有大幅提高其价格才能使其需求量显著减少，尤其是生活必需品，诸如人们习惯食用的食物也是如此。在英国，小麦面包对于现有的人口来说，按照现在的成本价格出售的面包数量，可能同面包价格大幅降低所出售的数量几乎一样多。然而，特别地，人们通常将这种物品的高额价格同供给不足相混淆。在收成不好时，食物可能会由于供给不足而价格上涨，但是，这里举个例子，如果由于税收或实施谷物法而使得价格上涨，则与供给不足毫不相关。这样的原因并不会造成一个国家的粮食数量大为减少，由此减少的供给量与其说是粮食，倒不如说是其他物品，因为如果人们对粮食的支付增加，对其他物品的支付就得减少，而其他物品就会因需求的减少而缩减生产。

因此，数量可以随意增加的物品，其价值（除偶然情况以及生产的必要调整时期之外）并不取决于需求和供给，反而是需求和供给取决于价值。这一论述完全正确。商品在以其自然价值或成本价值出售时会有一定的需求量，供给长期以来都与这一需求保持一致。在任何时候，如果供给与需求没有达到这种一致性，那就是由于估算错误，或是由于有关这一问题的某些要素发生了变化，例如，自然价值，即生产成本发生了变化，或是公众品味、消费者数量或财富变动引起了需求方面的变化。这些扰乱因素极易发生，当其中任何一个确实发生时，物品的市场价值就不再与其自然价值一致。需求和供给之间的真正法则，即二者之间的方程式，是在任何情况下都成立的。如果需要一个与自然价值不同的另一价值来促使需求等于供给，那么，市场价值将会偏离自然价值。但是，这种偏离只是暂时性的，因为供给的永久性趋势与需求一致。经验表明，这种需求是商品在以自然价值销售时所形成的需求。无论供给是大于还是小于这一需求水平，都是偶然

① 参见《政治经济学逻辑》，第230～231页。

现象，这时，利润率将高于或低于普通的利润率，在自由而积极的竞争环境下，这种情况不可能长久保持下去。

总的来说，需求和供给决定了不能无限增加一切物品的价值。不过，即使对于这些物品来说，当它们是由工业生产出来时，也存在着由生产成本决定的最小价值。但是，对于可以无限增加数量的一切物品而言，需求和供给只能在供给调整所必需的时期内（不能超过这一时期）决定价值的波动。在需求和供给决定价值波动的这一过程中，它们本身也受到一种更为强大力量的支配，这一力量使价值趋向于生产成本，并且如果没有新的扰乱因素的不断出现，从而使价值再次发生背离，那么，它将使价值停留并保持在那一点上。为此，我们可以同样用比喻来说明需求和供给总是趋于平衡，但稳定、平衡的状态只有当各种物品按其生产成本或者我们前面所说的自然价值相互交换时才存在。

第四章　对生产成本的最终分析

第一节　生产成本的主要组成要素——劳动数量

本书第一编已经阐述了生产成本的各组成要素。① 我们发现，劳动是生产成本的主要组成要素，劳动是如此重要，以至可以说是生产成本的唯一组成要素。生产某种物品所消耗的劳动是该物品的生产者或一系列生产者的生产成本。如果我们将提供垫付的资本家视为生产者，那么，可以用“工资”一词来替代劳动这个词：对于资本家来说，生产成本就是他必须支付的工资。乍一看，这似乎只是他支出的一部分，因为他不仅要向劳动者支付工资，而且要向他们提供工具、原材料和建筑物。然而，这些工具、原材料和建筑物也都是由劳动和资本生产出来的，它们的价值如同借助于它们所生产出来的物品的价值一样，也取决于可以再次分解成劳动的生产成本。宽幅布料的生产成本并不完全由布料制造商直接支付给织工的工资组成。它还包括：纺纱工人和梳毛工人的工资，或许还有放牧工人的工资，所有这些都是织布商在购买纱线时必须支付的；建筑工人和制砖工人的工资，该工资是资本家在工厂建设的合同价格中予以支付的；部分机器制造工人、铸铁工人和采矿工人的工资。此外还有运输工人的工资，运输工人将生产工具和器械运送到工作场地，并把产品运往销售地点。

因此，商品的价值主要取决于（我们马上将考虑是否完全取决于）生产所需的劳动数量，生产这一概念也包括将产品运往市场。李嘉图指出：“例如，在评估袜子的交换价值时，我们会发现，与其他物品相比较而言，其价值取决于制造它和将其运往市场所需的劳动总量。首先是耕种原棉生长土地所需的劳动；第二

① 参见本书第一编第二章第一节、第二节。

是将棉花运送到生产地的劳动，其中包括以运费形式收取的制造运输船舶的一部分劳动；第三是纺纱工人和织布工人的劳动；第四是建造厂房和制造机器的工程师、锻工和木匠的部分劳动；第五是零售经销商以及许多其他无须一一列举的人的劳动。以上种种劳动的总量决定了袜子能够交换的其他物品的数量，而对于其他物品所花费的不同劳动总量的考虑，也同样决定了它能够交换到的袜子的数量。

“为了使我们信服这是交换价值的真正基础，我们假设原棉在被制成袜子并被运到市场上交换其他物品之前所必须进行的各个过程中，有一种节省劳动的方法已经有所改进，然后研究其带来的后续影响。如果种植原棉需要的人手减少了，或者航运所需的船员、建造船舶所需的造船工人减少了，或者建造厂房和制造机器所需的工人减少了，或者在其建成后效率提高了，那么，袜子的价值势必会下降，它所交换到的其他物品的数量也会减少。之所以会下降，是因为生产所必需的劳动减少了，因此在同没有节省劳动的其他物品进行交换时，所能够交换的其他物品数量也会减少。

“劳动使用量的节省必然会使商品的相对价值降低，无论这种节省是发生在制造该商品本身所必需的劳动方面，还是发生在构成生产该商品的资本形成所必需的劳动方面。无论是生产袜子直接所需的漂白工、纺纱工、织布工的减少，还是间接所需的水手、运输工、工程师或铸工的减少，都将使袜子的价格下降。在前一种情况下，节省的劳动将全部落在袜子上，因为这部分劳动被完全用于袜子的生产；而在后一种情况下，节省的劳动只部分落在袜子上，其余的部分将落在可以利用这些建筑物、机械和运输进行生产的所有其他商品上。”

第二节　工资不是生产成本的组成要素

据目前了解的，李嘉图所表述的意思似乎是：生产一种商品并将其运往市场所需的劳动量是决定该商品价值的唯一依据。但是，因为对于资本家来说，生产成本不是劳动力而是工资，又因为在劳动量保持不变的情况下，工资可能高点，也可能低点，所以似乎产品的价值不能仅由劳动量决定，而是由劳动量和报酬共同决定；而且，价值必然部分取决于工资。

为了澄清这一点，我们必须考虑到价值是一个相对概念：某一种物品的价值不是指该物品本身固有的内在本质特征，而是指它能够交换到的其他物品的数量。必须铭记的是：某一物品的价值是相对于其他某一物品或一般物品而言的。因此，一种物品与另一种物品之间的关系不会因同时影响二者的因素而改变。一

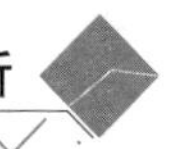

般工资水平的上升或下降，事实上会以同样的方式影响所有商品，因此，它并不能成为改变商品之间交换比例的原因。假设高工资能够带来高价值，也就是假设价值可以普遍提高。但这在概念上是相互矛盾的：某些物品价值升高应该是其他物品价值下降的同义语。这一错误源于人们没有关注价值，而是将注意力放在了价格上。虽然价值不可能普遍提高，但是价格却可以普遍上涨。一旦明确了价值的概念，我们就会明白工资的高低与价值无关。但是，高工资带来高价格却是一个广为流传的普遍观点。只有当我们讨论货币理论时，才能够彻底地透析这一命题的全部荒谬之处。目前我们只需说，如果这一命题是正确的，那么，就不会发生实际工资上涨的事情。因为，如果一切物品的价格并没有同比例上涨，那么，实质上工资也根本不可能上涨。这确实是一个论证充足的反证，同时也表明了，确实有一些惊人的荒谬命题可能并长期以来成为人们广为认可的通俗政治经济学的信条。同时，我们也必须记住，即使假设价格真的普遍提高了，那也对生产者或经销商来说毫无用处，因为，尽管价格升高增加了他们的货币收入，但也以同样的程度增加了他们的各项支出。对于劳动成本的提高，资本家无法通过改变价值或价格的方式来得到补偿，也无法阻止随之而来的利润降低。如果劳动者得到的确实增多了，也就是获得了更多的劳动产品，那么剩余的利润率就较小了。这种建立在算术法则基础之上的分配规律是不可抗拒的。交换和价格机制虽然有可能使我们不明所以，但无法改变这一规律。

第三节　当工资因行业不同而有所变动时，则另当别论

尽管整体工资水平的高低不会影响价值，但是，如果一个行业的工资高于另一个行业，或者如果一个行业的工资相对于其他行业来说永久地上升或下降，那么，这种不平衡就确实会影响价值。在前一章我们已经考察了致使各行业工资有所差异的原因。当某一行业的工资水平永久地超过平均工资水平时，该行业所生产的产品价值就会在同等程度上超过仅由劳动量决定的价值标准。例如，由熟练劳工制造的产品能够交换更多的非熟练劳工的产品，究其原因，不过是因为熟练劳工的工资更高罢了。如果通过推广教育，熟练劳工的数量增加了，从而缩小了其与普通劳工之间的工资差距，那么，相对于普通劳工生产的物品而言，熟练劳工所生产的全部物品的价值就会下降，因而，普通劳工所生产的全部物品的价值可以说是上升了。我们前面已经说过，从某一行业转到另一较为高级的行业，难度很高。迄今为止，这种显著的障碍导致彼此分离的不同阶层劳动者的工资，比我们想象中更为严重地依赖于每一阶层劳动人口的增加；而且劳动报酬的不平等

程度极大，而如果劳动者之间的普遍竞争能够对每一行业产生实际影响，那么，劳动报酬的不平等程度就会小得多。由此可知，不同行业的工资不会同时上涨或下降，就短期而言，甚至是长期而言，它们几乎是相互独立的。所有这些差异显然会改变不同商品的相对生产成本，并由此而反映在它们的自然价值或平均价值上。

看上去似乎可以认为，一些最优秀的政治经济学家所确立的工资不影响价值的这一论断与事实不符，而且词不达意。工资确实影响价值。生产不同商品所需的劳动的相对工资，与劳动的相对数量一样，都会影响商品的价值。的确，所支付的绝对工资不会影响价值，正如劳动的绝对数量不会影响价值一样。如果所有商品的劳动的绝对数量同时并以同等程度变化，那么，商品价值就不会受到影响。例如，如果一切劳动的效率均普遍提高了，因此使用较少的劳动就能够生产出和以前一样多的商品，那么，这种生产成本的普遍降低丝毫不会体现在商品的价值上。商品价值可能发生的任何变化只会体现在不同商品实际改善的不同程度上：劳动节省最多的商品的价值将下降，而劳动节省较少的商品的价值实际上会上升。因此，严格来讲，劳动的工资与劳动的数量同商品价值具有同样大的关系，无论李嘉图还是其他任何人都没有否认这一事实。然而，在考虑价值变化的原因时，劳动的数量则是最重要的原因，因为劳动数量的变化在一定时期内，一般只涉及一种或几种商品，但工资的变化（暂时的波动除外）通常是普遍的，因此，对价值没有太大的影响。

第四节　就利润因行业不同而有所变动而言，利润是生产成本的组成要素

以上我们考察了作为生产成本要素之一的劳动力或工资。但是，在第一编分析生产所需的条件时，我们发现除了劳动之外，还有另外一个必要的因素，它就是资本。既然资本是节欲的结果，那么产品或其价值，不仅必须使所需的一切劳动都得到充分补偿，而且必须使所有人的节欲都得到补偿，因为正是这些人的节欲垫付了不同阶层劳动者的报酬。节欲的报酬是利润。而且，我们也已经看到，所谓利润并不完全是资本家的各项开支得到补偿之后所剩下的盈余，在大多数情况下，利润还是支出本身的重要组成部分。亚麻织造商的一部分支出用于购买亚麻和机械，在支付这两者的价格中，他不仅需要支付亚麻种植者和机械制造者的工资，而且需要支付亚麻种植者、亚麻梳理者、采矿者、冶铁者以及机械制造者的利润。所有这些利润，连同亚麻织造商自身的利润，又会通过亚麻织造商对其

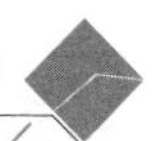

原料即亚麻线的价格支付得以垫付。而且，亚麻织造商还需垫付一系列新的机械制造商以及向这些机械制造商提供金属材料的采矿者和冶铁者的利润。所有这些都是亚麻制品生产成本的组成部分。因此，如同工资一样，利润也进入了决定产品价值的生产成本。

然而，价值作为一个纯粹的相对概念，并不取决于绝对利润，而仅仅取决于相对利润，就如同价值不取决于绝对工资一样。利润的普遍提高，如同工资的普遍提升一样，不会导致价值的上升，因为价值的普遍升高是荒谬和矛盾的。只要利润是以同等程度进入所有物品的生产成本，它就不会对价值产生任何影响。而只有当利润进入某些物品的生产成本高于利润进入其他一些物品的生产成本时，才会对价值产生影响。

例如，我们已经知道，有一些原因使得某些行业的利润率永远高于其他行业。较大的风险、麻烦与不便都必须因此得到补偿。而这只有通过以高于其生产所需劳动量的价值来出售相关产品才能获得。如果火药与其他物品交换的比例不高于火药生产全过程所需的劳动，那么就没有人再开办火药厂了。屠宰业者的处境要明显优于面包制作师，然而，屠宰者似乎并没有面临更大的风险，因为并没有迹象表明他们更容易破产。因此，他们能够获得更高的利润，似乎只能是由于他们并不舒适的工作环境以及在某种程度上该行业并不受欢迎，从而导致竞争受限。但是，这种较高的利润就意味着他们出售的商品价值要高于其劳动和支出所应得的价值。因而，所有必要和永久性的利润不均衡，才会体现在商品的相对价值上。

第五节　就利润延续的时间长短不一而言，它是生产成本的组成要素

然而，即使在两个行业利润率没有差别的情况下，利润在这一商品生产条件下所占的份额也要高于在另一商品生产条件下所占的份额。因为同另一种商品相比，这一种商品可能要在较长的时间内才能获得利润。人们通常会举葡萄酒的例子来说明这种情况。假设用同等的劳动量来生产一定数量的葡萄酒和一定数量的布，并支付同等比率的工资。布不能通过存储而改善品质，而葡萄酒却可以。假设要达到想要的质量，葡萄酒需要储藏五年。这样一来，除非葡萄酒的生产者或经销商在五年之后能够以比布更高的价格出售葡萄酒，得到五年的利润，外加按复利计算累积的利息，否则，他们将不会储藏葡萄酒。葡萄酒和布原本是由同等的支出生产出来的。因此，这一例子得出：两种商品相对于彼此的自然价值，不

仅与生产成本相对应，而且与生产成本加上别的某种东西相对应。事实上，除非只是为了泛泛而谈，否则，我们将把葡萄酒生产者在五年期间放弃的利润计入葡萄酒的生产成本，将其视为其他垫付之外的一种额外支出，而这项支出最终要得到补偿。

一切由机器制成的商品均类似于或至少近似于上述例子中的葡萄酒。与完全由劳动直接生产的物品相比较，利润将更多地进入机器制造的商品的生产成本。假设有两种商品 A 和 B，每一种商品的生产都需要资本消耗一年时间。在这里，我们用货币来表示资本，均假设为 1 000 英镑。A 完全由劳动直接进行生产，1 000 英镑全部用于直接支付工资。B 是由劳动和机器共同生产出来的，各消耗 500 英镑，而且机器使用一年就会报废。这两种商品的价值将是完全相等的。如果按货币来计算，且假设每年的利润为 20%，则价值为 1 200 英镑。但在这 1 200 英镑中，对于 A 来说，利润只有 200 英镑，是其价值的六分之一；而对于 B 来说，利润不仅仅是 200 英镑，在机器价格的 500 英镑中还包括机器制造者的利润。如果我们假设这台机器的生产也要花一年时间，那么，机器制造者的利润又是机器价值的六分之一。所以，对于 A 来说，利润只是总收益的六分之一，而对于 B 来说，利润不仅包括总收益的六分之一，还外加其中机器价格的六分之一。

在开始直接劳动之前，必须提供的机器、厂房、原材料或其他任何物质在全部资本中所占的比重越大，则利润在生产成本中所占的比重就越大。由机器和厂房构成的那部分资本越持久耐用，就越能够产出同这些资本数量较多时完全一样的结果，尽管这一点乍看起来不是很明显，但却是事实。上述假设只是一个极端的例子，即机器使用一年就完全报废，现在让我们假设一个与之相反甚至更极端的例子，即机器可以永久使用，而且不需要修理。这样举例适于分析说明问题，当然也可能出现这样的情况。在这种情况下，制造商就不必再偿还用于购买机器的 500 英镑了，因为他可以永久拥有机器本身，机器的价值为 500 英镑。但是，他必须像之前那样支付利润。因此，商品 B 在先前假设的情况下可以出售并换回 1 200 英镑，其中 1 000 英镑是重置资本，200 英镑是利润。那么，现在商品 B 就能够以 700 英镑的价格出售，其中 500 英镑是重置资本，200 英镑是全部资本的利润。因此，利润进入商品 B 价值的比率为 200 英镑比 700 英镑，即占总价值的 2/7 或 28.57%；而商品 A 的情形还是同以前一样，只占总价值的 1/6 或 16.67%。当然，这种情况属于理想状态，因为没有机械或其他固定资本能够永远持续下去，但它们持续的时间越久，就越接近这个理想状态，而且利润占收益的比值也就越大。例如，如果一台价值 500 英镑的机器每年会折损其价值的五分之一，那么，必须增加 100 英镑来补偿这一损失，即商品的价格为 800 英镑。因

此，利润将以 200 英镑比 800 英镑的比率即四分之一进入生产成本，当然，这一比率仍然要高于利润进入商品 A 生产成本的比率，即六分之一或 200 英镑比 1 200 英镑。

在不同行业中，利润所占资本家垫付资本的比例是不相等的，因此，利润占资本家报酬的比例也不相同，如此一来，对价值来说就会产生两个结果。一个结果是商品并非仅仅按照生产它们时所需劳动量的比例来进行交换，即使我们考虑到不同类别的劳动所得的报酬将永久不平等，也是如此。我们已经用葡萄酒的例子说明了这一点，现在我们将用机械制造的商品来进一步说明这一点。像前面一样，假设商品 A 是由价值 1 000 英镑的直接劳动生产出来的，但是对于由价值 500 英镑的直接劳动和价值 500 英镑的机器生产出来的商品 B，我们用商品 C 来代替。假设商品 C 是借助一台机器和价值 500 英镑的直接劳动生产出来的，而这台机器又是由其他价值 500 英镑的直接劳动生产出来的，制造这台机器需要一年时间，而机器的使用年限也是一年，利润也同之前的一样为 20%。A 和 C 是由等量的劳动生产出来的，并支付相同比例的工资：A 花费了 1 000 英镑的直接劳动，C 花费的直接劳动只有 500 英镑，但是加上制造机器所消耗的 500 英镑直接劳动，也达到了1 000英镑。如果劳动或其报酬是生产成本的唯一组成要素，那么，这两件商品就可以相互交换。但是，它们真的会交换吗？当然不会。机器是花费 500 英镑并用一年时间制造出来的，利润为 20%，所以机器的自然价格应为 600 英镑：而这增加的 100 英镑必须由 C 的制造商在其他开支以外予以垫付，理应也支付 20%的利润予以补偿。因此，商品 A 的售价为 1 200 英镑，而商品 C 的售价不能永久低于 1 320 英镑。

另一个结果是，每次一般利润的上升或下降都会对价值产生影响。当然，这并不是因为利润使价值普遍升高或降低了（正如我们一再所说的那样，价值的普遍升高或降低自相矛盾，是不可能的），而是因为利润的不同偿付期会影响商品的价值比例。以上两种商品虽然投入了等量的劳动，但是价值却不等，因为一种商品要比另一种商品需要多几个月或几年才能产生利润。利润越大，价值的差异也就越大，反之，利润越小，差值越小。比布要多提供五年利润的葡萄酒，如果利润率高达 40%，那么葡萄酒的价值超过布价值的额度，要比利润率为 20%时高出很多。虽然商品 A 和 C 是由等量的劳动生产出来的，但售价却分别为 1 200 英镑和 1 320 英镑，差额为 10%；如果利润减半，则 A 的售价为 1 100 英镑，C 为1 155 英镑，差额仅为 5%。

由此可知，工资的普遍上涨，如果致使劳动成本实际增加，就会在一定程度上影响价值。但并非如常人所设想的那样，通过工资的普遍提高来使价值普遍上升。不过，劳动成本的增加将降低利润，因此，利润高于平均水平的商品的自然价值将下降，而利润低于平均水平的商品的自然价值将上升。对于机器在生产中发挥相当大作用的一切商品而言，尤其是如果机器非常耐用，利润降低，其相对价值都会降低；或者换句话说，相对于它们而言，其他商品的相对价值会上升。有时人们会用一种貌似很有道理但并不确切的措辞来表达这一事实，说同机器制造的商品的价值相比，工资的上涨会提高劳动所产生的商品的价值。但是，机器生产的商品同其他任何商品一样，都是用劳动生产出来的，也就是说，机器本身也是劳动的产物。唯一的区别就是利润进入机器生产的物品的比重更大些，尽管支出的主要部分仍然是劳动。因此，最好是将价值所受到的影响归结为利润的下降而非工资的上升。尤其是，工资上升这种表达方式非常模棱两可，使人想到劳动者的实际报酬增加了，而非与此处目的有关的报酬，即雇主的劳动成本增加了。

第六节　生产成本中的偶然组成要素：赋税和原材料的稀缺价值

除了生产成本的自然和必要的组成因素——劳动和利润外，还有其他一些人为的和偶然的组成要素，例如赋税。麦芽税同劳动者的工资一样，都是该商品生产成本的组成部分。法律所强加的费用与自然所强加的费用一样，都必须以商品价值的正常利润予以偿还，否则该商品将不能够得以继续生产。但是，赋税对价值的影响同工资和利润对价值的影响一样，受到相同条件的制约。对其会造成影响的不是一般税收，而是差额税收。如果所有商品均被课税而且税收是从所有利润中扣除相同的百分比，那么，相对价值就绝对不会受到影响。而如果只有少数商品被征税，那么它们的价值将会上涨；如果只有少数商品免于课税，那么，它们的价值就会下降。如果一半商品被课税，另一半商品免于课税，那么，前一半商品的价值将上涨，后一半商品的价值将下降。为了平衡所有行业的预期利润，这样做是有必要的，不然的话，那些被课税的行业即使没有被立即淘汰，最终也会被淘汰。但是，如果普遍征收数额相等的税收，将不会扰乱不同商品之间的生产关系，也不会对价值产生任何影响。

到目前为止，我们假设所有进入商品生产成本的生产资料和工具，其价值都取决于自身的生产成本。然而，它们中的一些商品的数量却不能随意增加，因此，如果需求超过了一定的数量，则这些商品就会产生稀缺性价值。意大利的许多装饰品是用所谓的古代红色颜料、黄色颜料和绿色颜料制成的，据说这些材料是通过破坏古代的石柱和其他装饰性建筑物获得的，我不确定这是否属实，因为

采集这些石头的采石场已被用尽，或是其他遗址已被废弃。[①] 这种性质的材料，如果人们对其需求量很大的话，则一定会具有稀缺价值，并且这一价值会进入生产成本，从而最终进入制成品的价值。贵重皮毛更具稀缺性价值的影响似乎正在凸显。在西伯利亚旷野和爱斯基摩海（Esquimaux Sea）沿岸，提供贵重皮毛的动物数量正在减少，动物数量的减少对皮毛的价值有所影响，不过，迄今为止，该影响还只是增加了确保获得一定数量的皮毛而必需的劳动量。因为毫无疑问，投入足够的劳动，仍然有可能在更长的时间里获得更多的贵重皮毛。

但是，对于稀缺性价值造成生产成本增加的问题，主要还得分析自然要素的情况。在这些自然要素还没有被人占有而可以自由索取时，它们不会进入生产成本之列，即使进入，也仅限于进入适合它们使用所必需的劳动中。即使自然要素已被占用，它们也不会仅仅因为被占有这一事实而具有价值（正如我们已经看到的那样），而是因为它们稀缺，即供给有限，才具有价值。不过，可以非常肯定的是，它们往往具有稀缺性价值。假设在一瀑布坐落的地方，水磨的数量超过了水力的供应量，那么，瀑布的使用便具有了稀缺性价值，这一价值足以使需求下降到与供给相符，或者足以使人们开发与水力效率相同的其他人工动力，如蒸汽动力等。

自然要素是一种永久性占有物，只有持续不断地使用它所产出的产品才有益，因而从其所有权中获得利益的一般方法就是，要求使用自然要素的人每年从他所得的收益中支付等价物。这一等价物通常而言就是地租。因此，关于自然要素对价值产生的影响，人们常常会提出如下问题：地租是否计入生产成本？最杰出的政治经济学家对此给出否定的回答。这种笼统的表述本应受到一定条件的限制，但即使是那些知道限制条件的人，也宁愿做出否定回答。因为不可否认的是，他们如此回答，比起一味强调理论上所受到的实际限制来说，能够将一般原则更牢固地印在人们的头脑中。但是，这也会迷惑和误导人们，使其对政治经济学产生不良的印象，好像政治经济学无视了显著的证据一般。谁都不能否认，地租有时会计入生产成本。如果我购买或租借了一块土地，并在其上建立了一家织布厂，那么，地租将合法地成为生产成本的一部分，并且必须由“产品”来偿还。而且因为所有工厂都建在土地之上，其中大部分工厂所占的土地又特别昂贵，所以一般来说，支付的地租必须由工厂所生产的全部产品的价值来偿还。那么，何种意义上的地租不计入生产成本之列或不影响农产品的价值呢？对此，我们将在下一章予以说明。

① 我相信，人们已经重新发现了这样一些采石场，并再次利用它们开采石头。

第五章　论地租，侧重它与价值的关系

第一节　在生产成本增加的情况下数量可以无限增加的商品，它们的价值是在现存的最不利情况下的生产成本

我们已经研究了决定两类商品的价值规律：其一，数量有限的一类商品，它们的价值完全取决于需求和供给，节约它们的生产成本（如果它们有生产成本的话）构成了最低水平，它们不可能长期低于这一水平；其二，数量能够通过劳动和资本任意增加，并且其生产成本决定了与其他商品长期交换的最大值以及最小值的商品，这类商品有很多。但是，仍然有第三类商品需要加以考虑。这类商品不是只有一种生产成本，而是有多种生产成本，它们总是可以通过劳动和资本来增加数量，但不是通过同一种劳动和资本。它们可以在给定的成本下生产一定数量，但是进一步增加产量需要支付更大的成本。这些商品形成了一个中间类型，兼具前面两类商品的特点。它们主要是由农产品构成。我们已经多次提到以下基本事实：在农业中，在一个给定的技术水平下，增加一倍的劳动并不能使产量增加一倍。如果需要增加产量，则获得额外的供给需要付出比以前更大的代价。例如，某村庄目前对谷物的总需求为 100 夸特，如果人口的增长使得对谷物的需求量增加到 100 夸特以上，这就需要通过开垦劣质土地，或者通过更加精细地耕作已经开垦的土地，生产出 100 夸特以上的产量，或者至少就其中的一部分产量所需的生产成本而言，可能是以前的两倍或三倍。

如果最初的 100 夸特谷物全都是用同样的费用生产出来的（只耕作最好的土地），并且如果这个费用以每夸特 20 先令的价格出售就能获得普通的利润，那么只要谷物的需求量不超过 100 夸特，谷物的自然价格就将是每夸特 20 先令。而且，只有当季节变化或者其他偶然性因素使得供应量发生变化时，自然价格才会高于或者低于这一水平。但是，如果该地区的人口增加，则养活人口所需的谷物

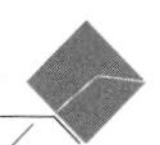

量迟早会超过 100 夸特。我们必须假设，该村没有任何获得外国供应的机会。根据这一假设，除非耕作劣质土地，或者改用花费更大的耕作方法，否则就无法生产出超过 100 夸特的产量。在价格不提高的情况下，这两种方法都不可行。价格的提高会通过需求的增加逐渐完成。只要价格有所提高，但又不足以偿还增加产量的生产成本和普通利润，则有限的供给所增加的价值具有稀缺性价值的性质。假设每夸特谷物的收益低于 25 先令，耕作次好或次远的土地便是不合算的；同时假设这一价格必须补偿由耕种最佳土地所生产更多的产品的昂贵花费。如果是这样，价格就会通过需求增加而上涨，直到达到每夸特 25 先令。现在，25 先令就是自然价格。价格如果达不到这一水平，就不会生产出社会所需的需求量。然而，在这个价格水平上，社会可以持续一段时间，并且如果人口没有增加，则有可能永远持续下去。价格已经达到了这一水平，就永远不会再减少（尽管偶然的丰收可能使其暂时下跌）。只有在无须增加生产成本的情况下，社会才能够获得所需的供应，价格也不会进一步上涨。

在这个推理过程中，为了方便起见，我把价格作为人们更为熟悉的一种价值符号。如果有必要，我还会继续这样做。

在上面所假设的情况下，谷物供应的不同部分有不同的生产成本。尽管追加的 20、50 或 150 夸特是用每夸特 25 先令的成本生产出来的，但是原来每年 100 夸特仍然是由 25 先令的费用生产出来的。如果原来的供应和额外的供应是在不同质量的土地上生产出来的，那么这一点不言而喻。如果它们是在相同的土地上生产出来的，则这一点也同样是正确的。假设质量最好的土地用每夸特 20 先令的费用生产 100 夸特的谷物，则现在需要花费更大的成本生产 150 夸特的谷物，在价格低于每夸特 25 先令的情况下，这种做法是不划算的。所花费的 25 先令只是针对 50 夸特的生产成本而言的，原先的 100 夸特谷物仍然是按原来的价格生产，并且因为需求的增加导致价格整体提高而获得了好处。因此，除非追加的 50 夸特能补偿全部的追加成本，否则没有人会承担多生产 50 夸特谷物的额外费用。因此，追加的 50 夸特将依据所占生产成本的比例，按照它们的自然价格生产出来。同时，原来的 100 夸特，相对于它们的自然价格，即相对于足以补偿的生产价格而言，每夸特多获得 5 先令。

如果供应中的任何一部分生产量，即使是最小部分，需要以一定的价格作为必要条件，则其余部分也会接受这一价格。我们不能以较低的价格购买一个面包，仅因为制作这个面包的谷物产于较肥沃的土地，对于种植者来说成本更低。因此，某种物品的价值（指的是它的自然价值或平均价值），取决于以最大费用生产并运到市场上的那部分供应量的生产成本。我们可以将所有的商品划分为三大类，这就是其中第三类商品的价值规律。

第二节　在更有利的情况下生产出来的商品，产生一个与生产成本差额相等的地租

如果在最不利的情况下生产出来的产品，可以获得与其生产成本成比例的价值，那么，在较为有利的情况下生产出来的全部产品，它们必须按同样的价值出售，则可以获得高于与生产成本成比例的价值。正确地说，它们的价值并不是稀缺性价值。因为它们取决于商品生产的情况，而不是取决于压低需求从而使需求与有限的供给相协调的昂贵程度。然而，这部分产品的所有者享有一种特权，他们得到的价值远远高于一般水平的利润。如果这种优势取决于任何特殊的豁免，诸如免税，或者个人体力或脑力的优势，或者任何只有他们自己知道的特殊过程，或者拥有的比其他人更多的资本，或者可以列举的很多其他因素，那么，他们使自己获得的超过资本的一般利益的额外收益，在某种程度上具有垄断利润的性质。但是，在我们特别考察的情况中，这种优势取决于对一种具有某种特殊质量的自然要素的占有，例如更肥沃的土地更能决定商品的一般价值。当这种自然要素不被耕种者拥有时，拥有它的人就能够以地租的形式精准地从耕种者那里拿走利用这种自然要素所产生的全部超额利得。因此，我们通过另一条路，也得出了第二编最后一章所考察的地租规律。我们再次看到，地租是被投放于土地的资本的不同部分所获得的不均等的收入之间的差额。农业资本任何一部分产出的剩余，只要超过人们由于社会现有需求被迫将等量的资本投放于最差土地上的产出，或者以最昂贵的耕种方式所得到的产出，不论超出额为多少，都会自然地以地租的形式，由资本所有者支付给土地所有者。

长期以来，政治经济学家甚至亚当·斯密等人都认为，土地产品总是具有垄断价值，因为（他们说）除了正常的利润率外，土地总能产出更多的产品以形成地租。我们现在认为这是错误的观点。一种产品如果只要我们愿意承担成本数量就可以无限增加，那么这种产品是不具有垄断价值的。如果谷物的产量未高于现在的种植量，那是因为谷物的价值没有提高到足够高的水平，以补偿每一个种植它的人。以现有的价格和现有的生产方式进行耕种，能够产出正常利润的所有土地（若没有留作他用或者供人娱乐），只要没有受到人为干扰，即使不产出地租，也几乎肯定会被人耕种。只要存在以现有的价格不能盈利但适合进行耕种的土地，就肯定有比这好一点的土地。这种土地虽然能产生普通利润，却不能产生地租。这种土地如果位于农场内，就会被农场主耕种；如果不位于农场内，可能会被地主或者地主默许的其他人耕种。至少可以说，这样的土地几乎不可能不被人

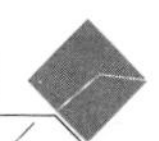

耕种。

因此，地租不是决定农产品价值的生产成本的组成部分。毫无疑问，我们可以设想，在某种情况下地租可能成为生产成本的组成部分，而且是很大的组成部分。我们可以设想，在某个国家，人口充足，而且所有可以耕种的土地都被完全开发了，以致生产任何额外的数量所需要的劳动力均远远大于其能养活的人数。而且，如果我们假设这就是全世界的状况，或者是排除有外国供应国家的情况，那么，如果人口继续增加，土地和其产品就都会具有垄断或稀缺价格。但是这种情况绝不可能真正存在于任何地方，除非在某个与世隔绝的小岛上。目前，就已知的区域而言，这种情况确实不存在，因此人们也不用担心会出现这种情况。我们已经看到，垄断只能通过限制供给来影响价值。在面积不同的所有国家里，可耕种的土地均多于已经耕种的土地。而且只要有多余的土地，不管剩余多少，都可以认为土地的数量是无限的。供给中实际上受到限制的只是质量更好的土地。而且即使是对于这种土地，也不能要求它提供更多的租金，致使未耕种的土地加入竞争。一块土地的地租必须略低于这块土地的生产能力与因无利可图而未耕种的土地中的最好土地的生产能力之间的差额。也就是说，它必须大致等于它的生产能力与因有利可图而耕种的土地中最差土地的生产能力之间的差额。在实际应用的情况中，土地或资本最不利的情况就是不支付租金。而这些土地或资本决定了生产成本，生产成本又决定了全部产品的价值。因此，正如我们已经看到的那样，租金不是价值形成的原因，而是一种特权价格。这种特权源自农产品不同部分的收入不同，除了最不利的那部分农产品以外，其余所有的农产品都享有这一特权。

总之，地租只是通过占有优越自然条件的土地获得的全部超额利得，从而使不同的农业资本利润相等。如果所有的地主一致同意放弃他们的租金，那么他们是把地租转移给了农民，并没有使消费者受益。因为谷物的现有价格仍然是部分现有供应生产中不可缺少的条件，所以，除非通过限制性的法律人为地提高租金，否则，租金就不是消费者的负担。它没有提高谷物的价格，也未对公众造成损害。这是因为如果地租归国家所有或者国家以土地税的形式征收地租，那么地租就会成为一种有利于公众而不是有利于个人利益的基金。

第三节　矿山和渔场的租金以及建筑物的地租

并不只有农产品这一种商品同时具有几种不同的生产成本，并且基于这种差异成比例地提供地租。矿山也是这样一个例子。几乎所有从地球内部开采出来的原材料，诸如金属、煤炭、宝石等，都是从富饶程度不同的矿山中获得的。换言之，相同数量的劳动和资本却产出了数量差异很大的产品。在这种情况中，这是一个显而易见的问题：为什么不把最富饶的矿山开采出来以供应整个市场呢？人们对于土地不会产生这种问题。因为很显然，最富饶的土地的产出也不可能满足国家所有人的全部需求。即使能够满足，部分产量所耗费的劳动和费用也必然与这部分产量在较差土地上生产出来所耗费的劳动和费用一致。但是矿山并不是这样的，至少不是普遍如此。或许在某些情况下，在特定的时间内，不可能从某一特定矿脉中开采出超过一定数量的某一矿石，这是因为矿脉在地表上暴露出来的面积是有限的，而且在其上面同时工作的劳动者不能超过一定数量。但是，并非所有的矿山都是这样。例如，就煤矿的情况而言，就必须寻找其他限制性因素。在一些情况下，煤矿所有者限制开采量，是为了不过快地耗尽矿山；在另一些情况下，据说煤矿所有者联合起来，通过限制产量维持垄断价格。无论是出于什么原因，事实上，富饶程度不同的矿山都在被开采。这是因为矿产品的价值必须与最差矿山（从富饶程度和所处位置两方面考虑）的生产成本成比例，从而使最好矿山的矿产品的价值远远高于这一比例。因此，任何一座矿山，只要产量超过实际开采的最差矿山的产量，就会产生租金，并且租金等于超出额。富矿可能产生更多的租金，而最差的矿山也可能会产生租金。由于矿山的数量相对较少，它们的品质不像土地的品质那样逐渐递减，而且需求可能致使产品的价值高于目前开采的最差矿山的生产成本，却又不足以使人们去开采更差的矿山。在此期间，矿产品实际上就具有了稀缺性价值。

另一个例子是渔业。公海的鱼类没有主人，但是湖泊或者河流的鱼类是有主人的，沿海的牡蛎养殖场或其他特殊的渔场中的水产品也是如此。我们可以以鲑鱼渔场为例说明渔场的情况。有些河流的鲑鱼产量远远高于其他河流。然而，即使任何河流的鲑鱼都被捕尽，也只能满足非常有限的需求。像英国这样的国家的需求只能由许多生产能力不均等的不同河流来满足，而且鲑鱼的价值必须足以补偿人们从生产能力最低的河流中捕捞鲑鱼的成本。因此，所有其他河流若被人据为己有，就会提供一个租金，租金等于超出生产能力的那部分价值。如果有些有鲑鱼的河流由于距离或者低生产力的原因未参与市场供应，那么，租金就不会远超过生产力的高出额。如果这种情况不存在，那么毫无疑问，鲑鱼的价值就会上升，直至具有一种稀缺性，从而使得利用最差渔场也可能会因此提供一个相当大的租金。

在矿山和渔场这两种情况中，只要它们的品质优于那些已经被利用的矿山或渔场，事物的自然秩序就很容易由于新矿山或新渔场的开发而中断。这种事件所产生的第一个结果就是供应的增加，这当然会降低产品的价值，致使需求增加。

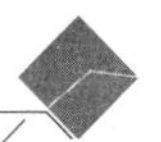

降低价值可能不再使现有的最差矿山或最差渔场得到足够的补偿，它们因此可能会遭到遗弃。如果品质较好的矿山或渔场加上新开发的矿山或渔场所生产出来的商品，能够满足因生产成本降低而价值降低的产品量，那么，这种价值的下降就将是永久性的，而且那些没有被遗弃的矿山或渔场的租金也会相应下降。在这种情况下，供应市场的矿山或渔场处于品质序列低端的那部分将会被淘汰，同时处于品质序列较高的某个部分将重新排序；利用的最差矿山或渔场——它们决定了品质较好的矿山或渔场的租金和商品价值——与以前决定租金和价值的矿山或渔场相比质量更好。

土地除了可用于农业以外，还可用于其他方面，特别是可用于住宅方面。当土地被如此利用时，也会产生一个租金，决定这个租金的原理类似于我们前面已经提到过的原理。一栋建筑的地租以及附带的花园和停车场的租金，将不会低于该土地用于农业的租金，而且有可能无限大于后者。产生这种超额租金的原因要么是环境优美，要么是便利的地理位置，而构成优越设施的便利往往能获得金钱上的利益。环境异常优美的地方的供应量通常是有限的，因此，如果对此需求很大，这种地方就具有一种稀缺性价值。仅在便利方面占优势的地方，其价值受到普遍的租金原理支配。位于某个小村庄的一栋房子的地租，只会略高于位于空旷的田野上的相同面积的一块土地的地租。但是，位于齐普赛得（Cheapside）街上一个店铺的租金会远远高于田野上相同面积土地的地租，店铺的租金取决于人们对在这一繁华地段开店能赚到多少钱所做的估计。码头、船坞、港口房屋、供水站以及许多其他设施的租金，也可以参照相同的原理来分析。

第四节　类似于租金的超额利润的例子

在工业交易中，类似于租金的超额利润的例子多得超出人们的想象。例如，我们可以考察专利权或者用于降低生产成本方法的特权的情况。如果产品的价值一直由那些坚持使用老方法的人所支付的费用决定，那么拥有专利权的人就会获得一个超额利润，其数额等于专利方法优于老方法的程度。这种超额利润本质上就等同于地租，有时甚至以地租的形式出现。专利权所有者允许其他生产者使用他的专利，但必须考虑每年付给他一定的费用。只要专利权所有者和那些可以使用其专利的人生产出来的产品的数量不足以供应整个市场，那么，只要最初的生产成本仍作为生产条件的必要部分，就会由它决定全部产品的价值，专利权所有者就能一直收取租金，其数额等于专利赋予他的优势。实际上，开始时他可能放弃一部分利益，以便用低价打压其他人。他所提供的供应增加量将会降低产品价值，使得该行业中未享有这一专利权的人无利可图。因此，很多人会逐渐退出这一行业，或者减少产量，或者与专利权所有者达成约定。随着专利权所有者供应量的增加，其他人的供应量将会减少，与此同时产品价值还会略有下降。但是，如果在市场完全由新方法供应之前，专利权所有者停止增加产量，产品就会再次自行调整到发明之前的自然价值水平，而技术改进所带来的利益只会由专利权所有者享有。

任何生产商或经销商凭借高超的经商天赋或者高超的商业管理能力所获得的额外利益，都非常类似于地租。如果他的所有竞争者都拥有同样的优势并加以运用，那么，利益就会通过商品价值的减少被转移给他们的顾客。他之所以获得这种利益，是因为他能够以较低的成本把他的商品推向市场，同时商品的价值由更高的成本决定。事实上，某一竞争者相对于其他竞争者的全部优势，无论是天生的还是后天习得的，无论是个人努力的结果还是社会安排的结果，都会体现在商品中，将这种商品归于第三类商品，并把拥有这种优势的所有者同化为地租的接受者。工资和利润代表生产中的普遍要素，而地租则可以用来表示生产的差异性和特殊性。任何有利于某些生产者的差异，或者任何有利于某些情形的生产的差异，都可以成为获得某种利得的源泉。这种利得除非由一方向另一方定期支付，否则就不被称为地租，但要受到与地租完全相同的原理支配。为生产某种商品的差异性优势所支付的价格，不能计入商品的总生产成本。

毫无疑问，即使在最不利的生产环境下生产出来的商品，也可能在某些偶然情况下产生租金。但是，只有当这些商品处于供应量绝对有限的情况下，因而能以稀缺性价值出售时，才有可能提供租金。任何产生大量地租的商品都决不会长期处于这种情况之中，除非它们是接近于枯竭的矿产品（例如煤炭），或者是人口持续增加而产量不可能进一步增加的产品。不过，这种可能性的存在几乎是微乎其微的。因为从长期来看，人类文明和进步几乎是不可避免的过程，我们刚刚跨入这一迅速发展的时期，因而无须考虑这一情况的存在。

第六章　价值理论概要

第一节　价值理论要点概述

现在对于我们回顾并总结本编开始以来我们所探讨过的问题来说，是最好的时机了。迄今为止，我们所确定的价值理论原则如下：

（1）价值是一个相对概念。一种商品的价值是指它能够换取的其他商品的数量，或者是一般商品的数量。因而，所有商品的价值不可能同时上升或下降。当然，也不存在价值普遍上升或普遍下降这样的事情。一种商品价值的上升就意味着另一种商品价值的下降，同样，一种商品价值的下降则意味着另一种商品价值的上升。

（2）一种商品的暂行价值或市场价值取决于它的需求和供给；需求增加则价值上升，供给增加则价值下降。然而，需求也随着价值在变化，商品价值低廉时的需求量要比其价值高昂时的需求量更大；而且，价值总是在不断调整，直到供给与需求相等为止。

（3）除了暂行价值之外，商品还拥有永久价值，或者也可以被称为自然价值。市场价值在经过变化之后，总是趋于回归到自然价值，而且各种波动可以相互抵消。因此，就其平均水平而言，商品围绕其自然价值进行交换。

（4）某些商品的自然价值是稀缺性价值，但是，大多数商品是按其生产成本的比例或其成本价值在与其他商品进行自然交换。

（5）天然且永久具有稀缺性价值的商品，是指那些根本不可能增加供给量，或不能充分满足与其成本价值对应的需求量的商品。

（6）垄断价值指的就是稀缺性价值。垄断不可能赋予任何商品以价值，除非通过限制供给的方式。

(7) 凡是可以通过劳动和资本消耗来无限增加供给的每一种商品，都是按生产成本最大的那部分所必需的供给以及运送至市场所需的费用与其他商品进行交换的。自然价值是成本价值的代名词，一种商品的成本价值是指其成本最大的那部分的成本价值。

(8) 生产成本由若干要素构成，其中一些是不变的、通用的，另外一些则是偶然的。生产成本的普遍要素是劳动工资和资本利润。偶然要素则是赋税和由某些生产要素的稀缺性价值所引起的任何额外成本。

(9) 地租并不是产生租金的商品的生产成本的构成要素，除非地租源于或代表稀缺性价值（这种情况与其说是实际存在的，倒不如说是想象的）。但是，如果在农业中能够产生地租的土地被移作他用，那么，原来提供的地租便是它所产商品的生产成本的一个构成要素。

(10) 如果撇开一些偶然的要素，则容许可以无限增加的商品，都根据生产它们时所必须支付的相对工资额以及支付这些工资的资本家所必须获得的相对利润额，自然而长期地相互交换。

(11) 工资的相对额并不取决于工资本身，并不是工资高价值就高，工资低价值就低。工资相对额部分取决于所需劳动的相对量，部分取决于其相对报酬率。

(12) 同样，相对利润率也不取决于利润本身，并不是利润高价值就高，利润低价值就低。它部分取决于资本使用时间的相对长短，部分取决于不同行业中的相对利润率。

(13) 如果两种商品的生产来自等量的劳动，而且该劳动付以同样比率的报酬，同时，如果劳动者工资的预付时间也一致，并且行业性质也不要求它们的利润率存在永久差异，那么，不论工资和利润的高低，也不论花费劳动量的多少，从平均上来讲，这两种商品均可以相互交换。

(14) 如果两种商品中的一种，从平均上来说，价值高于另一种，那么原因就在于生产它或需要较多的劳动量，或需要长期支付较高比率报酬的某种劳动，或维持这种劳动的资本或部分资本的垫付时间较长，或生产处于需要长期以较高的利润率予以补偿的环境中。

(15) 在这些要素中，生产所需的劳动量是最重要的，而其他要素的影响则较小，尽管这些要素都不可或缺。

(16) 利润越低，生产成本中的次要因素就变得越不重要，而且，商品与其生产所需的劳动数量和质量成比例的价值背离程度就越低。

(17) 但是，利润的每一次降低，都会在某种程度上降低大量或长期使用机器制造的各种商品的成本价值，而提高手工制作的各种商品的成本价值；反过

来，利润的提高则会产生相反的结果。

第二节 价值理论在劳动者自给自足的情况下应做何修正

这是关于交换价值的一般理论。然而，有必要指出，这一理论考察的是资本家为了获利而经营的生产体系，而不是劳动者为了维持生计而开展的生产活动。如果我们承认后一假设——在大多数国家，至少是在农产品方面占主体的国家，我们必须在很大程度上认可这一假设——那么，就需要对上述价值取决于生产成本的原理加以修正。这些原理都是基于这样的假设，即生产者的目的是从其资本中获得利润。这就保证了他必须以能够提供通常利润的价格出售其商品，也就是说，它必须以其成本价值与其他商品进行交换。但是，自耕农、分益佃农，甚至是小农或持有份地的农民——这些劳动者，不论他以何种名义，都是为自身利益而进行生产——并非为其微薄的资本而寻求投资，而是为其时间和劳动寻求有利的出路。他的支出除了维持自身及家庭的生计之外，余下的极其微薄，以致他出售产品的全部所得几乎都是劳动工资。当他和他的家人依靠农产品维持生计时(或许服装的原材料也来自农场，然后在家里缝制而成)，就其出售剩余产品而获得补充报酬而言，他可以和这些劳动者相类比。这些劳动者能够独立维持生计，他们能够在自认为值得的情况下以任何价格来出售自身劳动。以部分农产品来维持自身及其家庭生计的农民，往往会以大大低于资本家认定的成本价值的价格来出售剩余的农产品。

然而，即使在这种情况下，也存在价值的最小值或最低限度。他运到市场上的产品，必须给他带来他不得不购买一切生活必需品所需的价值，而且还必须使他能够付得起地租。在小农耕作制下，地租不受前面章节中所阐述的原则的限制，而是或者取决于习惯，例如分益佃农就是其中一例，或者，如果地租是通过竞争来确定的，则取决于人口与土地的比例。因此，在这种情况下，租金是生产成本的一个构成要素。农民必须工作，直到他结清了地租并支付了购买一切生活必需品的价格为止。在此之后，只有当出售产品的价格能够消除他对劳动的厌恶时，他才会继续工作。

刚才提到的最小值是农民在以他的全部剩余产品交换时必须获得的价值。但是，由于这种剩余的数量不是固定不变的，而是根据劳动者的勤劳程度可多可少，因此，其全部剩余产品的最小价值并不一定是特定数量商品的最小价值。因而，在这种情况下，就难以说商品的价值必然取决于生产成本。它完全取决于需求和供给，也就是取决于农民愿意生产的剩余粮食的数量与非农业人口——或更确切地说是非农民人口——数量之间的比例。如果购买者数量众多，而种植者倦怠，则粮食可能会长期具有稀缺性价格。不过，据我所知，这种情况在任何地方都不曾真实存在过。如果种植者精力充沛且勤劳肯干，而购买者较少，则粮食价格会极其低廉。这种情况也较为罕见，尽管法国一些地方的情况可能与此类似。最为常见的情况是，或者像近期的爱尔兰那样，农民阶层懒惰，而买家也很少；或者像比利时、意大利北部和德国的部分地区那样，农民勤劳肯干，而且城镇人口众多且富有。产品价格如果不因非农生产者的竞争或国外市场价格的影响而有所修正（在许多情况下确实如此），就会根据上述环境的那些变化而自行调整。

第三节　价值理论在奴隶劳动的情况下应做何修正

奴隶生产产品的情况属于另一个例外。然而，它并不像上述情况那样复杂。奴隶主也是一类资本家，他从事生产的动机是以其资本来获取利润，而且该利润率必须达到通常的利润率。就他的支出来说，他的地位与他的奴隶像自由劳动者那样以目前的效率投入劳动，并以与他们目前的成本相等的工资受雇时的情况相同。如果这一成本相较于奴隶完成工作的比例要低于自由劳动者完成工作的比例，那么，奴隶主将获得较多利润。但如果一国之内的所有其他生产者都拥有同样的优势，则各种商品的价值将不会受它的影响。而唯一会受到影响的情况是，使用廉价劳动的特权仅限于特定的生产部门，而余下的部门仍得以较高的工资雇用自由劳动者。这种情况就如同各种不同行业的工资之间长久处于不平等的情况一样，价格和价值都被视为是不相等的。奴隶生产的商品将以比生产所必需的劳动更低的比例，与非奴隶生产的商品相互交换；如果奴隶制度不存在，则前者的价值较低，而后者的价值较高。

睿智的读者不妨将价值理论应用于现存的或可能出现的各种产业制度。孟德斯鸠（Montesquieu）说得很对："探究一个问题不必要非得穷尽原委，而不给读者留有空间，重要的不是让读者阅读，而是令其思考。"①

① 参见《论法的精神》（Esprit des Lois）第 11 卷的结论（Geneva：Barillot，1748，Book XI，Chap. xx；JSM quotes from p. 294）。

第七章 论货币

第一节 流通媒介的目的

到目前为止，我们已经探讨了价值的一般规律，不过，还没有引入货币（money）这一概念（除了说明问题偶尔使用过之外），现在是时候引入货币概念并考察这一交换媒介是以何种方式对商品相互交换原理产生影响的了。

为了理解交换媒介的各项职能，最好的方法就是设想一下如果我们没有这一媒介，将会经历怎样主要的不便。首要的也是最显而易见的不便就是缺乏衡量各种不同价值的统一尺度。如果一个裁缝只有上衣，而他想要买面包或一匹马，那么，他将很难确定一件上衣应交换多少面包，或者用多少件上衣才能购得一匹马。每当他用上衣与不同种类的物品进行物物交换时，都需要根据不同的数据来重新计算，如此一来，就不可能有时价或常规报价。然而，现在每件物品都有用货币表示的流通价格，他的上衣标价为 4 英镑或 5 英镑，一块重为 4 磅的面包标价为 6 便士或 7 便士，这样他的所有问题便都解决了。就像不同的长度通过英尺和英寸这样的统一度量单位来表示更易于比较一样，价值通过英镑、先令和便士这样的统一度量单位来表示也更易于比较。没有其他方式能够以一种尺度来区分不同价值的高低，当然，也没有其他方式能够使一个人便于计算出他的财产总量；而且，确定并记住多种物品与一种物品之间的关系，要比确定并记住众多物品之间相互交错的复杂关系容易得多。能够表示价值的某种统一度量单位，即使是就其本身而言，其意义也非常重大。纵然英镑和先令不表示任何真实物品，只是一种计量单位，也可以表示或计算价值。据说，在非洲的一些部落，实际上流传着一种人为的设计。他们以一种所谓“马库蒂”（macute）的记账货币来计算物品的价值。他们说，这件物品值 10 马库蒂，那件物品值 15 马库蒂，而另一件

物品值 20 马库蒂。[①] 然而，并不存在一个真实的物品叫马库蒂，不过是为了便于各种物品相互比较而惯于使用的一种单位。

然而，这一利益只是构成了使用货币所带来的经济利益的一小部分。物物交换是如此不便，以致如果没有更方便的交换方式，则行业分工很难在大范围内开展。一个除了大衣什么都没有的裁缝，在能找到一个想要卖面包来换上衣的人之前，他也许会饿死；另外，他也许一时并不希望得到与上衣价值相等的那么多面包，然而这件上衣却不能分割。因此，每一个人在任何时候都急需用他的物品来换取某种物品，虽然该物品可能不是他自己马上需要的，但是它却具有巨大且广泛的需求，而且易于分割，这样他就可以确信能用它来购买任何待售的商品。基本生活必需品在很大程度上具有这些特性。面包是极易分割的，也是普遍需要的物品。但它仍然不是人们所需要的那种物品，因为除非预期食物将会匮乏，否则没有人愿意一时拥有的面包数量多于即期消费的数量。所以，一个食物拥有者无法确信能够立即找到买者，而且，如果不尽快将食物处理，则其中大部分将会腐烂。人们出于购买的目的而愿意选择持有某种物品，该物品除了易于分割和需求广泛之外，还要易于保存、不易变质。这就将选择范围限于少数物品之中了。

第二节　为什么金银适于流通媒介的各种目的

几乎所有的国家在很早的时候就达成了某种默契，确定将某些金属尤其是金银用于这一目的。没有其他的物质能在极大程度上具有这些特性以及诸多从属优势。在人类社会的蛮荒时期，继食物和衣服之后，在某些气候条件下，人们甚至先于衣服强烈喜好的就是个人装饰品，以及由这种装饰品的稀有或昂贵而带来的尊荣。直接的生活必需品满足之后，每一个人都急切地想要尽可能积蓄昂贵且具有装饰性的物品，这些物品主要是金、银和珠宝。每个人都愿意拥有这样的物品，而且极有把握找到愿意以任何种类产品来交换的人。它们是所有物质中最不易磨损的，也很便携，极小的体积里蕴藏着巨大的价值，而且很容易隐藏起来，这一点在缺乏安全的时代里非常重要。珠宝在可分割性上不及金银，而且具有各种各样的品质，需大费周折才能准确地辨别。金银极易分割，而且纯金银的质量总是一致的，同时，它们的纯度也可以由公共权威机构加以鉴定和证明。

因此，尽管有些国家曾以兽皮作为货币，另外有些国家曾以家畜作为货币，中国的某些地区曾以茶砖作为货币，非洲西海岸一带曾以人们称之为玛瑙贝的贝

① 参见孟德斯鸠《论法的精神》下册，第 22 卷，第 8 章，第 92～93 页。

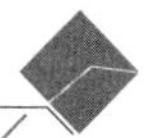

壳作为货币，而阿比西尼亚（Abyssinia）直到今天仍然以盐块作为货币，尽管低廉的金属有时也会被选作货币，例如，古代斯巴达人选铁作为货币，早期的罗马共和国由于人民贫穷而选铜作为货币，但是，一般来说，凡是能够经过工业、商业或征服而获得金银的国家，都更愿意选用金银作为货币。金银除了上述所说的那些品质之外，还有另外一种重要的特质正在突显出来。在所有商品中，金银受到的引起价值波动的任何原因的影响最小。没有任何商品能完全摆脱这种波动的影响。由于美洲矿山的发现，金银曾受到有史以来最严重、最持久的价值变动；又如在上次大战中，由于金属被人们收藏，并不断被庞大军队的金库吸纳，金银的价值也发生了暂时性的波动。在当今时代，如乌拉尔山脉、加利福尼亚和澳大利亚等地丰富的新供应来源的开发，可能是金银价值另一个衰落时期的开始。当然，目前推测下降的幅度也是徒劳无功的，但总的来说，没有任何商品受到的影响能像金银那样小。它们生产成本的变动幅度要比其他任何物品都小。而且，由于它们的耐久性，其储存总量的比例在任何时候都要大于其年供应量，因而，即使其生产成本发生变动，也不会导致其价值发生急剧变化。极大地减少金银的现存数量需要很长一段时间，同样，极大地增加其数量也不是很快就可以做到的。因此，金银比其他任何商品都更适合用作远期定额收付契约的标的物。如果以谷物作为标的物，则作物歉收可能会导致支付负担增加至原来的四倍，或者是大丰收又可能会导致支付负担减轻至原来的四分之一。如果以纺织品为标的物，则生产上的发明可能将支付负担永久性地减少到原来价值的十分之一。这种事情即使在以金银为标的物的情况下也会发生，但是，美洲矿山的发现导致金银价值的大跌，仍然是迄今为止唯一可以证实的事例，而且在这一例子中，这种变动极其缓慢，经过多年时间才得以显现。

金银一旦实际上成为交换的媒介，即成为人们通常出售时想要换取的物品，或通常购买时需要支付的物品，无论人们出售或者购买什么，很显然都会想到铸币。金银经过铸造，被分成便于使用的不同程度大小的各部分，并且使各部分之间的比率关系易于识别，这样就免除了每一次硬币持有者变换时所带来的称重和检验的麻烦，在进行小额交易时，这种不便会变得不堪忍受。各国政府发现自己独揽该项事务并禁止私人进入是有益的。的确，政府的保证通常是唯一可以信赖的，尽管它们常常失信于民。直到最近，肆意挥霍的政府仍然毫不顾忌地采用较低铸币标准这种浅薄和无耻的手段来掠夺它的债权人，这致使其他所有债务人也得以掠夺其债权人。在所有欺诈手段中最为露骨的是，称 1 先令为 1 英镑，也就是 100 先令就可以偿还 100 英镑的债务了。同这种做法一样简单，且目的也相同的是制定法规，将一百解释为五，这将同样贬损一切有关金钱的契约，简直无耻至极。尽管仍然有人推举这类政策，但政府除了偶尔通过以纸币为媒介（在这种情况下，其问题更加隐蔽，性质也较为暧昧）之外，这种政策实际上已经被废止了。

第三节　货币是一种便于交换的工具，并不影响价值法则

当使用货币已成为习惯时，货币就会成为社会中不同成员的收入分配媒介，以及评估他们财产的度量标准。因为人们总是通过货币来获得不同的必需品，因此，在其头脑中就会产生一种强烈的联想，认为货币是比其他任何物品都更富特殊意义的一种财富，甚至那些毕生都在生产最有用物品的人们，也会习惯性地认为这些物品之所以重要，正是由于它们具有同货币交换的能力。一个人用货币购买物品，除非他打算转售，否则人们就会认为，相对于那些以物品换取货币的人来说，他做了一笔不划算的交易，前者似乎是在消耗资产，而后者似乎是在增加资产。这种错觉虽然现在已在某种程度上削减了，但仍具有很大的影响力，足以支配欧洲每一位政治家（无论是思辨型政治家还是实践型政治家）的头脑。

然而，必须弄清楚的是，仅仅是引入一种特殊的方式来相互交换物品，即首先以物品交换货币，然后再用货币来交换另一种物品，这并不会影响交易的本质特征。物品并非真正是用货币购买的。没有人的收入（除非金银矿产开采者所得）源于贵金属。人们每周或每年所获得的英镑或先令，并不构成他的收入，而是一种票据或订单证明，使他能够在其满意的任何商店里支付货款，并有权获得他所选择的具有一定价值的任何商品。农民用这些票据来对劳工和地主进行支付，因为对于他自己和他人来说，这都是最便利的方法。但是，劳工和地主的真正收入是从农场主那里分得的谷物、家畜和干草，而农场主是直接将这些东西分给他们，还是先替他们卖掉，然后给他们货币，这并没有什么本质区别。但是，如果农场主没有将其出售以换取货币，那么，他们就得自己将其出售，而无论如何，农场主都是要将那些东西出售的，所以最符合所有人目的的方法就是，农场主将自己的那份连同他们分得的那份一起出售，从而使劳工有更多的时间劳作，地主有更多的时间休闲。除了那些贵金属的生产商之外，资本家的任何收入都不是来源于这些贵金属，因为他们只有用自己的产品来购买贵金属，才可获得。而其他所有人的收入都是资本家支付的，或者是从资本家那里获得收入的人支付的，同时又因为资本家最初除了其产品之外一无所有，所以资本家所提供的一切收入都源于产品。总之，在社会经济中，除了节省时间和劳动的特质之外，货币从本质上讲是最无意义的。它是一种能够快速而又方便地开展工作的机器，如果没有它，事情仍然可以进行，只是就不那么快，也不那么方便了，而且它像许多

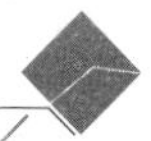

其他种类的机器一样，只有当它出现故障时，才会展现出它显著且独特的影响。

货币的引入对我们前几章中论述的有关价值规律的运作不会产生影响。各种物品的现行价值或市场价值取决于需求和供给，而它们的平均价值和永久价值则取决于其生产成本。正如这些道理适用于物物交换制度一样，也适用于货币制度。经由物物交换可以相互交换的物品，如果交换成货币，也可以获得等额货币，因此，这仍然是相互交换，只是交换过程由一项活动变为两项活动了。货币并没有影响商品之间的关系，而唯一确立的新关系只是商品与货币本身的关系，即不同商品能够交换多少货币，或换句话说，如何确定货币本身的交换价值。将货币看作一种特殊的物品，而且认为它不和其他物品一样受同样规律的支配，这样的错觉一经消除，解决这一问题就不再困难了。货币也是一种商品，其价值的决定方式同其他商品一样，现行价值取决于需求和供给，永久价值取决于生产成本。在将这些原理应用于货币时，必须加以详细论述，因为对这一问题缺乏科学认识的人往往心存困惑。之所以会心存困惑，部分是由于多年来的误导联想仍有挥之不去的残余影响，部分是由于相较于其他政治经济学问题来说，近年来对这一问题的看法更加含糊不清和缺乏根据。因此，我将另立一章来讨论货币的价值。

第八章　论货币的价值，当它取决于需求和供给时

第一节　货币的价值是一个模棱两可的表达

不幸的是，在一开始讨论这个问题时，我们就必须消除我们研究道路中存在的严重的语言歧义。从表面上看，货币的价值（value of money）这一表述非常精确，就像科学上的任何术语一样不存在误解。一种物品的价值，就是这种物品能交换到的其他物品的数量。货币的价值，就是货币能交换到的其他物品的数量，就是货币的购买力。如果物价较低，货币就能购买较多的其他物品，货币的价值从而较高。如果物价较高，货币就只能买到较少的其他物品，货币的价值从而较低。货币的价值与一般物价水平成反比：当一般物价水平提高时，货币的价值就会降低；当一般物价水平降低时，货币的价值就会提高。

但不幸的是，同一术语在现在的商业用语中具有完全不同的含义。货币通常被看作财富的同义词，当它用于借贷中时，它的含义就更是如此。当一个人借钱给另一个人时，就相当于他向别人支付工资或者地租时的情况，他所转移的并非只是货币，而是可以任意选择的本国产品的一定价值的权利。贷方通过放弃他的一部分资本，首先用来购买这种权利，他真正贷出的是那么多的资本，货币只是转移的工具而已。但是，资本由贷方转给接受者，通常是通过货币或者汇票两种方式之一，而且无论如何，用于计算和估计的资本都是货币。因此，借贷资本通常被称为借贷货币，贷款市场被称为货币市场。那些拥有资本从而可以贷出用于投资的人被称为有钱阶级；那些为资本的使用而给出的等价物，或者换句话说，即利息，不仅被称为货币的利息，而且由于术语被误用，也被称为货币的价值。这种语言的误用，加上我们将在后面予以注意和说明的一些错误的

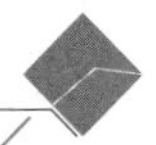

表象①，使得商业人士形成了一个普遍的观念，即认为意指利息率的货币价值与严格意义上的货币价值（即流通媒介的价值或购买力）密切相关。我们不久将回到这一问题上，目前需要充分说明的是，所谓价值，我始终是指交换价值，而所谓货币，是指交换的媒介，并不是指通过这一媒介从一方转到另一方的资本。

第二节　货币的价值在其他条件不变的情况下取决于其数量

货币的价值或购买力，首先取决于需求和供给。但是，与货币相联系的需求和供给，呈现出与其他物品的需求和供给不同的形式。

某种商品的供给是指这一商品提供出售的数量。但人们通常不说提供出售的货币，即人们通常不说买卖货币。然而，这只不过是语言上的一个意外。实际上，每当用货币买卖其他物品时，货币就像其他物品一样被买卖。任何人出售谷物、动物脂肪或棉花，就是购买货币。任何人购买面包、葡萄酒或衣服，就是向卖这些物品的经销商出售货币。人们用于购买物品所提供的货币，就是向提供这些物品的人出售的货币。于是，货币的供给就是人们所要开销的货币数量，也就是人们所拥有的全部货币——除了他们所储藏的货币或者至少为将来发生意外所保留的储备。简而言之，货币的供给就是当时流通的全部货币。

同样，货币的需求是由提供出售的所有商品组成的。每个商品的卖方就是购买货币的人，他们提供的商品构成了对货币的需求。货币的需求不同于其他物品的需求，它只受限于购买者的财力，而其他物品的需求存在某种上限，不能超过这一上限，但是货币的需求总是与能够得到的货币一样多。确实，如果他们不能获得他们认定的足够价格，那么人们就会拒绝出售，并从市场上撤回他们的商品。但这只会发生在当他们认为价格会上涨，他们通过等待能得到更多的货币的情况下。如果他们认为低价格可能是永久性的，那么他们就会采取他们能够获得货币的方式。对经销商来说，卖掉他的货物总是一件必须要做的事情。

正如市场上的所有商品构成了对货币的需求，所有货币构成了对商品的需求。为了达成双方交换的目的，货币和商品相互寻找。它们互为供给，又互为需求。在描述这种现象的特征时，我们可以说是商品的需求和供给，也可以说是货币的供给和需求，这是无关紧要的。这两种表述的含义是相等的。

---

① 参见本编第二十三章。

我们将进一步更为充分地说明这一命题。在这一过程中，读者会注意到我们现在所关注的这类问题和我们之前讨论的有关价值的问题之间存在巨大的差异。在考察价值时，我们只关心对某些特殊商品起作用的原因，而不关心其他。对所有商品产生相同影响的原因，对价值不起作用。但是在考虑商品与货币之间的关系时，我们所特别关心的是对所有商品都起作用的原因。我们把所有种类的商品归于一方，把货币归于另一方，再把二者作为相互交换的物品进行比较。

假设其他一切条件不变，但货币的数量增加了。比如说一个外国人携带金银财宝来到某个地方，当他开始花费金银时（不管是生产性的还是非生产性的，对这个问题来说都无关紧要），他就增加了货币的供给，而且通过同样的行为，增加了对商品的需求。毫无疑问，最初他只增加对某几种商品的需求，换句话说，只增加他所选购的那几种商品的需求。他会使这些商品的价格立即上涨，而且就他个人而言，这些商品的价格只是提高了而已。如果他把钱花费在娱乐活动上，他就会提高食物和葡萄酒的价格。如果他把钱花费在建设工厂上，他就会提高劳动和原材料的价格。但是，在更高的价格水平上，将会有更多的货币进入这些不同物品的卖方手中。这些人，无论是劳动者还是经销商，都将有更多的货币可供消费，从而增加了他们习惯购买的所有物品的需求，也会导致这些物品的价格随之提高。依此类推，直到所有物品的价格都提高为止。我说的是所有物品，当然，可能货币的流入是以一些新出现的级别的消费者为中介而发生的，或者是通过改变不同级别的消费者的比例，以致他们今后在各种物品上的花费在国民收入中所占的份额发生了一些或大或小的变化，这正像社会的品味和需求发生了变化一样。如果出现这种情况，那么，在生产使自己适应对不同物品的相对需求的这种变化之前，价值将会发生真正的改变，某些物品的价格上升幅度会超过其他物品，而另一些物品的价格可能根本就不会上涨。然而，这些影响显然不只是源于货币的增加，而是源于与货币增加相伴发生的各种情况。目前，我们提醒读者需要考虑的只是货币增加本身所产生的影响。假设个人手中的货币增加了，而整个社会在消费方面的需求和爱好仍然一如既往，那么需求的增加将均等地影响所有的物品，价格从而将会普遍上涨。我们可以仿照休谟，假定国内的每个人在某一天早晨醒来，发现他的口袋里有一枚金币。不过，这个例子涉及对不同商品的需求所占的比例发生变化的情况。首先是，相对于穷人而言的奢侈品价格提高的幅度会大大高于其他物品。因此，我们宁可假设，原来拥有一英镑、一先令或者一便士的每个人，现在突然增加了一英镑、一先令或一便士。在这种情况下，所有不同种类的物品对货币的需求都会增加，因此货币价值或价格都会提高。这种价值的提高对任何人都没有好处，除了需要以更大的数字来计算英镑、先令和便士

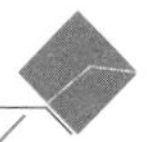

之外，没有其他的不同。只是以货币估计的价值增加了，而货币只是用于购买另一物品的一种物品而已，并不会使任何人购买的物品比之前更多。价格会以一定的比例上升，而货币的价值也会以相同的比例下降。

值得注意的是，这个比例与货币数量增加的比例恰好相等。如果流通中的全部货币增加了一倍，那么价格也会提高一倍。如果前者只增加了四分之一，那么价格就会提高四分之一。人们将用增加的四分之一货币购买某几种商品。若增加的货币供给有时间流通到全部市场上去，或者（按照人们惯用的说法）流入全部的流通渠道，则所有的价格都会上涨四分之一。但是价格的普遍上涨与这个扩散和均衡的过程无关。即使一些价格的上涨幅度大些，而另一些价格的上涨幅度小些，平均上涨幅度也会是四分之一。这是如下事实所产生的一个必然的结果，即以多出的四分之一货币只能交换相同数量的商品，因此，无论如何，一般价格都将提高四分之一。

如果我们假设商品减少，而不是货币增加，那么对价格会产生完全相同的结果；如果商品增加或者货币减少，则会产生相反的结果。如果社会上的货币减少，出售的商品数量不变，那么由于与这些物品相交换的货币减少，这些商品就会以较低的价格出售。价格降低的比例正好与货币减少的比例相同。因此，如果其他情况不变，货币的价值与其数量成反比变动。数量每一次增加所降低的价值比例，和数量每一次减少所提高的价值比例，二者完全相等。

必须注意的是，这是货币的一种特有的性质。我们并未发现一般的商品具有这种性质，即供给的每一次减少使价值恰好以供给不足的比例提高，或者供给的每一次增加使价值恰好以供给过剩的比例降低。某些商品受到的影响通常会远远大于供给过剩或供给不足的比例，另一些商品受到的影响通常会低于供给过剩或供给不足的比例。这是因为，在正常的需求情况下，人们对于商品本身的欲望可能较强或较弱。同时，在任何情况下，人们愿意为此花费的货币数量都是有限的，它受到物品获得的难易不均衡程度的影响。但是，对于货币作为普遍购买手段而被人们所渴望而言，其需求由人们必须出售的一切商品构成，并且人们愿意付出代价的唯一限制就是他们倾其所有能够提供的全部物品。在任何情况下，全部商品都会进入市场与用于花费的全部货币进行交换，他们出售的商品所换得的货币量，恰好与人们带入市场购买商品的货币量相符。

第三节　货币的价值也取决于流通速度

从前面的内容我们可以暂且假定在任一时间，一个国家出售的全部商品都与同时存在于流通中的全部货币相交换，或者换句话说，一个国家流通中的货币量，在价值上总是与当时当地出售的全部商品相等。但是，这完全是一种误解。支出的货币虽然在价值上与其购买的商品相等，但是支出的货币数量和流通中的数量并不一样。由于货币会被人不断转手，同一笔钱在某一时间购买被出售的全部商品以及最终离开市场之前，会被支出多次。因而每一英镑或每一美元必须按转手的次数被计算成几英镑或几美元才能达到这种结果。绝大部分商品也必须被计算一次以上，这不仅是因为大部分商品以一定的形式被最终消费之前，会经过若干制造商和经销商的手，而且还因为在投机时期（所有时期或多或少都是如此），同一商品在被以消费的目的买走之前，常常被反复转售以谋取利益。如果我们假设商品在售的数量以及这些商品被转卖的数量不变，那么货币的价值将取决于货币的数量以及货币的平均转手次数。因此，在商品的数量和交换的次数相同的情况下，货币的价值与货币的数量及流通速度之积成反比，同时，流通中的货币量就等于所有售出商品的货币价值除以流通速度。

我们需要对流通速度这个术语做出一些说明。不能把它的含义理解为每一笔货币在一定时间内用于购买的次数。时间是不需要考虑的因素。社会的情况很可能是，每一笔货币在一年内几乎很难购买超过一次。但如果这种情况的出现是由于交易的次数少，即源于完成的商业额小、交易不活跃或者交易的大部分都是物物交换，则它不构成价格降低或者货币价值提高的原因。关键点不在于同一笔货币于一定时间内的转手次数，而在于为了进行一定数量的交易转手多少次。我们不应该将货币在一定时间内购买的次数与时间本身相比较，而应该与同一时间内出售的商品相比较。如果价值一百万英镑的商品在售出时，每一笔货币平均转手十次，很显然，这些商品流通所需要的货币为十万英镑。反之，如果流通中的货币为十万英镑，而用于购买商品的每一笔货币在一个月内转手了十次，则每月进行的商品销售额平均应为一百万英镑。

流通速度（rapidity of circulation）作为一个术语，并不适合用来表达它唯一应该表达的具有重要意义的事物，而且由于它使人联想到与其本意完全不相同的含义，因此它具有使问题含混不清的倾向。如果能放弃这一术语，找到另一个能更直接表达其意的其他术语，那就太好了。诸如“货币效率”一类的表达，尽管并不是无懈可击的，但会更合适一些，因为它引导人们关注完成的工作数量，而不会产生以时间估计其数量的联想。在一个合适的术语被创建出来以前，为避免含义模棱两可，我们不得不用以下唯一能够充分表达其概念的冗长而又迂回的语句加以表述，即为了实现一定金额的交易，每一笔货币所进行的平均购买次数。

第四节　这一原理的解释和所受的限制

必须理解的是，我们已经确立的关于一般价格取决于流通中的货币数量这个命题，仅适用于如下情况，即货币，也就是金银，是唯一的交换手段，而且实际上每次购买都会转手，人们不了解任何形式的信用。当信用（credit）作为一种购买手段进入这一过程时，显然不同于人们手中所持有的货币，我们在今后应该看到价格和流通媒介的数量之间的联系不再那么直接和密切，而且这种实际存在的联系也不再能用那么简单的方式表达。但是在论述货币和价格如此复杂的问题时，我们的理论必须建立在对最简单情况的透彻了解的基础之上。我们总是看到，这些最简单的情况是实际发生的那些情况的基本原理或基础。货币数量的增加会使价格提高，而减少则会降低价格，这是货币理论中最根本的命题。没有它，我们就无法解释其他任何命题。然而，在任何情况下，除了我们所假设的简单又原始的情况以外，这个命题只有在其他条件不变的情形下才是正确的，至于那些不变的条件是什么，我们尚未加以叙述。然而，我们甚至现在就能指出，在试图运用这一原理对实际现象予以解释时必须注意的一两个事项，以捍卫这一原理的正确性。这种提醒是绝对有必要的，作为一个原理，尽管它是科学的真理，但与涉及交换的任何其他命题相比，近年来它已经在更大程度上成为大量错误理论以及对事实的错误解释的基础。自从 1819 年颁布恢复银行券兑付黄金的法令之后，特别是自从 1825 年的商业危机之后，人们对价格的每一次上涨或下跌都爱用“货币”理论来解释。这个原理就像大多数流行理论一样，人们加以应用却很少注意到使它正确的必要条件。

例如，人们习惯性地认为，只要国家货币数量或者现有的货币数量较大，价格就必然随之升高。但是，这并不是一种必然的结果。对于任何商品来说，决定其价值的不是现有的数量，而是提供出售的数量。无论一个国家的货币数量为多少，只有进入商品市场并实际用于交换商品的那部分货币，才会对价格产生影响。只有一个国家的这部分货币数量增加，才会使价格趋向于提高。但是储藏的货币对价格不起作用。个人保留下来用于应付意外情况的那部分货币，对价格也不起作用。银行金库中的货币，或私人银行留作储备的货币，在提出以前对价格都不起作用。即使提出，但只要不用于商品支付，也不会对价格起作用。

经常发生的情况是，大量货币流入国内，实际是作为资本进行投资，然后又流出，这些货币对商品市场并不产生影响，而只是对证券市场——或者尽管名称不恰当但却是人们通常所说的——货币市场产生影响。让我们回到之前用于说明这个问题的例子：一个外国人带着大量的金银进入某个国家。我们曾假设他用这笔金银购买自己需要的物品，或者建立一个制造厂并雇用劳动者。在这两种情况下，如果其他条件不变，他都会使价格上涨。但是他很可能不这样做，而是更热衷于用这笔财富进行投资以获得利息。我们可以假设，他选择了下述最简单的方式，即成为始终由公众所持有的一部分股票、国库券、铁路债券、商业票据、抵押贷款等的竞争者。通过这样做，他会提高不同证券的价格，或者换句话说，会降低利率。而由于这种情况扰乱了国内资本利息率与国外资本利息率之间的原有关系，这可能会引起某些拥有流动资本的人去国外寻找投资机会，而不愿意高价购买国内的证券。由于流出的货币量与先前流入的货币量差不多，因而商品的价格不会受到货币暂时存在的影响。这是一个非常值得关注的例子。现在，人们已经开始认识到如下事实：贵金属在国家之间的转移，是由各国的借贷市场的状况决定的，其所决定的程度远远大于人们之前的设想，而由价格状况决定的程度，则比过去所设想的小得多。

为了避免在解释商业现象时出现严重错误，我们还必须注意一点。如果在任何时候货币交易次数均增加，则可能是由于投机活动的差异连续发生，甚至是在一年的某段时间发生（因为某些种类的商业只在特定的季节进行交易），这时货币只与交易的增加成比例地增加，而且持续时间不长，因而不具有提高价格的倾向。在英格兰银行按季度向公众支付公债利息时，公众手中的货币会突然增加，增加的数额估计会达到总发行额的五分之一到五分之二。不过，这对价格从未产生任何影响。在短短几周内，由于公众（在如此大量的货币供给之后）对英格兰银行以贴现或贷款的方式提供现金的要求大大减少，货币再次紧缩到以往的水平。同样，农业地区的货币数量在一年中的各个季节也有波动。它总是在 8 月处于最低水平。“此后到圣诞节它会逐渐增加，并在报喜节期间达到最大值，这时农场主通常会动用他的储蓄，以支付他的租金和夏季税。”因此，他会向国家银行申请主要的贷款。“那些变动的发生与季节变化的规律一致，对市场的影响就像英格兰银行债券的季度波动一样小。只要额外的支付已经完成，多余的”货币，估计约为五十万，“一定会立即被吸收而消失”。①

如果没有额外的货币来支付这些额外的款项，则必然会出现以下三种情况之一：其一，没有用货币而是诉诸新的方法进行支付；其二，增加流通的速度，使等额的货币能进行更多的支付；其三，如果上述两种情况都未发生，那么必须从商品市场中撤出货币用来支付额外的款项，价格从而一定会随之下降。流通媒介的增加，如果在程度上和持续时间上与商业的暂时压力一致，那么就不会使价格

① 参见富拉顿（Fullarton）的《论货币的管理》（*Regulation of Currencies*）第 2 版（伦敦：默里，1845），第 87～89 页。

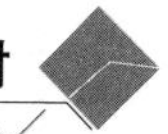

提高，只会阻止价格下跌。

我们接下来的研究将会指出，流通媒介的价值取决于需求和供给，并且与数量成反比这一命题，必须满足许多其他限制条件。在英国现存的复杂信用制度下，这些限制条件使这个命题对现实的表述极其不正确。

第九章　论货币的价值，当它取决于生产成本时

第一节　在自由状态下，货币的价值与它所包含的金银块的价值一致

但是，货币与普通商品一样，其价值并不受需求和供给的影响。而货币的价值最终由生产成本决定。

当然，我们一直都在假定各种事物是放任自由的。但各国政府并不总是放任事物自由发展。政府会采取措施阻止货币的数量根据自然规律调整自身，并力图随心所欲地对此加以控制。这样做的主要目的是让国内保留更大的货币数量——与不那样做的情况下的国内货币数量相比。直到最近，各国政府的政策都是禁止货币出口和熔化。同时，各国政府通过鼓励出口和阻止其他物品的进口，力图使货币持续不断地流入。通过这个过程，它们满足了两种偏见：一是它们已使或者它们认为已使更多的货币流入这个国家，它们认为这就等同于获得了更多的财富；二是它们已给予或者它们认为已给予所有的生产者和经销商较高的价格，虽然这并非真实的利益，但人们总是倾向于认为这是真实的。

各国政府试图通过货币的供给人为地调整货币的价值，无论在程度上还是在方式上，它们从来没有取得它们想要的成功。它们禁止出口或熔化货币的做法也从未奏效。与价值相称的如此小的商品很容易走私，而且更容易熔化，以至采取最严格的措施防止这些行动也是不可能的。适度的利润就能使人们冒着由政府权力禁止的这些行为的一切风险。① 为了达到相同的目的，一种更为间接的方式是，不准以货币以外的任何其他商品作为出口商品的报酬，这种方式并不是完全失败的。的确，政府并没有成功地使货币持续不断地流入本国。但是，这种方式

① 然而，禁令的效果并不像研究这一问题的学者所设想的那样完全无意义。富拉顿先生在《论货币的管理》一书中第 7 页的注解中所引用的事实表明，在硬币和金银块价值之间必须有一个比人们通常想象的更大的差额，才会促使人们把硬币投入熔炉。

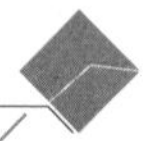

能够在一定程度上使货币的数量高于其自然水平，并且迄今为止使货币的价值不再完全取决于那些在没有人为干预的情况下决定物品价值的因素。

然而，我们假设不是人为管制而是自由放任下的情况。在这种情况中，同时假定货币的铸造没有成本，货币的价值将与用于铸币的金银块价值一致。一磅重的金币或银币，可以精确地和相同重量的铸锭相交换。在自由放任的假设下，铸锭形态的金银价值，并不会大于硬币形态的金银价值。这是因为铸币的熔化不会损失时间，也几乎没有任何费用，直到流通中的铸币数量大为减少，以至在其价值与同等重量的金银块价值相等之前，人们都会如此做。然而，人们可能会认为，硬币的价值虽然不可能低于其所含的金银的价值，但是却可能高于其所含的金银的价值。本着同样的原理，亚麻布的价值大于同等重量的亚麻纱的价值。如果英国和其他一些国家，不为提供金银块的人免费铸造硬币，这种想法就是正确的。铸造货币的劳动和费用如果不由所有者承担，那么就不会提高物品的价值。如果政府设立一个办公室，对交上一定数量棉纱的任何人都返还同等重要的棉布，则市场上棉布的价值就不会大于其所包含的棉纱的价值。只要硬币的价值略高于金银块的价值，则持有金银块的人把金银块送去铸造成硬币，就能获得利益。然而，如果政府通过收费让金银块的所有者承担一定的铸币费以弥补开支(这是合理的，通过返还略少于所收到的金银块的铸币分量，而这被称为课征铸币税)，则硬币的价值就会提高，高出金银块的价值的程度就相当于所征收的铸币税。如果铸币厂保留百分之一以支付铸币的费用，那么就会有损金银块的持有者将金银块进行铸币的利益，直到硬币的价值至少比金银块的价值高出百分之一时为止。因此，硬币的价值将维持在比免费铸币高出百分之一的水平，这只能在铸币的数量较之免费铸币时的数量减少了百分之一的情况下才会发生。

政府可能试图通过这种交易获得利润，并且可能为了达到这一目的而精打细算征收铸币税。但是，一旦政府从铸币中获得的利润超过了它的成本，那么私人铸币就会有利可图。铸币虽然不像熔化货币那样简单，但这不是一项很难的工作，而且，私人铸造的货币具有充足的重量和标准的成色，是很难被察觉的。因此，如果铸造良币能够获得利润，那么人们肯定就会这样做，从而使政府以铸币税作为收入的一种来源的企图无法达成。不通过铸币税，而通过拒绝铸币的方法，任何将硬币的价值人为地维持在一定高度的企图，都会以同样的方式失败。①

---

①　在英国，虽然对铸造金币不征收铸币税（铸币厂返还与它所收到的纯金块同等重量的金币），但是从交付金块到收到金币，中间需要耽搁几周，由此造成了利益的损失，这对于金块持有者来说，就相当于缴纳了微不足道的铸币税。由于这一原因，铸币的价值一般略高于铸币所含有的纯金的价值。1盎司黄金，按照一金镑的含金量计算，应当等于3英镑17先令10.5便士，但通常标价为3英镑17先令6便士，这种情况一直延续到1844年英格兰《银行特许法案》的颁布。该法案规定，对于向英格兰银行提供的纯金，必须按照每盎司3英镑17先令9便士的比例付给其所发行的钞票。

第二节　金银块的价值由生产成本决定

那么，货币的价值将永远地并且在自由放任的情况下几乎直接地与用于铸造硬币的金属的价值一致。铸币的费用是否加到价值之中，要看这种费用是由个人还是由国家承担。这使得我们在这里必须考虑的问题被极端简化了。因为金银块与其他任何商品一样，并且它们的价值也和其他物品一样取决于它们的生产成本。

对大多数文明国家来说，黄金和白银是外国产品，而对于支配外国产品的价值的一些情况，提出了一些我们现在还不准备研究的问题。因此，就目前而言，我们必须假定作为我们研究对象的国家，其黄金和白银都是由它自己的矿山提供的，至于我们的结论需要进行多大程度的修改才能适应更为普遍的情况，则有待将来考虑。

商品可以划分为三类，即：供给绝对受限制的商品；使用一定的生产成本可以生产无限数量的商品；数量不受限制但是生产成本却在一直增加的商品。贵金属作为矿山的产品，属于第三类商品。因此，长期来看，它们的自然价值与现存的最不利的情况下的生产成本成比例，换句话说，与为了获得必要供给而必须进行的开采最贫瘠的矿山的生产成本成比例。在生产黄金的国家中，一磅重的黄金最终倾向于与其黄金本身的生产成本相等的其他一切商品相交换。黄金本身的生产成本，是指为了满足实际需要而必须加以开发的生产能力最为低下的供给来源所花费的劳动和费用。黄金的平均价值与它的自然价值一致，就如其他物品和它们的自然价值一致一样。假设黄金的售价高于它的自然价值，也就是说，高于进行采矿的劳动和费用加上对产业部门的风险补偿报酬（该产业的失败概率为十分之九）的总量，那么，一部分寻找投资机会的流动资本就会投向采矿企业。因此，供给将增加，而价值会下降。反之，如果黄金的售价低于其自然价值，那么，矿主将不能获得普通的利润，他们就会缩减生产规模。如果售价大大低于其自然价值，那么，一些贫瘠矿山或许会停止进行开采，每年的供给从而减少，使每年的消耗得不到完全补偿，这会在某种程度上减少黄金的数量，并使黄金的价值又进一步提高。

现在我们进行更为仔细的研究，以下是上述过程的细节。如果黄金高于它的自然价值或者成本价值——正如我们所看到的那样，铸币的价值与金属块的价值一致，那么，货币的价值就会提高，而包括劳动在内的其他一切物品的价格都会下降。这种价格的下降会降低一切生产者的费用，但是，由于他们的收入也会减

少，所以除了黄金生产者以外，任何生产者都不能从中获利。这是因为黄金生产者的收入源于矿山，而不取决于价格，他的收入从而与之前一样，但是他的费用减少了，因为他会获得额外的利润，并且会受到刺激从而扩大其生产规模。反之，如果黄金低于它的自然价值，那么这就相当于价格提高，从而所有生产者的货币成本都会大大增加。然而，因为所有其他生产者都会由于货币收入的增加而得到补偿，只有矿主无法从他的矿山中开采比以前更多的黄金，所以他的费用大大增加，因此，他的利润就会减少或者消失，即使他不放弃他的事业，也会缩减他的生产规模。

这样一来，货币的价值就与用来铸造它的金属的生产成本一致。不过，我们重复一下以前已经说过的话是有必要的，即对于像贵金属那样人们普遍需要而又耐用的商品而言，这种调整需要很长时间才会产生影响。这些金属不仅大量地作为货币使用，而且大量地用于制造盘子和装饰品，因此在任何时候这些金属的现存数量都很大。由于它们的磨损极为缓慢，因此比较小的年产量也足以保持供给，并且可以满足由于流通商品的增加所必需的货币量的增加，或者可以满足由于富裕消费者对金银制品的需求增加所需要的金银数量的增加。即使这个少量的年供给完全停止，要使它现存的数量减少到足以致使价格发生重大变化的程度，也需要很多年才能实现。数量增加的速度可能大大快于数量减少的速度，但是增加的量必须非常大，才能对整个商业世界现有的贵金属总量产生重大的影响。因此，贵金属生产条件所发生的全部变化所产生的影响，最初并且多年来一直都只是数量的问题，很少涉及生产成本。以下情况更是如此，即目前阶段很多新的供给资源正在同时进行开采，其中的大部分只需要劳动就可以了，除了一把镐头和一周的食物以外没有任何预付资本，而且这种操作还完全处于实验阶段，不同资源的较长时期的生产能力完全未查明。

第三节　该法则与上一章提出的原则有何关系

然而，由于货币的价值与其他物品的价值一样，实际上与它的生产成本一致，尽管趋于一致的速度比较缓慢，因此一些政治经济学家反对这种说法，即货币的价值取决于它的数量以及流通速度。他们认为，这种说法为货币设想了一种对于任何其他商品来说都不存在的规律，但事实上货币是受同样的规律支配的。对此，我们的回答是，首先，上述说法并未设想任何特殊的规律。这只是人们都公认的适用于一切商品的供求规律，而且，就货币而言，就像大多数商品，是由生产成本的规律支配，而不是与生产成本规律无关，这是因为如果生产成本对供给不产生任何影响，那么它对价值也不会产生任何影响。其次，不过，货币的价值和它的数量之间的关系确实比其他商品的价值和它们的数量之间的联系更为密切。其他商品的价值与其生产成本的变化一致，不需要以供给的任何实际变化为条件，只要有潜在的变化就足够了。而且，即使发生实际的变化，这也只是暂时的，除非价值的变化导致需求发生差异，因此需要供给增加或者减少，这是价值发生变化的结果，而不是原因。对于人们所购买的作为装饰品和奢侈品的金银制品而言，这一点是正确的。但是对于货币来说，这就不是正确的了。如果黄金的永久生产成本减少四分之一，那么很可能出现的情况是，买来用作盘子、镀金或者首饰的黄金不会比以前多。如果这样，虽然黄金的价值会下降，但是为这些目的从矿山中开采出来的数量不会比以前多。用来作为货币的那部分黄金就不是这样了，这部分黄金的价值不会下降四分之一，除非它的数量实际上增加了四分之一。因为价格上涨了四分之一，为了使人们进行习惯性的购买，就需要增加四分之一的货币量。而且，如果没有这些多出来的货币，一些商品就会无人购买，价格也就不能维持。因此，贵金属生产成本的变动，只是刚好与货币数量的增加或者减少成比例地影响货币的价值。而对于其他任何商品，我们都不能如此进行推论。因此，我认为抛弃货币的价值与其数量之间有关的说法，在理论上和实践上都是错误的。

然而，显而易见的是，长期来看生产成本决定数量。而且每一个国家都拥有并在流通中保持一定数量的货币（暂时的变动除外），正好使所有的交换得以进行，使货币的价值与其生产成本始终保持一致。平均来说，商品的价格就是以其成本与其他所有的商品相交换。同时，严格地说，因为货币的数量对价值的影响是不可避免的，所以数量本身将会（通过某种自动调节机制）保持与价格标准一致的数额，即按这种价格进行的一切交易所必需的数额。

“所需的货币数量将部分取决于生产黄金的成本，部分取决于货币的流通速度。当流通速度一定时，货币的数量则取决于生产成本；当生产成本一定时，货币的数量则取决于它的流通速度。”① 在已经完成上述说明之后，我希望这些命题不需要再做进一步的说明了。

于是，货币就像一般商品一样，其价值取决于并且成比例地取决于它的生产成本。通过接受这一原理，货币理论表面上存在的大部分奥秘就能揭示出来了。不过，我们决不能忘记，这一学说只适用于实际生产贵金属的地方。而且，我们还必须探讨价值取决于生产成本的规律，是否适用于在较远的地方所生产的商品之间的交换。但是不管怎样，在货币是一种进口商品的地方，我们对有关价值的

① 引自西尼尔先生的一本已经印刷但没有出版的讲义。其中他兴趣盎然地说明了在不同的社会和文明状态里，人们通过货币进行交易以及货币的流通速度大为不同。

命题需要略微修改，即货币的价值不是取决于货币的生产成本，而是取决于在该国获得货币的成本。每一个外国商品都是以提供部分国内商品为代价购买的，并且我们为获得外国商品所花费的劳动和资本，就是我们用于交换外国商品所生产一定数量的本国商品所花费的劳动和资本。这一数量取决于什么呢？是什么决定了一个国家的商品和其他国家的商品之间进行交换的比例呢？这确实是一个我们迄今为止认为众多问题中更为复杂的一个。但是，至少有一点是无须争辩的，即在国内进口商品的价值取决于与之相交换的等价物的价值，也就是它们的生产成本。因而货币，在它属于进口商品的地方，受到相同的规律支配。

第十章　论复本位制及辅币

第一节　复本位制的缺点

虽然各种商品很难具备适于用作货币所不可或缺的品质，但是有两种商品却显著地且几乎同等程度地具备这种品质，它们就是被称为黄金和白银的这两种贵金属。一些国家已经试图不加区别地将这两种贵金属作为它们的流通媒介。

使用较昂贵的金属来进行大额支付，而使用较便宜的金属来进行小额支付，这样的便利显而易见，而存在的唯一问题就是采用什么样的方式最好。最常用的方式就是在这两种金属之间确立一个固定的比例，例如，1 枚被称为金镑的金币等同于 20 枚被称为先令的银币。在英国通常的记账货币中，二者具有同等的面额，即 1 金镑，每一个需要支付 1 金镑的人都可以选择其中任何一种金属来支付。

在最初确定两种金属的相对价值时，即令 20 先令等于 1 金镑或 21 先令等于 1 基尼时，人们也许已经尽可能地使这一比例与以两种金属的生产成本为依据的通常的相对价值保持一致。而且，如果这种自然价值或成本价值总是持续不断地保持同一比例，那么，这样做就无可厚非。然而，事实并非如此。尽管在所有商品中，金银的价值最不易变动，但并非一成不变，而且，也并不总是同时变化。例如，美洲矿藏的发现，导致白银的价值相对于黄金的价值永久性地下降了，而且，偶尔发生的微小变化对这两种金属产生的影响也不完全相同。假设这种变化发生了，这两种金属的相对价值不再符合规定的比例，那么，它们中的一种金属目前的估价将低于它的金块价值，因而熔化这种金属将有利可图。

例如，假设黄金的价值相对于白银的价值来说上升了，以至 1 金镑所含黄金数量的价值要大于现在 20 先令所含白银数量的价值。如此一来，将会产生两种

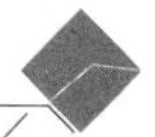

结果。任何债务人都会发现，以黄金支付利息不划算。他将总是用白银来支付，因为 20 先令是偿还 1 金镑债务的合法货币，而且他可以用少于 1 金镑所含黄金的数量兑换到 20 先令所含白银的数量。还有一种结果是，如果 1 金镑的售价不会超过 20 先令，那么，所有的金币都将会被熔化，因为它们作为金块要比它们作为金币换得更多数量的先令。而如果相对价值上升的金属是白银，而非黄金，那么，发生的情况将与上述完全相反。1 金镑现在已不值 20 先令，因此，任何需要支付 1 金镑的人都更愿意以 1 金镑来支付，这时，银币将会被收集用于熔化，并且作为银块以它们的实际价值，即高于法定价值的价格，售得黄金。因此，社会上的货币实际上不可能同时由两种金属构成，而是由在特定时期内，最符合债务人利益的一种金属构成，而通货的本位将会不断地从一种金属转换为另一种金属，每一次转换的铸币费用的损失都源于弃之不用的金属。

因此，当两种金属以规定的价值成为法定货币时，相较于以黄金或白银作为唯一的本位货币时，货币的价值更容易发生波动。而且它更容易受到两种金属生产成本变化的影响，而在后一种情况下，它只受一种金属生产成本变化的影响。有两种法定本位的通货很容易产生一种特殊的变化，即价值下跌，或者是通常所说的贬值。因为实际上在两种金属中，总是由实际价值已经低于规定价值的那种金属作为本位货币。如果两种金属都趋于增值，则所有的支付都以涨幅最小的那种金属进行；而如果都趋于贬值，则所有的支付都以跌幅最大的那种金属进行。

第二节　以这两种金属作为货币而不使两者都成为法定货币，情况又会怎样

复本位制（double standard）仍然不时地被一些学者或演说家作为通货领域中的巨大进步而提出。也许在大多数拥护者看来，它主要的优点是具有一种贬值的趋势，无论是公开的还是隐蔽的，降低本位货币价值的任何措施，在任何时候都拥有大量的支持者。然而，有些人是由于受到对复本位制利益的夸大估计的影响，这种利益在一定程度上是真实的，即它能够利用商品世界中黄金和白银的总存量来加强流通，相反，如果局限于黄金或白银中的一种，那么由于货币会被偶然地吸收，它可能就不会迅速得到补偿。消除复本位制的缺点而保留其优势，似乎在某些国家已经得到了最好的实现，它们以两种金属中的一种作为法定货币，而且利用另一种金属来制造铸币，并允许其按照市场价值流通。

一旦采纳这一方案，那么，作为商品任人买卖的自然是较为昂贵的金属。但是，在有些国家，例如英国，采用两种金属中较为昂贵的一种作为本位货币，但

为了使两种金属都能流通，采用了一种不同的方式，即规定白银也是法定货币，但只能用于小额支付。在英国，不允许强迫他人接受支付数额超过 40 先令的白银。这一规定需要同另一规定相互配合实施，即同金币相比较，银币的估价应该略高于其内在价值，也就是说，20 先令所含的银量价值要低于 1 金镑。因为，如果市场发生了对白银价值有利的轻微变动，使白银价值高于 1 金镑，那么，熔化白银就会变得有利可图。对银币的过高估价会促使人们购买白银并将其送至造币厂铸造成银币，因为铸造后的银币价值将高于其固有的价值。然而，这可以通过限制银币的铸造数量来加以防范，从而不像铸造金币那样任由私人决定，而是由政府决定，并限定其数额满足小额支付所需的水平。唯一需要预防的是，不要过高地估价白银，以免给私人铸造产生强烈的诱惑。

第十一章　论作为货币替代物的信用

第一节　信用不是生产手段的创造，而是它的转移

与政治经济学中的任何一个专题一样，信用的功能是一个产生过众多误解和令人思想混乱的专题。这不是由于这一专题的理论具有任何特殊的困难，而是由于信用本身的各种形式所引起的一些商业现象的复杂性质。因而人们将注意力从一般信用的性质转移到了信用的特殊形式所具有的特殊性上。

我们可以引用人们在谈论信用对国民生计的重要性时通常使用的夸张性语言，来作为人们对信用的性质存在概念模糊的一个例子。信用具有强大的力量，但并不是像很多人所认为的那样拥有某种魔力。它不能无中生有。人们常说的信用的延期就等于资本的创造，或者好像信用实际上就是资本。信用只是允许使用他人的资本，通过信用并不能增加生产的手段，它只是转移生产的手段，这里还需要指出这一点，令人不可思议。如果借方通过别人给予他的信用增加了生产的手段以及雇用劳动的手段，那么，贷方的这些手段就会相应减少。同一笔资金不能被其所有者和借方同时当作资本使用，即它不能以工资、工具和原材料的形式同时向两组劳动者提供它的全部价值。确实，A 从 B 那里借出资本并用于他的个人事业，但就其他目的而言，这笔资本仍然是 B 的财富的组成部分，即 B 可以用它签订契约，并且在必要的时候能以它作为担保借到与之相等的金额。从表面上看，好像 A 和 B 双方在同时使用这笔资本。但是，我们稍微思考一下就会发现，当 B 把他的那部分资本借给 A 时，它作为资本使用的权限只属于 A 一方，而 B 除了用他的最终索取权从第三方 C 手中获得另一项资本的使用权以外，就不能用它作为其他用途了。任何人所真正使用的全部资本（不属于他自己的资本），都是而且一定是从其他人的某些资本中进行的相应数额的

扣除。①

第二节 信用如何协助生产

不过，虽然信用只是资本在不同人手里的转移，但是从总体上和本质上来看，资本是向更能在生产上有效使用资本的人的手里转移。如果不存在如信用这样的东西，或者由于总体上的不安全以及缺乏信任，导致信用很难得到实践，那么，许多拥有或多或少资本的人，就会因为他们所从事的职业或者因为缺乏必要的技能和知识，不能亲自监督它的使用，所以也就无法从中获得利益。他们的资金要么被闲置，要么是在笨拙的企图获利的尝试中被浪费从而徒劳无功。现在，所有的这些资本都在支付利息的条件下被借出并用于生产。因此，资本在这种情况下形成了任何一个商业国家的大部分生产性资源，并且自然而然地吸引那些事业最大、拥有最有效利用这些资本的手段的生产者或经销商，因为他们最想得到这些资本，并且能够提供最好的保障。因此，尽管国家的生产性资金没有因信用而增加，但是它们会处于更为完善的生产性活动状况之中。随着信用的基础——信任——的延期，这意味着即使是资本的最小部分——每个人为应付意外事故而保留的资金，也可以用于生产性用途。实现这种目的的主要工具是储蓄银行。在这种银行不存在的地方，谨慎的人必须随身携带足够的金额以备不时之需。然而，当人们不再自行保管这些资金而是选择存入银行这样的习惯形成以后，以前闲置的众多小笔资金就会聚集在银行家的手里。而银行家根据经验知道在一定时期内需要保留多少准备金，并且知道，如果一些存款人要求提取的资金偶尔会超过平均数，那么另一些存款人要求提取的资金就会小于平均数，因此银行家可以将剩余部分，也就是存款的绝大部分，借给生产者和经销商。因此，增加的数额并不是现有资本的实际增加，而是使用资金的数额增加，从而相应地增加了社会

① 为了使文中的命题更加精确，我们需要进行一项细微的修正。某一国家在一定时期内现有的流通媒介，部分用于生产性购买，部分用于非生产性消费。该国实际拥有的资本是多还是少，在很大程度上取决于用于这一方面还是用于另一方面的比例。于是，如果只有非生产性消费者手中的流通媒介增加，那么，现有的商品库存的大部分都会被用于非生产性消费，小部分被用于生产性购买。如果这种情况持续下去，就相当于资本的减少。反之，如果是生产者手中预定用于他们商业的那部分流通媒介增多，那么这个国家的大部分商品现在将会被用作资本，小部分被用于非生产性目的。后一种情况自然地带有某些信用延期的作用，尤其是采用钞票或其他交换工具的形式时更是如此。增加的钞票一般是先向生产者或经销商发行，这些钞票会被他们用作资本。因而尽管国内的商品储存量并未多于以前，但是现在生产者和经销商手中所购买的份额增加了，原来用于非生产性消费的商品按上述份额增加的程度转而用于生产，从而导致资本实际上增加了。一旦增加的信用停止，钞票被收回，上述影响也就会停止，并且与之相反的过程随之开始。

总产量。

因此，信用既是使一个国家的全部资本成为生产性资本不可或缺的手段，也是使一个国家的工业人才更好地利用资本服务于生产性目的的手段。许多自己没有资本或者只有很少资本，但拥有为资本所有者所了解和欣赏的经商才能的人，能够凭借信用获得预付资本，或者更常见地是凭借信用获得商品，从而使他的工业才能成为增加公众财富的工具。不论何时，通过完善法律和教育环境，使社会在诚信方面取得巨大的进展，以至个人的品质能够充分保证他人的财物不仅不会被不正当地据为己有，而且不会被用于不正当的投机，那么这一收益将会大大增加。

从最一般的观点来看，这就是信用对世界生产性资源的效用。但是，这些考虑只适用于向勤劳的阶级——生产者和经销商——提供信用。经销商向非生产性消费者提供的信用绝不会增加公众财富的源泉，而只会损害这种源泉。这种信用不是把非生产性阶级的资本转移给生产性阶级暂时使用，而是将生产性阶级的资本转移给非生产性阶级。如果经销商 A 向土地所有者或领取年金的 B 提供了商品，贷款将在 5 年后支付，那么 A 的资本中就有与这些商品价值相等的一部分在 5 年里一直处于非生产性状态。如果 B 在拿到商品时马上支付货款，那么在这 5 年里，这笔金额可能会被支出和收回多次，与这笔金额相应数量的商品也可能被生产、消费和再生产了多次。因此，即使 B 在这 5 年里持有的 100 英镑最后被支付给 A，但社会的劳动阶级也会在这一期间付出代价，其绝对损失可能高达数倍。就 A 个人而言，他可以通过提高他的商品的价格来得到补偿，这一价格最终是由 B 来支付的，但是劳动阶级得不到任何补偿。资本向非生产性使用的转移，无论是永久的还是暂时的，劳动阶级都是主要的受害者。B 根据对他个人生产手段的预估，从 A 那里拿走了 100 英镑用作非生产性目的，5 年之后才能从他的收入里拿出 100 英镑还给 A，并将其转化为资本，在这 5 年里，国家的资本减少了 100 英镑。

第三节　信用具有减少使用货币的作用

上述讲的是信用在生产中的一般作用。尽管信用本身并不是生产力，但是没有信用，已经存在的生产力就不能得到充分运用。不过，信用理论中更为复杂的部分是它对价格的影响，这也是大部分商业现象使观察者感到困惑的主要原因。在一个经常赋予大量信用的商业社会中，一般物价在任何时候都取决于信用的状况而不是货币的数量。信用虽然不是生产力，却是一种购买力。而且，利用信用购买商品的人，创造的对商品的需求以及所引起的物价上涨的趋势，与它用现金购买同等数量的商品时相同。

我们现在所考虑的信用，作为一种独立于货币的特殊的购买力，当然不是信用的最简单形式，即一个人借钱给另一个人，并且直接把钱交到他手里的这种信用。因为当借方用这笔钱购买货物时，他是用货币而不是用信用购买，并且没有超过货币所赋予的购买力。创造购买力的信用形式是，当时没有转移货币，并且通常全部不转移货币，这个交易与其他大量的交易都包含在一个账户中，不进行任何支付而是保持平衡。这可以以不同的方式进行，我们将对此进行考察，按照我们的惯例，从最简单的开始。

首先，假定A和B是两个经销商，他们互相进行交易并作为对方的买方和卖方。A凭借信用从B那里购买货物，B也同样凭借信用从A那里购买货物。在年底时，比较A欠B的金额与B欠A的金额，确定谁应该支付差额。这个差额可能少于很多单项交易的金额，同时一定少于交易的总金额，它就是用货币进行支付的全部金额。甚至这个差额也不会被支付，而是被转入下一年的往来账户。单独一笔100英镑的支付可能足以清算长期以来的一系列交易，其中有些交易的价值高达数千英镑。

其次，即使B没有向A借款，A欠B的债务也可以在不涉及货币的情况下进行清偿。A可以把第三方C欠他的债务转移给B来清偿对B的债务，通过一种名为汇票（a bill of exchange）的书面凭证就能很便利地做到这一点。这种汇票实际上是债权人向其债务人出示的转让自己债权的凭证，一经债务人接受，也就是在债务人签字确认后即生效，成为承认债务的凭证。

第四节　汇票

人们最初引入汇票是为了节省贵金属从一地运往另一地的费用和风险。亨利·桑顿先生说：“假设伦敦的十位制造商，将他们的物品卖给约克郡（Yorkshire）的十位店主，由他们进行零售。同时约克郡有十位制造商生产另一种商品，并将他们的商品卖给伦敦的十位店主。在这种情况下，伦敦的十位店主就没有必要每年运送货币以支付给约克郡的制造商，而且十位约克郡的店主也无须每年运送同样多的货币到伦敦。这只需要约克郡的制造商向当地的店主们收取货款，出示承认已经收款的凭证。同时应该通知他们在伦敦的债务人准备好支付给伦敦制造商的款项，以便采用与在约克郡同样的方式抵销在伦敦的债务。因此，运送货币的一切花费和风险都被节省了。这种通知债务转移的凭证，用今天的话

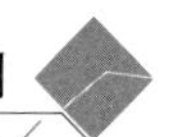

说，就是汇票。它是一个人的债务与另一个人的债务相交换的票据，也可能是一个地方的债务与另一个地方的债务相交换的票据。"①

将汇票作为清偿距离较远地方的债务的工具无须花费转移贵金属的费用。人们发现这种便利之后，在另一种动机的驱动下，汇票的使用范围得到了扩大。在各行业的交易中，人们通常对商品购买方提供一定期限的信用，根据每项交易的便利或习俗而定，如 3 个月、6 个月、1 年，甚至 2 年。出售商品的某个经销商，可以在 6 个月之后获得货款，但是他渴望尽快收到款项，为此他开出一张他的债务人在 6 个月之后付款的票据，拿这张票据通过银行家或其他放款人去贴现，也就是把票据转交给他们，进而得到票面金额减去贴现日至到期日的利息后的余额。因此，他可以将某人应该偿还给他的债务用作从另一人那里得到信用的手段，这已经成为汇票的主要作用之一。这种权宜之计的便利，致使一种更为常见的汇票问世，即不以开票人之前应该收回的任何债务为基础的汇票。这种汇票被称为融通汇票（accommodation bills），有时也被贬称为空头支票（fictitious bills）。有关它们的性质，在我刚刚引用的著作中有非常明确的说明和明智的见解，现抄录全文如下②：

> A 需要 100 英镑，请求 B 承兑为期 2 个月的票据或汇票，因此，从表面上看，B 对此有付款义务。然而，据了解 A 将设法自行清偿汇票，或者向 B 提供支付的手段。A 凭借双方的共同信用利用票据获得了货币。汇票到期时 A 履行付款的承诺，从而交易结束。不过，B 向 A 提供这种服务通常会得到回报，B 会在或长或短的一个时期内出于个人的便利向 A 开具类似的承兑汇票，由 A 予以贴现。
>
> 现在，让我们来将这种票据与真实票据进行比较。让我们来考察二者的不同点或者看起来不同的地方，以及相同的地方。
>
> 它们相同的地方是，因为它们都是可以贴现的物品，它们也是出于贴现的目的而开立的，而且它们实际上都会被贴现，因此，它们都可以作为商人进行投机的手段。不仅如此，就汇票和票据成为一国所谓的流通媒介或者纸币，并且限制畿尼的使用来说，空头支票和真实票据是相同的。如果商品的价格与纸币的数量成比例地提高，那么空头支票与真实票据对这种提高所产生的作用也是相同的。
>
> 在我们考察它们的不同点之前，让我们先关注这一点，人们通常认为在

① 参见《大不列颠票据信用的性质和作用的探讨》(*Enquiry into the Nature and Effects of the Paper Credit of Great Britain*，伦敦：哈查德，1802 年，第 24 页）。这部著作出版于 1802 年，据我所知，在讨论商业社会给予和采用信用的模式的英语文献中，迄今它仍是最浅显易懂的。

② 参见《大不列颠票据信用的性质和作用的探讨》，第 29～32 页。

这一点上它们是不同的。但是在这一点上，它们并不总是或者一定是不同的。

（人们有时会说）真实票据代表实际财产。每一张真实票据都有对应的现存的实际商品存在。它不同于依据商品的销售而开立的票据，后者是一种欺骗国民的虚假财富。后者只是一种想象中的资本，其他票据（真实票据）才代表真实的资本。

在回答这种言论时我们可以看到，首先，我们不能认为依据实际商品销售开立的票据，就一定代表一定的实际财产。假设A以6个月的信用为期卖给B价值100英镑的商品，得到了一张6个月的汇票。B在1个月之后也以6个月的信用为期将同一笔货物卖给了C，得到了一张同样的汇票。C又在1个月之后以同样的方式把这笔货物卖给了D，得到了一张同样的汇票……那么，6个月结束之后，将有6张100英镑的汇票同时存在，并且每一张都可能已经被贴现了。而所有的这些汇票中，只有一张代表实际存在的财产。

为了证明（所谓的）真实票据代表实际财产这一推论是有理的，汇票的持有者应该拥有一定的权力，以便阻止汇票所代表的财产转变为用于清偿汇票以外的用途。但这种权力并不存在。持有真实票据的人和将它贴现的人，对于汇票所指定的特定商品没有任何所有权。同样地，他们就像任何空头支票的持有者一样，相信开立票据者的一般偿付能力。在很多情况下，空头支票是由拥有大量资本、声名显赫的人开立的，此时的空头支票也可以被认为代表其资本的一部分。因此，关于真实票据代表资产而空头支票不代表资产的推论，似乎是对这种汇票评价过高，而对另一种评价过低。

我们接下来考察它们的不同支出。

首先，空头支票或者融通汇票招致非议的一点是它们以无充有。然而，这种非议只是针对那些被当作真实票据流通的空头支票。在很多情况下，它们的真实面目是显而易见的。其次，一般来说，空头支票如期兑付的可能性小于真实票据。人们一般认为，对于小心谨慎避免使用空头支票的人来说，使用空头支票的经销商是一个更具有冒险精神的投机者。最后，空头支票除了安全性较低以外，在数量上也不易受到限制。一个人的实际销售额对他的真实票据上的金额具有一定的限制。而且，在商业上，人们非常渴望通过某种规则使信用以适当的比例分配给所有人，因此，衡量一个人的实际销售额，可以通过他凭借那些销售额而开立的票据来证实，在这种情况下这就是某种规定，尽管这种方式在许多方面并不完善。

空头支票或融通汇票在本质上显然同任何普通的本票（promissory note）一样，甚至在某一点上前者还优于后者，即本票只有一个担保人，而

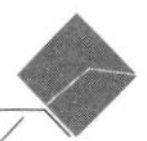

融通汇票则有两个担保人。人们对于商人过度筹集资金的手段小心提防，导致商人开立的票据，虽然与不从事商业的人所开立的票据（这是他们唯一能开立的票据）的基本性质相同，但总会被认为是不可靠的。而且由于这种票据被掌控在商人手里，一定会仿造商品销售时开立的票据，因而这种票据被人们加上了“空头”一词。这个词语似乎加剧了这种混乱和错误的观念，即在一国的票据和账面财富中有相当大一部分具有完全错误的、虚假的性质。

若汇票只用于贴现并在到期日之前一直保存在贴现者的公文包里，则它不执行货币的职能，或者说不具有货币的地位，而是本身就是为了货币进行买卖的。它同公债或其他证券一样不是通货。但是，当开立的汇票是某人为了清偿债务或金钱方面的要求权而对另一人（甚至就是同一人）进行的支付，它就做了当汇票不存在时需要由货币做的事情，即它执行了通货的功能。这是汇票交换的一种常见用法。桑顿先生继续说道：“汇票不仅节省现金的使用，而且它在很多场合可以替代现金。让我们设想一下，农村的某个农场主给他附近的杂货店一张金额为10 英镑的汇票以清偿同等数额的债务，这张汇票是伦敦的一个粮商在首都出售农场主的粮食时开给他的。杂货商在对汇票背书后，就将这张汇票转给了附近一个面包糖商人，用于同等数额的债务清偿。面包糖商人又对汇票进行背书之后，将它转给了外港的西印度商人，西印度商人又将它交给了他所在的当地银行，银行家也对他进行了背书，然后让它继续流通。在这种情况下，该汇票完成了 5 次偿付，完全就像是按要求支付给持票人的 10 英镑钞票那样。大量票据以上述方式在国内的商人之间流通，从最严格的意义上讲，它们显然构成了王国的流通媒介的一部分。”①

许多票据，无论是国内的还是国外的，在最后兑付时背面几乎签满了名字，每一次背书都代表进行了一次新的贴现，或者完成了一项金钱上的交易，票据在这这一过程中都执行了货币的职能。在当代，兰开夏郡（Lancashire）金额超过5 英镑的流通媒介，几乎全是由这种票据构成的。

第五节　本票

本票是信用作为流通媒介的替代物的第三种形式。由某人开立并由他自己承兑的汇票，与由他开立并承诺支付相同金额的本票，对他而言，除了以下两点外，是完全相同的。这两点就是：前者通常有利息，而后者没有；前者通常在一

① 参见《大不列颠票据信用的性质和作用的探讨》，第 40 页。

段时间之后才会得到支付，而后者则是见票即付。但是，在商业国家中，主要是以后一种形式作为发行货币的替代物，这已经成为一种专门的职业。从事货币交易的经销商（不恰当的称呼为职业贷款者）同其他经销商一样，想要超出他们的运营能力来扩展他们的业务。他们不仅想贷出自己的资本，还想贷出自己的信用。并且，不仅想贷出由自己实际存放的资金所组成的那部分信用，而且想在他们自认为安全加以运用的范围内，贷出他们自己从公众那里获得信用的能力。要做到这一点，最便利的方法就是出借他们自己开立的持票人求兑即付的本票。借款人之所以愿意将它当作同等金额的货币加以接受，是因为贷款人的信用使其他人在借款人购买商品或者进行其他支付时愿意接受它。因此，这些本票执行了货币的全部职能，并使之前流通中的等额货币失去了意义。不过，由于这些本票可以求兑即付，它们可能随时回到发行者那里要求兑换货币，因此，发行者为了避免破产之痛，必须在手里保留足够多的货币，以便能够满足他在筹集更多货币的期间内可能出现的任何承兑要求。同时，这也谨慎地提醒发行者，应该根据经验将发行的本票数量控制在一定数额以内，以使自己的本票处于流通之中且不会被要求承兑。

一旦发现这种（可以说是）将信用当作货币的模式的便利性，各国政府就会采用同样的方法，在支付它们的费用时发行自己的本票。因为这是它们能够借到款项又不需要支付利息的唯一方法，所以这是一种筹集资金的更为实用的方法。在持票人心中，政府承诺见票即付的本票，就相当于他们手中的货币。我们即将考察政府发行的这种票据与私人银行发行的票据之间的实际区别，以及这种货币替代物可能存在的其他区别。

第六节　存款和支票

使信用执行货币职能的第四种形式是用支票进行支付。如果大力推广这种方法，货币有可能被完全取代。人们把习惯保留以供当前使用或以备不时之需的闲余资金都保存到银行家的手中，除了小额支付外，其他的一切支付都使用银行支票，这种做法正在被越来越多的英国公众接受。如果付款人和收款人都在同一家银行存款，则完成支付无须货币的介入，只需要在银行的账面上将付款金额由付款人的贷方转给收款人的贷方。如果在伦敦的所有人都在同一家银行存有现金，并且一切支付都使用支票的方式，那么，在伦敦开始并在伦敦结束的全部交易都不需要使用任何货币。实际上，就商人之间的交易而言，几乎已经达到了这种理想的境界。现在，使用货币或者钞票的情况主要局限于商人和消费者之间的零售

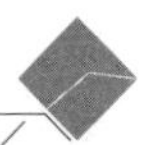

交易以及工资的支付，而且只限于其中的小额支付。在伦敦，凡是拥有一些资本或者经营有点规模的店主，一般都开有一个账户。这种账户除去安全和操作的便利性以外，对店主还具有其他好处，即银行给予他们在某些场合要求贴现他们的票据的权利。如果没有银行账户，他们就不可能指望这样做。至于批发商和大型经销商，他们在经营过程中习惯于使用支票进行支付。然而，他们并不都是和同一家银行打交道。当A给了B一张支票，B通常不会把它存入同一家银行，而是存入另一家银行。不过，由此产生了一种有利于经营的模式，致使伦敦商业中心区的所有银行为了达到一定的目的事实上建立了一个机构。银行家不再把存进来的支票送到开票银行要求兑现。伦敦商业中心区的所有银行于每天下午把当天存入它们银行的其他银行的支票送到一栋名为票据清算所的大楼，与其他银行存入的应由本行贴现的支票交换，仅用货币来支付两者之间的差额。甚至这一差额也不以货币支付，而是用英格兰银行的支票予以支付。通过这种方法，伦敦商业中心区当天的全部商业交易总额通常高达数百万英镑。而且，由其他银行开给它们在伦敦代理银行的支票的金额虽然巨大，却是以平均不超过200 000英镑的付款额加以清算的。①

通过我们已经说明的几种信用工具，在像英国那样的国家里，巨额商业交易用数量非常少的贵金属就可以完成。就买卖商品在金钱价值上的比例而言，英国所使用的贵金属数量不及法国或其他国家的几分之一。因为在法国和其他国家，人们尚未形成普遍给予信用的习惯和倾向，不像在英国那样人们普遍采用这种所谓的“节省的手段”。因此，货币在其职能被取代之后会发生什么？货币是怎样从流通过程中消失的？这些问题我们稍后就会加以讨论。

---

① 根据图克先生在《通货原理研究》（“Inquiry into the Currency Principle,” *The Connection of the Currency with Prices, and the Expediency of a Separation of Issue from Banking*. London: Longman, Brown, Green, and Longmans, 1844, p. 27）中的论述，票据清算所的清算额，“1839年总计为954 401 600英镑，每天平均仅用200 000英镑钞票就完成了对3 000 000英镑汇票和支票的清算”。目前，每天清算的交易总额远远大于上面的数字，这种情况已完全不采用钞票，而是改用英格兰银行的支票。

第十二章　信用对价格的影响

第一节　钞票、汇票和支票对价格的影响，是信用影响的一部分

现在，我们已经了解了信用作为替代货币的各种模式的基本内容，但还需进一步考虑的是这种替代物会以何种方式影响货币的价值或者商品价格。几乎没有必要指出，货币的永久价值——商品的自然价格和平均价格——并非这里要讨论的问题。因为这取决于生产或获得贵金属的成本。一盎司黄金或白银终究可以同生产成本或进口成本与其相等的其他任何商品交换。而且，在出票人的信用受到损害之前，一盎司黄金的订单、票据或者是见票即付的钞票的价值，既不会大于也不会小于黄金本身的价值。

然而，我们现在考察的不是最终的或平均的价格，而是当前的、暂时的价格。如我们所述的那样，这种价格可能与生产成本的标准相差甚远。我们发现，造成价格波动的多种原因之一是流通中货币的数量。当其他条件不变时，流通中货币数量的增加将导致价格上涨，反之，数量减少将导致价格下跌。如果投入流通领域中的货币数量超过了能够维持流通且与其生产成本一致的价值的数量，那么，只要过剩一直持续，货币的价值将一直低于生产成本的标准，而一般价格将总是高于自然价格。

但是，我们现在已经知道，还有另外一些东西，如钞票、汇票和支票，能够像货币一样流通，并履行其所有职能。但问题是：这些替代品是否会以与货币本身相同的方式来影响价格？可转让票据数量的增加是否会像货币数量的增加一样，以同样的方式和同等程度使价格趋于上涨？研究通货问题的著作曾对此进行过大量讨论，但尚未得出任何令人普遍满意的、具有结论性的观点。

在我看来，钞票、汇票或支票等本身并不会对价格产生任何影响。对价格产生影响的是信用，无论它以何种形式出现，也无论它是否会产生可流通、可转让的票据。

下面我将阐释并且证实这一观点。

第二节　信用同货币一样是一种购买力

货币只有在用于交换商品时才会对价格产生影响。影响商品价格的需求由用于交换它们的货币构成。而用于交换商品的货币并不等同于人们所拥有的货币。供给的货币有时很少，有时却很多。固然，从长远来看，人们投入的货币既不多于也不少于他们所必须投入的货币量，但是在任何特定时期，情况并非如此。有时人们会为以备不时之需或期待更为有利的使用时机而保留一些货币。在这种情况下，货币并不处于流通状态，简单来说，它没有用于商品交换，也不准备用于商品交换。没有进入流通的货币不会对价格产生影响。然而，与之相反的情况更为常见，即人们使用并非自己拥有的货币来购买商品。例如，用银行支票支付的商品，非但不是用付款人所拥有的货币购买的，而且通常也不是用银行所拥有的货币购买的，因为银行已将它的货币（除了备用资金以）贷给他人了。刚才我们曾假设，所有人都与银行有来往，而且是与同一家银行，且普遍使用支票支付。在这种理想情况下，除了银行手中掌握的货币外，其他任何地方都不会有货币。银行从而可以安全地将它们全部卖掉，将其作为金块出售，或将其贷出去，或运往国外换取货物，或购买外国证券。但是，尽管这时货币不再被拥有，甚至最终不复存在，但它仍然会出现，并用于购买商品，就像现在一样。人们将继续以货币来计算他们的收入和资本，并且依照订单，作为实际上不复存在的商品的收据来从事日常购买。只要货币消失时在其他商品上留下相等的价值，使原货币所有者在需要时可以进行偿付，那么，这一切就无可非议。

然而，在以支票进行支付的情况下，买者虽然不是以自己拥有的货币进行购买，但他却有权要求获得货币。他也可以用他期望得到的或者是声称期望得到的货币进行购买。他可以用将来付款的承兑汇票、本票或纯粹的账面信用，也就是仅凭一个付款承诺，就可以获得商品。所有这些购买对价格产生的影响，如同用现金支付产生的影响一样。一个人可以行使的购买力，由他拥有的或应当偿付给他的货币以及他具有的全部信用构成。只有在特殊情况下，他才有充分的动机行使他全部的购买力。不过，他一直都拥有这种购买力，因而，在任何时期他行使的那部分购买力，就会成为他对价格产生影响的尺度。

假设预期某种商品的价格将上涨，因而他决定不仅动用他所有的现金，而且运用他从生产者或进口商那里获得的信用来购买这种商品，该信用是生产者或进口商基于他能够获得的资源的一种认可。所有人都十分清楚，比起仅限于用实际持有的货币来购买，他这样做对价格产生的影响更大。他动用货币和所获得的信用的总和一起创造了对这种商品的需求，导致价格与两者成比例地升高。在这种情况下，虽然没有使用未来可能被人们称为通货替代物的书面票据，虽然交易没有增加汇票的使用，也没有引起普通钞票的发行，但确实对价格产生了影响。买者也可能不再使用纯粹的账面信用，而是采用同等金额的汇票，或者为了达到目的，也可能用借自银行的钞票来支付货款。因而，这时促成购买的就不是买者本人与销售者之间的信用了，而是银行与销售者之间的信用以及他本人与银行之间的信用。如果他这样做了，那么，他对价格产生的影响，就如同他单纯地使用账面信用而进行的等额支付一样，将不会产生更大的影响。产生影响的原因是信用本身，而不是信用所呈现出来的形式和提供信用的方法。

第三节　信用急剧扩大或收缩的结果；对商业危机现象的分析

商界人士是否会利用其全部或大部分信用作为购买力来增加他们对商品的需求，这取决于他们对利润的预期。由于需求增加、减产、进口受阻或其他任何原因，当人们普遍认为某种商品的价格有可能上涨时，商人们就会增加其存货，以期获得价格预期增长所带来的利润。这种倾向本身就有助于产生预期的效果，即价格的上涨。如果价格上涨是可观的、渐进的，那么，就会吸引其他投机者，只要价格还没有开始下跌，人们就更愿意相信它会继续上涨。由于这些投机者进一步购买，将导致价格继续上涨，因此，原来基于一些合理依据而形成的价格上涨，由于纯粹的投机性购买行为而加剧，直到大大超过了原有合理依据的涨幅为止。一段时间过后，商品持有者开始察觉，价格停止上涨，持有者认为实现自身利益的时机已经到来，便急于出售商品。随后价格开始下降，商品持有者急于涌入市场以避免更大的损失，而愿意在价格下跌的市场中购买商品的人极少，因而价格下跌比其上涨更急剧。那些以比合理计算的价格水平更高的价格买进商品的人，以及那些在他们察觉之前受到价格急剧变化冲击的人，都是受损者，所受的损失与价格下跌的幅度以及他们所持有的或者是应当偿付的商品数量成比例。

如今，所有这些结果在对信用一无所知的社会中都有可能发生：某些商品的价格可能由于投机而上涨至极高的程度，然后迅速回落。但如果没有信用这种东

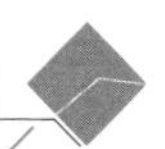

西，对于一般商品而言，这几乎不可能发生。如果所有购买者都使用现金支付，那么，对某些价格上涨商品的支付，就会使货币更大比例地流入这些商品市场，因此，货币就必然会从其他商品市场中退出，其他各种商品的价格从而就会下跌。确实，流通速度的增加部分填充了这种真空，通过这种方式，在投机盛行时期，社会中的货币实际上是增加了，因为人们很少会存有货币，一旦获得货币之后就会尽快将其投向某些带有诱惑性的投机。然而，这种方法的作用毕竟有限。总的来说，如果货币数量保持不变，人们不可能做到在某些商品上花费过多，却没有减少在其他商品上的花费。但是，他们不能用现钱来做的事情，却可以通过扩大信用来做。如果人们进入市场，用他们希望日后得到的货币来从事购买，那么，他们可利用的货币就是无限的，而不是有限的。因此，得以维持的投机活动可以在多种商品中开展，而不会扰乱其他商业活动的正常运行，它甚至可以在所有商品中同时开展。我们可以设想一下，当投机的狂热像流行病一样蔓延开来时，所有的经销商不再仅仅给其商品制造商或种植者提供往常的订单，而是尽自己的资本和信用所能，开始购买他们所能获得的一切商品。如此一来，即使没有增加货币，没有利用票据信用，而仅仅依靠账面信用扩大购买，所有商品的价格也都会大幅上涨。一段时间过后，那些买进商品的人又急于出售，于是价格又会暴跌。

这是一个典型的、极端的所谓商业危机的例子。当大量商人同时认为或意识到自身难以偿还债务时，商业危机就出现了。造成这种普遍窘境的最常见原因是，由于热情高涨的投机行为扩展到众多商品，导致商品价格上涨而后又回落。某些激发预期物价上涨的偶然事件，如新的国外市场的开放，或多种主要商品同时出现供给不足的现象，都会导致某些主导性部门同时开展投机活动。价格上涨，商品持有者获得巨大收益，或看起来具有获得巨大收益的能力。在公众的某种心理状态下，这种财富迅速增加的事例会招来众多模仿者，投机行为从而不仅远远超出了最初预期价格上涨所依据的合理限度，而且会扩展到完全不具备这样依据的商品上。然而，只要对这些商品的投机行为已经开始，它们的价格就会像其他商品一样上涨。这时，信用就会急速扩张。受到感染的人们，不仅比平常更自由地使用其信用，而且他们也确实具有更多的信用，因为他们似乎在创造非比寻常的收益，也因为当时盛行着一种不顾危险的、爱冒险的情绪，使人们比在其他时候都更愿意提供和接受信用，并且向没有资格获得信用的人提供信用。以这种方式，在著名的投机年即 1825 年和 19 世纪的其他不同时期，许多主要商品的价格都出现过大幅上涨，而其他商品的价格却没有任何下降，因此，人们说一般价格的上涨并无不妥。如果价格上涨之后，反作用出现了，价格又开始下跌，虽然起初可能只是由于商品持有者想要获得收益而停止投机行为，但是，如果只是这样的话，价格只会下降到它上涨之前的水平，或者是下降到消费和供给状态较为合理的水平。然而，价格会下跌很多，因为在价格上涨之际，每个人表面上看起来都在赚钱，因而很容易获得几乎任何数量的信用，所以现在每个人似乎都在亏损，许多人已经完全破产，甚至以可靠著称的企业也难以获得甚至是它们惯常所得到的信用，没有信用，它们将感到极为不便。因为所有商人都需要清偿债务，没有一个人能够肯定委托他人使用的那部分资产可以按时收回，没有人愿意发放现金或延迟收回现金。在极端情况下，除了这些合理的考虑之外，还弥漫着一种同先前过度自信一样毫无根据的恐慌。人们借用几乎任何利率的短期货币，只要能够立即收款，就不计成本地出售商品。因此，在商业巨变时期，一般价格会下降到正常水平之下，正如在之前投机时期价格会上涨到正常水平之上一样。这种下跌如同上涨一样，不是始发于影响货币的任何因素，而是源于信用状况；早期是信用非比寻常地扩展，后期是信用毫无止境地缩减，尽管没有完全停止。

然而，信用缩减，作为商业危机的特征，在爆发之前并非必然会出现一个非同寻常的、非理性的信用扩张。还有其他一些原因会诱发信用缩减，例如最近爆发的 1847 年危机。在其爆发之前并没有任何特别的信用扩张，除了一些铁路股票的投机行为之外，没有其他任何投机活动，其中，铁路股票的投机虽然十分猖獗，但在大多数情况下，投机通常是用投机者能够承担的那部分资产来进行的，不可能造成大规模的破产。造成危机的原因是，人们将其大部分资本投资于惯常经营的各种商品，引起价格剧烈变动。1847 年的危机属于另一类商业现象。各种偶然情况同时发生，导致供给信贷市场的大部分资本普遍退出这一市场。在这种情况下，由于偶然的棉花价格上涨和空前的粮食进口使对外支付额增加，再加上铁路公司催收股款以及贷款交易增加了对流动资本的持续需求，结果造成资本固化，不能再用于放款。上述种种需求像往常的那些需求一样，都落在了信贷市场上。进口粮食的大部分，尽管不是最大部分，实际上是由政府贷款的收益支付的。购买谷物和棉花以及铁路股票持有者所必需的额外款项，要么是用自己的存款来支付，要么是用临时筹借的资金来支付。倘若是第一种情况，那么他们将从银行提取存款，从而切断信贷市场一部分资金的来源；如若是第二种情况，则他们无论是出售证券，还是付息借款，实际上都是从信贷市场上汲取资金。这种信贷需求的增加和可贷资本的削减的结合，提高了利率，除非提供最好的担保，否则借款人不可能借到钱。因此，一些缺乏远见且经营不善的公司，使其资本变得暂时或永久不可用，因为它们不能够使之前勉强维持其经营的信用得以不断更新。这些公司最终停止偿还债务，它们的破产或多或少会影响许多曾经信任它们的公司；而且，在这种情况下，通常被称为恐慌的普遍不信任情绪就会蔓延开来，如果不出现几乎可以说是偶然的情况，使政府采取极为简单的措施（暂停执行 1844 年的《银行特许条例》）侥幸地消除恐慌的力量，则很有可能会造成与

1825 年相同的信用危机。不过，仅就这一措施而言，它本身并不具有消除恐慌的力量。①

第四节 票据在影响价格方面比账面信用更具效力，钞票比票据更具效力

信用对价格的一般作用如上所述，很显然，如果信用所采取的任何特定方法或形式比其他方法或形式更能对价格产生影响，那么，只能是由于它为一般信用交易提供了更大的便利与鼓励。例如，如果钞票或票据比账面信用对价格的影响更大，那么，这并非由于交易本身存在任何差别，交易无论是以这一种方式还是以另一种方式发生，其在本质上是相同的，都是采用钞票或票据能够产生更多的交易。如果将钞票或票据作为工具，比起仅仅靠账面信用提供信用来说，能够使信用具有更广泛的购买力，那么，在这一限度内，也仅在这一限度内，我们有理由认为前者对市场的影响要大于后者。

现在看来，确实存在着一些这样的区别。如果 A 向 B 购买货物，无论是依靠单纯的信用，还是给予票据，抑或是用从银行家 C 处借来的钞票进行偿付，仅就这一具体的交易而言，不同的方式对价格的影响不会有差别。差别将发生在交易之后。如果 A 用账面信用购买了货物，那么，就没有明显的或更为便利的方式能够使 B 以 A 欠他的债务来扩展自己的信用了。不管 B 是否具有信用，都取决于人们对他偿付能力的一般评价，尤其是，他不能将 A 的债务作为借用货币或购买货物的担保抵押给第三人。但是，如果 A 给予他的是等额的票据，那么他就可以用它去贴现，这就相当于他利用 A 和自己的联合信用来借用货币；或者他可以在购买货物时交换这张票据，这相当于用上述联合信用来购买货物。无论哪一种情况，都出现了以第一次信用交易为基础的第二次信用交易，而且，如果第一次交易不是在票据介入的情况下进行的，则第二次交易就不会发生。交易也无须就此终止。票据在承兑之前可以多次贴现或多次购买货物。相继持有票据的这些人，即使他们没有拥有票据，也可以凭借自身和商人之间的信用关系来达到购买货物的目的，这种说法未必正确。因为他们并不一定都是具有信用的人，或者他们可能已经最大限度地利用了自己的信用。无论如何，不管是货币还是货物，依靠两个人的信用总比依靠一个人的信用更易获得。只要票据付款人具有众

① 1864 年的商业困难，虽然谈不上是商业危机，但其起因的本质是相同的。高价进口棉花形成巨额支付，对银行和其他联合股份项目的大规模投资，再加上一些外国政府的贷款业务，从信贷市场上汲取了巨额资金，导致商业票据的贴现率高达 9%。

所周知的偿付能力，那么就不会有人认为，商人用自己的信用去借1 000英镑会比用等额票据去贴现一样容易。

如果现在我们假设，A没有使用票据，而是用从银行家C处借得的钞票来购买B的货物，那么，我们将发现这之间的差别更大。B现在甚至可以不依赖贴现者：只有那些熟知A偿付能力的人才愿意接受他的票据，而银行家则具有公众普遍认可的信用，至少是在本地区，人人都愿意接受银行家所发行的钞票。因此，按照惯例（现已上升为法律），用钞票进行支付，对付款人来说是可以完全清偿的，而如果他用票据进行支付，则出票人在票据到期之日还未付款时，他仍然负有清偿债务的责任。因此，B可以花光全部钞票而丝毫不会影响他的信用。而且，除了因持有钞票而具有的购买能力之外，他之前以账面信用所获得的货物购买力，始终未受到任何损害。该话语也同样适用于每一个相继持有钞票的人。而只有A——第一个钞票持有者（他用自己的信用从发行人那里借贷而获得钞票）可能会发现，他在其他方面所具有的信用因此而减少了。然而，即使对于A来说，这样的结果也不一定会产生。因为，虽然从理论上讲，如果A的情况众所周知，则他以自己的信用所获得的每一次借贷都应该相应地减少他获得更多信用的能力，然而，实际上相反的情况更常发生：他得到一个人的信任，则被认为是其他人可以安全信任他的依据。

因此，作为提高价格的手段，钞票看来比票据更有效力，而票据似乎又比账面信用更有效力。事实上，这并不意味着因为人们可以更多地使用信用，人们就一定会这么做。如果经济状况并没有使人们产生利用信用来大量购买商品的诱惑，那么，商人们将仅仅使用一小部分信用，而且无论他们采用何种形式的信用，都只取决于该种形式更为便利。只有当市场的状况和商人的心理状态致使许多人想要异乎寻常地扩展他们的信用时，不同形式信用的特质才会显现出来。已经以账面债务的形式最大限度地扩展了的信用，可以通过票据形式来进一步扩展，还可以通过钞票来更进一步扩展。因为，第一，每一个商人除了他自己的信用以外，还可以用他自己向他人提供的信用创造进一步的购买力；第二，银行信用与广大公众的信用一起融入钞票当中，就如同将金银锭铸成便于携带和分割的硬币一样，可以使每一个相继持有它的人，在可以利用自己的信用所获得的购买力之外，还能增加更多的购买力。换一种方式来说，采用账面信用的形式，信用力只被使用一次，它只是一次性购买的基础；但如果是开立票据，同一部分信用可以依据票据转手的次数而被多次使用；而所发行的每一张钞票都基于其数额，使银行信用成为随后每一个钞票持有者手中的购买力，而丝毫不损害持有人可能用自己拥有的信用进行购买的能力。总之，信用具有同货币完全相同的购买力，货币对价格的影响不仅与其数量成比例，而且与其数量及转手次数的乘积成比

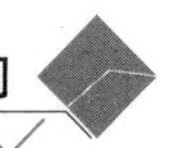

例，信用亦是如此；所以，比起只能进行一次性购买的信用来说，信用经由一手转至另一手，其效力也将成比例地增长。

第五节　账面信用、票据和钞票之间的差别并没有什么实际意义

然而，所有这些购买力要对价格产生影响只取决于它被使用的次数。因此，只有在各种状况能够致使信用异乎寻常地扩大的情况下，人们才能感受到这种效力。在这种情况下，也就是在投机时期，我认为，不容否认的一点是，用钞票进行投机性购买比用票据更有可能使价格上涨，而用票据进行投机性购买比用账面信用更有可能使价格上涨。然而，这远没有人们最初想象的那么具有实际意义。因为事实上，投机性购买在大多数情况下不是用钞票或票据进行的，而几乎完全是用账面信用进行的。有关这类问题的最高权威者说："申请银行扩大贴现的情况（对其他银行的这类申请也是如此），在商品投机扩张开始时或进展中即使曾经发生过，也极为罕见。这些投机行为的绝大部分，即使不是全部，最初都是从各个行业通常使用的具有特定期限的信用开始的，因此，当事人没有必要在自己可以使用的资本之外，为了投机目的而立即借用那么多可能需要的资金。这尤其适用于以转卖为目的的现货投机性购买。但一般来说，这些只是信用交易的一小部分。因预期价格上涨而进行的投机交易，大部分与进口国外商品有关。对于出口商品的投机交易来说，如果大部分是基于托运人或收货人的信用进行的，那么，以上论述同样适用。只要种种情况持续呈现有利态势，则当事人的信用通常可以持续。如果他们中的一些人希望兑现利润，则拥有资本和信用的人可以随时取而代之。如果后来各种迹象充分证明当初开展投机交易的理由是有依据的（因此可以及时将货物出售以供消费，并收回投入的资本），则不会对信贷资本产生特别大的需求来维持投机交易。只有当政局动荡、季节变化或其他偶然情况出现，使人们预感到现有的供应量将超过当初估计的消费量，从而使价格下降时，对资本的需求才会增加。此时，市场利率上升，向英格兰银行提出贴现申请的人也会增加。"① 因此，钞票以及其他可转让票据的增加，在大多数情况下都不会引发或助长投机；而钞票以及其他可转让票据主要是在局势发生转变，而且人们感到困难的时候发挥作用的。

只依靠账面信用，而丝毫不增加通常所说的通货，也可以使各种投机交易发

① 参见图克的《物价史》，第四卷，第 125～126 页。

展到非常高的水平，知道这一点的人甚少。图克先生说：“拥有资本和信用的人所具有的购买力，远非那些实际上不熟悉投机市场的人所能想象……如果人们熟知某人拥有足够的资本，而且他在其行业中也享有良好的信誉，如果他对自己经营商品价格的上涨前景持乐观看法，并且在投机开始时和进程中一切顺利，那么，他将大量购进该商品，购进的数量将远远超出他的资本额。”图克先生运用一些显著的实例证明了这一说法。这些实例证明，钞票或票据之外的信用也可以具有巨大的购买力，并且造成价格上涨。

在 1839 年中国和英国发生纠纷之后，认为茶叶价格将上涨并较早进行投机的人是几家零售商和茶商。当时该行业内人们的普遍倾向就是囤积茶叶，即立即购进一定数量的茶叶，以备未来几个月他们客户的可能之需。然而，他们中间有些人比其他人更为乐观、也更爱冒险，利用自己与茶叶进口商和批发商之间的信用，采购了远远超出他们经营范围预计所需的数量。由于从表面上看，而且有可能从实际上看，这样做是出于正当目的，而且在他们正常的经营范围之内，因而当事人可以在不付任何保证金的情况下进行购买；反之，如果进口商和批发商知道他们是投机者，就会要求其支付每箱 2 英镑的保证金来补偿付款期限（茶叶的付款期限是三个月）届满之前可能出现的价格差。因此，他们在没有支出任何一点实际资本或通货的情况下，就购进了相当大数量的茶叶。而当他们购买的数量大到引起人们的注意时，便用转售一部分存货所得的利润来缴纳进一步购买所需支付的保证金。这样一来，在付款期限届满之前，投机活动将一直持续，致使价格不断上涨（上涨了超过一倍）。而且，如果当时的情况已经证实这一盛极一时的看法——未来所有的供应将被切断——是有道理的，则价格还会进一步上涨，至少不会回落。在这种情况下，投机者即使不能实现他们所预期的全部利润，也能赚得一笔非常可观的收益，从而他们可以借此来大大拓展其业务，或者伴随着靠睿智而功成名就的好声誉隐退。然而，结果却不尽如人意。碰巧两三艘转运茶叶的船只抵达英国，并且出人意料地获准报关进口，同时人们发现进一步的间接装运还在继续。这样，供给的增加就超出了投机者的估计，而与此同时，消费量却因价格高昂而减少了。造成的结果就是市场上茶叶价格大跌，投机者不得不亏本销售，致使他们当中有些人破产了。据说，其中有一个人拥有的资本不超过 1 200英镑，这笔资金已投到了他的业务之中，而他却千方百计地购进了4 000 箱茶叶，其价值超过 80 000 英镑，其遭受的损失约为 16 000 英镑。

“我必须要举的另一个例子是 1838—1842 年间谷物市场上的投机交易。某个人在开始大规模投机交易时所拥有的资本不超过 5 000 英镑（根据随后的调查得知），但在一开始就大获成功，而且进一步的投机交易又顺利开展，当他停止偿还债务时，人们发现他已设法使其采购金额达到了 500 000～600 000 英镑。我们

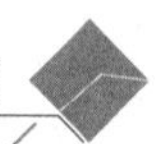

还可以举出其他例子来说明，一些根本没有任何资本的人，仅仅凭借信用，也能够在市场环境有利于他们的情况下进行大规模购买。

“人们注意到，采用少量资本或根本不用资本而进行的投机交易，发生在 1839 年和 1840 年，当时的货币市场正处于紧缩状态，或者用现代术语来讲就是货币稀缺。

虽然投机性购买的主要手段是账面信用，但不容否认的是，在投机时期，汇票和钞票的数量确实会增加。当然，就钞票而言，这一增长在投机的早期阶段很少发生，正如图克先生所说的，人们向银行举债并不是为了购买，而是由于通常的信贷期限已到，而预计的高价格还没有到，因而人们想要保存货物而不是出售。但图克先生曾指出茶叶投机者如果不能从银行获得贷款（假如预期的价格上涨仍在继续，则他们很有可能获得贷款），超过该行业通常 3 个月的信贷期限，那么他们就不能继续进行投机。

既然以钞票这种形式进行的信用是比账面信用更有效的提高价格的手段，那么，无限制地使用这种手段就有可能延长价格上涨的期限以及加深其上涨的程度，从而加剧其后价格回落的程度。但是，其程度究竟如何呢？我们又该赋予这种可能性以何种重要意义呢？如果我们考察一下投机时期增加的钞票相对于汇票一项（并不是说相对于英国国内的信用总额）所占的比例，或许有助于我们对此做出判断。据推测，任一时期现存票据的平均金额都远远超过 1 亿英镑。① 大不列颠和爱尔兰的钞票流通量则很少超过 4 000 万英镑，在投机时期增加的数额最多也不过 2 000 万英镑或 3 000 万英镑。正如我们已经看到的，这种增加在投机

① 最受人们认可的是利瑟姆（Leatham）先生基于官方公布的印花税的收入所做的估计。其结果如下：

年份	大不列颠和爱尔兰出具的汇票，根据印花税办公室公布的印花税收入（英镑）	各年某一时期的平均流通额（英镑）
1832 年	356 153 409	89 038 352
1833 年	383 659 585	95 914 896
1834 年	379 155 052	94 788 763
1835 年	405 403 051	101 350 762
1836 年	485 943 473	121 485 868
1837 年	455 084 445	113 771 111
1838 年	465 504 041	116 376 010
1839 年	528 493 842	132 123 460

图克先生说：“利瑟姆先生说明了他根据印花税收入的数据，并给出了得出上述结果的步骤。我倾向于认为，在资料性质所容许达到的限度内，他得出的结果最接近事实。”（参见《通货原理研究》，第 26 页。）纽马奇（Newmarch）先生（《1857 年银行条例委员会的报告》附录 39 及《价格史》第六卷中的第 587 页）给出了形成这一观点的依据，即 1857 年汇票的流通总额略小于 1.8 亿英镑，不过有时会增加到 2 亿英镑。

高潮来临之前很少出现，即使出现了，由于这时已经显示出转变的迹象，因而商人们一般只想偿清现有债务，而不再谋求拓展业务；而现有的票据数额则从投机开始时就已经大大增加了。

第六节　支票同钞票一样，也是影响价格的有力手段

众所周知，近年来众多政治经济学家和大部分公众都认为限制钞票的发行，是防止（即使不能防止，也能够缓解）投机热的非常有效的手段，因而这一点也得到了立法机关的关注和认可，并颁布了 1844 年《通货法案》。然而，我们就这一点的研究所得而言，虽然我们承认钞票要比票据或账面信用对价格的影响具有更大的效力，但我们并没有理由认为这种优越的效力是投机时期引起价格上涨的主要原因，因此也不能认为，对这一手段的任何限制，都能像人们常常所设想的那样，能够有效缓解价格的上涨，或者是其后的回落。如果我们进一步考察信用交易的第四种形式，即银行支票或银行转账（这一形式在各个方面都同钞票极其相似，为信用扩张提供同等便利，同样有效地影响价格），则我们更不能那样认为。富拉顿先生认为："目前，用英格兰银行所发行的钞票能够得到的一切，用以下方式同样也可以获得，即每个人都在银行开立一个账户，并用支票进行 5 英镑及以上的支付。"① 银行无须借贷给商人钞票，而是给其开立一个账户，将其同意垫付的金额授信于该账户。按照约定，商人可以用支票进行必要的支付，收款人凭支票提取该账户的金额，除此之外，商人不能以其他任何方式提取该金额。这些支票很可能会像钞票一样被转手，然而，更为普遍的是，支票接受者会将支票存入与自己有往来的银行的账户中，并在其需要钱的时候开具一张新的支票来提取金额。因此，反对者可能会极力主张，由于原始支票将很快被提走，届时必须付以钞票或铸币，因而必须提供等额的钞票或铸币来作为最终结算手段。然而，事实并非如此。得到支票的人很可能与同一家银行有往来，因而支票可能会转回到开具支票的那家银行。这一情形在农村地区甚是常见。如果是这样的话，银行则无须支付，只需进行转账就可以完成交易。而如果支票被存入不同的银行，也可以不用付款，而是通过与其他银行支票的相互抵消来结算。在有利于银行信用普遍扩张的情形下，一家提供较多信用并因此需要更多承兑支票的银行，也必然会拥有较多应由其他银行承兑的支票，因此，它只需提供用于平衡差额的钞票或现金即可；为此，精明的银行通常只要备有其债务三分之一的准备金

① 参见《论通货的管理》，第 41 页。

就足够了。现在，如果银行通过发行自己的钞票的形式来扩展信用，则同样也需要用铸币或英格兰银行的钞票来作为日常备用资金。因此，正如富拉顿先生所言，通过钞票流通的形式所提供的一切信用便利，同样可以通过所谓的支票流通的形式来提供。

这种以银行转账形式进行的信用扩张，与我们上述所提及的以钞票形式进行的信用扩张一样，都会对价格产生很大影响。给予某人一张 20 英镑的钞票，这是在其自身信用以外，并基于其信用而给予的 20 英镑的购买力。给予其一张支票，情况也是如此。因为，虽然他不能用支票来购买任何物品，但是他可以将其存入银行，并以此开具支票提取金额。由于这种凭借一张已经交换并且付讫的支票来开具支票的行为，与使用钞票进行的购买行为一样，可以重复进行，这同样可以导致购买力的增加。银行向客户提供的初始贷款或信用，在相继获得部分信用的人手中，作为一种购买手段无形中被增强了，正如钞票的购买力在钞票回到发行者手中之前，按其在人们之间转手的次数成倍地增加一样。

近来，人们肤浅地相信用人为规则来限制钞票的发行，可以缓解商业动荡，然而，上述种种考察表明这种方式不会产生任何大的作用。必须等到我们对外汇以及金银铸锭的国际流动进行分析之后，方可审查这一限制的一切后果，以及对其赞成和反对的理由做出判断。目前，我们只研究价格的一般理论，其重点是研究各种信用形式对价格产生的不同影响。

第七节　钞票是货币吗

关于上述那几种信用形式，尤其是钞票（bank notes），是否应当被视为货币，人们已经进行了大量的讨论和争论。这一问题纯粹是咬文嚼字，根本不值一提。令人难以理解的是，为什么人们如此重视这一问题，如果不是一些权威人士仍然坚持社会学和政治经济学创立初期的学说，认为决定一般价格的是相对于商品数量的货币的数量，而且要维护只有钞票能够影响价格，而其他信用形式都不影响价格的论断，则需着重证明只有钞票是货币，而其他形式的信用则不是货币。然而，显而易见的是，价格并不取决于货币，而是取决于购买。存入银行没有提取出来的货币，或不是为了购买商品而提取出来的货币，都如同不曾使用的信用一样，不会对价格产生影响。用于购买商品的信用，则同货币一样影响价格。因此，在对价格的影响上，货币和信用完全一样，从这方面来讲，无论将钞票归为货币还是信用，都没有实质性区别。

然而，既然有关这一术语的问题已经提出来了，似乎应该予以回答。将钞票视为货币的理由是，按照法律和惯例，钞票同金属货币一样，都具有最后结算交易的特性，而将一个人的债务转移给另一个人的其他信用支付方式，则不具有这种特性。这里首先令人想到的是，按照这种说法，至少私人银行的钞票不是货币，因为在偿还债务时，并不能要求债权人接受这种钞票。如果他们接受了这种钞票，则交易当然可以得到清算，但是，按照同样的假设，一捆布料或一桶葡萄酒也具有同样的功能，但是却不能因此而被视为货币。货币作为法定货币，这似乎是货币概念的本质组成部分。人们普遍认可由法律规定的不可兑换纸币是货币。在法语中"纸币"（papier-monnaie）一词的实际意义就是不可兑现纸币，而可兑现的纸币则指的是"不记名票据"（billets *à* porteur）。基于可兑换法则，只有英格兰银行的钞票出现了问题，因为虽然这种钞票由该行以外的其他一切人支出时是法定货币，但是由本行的人支出时却不是法定货币。对于买主而言，英格兰银行的钞票无疑可以用于结算交易。一旦他以英格兰银行钞票做了支付，人们就不能要求他再次进行支付。但我承认，我还是不明白，对于卖主而言，如果他只有在英格兰银行遵守承诺支付的条件下才有可能获得其商品价格，那么，我们怎么能够认为他的交易就结清了呢？一种票据如果因为公司破产而丧失一切价值，则从货币与信用相互对立的任何意义上讲，该票据就不是货币。它或者不是货币，又或者既是货币又是信用。将其描述为铸币形态的信用（coined credit）或许最为恰当，而其他形式的信用，或许可以被称为铸锭形态的信用（credit in ingots），以与之相区别。

第八节　钞票与其他形式的信用之间没有种类的差别

一些高级权威人士声称，就对价格的影响而言，钞票与信用的其他形式之间的差别，要比我们上述所分析的原因造成的差别更大，而且不是程度上的差别，而是本质上的差别。他们用以下事实作为这一差别的依据，即所有的汇票、支票以及账面债务从一开始就打算，而且实际上最后也都是以铸币或钞票结清的。因此，根据这些权威人士的说法，流通中的钞票连同铸币是其他一切信用手段的基础，而且上层建筑与这一基础成比例，因而钞票的数量决定了其他所有信用形式的数量。在他们看来，如果钞票增多了，则票据以及用支票进行的支付都会增多，并且我猜想账面信用也会增加。而且他们还认为，通过调节和限制钞票的发行，将使其他所有信用形式通过间接作用受到类似的限制。虽然我在任何地方都没有看到他们如此明显地阐释过这种观点，以致我还不能确信自己领会了其中的意思，但我相信，我已经准确地表达了他们的观点。根据钞票数量的或多或少，

一般来说（尽管并非总是），其他各种形式的信用也会或多或少，这或许是正确的，因为导致一种形式的信用增加的事态，同样也会导致其他形式的信用增加。但是，在我看来，没有理由认为一方是另一方的原因。固然，如果我们从铸币和钞票决定价格的假设（我怀疑人们心中就是这样假设的）出发，则他们所坚持的命题就会随之产生。因为，随着价格的升高或降低，同样的购买将导致票据、支票和账面信用数额的增多或减少。但这种推理的前提是一个有待证明的命题。撇开这个假设不谈，我不知道这一结论该如何得到证实。人们向与其交易的某个人提供信用，不是取决于当时流通中钞票或铸币的数量，而是取决于人们对其偿付能力的判断；而如果他们在计算中还要考虑某个更具普遍性的问题，则只有在信贷市场不景气的时候才会考虑，因为那时他们不能确定自己能否获得惯常依赖的信用；而即使是在这种情况下，他们关注的也只是信贷市场的一般状况，而不是钞票的数量（先入为主的理论除外）。到目前为止，我们讨论的是商人是否愿意提供信用的问题。而商人是否愿意使用他的信用，则取决于他对收益的预期，即取决于他对商品未来价格的判断，这一判断或者以正在发生的价格上涨或下降为依据，或者以他对供给和消费速率的预期判断为依据。如果商人扩大购买超出了他即时支付的能力，而与他人约定在某一时间付款，则他之所以这么做，或者是由于他预计在约定时间到来之前可以顺利完成交易，或者是由于他预计在那时自己可以从其他交易的收益中获得充足的资金。这些预期能否实现取决于价格，而非特别取决于钞票的数量。毫无疑问，商人也会扪心自问，万一这些期望落空，那么在最坏的情况下他有多大把握可以指望获得暂时的贷款来履行承诺。但首先，他们在未来渡过难关的过程中将会面临多少困难的问题上没有经过深思熟虑，在被认为应当大胆冒险的时期，对于充满自信且敢于超出自身财力去争取成功的人来说，这种考虑不足以成为一种限制力量。此外，我以为，他们自信在不幸的情况下也能得到帮助，主要取决于他们对自己个人信用的估计，以及（或许是）对信贷市场一般状况的考量，而不取决于通货的数量。他们知道，如果发生商业危机，他们将很难获得贷款。但如果他们意识到在自己将商品卖出去并收回货币之前很有可能发生商业危机，则他们就不会进行投机。只要一般信用没有发生大幅收缩，而且他们当时的业务状况也能够使贷款人完全确信其有望收回贷款，则他们就有把握获得贷款。

第十三章　论不可兑换纸币

第一节　不可兑换纸币的价值取决于其数量，可以随意调节

经验已经表明，只要在没有内在价值的一张纸片上标明它等价于一定数额的法郎、美元或英镑，它就可以按这一标注的金额流通，并使发行者获得同额铸币所能带来的一切利益。因而各国政府开始考虑，如果它们能够不必先受私人发行纸币时所受的那种制约（即如果人们要求兑现，就必须支付票面标明的金额），然后才能将这种利益据为己有，这应当是一种巧妙的做法。政府决定试试看能否摆脱上述令人不悦的义务，而且仅凭将一张纸片称为 1 英镑，并且允许人们用它纳税，它就可以作为 1 英镑而流通。几乎一切既定的政府都这样做并且成功地实现了这一目的。我认为可以说它们在一定的时期内获得了成功，不过，只要它们公然滥用这种权力，它们就会丧失这种权力。

就不可兑换纸币来说，执行货币职能的物品所具有的执行货币职能的权力完全来自惯例。而惯例也完全能够授予这种权力。这是因为，要某人将某种东西当作货币来接受，甚至按某一任意规定的价值予以接受，只需要做到这样一点，那就是使他确信其他人也会按同样的条件从他那里接受这种物品。唯一的问题是：是什么决定了这种通货的价值？因为它不会像金银（或者能够随意兑换金银的纸币）那样取决于生产成本。

不过，前面已经提到，即使是金属通货，决定其价值的直接因素也是它的数量。如果它的数量能够由政府任意规定，而不取决于通常商业上的盈亏动机，则它的价值将取决于政府的法令，而不取决于生产成本。纸币通货的持有者不能随意用纸币兑换金币，其纸币通货的数量是可以任意规定的。如果拥有最高权力的政府是发行者，则情况更是如此。因此，这种通货的价值完全是任意规定的。

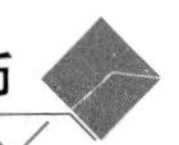

试想某个完全把金属硬币作为通货的国家突然之间发行纸币，它不是由银行发行，也不采取贷款的形式，而是由政府发行，用于支付工资和购买商品，其发行量相当于流通中的金属硬币的一半。这时，由于流通中的通货突然增加了一半，所有商品的价格均会上涨，尤其是金银制品的价格。一盎司黄金制成品将比一盎司金币更为值钱，价值差额将超出通常用于补偿加工费的水平。因此，熔化金币将其加工为制成品将是有利可图的。这种熔化将会一直持续，直到金币的减少额等于纸币的发行额为止。之后，价格将回落到最初的水平，除去原有金属货币的一半被纸币取代之外，没有其他变化。现在，我们假定再次发行纸币，那么，一系列相同的结果将再次产生，这种情况会一直延续下去，直到全部金属货币都消失。也就是说，如果纸币的最小面值与铸币的最小面值相同，那么，金属货币便会消失；如果不是这样，则会有一些铸币被保留下来，用来进行小额支付。可用于制作装饰品的金银数量的增加，将使金银制品的价值暂时略有下降，在这种情况下，即使纸币的发行额与当初金属硬币的流通额相等，也会有一些铸币被保留下来继续同纸币一起流通，这将导致通货的价值降低到与金属材料已经降低的价值相当的水平。不过，金属材料的价值一旦降到其生产成本以下，矿山的供给就会停止或者减少，这将使剩余的金属硬币通过正常的熔化过程消失，同时，金属材料和通货将恢复它们的自然价值。在这里，我们仍然假定（过去我们一直这样假定），某国拥有自己的矿山，与其他国家没有商业往来。因为在开展对外贸易的国家中，纸币的发行会使硬币显得多余，因而硬币会被人们以更快的方式清除。

到此为止，我们发现，无论纸币能否兑换硬币，其作用基本相同。当金属硬币完全被取代并被排除出流通领域时，可兑换纸币与不可兑换纸币之间的差别才开始显现出来。假设在黄金或者白银已经全部退出流通领域并被等额的纸币取代之后，纸币发行额仍在持续增加，则一系列相同的现象将会重新产生：价格上涨，尤其是金银制品的价格，因而同过去一样，人们将想方设法获取硬币并将其熔化为金银锭。于是，硬币不再流通。但是，如果纸币是可以兑换的，则人们仍可以用纸币从发行者那里换取硬币。因此，在金属货币被完全取代之后，所有增加发行的强制流通的纸币都将会被兑换成硬币并回到发行者手中，从而可兑换纸币不可能使其在流通领域中的数量保持在较高的水平上，致使它的价值低于它所代表的金属价值。然而，不可兑换纸币的情况就不一样了。它的增加（如果法律准许）没有阻碍，发行者可以无限增加发行纸币，并且相应地使其价值降低而使物价升高，换言之，他们可以使通货无限贬值。

这种权力无论被授予什么人，都是一种无法承受的危害。流通媒介价值的一切变动都是有害的，它们扰乱了现有的各种契约和预期，同时，发生这种变动的可能性也使一切长期的金钱契约变得极不可靠。为自己购买或者给予他人 100 英镑年金的人，不知道几年后这 100 英镑将相当于 200 英镑还是 50 英镑。这种危害，即使是由偶然事件引起，也已经很大。如果是由个人或者团体的随意处置而造成的，则其危害更甚。相关个人或者团体可以通过财产价值的人为变动而得到很大的实惠。由于纸币的发行本身就是利润的源泉，因此，无论怎样，他们都对尽可能多地发行纸币有强烈的兴趣。毫无疑问，降低通货的价值可以使发行者获得直接利益，而在政府的纸币作为通货的情况下也总是如此，因为它们自己的债务正是用这种媒介计算的。

第二节　不可兑换纸币如果由金银锭的价格来调节，也许安全，但不方便

为了防止人们故意改变通货的价值，并尽可能控制它因偶然事件而发生的变动，一切文明国家都已经采用了所有已知商品中价值最不易变动的物品，即贵金属，作为流通媒介的价值标准，凡是价值与贵金属的价值不一致的纸币均不允许其存在。即使是那些滥发不可兑换纸币的政府也不能完全无视这一根本准则。即使那些政府没有（像它们一贯所做的那样）表示要在某一不确定的时间以硬币兑换纸币，它们至少也会给它们所发行的纸币冠以铸币的名称，以表示要使纸币的价值与铸币的价值一致（尽管一般均为假象）。甚至对不可兑换纸币而言，这也并非不能做到。固然没有可自由兑换条件下的那种自动调控，但有一个清晰而明确的指标，用以判断通货是否贬值及其贬值程度。这个指标就是贵金属的价格。如果纸币持有者不能要求把硬币兑换成金银锭，如果硬币在流通领域已不复存在，则金银锭的价格就同其他物品的价格一起升降。而如果金银块的价格高于铸币的价格，例如，如果 1 盎司黄金可以铸成相当于 3 英镑 17 先令 10.5 便士铸币，但却能兑换 4 英镑或 5 英镑纸币，则通货的价值已经按照此程度跌至金属通货的价值以下。因而，如果不可兑换纸币的发行受到各种严格的规则的限制，如金银块的价格涨至铸币价格之上，就应该缩减发行额，直至金银锭的市场价格和铸币的价格再度一致为止，则这种通货就不会产生通常被认为是不可兑换纸币所固有的一些缺陷。

不过，这种通货制度仍不具有足以使人们采用它的优点。依据金银锭价格进行调节的不可兑换通货，其一切变动均与可兑换通货的变动一致，因而采用这种制度所能获得的利益只是消除了储备贵金属的必要性。但是，这一点并非十分重要，对于政府而言尤其如此。只要其信用未曾受到怀疑，它就不会像私人发行者

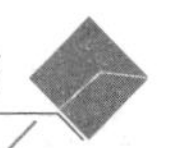

那样必须持有大量准备金。由于人们对政府的偿付能力从未产生过怀疑，所以，它不大可能遇到重大的、突然的兑付要求。反对这种微小利益的意见指出，在这种通货制度下，首先，存在着为了影响通货而以欺诈手段扰乱金银锭价格的可能性，正如《谷物法》在其有效期间遭受到众多正当的指责一样，因为有些人虚假出售谷物而影响了其平均价格。其次，更重要的是，应该采用即使最无教养的人也能够理解的简单规则，使所有人都能够理解自由兑换，使每个人都知道，在任何时候可以与 5 英镑相交换的物品均具有 5 英镑的价值。凭借金银锭的价格进行调节是一个比较复杂的概念，人们无法通过联想自己熟知的相关的东西自行加深了解。人们对于接受这种调节的不可兑换通货的信任程度，远不如对可兑换通货的信任，而且，最有教养的人也有理由怀疑，人们是否能够严格地遵守这一规则。只要公众尚未充分地理解这一规则，就无法形成严格执行这一规则的舆论，而且，在某些困难的情况下，人们也许还会表示反对。同时，对于政府本身而言，与对于在某种程度上可能被看作人为的规则相比，可兑换性的终止似乎是更为激烈和更为极端的措施，因而人们有充足的理由认为，即使是调节得最好的不可兑换货币，也不如可兑换纸币可取。在财政紧张时期，过度发行的诱惑是如此强烈，因而不允许任何方面的措施在执行力度上有所削弱，无论削弱程度是何等微小，都有可能限制过度发行。

第三节　考察不可兑换纸币如果代表现实财产就是安全的这一学说

虽然在政治经济学领域没有其他论断较之以下论断具有更为确凿的依据，即如果纸币未能通过可兑换性或者未能通过某种限制规则与某种金属货币保持同等价值，则会带来危害。虽然经过多年的讨论，这一观点已经深入人心，但是持不同意见的人仍然很多，而且不时会有人建议通过无限制地发行不可兑换纸币的方法来消除社会上的一切经济弊端。老实讲，这种想法的确具有很大的诱惑力，如果有人要是相信纸片上印几个数字就可以用来偿还国债，无须课税就能偿付政府的支出并造福于全社会，那么前景倒真是光辉灿烂，炼金术士的点石成金也不过如此。

然而，由于这些计划常常以失败告终，却总有人又重新提出，因此，考察计划者本身受到蒙蔽的若干谬误并非多此一举。最为常见的一种谬误是，如果每一张纸币都代表一份财产，或者说，它以现实的财产作为依据，则纸币的发行就不会过度。所谓“代表”和“依据”这些用语，大多不具有十分清晰或者明确的含义；而当它们具有这样的含义时，它们的意思不过是，纸币的发行者必须拥有相当于与其所发行的全部纸币的价值的财产（不论这种财产是他们自己的，还是别人委托他们代为保管的），尽管拥有财产的目的不是很明确。这是因为，如果不能用纸币兑换这种财产，人们就难以测知究竟运用什么方法，仅仅依靠这种财产的存在就能维持纸币的价值。不过，我相信人们是拿它作为一种担保，即如果发生导致一切业务终止的麻烦事件，它便可以保证纸币的持有者最终得到赔偿。以这一理论为基础形成了诸如“以全国的土地为担保发行货币”的若干实践措施。

如果人们认为这种想法多少有点道理，那是因为人们混淆了纸币易于产生的两种截然不同的弊害：其一是发行者无力偿付。如果纸币以发行者的信用为依据，即允诺见票即付或者在将来的某一时期兑付现金，则发行者无力偿付将剥夺纸币源于这种承诺的所有价值。而且，不论如何适度地使用纸币，这种弊害也同样容易产生。为此，我们不妨规定一切发行均需“以财产为依据”，例如，规定纸币只能由某种贵重物品作担保并明确规定这种物品必须在进行赔偿的条件下发行，才能够有效地加以防范。但是，这一理论忽略了另外一种弊害，这一弊害即使是最有偿付能力的企业、公司或政府发行的纸币也在所难免，那就是因为过度发行而造成的纸币贬值。法国大革命时期的“指券”，就是依据这种原则而发行的通货：这种指券“代表”巨额、极其贵重的财产，即王室、教会、修道院和移民的土地，总量可能达到法国国土的一半。实际上，指券就是上述大宗土地的订单或者转让书。革命政府曾想把这些土地转换成货币。不过，平心而论，它最初并未打算加大发行量，却不得不这样做，这是由于其他一切财产的来源都枯竭了。按照革命政府的设想，指券会迅速地流回到发行者手中以换取土地，而且，在土地被全部卖出之前，政府可以持续重新发行指券，并且不会造成流通中指券的数量过度。但是，革命政府的希望落空了，土地并没有像它所预期的那样迅速被售出，买主们不愿意将他们的货币投资在土地上，因为如果革命失败，则这些财产很可能被无偿地收回。代表土地的纸片惊人地增加，以致无法继续维持其价值，就像所有的土地如果同时拿到市场上出售，土地本身的价值就无法维持一样，结果是，购买 1 磅黄油最终需要支付 600 法郎的指券。

有些人认为法国指券这一实例不具有结论性，因为指券只代表一般的土地，而不代表一定量的土地。他们断言，防止指券贬值的适当方法，是对所没收的一切财产均按金属价值予以评估，同时以这种价值为限发行指券，并给予指券持有者一种权利，即他们可以按革命政府注册的价值，用等额指券换取任何一块土地。毫无疑问，这种方法要比实际采用的那种方法优越。如果采用了这种方法，指券的价值就绝不会降到那种紊乱的程度。因为不管指券的购买力相对于其他物品而言下降了多少，都将保持相对于土地的购买力，而在指券的市场价值大量丧

失之前，人们就很可能拿它们来换取土地了。然而，我们必须记住，指券不贬值的前提条件是，指券流通的数量不大于其可兑换成现金时的数量。因此，虽然在革命时期，这种一经提出要求即可兑换为土地的通货，作为一种以最少的损失迅速出售大量土地的手段，不管怎样都是合宜的，但是，如果当作一国的永久性制度，却很难看出它与可兑换铸币的通货相比有什么优越性。而其缺点则是显而易见的，因为土地的价值远比金银的价值更容易发生变化。此外，对大多数人来说，与其说土地是一种合理的财产，不如说它是一种债权（除可兑换成货币外），因此，只要纸币稍微贬值，人们就会提出兑换金银的要求；但如果纸币只能交换土地，则只有当纸币的贬值达到相当大的程度之后，人们才会提出兑换土地的要求。①

第四节　考察增加通货可以促进产业发展这一学说

不可兑换纸币的支持者所依靠的另一种谬论是通货增多能够加速产业发展的学说。这种思想始见于休谟的《论货币》一文，后来它又获得了众多的支持者。以阿特伍德（Attwood）为代表的伯明翰通货学派就是其中之一。阿特伍德先生认为，纸币增加所引起的物价上涨会激励每一个生产者的巨大热情，并使一国的全部资本和劳动都得到充分利用，而且，在物价大规模上涨的所有时期，这种情况是经常发生的。然而我以为，阿特伍德先生所说的那种能使一切从事生产的人焕发出巨大热情的东西，必然是生产者的一种期待，即期待着用自己的劳动产品换取更多的一般商品和更多的真实财产，而不只是换取更多的纸片。但是，按照上述假设，这一期待定会落空，因为，如果假定所有的价格都以同等幅度上涨，则谁都不能以自己的货物换得比过去多的货物。那些与阿特伍德先生看法相同的人，要想诱使人们异常努力地工作，就只能延长人们的幻觉，即使货币价格逐步上涨，从而使每一个生产者都感到他们获得的报酬似乎正在相应地增加，尽管实际上绝不会增加。对于这一方案，除了指出它完全无法实行以外，无须再列举其他反对理由。它指望让全世界的人都永远相信纸片越多财富也就越多，而人们永远看不到，即使使用他们的全部纸币也买不到比过去多的任何物品。这一学派虽

① 一些极具天赋的学者竟然推崇一些非常荒唐的通货计划，方案之一如下：政府应该收取某种形式或者数量的财产，诸如土地、股票等作为担保品或抵押品，然后再贷给这些财产所有者等于其估计值的不可兑换纸币。这种通货甚至不具有正文所肯定的指券的优点，因为从政府处得到这种纸币的人将它支付给别人，别人却不能把它交还给政府，以要求兑换土地或股票，因为它们只是抵押品，而未曾转让给政府。类似这种纸币的指券无法回流，因而其贬值是没有限度的。

然如此重视物价高涨时期的经验，但在物价高涨的每一时期，人们都没有犯过类似的错误。阿特伍德先生所误以为的繁荣时期实际上只不过是投机时期（一切物价高涨时期，如果采用自由兑换的制度，则必然如此）。在此期间，投机家们都认为他们的财富增加不是由于高物价持续，而是由于高物价不再持续，即任何在物价持续高涨时期设法取得利润的人将会发现，在物价回落之后，自己拥有较多的英镑的价值并没有减少。如果在投机临近结束时发行一种纸币，并使其数量能够保持在物价高涨时期达到的最高水平，则最失望的莫过于投机者了。因为他们原以为及时脱手会实现一定的利润（使其竞争者遭受损失，这些竞争者在他们出售时买进，而在物价回跌后不得不卖出），但现在，这些将从他们手中消失，他们除手里可供点数的纸票多了几张之外别无所得。

休谟对于这一学说的阐述与阿特伍德先生略有不同。他认为，所有商品的价格不会同时上涨，因而，如果某些人通过出售他们必须出售的物品获得较多的货币后，他们想购买的物品尚未涨价，则他们就可以获得一种实实在在的利益，而且能够获得这种利益的人总是行动最早的人。不过，显而易见的是，既然有人由此获得超乎寻常的利益，就必然有人遭受损失。如果事情像休谟先生所设想的那样，则遭受损失的人就是那些涨价最晚的商品的卖主；按照假设，这些卖主按旧价将其货物卖给已通过新价获利的买主，这些卖主出售他们的商品只获得惯常数量的货币，而这时用这些货币却已经无法买到像从前那样多的某些物品了。因此，如果他们知道这一点，他们就会提高其商品的价格，从而使买主们无法获得那种被设想的能够对其行业有刺激作用的利益。相反，如果卖主不了解此种情况，只是在他们支出货币时才发现事已至此，则他们的劳动和资本的报酬就将低于正常水平；在其他行业受到激励的同时，似乎他们的行业一定会由于相反的原因而遭受挫折。

第五节　通货贬值是对社会的课税，是对债权人的欺骗

物价普遍而持久地上涨，换言之，货币贬值，如果不使某些人受损，就不能使任何人获利。用纸币代替金属货币能使国家获利，但超额增发纸币则无异于一种劫掠。

发行纸币显然可以给发行者带来利益，因为在人们拿纸币承兑之前，发行者可以把纸币当作真实的资本加以使用；只要通货不因发行纸币而持续增加，而只是用纸币来代替同等数额的金银，则发行者获利就不会使任何人遭受损失，因为利益自得给社会节省了消耗昂贵材料的费用。但是，如果没有替代金银，即如果

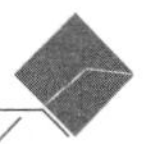

在原有通货的基础上增发纸币，不是用纸币替代金属货币的一部分，则通货的全部持有者均会因通货的贬值而遭受损失，其损失的程度刚好与发行者获取的利得相当。这实际上是发行者为获取利益而向人们征收的一种租税。有些人也许会反对这种说法，他们的理由是，那些因增发纸币而获得贷款的生产者和商人也能获利。然而，他们的利益并非什么额外的利益，而不过是发行者在损害一切货币持有者利益的前提下所获取的利益的一部分。发行者并没有把向公众征税所获得的利润全部留给自己，而是同他的顾客分享了。

但是，除了发行者或其他人通过发行者在损害一般公众的前提下获得的利益外，还有另一种不正当的利益，是由人数更为广泛的一个阶层获得，即由那些承担固定金钱债务的人获得。所有这些人都由于通货贬值而解除了一部分债务负担或其他债务负担。换言之，他们的债权人的一部分财产被无偿地转让给了他们。从表面上看，人们可能会认为这对行业是有利的，因为各生产性阶层都是主要的借款人，其对其他非生产性阶层（包括实际上不从事经营活动的所有人）所承担的债务要多于非生产性阶层对生产性阶层所承担的债务。如果将国债包括在内，尤其如此。只有在这种情况下，通过缓解生产者和商人所承受的固定压力，物价的普遍上涨才能给他们带来利益。如果诚实和信誉对于整个世界，特别是对于工业和商业并不重要，则可以认为这的确是一种利益。然而，很少发现有人提出应当设法让通货贬值，理由仅仅是使国家和私人的债权人丧失一部分债券是值得的。具有这一倾向的各种方案几乎总是出于某些特殊的、偶然的原因。例如，需要补偿以前在相反方面所造成的不公平。

第六节　考察进行这种欺骗的某些口实

在英国，在自 1819 年以后的许多年里，仍有一些人坚决主张，现存的大部分公债和大量私债均是在 1797—1819 年间拖欠下的，当时，英格兰银行不曾用现金承兑钞票。现在，债务人（如果是公债，则为全体纳税人）用贬值的通货借得的钱，必须按相同的名义数额对通货贬值时期的借款支付利息是不公平的。根据某位学者的估计，当时货币贬值的平均水平为 30％、50％或者 50％以上，由此得出的结论是，或者我们应当恢复已经贬值的通货，或者应当从过去拖欠的公债、抵押贷款或其他私债中，扣除与估计的贬值幅度相当的百分比。

对于这一结论，人们通常这样辩驳：姑且承认恢复现金支付而不降低兑换标准，这对于债务人来说是不公平的，这将迫使他们用价值提高的通货偿付贬值时所借的通货。但是，现在对这种损害做出补偿已为时太晚。现在的债务人和债权人已不是1819年的债务人和债权人了，岁月的流逝已经完全改变了社会的金钱关系。现在要确定当时的受益人和受害人已经不可能了，走回头路不仅不能纠正错误，而且会在已有的不公平之上附加另一种普遍的不公平。就实际问题而言，这种争辩当然带有结论性，不过，这一结论是建立在极其狭隘、极其粗浅的理由之上的。它承认1819年的《佩尔法案》（Peel's Bill）确如人们所说的那样是不公正的，该项法案规定重新按照原来3英镑17先令10.5便士的标准来兑付现金。但是这种承认与事实完全相违背。当时国会别无选择，它理应坚持过去所承认的标准。对此，我们可以用三种不同的理由加以证实，其中两种是事实上的，另一种是理论上的。

事实上的理由如下。首先，所谓在英格兰银行限制兑现时所产生的私人或公债合约，是以低于现在支付利息的通货价值的通货签订的，不过，这不是事实。中止履行承兑义务，曾经给予英格兰银行降低通货价值的权力，这确是事实。英格兰银行真正行使了这种权力，这也是事实，虽然其行使的程度远未达到人们常说的那种程度。因为在此期间的大部分时间里，黄金的市场价格和造币厂的估价之间的差别是微不足道的，即使在战争的最后5年差别最大时，也没有超过30%。通货按照这一幅度贬值了，也就是说，通货的价值要低于国会公开宣称要坚持的标准。但是，当时欧洲的情况是，由于贵金属被人们大量贮藏，并为横扫欧洲大陆的庞大军队的军用金库所吸收，因此，标准本身的价值已大为提高。而最具权威的人士（只列举图克先生就足够了）在进行了仔细的调查研究以后，也相信纸币和金锭之间的差别，并没有超过黄金本身价值提高的程度，而且，纸币的价值虽然相对地低于当时黄金的价值，但是并不低于其他时期黄金或不可兑换纸币的通常价值。如果这是事实（图克先生的《物价史》有确切的记述），则以通货贬值为由反对公债持有人和其他债权人等全部问题的根据均被推翻了。

不过，其次，即使在英格兰银行限制兑换的各个时期，通货的价值也是按其标准的贬值程度而降低。我们也必须记住，只有一部分公债或者其他长期债务是在英格兰银行限制兑换时期产生的，一大部分是在1797年以前签订的契约，还有一大部分是在限制兑换时期的最初几年里签订的契约，当时纸币和黄金之间的差别尚小。对于第一部分持有人来说，由于22年里都是用已经贬值的通货来支付利息的，因此他们遭受了损失。对于第二部分持有人来说，在用相对于借款时所用的通货已经贬值的通货支付利息的那些年里，他们也有所损失。假如按照较低的标准重新兑换现金，将使上述两种债权人遭受永久性的损失，以免给第三部分债权人（在通货贬值程度最大的几年间贷出他们资金的那些人）带来不正当的利益。如果这样的话，则将会对一部分人偿付不足，而对另一部分人又偿付过多。已故的马希特（Mushet）先生曾不厌其烦地对两个数额进行了定量的比较。

他通过计算断定，如果在 1819 年，计算一下公债持有人由于纸币脱离兑换标准而得到的利益和遭受的损失，则可以看出，他们全都遭受了损失。因此，如果以通货贬值为由认为对这种损失给予补偿是正当的，则全体公债持有人都应当得到补偿，而不应由他们提供补偿。

以上所述是事实方面的理由。但是，这些事实理由并不是最具说服力的。更具说服力的是理论方面的理由。假如不是一部分债务而是全部债务都是基于已经贬值的通货（不仅与其兑换标准相比已经贬值，而且与其本身之前和之后的价值相比也已贬值）签订的，并且现在我们要用比签订时所用通货的价值高出 50%甚至 100%的通货来支付这种债务的利息。假如原契约规定了这样的支付条件，则这会对支付责任产生什么影响呢？现今这不仅是事实，而且事实并非仅此而已。契约为公债持有人所规定的条件比他已接受的条件还要好。在英格兰银行限制兑换的整个期间，国会曾经做出这样的保证（由此，这一立法机关负有任何立法机关所能承担的最高义务），即在全面签约之后的 6 个月内，就要按照过去的标准重新兑换现金，对此由立法机构承担任何立法机构自身所能承担的最高义务。因而，这已经成为每笔贷款的实际条件，并且这个贷款条件的确是更为有利的。假如没有这样的规定，则必须遵照向印度本土贷款时规定的条件，否则政府根本别指望得到贷款。如果当时政府暗示或者明言，在借到这笔款项以后，其计算利息的标准将持续降低，直到借款人的立法机构的“集体智慧”认为适当为止，那么谁也不知道要用什么样的利率才能诱使具有常识的人使用其储蓄来冒这样的险。无论公债持有人由于恢复现金兑付而获取了多少利益，都是契约规定的条件承诺给他们的应得的利益。他们所提供的价值已经超过了他们所得到的价值。因为现金兑付并非在签约后的 6 个月内，而是在签约多年后才能得以恢复。因此，即使撇开我们的一切议论（除最后这一点外），而且承认有关这一问题的反对方所坚持的一切事实，公债持有人也仍然没有得到不正当的利益，反而是受害者。而且，假如没有受到由审判的不可能性所造成的严格限制，假如不是由于应当遵循法律和政策上一项有益的基本准则，即凡事都应有个结果，则他们还有要求赔偿的权利。

第十四章　论供给过剩

第一节　商品会出现普遍的供给过剩吗

在前几章中对货币理论进行初步阐述之后，我们现在回到一般价值理论的问题上。只有对货币的性质和作用具有一定程度的了解，我们才能较深入地讨论这个问题，因为我们必须反对的谬论主要源于对货币作用的误解。

我们已经看到，一切物品的价值都趋向于一定的中心点（被称为“自然价值”），即在这个中心点，每一物品与其他物品都是以他们的生产成本的比率交换的。我们还知道，实际价值或市场价值，只在多年的平均值上与自然价值一致或接近一致。它长期由于需求或者供给的偶然变动而高于或者低于自然价值，但是，通过供给具有与自然价值的商品需求相适应的倾向，这些变动会自行修正。因此，这些相互对立的力量最终相互平衡，趋向于中心点。对于所有商品来说，都会出现供给不足或者短缺，以及供给过剩——或用商业语言来说是供过于求——的情况。在前面一种商品持续短缺的情况下，商品生产者或商品销售者就会获得异常高的利润。而在后一种商品供给超过了现有的商品需求的情况下，价格无法提供正常的利润，因而卖方不得不满足于较少的利润，在极端情况下还不得不承受损失。

任何一件商品都有可能遇到供给过剩，以及随之而来给生产者或经销商带来的不便和损失。因此很多人，包括一些著名的政治经济学家，都认为就全部商品而言都可能存在这种情况，即可能出现财富的普遍生产过剩，商品供给总额超过需求总额，以及由此造成的全部生产阶级处于萧条的状况。这一学说的主要倡导者，包括英国的马尔萨斯先生、查默斯博士以及欧洲的西斯蒙第先生。我在本书

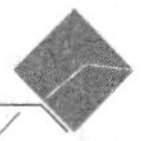

第一编已经反驳过这一学说。[①] 但在前面的章节，我们很难对这种谬误（我这样认为）进行充分考察，因为这种谬误是基于对价值和价格现象的误解。

在我看来，这一学说的很多概念矛盾百出，很难马上给出任何让其支持者满意的明确说明。他们坚持认为，产品总量有可能超过其需求量，并且有时确实如此。当出现这种情况时，产品就不会以包含一定利润的生产成本的价格被售出，从而使价格或者价值（他们很少精确地对二者加以区分）普遍下跌，以至生产得越多，自己变得越穷，而不是越富。查默斯博士因此反复向资本家灌输，要用道德限制对利益的追求。而西斯蒙第反对机械以及提高生产力的各种发明，理由也在于此。他们都坚持认为，对于那些从事生产和积累的人来说，资本积累的速度太快了，既不利于他们的精神状态，也不利于他们的物质利益。因此，他们要求富人进行大量的非生产性消费，以防止这种弊端。

第二节　商品供给通常不能超过购买力

当这些学者谈论供给超过需求时，并没有确切说明需求指哪一个因素：占有商品的欲望，还是购买商品的能力。在这种情况下，他们的意思究竟是指现有消费品的数量多于公众想要消费的数量，还是仅仅是指消费品的数量多于公众购买的数量，由于不确定这一点，我们有必要研究这两种假设的情况。

首先，让我们假设所生产的商品数量不大于社会成员想要消费的数量。在这种情况下，是否会产生因支付能力不足而对所有商品缺乏需求呢？那些认为有这种可能的人，未能考虑构成商品的支付手段。商品的支付手段仍然是商品。每个人购买其他商品的支付手段，就是他们自己所拥有的商品。所有的销售者都一定且最终是购买者。如果我们能突然使一国的生产力增加一倍，那么我们也会使每个市场中的商品供给量增加一倍。但是同时，我们也会使购买力增加一倍。每个人都会产生双倍的需求以及双倍的供给，每个人都能购买的商品也会增加一倍，因为每个人都拥有双倍的可供交换的商品。确实，某些商品现在有可能已经过剩了。尽管社会愿意使消费总量增加一倍，但是社会对某些商品的需求可能已经饱和，并且可能宁愿使其他商品的消费增加一倍以上，或者宁愿将所增加的购买力用来购买一些新的商品。如果是这样的话，供给将会相应地自行调整，而各种商品的价值将继续与其生产成本一致。无论如何，认为所有商品的价值都会下降，并且因此所有的生产者都不能得到充分补偿，这种观点非常荒谬。如果价值保持

① 参见本书第一编第五章。

不变，那么价格将不再重要，因为生产者的报酬并不是取决于他们交换商品时获得的货币数量，而是取决于他们可以交换到的可供消费的商品的数量。如果所有商品的数量都应该增加一倍，那么我们也必须假设货币也要增加一倍，那么就跟价值将不会下降一样，价格也不会下降。

第三节 商品的供给一般不会超过消费倾向

从支付手段意义上的需求来看，供给普遍过剩——或者说所有商品供给都超过需求的情形——是无法成立的。但也许有人认为，短缺的不是购买力，而是缺乏占有的欲望，并且行业的总商品量可能大于社会的消费欲望，至少大于社会能够为其提供等价物的那部分人的消费欲望。很明显，生产创造了商品市场，并且一个国家可以拥有购买这个国家所有财富的财富。但是，拥有这种购买手段的人可能不会有购买欲望，而拥有购买欲望的人可能不拥有这种购买手段。因此，由于拥有消费欲望的那些人缺乏相应的购买手段，而拥有购买手段的那些人缺乏消费欲望，一部分被生产出来的商品可能无法找到市场。

这是这种学说看起来最合理的表达形式，不像我们前面探讨的那种观点所蕴含的逻辑矛盾。任何特定商品的数量都有可能大大超过那些有购买能力的人的消费欲望，而且可以想象，所有商品都有可能发生这种情况。谬误在于人们没有意识到，尽管所有能够提供等价物进行购买的人都有可能得到充分供应，但是他们继续增加生产这一事实证明了事实并非如此。我们可以为之进行最有利的假设：在一个有限的社会里，每一个成员都拥有他所想要的一切必需品以及他所了解的全部奢侈品。由于无法想象欲望已经得到完全满足的人为了获得他们不渴望的东西而从事劳动和进行节约，我们可以假设来了一位外国人，生产该国数量已经很丰富的某种商品，使其数量增加。在这种情况下，可以说存在生产过剩。我的回答是，的确如此。但是，这是特定商品的生产过剩，社会不需要这种商品，而是需要其他商品。事实上，当地居民什么都不想要，但是外国人自己也不想要什么吗？当他在生产过剩的商品时，难道他的劳动没有动机吗？他生产的是不需要的商品，而不是需要的商品。或许，他想要食物，但却生产了每个人都得到充分供应的手表。这位新来的人给这个国家带来了对某种商品的需求，这等于他所能生产的所有商品，他的生意就是要看他所供应的商品是否适合那个需求。如果他不能创造出一种能激发社会上的新欲望或新的渴望的商品，而且没有人为了满足这种欲望而愿意生产更多的食物来与他交换，那么他就只有两种办法来自行生产食物：要么找到未被占有的荒地去开荒；要么成为某个想减少劳动的土地所有者的

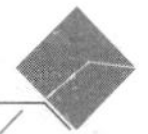

承租人、合伙人或仆人。他没有生产人们需要的商品，而代之以生产人们不需要的商品。而且，他自己或许也不是人们所需要的那种生产者。但这并不会导致生产过剩。生产没有过剩，只是不够协调而已。我们之前已经提到，无论谁给市场带来额外的商品，都会带来额外的消费欲望，因为如果他没有这种欲望，他就不会自寻烦恼地从事生产活动。因此，当出现额外的供应时，需求的两个要素都没有缺少。尽管完全有可能出现以下情形，即人们需求的是某种商品，但不幸的是，供应的可能是另外一种商品。

理屈词穷的反对者可能会说，有些人只是因为习惯才进行生产和积累，而不是因为他们想变得更富有，也不是因为他们渴望增加某方面的消费。他们继续进行生产，因为机器已经安装好了，他们进行储蓄并用储蓄来进行再投资，因为他们无意在别的方面花费它们。我同意这是可能的，并且在某些情况下可能发生。但这些对我们的结论影响不大。因为这些人用他们的储蓄来做什么呢？他们将储蓄用于生产性投资，即用于雇用劳动。换句话说，他们不知道怎么使用他们所拥有的购买力，于是他们将过剩的购买力用于劳动阶级的一般利益。现在，劳动阶级会不会也不知道怎样使用它呢？我们能否假设他们的需求也完全得到了满足，并且继续从事劳动也仅仅是由于习惯？在这种情况出现之前，在劳动阶级也达到满足之前，生产性资本无论怎样快速地积累，都不会缺少对它的需求。因为，如果资本无法用于其他方面，它也能总是用于生产劳动阶级的必需品或者奢侈品。而且，当劳动阶级也不需要更多的必需品和奢侈品时，他们可以减少他们的工作，获得工资增加的利益。只有在这种情况下，生产过剩才会首次在观念上出现。但由于对劳动者的需求，甚至这个时候生产过剩实际上也并不会发生。因此，无论以什么方式考察这一问题，即使我们对普遍生产过剩理论做出最有利的假设，这个理论也是荒谬的。

第四节　普遍供给过剩概念的起源和解释

那么，那些曾深入思考各种经济现象甚至做出独创性理解的人，为什么会信奉如此荒谬的学说呢？我认为他们是由于对某些商业事实的错误解释而上当受骗的。他们认为，经验已经证明了商品普遍供给过剩的可能性。他们相信自己曾经看到了这种市场状况，但其实，对于这种市场状况可以做出完全不同的正确解释。

我已经描述了所谓的商业危机中的商品市场状况。在此期间，所有的商品都超过了货币需求，换句话说，货币供应不足。由于大量信用突然消失，每个人都不愿意放弃现金，许多人都渴望获得现金并不惜付出任何代价。因此，几乎每个人都是卖方，没有买方，由此，由于商品供过于求或资金匮乏（两种说法不加区别），确实会出现一般物价水平极度萧条的情况，虽然物价只有在经济危机持续期间才会下跌。但是，像西斯蒙第那样，认为商业危机是由普遍生产过剩造成的，是一个很大的错误。商业危机只是过度进行投机购买的结果。低物价不是逐渐出现的，而是由过高的价格突然下落造成的。其直接原因是信用的收缩，因为补救办法不是减少供应，而是恢复信任。同样明显的是，市场的这种暂时混乱之所以是有害的，只是因为它是暂时的。下跌的只是货币的价格，如果物价没有上涨，则不会有任何经销商会遭受损失，这是因为对他来说，现在较低的价格与过去较高的价格价值一样。对这种现象所做的解释，与那些著名经济学家就生产过剩的弊端所做的描述完全不同。那些学者认为，由于缺乏市场，生产者的状况会永久恶化，但这种看法与商业危机的性质相冲突。

还有一种具有永久性的现象似乎可以支持普遍财富过剩和积累过剩的观点，即随着人口的增加和生产的发展，利润和利息会自然而然地下降。造成这种利润下降的原因是维持劳动力费用的增加，这种费用的增加又是因为人口的增加，使得食物需求的增加超过了农业技术提高的水平。对于各国经济发展过程中的这一重要特征，我们将在下一编予以详细的考察和讨论。[①] 这显然与商品市场的需求完全不同，尽管生产阶级和贸易阶级的抱怨往往将二者混淆。近代或现代产业经济的实际情况表明，如果人们满足于较小的利润，那么几乎可以进行任何数量的营业。对于这一点，所有积极和聪明的工商业者都心知肚明。但是，即使是那些顺从他们时代的必然性的人，也会对他们所顺从的事物心怀不满，他们希望资本更少一些，或者像他们所说的那样，竞争更少一些，以便获得更多利润。然而，低利润与需求不足是两回事。只是利润少些的生产和积累并不能被称为供给过剩或生产过剩。这种现象究竟是什么？如何确定其影响和必要的界限？我们将在探讨这一特殊问题时给予说明。

据我所知，除了上述两个经济事实以外，没有任何其他经济事实足以让人认为，通过实际经验形成有关商品普遍生产过剩的观念。我认为，无论需要解释商业方面的什么事实，都不需要做出这种空想的假定。

这一点非常重要，任何与此不同的观念都涉及对政治经济学根本不同的看法，尤其是在它的实践应用方面。依一种见解，我们只需考虑如何使充分的生产与最好的分配结合起来；而依另一种见解，还有第三件事情需要考虑，即怎样才能为生产创造市场，或者如何使生产不超过市场有限的容量。而且，这种在本质

① 参见本书第四编第四章。

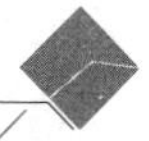

上如此自相矛盾的理论，只会使经济学的核心发生混乱，使它无法清晰地解释许多社会更为复杂的经济运作。我认为，这个错误对马尔萨斯、查默斯和西斯蒙第这三位著名经济学家所建立的理论体系造成了致命伤害，虽然他们三个人都令人钦佩地构思和解释了一些政治经济学的基本定理，但是这个致命的错误观念却像一块帷幕，把这些定理与体系中较为困难的想法隔开，不许一缕光线穿透。更不用说，这种混乱的观点长期以来妨碍了一些不如他们的人的思考，使他们迷惑不解。为公正对待下面两位著名的人物起见，我必须呼吁大家注意这一事实，即对这一重要事实做出正确解释的功绩，在欧洲大陆主要归功于明智的萨伊先生，在英国则主要归功于詹姆斯·穆勒先生。穆勒先生（除了在其《政治经济学纲要》一书中对这个问题做出了权威的论述以外）在为参与论战而出版的题为《为商业辩护》（*Commerce Defended*）的早期小册子中，颇具说服力而清晰地阐述了这个正确的学说。这本小册子是其众多著作中建立声誉的第一部作品。而且，正因为这部著作，他首次结识了大卫·李嘉图，并与之建立起了自己一生中最宝贵和最亲密的友谊。

第十五章　论价值尺度

第一节　交换价值的尺度，究竟在何种意义上是可能的

政治经济学家之间在关于价值尺度（measure of value）的问题上曾发生过许多争论。人们对这一问题的重视超过了其所应该达到的程度，而且有关这一问题的某些著作也曾提供不少口实，人们据此指责政治经济学家们的争论实为口舌之争，这种责难虽略显夸张，但并非毫无根据。然而，即使只是为了证明对于这个问题所要说的其实很少，我们也有必要讨论一下。

按照“尺度”一词的通常意义，价值尺度应当是指将其他任何物品与某种物品相比较，从而可以确定其他一切物品的价值。如果我们进一步考虑到价值本身是相对的，需要有除用以测量价值的第三种物品外的两种物品，那么，我们就可以给价值尺度下这样的定义：将任何两种其他物品与某种物品相互比较之后所得出的与这两种其他物品之间的价值关联。

在这个意义上讲，任何商品在一定的时间和地点都可以作为价值尺度。因为如果我们知道两种物品各自与任何第三种物品相交换的比率，就总是可以推出这两种物品之间相交换的比率。充当便利的价值尺度职能的物品，会被选为交换媒介。人们通常都用这种物品来估计所有其他物品的价值。我们说，甲物品值 2 英镑，乙物品值 3 英镑。现在不做特别说明，我们也知道甲物是乙物的 2/3，或者这两种物品按 2∶3 的比率相交换。货币是衡量这些物品价值的一种完美的尺度。

但是，政治经济学家所寻求的，不是各种物品在同一时间和地点的价值尺度，而是同一物品在不同的时间和地点的价值尺度，即要寻求某种物品，将任何物品与之相比较，就可以知道其他物品现在的价值是大于还是小于一个世纪前的价值，或者其他物品在英国的价值是大于还是小于其在美国或中国的价值。如果

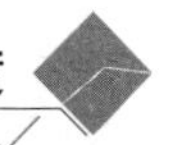

我们能够获得相同的数据，如果我们能够用这一价值尺度与所必需的两种或更多的物品相比较，而不只是与一种物品相比较，货币或其他任何物品仍可以像在同一时间和地点的条件下一样，完全实现这一目的。如果现在 1 夸特小麦值 40 先令，1 头肥羊也值 40 先令，而在亨利二世时期 1 夸特小麦值 20 先令，1 头肥羊值 10 先令，则我们可以知道，那时 1 夸特小麦值两头羊，而现在只值 1 头羊，进而我们也可以知道，以小麦计算的肥羊的价值，现在是那时的 2 倍；这两个时期的货币价值，无论是就这两种物品而言（我们假定价值是下跌的），还是就其他各种无须给予任何假设的商品而言，都与此毫无关系。

然而，讨论这一问题的学者们渴望寻求的似乎是这样一种媒介，即只需将某种物品与这一媒介相比较，而无须特意与任何其他给定的物品相比较，就可以确定出这种物品的价值。他们希望仅凭 1 夸特小麦现在值 40 先令而过去值 20 先令这一事实，与小麦相比较，就可以断定小麦的价值是否发生了变动以及变动的程度，无须选择第二种物品，例如 1 头羊。因为他们想要了解的不是小麦的价值同肥羊相比发生了多大的变化，而是它同一般的物品的价值相比较发生了多大的变化。

一般交换价值的必然的不确定性成为价值的首要障碍，它不是相对于某一物品的价值，而是相对于所有物品的价值。即使我们明确知道，在从前的某一时期，用 1 夸特小麦可以分别与多少市场销售的各种物品交换，并且确切地知道现在 1 夸特小麦可以交换到哪些较多的物品，同时可以交换到哪些较少的物品，但我们还是发现要判断小麦的价值相对于一般物品是上升了还是下降了，仍然是不可能的。如果我们只知道小麦的价值相对于这种价值尺度发生了多大的变动，那么想要做出上述判断就更加不可能了。要使某一物品在两个不同时期的货币价格能够衡量这一物品所能交换的一般物品的数量，相同的货币额就必须在这两个时期内与相同数量的一般物品相对应，即货币必须始终具有同等的交换价值，具有同等的一般购买力。现在，不仅货币而且任何其他物品的情况都并非如此。我们甚至无法想象，究竟在什么样的假设条件下情况才会如此。

第二节　生产成本的尺度

因而，既然交换价值的尺度不可能存在，学者们便在价值尺度的名义下构想出了一个概念，他们认为把这一概念称为生产成本的尺度或许更为合适。他们设想有一种商品总是由同等数量的劳动生产出来的。对于这个假设，我们必须附加如下一点，即生产中使用的固定资本必须始终与直接劳动的工资保持相同的比例，而且必须始终具有同样的持久性。简言之，必须在同等时间内垫付同样的资本，以使由利润构成的价值要素和由工资构成的价值要素都保持不变。于是，我们将得到某种物品，它始终在一种不变的影响永久性价值的所有因素的组合下被生产出来。这种物品的交换价值并非固定不变，因为（即使不考虑供给和需求引起的暂时波动）这种物品的交换价值会因与它相互交换的各种物品的生产环境的变化而变化。但是，假如的确存在这样一种物品，则我们可以由此获得如下利益，即每当其他任何物品相对于这种物品发生永久性的变化时，我们就可以断定，变化的原因不在于这种物品，而在于其他物品。因而这种物品固然不适合作为其他各种物品的价值尺度，但是适合作为它们生产成本的尺度。如果一种物品相对于这种不变的物品取得了较大的永久购买力，则这种物品的生产成本就肯定上升了；反之则一定是下降了。这种生产成本的尺度，就是政治经济学家一般所说的价值尺度。

不过，虽然生产成本的尺度是完全可以想象的，但事实上它同交换价值尺度一样是不存在的。生产成本不变的商品是不存在的。金银的生产成本变动最小，但是，即使是这些物品，由于原有的供给源泉的枯竭、新的供给源泉的发现以及开采方法的改进，它们的生产成本也会发生变化。如果我们试图通过某种物品货币价格的变动来推断其生产成本的变动，则应当尽可能参照其间货币本身生产成本的变动而对所得出的结论加以修正。

亚当·斯密认为，有两种物品特别适合作为价值尺度：谷物与劳动。他指出，谷物的价值虽然每年变动很大，但是每个世纪之间的变动不大。现在我们知道这种看法是错误的，无论是在英国，还是在依靠英国提供谷物的其他国家，谷物的生产成本都往往随着人口的增长而上升，随着农业的改良而下降。他所设想的谷物生产成本固定不变取决于这两种相互对抗力量的完全平衡。然而，即使这种平衡曾经实现过，那也是极为偶然的。亚当·斯密关于劳动作为一种价值尺度的论述不一致，有时他认为劳动仅在短期内适合作为价值尺度。他说，劳动的价值（或工资）在各代人之间的变动虽然很大，但是每年的变动不大。他在其他场合又说，对于一个男子而言，通常可以将每天的体力劳动看作等量的努力或牺牲，因此，劳动在本质上是最合适的价值尺度。不过，无论这种说法本身是否说得通，它都背离了交换价值的概念，而将其替换为某种完全不同的更类似于使用价值的概念。如果在美国一天的劳动可以买到的普通消费品比在英国多一倍，则有人坚持认为劳动在这两个国家具有相同的价值，仅仅是其他物品的价值不同，这似乎是一种徒劳的狡辩。在这种情况下，无论是市场还是劳动者本人，都应该承认美国劳动的价值比英国劳动的价值大一倍。

如果目的在于获得某种近似地用于衡量使用价值的尺度，则最合适的物品或

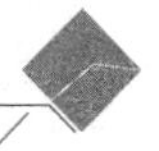

许是一个普通男子一天的必需品（可以用非技术工人阶层每日所消费的食物加以计算）。假如在某一国家，一磅玉米面可以维持一个男工一天的生活，则可以根据它换到的玉米面的磅数，估定其价值的大小。如果某一物品以其本身或以其所能交换到的物品，可以维持一个男性劳工一天的生活，而另外一种物品则可以维持他一个星期的生活，则对于人类的正常使用而言，相当有理由断定后者的价值是前者的 7 倍。但是，这却测量不出这种物品对于其所有者所具有的价值，这一价值可能在相当大的程度上大于（尽管不可能小于）用这种物品所能交换到的粮食的价值。

我们一定不能把价值尺度的概念与价值规定者或价值的确定原理相混淆。当李嘉图以及其他一些人说一件物品的价值由劳动的数量决定时，他们并不是指这一物品所能交换到的劳动量，而是指生产这一物品所必要的劳动量。他们想要证明这种劳动量决定了这一物品的价值，是这一物品具有这一价值而不具有另一价值的原因。不过，当亚当·斯密与马尔萨斯说劳动是价值尺度时，他们所说的劳动并不是指生产某一物品或能够生产这种物品的劳动，而是指这种物品所能交换到或购买到的劳动量，换言之，是用劳动固定的这种物品的价值。同时，他们的意思不是说，这种劳动量决定了这种物品的一般交换价值，或者在决定一般的交换价值具有多大的问题上具有某种作用，而只是确定它的一般交换价值有多大，以及这种交换价值是否会因为时间和地点的不同而发生变化，如果会，则变化的程度又如何。混淆这两个概念，无异于忽略温度计与火之间的差别。

第十六章　论价值的某些特殊情形

第一节　具有联合生产成本的商品的价值

在上述章节，我们已经考察了在同一国家中商品交换在一切比较重要的情况下的价值法则。首先，我们考察了垄断情形下的价值法则，在此情形下，价值由自然或人为的数量限制决定，即取决于需求与供给。其次，我们考察了自由竞争情形下的价值法则，在此情形下，人们能够按同样的成本生产出不限量的物品，物品的永久性价值由生产成本决定，只是价值的变动取决于供给与需求。再次，我们考察了混合情形下的价值法则，在此情形下，人们能够生产出不限量的物品，但是成本发生了变动。物品的永久性价值取决于为获得必需的供给而产生的最大的成本。最后，我们发现，货币本身属于某种第三类物品，其价值在自然状态下与同类中其他各种物品的价值一样，受同一法则支配，因而，价格同价值一样，都遵循着相同的法则。

由此可见，需求与供给支配着价值和价格在所有情况下的变动，并且除自由竞争的供给机制之外，还左右着其他一切情况下的所有物品的永久性价值与价格。但是，在竞争机制下，一般而言，各种物品是按照能够给予所有生产者阶层相同预期利益的价值相互交换，并按照这样的价格出售。不过，这一情况只有在各种物品按照它们的生产成本的比率相交换时才能出现。

然而，现在我们应该关注一下某些特殊情况，上述交换法则在这些特殊情况下是不适用的。

有时，两种不同的产品所具有的生产成本被称为联合生产成本（joint cost of production）。它们是同一生产活动或同一组生产活动的产品，其支出是为生产二者共同的需要，并非部分支出是为生产一种产品的需要，部分支出是为生产另一

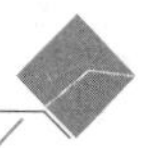

种产品的需要。如果人们不需要或者根本不使用其中的一种产品，则全部的支出不得不由另外一种产品承担。在生产中如此联合起来的产品不在少数。例如，焦炭与煤气是利用同一种原料经由同一生产活动生产出来的。从不完全的意义上讲，羊肉和羊毛也是其中一例。还有牛肉、牛皮、牛脂、小牛和乳制品以及鸡肉和鸡蛋等。生产成本在决定联合产品中每种产品的相关价值方面，不能发挥任何作用，它只决定它们的联合价值。煤气和焦炭必须一起偿付它们的生产成本以及通常的利润。为此，一定量的煤气连同其副产品——焦炭，就必须按照它们的联合生产成本与其他产品交换。但是，生产者的报酬有多少来自焦炭，又有多少来自煤气，尚有待进一步确认。生产成本并不决定它们各自的价格，而只决定它们的价格总额。目前尚不存在一种基本法则能在二者之间分配生产成本。

既然生产成本在这里并不适用，我们就必须重新考虑先于生产成本的更基本的价值法则，即需求和供给的法则。根据这一法则，产品的需求随着价值的变动而变动，而价值则自行调整，从而使需求与供给相等。这种理论提供了我们所寻求的分配原理。

假设一定量的煤气已被生产出来，并按照某一价格出售，其副产品焦炭也以某一价格出售，煤炭的价格连同焦炭的价格能够偿付各种费用和通常的利润。又假定煤气和焦炭按照上述价格分别出售时，全部煤气都很容易卖出，没有剩余和不足，而同煤气相对应的焦炭却未能全部售出。则在这种情况下，为了把焦炭全部卖出去，必须压低焦炭的价格。但是，这种较低的焦炭的价格，加上煤气的价格，不能为制造商提供足够的报酬，以致整个煤气行业都不能偿付各种费用及通常的利润，进而将无法在这种条件下继续经营。因而，煤气必须以较高的价格出售，以弥补焦炭售价之不足。结果需求缩小，产量在某种程度上也有所减少，当煤气价格的上涨和焦炭价格的下降同时发挥作用，使前者的销量减少、后者的销量增加，致使煤气行业在现有规模下所生产的全部煤气以及由此而生产出来的全部焦炭都有了市场时，这两种产量的价格就会稳定。

或假设情况与此相反。按照现行价格，焦炭的需求大于满足煤气需求的生产所能供给的数量。现在，焦炭供给不足，其价格将上涨。全部生产活动将产生高于通常利润率的利润，从而吸引更多的资本到煤气行业中来。在这种情况下，当初未能满足的对焦炭的需求现在会有充足的供给。不过，不同时增加煤气的供给，就无法做到这一点。由于当前对煤气的需求已经得到了充分满足，因此，只有降低增加的煤气的价格，才能找到市场。结果是，虽然二者将共同提供足以抵偿它们的联合生产成本所需要的收益，但是在这种收益中由焦炭提供的部分将比过去多，而由煤气提供的部分将比过去少。当对一种物品的需求同对另一种物品的需求非常吻合，致使对一种物品的需求量恰好等于满足另一种物品的需求量的生产所提供的前一种物品的数量时，便达到了平衡。如果任何一方存在任何剩余或不足，假如对焦炭有需求，而对与其同时生产出来的煤气却没有任何需求，或者情况与此相反，则这两种物品的价值和价格将自行调整，直到二者都找到市场为止。

因此，如果两种或者两种以上的商品具有联合生产成本，则它们彼此相对的自然价值将根据生产过程中所提供的各种商品的数量比例，创造出对每一种商品的需求。这种理论本身并不怎么重要，但它说明需求法则以及在生产成本法则不适用的情况下如何用其他法则来填补空缺。正如我们在下一章中将会看到的那样，在一些很重要的场合会发生颇为相似的情况。

第二节　不同种类的农产品的价值

另外一种值得关注的有关价值的情况，是不同种类的农作物的价值的问题。这个问题比上一个问题更为复杂，要求我们关注更多的影响价值的因素。

如果不同的农作物可以在同样的土地上或者在完全不同的土地上种植并毫无差别地带来同等的利益，就不存在需要特别予以关注的地方。困难来自以下两点：第一，与种植另外一种农作物相比，大多数土地更适合种植某一种农作物，但也并非不适合种植任何其他农作物；第二，实行轮作制。

为简化问题，我们假设只有两种农作物，例如小麦和燕麦。如果一切土地都同样适合于种植这两种农作物，则二者将毫无区别地在一切土地上种植，它们的相对生产成本在各处都相同，因而将支配它们的相对价值。如果在某一块土地上投入同样的劳动，种植小麦可以收获 3 夸特，种植燕麦能收获 5 夸特，则 3 夸特小麦和 5 夸特燕麦便具有相同的价值。又比如，小麦和燕麦根本不能在相同的土地上种植，则其各自的价值将取决于在现有的需求下在最差的土地上种植它们的生产成本。然而，实际上小麦和燕麦几乎在任何土地上都可以种植，不过，有些土地（例如黏土地）较适合种植小麦，而另一些土地（沙土）则较适合种植燕麦。有些土地用同样的劳动能够生产出 3 夸特小麦或 4 夸特燕麦，而另一些土地却生产出不足 3 夸特小麦或 5 夸特燕麦。在这种差异的情况下，决定这两种农作物相对价值的是什么呢？

很明显，每种农作物都会被优先种植在最适合的土地上；而如果只依靠这些土地就能够满足需求，则两种农作物的价值便毫无关联。如果对这两种农作物的需求不仅仅要求将二者分别种植在各自特别适合的土地上，而且还要求对二者同样适合而不是对二者之一特别适合的土地，则耕种中等土地的生产成本将决定这

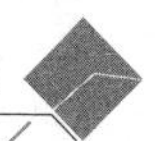

两种农作物的相对价值；特别适合种植某种农作物的土地，其地租将由非常适合种植这种农作物的土地所具有的生产力决定。对于熟悉一般的价值原理的人来说，这些问题并不难理解。

然而，还可能出现这样的情况，即对两种农作物中的一种农作物的需求，例如对小麦的需求可能远超对另一种农作物的需求，致使不仅在特别适合种植小麦的土地上种植小麦，而且在所有同样适合种植二者的土地上种植小麦，甚至侵占了部分更为适合种植燕麦的土地。要诱使人们如此不均等地分派土地的耕作，就要使小麦的价格必须相对地高于它在中等土地上耕种的生产成本，而燕麦的价格则必须相对地低于它在中等土地上耕种的生产成本。它们的相对价值必然与某一质量的土地的成本成比例，不论是什么质量的土地，对于两种农作物的相对需求而言，都要求人们必须在这种肥沃程度的土地上同时种植两种农作物。如果需求状况使两种农作物的种植都在某一地块上，而与另一种农作物相比，该地块更适合种植这一种农作物，则同我们在前面假设的那种成比例的需求状况相比，在这两种农作物之间，或者相对于一般物品而言，前者较为便宜，而后者则较贵。

于是，我们由此获得了一个新的例证，它以多少有些不同的方式说明了需求的作用，说明需求并不是价值的偶然干扰因素，而是与生产成本一起或作为生产成本的补充，作为价值的永久性决定因素。

实行轮作制的情况同煤气和焦炭的情况一样，属于联合生产成本的事例，因此无须专门分析。如果所有的土地隔年轮种谷物和蔬菜，而且对两种农作物来说，这种轮作都是同样必需的，则农民将通过一年种植谷物和另一年种植蔬菜的收益补偿两年的开支，同时，两种农作物的价格将自行调整，以便谷物和蔬菜具有同样的需求。

要找出有关价值的其他例外情况并不难，而且对其加以讨论也是一种有益的训练。但是，在像本书这样的著作中，超过阐明原理所必需的限度去做更为详尽的叙述，既不合乎需要，也不可能。因此，现在我将开始论述一般交换理论中唯一尚未涉及的部分，即国际交换问题，或者更一般地说，也就是远距离的两地之间的交换问题。

第十七章　论国际贸易

第一节　生产成本不是国际价值的决定因素

为了方便消费，商品似乎应该在尽可能接近销售市场的地方生产，但是，有时它却是从远方运来，对于造成这种情况的原因，人们的看法通常相当肤浅。有些物品如果不是处于特定的温度、土壤、水或空气的环境中，是无法生产出来的。但是，也有许多物品虽然能在本国毫无困难地生产出来，却仍从远方进口。对于这种情况的一般解释是，进口比生产便宜，这种解释确实是合理的。但是，这种解释本身仍需加以解释。在同一地点生产的两种物品，如果一种比另一种更便宜，则其原因是，前者耗用的劳动和资本较少。简言之，耗用的生产成本较低。在不同地点生产的物品之间，情况是否也是这样？物品是否仅从生产所需的劳动（或生产成本的另一要素，时间）较少的地方进口？永久性价值与其生产成本成比例的法则是否像适用于邻近两地所生产的各种商品那样，也同样适用于远方所生产的各种商品呢？

我们应当看到情况并非如此。有时低价出售的商品并非在能以最少的劳动和资本生产的地方生产出来。英格兰可以从波兰进口农产品，而以纺织品偿付，虽然英格兰在农产品和纺织品的生产上都比波兰具有更大的优势。英格兰也可以往葡萄牙出口纺织品以换取葡萄酒，尽管葡萄牙能以少于英格兰的劳动和资本生产纺织品。

这种情况在毗连的两地是不会发生的。如果在鞋子的生产方面泰晤士河北岸的条件优于南岸，那么南岸就不会生产鞋子。鞋铺老板们将携带资本迁往北岸，或者从一开始就在北岸创业。因为他们要与北岸同一市场上的人竞争，不能依靠牺牲消费者的利益来弥补自己的损失，这种损失得全部由他们的利润承担。因而，如果他们只要简单渡河经营就可以增加利润，则他们就不会长期满足于较小的利润。不过，在遥远的两地之间，特别是在不同的国家之间，利润很可能一直都是互不相同

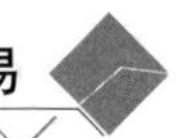

的。因为如果没有非常强烈的动机，人们一般不会迁居远地或者将他们的资本转移到那里。如果资本向遥远的地方流动，与向同一城市的某一地区流动一样容易，而且无须多大的诱因，如果人们为节省少量的费用就随时可以将他们的工厂迁到美国或中国，则利润在世界范围内都会趋于相同（或相等），而一切物品都会在以相同的劳动和资本能够生产出数量最多、品质最优良的地方生产。即使在现在我们也可以看到这种趋势：资本愈益具有世界性，在各文明国家之间，风俗和制度方面的相似点比过去多，而情感方面的隔膜比过去少，现在人口和资本只要受到比以前小很多的诱因，就会从这些国家中的一国向另一国转移。但是，在世界各地之间，工资和利润的差别仍然非常大。只需要存在极小的诱因，就可以促使资本或人口从沃里克郡（Warwickshire）转移至约克郡。但是，资本和人口从英国移向印度、其他殖民地或爱尔兰，却需要存在极大的诱因。也许资本向法国、德国或瑞士的移动，几乎同资本向殖民地的转移一样容易，但语言和政体的不同不会像气候和距离那样形成很大的障碍。除非存在能够获得极大的超额利润的诱因，否则，资本就不会向依然处于野蛮状态的国家或刚刚开始开化的国家（诸如俄国或者土耳其）转移。

因此，在一定程度上，在所有距离遥远的地区之间，特别是在不同的国家之间（无论是否由同一个最高政府统治），劳动和资本的报酬方面可能仍然存在着极大的不均衡，但是并未促使劳动和资本由一地向另一地转移并进而消除这种不均衡。属于一国的资本大部分会长期留在本国，即使该国资本的生产力已经比不上其他国家资本的生产力。不过，即使在这种情况下，一国也仍有可能继续与其他各国进行贸易。它甚至有可能将某些物品出口到可以用少于本国所花费的劳动和资本生产这些物品的国家。这是因为，虽然这些国家在一切生产上较之这一国家更具优势，但是它们生产某些物品可能比生产其他物品更为有利，它们将由此发现，进口自己在生产上优势最小的物品，从而使用更多的劳动和资本来生产自己优势最大的物品，是它们自身的利益所在。

第二节　远地之间的商品交换并不是取决于商品绝对生产成本的不同，而是取决于商品比较生产成本的不同

继李嘉图（在这一问题上贡献最大的思想家）① 之后，我曾在其他地方②也

---

① 有一段时间我曾经相信，李嘉图先生是政治经济学家们现在普遍承认的关于一国源于对外贸易的利益的性质和尺度的学说的唯一创始者。不过，托伦斯（Torrens）上校早期著作《对经济学家的反驳》（*The Economists Refuted*）的再版，至少证明他应该与李嘉图先生一起成为这一学说的创始者。

② 参见《略论政治经济学有待解决的若干问题》中的第1篇文章。

指出："决定交换的不是绝对生产成本的差异，而是比较生产成本的不同。虽然英格兰的矿山和棉纺厂较之瑞典，其生产效率更高，但是英格兰用棉纺织品交换瑞典的生铁仍可以获益。因为如果英格兰在棉纺织品生产方面所获得的利益超出了瑞典的一半，而在铁的生产方面的获益超出了瑞典的四分之一，而且，如果英格兰可以按照瑞典自行生产它们时所必须支付的价格将纺织品出售到瑞典，那么，英格兰在换取瑞典的生铁方面的利益，将与棉纺织品一样超出瑞典所获利益的二分之一。与外国人进行贸易，我们往往能够用少于外国人自行生产时所需花费的劳动和资本来获得他们的商品。而这种交易对外国人来说仍然是有利可图的。因为他们在交换中所获得的商品，尽管对于我们来说生产成本较低，但是对于他们来说却需要花费较多的费用。"

为了说明两国在什么情况下会进行商品交换，在什么情况下则不会，詹姆斯·穆勒先生在《政治经济学纲要》一书中曾经假设，波兰在纺织品和农产品的生产上都具有比英格兰更优越的条件。他首先假定，这两种商品在生产方面所具有的优势同样大：每种商品的生产在波兰各需 100 天劳动，而在英格兰则各需 150 天劳动。"由此产生的结果必然是，英格兰用 150 天劳动生产出来的纺织品如果被运送到波兰，则相当于波兰用 100 天劳动生产出来的纺织品。因此，如果与农产品进行交换，则只能换到波兰用 100 天劳动生产出来的农产品。但是我们前面已经假设，在波兰需要用 100 天劳动生产出来的农产品，在英格兰需要耗费 150 天劳动。因此，英格兰用 150 天劳动所生产出来的纺织品，在波兰能够换得的农产品，只相当于它在国内用 150 天劳动所能生产出来的数量，而且它在进口时还需付运费。在这种情况下，两国是不会进行商品交换的。"① 在这一场合，假设这两种物品在英格兰和波兰的比较生产成本相等，尽管它们的绝对生产成本有差别，但我们可以看到，根据这种假设，两个国家分别限定各自只生产两种产品中的一种，而从国外进口另外一种，这样做并不能因此而节省劳动。

如果两个国家的两种物品不仅绝对生产成本不同，而且比较生产成本也不同，情况就不一样了。穆勒先生继续指出："如果在波兰用 100 天劳动生产的纺织品，在英格兰需用 150 天劳动来生产，而在波兰需要用 100 天劳动生产出来的农产品，在英格兰要用超过 200 天劳动才能生产出来，则两国之间将产生进行交换的充分动机。英格兰用 150 天劳动生产的纺织品，虽然只能在波兰购得用 100 天劳动生产的农产品，但是波兰用 100 天劳动生产的农产品的数量，却与英格兰用 200 天劳动生产的农产品的数量一样多。"因此，英格兰从波兰进口农产品，而用纺织品偿付，就可以用 150 天劳动来换取它需耗费 200 天劳动生产的农产

① 《对经济学家的反驳》，第 3 版，第 120 页。

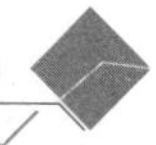

品，每进行这样的一次交易就可以节省 50 天劳动。而且，这对英格兰来说不仅是一种相对节省，而且是一种绝对意义上的节省。因为这种节省并非在损害波兰的情况下获得的，波兰用其花费 100 天劳动所生产的农产品，换到了如果在国内生产也需花费 100 天劳动才能生产出来的纺织品。因而，按照这种假设，波兰没有遭受损失，但是，它也没有从这种交易中获取利益，它所进口的纺织品如果在国内生产，也需要耗费等量的劳动。要使波兰能够从这种交易中获得一定的利益，就必须对英格兰的所得予以扣除。波兰用 100 天劳动所生产的农产品的数量在英格兰购得的纺织品的数量，必须多于波兰用等量劳动所能生产的纺织品的数量，因而必须多于英格兰用 150 天劳动所能生产的纺织品的数量。于是，英格兰要换到需要它花费 200 天的劳动生产的农产品，就必须花费超过 150 天但低于 200 天劳动成本。因此，英格兰不再独占两国相互交易所共同节省的劳动总量。

第三节 通商的直接利益在于提高世界上各种生产力的效率

通过以上论述，我们可以看出国际交换的利益所在（换言之，从外国商品获取的利益之所在）。将对外贸易可以使一些国家借此获得本国完全不能生产的商品这一点忽略不计，它的好处还在于能使世界上的各种生产力得到更为充分、有效的利用。如果相互交易的两国试图在物质条件许可的范围内，为自己国家生产目前相互进口的物品，那么，两国的劳动和资本就不会具有现在这样高的生产能力，两国也不会获得如果将劳动和资本用于生产（为本国，同时也为另一国）劳动效率相对更高的物品而可能获得的商品总量。因而，两国产品总量的增加，便是进行贸易的利益之所在。很可能存在的情况是，两国之中有一国的各种生产能力较之另一国可能处于劣势，此时，它的劳动和资本如果全部转移至另一国，则会得到最有利的运用。荷兰房地产业中投入的劳动和资本如果转移至美国或爱尔兰，就会产生更多的收益。如果所有物品都在对其生产具有最大的绝对利益的地方生产出来，则整个世界的产出将比现在更多，或者整个世界所耗费的劳动一定比现在更少。但是，至少目前国民是不会大规模迁移的。因此，当一国的劳动和资本仍滞留在本国时，如果本国在任何产品的生产上都不具有优势，则这些劳动和资本就应当最有利地用来为本国市场和外国市场生产对本国产生最小劣势的物品。

第四节　通商的直接利益不是因为输出品有销路或商人有利得

在进一步讨论之前，让我们将上述有关国际贸易利益的见解，同这一问题曾经十分流行而且至今仍在一定程度上相当流行的其他各种观点进行比较。

按照我们现在叙述的观点，对外贸易的唯一直接利益在于进口。一个国家或者可以通过进口获得本国完全不能生产的某些物品，或者可以获得它必须用比生产供偿付用的出口物品所花费的更多的劳动和资本才能生产的某些物品。因而，这一国家可以通过耗费一定数量的劳动和资本获得更多的必需品，或者通过耗费较少的劳动和资本换取同等数量的供给，而剩余的劳动和资本用来生产其他物品。庸俗的理论无视这种利益，认为通商的利益在于出口，似乎一国对外贸易的利益并非来自其所输入的物品，而是来自其所输出的物品。人们在提及同外国通商的用途和可取之处时总是说，对外贸易能扩大国内生产产品的市场，提高本国商品的消费水平，为本国的剩余产品找到销路。我们只要考虑迄今为止就商业问题发表意见的学者和领军人物均属于销售阶层，就不难理解这种观点了。这实际上是重商主义理论的残余。按照这一理论，货币是唯一的财富；销售，或者换句话说，用商品交换货币（对本国没有矿山的国家来说）是致富的唯一途径，而进口商品，则会失去货币，将使利益相应地有所减少。

认为只有货币才是财富的这种观点已经过时，但是仍然有许多残余思想遗留下来，甚至我们能从这一理论的反对者亚当·斯密的某些观点中找到出处。亚当·斯密关于对外贸易利益的理论，认为对外贸易为一国的剩余产品提供销路，并使该国的一部分资本在保证一定利润的条件下能够实现自行补偿。这种说法所包含的观点与人们清楚地看到的与此有关的现象不一致。剩余产品这种表述似乎包含这样的意思，即一国生产其出口的农产品或者纺织品是迫不得已的，因而不由本国消费的那部分产品，如果别国没有需求而且不消费，则生产出来就纯属于一种浪费；或者如果不进行生产，则相应的那部分资本就会被闲置，该国的总生产量就会相应地减少。这两种设想都是完全错误的。一国生产超出本国需要的可供出口的物品，并不是出于什么内在的必然性，而是因为这是本国获得其他物品的最实惠方法。如果这种剩余物品的出口受阻，则该国就会停止生产这些物品，并且不再进口任何物品，因为不能提供与之交换的等价物。不过，曾经用于生产出口品的劳动和资本，会转而用来生产该国所需要的原来从他国进口的物品；或者，在本国无法生产某些进口物品的情况下，就用来生产其替代品。当然，生产

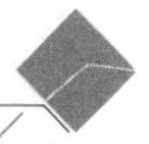

这些物品的成本，必然要大于当初生产用于从国外换取这些物品的出口物品的成本。但是，这些物品的价值和价格将会成比例地有所提高，因而资本的重置恰如当初为国外市场生产物品时一样，可以获得正常的利润。唯一的受损者（在变化所造成的暂时不便之后）是此前一直消费进口品的人们，他们或者被迫停止使用这些物品，转而消费他们不大情愿使用的某些替代品，或者为继续享用这些物品而必须支付比过去更高的价格。

关于通商会对一国产生什么利益，通常的看法中存在许多错误的观点。当谈到通商是国民财富的源泉时，人们的注意力往往集中在商人所获得的巨额财富上，而无视消费者所支付的较低价格。实际上，如果商人没有独自享受优惠政策，他们的收益是不会大于国内使用的资本所获得的利润的。如果有人说，现在用于对外贸易的资本在国内市场上将无用武之地，那么我的回答是，这正是我在前面的章节中已经论述过的一般生产过剩的谬论。但是，在这一具体情况下，问题是很明显的，无须再援引任何一般性的理论了。我们不仅知道商人资本会找到用途，而且知道它会找到什么用途。所创造出来的用途等于其所失去的用途。出口停止，等量价值的进口也会停止，因而一国收入中过去花费在进口品上的部分，将很快花费在国内生产的同种物品或其他替代品上。通商实际上是使生产物更为便宜的一种方法，而且在所有类似的情况下，消费者都是最终的受益者。当然，无论购买者用其货币购得的物品是多还是少，商人最终都会获得利润。这种说法并不否认商品价格降低会使利润提高（前面已经提到这一点，后面还要进行充分讨论），也就是说，我们并不否认，如果降价的商品是劳动者所消费的某种商品，从而对决定利润率的劳动成本产生影响，就会产生利润提高这种情况。

第五节　通商在经济上和道德上的间接利益比直接利益更大

以上都是对外贸易带来的直接经济利益。不过除此以外，它还有间接的应该被视为更高层次的利益。有一种考虑是市场的每一次扩大都具有改进生产过程的趋势。为比本国市场更大的市场提供产品的国家，可以采用更广泛的分工，可以更多地使用机械，而且更有可能进行发明创造和改进生产技术。凡是能使同一国家所生产的任何物品数量有所增加的所有因素，都有助于世界上各种生产力的普遍提高。① 还有另外一种考虑主要适用于产业发展的早期阶段。某国的国民可能会因其全部偏好已经得到充分满足，或者完全没有得到发展，而处于沉寂、怠

① 参见本书第一编第九章第一节。

惰、愚昧的状态，他们因为没有明确的目标，也就不能发挥其全部生产能力。开展对外贸易，能够使人们接触各种新的物品，或者使他们获得以前从未想过能够得到的各种物品，这种引诱有时会在由于国民缺乏动力和抱负而使资源未获开发的国家引起某种产业革命：诱导那些过去满足于有限舒适品和较少工作的人，为了满足他们新的喜好而更加努力地工作，甚至为了能够更加充分地满足未来这些爱好而积蓄金钱和积累资本。

通商在知识和道德上所起的作用，比其经济利益更重要。在现今人类进步程度较低的情况下，使人们接触与自己不同的人、自己不熟悉的思维方式和行为模式，其价值是无法估计的。人们过去主要是通过战争，现在则主要是通过商业活动来实现这种接触。来自较先进的国家的商业冒险家，往往是野蛮人早期的文明使者，同时，通商也是各文明国家之间进行绝大部分交往的目的。这种交往一直是进步的主要源泉之一，当代更甚。对于人类而言，目前的教育水平很难使人们不出差错地养成优良品质，因而人们不断将本民族的观念和习惯与处境不同的人的经验和做法相比较，这是十分有必要的。任何一个民族都需要向其他民族借鉴某些东西，不仅需要借鉴特殊的技术或实践，而且需要借鉴优于自身的其他民族的基本民族特性。最后，通商首先使各民族认识到应当以满怀善意的眼光看待彼此的繁荣和富强。过去的爱国者，除其中极有教养的能将世界视同自己国家的人以外，都希望本国以外的一切国家衰弱贫穷而且管理不善。现在他们将其他国家的富裕和进步视为本国富裕和进步的直接源泉。通商还能加强和增加与战争天然对立的个人利益，从而迅速消除战争。可以毫不夸张地说，国际贸易的全面开拓和迅速增加是世界和平的基本安全屏障，是人类思想、制度和素质不断进步的伟大而且永久的保障。

第十八章　论国际价值

第一节　进口商品的价值取决于国际交换的条件

在同一地点生产的商品，或者是资本能够在此区域内充分自由流通的一些毗邻地区所生产的商品——简单说就是在一国之内生产的商品——其价值（暂时的波动除外）取决于它们的生产成本。但是，从遥远的地方尤其是从外国运来的商品，其价值并不取决于其产地的生产成本。那么，它取决于什么呢？在任何地方，一件商品的价值都取决于在当地获取它所需的成本，而对于进口商品而言，则取决于因偿付它而出口的商品的生产成本。

因为一切贸易实际上都是物物交换，货币只是各种商品相互交换的一种媒介，因此，为方便起见，我们首先假定国际贸易在形式上（实际上也是如此）是一种商品与另一种商品的实际交换。迄今为止，我们已经发现，无论是否使用货币，一切交换法则在本质上都是一样的；货币从未支配过，相反总是服从于这些一般法则。

如果英国从西班牙进口葡萄酒，为每桶葡萄酒支付一包纺织品，则葡萄酒在英国的交换价值将不取决于它在西班牙的生产成本，而是取决于一包纺织品在英国的生产成本。虽然在西班牙生产一桶葡萄酒可能只花费 10 天的劳动，但是，如果在英国生产一包纺织品需要花费 20 天的劳动，那么，一桶葡萄酒运到英国，将交换到英国 20 天的劳动产品，外加运输成本以及进口商的资本在此期间未做他用而应得到的正常利润。

因此，在任何国家，一件外国商品的价值均取决于为了交换它所必须向外国支付的本国商品的数量。换句话说，外国商品的价值取决于国际交换的条件。那么，这些条件又取决于什么呢？在上述假设的例子中，是什么决定了西班牙的一桶葡萄酒恰好可以交换一定数量的英国纺织品呢？我们已经看到，并不是它们的生产成本。如果纺织品和葡萄酒都产自西班牙，则它们将按照其在西班牙的生产成本相互交换，如果它们都产自英国，则它们将按照其在英国的生产成本相互交换，但现在是所有的纺织品均产自英国，而所有的葡萄酒均产自西班牙，正如我们曾明确指出的，生产法则不适用于这种情况。因此，跟以前遇到类似困难时的做法一样，我们必须回到供给与需求这一法则，然后遵循这一法则去寻找解决困难的办法。

我曾在《略论政治经济学有待解决的若干问题》中的一篇文章中讨论过这个问题，引用当时所做的部分说明，将能够准确地阐明我对目前这个问题的见解。我必须提醒大家注意的是，我们现在讨论的是政治经济学领域中最为复杂的问题，且无法简化，而且要理解一系列推论，因此就必须比以前更加努力和专注。幸而我们即将掌握的线索本身还是非常简单和易于理解的，唯一的困难是如何在错综复杂的国际交换关系中紧紧抓住这一线索。

第二节　国际交换的条件取决于国际需求方程式

两国之间的贸易关系一旦建立起来，两种商品的相互交换就将按照相同的比率进行——除去运输成本，当然，目前忽略此项将更便于考察。因此，为了便于讨论，假设商品从一国被运送至另一国，无须花费劳动，也无须支付成本，那么，贸易一旦开始，两种商品彼此估计的价值在两个国家中就将处于同一水平。

假设10码呢绒的成本在英国等同于15码亚麻布所花费的劳动，在德国则等同于20码亚麻布所花费的劳动。同大多数前辈们一样，我也认为在这些复杂的研究中，用数字举例以使概念富有明确性和稳定性，这是可取的。这些例子有时纯粹来源于假设，正如目前所列举的。我倒是更愿意举一些真实的例子，但对讨论来说更重要的是，这些如此设置的数字在由其所构成的一系列组合中更易于理解。

基于上述假设，英国从德国进口亚麻布是有利的，而德国从英国进口呢绒也是有利的。如果两个国家分别在本国生产这两种商品，则在英国10码呢绒可以交换15码亚麻布，在德国10码呢绒可以交换20码亚麻布。现在10码呢绒在两国都将与同一码数的亚麻布交换，那么，码数是多少呢？如果是15码，则英国同过去一样，德国将获得全部收益。如果是20码，则德国将同过去一样，而英国将获得全部收益。如果码数介于15和20之间，则

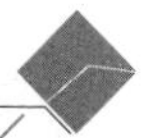

两国共同分享收益。例如，如果 10 码呢绒可以交换 18 码亚麻布，则英国将从每 15 码中获得 3 码的利益，而德国将从每 20 码中节省 2 码。问题在于，究竟是什么因素决定了英国的呢绒和德国的亚麻布之间相互交换的比率呢？

在这种情况下，如同在其他情况下一样，交换价值是不断变化的，因而无论最初我们假设它是多少，都无关紧要。我们很快就会看到，是否存在着某一固定点，交换价值在其周围摆动，并总是趋向于接近且停留在这一点上。然后，我们再假设，由于亚当·斯密所谓的市场讨价还价（higgling of the market）的作用，两国在 10 码呢绒与 17 码亚麻布之间进行交换。

对某种商品的需求，即它可以找到的购买者的数量，如我们之前说过的，根据价格的变化而变化。现在，在德国 10 码呢绒的价格等同于 17 码亚麻布，或相当于 17 码亚麻布等值的货币量。现在，在这一价格下，人们对呢绒的需求量是一定的，或者以该价格可以找到购买者。如果呢绒多于这一特定的码数，就不能按这一价格出售，而少于该码数，按这一价格出售又无法充分满足需求。我们不妨假设这一码数是 10 码的 1 000 倍。

现在，我们将注意力转向英国。在这里，17 码亚麻布的价格等于 10 码呢绒，或等同于与 10 码呢绒等值的货币量。某一特定码数的亚麻布，按这一价格出售，将恰好满足需求。我们不妨假设这一码数是 17 码的 1 000 倍。

因为 17 码亚麻布等于 10 码呢绒，所以 1 000×17 码亚麻布就等于 1 000×10 码呢绒。在现有的交换价值下，英国所需的亚麻布恰好可以支付德国在同等交换条件下所需的呢绒。每一方的需求恰好抵消了另一方的供给。需求和供给的原则所要求的条件得到了满足，为此我们认为这两种商品将按照 17 码亚麻布交换 10 码呢绒的比率继续交换。

但是，我们还可以改变假设。假如按照上述交换比率，英国所愿意消费的亚麻布数量不超过 800×17 码，很显然，按照该交换比率，这一数量不足以支付先前假设的德国按照假定的价值所需要的 1 000×10 码呢绒。按照这一价格，德国能够获得的呢绒将不超过 800×10 码。为了获得余下的 200×10 码呢绒，德国将别无他法，只能开出更高的价格。德国将提供 17 码以上的亚麻布来交换 10 码呢绒，我们不妨假设这个数字是 18 码。按照这个价格，英国或许会倾向于购买更多的亚麻布，消费 900×18 码亚麻布。同时，由于呢绒价格的上涨，德国或许会降低对其的需求。如果它现在需求的呢绒数量是 900×10 码，而不是 1 000×10 码，则这一数量恰好可以支付英国在价格改变之后愿意购买的 900×18 码亚麻布，每一方的需求恰好又同另一方的供给相互抵消，而 10 码对 18 码将是两国呢绒与亚麻布相互交换的比率。

如果英国按照10∶17的比率，将需要1 200×17码的亚麻布，而不是800×17码，那么结果将完全相反。在这种情况下，英国的需求无法得到充分满足，它为了得到更多的亚麻布将改变交换比率，从而也会遭受损失，因此，10码呢绒的价值在这两国间将低于17码亚麻布的价值。由于呢绒跌价，或者说由于亚麻布涨价，德国将增加对呢绒的需求，而英国则降低对亚麻布的需求，直到交换比率自行调整至呢绒和亚麻布能够恰好相互抵消为止；而且一旦达到这一点，价值将保持在这一水平上而不再变动。

因此，可以断定，当两国在交换两种商品时，这两种商品的相对交换价值将按照两国消费者的喜好和境况而自行调整，从而使得一国所需要的从邻国进口的商品数量，与后者所需要的由前者输入的物品数量，足以完全相互抵消。由于消费者的喜好和境况不能简化为任何一项法则，所以两种商品的交换比例也不能简化为任何一项法则。我们知道，这一变化所不能超出的限制范围，是这两种商品在其中一个国家生产成本的比率，以及在另一个国家生产成本的比率。10码呢绒不能交换20码以上的亚麻布，同样也不能交换少于15码亚麻布。但是，它们可以按任一中间数量来交换。因此，两国可以分享贸易利益的比率多种多样。这里，我们只能对间接决定两国分享比率的各种情况做一般性的说明。

我们甚至可以设想一种极端情形，即交换产生的全部利益由一方获得，而另一方一无所获。对于一定数量的某种商品而言，很有可能是人们无论在什么样的价格水平下想要获得全部数量，一旦人们获得了这一数量，则无论交换价值怎样下跌，都不会吸引其他消费者前来，或者是促使那些已经得到供给的人增加购买，这样的假设并不荒诞。我们不妨假设呢绒在德国的情况也是如此。在德国与英国开始贸易之前，当10码呢绒与获得20码亚麻布花费的劳动一样时，德国仍然消费了在任何情况下都需要消费的那么多呢绒，因此，即使它能够以10码呢绒对15码亚麻布的比率来获得呢绒，它也不会再消费更多了。假设这个固定的数量为1 000×10码。然而，按照10∶20的比率，英国需要的亚麻布数量将多于与这一固定数量的呢绒等值的亚麻布。因此，英国会以较高的价值来换取亚麻布，或者换句话说，会以较低的比率来提供呢绒。但是，因为价值的降低并不能促使德国购买更多数量的呢绒，所以，英国对亚麻布的需求，由于亚麻布价值的提高而下降至1 000×10码呢绒所能交换的数量以前，亚麻布价值的上涨或呢绒价值的下跌将无限制地进行下去。最终的可能是，为了充分实现英国对亚麻布需求量的下降，呢绒的价值必须下降至10码呢绒交换15码亚麻布的比率。于是，德国将获得全部收益，而英国的状况则恰好同贸易开始前一样。然而，德国使自己生产的

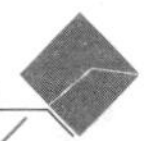

亚麻布的价值略低于英国生产的亚麻布的价值，以免受到英国生产者的排挤，这对于德国来说也是有利可图的。因此，英国在某种程度上总是会由于贸易的存在而获得利益，尽管该利益可能极其微小。①

我认为，以上所述包含了国际价值最基本的原理。在这个抽象和假设的例子中，我做了各种远比实际情况简单得多的假设，这是必不可少的。首先，运输成本忽略不计；其次，假定只有两个国家之间进行相互贸易；最后，假设两国贸易的商品只有两种。但是为了完整说明这个理论，有必要将前面为了简化论证而暂时忽略的各种情况考虑进去。那些惯于从事科学研究的人或许无须正式的证明就会明白，这些情况的引入并不会改变有关这一问题的理论。无论是多少个国家之间的贸易，也无论是多少种商品之间的贸易，都必然遵循两国之间、两种商品之间贸易的基本原理而进行。引入大量极为相似的因素，并不能改变它们的运行法则，正如增加天平两端的重量并不能改变万有引力定律一样。它改变的只是数值上的结果而已。然而，为了使理论更加完整，我们将像论述简单情况时那样，详细地论述各种复杂的情况。

第三节　运输成本对国际价值的影响

首先，我们引入运输成本这一因素。这时的主要变化是，呢绒和亚麻布在两国不再以恰好相同的比率交换。亚麻布必须运到英国，由于运输成本，因而它在那里将变得昂贵；同样，呢绒也要从英国运到德国，因此也会变得昂贵。以呢绒计算，亚麻布在英国的价值要高于其在德国的价值，高出额相当于这两种物品的运输成本；同样，以亚麻布计算的呢绒也是如此。假设每件物品的运输成本等于 1 码亚麻布；又假设，如果它们的运输成本为零，交换条件是 10 码呢绒对 17 码亚麻布。似乎乍一看，各国都将支付自身的运输成本，即支付进口物品的运输成本；在德国，10 码呢绒将交换 18 码亚麻布，即原来的 17 码加上用于支付呢绒运输成本的 1 码；而在英国，10 码呢绒将只交换 16 码亚麻布（原来为 17 码，为支付亚麻布的运输费用而扣除 1 码）。然而，情况不一定就是这样；只有当英国消费者愿意以 10∶16 的价格购买的亚麻布，恰好抵消了德国消费者愿意以 10∶18 的价格购买的呢绒时，这种情况才会发生。无论二者的价值如何，均必须建立这种平衡。因此，如同利益分配并不存在绝对的法则一样，运输成本的分配也不存在绝对的法则；而且我们无法确定，运输成本分配的比率是否会遵循与利益分配

① 参见《略论政治经济学有待解决的若干问题》，第 6～14 页。

相同的比率。即使排除运输成本这一因素，也很难断定，到底是生产国还是进口国获利更多。这将取决于国际需求的作用。

此外，若是无须支付运输成本，则各种商品会经常性地进口或出口（假设贸易是自由的）。如此一来，各国便只会生产同时为本国和他国需要的产品。但是，由于需要支付运输成本，很多物品，尤其是大件物品，每个国家或几乎每个国家都在本国生产。尽管各个国家可以出口在本国生产最有利的各种物品，而进口在本国生产最不利的各种物品，不过，除此之外，还有很多物品介于两者之间，它们的生产成本相对于在本国和其他国家之间的差额很小，以致通过进口一种商品并同时出口一种商品而节省下来的生产成本并不足以抵消运输成本。大多数日常消费品就是如此，包括许多质量低劣的食品和制造品，而其中质量较好的产品已经成为国际运输的主要对象。

第四节　适用于两国之间和两种商品之间的价值法则，同样也适用于多个国家之间和多种商品之间

迄今为止，我们的假设只包含两种商品，现在我们将引入更多的商品。不过，我们仍然假定在英国和德国比较生产成本差别最大的还是呢绒和亚麻布，因此，如果两国的贸易限定于这两种商品之间，则两国之间进行呢绒和亚麻布的贸易将获利最大。我们现在将再次忽略运输成本，因为前面已经证实过运输成本并不影响问题的实质，而只会使问题的陈述受到不必要的干扰。然后，我们再假设，英国对亚麻布的需求要远胜于德国对呢绒的需求，或者由于亚麻布价格低廉而更容易扩大，所以，如果德国愿意从英国购买的商品只有呢绒一种，那么英国的需求会迫使其将交换条件提高至 10 码呢绒交换 16 码亚麻布，其结果就是英国所获得的利益只是 15 码和 16 码之间的差额，而德国所获得的利益则为 16 码和 20 码之间的差额。但我们现在假设，英国还有另外一种商品——例如生铁——也是德国所需要的，我们将在英国与 10 码呢绒具有相同价值的生铁的数量设为 1 英担。如果德国生产生铁将花费与生产 18 码亚麻布同样多的劳动，如果英国按照 17 码亚麻布的价格来出售生铁，则会将德国的生铁生产者挤出市场。在这种情况下，亚麻布对 10 码呢绒的交换比率将不会被迫提高至 16 码，而将会停留在当初假定的 17 码上。这是因为，虽然按照这一交换比率，德国所需的呢绒数量将不足以偿付英国所需的亚麻布数量，但是，德国将通过购买生铁来补偿不足的部分，而对于英国来说，提供 1 英担生铁与提供 10 码呢绒所花费的生产成本是一样的。如果现在我们在英国方面再加上煤炭或棉花，在德国方面再加上葡萄

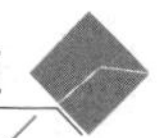

酒、谷物或者木材，也不会对原有法则产生任何影响。每个国家的出口必然恰好补偿进口；这里的出口和进口意味着总出口和总进口，而不是特定商品的单独出口和进口。英国50天的劳动产物，无论是呢绒、煤炭、棉花还是其他出口商品，都将根据国际需求，与德国40天、50天或者是60天的劳动产物，如亚麻布、葡萄酒、谷物或木材相交换。两国之间存在着某种交换比率，按这一比率，两国对彼此产品的需求恰好一致；因此，英国提供给德国的商品，恰好同德国提供给英国的商品完全抵偿，并相应产生了英国的劳动产品同德国的劳动产品相互交换的比率。

因此，如果有人想知道哪个国家将从贸易中获得最大利益，答案是，这个国家的产品在其他国家的需求最大，而这种需求又最容易由于价格的降低而增加。只要某一国家的产品具有这种性质，那么该国就能够以较低的价格获得一切外国商品。外国对其出口产品需求的强度越大，该国获得进口产品的价格就越低。而且，该国本身对进口产品需求的程度和强度越低，其获得的进口产品的价格也就越低。市场总是给予需求量较小者以最低的价格。一个国家如果只需要较少的外国产品，且对这些产品需求的数量也有限，而本国的各种商品却在国外有很大的需求，那么，该国将以极少的成本获得一定数量的进口商品，也就是说，以极少量劳动和资本的产品就可以交换这些进口商品。

前面是假设两种以上的商品的情况，现在我们假设两个以上的国家之间的交换。在英国对亚麻布的需求被提高到10码呢绒交换16码亚麻布的比率之后，我们假设英国同另一个也出口亚麻布的国家开始贸易往来。我们不妨假设，如果英国只同这个第三国相互贸易，则国际需求的作用将促使英国能够以10码呢绒或其等价物交换该国17码亚麻布。很显然，英国不会再以先前10∶16的比率去购买德国的亚麻布；这样一来，德国的亚麻布将滞销，所以不得不同第三国那样提供17码。在这种假设条件下，与德国的情况相比，第三国的生产和需求情况对英国更为有利。但是，这种假设并不必然如此，我们还可以假设，如果英国不与德国开展贸易，则英国将不得不向第三国提供同提供给德国一样的有利条件，即10码呢绒交换16码甚至少于16码的亚麻布。即便如此，同第三国开展贸易仍然对英国的利益产生很大的影响。现在，英国的出口市场已经加倍，而英国对亚麻布的需求一如从前。这种情况必然使英国获得了更为有利的交换条件。这两个国家对英国产品的总需求要远远多于其中任何一国对其产品的需求，因此，为了获得更多英国的产品，它们不得不以较低的价值提供本国的出口产品，以增加外国对其出口产品的需求。

值得注意的是，即使需要英国产品的第三国并没有出售任何英国所愿意购买的产品，上述由于出口产品市场的扩大对英国所产生的有利影响依然存在。假设第三国虽然需要来自英国的呢绒或生铁，却不生产英国所需的亚麻布或者是任何其他产品。不过，它也生产一些出口产品，否则将无法偿付进口产品；它出口的产品虽然不适合英国消费者，却可以在其他国家寻求市场。因为我们只假设了三个国家，所以必须假定它在德国找到出口产品的市场，并且使用德国消费者支付的汇票来偿付它从英国进口的产品。因此，德国除了偿付本国进口的产品，现在还因第三国而对英国负有债务，而且付款和还债所需要支付的资金都源于本国可出口的产品。因此，德国必须以对英国足够有利的条件向英国出口产品，以达到可以抵销这两种债务的需求。这里所发生的一切就好像是第三国以本国产品来购买德国产品，然后再向英国提供德国产品以换取英国产品一样。现在对英国产品的需求增加了，而增加的需求只能由德国产品来偿付；而这只能通过增加英国对德国产品的需求来实现，也就是降低这些产品的价值。因此，任何其他国家对某一国出口产品需求的增加，都将促使该国获得的进口产品更廉价，即使这些产品源自其他地方。相反，如果该国对其他任何国家产品的需求有所增加，而其他情况不变，则该国将不得不对所有进口的外国产品支付更高的价格。

我们现在所阐明的法则或许可以恰当地被命名为国际需求方程式（equation of international demand）。其简要说明如下：一国产品总是按照该国全部的出口产品能够完全抵付其全部的进口产品所需的价值，与其他国家的产品相交换。这一国际价值法则不过是更为基本的价值法则，我们称之为供给和需求方程式的延伸。[①] 我们已经知道，某种产品的价值总是会自行调整，以使需求恰好与供给水平相当。但是，一切贸易——无论是国际贸易还是个人贸易——都是产品的交换，在这些产品的交换中，国家或个人各自必须出售的东西，也构成了他们的购买手段：一方的供给构成了他对另一方供给的需求。因此，供给和需求只不过是相互需求的另一种表达方式。如果说，价值将自行调整从而使需求与供给相平衡，实际上就是说，价值将自行调整从而使一方的需求与另一方的需求相等。

第五节　生产改进对国际价值的影响

前面探讨国际价值法则的各种后果的细枝末节，已经占用了太多的篇幅。在此我将说明一下这一法则的一种应用，因为这种应用本身很重要，与我们将在下一章中讨论的问题有关，而且有助于我们更全面而清晰地理解这一法则。

我们已经知道，一国购买外国商品的价值与该商品在出口国的生产成本并不

① 参见本书第三编第二章第四节。

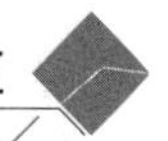

一致。现在假定，生产成本有了变化；例如，制造过程有所改进。那么其他国家可以充分分享这种改进所带来的收益吗？商品在生产国的成本降低了，将该商品向外国人出售时其价值是否也会相应地降低呢？这一问题，以及解决这个问题时必须考虑的一些因素，都非常适用于检验这一理论的价值。

首先假设，生产改进创建了一个新的出口分支，这使得外国商人到该国购买原来他们在本国生产的产品。基于这个假设，外国对该国新产品的需求增加了；这必然会改变国际价值，使之有利于该国而不利于外国，因此，虽然外国也分享新产品的利益，但是它们必须以高于过去的交换比率来偿付该国的其他一切产品，才能够获取新产品的利益。交换比率将高出多少，这取决于在这些新条件下重建国际需求方程式的必要程度。显然，这些结果是伴随着国际价值法则产生的，因而，我不打算用更多的篇幅来阐述它们，而打算探究一种更为常见的情况，即生产改进并没有创造出新的产品系列，而是降低了该国已出口产品的生产成本。

在讨论这种复杂的问题时，应用确切的数字较为便利，下面我们回到原先的例子。10 码呢绒，如果在德国生产将需要花费等同于生产 20 码亚麻布的劳动和资本，但是在国际需求的作用下，德国只要 17 码亚麻布就可以从英国换取 10 码呢绒。现在假设，由于德国实施了机械改进，而这种改进并没有传到英国，原来生产 20 码亚麻布所花费的劳动和资本，现在可以生产 30 码亚麻布。在德国市场上，亚麻布的价值与德国生产的其他商品相比下降了三分之一。那么，与英国的呢绒相比，其价值是否也下降了三分之一，从而使得英国同德国一样，可以分享因生产改进而获得的全部收益？或者（我们毋宁说），由于英国获得亚麻布所需要的成本并非取决于德国生产亚麻布的成本，所以，英国当初就没有得到以 10 码呢绒交换 20 码亚麻布的全部利益，而只能交换 17 码亚麻布。那么，为什么仅仅因为这种生产限度在理论上增加 10 码，英国就能够获得更多的商品呢？

显然，一开始，这种改进将使德国亚麻布的价值相对于德国市场上的其他一切商品的价格降低，其中也包括那些进口的商品，如呢绒。如果当初 10 码呢绒可以交换 17 码亚麻布，那么，现在可以交换其数量的 1.5 倍，即 25.5 码亚麻布。不过，该状况是否会持续下去将取决于亚麻布价格的降低对国际需求的影响。英国对亚麻布的需求大概会有所增加，其增加的程度可能同价格下降的幅度成比例，也可能大于或小于价格下降的幅度。

如果需求增加同价格下降的幅度成比例，则英国当初购买亚麻布的数量是 17 码的多少倍，现在将同样是 25.5 码的多少倍。英国为购买亚麻布而要支付的呢绒或呢绒的等价物，简言之，就是它为购买呢绒而支付的国民总收入将和过去一样多。对于德国来说，按照这一交换比率，所需要的呢绒数量很可能同过去一样多，因为它在呢绒上支付的实际上同过去一样；在德国市场上，现在 25.5 码亚麻布的价值等于过去 17 码亚麻布的价值。在这种情况下，10 码呢绒交换 25.5 码亚麻布就是在新的条件下恢复国际需求方程式的交换比率。因此，英国将以比过去低三分之一的价格获得亚麻布，并将同德国获得同样多的利益。

然而，亚麻布价格的大幅下降，将有可能促使英国对亚麻布需求的增加幅度超过其价格下降的幅度；因此，如果英国先前需要 1 000×17 码亚麻布，那么现在可能需要 1 000×25.5 码以上的亚麻布才能满足其需求。如果是这样，国际需求方程式将不可能按上述交换比率来确立。为了抵偿亚麻布，英国必须以更为有利的条件来提高呢绒的价格；比方说，以 10 码呢绒交换 21 码亚麻布。因此，英国不会得到亚麻布生产改进所带来的全部利益，而德国不仅可以得到这种利益，还可以减少对呢绒的偿付。但是，还有一种可能，英国可能不愿意按照亚麻布价格降低的幅度来增加对它的消费，它很可能想要的亚麻布数量不足 1 000×25.5 码。在这种情况下，德国就必须提供 25.5 码以上的亚麻布交换 10 码呢绒，来促进对亚麻布的需求。亚麻布的价值在英国要比在德国下降得更为严重；而德国将以更不利的条件，即以高于过去的交换价值来交换呢绒。

在做了如上阐述之后，我们就没有必要详细讨论，将更多的国家和商品引入假设后上述结果会怎样变化。然而，有一种情况会改变这些结果。在上述假设中，德国消费者由于亚麻布价值的下降而会有一部分人的收入可供自由使用，他们确实有可能用这部分收入来增加对亚麻布的消费，但也有可能将这部分收入花费在其他商品上，其中包括呢绒或其他进口商品。这是国际需求中的一个新因素，会或多或少地改变交换结果。

价格下降对需求可能造成三种影响，即：需求增加超过价格下降的幅度；需求增加同价格下降的幅度相等；需求增加低于价格下降的幅度。在这三种影响中，最有可能发生的是哪一种呢？这取决于特定商品的性质，以及购买者的偏好。如果该商品是普遍需要的，价格下降将使其成为比过去更为广泛的阶级所购买的商品，那么需求增加往往会大于价格下降的幅度，因此将有大量货币来购买该商品。咖啡的价格由于税收的减少而降低，就是这种情况。糖、葡萄酒以及大量其他商品，虽然不是必需品，但消费量很大，许多消费者在其价格低廉时则尽情享用，而在其价格高昂时则较为节约，这类商品的情况大概也是如此。但更为常见的情况是，某种商品价格下跌，而用于购买该商品的货币却比过去要少：消费数量增加了，但消费的价值量却没有相应提高。由于商品跌价而节省了货币的消费者，很有可能将节省的那部分货币用于其他商品的消费，因此，除非该商品的降价能够吸引大量新的买主（他们过去或者从不消费，或者只是少量或偶尔消费该商品），否则花费在该商品上的总金额就会减少。因此，一般来说，我们所

列举的第三种情况最有可能发生，也就是说，某种出口产品生产的改进很有可能同有利于生产出口产品的国家一样有利于（如果不是更有利于）外国。

第六节　上述理论并不完整

到目前为止，上述就是本书第一版和第二版所论述的有关国际价值的理论。但是，睿智的批评（主要是我的朋友威廉·桑顿先生的批评）以及其后进行的深入探究表明，前面所做的论述虽然正确，但尚未形成有关这一主题的完整理论。

如前所述，两国之间（如果假设通商国家在两个以上，则为世界各国之间）的出口和进口必须在总额上相互抵消，因此，它们之间的交换价值必须同国际需求方程式一致。然而，这一表述并未完全揭示有关这一现象的法则，因为还存在如下情形：有时几种不同的国际价值比率可能会同时符合这一法则所要求的条件。

我们曾假设，英国能用生产 15 码亚麻布的劳动生产出 10 码呢绒，而德国则需要用生产 20 码亚麻布的劳动才能生产出 10 码呢绒；自从两国间开展贸易之后，英国专门生产呢绒，而德国专门生产亚麻布；如果 10 码呢绒可以交换 17 码亚麻布，则英国和德国恰好可以满足彼此的需求；例如，按照这一价格，如果英国需要 17 000 码亚麻布，而德国恰好需要 10 000 码呢绒，那么英国想获得那么多亚麻布必须支付这么多呢绒。根据这一假设，10 码呢绒交换 17 码亚麻布似乎就成为实际上的国际价值。

但其他交换比率，比如 10 码呢绒交换 18 码亚麻布，也有可能满足国际需求方程式的条件。假设按照后一交换比率，英国所需的亚麻布要比在 10∶17 这一交换比率下多一点，但又不及亚麻布跌价的幅度，即她不需要 18 000 码亚麻布（这是它现在用 10 000 码呢绒可以买到的），而是 17 500 码亚麻布，为此它只需支付 9 722 码呢绒（在 10∶18 的新的交换比率下）即可。反过来，德国不得不以高于 10∶17 的比率来购买呢绒，因而它可能会将呢绒的消费量降低至 10 000 码以下，或许会降至与上述相同的数量，即 9 722 码。在这些条件下，国际需求方程式仍然成立。因此，10∶17 的比率以及 10∶18 的比率，同样满足国际需求方程式的需求；当然，许多其他交换比率也同样可以满足国际需求方程式的需求。可以想象的是，能够假设的任何比率都同样满足这一条件。因此，国际价值自行调整的比率中仍有一部分是无法确定的，这表明我们尚未考虑到影响国际价值的全部因素。

第七节　国际价值并不完全取决于需求量，也取决于各国为供应国外市场而可以利用的生产能力

我们将会发现，为了弥补这一缺陷，不仅要像我们前面所做的那样考虑到各国对各种进口商品的需求量，而且要考虑到各国需要在多大程度上具备满足这种需求的生产能力，这是各国自主调整产业方向时可以形成的。

为了说明这一点，有必要选择比我们迄今为止使用的更为简便的数字。假设在贸易开通之前，英国 100 码呢绒交换 100 码亚麻布，而德国 100 码呢绒交换 200 码亚麻布。贸易开通之后，按照某种交换价值，英国向德国提供呢绒，德国向英国提供亚麻布；该交换价值部分取决于前面已经讨论过的因素，即价格的降低分别使这两个国家需求增加的相对程度，部分取决于其他一些尚未考察的因素。为了将未知因素与已知因素相互分离开来，有必要对已知因素做出某种明确的、不变的假设。因此，我们假设，价格下降对需求的影响遵循着两国以及两种商品之间所共有的某种简单的法则。我们不妨假设最简单和最便利的法则就是，商品价格的下降使两国消费均按照特定的比例增加；换句话说，消耗在商品上的价值，即为了获得商品而花费的生产成本没有变化，不管根据这一成本而提供的商品数量是变大还是变小。

现在让我们假设，在贸易开通之前，英国需要 100 万码亚麻布，其价值按照英国的生产成本计算相当于 100 万码呢绒。如果英国反过来将过去生产亚麻布的全部劳动和资本用于生产呢绒，则可生产出供出口的 100 万码呢绒。进一步假设这些呢绒是德国通常消费的确切数量。这样，英国就可以在德国按德国的价格卖掉这些呢绒；当然，在将德国的生产者挤出市场之前，英国必须同意以稍低的价格卖给德国，但是，德国生产者一旦被挤出市场之后，英国马上就可以用 100 万码呢绒交换 200 万码亚麻布了，因为这 200 万码呢绒是德国纺织业者将其用于生产呢绒的全部劳动和资本转而生产亚麻布所能够制造的数量。因此，英国获得了贸易的全部利益，而德国一无所获。这与国际需求方程式完全一致。因为英国（根据先前的假设）现在需要 200 万码亚麻布（以与过去获得 100 万码亚麻布相同的成本，现在可获得 200 万码亚麻布），当呢绒的价格在德国没有发生变动时，德国恰好也同过去一样需要 100 万码呢绒，这样德国将从生产呢绒中解放出来的全部劳动和资本用于生产英国所需的 200 万码亚麻布，也能够获得 100 万码呢绒。

到目前为止，我们一直假设英国将之前生产亚麻布的全部劳动和资本转移到

了呢绒的生产上，而且多生产的呢绒恰好充分满足了德国现有的全部需求。但是，接下来我们假设呢绒除了满足德国的需求之外，还有剩余。假设英国能用它释放出来的资本生产 100 万码可供出口的呢绒，而德国迄今所需的呢绒只有 80 万码，就德国的生产成本而言，仅相当于 160 万码亚麻布。因此，英国无法在德国按照德国的价格来卖掉这 100 万呢绒。然而，无论贵贱（根据我们的假设），英国都想要获得能够同 100 万码呢绒相交换的亚麻布，因为这些亚麻布只能从德国获得，或者是以较高的成本在国内生产。因此，这 100 万码呢绒的持有者将通过彼此竞争而被迫以能够诱使德国全部购买此呢绒的任何条件（只要价格不低于其在英国的生产成本）向德国提供呢绒。我们可以根据所做的假设准确规定这些条件的内容。德国所消耗的 80 万码呢绒，其成本在德国相当于 160 万码亚麻布，无论德国能够用这些成本换得多少呢绒，它愿意花费在呢绒上的成本总是这么多，不会改变。因此，英国为了诱使德国购买 100 万码呢绒，不得不同意用 100 万码呢绒交换 160 万码亚麻布。因此，国际价值的交换比率将是 100 万码呢绒对 160 万码亚麻布，介于这两种商品在英国的生产成本比率与在德国的生产成本比率之间，因而两国将分享贸易利益，英国总计多得 60 万码亚麻布，德国则多得 20 万码呢绒。

现在我们进一步引申上述假设，假设德国只需 50 万码呢绒，其消费的呢绒不仅少于英国由于停止在国内生产亚麻布而能够提供出口的 100 万码，而且同英国在生产上所具有的优势也不完全成比例。在这种情况下，德国完全停止生产呢绒，而增产 100 万码（但也只有 100 万码）亚麻布，这 100 万码亚麻布的生产成本相当于它过去生产 50 万码呢绒的成本，所以，无论价格如何下跌进而诱导德国消费，这都是德国在呢绒上花费的所有成本。英国将由于自身竞争而不得不付出整整 100 万码呢绒来换取 100 万码亚麻布，如同它在前面所述的例子中不得不用 100 万码呢绒换取 160 万码亚麻布一样。不过，英国能够以同样的成本自行生产 100 万码亚麻布。因此，在这种情况下，英国无法从国际贸易中获得任何优势。而德国获得了全部利益，现在德国可以用之前购买 50 万码呢绒的成本来获得 100 万码呢绒。简言之，德国在这第三种情况下所处的境地，与英国在第一种情况下所处的境地恰好完全相同，只要将数字颠倒过来，就很容易证实这一点。

根据上述三种情况的一般结果，可以提出如下定理，即在我们假设需求恰好与价格下跌成比例的情况下，国际价值法则如下所述：

英国过去专门用于制造亚麻布的资本转而生产的全部呢绒，可以与德国过去专门用于制造呢绒的资本转而生产的全部亚麻布交换。

或者，更一般地说，两国可以将由于进口而被释放的劳动和资本转而用于生产一切出口产品，然后相互交换。

该法则以及由此而产生的三种可能的利益分配，可以很方便地使用代数符号概括如下：

假设英国使用从停止生产亚麻布中释放出来的劳动和资本生产的呢绒数量为 n。

假设德国过去需要的呢绒数量（按德国的生产成本计算）为 m。

那么，n 码呢绒总是可以同 $2m$ 码亚麻布交换。

因此，如果 $n=m$，则英国获得全部贸易利益。

如果 $n=2m$，则德国获得全部贸易利益。

如果 n 大于 m，但小于 $2m$，则两国将分享贸易利益；英国过去只获得 n 码亚麻布，现在则可以获得 $2m$ 码亚麻布；德国过去只获得 m 码呢绒，现在则可以获得 n 码呢绒。

几乎无须多言的是，这里所列举的数字 2，只是因为要用它来表示以呢绒估计的德国在亚麻布生产上超越英国而具有的优势，（同样地）也是以亚麻布估计英国在呢绒生产上超越德国而具有的优势。如果我们假设在贸易开通之前，在德国，100 码呢绒可以交换 1 000 码亚麻布，而不是 200 码亚麻布，则 n（贸易开通之后）就可以交换 $10m$ 码，而不是 $2m$ 码。如果我们假设 100 码呢绒只能交换 150 码亚麻布，而不是 1 000 码或 200 码亚麻布，那么 n 码呢绒只能交换 $1.5m$ 码亚麻布。总之，如果呢绒在德国的成本价值（以亚麻布来估计），以 p 对 q 的比率，超过其在英国以同样方式估计的成本价值，则贸易开通之后，n 码呢绒将与 $(p/q)m$ 码亚麻布交换。①

---

① 或许有人会问，为什么我们假设 n 的极限是 m 或者 $2m$［或者是（p/q）m］呢？为什么 n 不能小于 m 或大于 $2m$ 呢？如果那样的话，结果又会如何？

现在，我们将对此做出检验。检验结果将会表明，n 实际上总是局限于这一范围之内。

例如，假设 n 小于 m；或者，回到我们之前使用的数字上，假设英国可以制造的 100 万码呢绒将不能满足德国现在的全部需求，不妨假设该需求为 120 万码。那么，乍一看，似乎英国会在 100 万码的限度内向德国提供呢绒，而德国将通过本国自己生产呢绒来继续提供余下的 20 万码；而这一部分供给将决定整个呢绒的价格，因此，英国可以永久地按照德国的生产成本（即 100 万码呢绒交换 200 万码亚麻布）来出售它的 100 万码呢绒，从而获得全部贸易利益，而德国的境况将一点没有改善。

然而，我们很快就会明白这并非实际结果。德国对余下 20 万码呢绒的需求，为英国提供了它可以拓展对外贸易利益的途径；虽然英国不能从亚麻布的生产中释放更多的劳动和资本来生产额外的 20 万码呢绒，但是，同英国相比，德国还有其他一些商品具有相对优势（尽管优势可能不像亚麻布那样大）；现在，英国将进口这些商品，而非自行生产，因而过去用于生产这些商品的劳动和资本将转而用于生产呢绒，直到满足德国的需求量为止。如果这种转变恰好为 20 万码，一点也不多，则现在这个增大的 n 将等于 m；英国则可以将 120 万码呢绒按其在德国的价值出售，并且获得全部贸易利益。但是，如果这种转变所提供的呢绒超过了 20 万码，则英国就有 120 万码以上的呢绒以供出口；这时，n 将大于 m，因此，英国必须放弃足够多的利益来诱使德国购买多余的呢绒。乍一看这似乎是超越极限的情况，实际上将转化为与其中的某一极限一致或介于两者之间的情况。所以，其他可以假设的任何情况都是如此。

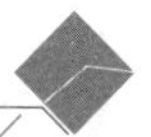

第八节　实际结果几乎不受该附加因素的影响

现在，我们已经得到了一项似乎极为简便和更为普遍的国际价值法则。但是，我们在研究这项法则伊始，便人为地假设了需求和价格下降之间的关系。我们曾假设这种关系是固定的，虽然它在本质上是可变的。我们还假设每次价格的下跌都恰好促使需求成比例地扩大；换句话说，花费在某种商品上的价值（不论其贵贱）总是恒定不变的，因而，我们研究的法则只有在这种假设或者实质相同的其他假设条件下才能成立。因此，我们现在将这一问题中的两个变量结合起来考察，之前我们已经分别考察了它们各自变化的情况。我们假设需求与价格下降之间的关系发生了变化，致使按照上述法则所制定的交换规则不再满足国际需求方程式的条件。例如，假设英国对亚麻布的需求恰好与其价格下降的幅度成比例，但是，德国对呢绒的需求与其价格下降的幅度不成比例。我们重新回到三种情况中的第二种，在该情况下，英国停止生产亚麻布，则可以多生产 100 万码呢绒以供出口，而德国停止生产呢绒，则可以多生产 160 万码亚麻布。如果这些呢绒恰好可以同这些亚麻布相交换，则基于我们目前的假设，英国的需求恰好得到满足，因为它可以用 100 万码呢绒换取其所需要的全部亚麻布。然而，德国虽然在耗费与 160 万码亚麻布相等的成本时需要 80 万码呢绒，但是当它能以同等的成本获得 100 万码呢绒时，或许它需要的不是整整 100 万码，也许是 100 万码以上。首先，假设德国不需要这么多呢绒，而只需要 150 万码亚麻布所能换取的数量。英国仍将提供 100 万码呢绒来换取 150 万码亚麻布，却不能诱使德国购买 100 万码呢绒。如果英国将继续在亚麻布上花费同以前一样多的总成本，而不论其价格如何，则为了诱使德国购买 100 万码呢绒，英国就不得不同意德国能够以任何数量（但不少于 100 万码）的亚麻布来交换 100 万码呢绒。假设这一数量为 140 万码。那么，现在英国从贸易中获得的利益就不再是 60 万码亚麻布，而是 40 万码亚麻布；而德国除了获得额外的 20 万呢绒之外，购买呢绒的花费也仅为过去自行生产呢绒时所耗费劳动和资本的八分之七，而节省下来的八分之一则可以增加国内对亚麻布或其他任何商品的消费。

反之，假设德国在 100 万码呢绒交换 160 万码亚麻布的交换比率下，需要 100 万码以上的呢绒。而且如果英国不缩减之前留给国内的数量，就只有 100 万码呢绒，因此，德国为了获得更多的呢绒就不得不将 160：100 的交换比率提高至某一比率（比如说 170：100），从而要么将本国对呢绒的需求降至 100 万码的限度以内，要么诱使英国放弃一部分之前用于国内消费的呢绒。

接下来我们假设需求与价格下跌的比例，不是在一个国家成立，另一个国家不成立，而是在两个国家都不成立，且在两个国家发生偏差的程度都一致。例如，假设两国中任何一国需求增加的幅度与价格下跌的幅度都不相同。基于这一假设，在 100 万码呢绒交换 160 万码亚麻布的比率下，英国不想要 160 万码亚麻布，德国也不想要 100 万码呢绒；如果两个需求不足的程度恰好相同，即如果英国只想要 160 万码亚麻布的十分之九（即 144 万码），德国只想要 90 万码呢绒，则交换将继续按照同一比率进行。再比如，英国想要比 160 万码再多出十分之一的亚麻布，德国想要比 100 万码再多出十分之一的呢绒，其交换比率亦不变。除非出现极为偶然的情况，这种一致（这里值得注意的是，其前提是需求虽然根据价格下跌而增加，但其增加程度并不等于价格下跌的程度①）显然不可能发生。因此，在其他任何情况下，国际需求方程式都要求国际价值做出不同的调整。

因而，我们能够确立的唯一的一般规律如下所述。一国产物与国外产物交换时的价值取决于以下两点：第一，取决于相对于该国对外国商品的需求而言，外国对该国商品需求的数量及可扩展性；第二，取决于该国能够从供本国消费的国内商品的生产中释放出多少资本。外国对该国商品的需求较之该国对外国商品的需求越大，以及该国为满足国外市场的商品生产而释放出来的资本较之外国为满足该国市场的商品生产而释放出来的资本越少，则交换条件越有利于该国，也就是说，该国用一定数量的本国商品就可交换更多的外国商品。

不过，这两个影响因素实际上可以归结为一个，即一国商品与外国商品进行交换的国际价值取决于两点：一国从本国的商品生产中所能抽出资本的比例，与该国对于外国商品的需求在总需求中的比例相同；一国用于购买外国商品的花费在该国总收入中所占的比例，与该国从供给国内市场的商品生产中所撤出的资本在该国总资本中所占的比例相同。因此，出于科学上正确的缘故，我们引入国际价值理论这一新的因素，这似乎对实际结果没有产生任何实质性影响。看来能够以最有利的条件开展对外贸易的国家，是那些对外国商品需求最小，而外国却对其商品需求最大的国家。由此可以得出各种推论，其中之一就是，在其他条件相同的情况下，最富有的国家从一定量的对外贸易中获利最少，因为这些国家对商品的需求通常较大，所以它们对外国商品的需求也有可能较大，从而使得交换条件对自身不利。毫无疑问，它们对外贸易的总收益通常要大于那些较贫穷国家对外贸易的收益，因为它们所进行的贸易规模较大，而且在大规模的消费量下可以获得价格下降的益处；但是，就单个商品的消费而言，它们获得的利益最小。

---

① 需求从 80 万码增加至 90 万码，以及从 100 万码增加至 144 万码，不但二者本身不相等，而且增加的程度也不是按照与价格下跌幅度相同的比例。德国对呢绒的需求增加了 1/8，而价格却下降了 1/4。英国对亚麻布的需求增加了 44%，而价格却下降了 60%。

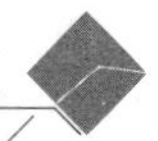

第九节　一国进口商品的成本取决于哪些因素

现在我们来研究国际价值理论的另一个基本组成部分。所谓一国通过对外贸易可以较为廉价地获得商品，具有双重意义，即价值方面的意义和成本方面的意义。首先就价值而言，由于这些商品相对于其他商品而言价值下降了，因而一国可以较便宜地获得它们；在该国，同样数量的这些商品可以交换到该国其他商品的数量比过去减少了。让我们重新回到原先列举的数字上来，在英国，贸易开通之后，亚麻布的所有消费者用过去仅能获得 15 码亚麻布的同等数量的其他物品就可以获得 17 码或者是更多数量的亚麻布。从这个意义上讲，价格下跌的程度取决于我们在前面几节中详细阐明的国际需求法则。但是，其次，从另一个意义即成本角度来看，只有当一国以同等数量的劳动和资本获得了更多数量的商品时，才能说该国较便宜地获得了该商品。从这个意义上讲，价格的下跌在很大程度上取决于与前者性质不同的另一因素：一国进口商品价格低廉的程度，这同该国国内产业的一般生产效率成比例，也同该国劳动的一般效率成比例。从总体上来说，一国的劳动可能要比另一国的劳动更有效；虽然全部或者大部分商品都可以在两国得以生产，但是其中一国的绝对生产成本要低于另一国。不过，正如我们已经看到的，这并不一定会妨碍两国交换商品。具有更大优势的国家从其他国家进口的商品，必然是最不适宜在本国生产的商品。而从商品的角度来看，该国进口这些商品所获得的利益，等同于该国为获得这些商品而出口商品所获得的利益。因此，能够以最低成本获得自己生产的商品的国家，也同样能够以最低成本获得进口商品。

如果我们假设两个国家相互竞争，那么，这一点将更加明显。英国将呢绒送至德国，用 10 码呢绒交换 17 码亚麻布，或者是交换在德国与 17 码亚麻布等值的其他物品。另一个国家，例如法国，亦是如此。一国以 10 码呢绒交换一定量的德国商品，另一国也必然如此。因此，如果英国生产 10 码呢绒所耗费的劳动仅为在法国生产同样的呢绒所耗费的劳动的一半，则德国的亚麻布或其他商品在英国生产所耗费的劳动量就仅为在法国生产所耗费劳动量的一半。因而，英国可以按照在呢绒生产上其劳动效率高于法国的比率，以低于法国的成本获得进口产品；在这种假设情况下，这可视作英国一般劳动效率的近似估计值；因为法国同英国一样，也选择呢绒作为其出口商品，这表明呢绒在法国也是劳动效率相对较高的商品。由此可见，所有国家都是按其一般劳动效率的比例，以最低的成本来获得进口商品。

西尼尔先生[①]率先清楚地认识并阐述了这一命题，不过，他认为该命题只适用于贵金属的进口。在我看来，有必要指出，这一命题同样适用于其他一切进口商品。而且更进一步来说，这只是真相的一部分。因为在我们所假设的情况下，对英国而言，它以10码呢绒来偿付亚麻布的成本，不仅取决于它自己生产10码呢绒所花费的成本，而且部分取决于它以10码呢绒能够交换多少亚麻布。对英国来说，其进口成本是两个变量的函数，即英国用于交换亚麻布而提供的本国商品的数量以及这些商品的成本。在这两个变量中，后者仅仅取决于英国的劳动效率；前者取决于国际价值法则，即取决于相对于英国对外国商品的需求而言，外国对英国商品需求的强度和可扩展性。

在上述英国和法国相互竞争的假设下，国际价值的状况对两个竞争者产生的影响相似，因为都假设它们与同一国家开展贸易，并且进出口同一商品。因此，它们进口成本之间的差异，仅仅取决于另一个因素，即两国劳动效率的不同。它们提供的数量相同，因而差异只能是生产成本。但是，如果英国用呢绒与德国进行贸易，法国用生铁与德国进行贸易，则德国对这两种商品的相对需求将影响英国和法国为了获得德国商品而以劳动和资本的形式所花费的相对成本。如果德国对生铁的需求大于呢绒，则法国将因此而扭转部分不利条件；反之，法国的不利地位将加剧。因此，一国的劳动效率并不是决定该国获得进口商品所花费成本的唯一因素，而且我们即将看到，劳动效率并不会影响进口商品的交换价值或价格。

① 参见《论获得货币的成本的三次讲座》［*Three Lectures on the Cost of Obtaining Money*，伦敦：默里，1830］。

第十九章　论作为进口商品的货币

第一节　货币以两种方式输入：一种是作为商品，另一种是作为交换媒介

目前我们在对外贸易理论方面研究的进展程度，已使我们有能力弥补前面对货币理论研究之不足。同时，在此项研究完成之后，我们就可以结束有关对外贸易问题的讨论了。

在英国和大多数其他国家中，货币或构成货币的材料均属于一种外国商品。因此，它的价值和分配并不由毗邻两地之间通行的价值法则规定，而是由适用于进口商品的价值法则，即国际价值法则规定。

接下来，我将不加区别地使用货币和贵金属这两个概念，因为这样做不会引起任何误解。在前面已经证实，当货币由贵金属或随时可以兑换的纸币构成时，其价值完全取决于贵金属本身的价值，除非铸造费用是由个人支付而不是由国家负担，否则二者的价值绝不会长期相异。

货币输入一个国家有两种不同的方式。一是像任何其他商品一样，将货币作为一种有利的商品进口（主要以金银锭的形式）。二是将货币作为交换媒介来偿还该国的债务（基于该国的出口货物或其他账目）而输入。人们偶尔也用其他方式输入货币，但在通常的交易过程中，上述两种方式是人们获得货币的主要方式，也决定了货币的价值。货币输入一个国家可以采取上述两种不同的方式，而其他各种商品通常只采取这两种方式中的前者输入，这就使货币输入问题比其他商品输入问题更为复杂和令人费解。仅仅由于这一原因，就需要对这个问题加以详细说明。

第二节 作为商品，货币输入遵循其他进口商品的价值法则

贵金属通过通常的商业贸易输入时，其价值必定同其他任何外国商品的价值一样，受到同样因素的影响，并遵从同样的价值法则。金银主要就是以这种方式由各开采国流通到商业世界的其他各个地方的。金银是开采国的主要商品，至少是其经常大量输出的商品之一，而且金银像其他各种可供输出的商品一样，是以投资买卖的方式运送到海外的。因此，如果我们假设只在两国之间进行两种商品的交易，一国（例如英国）为换取一定量的金银锭必须提供的本国商品的数量，就将取决于相对于开采国（例如巴西）对英国所能提供的物品的需求而言英国对金银锭的需求。这些物品相交换的比率，必须满足双方需求增加的比率，从而使竞争不会影响这些物品的价值。英国所需要的金银锭与巴西所需要的英国的棉织品或其他商品，必须恰好相等。然而，如果我们以实际存在的复杂情况来取代这种简化的情况，则国际需求方程式必定不是在英国所需要的金银锭和巴西所需要的棉织品或呢绒之间确立，而是在英国的全部进口商品和全部输出品之间体现。外国对英国产品的需求与英国对外国产品的需求之间必须达到均衡，因此，包括金银锭在内的所有外国商品必然以这样的比例同英国的商品进行交换，即它能通过这些商品对需求产生的影响来建立这种均衡。

贵金属的特殊性质或用途，并不会使贵金属摆脱一般需求原理的约束。只要人们为了享受或获取工艺品而对贵金属有需求，对贵金属的需求就会像对任何其他商品的需求一样，会同样不规律地随着价格的下降而增加。只要为制造货币而对货币有所需求，则需求就会十分规律地随着价格的下降而增加，需求量总是与其价值成反比。就需求而言，这是货币与其他物品之间唯一真正的区别，而且这种区别对目前的论题来说是无关紧要的。

因此，如果只把货币作为一种输入商品，则像其他各种输入商品一样，它的价值在这样的国家中是最低的，即外国对该国输出品的需求最大而该国对外国商品的需求最小。然而，除这两点外，还要加上通过运输费用产生影响的另外两点。获得金银锭的成本由两个因素构成：购买金银锭时所提供的商品，以及金银锭出产国将在国际价值调整过程中承担的一部分（虽然是不确定的一部分）运输费用。运输费用包括将商品运送到金银锭出产国的费用以及运回金银锭的费用，这两部分费用都受到金银矿山距离的影响，前者还受商品吨位的影响。在其他条件相同的情况下，输出精细制造品的国家较之只有粗重原材料可供输出的国家，可以用较少的费用获得金银锭以及其他一切外国商品。

因此，为了更确切地说明问题，我们应当说，货币价值最低的国家是那些可供输出的产品在海外具有最大需求、输出品最精细而包含的附加价值最大、距离金银矿山最近、对外国产品的需求又最小的国家。换句话说，也往往就是物价最高的国家。如果我们考察的不是货币的价值，而是货币的成本（即一国为获得货币而必须耗费的劳动量），则除上述导致币值降低的四个条件外，我们还应当加上第五个条件，即“该国生产性产业的效率最高”。不过，最后一个条件完全不影响以商品估计的货币的价值；它只影响包括货币和各种商品在内的所有物品整体的充裕程度以及获得一切物品的方便程度。

因此，虽然西尼尔先生指出英国劳动效率很高是英国能够以低于大多数国家的成本获得贵金属的主要原因这一点是正确的，但是我不认为这是造成贵金属在英国价值较低的原因，以及使它所能购买的商品数量较少的原因。如果这是事实而非错觉，那么，这必然是由以下两个原因造成的：一方面是由于外国对英国的各种主要商品的需求很大；另一方面是因为英国的这些商品与其他各商业国家的输出品如农产品、葡萄酒、木材、糖、羊毛、皮革、动物脂肪、大麻、亚麻、烟叶、原棉等相比，其商品一般都比较精细。这两个原因可以说明，为什么英国的一般物价水平在一定程度上会高于其他国家，尽管英国本身对外国商品的巨大需求能够缓解物价。然而，我坚决认为，所谓英国商品的价格高和货币的购买力低是表面现象而非事实。的确，食物在一定程度上比较贵，并且在收入少而子女多的家庭中，食品支出占比很大，因而对于这些家庭来说，英国物价很高。而且，英国大多数劳务费也比欧洲其他国家昂贵，因为大陆国家中各贫穷阶层的生活成本较低。但是，英国的制造品（除大部分品质要求较高的商品之外）显然是比较便宜的，或者说，如果买主们满足于相同质量的原材料和加工，则它们就应该比较便宜。所谓的英国生活费高，并非不可避免，这主要是由迂腐的陈规陋习造成的。在英国，生活状况比日工好的所有阶级都认定，他们所消费的物品的品质应当与那些更富裕的人的消费品的品质相当，或至少在表面上看来几乎没有差别。

第三节 货币的价值并不完全取决于金银矿山的生产成本

通过前面的论述我们可以看出，那些认为在货币作为一种进口商品的国家中，货币的价值必定取决于货币在出产国的价值，而且如果开采金银矿藏的生产成本不发生变化，则货币的价值将不会发生永久性上升或下降的观点是极其错误的。与此相反，就某一国家而言，任何扰乱国际需求方程式的因素，都必然会影响该国货币的价值，即使货币在开采地的价值跟原来相比无任何变化。英国新设立的出口贸易部门和外国对英国产品的需求，因为贸易的自然发展或关税的取消而增加，英国对外国商品的需求由于英国征收进口税或者其他国家征收出口税而受到限制。以上所有这些以及具有类似趋势的其他所有事情，都会使英国的进口（包括金银锭与其他各种物品）不再与其出口相等。同时，购买英国产品的国家不得不以较低的价格提供包括金银锭在内的商品，以便重新建立需求方程式。于是，英国将以较低的价格获得货币，并致使物价水平变高；与此相反的一切事情将产生相反的结果，即物价水平降低，或者换言之，提高贵金属的价值。不过必须注意，货币的价值仅仅是相对于本国产品而言有所提高，相对于所有进口产品而言仍保持与过去一样，因为进口产品的价值与货币的价值所受的影响，在方向与程度等方面均相同。由于上述种种原因能够比较便宜地获得货币的国家，也能够比较便宜地获得所有其他进口产品。

对英国产品需求的增加，虽然能使英国以较低的价格获得金银锭，但却未必会使各金银锭的开采国增加对英国产品的需求。英国也许不向这些国家出口任何产品，但只要其他国家对英国产品具有十分强烈的需求，并且这些产品必须间接用各开采国的金银来偿付，则英国就仍可能以最低的价格从各开采国获得金银锭。一国是以它全部的输出品同其全部进口产品相交换，而不是以某一国的输出品与该国的进口产品相交换；外国对某一国产品的总体需求，决定该国进口产品的等价物，只有这样，才能在该国的销售总额和购买总额之间建立一种平衡，这和该国与任一国之间单独保持类似的平衡毫无关系。

第二十章　论国际汇兑

第一节　货币作为交换媒介的国际流通目的

至此，我们已经考察了贵金属作为商品通过正常的商品贸易渠道输入的情况，也检验了在此情况下决定贵金属价值的各种因素。此外，贵金属还可作为交换媒介的形式输入，也就是说，贵金属不再是作为换取货币而出售的一种商品，而是本身就作为用于偿还债务或实现财产转让的货币。尚待考察的内容是：出于这种目的而在国际上配送的金银，是否会以某种方式更改我们已经在前面得出的结论；或者说，支配这些贵金属货币的价值法则，与在国际贸易中实行直接的物物交换时支配贵金属和其他一切输入商品的价值法则之间有什么不同。

货币由一国输往另一国可能有多种目的，如支付黄金或补助金，与附属国之间有财政收入的来往；向不在国内的所有者提交地租及其他收入，进行资本输出或向外国投资转移资本。不过，最主要的目的还是偿付货款。为了说明货币出于这种目的或上述我们所提及的任何其他目的在国家之间的实际配送的情形，有必要简要说明一下当国际贸易不是物物交换而是以货币为交换媒介时的机制的实质。

第二节　汇兑如何调整国际收支

实际上，一国的输出品和输入品，不仅不会直接进行交换，而且往往不会由同一个人经手。每种商品都是用货币去购买或为换取货币而卖出的。然而，如前所述，即使在同一个国家，人们在使用货币购买物品时，货币实际上也不是每一次都转手，在不同国家之间则更是如此。国际上通常是用汇票来收付货款的。

假设英国商人甲向法国商人乙输出英国商品，法国商人丙向英国商人丁输出法国商品（假定与商人甲输出的商品等值）。显然，法国的乙不用向英国的甲运送货币，英国的丁也无须向法国的丙运送等额的货币。一方的债务可用于偿付另一方的债务，从而使双方都节省了运输成本，也规避了风险。甲开出一张乙所欠金额的汇票，丁因在法国有等额的欠款需要偿付，所以向甲购买这张汇票并交付给丙，汇票到期时，丙就将其出示给乙，要求兑现。于是，法国欠英国的债务和英国欠法国的债务就两清了，而且两国之间无须运送一盎司的金银。

但是，我们在此假定，法国欠英国的债务和英国欠法国的债务数额相等，即两国应该支出的金银和可能收入的金银数量刚好相等。这意味着（假设这里只考虑贸易过程中的国际收支，排除所有其他国际收支）输出与输入正好相互抵偿，换言之，国际需求方程式就建立起来了。如果情况属实，则国际贸易无须在国家之间运送货币就可以得到清偿。但是，如果英国欠法国债务的金额大于法国欠英国债务的金额，或者与此相反，则这些债务就不能简单地通过汇票完全加以抵偿。当一方的债务清偿另一方的债务之后，就需要用贵金属支付所余的差额。事实上，即使在此情况下，未结清的商人也可以使用汇票进行支付。当某人需要向外国汇款时，他不必亲自去寻找该国需要收款的某人，再从他那里得到汇票。在每一行业都存在着中介机构或者经纪人阶层，它们使买方与卖方得以相互接触，或者居于双方之间，向需要收购货币的那些人购买汇票，并将其卖给需要支付货币的那些人。当某位客户从他的经纪人手中得到一张在巴黎或者阿姆斯特丹承兑的汇票时，这位经纪人卖给他的可能是自己当天早上从某位商人那里买进的汇票，或者位于该外国城市的他自己的代理商号的汇票；同时，为了使他的代理商号能够如期兑付他所开具的所有汇票，他会将自己已经买进以及尚未转卖的所有汇票都寄给他的代理商号。运用这种方式，这些经纪人自己承揽了远程金钱交易的全部结算业务，并根据卖出或者买进的每张汇票的金额收取一定百分比的手续费作为回报。此时如果经纪人发现，一方向他们购买的汇票金额大于另一方提供给他们的汇票金额，则他们也不会因此而拒绝为这笔交易提供汇票。不过，在这种情况下，由于他们除了按照差额运送一部分金银之外，没有其他办法能够使代理商号在汇票到期时兑付现金，因此他们会要求向其购买汇票的人额外支付一笔费用，用以补偿金银的运费和保险费，再加上足以补偿他们为此付出的辛劳和他们暂时垫付的资本的补偿利润。买主愿意支付这种升水（premium，人们这样称呼它），否则他们就必须自己耗资运送贵金属，而这种业务由专业人士去办会节省成本。不过，虽然在有债务需要偿付的人们中只有一部分人需要运送货币，但由于彼此之间的竞争，致使所有人都不得不支付这种升水；出于同一原因，经纪

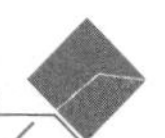

人也不得不向卖汇票给他们的那些人支付升水。如果输出额与输入额相互比较，一国不是需要偿付逆差，而是能够收取顺差，则会出现与此相反的情况。经纪人发现向他们出售的汇票金额超过需要他们承兑的汇票金额，因此，外国汇票的价格下跌，此时就出现贴水（discount）；同时，经纪人之间非常激烈的竞争却使他们无法将这种贴水作为自己的利润，因而不得不将这一利益转让给那些为了对外汇款而购买汇票的人。

假设随着政治的发展，总有一天所有国家将会使用同一种通货；不妨假设这种通货就是英国通货（因为英国通货虽然不是最好的，却是人们最熟悉的）。如果英国必须付给法国的英镑数与法国必须付给英国的英镑数相等，则英国的部分商人想要获得的汇票金额与另一部分商人想要出售的汇票金额就应当相等，因而对法国开出的100英镑汇票，恰好卖100英镑，或者用商人的术语来说，是平价汇兑。根据这个假设，由于法国必须支付的英镑数额和可以收取的英镑数额也相等，因此，对英国开出的汇票在法国也将进行平价汇兑。无论何时，只要对法国开出的汇票在英国能够实现平价汇兑，则情况均是如此。

然而，如果英国必须付给法国的金额，大于它能够在法国获取的金额，则人们需要购买的在法国付款的汇票金额将大于购买到期时承兑的汇票的金额。对法国开出的100英镑汇票可以卖100英镑以上，人们便认为这种汇票有升水。但是，这种升水不能超过运送黄金的运费、风险费和小额利润。因为如果超过这一限度，则债务人就会自行运送黄金，而不愿购买汇票。

反之，如果英国可从法国收取的货币金额大于应付给法国的货币金额，则可以提供出售的汇票金额将大于汇款所需的汇票金额，因而汇票价格将跌至面值以下。100英镑的汇票不用100英镑就可以买到，这种汇票便具有贴水。

英国的支出多于收入，则法国的收入多于支出；反之亦然。因此，如果法国开出的汇票在英国有升水，则英国开出的汇票在法国就有贴水；而且，如果法国兑付的汇票在英国有贴水，则英国兑付的汇票在法国就有升水。如果这些汇票在一国按平价出售，则如前所述，其在两国之间均按平价出售。

使用同一通货的两国或两地之间的情况便是如此。然而，即使是最文明的国家的交易也仍然保留着许多原始的做法，几乎所有独立的国家为了表明其独立国家的地位，都选用各自特定的通货，尽管这种通货对自己和邻国都不方便。对于我们目前的问题来说，这种情况所导致的唯一差别，就是我们不得不以等价（equivalent）金额这一说法来代替等量（equal）货币这一说法。当两种通货是用同一种金属制成的时，等价金额是指两种通货所包含的这种金属，在重量和成色上恰好相等；但是，在像法国和英国那样使用不同的金属制造货币的情况下，则等价金额是指，一种货币所包含的黄金数量与另一种货币所包含的白银数量，在世界的一般市场上具有相同的价值，也就是说，这两种金属的相对价值在不同的地点之间没有重大差别。假定25法郎相当于1英镑（与实际价格相差无几），如果法国的支付额必须是25法郎的倍数，英国必须偿付1英镑的同一倍数，则这两个国家的债务和债权相等。如果情况确实如此，则法国兑付的2 500法郎汇票，在英国将值100英镑，而英国兑付的100英镑汇票，在法国当值2 500法郎。这种汇兑便被称为平价汇兑，而25法郎（实际情况是略多于25法郎）① 被称为法国的平价外汇。如果英国应该付给法国的金额大于法国应该付给英国的金额，则2 500法郎的汇票就具有升水，值100英镑以上。如果法国应该付给英国的金额大于英国应该付给法国的金额，则2 500法郎汇票的价值就在100英镑以下，即具有贴水。

当法国承兑的汇票有升水时，通常说法就是汇兑“逆着”英国，或者“不利于”英国。要理解这些术语，我们就必须了解在商贸语言中“汇兑”一词的真正含义。它指一国货币所具有的购买外国货币的能力。假定25法郎恰好是汇兑平价，则当人们购买一张2 500法郎的汇票需要花100英镑以上的时候，100英镑英国货币的价值就将低于法国货币的真正价值，这就是所谓不利于英国的汇兑。然而，在英国，真正受到不利影响的只是那些必须向法国支付货币的人，因为他们作为买主进入汇票市场，必须支付升水。但是，这种情况对于那些可以在法国收取货币的人却是有利的，因为他们作为卖主进入汇票市场可以得到升水。不过，升水总是意味着英国应当支付差额，这项差额最终必须由英国以贵金属来清偿。而且按照旧时的理论，贸易的利益就在于使本国挣得货币，所以这种偏见造成了人们在实际中收到结存差额的汇兑时，认为其是有利的，而当支付结存差额的汇兑时，则称其为不利的。同时，这些用语又反过来强化了这种偏见。

第三节 有的汇兑可以自行调节，有的汇兑只能通过价格调节，论二者之间的区别

乍看之下，人们也许会认为，当汇兑不利时，或者说当汇票有升水时，这种升水必然与运送货币的全部成本相等，因为，既然确实有差额必须支付，并且汇款的某些人必须支付全部运费，那么，这些人之间的竞争必将使所有的汇款人都不得不做出同样的牺牲。如果任何注定要付的款项都必须立即支付，则情况就的确如此了。倘若人们预期最近将向外国支付巨额款项，则这种预期有时会对汇兑

① 这是在两种金属的相对价值还没有因为金矿的发现而发生变化之前写的。现在，黄金和白银之间的汇兑平价变化无常，谁都无法预测它最终会停留在哪一点上。

产生巨大的影响。① 不过，输入略微超过输出，或者任何其他需要向外国偿还的小额债务，通常均不会对汇兑产生严重影响，虽然也会有升水，但升水均不会达到相当于全部补偿配送贵金属的成本与风险的程度。规定的贷款期限，一般都容许某些债务人延期付款，在此期间，差额就可能发生逆转，从而使债务和债权无须实际运送金银就已经得到平衡。由于汇兑本身的变动具有一种自我调节的力量，因此这种情况很容易发生。汇票由于输入的货币价值大于输出的货币价值而有升水。但这种升水将形成出口商的超额利润。他们除得到货款外，还可以在开发相关贷款的汇票时得到升水。此外，这种升水对进口商来说则意味着利润的减少。他们除支付货款外，还必须为汇款支付升水。因此，所谓不利的汇兑实际上能够鼓励输出、抑制输入。并且如果结存差额很小，而且仅仅是通常的交易过程中偶然出现的某些因素干扰的结果，则结存差额可以很快用商品加以清偿，并通过汇票调整账目，而无须运送任何贵金属。然而，如果是某种永久性的原因引起进口大于出口的汇兑不利的情况，则问题就完全不同了。在这种情况下，扰乱平衡的必然是价格，只有调整价格才能恢复平衡。在价格处在导致入超的水平时，想用汇票升水所产生的出口商的超额利润来促使输出与输入长期保持平衡是不可能的。因为，如果输出与输入保持平衡，汇票就不会有升水，也就不会有超额利润。要纠正这种状况，就必须采取调整商品价格的办法。

因此，输入和输出平衡及由此产生的汇兑的干扰，基本上可以分为如下两类：一类是随机或偶然的，如果其规模不大，则可以通过汇票升水自行调整，根本不必运送贵金属；另一类是由一般的物价水平引起的，只有减少一国流通领域内现有的流通货币量或者废除与此相当的信用才能得到纠正。因为只是运送金银锭（与货币有所区别）对物价不会产生任何影响，因而也不能消除产生干扰的原因。

仍然需要提及的是，某一国家的汇兑并不取决于其与另一国单独核算的债务与债权的差额，而是取决于该国与其他所有国家债务与债权的差额。英国可能欠法国的债务，但不能因此就断言，英国与法国之间的汇兑不利于英国，并且法国兑付的汇票会有升水。因为荷兰或德国有可能欠英国的债务，因而英国可以用这些地方的汇票来偿还自己欠法国的债务；用专业术语来说，这种情况叫作套汇

① 拿破仑逃出厄尔巴岛（Elba）并已登陆的消息传开后，汇票的价格一天之内上涨了10%。当然，这种升水并非仅仅相当于运输成本，因为像黄金这样的物品的运输费用，即使附加战时保险费，也绝不可能这么高。这一高价的出现并不是因为运送黄金困难，而是因为人们预期获得所要运送的黄金很困难。当人们预料将会有大量补助金和军费输往欧洲大陆，国内金银锭的储备将受到严重影响（当时国内已终止流通硬币），甚至在短期内无法缓解时，金银锭的价格就会骤然上涨。几乎人尽皆知的是，这种情况发生在英国银行停止兑现期间。在通货可以自由兑换的情况下，只要英国银行不停止兑换，就不可能发生这样的情况。

(arbitration of exchange)。采用这种迂回的方法来清偿债务需要支付少量额外费用，一部分是手续费，另一部分是利息的损失。在这一微小差额的限度内，一国对另一国的汇兑可以撇开其相对于其他国家的汇兑而单独变动。但是，总体而言，一国对所有国家的汇兑大体上是随着其对外贸易的基本结果是应收差额还是应付差额而变动的。

第二十一章　论贵金属在商业世界中的分配

第一节　用货币代替物物交换不会影响进出口，也不会影响国际价值法则

我们已经考察了各国之间实际开展贸易的机制，现在需要接着探讨这种方式是否会影响我们在物物交换的假设下所得出的有关国际价值的结论。

最接近的比较分析会使我们做出否定回答。我们已经发现货币及其替代物的介入对毗邻地区适用的价值法则没有影响。物物交换时价值相等的物品，其价值也相当于等额货币。引入货币只是相当于增加了一种商品，这种商品的价值与一切其他商品的价值一样，受到同一法则的支配。因此，如果我们看到决定国际价值的因素在货币和汇票制度下与在物物交换制度下一样，是不会感到惊奇的。货币除了提供一种比较价值的便利方法之外，没有任何其他作用。

一切交换在本质和结果上都是物物交换。无论谁出售商品并用以此获得的货币购买其他商品，实际上都是在用他自己的商品购买其他商品。国与国之间亦是如此，国际贸易不过是出口商品与进口商品的交换，无论是否使用货币，出口商品和进口商品都总是恰好相互抵偿。在这样的情况下，国家之间互欠的货币额度就会相等，就会用汇票来清偿债务，就没有结存差额需要用贵金属支付。贸易似乎经常处于力学上所说的稳定均衡状态。

但是，贸易偶然偏离这种状态然后又恢复这种状态，其过程在物物交换制度下与在货币制度下，至少表面上并不相同。在物物交换制度下，入超的国家必须以较低的价格提供出口商品，因为只有这样才能为出口商品创造足够的需求以重新建立平衡。在使用货币时，该国的做法似乎与此完全不同。它用同过去一样的价格购买额外的进口商品；同时，由于它未能相应地增加输出，国际收支就会转

而出现逆差，汇兑将会变得不利，并且相应的差额必须以货币支付。从表面上看，这种情况和前者截然不同。下面让我们考察一下这究竟是本质上的不同，还是只是方法上的不同。

假定英国应当支付结存差额，法国应当收取结存差额。由于贵金属的这种配送，英国的通货量减少而法国的通货量增加。这种情况是我随意假设的。之后，我们将会看到，如果人们认为国际收支差额的所有支付均是如此，那是十分错误的。必须一次性付清的差额，例如粮食歉收时由于输入较多的粮食而进行的支付，可以用储藏的财宝或银行的准备金支付，而并不影响货币流通。但是，现在我们假定进口超过出口的原因是尚未建立起国际需求方程式，也就是在一般的物价水平上，英国对法国商品的长期需求，大于在一般的物价水平上法国所能购买的对英国商品的长期需求。在这种情况下，如果价格不发生变化，则永远存在一项必须用货币支付的差额。要实现输入的永久性减少或者输出的永久性增加，只有通过价格的调整。因此，即使这种差额最初可以用储藏的财宝或通过配送金银锭的方式来支付，最终也会影响货币流通，因为若不如此，贵金属的流失就无法终止。

因此，如果价格状况不能使国际需求方程式自行建立起来，则一国所需要的进口商品将超出其出口商品所能偿付的数额，那就表明，该国流通领域中的贵金属或其替代品已多于长期流通中所需要的数量，只有让其中一部分退出流通领域，才能恢复平衡。于是，通货将收缩，价格（其中包括可供输出的各种物品的价格）将下降；相应地，外国对这些出口商品的需求会增加。与此同时，各种进口商品的价格可能会因货币流入外国而上升，至少不会像出口商品的价格一样下跌。但是，倘若英国商品价格下降的幅度不足以使外国购买英国商品的金额有所增加，或者外国商品价格上升（绝对的或相对的）的幅度不足以使英国购买外国商品的金额减少，则英国的出口商品就仍同过去一样无法抵偿进口商品，并且已经开始外流的英国的贵金属就仍会外流。这种流失将持续下去，直到英国物价下跌导致过去从未进入外国市场的那些英国商品可以出口为止，或者英国出口商品价格的下跌促使海外对其需求量增加到足以抵偿进口商品价格的上涨（不论是绝对的还是相对的），这都将促使英国对进口商品需求的减少。

这正是在我们当初假设的物物交换条件下发生的过程，因此，无论是否使用货币，国际贸易都不仅存在出口商品与进口商品之间建立起平衡的趋势，而且建立平衡的方法实质上也一样。其出口商品不足以补偿其进口商品的国家，将以较低的价格出售出口商品，直到创造出必要的需求为止。换句话说，货币制度和物物交换制度一样，其国际贸易的法则就是国际需求方程式。每个国家进出口的物品及其数量，在货币制度下和在物物交换制度下是一样的。在物物交换制度下，

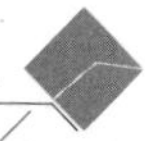

贸易趋向于进口总量与出口总量刚好相等的那一点；在货币制度下，贸易则趋向于输入总量与输出总量都可以与相同数量的货币相交换的那一点。同时，因为与同一物品等值的各种物品彼此也相等，所以按货币价格进行交换的各种出口商品和进口商品，不通过货币也可以相互交换。①

---

① 引自前面提及的《略论政治经济学有待解决的若干问题》一书中的几段文字，对理解此问题可能会有所帮助。这几段文字涉及经常使用的假设事例，即有关英国与德国之间所进行的呢绒和亚麻布的贸易的事例。

最初，我们可以就货币的价值做出任何假定。因此我们假定，在贸易以前，呢绒价格在两国间是相同的，即每码 6 先令。由于假定 10 码呢绒在英国和 15 码亚麻布交换，在德国可以和 20 码亚麻布交换，因此我们必须假定每码亚麻布在英国可以卖到 4 先令，在德国可以卖到 3 先令。我们像前面一样暂不考虑运输成本和进口商的利润。

显然，在这种物价状态下，英国不能出口呢绒到德国，但是亚麻布却能由德国输入英国。实际情况也会如此，而且起初将用货币偿付亚麻布。

货币从英国流入德国，将会提高德国的货币价格，而降低英国的货币价格。在德国，亚麻布的价格将提高到每码 3 先令以上，呢绒的价格将提高到每码 6 先令以上。在英国，由德国输入的亚麻布的价格将下跌到与德国相同的水平（因为不计算运输费用），同时呢绒的价格将下降到每码低于 6 先令。一旦英国呢绒的价格低于德国，呢绒就会开始输出。因此，呢绒在德国的价格将下降到与英国相同的水平。只要输出的呢绒不足以抵偿输入的亚麻布，货币就会继续从英国流入德国。一般来说，英国的物价将继续下降，德国则相反。然而，呢绒的价格在英国下跌，在德国也将下跌，因而德国对呢绒的需求将会增加。同样地，亚麻布的价格在德国上升，在英国也必将上升，因而英国对亚麻布的需求将会减少。由于呢绒价格下跌而亚麻布价格上升，因而在这两种物品之间将会形成某种价格，按照这种价格，输出的呢绒与输入的亚麻布恰好能够相互补偿。于是，物价将停留在这一水平上，因为这时货币将停止从英国输入德国。这一水平究竟如何确定，将完全取决于双方买主的境况和喜好。如果呢绒价格的下降没有使德国对呢绒的需求大增，而且亚麻布价格的上升也没有使英国对亚麻布的需求锐减，则在恢复平衡之前，英国将不得不将大量货币配送到德国，这将导致呢绒的价格大跌，同时亚麻布的价格将不断上涨，也许会涨到英国自行生产亚麻布而必须支付的价格水平。不过，与此相反，如果呢绒价格的下降将导致德国对呢绒的需求迅速增加，而德国亚麻布价格的上升将导致英国对亚麻布的需求急剧减少（与贸易初期价格低廉时所造成的影响相比），那么，呢绒很可能会迅速抵偿亚麻布，这样，两国之间就几乎没有配送任何货币，并且，英国就将得到贸易所带来的大部分利益。这样，我们在使用货币的假设条件下得出的结论，与在上述物物交换的假设条件下所得出的结论完全相同。

两国以什么形式从这项贸易中得到利益，这是十分清楚的。德国在通商前对呢绒支付的价格是每码 6 先令，现在它可按较低的价格获得这种呢绒。然而，这并不是德国获得的全部利益。由于德国其他一切商品的货币价格都已上涨，因而德国一切生产者的货币收入都增加了。他们在相互购买时不能从中得到任何利益，因为他们所购买的物品的价格同他们所出售的物品的价格是以同样的比率上涨的。但是，他们购买尚未涨价的物品，特别是已经跌价的物品，却可以获利。因此，他们作为呢绒的消费者，不仅由于呢绒价格下跌而获利，而且由于其他物品价格上涨而获利。假定获得的利益为十分之一。他们以其货币收入中与过去相同的部分，即可满足他们的其他需要；剩下的部分（由于收入总额增加了十分之一）将使他们能够比过去多买十分之一的呢绒，即使呢绒的价格没有下跌；但是实际上呢绒的价格已经下跌，因此他们获得了双重的利益。他们以较少的货币购买相同数量的呢绒，因而有较多的货币可以用来满足他们的其他需要。

反之，在英国，货币价格则普遍下跌。然而，亚麻布价格下跌的幅度要大于其他物品，其原因是，亚麻布价格的下跌是因为亚麻布是从价格比较低廉的国家输入的，而其他物品价格的下跌却只是货币流出的结果。因此，虽然货币价格普遍下跌，但是英国的生产者在其他任何方面都和过去完全一样，只是作为亚麻布的买主获得了利益。

恢复平衡所必需的货币流出愈多，德国可以从呢绒价格的下跌和国内一般价格的上涨中获得的利益也就愈大。恢复平衡所必需的货币流出愈少，则英国可以获得的利益就愈大；因为亚麻布会继续保持低价，而国内的一般价格却不会下降那么多。然而，不能认为货币价格高本身是好的，而货币价格

第二节　进一步说明上述定理

由此可见，在使用货币的假设下，国际价值法则及由此造成的贸易利益在各贸易国之间的分配，与在物物交换的假设条件下的分配是相同的。在国际贸易中，与在通常的国内贸易中一样，货币对商业来说就像润滑油之于机械、铁轨之于机车，只是一种减少摩擦的东西。为了进一步检验这些结论，我们将在使用货币的假设条件下，再次考察在物物交换的假设条件下已经研究过的一个问题，即出口商品生产方法的改进所带来的利益，进口国可以分享多少。

这种改进也许表现为使一国主要出口商品的价格下降，或者建立起一些新的产业部门，或者开发出某种新的工艺，因而可以输出一种新物品。鉴于二者之间输出新物品的情况略显简单，因此我们就从这种情况谈起。

改进的最初结果是使这种物品的价格下跌，于是，国外对这种物品产生了需求。这种新增加的输出打破了平衡，改变了汇兑关系，使货币流入该国（这里姑且假定是英国），这种流入会持续到物价上涨为止。物价上涨将在一定程度上抑制外国对新出口商品的需求，以及对英国输出的其他传统物品的需求。于是，输出将减少，与此同时，英国国民持有的货币将增加，因而对外国商品的购买力将随之增强。如果他们事实上利用了新增加的购买力，则输入就会增加；由于输入增加而出口受到抑制，输出和输入就会恢复平衡。这种改进对外国的影响是，与过去相比，它们不得不在其他进口商品上支付比过去更高的价格，但可以较为便宜地获得这种新的产品，尽管没有英国那么便宜。我在这样讲的时候，就完全意识到了这种物品的价格（运输成本除外）在英国和在其他国家实际上是完全相同的。然而，这种物品价格的便宜程度不应该仅仅用其货币价格来衡量，而是还应该用与消费者的货币收入相比较的价格加以衡量。无论是对英国的消费者还是对外国的消费者，该价格都是一样的。不过，前者是用重新分配贵金属而增加的货币收入来支付这一价格的，而后者则是用相同原因而很可能减少的货币收入来支

低本身是坏的。不过，无论在哪一国家，货币价格愈高，则该国购买那些由国外输入因而与国内保持高物价的原因无关的商品的资力就愈大。

实际上，呢绒和亚麻布的价格不会像这里所假设的那样在英国和德国处于相同的水平，任何商品的货币价格，在输入国都要比在生产国高一些，因为输入国需要支付运输费用以及进口商在商品平均销售期间垫付资本的通常利润。但是不能因此就说，商品运输费用都由输入国支付，因为运费会附加在商品价格上，从而对一国的需求比对另一国的需求产生更大的抑制作用，使国际需求方程式及由此产生的支付平衡遭到破坏。此时，在用上述方法恢复平衡以前，货币将由一国流入另一国；而一旦恢复了平衡，一国就会支付较多的运费，而另一国则支付较少的运费。

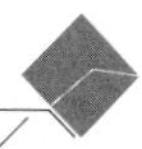

付这一价格的。因此，这种贸易没有将英国的消费者从生产改进中得到的全部利益给予外国消费者，而只是给予了其中的一部分，与此同时，英国又在外国商品的价格上获得利益。因此，导致建立新的出口贸易部门的任何产业改进，不仅使一国被改进的物品的价格下降进而受益，而且还因所有进口商品的价格普遍下降而受益。

现在我们改变假设条件，即假定生产改进并未使英国生产出新的出口商品，而是使某种现有出口商品的价格下降。我们研究物物交换条件下的这种情况时已经知道，外国消费者可能由此获得的利益，或者与英国相同，或者少于英国，或者比英国还要多，而具体多少则取决于因物品价格的下跌而促使人们对该种物品的消费量增加的程度。我们将会看到，这一情况在使用货币的假设条件下同样成立。

假定得到改进的商品是呢绒，那么，这种改进所带来的最初结果是呢绒的价格下跌，以及外国市场对呢绒需求的增加。不过，该需求量是不确定的。假定外国消费者完全按照呢绒价格下降的幅度增加他们的购买量，换言之，假定用同过去一样多的货币购买呢绒，则外国应该支付与过去一样的总金额给英国，输出和输入的平衡未受到破坏，因而外国人将获得由于呢绒价格的下降而带来的全部利益。但是，如果外国对呢绒的需求的增加幅度大于价格下降幅度，则外国人为购买这些呢绒而应支付给英国的金额将增加，并导致英国物价（包括呢绒价格）上涨。然而，这种价格上涨只会影响外国的购买者，因为英国人的收入将以相应的比例增加。于是，外国的消费者从这种改进中获得的利益将少于英国。反之，如果呢绒价格下降没有导致外国需求按相同比例增加，则外国为购买呢绒而应支付给英国的金额将下降，而英国应向外国支付的其他债务总额仍同往常一样。于是，英国便会出现贸易逆差，货币将被输出，物价（包括呢绒价格）将会下跌。对于外国的消费者来说，生产改进促使呢绒价格下降的幅度比在英国呢绒价格的下降幅度更大。这些结论与我们在物物交换的假定下所得出的结论完全相同。

我们引用李嘉图的一段话来总结前面的论述："黄金与白银已被人们选为普遍的流通媒介，商业竞争使其在世界各国的分配比例，能够完全适应于在没有这些金属存在的条件下各国之间开展的纯粹的物物交换的自然贸易。"① 根据这一原理可以做出多种推断。在此之前，对外贸易理论处于难以理解的混乱状态，李嘉图先生是这一原理的真正创始人，尽管他没有研究其相关的各项细节。李嘉图先生之前的学者们似乎都没有觉察到这一原理，即使在李嘉图先生之后，也很少

① 参见《政治经济学及赋税原理》，第三版，第 143 页。

有人充分认识到这一原理的科学价值。

第三节 货币贵金属与商品贵金属具有相同的价值，而且根据同一法则在各国间分配

现在必须研究的是，贵金属通过汇兑进行分配的这一法则将如何影响货币本身的交换价值，以及这一法则是如何与我们所指出的另一法则相吻合的，另一法则即货币的价值是在货币仅仅作为一种商品输入时被决定的。表面上这两个法则相互矛盾，我认为这正是使某些卓越的政治经济学家抵触前述所证实理论的主要原因。他们有理由认为，货币不能成为一般价值法则的例外，货币与任何其他商品一样，它的平均价值或自然价值取决于其生产成本，或者至少取决于获得它的成本。因此，这些思想家无论如何也无法接受以下观点，即货币在全世界各国中的分配以及在各地的不同价值经常发生的变动，并不是由货币本身的各种因素造成的，而是由与货币无关的诸多因素造成的，这些因素影响了其他各种商品的贸易，以致破坏了进出口之间的均衡。

不过，这种假想的反常现象只存在于表面。为恢复贸易均衡，通过汇兑促使货币在国际上流动，因此造成货币的价值在某些国家较高而在另一些国家较低的原因，和仅将货币作为一种商品输入，以及直接从开采地获取货币时所决定的当地货币价值的原因完全相同。如果一国的货币价值由于贸易顺差和货币流入而长期下降，则其原因如果不是生产成本的减少，就必然是国际需求方程式重新调整以利于该国，其依据或者是外国对该国商品的需求增加，或者是该国对外国商品的需求减少。外国对该国商品的需求增加，或是该国对外国商品的需求减少，按照一般的贸易原理，是使该国能够以较低的价格购买所有进口商品的真正原因，因而也是使该国能够以较低的价值购买贵金属的真正原因。因此，获得贵金属的两种方法虽然表面上不同，但所产生的结果非但不相矛盾，而且完全一致。对于由各种商品的国际需求的变化所造成的国际货币的流动，并因此改变其本身的当地价值（local value），这一情况与贵金属由各开采国流入世界不同地区的流量的相对大小发生变动相比较，二者所实现的结果相同，只是前者的实现过程较快，而后者的实现过程较慢。因此，如前所述，将货币作为交换媒介，丝毫不改变同一国之内或国际上决定其他各种物品价值的法则，也不曾改变决定贵金属本身价值的法则。因而我们在这里阐述的有关国际价值的全部学说，具有真理所必须具备的统一性与协调性。

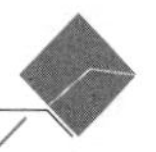

第四节　非商业性质的国际收支

在结束这一讨论之前，应当进一步说明非商业性的国际收支，会以何种方式并在何种程度上影响上述结论。所谓非商业性的国际收支，是指无论从货币方面还是从商品方面都未能获得等价物的收支，例如缴纳贡品、付给不在本国的地主的地租、付给外国债权人的利息或者政府的海外支出，诸如英国为其某些殖民地所承担的管理费用。

首先分析物物交换时的情况。假定每年的汇款都以商品支付，而且这些商品的输出没有任何回报，因而进出口不再有相互偿付的必要；相反，每年必须有相当于汇款价值的出超。如果在该国必须进行这种常年支付以前，对外贸易处于自然均衡状态，那么，该国为了向国外汇款，就必须诱使外国购买比以前更多的出口商品；要做到这一点，要么压低出口商品的价格，要么对外国商品支付较高的价格。国际价值将自行调整，进而导致出口增加，或者进口减少，或者二者兼具，从而造成必需的出超，并且出超将成为常态。其结果是，需定期向外国付款的国家，除损失其所支付的款项外，还由于它的生产物不得不按照较为不利的条件与外国商品相交换而蒙受损失。

在使用货币的假设条件下，结果也一样。因为我们假设在强制性的汇款开始之前商业已处于均衡状态，因而必须使用货币才能完成最初的付款。这会使付款国的物价下跌，而收款国的物价上涨。其自然结果是，进口商品将增加，出口商品将减少；而且，仅从商贸的角度来看，收款国将经常欠付款国一个货币差额。这样，如果所欠付款国的年度债务变得与付款国的年度贡品或其他常规支付同等，则两国间将不会再运送货币，进出口也不再保持均衡，但是收支却仍将保持平衡；汇兑将按平价进行，两国的债务将相互抵销，而支付品或汇款实际上将以货物支付的形式进行。前面已经提及，这种情况对两国的利益所造成的影响是：付款国将以较高的价格购买来自收款国的所有物品，而收款国除收取支付品外，还可以按较低的价格购得付款国的出口商品。

第二十二章　通货对汇兑及外贸的影响

第一节　由通货造成的汇兑变化

当我们探究国际贸易法则时，我们首先考察的是，在物物交换的假设条件下决定国际交换与国际价值的原理。接下来，我们说明了货币作为交换的媒介，不仅对国家之间的贸易法则和价值法则毫无影响，而且对个体之间的交换法则和价值法则也没有影响。因为在相同法则的影响下，这种贵金属在世界上不同的国家里是按比例来分配的，这就使得货币制度下的交换过程和交换价值与在物物交换的制度下呈现出同一种情况。最后我们还探讨了，货币本身的价值到底受什么影响，商品的需求和供给商品的成本是怎样影响货币的。但我们仍然需要考察的问题是那些不是由商品而是由货币的变化引起的贸易状况的变化。

金银的生产成本或许不像其他物品那样容易变动，但终究会发生变动。外国对它们的需求也可能会不一样。当金银被用于艺术品或者装饰品的需求增多时，或者由于产品和交易的增多使金银作为流通媒介的机会增多时，它们的需求就会增大。由于相反的原因，或者当有助于部分节省使用金属货币的经济措施得以推广时，它们的需求就会减少。这些变动会影响各国和采矿国家之间的贸易，也会根据进口商品价值的一般法则影响贵金属的价值。我们在前面的章节中已经讨论过了。

本章将考察的不是改变决定它价值的不变因素及其对货币的影响，而是货币价值的偶然的、暂时的变动对国际贸易的影响，它和任何影响货币永久性价值的因素都没关系。但这是一个重要的课题，因为它关系到这个已经提出 60 年并激烈讨论的现实问题——通货管理。

第二节　金属通货突然增加或大量发行纸币或其他货币替代物所产生的影响

假定某个国家里的流通媒介全部为纯金属货币，并且因为偶然的因素突然增加，例如，由于先前因为外部入侵或者内部灾难而隐藏起来的金银进入流通领域，其自然而然的结果就是价格上涨。价格上涨就会阻碍出口，鼓励进口。进口超过出口，汇兑就会变得对该国不利，这些新出现的货币存量就会扩散到与该国有贸易往来的其他国家，又从这些国家逐渐扩展到整个商业世界。这些货币会不断外溢到同等水平的商业国家，直到货币流动使进出口再次达到平衡。只有当货币平均分散在各国，从而导致所有国家的物价以同等的比例增加时，才会实现进出口平衡（因为假设国际需求的永久性状况毫无变化）。因此，价格变动将没有任何实际意义，进出口尽管是以高价进行评估的，但是它仍然将恢复到最初情形。货币价格的下降（如果下降幅度较大）会使金属产出国的供给暂时中断，或者至少会减少，因为其所产金属的价值不再能够补偿生产的最高成本，以致这个年度的消耗得不到有效补偿，因此，贵金属的消耗量将逐渐减少至先前水平，其产量也会恢复到之前的规模。这说明，金银宝藏的发现和流向世界只有暂时性的影响；换句话说，这种宝藏只会带来国际贸易的短期波动，之后会对贵金属的价值带来暂时的压力，使之降到生产成本及以下，但这种压力将会随着金属产出国的产量下降、金属进口国的进口减少而逐渐调整过来。

当用纸币或者其他货币替代物代替贵金属时，也会出现类似发现金银宝藏所产生的那种影响。假设英国拥有 2 000 万英镑的金属货币，突然又使 2 000 万英镑纸币进入流通领域。如果这些纸币由银行发行，它们就会被当作贷款被贷放出去，或者被用于购买证券，从而导致利率的突然下降；在利率突然下降使得商品价格还没有及时调整前，这 2 000 万英镑中的很大一部分就会因为追寻更高的利率而流向其他国家。但如果我们假设，这些纸币不是由银行家发行的，也不是由任何放债人发行的，而是由支付工资和购买原材料的生产商发行的，或者是由支付日常开销的政府发行的，那么大量纸币将会快速成为商品投入市场。接下来会出现一系列必然的结果：所有商品的价格都会大幅增长，出口几乎停滞；而进口会受到极大鼓舞。外贸将产生大量结存差额；汇兑变得对英国很不利，其不利程度高达出口货币的全部成本；剩余的货币将会快速流向世界上的其他国家（在地理和商业上接近英国的国家），这种流出会一直持续下去，直到所有国家的通货趋向同一水平。在这里所说的同一水平，并不是所有国家的货币价值达到同一水平，而是货币价值之间的差别回到之前那样，这种永久性的差别与货币的获得成本差别相对应。当价格上涨以同样的程度蔓延到所有国家时，它们国家的进出口将会恢复到原始状态，相互之间将会达到平衡，这种汇兑也将会回到平价。假如将这2 000 万英镑投入商业世界里，它会使物价提高一定的百分比，但是这种影响不会持续太久。因为无论对于整个世界或者任何一个地方来说，所减少的价值不会得到补偿，而生产贵金属的条件并未改变，这就会导致金银产出国的供给部分或者整个中断，直到这 2 000 万英镑被完全吸收。① 在这 2 000 万英镑被完全吸收之后，所有国家的通货在质量方面和数量方面几乎回到原初水平。我说的是"几乎"，是因为从严格的精确数字来看，还是会稍微有些不同。因为当世界上损失了 2 000 万英镑金属货币时，贵金属的年度供给量将会有所减少。因此，要实现金银产出国和其他国家之间的收支平衡，就需要金银产出国增加除金银以外的物品的出口量，或者减少对外国商品的进口。这意味着金银产出国的物价水平和之前相比会有一点下降，其他国家的物价水平较之前而言则会有所上升。前者的通货较少，而后者的通货则较多。这是对于国际贸易或者任何国家的通货价值和数量所造成的唯一的永久性变化，这种变化几乎是微不足道的，除非你要利用它来说明某种原理。

然而，这种变化还会带来其他一些影响。过去存在的非生产形态（unproductive form）的金属货币已经转变为生产性资本（productive capital）或者正在向生产性资本转化。起初，英国得到这种利益，同时伴随着其他国家利益的损失。英国将自己的非生产剩余物品卖给其他国家，而其他国家则为英国提供具有同等价值的其他商品。这种损失将因为金银出口国金属出口的减少而得到补偿。最后，在生产性资源方面，世界将会出现 2 000 万英镑的实际增加。虽然人们已经了解亚当·斯密的观点，但是因为他的分析十分恰当，值得我们在这里再次强调。他把纸币替代物代替金属比作架设空中公路，这种公路能够使得以前被公路占用的农田再次用于农业。这时一部分被占用的土地得到了解放，同理，纸币的发行不仅能使其他资本从用于生产的职能中解放出来，而且能用于生产；它当初所执行的职能也能够用成本极低的媒介来替代执行。

这种为社会节省的价值是通过减少金属货币的流通来实现的，这种价值也就是提供替代物的那些人的纯利润，他们使用这 2 000 万英镑的流通媒介的代价是只需要支付雕刻师的制造费。如果他们把自己的财富当作生产资本，这个国家的生产将会增加，这个社会也将受益，那么它与其他资本一样会使社会受益。这种资本能否被用作生产性资本，在一定程度上取决于发行方式。如果是由政府发行

① 在此，我假设的是，金银产业是人们在已知条件下作为永久性产业从事的，而不是像现在这样，在不确定的情况下，作为冒险精神而非正规产业支撑的赌博游戏。

的，那么它就会被用于偿还债务，它就有可能成为生产性资本。然而，政府可能更愿意把它用作日常开销，还有可能把它挥霍浪费掉，或者仅仅临时把它当作同等数额赋税的替代物，那么，纳税人就会把节省下来的赋税当作增加的资本或者收入。在我们自己国家，当纸币是由银行家和金融公司发行的时，这部分纸币几乎全部变成生产性资本。因为对于发行者来说，他们随时都有偿还这种价值的责任，只有在出现欺诈和管理不善时才不用偿还，以至他们在巨大的压力下绝不会浪费这笔纸币。一个银行家作为放款人，他发行的纸币只是作为他日常业务的简单扩展。他借出的这笔钱是给农场主、工厂主或者商人以便用来发展他们各自的事业，像这样使用这笔资金，它就会像其他资本那样被用来支付工人的工资，为资本生产出利润。这个利润被银行家和借款人（大部分为短期借贷）共同分享，银行家通过获得利息来得到利润的一部分，借款人获得的利润是支付利息后的剩余或者与利润相当的利益。这个资本在长期运动过程中全部转化为工资，并且当它在产品销售中得到偿付后，它又会再次成为工资。因此，它不仅为维持生产性劳动提供了价值 2 000 万英镑的永久性资金，而且增加了一个国家的年产量，这个增加产量的价值相当于使用这笔资金生产出来的总产量。这个国家还有另一种利益，就是节省了每年用于补偿金属通货的消耗所必需的贵金属的供给。

因此，在安全的情况下，我们应该尽量用纸币代替贵金属；所需保留的金属通货数量只要能在实际上和保持公众信心上保证纸币的可兑换性即可。像英国这种具有广泛商业联系的国家，可能会有突然向外国支付大量数额的情况，有时候是用于偿还债务或者用于其他海外投资，有时候还会是用作不平常的进口商品的支付款。最常见的情况是，在收成不好的时候作为进口大量粮食的款项。为了满足这种需求，在流通领域或者银行有必要持有大量铸币或者金银锭的时候，由于发生紧急事件而流出的铸币应当在紧急事件结束后能够重新回流。但是，用于出口的黄金大部分来自银行的准备金，而且当银行有支付能力时，它就绝对不会来自流通领域。为日常需要保持一部分金属通货的优点是，银行可以偶尔将它们用作自己的准备金。

第三节　增加不可兑换纸币的影响——实际汇兑与名义汇兑

如果纸币是可以兑换的，当金属货币被同等数额的纸币完全替代以至退出流通领域时，那么在流通领域中增加纸币数量的任何企图都是失败的，增加的纸币只会再一次产生金属货币被驱逐的一系列后果。像以前一样，此时需要出口贵金属，而为了做到这一点，需要从银行取出相当数量的过剩纸币，使它不可能再在流通领域存在。当然，如果纸币是不可兑换的，那么它们数量的增加就不会有那么多的限制了。当这里仍然还有被取代的任何铸币时，不可兑换货币和可兑换货币在发生作用的方式上就是一样的了。只有当流通领域中的所有铸币（除了方便找零的小额铸币仍然存在之外）被驱除出去并且纸币继续增加时，两者之间的差别才会慢慢显现出来。当纸币（金属通货的替代物）的数量超过了金属通货的数量时，价格自然而然会上涨，价值 5 英镑金属通货的货物，现在就会跟价值 6 英镑的不可兑换纸币一样，或者比 6 英镑更高。但是这种物价的上涨和以前考察的不一样，它不会刺激进口、鼓励出口。进出口的价格是由货物的金属货币价格决定的，而不是由货物的纸币价格决定的，只有当纸币能够任意和贵金属相兑换的时候，纸币价格才能和金属货币价格一致。

现在我们假设，英国是一个纸币价格贬值的国家。当通货仍然是金属货币时，某种商品在英国当地用 5 英镑就可以买到，它在法国可以卖到 5 英镑 10 先令，这个差额包括了偿付商人的风险、支出和利润。因为纸币的贬值，现在该商品在英国卖到了 6 英镑，但是在法国的价格却不能卖到 5 英镑 10 先令以上了。尽管如此，它仍然像以前一样还在出口，这是为什么呢？因为出口商在法国出售这种商品所获得的 5 英镑 10 先令，并不是贬值的纸币，而是金或银，并且因为英国的金银锭已经涨价了，而且这种涨幅和其他物品的涨幅是一样的——如果商人将金银带回英国，他可以将这 5 英镑 10 先令卖到 6 英镑 12 先令，同过去一样，这百分之十就成了利润和支出的补偿。

由此可以看出，通货价值的降低并不会影响一个国家的对外贸易，外贸状况将与通货保持原来一样的价值。尽管贸易没有受到影响，但是在进出口实现均衡、通货是金属货币的情形下，汇兑将按照平价进行。由法国承兑的 5 金镑（five sovereigns）的汇票仍然价值 5 金镑，但是，如果 5 金镑或者相同的含金量在英格兰已经达到 6 英镑的价值，那么由法国承兑的 5 英镑汇票也值 6 英镑了。因此，当实际的汇兑为平价时，会对英国的名义汇兑产生不利影响，这种不利的程度和通货降值的程度一样。如果通货降值 10%、15%或者 20%，那么不管实际汇兑会发生什么样的变化——这些变化由国际债务和债权引起，汇价却总是与实际汇兑保持 10%、15%或者 20%的差距。然而，不管这种名义上的升水有多高，都不会使这个国家有向外输出黄金的倾向。为了通过升水取得利润，这个国家会向外输出汇票。因为这样输出的黄金不能在银行按照平价获得，它可不像可兑换通货那样可以按照平价从银行获取，只能通过在市场上高价购买。在这种情况下，我们不能说汇兑是不利的，更好的表述应该是平价有了改变，因为现在较多数量的英国通货才能与外国某一数量的通货相等。然而，汇兑仍然按照金属平价计算。因而，在通货贬值的情况下，汇兑由两种因素或要素组成，即实际汇兑

(real exchange) 和名义汇兑 (nominal exchange)，前者随着国际收支的变化而变化，后者随着通货的贬值而改变。而只要有通货贬值的情况，那么汇兑总归是不利的。金属的市场价格超过造币厂估价的幅度可以用来计算通货贬值的程度，因此，我们有了一个可靠的标准来决定汇价的哪个部分与通货贬值相关，所以该部分汇兑可以作为名义汇兑加以缩减，缩减后的汇兑就是实际汇兑。

可兑换纸币数量的增加会扰乱汇兑和国际贸易，同样地，扩大信用也会造成这种后果，原因在于扩大信用同增加通货一样，能够通过影响物价从而影响汇兑和国际贸易，前面章节已经对此予以详细说明。如果投机受到刺激，导致利用信用购买的人数大大增加，那么每个人用信用购买和用货币购买一样，都会使货币物价上涨。所以，一切结果都会变得相似。高物价的结果就是：出口受到阻碍，进口受到刺激，尽管实际上很少发生物价上涨后进口才增加的情况，因为某些大宗的进口货物属于最早过量买卖的投机性物品。因此，在某些时期会出现进口大大超过出口的情况；而且，当这种情况到来时，相关差额必须得到支付，汇兑就变得不利，黄金也会从该国流出。黄金的流出将以什么样的方式影响价格，取决于我们即将详细讨论的各种情况，但毋庸置疑的是，黄金流出将使物价回落。这种回落一旦开始，通常会导致经济整体崩溃，异常的信用扩张变为异常的信用收缩。因此，当轻率的信用扩张导致人们热衷投机的时候，汇兑就会发生改变，因此银行不得不承受筹集出口黄金的压力，这就是造成商业突变的原因。尽管这些现象很明显地伴随着信用崩溃，即商业危机，但是这些现象并不是信用崩溃的本质部分。如前所述，即使在那些从未开展对外贸易的国家，也同样有可能发生信用崩溃，而且规模也可能相当。

第二十三章　论利率

第一节　利率取决于贷款的需求与供给

现在来讨论决定利率的各种因素似乎是最合适的。贷款利息实际上是有关交换价值的问题，它自然在我们目前讨论的范围之内。而通货和贷款这两个问题，虽然它们本身的性质截然不同，但在所谓金融市场上的各种现象中，二者却密切相连，以至不了解其中一者，就无法了解另一者；而且很多人经常混淆这两个问题。

上一编明确讨论了利息与利润的关系。[①] 我们知道，资本的总利润可以分为三部分：对风险的补偿、对劳动的报酬以及对资本本身的补偿。与此相应，我们可以将其分别称为保险费、监管工资和利息。在风险得到补偿之后，即对于资本由于暴露在社会的一般环境或特定行业的风险中可能遭受的平均损失给予补偿之后，还有剩余。这种剩余的一部分将归于资本的所有者作为其节欲的报酬，另一部分将归于资本使用者作为其所费时间和劳动的报酬。双方如何分配这种剩余，要看当两种职能分开时，资本所有者能够从资本使用者那里获得多少报酬。这显然是有关需求与供给的问题。这里，需求与供给的意义和作用与其他场合没有什么不同。利率的水平将使贷款的需求与供给彼此相等。这一比率使某些人想要获得借款的数额与其他人愿意提供贷款的数额恰好相等。如果供过于求，则利息将降低；如果供不应求，则利息将提高。而降低和提高的程度，均将足以使供给与需求方程式重新确立起来。

贷款的需求及供给的波动与任何其他物品的需求及供给相比均显得更为频

---

① 参见本书第二编第十五章第一节。

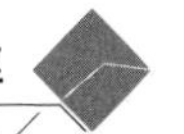

繁。影响其他各种物品供求的因素非常有限，而贷款的欲望及放款的意愿，则多多少少要受各种因素的影响。凡是总体上或部分地影响着产业或商业状况的因素，都会影响贷款的供求。因此，无风险利率（我们在这里只考察这种利率，因为它包含了包括部分风险补偿在内的利息可能增大到的任何水平）在各大金融交易中心几乎没有哪两天是完全相同的，正如公债和其他有价证券的报价波动不停一样。而与其他价值的情况一样，在这一场合，必然存在着某种利率，按照亚当·斯密和李嘉图的说法，我们不妨称其为自然利率，市场利率以其为中心而上下波动，并且总是趋向于回归到这一利率水平。这一利率部分地取决于不能自行使用储蓄的人手中所积累的金额，同时，部分地取决于社会比较偏向于积极的经济追求，还是更偏向于年金领取者的那种安逸独立的生活。

第二节　决定贷款的经常性需求与供给的因素

为了将偶然变动排除在外，我们假定商业状况平稳，任何行业既不特别繁荣，也不特别萧条。在这种情况下，较为成功的生产者和商人都已经充分使用了自己的资本，并且其中许多人的业务拓展已超出自有资本的限度，他们想当然地成为借款人；同时，他们想要借用并能为此提供担保的金额，构成了生产性行业对贷款的需求。除此以外，还必须加上政府、地主或者可以提供可靠担保的其他非生产性消费者所需要的贷款，以上这些构成了经常性贷款需求的主体。

现在，我们不妨设想那些不能亲自从事经营的人所持有的资本总额可能等于甚至超过上述需求。在这种情况下，放款人一方经常会发生激烈的竞争，从而使利率低于利润率。利息将被迫下降到这一点，即其要么使借款人超过自己对业务需求所做的合理预期而借入更多的资金，要么会使一部分放款人丧失信心，以致停止积蓄，或者开始使用自有资本从事经营，他们虽然未必亲自劳作，但是承担产业活动的风险，以尽力增加自己的收入。

同时，有些人则宁愿出资以收取利息，也不愿亲自监督资本的使用，这些人所拥有的资本可能无法满足对贷款的经常性需求。其中绝大部分可能投资于公债和抵押贷款方面，剩余部分也许不足以满足商业方面的需求。若果真如此，则利率将大幅提高，并以某种方式重新建立起均衡。当利息和利润之间的差额很小时，许多借款人也许不再愿意为取得如此微小的报酬而去借贷以加重个人的负担。一些本来可能从事经营的人现在也许宁愿选择闲暇的生活，或者成为放款人而不再当借款人；或者在高额利息和资本投资疲软的影响下，另一些人可能会带着少量的资产提前退出，否则，他们拥有的财产可能会更多。最后，在英国和其他一些商业国家，还可以通过另一途径获得很大部分所必需的贷款供给。贷款不再由过去不参与经营活动的人提供，现在提供贷款本身就已经成为一种经营活动，用于工商业的一部分资本可能就是由专门的放款人提供。然而，这些放款人不仅需要获取利息，而且必须在考虑风险和一切情况以后，使其资本取得相当于通常利润率的收益。但是，如果那些为开展放款业务而借入资本的人，必须把赚到的全部利润都用来支付资本利息，则他们中的任何一位都不会满意。因此，作为一个正规地向商业提供资本的行业，金融借贷业只能由这样一些人来经营，他们除了运用自己的资本外还能出借自己的信用，换句话说，还能出借别人的资本。他们就是银行家和名义上不是但实际上是银行家的那些人（例如票据经纪人），因为他们接受存款。用自己发行的纸币提供贷款的银行，本质上是在出借从社会上借来的资本，而对于这种借来的资本，它们不支付任何利息。储蓄银行出借从社会上一点一滴筹集来的资本，对于这些资本，银行有时不付任何利息。例如，伦敦的一些私营银行就是这么做的。像苏格兰银行那样的合股银行和大多数地方银行虽然支付利息，但是它们所付的利息却远少于所得到的利息。因为存款者可以通过任何其他方法获取蝇头小利，人们往往认为不值得为此而自寻烦恼，所以即使利息很少，他们也乐意接受。正是由于拥有这种辅助性的资源，银行家才能够通过获取利息的方式发放贷款，并使自己的资本获得相当于通常利润率的利润。任何其他方法都不能使金融借贷业作为一种正规的经营方式持续下去，除非贷款的条件高得惊人，只有那些贪图巨利的人或有急需的人，即濒临破产的商人或者入不敷出的消费者，才愿意接受。存入银行的可支配资本、银行的纸币所代表的资本、银行家的自有资本以及他们以某种方式利用自己的信用所获得的可支配资本等等这一切，连同必须或想要依靠他们财产的利息生活的那些人所拥有的资金，便构成了一国最基本的贷款资金；把这笔资金的总额与生产者和商人经常性的贷款需求以及政府和非生产性消费者的经常需求相对比，便可确定出长期或者平均的利率水平；长期或平均利率必然总会使这两种金额调整到彼此相等的水平。[①] 不过，长期利率虽然受到借出的资本总额的影响，但其变动却几乎完全取决于银行家所掌握的资本。这是因为几乎只有这一部分资本被用于短期贷款，并持续不断地在市场上寻找投资出路。依靠财产利息生活的那些人的资本，一般都已经找到了某种固定的投资方式，诸如公债、抵押贷款或公司债券

① 我没有将用于公债和其他证券投机交易的资本（其数额有时很大）算在一国最基本的贷款资金之内。购买证券的人在当时确实使贷款总额增加，并在一定程度上使利率降低。但是，这些人购买证券只是为了再以较高的价格卖出，因此他们交替地处于放款人和借款人的地位。他们的交易，有时使利率下降，有时又使利率以同样的幅度上升。与从事投机交易的所有人一样，他们的作用不是使商品的价格提高或者降低，而是使之平均化。当他们谨慎地进行投机交易时，他们的作用就是缓和价格的波动；而若他们的投机交易非常轻率，则往往加剧了价格的波动。

等，这些投资如果没有特别的诱惑或需求，是不会变动的。

第三节　决定利率波动的因素

利率波动是由贷款供求的变动引起的（贷款供给的变动尽管比贷款需求的变动小，但也是容易发生的）。放款意愿在投机初期比平时强烈，在后来的资本撤回时期，则比平时要小得多。在投机时期，金融放款人同其他人一样，都愿意通过扩大信用来扩展他们的业务，他们贷出的不属于自己的资本比平时多（正如其他商人和生产者阶层使用的资本比平时要多一样）。因此，这个时期利率低下，虽然还有其他各种原因（后面将会讲到）可能造成利率下降；反之，在资本撤回时期，利率总是急剧上升，因为许多人极为迫切地想要借款，而放款人大都不愿意放款。这种不愿意放款的心理发展到极点，就会造成所谓的“恐慌”。当商业领域（有时也在非商业领域）连续发生出人意料的破产事件时，人们便会彼此不再相信对方的偿付能力，以致所有人不仅不愿提供新贷款（除非借款人能接受苛刻的条件），而且还会尽可能收回原先已借出的贷款，此时就会发生恐慌。人们提取银行存款；纸币回到发行者那里换取硬币；银行家提高贴现率，并且不再提供惯常的垫付；商人则拒绝延期商业票据。在这种时期，如果法律试图阻止人们超出一定限度去支付或收取利息，则会造成最不幸的后果，以往的经验已经证实了这一点。如果法律允许这样做，那些无法以5%的利息借到钱的人，就不是支付6%或者7%的利息，而是必须支付10%或15%的利息来借钱，因为需要以此对放款人可能遭受法律制裁的风险给予补偿，或者必须不惜亏本抛售自己的有价证券和货物以得到现金。

在商业危机的间歇时期，利率通常会由于渐进的积累过程而呈现逐渐下降的趋势。在各大商业国家中，积累过程快得足以成为投机活动的发生具有周期性的原因。因为，如果若干年间没有发生危机，而在此期间又没有为投资开辟出新的、具有吸引力的投资渠道，则不难发现，在短短几年里，寻找投资场所的资本就会显著增加，并导致利率大幅降低。这一点无论是通过证券价格还是汇票的贴现率均可以看到。利息减少会诱使资本所有者甘愿冒风险，以期获得可观的收益。

利率有时会或多或少地受到各种不常见的偶然因素的影响，这些因素往往会改变利息获得者阶级与利润获得者阶级之间的分配比例。以下两种作用相反的因素就是如此，它们是近几年才出现的，目前已经对英国造成了巨大的影响。一是金矿的发现。不断地从各黄金出产国进口的大量贵金属，可以肯定地讲，已经完全成为信贷市场资金供给的一部分了。增加的巨额资本并没有在上述两个资本家阶级之间分配，而是全部附加在利息收取者阶级所拥有的资本上，进而扰乱了这两个阶级之间原有的分配比例，相对于利润而言，它具有压低利息的趋势。二是有限责任股份公司的合法化。这一新近出现的事物所造成的影响与上述情形刚好相反。这些公司的股东们几乎全部出自放款人阶级。过去，他们是将可以自由支配的资金存入银行，并由银行家贷出，或者将它们投资在公营或私营企业的证券上以收取利息。但是当他们在某一股份公司（金融公司除外）入股后，就在其所持有的股份的限度内成为依靠自己的资本从事经营的商人。他们不再是放款人，在大多数情况下，他们甚至已经转变成了借款人。他们的认缴额是从借贷市场的资金供给中抽取的，而且，他们自己也变成了这些剩余资金的竞争者。所有这一切所造成的必然结果是利息增加。因而，我们将不难看到，与普通商业利润率相比，在今后相当长的一个时期内，英国的通常利率要高于新近黄金开始流入以后的任何时期。①

较之贷款供给的变动，贷款需求的变动要大得多，而且变动期限也更长。例如，在战争时期，政府从信贷市场中吸取大量资金。此时政府往往会增加一些新债务，只要战争持续下去，这些借款通常会一次又一次地进行下去。而且战时利率通常高于平时，但与利润率无关，而且，生产性行业日常的贷款供给将受到限制。在最后一次对法战争期间，有段时间政府不能以低于6％的利率获得借款。所有其他的借款人也至少要承担不低于6％的利率来获得借款，即使政府不再签订其他借款合约，这些借款的影响也不会完全消失。因为已经签约的政府借款会为该国大幅度增加的可自由支配的资本继续提供投资，一旦政府还清国债，则这些资本就会附加在还在寻找投资机会的资本上，而且（与暂时性的扰动无关）必然会在某种程度上使利率下降。

以上所述是政府的战时借款对利息产生的影响，突然开创出来的某种新的具有普遍吸引力的长期投资方式，也会产生相同的影响。近代历史上借贷规模堪比战时政府借款的唯一事例，是铁路建设所吸纳的资本。这些资本一定主要来自银行存款或原本也会形成存款的储蓄，而且，这种储蓄本来也会成为银行存款，最终将注定用来购买有价证券，而出售证券的人则可以用所得资金贴现票据或发放贷款以收取利息。在上述任何一种情况下，这种资本都是对一般贷款资金的抽

① 关于正文提及的利率增长的原因，这里再增加一种，那就是1865年1月《爱丁堡评论》上刊载的优秀论文的作者所一再坚持的，即正在不断增强的输出资本以进行海外投资的意愿。由于进入外国已经非常方便，而且从外国不断获取的大量信息，使得对外投资已经不再使人因不知底细而产生恐惧心理了，所以，资本将无所顾忌地流向预期可以提供较高利润的任何地方；同时，整个商品世界的借贷市场正在迅速整合。因此，世界上资本流动最为自由的那些地方的利率，已经不会再像过去那样显著低于其他地方。

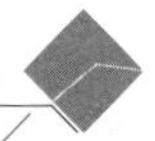

取。显而易见的是，如果实际上使用的资金不是专门为开发铁路事业而进行的储蓄，则如此使用的资金就必然来自工商业者的实际资本，或者来自原本有可能借给工商业者的资本。在前一情况下，工商业者因为资本减少而资金不足，不得不成为负债较大的借款人。而在后一种情况下，可供他们筹措的金额将会减少。无论哪一种情况，都有提高利率的趋势。

第四节　利率在何种程度上和在何种意义上与货币价值有关

到目前为止，我们把贷款和利率作为与一般资本有关的问题加以考察，这与普遍的看法刚好相反，人们通常认为利率只与货币有关。我们却认为，贷款与人们所进行的所有其他货币交易一样，被转让的货币只是媒介，而各种商品才是交易额的真实媒介。这一说法总体上是成立的。因为在正常的经营过程中，借入货币的目的就在于获得对商品的购买力。在一个产业和商业化的国家中，人们心照不宣的动机通常是将商品用作资本。但是，即使贷款是为了进行非生产性消费，诸如挥霍政府的贷款，但贷款的金额也来自原先的积累，这种积累如果不贷给他们，那就很可能会被贷给从事生产的人们。因此，这些金额也是从可以正确地被称为“可贷资本”（loanable capital）的资本额中扣除的。

但也有这样一些少数情况，借款人借钱的目的往往与我们这里所假设的不同。他们有时借款既不是将其用作资本，也不是将其用于非生产性消费，而是用于偿还以前的债务。在这种情况下，他们所需要的就不是购买力，而是法定货币，或债权人愿意作为债务的等价物所接受的物品。他特别需要的是货币，而不是商品或资本。几乎所有巨大而突然的利率变动，都形成了商业危机初始阶段的特征之一。在这一时期，已经签订合约的众多业内人士，由于情况变化而不能及时获得他们原本打算用来履行合约的资金，但他们必须不惜一切代价获得这些资金，否则他们就得破产。如果没有首先得到货币，则无论他们掌握多少其他资本都将于事无补；反之，即使一国资本丝毫没有增加，而增加的只是流通中的信用工具（如 1825 年大恐慌时期在英格兰银行金库中发现的一箱从其他任何角度来看都毫无价值的面值仅为 1 英镑的纸币），但只要允许借款人使用它们，他们就可以借此达到自己的目的。以贷款的形式增加发行纸币就可以满足对货币的需求，并且消除与其相伴随的恐慌。然而，在这一场合，尽管借款人所需要的既非资本也非购买力，而是作为货币的货币，但转让给他们的却不仅仅是货币。货币流到哪里，就会把购买力带到哪里，而投入借贷市场的货币，由于它具有购买力，所以实际上会使一国所增加的一部分资本转到贷款方面来。虽然借款人所需要的只是货币，但是资本也在转手。同时我们也可以这样说，正是由于可贷资本的增加，才使利率上升趋势受到抑制并得以纠正。

不过，除此之外，在贷款与货币之间还有一层不容忽视的现实关系，即所有可贷资本都处于货币形态，而准备直接用于生产的资本都有许多形态，但用于放款的资本却通常只有这一种形态。因此，我们自然可以认为，在各种多多少少都会影响利率的原因中，就应该确定通过资本或者通过货币直接地对利率产生影响的某些原因。

利率与流通中的货币的数量或者价值之间没有必然的联系。流通媒介的永久数量无论大小都只影响价格，而不影响利率。在通货贬值已成为既成事实之后，它也无从影响利率。诚然，通货贬值的确使货币对商品的购买力下降，但是却没有使其对货币的购买力下降。如果 100 英镑可以购买每年 4 英镑的永久性年金，那么，通货贬值就会使这 100 英镑的价值比过去减少一半，但是它对这 4 英镑年金的价值也会产生同样的影响，所以二者之间的关系并没有任何变动。用于表示一定数量的真实财富的记账单位的数目无论多少，都不会对放款人或借款人的地位或利益产生任何影响，从而也不会对贷款的需求和供给产生任何影响。贷出和借入的实际资本量是相同的，因而如果用较多的英镑来表示放款人手中的资本，则由此所引发的物价上涨，将使借款人现在也需要使用较多的英镑才能实现其目的。

不过，虽然货币数量本身并不会对利率产生影响，但是货币的数量由少变多或者由多变少，却可能也确实会对利率产生影响。

假设政府为偿付开支而发行不可兑现通货，使货币处于贬值状态。这一事实绝不会减少人们对实际贷款资本的需求，但是它会减少实际可贷资本。因为这种资本只存在于货币形态，它的价值会因通货数量的增加而降低。以资本计算，其供给量减少了，但其需求量却同过去一样。用通货计算的供给量与过去相同，而需求量却因物价上涨而增大了。无论怎样，利率都必然上升。在这种情况下，通货的增加确实会影响到利率，但结果却与人们通常所设想的相反，它将使利率提高，而不是将其降低。

收回贬值通货或减少贬值通货的数量，会产生与此相反的结果。放款人手中的货币同所有其他货币一样，其价值将会升高，即会有较多的实际资本寻觅借主，而借款人所需要的实际资本却与过去一样，货币额减少了，因此利率将趋于下降。

由此可见，货币仅仅在其贬值的过程中具有提高利率的趋势，如果人们预期通货会进一步贬值，这种作用便会得到强化。因为放款人预料借款人会用比贷出的通货价值低的通货来支付利息甚至偿还本金，所以自然会要求提高利率来补偿

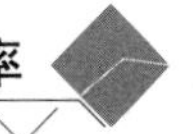

这种损失。

但是，如果增加的货币不是通过购买而是通过贷款进入流通领域的，则上述作用将不足以抵消与其相反的作用。在英国和大多数其他商业国家中，人们通常使用的纸币都是银行家提供的，除去用于购买金银的那一部分外，剩下的都是以贷款的方式发行的。因此，增加通货也就是增加贷款；在最初阶段，所增加的全部通货将会进入信贷市场并使其膨胀。若把增加通货看作是增加贷款，则增加的通货便具有降低利息的趋势，而从增加通货会使通货贬值这一角度看，增加通货具有提高利息的趋势。通常，前一种趋势要大于后一种趋势。因为前一种趋势的作用取决于新增货币与已贷出货币之间的比率，而后一种趋势的作用则取决于新增货币与全部流通货币的比率。因此，由银行发行的通货持续增加时，将有降低或压低利率的态势。金矿的发现所引起的货币增加，也将产生类似的作用。如前所述，在新开采出来的黄金被输入欧洲后，它们几乎全部附加在了银行存款上，从而增加了贷款的数额；而当银行将这种存款投资于证券时，则可以使等量的其他可贷资本得以释放。在一定的营业条件下，新增加的黄金只有通过降低利率才能找到投资机会。所以，在假定所有其他条件不变的情况下，只要黄金持续流入，利率就必然会保持在没有这种流入时的较低水平上。

因为更多的黄金和白银流入信贷市场并具有降低利率的趋势，所以它们以任何可观的规模从一国流出，均将不可避免地使利率升高；即使这种外流是在贸易的过程中发生的，诸如在农业歉收时期为增加进口所进行的支付，或者眼下对从世界各地以高价输入的棉布所做的支付，结果亦是如此。用于完成这些支付所必需的货币，首先来自银行家手中的存款，并在此限度内削减了信贷市场的资金。

因此，从本质上说，而且从长期看来，利率取决于以贷款方式所提供的实际资本与所需求的实际资本的比较额。不过，流通媒介的增减也会使利率受到各种暂时的干扰，这种干扰所产生的作用略微复杂，所产生的结果有时与最初的表面现象恰好相反。所有这些区别都被人们滥用词语的习惯掩盖和混淆了，人们常用“货币的价值”这一术语来表示利率，而实际上它指的是流通媒介的购买力。一般民众甚至商人都习惯性地认为，金融市场的宽松程度，即以较低利率融资的便利程度与流通中的货币数量成比例。因此，他们不仅以为只有当银行的纸币形成贷款时才能发挥通货的作用，而且习惯性地忽略那些并未附带任何通货变动的贷款所产生的后果，即使其性质相似、程度也更大。

例如，人们在考察银行活动对刺激过度投机所产生的影响时，通常认为银行钞票的发行具有很大的影响，而且直到最近，人们几乎都不去关注银行存款的运用，尽管实际上银行轻率地进行信用扩张，更经常的是依靠存款，而不是依靠发行钞票。图克先生指出：“毋庸置疑，无论是私人银行还是联合股份制银行，如果经营不善，则无论是在商品的买卖、过度的进出口交易还是在建筑业或者采矿业中进行的投机活动，都会造成信用的极度扩张。而且银行的经营也确实常常不尽如人意，以致在某些情况下甚至使自己濒临破产，同时也使那些自认为他们的资源从属于银行的人一无所获。”① 但是，“假设某位银行家所接受的存款形式都是铸币，那么他是否就不像发行钞票的银行家那样，不会受到他因不好意思拒绝客户要求的贷款或者贴现的纠缠，或不会受到高利息的诱惑？他可能不致受到诱惑而大量挪用手头的存款，致使在某些情况下不能满足存户的提款要求。完全使用金属通货的银行家与现在伦敦的银行家究竟有什么不同？完全使用金属通货的银行家不是货币的创造者，他不能利用货币发行者的特权来开展他的其他业务，但是像伦敦的银行家那样过度发行货币的可悲事例也还是存在的。”

同样，在多年来就英格兰银行的经营及其对信用状况产生的影响所进行的争论中，虽然近半个世纪以来每当发生商业危机时，英格兰银行总会受到强烈的指责，人们指责它引发了商业危机，或者至少加剧了商业危机时，但是人们都几乎一致认定，人们能够察觉到英格兰银行的行为只是因为受到它在流通中的钞票数量的影响，如果能阻止它自行发行货币的权力（这是其地位的特征），那么它就不再具有任何可以滥用的权力。这种看法是错误的，至少在有了 1847 年的经历之后，我们可以希望人们不要再犯这种错误。1847 年，英格兰银行作为一家发行银行的权力受到了严格的约束，但是，它作为一家储蓄银行所开展的业务活动仍与过去任何时期一样，这对它的利率或信用状况产生了显著的巨大影响。它受到了强烈的指责，人们说它滥用影响力，但结果仍然爆发了一场空前的商业危机。

第五节　利率决定土地和证券的价格

在结束对本章的讨论之前，我想给出明确的结论，即利率决定着一切土地和证券的价值和价格，而人们想要并购买这些可售物品并非为了得到其本身，而是为了得到其所能提供的收入。公债、股份公司的股票以及各种证券的价格，往往会随着利率的下跌而提高。它们的售价不仅能为所支出的资金提供市场利率，而且能为所承担的风险或所处环境的便利程度方面的差异提供补偿。例如，英国财政部证券的销售价格为了与其所提供的利息成比例而均高于合并债券的价格，因为，虽然这两种证券安全性相同，但是财政部证券的持有人除非将其展期，否

① 参见《通货原理研究》，第 14 章，第 88 页和第 91 页。

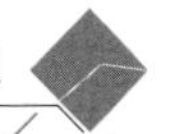

则，每年均可以按照这种证券的面值得到偿付，所以这种证券的购买者（除非不得不在紧急情况下出售）除去他在购买时支付过的升水，他在转卖证券时不会遭受到任何损失。

土地、矿山和其他一切提供固定收入的资源的价格，同样取决于利率。土地售价，相对于它提供的收入通常要高于公债的价格。这不仅是因为人们认为购买土地安全一些，而且因为在人们的印象中权力和尊严也是同土地所有权相关联的，即便在英国也是如此。不过，这些差别是或者几乎是永久不变的。在其他条件相同时，土地价格将随着利率的长期变动（当然不是每天的变动）而变动。利息低，地价自然昂贵；利息高，地价也自然低廉。上一次长期战争使这一法则出现了某种明显的例外，因为当时土地的价格和利率都很高。然而，这种情况的发生有其特殊原因，多年来农产品的平均价格持续上涨，导致地租提高的幅度甚至超过了利息增加和固定收入作物售价下降的幅度。假如没有发生这种主要由歉收引发的偶然事件，则土地的价值必然会同公债一样大幅度下跌。如果今后爆发类似的战争，则土地的价值很可能会下跌，进而使有些地主和农民会大失所望：因为他们从非常时期的偶然事件中得出了一般性结论，而且长期以来一直坚信，战争状态对农业非常有利，而和平状态则非常不利于农业。

第二十四章　论可兑换纸币的管理

第一节　关于银行发行纸币的影响的两种相反理论

在过去的半个世纪里，一系列频繁发生的令人苦恼的所谓商业危机现象，使经济学家和实务政治家都把大量注意力放在如何防止或至少是缓和这种危机的弊害上。在英格兰银行限制兑付时期，人们逐渐形成了一种看法，即将物价的涨落都归因于各银行发行额的多少，这又使一切研究者都把缓和物价涨落的希望寄托在各项管理银行发钞的方案上。其中一项方案获得了权威人士的支持并且非常深入人心，得到了人们的普遍认可，并在 1844 年英格兰银行更换营业执照的时候变成了法律。这项法案现在依然有效，不过它已不那么受欢迎了，它的信誉也由于政府两次宣布暂停兑付（第一次是在法案颁布刚满 3 年的时候）而受到了损害。所以，在这里考察管理可兑换纸币方案所具有的优缺点是适当的。在论及 1844 年《佩尔法案》的各种实际条款以前，我想简略地说明该法案所依据的理论的性质，并探讨这一理论的根据。

许多人认为，所有的发行银行，特别是英格兰银行，均具有把钞票投入流通领域从而任意提高价格的权力。他们认为，这种权力不存在任何限制，如果要说有的话，那也只是这些银行在行使这种权力时自认为应该具备的克制态度。他们认为，这些银行的发行量一旦超过正常的数量，就会引起物价上涨，滋生商品投机心理，导致物价进一步上涨，最后产生一种反作用力，使物价回跌，而在某些极端严重的情况下便引发商业危机。他们认为，英国曾发生的几次令商人们记忆犹新的这类危机，或者是由这种原因引起的，或者是由于这种原因而加剧的。一些著名的政治经济学家所赞同的实际上只是这种通货理论的比较缓和的形式，他们没有将这种理论引申到如此极端的地步。但是，我并没有对这种通俗见解夸大

其词。这个事例充分表明，有能力把一种深受欢迎的理论推进到某种地步的人，不是能力往往受到蔑视的不务实的学者，而是自称拥有实际知识或至少有足够机会获得这种知识的活动家和实业家。他们坚信通货是引起价格变动的首要原因，而对影响人们的供给预期的各种因素——这是几乎一切投机和一切价格变动的真正原因——视而不见。不仅如此，由于他们的理论要求银行发行额的变动与价格的变动在时间上必须一致，他们还在事实和日期上玩弄把戏。如果不是有一位著名的富有经验的权威人士不辞辛劳地纯粹根据历史详尽地加以驳斥，人们也许会信以为真。凡是熟悉这个问题的人一定都知道，我在这里提到的权威人士是指《物价史》一书的作者图克先生。图克先生在1832年向英国下议院有关英格兰银行执照问题的委员会提供的证词中对自己的研究成果做了如下说明（我们可以从他的著作中找到这句话的各种证据）："根据我的研究，从事实和历史的角度来看，在每一个明显的实例中，物价的上涨或下跌都先于钞票发行额的扩大或缩减，所以物价的上涨或下跌不可能是钞票发行额扩大或缩减的结果。"

通货理论家们夸大其词，把几乎所有物价的涨跌都归因于钞票发行额的扩大或缩减，这导致出现了一种与此相反的理论。在科学研究中，这种理论最著名的代表是图克先生和富拉顿先生。这种相反的理论认为，只要可以自由兑换，钞票就不具有提高物价的能力；除了根据交易量的增加按比例地增加钞票发行额，银行也不具有增加钞票发行额的能力。对于后一种说法，所有的地方银行家在接受历届国会委员会有关这个问题的质询时，都表示一致赞同。他们都证实（用富拉顿先生的话①来说）："地方银行的发行额完全取决于各地交易和支出的数量，它们随着生产和价格的变动而变动。它们既不能超出交易和支出数量所规定的限度来增加发行额，否则增发的钞票必定会立即流回来兑现，也不能减少发行额，否则其缺额必然会由其他来源予以补足。"根据这些前提，图克先生和富拉顿先生做了如下推论：如果需求没有增加，银行的发行额就不会增加，因此，银行发行的钞票不会提高物价，不会鼓励投机，更不会引起商业危机；用人为控制钞票发行额的办法来防止这种弊害的任何企图，绝不会实现所要达到的目的，而只会带来各种极其有害的后果。

第二节　考察上述两种理论

在我看来，上述学说中建立在证词之上而不是建立在推理之上的部分是无可

① 参见《论货币的管理》，第85页。

辩驳的。我完全相信地方银行家们所做的证词（前面从富拉顿先生的著述中摘引的那句话十分清楚而准确地概述了这些证词）。我确信，除他们所说的情况外，他们绝不会增加钞票发行额。我也相信，富拉顿先生以这种事实为根据的理论包含着很多真理，它比任何形式的通货理论都更接近全部真理。

市场状态有两种：一种可被称为平静状态（quiescent state），另一种可被称为预期状态或投机状态（expectant or speculative state）。在前一种状态下，大多数工商界人士都没有扩大经营规模的欲望。因为预期商品的销售不会急速扩大，生产者只按平时的产量生产商品，商人也只按平时的销售量进货。每个人都只按通常的营业额做交易，或者随着资本和顾客的增加而相应扩大业务，或者随着社会繁荣所引起的商品需求逐渐增加而逐渐扩大业务。生产者和商人都不打算异乎寻常地扩大自己的业务，因而不需要从银行家和其他放款人那里获得多于平时的贷款。而由于银行家增加钞票发行额只是为了扩大贷款，因此在这种情况下钞票发行额即使增加，也只能是暂时的。如果有人在一年中的某一时期同其他时期相比有较大的款项需要偿付，或者如果有人出于某种特殊的迫切需要而必须获得额外的贷款，这些人就会要求提供较多的钞票，并且会得到这些钞票。但是，这些钞票跟英格兰银行为了支付股息而每 3 个月增发一次的钞票一样，是不会长久流通的。最终得到这些钞票的债权人由于没有额外的支出，也没有特殊的迫切需要，因此会将这些钞票闲置，或者将它们存入银行，或者还可以用来偿还以前某个银行家向他提供的贷款。总之，他不用这些钞票购买商品，因为按照假定，没有什么事情能诱使他贮存更多的商品。即使我们假定，银行家们使自己的放款利率低于市场利率，人为刺激贷款需求，他们所发行的钞票也不会停留在流通领域，因为当借款人利用这些钞票做生意并偿还债务时，债权人或接受钞票的商人如果无须即时使用这些超出需要的钞票，就会将它们存入银行。因此，在这种情况下，银行不能随意增加一般流通媒介；它们所增发的钞票要么回到银行，要么闲置在普通国民手中，不会引起物价上涨。

但是，还有一种与上述状态截然不同的市场状态，图克先生和富拉顿先生的理论并不那么明显地适用于这种状态。人们普遍认为，无论这种看法是否有充分的依据，某种或若干种大宗商品的供给很可能无法满足正常的消费。在这种情况下，同这些商品有关联的一切人都想扩大业务。生产者或进口商想增加产量或进口额，投机商人想囤积商品期待价格上涨而牟利，持有这种商品的人则想获得更多的贷款从而继续掌握这种商品。上述各个阶级都想比平时更多地利用他们的信用。不可否认的是，银行家们对于他们的这种要求往往处置失当。无论什么事情，只要使人幻想能获得比平常高的利润，从而刺激工商业，就都会产生大体相同的结果。例如，外国对进口商品突然产生大规模需求（或者人们预期会有大规

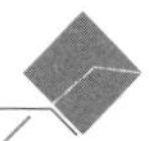

模需求），当初英国与西属美洲国家通商时以及历次与美国通商时，都曾出现过这种情况。这类事情往往会抬高出口商品的价格并引发投机。这种投机有时是合理的，但通常是不合情理的或者是过度投机（只要大部分工商界人士偏好刺激而非安全）。在这种情况下，商人阶级或其中一部分人此时迫切地想把信用转变为购买力。这种商业状态发展到极端，就会引起人们称为商业危机的突变。而且众所周知，这种投机在其发展过程中几乎总是伴随着钞票发行额的大幅度增加。

对此，图克先生和富拉顿先生的回答是，通货总是伴随而不是先于物价的上涨而增加的，因而通货的增加不是物价上涨的原因，而是物价上涨的结果。原因如下：第一，促使物价上涨的投机性购买，不是用钞票，而是用支票或更为通常地是用账面信用进行的；第二，即使这种投机性购买是为了这个特殊目的而从银行家那里借来的钞票进行的，这种钞票在用于这个目的之后，如果现时的交易不再有必要，则收取钞票的人又会将它存入银行。这一点我完全赞同。我还认为，科学上和历史上的证据都已证明，在投机鼎盛时期，只要投机仅限于商人与商人之间的交易，钞票发行额一般不会显著增加，也不致促成投机性的物价上涨。但在我看来，当投机进一步发展而影响到生产者时，就不能再坚持上述看法了。商人向制造商提出投机性的订单，诱使他们扩展业务，向银行家申请增加贷款，如果银行家用钞票提供这种贷款，而且这种钞票不是付给会将它们送回银行贮存的人，而是部分地用以支付工资，从而流入零售商业的各种渠道，它们就会直接产生进一步抬高物价的作用。我不能不认为，在法律允许票面价值为1英镑和2英镑的钞票流通的年代，用于支付工资的钞票必然对物价产生了强有力的影响。尽管现在禁止发行5英镑以下的钞票，这大大限制了用钞票支付工资的可能性，因而钞票在这方面的作用相对来说大为减弱，但在投机的后期阶段，钞票还以另一种方式开始起作用，这已成为比较温和的通货理论的支持者的主要论据。虽然为进行投机性购买而要求银行家提供贷款的人很少，但是不成功的投机商人却为继续保有货物而纷纷提出借款要求。这些投机商人为挣得一份可贷资本而进行竞争，甚至使没有从事投机活动的那些人为了获得他们所需要的贷款也比过去更多地依赖银行家。在投机的旺盛时期和急转直下时期之间有一段抵制物价下跌的间隔时间，有时为几个星期，有时长达几个月。尽管已出现趋势转变的迹象，但投机的商品所有者仍不愿在价格下跌的市场上出售商品，在此期间，他们即使是为了履行通常的契约，也需要资金。这一时期的特征通常是钞票的流通额显著增加。谁也不会否认，钞票通常会在这时增加。我认为，还应当看到，此时钞票增加会延长投机的持续时间，使投机性价格得以维持一段时间（如果没有这种增加，价格就会暴跌），因而会延长和增加可供出口的贵金属的输出（这是商业危机发展过程中这一阶段的主要特征）。这种输出的持续最终会危及银行实现其凭票即付的承兑能力，使各银行不得不在物价回跌已成定局的时候非常突然和严厉地收回它们的信用，而如果它们先前没有增加贷款来支持投机，现在就无须这么突然和剧烈地收缩信用了。

第三节　为什么说 1844 年《通货法案》在某种程度上产生了预期的有益结果

为了促使物价尽早回落，以免最后造成更为严重的后果，奥弗斯通（Overstone）勋爵、诺曼（Norman）先生和托伦斯上校率先提出了一项管理通货的方案，该方案稍经修改后就变成了一项法案。①

根据未经修改的最初方案，流通本票应当只由一个机构发行。而按照英国国会所通过的法案，现有的一切发行者都获准保留这种特权，但今后不再将这种特权授予更多的机构，即使已经享有这种特权的机构停止发行，其他机构也不得替补。该法案还对除英格兰银行以外的其他所有银行都规定了最高发行额，并且把这一限额故意定得很低。虽然没有对英格兰银行的钞票发行总额规定最高限额，但对该行以证券（亦即贷款）为担保发行的那部分钞票规定了最高限额。这部分钞票的发行额绝不能超过一定的限额，最初这一限额规定为 1 400 万英镑。② 超出这一数额的全部钞票，都必须与金银块相交换。无论人们拿多少金银块到英格兰银行来卖，该行都必须按略低于造币厂的估价用钞票买进。因此，就超出 1 400万英镑这一限额发行钞票的任何行动来说，英格兰银行都完全是被动的，

---

① 我认为可以肯定的是，1844 年法案的真正唯一重大的目的是缓和商业突变的影响。该法案的支持者们（特别是在 1847 年以后）坚决认为，该法案极为有效地“维持了英格兰银行钞票的可兑换性”。我很清楚这一点，但我认为，这并不是像他们那样认为的该法案所取得的一项重大成就。在旧制度下，人们曾不惜任何代价来维持英格兰银行钞票的可兑换性，即使不通过这项法案，人们也仍会这样做。奥弗斯通勋爵在他的证词中说得很好：英格兰银行经常能够通过对信用采取十分激烈的措施，牺牲广大商人的利益而挽救自己。1844 年法案使这一过程的激烈程度得以减轻，仅凭这一点，它就有充分的理由获得人们的支持。此外，如果我们假定在未实施该法案时，英格兰银行在经营上存在重大失误，以致无法维持钞票的可兑换性，那么，在已经实施该法案的情况下，相同程度（甚至还不到那一程度）的经营不当也足以引起银行部（Banking Department）停止兑付。英格兰银行被强制地分为两个部门（指发行部和银行部），这大大增加了停止兑付的可能性，而且可能会引起设在伦敦的一切私营银行停止兑付，以及对国债债权人停止付息。这些当然是比钞票暂停兑付更为巨大的直接灾难，因而，为了使英格兰银行能够再行支付存款，如果事实表明暂停实行 1844 年法案仍然还不够，政府就会毫不迟疑地立即停止兑付钞票。

② 容许英格兰银行超出这一最高限额的条件是与某地方银行达成协议，该地方银行停止发行钞票，而由英格兰银行钞票取代。但即使这样，英格兰银行所增加的发行额也不得超出其所取代的地方银行钞票的三分之二。在这种规定下，现今英格兰银行有权以证券为担保发行的钞票将近 1 500 万英镑，而非低于1 450万英镑。

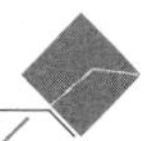

任何人在任何时候提出要求，它都有义务按照 3 英镑 17 先令 9 便士的价格用钞票买进金银块，或按照 3 英镑 17 先令 10.5 便士的价格卖出金银块来换回钞票。

这种机制想达到的目标是，使纸币数量变动和纯金属通货数量变动在时间上和程度上完全相同。某种商品适于用作交换媒介，是由于它的价值在影响价值的各种情况下都具有不变性，而到目前为止，贵金属一直是最接近这种不变性的商品。因此，在 1844 年法案的作用下，如果钞票发行量的一切变动及其价值的一切变动，与纯金属通货发生的变动完全一致，完全符合人们的推断，似乎可以认为，1844 年法案的优点已得到充分证明。

现在，所有这个法案的理智反对者同它的支持者一样认为，贵金属的代用品所必须具备的条件是，它的长期价值（permanent value）与金属本位的长期价值完全一致。他们认为，只要贵金属的代用品可以随时兑换硬币，二者的价值就是而且必然是完全一致的。但是，当谈到金属通货或其他任何通货的价值时，有两点必须加以考虑：它们的长期价值或平均价值；以及这种价值的变动。纸币的价值应当与金属通货的长期价值一致。但是我们没有理由认为，纸币价值的变动必须与金属通货价值的变动一致。这种一致性想达到的唯一目的是，纸币的价值稳定不变。人们的希望是，纸币价值的变动程度尽可能小一些。但不管通货由黄金还是由纸片构成，其价值变动都不是由它的数量而是由信用的扩大和收缩所决定的。因此，要确定哪一种通货的价值与贵金属的长期价值几乎完全一致，我们就必须弄清楚，使用什么样的通货，信用的变动最少并且最小。金属通货——而不是数量上与金属通货完全一致的纸币——是否最有助于实现这种目标，这正是我们要探讨的问题。如果我们能够证实，随着金属通货数量变化而变动的纸币，同没有如此严格保持一致的纸币相比，会使信用发生更为激烈的变动，那么我们可以推断，在数量上与金属通货最为一致的通货，不是在价值上与金属通货最为一致的通货；也就是说，它不是人们所希望的其长期价值与金属通货的长期价值最为一致的通货。

现在我们来考察一下，事情是否如此。首先让我们考察一下 1844 年法案是否实现了其实际目标。在较为清醒的拥护者看来，该法案的实际目标，是在信用扩张的较早阶段减少黄金的外流，以一种比较温和且渐进的方式，防止投机性信用的扩大。我认为，应当承认，该法案在某种程度上实现了这一目标。

对于这种看法，我知道人们会合情合理地提出什么样的反对意见。有人会说，当投机商为了兑现承诺而迫切要求银行增发贷款时，即使限制银行的钞票发行额，也不能阻止它增发贷款。银行还有存款可以用来过度发放贷款。即使银行拒绝提供这种贷款，其结果也肯定是，存款人为了需要而提取其存款，这跟增发钞票一样，使普通国民持有的钞票和硬币增加。这种见解是正确的，它彻底驳斥了这样一种论调，即反对银行为支撑减弱的投机活动而提供贷款的主要理由是，货款将使通货增加。但其实真正应该反对的是信用的扩张。如果各银行不增加贴现而听任人们提取存款，那么通货同样可以增加（至少在短期内是如此）。但这不过是使得贷款在其应当减少的时期没有增加。如果银行不用钞票而只用存款来增加贴现，那么（严格意义上的）存款总是有限的，总有一天会用完；而钞票的数量则可以随意增加，也就是说，钞票回笼后还可以无限制地重新发行。固然，一家银行只要愿意无限制地增加其债务，它就有能力使它的名义存款像它所发行的钞票那样，成为一笔无限大的基金。它仅以账面信用的形式就可以发放贷款，即利用自身的负债来创造存款，使银行负有偿付责任的货币成为自己手中的存款，由人们凭支票来提取。而在人们用支票提款时，银行又无须借助于钞票，而只靠（在同一银行或在票据清算机构）转账来结清。我认为，在投机时期，信用主要就是以这种方式扩张的。但一旦趋势开始转变，各银行大概就不会继续坚持这种方式。当各银行的存款开始外流的时候，各银行恐怕就不会再创造那种并不代表真实存款而只代表新债务的存款账户了。但经验证明，以钞票方式进行的信用扩张，在过度投机所引起的物价回跌已经开始以后，仍会长期持续下去。如果采取措施使人们不能再依靠钞票阻止物价回跌，使银行只能利用存款和账面信用来过度发放贷款，那么人们在开始感觉到过度投机带来的各种困难后，就不会如此频繁或长期地阻止利率提高了。相反，如果银行发现存款正在外流，而不能以本行钞票来填补亏空，那么它为了保持自己的偿付能力，就会感到有必要减少贷款，而这将加快利率上升。在这种情况下，持有商品的投机商便不得不接受他们最终无法避免的损失，提前抛售商品；而物价将提早回跌，一般信用也将提早崩溃。

为了理解加速危机到来在减轻危机的激烈程度上所起的作用，我们想较为详细地谈一谈信用崩溃前夕的主要特征——黄金外流——的性质和后果。投机性信用扩张所引起的物价上涨（如果持续的时间足够长），即使不以钞票为手段，也同样会产生使汇兑逆转的效果。而一旦汇兑由于这一原因而逆转，就只有靠物价下跌或利率提高才能使之恢复原状，从而使黄金停止外流。物价下跌可以消除黄金外流的原因，使输出货物比输出黄金更有利可图（即使是为了偿还已经到期的债务），从而使黄金停止外流。利率提高以及随后的证券价格下跌可以更快达到上述目的，因为利率提高和证券价格下跌会诱使外国人不带走本应归于他们的黄金，从而将黄金留在该国用于投资，甚至将黄金输入该国以牟取利率提高的利益。关于后面一种阻止黄金外流的方法，1847 年为我们提供了一个显著的实例。但只有在发生了上述两件事情中的一件，即物价下跌或者利率提高时，才有可能阻止或减少黄金的外流。可是，只要银行家们继续提供贷款，使过度扩张的信用得到支持，这时物价就不会下跌，利率也不会提高。众所周知，一旦黄金开始外

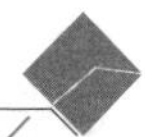

流，即使钞票发行数量未增加，首先缩减的也仍将是钞票，因为所需输出的黄金总是用英格兰银行的钞票向该行兑换。但在 1844 年以前的制度下，英格兰银行同其他银行一样，在人们强求提供新的贷款（这是这一时期的特征）时，可以而且通常也确实立即将由于人们换取金银块而收回的钞票重新发行。认为这种重新发行钞票的做法所带来的弊害主要在于妨碍通货收缩，固然是一种错误的认识，但这种做法确实像人们所想象的那样，是十分有害的。只要这种发行持续进行，黄金外流就不会停止，因为在继续发放贷款期间，物价不会下跌，利率也不会提高。物价如果是在不增加钞票的情况下上涨的，那就完全可以在不缩减钞票的情况下下跌，但是，物价如果是由于信用扩张而上涨的，那就只有收缩信用才能使物价下跌。因此，在英格兰和其他银行坚持重新发行钞票期间，黄金将继续外流，直到英格兰银行的黄金储备过少，陷入无法承兑的危险，最后不得不大规模地、迅速地收缩贴现业务，从而使利率发生不必要的剧烈波动，使个人蒙受不必要的巨大损失和不幸，并使整个国家的信用遭受不必要的巨大损害。

我承认，同时 1847 年的经验也向那些忽略这一点的人们证明了，英格兰银行仅仅以其存款就可以在很大程度上造成上述弊害。它可以在贴现和贷款应当缩减的时候继续进行或扩大贴现和贷款，最后的结果是使紧缩来得更加突然、更为猛烈。但我仍然不得不承认，利用存款犯这种错误的银行，如果在存款之外还能利用钞票任意增加贷款，就会犯下更大的错误。我也不得不认为，限制各银行增发钞票，实际上会阻止各银行发放那些力图挽回退潮但结果却使潮水暴落的贷款。虽然有人指责 1844 年法案，认为它在需要提供方便而不是设置障碍的时候设置了障碍，但如果人们公认这种障碍确属有利，那么它还是应当得到我们的肯定。因此，从这一点来看，我认为不可否认的是，新制度对旧制度确实有所改进。

第四节　但《通货法案》仍然弊大于利

尽管如此，在我看来，不管人们对上述这些好处给予多高的评价，这些好处仍然抵偿不了 1844 年法案所造成的损害。

首先，在信用已经处于膨胀状态且扩大信用只能延迟并加重崩溃的时候，如果银行家们大规模地扩大信用，固然是非常有害的。但在崩溃已经发生且信用不是过多而是过少的时候，扩大信用却是极其有益的，因为此时增加贷款不是增加普通的流动信用额，而是用以补充突然受到破坏的大量其他信用。如果说 1844 年以前，英格兰银行常常延缓信用崩溃，使得信用的崩溃更为猛烈，从而不必要地加剧了危机的严重程度，那么同样可以说，该银行在商业危机期间也常常发挥非常有益的作用，即在其他一切票据和几乎所有商业信用都不大管用时，该银行总是用贷款支持有偿付能力的厂商。在空前严重的1825—1826年危机期间，这种作用非常显著。在这次危机中，英格兰银行增加了几百万英镑的所谓“流通额”，用来向它认为肯定具有最后偿付能力的厂商提供贷款。如果英格兰银行不提供这种贷款，那场危机就会更加严重。富拉顿先生对此做出了公允的评价。① 他指出，如果英格兰银行答应贷款要求，它就必须为此而发行钞票，因为钞票是英格兰银行提供信用的唯一手段。但是，该行并不想使这些钞票流通，实际上它们也没有流通。对通货的需求同过去一样。相反，按照我们所做的假设，物价的迅速下跌必然会缩减对通货的需求。钞票一经投放，就很快会以存款的形式回到英格兰银行，或者会被锁在伦敦私人银行家的抽屉里，或者由他们分发给各地的客户，或者被其他资本家（他们在投机狂潮中负债累累但并不打算即刻偿债）截取。在这个危急时刻，所有借债的生意人都不得不采取守势，其全部目的就在于尽可能地巩固自己的地位，而他只有尽可能地大量储备作为法定货币的纸币，才能更为有效地实现这个目的。纸币本身绝不会进入产品市场。如果说它有助于推迟（更好的说法是缓和）物价下跌，那么这并不是由于它哪怕在微小的程度上促进了消费者对各种商品的有效需求，使消费者能够购买更多的商品，从而刺激商业得以兴旺。原因恰恰相反，纸币能做到这一点的办法是，阻碍交易、抑制消费来使商品所有者能继续拥有商品。

在继信用过度扩张之后发生信用过度收缩之时，对信用给予及时的援救，这一做法符合新制度的原则，因为信用的异常收缩和物价下跌，必然会使黄金流入国内，而这个制度的原则是，只要金属通货增加，就容许甚至迫使钞票通货增加。但是，这种法律原则所鼓励的，正是其条款在这个场合所阻止的，因为法律规定，在黄金实际流入以前，不得增加钞票发行额。在危机的最严重阶段已经过去，随后造成的几乎一切损失和破产都达到顶点以前，黄金是绝不会流入的。依据这种制度的理论所开出的作为补救办法的药方，为这种制度的运行机制所禁止，以致不能及时实现许多目标。②

银行在弥补过度投机和过度收缩所造成的商业、信用缺口方面的职能是必要的。因此，如果不废除1844年法案，我们不难想象，在商业发生巨大困难、危机真正而全面地开始以后的每一时期，该法案的各项条款必然会像1847年那样

① 参见《论通货的管理》，第106页。

② 固然，英格兰银行可以利用其存款来扩大贷款，而且存款数额很可能非常大，因为在过度收缩时期，每个人都把自己的钱存入银行以备不时之需。但这种存款往往不够用，1847年危机就确切证明了这一点。当时，英格兰银行以其存款所能提供的最大财力来救援工商业，但仍未能减轻危机。而一旦英国政府决定暂停实施1844年法案，危机很快就结束了。

被中止执行。[①] 假若问题仅限于此，那么为防止危机而维持限制的做法，与为消除危机而放宽限制的做法，并不必然存在根本冲突。但这里还有一种对于新制度的反对意见，这种反对意见更为彻底，也更加全面。

该法案理论上要求纸币数量的变动与金属通货数量的变动完全一致，因而它实际上规定，当黄金外流时，钞票数量应当相应减少。换句话说，输出的全部黄金实际上都应取自流通领域。可以假定，如果通货全部由贵金属构成，情况就是这样的。这一理论和这些实际规定所适用的情况是，黄金外流源自通货或信用的过度膨胀所导致的物价上涨，但也只适用于这种情况。

如果黄金外流是通货增加或信用膨胀（其对物价的影响相当于通货增加）所造成的结果，我们有理由认为，在纯粹的金本位制度下，输出的黄金取自通货本身。因为这种外流实质上不存在限度，只要通货和信用不减少，黄金就必然会持续外流。但是，贵金属的输出往往并非出于影响通货或信用的原因，而只是由于对外支付的异常庞大，这可能是由商品市场的状况造成的，也可能是由某些非商业性因素造成的。这类原因中影响较大的有如下四种，我们可以从过去50年的英国历史中找到它们的例证。第一种是政府在政治和军事上的巨额对外支出，例如在革命战争和克里米亚战争期间的支出。第二种是用于对外投资的大量资本输出，例如对1825年危机的爆发起过部分作用的那些贷款和开矿计划，以及成为1839年危机主要原因的美国投机浪潮。第三种是一些重要工业原料供应国的农作物歉收，例如美国棉花的歉收，这使英国在1847年不得不高价收购棉花，因而负债累累。第四种是农业歉收和随之而来的大规模进口粮食，在这个方面，1846年和1847年提供了比以往更为明显的例证。

在以上各种情况下，即使通货是由金属制成的，为上述目的而输出的黄金或白银也未必甚至不可能全部来自流通领域，而往往取自窖藏的金银。在金属通货制度下，人们总是窖藏有大量金银。在未开化的国家，金银往往被富人窖藏；而在文明国家，金银则主要作为银行家的准备金而被窖藏起来。图克先生在《通货原理研究》一书中证明了这一事实。但是，这方面最明确和最令人满意的解释来自富拉顿先生的著述。我不知道，在这个部分的通货理论问题上，是否有其他著述家做过同样完美的阐述，所以我想从富拉顿先生的《论通货的管理》这部才智洋溢的著作中多引用一些内容。

> 凡在亚洲各国生活过的人都知道，相对于现有的财富总量来说，那里被窖藏的钱财的比例要远远高于欧洲各国窖藏的钱财。由于人们传统上对财产

① 1857年再次发生的商业危机证实了原文的这个预言，当时政府不得不再度自行中止实施这个法案的各项条款。

安全的担忧以及难以找到安全而有利的投资渠道，这种做法已经形成了根深蒂固的习惯，远非欧洲各国所能比拟——凡是对这种社会状况有亲身体验的人，都能举出大量实例。在金融紧缩时期，可以用高利贷作为诱惑，从个人的窖藏中吸引出大量金银财宝，以满足社会急需。同时，如果使这些财富投入流通的诱惑不再起作用，则这些财富将再度回到个人的窖藏中去。在文明和富裕程度高于亚洲的国家里，虽然没有人害怕炫耀财富会引起当权者的贪欲，但商品交换仍旧几乎普遍地使用金属流通媒介，欧洲大陆的大多数商业国家的情况就是如此。在这些国家里，积聚贵金属的动机也许不像亚洲国家那样强烈，但其积聚能力却更加强大，因此相对于人口而言，其积聚的绝对量也许比亚洲国家要大得多。① 当然，在面临外敌入侵威胁或社会动荡不安的那些欧洲大陆国家，积聚贵金属的动机仍很强烈。还有一些欧洲大陆国家虽然在国内外都广泛开展商业活动，但并没有大规模地发行银行券来作为货币替代物，因此它们为保证拥有如期支付所必需的金银准备金，也必然会窖藏一部分数量难以估计的流通铸币。

"英国的银行制度发展之完善，远非欧洲其他各国所能比拟。除零售交易和对外贸易外，银行券可以说已经完全取代了铸币。私人已不再储藏金银，金银已被全部转到银行手里，或者更确切地说，已被全部转到英格兰银行手里。但在法国，钞票的流通还是相对有限的，根据最新的权威数字，该国现有的金银铸币数量估计达1.2亿英镑之高。这一估计数是完全合乎情理的。我们有充分的理由认为，这巨额财富中的大部分——很可能是绝大部分——已由人们贮藏起来。如果你拿一张面额为1法郎的汇票到法国银行家那里求兑，他会从保险库内取出一个密封袋子，将其中存放的白银兑付给你。不仅银行家是如此，每一个批发商和零售商也必须根据自己的财力储备充足的金银，除日常支付外还能应付意外的需要。不仅在法国，而且在银行制度尚未建立起来或者说银行制度很不完善的整个欧洲大陆，这样的保险库也是不计其数的，所储藏的铸币数量极大，并且可以大量动用，甚至可以大规模地由一国转移到另一国，而对物价没有什么影响，也不致引起重大的混乱。这一点我们有不少突出的例证。"其中最明显的是："欧洲一些主要国家（俄国、奥地利、普鲁士、瑞典和丹麦）曾同时努力补充它们的国库，用铸币取代出于战争需要而不得不发行的大量已贬值的纸币。这个时候，全世界可用的贵金属库存由于英格兰银行致力于恢复金属通货而减少，但这些国家的这一努力仍然取得了令人瞩目的成

① 我们有确凿的事实显示，法国农民一般很早就开始攒钱，他们手中随时都有很多金钱，其数量要远远高出人们所能想象的规模。甚至在像爱尔兰这样贫穷的国家，最近的事实表明，其小农所储藏的金钱与人们所看到的生活状态相比，完全不成比例。

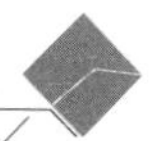

功……毫无疑问，这些国家共同执行的计划规模非常巨大，但执行这些计划却没有明显地损害商业社会的繁荣，除了暂时的汇兑混乱以外也没有其他什么影响。战争期间整个欧洲积聚在私人手里的金银，必然是这些金银的主要源泉。因而，我认为，这可以证明一直存在巨额过剩的金银，虽然没有人能够对此做出准确的估计。这些金银处在不活动的、呆滞的状态，然而一旦出现十分强烈的需求，它们总是会立即活跃起来。人们不能不承认，即使矿山关闭几年，完全停止生产贵金属，也不会使贵金属的交换价值发生显著的变化。"①

富拉顿先生这样评论通货学说及其拥护者：

不难看到，通货学说的支持者们假定，完全使用金属通货的国家所外流的黄金，或者是一点一滴来自集市和市场，或者是来自杂货商和纺织品商人的钱柜。他们甚至从未提到人们窖藏的大量贵金属，虽然铸币流通国家之间的全部国际支付有赖于这种窖藏的贵金属，而且即使根据通货学说的理论，窖藏的货币也完全不可能影响物价。过去的经验表明，金银币流通国家可以在丝毫不影响国内繁荣的情况下，及时地进行金额极其巨大的支付。我们凭什么认为这种支付完全来自储藏的金银呢？我们不妨想一想，只以贵金属为媒介进行所有交易的一国金融市场，在必须对外支付几百万英镑时，大概会受到什么样的影响。如果只能靠转移资本来满足这种需要，这时为占有这种转移的资本而引起的竞争难道不必然提高市场利率吗？如果这几百万英镑由政府来支付，政府不是多半给出更有利的借债条件吗？如果这几百万英镑由商人来支付，那么商人必然会向银行提取存款，或者如果没有银行的话，从自行保管的准备金中提出，或者不得不到金融市场上去借取所需要的硬币吗？而所有这些做法，难道不是必然影响储藏的金银，使货币兑换商将他们所积聚的部分金银投入流通吗？有些货币兑换商窖藏金银，不正是为了等待这种有利可图的机会吗？

在过去的 4 年（现在是 1844 年）中，英国同几乎所有欧洲国家的收支差额都是顺差，黄金源源不断地流入英国，以致流入的黄金总额达到了前所未有的 1 400 万英镑之高。但在此期间，有谁听见欧洲大陆人民抱怨深受其苦呢？欧洲大陆的物价是否大幅下降了呢？劳工的工资是否下降了呢？或者商人是否由于他们的存货普遍贬值而大批破产了呢？这类事情都没有发生。欧洲大陆各国的商业和金融市场都很平稳。尤其是法国，政府岁入的增加和商业的扩展表明，该国的繁荣仍在持续。实际上，让人怀疑的是，黄金的大量外流是否从该国真正流通的金属财富中取用过一枚拿破仑金币。而且，我们从信用状况平稳这一点可以推知，不仅零售市场上的交易所不可或缺的硬

① 富拉顿：《论通货的管理》，第 71～74 页。

> 币供给从未间断，而且贮藏的财富依旧对正常的商业支付提供必需的便利。金属通货制度的本质在于，储藏的财富在任何情况下都应当有助于实现下述两个目的：第一，供给输出所需要的金银块；第二，补充国内通货，使之保持合理的数量。在这种制度下，所有商人在经营过程中也许经常要向外国汇付巨额硬币，因而为了在必要时支付的需要，同时也为了在国内正常不间断的交易的需要，都必须在自己手中储备足够的金银，或者拥有向他人借债的渠道。①

在贵金属问题上，像英国这种信用非常发达的国家，与欧洲大陆国家的情形有所不同。在欧洲大陆国家，金银往往储藏在无数个人手里，而英国的金银则全部由英格兰银行这一个机构掌握。因此，根据通货学说的理论原理会得出这样的结论：如果通货完全是金属通货，应允许使用贵金属时动用窖藏的金银，也就是说，自由动用英格兰银行金库中的准备金，而不要试图通过减少通货或收缩信用加以阻止。人们没有充分的理由来反对这种要求，除非贵金属外流的数量极大，有耗尽准备金从而无力兑付的危险。但对于这样的危险，人们可以采取适当的措施加以预防。这是因为在我们所考察的几种情况下，贵金属的外流都是因为一定数额的对外支付，这种支付一旦结束，贵金属的外流就会立即停止。而且，人们承认，在任何通货制度下，英格兰银行拥有的准备金，通常都应超过经验证明这种外流可能达到的最大数量。富拉顿先生断言这一极限应为 700 万英镑，而图克先生则建议保持平均为 1 000 万英镑的准备金，在他最近出版的一部著作中这个数字为 1 200 万英镑。在这种情况下，英格兰银行通常拥有的准备金（它们不被用于贴现而只被用于兑现支票或钞票），完全能够应付这种危机。因此，不用紧缩信用或通货而致使危机加重，危机就会过去。这是这种情况所能得到的最好结局，它不仅符合金属通货制度所公开宣称的原理，而且是这一原理所期望的结果。但金属通货制度的鼓吹者却声称，该制度最大的优点就是避免出现这种结果。他们夸张地说，黄金一旦外流，不管其原因是什么，也不管金属通货制度下黄金外流是否会引起信用收缩，英格兰银行都不得不立即削减贷款。我们要记住的是，他们主张，即使当时不存在需要纠正的物价上涨，也不存在需要紧缩的异常的信用扩张，而只是由于政府的对外支付或者由于歉收而需要进口大量谷物从而引发对黄金的需求，英格兰银行也必须削减贷款。

假定这种准备金不足以应付对外支付，而用来对外支付的资金必须取自国内的可贷资金，那么利率就必然会上升。在这种情况下，金融市场必然会出现一定程度的货币短缺。而把英格兰银行分为银行部与发行部则进一步加重了货币短缺。按照通常的说法，这时 1844 年法案只能以如下方式起作用：英格兰银行在

① 参见富拉顿：《论通货的管理》，第 139～142 页。

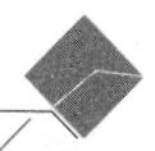

将例如300万英镑的金银块兑换成它发行的300万英镑钞票后，必须阻止这些钞票进行贴现或用作其他贷款。但这个法案的实际作用远不止于此。众所周知，黄金流出总是首先对银行部产生影响。银行存款构成一国可以利用的闲置资本的大头。而对外支付所需要的资本往往主要是从存款中提取的。假定所需金额为300万英镑，这笔钞票首先从银行部提出（或者直接提出，或经由准备金主要存在英格兰银行的私营银行提出）。人们取得300万英镑后，再向发行部兑换用以输出的黄金。这样，一国所流出的金额仅为300万英镑，而英格兰银行实际流出的金额则为600万英镑。存款减少了300万英镑，发行部的准备金也减少了同样的数目。只要继续实施1844年法案，那么这两个部门即使处于极其窘困的境地也不能互相帮助，而必须各自为本身的安全采取预防措施。因此，在旧制度下，英格兰银行面临600万英镑的流出时才需要采取某种措施，而在新制度下只要有300万英镑的流出就有必要采取行动了。发行部根据法案规定的方法来保护自己，不再发行已经回笼的300万英镑钞票。但是，银行部由于其准备金减少了300万英镑，必须采取措施予以补充。由于存款减少了300万英镑，银行部所负的债务也减少了300万英镑。按照准备金等于存款三分之一这个通行的银行经营原则，其准备金可以减少100万英镑。但对于剩下的200万英镑，银行部必须通过到期收回同一数额的贷款而不再展期的办法取得。银行部不仅必须提高利率，而且会采用各种手段将票据贴现总额减少200万英镑，否则就必须出售同一数额的证券。为了补充银行部的准备金而在金融市场上所采取的这种激烈的行动，完全是由1844年法案引起的。如果没有这个法案所规定的各种限制，英格兰银行就不必缩小贴现额，而只需由发行部划拨200万英镑黄金或钞票给银行部。这种划拨并不是借给了一般国民，而是为了保证银行部今后在储户有提款需求时有偿付能力。除非黄金继续外流，其流出额有望超过两部门储备的黄金总额，否则，即使在金融紧迫期间，英格兰银行也仍可按照与新增需求相对应的利率水平，向商业界发放其惯常所需的贷款，而无须停止放贷。①

---

① 针对我所谓的"外流的双重作用"这种说法，有人荒唐地理解为，我坚持认为，英格兰银行由于300万英镑的外流而不得不放弃价值600万英镑的财产。这样的看法当然十分荒谬，不值一驳。我所说的外流具有双重作用，并非指英格兰银行本身的金钱状况，而是指该行为了阻止黄金外流而不得不采取的措施。虽然英格兰银行本身的资产没有减少，但是它的两种准备金——银行部的准备金和发行部的准备金——却由于仅仅300万英镑的外流而各自减少了300万英镑。由于两部门分立，它们无法在两部门合并的情况下互相援助。因此旧制度下600万英镑的外流才会导致英格兰银行在金融市场上采取紧缩措施，现在300万英镑的外流就会导致英格兰银行不得不采用紧缩措施。由于银行部的准备金本来比发行部所拥有的金银块要少，外流的全部金额首先要由这一已经减少的准备金承付。因而，全部外流额加于半数准备金的压力，会使人们感到像两倍于此的流出额加于全部准备金的压力一样大。而要顶住这种压力，就必须采取非常严厉的紧缩措施。我曾经说过："这好像不准一个人使用双手而只能用一只手来举重物。在这种情况下，他的每一只手都必须像两手并用时一样有力"（1857年就英格兰银行法案问题在下院委员会所做的证词）。

我知道有人会说，听任这种性质的黄金外流，让它在自行停止之前不受限制地影响英格兰银行的储备，这样做并不能阻止通货和信用的收缩，而只是使之延缓。因为如果在这种外流开始时没有为阻止外流而采取限制钞票发行额的办法，那么日后为了补足英格兰银行的准备金，就只能通过影响物价来收回大量黄金，由此必须对发行额实行同样的或更大的限制。但是，这种看法忽略了以下几点。第一，有比物价下跌更为迅速而简便的方法——提高利率——来收回黄金，利率提高仅使证券价格下跌，其他物品的价格不会受影响。这时，或者外国人会购买英国证券，或者英国将其所持有的外国证券送到国外出售。在 1847 年的商业困难时期，这两种交易都非常频繁，它们不仅阻止了黄金外流，而且扭转了局面，使黄金回流。因此，黄金回流不是由于通货收缩，尽管这时黄金确实是因贷款收缩而回流的。但收缩贷款也不总是必需的。因为，第二，黄金回流不必同外流一样迅速。其中大部分很可能通过正常的商业途径，以外国偿付输出品货款的形式收回。外国的商人和生产者由于取得英国的额外支付而获得的额外利益，相当一部分可能用来增购英国商品，以供消费或者投机，虽然其作用也许不会在黄金外流之初就很快显露出来。这种额外的购买将使收支差额转为对英国有利，从而使英国得以逐渐收回已输出的部分黄金。其余的黄金，无须英格兰大幅提高利率，只靠外国的可贷资本增加几百万英镑黄金所引起的利率下降，就很有可能收回。实际上，在发现几个大金矿以后，澳大利亚每年生产的巨额黄金以及来自加利福尼亚的大量黄金，都是经由英国分配到其他各国的。几乎每个月都有大批黄金运到英国，因此，即使英国不重新输入过去外流的黄金，英格兰银行的准备金也可以自行补充。所需要的只是黄金输出的间断，只要有短暂的间断就足够了。

在我看来，根据上述理由，1844 年法案在那种由过度投机引起的商业危机的最初阶段虽然起过有益的作用，但总体上它实际上使商业恐慌更加严重了。再者，这个法案不仅使信用收缩得更为激烈，而且使之更为频繁。乔治·沃克（George Walker）先生在《阿伯丁先驱报》（*Aberdeen Herald*）上发表的一系列观点明确、不带偏见、结论鲜明的论文——它们是目前有关这个问题的最好著述——中说："假定现有 1 800 万英镑黄金，其中 1 000 万英镑是在发行部，800 万英镑是在银行部。其结果同在金属通货制度下只有 800 万英镑（不是 1 800 万英镑）准备金是一样的……英格兰银行法案的作用是，在黄金外流时，英格兰银行所应采取的措施不是取决于该行保管库中的黄金总量，而是——或者应当是——取决于其中属于银行部的黄金。英格兰银行如果有权支配全部黄金，那么只要黄金流出时还留下适量的准备金，它就不必干预信用或抑低物价。但是，该行只能支配银行部的准备金，并且施展余地很小，因而它不得不采取多少有些强硬的抵制手段来对付一切外流，从而对商业界造成损害。因为如果它不这样做，

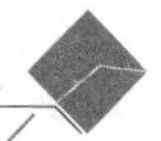

或者做得不好，它就会破产。因此，在执行英格兰银行法案的规定时，利率的变动极大，而且颇为频繁。1847 年以后，英格兰银行开始真正看清了自己的处境，认识到随着准备金的每次变动，都必须变动利率以作为预防措施。”所以，要消除这个法案带来的危害，英格兰银行除了在发行部保留黄金外，还必须以黄金或钞票形式在银行部保留大量准备金，其数额必须达到能够像在旧制度下那样足以为发行和贷款两者担保的水平。

第五节　是否只应该由一个机构发行钞票

近几年来，还有以下两个有关钞票通货的问题也引发了不少争议：一是发行钞票的特权应限定为一个机构（例如英格兰银行）专有，还是应当准许许多发行者共享？二是在后一种情况下，为了保护钞票持有者在发行者破产时不遭受损失，是否有必要或者适宜采取某些特殊的预防措施？

前面的分析让我们认识到，同其他各种信用形式相比较，钞票并没有一般流行见解所认为的那么重要。在我们看来，钞票管理在信用总体中只占很小一部分，不可能像有些人认为的那样具有重大意义。但钞票目前确实具有一个特殊的性质，即只有这种信用形式适用于流通的一切目的，也只有这种信用形式能在国内的各种用途方面完全取代金属货币。虽然支票的推广使用将减少钞票的使用，正如如果废除钞票，金镑和其他铸币就会取而代之一样。但可以肯定的是，在今后很长一个时期内，在存在必要的商业信任而且准许人们自由使用钞票的任何地方，钞票仍会大量供给。因此，如果发行钞票的独有特权由政府或某一机构专享，这将是一个巨大的金钱利益的源泉。将这种利益归于整个国家，是切实可行的，也是比较理想的。而且如果像 1844 年法案所规定的那样，完全机械地依据一成不变的规则来进行钞票通货的管理，那么就更没有理由不为国库而为某个私人发行者的利益管理通货。然而，如果还是采用发行者可自由决定发行额数量以及变动的做法，那么在政府职权已不断扩张的时候，再将如此琐碎的一项职责加于政府是不适当的。而且不应该转移政府首脑的注意力，使他们忽略重大问题，而被各种要求发行纸币的申请淹没，并成为攻击的目标，因为任何管理通货的行为，无论如何细微，都无法避免这种攻击。更合适的办法也许是，在不超过最低限度的钞票通货发行额的数额内，政府发行一定数量的钞票即可兑换黄金的金库兑换券（treasury notes），其余钞票则由一家或若干家私营金融机构自由供给。还有一个办法是，由像英格兰银行这样的机构向政府提供 1 500 万英镑或 2 000 万英镑无息贷款，以此为条件，该机构可以向全国供给钞票；而国家由此获得的金钱利益，等同于它发行该数额的钞票。

在1844年法案以前，英国实行多家发行机构并行的制度，目前在一定的限制下该制度仍在实行。人们批评这一制度时通常提出的理由是，这些发行机构之间的竞争导致它们过度发行钞票，造成了损害。但正如前面已指出的，银行家所拥有的增加发行额的力量和他们凭借这种力量所能造成的损害程度，与现实中人们的过高估计相比较，是微不足道的。正如富拉顿先生所说①，事实证明，合股银行的设立虽然大大加剧了银行业的竞争，而且有时竞争极其激烈，却丝毫没有扩大钞票流通总额。相反，流通总额实际上减少了。如果没有任何特殊理由可以成为产业自由原则的例外，就应当贯彻执行一般原则。但似乎仍需要保持像英格兰银行这样的庞大机构，使它在下文要说的方面与其他发行银行区别开来，即只有英格兰银行负有承兑黄金的责任，其他银行则可以自由地用这个中央机构的钞票来兑付它们自己的钞票。这样做的目的是，使一个机构负责保持足够数量的贵金属储备，以应付任何可能发生的黄金外流。如果由若干家银行共同承担这个责任，那么它们都做不好。如果责令一家银行担负这个责任，那么其他一切银行所保留的金属储备都会成为完全浪费掉的闲置资本。假如允许这些银行自由地用英格兰银行的钞票来进行兑付，就可以避免这种浪费。

第六节　是否应特别保护钞票持有者免遭银行无力兑付的损害

剩下来的问题是，在实行多数发行机构制度的情况下，是否需要采取某些特殊的预防措施，使钞票持有者得以避免银行无力兑付的损失？在1826年以前，发行银行无力偿付，是一种常见的极为严重的弊害，常常使整个地区遭难，使勤俭的产业长期积累的成果毁于一旦。国会在那一年禁止发行面额在5英镑以下的钞票，其中一个主要理由就是至少使劳动阶级尽量免遭这种苦难。有人建议进一步加以保护，给予钞票持有者优先于其他债权者的权利，或者要求银行家们储存公债或其他政府证券，以作为对发行总额的担保。英格兰过去的钞票通货不可靠，部分是由法律造成的。这种法律为了给英格兰银行一种经营金融业务的有限独占权，禁止城市或乡村设立有6名以上股东的银行（不管是发行银行还是储蓄银行），结果组建各种可靠的金融机构成为应受处罚的违法行为。这种规定确实是旧的垄断与管制制度的一个独有特点。在1826年，不管是发行银行还是储蓄

① 参见《论通货的管理》，第89～92页。

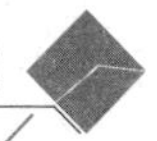

银行，除了以伦敦为中心的半径 65 英里以内的地区以外，其他各地均已废除了这一规定。在 1833 年，伦敦地区也废除了有关储蓄银行的这种规定。人们曾经希望，此后设立的许多合股银行能够提供更可靠的通货，并希望在这些银行的影响下，英格兰的银行制度能够几乎同过去两百年苏格兰的银行制度（在苏格兰，银行业始终是自由经营的）一样可靠。但是，新近这些机构在因为粗心大意或有意诈骗而导致经营不善方面有太多荒唐的事例（虽然其中一些最著名的事例中失职的组织机构并不是发行银行）。这些都清楚地表明，至少在特威德河（Tweed）以南，合股经营原则被运用于银行业，并不能像人们过于自信地设想的那样，可以充分保护钞票持有者的利益。因此，现在人们已经无法驳倒下述信念，即如果允许存在许多发行者，其先决条件就是采取某种特殊措施来保护钞票持有者。

第二十五章　论各国在同一市场上的竞争

第一节　一国能够低价驱逐另一国的原因

重商主义的用语和学说依然是所谓销售阶级（与购买者或消费者有别）政治经济学的基础。在重商主义的用语中，最常见也是激进的莫过于“廉价销售”（underselling）一词。过去人们常说，现在人们还是这样说，一国应以低价驱逐别国，而不是被别国驱逐，这几乎成为生产和商品在世间的唯一目的。数百年来，各国商人之间普遍存在着这种敌对情绪，现在则被普遍的共同体意识取代，即商业国家可以从相互的繁荣中得到好处。在欧洲历史上的某个时期，这种商业精神曾是战争的主要原因，现在则是阻止战争的最强大因素之一。

虽然目前对于国际通商的性质和结果已有比较开明的见解，但我们仍然有必要用若干篇幅（尽管较少）说明商业上的敌对行为。跟个体商人一样，各个国家在某些商品市场上可能是利益相对的竞争者，而在其他商品市场上却具有较好的有来有往的顾客关系。通商利益并非像人们以前所认为的那样在于商品的销售。但由于商品的销售是获得所购买的商品的手段，一个国家如果不能诱使其他国家购买它的某些商品，它就不能获得通商的真正利益，即输入品。因此，其他国家的竞争越激烈，迫使它出售商品的价格越低（只要不是低得根本无法出售），则它通过对外贸易获取进口商品的成本就越高。

在前面几章中我已经对这个观点做过适当的（虽然是附带的）说明。但是，不管是在经济理论中，还是在政治家、商人和制造商所关注的实务中，这个论题一直占有而且今后仍将占有重要地位，因此有必要在结束国际交换问题以前，简单讨论一下各国采用低价销售和不采用低价销售的缘故。

一国要在某个市场上廉价销售商品，试图将另外一个国家完全逐出市场，必

须具备两个条件。首先，它在两个国家都输出的物品的生产上必须比另外一国具有较大的优势。正如上文所详细说明的，所谓较大的优势并不是绝对的，而是与其他商品比较而言的。其次，该国与顾客国在彼此对各自商品的需求关系以及形成的国际价值的状态都必须是：该国让给顾客国的利益多于竞争国拥有的全部利益，否则竞争国仍能在市场上立足。

让我们回到前面设想的英国和德国之间以呢绒和亚麻布进行贸易的假定上来。英国能够用与生产 15 码亚麻布相同的费用生产 10 码呢绒，德国生产 10 码呢绒的费用则与生产 20 码亚麻布的费用相等，而这两种商品系以某种中间的比例（比方说 10∶17）在这两国之间（不考虑运费）进行交换。如果没有其他国家愿以 20 码以上（不仅仅是 17 码以上）的亚麻布来同 10 码呢绒相交换，德国就不会被逐出英国市场。如果另一国的出价在 20 码亚麻布以下，则这种竞争仅仅使德国换取呢绒的成本提高，而不会使德国无法输出亚麻布。因此，能够廉价销售并将德国逐出英国市场的国家必须具备以下两个条件：第一，它能以比德国更低的生产成本（与呢绒相比）来生产亚麻布；第二，它必须对呢绒和其他英国商品具有极大的需求，以致它独占英国市场后所给予英国的利益要大于德国所放弃的它给予英国的利益，例如以 21 码亚麻布来换取 10 码呢绒。因为若非如此，例如在德国被逐出英国市场以后，由国际需求方程式规定的比率为 18∶10，那么德国仍可参与竞争。这时，德国将是低价出售亚麻布的国家，因而，有可能达到某一点（或许是 19∶10），两国都能够在英国市场上立足，两国均可以按照新调整的交易条件在英国出售足以偿付它们所需要的呢绒或其他英国商品的亚麻布。同样，作为呢绒输出国的英国，只有在存在如下竞争国的情况下才会被逐出德国市场，即竞争国在呢绒生产上的优势较大，因而能以 10 码呢绒交换 15 码以下（不只是 17 码以下）的亚麻布，而该国对德国产品的强烈需求，又使它不得不按这样的比例来进行交换。在这种情况下，英国若再进行这种贸易，就必然会遭受损失。但是，只要还没有达到这种程度，英国就不得不用更多码数的呢绒向德国换取较少的亚麻布。

由此可见，人们也许过于担心自己被永远逐出市场了。实际可能发生的事情也许不是完全丧失贸易，而是进行贸易的优势有所减少，由此而遭受损失的主要不是输出品的生产者或商人，而是外国商品的消费者。即使某一国家在某个时期在外国市场上出售呢绒的价格略低于英国出售呢绒的价格，这也不应成为英国呢绒生产者担忧的充分理由。假定英国的生产者在外国市场上暂时失利，因而出口减少，则进口将超过出口，贵金属的分配将有所变动，英国物价将下跌，从而他们的一切货币支出均将减少，他们也就能够再度同竞争对手竞争（如果此时的事态还没有发展到前面所描述的严重程度）。英国所受的损失不会落在出口商身上，而会落在进口商品的消费者身上。他们的货币收入总额减少，但不得不以同样的甚至更高的价格来购买外国生产的一切物品。

第二节　低工资是否为一国能够低价驱逐另一国的原因

我认为，前面已对廉价销售的理论或基本原理做了正确的表述。有人会说，这种理论未考虑到我们常常听说的一些使一国被低价驱逐出市场的原因。

按照这种说法，一国的某种商品被低价逐出外国市场，只是由于竞争国具有更为强烈的将其劳动和资本专用于生产这种商品的动机。竞争国之所以这样做，是因为它可以节省大量劳动力和资本，而由此产生的利益——全世界的产品总量因而会增加——可以在该国和顾客国之间分配。因此，廉价销售虽然使被驱逐的国家遭受了损失，却使整个世界得到了好处。较之被取代的商业，后继的商业可以节省更多的人类劳动和资本，增加了人类的共同财富。这种利益体现在，能够生产品质更好的商品，或者能以较少的劳动（与其他各种物品相比较）来生产这种商品，或者能以较少的时间（如果不是以较少的劳动）缩短其使用的资本的滞留（detention）时间来生产这种商品。这种利益的产生，或者是由于自然的优势（例如土壤、气候和矿山的富饶程度），或者是由于劳动者先天的或后天的能力较强，或者是由于分工、工具或机械比较优良。但是，这个理论却完全没有考虑到低工资这一因素。而流行的各种说法往往将低工资视为一国能够进行廉价销售的原因。我们经常听说，英国的生产者在外国市场上，甚至在本国市场上，都由于外国竞争者所付的工资较低而处于不利地位。人们说，这种低工资使外国竞争者能够或者几乎总是能够以较低的价格出售商品，从而在没有受到人为保护的一切市场上将英国制造商驱逐出去。

在对这种见解进行理论剖析以前，有必要首先把它当作一个实际问题来考察。的确，外国制造业工人的工资比英国工人低，但这种低工资是否给资本家带来了好处呢？根特或里昂的手工业工人每天挣得的工资或许较少，但是他所做的工作不也较少吗？如果考虑到效率的高低，他的劳动对雇主来说成本较少吗？虽然欧洲大陆的工资或许低一些，但是劳动成本——这是竞争的真正要素——不是几乎相同吗？资深专家们的意见似乎都是这样，而英国和大陆各国之间利润率的差别很小进一步证实了这一点。如果这一点没有错，那种认为英国生产者会由于高工资而被欧洲大陆的竞争者逐出市场的看法就不成立了。从表面上看，这种看法在美国身上可以成立。如果我们将工资一词解释为劳动者的日常收入，美国劳动者的工资要比英国高得多。但是美国的劳动生产力很高，劳动效率与使用劳动

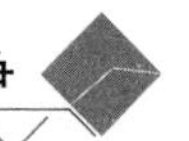

的有利环境相结合，使得这种劳动对于它的购买者具有很高的价值，以致美国的劳动成本还是低于英国。美国一般利润率和利率都比较高的事实说明了这一点。

第三节　只有当特定产业部门的工资较低时，低工资才是一国能够低价驱逐另一国的原因

但低工资——低劳动成本的意义——真能使一国以比较低廉的价格在外国市场上出售商品吗？当然，我在这里说的低工资，是指该国所有生产性行业的工资都比较低。

不管是由于人为的原因，还是某种偶然的原因，如果出口商品的某个产业部门的工资低于该国的一般工资率，这将成为在外国市场上销售产品的一个真正有利的条件。它减少了这些物品相对于其他各种物品的比较生产成本，这与减少生产这些物品所需的劳动具有同样的效果。试以南北战争以前美国的某些商品为例。该国的烟草和棉花这两大出口商品是由奴隶劳动生产的，而粮食和制造品通常是由为自己的利益而劳动或领取工资的自由劳动者生产的。尽管奴隶劳动的效率很低，但不容否定的是，在自由劳动者工资很高的国家，驱使奴隶干活对资本家来说是很有利的。不管对资本家有利到什么程度，这种较低的劳动成本——并非普遍而仅限于某些行业——都有助于降低该产品在国内和外国市场上的价格，就跟它们是以较少的劳动生产出来的一样。如果南部各州的奴隶全部获得解放，并且将他们的工资提高到美国自由劳动者收入的一般水平，那么，该国的商品肯定不能再按照往常的价格在外国市场上继续出售，也许不得不从出口商品目录中删去这些由奴隶生产的物品。现在，美国的棉花要比战争前的价格高出许多。之前这些物品的价格低廉在一定程度上是人为的，这大致类似于生产或输出方面的补贴引致的价格低廉；如果考虑价格低廉的由来，把它与赃物的价格低廉相比拟也许更为恰当。

家庭工业所具有的利益，虽然从道德上说与上述利益不同，但从经济上说却与它类似。有些家庭利用闲暇时间织布，它们并不靠这种工业产品来维持生计，因而只要它们觉得值，就会以极低的价格出售自己所织的布。我在论述其他问题时曾经提到过苏黎世州的一份报告，这份报告有这样一段叙述："苏黎世的劳工今天是制造业者，明天又变成农场经营者，他们的职业随季节而变化，循环不已。制造业和耕作齐头并进，紧密联结在一起。质朴而未接受教育的瑞士制造业工人之所以总是能够持续进行竞争，之所以能面对经济力量和技术力量（后者更重要）都很强大的企业而不断发展壮大，其秘密就存在于这两种职业的结合。即

使在苏黎世州制造业最为发达的地区，也只有七分之一的家庭是专门从事制造业的；七分之四的家庭是兼营制造业和农业的。这种家庭制造业的优势主要在于：它可以与各种副业相结合，在一定程度上可以被视为一种补充性职业。在冬季，工人全家在住处从事家庭制造业。春天一到，担负早春田间劳动的人们就放弃室内工作；许多织布机停止运转；随着田间劳动的增多，家庭成员先后参与农活劳作。到了所谓'农忙期'的收获时期，全家人都下地干活。而一旦天气不好，以及在其他一切农闲时间，人们就重新回到小屋内干活。而当不宜于农作物生长的季节再次到来时，人们又逐渐回到室内工作，直到全家人都重新开始进行这种工作。"①

就这种家庭制造业而言，决定各国之间交换的比较生产成本，要远远低于所使用的劳动量。家庭制造业工人的实际生活费用，如果有赖于其织布机的收入，那也只是部分地依赖这种收入。因此，即使他们从中得到的报酬低于可能长期存在于各种职业中的最工资（劳动者必须借此维持全家开支），他们也会继续工作。他们不是为雇主劳动，而是为自己劳动，因此，除了购置织布机和原料的少量成本以外，可以说不需任何其他成本就可以从事制造。因为他们并不以此为生，因此其产品的售价可以很低，只要其报酬不足以使他们将闲暇时间用于这种社会工作而感到厌烦就行了。

第四节　若所有产业部门的工资都较低，则低工资便不是一国能够低价驱逐另一国的原因

上述奴隶劳动和家庭制造业这两个事例，说明了在什么条件下，低工资可以使一国在外国市场上廉价出售它的商品，从而将竞争国逐出这个市场，或者避免被它们驱逐。但是，如果低工资通行于一切产业部门，该国就不能获得这种利益，普遍的低工资绝不会成为任何国家低价销售并将竞争国逐出市场的原因，普遍的高工资也绝不会阻碍任何国家将竞争国逐出市场。

要证明这一点，我们就必须回到前面已阐述过的一条基本原理上。② 在一国内部，普遍的低工资不是低物价的原因，高工资也不是高物价的原因。一般物价不会因工资提高而上涨，如同它不会因一切生产所必需的劳动量增加而上涨一样。对一切商品产生同等影响的成本，对物价毫无影响。如果呢绒或刀具的制造者必须支付较高的工资，而其他制造者都没有这个必要，那么，他的商品的价格

① 《瑞士历史地理统计图表》第1卷，1834年版，第105页。

② 参见本书第三编第四章。

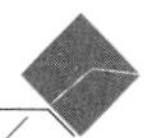

就会上升，正如他必须雇用较多的劳动一样。因为若非如此，他得到的利润就会比其他生产者少，从而任何人都不会从事这种职业。但是，如果所有人都必须支付较高的工资，或者所有人都必须雇用较多的劳动，那么所有人都必须承担这种损失。因为这种情况对所有人都具有同样的影响，谁都不能通过改变职业而得以避免，因此，每个人只好听任利润减少，而使物价停留在过去的水平上。同样，普遍的低工资，或劳动生产力的普遍提高，不会使物价降低，而只会使利润提高。工资（这里指劳动成本）下降后，为什么生产者要因此而降低价格呢？有人会说，他是由于同行业其他一些资本家的竞争而被迫降价。但其他资本家也支付较低的工资，他们同他竞争，除了他们所已获得的利益以外将一无所获。因而，劳动报酬的多少及所使用的劳动量，除非为某种商品所特有而非为一般商品所共有，并不会影响商品的价值和价格。

既然低工资在本国不是低物价的原因，也就不能使该国以较低的价格向外国市场出口商品。当然，如果美国的劳动成本低于英国，则美国可以按低于英国的价格向古巴出售棉制品，而仍能获得同英国制造商一样高的利润。但是，美国棉纺业主进行比较的对象不是英国制造商，而是其他美国资本家。这些资本家同棉纺业主一样，都享有劳动成本低廉的利益，从而享有高额的利润。棉纺业主也一定要获得这种高额利润，而不会满足于英国的利润。确实，一段时间内，他可以在那种低利润率下继续经营，而不愿改变行业；有时甚至会长期在远比当初经营时更低的利润率下经营其事业。劳动成本较低而利润较高的国家，虽然不能借此在削价竞争中击败其他国家，但是在遇到其他国家的削价竞争时却可以借此进行顽强抵抗，因为生产者在利润减少时仍能继续生产，甚至能扩大生产。不过，低劳动成本这一优势带来的好处仅此而已；一旦时势变化，他们追求获得与国内其他资本家一样高的利润的希望破灭，就不再长期坚持这种抵抗了。

第五节　一些反常事例

还有一种从事贸易和出口的社会，似乎有必要略加说明。这种社会几乎不能被视为与其他国家进行商品交换的国家，而应当被视为从属于一个较大社会而远离中心的工业区或农业区。例如，英国的西印度殖民地就不能被视为具有自己的生产资本的国家。如果曼彻斯特不在现在的地方，而在北海的某个岛上（但继续经营当前产业），则它仍会是英国的一个城市，而不是与英国进行贸易的国家。同目前一样，它只是英国便于经营棉纺业的一个地区。同样，西印度群岛是英国便于进行糖、咖啡及其他一些热带商品生产的地方。那里的一切资本都来自英国，几乎全部产业都是供英国人利用的。除了上述大宗商品以外，那里几乎不生产其他商品，而这些大宗商品运到英国，不是为了殖民地居民的利益而交换各种商品，而是为了英国所有者的利益在英国销售。因此，英国与西印度群岛的贸易几乎不能被看作对外贸易，而更类似于城市与乡村之间的交易，并受国内贸易原理的支配。殖民地的利润率当由英国的利润规定；殖民地的预期利润必然与在英国大体相同，再加上对在远地从事冒险事业所遇到的困难的补偿。在做出这种补偿以后，西印度群岛生产的商品在英国市场上的价值和价格，应当跟——或者说生产商当初就是这么考虑的——英国生产的任何商品一样，由生产成本决定。在过去 12 年或 15 年间，人们并没有遵循这一原理。最初，由于劳动力缺乏造成无法增加劳动供给，因此，价格持续上涨，超过生产成本的比率。近来由于允许外国参与竞争，这导致西印度群岛的一些商品在削价竞争中被逐出市场。究其原因，与其说是那里的工资高于古巴和巴西，不如说是那里的工资高于英国。若非如此，则牙买加以古巴的价格售糖，虽然不能享有古巴的一般利润率，但仍能获得英国的一般利润率。

还有一种基本上独立的小社会也值得我们关注。这种社会所赖以生存和致富的手段，几乎完全不是本地的商品（除了船舶和港口设施外），而只是转运业和转口贸易，即购买某国的商品并转售给其他国家，从中获得利润。例如威尼斯和汉萨同盟城市（Hanse Towns）就是如此。这种社会的情况很简单。它们不是将自己的资本用作生产工具，而是用以完成其他各国商品之间的交换。这种交换给这些国家带来了好处，即增加了产业总收入。增加的收入一部分付给代理商，以补偿必需的运输费用；其余部分则用来支付转口贸易使用的资本和所运用的商业才能。这些国家本身没有可以从事这种贸易的资本。在威尼斯人成为南欧一般商业活动的代理人时，他们几乎没有竞争对手。如果没有威尼斯人，南欧就无法与世界其他地方通商，因而威尼斯人的利润实际上是无限制的。如果说有限制的话，那也只是孤陋寡闻的封建贵族初次看到闻所未闻的奢侈品时所能够并愿意支付的价格。后来有了竞争，同其他经营活动一样，这种经营活动的利润也受到自然法则的支配。本国生产并积累了大量资本的荷兰开始从事转口贸易。其他欧洲国家现在也可以抽出资本，自行经营对外贸易。但由于种种原因，荷兰国内的利润率较低，因此，它在为其他各国运送货物时的附加费用，低于其他国家资本家运送货物时的附加费用。所以荷兰承担了所有这些国家的绝大部分外贸运输业务，这些国家不像英国那样制定有阻止外贸运输业务被别国承担的航海法。

第二十六章　论交换对分配的影响

第一节　交换和货币不影响工资法则

在我们讨论的宗旨和范围的限度内，我们已说明了一国的产品在各阶级居民之间的分配机制，这个机制就是交换机制，其运作过程遵循价值法则和价格法则。现在，我们拟利用已获得的知识回顾一下分配问题。如果不考虑交换机制，产品在劳工、资本家和地主这三个阶级之间的分配似乎取决于某些一般法则。现在我们来考察，当分配通过复杂的交换和货币机制进行时，这些法则是否仍发挥作用，也就是说，交换机制的特性会不会干扰并改变上述各种起支配作用的原理。

如前所述，人类通过努力和节约而得到的产品，最初被分成工资、利润和地租这三份，它们是以货币的形式，通过交换过程，被分配给有权得到它们的人。更确切地说，通常情况下掌握产品的资本家，用货币向其他两种分享者支付其劳动和土地的市场价值。如果我们探讨劳动和土地使用权的金钱价值究竟取决于什么，我们就会发现，决定这些金钱价值的因素，同在没有货币和商品交换时决定工资和地租的因素是一样的。

首先，很明显，工资法则并不受交换或货币是否存在的影响。工资取决于人口和资本之间的比率。即使全世界的一切资本都归属于一家公司，或者拥有资本的资本家各自设立企业，生产全社会所消费的每一种物品，因而完全不存在商品交换，工资仍然取决于人口和资本之间的比率。在一切古老的国家，资本和人口之间的比率取决于对人口过快增长的抑制作用的强弱，因此，通俗地说，工资取决于对人口的控制。如果饥饿或疾病所引起的死亡无法抑制人口增长，则工资就取决于劳动人民的审慎远虑。因而可以说，如果一个国家的劳工宁愿降低工资也不愿抑制人口繁殖，则该国劳工的工资就总是处于最低水平。

当然，这里所说的工资指劳工的实际生活水平，即劳工获得的物品数量，这些物品是劳工依天性或习惯所必需的或者是劳工所喜爱的。工资的这种意义对于工资领取者来说是最重要的。但对工资支付者来说，其工资的重要意义并不完全取决于这种简单的原理。第一种意义上的工资是决定工人生活水平的工资，我们称之为实际工资或实物工资。我们姑且称第二种意义上的工资为货币工资。我们不妨合理假定，在这时货币仍是一种恒定不变的标准，生产或获得货币这种流通媒介的条件也没有发生变化。如果货币本身的成本没有变动，则劳动的货币价格就是对劳动成本的精确测度，可以用来作为表示劳动成本的恰当符号。

劳动的货币工资是两个要素的混合物。第一是实际工资或实物工资，亦即劳工所获得的日常消费品的数量；第二是这些商品的货币价格。在一切古老的国家（由于谋生艰难，这些国家的人口增长受到一定程度的抑制），劳动的货币价格通常是使劳工们勉强能够购买其所必需的各种商品（没有这些商品，他们就不能或者不愿保持惯常的人口增长率）的价格。在一定的劳工生活水平（指他们宁愿抑制人口增长也不愿放弃的那种生活水平）的条件下，货币工资取决于劳工惯常消费的各种商品的货币价格，从而取决于这些商品的生产成本。因为他们若不能获得一定数量的这类商品，则其人口增长就会放慢，其工资就会提高。在这些商品中，最重要的是粮食等各种农产品，其他的商品的影响都很小。

正是在这一点上，我们可以借助于本编阐述的那些原理。前面已分析了粮食和农产品的生产成本。它取决于迄今为止由于社会需要而不得不使用农业领域中最贫瘠的土地和生产率最低的那部分资本所具有的生产力。正如我们所看到的，在这些最不利的情况下种植粮食的生产成本，决定了全部粮食的交换价值和货币价格。因此，如果劳工的习惯保持不变，他们的货币工资就取决于肥力最低的土地的生产力或生产率最低的农业资本的生产力，取决于耕作的“退化”程度——耕作向贫瘠土地扩展，同时较为肥沃的土地的肥力不断下降。目前，导致耕作“退化”的力量是人口的增长，而阻止耕作退化的反作用力是农业科学技术的进步，它可以使原来的土地在不增加劳动的情况下增加产量。农业生产中成本最高的费用水平，可以精确地表明人口和农业技术在某一时刻相互竞争的状况。

第二节　交换和货币不影响地租法则

查默斯博士正确地指出，政治经济学中许多最重要的思想都得自“最后的耕种边际”（extreme margin of cultivation，即人们在耕种土地而与各种自然力量做

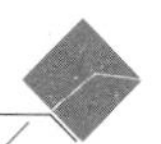

斗争时达到的最后一点）。这种最后边际的生产力程度，可以反映出产品在劳工、资本家和地主这三个阶级之间的分配现状。

如果不耕作肥力较低的土地，或者不在现有耕地上增加支出（尽管报酬率降低），就无法满足人口增长而增加的粮食需求，那么增加农产品的必要条件就是粮食的价值和价格首先必须上升。但是，价格一旦上升到足以向追加的资本支出提供通常利润的水平时就会停止，也就是说，价格上升不会达到使新耕地或旧耕地的新支出既提供利润又产生地租的程度。最后使用的土地或资本，即处于查默斯博士所说的耕种边际的土地或资本，现在或今后都不会产生任何地租。尽管这种土地或资本不产生任何地租，但其他一切土地或农业资本均会产生地租，其地租的金额正好等于这些土地或资本比最后使用的土地或资本多生产的产品。一般来说，粮食的价格将刚好使最贫瘠的土地以及投在较优土地上的生产率最低的资本能够收回支出并获得正常利润。如果条件最为不利的土地和资本能够做到这一点，那么，其他一切土地和资本当然能产生一种额外利润，数额相当于其较高的生产力所带来的超额产品的收益。在竞争的作用下，这种额外利润会成为地主的收入。因此，交换和货币并不影响地租法则。在人们进行交换和使用货币的情况下，地租法则仍同以前一样起作用。地租是在特别有利的条件下使用农业资本所产生的额外收益，它恰好等于这种有利条件使生产者得以节省的生产成本，因为产品的价值和价格取决于处于不利条件的那些生产者的生产成本，即取决于在最不利的情况下所使用的那部分农业资本的收益。

第三节　交换和货币不影响利润法则

既然以货币支付的工资和地租与以实物分配的工资和地租都受同一法则的支配，由此可以推断，利润也是如此，因为支付工资和地租以后的剩余就是利润。

我们在第二编的最后一章中指出，资本家的各种垫付，最终可以归结为劳动的购买费或维持费，或先前的资本家的利润。因此，利润最终取决于劳动成本，劳动成本增加则利润减少，劳动成本减少则利润增加。下面我们来深入探讨一下这个法则的作用。

由劳工的货币工资确切表示（假定货币不变）的劳动成本，可以通过两种方式增加：劳工可以获得较多的舒适用品，即实物工资（实际工资）会增加；或者人口增长迫使人们耕作劣等土地，并采用成本更高的耕作方法，从而提高了劳工消费的各种主要物品的生产成本、价值和价格。在上述任何一种假设下，利润率都会下降。

劳工购得较多的商品是由于这些商品的价格比较低廉。如果他购得的商品数量增加，而其成本却没有增加，这意味着实际工资有所增加，但货币工资不变，因而利润率丝毫不受影响。但是，如果他购得的商品数量增加，而这些商品的生产成本并未降低，他就可以获得较多的成本，亦即他的货币工资将提高。由于货币工资提高而增加的支出会全部由资本家负担，因此资本家无法摆脱这种负担。有人认为，资本家可以通过提高商品的价格来摆脱这种负担。但是，我们已经多次详尽地驳斥了这种看法。①

如前所述，工资提高会使物价相应提高的说法，实际上是自相矛盾的。若果真如此，工资就相当于没有提高；即使劳工的货币工资大幅增加，他所能得到的商品也并不比过去多，则其实际工资也就不可能提高。这种情况同理论和事实都是相背离的，很明显，货币工资的提高不会使物价上涨；高工资不是高物价的原因。唯一可能的结果是，工资的普遍提高会使利润遭受损失。

前面已经说明了劳工实物工资增加致使货币工资和劳动成本增加的情况。现在我们假定，货币工资和劳动成本的增加是由劳工所消费的各种物品的生产成本增加引起的，而这些生产成本的增加是由人口增长而农业技术没有得到相应改进造成的。人口增长要求扩大粮食的供给，而这只有当粮食价格上涨到足以补偿农场主所增付的生产成本时才能实现。但在这种情况下，农场主要承担双重的损失。他不得不在生产力比过去低的情况下进行耕作，但这种损失只落在农场主身上，其他雇主并不分担。因此，按照价值的一般原理，农场主可以通过提高其产品价格而获得补偿。但在他的商品价格上涨以前，他并不会将人们要求增加的产品送进市场。而价格上涨使他陷入另一种困难，而且他不能为此而得到补偿。他首先必须向他所雇用的工人支付较高的工资。这种困难是他和其他一切资本家所共同面对的，并不能成为提高价格的理由。价格将上涨到农场主的利润同其他雇主的利润相等的程度，即上涨幅度必须使他现在雇用更多的劳动来生产的成本能得到补偿。但是，这种劳动工资的增加是一切雇主的共同负担，谁都不能为此得到补偿。它完全要由利润偿付。

由此可见，如果各种生产性劳工的工资都增加，并确实代表着劳动成本的增加，那么增加的工资总是而且必然由利润负担。反过来说，如果工资减少代表劳动成本降低，这意味着利润增加。但这种资本家阶级和劳动阶级之间金钱利益的对立，在很大程度上只是表面上的对立。实际工资与劳动成本的差别很大，通常在如下的时间和地方上处于最高水平，即由于土地可以按照有利条件生产出目前所需的所有农产品，因而粮食的价值和价格低廉，对雇主来说劳动成本也比较低

① 参见第三编第四章第二节和第二十五章第四节。

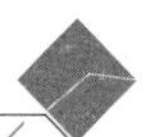

廉（尽管劳动报酬很丰厚），从而使利润率变得很高。这样，就完全证实了我们之前提出的利润取决于劳动成本的定理，或者更确切地说，利润率和劳动成本成反比，它们是相同作用力或原因共同产生的结果。

但是，如果考虑到资本家的开支中有一部分（虽然比较小）并不是他自己支付的工资，也不是偿付给前期资本家的工资，而是前期资本家的利润，那么，这一命题是否需要稍加修正呢？例如，假设在皮革制造方面产生了一项发明，从而缩短了生皮在鞣料坑内的鞣制时间。鞋铺老板、马鞍制造商和其他皮革制造商由此可以节省一部分材料费，这相当于鞍皮业者的资本被“锁定”（lock up）在鞣料坑期间的利润。有人会说，这种节约是他们在工资和劳动成本不变的情况下获得更多利润的一个源泉。但在我们所假设的情况下，只有消费者才是真正的受益者，因为皮鞋、马具及使用皮革的其他一切物品的价格都将下跌，直到生产者的利润减少到一般水平为止。为了避免异议，我们假设一切生产部门在开支上同时出现类似的节约。此时由于价值和价格不会受到任何影响，利润也许会提高。但如果深入考察这种情况，我们就会发现，利润提高是劳动成本降低所带来的。这种情况跟一般劳动生产力提高的任何其他情况一样，如果劳工的实际工资不变，利润就会提高。但此时实际工资不变却意味着较低的劳动成本，因为根据假设，一切物品的生产成本已经减少。此外，如果劳动的实际工资按比例相应提高，那么雇主的劳动成本不变，则资本家的垫付与其收入的比率将同过去一样，利润率也没有变化。读者若想更深入地了解这个问题，可以阅读前面提及的《略论政治经济学有待解决的若干问题》一书。[①] 这个问题与其重要性相比显得过于复杂，不必在本书做过于深入的讨论。因此，我想说的是，根据《略论政治经济学有待解决的若干问题》所阐述的理论，可以得出这样的结论，这里所讨论的情形丝毫没有影响我们所提出的理论的正确性。该理论断言，在利润率和劳动成本之间存在着确切的反比关系。

① 参见《略论政治经济学有待解决的若干问题》第 4 篇论文《论利润和利息》（Profits and Interest）。

第四编　社会进步对生产和分配的影响

第一章　财富增长状态的一般特征

第一节　绪言

在本书篇幅所容许的限度内，前三编详细考察了政治经济学的所谓静态理论（有幸借用数学用语）。我们考察了大量的经济事实，并探讨了这些经济事实之间的因果关系；考察了决定产品、劳动、资本和人口的数量关系的各种因素；考察了地租、利润和工资是由哪些法则支配的；还考察了各种商品在个人与个人之间以及国家与国家之间进行交换时遵循什么样的原理和什么样的比率。因此，对于一般认为是同时存在的各种社会经济现象，我们已有了整体的把握，并且在一定程度上弄清了有关这些现象相互依存关系的各种原理。因此，如果我们知道某些要素的情况，就可以根据一般方法推导出大多数其他要素的情况。然而，这一切只能使我们掌握停滞不变的社会的经济法则。我们尚须考察易于变化的而且实际上（在较先进的民族及其影响所及的一切地区）总在不断变化的人类经济状况。我们必须考察这些变化是什么，变化的法则是什么，变化的终极趋势又是什么。所以，我们必须在已有的均衡理论之外加上一种运动理论，即与政治经济学的静态理论相对应的动态理论。

这种研究自然要从研究人们熟知并公认的各种力量的作用开始。不管社会经济注定还要发生其他什么变化，有一种变化实际上正在进行，人们对此没有争议。在世界上的一些主要国家以及受这些主要国家影响的各个国家，至少有一种进步在年复一年、世世代代地不断发生，这就是财富的增长，亦即所谓物质繁荣的增进。在通常人们称之为文明国度的各个国家中，其生产和人口都在逐年增加，并且可以肯定的是，不仅这些国家的生产和人口将持续这一进程，而且世界上大多数其他国家（还包括那些尚未成立的国家）也将相继开始同样的历程。因此，考察这种发展变化的性质和结果、构成这种变化的各种要素，以及这种变化对前面所探讨过的各种经济事实，特别是对工资、利润，地租、价值和价格的影响，将成为我们研究的首要目标。

第二节　社会进步朝提高支配自然力、安全以及合作能力的方向发展

在文明国家经济进步所具备的各种特征中，由于与生产现象密切关联而首先引起人们注意的，就是人类支配自然的力量的持续增加，而且在人类预见能力所及的范围内，这一增长不存在限制。没有迹象显示，我们所掌握的有关物质对象的特性和法则的知识已经接近极限。这种知识正在以空前的速度在所有各个方面同时增长，使我们得以窥见未经探索的领域。我们有理由认为，我们对自然的认识几乎还处于起步阶段。而且这种不断增长的物理知识，现在正以空前的速度通过巧妙的实际应用转变为物质力量。近代最令人惊奇的发明——这不是比喻，而是实情——是电报。这个发明在它所依据的科学理论确立以后不过几年就成为现实并且得到证明。最后，这种伟大的科学工作的人力部分目前绝不输于智力部分；社会上有大量能工巧匠，很容易寻找到或造就出足够数量的熟练的符合要求的工人，来完成将科学应用转化为各种实际用途的最精细的工作。可以预见的是，由于具备这些条件，节约劳动和增加劳动生产的各种发明必将层出不穷，这些发明的用途和利益也将得到更为广泛的传播。

对人身和财产安全的不断强化一直是今后也必将是文明社会进步的特征。由于司法和警察制度日益有效从而用于抑制私人犯罪，同时也由于某些社会阶段所享有的可以不受惩罚地损害其他阶级的那些有害的特权已经被削弱和消灭，欧洲所有国家——包括最先进的国家和最落后的国家在内——的国民，受到了比上一代更好的保护，从而得以免受彼此之间暴力和掠夺行为的侵害。依靠制度或者习俗与舆论，每一代人都比上一代人受到了更好的保护，免受政府专横行使权力的侵害。甚至在半开化的俄国，对于个人（除非该人政治上犯了错误）的掠夺行为，现在也已不常见了。在所有欧洲国家里，赋税本身和征税方式都渐渐变得不那么专横和暴虐了。几乎在任何国家，战争及战争所引起的破坏，今天通常只发生在那些边远地区，以及远离文明中心的蛮荒之地。甚至由不可避免的自然灾害所引起的财产损失，也由于有益的保险业务的不断扩张而愈益减轻。

这种安全的增进的一个必然结果，是生产和积累的大幅度增长。如果人们没有把握自己能够享受劳动和节约的成果，人们就不会努力干活和节俭了。人们的

把握越大，勤勉和节俭就越能成为国民共有的美德。经验表明，即使固定的赋税拿走了劳动和节约的大部分成果，也不会影响人们的这些品质（它们是庞大的生产和充裕的资本的源泉），有时甚至进一步激励了这些品质。但是，这些品质却不足以抵制高度的不确定性。政府可以拿走一部分；不过，它必须保证自己不再干预，也确保任何人不得干预其剩余部分。

伴随着现代社会进步而产生的最为切实的一种变化，就是一般国民经营能力的增进。我不是说，个人的实际智能大于过去。我更倾向于认为，目前经济发展所产生的结果与此相反。同只知道所谓文明生活方式的绝大部分人相比，野蛮社会中的天赋优秀的个人可以大致不差地做更多的事情，他们更能够有效实现自己的目标，也更能使自己和别人摆脱意外的困难。这里并不打算探讨，对作为个体的文明人，能够在多大程度上和多大能力上补救自己的这种弱点，以及还有什么更好的方法。但就全体文明人而言，这种补救是充分的。单独地看，每个人的能力虽然较差，但他们共同行动时能力却能够倍增，可以抵消个人的弱点而绰绰有余。这种变化消除了野蛮人的各种习惯，使他们变得遵守纪律；他们能够贯彻执行事前议定的计划，哪怕之前他们没有参加计划的商讨过程；他们也能够控制个人情绪，遵从事先做好的决定，并分别执行共同工作分配给他们的那部分任务。各文明民族每天在做野蛮人或半开化人所不能做的各种工作，这不是由于个体的实际工作才能增强，而是由于他们都坚信别人能够完成他们分别承担的那部分工作。简而言之，文明人的特征是具有合作能力；与其他能力一样，这种合作能力可以通过实践而不断提高，并且不断扩大其应用范围。

因此，伴随着社会进步而发生的最显著的事情，是合作原则和实践的不断发展。由个人自愿投入小额股本而组建的联合体，现在经营着各种工业和其他各行各业的业务，这些业务依靠个人或少数人是无法完成的，或者这些业务如果由少数人完成，他们的报酬将极其高昂。随着财富的增加和经营能力的提高，我们可以预期由许多人共同出资组织的各种工业公司和其他类型的机构将大大扩展。这些机构或者是专门术语所指的股份公司；或者是不很正式地组织起来的协会，这种社团在英格兰很多，其目的在于为公益或慈善事业筹集资金；最后，或者是工人们为了共同生产或购买各种货物而组织的联合体，它以合作社这一名称广为人知。

自然科学和技术方面的预期进步，加上财产安全性的增加和处置财产自由度的扩大（这些都是现代国家文明的显著特征），以及合股原则更加广泛和熟练的运用，都将大大推动资本和生产的无限增加以及伴随出现的人口增长。我们不必担心，人口的增长会超过生产的增长；也不必担心，人口与生产会保持同步增长，因为它违背了国民中最贫苦阶级的生活状况将真正得到改善的推测。然而，很可能出现的情况是，工业蓬勃发展，国家欣欣向荣，财富总额大幅度增加，甚至在某些方面，财富的分配状况也有所改善。不仅富者更富，而且贫民中也会有许多人富裕起来，中等阶级的人数和力量会增长，愈来愈多的人能够过上舒适的生活。但与此同时，处于社会底层的穷苦老百姓阶级却可能只是人数增多，而其生活水平和教养都没有改善。因此，我们在考察产业发展所产生的影响时必须假定（不管我们多么希望事实并非如此），人口的增长同生产和积累的增长一样无限持续下去，甚至两者的速度也相同。

以上我们初步考察了经济进步的社会发生变化的各种原因，接下来我们将对这种变化本身进行更为详细的考察。

第二章　产业进步和人口增长对价值与价格的影响

第一节　所有商品的价值和生产成本都趋于下降

产业进步在导致或者有望导致生产条件发生变化的同时，必然会使商品价值也发生变化。

前面已经指出，所有那些既不处于自然垄断也不处于人为垄断之下的物品的长期价值，取决于这些物品的生产成本。但是，人类日益增长的支配自然的能力，促使人类劳动的效率日益提高，也就是说，生产成本在不断降低。人类的各种发明，只要能用同样的劳动生产更多的商品，或者能用较少的劳动生产同样多的商品，或者能缩短生产过程从而减少资本垫付时间，就会降低商品的生产成本。由于价值是相对的，如果生产上的各种发明和改进对所有商品的影响都是相同的，那么价值就不会有任何变动。各种物品将按照先前的比率相互交换；这里，人类虽然可以获得更多的物品来作为他们劳动和节欲的报酬，但是与只有一种物品的生产得到改进时的情况不同，所获得的更多物品无法用商品交换价值的降低来衡量和表示。

至于在这种情况下价格是否会受影响，则取决于生产上的改进是否扩展到贵金属上。如果生产费用普遍降低而货币材料属于例外，则其他一切物品的价值相对于货币价值而言均将下降，也就是说，全世界的一般物价水平均将下跌。但是，跟其他物品一样，如果人们能以较为低廉的生产费用获得较多的货币，那么价格便同价值一样不会受到影响，市场没有任何变化，唯一的变化是，在人们的劳动一如既往的情形下，各种商品的数量增加了，但由于货币的数量也增加了，因而商品价格没有变化。

产业进步并不限于生产进步，从而有助于降低生产成本或至少是降低各种商品的成本。降低生产成本的另一因素是世界各个地区之间交往的增加。随着贸易的扩大，愈来愈多的国家放弃了以关税抑制贸易的愚昧做法，人类可以在花费劳动和资本最少的地方生产各种商品。随着文明的传播，世界上各个未开化地区逐步建立起保障人身和财产安全的制度，这些地方可以更充分地利用其生产能力，造福于当地居民和外来人。但是，许多自然资源最为丰富的地区，现在仍处于愚昧无知和管理不善的状态，它们要经过许多世代的努力，才能达到欧洲最文明地区目前的水平。此外，生产成本的下降还有赖于劳动和资本愈益向地球上未被占用的地区转移。人们通过现有的各种勘查手段已经查明，这些地方的土壤、气候和位置不仅能向产业进步提供可观的回报，还可以为生产各古老国家市场所需要的各种商品提供很大的便利。虽然科学和产业技术的推广将大大提高地球上全体产业的效率，但在未来的一段时间内，自由贸易的逐步扩展以及移民和殖民规模的日益扩大，却很可能成为降低生产成本方面更重要的因素。

只要没有其他因素能够抵消上述作用，结果就是，一国不仅能以越来越低的实际成本获得本国的产品，而且能以越来越低的成本获得外国的产品。正如我们所观察到的，只要该国本身的出口产品的生产成本下降，该国就能够以较低的实际成本获得输入品。

第二节　只有农产品及矿产品的价值和生产费用趋于上升

但是，这些趋势一直不会被抵消的假设成立吗？财富的增加和产业的发展真的只会降低生产成本吗？这个过程中难道没有性质相反的因素发挥作用，以致在某些情况下不仅抵消而且压倒前一类因素的作用，从而把生产成本的下降趋势转变为上升趋势吗？我们已经知道，这样的因素是存在的，粮食和原料等几种最重要的商品就表现出了与上述截然相反的趋势。这些商品的生产成本趋于增长。

这种趋势并非这些商品固有的特性。如果人口没有变化，土地生产物的数量无须增加，生产成本也就不会增长。相反，人类还可以享受农业或附属于农业的各种产业的一切改良的全部利益，这样农产品和制造品之间将不存在任何差别。如果人口不增加，工业产品中生产成本有可能真正增长的只是那些因原材料不能再生而会耗尽或部分枯竭的产品。这种原料包括煤和大部分——假如不是全部的话——金属，甚至包括铁（它是最丰饶和最有用的金属，并且是大部分矿物和几乎一切岩石的组成部分），因为最富饶和最容易开采的铁矿有一天也会枯竭。

然而，当产业发展和生活资料的增长为人口增长留有余地时，人口总是增长的，人们对大多数土地产品特别是粮食的需求也会相应地按比例增长。这时，我

们已多次阐述的有关土地生产的基本法则便会发挥作用。该法则的内容是：在既定的农业技术状态下，产品的增长速度小于人口的增长速度。在其他条件不变的情况下，土地产品的生产成本会随着需求的增长而增加。

制造品不存在这种趋势，其趋势正好相反。一般而言，制造业的规模越大，生产成本越低。西尼尔先生甚至把它说成是制造业的固有法则，即制造业的生产规模越大，生产成本越低，而农业的生产规模越大，生产成本越高。但我并不认为，生产成本会随着制造业的规模变大而降低是一个法则，这是一种常见的情形，但绝不是一个必然的结论。

由于制造商所需的原材料来源于农业、矿业或土地的自然产物，因而其要素也受与农业相同的法则支配。但是，尚未加工的原料成本在全部生产成本中所占的比例很小，因而即使该项成本存在递增趋势，它也会被其他一切费用的不断减少（虽然我们无法确定这些费用会减少到什么程度）抵消而绰绰有余。

因此，制造业劳动的生产力具有不断增长的趋势，而农业和矿业劳动的生产力则存在着增长和减退这两种相互冲突的趋势，其生产成本由于生产方法的改进而减少，由于人口的增长而增加。与农产品和矿产品相比较，制造品的交换价值将随着人口的增长和产业的发展而呈现显著的必然下降趋势。货币是一种矿产品，由此而得出一条规律，即随着社会的进步，制造品的货币价格趋于下跌。现代国家的产业史，特别是过去 100 年的产业史，充分证实了这个推论。

第三节　生产改进往往会抵消农产品和矿产品在价值与生产费用上的上升趋势

农产品的绝对生产成本及比较生产成本是否增长，取决于人口增长和农业技术改进这两种具有相反作用的力量之间的冲突。从全世界来看，有些（也许是大多数）社会的农业技术和人口都是停滞的，或者增长得很慢，因而粮食的生产成本几乎保持不变。在财富正在增长的社会里，人口增长速度往往比农业技术改进的速度更快，因此，粮食价格渐趋高昂。但有时农业改进也会得到更有力的发展。在过去二三十年间，英国就是这样。在英格兰和苏格兰，最近农业技术改进的速度要比人口增长的速度快得多，因此，虽然人口也有增长，但粮食和其他农产品的生产成本仍然低于 30 年前；而《谷物法》的废除又进一步刺激了农业生产技术的改进。在其他一些国家，特别是在法国，农业技术改进速度明显地超过人口增长速度，因为它们的农业发展虽然比较缓慢（若干省份例外），但是人口增长更为缓慢，甚至越来越缓慢。人口增长之所以受到控制，不是由于贫困（它正在减轻)，而是由于对未来生活的深谋远虑。

如果我们能根据足够多的年份数据计算出不受收成影响的平均价格，我们可以相当准确地根据农产品的货币价格（假设金银块的价值不发生很大的变化）来推测，在某一特定时期，这两种具有相反作用的力量中哪一种占优势。但这几乎是不可能的，原因正如图克先生所指出的，即使在长达半个世纪的时期里，其所包含的丰年所占比例也可能比应有的比例大得多，而荒年所占比例则可能比应有的比例小。平均值具有容易使人误解的“准确”的外衣，而单纯的平均往往会诱导人们得出更加错误的结论。仅取较少年份的平均数，并根据有关收获状况的估计加以修正，相比取较长时期的平均数而不加修正，前者发生差错的危险会小一些。此外，几乎无须再说，在根据粮食牌价进行推论时，还应尽量考虑到贵金属一般交换价值的变化。①

第四节　社会进步有助于缓和价值波动

前文讨论了社会进步对商品的长期价值或平均价值以及价格的影响。接下来我们来考察，社会进步以什么方式影响它们的变动。这个问题的答案是明确的，社会进步在很大程度上有助于减少它们的波动。

在贫困和落后的社会里，例如在东方和中世纪的欧洲，公路和运河的缺乏、航海术的不完善以及交通的普遍不安全，往往阻碍各种物品从价格低廉的地方输往价格高昂的地方，以至在相隔不远的两地之间同一商品的价格可能大不相同。价值变动最大的是直接受季节影响的那些物品，尤其是很少进行长途运输的粮食。一般来说，每个地方都依赖本地和邻近地区的粮食。因而，在大多数年份，任何大国都会有这个或那个地方出现粮食短缺的现象。如果一国幅员辽阔，具有多种类型的土壤和气候，那么几乎每个季节总会有某些地区出现灾害天气。但与此同时，通常其他地区总会有风调雨顺的时候，所以全国的总产量只会偶然出现短缺情况，而且其短缺程度一般要比单个地区粮食短缺的程度更轻些。而从全世界看，粮食严重短缺则几乎从未出现过。因此，过去曾经发生饥荒的地方，现时可能只是供应不足；而过去有些地方粮食短缺而其他地方粮食过剩，现在则到处供应充足。

其他一切商品也发生了相同的变化。安全而便宜的运输，可以让一地的短缺商品由另一地的剩余商品来弥补，其高出正常价格的差额比较适度，甚至非常

① 相比较正文里所建议的做法，一个更好的办法可能是，用农产品来计算劳工工资的增减额度。

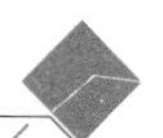

小，因而价格变动要比过去更为平缓。投机商人——他们是购买货物转卖以赚取利润的人——的大规模资本，在很大程度上促进了这种价格的平抑作用。这些商人当然在价格最低廉的时候买进各种物品，贮存起来，而在价格极高的时候将它们投放市场。这种投机买卖有助于使价格趋于一致，至少有助于减少价格的不相等。如果没有投机商人，各种物品的价格就会时而大跌、时而暴涨。

因此，投机商人在社会经济中的作用非常重要；与通常的看法相反，其中对社会最有用的投机商人，是那些对受季节变动影响的各种商品进行投机的人。如果没有谷物商人，不仅谷物价格波动幅度大很多，而且在缺乏谷物的时期，人们可能连必需的供给也得不到。如果没有人从事谷物投机，或者在没有商人的时候农场主不充当投机商人，那么在丰收季节，除了必然发生的浪费以外，谷物价格将直线下跌。能储存一年的剩余粮食以补来年之不足，这要归功于农场主没有将谷物投放市场，或者归功于商人在谷物价格最低廉的时候购买谷物并贮存起来。

第五节 投机商人（尤其是谷物商人）的影响

那些没有深入思考过这个问题的人倾向于认为，投机商人往往靠造成人为的供应不足而赚得收益；他们大量买进货物，制造高价格，并借此取得利润。我们不难证明，这种看法是错误的。如果一个谷物商人从事投机性的购买，从而使价格提高，此时或接下来除了他自己的购买活动以外不存在其他价格上涨的原因，那么毫无疑问，只要他继续购买，他的财富似乎就会增长，因为他所持有的物品的牌价会不断上涨。但是只有在他不出售物品时，他才似乎拥有这种纸面上的收益。例如，他购买了 100 万夸特粮食储存起来不投放市场，因而每夸特的价格提高 10 先令，那么当这 100 万夸特粮食运回市场时，其价格将回跌，回跌的幅度正好等于它们离开市场时上涨的幅度。这时谷物商人的最大愿望就只能是，除利息和各项费用以外他没有其他方面的损失。即使他能够逐步而谨慎地将其所贮存的一部分粮食高价出售，但他在购进粮食时，也必然以如此高的价格支付了其中一部分粮食。此外，他还得冒遭受更大损失的风险，因为暂时的价格上涨很可能诱使其他人将他们的谷物运到市场，截取一部分利益，这部分人与价格上涨的起因毫无关联，若没有这种上涨，他们根本不会进入市场。因而，投机商人不能凭借自己造成的供应不足来牟取利润，否则，很有可能他在谷物供应正常的市场上买进谷物以后，却不得不在谷物供应过多的市场上出售。

正如个别投机商人不能独自造成价格上涨而牟利，众多的投机商人也不能人为地造成价格上涨而共同获利。在这些投机商人中，有些人由于准确判断转卖时间或者运气好而获利，但他们获得这种利益不是靠损害消费者的利益，而是靠损害其他判断错误的投机商人的利益。实际上，他们将其他人投机所造成的价格上涨的利益据为己有，而将价格回跌所带来的损失留给他人。因此，不能否认的是，投机商人可以靠损害他人致富，但是靠损害其他投机商人致富。一部分投机商人的所得，就是另一部分投机商人的所失。

如果全体投机商人在某种商品的投机中获利，那只是因为，在他们购买和转卖的间隔期间，某种与他们无关但被他们预见到的原因导致价格上涨。在这种情况下，他们的购买促使价格较早开始上涨，而如果他们不购买，价格本来也会上涨。这样，他们的购买使消费者感到匮乏的时期更长，但是在价格涨到最高点时，他们的抛售却会减缓价格的波动，这显然对公众是有利的。但这里我们假设，他们没有过高估计自己所期望的价格上涨。因为投机商人之所以进行投机性购买，往往是因为他们预期需求增加或供给不足，而这种预期最终往往不会成为事实，或即使成为事实，也不会达到他们所预期的程度。如果是这种情形，那么投机不但没有平抑价格波动，反而会引起价格波动（本来价格会保持不变），甚至有可能加剧了可能发生的价格变动。这时虽然某些人可以靠投机赚上一大笔，但对全体投机商人来说，这种投机却是失败的。全体投机商人并没有从投机活动所引起的价格上涨中获利，因为价格将由于他们的购买而提高，也将由于他们的销售而以同样的程度降低。他们不但没有从中获利，反而会白费力气和钱财，而且由于人为涨价而抑制消费或意外增加供给，他们几乎总会遭受更大的损失。所以，投机商人的交易在对他们自己有利的时候，对公众也有利；虽然由于这种交易有时加剧了价格的变动（更多的时候是减少价格的变动）从而损害公众，但当发生这种情况时，损失最大的总是投机商人。简而言之，全体投机商人的利益同公众的利益是一致的；由于投机商人不为公众的利益服务就无法获利，因此提高公众利益的最好方法，是听任投机商人完全自由地追求他们自己的利益。

我不否认，投机商人会加剧某一地方的供给不足。他们在从农村收集谷物以供应城市的过程中，将粮食短缺扩散到市场中的各个角落（否则一些地方本来是不会出现短缺的）。在同一地方买进和卖出，有助于缓和当地的供给不足。在一地买进而在另一地卖出，则会加重前者的供给不足，而减轻后者的供给不足（这里的价格较高，按照我们的假设，因而很有可能是因为供给不足更为严重）。而这种痛苦总是非常冷酷地落在最贫苦的消费者身上，因为富裕的人只要愿意，只要出价更高，就可以照常获得充足的供应。因此，总的来说，从谷物商人的交易中整体受益最大的是贫民。但也有贫民利益受损的意外情形。农村贫民在冬季完全依赖谷物，因此这时谷物价格低廉对他们或许较为有利，即使谷物在春季供给不足，因为这时他们可以购得部分代用品。而在冬季他们却不能获得大量可用于

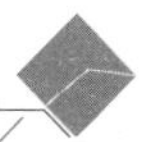

代替做面包用的谷物的代用品。假如冬季他们可以获得大量代用品，那么谷物价格在接下来的春季就会下跌，而不会像平常那样持续上涨到收获季节来临。

跟卖主和买主之间的关系一样，谷物商人和消费者之间总是存在着利害关系的对立。粮食不足的时期正是投机商人获利最多的时期，由于人们受到损失，所以这时投机商人将成为人们最厌恶和忌妒的人。不过，人们若以为谷物投机可以给他们带来巨额利润，那就错了。他们不是经常获利，而只是在特定时期获利，因而有时利润很高。但总的来说，在竞争很激烈的行业，其获利机会并不比其他行业高。谷物商人在荒年获利丰厚，但其后通常出现的价格回跌，又让他们当中许多人进入破产行列。1847 年是谷物商人获利最多的年头，可是这一年的秋天却成了投机商人破产最多的季节。这一行业经营风险很大，偶尔获得的巨额利润往往被频繁的破产抵销。如果某谷物商人在粮食短缺时的售价低于消费者竞争所确定的价格，那么他就是为了博爱或慈善事业而牺牲了他所应得的正当营利，因此，他也完全有理由要求其他谷物商人做出同样的牺牲。既然他的经营活动是有益的，那么就应当允许激励他继续经营的各种常见刺激因素存在。同时，对于这种有益于公众但伴有私人利益——这种私人利益与完全而自由的竞争和谐共存——的行业，法律或舆论都不应该设置障碍。

因此，随着社会的进步，由供给变动或实际需求（不同于投机需求）变动引起的价值和价格变动似乎会逐渐趋缓。但是我们没有把握确定，由商人错误计算特别是由信用过度膨胀和过度收缩的交替这种显著的商业现象所引起的价值和价格变动，是否会随着社会的进步而逐渐趋缓。迄今为止，随着资本的增加和产业的发展，这种始于不合理的投机而终于商业危机的变动，其次数并未减少，强度也没有减轻。相反，这种变动越来越频繁、越来越剧烈。人们常说，这是竞争不断加剧造成的。但我倾向于认为，这是低利润率和利率造成的结果，低利润率使得资本家不满足于用普通方法获取可靠的商业利润。这种低利润率与人口增长及资本积累的关系，是接下来各章所要说明的一个要点。

第三章　产业发展和人口增长对地租、利润以及工资的影响

第一节　第一种情形：人口增长，但资本保持不变

上一章考察了处于产业发展状态的社会将会发生哪些经济变化，接下来我们将考察产业发展如何影响总产品在各阶级之间的分配结果。这里所要考察的分配制度，是最为复杂的分配制度，而且实际上包括了所有其他分配制度，其中制成品在劳工和资本家这两个阶级之间进行分配，农产品则在劳工、资本家和地主这三个阶级之间进行分配。

通常所谓的产业发展（industrial progress），大体上具有以下三个特征：资本增加、人口增长和生产改进（improvement in production），其中生产改进一词应当从最为广泛的意义来理解，它不但包括生产商品方法的改进，而且包括长途贸易方法的改进。其他各种变化，基本上都是这三种变化造成的。举例来说，粮食生产成本不断增加的趋势，是由需求增加造成的，而需求的增加要么是因为人口增加，要么是因为资本和工资的增加让穷人得以提高消费。我们最好先个别地单独考察这三个原因，然后再以我们认为适当的方式考察它们相互结合在一起的情形。

我们首先假设人口增长而资本和生产技术保持不变的情形。这种变化带来了一个显而易见的后果：工资下降而劳动阶级的境况会恶化；相反，资本家的境况则得到改善。资本家用同样多的资本可以购买到更多的劳动，获得更多的产品。他的利润率将提高。由此可以证明，利润率取决于劳动费用，因为劳工得到的商品数量减少了，而根据生产商品的条件没有改变的假定，劳工得到的商品数量的减少也就意味着劳动成本的降低。不仅劳工得到的实际报酬减少了，而且劳工得到的劳动产品数量也减少了。前者关系到劳工自身的利益，后者则关系到雇主的

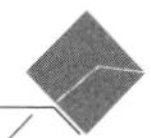

利益。

到此为止，商品的价值没有受到任何影响，因此也就没有理由认为地租会上升或下降。但是，如果进一步考察人口增加带来的一系列影响，就会观察到下面的结果。随着劳工人数的增加，他们的生活条件将相应降低，因为虽然劳工人数增加了，但他们只能得到与以前同样多的劳动产品。他们也许会限制其他享乐，但不会节省粮食，每个人消费粮食的数量同以前一样多，质量也一样好。或者虽然人们的粮食消费量有所减少，但减少的比例不及劳工人数增加的比例。基于这种假设，尽管实际工资有所降低，增加的人口仍需要更多的粮食，但是，已假定工业技术和知识保持不变，所以只能通过耕种劣质土地或采用相对于支出比例而言生产率较低的生产方法才能生产出更多的粮食。人们不会缺少扩大农业所需的资本，因为虽然根据假设现有的资本没有增加，但由于劳工不得不减少一些不那么迫切的需要，因而可以从生产这些物品的产业那里节省出足够的资本。所以，虽然人们生产出了更多的粮食，但生产成本也相应变得更高，农产品的交换价值因此必然上涨。有人也许会反驳说，既然利润上升了，生产粮食的额外成本就可以由利润来支付，这样价格完全不会上涨。毫无疑问，利润可以支付额外的成本，但实际上却不会这样做，因为如果这样做，农场主的处境就不如其他资本家了。利润的增加是工资下跌的结果，因而所有雇主的利润都会增加。粮食生产成本的增加，是不得不以较高费用耕种土地造成的，只影响到农场主。这是一种特殊的负担，不管一般利润率是高是低，农场主都必须得到相应的补偿。若其他资本家的利润不减少，农场主就不会无限制地听凭自己的利润减少。只有当投入农业的新增资本带来的利润同投资于其他产业带来的利润一样高时，农场主才会扩大耕种面积。所以，农产品的价值将按生产费用增长的比例上升。农民所承受的特殊负担因此会得到补偿，他们会与所有资本家一样，享有较高的利润率。

根据我们已经熟悉的原理，可以推断，此时地租将上升。前面已经说过，任何土地都必须支付地租，在自由竞争的条件下，其地租相当于产品超出等量资本耕种最差的土地或者在最为不利的条件下运用这种资本的回报的差额。因此，当农场主不得不耕种劣质土地或不得不采用更费工时的耕种方法时，地租就会上升。而且地租上升是双重的：首先，实物地租也即谷物地租会上升；其次，既然农产品的价值已经上升，那么用制造品或外国商品计算的地租（在其他条件不变的情况下，它用货币地租来表示）也会进一步上升。

如果在做了以上说明之后，仍有必要加以回顾，可以将上述过程的各个阶段概括如下。谷物价格上升，为的是偿付在劣质土地上耕种或采用成本更高的方法生产更多的谷物所需的资本及其普通利润。就这种增加的谷物来说，上涨的价格只不过相当于增加的费用。但是当所有谷物的价格都上涨时，价格的上升便会给所有谷物（最后生产出来的谷物除外）带来超额利润。假设某个农场主根据过去的习惯，按照每夸特40先令的价格生产100夸特小麦。现在需要生产120夸特小麦，其中最后20夸特只能按每夸特45先令的价格生产。这时该农场主就不仅仅是从最后20夸特上每夸特多获得5先令，而是从全部120夸特上每夸特多获得5先令。因此，除了普通利润外，他还可以得到25英镑超额利润。但在自由竞争状态下，他并不能把超额利润据为己有。然而，人们也不能迫使他把超额利润转让给消费者，因为若价格低于每夸特45先令，他就不会生产那最后20夸特。于是，价格会保持在每夸特45先令这一水平上，在竞争的作用下，那25英镑超额利润不是被转让给消费者，而是被转让给地主。因此，在生产条件没有改进的情况下，若农产品的需求增加，则地租必然上涨。在对这一事实做出上述最终的阐述后，下文将把它视为一种理所当然的事情。

这里引入的这一新因素——粮食需求的增加——除了使地租上升外，还会扰乱产品在资本家和劳工之间的分配。人口的增加会减少劳动的报酬，而如果劳动成本与劳动的实际报酬按同一幅度减少，那么利润便会相应增加。但如果人口的增加导致粮食产量增加，增加的粮食又必须以较高的费用来生产，那么，劳动成本与劳动的实际报酬就不会按同一幅度减少，因而利润也就不会相应地得到提高，甚至有可能没有提高。劳工的生活也许一向很好，现在他所遭受的损失只是减少其他方面的享受，但没有减少自己所吃的粮食，也不必降低自己所吃粮食的质量。为增加的人口生产粮食会使生产粮食的费用大大增加，以致工资虽然在数量上有所减少，但很可能仍代表同以前同样多的劳动成本，也可能仍是用从前同样多的劳动生产产品。根据这种假设，劳工遭受的损失部分被生产最后那份农产品所需增加的劳动吸收了，地主获得其余部分，他们总能分享到人口增加带来的好处。

第二节　第二种情形：资本增加，但人口保持不变

现在让我们把假设颠倒过来，不再假设资本保持不变但人口增长，而是假设资本增加，但人口保持不变；生产条件——不管是自然的还是人们通过努力后获得的——都仍和以前一样假定未发生变化。此时劳动的实际工资不会下降，而是会上升。既然生产劳工消费的物品的成本没有减少，工资的上升也就意味着劳动成本的相应增加和利润的减少。换言之，既然劳工人数没有增加，劳工的劳动生产力也保持不变，总产品就不会增加，增加工资就必然使资本家遭受损失。劳动成本增加的幅度大于实际劳动报酬增加的幅度，也并非不可能。劳工生活状况的

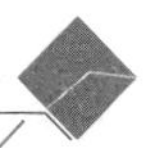

改善会增加对粮食的需求。劳工以前的生活也许非常贫困，甚至没有足够的食物，现在可能会增加粮食的消费量，或用一部分或全部增加的收入来购买更好的粮食，例如吃小麦而不吃燕麦或马铃薯，因此需要更多的劳动和土地。农业生产的扩大，通常意味着生产成本的增加，商品价格将上涨。结果，劳动成本不仅会因为劳动报酬增加而上升，而且还会因为构成劳动报酬的商品涨价而进一步上升（利润从而进一步下降）。这些因素会导致地租上升。此时，资本家的损失便会超过劳工的所得，这些损失中的一部分会被转移给地主，一部分会被在劣质土地上耕种或用生产率较低的方法耕种的成本吞噬。

第三节　第三种情形：人口和资本以相同的速度增加，但生产技术保持不变

前面考察了两种简单情形：一种是人口增长，但资本保持不变；另一种是资本增加，但人口保持不变。现在我们要考察两种增长因素结合在一起的情形，即人口和资本同时增加的情形。如果其中一个因素的增加快于另一个因素，那就与前面讨论过的那两种情形比较相似，所以我们假设它们以相同的速度增长。检验两者增长速度是否相同的方法，是看每个工人获得的商品种类和商品数量是否和以前一样。现在我们来考察这种双重增长对地租和利润的影响。

人口增长而劳工的生活状况没有恶化，当然会增加对粮食的需求。由于假设生产技术保持不变，增加的粮食必然要用更高的成本来生产。为补偿生产较多的粮食而支付的较高成本，农产品的价格必然上涨。尽管只是一部分粮食的生产成本有所上升，但价格的上涨却会覆盖到所生产出来的全部粮食，超额利润由此会大大增加，在竞争的作用下，这种超额利润会被转移到地主手中。不管是用产品数量来衡量，还是用劳动成本来衡量，地租都会上升。由于我们假定工资所包含的产品数量保持不变，此时工资所包含的劳动成本便会增加。劳工得到的必需品同以前一样多，货币工资也就必然会上涨。由于货币工资的上涨覆盖到所有生产部门，因而资本家无法通过改变经营项目来使自己得到补偿，其损失也就必然要由利润来承担。

由此可见，资本和人口增加的趋势会在牺牲利润的情况下促使地租上升，尽管地租并没有获得资本损失的全部利润，其中一部分被增加的生产成本吸收，用来雇用或养活更多的劳工以获得一定数量的农产品。当然，这里的所谓利润应当理解为利润率，因为如果资本数量增加，即便利润率降低，从绝对数量上说，利润总额也仍会增加，尽管其利润总额占总产品的比例降低了。

这种利润下降的趋势经常被生产改进抵消，不管这种改进是起因于知识的增

加还是起因于更多地利用原有知识。这就是我们正在考察的影响产品分配的前述三个因素中的第三个因素。为方便起见，同考察另外两个因素时一样，我们先研究它单独发生作用的情形。

第四节　第四种情形：生产技术进步，但人口和资本保持不变

让我们假设资本和人口保持不变，生产技术突然得到了改进。改进的原因有：发明了效率更高的机器或更加省钱的生产方法，或通过对外贸易可以得到更便宜的商品。

生产改进所涉及的产品，可以是劳动阶级日常消费的某些必需品或享乐品，也可以是专供富人消费的奢侈品。不过，产业上的那些巨大改进只有极少数完全属于后一类。除了那些只涉及珍稀产品的农业改良，其他农业改良都会直接影响劳工的主要开支项目。蒸汽机以及其他各种提供动力的发明，适用于制造所有的物品，当然也适用于制造劳工消费的物品。甚至最初只用于制造最为精美的纺织品的动力纺织机和多轴纺纱机，也同样可以用来制造劳动阶级穿着的粗糙的棉织品和毛织品。对机车的各种改良，不但会降低奢侈品的运费，而且会降低必需品的运费。每一个新行业的建立，几乎总是会直接或间接降低某些大众消费品的生产成本或输入成本。所以，我们可以很有把握地断言，生产改进通常都会降低劳动阶级所消费的商品的价格。

如果某项生产改进所影响的不是一般劳工消费的商品，那么便不会改变总产品的分配状况。的确，受到影响的那些特殊商品会降价；既然生产它们的成本降低了，它们的价值和价格也就会降低，所有那些消费它们的人——无论是地主、资本家、技术工人还是享有特权的劳工——也就会得到更多的享乐品。但利润率不会提高。按商品数量计算的利润总额固然增大了，但以这些受到改良影响的商品数量计算，资本的价值也提高了，因而资本的利润率同以前一样。资本家不是以资本家的身份而是以消费者的身份受益。地主和享有特权的劳动阶级，如果他们也消费这些商品的话，则可分享这种利益。

如果生产改进降低的是生活必需品或广大劳工日常消费的商品的生产成本，情况便会与此不同。在这里，各种不同力量的相互作用非常复杂，因而需要做较为仔细的分析。

正如前面所指出的①，农业改良可分为两种。有些农业改良仅仅节省劳动，

① 参见本书第一编第十二章第三节。

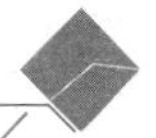

用更低的成本生产一定数量的粮食，但并不减少土地的耕种面积。另外一些农业改良则不仅可以在相同面积的土地上投入较少的劳动生产，而且还可以生产出比以前更多的产品。因而如果不需要更多的产品，就会有一部分耕地被闲置，由于被闲置的土地往往是生产力最低的土地，所以调节市场的就将是比这部分土地更好的土地。

要说明农业改良的作用，我们就必须假设这种改良是突然发生的，这意味着在这期间资本和人口没有任何增长。其作用首先是使农产品的价值和价格下跌。这是上述两种农业改良——特别是后一种农业改良——所带来的必然结果。

第一种改良既然没有增加产品，也就不会使任何土地闲置，耕种边际（margin of cultivation，查默斯博士语）就会同以前一样，农业无论从耕种面积上说还是从耕作的精细程度上说都没有萎缩，调节农产品价格的仍是之前的那些土地和资本。但是，既然这些土地或资本以及其他所有生产食物的土地或资本现在能以更低的成本生产粮食，那么粮食价格也就会相应降低。若生产成本节省了十分之一，粮食价格也就会下降十分之一。

如果农业改良是第二种，它不仅能用节省十分之一的劳动生产出与以前同样多的粮食，而且使土地能用同样多的劳动生产出比以前多十分之一的粮食。在这种情况下，改良所带来的结果更加明显。此时可以减少耕种面积，用较少的土地便可以满足市场需要。即使现在较少的土地和过去较多的土地的平均质量一样，粮食价格也会下降十分之一，因为现在用比过去少十分之一的劳动便可以生产出同样多的粮食。由于被放弃的那部分土地肥力最低，以后调节粮食价格的土地就将是比它质量好的土地，所以，生产成本除了因为生产技术的改良而降低十分之一外，还会因为农业“耕种边际”转向肥力较高的土地而进一步降低。因此，将发生双重的粮食价格的下降。

现在让我们来考察这种突然的改良对产品分配的影响，先考察对地租产生的影响。两种改良中的前一种将使地租下降，而后一种将使地租下降的幅度更大。

假设对粮食的需求要求人们耕种三种等级的土地，这三种等级的土地以相同的面积和相同的生产成本可以分别生产出 100、80 和 60 蒲式耳小麦。一般来说，小麦价格将正好使人们耕种第三级土地也能得到普通利润。所以，第一级土地将提供 40 蒲式耳的超额利润，第二级土地将提供 20 蒲式耳的超额利润，这些将构成地主的地租。首先我们假设农业改良没有使土地生产出更多的粮食，但可以用比过去节省四分之一的劳动生产出与以前同样多的粮食。这时，小麦的价格将下降四分之一，80 蒲式耳小麦的售价将与过去 60 蒲式耳小麦的售价相同。但人们仍然需要第三级土地生产的产品，由于它的生产费用与价格按同一幅度下降，所以耕种这级土地仍能带来普通利润。第一级和第二级土地也仍将分别提供 40 蒲式耳和 20 蒲式耳的超额利润，因而谷物地租仍将和以前一样。但既然谷物价格下降了四分之一，那么谷物地租所能换得的货币和所有其他商品也就减少了四分之一。由此可见，如果地主用其收入购买制造品或外国产品，那么他的生活水平便下降了四分之一。他作为地主所得到的收入减少了四分之一，只有作为谷物的消费者，他的境况才维持不变。

如果发生了第二种农业改良，则地租会以更大的幅度下降。假设现在生产市场所需要的产品数量，不仅所使用的劳动可以节省四分之一，而且所使用的土地也可以节省四分之一。如果继续耕种全部土地，生产出来的粮食就会远远超过市场需求。现在必须放弃一部分其所生产的粮食等于所需粮食的四分之一的土地。由于第三级土地生产的粮食刚好等于所需粮食的四分之一（240 蒲式耳中的 60 蒲式耳），因而这一级土地将被闲置。现在只耕种第一级和第二级便可以生产出 240 蒲式耳小麦，其中第一级土地生产 $133\frac{1}{3}$ 蒲式耳，第二级土地生产 $106\frac{2}{3}$ 蒲式耳，总计 240 蒲式耳。现在最差的土地是第二级土地，而不是第三级土地，调节粮食价格的也是第二级上地。现在要偿付资本外加普通利润，得用 $106\frac{2}{3}$ 蒲式耳而不是 60 蒲式耳。因此，小麦的价格将不像在第一种农业改良情况下那样按 60∶80 的比率下降，而是按 $60:106\frac{2}{3}$ 的比率下降。即使如此，也仍未能充分说明地租所受到的影响。现在第二级土地的全部产品都得用来偿付生产成本。第二级土地既然是最差的土地，也就不支付地租。第一级土地将只产生 $26\frac{2}{3}$ 蒲式耳的地租而不是 40 蒲式耳的地租，即 $133\frac{1}{3}$ 蒲式耳与 $106\frac{2}{3}$ 蒲式耳之间的差额。全体地主仅就谷物地租而言将损失 60 蒲式耳中的 $33\frac{1}{3}$ 蒲式耳，与此同时，所剩下的谷物的价值和价格还将按照 $60:106\frac{2}{3}$ 的比率下降。

由此可见，突然而普遍地实施农业改良无疑有损于地主的利益。人们一直认为这种观点是荒谬的，甚至极其恶劣地把最先提出这种观点的李嘉图先生称为精神变态者。我不认为这种观点是荒谬的，相反，攻击这种观点的人的思想方法有问题。这种观点只有叙述不当时，才似乎是荒唐的。如果说某个地主会因为自己的地产得到改良而遭受损失，那肯定是说不过去的。但我们只不过是说，该地主会因为其他人的地产（当然也包括这个地主本人的地产）得到改良而遭受损失。没有人会怀疑，倘若该地主能垄断农业改良，获得自有土地上产量的提高和农产品价格保持不变这两种利益，那么他就会通过农业改良获得巨大的利益。但是，

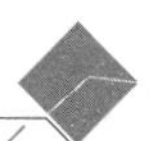

如果所有土地的产品都同时增加，粮食价格又不如以前高，那就完全有理由认为，地主将受到损失，而不是得到好处。人们都承认，不管什么因素，只要能使农产品的价格永久性下降，也就会使地租下降。而且下面这种看法也是符合常识的，即如果由于土地生产力提高，不再需要耕种那么多土地，则土地的价值就会同其他物品的价值一样，会由于需求的减少而下降。

我非常乐意承认，地租实际上并没有因为农业改良而降低。这是为什么呢？因为农业改良从来不是突然发生的，而总是缓慢发生的，而且农业改良的程度从未远远超过而常常是远远落后于资本和人口的增长。固然农业改良趋于降低地租，但资本和人口的增长却趋于提高地租。而且正如我们即将看到的，由于农业改良往往增加资本和人口的边际效应，因此大大提高地租。但我们首先必须考察农产品价格的突然降低是怎么影响利润和工资的。

最开始，货币工资可能会保持不变，因而劳工将会得到农产品价格下降的全部利益。他们可以增加粮食和其他物品的消费量，也就是说，他们可以用同样的费用购买更多的物品。到现在为止，利润并没有受到影响。但是，劳工的长期报酬实质上取决于前面所指出的他们习惯的生活水平，即取决于他们在决定要孩子以前作为一个阶级所要求达到的生活水平。如果生活状况的突然改善能对劳工的偏好和需要产生持久的影响，那么劳动阶级就会永远受益。但是，生活的改善不仅让劳工有可能用相同的工资购买比以前多的舒适品和享乐品，而且也有可能让劳工用较少的工资购买同以前一样多的舒适品和享乐品。在后一种情况下，人口便会增加，而劳工所习惯的生活水平却没有降低。迄今为止，劳工还是这样来利用增加的生活资料，他们把增加的生活资料直接转变成粮食，用来养活更多的孩子。所以农业改良很可能会使人口增加，一代人之后，劳工的实际工资就回到改良以前的水平了。实际工资之所以会下降，一方面是因为货币工资将降低，另一方面是因为粮食价格将上涨，粮食价格上涨的原因是人口增长导致需求增加，而需求的增加又使生产粮食的成本上涨。货币工资下降多少，利润就会上升多少，因为资本家不增加资本开支，就可以得到更多的效率相同的劳工。我们由此看到，如果劳工的习惯和需要没有改变和提高，那么生活费用的降低——不管是由于农业改良还是由于外国产品的输入——通常都会降低货币工资和地租，从而提高一般利润率。

前面谈的是农业改良导致食物价格下降的结果，若用较为便宜的粮食代替较昂贵的粮食，其结果也是一样。同样的土地使用同样的劳动，若种植玉米或土豆而不种植小麦，则可以为人类生产出数量更多的粮食。如果劳工不吃面包，而只吃玉米或土豆等更便宜的粮食，同时所得到的补偿不是用于增加其他物品的消费量而是提前结婚，生育更多的子女，那么劳动成本就会大大降低。如果劳动效率不降低，利润就会上升，而地租则会大幅下降，因为现在用一半或三分之一的麦地就可以生产出全体人口所需要的粮食。与此同时，显而易见的是，过于贫瘠而不能种植小麦的土地在必要的时候会用来种植土豆。生产出来的土豆足以养活生产上所必需的为数不多的劳动力，因此，同种植谷物相比，在种植土豆或玉米的制度下，土地边际产量最终将进一步下降，地租最终会进一步提高，因为土地在达到其生产能力的极限以前，可以养活更多的人口。

如果我们假设改良不是发生在粮食生产上，而是发生在劳动阶级所消费的某些制造品的生产上，则工资和利润所受到的影响最初会与上述情形相同，但地租所受到的影响则有很大差别。地租不会降低。相反，如果生产改良的最终结果是增加了人口，地租甚至会上升，在这种情况下，利润则会降低。原因是显而易见的，这里不再赘述。

第五节　第五种情形：三个要素都向前发展

前面我们一方面考察了人口和资本的正常增长会如何影响产品在地租、利润和工资之间的分配，另一方面考察了生产改进特别是农业改良对产品分配的影响。我们已经看到，人口和资本的增加会降低利润，提高地租和劳动成本；而农业改良则往往会降低地租，并且所有能降低劳工消费的物品价格的生产改良，都将降低劳动成本从而提高利润。既然已弄清了人口增长、资本增长以及农业改良各自单独所产生的影响，我们就不难确定实际的趋势，也就是它们同时起作用会产生什么影响，其中资本和人口较为稳定地增长，同时人们经常进行农业改良，新的农业知识和新的耕作方法也不断在全社会中传播开来。

在给定劳动阶级的习惯和需要（这将决定他们的实际工资）的情况下，则某一时期的地租、利润和货币工资便是上述各种竞争力量相互作用的结果。如果在某一时期农业改良的速度超过了人口增长速度，那么该时期的地租和货币工资就趋于下降，利润趋于上升。如果人口的增长速度快于农业改良速度，劳工就得降低其消费的粮食的数量或质量，否则，地租和货币工资就会不断上升，利润不断下降。

农业技术和知识的发展往往是缓慢的，其传播则更为缓慢。发明和新发现的出现极其偶然，而人口和资本却总是在不断增长。所以，哪怕是在短时期内，农业改良的速度也很少能大幅超过人口和资本的增长速度，从而降低地租并提高利润率。在许多国家，人口和资本的增长比较缓慢，但农业改良的速度甚至更慢。几乎每个国家的人口都紧跟着农业改良而增长，农业改良一产生结果，马上就被

抵消了。

农业改良之所以通常没有降低地租，是因为它通常没有降低粮食价格，而只是阻止粮食价格上涨，而且农业改良通常没有使已经耕种的土地闲置，而只是使越来越差的土地得到耕种以满足日益增长的粮食需求。人们有时谈到一个国家处于半开发的自然状态——指土地具有很高的生产力，花费很少的劳动就可以获得大量粮食，但实际上只有先进民族的未开垦殖民地才是这种情形。在美国，甚至最差的耕地也具有很高的生产力（有时邻近市场或交通线的耕地不是这样，然而这些耕地的质量被其优良的位置补偿），即便农业和运输方面不做进一步的改良，也还有很多高质量的土地可以耕种，只有这些土地一步步都耕种完毕，才会使人口和资本停止增长。但在500年前的欧洲，当时人口比现在稀少得多，但农业处于原始状态，也许那时最贫瘠的耕地与今天最贫瘠的耕地一样缺乏生产力，并接近有利可图的耕作的极限。自那时以来，农业改良所起的作用实质就是提高土地的一般生产能力，让人们可以耕种比当时资本家认为有利可图的最贫瘠的土地还要差得多的土地，从而使资本和人口有可能大幅增加，将资本和人口增加的障碍一点一点地向后推移。与此同时，人口也紧跟着增长，以致在人口和抑制人口增长的障碍之间从未留下空隙。每当农业改良把障碍向后推移一英寸，增加的人口便马上填满这一空隙。因此，我们有理由认为，农业改良并不足以构成一种抵消人口增长的力量，而只是部分地缓解了束缚人口增长的压力。

在人口和资本增加以及农业改良的共同作用下，粮食产量的增长对产品分配所产生的影响，同前面讨论过的那两种假设情形有很大差别。尤其是对地租的影响，差别最大。我们曾说过，虽然突然而普遍的大规模农业改良最初将必然降低地租，但随着社会的进步，农业改良会使地租逐渐上升到比以前高得多的水平，因为它们最终会使人们能够耕种更加贫瘠的土地。但在我们现在所假设的更接近事物实际发展进程的情形下，上述最终的结果将会立即产生。假设土地耕种已达到或接近产业技术状态所允许的极限，因而在现有的技术知识水平下，地租也已接近人口和资本的增长所能允许的最高点。此时如果突然进行大规模的农业改良，则这种改良或许能大幅降低地租。然后随着人口和资本的增长，地租又将恢复到原有水平，并进一步上升。但是，农业改良的速度实际上非常缓慢，它既不会降低地租，也不会减少耕种面积，而只会使地租不断上升、耕种面积不断扩大。这种改良甚至无须求助于耕种较贫瘠的土地，不用增加生产成本，就能使现有耕地生产出更多的产品。如果通过农业改良，土地用过去双倍的劳动和资本能生产出双倍的产量（假设人口同时增长使得对粮食的需求也增加了一倍），那么所有土地的地租也会上涨一倍。

为了说明这一点，让我们再来看一下前面所举的数字事例。三种等级的土地以相同的面积和相同的支出可以分别生产出100、80和60蒲式耳小麦。假设只是用比过去多一倍的支出，无须增加生产成本，就可以使第一级土地生产200蒲式耳，第二级土地生产160蒲式耳，第三级土地生产120蒲式耳。如果人口也增加了一倍，从而需要所有这些增加的粮食，那么，第一级土地的地租就将是80蒲式耳而不是40蒲式耳，第二级土地的地租就将是40蒲式耳而不是20蒲式耳，而每蒲式耳的价格和价值则将保持不变，因而谷物地租和货币地租都将增加一倍。不用说，如果生产技术得到改进，但人们对粮食的需求没有增加，结果将完全两样。

所以，农业改良最终给地主带来了好处，而且通常情况下以立竿见影的方式给地主带来了好处。我们还可以补充一句，以这种方式发挥作用的农业改良并没有给其他人带来好处。当粮食需求的增加与生产能力的提高完全一致时，粮食价格并不会下降。劳工甚至连暂时的好处也得不到，劳动成本不会降低，利润也不会提高。虽然总产量提高了，分配给劳工的产品增多了，总利润也增加了，但工资却要由更多的人口分享，利润也要分摊在更多的资本上。因此，没有哪个劳工的境况会比过去好，也没有哪个资本家能够以相同的资本获得更多的收入。

我们可以把上述细致的讨论所得出的结论概括如下：在由地主、资本家和劳工组成的社会中，经济进步往往使地主阶级越来越富有，而劳工的生活费用整体来说则趋于增加，利润趋于下降。农业改良是抵消后两种结果的力量。而对于第一种结果来说，农业改良虽然有时也会暂时抑制它的作用，但最终会大大加重这种结果。而且人口的增加往往会把得自农业改良的全部好处完全转给地主。在由地主、资本家和劳工组成的社会中，产业进步除了带来上述结果外，还会带来其他什么结果或者说修正上述结果的情形，我将在下一章中努力加以说明。

第四章　论利润最小化的趋势

第一节　亚当·斯密的资本竞争学说

上一章已提到过，随着社会的进步，利润会趋于下降。论述工商业问题的著述家们很早就看出了这种趋势，但是他们误解了支配利润的法则，对造成这种现象的原因抱有错误看法。亚当·斯密认为，利润取决于所谓资本的竞争，并断言，当资本增加时，这种竞争也必定会加剧，因而利润必然下降。但我们并不清楚，亚当·斯密在这里所指的究竟是哪一种竞争。他在"论资本的利润"("Profits of Stock")一章中是这样说的："当许多富商的资本投入同一行业时，他们之间的相互竞争自然会降低资本的利润；当同一社会中所有不同行业的资本都增加时，相同的竞争必然会在所有行业产生相同的结果。"① 根据这段话，我们可以如此推论：亚当·斯密认为，资本的竞争是通过降低物价而降低利润的，其作用的模式是增加对某一行业的资本投资通常会降低该行业的利润。但如果这是亚当·斯密的本意，那么他就忽略了一件事情，即如果只有一种商品跌价，那么确实会降低该商品生产者的利润；但如果所有商品都跌价，就不会产生这种作用。因为当所有商品都跌价时，实际上所有商品都没有跌价，而只是在名义上跌价。并且，如果用货币计算，每个生产者的支出也会减少，同其报酬一样。除非所有商品的价格都下降，只有劳动这种商品的价格没有下降，情况才不是这样。但如果是这种情形，工资实际上就上升了，因此降低资本利润的原因是工资的上升，而不是物价的下跌。亚当·斯密忽视的另外一件事情是，他假设资本之间由于竞争加剧而导致价格普遍下跌，这实际上是不可能发生的。物价不仅取决于卖

① 参见《国富论》第一篇第九章。

方之间的竞争，而且取决于买方之间的竞争，也就是说，不仅取决于供给，而且取决于需求。人们用来购买商品的全部货币，构成了影响货币价格的需求。只要这些货币与商品的比例不降低，价格就不会普遍下跌。因此，不管资本增加多少，也不管资本的增加能在多大程度上提高商品的产量，其中都有相当比例的资本被用来生产或进口货币，货币的数量和商品的数量都会按同一比例增长。因为如果情况不是这样，而是像亚当·斯密的理论所设想的那样，货币的购买力会不断增加，那么，那些货币的生产商或进口商就会获得持续增长的利润，就会把其他行业的劳动和资本吸引到生产或进口货币的行业。假如真的发生价格普遍下跌和货币价值普遍上升的情形，那只能使金矿趋于耗竭，导致货币的生产成本增长。

所以，那种认为资本增加会导致货币价格普遍下跌的看法，在理论上是站不住脚的。事实上随着资本的增加，并没有出现价格普遍下降的情形。如果我们能够观察到有什么物品的价格能随着社会进步而下跌，那也只有这样一些物品：这些物品的生产改进大于贵金属的生产改进，例如所有纺织品。其他物品的价格非但没有下降，反而上涨了，因为它们的生产成本相对于金银的生产成本来说有所增加。其中各种食品的价格同早期相比上涨了许多。所以，这种认为资本之间的竞争会通过降低价格而降低利润的学说，不仅在原理上是错误的，而且不符合实际情况。

但是，我们不能肯定亚当·斯密是否真的持有这种学说，因为他讨论这一问题时所使用的语言含糊不清、前后不一，这表明他并没有系统而明确的观点。他有时似乎认为，资本竞争是通过提高工资而降低利润的。在讨论新殖民地的利润率的时候，他非常接近于提出一个完整的利润理论。他说："随着殖民地的增加，资本利润会逐渐减少。在最为肥沃而且位置最好的土地都被占用以后，耕种那些肥力和位置都较差的土地就只能得到较少的利润。"假如亚当·斯密更多地思考这个问题，把他有关这个问题的各种观点加以协调和系统化，那么他可能会认识到，上述最后一点才是资本增加通常造成利润下跌的真正原因。

第二节　威克菲尔德先生的使用范围学说

威克菲尔德先生在其《亚当·斯密述评》(*Commentary on Adam Smith*)和讨论殖民政策的诸篇重要论文中，对这个问题给出了更为明确的观点，而且通过一系列实质上很正确的推理，得出了在我看来是正当而且重要的结论。但不无遗憾的是，他没有把自己的宝贵见解同前人的思想成果结合起来，也没有使这些见

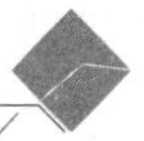

解与其他事实协调一致。查默斯博士在其“论资本的增长与限度”（“On the Increase and Limits of Capital”）一章及随后的两章中也提出了一些理论，他的思想倾向及精神与威克菲尔德先生的理论一致。虽然查默斯博士的思想表述一如既往地生动清晰，但实际上，他有关利润问题的思想要比亚当·斯密的思想更为混乱，并且更为明显地受到了那种资本竞争会降低一般价格这种经常遭人非议的看法的影响。显然，这位思想活泼而敏锐的著述家并没有把货币问题纳入他深入研究的政治经济学的范围之内。

威克菲尔德先生有关利润下降的解释可简述如下：生产不仅会受到资本和劳动数量的限制，而且会受到“使用范围”（field of employment）的限制。资本的使用范围是双重的：一个国家所拥有的土地和外国市场吸收该国制造品的能力。在有限的土地面积上，只有有限的资本能够得到使用从而获利。资本数量越接近这一限度，利润就越低；一旦达到这一限度，利润便会消失。此时要恢复利润，就得扩大资本的使用范围，其方法或者是获取肥沃的土地，或者是开辟新的国外市场，用本国资本生产的产品购买国外市场的粮食和原料。我认为，这些命题基本上是正确的，甚至对于表述这些命题的术语，我也没有反对意见，尽管这些术语更加符合一般的实际用法，而不是科学用法。在我看来，威克菲尔德先生所犯的错误是，他认为自己的学说与前述那些最优秀的政治经济学家所提出的原理是对立的，而没有认识到，他的学说实际上是那些原理的推论，尽管那些政治经济学家自己未必会承认这些推论。

据我所知，威廉·埃利斯（William Ellis）先生①发表在《威斯敏斯特评论》（*Westminster Review*）（1826 年 1 月号）上的一篇讨论机器影响的论文，对利润问题做了最为科学的论述。显然，威克菲尔德先生并不知道这篇论文，但这篇论文却在威克菲尔德先生之前得出了他的一些主要结论，虽然其论证方法并不相同。该论文之所以没有引起什么反响，部分是因为它以匿名方式发表在期刊上，部分是因为它远远超过了当时政治经济学的发展水平。按照埃利斯先生对利润问题的看法，威克菲尔德先生和查默斯博士的研究所提出的那些问题是能够得到解决的，而且解决办法符合本书所论述的政治经济学的各项原理。

第三节 决定最低利润率的因素

无论何时何地，都有一个特定的利润率，即诱使该时和该地的人民进行储蓄

① 现在埃利斯先生已是知名人物了，他利用自己的作品、金钱和人格魅力，不遗余力地宣扬普通教育改革，尤其是主张把政治经济学原理引入普通教育中。

并投入生产的最低利润率。在不同的环境中，有着不同的最低利润率。它取决于以下两个因素。一个因素是有效积累欲望的强度，即此时此地的人民以当前利益计算的未来利益的估值。这个因素主要影响储蓄倾向。另一个因素是从事产业活动的资本的安全程度，它所影响的更多的是生产上使用储蓄的倾向，而不是储蓄倾向。普遍的不安全状态无疑也会影响储蓄倾向。窖藏钱财会给其知名的主人增加危险，但同时它也是躲避危险的有力手段，因而这两种作用也许会相互抵消。然而，同守住钱财闲置不用相比，一个人若把钱投入生产或者借贷给别人使用，他所冒的风险更大。这种额外的风险与社会的普遍不安全状态成比例，也许等于20%、30%乃至50%，也许还不到1%或2%。但无论如何，这个风险存在着一个确定的比例，预期利润必须足够高，从而对此给予补偿。

即使资本不产生利润，人们也有恰当的理由储蓄一部分金钱。人们在年景好的时候会为坏年景做准备，会为年老或者患病时的生活积蓄一些钱财，会为后半生过上悠闲自足的生活或者为抚育儿女进行储蓄。从长期来看，完全以此为目的的储蓄并不能大幅增加资本数量。这些动机只是促使人们在一生中的某个时期节省一些钱财，以便在另一个时期消费，或供他们尚未自立的儿女消费。能够增加一国资本的储蓄，通常产生于人们改善自身生活状况或为儿女或为他人遗留财产的愿望。人们的自我节制的程度与持续时间将决定他们能否实现想要达到的目标，这对上述愿望的强度会产生很大影响。而人们的自我节制程度又取决于利润率。每一个国家都有一个最低的利润率，低于这个水平，人们就不会为致富或留下财产而储蓄了。因此，要想增加一国资本的积累，需要有某个利润率作为必要条件，人们通常把这一利润率看作对节欲的报酬和对所冒风险的补偿。当然，总有些人的有效积累欲望高于常人，即使利润率低于最低水平，他们也会进行储蓄。但这种情况与另外一种相反的情况相抵消，还有一些人比常人更耽于花钱和享乐，他们非但不储蓄，反而挥霍掉他们的全部所得。

前文已经说过，这种限定资本增长的最低利润率，在某些社会状态下要比在另一些社会状态下更低。这里可以补充的是，标志着当代文明的那种社会进步有降低这种最低利润率的趋势。首先，一种公认的社会进步的成果是普遍安全的增加。战争的毁灭以及个体和公众的暴力掠夺给人带来的忧虑越来越少；教育和司法取得了有目共睹的进步，而且当这方面出现失职时，政府也比以前更尊重舆论，这些因素都为防止欺诈和违规干预提供了越来越大的保证。所以，为补偿生产性投资所冒的风险而要求的利润率，现在已经低于一个世纪以前的水平，今后还会比现在更低。其次，文明进步的另一个成果是，人类已不再成为当前利益的奴隶，而越来越习惯于在遥远的未来实现自己的愿望和目标。人们比以前更加审慎远虑，人们能够在更大的程度上把握未来的必然结果，而且这也是工业生活对

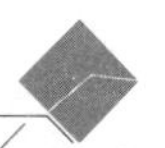

人类的感情和喜好所产生影响的结果。随着人们生活的变故日益减少，生活习惯日益固定，以及除了依靠长期坚持不懈的努力外大发横财的机会的日益稀少，人们越来越愿意牺牲眼前的享乐以实现未来的目标。人们的这种远见和自制力的提高，除了影响财富的增加外，肯定还会有其他影响，下面很快就会讨论这个问题。不过，当前的社会进步即使无助于强化人们的积累欲望，也显然有助于人们摆脱因这种欲望而受到的束缚，从而有助于降低诱使人们进行储蓄的必不可少的最低利润率。由于上述风险减少和远虑增加这两个原因，当前在英格兰，3%～4%的利润或利息便足以促使资本增长，而在缅甸或在约翰王统治时期的英格兰，则需要有30%～40%的利润或利息才能促使资本增长。在18世纪的荷兰，政府公债的利率为2%，这一利率虽然没有促使资本增长，但也没有减少资本。尽管最低利润率的变化很大，尽管无法确定某一时期的最低利润率是多少，但无论如何总是存在着最低利润率。不管这一最低利润率是高还是低，一旦达到最低利润率，资本就会暂时停止增长，于是国家也就处于政治经济学家所说的那种停滞状态（stationary state）。

第四节　富国的利润往往接近最低点

现在我们来讨论本章所要阐明的那个基本命题。如果一个国家长期以来生产规模一直很大，并拥有巨额的纯收入供人们储蓄，因而长期以来一直有能力年年大幅增加资本（但不像美国那样拥有大量尚未耕种的肥沃土地），那么该国的一个特征便是，利润率实际上总是接近最低点，因而该国总是接近停滞状态。这样讲并不意味着，欧洲各大国实际上马上就会处于停滞状态，也不是说资本没有产生足够的利润来诱使这些国家的人民储蓄和积累。我的意思是，如果资本继续按现在的速度增长，同时又不发生什么事情来使利润率趋于提高，那么要不了多长时间，利润就会降到最低限度。如果资本增长的边界不继续向前推移，为进一步增长留有新的余地，则资本增长很快就会达到其最后的边界。

在英格兰，几乎没有风险的公债的一般利率估计为3%多一点，因此其他一切投资渴望得到的利息或利润（不包括才能或努力所应得的回报）均必须大大高于这一百分比，其高出的幅度对应于资本所冒的风险程度。让我们假设，在英格兰，只要有1%的纯利润（不包括风险补偿），就足以诱使人们储蓄，而纯利润低于1%，就无法诱使人们储蓄。我认为，在这种情况下，如果资本继续像现在这样年年增加，而又不发生什么事情来抵消资本增加所造成的结果，那么过不了几年，纯利润率就会降低到1%。

要满足上述假说的条件，我们必须假设资本输往国外进行投资的过程完全中止。不再有资本输往国外建造铁路或者提供贷款；不再有移民把资本带往殖民地或其他国家；银行家或商人也不再向其国外客户提供信贷。我们还必须假设，政府不再通过抵押等手段为非生产性支出举债；不再有因企业破产而造成的资本浪费（人们把资本投入有破产危险的企业，是想获得比当前稳妥的投资利润率更高的收入）。我们必须假设，社会的全部储蓄每年都投资于本国真正的生产领域，同时假设，没有开辟新的工业投资渠道，不再有已知的先进生产方法大规模取代落后生产方法的情形。

绝大多数人都认为，要为每年新增的大量资本找到有利可图的投资渠道是非常困难的，因而他们断言，将出现所谓普遍的生产过剩现象，生产出来的商品卖不出去，或只能以赔本的价格出售。但是，我们在前面对这个问题的深入研究已经表明[①]，这并不是问题产生的真正原因。困难并不在于缺乏市场需求。如果新增资本能够被恰当地分配于各种用途，人们便会对新增资本的产品产生需求，因而这些产品绝不会比以前更难销售出去。真正的问题在于，使用新增资本必然会迅速降低利润率。

随着资本的增加，人口有可能会增长，也有可能不增长。如果人口没有增长，工资便会上升，就会有更多的资本用来向人数没有增加的劳工支付工资。既然劳动没有增加，也没有出现提高劳动效率的改进，产品的数量也就不会增加。不管资本增加多少，它所获得的总报酬都同以前一样多，因而每年的总储蓄都会从来年的利润中扣除，下一年又是如此。不用说，在这种情况下，利润很快就会降到资本不再增加的水平上。如果不能通过发明和发现或身心教育的改良提高劳动效率，如果闲散人员或非生产性劳工不转变成生产性劳工，那么远远高于人口增长速度的资本增长很快就会达到其增长的极限。

如果人口随着资本的增长而增长，并且按相同的比例增长，那么利润下降也仍然是不可避免的。人口的增长会使人们对农产品的需求也增长。在没有产业改良的情况下，这种需求只能通过以下两种方法得到满足，一是耕种更差的土地，二是对现有耕地进行更为精细的耕作。这两种方法都会提高生产成本，因而劳工的生活费用会增加，除非劳工甘心忍受生活状况的恶化，否则利润就必然会下降。在像英格兰这样的古老国家，如果我们假定国内的农业丝毫没有得到改良，同时假定外国也不为英国市场提供更多的粮食，那么利润便会非常迅速地下跌。如果这两条增加粮食供给的道路都被堵塞了，而人口继续按照据说每天增加 1 000 人的速度增长，那么在当前的知识水平下所有能被耕种的荒地很快就会被

① 参见本书第三编第十四章。

耕种完，生产成本和粮食价格将大幅提高，以致如果劳工的货币工资增加（这是补偿其增加的支出所必需的），利润很快就会降至最低限度。假如货币工资不上升，或上升幅度较小，也许可以延缓利润的下降。但通过降低劳工的生活水平所能得到的延缓时间非常有限。劳工通常无法忍受生活水平的大幅下降。如果他们能够忍受生活水平的下降，这说明他们的必要生活水平也有了提高。所以，我们大体上可以认为，在像英格兰这样的国家，如果每年的储蓄额像现在这样继续增加下去，而又不发生任何可以抵消储蓄降低利润自然趋势的事情，那么利润率便会迅速降至最低限度，资本的进一步积累就会马上停止。

第五节　商业危机往往会阻止利润降至最低点

利润率总是趋于降至最低点，而且如果没有抵消因素，会极为迅速地降至最低点。抵消因素就是，在当前的情况下能够与利润下降趋势相抗衡并阻止英国每年的巨额储蓄把利润率压至最低点的那些因素。我们可以把这些抵消因素分为以下几类。

首先，我们可以注意到一个因素，它是如此简单明了，以致一些政治经济学家，特别是西斯蒙第先生和查默斯博士，只强调这个因素，而忽视了所有其他因素。这就是在过量交易时期和疯狂投机时期以及在随之而来的商业突变（commercial revulsion）中资本往往被大量浪费。固然，此时所损失的很大一部分资本并没有被毁灭，而只是像赌徒输钱那样被转移到较为成功的投机者手中。但是，即便在这些被转移的资本中，也有很大一部分被用来以高价购买比以前更多的外国商品，从而被转移给了外国人。而且还有许多资本被完全浪费了。人们开矿，修筑铁路，架设桥梁，并兴办其他许多没有把握产生利润的工程，大量资本被耗费在了这些工程上，却没有获得回报，或者所获得的回报不足以补偿支出。人们建立起许多工厂，安装起许多机器设备，却因为超过市场需求而得不到利用。即使这些工厂和设备能够得到利用，资本也还是沉没（sink）下来。流动资本被转变成了固定资本，已不再能够影响工资或利润。除此之外，在继交易过度兴盛时期之后的停滞时期，还会有大量资本被消耗在非生产方面。在停滞时期，许多企业倒闭了，或即使不倒闭也不盈利，大量工人被解雇，各个阶层都有很多人挣不到钱，不得不靠以前的储蓄过活，危机过后，人们都或多或少地陷入了贫困境地。这些都是商业突变的后果。商业突变几乎是周期性的，而这种周期性正是由我们现在所考察的利润下降的趋势造成的。只要几年不发生危机，所积累的资本就会大幅度增加，以致投资无法再获得正常的利润。所有公债的价格均会大幅提高，而最好的商业证券的利率则会降到很低水平，工商界人士会普遍抱怨赚不到钱。难道这些不正好表明，如果不发生什么事情来抵消资本积累带来的结果，利润便会极为迅速地降至最低点，资本增长便会极为迅速地陷入停滞状态？但是，既然很难获得稳定利润，人们就会转向关注那些虽有赔本风险却可能带来较高利润的买卖。于是投机活动应运而生，它连同随后的商业危机，会消耗大量资本或使大量资本流出到国外，从而暂时提高利息和利润，为新的资本积累创造条件，由此开始同样的新一轮循环。

这无疑是阻止利润降至最低水平的一个重要原因，因为压低利润的一部分资本时常会由此而被损耗殆尽。但是，从一些著述家的用语中我们可以看出，这并不是阻止利润降至最低点的主要原因。假如这是主要原因，一国的资本就不可能增长；但在英格兰，资本却大幅度地、非常迅速地增加。这表现在，几乎所有赋税带来的收入都在日益增长，象征国家财富的一切事物均在不断发展，人口迅速增长，同时劳工的生活水平非但没有下降，而且整体上也在不断提高。这些事实证明，每一次商业危机，不管带来的灾难多么严重，都远没有把自上次危机过后至今所积累起来的全部资本损耗掉；同时也证明，人们总是能够为不断增加的资本找到或创造有利可图的投资渠道，从而阻止利润率下降到一个更低的水平。

第六节　生产改进也会阻止利润降至最低点

这就把我们的讨论导向了第二个抵消因素，即生产上的改进。生产改进显然具有威克菲尔德先生所说的那种扩大使用范围的作用，也就是说，生产改进将促使人们能够积累和使用更多的资本，而不会压低利润率。当然，生产改进要做到这一点的前提是：劳工的生活习惯没有因生产改进而改变，劳工的需要也没有因此而相应提高。如果劳动阶级获得了价格下降所带来的全部利益，换言之，如果货币工资不下降，那么利润就不会提高，利润下降趋势也不会受到阻遏。但是，如果劳工由于生活状况得到改善而使人口增长，从而致使生活状况降到以前的水平，那么利润就会上升。凡是能使劳工消费的物品变得低廉的发明，只要劳工的生活水平没有相应提高，最终就都会降低货币工资，而由于货币工资的降低，在利润回落到以前的水平之前，人们便可以积累和利用更多的资本。

那些只影响富人消费的物品的生产改进，其发挥作用的方式则不同于此。花边或丝绒价格的下跌，丝毫没有降低劳动成本的作用，因此也就不会提高利润率，不会在利润降到最低点以前为更多的资本创造投资机会。不过，这种价格下降实际上会发挥类似的作用，从而降低或有助于降低利润的最低点。首先，消费

品价格的下降有助于增加储蓄倾向，因为它让所有消费者在不改变自己习惯的生活方式的情况下都享有一笔剩余收入，而只要以前的生活不困苦，几乎无须自我克制就至少可以节省一部分收入。其次，人们如能以较少的收入生活得同以前一样好，那么谁都会愿意为较低的利润率积累资本。如果人们现在用500英镑收入就能够过上过去用1 000英镑收入所过的舒服日子，那么同希望渺茫的过去相比，人们现在就更愿意为过舒服日子而储蓄。所以，几乎所有商品的生产改进都在某种程度上有助于延缓停滞状态的到来。但是，劳工消费物品上的生产改进的延缓作用要大得多，因为这些生产改进会通过两种方式发挥作用：一方面，它们会诱使人们为较低的利润进行积累；另一方面，它们还会提高利润率本身。

第七节　进口廉价生活必需品和生产工具也会阻止利润降至最低点

从其他国家获得廉价商品，也会产生与生产改进相同的作用。必需品价格的降低，无论是源于生产改进还是外国商品，对工资和利润的影响都完全相同。只要劳工没有得到价格下降的全部利益，只要劳工习惯的生活水平没有提高，从而劳工并未享有价格下降的全部利益，那么劳动成本就会降低，利润率就会提高。只要能继续为不断增长的人口输入廉价粮食，就能遏制利润因为人口和资本增长而下降的趋势，资本积累就会持续进行下去而不会使利润越来越接近最低点。由于这一考虑，一些人认为，《谷物法》的废除为英国开辟了一个资本可以长期迅速增加而不降低利润率的新时代。

在回答这种看法是否有道理这个问题以前，我们必须说明一点：与人们通常的看法大相径庭的是，对外贸易并不一定会扩大资本的使用范围。这不仅能够为一国的产品开辟市场，而且会提高利润率。假如交换来的产品只是富人享用的奢侈品，那么资本家的支出并不会减少，利润不会上升，此时资本的增加必然会降低利润。假如停滞状态的到来得以延缓，那也只是因为一定程度的奢侈生活所需的费用减少了，从而使人们甘愿为比以前低的利润进行新的储蓄。如果说对外贸易能够在相同的利润率水平上为更多的资本创造投资机会，那是因为对外贸易使劳工能够用较少的费用得到生活必需品或习惯用品。对外贸易通过以下两种方法做到这一点：一是进口这些商品本身，二是进口生产这些商品的手段和工具。廉价的生铁对利润和劳动成本的影响，在某种程度上与廉价的谷物是一样的，因为人们可以用廉价的生铁制造出廉价的农具和廉价的纺织机器。不管是直接方式还是间接方式，如果对外贸易不能降低劳工消费的物品的价格，那么就跟不降低劳工消费的物品的发明或发现一样，既无助于提高利润，也无助于延缓利润的下降。结果是，为国外市场生产商品的情形取代了国内生产奢侈品的情形，资本的使用范围既不比以前大，也不比以前小。当然，在已经进口必需品或原料的国家，几乎没有哪种对外贸易会是这样，因为只要出口增加，该国获取各种进口商品的价格就会降低。

一个国家如果像现在的英格兰一样，允许从世界各地自由输入各种粮食、必需品以及生产必需品所需的原料，那么这个国家的利润率就不再取决于本国土地的肥力，而是取决于全世界土地的肥力。尚待探讨的是，这种资源究竟能在多大程度上长期抵消利润随资本的增加而下降的趋势。

当然，我们还必须假设，人口将随着资本的增长而增长，因为如果人口不增长，工资上升也会压低利润，哪怕粮食变得很便宜。因而我们假设，英国的人口按目前的速度不断增长，每年对进口粮食的需求都远远超过上一年。出口国只能通过大规模的农业改良或大幅增加生产粮食的资本，才能满足英国每年增加的粮食需求。改良农业的过程很可能非常缓慢，因为欧洲粮食出口国的各个农业阶级仍处于愚昧无知的状态，而英国的各殖民地和美国已采用了适合它们自身状况的大部分改良。还有一种增加粮食供给的方法，就是扩大耕种面积。这里需要指出的是，扩大耕种面积所需的大部分资本仍有待人们去创造。在波兰、俄国、匈牙利和西班牙，资本的增加是极为缓慢的。在美国，资本增长速度虽然很快，但还是赶不上人口的增长。目前美国逐年向英国增加粮食出口，主要是使用了本来用于发展制造业而每年积累的一部分资本，谷物自由贸易促使这部分资本转而被用来为英国市场生产粮食。但英国由此得到的粮食来源非常有限，除非农业发生重大的改良，否则这种供给并不能满足英国迅速增长的人口所导致的不断增长的需求。因此，如果英国的人口和资本按目前的速度增长下去，则要使二者之一的人口继续得到廉价的粮食供给，就只得输出另外一个来生产粮食。

第八节　资本输出也会阻止利润降至最低点

现在就把我们的讨论导向了最后一个抵消因素，在资本增长快于邻国从而使利润更接近最低点的国家，这个因素遏制了利润的下降趋势。最后这个因素就是资本不断地被输入殖民地或外国，寻求比国内高的利润。我认为，这是多年来阻止英国利润下降的主要原因。这一因素有双重作用。首先，它可以起到类似火灾、洪水或商业危机的作用，消除一部分增加资本，从而阻止利润下降。其次，由此而消除的资本并没有消失，主要用于创建能够生产大量廉价农产品的殖民

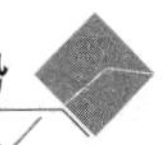

地，或用于发展并改良旧殖民地的农业。对于英国的资本输出，我们能够寄予希望的是，使廉价粮食和棉花的供给赶上英国人口的增长，从而使不断增加的资本能够在不降低利润的情况下在英国国内得到利用，以便用来生产偿付这些初级产品的工业品。由此可见，输出资本特别有助于扩大留在国内的资本的使用范围，因而可以说，在某种程度上，输出的资本愈多，能够留在国内的资本也愈多。

在那些工业更为先进且人口增长更快的国家，其利润率往往比其他国家低，那么在这些国家，在利润率达到真正的最低点以前，总是先达到一个实际的最低点。所谓实际的最低点，就是利润已下降到了大大低于其他国家的水平，以至再下降的话，进一步积累的全部资本就会流出至国外。从当前整个世界的工业发展状况来看，如果一个正在不断进步的富国需要认真对待利润最低点，那么它仅仅需要考虑的就是这种实际的最低点。只要这些资本母国的资本增加速度仍然很快，而新兴国家的利润仍然很高，那么资本母国的利润就不会降至积累停止的那一点，利润一旦跌到资本输出的那个水平，就不会再往下跌了。但是，在如英国这样的国家里，只有通过生产改进，特别是在生产劳工消费的物品方面所进行的改进，才能阻止利润率迅速降至实际最低点，并阻止进一步积累的全部资本输往殖民地或其他国家。

第五章　利润趋于最小化的各种后果

第一节　抽走资本并不一定会使国家遭受损失

上一章阐明了有关资本积累对利润的影响的理论，在很大程度上修改了从政治经济学的基本原理得出的而且早已被政治经济学的权威专家们所承认的许多实际结论。

政治经济学家素来非常重视某一事件或某一项政府措施在增加或减少一国资本方面所起的作用，但上一章阐明的理论大大削弱了这种作用，甚至可以说，在低利润国家，完全消除了这种作用。现在我们看到，如果一个国家的利润较低，则证明该国人民积累资本的欲望太强，资本增长的速度太快，以致把生产改进和增加海外廉价必需品供给这两个抵消因素抛在了后面。并且，除非周期性地消灭或输出每年增加的很大一部分资本，否则该国便会迅速达到资本停止积累的那一点，或者资本积累至少会自动放慢，从而使资本的增长不再快于生产生活必需品的技术发明。在这种情况下，如果不伴随着生产力的提高，该国资本的突然增加将只是一种短暂现象，因为资本的突然增加会压低利润和利息，结果要么会相应减少当年或第二年收入中用于储蓄的部分，要么会迫使与此等量的资本输往国外或者浪费在狂热的投机活动中。此外，如果资本的减少额并不过大，突然减少资本也不会使该国真正变穷。几个月或几年之后，该国的资本数量就会恢复到以前的水平。突然减少资本会提高利润和利息，从而会刺激人们积累资本，迅速弥补减少的资本。实际上，资本突然减少带来的结果很可能只是，在一段时间内，输出的资本将减少，用于疯狂投机活动的资本也将减少。

因此，在富裕而勤俭的国家，上述观点首先会大大削弱某个看法的说服力，这种看法反对将资本用于真正有价值的非生产事业目的的公共支出。现在，假如

有人通过举债筹集大笔资金，致力于实现慈善救济方面的某个伟大目标，例如复兴爱尔兰的产业、开拓殖民地或推广公共教育，政治家就用不着再担心抽走这么多资本会抽干国家财富的源泉或者会减少劳动人口赖以为生的资本了。实现这种目标所需的费用再高，也不会使一个劳工失业，不会使第二年少生产一尺布或一斤粮。在穷国，立法者必须悉心“照料”国家资本，必须谨防国家资本被侵占，必须尽力鼓励国内的资本积累和国外的资本输入。但在人口众多、农业高度发展的富国，所缺少的却不是资本，而是肥沃的土地，因而立法者的目标便不应该是增加储蓄总量，而是更高的储蓄回报，其方式应该是通过改进耕作方法，或通过进口世界其他地方较为肥沃的土地的产品。在这样的国家，政府可以随意取用一部分国家的资本用于公共支出，而不会影响国家的财富，因为所取用的全部资本或者来自每年会输往国外的储蓄，或者来自当年或第二年私人的非生产性支出。政府每花费 100 万英镑，都会为人们再储蓄 100 万英镑的钱，从而不致使资本外流。因此，当所要达到的目标值得花许多钱，值得让人们的日常生活享受为此做出牺牲时，若有人反对直接从资本中取用所需的资金，那么经济上唯一站得住脚的理由，便是为了偿付国债利息而课税会带来种种不便。

基于相同的考虑，我们认为下述流行观点是错误的，不值得一驳。这种观点反对通过移民来救助劳动阶级，其理由是，移民国外需要支付费用，如果带出国的资本同移民的人口一样多，那么劳工将得不到什么好处。我认为，即使就最大规模的殖民运动来说，现在也不会有人认为，有多少人移居国外，就会有多少资本被带走。哪怕接受这个并不成立的假设，认为劳动阶级得不到好处也是错误的。假如英格兰十分之一的劳工迁往殖民地，并带走国内十分之一的流动资本，那么资本和人口对肥沃土地的压力就会减轻，或者工资、或者利润、或者两者都可以从中受益。对粮食的需求会减少，较差的耕地不再被耕种，而变成牧场。较好的耕地不必精耕细作，耕种的回报会相应提高。虽然货币工资不会提高，但粮食价格会下降，每个劳工的生活状况会得到改善。如果人口没有随之增长，工资也没有随后下降，那么这种改善将是长期性的。而如果人口增长，工资随之下降，那么资本将开始增长，进而弥补所损失的资本。只有地主会在收入上遭受一些损失，但即使是地主，也只有当殖民活动真正使资本和人口减少时才会遭受损失。如果殖民活动带走的仅仅是每年新增的资本和人口，则地主也不会遭受损失。

第二节　在富裕国家，机器的广泛使用不仅对劳工无害，反而有益

依据上述原理，我们现在可以就机器和为生产目的而形成的沉没资本对劳动

阶级的当前利益和长远利益的影响得出最后的结论。这类产业改良的特征是把流动资本转变为固定资本。本书第一编①已指出，在资本积累缓慢的国家，机器的引入、土地的永久性改良等等，往往对工人非常不利，因为这方面的资本都直接取自工资基金，因此人民的生活费用和就业机会将因此而减少，每年的总产量会因此而下降。但在年积累额很大、利润较低的国家，则不用担心产生这种结果。因为在这样的国家，即使是输出资本，或者把资本用在非生产性支出上，或者把资本浪费掉，只要数额不是过大，就绝对不会减少工资基金的总额，而把流动资本转变为固定资本（固定资本仍然是生产性的），就更不会带来这种结果了。这只是使已经从一个孔流出的水换到从另一个孔流出而已，因为如果不这样做，蓄水池中的水就会更多地外流，最终导致更多的水流入。因此，尽管对铁路的巨额投资使金融市场陷于混乱，但我决不能同意这样一些人的看法，这些人担心对铁路进行巨额投资会使英国的生产性资源遭受损失。我也不同意另外一种荒谬的看法（所有熟悉这一问题的人都会认为这种看法不值得一驳），这种看法认为铁路支出只不过是资本转手，资本丝毫不会遭受损失或破坏。购买土地的资本可以说只是资本转手，因为付给代理人、律师、工程师和测量员的钱有一部分会被储蓄起来，再次变为资本。但用来修建铁路的资本，实际上却被浪费和破坏掉了；这种资本一经支出，就无法再用来支付工资和养活工人了。其结果是，耗费了大量粮食、衣物和工具，国家得到的却是一条铁路。这里所要强调的是，修建铁路的资本大都来自每年节余的资本，这部分资本如果不用来修建铁路，便会输往国外或被消费掉，因而既得不到铁路，也得不到任何其他看得见的结果。1844 年和 1845 年的铁路投机活动或许阻止了利润和利息的下跌，阻止了各种政府债券和私人债券的价格上涨，否则，很可能会出现更狂热的投机浪潮，而粮食歉收则会使得这一结果变本加厉，最终带来的危机很可能要比实际情形更为可怕。在较穷的欧洲国家，假如修建铁路不在很大程度上依靠外国资本，则铁路投机狂潮很可能会带来比英国更糟的后果。世界各国修建铁路的活动，可以被看作是对来自像英国和荷兰这样的资本充裕而利润较低的国家的剩余资本的一种争夺。英国的铁路投机活动力图把每年增加的资本保留在国内，而其他国家的铁路投机活动则极力争取英国每年增加的资本。②

由此可见，富裕国家修建铁路、建立工厂、造船、制造机器、开凿运河、采矿或修建排水灌溉工程等把流动资本转化为固定资本的做法，并不会减少总产量，也不会减少劳动就业机会。再则，这种资本转化还具有生产改进的性质，而

① 参见第一编第六章第二节。

② 无须赘言，后来的事实极其充分地证实了正文中的说法。英国的资本非但没有因为对铁路的大规模投资而减少，反而很快又多到不得不输往国外。

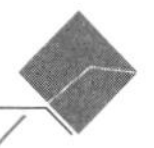

生产改进非但最终不会减少流动资本，反而是流动资本增加的必要条件，因为正是生产改进才使得一国资本不断增长，而又不必把利润率降至资本停止积累的水平。一国的固定资本增加，最终几乎总会使该国的流动资本也增加。因为所创造的固定资本只要是成功的，就几乎总是会降低劳工惯常消费的物品的价格。用于永久改良土地的全部资本会降低粮食和原料的价格；机器方面的几乎所有改进都会降低劳工衣物、住房或生产这些东西的工具的价格；运输工具如铁路的改良会降低长途贩售的消费品的价格。即使货币工资保持不变，所有这些改良也会改善劳工的处境，其所需的条件只是劳工的生殖率不提高。但退一步，即使劳工的生殖率提高而导致工资下降，至少利润也会上升，从而直接刺激资本积累，在人们有充分理由输出资本以前会给更多的资本创造投资机会。虽然有些改进没有达到降低劳工消费的物品的价格、提高利润从而把资本保留在国内的目标，但正如我们所看到的，这些改进却会降低人们最终停止储蓄的利润最低点，从而在达到静止状态以前，会给资本积累留出更大的余地。

由此可以得出如下结论：生产改进以及资本输往世界上无人居住或人烟稀少的地区用来耕种较肥沃的土地或开矿，并不像表面看起来的那样会减少国内的总产量和国内对劳动的需求，与此相反，生产改良和资本输出是国内总产量和国内劳动需求赖以增长的主要原因，甚至是这两者长期高速增长的必要条件。而且可以毫不夸张地说，在比较宽泛的意义上，像英国这样的国家用于这两方面的资本愈多，它保有的资本也就愈多。

第六章　论停滞状态

第一节　著述家们所惧怕和嫌恶的财富与人口的停滞状态

前面几章阐明了有关社会经济进步的一般理论，根据人们通常的理解，社会经济进步指资本的增长、人口的增长以及生产技术的改进。但是人们在思考任何一种本质上有限的前进运动时，往往并不仅仅满足于探索它的规律，而会不由自主地追问：这种运动的目标是什么？产业进步正在把社会引向什么样的终点？当进步停止时，人类会处于何种状况？

政治经济学家们肯定已或多或少地清楚意识到，财富的增长并不是无限的，在所谓进步状态的尽头便是停滞状态，财富增长只不过延缓了停滞状态的来临，我们每向前迈进一步，便向停滞状态走近一步。前面的论述已使我们知道，我们随时都可望见并且非常接近这一终点。而我们之所以一直没有到达终点，只是因为终点总在移动。如果生产技术不继续改进，如果资本停止从最富裕和最繁荣的国家流向尚未开垦或未得到很好开垦的地区，那么这些国家很快就会达到停滞状态。

对于最近两代政治经济学家来说，这种最终不可能避免的停滞状态，即人类工业的涓涓水流最终将不可抗拒地汇入表面静止的大海，肯定是一种令人不快甚至令人沮丧的前景。因为他们的论述总是把经济上美好的景象同进步状态联系起来，而且仅仅同进步状态联系起来。例如，麦克库洛赫先生认为，繁荣指的不是财富的大量生产与合理分配，而是财富的迅速增加；利润多少是检验繁荣的标准；由于财富增长趋势本身——亦即所谓的繁荣——具有降低利润的趋势，因而在他看来，经济进步必然趋于消灭繁荣。亚当·斯密始终认为，在停滞状态中，人民大众的生活虽然未必绝对贫困，但必然相当拮据。只有在进步状态中，人民

大众才能过上满意的生活。一些人认为，不管人们的不懈努力会把人类末日推迟多久，社会进步最终都将“搁浅而落得悲惨结局”。与很多人仍然认为的相反，这样的类似说法并不是马尔萨斯先生的罪恶发明，而是马尔萨斯先生之前的一些著名学者明确提出或默认的，只有依据马尔萨斯先生提出的原理才能予以有力的驳斥。在人们尚未把人口理论视为决定劳动报酬的主动力量时，人口增长实际上被看作一种常量。人们认为，在自然和正常的状态下，人口必然是不断增长的，由此推论：生活资料的不断增长对于全体人类的物质享受是至关重要的。马尔萨斯先生的《人口原理》的出版开辟了一个新时代，人们从此对这个问题有了较为正确的认识。尽管该书第一版有许多公认的错误，但在后来的几版中，马尔萨斯先生所做的预言却要比任何其他学者的说法都更有根据，也更让人充满希望。

在历史悠久的国家里，即使社会处在资本不断增加的状态，人们出于良知和远虑也应当对人口加以限制，防止人口增长速度超过资本增长速度，避免社会最底层人民的生活状况进一步恶化。如果全体或大多数民众不能下决心阻止生活状态的恶化（确保维持现有的舒适生活水平），那么最贫穷阶级的生活状况，即使在进步状态下，也会降到他们不得不忍受的最低点。在停滞状态下，这种决心同样能够有效维持最贫穷阶级的生活状况，而且似乎只有在停滞状态下，人们才有可能做出这种决定。的确，现在人口控制方面表现得最有远见的国家，常常是资本增加得最慢的国家。哪个国家有可能为增加的人口提供就业机会，哪个国家就不会感到有限制人口的必要性。很显然，新增加的工人获得就业的途径是取代或接替已经有工作的工人，那么人们的审慎远虑和社会舆论就会在某种程度上共同发挥作用，限制未来一代人口的增长，令其数量刚好能补充当前这一代人。

第二节　停滞状态本身并非不可取

然而，我不能以老派政治经济学家普遍表现出来的那种不加掩饰的厌恶态度来看待资本和财富的停滞状态。我倾向于相信，停滞状态整体上要比我们当前的状态好得多。一些人认为，人类生活的正常状态就是生存竞争，由相互倾轧和斗争构成的社会生活是人类的最佳命运，而绝不是产业进步中的一个糟糕阶段。坦白地说，我并不欣赏这种生活理想。这种状态也许是文明进步的必要阶段，那些至今幸运地没有经历这一阶段的欧洲国家，最终可能也逃不过这一阶段。这种状态是增长的伴随物，而不是衰落的标志，因为它不一定会使人丧失崇高志向和英雄品质，正如南北战争期间美国全体人民和许多杰出人物的行动向全世界所证明的那样，也正如人们期待英国在某个同样令人激动的考验时刻将向全世界证明的那样。但这并不是博爱主义者们努力实现的那种完美的社会状态。固然，在财富就是权力且人人都渴望发财的这个时代，发财致富的路应向一切人毫无偏袒地敞开。但就人类的本性来说，最理想的状态终究是，没有人贫穷，没有人想比别人更富有，因而谁都不必担心别人抢先而抛弃自己。

毫无疑问，在理智人士说服人们追求更美好的事物以前，与其让人们无所事事而头脑生锈，还不如让他们为发财致富而忙碌不已，就跟为战争而争斗不休那样。如果人们的头脑有点生锈，需要粗野的刺激，那就让他们接受这种刺激好了。但与此同时，有些人认为当前人类进步绝不会终止于当前的起步阶段，他们对普通政客所追求的那种经济进步（即人口和资本的单纯增长）并不那么感兴趣，我们也应当予以理解。为了国家的独立和安全，一件至关重要的事情是，一国在人口和资本的增长方面不可过多落后于邻国。但是，如果民众无法从人口增长等进步中得到好处，那么这种增长就没有什么价值。许多富人的身家增加了一倍（这除了有助于他们炫富外，并不会或基本不会增加他们的快乐），或每年有一部分中产阶级跻身富人阶级，或者一些富人从辛勤忙碌而变得游手好闲，我不认为，这一切究竟有什么值得庆贺的。只有在落后国家，增加生产仍是一个重要目标。在最先进的国家，经济上所需要的是更好地分配财产，而更为严格地限制人口增长是做到这一点的必要条件。单单依靠致力于消除差别的各项制度，无论这些制度是否公平，是做不到这一点的；它们或许能够降低社会上层人士的生活水平，但不能长久提高社会最底层民众的生活水平。

另外，我们不妨假设，通过人们的远虑及节俭动机与一套有利于公平分配财产的法律制度——这种法律制度必须确保个人享有自己的劳动成果，不管这种成果是大还是小——的共同作用来达到这种更为理想的财产分配状态。例如，我们可以设想（根据前面章节提出的建议①），制定法律来限定人们通过赠予或继承所能得到的财产不得超过维持中等自立生活所需的数额。这样，在个人动机和制度的双重影响下，社会将展现出如下主要特征：存在大量工资较高而生活富裕的劳工；除了自己本人挣得和积累的财富外，人们不拥有其他巨额财富；比现在多得多的人可以摆脱繁重的粗活乃至机械琐碎的工作，拥有充足的闲暇来培养身心两个方面的高尚的生活情操，为处在困境中的各个阶级树立生活榜样。这种比现在好得多的社会状况，不仅与停滞状态是完全相容的，而且似乎可以最为自然地与停滞状态融为一体。

毫无疑问，如果生产技术进一步改进而资本继续增长，整个世界的人口，甚至古老国家的人口就仍然有大幅增长的空间。但说实在的，即使人口增长是无害

① 参见第二编第二章第四节。

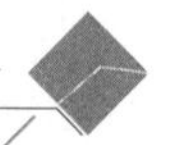

的，我也认为没有理由再让人口增长。在所有人口最为稠密的国家，人口密度都已达到了使人类能够从合作和社会交往中得到最大利益的限度。即使每个人都能得到充足的粮食和衣物供应，人口也仍然有可能过分稠密。每个人都被迫时刻与他人打交道并不是一件好事。而完全消除寂寞孤独是非常糟糕的。一个人经常独处的这种孤独状态，是人思想深刻和性格沉稳所必不可少的条件。而一个人面对大自然的美和壮丽，往往能激发他的各种思想和抱负，而具有思想和抱负不仅有利于个人，也有益于整个社会。一想到那种完全丧失了盎然生机的世界，没有人会满意：每一寸能为人类提供粮食的土地都将被耕种；每一块长满花木的荒地或天然牧场都将被翻耕；所有不能驯养的野生禽兽都将因为与人争食而被灭绝；所有的灌木篱墙或无用的树木都将被清除；所有地上的野生灌木和野花都将在农业改良的名义下被当作野草而予以铲除。如果仅仅为了使地球能养活更多的而不是更好、更幸福的人口，人们追求财富和人口的无限增长，这将消灭地球上那些带给我们快乐的许多事物。那么为了子孙后代的利益，我真诚地希望，我们的子孙最好能较早地满足于停滞状态，而不要最后被迫进入这种停滞状态。

无须赘言，资本和人口处于停滞状态，并不意味着人类的进步也处于停滞状态。各种精神文化以及道德和社会的进步，其发展前景同以前一样广阔；我们的“生活方式”（art of living）仍然还会有很大的改善空间；而且当人们不再为生存而操劳时，我们可以更好地改善自己的生活方式。人们会继续跟以前一样钻研工业技术并不断使之改进，但不同的是，工业改良不再仅仅为增加财富服务，而会产生符合其本来目的的结果，即缩短人们的劳动时间。迄今为止，我们仍然难以肯定，各种机械方面的发明是否真的减轻了人们每天繁重的劳动。这些发明使更多的人过着同样艰苦和贫困的生活，同时使更多的制造商和其他人得以发财致富，并提高了中产阶级的生活水平。但是，这些发明至今仍然没有产生其性质和发展趋势所应当具备的改变人类命运的重大变化。只有确立了符合正义的制度，并且人口增长也受到人类的审慎远虑的控制，科学发明者通过其智慧与努力而实现的对自然力量的征服，才会成为人类的共同财富，才会成为改变和提升人类命运的手段。

第七章　论劳动阶级的可能命运

第一节　依附与保护理论不再适用于现代社会状态

上一章的论述主要驳斥了一种有关人类社会的错误理想，告诫人们不要像现在这样一味强调增加生产，而应当把注意力放在改进分配和提高劳动报酬这两件迫切的事情上。只要总产量达到一个绝对或相对的水平，立法者和慈善家就应当将注意力转向别处；如何让更多的人分享总产量，成为一件更加重要的事情。而要做到这一点（不管现有国家是处于静止状态还是处于急速增长的时期），取决于人数最多的阶级——体力劳动阶级——的观念与习惯。

我在此处或别处谈及劳动阶级或者把劳动者视为一个阶级的时候，我都是遵从习惯的用法，用以描述一种现存的——但绝非必然的或永久的——社会关系状态。社会中存在某个阶级不劳而获的情况，我并不认为这是一种正义的或者可取的状态。任何人，除非他不能劳动或者之前已经挣得了足够的退休金，都应当承担人类生活中的一份必要劳动。无论如何，只要社会中存在着一个不劳动的阶级，劳动者就构成一个阶级，也可以说成是一个阶级，尽管只是临时这样说。

近年来，人们从道德和社会角度对劳动人民的状况所做的研究与讨论要比过去多得多，而且人们普遍认为，现在劳动人民的状况是不能令人满意的。在一些枝节性问题而非根本问题上，人们提出了各种各样的意见，并展开了激烈争论。从这些意见和争论中，我们可以看出，人们在对体力劳动者所应当享有的社会地位问题上存在着两种相互对立的理论。一种理论可被称为依附与保护理论，另一种理论可被称为自立（self-dependence）理论。

根据前一种理论，在所有影响到全体穷人的事情上，穷人的命运均应当由他人替他们管理，而不是由穷人自己管理（regulated for them，not by them）。不

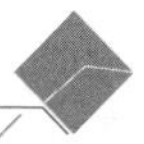

应要求或鼓励穷人独立思考，不应要求或鼓励他们对自身进行反思和展望，从而使其掌握自己的命运。该理论认为，上层阶级有义务考虑穷人的事，有义务对穷人的命运负责，就像军官应对士兵的命运负责那样。上层阶级应自觉履行该职能，他们的所有举止都应给穷人带来信赖感，使穷人被动或主动地服从于为他们制定的各种规章制度，同时在所有其他方面安心地将自己托付给上层阶级，在后者的保护下过着太平生活。根据这种理论（该理论也适用于男人和女人之间的关系），富人和穷人之间的关系应当部分是威权式的，同时应当关系融洽、合乎道德且充满感情，一方给予慈爱和保护，另一方则满怀感激之情，尊敬并服从富人。富人应当像穷人的父母教导和管束孩子那样教导和管束穷人。穷人决不可恣意妄为。他们只要每天完成自己分内的活，行止端正，诚心信教就行了。富人为穷人指出应当遵从的道德和宗教，并使他们受到应有的教育，确保他们的劳动和服从得到适当的补偿，并且照顾好他们的衣、食、住以及精神和娱乐生活。

这是那些对现状失望而缅怀过去的人，对未来所抱有的一种理想。跟其他理想一样，这种理想对那些从未有过理想的人的思想和感情产生了潜移默化的影响。跟其他理想一样，这种理想在历史上从未实现过。它诉诸我们的想象力和同情心，呼吁恢复我们祖先的美好时代。但谁也说不出在哪个时代以及在哪个国家，上层阶级履行过哪怕是与该理论所说的职能比较接近的职能。它只不过是依据这里或那里的某个人的高风亮节而形成的一种理想。所有享有特权的权势阶级，实际上一直在运用他们手中的权力来谋取私利，一直表现得很狂妄自大，鄙视而不是爱护那些他们认为堕落的、不得不为他们干活的人。我并不认为，过去怎样将来也一定怎样，也不认为，人类的进步不能消除那种由权力滋生的强烈的自私自利之心，无论如何，虽然这种弊害有可能减轻，但在权力被废除以前，这种弊害是绝不会被根除的。我认为，至少有一点是不可否认的，远在上层阶级取得进步而能以保护人的方式进行统治以前，下层阶级就会取得足够的进步，而不再需要上层阶级的统治。

我非常清楚这种理论鼓吹的社会图景所具有的魅力。虽然这种社会图景并不存在过往的事实原型，却有感情方面的渊源。这种观念的全部真实性就存在于感情中。由于人们从根本上厌恶那种完全以金钱利益为基础的关系和以感情维系的社会，因而很自然地，他们对那种充满了深厚的个人感情和无私奉献精神的社会抱有仰慕之情。应该承认，保护者和被保护者之间的关系，向来是这种感情的最丰富的源泉。一般来说，人们最强烈的依附感往往发生在那些阻挡在他们与某种可怕的祸害之间的人或事物。因此，在可以滥施暴力、危机四伏的野蛮时代（在这种时代，那些柔弱无助的人的生活处处充满了危险与痛苦），慷慨地施予保护和怀着感激之情接受保护，便是联结人与人之间关系的最强有力的纽带。基于这种关系的感情是人类最亲密的感情，所有动人的热情和柔情都聚集在这种感情的周围，一方表现出来的忠诚和另一方表现出来的侠义就是两者所坚持的最后升华为感情的原则。我无意贬损这些品质。人们的错误在于没有认识到，这些品质和感情同游牧阿拉伯人的宗族观念和好客之道一样，显然是野蛮和不完善的社会状态所特有的，在没有严重危险从而无须保护的社会里，君主和其臣民之间、富人与穷人之间、男人与女人之间，都不可能存在保护者和被保护者之间那种美好而可爱的感情。在目前的社会状态下，具有正常体力和勇气的人，有什么理由要为这种保护致以最热烈的感激之情和最恭顺的效忠之心呢？今天，只要是法律具有效力的地方，法律就总会保护人们。一般来说，现在处在他人的庇护下，非但没有像从前那样获得安全感，反而往往会遭受冤屈。一般而言，现在所谓的保护者正是人们需要加以提防的人。当今每一份有关残暴行为的治安报道所涉及的，都是丈夫欺凌妻子、父母压迫子女这样的事情。法律未能阻止这种残暴行为，法律现在只是刚刚开始尝试防止和惩处这种行为，这并不是法律本身的过错，而是立法者和执法者的奇耻大辱。拥有独立生活手段或能独立谋生的人，无论男人还是女人，所需要的只是法律所提供而且应该提供的保护。在这种情况下，如果有人仍想当然地认为那种保护关系必将永远存在，而看不到在无须保护者的情况下行使保护者的职责和权力，必将导致与忠诚相反的感情，可以说这些人太不了解人性了。

我们完全有理由认为，至少在比较先进的欧洲国家，工人不会再屈从于宗法式的或家长式的政治制度了。这样说的理由是，工人现在已经识字，能够读报纸和政论书籍；各种持不同政见的人已深入工人中间，诉诸工人的理性和感情，反对上层阶级所宣传和倡导的信仰；许多工人已聚集在同一工作场所，从事社会化的生产；铁路让工人能从这个地方迁往那个地方，可以像更换上衣那样更换老板和雇主；工人得到鼓励，通过选举来影响政治生活。总之，工人阶级已开始自己照管自己的利益，并正在不断向世人表明，他们已认识到，他们的利益与雇主的利益不一致，相互冲突。一些上层阶级人士自认为，可以通过道德教育和宗教教育来改变上述趋势，但殊不知，能进行这种教育的时代已一去不复返了。就跟读书和写字的能力一样，社会底层的人民已经掌握了宗教改革的原则，穷人已不再接受他人指定的道德和宗教。这里所谈论的主要是英国的情形，特别是英国城市以及苏格兰和英格兰北部农业最发达、工资最高的地区的情形。在南部各郡，由于农业人口比较守旧和现代化水平较低，在较长一段时间内，贵族们也许仍可设法使穷人像过去那样忠顺和服从，其手段不外乎一方面用高工资和固定职业来吸引穷人，另一方面是确保穷人有饭吃，且不要求他们做不愿做的事情。但这两个条件从未也绝不可能长久地结合在一起。实际上，只有强迫穷人工作并且至少是通过道德上的劝诫来抑制人口的过快增长，才能确保穷人有饭吃。因此，那些对

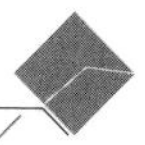

古代一无所知而想复古的人，最终将一无所获。当前迫切需要的是贯彻实施《济贫法案》，这必将彻底粉碎那种力图通过抚慰穷人重建宗法封建制度的梦想。

第二节　劳动阶级未来的幸福主要取决于他们自己的心智程度

由此可见，劳动阶级的幸福和德行应当建立在另外的基础之上。穷人们已经过了被当作孩子牵着学步的阶段，不能再把他们当孩子来管教或对待了。现在应该让穷人自己照管自己的命运。现代国家应懂得，人民的幸福取决于每个公民是否得到公正对待和是否具有自我管理能力。依附理论想剥夺各从属阶级的这种能力。今天，各从属阶级的依附性已日益减少，他们日益不满于残存的依附性，且日益感到独立的必要性。因此，在向他们建议、劝告或指导时，我们必须把他们视作地位相同的人，必须让他们了解我们的建议或劝告。劳动阶级的未来取决于他们能在多大程度上成为理性的人（rational beings）。

我们没有理由认为劳动者无法成为理性的人。的确，这方面的进展至今一直很缓慢，而且现在仍然非常缓慢。民众中间正在兴起一种自发的教育运动，若主动予以鼓励可以使这种自发的教育得到极大的促进和改进。虽然来自报纸和政治书籍的教育不是最扎实可靠的，但同根本没有教育相比，这却是极大的进步。我们可以从棉花危机期间兰开夏郡的纺织工人的表现中看到这种教育对民众的影响。在这场危机中，他们始终表现得很通情达理，富有忍耐精神，得到了应有的赞誉，原因是他们阅读了报纸，知道了造成这场灾难的原因与雇主及政府毫无关系。假如这场灾难发生在政府采取有力的财政措施扶持廉价报纸以前，那么他们的行为是不是会这样理性和值得表扬，就很难说了。辩论会、演讲会、公共问题讨论会、工会、政治鼓动，所有这些都有利于唤醒人们的公共精神（public spirit），有利于在人民群众中传播各种思想，有利于促使有识之士进行思考和反省。虽然知识水平最低的阶级过早获得选举权，非但没有促进反而会妨碍他们的进步，但毫无疑问，争取选举权的斗争极大地刺激了他们的进取心。现在工人阶级已成了公众的组成部分。他们或他们当中的部分人广泛参加有关公共事务的讨论；所有报纸的出版者都把工人阶级当作读者对象；以前中产阶级用于获取信息的途径，现在至少城镇工人也可以利用。在这种情况下，毫无疑问，工人无须任何人的帮助也能变得比以前更理智；与此同时，我们有理由认为，在政府和个人的努力下，学校教育的质量和数量都将得到很大改进，民众的精神修养（mental cultivation）和基于心智的道德品质的提高进程将更为迅速和顺利。

我们完全可以有信心地预期，工人阶级知识水平的提高会带来以下几个结果。首先，他们会比现在更不愿意受当局和上层阶级的指引和统治，更不愿意接受后者为他们指出的道路。如果说他们现在就不怀那种服从上层阶级的敬畏之心或宗教感情，那么今后会更加缺乏这种敬畏之心或宗教感情。他们将越来越不能接受依附和保护理论，并要求掌控自己的行为和生活。与此同时，在许多情况下，他们很可能会要求立法机构干预他们的事务，对有关他们的各种事情做出法律规定，尽管他们对自身利益的看法常常不够成熟。他们会要求立法机构的干预应当遵照他们的意愿和想法，不愿意看到别人指手画脚。与此相应的是，他们会尊重富有才智和知识的人士，并乐意在任何问题上听取那些他们认为是专业人士的意见。这种尊重深深植根于人性之中，但他们将自己判断谁值得尊重，谁不值得。

第三节　智力水平的提高可能有助于控制人口——主要是通过女性社会地位的独立

我虽然认为这不太可能，但随着工人阶级智力水平、知识水平和自立程度的提高，他们必然会变得更加通情达理、精明节俭，从而使人口相对于资本和就业机会的比率逐渐减小。当代最有益的一种变化趋势将极大地促成这种最令人期待的结果，这种变化趋势便是：工业大门同时向男子和女子敞开。使穷人不再依附于富人的那些原因，也同样将使女人不再依附于男人。而且从正义的角度说（当相关保护已是多余的时），法律和习惯无论如何不应迫使已能独立生活的女人依附于他人，即不应使未继承财产的女人除了为人妻或为人母外，没有其他谋生手段。女人如果愿意为人妻或为人母，那当然要遵从她们的意愿；但是，如果绝大多数女人只能在家里从事卑微的工作而没有其他选择，那就是社会正义的耻辱。我们早就应该认识到，以纯属偶然的性别为依据而赋予人们不平等的权利，并强制分配不同的社会职能，这样做所依据的种种思想和制度，是阻碍道德、社会乃至智力进步的最大障碍。在这里，我只想指出，女性社会地位的独立，很可能会大大减轻人口过剩这一弊害。人口增殖这种动物本能之所以迄今仍在人类生活中发挥过大的作用，正是由于社会中的一半人专门执行这种职能，这种职能成了一种性别的全部生活，同时又与另一种性别的几乎全部生活目标捆绑在一起。

第四节　废除雇佣关系的社会趋势

在英国现行的制度下，工人阶级势力扩大和人数增加使得他们大多数人能够

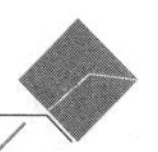

表达自己的意愿，能对政府施加限制。至于这将带来什么样的政治后果，这个问题涉及的面太宽了，此处无法讨论。不过仅就经济方面的影响来说，虽然工人阶级智力水平的提高以及公正的法律可能会使产品的分配更加有利于工人阶级，但我认为，他们不会满足于永远处在被雇用的地位。他们为了成为雇主，也许愿意先做雇工，但不会愿意一辈子做雇工。在像美国和澳大利亚这种财富和人口都在迅速增长的新兴国家，劳动者一般都是先当雇工，几年以后便独立门户，最后成为雇主。但在人口众多的古老国家里，那些一开始便当雇工的人，如果不沦为政府救济的对象，一般来说会一辈子当雇工。在目前的人类发展阶段，平等的思想正日益广泛地在穷人当中传播，要阻止它的传播是不可能的，除非完全废止出版自由，甚至是言论自由。因而可以预言，人类不会永远分为两个世袭的阶级，即雇主阶级和雇工阶级。这两个阶级之间的关系对雇工和雇主来说，都是不能令人满意的。富人认为穷人成为他们的奴仆和随从是天经地义的事情，而穷人则把富人看作是捕食对象和牧场。人们的欲望是无止境的，会得寸进尺。在雇工和雇主的相互关系中，不存在丝毫的正义或公平，两者相互指责对方。一般说来，工人阶级并不认为得到高工资就应好好干活，他们大都只想尽可能多地索取、尽可能少地回报。总有一天，雇主与雇工朝夕相处的亲密关系难以为继，因为二者的利益和感情相互对立。资本家的利益所在几乎与工人的利益所在一样，都建立在工业生产活动的基础上，他们希望为他们干活的人像独立经营者那样，对工作抱有同样的兴趣。

本书的前一编曾谈到我对小土地所有者和自耕农的看法，这或许让读者认为，广泛分散土地的所有权，是我所主张的赖以使农业劳动者免于完全沦为雇佣劳动者的方法。然而，这并不是我的初衷。我确实认为，贬低自耕农是毫无道理的，并认为，就其对人类幸福的总的效果而言，自耕农远比目前存在的各种形式的雇佣劳动者更可取。这是因为这种经济形态对人口有直接抑制作用，而且经验表明也较为有效；还因为，在英国或其他任何古老的国家，无论从社会保障和独立方面来说，还是从发挥除动物本能外的其他任何才能方面来说，自耕农的状况都远优于农业雇工的状况。在自耕农制度已经存在、其运行大体良好的地方，如果人们学究气十足，认为农业改良是一剂万能灵药，认为在人类目前的智力水平下，应废除自耕农制度从而建立另一种制度，那么我对此将深表遗憾。在像爱尔兰那样产业改良严重落后的地方，我认为与其完全采用雇佣劳动制度，还不如推行自耕农制度，因为后者比前者更能使一个民族摆脱懒惰浮躁的半开化状态，从而养成吃苦耐劳、深谋远虑的习惯。

但是，一个民族只要在制造业或农业中采用了大规模的生产制度，就不会轻易放弃它；而且只要人口与生活手段能够得到足够的保证，他们就更不应放弃它。毫无疑问，在大工业企业制度下，劳动具有更大的生产能力；即使产品的绝对数量不比过去大，相对于同等劳动所生产的产品数量也会更大，因为该制度可以用较少的劳役和较多的闲暇来养活与过去相同的人口，而生活水平不变。这是一种社会整体利益。一旦文明与社会进步发展到此种程度，整体利益也就会成为构成整体的每一个人的利益。而从这一问题的道德方面（这要比经济方面更为重要）来说，工业改良应该将追求比现在更为良好的道德状况作为自己的目标，而不是现在的这种分散状态：人类分散在地球上形成一个个独立的家族，每一个家族均由专制的家长统治，同本家族以外的其他人口几乎没有共同利益和必要的思想交流。在这种情况下，家长对其家族成员拥有绝对的统治；他因此把兴趣集中在自己的家族上，一门心思扩张家族，为本家族占有和获取更多的财产。固然，我们可以欣慰地认为，这种道德状况是摆脱单纯的动物状态而向人类状态迈出的一步，我们可以把它看作是摆脱动物本能而向深谋远虑和自我管束迈出的一步。但是，如果我们希望得到的是公共精神、宽宏大量或真正的正义和平等，那么养成这些美德的环境就不再是互不相干的利益，而是互相关联的利益。工业改良的目的并不是使人们老死不相往来，而是使人们在没有依附关系的情况下相互合作或服务。迄今为止，那些靠自己劳动而生活的人，或者是仅仅为自己劳动，或者是为雇主劳动，别无其他选择。实际上，合伙经营推动文明和改良，以及大规模生产带来效率和节约，并不一定要把生产者分为两个利益和感情相互对立的集团，其中从事劳动的大多数人仅仅是奴仆，按照资金供给者的命令干活，他们对企业发展丝毫不感兴趣，而只是盘算如何用尽可能少的劳动挣得工资。过去50年人们对这个问题的思考及讨论以及过去20年所发生的事情，已经充分证明了这一点。如果工业改良（即使是强大的军事独裁统治也只能延缓而不能阻止这种改良）继续发展下去，则毫无疑问，只有那些道德素质低下的、不适于做独立工作的人才会沦为雇佣劳动者，雇主与工人的关系将逐渐发展为合伙关系。这种合伙关系将采用以下两种形式中的一种：在某些情况下，是劳动者与资本家合伙经营；在另外一些情况下——也许所有合伙关系的最终形态，将是劳动者之间的合伙经营。

第五节　劳动者与资本家合伙经营的例子

人们早就在进行第一种形式的合伙经营了，当然只是少数例外，而不是普遍现象。各工业部门已有这样的事例：凡是对企业做出贡献——不管这种贡献是劳动还是金钱——的人，都按其贡献的大小，像合伙人那样享有企业的股权。用利

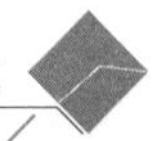

润的一定百分比奖励受到特别信赖的人，已成为惯例；这一原则有时被推广应用于体力劳动者阶级也获得了极大的成功。

长期以来，前往中国做生意的美国船只有一种习惯，那就是，每一名船员均有权享有航行的利润；据说，正是由于这一原因，这些船员一般品行都很好，而且极少同中国政府或中国人民发生冲突。英国的康沃尔矿山就是这方面的事例，只是人们对这种情形不太了解。“在康沃尔，矿山是严格按照共同经营原则开采的；矿工们与矿主的代理人签订合同，根据合同来开采某一段矿脉，然后把矿石运到市场上出售，按一定比例从销售款中得到报酬。这种合同的期限是一定的，通常为 2 个月，常年在矿山工作的人均可自愿合伙，承接合同。这种制度的缺点是：工人的收入不稳定，以致有时不得不长期靠借贷生活，但这种制度的优点足以补偿上述缺点而有余。在这种制度下，康沃尔矿山工人的智力、道德和独立精神均有所提高，从而使他们的经济状况和性格习惯都远远高于劳动阶级的一般水平。巴哈姆（Barham）博士告诉我们：‘作为一个阶级，工人们不仅聪明能干，而且富有知识。’他还说：‘他们还拥有像美国人那样的独立性格，这种制度使他们享有充分的签约自由，以致每个人都觉得自己是企业的合伙人，能以几乎平等的地位与雇主打交道。’……鉴于他们聪明能干、具有独立精神，因而我们听到以下有关他们情况的报道就不足为怪了：‘很大一部分矿工现在都租了期限为 3 代人或 90 年的土地，在上面建造住宅。康沃尔各家银行的储蓄存款总额为 281 541英镑，估计其中三分之二是矿工的存款。’”①

巴毕奇先生也介绍过这种制度。他说，捕鱼船船员的报酬也是按照同样的原则支付的；“在英格兰南海岸，捕鱼所得的利润按以下方式分配：捕获量的一半归渔船和渔网的主人，另一半在船员之间均分，但船员有义务帮助修补渔网。”巴毕奇先生的重要贡献在于，他指出把这一原则应用于制造业是可行的，也是有利的。②

大约 16 年前，巴黎的一个房屋油漆商勒克莱尔（Ledaire）先生③进行了一项性质与此相同的试验，并在 1842 年出版的一本小册子中介绍了该试验，引起了一些人的注意。根据他的叙述，他雇用大约 200 名工人，用通常的方法支付固定的工资或薪金。他自己的报酬，除了资本利息外，还有一笔固定收入，以补偿他作为经理付出的劳动和承担的责任。每年年终，剩余利润按每个人薪金的比

① 引自塞缪尔·莱因（Samuel Laing）先生的获奖论文：《论国民贫困的原因及救治方法》（“National Distress：Its Causes and Remedies”），其中单引号部分摘自《儿童就业委员会报告附录》（“Appendix to the Report of the Children’s Employment Commission”）。

② 参见《机械制造业的经济》（*Economy of Machinery and Manufactures*）第 3 版，第 26 章。

③ 其公司地址为圣·乔治大街 11 号。

例，在包括他自己在内的全体人员之间分配。[①] 勒克莱尔采用这一制度的原因很有启发意义。最初当他不满意于工人的表现时，他就提高工人的工资，期待他们能卖力干活，或者不轻易辞职另找工作。"他希望这样做能够稳定企业的业务，从而不再那么劳心费神，但结果却令他很失望。只有当他能够亲躬每一件事，从营业方案到所有的细枝末节，他才能略感放心；而一旦由于营业额增加，他只能发布命令和听取汇报而无暇他顾时，从前那些让人烦恼和不愉快的事便又发生了"[转自《议院杂志》(*Chambers' Journal*) 刊载的勒克莱尔的小册子里的摘录[②]]。他认为其他事情都不那么重要，但把工人不努力工作造成的损失称作困扰实业家的心病。雇主"会发现有这样的工人，他们如此不关心雇主的利益以致完成的工作量还不及所能完成的三分之二；雇主因此而陷入无尽烦恼。眼看自己的利益被忽视，他不能不认为，工人在合谋使养活他们的雇主破产。假如雇工的工作有保障，那么他的处境在某些方面将比雇主还令人羡慕，因为无论他干多干少，他每天总会得到一定数额的工资。他不承担任何风险，除了责任感之外，没有任何其他动力来促使他尽最大努力工作。同时，雇主的收入则在很大程度上取决于运气，而且雇主还有许多烦恼和忧虑。如果有某种共同的纽带，例如年度分红计划，可以将雇主和工人的利益连接起来，情况就会完全两样了。"

在全面展开的第一年，勒克莱尔的试验就取得了很大成功。那一年，他的雇工凡是工作够 300 天的，每个人的收入都不少于 1 500 法郎，而且有些雇工的收入远远高于这个数目。勒克莱尔规定的最高日工资率为 4 法郎，换句话说，工作 300 天应挣得 1 200 法郎，因而剩下的那 300 法郎或 12 英镑为工作够 300 天的雇工分得的最低剩余利润。勒克莱尔先生生动地描述了他的工人在习惯和品行方面所取得的进步，这种进步不仅表现在工作时间和与雇主的关系上，而且表现在其他时间和与其他人的关系上，他们更尊重他人和自己了。希瓦利埃 (Chevalier) 先生在 1848 年出版的一本著作[③]中援引勒克莱尔先生的话说，仅仅从金钱的意义上说，工人干劲的增加也完全补偿了勒克莱尔先生为工人放弃的利润。1857 年，维利奥梅 (Villiaume) 先生[④]说："他所从事的行业中欺诈行为很普遍，而他却从不搞欺诈。但他却总是能够在竞争中立足并获得可观的收入，虽然他放弃了很大一笔利润。他之所以能做到这一点，全靠他的工人所发挥的主动精神和相

① 不过，勒克莱尔先生似乎只是允许他所雇用的工人总数的一部分（远不及半数）分享利润。这可以用他的制度的另一部分来说明。勒克莱尔先生按充足的市场工资率支付所有工人的报酬。因而很显然，他允许工人分享的那部分利润，是高于工人阶级正常收入的增加额。他用这一增加额来奖励表现好的工人和受到特别信赖的工人，以此来促进企业的发展，这一做法很值得称赞。

② 参见 1845 年 9 月 27 日出版的该杂志。

③ 参见《关于劳动组织的通信》(*Lettres sur l'Organisation du Travail*)，第 14 封信。

④ 参见《政治经济学新论》(*Nouveau Traité d'Economie Politique*)。

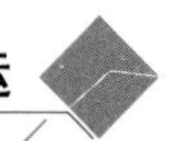

互监督机制，这补偿了他因为在利润方面所做出的部分牺牲。”①

一些巴黎大雇主竞相仿效勒克莱尔先生的做法，也都取得了很大的成功；我可以从上面提到的《政治经济学新论》（该书是法国当代政治经济学家所写的许多优秀政治经济学著作中最优秀的一本）中摘出几个突出的例子，来说明这种令人钦佩的方法在经济利益和道德方面所带来的提升。②

---

① 目前（1865年），勒克莱尔先生的企业的经营方式发生了一定的改变，不过仍保留了分红原则。现在该企业有3个合伙人：勒克莱尔先生本人、另一个人［德富尔诺（Defournaux）先生］和一个完全由企业雇员组成的互助会（Provident Society）。该互助会拥有一座像样的图书馆，并定期举办科学技术等方面的报告会。3个合伙人各向企业投资10 000法郎，勒克莱尔先生提供了互助会所缺的资金。互助会承担有限责任，勒克莱尔先生和德富尔诺先生则承担无限责任。勒克莱尔先生和德富尔诺先生每年各得到6 000法郎（合240英镑）作为监督管理的工资。虽然他们拥有该企业三分之二的资本，但他们只获取每年利润总额的一半。剩下的一半归职员和工人所有；其中五分之二归互助会，五分之三在全体职工中间分配。不过，勒克莱尔先生现在保留决定谁可以分享利润以及分享份额的权利；而他要承担的义务则是，不得为自己保留利润，未分配完的利润归互助会所有。而且进一步规定，一旦这两个合伙人退休，则该企业的信誉和设备将无偿成为互助会的财产。

② 1847年3月，巴黎一家印刷所的老板保罗·杜邦（Paul Dupont）先生决定把利润的十分之一分给工人，使他们成为合伙人。他通常雇用300名工人，其中200人领取计件工资，100人领取日工资。他还雇用100名临时工，这些临时工不属于企业的合伙人。工人平均拿到手的利润还不到两个星期的工资额，但他们还按巴黎所有大印刷所的正常工资率领取工资。而且还享有这样的优待，即看病的医药费由企业支付，病休期间每天仍可领到1.5法郎的工资。除非离开该企业，否则工人不得抽走自己的那份利润。这份利润用于有息存款（有时投资于公债），是其企业所有者的储蓄存款的积累。

“杜邦先生及其合伙人发现，实行这种合伙制后，他们的利润有很大增加；而工人也对这个好主意非常称意。由于工人们的努力，该企业1849年获得了一枚金质奖章，在1855年的万国博览会上获得了一枚荣誉奖章。还有工人由于自己的发明和劳动甚至得到了个人奖励。如果这些优秀的工人在一般的雇主手下干活，那么他们是不会有空闲来搞发明的，除非他们甘愿把全部荣誉拱手让给没有参与发明的人；但在这种合伙制下，倘若雇主的做法有失公平，只要有三分之二的工人即200名工人反对，雇主就不得不改正自己的错误。

“我参观过这个企业，得以亲眼看见这种合伙经营方法给工人的品行和习惯所带来的变化。

“巴黎警察局前局长吉斯孟（Gisquet）先生长期以来一直是丹尼斯一家炼油厂的老板，该炼油厂仅次于达尔布莱（Darblay）先生的设在科贝尔的炼油厂，是法国第二大炼油厂。1848年，他开始亲自管理这座工厂时发现，有些工人一个星期总有几天喝醉酒，上班时有些工人唱歌、抽烟，甚至吵架。为改变这种状况，他想过各种方法，但都没有奏效，最后还是采用以下方法取得了成效，即禁止工人在工作日酗酒，否则将其解雇，同时他保证每年拿出5%的纯利润作为年度奖金与工人分享，每个工人根据其工资得到相应的份额，而工人的工资是按现行工资率支付的。采用该方法后，一切便都发生了变化，工人充满了干劲和献身精神。戒酒节省下来的钱和按时上班增加的收入，改善了工人们的生活。年度奖金平均相当于工人6个星期的工资。

“贝斯雷（Beslay）先生1830—1839年任众议院议员，后来成为制宪会议的成员，他在巴黎的唐普尔区创建了一座规模很大的蒸汽机工厂。该工厂建立之初，他就同工人订立了合伙经营的契约，该契约堪称雇主和工人之间签订的最完善的契约之一。”

据最近去过马尼拉的一个人说，精明能干的中国移民早就采用了与此类似的办法。“在马尼拉的中国人开设的店铺里，店主通常能使他雇用的本国同胞竭力干活，因为他把企业的利润分配给他们，也就是说，使工人都成为企业的小合伙人。当然，利润最大的份额留给自己。在这种情况下，工人卖力工作，既给店主带来了好处，又给他们自己也带来了好处。该原则贯彻实施到如此程度，以致通常的苦力的报酬并不是支付固定工资，而是也让他们分享企业的利润。这种做法似乎很适合他们；如果说他们在雇主监视下拿固定工资时工作也卖力，那么他们为利润干活时，就是最勤劳、最能干的工人了，即使是为了一丁点利润，他们也会竭尽全力去做。”参见麦米金：《回忆1848年、1849年和1850年在马尼拉和菲律宾群岛的日子》（*Recollections of Manilla and the Philippines during 1848, 1849, and 1850*），第24页。

在《有限责任法》("Limited Liability Act")通过以前，人们认为像勒克莱尔先生那样的做法在英国行不通，因为根据以前的法律，工人如果不为亏损承担责任，是不能分享利润的。《有限责任法》的通过是立法方面的一大进步，它带来的一个好处就是使上述合伙经营成为可能，而现在可以真正采用合伙经营方法了。布里格斯兄弟公司已迈出了第一步，该公司经营在约克郡的诺曼顿（Normanton）附近的惠特伍德（Whitwood）和梅思莱（Methley）两座煤矿。公司三分之二的资本仍由布里格斯兄弟自己掌握，但剩下的三分之一资本将分成小股，优先让"本企业的管理层和工人"认购；更重要的是，只要年利润超过10%，超过部分的一半就将在职工中间分配，不管是不是股东，凡该企业的职工都有权按其工资的比例分享这部分利润。这些大雇主的做法令人尊敬，他们所创造的这种制度既有利于所雇用的职工，也有利于社会进步。这些雇主对这种模式充满了信心。他们说："可以肯定的是，采用这里所推荐的分红方法将大大增加企业成功的因素，股东的红利不但没有减少，反而会增加"。

第六节　劳动者自己合伙经营的例子

不难预料，如果人类不断进步，最终占统治地位的合伙经营方式，将不是作为主人的资本家和没有管理权的工人之间的合伙经营，而是劳动者自己在平等基础之上的合伙经营，即工人共同拥有企业的资本，共同选举产生经理并有权罢免。只要这种想法还只停留在理论上，停留在欧文或路易·布朗（Louis Blanc）的著作中，一般人会认为，除非为劳动者夺取并没收现有的资本，否则这一想法是不可能实现的。人民大众确实具有勤奋工作和自我克制的能力，但除非受到某种伟大思想或高尚情感的召唤，否则他们的这种能力无法显露出来。1848年的法国革命就是这样的一种召唤。当时，法国工人阶级中的优秀分子第一次感到，他们建立了一个政府，这个政府真诚尊重大多数人的自由和尊严，不再认为工人替资本家干活、充当资本家的生产工具是天经地义的和合法的。受到这种情形的鼓励，社会主义学者宣传的通过合伙经营来解放劳动的思想便发扬光大并开花结果了。许多工人决心不再为店主或工厂老板干活，而是为他们自己干活，同时决心付出任何劳动或忍受任何困苦，使自己不再为使用资本支付高昂代价；他们决心克服这种困难，其方法不是剥夺资本家或其祖辈通过劳动和节约获得的资本，而是用正当手段挣取自己的资本。如果只有少数工人试图完成这一艰巨任务，或者虽然有许多人这样尝试，但只有少数人取得成功，那就不应把这种制度看作一种永久性的工业组织形式。这里暂且不谈失败的事例，仅仅在巴黎，现在或不久

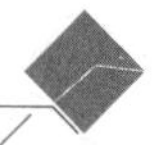

前就有100多家兴旺发达的工人合伙企业，外省也有不少这类企业。弗居里(Feugueray) 出版了一本名为《制造业和农业方面的工人合伙企业》(*L'Association Ouvrière Industrielle et Agricole*) 的书，该书简略地介绍了这类企业的历史及其经营方法，很有启发意义。英国的报纸经常报道说，巴黎的工人合伙企业都已经破产。这些报道者似乎是把这类企业刚成立时其敌人的预言当成事实，因而我认为应该摘引弗居里先生的著作来说明事情的真相。事实上，英国报纸上的报道与真实情况大相径庭，而且真实情况正好相反。

大多数这类合伙企业的资本，最初只是创建者拥有的几件工具，以及他们能够凑集的或从与他们一样贫穷的工人那里借得的微薄资金。不过，有时共和国政府也向它们提供贷款，但一般而言，获得这种借款的合伙企业（或至少是成功以前获得借款的企业），往往并没有成为最兴旺发达的企业。干得最出色的是这样一些工人，他们除了自己的微薄资金和来自工人兄弟的少量借款外一无所有，生活极为贫苦，从而把节约下来的资金全部用于积累。弗居里先生说："企业资金非常紧张，经常发不出工资。有时货物销不出去或欠款收不回来，票据不能贴现，材料也买不了；他们只能过着极其困苦的日子，尽量削减一切开支，有时仅仅靠面包和凉水维持生存……正是在这种艰难困顿的煎熬下，这些创业时只有一双空拳与良好愿望的工人，终于招来了顾客，获得了信用，渐渐积累了自己的资本，并建立起了前景向好的合伙企业。"①

下面详细引述了一个合伙企业的辉煌历史②：

> 该行业的业内人都非常清楚，建立一座钢琴制造厂需要的资本颇为高昂。1848年数百名工人合伙预备成立一个大企业，他们选出代表，并请求政府提供30万法郎（12 000英镑）的资助，这占国民议会所能够批准的资助金总额的十分之一。当时我是分配该项资金的委员会的一名成员，记得我曾白白给他们讲了两个小时，指出他们的要求是做不到的。但他们非常固执，坚持认为他们的行业很特殊，只有投入大量资本，才有可能成功。而30万法郎刚能满足要求，一分钱也不能少给。委员会当然拒绝了他们的申请。
>
> 申请遭到拒绝后，这个建立大企业的想法也就落空了。但有14个工人决心自己成立一个制造钢琴的合伙企业，令人惊讶的是，其中竟包括那两个代表中的一个。对于这些自己没钱也借不到钱的人来说，这样做风险很大，但他们的信仰非常坚定，完全不顾及这些方面的风险。

① 参见《制造业和农业方面的工人合伙企业》，第112页。

② 同上书，第113～116页。

这 14 个人就这样起步。下面我引述科肖（Cochut）先生在《民族日报》（*National*）上发表的一篇精彩文章，来说明他们最初是怎样做的。对于这篇报道内容的准确性，我可以担保。

有几个从前单干的人，带来了一些价值约 2 000 法郎（合 80 英镑）的工具和原料。但还不够，还需要一笔流动资本。每个人好不容易各拿出了 10 法郎（8 先令）。还有一些未加入该企业的工人为表示支持也捐了一些钱。截至 1849 年 3 月 10 日，他们共筹集到 229.5 法郎（合 9 英镑 3 先令 7.5 便士），于是该企业宣告成立。

这笔钱少得连维持正常运营，支付一个车间的日常开支都不够。企业压根没有多余的钱开工资，所以他们在将近两个月的时间里身无分文。在这期间他们是怎样生活的呢？他们跟失业工人一样，靠分享在业工人的收入生活，或靠一点一点地典卖自己的少量财物维持生计。

他们终于完成了几个订单，并在 5 月 4 日那天收到货款。这对他们来说简直是打了一场大胜仗，于是决心庆祝一下。付清所有到期的账单后，每个人还可以分得 6 法郎 61 生丁。他们一致同意，每个人只领 5 法郎（4 先令）作为工资，余款用来搞一次聚餐。14 个股东大都一年没有喝酒了，那天他们带着妻儿一同参加了聚餐。每家花了 32 个苏*（1 先令 4 便士）。直到现在，他们谈到那一天时仍然非常激动，听者也很受感染。

在接下来的这个月里，他们每人每星期可以赚得 5 法郎。6 月，一个面包店老板不知是因为喜爱音乐还是为了投机，提出要购买 1 架钢琴，货款不用钱支付而是用价值 480 法郎的面包支付。这对该企业的合伙人来说真是一个福音，总算有了填饱肚皮的食物。他们决定不把面包算在工资内。每个人——或更确切地说是每个家庭——能吃多少就吃多少，因为已结婚的股东可免费带面包回家给妻儿吃。

慢慢地，这个由优秀工人组成的合伙企业逐渐克服了其创立时遇到的各种困难。该企业的账簿充分表明，他们所制作的钢琴日益赢得了买主的信赖。从 1849 年 8 月开始，每个合伙人的每周报酬逐步上升，先是 10 法郎，后来是 15 法郎，再后来是 20 法郎；即使是每人每周分得 20 法郎，他们也没有把赚得的全部利润分光，每个合伙人积累在共同资本中的利润要比分得的利润多得多。的确，我们不能用合伙人每周得到的报酬衡量他们的实际状况，而只能用他在该企业不断增大的资本总额中所占的份额来衡量。下表是该企业 1850 年 12 月 30 日清查库存时的情况。

* 苏是法国中世纪货币单位。——译者注

	法郎	生丁
工具计值	5 922	60
货物特别是原料计值	22 972	28
手头现金	1 021	10
待收票据	3 540	0
赊卖款①	5 861	90
资产合计	39 317	88
欠款仅为 4 737 法郎 86 生丁，欠 80 个赞助人 1 650 法郎②，负债合计	6 387	86
余额	32 930	2

当时股东为 32 人。用 2 000 法郎租得的宽敞的车间和库房已不够用。这便是他们的共同资本，也是该企业每个成员的准备金。当时该企业正在制作 76 架钢琴，此外还有一些尚未执行的订单。

通过后来的一篇报道我们得知，该企业后来分成了两个独立的合伙企业，其中一个 1854 年已拥有 56 000 法郎（合 2 240 英镑）流动资本。③ 1863 年，其资本总额为 6 520 英镑。

---

① 最后两项由可靠的有价证券构成，后来几乎全部兑现。

② 这些赞助者都是该行业的工人，他们在该企业成立时捐助了小笔款项，其中一部分已于 1851 年初偿还。欠贷款者的钱大部分也已偿还，4 月 23 日尚未偿还的金额只剩下 113 法郎 59 生丁。

③ 引自谢比利兹（Cherbuliëz）发表在《经济学杂志》1860 年 11 月号的文章《工人合伙企业》（“Les Associations Ouvrières”）。

其他一些联合起来的工人也有成功的试验，下面引录的是维利奥梅先生和谢比利兹先生所详细阐述的一些成功企业的细节。

以下引自谢比利兹先生的著述：

我们首先要讲的是雷奎创办的合伙企业，它达到创办目标且取得了一定成果。该企业设在巴黎的格朗西尔大街，雷奎 1848 年曾在雷诺尔先生的印刷厂担任工头。当时雷诺尔先生的印刷厂濒临倒闭，于是雷奎向该厂的工人提议，由工人自己来继续办这个工厂，向政府申请贷款，用来购买这座工厂并支付最初的费用。15 名工人接受了这一建议，成立了该合伙企业，其企业章程规定了各类工作的工资，并规定要扣除每个人工资或薪金的 25%，从而逐渐形成一笔流动资本；扣除部分在该企业预定存在的 10 年中，不支付股息或利息。雷奎提出由他来负责全面管理该企业，并且他只领取不高的固定工资。工人们同意了他的请求。企业解散时，全部利润将按每个人所拥有的资本份额，也就是按每个人所做的工作，在全体职工中分配。经过艰苦努力，他们获得了 80 000 法郎的政府贷款，但借款条件很苛刻。尽管借款条件苛刻，并且在当时法国的政治形势下经济环境不利，但该企业却办得兴旺发达，以致到解散时，偿还政府贷款后，仍净剩 155 000 法郎（合 6 200 英镑），每个合伙人平均分得了 10 000～11 000 法郎，最少的分得了 7 000 法郎，最多的分得了 18 000 法郎。

1848 年 3 月，“锡器工人和烛器工人兄弟会”宣告成立，有 500 名工人加入，几乎包括了该行业的所有工人。创办企业的初衷是出于工人们不切实际的幻想，该企业当年 6 月便破产了。接着重新成立了一个较小的企业，最初有 40 名成员，1849 年开业，资本是该企业的成员认缴的，没有向政府申请贷款。该企业经历了种种变迁，合伙人先是减至 3 人，后来增至 14 人，再后来又降至 3 人，最后才稳定在 46 人。他们默默地修改了企业章程中那些已被经验证明有缺陷的条款，合伙人的数目一步一步地增加到了 100 人，1858 年他们拥有 50 000 法郎共同财产，每年可以分配 20 000 法郎。

这些合伙企业在其起步阶段表现出了许多令人钦佩的品质，这些品质在后来日益繁荣的时候仍然得以保持下来。它们的规章制度不但不比一般企业宽松，反而更加严格；但由于是工人们自己为了他们的共同利益而制定的，而不是由利益

所有这类组织中历史最悠久的是“宝石工人协会”。1831 年，8 名工人拿出自己的储蓄来创立该协会，当时拥有 200 法郎（合 8 英镑）资本。1849 年，该协会得到 24 000 法郎补助金，从而大大扩大了其业务。到 1858 年，该协会已拥有 140 000 法郎，每年分给每个合伙人的红利相当于工资的两倍。

以下引自维利奥梅先生的著述：

> 1848 年 6 月起义之后，圣安东尼区的工人都失业了。我们知道，居住在圣安东尼区的主要是制作家具的工人。几个制作扶手椅的工人呼吁家具制造工人联合起来。该行业的六七百名工人中有 400 名工人表示愿意联合。但由于缺少资本，后来还是由最热心的 9 名工人倾其所有先建立了一个合伙企业，当时拥有价值 369 法郎的工具以及 135 法郎 20 生丁的现金。
>
> 由于他们讲信用，诚实可靠，按时交活，因而业务日渐增长，会员很快就增加到了 108 人。他们从国家那里得到 25 000 法郎垫款，利率为 3.75%，分 14 年偿清。
>
> 1857 年合伙人为 65 名，准合伙人为 100 名。所有合伙人均有选举权，由他们选举产生由 1～8 名成员组成的理事会和 1 个经理，经理的名字将作为该企业的名称。工头由经理和理事会选派，负责所有工作的分配和监督。每 20 名或 25 名工人设一工头。
>
> 工资实行计件制，工资率由理事会决定。根据每个人的干劲和能力的不同，工人每天可以拿到从 3 法郎到 7 法郎不等的工资。平均双周工资为 50 法郎（合 2 英镑），没有哪个人的双周工资远远低于 40 法郎，但有许多工人能挣得 80 法郎。一些雕刻工和模型工甚至能挣得 100 法郎，也就是说，每月能挣得 200 法郎（合 8 英镑）。每个工人半个月要干 120 小时工作，即每天干 10 小时工作。根据规定，对于工作时间不够这一数目的怠工者，30 小时之内，每小时罚款 10 生丁（合 1 便士），超过 30 小时，每小时罚款 15 生丁（合 1.5 便士）。制定这一规定的目的，是防止由于星期天过于劳累而在星期一不好好干活，这一规定是奏效的。最近两年，该企业的成员表现得非常好，以致罚款制度已废止了。
>
> 该合伙企业设在圣安东尼区圣约瑟夫街夏沃胡同的车间，创立时只有 359 法郎资本，但到 1851 年时已拥有 5 713 法郎资本，该协会的资产，包括应收账款在内，已达到 24 000 法郎。自那时以来，该企业愈来愈兴旺发达，挫败了一切想要阻止其发展的企图。在巴黎，它已成为该行业规模最大、最重要的企业。其年营业额为 400 000 法郎。

据维利奥梅先生说，1855 年 12 月，该协会财产目录上的净资产为 100 398 法郎，但他说，该协会实际上拥有 123 000 法郎。

然而，最重要的合伙企业还是“泥瓦工合伙企业”。泥瓦工合伙企业创立于 1848 年 8 月 10 日，设在圣维克托大街 155 号。有正式会员 85 人，准会员 300～400 人。设有两个经理，一个管建筑，一个管财务。这两个人被认为是巴黎最能干、技术最好的泥瓦工，但他们愿意拿低工资。最近，该协会在巴黎承建了三四座非常雄伟的大楼。虽然该企业的要价比一般承包者的要价低，但由于它允许客户长期赊款，因而它需要大量垫款。尽管如此，它还是很兴旺发达，这一年它为其资本支付了高达 56%的股息，所有合伙人都分得了股息。该企业由以下 3 种人组成：一种是只出劳力的工人，另一种是既出劳力又出少量资本的工人，第三种是不干活、只出资本的人。

> 这些泥瓦工晚上开展互教互学活动。他们和制作扶手椅的工人一样，企业给生病的会员支付医疗费用和生活补助。后来这种保护扩展到了会员生活的各个方面。每个扶手椅制作工人很快就拥有了两三千法郎的资本，这些资本既可以用来为女儿准备嫁妆，也可以存起来防老。一些泥瓦工则已拥有 4 000 法郎，他们把这些钱留在了共同股本中。
>
> 这些工人在创办企业以前，衣服破烂。由于不会安排生活，更由于没有工作可做，他们连买一件 60 法郎的大衣的钱都拿不出。但现在他们大多数和店主穿得一样好，有时甚至比店主穿得还高雅。这是因为，凡是经常向企业借钱的工人，只要在汇票上签章承兑就可以得到自己想要的东西；协会使这些工人偿付借款的方法是从他们的双周工资中扣留一部分钱，强迫他们进行储蓄。一些不欠企业钱的工人，为防止自己乱花钱，则可以在为期 5 个月的汇票上签章承兑。他们每两个星期的工资将被扣留 10 法郎，这样 5 个月便可存得一笔钱。

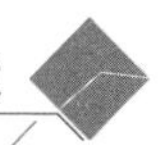

与他们冲突的雇主制定的，因而他们非常认真严格地遵守了这些规章制度，而且是在不损害个人价值和个人尊严的基础上自觉自愿遵守的。这些联合起来的工人很快就纠正了他们最初抱有的那些违背理性和经验的偏见。最初几乎所有工人合伙企业都拒绝采用计件工资制，不管干多干少一律付给相同的工资。现在几乎所有工人合伙企业都放弃了这种做法，而支付给每个人以足够糊口的、固定数额的最低工资，然后根据每个人的工作情况分配所有剩下的报酬：大多数工人合伙企业甚至在年底按每个工人收入的比例分配利润。①

这些工人合伙企业大都公开宣称，它们的目标不仅仅是为了增进单个会员的私利，而且还是为了促进合作事业的发展。所以，随着企业的发展，它们不断吸收新会员，这些新会员（只要合伙企业仍忠于其最初的纲领）并不像雇佣劳动者那样只拿工资，而是立即享受合伙企业的全部利益，除劳动外，并不要求他们给

下表是谢比利兹先生从休伯（Huber）教授的一部著作中摘录的。休伯宣扬这种合作制度，并且坚持原则。下表说明的是“泥瓦工合伙企业”截至1858年的发展历程：

年份	交易额（法郎）	利润（法郎）
1852	45 530	1 000
1853	297 208	7 000
1854	344 240	20 000
1855	614 694	46 000
1856	998 240	80 000
1857	1 330 000	100 000
1858	1 231 461	130 000

谢比利兹先生说：“在1858年的利润中，有30 000法郎用来当作储备基金，其余100 000法郎则分给了股东，每人得到了500～1 500法郎。此外，每个股东还领取工资，并在该企业的固定资本中占有份额。”

关于这类合伙企业的一般管理情况，维利奥梅先生指出：“我个人对工人合伙企业的经理和理事会的能力是感到满意的。这些经理人员无论是在智力和干劲上，还是在待人接物上，都远远胜过各自行业中的私人雇主。联合起来的工人逐渐戒除了酗酒恶习，也不再像从前的工人那样缺乏教养、粗鲁无礼。”

① 甚至路易·布朗建立的那个工人合伙企业，即克利奇裁缝公司，也只试验了一年半那种做法，随后便采用了计件工资制。他们放弃最初做法的一个原因是：“除了前面提到的那些弊端，裁缝们还抱怨，这种做法引发了无休无止的争吵，因为每个人都不愿意多干活。你盯着我，我盯着你，结果都变成了名副其实的奴隶。谁也不能自由地支配自己的时间和行动”［福格里（Feugueray），第88页］。近来，一个不光彩的情况是，英国的一些工人竟反对计件工资制，这表明他们的道德水平很低下。如果是计件工资很低，那么反对它还情有可原。但如果是反对计件工资制本身，那么这种反对如果不是出于误解，那就是出于不仁不义，就是想靠欺诈过活，而不是得到多少报酬就干多少活。计件工资制是最完美的契约形式；按照这种契约，就是要在所有劳动中，最彻底、最细致地贯彻按劳取酬的原则。在目前的社会状况和文明程度下，同所有其他制度相比，计件工资制对劳动者最为有利，而对想不劳而获的懒汉最为不利。

合伙企业带来什么，只要求他们服从这样一个条件，即在加入合伙企业的最初几年年终分红时只领取较小的份额，以表示自己也跟创立者一样做出了牺牲。会员可以自由退出，但退出时不得带走资本，因为资本是不可分割的财产，会员只能暂时使用，而不能随意处置。许多合伙企业的章程规定，企业解散时也不得分配资本，而应把资本全部献给慈善事业或公用事业。在每年的利润中确立一个通常较大的固定比例不予分配，将其用来进行资本积累或偿还借款；此外还从年利润中留出一部分用来补助病残会员，并用一部分年利润扩大合作事业，或援助其他遇到困难的工人合伙企业。经理跟其他会员一样也领取工资，只不过其工资通常最高，但严禁经理利用职权谋取私利。

这类工人合伙企业在建立之初就能够同资本家进行有效的竞争。关于这一点，福格里先生说："过去两年（福格里先生是在 1851 年写这段话的）里建立起来的工人合伙企业还面临着许多困难；它们大多数几乎完全没有资本，冒着像发明家和创始人那样的各种风险，正在探索一条前人没有走过的道路。尽管如此，许多工人合伙企业已经在不少行业中成了老商号的可怕竞争对手，因此已引起一部分资产阶级的怨愤。这不仅对饭馆、饮料店、理发店等可以平等合作的行业来说是如此，而且对不享有这种有利条件的行业来说也是如此。你只要向靠背椅、扶手椅和文件夹的制造商打听一下，就会知道他们各自行业中最重要的企业是不是工人合伙企业了。"①

这些工人合伙企业的确具有很强大的生命力，其中大约 20 个企业不仅顶住了对社会主义的敌视（当时这种敌视败坏了工人为谋求独立而进行各种努力的声誉），顶住了警察的骚扰和政变后政府的敌对政策，而且还克服了 1854—1858 年金融和商业危机中的各种困难。一些工人合伙企业甚至不但克服了困难，还获得了发展，前面已给出了这方面的例子。在这种情况下，谁还会怀疑合作原则不具有光明灿烂的未来呢。②

不仅仅在法国，工人合伙企业开始兴旺发达。暂且不谈德国、皮埃蒙特或瑞士（瑞士的"苏黎世消费者联合会"是欧洲最成功的合作企业之一），就是英国也有许多成功的事例，其中甚至可以同前面引证的法国事例相媲美。英国的合作

---

① 参见《制造业和农业方面的工人合伙企业》，第 37～38 页。

② 最近一两年，法国工人阶级的合作运动有了新发展。卡齐来尔·佩里埃（Casimir Périer）先生写的一本小册子对"格雷诺伯尔供应协会"做了有趣的描述；在 1864 年 11 月 4 日的《泰晤士报》（*Times*）上，我们可以读到下面一段文字："虽然一些工人仍在为提高工资和减少工作时间而斗争，但另外一些也曾罢过工的工人现在则为了能自己经营自己的企业而联合了起来，并已筹集到了购买劳动工具的资金。他们已成立了一个协会，名为'供应和消费总协会'。该协会有三四百名会员，他们已在帕西开办了'合作商店'，帕西现在属于巴黎市。他们认为，到明年 5 月，会有 15 个与此相同的自负盈亏的新协会开业；到那时，仅仅巴黎就会有五六十个工人协会。"

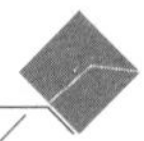

运动是由欧文发起的，后来的支持者通过著述和实践推进了这一运动，由此而播下了优良的种子。支持者主要是牧师和律师，他们的不懈努力值得我们大书特书。在仁慈而热心于公益事业的斯莱尼（Slaney）先生的倡议下，英国议会对合伙企业法做了必要的修改。许多产业协会和更多的合作零售商店建立了起来。不少工人合伙企业取得了显著成就，最突出的便是利兹面粉厂和罗奇代尔公平先锋者联合会。后者是所有工人合伙企业中最为成功的，霍利约克（Holyoake）已非常生动地记述了其历史①；由于霍利约克的宣传和其他一些原因，罗奇代尔公平先锋者联合会很快就名闻遐迩，并产生了巨大的鼓舞力量，在兰开夏郡、约克郡和伦敦等地，一些宗旨相同的协会获得了迅速发展。

> 罗奇代尔公平先锋者联合会创办时只有28英镑资本，是由40多个劳动者每星期拿出2便士（后来增至每星期3便士）慢慢凑起来的。他们用这笔钱在1844年开办了一个小商店，向该联合会会员的家属供应若干种普通消费品。由于他们兢兢业业、诚实营业，顾客和出资者不断增多，经营的消费品种类也愈来愈多，几年后便投资建立了一个“合作面粉厂”。霍利约克先生是这样叙述该联合会截至1857年的发展情况的：
>
> 罗奇代尔公平先锋者联合会分为7个部门：杂货部、衣料部、鲜肉部、制鞋部、木鞋部、缝纫部和批发部。
>
> 各部门的账目是分开的，但每个季度总决算一次，以了解整个联合会的经营情况。
>
> 前面已指出，杂货业务始于1844年，最初只出售4种物品，现在的经营品类应有尽有。
>
> 衣料业务始于1847年，当时经营品种少得可怜，但这项业务不断发展，于是1854年建立了独立的衣料部门。
>
> 1846年该联合会的杂货店开始出售鲜肉，所出售的肉采购自市场的批发商，共买进了80～100磅。但没过多久，这项业务就中止了。1850年该联合会有了自己的肉店，由约翰·穆尔豪斯（John Moorhouse）经营。他有两个助手，每星期为联合会采购和屠宰3头牛、8只羊以及若干头小猪和小牛，一般可卖得现金130英镑。
>
> 制鞋部成立于1852年，现有3名工人和1名学徒，备有现货出售。
>
> 木鞋部和缝纫部也成立于1852年。

① 《民众的自助——罗奇代尔合作史》。凯特林（Kettering）的约翰·普卢默（John Plummer）在其1862年撰写的《年鉴指南》中也对罗奇代尔公平先锋者联合会和其他合作社做了富有启发意义的叙述；普卢默本人也是个有很大鼓舞力量的榜样，他虽然是工人，但通过自修，具有很高的文化道德修养。

批发部成立于1852年，它的创立标志着公平先锋者联合会获得了重要发展。设立这个部门一方面是为了满足联合会会员对大宗物品的需要，另一方面是为了向兰开夏郡和约克郡的合作商店供应物品。这些合作商店由于缺少资本而无法采购到价格最便宜的货品，也不像一般商店那样有合格的采购员——所谓合格的采购员就是熟悉市场情况和采购业务的人，他知道应从哪里进货，以什么条件进货和进什么货。批发部确保其所供应的货物纯度大、质量高、价格公道、分量足，但坚持这样一条不变的原则，即所有货物都必须用现款支付。

随着会员的增加，他们的居住地日益分散，愈来愈难以向他们提供服务，联合会因而开设了若干分店。1856年，在离罗奇代尔（Rochdale）1英里左右的奥德姆路（Oldham Road）开设了第一家分店；1857年，在卡斯尔顿（Castleton）开设了第二家分店，在惠特沃思路（Whitworth Road）开设了第三家分店，在派福尔德（Pinfold）开设了第四家分店。

合作商店的库房最初是联合会1849年租用的一套已破旧不堪的房屋。“租下来后，联合会对每个房间都进行了整修和装饰，现在已成了像样的营业处所。现在其中一间房子布置得很气派，当作阅览室。还有一间布置得很整洁，当作图书室……该阅览室布置得丝毫不亚于伦敦各俱乐部的阅览室。”它现在“免费向会员开放，经费来自联合会的教育基金”，该基金占联合会待分配利润总额的2.5%，专门用于教育事业。“图书室有2 200本极好的书，其中有许多书非常昂贵。该图书室对会员免费开放。1850—1855年为年轻人开办了一所学校，每月只收取两便士学费。1855年，理事会拨出了一间可容纳二三十人的房间，供14～44岁的会员每星期日和星期二开展互教互学活动用……”

“面粉厂最开始也是租来的，位于离城1.5英里的斯莫尔桥边。后来该联合会自己在城里盖了一座全新的面粉厂，并购买了最结实、最先进的发动机等设备。投入该面粉厂的资本总额为8 450英镑，其中3 731英镑15先令2便士是公平先锋者联合会出的资。该面粉厂雇有11名工人。”

后来，罗奇代尔公平先锋者联合会不断发展，其制造业务不再仅仅限于面粉加工，还扩展到纺织业，建立了一个棉纺和毛纺合作社。“投入这个合作社的资本为4 000英镑，其中2 042英镑为公平先锋者联合会的投资。该合作社有96台动力织机，雇有26名男工、7名女工、4名男孩、5名女孩——共计42人……”

1853年，罗奇代尔合作商店用745英镑在街对面购买了一座库房，他们在这里保存并零售面粉、鲜肉、土豆等物品。合作商店的经理部和办公室也设在这个库房里。他们还租用了该库房旁边的几间房子，当作服装店和鞋袜店。参观者可以看到，在这些房子里，制鞋工人和缝纫工人在干净舒适的环境中工作，他们

对产品的销路似乎很有把握。库房像诺亚方舟那样，到处都堆着货物。一到傍晚，熙熙攘攘的顾客便涌入劳德街，每个柜台前都挤满了人。周末的晚上，在英国的工业区，再没有像罗奇代尔合作商店这么热闹的地方了。① 自从 1849 年罗奇代尔储蓄银行不光彩地倒闭后，该联合会的合作商店实际上就成了这个地方的储蓄银行。

下表摘自该联合会发表的公报，所列出的是该联合会从成立至 1860 年的经营成果。

年份	会员数	资本额			每年销售额			每年利润额		
		英镑	先令	便士	英镑	先令	便士	英镑	先令	便士
1844	28	28	0	0	—	—	—	—	—	—
1845	74	181	12	5	710	6	5	32	17	6
1846	86	252	7	1.5	1 146	17	7	80	16	3.5
1847	110	286	5	3.5	1 924	13	10	72	2	10
1848	140	397	0	0	2 276	6	5.5	117	16	10.5
1849	390	1 193	19	1	6 611	18	0	561	3	9
1850	600	2 299	10	5	13 179	17	0	889	12	5
1851	630	2 785	0	1.5	17 638	4	0	990	19	8.5
1852	680	3 471	0	6	16 352	5	0	1 206	15	2.5
1853	720	5 848	3	11	22 760	0	0	1 674	18	11.5
1854	900	7 172	15	7	33 364	0	0	1 763	11	2.5

① 霍利约克接着说："但是，作者和读者最感兴趣的并不是一派兴旺的商业活动，而是使这种商业交往充满活力的焕然一新的精神。买者和卖者都像朋友那样相待，一方没有欺诈，另一方也没有怀疑……这一群群卑贱的工人以前从未吃过好东西，每顿饭吃得都很差，鞋子穿不到一个月便露出了脚趾，外衣脏得发亮，他们的妻子穿的是不经洗的白布衣服。但现在这些工人在市场上却像百万富翁那样买东西，就吃的来说，他们的生活不亚于王公贵族。"而且从某种意义上来说，他们也许比王公贵族生活得要好得多，因为在目前这种尔虞我诈的竞争中，王公贵族也免不了上当受骗。"他们自己织毛料，自己做鞋，自己缝制衣服，自己磨面。买的是最纯的糖、最好的茶叶，自己研磨咖啡。自己屠宰牛羊。罗奇代尔大街上走过去的膘肥体壮的牛羊，是供纺织工和补鞋匠享用的。(去年，该协会刊登了一则招聘采购员的广告，派他专门去爱尔兰采购粮食。)竞争何时使穷人享受过这样的好处呢？谁又能说在这种情况下穷人的德行没有进步呢？罗奇代尔的戒酒主义者承认，自该合作商店开业以来，已使许多工人戒了酒，它所起的作用远远大于戒酒主义者在同一时期所做的全部努力。以前，做丈夫的从不知道不负债是什么滋味，而他们可怜的妻子 40 年来兜里从未装过自己可随意支配的 6 便士，现在他们则有了一点点积蓄，可以给自己盖房子了，而且兜里的钱叮当作响，每周都可以去逛市场；他们去的是自己的市场，那里没有不信任，没有欺诈；没有掺假，也没有虚报的价格。整个市场洋溢着诚实的气氛。售货人员既不匆忙慌乱，又不耍手腕，也不阿谀奉承。欺骗顾客对他们并没有好处。他们只有一项义务要履行，就是给足分量，保证质量。在罗奇代尔市的其他地方，竞争仍是商业的最高原则。因而尽管有各种各样的说教，却无法产生上面那种道德效果。"

"该商店从未欠过债，从未亏过本；在开业的 13 年中，收入达 303 852 英镑，从未打过官司。协会的仲裁人在其任职期间一件案子也没有裁决过。反而不满意于没人争吵。"

续表

年份	会员数	资本额			每年销售额			每年利润额		
		英镑	先令	便士	英镑	先令	便士	英镑	先令	便士
1855	1 400	11 032	12	10.5	44 902	12	0	3 106	8	4.5
1856	1 600	12 920	13	1.5	63 197	10	0	3 921	13	1.5
1857	1 850	15 142	1	2	79 788	0	0	5 470	6	8.5
1858	1 950	18 160	5	4	71 689	0	0	6 284	17	4.5
1859	2 703	27 060	14	2	104 012	0	0	10 739	18	6.5
1860①	3 450	37 710	9	0	152 063	0	0	15 906	9	11

关于合作面粉厂，这里就不再详加叙述了。我只是简单介绍下同一作者的记述。1860 年，该合作工厂的资本额为 26 618 英镑 14 先令 6 便士，那一年赚取的利润为 10 164 英镑 12 先令 5 便士。关于制造业联合会的情况，我没有比霍利约克先生更新的确切资料。霍利约克说，1857 年，该联合会的资本为 5 500 英镑。但是，罗奇代尔于 1860 年 5 月 26 日在《观察者报》(*Observer*) 上发表了一封读者的来信（据编者说，该信是一位消息灵通人士写的)。该信说，1857 年制造业联合会的资本达 50 000 英镑。该信还提供了有关其他工人合伙企业的好消息：罗森代尔工业公司（Rossendale Industrial Company）的资本为 40 000 英镑；沃尔斯登合作公司的资本为 8 000 英镑；巴卡普和沃德尔商业公司的资本为 40 000 英镑，“其中三分之一是以 5%的利息借来的，由于最近两年商业空前繁荣，该公司的股息率已上升到几乎令人难以置信的水平”。

这里我就不再详述英国合作运动的历史了，因为合作运动已被公认为是现代进步的一个要素，而且合作运动近来已成为英国许多重要期刊的文章主题。这些文章写得都很精彩，其中最优秀的一篇最近发表在《爱丁堡评论》1864 年 10 月号上；另外，《合作者》(*Co-operator*) 杂志每月定期报道合作运动的发展情况。然而，我却不得不提到合作商店最近向前迈出的一大步，那就是英格兰北部成立

① 我手头上的最新消息是截至 1864 年 9 月 20 日的那个季度的报道，这篇报道刊载在《合作者》杂志 11 月号上，这是一本由亨利·皮特曼（Henry Pitman）——此人是合作事业的最积极也最富有见识的提倡者——所创办的很有价值的杂志。兹从这篇报道摘录如下文字：“会员数为 4 580 人，近 3 个月增加了 132 人。该联合会的资本为 59 536 英镑 13 先令 7 便士，比上一季度增加了 3 687 英镑 13 先令 7 便士。售货所得的现金为 45 806 英镑 10.5 便士，比 3 个月前增加了 2 283 英镑 12 先令 5.5 便士。实现利润 5 713 英镑 2 先令 7.5 便士，其中 182 英镑 2 先令 4.5 便士用来支付固定资本折旧费，598 英镑 17 先令 6 便士用来支付股本金利息，利润的 2.5%即 122 英镑 17 先令 9 便士用作教育基金，剩下的利润用于支付红利，会员认购的每英镑股金可得到 2 先令 4 便士红利。非会员认购的每英镑股金得到的红利为 1 先令 8 便士（他们共得到 261 英镑 18 先令 4 便士)，即比会员的每英镑股金分得的红利少 8 便士，这 8 便士留给了协会，协会的储备基金因此而增加了 104 英镑 15 先令 4 便士，现在为 1 352 英镑 7 先令 11.5 便士。此项基金建立于 1862 年 9 月，资金来源于该联合会的合作商店在与非会员的商业往来中赚得的利润。”

了一个批发合作社（伦敦也正在筹备成立另一个批发合作社）。成立批发合作社的目的，是避开零售商和批发商，而直接从生产者那里采购国内外商品，直接提供给合作商店，正如各合作商店避开零售商和批发商直接向其会员提供商品那样。

上述事实表明，英法两个世界大国的社会底层有许多纯朴的工人，他们正直诚实、通情达理、自我克制而且彼此信任，这些品质使以上那些宏伟试验得以推行并获得了圆满成功。我们因此对人类的未来充满无限希望。

我们可以预料，合作运动的不断发展将有望大大提高工业的总生产能力。工业生产能力会提高的原因有如下两个方面。首先，可以减少销售者的人数并使之保持在适中水平。销售者不是生产者，而是生产的辅助人员。现在销售者的人数过多，远远超过了资本收益所能负担的程度，正是由于这一原因，所生产出来的很大一部分财富没有落入生产者手中。销售者与生产者的区别在于，若生产者的人数增加，则生产者数量已经过多的工业部门，实际产量也会提高，但如果是销售者人数增加，则并不会因此而增加销售工作，或增加有待销售的货物；销售人员增多，只会把相同数量的工作分配给更多的人去做，这样便无法降低销售费用。合作制度所产生的直接结果是减少了销售者的人数，使其恰好等于把商品提供给消费者所需要的数目，这将为生产节省大批人手，这批节省下来的人手所使用的资本和获得的报酬将用来向生产者提供资本和报酬。即使合作制仅仅停留在购买与消费方面，而不扩展至生产领域，也将会如上所述的那样大大节约世界上的资源。

合作运动还将以另外一种方式更有效地促进生产力的提高，那就是它将极大地刺激劳动者的生产干劲，因为它将在全体劳动者与其所做的工作之间建立一种密切关系，使他们将竭尽所能而不是尽可能少干活来换取自己的报酬。这将成为他们的行为准则，同时也是他们的利益所在（而现在的情况则不是这样）。无论怎样评价由此而带来的物质利益都不过分，但这种物质利益却是无法与随之而来的社会道德革命相比拟的。这将消除资本和劳动之间的长期冲突；人类的生活将不再是各阶级为了谋求相互对立的利益而展开的争斗，而将成为追求共同利益的友好竞争；劳动的尊严将得到提高，劳动阶级将具有安全感和独立感，每个人的日常工作场所将变为一个能够培养社会同情心和实用智慧的学校。

这正是合作运动的发起者所怀抱的崇高理想。但要实现这些目标，企业的繁荣就应当符合所有劳动者（而不仅仅是一部分劳动者）的利益。有些工人合伙企业取得成功后便放弃了合作制度这一根本原则，而变成了股东人数有限的股份公司，这些股东与其他公司的股东只有一点不同，即他们是工人；另外一些联合会则不准某些被雇用的工人分享合伙企业的利润（令人痛心的是，连罗奇代尔的制造业联合会也采取了这种做法）；以上两种工人合伙企业无疑都有权这样做，正当地利用现存的社会制度来增进自己的利益，但我们不能指望它们能够找到比现存制度更好的制度。而且从长期来看，这些工人合伙企业也抵挡不了个人竞争。同各种集体经营制度相比，个人经营制度（即由一个具有主要利害关系的人来经营）具有很多优势，而合作制度只有一点可以和这些优势相抗衡，那就是它使所有工人与企业享有共同的利益。但是，如果资本家也采取这种做法（他们确实将会这样做），如果他们哪怕仅仅是为了增加利润，也采用合作社的做法，使每个工人的物质利益与企业最有效、最经济的经营联系起来，那么他们便会轻而易举地打败合作社，因为合作社一方面保留着旧制度的缺陷，另一方面不能充分利用旧制度所提供的各种便利条件。

基于非常乐观的预期，在很长一段时间内，允许工人分享利润的私人资本家也许将和忠实于合作原则的合作社共存，这也是人们所希望发生的事情。权力集中在一人之手，可以干成许多事情，而如果权力分散在许多人手里，或经常更换管理层，则将一事无成。私人资本家不受团体的控制，如果他很能干，他会比几乎任何协会都更愿意进行合理的冒险，更愿意付出高昂成本来改进生产方法。固然，如果新的生产方法试验成功，合作社会乐意采用，但个人更愿意做前人未做过的事。企业一旦破产，私人资本家将承担全部损失；而如果生意兴隆，他将获得大部分利润。因而即使在一般的经营活动中，敢于冒险的资本家的竞争也会发挥很有益的作用，这将促使合作社的管理人员勤奋工作，居安思危。

然而，当合作社的数量增长到足够多时，除了最没有出息的工人外，没有哪个工人愿意一辈子仅仅为了工资而工作。无论是私人资本家还是合作社都将意识到，必须使所有劳动者成为利润分享者。最终，也许在不那么遥远的将来，通过合作原则，我们也许将能变革社会。在变革后的社会中，个人的自由和独立将同集体生产在道德、智力和节约等方面的优势结合起来，而且不用暴力或掠夺方法，甚至不需要突然打乱现存的习惯和期望，就能够结束社会目前将人们区分为勤劳者和懒惰者的做法，就能够消除所有社会差别，而只保留通过个人努力正当获得的社会地位，从而至少在工业部门实现民主精神的最美好的追求。上述合作企业实现成功的过程便是对道德性和主动性的一种锻炼，而有了这种道德性和主动性，成功也就有了保证。随着合作社的增加，它们将逐渐把所有工人都吸引到自己周围，那些被排斥在外的仅仅是这样一些理解力极差、道德修养极低、只知道根据狭隘的自私自利原则行事的工人。随着这种变革的进行，资本所有人将逐渐发觉，他们的利益所在不是与工人斗争，与最低劣的工人一起维护旧制度，而是把资本借给合作社，并不断降低利率，甚至最后把资本换成定期年金。通过这

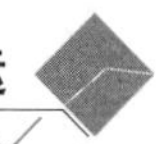

种或与此相类似的方式，现存资本最终将正当地、自然而然地变成所有工人的共同财产，由此而实现的转变（当然，假定男子和女子平等地享有合作社的权利，平等地参与合作社的管理）① 将是实现社会正义的最简便途径，同时也是眼下所能期望的、符合普遍利益的对产业事务的安排。

第七节　竞争无害、有用且不可或缺

因此，社会主义学者对工业生产活动随着社会的发展将采取什么形式的看法，我是赞同的，并且认为开始这种转变的时机已经成熟，应采取正当而有效的措施来帮助和鼓励这种转变。但是，虽然我赞同社会主义者的这一具体目标，但我完全不同意他们的学说中最引人注目、言辞最为激烈的部分，即他们对竞争的猛烈抨击。虽然社会主义者在许多道德问题上所持的见解要远远优于大多数人，但一般来说，他们对现存社会秩序的实际运行方式的看法是非常错误的；其中最大的错误便是把现存的所有经济弊病都归罪于竞争。他们忘记了，哪里没有竞争，哪里就有垄断；而且不管什么形式的垄断，其本质都是通过向勤劳者征税（如果不说掠夺的话）来养活懒人。他们也忘记了，除了劳动者之间的竞争外，所有其他竞争都有利于劳动者，都会使劳动者消费的物品更便宜；他们还忘记了，即使是劳动市场上的竞争，只要为获取劳动力的竞争超过劳动力之间的竞争（美国、各殖民地和技术性行业的情况正是这样），就有助于造就高工资而不是低工资；除非劳动者的家庭人数过多，以致劳动市场上供过于求，否则劳动市场上的竞争就绝不会导致低工资；但如果劳动者的供应量过剩，即便是社会主义也只能降低劳动者获得的报酬。而且，如果普遍建立起合作社，就不存在劳动者之间的竞争了；而合作社之间的竞争将有利于消费者，也就是有利于合作社企业，也有利于普通劳动者阶级。

我并不认为竞争毫无缺点，也不认为社会主义者从道德方面提出的反对竞争的意见毫无道理。社会主义者认为竞争是同一行业的人之间相互嫉妒和敌对的根源。但是，竞争虽有不足，却能防止出现更大的弊病。正如福格里先生所说：

① 正如在一般事务中所表现出来的良好辨别力和善良感情那样，在这方面，罗奇代尔公平先锋者联合会也树立了理性和正义的榜样。霍利约克先生说：“罗奇代尔合作商店偶尔也向妇女伸出宝贵的援助之手，帮助她们独立。妇女，无论是独身妇女还是已婚妇女，都可以成为该合作商店的会员，并可参与合作商店的决策。一些已婚妇女之所以成为合作商店的会员，是因为她们的丈夫嫌麻烦不愿加入合作商店，另一些已婚妇女加入合作商店则是为了自卫，以免丈夫将她们的钱用于酗酒。如果妻子不在存款单上签名，丈夫就不能提取被存入合作商店的钱。当然，按照现行法律的规定，丈夫确实可以通过法律程序取出妻子的存款，但这毕竟需要时间，在这期间，丈夫也许会头脑清醒过来，改变主意。”

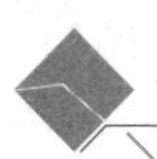

"工业世界充满了罪恶与不公，其最深刻的根源不是竞争，而是劳动对资本的屈从，是工业资料的所有者能获取产量的最大份额……如果说竞争带来了罪恶，它也同样带来了好处，尤其是在发展工业设施方面和促进革新方面。"① 社会主义者的共同错误是，他们没有看到，人类天生懒惰，往往无所作为，墨守成规，成为习惯的奴隶。一旦人们安于现状，人类所面临的危险便是他们就此不思进取，不去尝试改善自己的处境，听凭自己的能力衰退，甚至连维持现状都做不到。竞争也许并不是我们所能找到的最好的刺激方式，但它目前却是必不可少的，而且谁也说不准，什么时候不需要竞争也能够推动进步。同其他部门相比，工业部门中有更多的人深知改良所带来的好处，但即使在工业部门，也将很难促使某个合伙企业的理事会不嫌麻烦地改变旧习，而采用某种可望带来效益的革新，除非它意识到，如果它不采用这项革新，与其竞争的其他企业就会采用，从而令它在竞争中败北。

与大多数社会主义者不同，我并不认为，竞争是一种有害的或反社会的原则，而是认为，在现在的社会状态和工业状态下，限制竞争是一种罪恶，而扩大竞争，即使暂时会有损于某一劳动阶层，最终也将带来更大的利益。使人免受竞争，就是使人无所事事、思想僵化，从而不必像其他人那样积极进取、头脑活跃；若禁止低收入劳动者通过压低要价来从事某项职业，则等于恢复地方垄断或局部垄断的旧俗，使某一工匠阶层与其他阶层相比处于特权地位。时代已发生变化，维护少数人的特权终将不能增进普遍利益。如果成衣商和其他类似商人的出现使成衣工和其他工匠的工资取决于竞争而不是习俗，从而有所降低，那么这最终将给所有人带来好处。现在所需要的不是维护陈旧的习俗，使劳动者的部分阶层获得不公平的收益，并因此而热心于维护现存的社会体制，而是引入能够使所有人都受益的新体制。如果能够让具有一技之长而享有特权的工匠阶层感到，其与经济情况更差、生存能力更低的劳苦大众具有共同利益，两者所得到的报酬取决于相同的原因，处境的改善取决于相同的补救措施，那么，这将是一件非常值得欢欣鼓舞的事情。

① 参见《制造业和农业方面的工人合作企业》，第 90 页。

第五编　政府的影响

第一章 论政府的一般职能

第一节 政府的必要职能与任选职能

在当前这个时代，政治科学和政治实践中最具有争议性的一个问题是，政府的职能和机构设置的适当界限在哪里？以前，争论的焦点问题是，政府应该如何构成？政府应根据什么原则和规则来行使权力？现在的问题则是，政府的权力可以扩展到人类事务的哪些领域？当通过变革政府和法律来改善人类境况成为一个时代潮流时，人们讨论这类问题的兴趣只可能会增加，而不会减少。一方面，激进的改革者认为控制政府要比控制民众的理智和意向来得更为简单迅捷，因而每每倾向于过度扩张政府权限；另一方面，人们往往受到统治者的操弄，统治者往往为了一己私利或者错误地理解公众利益而干预人类事务。同时一些真诚的改良主义者也提出了各种草率的建议，主张通过强制性的法规来实现那些本来只有通过公众舆论和公开辩论才能有效实现的目标。在这种情况下，人们很自然地产生了一种对政府干预的抵触情绪，并滋长了一种主张尽可能限制政府活动范围的倾向。由于各国的历史各不相同，此处不必深究。一般来说，过度扩大政府权限的倾向，无论在理论上还是在实践上，都主要盛行于欧洲大陆各国，而在英国，相反的倾向则至今仍占据主导地位。

考虑到上述问题是原则性问题，我将在本编后面章节中尝试探讨该问题的一般原理。在这样做以前，将首先考察政府在行使那些公认的职能时所产生的影响。为此，必须先详细阐述与政府这一概念密切相关的那些职能，亦即所有政府一直在行使而未遇到任何质疑的那些职能；此类职能有别于那些人们对其是否应由政府行使尚存疑虑的职能。前者可以被称为必要的政府职能（necessary government functions），后者可以被称为任选的政府职能（optional government functions)。我们使用“任选”这个词，并不意味着，后一种政府职能无关紧要，政府可以任意决定是否行使这些职能；而只是意味着，政府行使这些职能的情形尚没有达到非做不可的程度，人们对于政府是否应行使这些职能存在争议。

第二节　政府必要职能的多样性特征

当我们试图列举出必要的政府职能时，就会发现，它的内容要比大多数人最初想象的多得多，我们没有办法像人们通常谈论这一问题所声称的那样，用明确的分界线划定其范围就万事大吉。比如，有的人主张，政府只应该保护人们免遭暴力和欺诈，除了这两件事情外，人们应该是自由的，可以自己照顾自己；一个人只要不对他人或他人的财产实施暴力行为或欺诈行为，立法机关和政府就不得进行干预。但作为人民的集体力量，政府为什么只应保护人们免遭暴力和欺诈，而不应保护人们免遭其他罪恶，难道说是因为这些罪恶特别明显？如果我们要求政府只能做那些人们干不了的事，那么人们也应该以自己的本领和勇气自己保护自己以免遭暴力伤害，或者求人或雇人提供这种保护，就像在政府无力提供保护的地方人们实际所做的那样；对于欺诈，每个人只能自己想办法来加以对付。在我们探讨这个方面的原理之前，我们先来考察有关事实。

根据这些分类，我们应该把执行遗产法算作制止暴力，还是算作制止欺诈？无论哪一个社会都有遗产法之类的法律。也许有人会说，在这件事情上，政府只要执行财产所有者的遗嘱就行了。然而，这种说法存在很大的问题；没有哪个国家有这样的法律，规定遗嘱具有完全绝对的效力。而且如果发生没有设立遗嘱的常见情形，难道法律即政府不应该根据一般的便利原则决定应由谁来继承财产吗？如果继承者没有能力管理财产，难道法律不应该指定一个人——通常是政府官员——来为继承者管理财产吗？此外，还有许多应由政府接管财产的情形，因为公众利益——或者也许仅仅是相关人员的利益——要求它这样做。在财产归属发生争议和依法破产清偿的情况下，就常常要由政府接管财产。政府在做上述事情的时候，没有人认为它逾越了其职能范围。

法律界定财产的职能也并非像人们认为的那么简单。也许有人以为，法律所要做的只是宣布并保护每个人对自己生产的产品的权利，以及在自愿原则下正当地从生产者那里获得的产品的权利。但是，除了人们生产出来的产品之外，难道就没有任何其他可以认定是财产的物品了吗？不是还有地球本身、地球上的森林、河流以及地球表面和地面之下的所有其他自然资源吗？这些都是人类的遗产，我们必须制定法律来规定人类应如何共同利用它们。法律必须做出规定，在

什么情况下允许一个人对上述共同遗产的一部分行使何种权利。毫无疑问，对这些事情做出规定是必要的政府职能，而且完全符合文明社会的概念。

此外，制止暴力和欺诈固然是合法的，但我们应把强迫人们履行契约归为哪一类呢？不履行契约并不必然意味着欺诈；也许签约人本来是真诚想履行契约的；当人们无意欺骗而自愿毁约时，尚且不能使用"欺诈"这个词，由于疏忽大意而未能履约，就更不能使用欺诈这个词了。这里，我们有必要扩展政府的不干预（non-interference）理论。可能有人会说，强迫履行契约并不是非得由着政府的意愿管理个人事务，而只是帮助人们实现他们自己已经表达出来的愿望。我们姑且承认限制理论（restrictive theory）的这种扩展，而不管这种扩展是否正当。但是，政府对于契约的关注并不仅仅限于契约的强迫履行，还应确定哪些契约适用于强迫履行。一个人与他人订约的时候没有受到欺骗与强迫，仅仅只有这一点是不够的。有些契约虽然当事人有能力履行承诺，但有损于公众的利益。且不说那些违背法律的契约，还有一些契约法律也拒绝强迫人们履行，其理由是考虑到签约者的利益，或国家实施的一般政策。在英国和大多数其他欧洲国家，法庭会宣布卖身契约无效。几乎没有哪个国家的法律会强迫人们履行卖淫契约或任何非法的婚约。还有一些契约，虽然法律可以考虑当时的具体情形而不强迫人们履行，但是这样做会对所有类似契约造成相同的问题。比如，当遇到工资太低或者工作时间过久的情形时，法律是否应该强迫人们履行劳工契约？又比如，一个人给另一个人承诺在一段时期内做其仆人，但他中途改变了主意，法律是否应强迫履行这样的契约？再比如，婚约虽然是终生的，但如果当事人中的一方或双方想终止它，法律是否应继续强迫人们履行？契约政策将引发许多问题，契约所确立的人与人之间的关系也会引发许多问题，所有这些都是立法者无法逃避的，而必须以这种或那种方式做出裁决。

另外，预防和制止暴力与欺诈的工作固然可以由士兵、警察以及刑事法官来承担，但还应该有民事法庭。惩处违法行为是司法机关的一项职责，而解决纠纷也是司法机关的职责。人与人之间会发生无数的纠纷，不一定是由于一方当事人有意欺骗，也可能是由于他们对自己的法定权利理解有误，或是由于对法定权利所依据的事实的认定不一致。国家指派某些人来负责澄清人们拿不准的事情从而解决这些纠纷，这难道有助于推进普遍利益吗？当然，这并不能说是必不可少的。人们可以相约指派仲裁人并服从其裁决；在没有法院，或者人们不相信法院，或者法院判决迟缓、费用高昂且诉讼手续繁杂，以致人们不愿求助于法院的情况下，人们往往自行指派仲裁人。尽管如此，人们还是普遍认为，政府应该设立民事法庭；虽然民事法庭存在种种弊端，以致人们常常不得不诉诸解决纠纷的其他替代措施，但这些替代措施之所以有效，主要是因为人们有退路，可以向国家设立的民事法庭起诉。

政府不仅应解决纠纷，而且应采取措施预防各种纠纷。大多数国家的法律都要制定规则来决定许多事情，这样做并不是因为这样决定这些事情的结果有多么重要，而是为了能以某种方式决定这些事情，从而使人们对有关问题不致产生疑问。法律规定许多种契约的文字形式，为的是人们不致就契约的含义产生争议或误解。法律还规定，契约须由证人予以证明，签约须履行一定的手续，这样在产生争议时，便可获得证据进行裁决。法律还要求人们注册登记以下事实，如死亡、出生、婚嫁、遗嘱、契约以及诉讼事宜，以此保存具有法律意义的可靠的事实证据。政府在这样做的时候，从未有人指责它越权行事。

还有一种学说宣称，个人有能力维护自己的利益，政府的责任只是使每个人不受他人侵犯；不管我们给予该学说的应用范围是多大，它也仅仅适用于那些能独立行动的人。社会上还有未成年人、精神病患者以及低能者，法律当然不能不照顾这些人的利益。当然，并不一定要由政府官员来照顾他们，我们常常可以委托当事人的亲属去做；但政府的职责仅此而已吗？难道政府把一个人的利益委托给另一个人照管，就可以免除其监督的职责，就可以不督促受委托人履行其职责吗？

在许多情况下，政府承担责任并行使职能之所以受到人们的普遍欢迎，并不是由于其他什么缘故，而只是出于一个非常简单的理由，即它这样做有助于增进普遍的便利。我们可以举铸造货币的职能（这也是一种垄断）来说明这一点。政府铸造货币不是出于什么深奥的动机，而只是为了减少民众的麻烦，省却人们用于称量和检验货币的时间和费用。就连最反感国家干预的人，也没有把铸币称为越权行为。另一个事例是政府规定标准的度量衡单位。还有一些例子是铺设道路、安装路灯、打扫街道等事务，这类工作有时是由中央政府承担，但更多的时候——而且通常也更适当——是由市政当局来做。建造或修缮海港、建造灯塔、对土地和海洋进行勘测以绘制精确的地图和海图、筑造海堤和河堤等等，这些也都是恰当的事例。

所有这类毫无疑问都属于政府职能范围内的事例，不胜枚举。但上面所举的例子已充分表明，人们公认的政府职能范围很广泛，远非任何狭隘的定义所能框定。而除了增进普遍的便利外，政府行使这些职能所依据的共同依据就没有其他任何理由；我们也不可能用任何普遍性准则来限制政府干预，除了这条简单而笼统的准则之外，即除非政府干预能增进人们的便利，否则决不允许。

第三节　该主题的类别

研究以下问题或许不无裨益，即实施政府干预时应取决于何种考虑，以及应

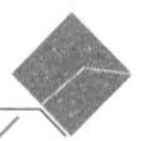

以何种方式评估政府干预带来的相对便利程度。这将构成我们讨论政府干预的原理和影响——为便利起见，该讨论分为三个部分——时的最后一部分的主题。以下便是我们对这个主题的划分。

首先，我们将考察政府行使其公认的必要职能会产生什么经济影响。

其次，我们将考察某些我所谓的任选政府职能（即逾越了公认职能界限的内容），即在各种错误的一般职能理论的影响下，政府曾经行使过并且在某些情况下仍在行使的那些职能。

最后要考察的是，撇开这些错误理论，我们应如何正确看待管理人类事务的法律，看看那些任选政府职能到底符不符合人们的需要；如果符合，它们又是哪些职能。

在上述这三个部分中，第一部分的内容极为混杂，原因正如前面已指出的，必要政府职能以及那些显而易见的能够增进普遍便利因而从未或很少遭到人们反对的政府职能，纷繁复杂得无法用简单的方法加以分类。然而，那些具有头等重要性并且必须在这里予以考察的职能，通常可以分为以下三大项：

第一，政府获得收入的各种措施，这是政府存在的前提。

第二，有关财产和契约两个重要问题的法律性质。

第三，政府执行法律所采用的方法体制（亦即司法和执法制度）的优缺点。

下面我们首先探讨第一项内容即税收理论。

第二章　论税收的一般原则

第一节　税收的四条根本原则

从经济上说，税收制度应该具备的各种性质，已被亚当·斯密概括在四条原则或准则中。后来的著述家普遍接受了这几条堪称经典的原则，因而在本章的开头最好是引述一下这四条原则。①

1. 每个国家的国民都应当缴纳赋税以维持政府的运转，其纳税数量都应尽量遵循各自能力的比例，即遵循各自在国家保护下享有的收入的比例。遵守还是忽视这条原则是区分所谓税收制度的平等（equality）与否的依据。

2. 每个人必须缴纳的赋税应该是确定的，不得随意变动。缴纳的日期、缴纳的方法、缴纳的数额，都应该让一切纳税人及其他所有人知晓得非常清楚。如若不然，每个纳税人就必然或多或少为税吏的权力所左右；税吏会借端加重赋税，或利用加重赋税的恐吓而勒索赠物或贿赂。税收的不确定性使得本来就不得人心的税吏由此变得专横腐化，即使这些税吏最开始时奉公守法也一样。确定每个人应纳的税额，是极为重要的事情。综合各国经验，我相信，赋税再不公平，其有害程度也不及赋税的微小不确定的有害程度。

3. 每种赋税应该在纳税人感到最方便的时候，以纳税人感到最方便的方式征收。地租税或房租税应在人们通常支付地租或房租的时候征收，因为这时对纳税人来说最为便利，最容易拿出钱来。对于最终由消费者支付的诸如奢侈品一类消费品征收的赋税，通常采取对消费者很便利的方式征收，当

① 参见《国富论》第五篇第2章。

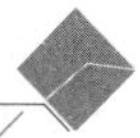

他购物时就一项一项地缴纳该税。买不买东西全在消费者自己，如果这种税令他感到很不方便，那就怪不得别人了。

4. 每种赋税的设计应使得人民拿出的多于国库所得到的差额尽可能小。如果某种赋税使人民拿出的大大多于国库所得到的，那是由于以下四个原因：第一，需要有一大批税吏来征收这种赋税，他们的薪水吞掉了所征得的很大一部分税款，而且他们勒索人民，增加人民的负担。第二，由于征收这种税，社会上的一部分劳动和资本由生产力较高的用途转入生产力较低的用途。第三，对于不幸的逃税未遂者所使用的没收及其他惩罚手段，往往会令他们倾家荡产，因而社会便失去由使用这部分资本所能获得的利益。赋税过重实为逃税的一大诱因。第四，税吏频繁访问及苛刻的稽查，常使纳税人遭受许多不必要的麻烦、困扰与压力。对此可以补充的是，为防止工商业逃税漏税而制定的种种禁令，不仅本身不受欢迎，其执行成本也很高昂，而且常常会对工商业的改良造成难以逾越的障碍。

对于上述四条原则中的后三条，引文所做的解释或说明已足够清晰，无须另外再加以解释。某种赋税在多大程度上符合或违背这些原则，需要在讨论它的时候进行具体分析。但这四条原则中的第一条即赋税的平等，却需要我们进行更为充分的探讨。人们对这条原则理解得往往还不够全面，许多人的头脑中对于税收平等缺乏确切的理解，以致在某种程度上已对它持有许多错误的看法。

第二节　赋税平等原则的依据

为什么平等应该是征税的原则？因为在一切政府事务中都应遵循平等原则。政府对所有的个人或阶级向政府提出的要求都应当一视同仁。此外，政府也应要求人民做出同样的牺牲，使所有人承受同样的压力。必须指出，这正是将全体人民所做出的牺牲减至最低限度的方法。如果某人承担的赋税少于他应该承担的份额，那么另一个人就要承担过多的份额，而一般来说，减轻某人承担的赋税所带来的利益并不如加重另一个人的负担所带来的危害大。所以，作为一项政治原则，税收平等就意味着所做出的牺牲平等。这意味着，在分摊每个人应为政府支出做出的贡献时，应使每个人因支付自己的份额而感到的不便，既不比别人多，也不比别人少。同其他理想境界一样，这一标准是无法充分实现的，但是，讨论任何一个实际问题，其首要目标都应该是弄清其理想境界是什么。

然而，有些人并不满足于将一般的平等原则作为税收原则，他们认为，这方面还有更恰当的原则。他们倾向于把每个社会成员缴纳的税款看成是该成员享受到的服务的等价物。在他们看来，按财产额征税的公平性意味着，如果某人有比其他人多一倍的财产，根据精确的计算，他就得到了比别人多一倍的保护，于是依照公平买卖原则，他支付的价钱就应该比别人高一倍。然而，假设政府仅仅是为了保护财产而存在的，这一说法是站不住脚的。于是某些坚持酬劳原则的人便进而推断，需要保护的不仅有财产而且还有人身，每个人的人身都得到了相同的保护，因而可以对每个人征收固定数额的人头税，用以回报政府提供的这部分保护。而政府提供的另外一部分针对财产的保护，则应该按照财产的多寡按比例征税。经过这样的调整，该错误观点表面上可以自圆其说了，并且深受一些人的欢迎。但首先，我们不能认为，保护人身和财产是政府的唯一目的。政府的目的同社会团体的目的一样，非常广泛。所有扬善避恶的事，都是政府既可以直接去做，也可以间接去做的分内之职。其次，在研究社会问题时，给本质上不明确的事物赋予一个明确的价值，并进而将该价值当作得出实际政策的依据，这样做特别容易陷入谬误。一个人被保护的财产是另一个人的 10 倍，但我们不能说，他所受到的保护也是另一个人的 10 倍。同样不能说，政府一年为保护 1 000 英镑所耗费的资金，是一年保护 100 英镑所耗资金的 10 倍，而不是 2 倍或恰好相等。保护某个人的法官、陆军士兵和海军士兵，也同样保护另一个人；更多的收入并不必然需要更多的警察来保护，虽然有时会这样。无论是以保护所耗费的劳动和资金为标准，还是以个人受到保护的感觉为标准，抑或是以任何其他明确的事物为标准，都不存在上述那种比例或任何其他可以确定的比例。如果我们要估计每个人获益于政府保护的程度，我们就必须考虑，如果撤除政府的保护，谁遭受的损失最大。这个问题如果有答案，则答案一定是：遭受最大损失的是先天或后天身心最弱的人。这种人几乎不可避免地会沦为奴隶。所以，如果依据这种公平理论，那些最没有能力自立或自卫的人既然最离不开政府的保护，就应该支付保护价格的最大份额，而这正好与分配正义（distributive justice）的本意背道而驰，分配正义不是要仿效大自然造成的不平等和错误，而是要纠正这种不平等和错误。

必须把政府看作是全体人民的政府，至于谁从政府那里获得的利益最多，并不是那么重要。如果某个人或某一阶级获得的利益很少从而觉得有必要提出上述问题，则出差错的不是赋税而是其他事情，应该做的是改正差错，而不是把差错视为理所当然，并把它当作要求减税的理由。正如通常在人们为共同关心的事业捐款时，每个人都根据自己的能力捐款，一般认为，这样做时便是公平，也就是说，为共同的事业做出了平等的牺牲；与此相同，这也应该是强制性捐助的原则。没有必要为该原则寻找更为精致或玄虚的依据。

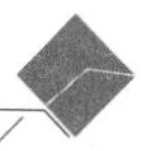

第三节　是否应对不同数额的所得按相同比例征税

前面指出，每个人做出的牺牲应该是平等的。接下来我们要考察的是，对每个人的财产征收相同比率的赋税，是否符合该原则。许多人对此持否定的回答。他们认为，如果一个人的收入很少，另一个人的收入很多，但对两者都按什一税率征税，则前者的负担较重。累进财产税（graduated property tax）这一很受人欢迎的计税方法依据的便是上述学说。所谓累进财产税是税率随着收入额的增加而提高的所得税（income tax）。

我对这个问题做了尽可能仔细的考察。在我看来，该学说所包含的合理成分主要来自以下两种赋税之间的差别，一种是可以针对奢侈品征收的赋税，另一种则是针对生活必需品征收的赋税——即使后者的征收比例极其微小。从收入为10 000英镑的人那里每年拿走1 000英镑，实际上不会使他减少任何生活必需品或奢侈品的消费；而如果从收入为50英镑的人那里拿走5英镑，那么后者所做出的牺牲程度不仅大于前者，而且其比例与前者相较也过于悬殊。最公平的纠正这种负担不平等的方法应该是边沁提出来的，即对购买生活必需品所必需的一定数额的最低收入免予征税。假如每年50英镑的收入可以养活一家人，满足他们生活和健康上的需要，但丝毫不容挥霍放纵，那么，就应该把50英镑规定为最低收入，超过这一数额的收入就应纳税，但只限于超过50英镑的部分而不是全部收入。假设收入为60英镑，则净收入为10英镑，如果税率为10%，则每年应征收1英镑的税；假设收入为1 000英镑，则净收入为950英镑，每年应征收95英镑的税。因此，每个人都按其剩余收入的固定比例而不是总收入的固定比例纳税。[①] 对不超过50英镑的收入，不征任何税，既不直接征税，也不间接对生活必需品征税，因为根据前述50英镑是劳动者应该支配的最低收入的假设，政府不应再减少它了。因此，其他原因姑且不讲，以上安排就是对穷人消费的奢侈品应该征税的一个原因。对于购买生活必需品所需要的收入是否免税，取决于这种收入是否真正被用来购买生活必需品。即使是收入仅够购买必需品的穷人，如果他使用一部分收入购买奢侈品，也应该跟其他人一样，从购买奢侈品的那部分收入中拿出一定的比例负担国家开支。

我认为，给予低收入的免税额，不应超过维持生活、保持身体健康和免受苦役所需要的收入额。如果为此每年50英镑便已足够了（是否足够当然是有疑问

---

① 在上次恢复征收所得税的时候，格拉德斯通（Gladstone）先生曾部分地采用了这种课税原则。当时规定，在起征点100英镑至200英镑的区间，只对超过60英镑的收入部分征税。

的），那么在我看来，每年100英镑的收入和每年1 000英镑的收入都以50英镑为免税额，就是完全合情合理的。的确，有人会说，如果对1 000英镑收入课以100英镑的税（退还5英镑），对10 000英镑收入课以1 000英镑的税（同样退还5英镑），则前一种情况负担的税比后一种要重。但我认为这种说法并不成立，或者即使它在一定范围内有道理，但也不足以当作任何税收原则的依据。年收入10 000英镑的人对1 000英镑的在乎程度是否小于年收入1 000英镑的人对100英镑的在乎程度，这很难说；即使真是这样，又到底小多少，这也是个无法确切回答的问题，无论是立法者还是财政专家都不应以此作为政策依据。

诚然，有人争论道，比例税制使中等收入者承受的负担大于高收入者承受的负担，因为按同一比例纳税更有可能降低中等收入者的社会地位。在我看来这一说法并不能站住脚。但即使退一步承认这一点，我也要反对政府据此而采取相应行动，而且我也不能接受这种依开支数额决定社会地位的说法。政府应当在以真正的价值来估价所有事物方面树立榜样，所以对于财富，应以它们所能换得的物品给人们带来的舒适感或快乐感来估价。许多人往往乐于炫耀财富，而羞于让人怀疑贫穷；中产阶级的收入的四分之三都花在此种虚荣方面，政府不应助长这种庸俗习气。由于税收使人们牺牲了真正的舒适和奢侈，政府当然有责任把所征得的税款尽可能平等地分派给所有人。但是，那种认为个人尊严取决于开支多少的说法纯粹是一种幻觉，政府不必费心去估计这种尊严的价值。

不管是在英国还是在欧洲大陆，都有人在鼓吹征收累进财产税，其公开宣称的理由是，政府应利用赋税来减少财富分配的不均。我同其他人一样，热切希望政府采取措施来减少财富分配的不均，但我不希望这种措施是以牺牲节俭者的钱来救济浪费者。对较高的收入征收较高的税，无异于向勤劳节俭征税，而惩罚那些比邻居工作更努力、生活更节俭的人。基于公共利益而施加限制的对象，不应是通过劳动获得的财富，而应是不劳而获的财富。公平明智的法律应鼓励人们节省其诚实劳动的所得而不是挥霍殆尽。对赛跑者要做到不偏不倚，就应尽力使他们从同一起跑线起跑，而不是给跑得快的人拴上一重物，以缩短他们和跑得慢的人之间的距离。诚然，有许多失败者比成功者更努力，其之所以失败，不是由于努力程度不够，而是由于没有足够的机会；但是，如果政府通过教育和法律尽其所能地减少这种机会的不均等，那么劳动所得造成的财富不均就不会引发人们的愤慨。至于通过馈赠或继承获得大宗财产的问题，政府应当基于普遍便利的理由对遗赠权这样一种财产特权加以限制。我在前面已提议[①]，应限制任何人通过馈赠、遗赠或继承获得的财产数量，以此来防止大宗财产积聚在少数不劳而获的人

① 参见本书第二编第二章。

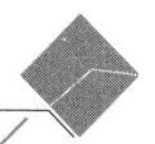

手里。前面有一章曾提到边沁的建议，即应该废止无遗嘱的旁系继承，财产转归国家所有。除了上述建议之外，我还认为，超过一定数量的遗产是非常适当的课税对象。但这种税不宜太重，以致人们生前就会通过馈赠或隐匿财产来逃避这种税，而人们一旦这样逃税，是很难有适当的办法加以制止的。在我看来，所谓累进原则（就是对较高的数额征收比例较高的税），不适用于一般的赋税，但把该原则应用于遗产税，却是公正而恰当的。

有人反对征收累进财产税，还将其理由加以扩大进而应用于更广的范围，主张政府只能对所谓“实得财产”（realized property）征税。实得财产指的是经营企业的资本——或者更确切地指所有者亲自经营的企业的资本——之外的财产，包括土地、公债、抵押借款以及股票等（我是这样理解的）。在我们这个时代，除了一笔勾销公债的建议外，还没有哪项建议像这一项如此公然违反一般诚实原则，并得到国人那么热烈的支持。它连累进财产税都不如，后者主张谁最有能力，谁就缴纳最多的税；而实得财产的很大一部分则是没有工作能力的人的生活依靠，而且很大一部分由各种零碎的资产构成。依照仅仅对实得财产征税的主张，英国的大部分财产——商人、制造业者、农场主和店主的财产——都会免除纳税的义务；这些人只有在停业后才应该开始纳税，而如果永不停业，就永不纳税。我想象不出还有比这更无耻的主张了。而以上所述尚未完全揭示出这种主张的不公正之处。依照这种主张的逻辑，赋税将完全落在少数财富所有者身上，但实际上赋税并不是持续施加在该阶级身上，而是落在开征这种税时恰好构成这一阶级的那些人身上。在开征这种赋税以后，与资本的一般利息和营业利润相比，土地和股份公司股票产生的净收入将减少，因而只有通过这类财产的永久贬值才能恢复市场均衡。出售给未来买者的土地和股票将降价，其降价额将等于赋税额，买者从而不必缴纳该税种，而原来的所有者即使把财产卖掉后，也仍然承担该税，因为他们降价出售其土地和股票所损失的钱正好等于赋税额。由此可见，征收这种税无异于按一定的比例（亦即所征赋税的比例）把他们的财产充公。这样的主张竟然受到欢迎，这充分表明，人们在课税问题上缺乏良知。之所以缺乏良知，是因为公众的头脑中没有固定的准则，不知如何判断政治的一般行为是否符合正义。这项计划竟然获得许多人的支持，这一事实表明，人们对国家事务中的金钱事项缺乏公正的观念，英国的这种状况同美国抵赖公债的做法相比较，只不过是五十步与百步之别而已。

第四节　是否应对永久性收入和限期性收入按相同比例征税

营业利润税的税率是否应该比利息税或地租税的税率低，这是一个当前富有争议的较为广泛的所得税问题的一部分，即非世袭性收入是否应该与永久性收入（perpetual income）纳同样比例的税，也就是例如薪金、年金或从事自由职业所得到的收入等是否应该与由所继承的财产得到的收入纳同样比例的税？

现行所得税制对待所有收入均一视同仁，不管是对于死后其收入便消失的人，还是对于可以把财产原封不动地传给子孙的地主、股票持有者或发放抵押贷款的人，都同样是1英镑收入征收7便士（现在是4便士）的税。这显然是不公平的，但从数学上说，这并没有违反按财产比例征税的原则。有人说，暂时性收入应比永久性收入纳较少的税，一个无可反驳的回应是，现在正是这样做的，因为为期10年的收入只纳10年的税，而永久性收入则永远纳税。在这个问题上，某些财政改革家犯了一个大错误。他们认为，所得税不应依据年收入额按比例征收，而应该依据年收入的资本化价值来按比例征收；例如，如果100英镑永久性年金（perpetual annuity）的价值为3 000英镑，而相同数额的终身年金（life annuity）由于其价值按年限计算只及永久性年金的一半因而只能卖得1 500英镑，那么，永久性收入的所得税额就应该是该限期性收入（terminable income）的2倍。若前者每年纳10英镑税，则后者只需纳5英镑税。但该观点显然忽略了，它用一个标准估计收入的价值，而用另一个标准估计所纳税款的价值；它把收入的价值资本化，却忘记了把所纳税款的价值也资本化。价值3 000英镑的年金征收的税款应是价值1 500英镑的年金的两倍，这一主张是无可非议的；但人们忘记了，价值3 000英镑的收入需无限期地每年缴纳10英镑所得税，根据该假设，所纳的税款相当于300英镑，而限期性收入只是在收入者活着的时候每年缴纳10英镑所得税，根据同一假设，所纳的税款为150英镑，而且实际上也是能够用150英镑买得到的。所以，按照现在的比例税制，1 500英镑收入所纳的税款恰恰是3 000英镑所纳税款的一半；如果还要把其每年缴纳的税款从10英镑减至5英镑，那么它缴纳的就不是永久性收入所纳税款的一半，而仅仅是四分之一了。在这样的情况下，为了使1 500英镑收入每年缴纳的税款达到3 000英镑收入所纳税款的一半，前者纳税的年数就必须与后者相同，也就是无限期地纳税。

如果只征收一次税就足以满足国家的紧急需求，那么上述那些财政改革家所鼓吹的征税原则也许是很妥当的。根据所有纳税人负担平等的原则，凡拥有财产的人，包括未来的继承人在内，都应依据财产现价按比例纳税。我感到奇怪的是，那些改革家竟没有想到，正是由于他们所鼓吹的征税原则在只征一次税的情况下是正确的，所以它才不可能在征收永久性赋税的情况下也是正确的。如果所有人只纳一次税，每个人都不比其他人纳税的次数多，在这种情况下是正确的比

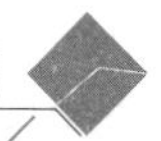

例，不可能在一个人只纳一次税而另一个人要纳好几次税的情况下也是正确的。然而，这正是实际出现的那种情况。永久性收入纳税的次数总是多于暂时性收入纳税的次数，原因是永久性收入持续的时间总是长于限期性收入持续的时间，不管这个时间是确定的还是不确定的。

很显然，所有力图借助数字计算而偏袒限期性收入（亦即力图证明比例税不是按比例征收的）的做法，都是荒谬可笑的。这种主张并不是真正建立在数字的基础上，而是诉诸人们的需要和情感。对暂时性收入者应按较低的税率征税，并不是因为他的财力较小，而是因为他的需要较大。

设有 A、B 两人，A 每年可获得暂时性收入 1 000 英镑，B 从世袭财产中每年也可得到 1 000 英镑，但 A 从其收入中拿出 100 英镑纳税，并不像 B 那么轻松。虽然 A 和 B 的收入名义上相等，但 A 通常要为其子女或其他人积蓄一笔钱，B 却没有此种必要。如果 A 的收入为薪金或从事自由职业的所得，则一般来说，为了自己的晚年生活他还要积蓄一笔钱；而 B 则可以把其收入全部花掉，不必为晚年生活担忧，死后还可以把财产留给子女。如果 A 为了应付那些需要必须从其收入中取出 300 英镑存起来，那么向他征收 100 英镑所得税就相当于向 700 英镑征 100 英镑税，因为这 100 英镑税只能从他可用于消费的那部分收入中支取。如果他把 100 英镑税按比例分摊在每年的开支和储蓄上，也就是说减少开支 70 英镑，减少储蓄 30 英镑，那么，固然他眼前所做的牺牲同 B 所做的牺牲比例相同，但他的子女的生活和他自己的晚年生活却会因为该税而恶化。为子女和晚年积累的资本额将减少十分之一；由于资本额减少，收入也就将减少，这对于 A 和其子女来说相当于征收两次所得税，而 B 的继承者只征收了一次所得税。

所以，赋税平等原则的唯一合理的解释是平等牺牲，它要求：如果一个人必须储蓄一部分收入来应对晚年和子女的生活，那么此人用于这方面的那部分收入就确实应予以免税。

如果的确可以信赖纳税人的良心，或可以从别的方面充分证实纳税人申报的是实情，则征收所得税的适当方法就是只对用于开支的那部分收入征税，而对用于储蓄的收入予以免税。因为用于储蓄和投资（一般而言，所有的储蓄都被用来投资）时，其收入还要为其利息或利润缴纳所得税，尽管它已为本金纳了税。所以，如果不对储蓄免税，纳税人用于储蓄的收入就会被征收两次税，而用于消费的收入则只被征收一次税。如果一个人把全部收入花光，他每英镑收入实际纳税 7 便士，也就是缴纳 3%的税，仅此而已；但如果他储蓄一部分年收入用来购买股票，则除了他已为本金缴纳的 3%的所得税外（其利息将以相同的比例减少），他每年还要为利息支付 3%的税，这等于是为本金再支付 3%的税。因此，非生

产性开支仅缴纳3%的税，而储蓄却要缴纳6%的税；或更准确地说，他为全部收入缴纳3%的税后，还要为剩下来的97%的收入再缴纳3%的税。由此而造成的差别极不利于谨慎节俭，它不仅有失妥当，而且很不公平。向用于投资的款项征税，然后又向投资所获得的收益征税，这等于是向纳税人的同一部分收入征两次税。本金与利息在纳税人的资财中并不是两部分，而只是同一部分计算两次；如果他得到利息，那是因为他没有花掉本金，如果他把本金都花掉，他就得不到利息。然而，因为他既可以储蓄又可以花费，所以看起来他似乎可以同时做这两件事，一方面可以得到储蓄的利益，另一方面又可以得到花费的利益，于是便依据这种印象向他征两次税。

不赞成对储蓄实行免税的人一直认为，法律不应该借助人为的干预来破坏储蓄动机和花费动机之间的自然竞争。但我们已经看到，破坏这种自然竞争的，恰恰是对储蓄征税的法律，而不是对储蓄免税的法律。由于储蓄用于投资后便要照章纳税，因而投资前对其实行免税才能使它不致纳两次税。这样做是完全有必要的，因为用于非生产性消费的钱也仅仅纳税一次。还有一种反对观点认为，富人最有能力进行储蓄，给予储蓄以特权便是偏袒富人而牺牲穷人。我的回答是，享受这种特权的仅仅是那部分富人节约出来的，而且是用于满足他们的需要而用于生产性投资的收入。这种收入不是被他们花费掉，而是以工资的形式被分配给穷人。假如人们认为这样做有利于富人，我倒想知道还有哪种课税方法有利于穷人。

所有不对储蓄免税的所得税，实际上都是不公正的；而任何所得税若不具备以下条件就不应批准，该条件就是，申报书格式和所提交的证据的性质能确保人们不滥用免税权，比如，在储蓄的同时又举借债务，或者今年把去年的得以免税的储蓄花光。如果这个困难能够被克服，那么就不存在在暂时性收入和永久性收入之间斟酌哪一方应予以免税的问题了。因为除非暂时性收入者必须进行较多的储蓄，而所储蓄的钱理所当然地应予以免税，否则就不必对暂时性收入征收比永久性收入更少的税。但如果没有办法保证免税权不被滥用，那么为实现公平退而求其次的做法便是，在征税时考虑到不同阶级的纳税人所应该储蓄的金额。能够做到这一点的唯一权宜方法是采用两种不同的税率。我们很难把一种限期性收入与另一种限期性收入在延续时间上的差别考虑在内；就最常见的非世袭性收入而言，每个人的年龄和健康状况千差万别，根本无法妥善考虑到每个人的具体情况。因此，我们所能做的，只是对所有继承性收入采用某种统一的税率，而对所有非世袭性收入采用另一种统一税率。在确定这两种税率的比例时，当然不可避免地会有主观武断；也许，对非世袭性收入的四分之一给予免税，是人们最容易接受的，因为人们一般认为，根据把各种年龄和各种健康状

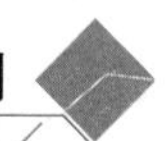

况考虑进来的平均水平，为子女和晚年生活储蓄非世袭性收入的四分之一是一个适当的比例。①

前面说过，实业家的纯利润中，一部分可以看作是具有永久性质的资本的利息，其余部分可以看作是对监督管理工作的报酬。是否有超过利息的剩余，取决于实业家的寿命，甚至取决于他是否继续营业，因而这种剩余有权享有与限期性收入相同的免税额。而且我认为，由于这种剩余是不稳定的，它还有理由享有更高的免税额。与每年可得到 1 000 英镑永久性收入的人相比，实业家的收入有可能因为各种变故而完全丧失这笔收入，甚至背上债，那么即使平均而言他每年得到 1 000 英镑，其感觉也完全不同。如果对于暂时性收入按其数额的四分之三征税，那么对于扣除利息后的营业利润不仅也可按其数额的四分之三征税，甚至还应进一步降低税率。或者，使包括利息在内的全部收入享有四分之一的免税额，可以满足这方面的公平原则。

以上便是解释赋税平等原则时会遇到的几种主要的困难。正如我们在前面这个事例中所看到的，赋税平等的真正意义是，不应按收入额课税，而应按支出能力课税。很难在所有场合都彻底贯彻这一原则，但这并不构成反对它的理由。设

---

① 作为一个富有实践经验的立法者，哈伯德（Hubbard）先生是第一个试图依据不容怀疑的平等原则修改所得税的人。他精心制订的方案几乎可以确保赋税平等，而且可以付诸实施。他建议对工业阶级和职业人士的收入的三分之一而不是四分之一实行免税。他确定三分之一为免税额的理由是，不管人们认为工业阶级和职业人士应该储蓄多少收入，现有的证据都证明，他们的平均实际储蓄额为收入的三分之一。这一比例要高于其他阶级的储蓄率。哈伯德先生指出："得自投资财产的收入用于储蓄的份额估计为十分之一。工业阶级的收入用于储蓄的份额估计为十分之四。考虑到目前对这两个阶级征收几乎相等的所得税，因而调整方法很简单：先对每一方的收入免税十分之一，然后再对应税工业阶级的收入免税十分之三，即三分之一左右。"《1861 年委员会的报告和证词》第 14 页［参见《议会文件集》，1861 年（第七卷）］的这个估计不可避免地有很大的猜测成分；但它目前所做的这个估计确实为哈伯德先生得出的实际结论提供了比较可靠的依据。

在这个题目上，一些著述家——其中包括穆勒先生（见他的《政治经济学纲要》）和麦克库洛赫先生［见他的《赋税论》（*Taxation*）］——主张，给予暂时性收入者的免税额应该起到这样的作用，即它将确保暂时性收入者的后代得到与暂时性收入者本人一样多的收入，因为这正是拥有世袭性财产的人不用储蓄一分钱所能做到的事情。也就是说，这些著述家主张，暂时性收入应转换为相等现值的永久性收入，然后仅针对转换后的收入征税。如果非世袭性收入者确实把这么大比例乃至更高比例的收入储蓄起来，我将欣然同意对他们的全部储蓄给予免税。当然，这只是因为他们的确做到了这一点，才可以完全对其储蓄免税。但是我不能同意根据这种想象出来的储蓄额来给予他们免税待遇。暂时性收入者并没有这样节衣缩食的义务，把其收入的很大一部分储蓄起来，以使其子子孙孙能得到一笔与他们自己的暂时性收入相等的、足够维持闲居生活的收入；谁也不会幻想他自己能够做到这样。别人也根本没有理由要求或指望那些靠自己的劳动维持生计的人为其子孙后代留下一笔钱，使其能坐享一笔与其父辈相等的收入。他们为子女所应该做的，仅仅是为子女创造靠自己的努力谋生的有利条件。但既然为子女或其他人留下遗产是完全合法的，若暂时性收入者只有储蓄一部分收入才能做到这一点，而拥有世袭财产的人不用储蓄就能做到这一点，那么在收入本身相等的情况下，就应该通过调整税率适当纠正这种真正的不平等，从而使暂时性收入者和永久性收入者做出的牺牲尽可能地相等。

有甲和乙两人，他们拥有相同数额的非世袭性收入，但甲身体欠佳且子女较多，而乙身体健壮且子女较少。在这种情况下，如果甲想在其死后为子女留下遗产，那么他就不得不比乙更加省吃俭用。由于征税时尚不能考虑到这种差别，有人便认为，征税只要考虑收入的绝对额，而不必考虑任何这种差别。但是我们不能因为很难做到完全的公平合理，就不尽最大努力去争取实现它。设有年金领取者甲和乙，甲可望再活 5 年，乙可望再活 20 年，但给予甲的免税额并不比乙大，对于甲来说，这样做尽管是残酷的，但与对双方丝毫不予以免税的做法相比还是要好一些。

第五节　应对自然增加的地租课以特别税

在结束赋税平等的讨论之前，我必须指出，赋税平等存在例外情况，但这些例外情况与平等正义（equal justice）原则——赋税平等的基础——相抵触。假设有这样一种收入，其所有者不花任何气力，也不做任何牺牲，它就会不断增长；拥有这种收入的社会阶级采取完全消极被动的态度，听凭事情自然发展，就会变得愈来愈富有。在这种情况下，国家没收这种收入的全部增长额或一部分增长额，完全没有违反私有财产制赖以建立的那些原则。这当然不是说没收人们的所有财产，而仅仅是没收由于事态的自然发展而增加的财富，用它来造福于社会，而不是听凭它成为某一阶级不劳而获的财富。

今天地租实际上正是这种情况。社会的进步和财富的增加，使地主的收入时时刻刻在增长；虽然他们不付出任何劳动，也没有任何开支，但他们的收入在社会财富总额中所占的绝对额和相对额却愈来愈大。他们不劳动，不冒风险，也不节省，就是睡大觉，也可以变得愈来愈富。依据社会正义的一般原则，他们究竟有什么权利获得这种自然增加的财富呢？如果国家从一开始就保留有权利，可以根据财政上的需要对地租的自然增长额课以最高额度的税，又有什么不对呢？我承认，不分青红皂白地把每一项地产的地租增加额一律充公，是不正义的，因为在许多情况下，尚没有办法把仅仅是由一般社会环境造成的地租增加与土地所有者运用技术和进行投资而导致的地租增加区别开来。唯一可行的是采取一项普遍性的措施。第一步是估计全国所有土地的价值。对所有土地的现时价值实行免税，但过了一段时间以后，随着人口和资本的增加，地租也必然会上涨，这时便可粗略地估计出这段时间地租自发增长的额度。可以用农产品的平均价格来作为衡量标准。如果农产品的价格上涨，则可以肯定，地租也上涨了，而且（正如前面已经说过的）地租的上涨幅度甚至要比价格的上涨幅度大。根据由此而得到的

数据和其他数据，就可大致估计出全国的土地因为自然原因而增加了多少价值；在制定一般土地税时，为了防止计算错误，应使税额大大低于估计出的地租增加额，这样便可确保由于土地所有者的投资和勤劳而增加的收入不会受损。

对地租的增长额课税的正义性是不容怀疑的，但是各国都宣称有权对此征税却不行使这种权利，这难道不就等于放弃了这种权利吗？例如在英国，在18世纪乃至更早购买土地的人，其支付价格不仅包含了基于现有收入的估值，而且包含了基于预期增长额的估值，他们这样做不正是因为确信国家对土地将只按与其他收入相同的比例课税吗？这种反对国家对增长额课税的看法究竟有多少人相信因国而异，取决于有关国家究竟在多大程度上放弃了那种本来毫无疑问完全属于它的权利。大多数欧洲国家都从未放弃自己的权利，在需要的时候，都不加限制地对地租课税。在一些欧洲大陆国家，土地税是国家岁入的主要来源，其税率一直不受其他税的影响而单独进行调整。在这些国家里，无论谁购买土地，都得预备缴纳更高的土地税。英国的土地税则从18世纪早期以来一直未发生变化。最近一次有关土地税的法令反而降低了土地税；虽然自那时以来，由于农业的发展、城市的扩展和建筑物的增加，地租的上涨幅度很大，但由于议会中地主占优势，却一直未能正当地对这种不劳而获的收入征税。在我看来，由此而产生的期望已获得了足够的回报，因为在这样一个长时期内，由于自然规律而并非由于努力或牺牲而增加的全部收入，一直被视为是神圣不可侵犯的，从而没有被课税。我认为，从现在或从议会认为适当的今后某一时刻起，人们没有理由不赞成对地租的增加额专门课税。在这样做的时候，只要确保地主得到其土地的现时市场价格，对他们就没有什么不公平的，因为土地的现时市场价格便包含了全部未来预期的现值。关于这种税，比地租上涨或谷物价格上涨更为可靠的征税标准也许是土地价格的一般上涨。征收这种税而不使土地的市场价值降到最初的估值以下这一点很容易做到；而只要做到这一点，则无论征收多少税，土地所有者都不会吃亏。

第六节　土地税有时并非赋税，而是为公众利益收取的一种租费

关于国家从未来因自然原因而增加的地租分得一杯羹是否合法，人们的看法可以不同，但不应该把现有的土地税（遗憾的是，英国的土地税很少）看作是一种赋税，而应该看作为公众利益收取的一种租费（rent-charge）。这种租费是地租的一部分，从一开始就应当归国家所有，从来不是地主收入的一部分，因此不

应把它看作赋税的一部分，从而也就不得以此为借口来免除地主所应缴纳的其他赋税。如果现有的土地税可以被看作赋税，那么什一税也可以被看作对地主征收的税了。在孟加拉国，全部地租都归国家所有，只把其中的十分之一给予地主，剩下的十分之九由国家掌握。若根据上述那种看法，这十分之九也可以被视作对被赐予十分之一地租的人所征收的不公平的赋税。一个人拥有地租的一部分，并不等于他对地租的其余部分也拥有正当的、不可侵犯的权利。地主最初拥有地产是以尽封建义务为前提的，相对于封建义务来说，现有的土地税微不足道；他们从封建义务中被解放出来后，本来就应该付出更大的代价才对。自有土地税以来，凡购买土地的人都必须缴纳土地税。所以没有任何理由把土地税看作对当前的地主所征的赋税。

只有当土地税是特种税（peculiar tax）时，上述观点才适用于土地税。若从地主那里征税与从其他阶级那里征税的方式相同，则该观点就不适用于土地税了。例如在法国，对土地以外的其他财产和收入（动产和专利）也征收特种税，假如土地税不比其他税更高，就没有理由认为国家对土地收取了租费。但是如果土地除了按与其他财产相同的税率纳税外，还必须向国库另外缴纳一笔税，则这超出的部分严格来讲就不是赋税，而是国家保有的一份土地所有权。在英国，并不对其他阶级征收与土地税相当的特种税，因此，全部土地税不是赋税，而是一种租费，正如国家保有的不是一部分地租，而是一部分土地所有权。正如某个共同承租人所负担的地租不能被视为其他共同承租人的负担那样，土地税也不是地主的负担。地主无权因土地税而要求补偿，也无权把土地税算作其应缴赋税的一部分。基于现在的价值来继续征收土地税并不违背赋税平等原则。①

接下来我们将考察赋税平等原则在多大程度上可被应用于间接税，以及在被应用于间接税时应做哪方面的修正。

第七节　对资本征税并不必然有错

除了前面提到的那些课税原则外，有人还提出了另外一条课税的一般原则，即课税的对象应该是收入而不应该是资本。赋税应当不侵蚀国家的资本数额，这当然非常重要；但赋税侵蚀资本，与其说是特定课税方式的结果，还不如说是赋

① 上述看法显然也适用于地方税，正如残余的“保护主义者”所说，地方税的绝大部分都落在了土地所有权上。征收地方税具有很悠久的历史，所以应该把地方税看作政府为公众利益而扣留或保有的一部分地租。最近土地税有所增加，但这要么是为了增进土地所有者的利益，要么是由土地所有者的过错引起的，因而无论在哪种情况下，土地所有者都没有理由抱怨。

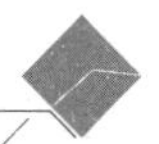

税过重的结果。赋税过重到一定程度，哪怕最勤劳的人也会破产。特别是当赋税随意变动以致纳税人不确定自己将来可以保有多少收入时，或者当由于税重使得勤劳和节俭反而不合算时，情况更是如此。但如果可以避免这些错误做法，且所征税额不超过当今赋税最重的欧洲国家的所征税额，那就不必担心赋税会使国家丧失一部分资本。

要使赋税完全落在收入而丝毫不落在资本上，这是哪一种财政制度都做不到的。无论哪一种税，人们总是会用一部分如果予以免税就会用于储蓄的收入来支付；无论哪一种税，如果实行免税，人们就不会把节省下来的收入全部用于增加开支，而是会储蓄一部分来增加资本。所以从某种意义上说，所有赋税都部分地取自资本；在穷国，不管怎么征税，都不可能不阻碍国民财富的增长。但在资本充裕、积累意识强烈的国家，人们几乎感觉不到赋税阻碍国民财富增长的作用。在后一类国家，资本积累已达到了这样的阶段：如果不是存在着生产上不断改良的倾向，那么资本就不再增长；而且资本增长速度甚至会超过生产改良的速度，以致造成资本外流和所谓周期性商业危机，从而使利润仅仅保持在最低水平。由此可见，如果不通过课税拿走一部分利润，一部分资本也会外流或被商业危机毁掉。因此，赋税在这里扮演着与资本外流或商业危机相同的作用，即为日后的储蓄腾出了空间。

因此我认为，在富裕国家里反对征收遗产税并没有什么意义。反对征收遗产税的人认为，对遗产征税就是对资本征税。实际情况确实如此。正如李嘉图所说，假定某人被征收房屋税和酒税 100 英镑，那么这个人也许会改住租金便宜的房子和少喝酒，或者缩减其他开支，以此节省出全部或一部分税款。但是如果是因为他获得了 1 000 英镑遗产而向他征收 100 英镑税，则他便会认为只获得了 900 英镑遗产，觉得没有必要（或者不那么有必要）节省开支。由于遗产税完全是由资本缴纳的，在一些国家，这会成为反对遗产税的重要理由。但首先，这种看法不适用于发行国债从而必须用一部分税收来偿付国债的国家，因为偿付国债的税收依然是资本，只不过是从纳税人手中转到了国债持有人手中。其次，这种看法特别不适用于财富迅速增长的国家。在这样的国家，即使征收遗产税的税率很高，每年征得的税款也只是年资本增长额的很小一部分。征收的遗产税只不过为相同数额的储蓄腾了地方。不征收遗产税，人们反而会减少相应的储蓄，或者把已经储蓄的钱送到国外进行投资。对于如英国这样不仅为自己而且还为半个世界积累资本的国家而言，其公共开支完全来自多余的资本；其财富目前多得也许让人根本感觉不到赋税的存在。政府课税所拿走的，不是生产资料，而是享乐资料。如果不征税，人们便会用由此而节省下来的钱纵情享乐，或用来追求其永无餍足的欲望或嗜好。

第三章 论直接税

第一节 对所得或支出课征的直接税

赋税可以被划分为直接税和间接税。所谓直接税（direct tax），就是根据原计划安排谁缴纳并实际上也由该人缴纳的税。所谓间接税（indirect tax），即对某人所征收的、实际上通过损害另一个人的利益来使自己得到补偿的税收，比如国内货物税（excise）、关税（custom）。要求生产商或进口商纳税，本意不是向他们课征一种特别税，而是想通过他们向消费该商品的人课税，因为生产商或进口商可以通过提高售价来从消费者那里获得补偿。

直接税的课税对象要么是所得，要么是支出。对支出所征收的税大都是间接税，但有些也是直接税，这指的是不对生产商或销售商课税，而是直接对消费者课税的情况。像房屋税（house tax）通常课征自房屋的居住者，这便是直接消费税。如果该税课征自建造商或所有者，那便是间接税。窗税（window tax）是直接消费税。车马税以及所谓财产税（assessed tax），也都是直接税。

所得的来源可以是地租、利润和工资，它包括除礼物或赃物外的各种所得。一国既可以对这三种所得中的任何一种征税，也可以对三者都征税。下面我将依次对它们加以考察。

第二节 地租税

地租税（tax on rent）是完全落在地主身上的。地主没有办法把这一负担转嫁给他人。地租税并不影响农产品的价值或价格，因为农产品的价值或价格是由

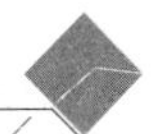

最不利条件下的生产成本决定的。正如我们已经多次指出的，在最不利的条件下，是不缴纳地租的。所以，地租税除了其显而易见的作用外，没有任何其他转嫁作用。地租税仅仅从地主那里课征了税款，然后就转交给国家。

但严格来说，只有当地租产生于自然原因或产生于承租人所做的改良时，上述说法才是成立的。当地主改良土地从而提高土地的生产力时，承租人会向他支付额外的报酬从而让他得到补偿。对地主来说，这种报酬本质上是资本的利润，但却与地租混在了一起；而对承租人来说，根据决定这种租金额的经济法则，这种报酬又的确是地租。地租税如果侵蚀了这部分地租，则将挫伤地主改良土地的积极性，但我们却不能由此断定，它将提高农产品的价格。如果地主愿意与承租人签订很长的租约，使后者能在租约到期前得到补偿，那么承租人也愿意用自己的资本甚或用地主贷予的资本改良土地。但是，只要人们的利益受损，无法以自己最喜爱的方式改良土地，人们就干脆不去改良土地。因此，如果不能将这部分视为地主利润而将它从地租税额中予以免除，则征收地租税便是不明智的。不过，在谴责地租税的时候并不需要用到该观点。对某一阶级的收入征税，而对其他阶级的收入不征税，是违反正义原则的，等于没收被征税阶级的一部分收入。前面已经说明，如果不对现有地租课税，而只对未来因自然原因而增加的那部分地租课税，则可不用受这种指责。但是，如果没有土地的市场价格来作为参照，那么这样做很难实现公平。倘若并不是对地租征收特别税，其他收入也以同样的税率被征税，则上述反对征收地租税的看法便不是那么有力，因为不仅是地租，而且利润也被征税，在这种情况下，以地租形式出现的利润理所当然地应同其他收入一样被征税。不过，正如前面所指出的，利润的税率应低于狭义地租的税率，所以上述反对征收地租税的论点的力量虽有所减弱，但并未消失。

第三节　利润税

利润税同地租税一样，至少就其直接的操作方式而言，完全落在纳税人身上。由于所有利润都被课税，所以人们并不能因为改换行业而不纳税。假如只对某一生产性行业的利润课税，则这种税实际上会提高该行业的生产成本，从而导致物品的价值和价格上涨。这样，这种税就被转嫁到了消费者身上，而不会影响利润。但如果对所有利润普遍课征相等的税率，则这种税就不会影响普遍价格，至少最开始时它将完全落在资本家身上。

不过，利润税会产生一种隐蔽的影响，那些繁荣富裕的国家对此需要加以考虑。当某个国家积累起来的资本很多，年积累率很高，以致只有资本外流和不断改进生产才能使该国不致陷入停滞状态时，任何实际降低利润率的做法都会大大加重这种现象。这种影响的方式有许多种。利润的缩减会导致用资本赚钱或谋生更加困难，从而会刺激发明以及发明的利用。如果生产改进的速度大大加快，这种生产改良将直接或间接地降低劳工经常消费的物品的价格，利润就会增加，其增加额足以补偿被利润税征走的全部利润。在这种情况下，课征利润税不会损害任何人，产量增长的效果会抵消乃至远远超过征税的效果。但即使如此，也应把这种税看作是从利润中支付的，因为假如取消这种税，获利的仍是得到利润的人。

虽然征走一部分利润有可能加速生产改进，但实际上也有可能没有发生巨大的生产改进，或生产改进程度不足以使利润普遍增加，或者其改进所致的利润增加效果不足以抵消因征收利润税所致的利润减少效果。如果是这样，利润率就会更接近实际最低利润率，而资本收益的减少将严重阻碍今后资本的积累，或者使得人们把每年增加的资本更多地送往国外，或者耗费在不产生利润的投机活动上。开始时，这种税会完全落在利润上，但随着资本的增加——征收这种税将对此有阻碍作用——最终将利润减少到不征收这种税的情况下的同一水平。因此每隔 10 年或 20 年，我们都会发现征收这种税时与不征收这种税时的利润差别逐渐缩减，直到最后差别不复存在，从而使这种税最终落在劳动者或地主身上为止。课征利润税的实际结果是，减少了国家在某一时期拥有的资本和总产量，使停滞状态更早地到来，减少了国民财富总额。利润税甚至有可能减少一国的现有资本。如果利润率已经处于实际最低水平，也就是说，此时减少利润的那部分年资本增加额即将被转移至国外或被用于投机活动，则课征利润税将进一步减少利润，而一部分现有的（不仅仅是增加部分）资本可能就会被转移到国外或被用于投机活动。由此可见，在像英国这样的资本积累状态下，课征利润税将大大损害国民财富。导致这种结果的并不限于那种特别征收的因而本质上是不公平的利润税。只要利润必须分担沉重的一般性赋税，那么这种一般的利润税就会与特别征收的利润税一样，往往将资本驱赶到国外。它减少了可靠的利得从而刺激了投机活动，挫伤了人们积累资本的积极性，并加速了停滞状态的到来。有人认为，荷兰衰落——或确切地说之所以停滞不前——的原因就是课征了利润税。

即使在资本积累速度不那么快因而近期内不会陷入停滞状态的国家，课征利润税也会在一定程度上阻碍资本积累（如果资本的确在积累的话）；如果利润税刺激生产改进的作用不能充分抵消其阻碍资本积累的作用，则一部分利润税就必然从资本家身上被转嫁到劳动者或地主身上。劳动者或地主最终是积累率降低的受害者。如果人口的增长速度一如从前，那么受害的就是劳动者；如果人口的增

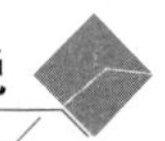

长速度放缓，土地的耕种规模就会受到抑制，地主就得不到原本归他们的地租的自然增长额。只有在没有新的资本积累因而资本不再增长的国家，利润税才似乎有可能永久而完全地落在资本家身上。在这样的国家里，资本之所以能够不减少，要么是由于习惯的力量，要么是由于人们不愿陷入贫困，因而课征利润税不会减少总资本，资本家会承担全部利润税。从上述这些论述来看，课征利润税的结果要比一般学者想象的情形更加复杂多样，在某些方面是不确定的。

第四节　工资税

现在我们来讨论工资税（tax on wage）。工资税的归宿不能一概而论，要视课税对象究竟是普通非熟练劳动者的工资还是熟练劳动者或享有特权的劳动者的报酬而定。后者——不管是体力劳动者还是脑力劳动者——享有自然的或被授予的垄断权，不受竞争的影响。

我之前说过，在当前大众教育水平较低的情况下，所有高级脑力劳动者或需要知识的劳动者都享有垄断价格，其高于普通工人工资的程度远远超过了为获得从事该职业的资格所支付的费用、精力和时间所应得的报酬。即使对这种利得课税，它们也仍将高于（或不低于）其应得的公平比例，所以这种税将落在纳税人身上，纳税人无法把它转嫁给其他阶级。在像美国或新开辟的殖民地之类的地方，普通劳动者的工资也是这样。在这些地方，由于资本的增长速度同人口的增长速度一样快，因而其工资没有下降，这并不是由于劳动者保持某个固定的生活水平不变，而是由于资本的不断增加。在这种情况下，即使通过课税或其他方法降低他们的经济状况，也不会阻碍人口的增长。此时赋税将落在劳动者自己身上并降低其生活水平，但是根据有关劳动者习惯的假设，哪怕不课税，他们的生活水平最终也会降低，因为所有肥沃土地都会被耕种完，最终必然降低资本增长率。

有些人会反对说，在这种情况下课征工资税并不会损害劳动者，因为所征得的税款仍然用于购买国内的劳动，所以又归还给了劳动者。本书第一编已彻底揭露了这种说法的错谬之处，这里只需引述观点就行。① 第一编曾指出，非生产性资金除非用于直接购买劳动，否则并不能提高工资或维持工资的现有水平。如果政府对每个劳动者的周工资课征 1 先令工资税，并将所征得的全部税款用于雇用工人从事军事、公共工程之类的工作，那么毫无疑问，劳动者作为一个阶级得到

① 参见本书第一编第五章第九节。

了完全的补偿。这真的是“取之于民，用之于民”。但如果把征得的全部税款用于购买商品，或用于增加政府官吏——他们用增加的工资来购买商品——的工资，那么这就不会增加对劳动的需求，也就不会增加工资。这里我们无须引证那些一般性原则，而只需用一个显而易见的反证来说明。如果使用向劳动者征收的税款购买商品，就等于把钱还给了劳动者，那么，使用向其他阶级征收的税款购买商品，也等于是把钱还给了劳动者；照此推理，政府课征的税越多，对劳动的需求就越大，劳动者的经济状况也就越好。谁都可以看出这一命题是多么的荒谬可笑。

在大多数社会中，工资将受到工人所坚持的习惯性生活标准的调节，低于这一标准，工人就将无法生儿育女。只要存在这种标准，工资税就必然在一段时间内由劳动者自己承担；但只要生活状况的暂时下降并未导致生活标准的下降，人口的增长就会因此受到抑制，从而提高工资，使劳动者的生活恢复到以前的水平。在这种情况下，工资税落在了谁的身上呢？根据亚当·斯密的说法，既然社会是由消费者组成的，因而一般来说，工资税就由社会来负担，因此他认为，工资的提高会提高一般物价水平。不过，我们已经看到，一般物价水平是由其他因素决定的，任何影响生产性行业价格的因素都绝不会以相同的方式或相同的程度抬高物价。由赋税引起的工资上涨，必然像由其他因素引起的生产成本的上涨那样，由利润来负担。在一个古老国家里，对日工课税也就等于向全部普通劳动的雇主加征赋税。如果不是这样，其结果会更加糟糕，即永远降低最穷阶级心目中的生存标准。

从上述讨论中，我们可以发现另外一个论据，来支持我们之前提出的那种看法，即直接税不应侵占仅够维持健康生活的收入。这种数额很小的所得通常来自体力劳动；我们现在又看到，对这种所得课税，要么会永久性地降低劳动阶级的生活水平，要么税款会落在利润上，使得资本家在缴纳了他们应当承担的直接税外，还要缴纳一笔间接税。我们有以下两个理由来反对这种做法：一方面，课征这种税违反基本的公平原则；另一方面，根据前面已经说明的原因，课征这种税等于是向利润课征一种特别税，这将对国民财富的增长有害，从而不利于社会纳税能力的增长。

第五节　所得税

前面讨论了对不同收入分别课税的情形，接下来我们讨论对所有收入不加区别课征一种税的情形，换句话说，也就是所得税（income tax）。上一章已先行讨

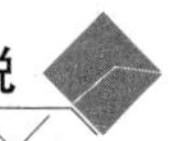

论了使这种税符合正义的必要条件。这里我们不妨假定，这些条件都得到了满足。第一个条件是，低于某一数额的收入应完全给予免税。这一最低额不应高于当前人们购买生活必需品所需要的收入水平。现行所得税对每年 100 英镑以下的收入给予免税，对 100 英镑至 150 英镑的收入按较低税率课税，这样做的理由是，几乎所有间接税对于 50 英镑至 150 英镑的收入所施加的负担要比其他阶级更重。第二个条件是，凡高于免税额的收入，均应当仅按照超出额的比例课税。第三，所有用于储蓄和投资的收入都应予以免税；如果做不到这一点，那么对限期性收入以及营业性和职业性收入所课征的所得税也应该低于对世袭性收入所课征的所得税，也就是说，应尽量照顾到前一种收入较多的节约需要；同时还要考虑到一些收入的不确定性。

从正义这个角度来看，按上述这些原则公平地征收所得税是所有赋税中缺点最少的。反对它的意见是，在目前道德水平较低的情况下，这种税的缺点是无法弄清纳税人的实际收入。但我认为，迫使人们公布收入数额虽然存在困难，但这种困难并不如人们想象的那么严重。英国社会的一个弊病是，人们总是想方设法炫耀或假装自己很有钱，这已形成了一种恶习。对于那些染上这种恶习的人来说，如果他们的确切收入得以公布，就会不再受到习气的诱惑而打肿脸充胖子来装阔气，那对他们是有极大好处的。但即使如此，这个问题也并不是一些人所期望的有百利而无一害。只要某一国家的民族性依然处在卑劣状态——他们完全根据自己对某人的财富的估算而按比例示以尊敬（姑且使用“尊敬”这个词），那么公布所有人的收入就只会使富人更加目中无人，趾高气扬地对待那些思想品格比他们高尚但财富比他们少的人。

虽然所得税具有一种所谓的调查性，但即使一国民众非常温顺，可以忍受详尽的调查，它也无法使税务官员能够完全了解纳税人的实际经济状况，从而估定所得税。地租、薪金、年金以及所有固定收入都不难准确查清。但变化不定的职业性收入以及更加不稳定的营业利润，连当事人自己都往往弄不清，税务官员就更别想用什么方法来真正搞清楚了。估定所得税的主要依据应该是——而且实际上也如此——当事人提供的所得税申报书。会计账本并没有多大用处，只能用来抑制那些明目张胆的谎报；但即使对于这类谎报，会计账本的抑制作用也是非常有限的，因为如果当事人想谎报，一般而言，他就会做假账，税务官员不管采取什么手段也是无法查清的；当事人只要故意漏填几项贷方进项就行，并不需要谎报负债或支出。所以，不管根据什么公平原则来课征所得税，所得税的实际操作都往往是最不公平的，即谁最有良心，谁缴纳的所得税就最多。不讲道德的人往往偷税漏税，甚至在日常交易中诚信正直的人也会昧着良心偷税漏税，至少在那些人通常不怀疑他们的时候，他们就会这样做。而坚守诚信原则的人所缴纳的所得税甚至有可能会超过国家想让他们缴纳的数额，因为国家赋予了税务官一定的任意估税权，以此来对抗纳税人想方设法隐匿收入的伎俩。

因此，人们担心，虽然课征所得税依据的原则是公平的，但在实践中可能做不到公平；虽然看上去课征所得税是筹集岁入的最公平方式，但实际上可能比其他许多表面上不那么公平的方式更不公平。这种考虑会使我们接受不久前还很流行的一种看法，即应把对所得直接征税保留为国家在紧急状态下采取的一种特别措施，因为此时国家需要比平时多得多的税收，各种反对意见都不得不暂时退居次要位置。

既然要做到所得税的公平合理面临着这么多的困难，有人便主张，不按收入的百分比直接课税，而按支出的百分比直接课税，纳税人自己来填报其支出总额，正如目前填报收入总额一样。这一建议的提出者是雷文斯（Revans）先生，其讨论这个主题的小册子认为，人们提供的有关支出的申报书要比他们现在提供的有关收入的申报书更为可靠，因为支出本质上要比收入更为公开，谎报也更容易被发现。① 我认为，他没有充分考虑到，在大多数家庭每年的支出中，只有少数几项可以根据外部迹象进行正确的判断。唯一可以依靠的仍然是每个人的诚实，没有任何理由认为，人们提供的支出申报书要比收入申报书更为可靠；特别是，大多数人的支出项目要比收入项目多，因而各种支出细项要比收入细项更容易隐瞒。

无论在英国还是在其他国家，目前课征的支出税都只限于几种特殊的支出，与货物税的区别仅仅在于，支出税由消费或使用物品的人直接缴纳，而不是由生产者或卖者先垫付然后通过提高价格得到补偿。车马税、犬税和仆役税就都具有这种性质。这些税显然落在了纳税人身上，也就是落在了那些使用被课税商品的人身上。与此相类似但更为重要的一种税是房屋税，我们将更为详尽地考察这种税。

第六节　房屋税

房租由两部分构成，其一为地皮租金（ground-rent），其二为亚当·斯密所谓的建筑物租金（building-rent）。前者由普通的地租原理决定，是房屋及其附属物所占用的土地应得的回报，其价值在这块土地用于农业时的租金与处在交通便利的繁华地段而享有的垄断租金之间波动。房屋本身的租金不同于地皮租金，房

① 参见约翰·雷文斯：《对国内支出课征比例税来提供全部财政收入》（*A Percentage Tax on Domestic Expenditure to Supply the Whole of the Public Revenue*），哈查德出版公司，1847 年。

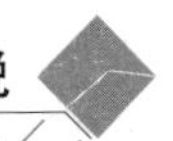

屋本身的租金是对建房中所使用的劳动和资本的偿付。不管房租是季付还是年付，这并不影响支配它的原理。它由以下两部分构成：一是建筑者资本所获得的正常利润；二是一笔年金，其数额为扣除房主所花的全部修理费用后，足以重置按现时利率在房屋破损以前或租约到期以前这段时间内折算的用于房屋建设的初始资本。

按一定百分比对房租总额所征收的赋税，同时落在地皮租金和建筑物租金上。房租越高，所缴纳的税款也就越多，其原因要么是位置好，要么是房屋本身好。无论如何，现在我们要分开来考察这两部分赋税的归宿。

针对建筑物租金课征的赋税最终必然全部落在消费者亦即房客身上，因为建房的利润率并不比正常利润率高，如果这种税落在房主而不是房客身上，那么建房利润就会低于其他不纳税行业的利润，人们就不会再建房。不过，刚课征这种税的时候，其中大部分很可能暂时落在房主而不是承租者身上，因为许多消费者或者没有能力或者不愿意在原租金之外再缴纳一笔税款，而宁愿降低居住条件。所以，一段时间内房屋会供大于求。对于大多数其他物品来说，一旦出现供过于求的情况，供给就会迅即减少，而像房屋这样的耐用品，其供给量并不会很快减少。若没有其他特殊原因，在需求减少时，新建住房也会随之减少。与此同时，暂时的供过于求则会压低房租，直到消费者支付的总金额——房租和赋税之和——依然同以前一样，住房条件也几乎与以前没有什么不同。然而，慢慢地，随着现有房屋不断破损以及人口不断增加，需求会不断增长，而房租则再次上涨，一直上涨到建房活动开始有利可图为止。而只有在赋税完全被转嫁给房客以后，建房活动才会有利可图。所以，落在建筑物租金（扣除了地皮租金之外的那部分租金）上的那部分房租税，最终还是由房客来承担。

地皮租金税的情形与建筑物租金税不完全相同。由于严格意义上的地租税是落在地主身上的，人们便认为，地皮租金税也必然落在地皮所有者身上，至少在租约期满之后是如此。然而，除非在课征地皮租金税的同时也课征农业地租，否则地皮租金税并不会全部落在地皮所有者身上。最低的地皮租金只稍稍高于该块土地用于农业生产时的地租，因为我们有理由假定，若没有其他特殊情况，只有土地用于建房比用于耕种能带来更多的租金，土地才会被出租或出售用于建房。因此，如果只对地皮租金课税而不对农业地租课税，则这种税（除非数额极小）就会使地皮租金提供的回报低于土地提供的正常回报，从而会跟对建筑物租金课税一样实际上抑制新的建房活动，直到对房屋的需求随着人口的增长而增加，对房屋的供给随着房屋的自然破损而减少，致使地皮租金有所提高，直到它完全与税额相等为止。不过，导致最低地皮租金提高的各种因素也同样会导致所有其他地皮租金提高，因为所有其他地皮租金都根据其特有的优势条件所具有的市场价值而高于最低地皮租金。所以，如果对每平方英尺地皮课征固定数额的租金税，也就是说，如果位置较为有利的地皮与位置很不利的地皮缴纳同样多的税，那么这种固定税最终就会落在房客身上。假设地皮租金最低为每英亩 10 英镑，最高为每英亩 1 000 英镑，如果对每英亩地皮租金课征 1 英镑税，最终就会把前者提高到 11 英镑，把后者提高到 1 001 英镑。由于两者位置上的差别依然同以前一样，所以每年缴纳的 1 英镑税要由房客来支付。但实际上，地皮租金税是房屋税的一部分，而房屋税的纳税额按房租的一定百分比课征，是不固定的。所以，如果假设最便宜的地皮仍跟以前一样缴纳 1 英镑税，那么最贵的地皮就必须缴纳 100 英镑税，其中只有 1 英镑可以被转嫁给房客，因为地皮租金仍然只能提高到 1 001 英镑。因此，对最贵的地皮课征的 100 英镑税有 99 英镑都落在地皮所有者身上。由此可见，应当把房屋税分为两个部分来考察：一部分是落在所有房客身上的税，一部分是落在地皮租金上的税。

对于绝大多数房屋来说，地皮租金仅占房租总额的很小一部分，因而几乎全部房屋税都落在房客身上。只是在例外情况下，例如大城市中处于有利位置的房屋，地皮租金才构成房租中的主要部分；在为数不多的几种适合课征特别税的收入中，这种地皮租金便是主要的一种。因为地皮租金是迅速积累巨额财富中最突出的情况，而且许多情况仅仅是少数家族碰巧占有某些土地而意外地获得的财富，他们不费吹灰之力，没有花一分钱，也不冒任何风险，就攫取了这笔财富。所以，对落在地皮所有者身上的那一部分房屋税，几乎找不到任何正当的反对理由。

如果落在房客身上的那部分房屋税刚好与房屋的价值成比例，则它便是所有赋税中最公平、完全可以接受的一种税。在个人支出中，房租最能衡量出个人的财力，而且总体来看，房租与他的财力成比例。同直接对收入课税相比，课征房屋税更为公平，因为课征所得税对很多问题是很难或无法予以考虑的，而课征房屋税则自然而然地考虑到这些问题。房屋税之所以能做到这一点，那是因为从一个人支付的房租所反映的内容来看，它衡量的并不是他的收入，而是他的支付能力。只有下面两个理由可以考虑用来质疑这种税的公平性。第一个反对理由是，守财奴可以逃避这种税。该反对理由适用于所有支出税，因为只有直接对收入课税，守财奴才无法逃税。但今天的守财奴并不是把财富储藏起来，而是把它投资于生产事业，这样做不仅增加了国民财富从而增加了一般应税收入，而且对它课征的税只不过从本金那里转移到其所获得的收入，因为只要使用这种收入就必须纳税。第二个反对理由是，某人租赁宽敞昂贵的房屋，并不一定是因为收入较多，也可能是因为家庭人口较多。但是对于这种情况他并没有什么好抱怨的，家庭人口多是他自己造成的；从公众利益的角度来看，应该鼓励减少家庭人口而不

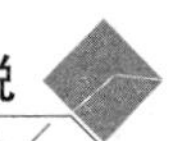

是鼓励增加家庭人口。①

英国的税收很大一部分来自房屋税。各个城市的地方税全部是房租税，农村的地方税中只有部分是房租税。窗税也是一种房屋税，但其影响非常糟糕，这实际上是课光线的税，由此而造成了房屋建筑上的缺陷。1851 年废除了这种税而改征真正的房屋税，并且其税率要比 1834 年以前低得多。令人痛惜的是，新房屋税保留了旧房屋税征收中的不公平原则。正是由于课征这种税的不公平，中产阶级才竭力反对课征这种税。当人们听说像查兹沃斯或贝尔瓦那样的宅邸每年仅按规定的 200 英镑租金课税时，他们当然很愤怒。按 200 英镑租金课税的借口是，维持这种宅邸的开支很大，因此无法索取更高的租金。如果这种说法是正确的，它们可能连 200 英镑租金也得不到，那么就应该不对它们课征任何税。但是征收房屋税的目的并不是要课加在来自房屋的收入而是租房的支出上，其想要确定的是居住者的租房成本，而不是房主的租房收入。当居住者不是房屋的所有者，因而不负责房屋的修缮时，他所支付的租金便衡量出了这所房屋使他花费了多少钱。但当居住者是房屋的所有者时，就应该寻找其他衡量标准了。对房屋进行估价，不是以它能卖得多少钱进行估价，而应当以重建这所房屋的开支来估价，所估得的价值应定期予以修正，减去因破损所失掉的折旧价值，再加上因修缮和改建所增加的价值。这种经常修正的估定价值便构成了本金，再按国债的现行价格计算利息，然后根据计算出的利息来估计这所房屋每年应缴纳的税款。

既然低于一定数额的收入应当免予缴纳所得税，那么低于一定价值的房屋也应免予缴纳房屋税，其所依据的是这样一条普遍原则，即对维持健康生存所必不可少的生活必需品应予以免税。按照正义的要求，单个房间（lodging）的居住者和整所房屋的居住者都应当享受到免税的好处，因此应当允许房屋所有者按不同房客承租的不同房间分别估计房屋的价值和房屋税，就跟现在对公寓（chamber）估价时通常所做的那样。

---

① 另外一个常见的反对理由是，人们租赁宽敞昂贵的房屋，常常不是为了居住，而是为了营业。而人们通常认为，专门用于营业的建筑物或建筑物的一部分，如商店、库房或制造厂，应该免征房屋税。有人说，商人出于迫不得已而租住在伦敦的繁华街道上，但住在这样的地方必须支付垄断租金。在我看来，这个反对意见是不值得一驳的，因为无论哪个商人住在这样的地方，都会预料到，在此营业所赚的额外利润将大于其所承担的额外费用。况且，对于垄断租金课征的税大部分并没有落在商人身上，而是落在地皮所有者身上。

还有一个反对意见是，乡村的房租要比城市的房租低很多，有些城市和乡村的房租要比另一些城市和乡村的房租低，因而对房租按比例课税所产生的压力是不平等的。对此可以这样回答：在房租低的地方，收入与高房租地方相等的人往往租住宽敞整洁的房屋，因而他们的房租支出占其收入的比例，乍看起来更接近房租高的地方的同等收入者。如果不是这样，情况很可能是因为，他们当中的许多人住在房租低的地方，就是因为太穷而不能住在其他地方，因而也就理所当然地应该对他们课征较少的税。在很多情况下，正是因为人们穷，当地的房租才比较低。

第四章 论商品税

第一节 对所有商品课税的负担落在利润上

所谓商品税（tax on commodity），通常是指对生产者或介于生产者和最终消费者之间的运输者或商人课征的税。直接向某些货物的消费者课征的税，如房屋税或英国的车马税，虽然也可以被称为商品税，但实际上并不是，因为商品税这个词按习惯只用于指间接税。所谓间接税是这样一种税：某人预先缴纳了这种税，有望并有意从另一个人那里得到补偿。商品税的课税对象是国内的生产、别国货物的输入或者商品在国内的运输或销售，因而可以据此分为消费税、关税、通行税（toll）、转口税（transmit duty）等几类。无论某种商品税具体属于哪一类，也无论是在社会发展的哪一阶段课征这种税，它都会增加生产成本。我们是在最广泛的意义上使用生产成本这个词，这里的生产成本包括运输和销售的成本，通俗地讲，是指商品上市的成本。

通过课税而人为提高生产成本的结果，同生产成本因自然原因而提高时是一样的。如果只有一种或几种商品受到影响，则其价值和价格将上升，被课税的生产者或商人将得到补偿；但假如对所有商品都按照其价值的比例课税，则生产者或商人将得不到补偿：因为无论是价值还是价格都不会普遍上升，价值的普遍上升是荒谬的，价格的普遍上升取决于其他完全不同的原因。然而，正如麦克库洛赫先生所指出的，各种商品的价值将会发生扰动，由于各行业使用的资本具有不同的耐用性，因而对所有商品课征商品税，会使有些价值下降、有些价值上升。关于资本的耐用性对价值和价格的影响，前面已经讨论过。工业的总产出包含两个部分，一部分用于重置所消耗的资本，另一部分则是利润。投入两个生产部门的相同资本额应该产生相同的预期利润；如果一个部门比另一个部门拥有更多的

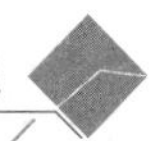

固定资本份额，或者前者的资本更为耐用，则该部门每年消耗的资本就较少，需要重置的资本也较少。这样，若两个部门的利润绝对相等，则前一个部门的利润就将在年收益中占较大的份额。要从 1 000 英镑资本中获得 100 英镑利润，一个部门也许只有出售价值 1 100 英镑的产品才能够做得到，另一个部门也许只需出售价值 500 英镑的产品就够了。如果对这两个工业部门都课征 5%的从价税（ad valorem），则后一个部门将只被课征 25 英镑税，前一个部门则将被课征 55 英镑税；后一个部门将剩下 75 英镑利润，前一个部门则只剩下 45 英镑利润。因此，为了使两个工业部门的预期利润相等，一种商品的价格必须上升，另一种商品的价格必须下降，或两种商品的价格同时上升或下降。相对于使用机器较多的商品而言，使用人工劳动较多的商品的价值必须上升。这里没有必要对该问题进行更深入的探讨了。

第二节　对部分商品课税的负担落在消费者身上

对任何一种商品课税，无论是对其生产、输入、从此地到彼地的运输还是销售环节课征商品税，也无论计税方式是对一定数量的商品课征固定金额还是课征从价税，一般而言都会提高该商品的价值和价格，其提高的幅度至少与税额相等。实际上，提高的幅度几乎没有低于税额的。首先，对生产课税，几乎都得相应地制定各种防止制造商或商人偷税漏税的禁令。这些禁令常常给制造商或商人带来麻烦和纷扰，使他们增加开支，因此他们必须提高商品价格以获得补偿。这些禁令还经常干预生产工程，迫使生产者采用最便于课税但不是费用最低、效率最高的生产工艺。无论法律强制推行什么样的规则，都会妨碍生产者采用最新的、更好的生产工艺。其次，由于生产者和商人必须预付这种税，因而他们的经营资本就得高出不征收该税时的资本，全部这些资本都得享有正常利润率，虽然它们并没有全部用于支付真正的生产费用和输入费用。在这种情况下，商品的价格就不是仅仅按照其自然价值提供利润，而必须按高出其自然价值的情形提供利润。总而言之，一国资本中有一部分并不用于生产，而用于向国家预交税款，然后再从商品的价格中得到补偿；因而消费者必须使出售者获得补偿，其补偿额等于这些资本如果真正用于生产所能赚得的利润。① 而且我们不应忘记的是，不管

① 的确，初看上去，好像并不会导致从人民口袋中取走的会多于国家得到的这样的情形，因为如果国家需要垫支预付款并以课征商品税的方式得到这笔预付款，它就能减少相应数量的借款，也就是不发行国债或财政部证券。但是，更为经济的做法是，由放款阶级手中的闲置资本来提供国家所需要的预付款，从而无须人为增加某一个或若干个生产或销售阶级的经营开支。

课征哪一种商品税，只要它使某一行业的营业资本不得不增加，它就会抑制该行业的竞争，使少数生产者或销售者获得某种垄断权，这样他们或者能够提高价格从而获得高于普通利润率的利润，或者几乎没有花什么气力去改进产品质量或降低产品成本，但却能获得正常利润率。在以上几种情况下，课征商品税因提高商品价格从而使消费者多支付的钱，常常远高于国库因此而增加的收入。还有一种情况也要加以考虑。因课征商品税而导致的价格上涨，必然会抑制对该商品的需求；既然采用生产方面的许多改进都以一定数量的需求为条件，那么这类生产改进便会受到阻碍，有些生产改进甚至完全被摒弃。众所周知，凡是遭受税收官员干预的生产部门，其生产改进得最少；一般来说，刺激某种商品的生产改进的最有效方法就是废除那种导致该商品市场萎缩的赋税。

第三节　对生活必需品课税的特殊影响

前面所谈论的是课征商品税的一般结果。但由于某些商品（劳动者的生活必需品）的价值影响了社会各阶级之间的财富分配，因而有必要进一步探讨课加在这些特殊商品上的商品税所产生的影响。例如，如果对谷物课税，谷物价格将因此按该税的比例上涨，这种价格上涨会产生以下两个方面的影响。首先，它会降低劳动阶级的生活水平；从短期来看，这种结果是不可避免的。如果它减少劳动阶级所消费的农产品，促使劳动阶级转而消费土地产量更高、价格更便宜的粮食，那么在一定范围内，它将有助于使农民重新耕种较肥沃的土地，采用成本更低的耕作方法，并最终有助于降低谷物的价值和价格。所以，最终谷物价格的提高额不会与税额相等，而只会是税额的一部分。其次，谷物被课税后的价格上涨也许不会降低劳动者所习惯的生活水平，而是通过对人口产生各种短期或长期的影响，使工资上升，从而补偿劳动者缴纳的那部分税。当然，这种补偿是以牺牲利润为代价的。由此可见，对生活必需品课税必然会导致上述两种结果中的一种。这种税要么降低劳动阶级的生活水平，要么使资本所有者除了为自己的必需品纳税外，还得为劳动者所消费的必需品纳税。在后面这种情况下，课加在生活必需品上的税与工资税相类似，等于是向利润课征特别税；因而这种税同所有其他特别税一样，是不正义的，对国民财富的增长特别有害。

接下来我们探讨这种谷物税对地租的影响。假设（实际情况也是如此）粮食的消费并没有减少，为了满足社会对粮食的需要，仍须耕种和以前一样多的土地；用查默斯博士的话来说就是耕种边际（margin of cultivation）仍然没有变化。总产品的价值和价格以前是由生产力最低的土地或资本规定的，现在仍然是

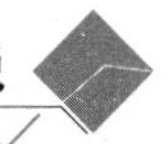

由这样的土地或资本来规定。农产品税是否会影响地租，取决于课征这种税是否会影响生产力最低的土地或资本得到的回报与其他土地或资本得到的回报之间的差额。而这又取决于课征这种税的方式。如果是从价税，也就是按产出的固定比例课税——姑且假定税率为十分之一吧，那么它显然将降低谷物地租。因为较好的土地要比较差的土地多纳税，比别的土地好多少，其所缴纳的税也就相应多多少；产量比别的土地高一倍的土地，就要多纳一倍的什一税。若从两个量中按相同的比例减去税额，则两者间的差额将缩小。对谷物课征什一税，也就相当于对谷物地租课征什一税，因为如果我们把一组数中的每一个都减少十分之一，则它们之间的差额也相应减少十分之一。

例如，设有五块不同等级的土地，在面积相同和支出相等的条件下，它们的产量分别为100、90、80、70和60蒲式耳小麦。其中最后一级土地是最差的土地，为了满足粮食需求而不得不耕种它。这些土地所需支付的地租如下：

生产100蒲式耳小麦的土地可以产生40——100与60之差——蒲式耳小麦的地租。

生产90蒲式耳小麦的土地可以产生30——90与60之差——蒲式耳小麦的地租。

生产80蒲式耳小麦的土地可以产生20——80与60之差——蒲式耳小麦的地租。

生产70蒲式耳小麦的土地可以产生10——70与60之差——蒲式耳小麦的地租。

生产60蒲式耳的土地不产生地租。

假设现在开始课征什一税，这五个等级的土地分别缴税10、9、8、7和6蒲式耳小麦。第五级土地仍然是决定小麦价格的土地，纳税后，耕种第五级土地的农民则只得到54蒲式耳小麦。

生产100蒲式耳小麦的土地，将减为90蒲式耳，提供地租36蒲式耳小麦，即90与54之差。

生产90蒲式耳小麦的土地，将减为81蒲式耳，提供地租27蒲式耳小麦，即81与54之差。

生产80蒲式耳小麦的土地，将减为72蒲式耳，提供地租28蒲式耳小麦，即72与54之差。

生产70蒲式耳小麦的土地，将减为63蒲式耳，提供地租9蒲式耳小麦，即63与54之差。

生产60蒲式耳小麦的土地，将减为54蒲式耳，同以前一样，不提供地租。这样，第一级土地的地租减少了4蒲式耳小麦，第二级减少了3蒲式耳小麦，第三级减少了 2 蒲式耳小麦，第四级减少了 1 蒲式耳小麦。也就是说，每一级土地的地租刚好减少了十分之一。所以，按产量的某个固定比例来课征谷物税，会以相同的比例降低谷物地租。

但是，谷物税降低的仅仅是谷物地租，它并不能降低用货币或任何其他商品计算的地租，因为谷物地租的数量按多大比例减少，谷物的价值就相应按同一比例提高。课征什一税后，54 蒲式耳小麦的市场价值将和以前的 60 蒲式耳小麦相等；税后产量卖得的价钱将和以前未课税时卖得的价钱相等。所以，地主在数量上所受的损失将在价值和价格上得到补偿。只有当他们自己消费以地租形式收上来的谷物，或者收取货币地租，并用货币购买农产品时，他们才会遭受损失。也就是说，只有当他们成为农产品的消费者时，他们才和其他农产品的消费者一样，遭受着相同的损失。而作为地主，他们的收入和以前相比没有变化。所以，什一税落在了消费者身上，而不是地主身上。

如果不按产量的固定比例课税，而是对每夸特或每蒲式耳课征固定的金额，谷物税仍然会对地租产生相同的影响。假如每蒲式耳课税一先令，这仍然会使一块田地比另一块田地多纳税，多纳的税完全与其多出的产量成比例。因而这种税与什一税并没有区别，只不过什一税不仅对所有土地课征相同比例的税，而且在任何时候这种课税比例都不变，而如果是按每蒲式耳课征固定金额的税，则根据谷物价格的涨跌，谷物税在产量中所占的比例会变大或变小。

还有一些课征农业税的其他方法，会对地租产生不同的影响。如果按照地租的比例课税，那么这种税的负担会全部落在地租上，而完全不会提高谷物的价格，因为谷物价格是由不支付地租的那部分产量决定的。如果按耕地面积而不论产品价值的大小来课征固定税，则征这种税的后果与前面的情形正好相反。如果对最好的土地和最差的土地课征数额相同的税，在土地的差别仍将和以前一样并且所产生的谷物地租也跟以前一样的情况下，地主就将获得价格上涨所带来的利益。也就是说，粮食价格的上涨幅度必须大到足以使最差的土地能够纳税，从而使所有其他土地在纳税之外还能向地主提供更多的地租。然而，以上几种税与其说是土地产品税，还不如说是土地税。真正的土地产品税——不论是定额课税还是从价课税——都不影响地租，而是会落在消费者身上。但最终而言，这种对劳动阶级的生活必需品所课征的税，其全部或大部分通常是由利润来承担的。

第四节　利润趋于最低点的趋势将如何减轻对生活必需品课税所带来的特殊影响

我认为，以上论述正确说明了征收农产品税在初始阶段的影响。然而，在征

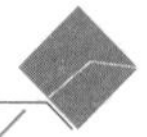

收很长一段时间以后，这种税的影响就发生了变化。我认为，应该是西尼尔先生第一个指出这一点的。我们已经看到，课征这种税的必然结果是减少利润，从而降低积累率。当资本积累通常还伴随着人口增长时，其作用便是提高粮食的价值和价格，从而提高地租并降低利润。这与课征农产品税所带来的结果完全一样，只不过农产品税不提高地租。所以，课征农产品税的作用仅仅是提前使价格上升和利润下降，本来随着资本的积累，最终的结果也是价格上升和利润下降，而农产品税却阻碍了——至少是延迟了——资本的积累。如果在课征什一税以前利润率就已经比较低，课税后利润率被降至实际最低水平，那么课征什一税就可能完全停止资本积累，或使资本流向国外。因而课征什一税的唯一结果就是使消费者提前支付本来可以晚一点支付的价格。当然，随着财富和人口的不断增长，他会迟早开始支付这部分价格。过了一段时间以后，价格会随着财富的自然增长而上涨十分之一，这时消费者支付的价格就将和不课征什一税时的价格相等。因此，消费者并没有承担什一税，实际承担什一税的是地主，因为什一税使地主得到的地租无法随着时间的推移而增长。在这个时期内，随着时间的推移，落在消费者身上的什一税将愈来愈少，落在地主身上的什一税将愈来愈多。最后的结局是利润将达到最低额，此时同没有这样做的情况相比，资本和人口将减少，地租将降低。同时，如果课征什一税或其他农产品税并没有把利润降至最低水平，并使税后利润能保持在最低水平以上，那么积累将减慢速度，而不会停止。而如果人口仍在增长，则资本和人口的增长仍将像以前那样发挥作用，导致谷物价格和地租上涨。不过，谷物价格和地租的上涨速度将不会像利润率较高时那么快。同没有课征这种税的情况相比，20 年后，该国的人口和资本将减少；地主的地租也会减少；谷物的价格由于上涨较慢，届时上涨的幅度也不会超过十分之一。所以，最终这种税的一部分已不再落在消费者身上，而是落在地主身上，而且随着时间的推移，落在地主身上的比例将愈来愈大。

西尼尔先生把什一税或其他农产品税的影响比作土地自然退化来说明上述观点。在不考虑粮食进口的情况下，假定某个国家的土地品质突然永久性地降低，以致要生产出现有的产量得多付出十分之一的劳动，那么谷物价格必然会上涨十分之一。但我们却不能由此推断，如果该国土地最初比现在贫瘠十分之一，那么谷物价格也会比现在高十分之一。实际情况很可能是，由于建国之初，该国的劳动和资本的报酬较低，因而每一代的劳动和资本都增长较慢，以致现在该国保有的资本和拥有的人口都较少，所以尽管土地贫瘠，谷物的价格却不会比现在高，利润也不会比现在低，而地租却肯定比现在低。不妨假定有两个岛屿，它们的面积相同，自然肥力相同，工业发展水平也相同，因而在某个特定时期，它们拥有的人口和资本将相等，地租将相等，谷物的价格也将相等。让我们假设对其中一个岛屿课征什一税，而对另一个不课征什一税。在这种情况下，谷物的价格会立即出现差别，而利润也会相应出现差别。虽然两个岛屿的利润都不会下降，也就是说，必需品的生产不断得到改良从而足以赶上人口增长的步伐，但两个岛屿在价格和利润上的差别却会依然存在。在不课征什一税的岛屿上，资本和人口的增长速度将超过生产改良的步伐，那么谷物价格将逐渐上涨，利润将逐步下降，而地租将逐步增加。而在课征什一税的岛屿上，资本和人口要么不增长（不考虑生产改良所导致的增长），要么增长幅度很小以至地租和谷物价格丝毫不上升或上升得较慢。所以，不课征什一税的岛屿的地租将很快高于课税的岛屿，而其利润则低于刚课征什一税的时期，也低于课税的岛屿。随着这一进程的逐步推进，每过 10 年，两个岛屿在地租、财富总额和人口总数方面的差距将增大，在利润和谷物价格方面的差距则将缩小。

那么在什么时候，两个岛屿在利润和谷物价格方面的差距将完全消失，农产品税在提高谷物价格上的暂时影响将让位于限制总产量的最终影响呢？虽然不课征什一税的岛屿的粮食价格将上升并逐渐接近课税岛屿的粮食价格，但随着差距的缩小，其上升速度会自然而然地放慢。原因在于，两个岛屿的利润率差距决定了它们在积累速度方面的差距，随着两个岛屿利润率的接近，缩小两个岛屿积累速度差距的力量也就愈来愈小。实际上，只有当两个岛屿都达到最低利润水平时，两者的谷物价格才一致。在这之前，课税岛屿的谷物价格将长期高于不课税岛屿的谷物价格。如果离最低利润水平很远，则谷物价格差距很大，因而资本的积累也较快；如果接近最低利润水平，则谷物价格差距很小，因而资本的积累较慢。

以上是比较课征什一税的岛屿和不课征什一税的岛屿的情况，但现实中任何一个课征什一税的国家与该国不课征什一税时相比较，情况也是如此。

英国存在大量资本外流的现象，几乎每隔一段时间便爆发一次商业危机。这些都表明，利润虽然尚未达到最后的最低水平，但已达到了实际的最低水平。同时也表明，所有超过生产改良（这种改良有助于降低必需品的价格）所能容纳的范围而储蓄下来的钱，都流出到国外进行投资或被商业危机周期性地消耗殆尽。因此我有充分的理由认为，即使英国从未课征什一税或其他任何农产品税，谷物的价格也同样会和现在一样高，利润率也依然会和现在一样低。假如不课征这种税，利润不会过早降低，资本将会较为迅速地增加。即使不考虑资本迅速增长的情况，即使仅仅节约一部分被商业投机耗费的资本，并且保留一部分本来要外流的资本，也足以产生上面那种结果。所以，我同意西尼尔的看法，即在停征什一税之前，该税就已不再是导致价格上升和利润下降的原因，而只是使地租有所减少。如果说课征什一税还有什么别的影响，那就是使英国拥有的资本、产量和人

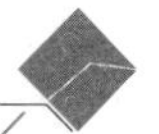

口同假如土地比现在贫瘠十分之一或毋宁说二十分之一——考虑到英国有很大一部分土地不缴纳什一税——的情形一样多。

如果课征什一税和其他农产品税由来已久，那么它不会提高粮食价格，也不会降低利润；或者纵有提高价格和降低利润的作用，也不会与所课的税成比例。无论如何，如果课征这种税后又废除它，则将降低粮食价格，同时还将提高利润率。废除什一税会使生产成本降低十分之一，从而使所有农产品的价格也降低十分之一。而且废除什一税如果没有永久性地提高劳动者的生活需要，则会降低劳动成本，从而提高利润。用货币或商品来计算的地租一般将保持不变，而以农产品计算的地租则将提高。国家因废除什一税而获得的发展，同国家刚课征什一税时受到的阻碍，程度是相同的。资本积累的速度将大大提高；如果人口也相应增加，则谷物价格很快就会恢复到以前的水平，地租也会开始提高；所以，废除什一税带来的利益会从消费者那里转到地主那里。

实施《折换法案》(Commutation Act，即把什一税折换成地租税）也会带来与废除什一税相同的结果。当什一税不是课加在土地的全部产品上，不触及新开垦的土地，而仅仅课加在支付地租的土地的产品上时，地租税便不再构成不支付地租的土地的产品的生产成本。因而不支付地租的土地或资本，便能够以低于市价十分之一的价格出售其产品。所以，把什一税折换成地租税将大幅降低谷物的平均价格。如果不是该方案的推进极其缓慢，并且不考虑在此期间谷物的价格受到其他因素的影响，则这一影响价格的作用将极其突出。毋庸置疑的是，英国生产成本和谷物价格的降低，是与折换什一税有关系的。不过，由于在此期间农业实现了巨大改良，再加上自由进口农产品的影响，这使得折换什一税所产生的作用往往被人们忽视。这种价格下跌并不会损害地主利益，因为谷物地租增加的比例将等于谷物价格下降的比例。但价格的这种下跌也丝毫不会增加地主的收入。所以，取代什一税的地租税，在现有租约到期时，将构成地主的净损失。而且把什一税折换成地租税，并不仅仅是改变地主承受现有负担的方式，而是课征一种新的税。它牺牲了地主的利益，让消费者得到了好处。不过，由于资本积累和人口增长受到了刺激，地主很快就会在损害消费者利益的情况下逐渐得到补偿。

第五节　差别税的影响

至此我们已经考察了各种商品税的作用，并且假定无论商品是以何种方式生产或投入市场的，它们都得到了公平的对待。现在我们需要考虑的情况是，如果没有公平地课税，而是针对获得商品的某一特定方法单独课税，这将会产生什么影响，对此需要做专门的考察。

假设可以采用两种不同的方法来制造某种商品。例如，某种工业产品既可以用手工生产也可以用蒸汽动力生产；食糖既可以用甘蔗生产也可以用甜菜生产；牛既可以喂干草和青草饲料也可以喂油渣饼和酿酒厂的酒糟。从社会利益的角度来看，在这两种方法中生产商应当采用以最低成本生产最佳物品的方法。这种方法对生产者也是有利的，除非生产者受到保护，不必面对竞争，无须积极进取也不必受到惩罚。因此，如果政府不加以干预，生产者最终将发现，对社会最为有利的方法，对自己也是最有利的。现在我们假定，政府对其中一种方法课税，而对另一种方法不课税或只课征较少的税。如果被课税的对象是生产者不采用的方法，那就等于没有课税。但如果像通常的做法那样，向生产者所采用的方法课税，这将促使生产者采用没有课税的方法，虽然这种方法是两种方法中较差的一种。因此，如果说这种税有什么影响，那就是降低了商品的质量，或者增加了所耗费的劳动。它浪费了大量社会劳动，毫无益处地耗费了大量资本来养活和酬劳这些劳动，就好像雇人挖洞，然后又把洞填上一样。浪费的劳动和资本将增加商品的生产成本，并相应提高商品的价值和价格，从而让资本的所有者得到补偿。损失将由消费者来承担，这使得消费者的储蓄手段和储蓄动机也受到削弱，最终导致一个国家的资本减少。

因此，这种税可以归在差别税（discriminating duty）这一大类下，它违背了一条课税原则，即课税方式应当尽可能使人民所支付的税收接近国库的收入。课征差别税将使得消费者缴纳两种不同的税，其中只有一种税是缴纳给政府的，而且通常是数额较小的那一种。假如只对用甘蔗制成的食糖课税，而对用甜菜制成的食糖不课税，那么只要人们仍然消费蔗糖，对其征缴的税款就缴给了国家，因而它同大多数其他税一样，并没有什么不好。但若是蔗糖在课税前比甜菜糖便宜，课税后则比甜菜糖贵，那么人们就会用甜菜糖取代蔗糖，并改种甜菜，建造用甜菜制糖的工厂。这样，政府虽然没有从甜菜糖那里得到任何税收，但消费甜菜糖的人实际上却支付了税收，他们现在为甜菜糖所支付的价格高于他们之前为蔗糖所支付的价格，其差额将被用来补偿该国生产者所实际浪费的那部分劳动，因为比方说现在用 300 个人的劳动就能生产出来的东西，以前用另一种方法来生产只需要 200 个人的劳动。

课征差别税的最常见的一种做法是，若一种商品既能在国内生产又能从国外进口，则对进口的商品课税，而对本国生产的商品不课税。如果某种商品需要经常进口，那一定是由于从国外获得该商品所花费的劳动和资本，总体上要少于国内生产该商品所必须花费的劳动和资本。所以，如果对进口的商品课税，使国内生产该商品的价格要比进口的还便宜，那就等于耗费更多的劳动和资本，而所生

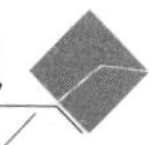

产的商品却没有增加。这里的劳动被白白浪费，而资本却用在雇人做费力不讨好的事上。因此，凡是旨在鼓励国内生产进口物品的关税，本质上均是一种浪费。

如果对从外国进口的土地产品课征关税，而对本国的土地产品并不相应课征货物税，则这种关税尤其具有上述性质。与文明国家通常课征的其他税种相比，这种税更加严重地扩大了人民的付出与国家收入的差额。假设某个国家生产小麦2 000万夸特，消费量为2 100万夸特，每年进口100万夸特。如果对这100万夸特课征关税将使得每夸特的价格提高10先令，那么就不仅仅是进口的100万夸特小麦的价格将提高，而是全部2 100万夸特小麦的价格都将提高。我们姑且假定以下最为方便但也最不切合实际的情形，即进口没有中断，国内的生产也没有扩大，在这种情况下，国家将仅仅获得50万英镑税收，而消费者则被课征了1 050万英镑税，剩下的1 000万英镑支付给了国内生产者，生产者则在竞争压力下不得不把这1 000万英镑全部转嫁给地主。因此，消费者事实上向土地所有者缴纳了一笔额外税，这相当于他缴纳给国家的20倍。现在让我们假定该国实际上在正常年景完全停止了进口。于是国内通过精耕细作或开垦劣质土地而生产出那100万夸特小麦，这时每夸特小麦的价格将不是提高10先令，而是提高比如说5先令。因此国家将得不到任何税收，除非在歉收年份破例进口外国的土地产品。但消费者事实上每年却要为全部2 100万夸特小麦按每夸特5先令的比例纳税，每年共纳税525万英镑。其中的零头25万英镑用于补偿生产那最后100万夸特小麦的农民执行该法律而浪费的劳动和资本。剩下的那500万英镑则同以前一样进了地主的腰包。

《谷物法》刚实施的时候所产生的作用恰恰就是如此。而且只要《谷物法》仍在提高谷物价格，这种作用机制就依旧存在。但我并不认为，《谷物法》会像人们所设想的那样，能够长期维护高价格和高地租。前面我们对什一税和其他农产品税的作用所进行的阐述，在很大程度上也适用于《谷物法》问题。《谷物法》只是人为地使价格和地租提前上涨，但即使不实施《谷物法》，随着人口的增长和生产的发展，价格和地租最终也会上涨。设有两个国家，一个不实施《谷物法》，另一个则已经长期实施《谷物法》。这两个国家的差别，与其说是后者的谷物价格较高或地租较高，毋宁说是后者与前者的谷物价格和地租大致相等，但后者的资本总额和人口总数较少。实施《谷物法》会提高地租，但却阻碍了资本积累，而如果资本积累没有受到阻碍，不用很长时间，地租也会提高。废除《谷物法》会降低地租，但也释放出了一种促进资本与人口增长的力量，最终使地租恢复到乃至超过以前的水平。因此，我们有理由认为，英国的掌权者最终将不得不同意农产品的自由进口，这时随着人口的不断增长，粮食价格将逐渐而稳定地上涨。不过，上述作用可能会被暂时推迟，因为英国的农业科学及其应用正在迅猛发展（其影响已扩散至其他国家）。

上面我们就进口关税所进行的论述，也适用于其他歧视性关税，这种关税优待从某个地方或以某种特殊方式进口的货物，而歧视从另一个地方或以另外方式进口的货物。例如优待殖民地或同其订有商业条约的国家的产品，或者像从前英国的《航海法》（Navigation Laws）那样对非英国船只承运的货物课征较高的关税。假如实施这种差别待遇并非毫无作用，那么纵使它们会带来其他方面的好处，它们在经济上也总是浪费的。这样做使得人们采用获取商品成本更高的方法，而不是采用花费较小的方法，从而将白白浪费一部分劳动。

第六节　进出口税对国际贸易产生的影响

关于对进出口商品课税的作用，还有一个问题需要加以注意，就是这种税对国际贸易的影响。对某种商品课税，将提高该商品的价格，从而在销售该商品的市场上减少对它的需求。所以，国际贸易税会扰乱和调整通常所谓的“国际需求方程式”（equation of international demand）。这将导致一些很不寻常的结果，我曾在一篇题为《论国际贸易》（“International Commerce”）的论文中指出了这一点。

对外贸易税分为两种：一种是进口税，另一种是出口税。初看上去，似乎这两种税都由消费者支付；出口税似乎完全由外国消费者承担，进口税则似乎完全由本国消费者承担。然而，实际情况要比这复杂得多。

> 在某些情况下，对出口商品课税可以使我们在外贸利益的分配中获得更多。有的时候外国人的利益受到损失，我们的国库不仅可以获得全部出口税，而且还有其他更多的利益。有的时候我们得到的正好等于出口税。还有的时候我们实际得到的利益将少于出口税。在最后一种情况下，我们自己将承担一部分出口税，但下面我将指出，甚至还有可能的结果是，我们的负担等于乃至超过全部出口税。

我们不妨重温《论国际贸易》那篇论文中所使用的假设事例，即英国和德国开展呢绒和亚麻布方面的贸易活动，假设英国对其出口的呢绒课税，并且这种出口税尚未高到足以促使德国自己生产呢绒的地步。因此，这种税将提高呢绒在德国的售价。一种结果是，这将大大减少消费量，以致虽然价格有所提高，但所出售的货币价值相比以前有所减少。还有一种结果是，消费量没有减少或只有微小的减少，以致价格提高后，所出售的货币价值将比以前大。在后一种情况下，德国的利益将受到损害，英国将获益，不仅将获得全部出口税，而且其获益还不止

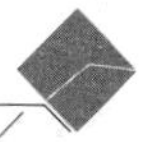

这些。因为英国出口到德国的商品的货币价值提高，而进口商品的货币价值不变，这样，货币将从德国流入英国。呢绒的价格在英国将上升，从而也提高了其在德国的售价。而亚麻布的价格在德国将下降，从而在英国也将下降。英国出口的呢绒将减少，进口的亚麻布将增加，直到均衡恢复为止。由此可见（初看上去有点令人感到意外），英国课征出口税，在某些情形中，不仅可以从外国顾客那里获得全部出口税，而且可以更便宜地获得进口商品。英国之所以能够较便宜地获得进口商品，是由于以下两个原因：一方面，英国可以用较少的货币获得它们；另一方面，英国拥有更多的货币来购买它们。而德国则将遭受双重损失。德国为呢绒支付的价格，不仅将因为英国课征出口税而提高，而且还将因为货币流入英国而提高。此外，流通媒介分配上的这种变化，将减少德国可以用来购买呢绒的货币。

但这只是三种可能情形中的一种。如果课税后，德国所需求的呢绒减少，其所需求的呢绒的总价值恰好与以前相等，那么贸易均衡将仍然得以保持。英国将获得出口税，德国将因此而遭受相应的损失，仅此而已。此外，如果课征出口税大大减少了需求量，以致德国所需要的呢绒的货币价值比以前少，则英国的出口将不再能抵付其进口；货币将必然从英国流入德国，德国从而分享的贸易利益将增加。由于货币配置发生了这种变化，在英国呢绒的价格将下降，当然在德国呢绒的价格也同样下降，因而出口税并非全由德国承担。由于相同的原因，亚麻布的价格在德国将上升，在英国也随之上升。这种针对需求调整而发生的价格变化最终使呢绒和亚麻布能够再次相互抵付，此时所带来的结果是，德国承担的只是出口税的一部分，英国国库所得到的那部分出口税，则直接出自英国亚麻布消费者的腰包，因为对出口的呢绒课税，使他们不得不为进口的亚麻布支付较高的价格，与此同时，由于货币的流出和物价的下跌，他们本可以用来购买其价格已经提高的亚麻布的货币收入将减少。

完全有可能会发生这样的情形：由于对英国出口商品所课征的税取自英国人自己的腰包，因而不仅有可能我们从外国人那里什么利益也没得到，而且还有可能迫使英国人向外国人再纳一次税。不妨与前文一样假设课税后德国对呢绒的需求大幅度减少，以致德国所需要的呢绒的货币价值比以前少，但假设亚麻布在英国的情形与此不同，当价格上升时，需求根本不减少或者减少非常有限，以致所需要的亚麻布的货币价值比以前更高。这样，课征出口税的结果仍然是，出口的呢绒将不再能抵付进口的亚麻布。因而货币将从英国流入德国，结果是亚麻布的价格在德国将提高，而在英国的价格也随之提高。由于价格越高，所消费的亚麻布的货币价值也就越大，因此根据前面的假设，出口税非但不能阻止货币外流，反而会促使更多的货币外流。所以，要恢复平衡就只能指望它所带来的另一种结果，亦即呢绒的价格在英国不断下降，从而在德国也不断下降。即使呢绒的价格跌到很低，以致其价格加上进口税也仅仅等于之前不课税时的价格，其下跌趋势也仍然没有停止，因为同以前相等的出口额现在不足以抵付增加了的进口商品的货币价值。虽然现在德国的消费者不仅可以按照原来的价格获得呢绒，而且还获得了更多的货币收入，但他们却不一定会用增加的收入来购买更多的呢绒。所以，要恢复平衡，呢绒价格的下跌幅度也许不得不大于出口税的总额。英国课征出口税，反而使德国能以更低的价格进口呢绒；德国将获得这种利益，而英国的亚麻布消费者将因此而受到损害；英国海关课征的呢绒出口税，实际上完全是由英国的亚麻布消费者承担的。

毫无疑问，呢绒和亚麻布在这里仅仅代表一般的出口商品和进口商品。假如出口税会提高进口商品的成本，则受影响的将是从所有国家进口的商品，而不仅仅是从那个获得被课税的出口商品的特定国家进口的商品。

"以上便是课征出口税可能给我们自己和顾客所带来的各种可能结果；由于很难确定决定这些结果的因素，因而即使在课征出口税以后，我们也几乎无法确定，我们究竟是受益者还是受害者。"但一般来说可以肯定的是，一个国家课征出口税会使其他国家对其财政收入有所贡献。但是，除非其他国家迫切需要这些被课税的物品，否则它们很少承担全部进口税。"无论如何，我们的所得来自别人的所失，此外还要加上征税成本。所以，如果人们能够正确理解和遵守国际伦理，就不会存在这种有损于共同福利的税。"

前面我们讨论的是出口税，现在我们来看更为常见的进口税。

前面已说明，出口税指课加在外国人身上的税，一部分会落在我们自己身上。所以，不会让人感到奇怪的是，如果我们发现进口税即课加在我们自己身上的税，一部分会落在外国人身上。

假设我们对出口的呢绒不予课税，而对进口的亚麻布课税。这种进口税不应是所谓的保护关税（protecting duty），即不应高到诱使我们自己生产亚麻布的地步。如果进口税能带来这样的结果，那么它将完全破坏呢绒和亚麻布的贸易，英国和德国将丧失由以前交换这两种商品而得到的全部利益。我们假设这种税会减少亚麻布的消费量，但不会妨碍英国像以前那样继续进口所消费的亚麻布。

如果课征该税减少了亚麻布的消费量，那么贸易平衡将被破坏。因为英国海关课征该税从而使得英国消费者支付的价格较高，但德国出口商得到的价格却和以前相同。因此，如果英国购买的数量有所减少，那么，虽然实际

上花在亚麻布上的费用比以前多，但英国应支付给德国的钱却将减少，两者的差额将不足以抵付德国因进口呢绒而应支付给英国的钱，所以不得不用货币来支付差额。这样，德国的物价将下跌，英国的物价将上涨；德国市场上亚麻布的价格将下跌；英国市场上呢绒的价格将上涨。德国人将为呢绒支付较高的价格，因而可用来购买呢绒的货币收入将减少；而英国人将以较低的价格获得亚麻布，亦即新价格超过原价格的差额将小于所课征的进口税额，由此英国人的货币收入将增加，从而使可用于亚麻布的购买力也将增加。

如果课征进口税不减少需求，那么贸易将不会发生任何变化。进口和出口都将和以前一样；全部的进口税将由我们自己承担。

但是，对某种商品课税，几乎总是会或多或少地减少对该商品的需求，而绝不会或很少会增加对该商品的需求。所以，从原则上说，只要课征进口税的目的真正在于税收本身，而不是完全或部分禁止进口，那么税收就几乎总是会部分地落在消费本国商品的外国人身上。通过这种方法，一个国家便可以在牺牲外国人利益的情况下，获得各国通商所带来的劳动和资本生产力的普遍提高这一利益中的较大份额。

因此，我们可以说外国人承担了部分进口税，但却不能认为，这是由外国的生产者所支付的。进口税的一部分不是落在卖东西给我们的人身上，而是落在买我们东西的人身上。由于我们对外国商品课税，外国消费者将不得不为我国的出口商品支付较高的价格。

只有在下面两种情况发生时，商品税才会落在生产者身上。一种情况是，被课税的商品处于严格的垄断状态而且能以高昂的稀缺价格出售。这时的价格只受到购买者欲望的限制；被限定的供给量所获得的金额，是买者愿意支付的最高金额。如果国库截留一部分，则生产者就无法进一步提高价格来做补偿，其截留部分必须从垄断利润中支付。如果对昂贵的名牌葡萄酒课税，那么该税将全部落在葡萄种植者身上——更确切地说，将落在葡萄园主身上。还有一种更重要的由生产者担负一部分商品税的情况是，被课税的是土地产品或矿产品。这种税可以提高到使得这些产品的需求大大减少，从而迫使人们放弃某些劣质土地或矿山的程度。假如出现了这个结果，那么消费者——无论是课税国的消费者还是进口国的消费者——都将能以较低的价格获得土地产品或矿产品。购买者将只支付这种税的一部分而不是全部，他们得到的补偿主要来自生产国的地主或矿山主所受到的损害。

因此，进口税可以区分为两类：一类进口税会刺激国内某一特定产业部门的发展，另一类进口税则没有这种作用。前者不管对于课税国来说还是对于与该国有贸易往来的国家来说，都是绝对有害的。这种税会阻止劳动和资本的节约，而如果能节约的话，所节约的劳动和资本将以某种比例在进口国和已购买或潜在购买该国出口商品的国家之间进行分配。

另一类进口税则不刺激人们放弃获取物品的某种方法而采用另一种方法，人们就将像不存在这种税似的照常进行贸易，同时也跟往常一样节约了劳动（节约劳动是进行国际贸易和所有其他贸易的动机）。以下两种进口税便是这种情形：一种是对在国内不能生产的进口商品所课征的税，另一种是不足以抵销被课税物品在国内的生产费用和进口费用之间的差额的进口税。这类进口税给某个国家的国库带来的收入，只有一部分是由该国的人民来承担的，消费该国商品的外国人则承担了其余部分。

然而从理论上讲，后一类进口税同前一类进口税同样不可取，虽然不可取的理由并不相同。对于课税国来说，保护性关税绝不会让它们获利，而总是导致它们受损；在多大程度上实现课税的目的，其所遭受的损失也就有多大。相反，对于课税国来说，非保护性关税在大多数情况下都是获利的原因，因为其中一部分税可以被转嫁给其他国家的人民，转嫁了多少，也就从中获利了多少。但由于某一国家课征此税所得到的利益，会很容易被另一国家采取相同的措施来抵销，因此这种税也是不可取的。

在上面所假设的例子中，如果英国对亚麻布课征关税，以期在与德国的贸易中获得更多的利益，那么德国只需对呢绒课税，使呢绒需求量的减少幅度大致等于亚麻布需求量的减少幅度。这样，情况没有发生任何变化，各国将支付其所课征的税负。当然，两国课征的关税总额不能超过贸易利益的总和；一旦超过，贸易及其利益将完全消失。

所以，以获利为目的而课征进口税的做法，并不会带来什么好处。不过，只要国家的税收有一部分来自商品税，这种进口税也就同商品税一样，也无可厚非。此外，在讨论废除这种非保护性进口税的时候，还有一个极为重要的有关互惠（reciprocity）方面的考虑因素。当然，如果讨论的是保护性关税，互惠因素就无足轻重了。我们不能指望某个国家会放弃课征关税的权力，除非其他国家也都放弃课征关税的权力。一个国家要想使自己不受其他国家课征非保护性关税的损害，唯一的办法就是对其他国家的商品课征相应的非保护性关税。但应当注意的是，这种税不应过高从而超过所剩下的全部贸易利益，进而导致进口完全停止，以致不得不在国内生产被课税的物品，或从价格更高的其他市场中进口该物品。

第五章　论其他一些税

第一节　契税

除了直接所得税和消费税外，大多数国家的财政制度还设有各种各样的杂税。严格来讲，它们既不属于所得税，也不属于消费税。现代欧洲各国的财政制度中就有这类税，虽然其数目和种类要比尚未受到欧洲影响的半开化国家少得多。在一些半开化国家里，生活中的每件事几乎都负有纳税义务。除日常工作外，做任何事情都必须得到某个政府部门的许可，否则便干不成；而要得到政府的许可，就得纳税，尤其是如果所干的事需要政府当局的扶助和特许，就更加没办法逃避了。这一章将仅仅考察不久前才取消或目前仍存在于通常被认为是文明国家的这种税。

在几乎所有国家，很大一部分政府收入都来自契约税（tax on contracts，简称契税）。课征这种税有各种各样的方法。一种方法是对法律文件课税，这种文件是缔约的证据，并且通常是法律上所认可的唯一证据。在英国，几乎所有契约均必须贴印花才能有效，而印花就是向政府所缴纳的税。直到最近，就产权契约来说，还是小额交易比大额交易要缴纳重得多的税。即使是现在，有些税仍然如此。甚至对证明已经履约的法律文件如收据和解除债务证书，也课征印花税(stamp-duty)。契税并不一定是通过印花税的手段来课征。罗伯特·皮尔(Robert Peel)爵士所废除的拍卖税，就是一个恰当的事例，法国的地产转让税也是如此。不过在英国，地产转让税却是印花税。在一些国家，许多类型的契约只有注册登记后才有效，而注册登记时就必须纳税。

最重要的契税是对财产的转让——主要是买卖——所课征的税。对消费品的出售予以课税也就是对商品征税。如果只对若干种商品课税，那么就会抬高这几种商品的价格，税款则由消费者支付。如果对所有买卖行为课税（虽然这样做非常荒唐，但西班牙却实行了几个世纪之久），那就等于对所有商品课税，在这种情况下，价格并不会受到影响。因为如果是对卖者课税，则税收负担会落在利润上，如果是对买者课税，则税收负担会落在消费者身上，卖者和买者都无法把税收负担转嫁给对方。如果只对某种销售方式——比如拍卖——课税，则采用这种销售方式的人就会减少。如果税负很重，那么没有人会采用这种销售方式，除非没有别的选择。在这种迫不得已的情况下，由于卖者必须把东西卖掉，而买者却没有这种紧迫性，所以税负就落在了卖者身上。这正是人们反对课征拍卖税的最有力的理由。拍卖税几乎总是落在陷入困境的人身上，而且课征的时候恰恰是在他们最为困难的时候。

在大多数国家里，人们可以采用相同的理由来反对土地买卖税。在欧洲，人们除非生活困顿或出于某种急需，否则是不会变卖地产的。所以，卖者往往不得不接受别人的出价，而买者的目的是投资，他要盘算一下把钱投在其他方面会得到多少利息。如果买土地必须向政府纳税，他有可能会拒绝购买。① 当然，会有人反对说，如果对所有长期的投资方式——如购买公债、公司股票、抵押债券等等——课征相同的税，则上述反对课税的论点就不再成立了。但即使如此，如果是由买者纳税，这相当于一种利息税。如果税负很重，它就会打乱利息与利润之间已经确立的关系，只有通过利率上升以及土地和证券价格的下跌才能恢复平衡。因此，在我看来，除了某些特殊情况，这种税一般落到了卖者身上。

凡是妨碍出售土地或其他生产工具的税都应受到谴责。因为出售自然就会使被出售的房地产更富有生产力。不管卖者是出于被迫还是自愿，都很可能没有力量或能力在生产方面最有效地利用其资产。同时，买者如果不是穷人，通常有意愿也有能力更好地利用这些资产。既然房地产对于这样的买者比对于任何其他人更有价值，他们的出价就将是最高的。因此，对于买卖房地产所课征的所有税收、设置的各种障碍和收取的各种费用，肯定都是有害的。对于土地来说更是如此，因为土地是生活资料的来源和一切财富的终极源泉，其有效利用具有重大意义。为了提高土地生产力，应尽可能多地提供方便，使土地更容易转手、合并或分割。若地产过大，就应对转让免税以利于地产分割；若地产过小，也应对转让免税以利于地产合并。所有地产转让税都应予以废除。但是，既然国家出于自己的利益考虑迄今为止一直在课征地租税，而地主无权拒绝缴纳这种税，那么国家

---

① 对那些主要是小块土地所有者占主导地位的国家来说，这个说法需要加以修正。在这些国家里，由于土地不是地位的象征，通常也不是故土之情所系的对象，所以只要比原有的成本还能够稍稍赚取一些利益，一些人就会卖掉土地，到其他地方再买入土地。还有一些人购置土地的心情非常迫切，不管价格多高都愿意支付，即使课征重税也不能阻止他们。

可以采取土地税的形式，按照地产转让税的平均值向所有土地课征转让税。

有些契税是有害的，事实上相当于处罚立法者本应该鼓励的交易活动。针对租赁契约课征的印花税就属于此类，而在实行大地产制的国家，出租土地却是使农业兴旺发达的一项必要条件。各种保险税也是如此，它直接打击了人们进行长远谋划的积极性。

第二节 通信税

与契税性质相近的是通信税（tax on communication）。主要的通信税是邮政税；除此之外还有广告税和报纸税。这些都是对信息传递所课征的税。

对邮递信件课税的通常做法是，授权政府充当运送信件的唯一机关，并向人们收取垄断价格。如果像英国那样统一收取低廉的邮费，其垄断价格低于私人公司在最为自由的竞争条件下索要的价格，那么就不应把这种价格视为一种税，而应视为营业利润。如果这种利润比普通利润高，那是节约支出的结果，原因在于全国只有一个邮递信件的机构和一套管理系统，而不是有许多公司相互竞争。邮政业务既然能够而且也应该按既定的规则经营，那么也就是少数几种适宜政府从事的经营活动之一。邮政局目前是英国最好的财源之一。但如果邮费远远高于自由竞争条件下的邮费，那么它就成为一种不必要的税收了。主要负担会落在商业信件上，从而增加各地区间长途商业的往来费用。这无异于课征很重的通行税进而获得大量的收入，它阻碍了货物在各地之间的流通和消费。然而，货物的跨地区运输本身不仅是节约劳动的最好方法之一，而且还是各种生产改良的必要条件，是勉励勤劳和推广文明的最重要因素之一。

广告税也会受到相同的批评，因为广告对工商业活动有很大帮助，它可以将工商业者和消费者联结起来。如果课征沉重的广告税，从而严重妨碍人们做广告的话，它就会延长货物库存和资本闲置的时间。

反对课征报纸税的理由，与其说是着眼于已被课征该税的情况，还不如说是着眼于尚没有被课征这种税的情况，也就是说，该税阻碍了报纸的推广。对于大多数购买报纸的人来说，报纸是他们能够支付得起的一种与其他商品没有两样的奢侈品，因而是一个可以接受的税种。但是，社会中大多数民众只是粗通文字，没有受过更多的教育。对于他们来说，报纸几乎是他们所获取的全部信息的来源，他们只有通过读报才能了解人类当今的思想和讨论的问题。而且，同书籍和其他更为复杂的知识载体相比，报纸更容易引起人们的兴趣。由于报纸往往不能直接有助于产生种种有用的思想，许多人便常常低估报纸在传播有用思想方面的重要作用。报纸可以消除许多偏见和迷信，使人们养成讨论问题的习惯，并关注各种公共事务。在那些缺乏具有广泛影响的或者重要的报纸的国家里，中下阶层（假如不是所有阶层的话）的思想常常处于停滞状态，而没有报纸就是思想停滞的一大缘故。由此可见，不应对报纸课税，因为这种税会使中下阶层更加难以接触这一伟大的信息传播媒介，致使思想得不到碰撞和验证，而中下阶层所最需要的，莫过于使思想和兴趣活跃起来，摆脱自己的狭隘天地。

第三节　法律税

在我们所列举的恶税中，法律税（law tax）占有显著地位。这是对各种诉讼活动课征的一种税。同加在诉讼活动上的所有费用一样，法律税阻碍了伸张正义的行为，这对各种违法乱纪行为是一种鼓励。虽然在英国这类税已被废除，不再是税收的一般来源，但它们仍以法庭费的形式存在，用以支付法庭的开支。这样做的理由显然是，受益于司法活动的人理当承担司法费用。边沁有力地揭露了这种学说的荒谬之处。正如他所说的，那些不得不提出诉讼的人，是在法律和司法活动中受益最少而不是最多的人。因为法律向他们提供的保护并不充分，他们不得不诉诸法律来确认自己的权利或使自己的权利不受侵犯，而社会其他成员则得到了法律和法律机构的保护，免受侵害，因此无须诉诸法律。

第四节　课征地方税的各种方式

在所有国家或大多数国家里，除了普遍存在的国税外，往往还设有地方税，用以支付一些公认为最好是由地方政府控制或管理的公共开支。其中一些开支的用途完全或主要是地方性的，例如街道的铺设、打扫和照明，或道路和桥梁的修建。这些道路和桥梁也许对全国所有地方的人都有用处，但只有当其他地方的人或他们的货物通过这些道路或桥梁时才真正有用。另一些开支虽然具有全国意义，但却由地方政府支付，因为人们认为这类开支更适宜于让地方政府管理。在英国，这类支出有救济穷人的款项和监狱的管理费用，在别的国家，它还包括教育费用。至于哪些事业最适合由地方政府监督管理，哪些事业应由中央政府直接控制，哪些事业应在中央政府的监督下由地方政府管理，这类问题不是政治经济学所研究的范围，而是行政管理方面的问题。不过，这些问题应当遵循如下一条重要原则，即由于地方政府课税不像中央政府课税那么容易引发人们的关注与争

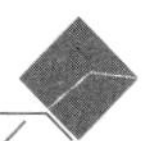

议，因而这些税应该是特设的，它们为了提供某种服务而课征，这种税不应超过提供这种服务所支付的实际费用。根据这一原则的限定，只要能够做到，税收负担就应落在享受这种服务的人身上；修建道路和桥梁的费用就应由对旅客和货物课征的通行税来支付，这样便把费用分摊在了旅客和货物的消费者身上。之所以应分摊在他们身上，是因为有了道路和桥梁，旅客得到了快乐和方便，货物能以较低的费用上市。不过，一旦某种通行税付清了修建道路和桥梁的费用及利息，就应予以废除，允许自由通行，让那些交不起通行税的人也能利用道路和桥梁。维护费应由国家设立的专项基金支付，或由受益最多的地方缴纳的税款支付。

在英国，几乎所有地方税都是直接税（伦敦市的煤税和少数类似的税是例外），而国税则大都是间接税。与此相反，在法国和奥地利等国，国家主要课征直接税，而各城市所需的地方开支则主要由入市的商品税支付。在城市之间课征这种间接税要比在边境上课征这种间接税有害得多，因为农村提供给城市的主要是生活必需品和工业原料，而从外国进口的通常大都是奢侈品。要通过入市商品税得到足够的收入，这种税就自然沉重地落在城市劳动阶级身上。除非劳动者的工资得到了相应提高，但若这样的话，这种税就会在很大程度上落在城市产品的消费者身上，无论这些消费者来自城市还是乡村，都是如此。因为如果资本在城市得到的利润要比在农村地区得到的还要少，资本就会外流。

第六章　比较直接税与间接税

第一节　赞成与反对直接税的论点

直接税与间接税，哪一种税更为合理呢？这个问题一直存在着争议，最近又引发了一场广泛的争论。在英国，人们对间接税有一种根深蒂固的好感，更恰当的说法是厌恶直接税。这种感情并非产生于对事情的理性分析，显得有些小孩子气。英国人厌恶的不是税款，而是付钱的行为。他们不愿看到收税员的嘴脸，怕受其专横的盘问。也许他们觉得，只有直接从口袋中拿出钱来纳税，这才是真正的纳税。当然，对每磅茶叶课一先令税，或对每瓶酒课两先令税，会根据与其所纳税水平相当或更高的幅度而提高他所消费的茶叶和酒的价格，这一点是不可否认的事实，也是政府的意图，而且它有时也完全清楚这一点，但这几乎并没有引起它有关纳税的感觉和联想。由此可以说明，人们对一件事情的认知与感觉是两回事。公众厌恶直接税，但心甘情愿接受商品价格上涨而带来的剥夺，这种情况促使许多改良者采取了与上述完全不同的思维方式。他们认为，直接税那令人感到不快的一面恰恰使得它比间接税更可取。实施直接税的时候，人人都知道自己实际纳了多少税，如果他投票赞成一场战争或任何其他耗资巨大的事业，这样做时他很清楚这将需要花掉他多少钱。如果所有税都是直接税，那么人们对税收的感觉就会比现在更为强烈，人们在使用公共支出时就肯定要比现在节约得多。

这一看法并非没有道理，但其合理性很可能会不断被削弱。人们将日益了解和熟悉，间接税的最终负担实际落在了谁身上。我以为，不管人类的思维倾向会怎么变化，我们都无法否认，人们在评价事物时将会越来越多地依据事物本身的价值，而不是其非本质的附属特征。直接把税交给收税员与通过茶商或酒商交纳数额相同的税确实有差别，但这种差别不至于导致反对和默然接受税收这样截然

相反的态度。无论如何，只要公众的心理存在这样的弱点，上述看法在某种程度上就触及了这个问题的另一方面。如果英国当前大约 7 000 万英镑的政府收入全部通过直接税来收取，人们肯定会对缴纳这么多税极为不满。但既然人们的头脑缺乏理性的指引，只因课税方式有变化其感觉的差异就如此悬殊，那么如此厌恶税收也许就不完全是好事了。在这 7 000 万英镑岁入中，将近 3 000 万英镑必须用来偿付政府债务，在这种债务还没有被偿清之前，如果人们对税收的厌恶感大幅增加，就有可能会导致失信于民的危险，就像美国的一些州过去和现在由于相同原因所陷入的困境。确实，用于维持行政机构和军事机构的那部分公共支出（也就是偿付国债利息后的全部公共支出），在许多方面都有缩减的空间。但是，当前政府在提供公共服务的借口下浪费了大量公共财政，却仍然还有许多重要事务没有做，因此从被浪费的支出中节省下来的资金必须用来做这些重要事务。无论是办好教育、提高司法工作的效率与公开性、进行需要补偿个人的改革（像奴隶解放运动那样），还是开展任何其他同样重要的工作，如供养足够数量的有才干和有知识的公职人员以改善立法和行政工作，所有这些事情都需要大笔开支，但政府往往总是拖延敷衍，因为它不愿向国会申请更多的拨款，尽管相应的成本总归会得到补偿（这里暂不考虑现有财力运用得当而且足够支出的情况），而且其补偿常常相当于成本的成百倍甚至上千倍。如果完全用直接税来筹集上述事务所需款项，这将大大增强公众对税收的厌恶情绪，而那些因滥用公款而谋得好处的阶级很可能会牺牲对公众有用的支出，并成功地保全那些对自己有好处的支出。

在此，有必要驳斥一种常见的支持间接税的看法，这种看法建立在极为荒谬的基础之上。许多人认为，商品税给人们带来的负担要比其他税轻一些，因为人们只要不买被课税的商品就可以不用付税。毫无疑问，如果某个人存心逃避这种税，他确实可以让政府拿不到他的钱，但他却牺牲了自己的享乐。如果他真是这样做的，这与课征相同数额的直接税并没有什么两样。假设酒税让他每年为此多付了 5 英镑。人们说，他只要每年少喝 5 英镑的酒，就可以逃避酒税。确实如此，但如果不是对酒课征 5 英镑的税，而是通过课征所得税从他那里拿走 5 英镑，他同样可以少花 5 英镑买酒而节省下相同数额的税款。由此可见，这两种情况之间的差别实际上是一种错觉。无论政府以什么方式课征这 5 英镑的税，纳税人都必须节省这 5 英镑的支出才能维持现有的经济状况不变；不管采取哪种方式课税，政府都强迫纳税人做出相同数额的牺牲。

此外，对间接税有利的是，课征间接税的时间和方式对纳税人更方便。间接税是在纳税人为购买商品付款时缴纳的，所以除了付款本身外，没有增加任何其他麻烦，而且没有带来任何不便之处（除非是对必需品课税）。除易腐烂的物品外，他还可以决定什么时候购买一些物品贮存起来，因而可以决定什么时候纳税。确实，间接税有时使预付这种税的生产者或商人感到不方便，但就进口商品来说，所谓“仓储制度”（warehousing system）已最大限度地减少了这种不方便。在这种制度下，商人无须在进口时纳税，只需在从仓库中提取货物时才纳税，而通常情况下，商人在实际上已找到买主或有可能马上找到买主时才会提货。

不过，反对通过直接税获得全部或大部分岁入的最有力的理由是，若没有纳税人的自觉合作，则无法公平地课征直接税，而在当前公共道德水平低下的情况下，是不能指望做到这一点的。前面已指出，如果找不到切实可行的方法来使储蓄免交所得税，那么分摊给工商业者和专业人士的所得税负担就做不到公平，大多数主张课征直接税的人实际上也承认这一点。他们克服这个困难的手段是不对那些阶层课征所得税，而只对“实得财产”（realized property）课征所得税。这种征税方式堪称一种很简便的掠夺方式，前面已对这种权宜手段予以充分的批判。而且前面已指出，像房屋税这种直接税没有所得税那么多缺点，而且其缺点确实跟间接税那样比较少。但是若试图仅仅依靠房屋税来获得英国的大部分岁入，那会带来很糟糕的结果：人们会竭力通过缩小住房面积来逃避这种税，从而使居住状况拥挤不堪。另外，即使是房屋税也有不平等之处，因而也导致相应的不公正结果。任何一种税都免不了有不平等和不公正之处，而让一种税支付全部或大部分公共开支，这将会使所有不平等都集中在一处，这样做是不公正的，在政治上也是不明智的。英国的地方税中现在已有很大一部分来自房屋税，所以也许每年最多只能再增征 1 000 万英镑房屋税作为国家税收。

我们已经知道，通过课征特别地租税，可以公平合理地获得一定数量的岁入。我已指出，除了土地税和土地转让印花税外，将来还应课征另外一种税，这样国家可以分享地主因自然原因而不断增加的收入。前面还说过，应对遗产课税，这也可以给国家带来一大笔收入。我认为，这些税加上适度的房屋税就应当是课征直接税的范围，只有处在紧急状态下，政府才可以暂时不考虑平等和公平的问题——这些问题与所得税息息相关——而课征所得税。其余岁入应由各种消费税提供，问题是哪些消费税最不容易引发人们的抗议。

第二节　哪种间接税最合适

有几种间接税是必须毫不犹豫地予以排除的。为获得政府收入而课征的货物税，绝不可以演变成保护性关税，而应公平地课加在所有物品上，不管以什么方式获得的，无论是在本国生产的，还是从外国进口的。而且不应对生活必需品以

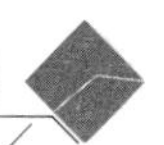

及生产这些生活必需品的原料和工具课税，这种税往往侵蚀不应被课税的人用以维持健康生活的收入。即使情势最为有利，即工资提高到足以补偿劳动者因被课税所受到的损失，这种税也无异于对利润课征特别税，因此既不公平，又不利于国民财富的增长。① 剩下来的便是奢侈品税。奢侈品税有一些值得肯定的特点。首先，这种税怎么也不可能影响那些把全部收入用来购买必需品的人，而那些把本来用于购买必需品的钱用来购买奢侈品的人，则无法逃避这种税。其次，在有些场合下，这种税可以起到简化法令的作用。我反对禁欲主义，不愿看到法律或舆论阻碍人们追求真正的享乐——只要这种享乐处在人们的财力和义务允许的范围内。但是，大多数国家，特别是英国的上流社会和中产阶级的很大一部分开销所购的物品，却不是为了享受，而是为了满足虚荣心的需要。他们认为自己身处这种地位因而某些开销是必不可少的，我认为这种开销最应当予以课税。如果课税减少了这类开销，这当然是好事；如果没有减少这类开销，那也没有什么害处，因为只要人们为了满足虚荣心而购买这些被课税的物品，那么谁也不会因为课征这种税而受到损害。当人们购买某一物品不是为了使用它，而是因为它价格昂贵时，那么就没有必要使该物品变得便宜。正如西斯蒙第所说的，降低那些用来满足人们虚荣心的物品的价格，其结果不是使花在这种物品上的钱减少，而是促使人们转而购买更昂贵的物品或质量更好的相同物品；既然质量较差的物品只要同样昂贵就能同样满足虚荣心，那么实际上谁也没有真正承担对这种物品课征的税，也就是说，这种税创造了公共收入，却没有人因此而遭受损失。②

① 一些人认为，应该对所有用于生产的原料和工具均实行免税。但我以为，如果原料和工具没有用来生产必需品，而是作为制成品出现在市场上，那么是适宜课税的。只有在对外贸易的情况下，这种税才是有害的。从国际范围来说，可以把这种税看作出口税，因而除非满足应该课征出口税的条件，否则被课征这种税的原料和工具在出口时，政府应当相应退还税款。但如果原料和工具被用来生产那些适宜课税的物品，我们就没有充足的理由反对课征这种税。

② “我们不妨假设我们只能从两个遥远的国家获得钻石和珍珠，并且由于自然原因的作用，现在矿山获得钻石和在渔场获得珍珠的难度要比过去高出一倍，那么结果就是，最终人们只要有过去一半的钻石和珍珠便足以显示出他们的富裕程度和所享有的地位。但是人们在生产数量减半的钻石和珍珠时，却需要耗费与过去相同数量的金币或某种最终可以折算为劳动的商品。现在假定获得钻石和珍珠的困难是由立法者的规定强加的……这丝毫也不会影响人们购买这些物品继续用来满足虚荣心。”假设人们找到可以自由诱使珍珠生长的方法，使得获得每粒珍珠花费的劳动缩减到原来的 1/500。“这种变化所带来的最终结果取决于渔场是否自由开放。如果渔场向所有人开放，人们只要打捞就可以获得珍珠，那么只要花几便士就可以买到一串珍珠，甚至社会上最穷的人也都可以戴得起珍珠了。珍珠也因此就很快变得粗俗不堪，不再是时髦物品，最后将变得一文不值。但如果我们假设渔场不是自由开放的，而是归立法者所有，他就完全控制了渔场，人们只能从他的渔场获得珍珠。由于他发现了诱使珍珠生长的方法，他将会对珍珠课税，其数额相当于获得珍珠所必需的劳动的减少额。在这种情况下，珍珠的价值就会同以前一样。它们的质朴的美没有发生任何变化。人们获得它们所要克服的困难虽然不同，但其难度却同过去一样，因此珍珠仍然可以被用来显示拥有者的富有。”通过这种税收获得的政府岁入“不花费社会任何成本。如果不滥用这种税，它显然可以增加社会的财力”。——雷：《新政治经济学原理》，第 369～371 页。

第三节　课征间接税的实际原则

为了尽量减少商品税的不利之处且发挥其优势，课税时应当遵守以下几条实际原则。**第一**，如有可能，就应尽可能对奢侈品课税，这些奢侈品——例如各种昂贵的个人器具和装饰品——主要与满足虚荣心有关，而与真正的享受无关。**第二**，如有可能，就不应对生产者课征商品税，而应直接对消费者课征商品税，因为若是对生产者课征商品税，这将使商品的涨价幅度高于——有时甚至远远高于——课税幅度。英国课征的较为次要的商品税，大都遵循了这两条原则。至于马匹和马车，因为对于许多身体欠佳或体质较弱的人来说，它们与其说是奢侈品毋宁说是必需品，所以对那些只拥有一匹马或马车的人的课税应该较低，特别是当这些马或马车价格低廉时，更应如此，但随着拥有的马匹或马车数量及其昂贵程度的增加，所征税额应迅速增加。**第三**，只有对普遍或很普遍消费的物品课征的税才能为政府带来巨额税收，所以政府必然会对真正的奢侈品课税（所谓真正的奢侈品即人们为了享乐而不是炫耀才购买的物品），因此如有可能，政府应当对商品税进行精细调整，从而使其给低收入人士、中等收入人士以及高收入人士带来的负担是相同的。这绝不是件容易的事，因为所课征的商品税带来的收入越多，就越意味着被课商品税的物品更多的是被穷人而不是被富人消费。政府几乎无法做到精细地调整茶税、咖啡税、糖税、烟草税、酒税，从而使穷人承受的税收不超过其应该承受的负担。当然，我们可以对富人使用的优质物品课征远远高于其价值的税（在英国目前的税收制度下，对优质物品所课征的税收几乎普遍远低于其价值）。有人认为，根据货物价值调整商品税以阻止逃税是很困难的，有时这种困难是无法克服的，我不知道这种说法究竟有多少根据。还有一些人据此认为，对各种品质的货物一视同仁而课征相同的固定税，这对较穷的纳税人来说是非常不公平的，除非穷人能得到补偿，完全免除缴纳另外一些税，如现在的所得税。**第四**，在不违背上述原则的情况下，其在许多物品上课征商品税，不如集中在少数几种物品上课征，从而减少课税成本并尽量减少受牵连的行业。**第五**，在普遍消费的奢侈品中选择课税对象时，应该优先选择兴奋剂为课税对象，其原因是，兴奋剂虽然同其他奢侈品一样是合法的奢侈品，但却要比大多数其他物品更容易消费过量，所以总的来看，通过课税抑制其消费量是一种恰当的做法。**第六**，在不违反其他原则的情况下，在进出口问题上应只限于对进口货物课税，因为同对本国的农产品和制造品课税相比，对进口货物课税给各行业带来的影响较少，所产生的有害副作用也较少。在其他条件相同的情况下，关税的缺点比国内

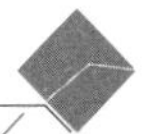

商品税的缺点要少得多，但课征关税的对象必须只限于那些国内不能生产或不打算生产的物品；如果不是这样，那就必须禁止国内生产它们（如英国就禁止国内生产烟叶），或对它们课征同关税相等的国内商品税。**第七**，任何税都不应过高，以致使人产生逃税的动机，而用一般方法又无法阻止人们逃税，特别是，对任何商品课征的税都不应高到使得一些人铤而走险而成为走私者、非法制酒者等不法之徒的地步。

在英国的商品税和关税中，有许多税不符合良好的税收制度的要求，不过，上一次格拉德斯通先生所推进的改革已废除了所有这些有问题的税。被废除的税有：所有普通食品税，不管是对人的食品还是牲畜的饲料都不再课税；木材税，因为木材是修建作为生活必需品的住房的材料；所有五金税和五金制品税；肥皂税，因为肥皂是保持清洁所必需的物品；油脂税，因为油脂是制造肥皂和其他一些必需品的原料；纸税，因为纸张是几乎所有经营活动和教育活动必不可少的工具。英国现在的几乎全部关税收入和商品税收入都来自糖税、咖啡税、茶税、葡萄酒税、啤酒税、烈性酒税以及烟草税。在需要有巨额岁入的国家，课征这些税是非常恰当的。不过，目前课征这些税的方式很不公平，给穷人带来了过重的负担，而且其中一些税（如烈性酒税和烟草税）过高，带来了严重的走私问题。或许政府即使大大降低这些税，也不会给国家岁入带来很大损失。究竟以何种方式对富人消费的高级制成品课税最为有利，这个问题不妨留给具有必要的实际知识的人去解决。现在的困难是，如何课征这种税而又不使生产受到严重影响。在人们所消费的大部分高级制成品都来自进口的那些国家，例如在美国，几乎不存在这种困难。甚至在只进口可以课税的原料，特别是进口专门用来生产富人使用的纺织品的原料的国家，也几乎不存在这种困难。因此，英国对生丝课征高额关税是符合课税原则的，而对高级棉纱或亚麻纱——无论是在国内纺的还是进口的——课税，也是切实可行的。

第七章　论国债

第一节　通过借款应付特殊的公共支出是否可取

现在我们要探讨的是，不通过课税而通过借款来为政府筹集款项，在多大程度上是正当的或便利的。这里我们不考虑通过借款满足暂时需要的方法，例如通过发行财政部证券（exchequer bills）筹款，并至多在一两年之内就用现有的税收来偿还该证券。这是一种合适的权宜之计，一旦政府没有财政储备而又遇到异常的支出或通常的收入来源暂时中断，这种方法就很有必要。我们要讨论的是应不应该发行永久性的国债，也就是说，应不应该通过那种其偿还遥遥无期或者根本无法偿还的借款来支付战争费用或困难时期的费用。

我们在第一编中已谈到了这个问题。① 我们曾说，如果以借款形式占用的资本取自业已用于或准备用于生产的资金，那么这种资金转移就相当于从劳动阶级的工资中取走相同数额的资金。在这种情况下，借款并不构成在该年度内以课税方式筹款的替代手段。借款的政府确实在该年内拿走了款项，这事实上相当于专门向劳动阶级课税进而拿走这笔款项。如果政府以公开课税方式满足自己的需求，那么这仅仅只是课税而已，不会带来其他弊害。这时课税这件事及其所带来的弊害会随着突发事件的结束而消失。但如果采用借款那种迂回方法，则从劳动者身上榨取的价值，并没有落入国家手中，而是落入了劳工雇佣者手中，国家除欠下债务外，还负有长期支付利息的责任。在这种情形下，公债制度可以说是一种最糟糕的制度，但在目前的文明阶段，它仍然是政府筹款的一种权宜之计。

但是我们也曾说过，在另外一些情形下，借款就不会带来上述那些有害结

① 参见本书第一编第五章第八节。

果。第一种情形是，所借的是外国资本，亦即世界总积累的剩余额；第二种情形是，所借的资本若没有这种投资方式就根本不会被节省下来，或即使被节省下来也会被非生产性企业浪费，或被转移到国外进行投资。如果资本积累过快，使得利润降至极限水平或实际最低水平（也就是低于这一水平时，资本的增长就会停止，或者全部新积累的资本就会被送往国外），只有在这种情况下，政府每年截留新积累的资本才不至于减少本国或任何其他国家劳动阶级的就业人数和工资。因此，只有在这一限度内实施国债制度才是可取的，而如果超过这一限度，它就应该受到严厉的谴责。我们所需要做的是确立一个标准，从而判断在一定时期内（例如在上次大规模战争期间），国债是否超过了上述限度。

确实存在着这样一个既可靠又很容易识别的标准。政府是否由于其借债活动而提高了利率？如果政府的借债活动仅仅为资本积累开辟了一条渠道，而没有这条渠道，人们就不会积累这些资本，或者即使积累了也不会把它们用于国内，这就意味着，政府所占用的资本在现行利率下本来就不会得到利用。如果国债吸收的只是这种剩余资本，国债就会阻止利率的下降趋势，但不会使利率上升。如果国债提高了利率，例如在对法战争期间就曾大大提高了利率，那就确凿无疑地证明，政府正在同正常的生产性投资争夺资本，它所截取的不仅有国内的非生产性资金，而且有生产性资金。因此，只要国债在战争期间使利率高于之前和之后的水平，国债也就具有上述所有弊害。也许有人会反对这种看法，认为利息的上升完全是利润上升的结果。那我要回答说，这非但没有削弱反而增强了上述看法的说服力。如果国债由于吸收了大量资本而使利润上升，那么除了降低劳动者的工资之外，它还能利用其他什么方法来做到这一点呢？也许有人会说，战争期间的利润之所以会保持高水平，不是由于国债吸收了大量国内资本，而是由于工业得到了迅速改进。在很大程度上情况确实如此，工业的迅速改进无疑减轻了劳动阶级的困苦，减少了国债带来的弊害，但发行国债仍然与以前一样是有害无益的。工业改进可以吸收更多的资本；政府占用每年积累的很大一部分资本，虽然没有使这些资本永远消失（因为战后这些资本就会迅速得到偿还），但在当时却使这些资本消失，减少了战争期间本应分配给生产性劳动者的资本。假如政府没有通过发行公债的方式截取这些资本，而是让这些资本用在劳动者身上，然后通过对劳动阶级直接课税来筹集自己所需要的资金，那么，由此而带来的经济结果虽然完全一样（除了收税的费用和不便之外，各方面都完全一样），但国家却不会因此而负债。所以，政府所实际采取的筹款方法，比当时可能采取的最糟糕的课税方法还要糟。可以为之辩护的唯一理由（这是真正可以提出的理由），是当时不得不这样做，也就是说，当时用课税方式筹集数目这么大的资金会招致人们的怨恨和逃税，因而是行不通的。

如果政府债务只触及国民资本的剩余部分，或只触及如果不流出国外就不会积累的那部分资本，那么，国债至少不会受到上述严厉的遣责。因为除了支付利息外，发行国债没有使任何人遭到剥夺，相反，如果不发行国债，这些资金就会外流，而使用国债，也就是用国债直接购买士兵和海员的劳动，则对劳动阶级会有好处。因此，在这种情况下，问题实际上就变成如何抉择了：是当下做出很大牺牲，还是在漫长的时期内一点一点地做出牺牲？在这件事情上，似乎有理由认为，国家应当像私人那样采取小心谨慎的态度，即在能够忍受的限度内，应尽可能做出当下的牺牲，而只有未来负担过重时，才应以未来的收入为抵押，用借债的方法弥补不足。一句非常有用的格言是：量当前之入以为当前之需求；量未来之入以满足未来之需求。此外还应考虑到，在财富不断增加的国家中，政府的必要支出往往不会与资本或人口按同一比率增加，因而负担总是越来越轻。既然政府的必要支出，不仅有益于这一代人，而且有益于以后各代人，那么让后代人为此付出一部分代价，从而减少最初承受负担的当代人的苦累与牺牲，这并非不公平。

第二节　用普遍课税的方式偿还国债是不适当的

当一个国家明智地或不明智地负了债，是否应想方设法偿还债务？从理论上说，只能给予肯定的回答。固然，当债权人同时是该社会的成员时，支付国债利息只不过是一种转移，而不是国家的损失。但是，这种转移是强制性的，是一种严重的罪恶，用课税方法筹集巨款来支付利息，必然要付出很大的成本，会给人民带来很多困扰，必将会扰乱工业的发展，还会带来其他许多弊害，而不仅仅限于支付政府所需要的钱。因此，如有可能，政府都应尽力避免课征这种税。既然为避免政府负债值得做出巨大的牺牲，那么随后为清偿政府债务也值得做出巨大的牺牲。

通常来说有两种偿还国债的方法：一种方法是通过普遍课税一次性偿清债务，另一种方法是用多余的财政收入慢慢偿还债务。第一种方法如果可行，无疑是最好的办法。而如果政府能公平地仅仅对财产课税，则该方法也就是可行的。假如国债的全部利息全部由财产来负担，那么，通过对财产课税来清偿债务，对财产本身也是很有利的，因为这仅仅是把本金归还给债权人，而在法律上，本金的全部年收益已经归债权人所有了；这相当于地主卖掉一部分地产来解除其抵押进而赎回其余地产。当然，财产并没有也不应当用于支付国债的全部利息。确实有人声称，要求将财产用于支付国债的全部利息是正当的，理由是，如果要这一代人偿还上代人欠下的债务，那么就只应该使用他们所继承的财产而不是其辛勤劳动的成果。但是，难道仅仅只有继承了财产的人从前人那里得到了好处吗？同开天辟地时的地球状态相比，现在地球上的土地已被开垦并进行了各种改良，修建了道路和运河，建立了城市和各种制造业，难道这种翻天覆地的变化仅仅有利于土地所有者吗？难道前人通过劳动和节欲所积累的资本仅仅有利于资本的合法继承人吗？难道我们没有继承前人通过自己的聪明才智和勤奋努力获得的科学知识和实际经验吗？难道科学知识和实际经验不是全人类的共同财富吗？生而拥有财产的人，只不过在享有这些共同遗产的同时，还单独继承了一份遗产，而这种差别是在调节赋税时所应注意的。这是由国家的一般财政制度加以适当考虑的一条原则。我已指出过，根据这一原则，其恰当的做法是对所继承的财产课征重税。应直接和公开确定财产对国家所负的义务以及国家对财产所负的义务，并据此调整国家的有关制度。一旦确定了财产应负担国家一般支出的比例，财产就应按同一比例——不应超过它——支付国债的利息或偿还国债。

不过，如果我们承认这一点，并试图据此采取对社会成员普遍课税的方法来偿还国债，这一做法将被人们否决。拥有财产的人可以通过牺牲部分财产来支付税款，因而其净收入与之前相比没有变化。但是，如果要求那些没有财产而只有收入的人也一次缴清为支付国债利息而课征的税款，那么他们就只能举债了。并且由于他们往往不能提供足够的担保，他们为所负的私人债务支付的利息要远远高于国债的利息。而且，同把债务分散给私人相比，由赋税偿付的集体债务具有一个突出的优点，即集体债务实际上是由纳税人相互担保的。如果纳税人的财产减少，则他承担的税负也相应减轻；如果他破产了，则他可以不用交税，他原来所承担的那部分税负就全部被转移给有偿付能力的社会成员。但是，如果把集体债务变为私人债务，那么纳税人将永远无法摆脱债务，即使他已经身无分文。

国家如果拥有土地或其他财产，而又没有为了公共事业的需求而保留和支配这些财产的充足理由，那就应该用它们来偿还国债。任何偶然的或意外的收入自然也应该被用来偿还国债。除了这些之外，唯一正当而可行的方法就是用财政盈余（surplus revenue）来偿还国债。

第三节　在哪些情况下适宜用财政盈余偿还国债

用财政盈余偿还国债，我想这种方法本身是恰当的，无须质疑。确实，有时我们听到人们说，还不如把税款“留在人民的口袋里让其结出果实”。这一论点可以被用来反对为非生产性开支课征不必要的赋税，但却不能被用来反对偿还国债。我们要问，“结出果实”（fructify）一词的含义究竟是什么？这个词若有意义的话，那么它也应该指对资金的生产性利用。因而就反对课征赋税的理由来看，上述论点的含义只能是，如果人们留住了税款，他们就会将它节省下来并转变成资本。确实，人们固然很可能会节省下一部分税款，但却绝对不可能节省下全部税款，因此，如果用课税的方法拿走这些资金并用于偿还国债，则全部税款就会被节省下来用于生产。国债持有者得到偿付后，会把得到的款项看作是资本而不是收入，会使它“结出果实”，也就是让它继续提供收入。所以，反对用财政盈余偿还国债的看法不仅毫无根据，而且实际情况正好相反，钱不“留在人民的口袋里”，反而更有可能“结出果实”。

不过，并非在所有情况下都适合用财政盈余的方法偿还国债。比如，清偿英国国债的好处是，可以由此而废除我们的赋税中较为有害的那一半。但在这较为有害的一半赋税中，有一些肯定要比其余更为有害，因而废除前者要比废除后者会带来更大的好处。假如放弃一部分财政盈余可以使我们废除某种赋税，那么我们就应该想到，最有害的赋税正是我们为了废除不那么有害的赋税而正在课征的赋税。在财富不断增加的国家中，岁入日益增长，使其能够不时废除最令人讨厌的赋税。在这种情况下，我认为，只要仍有非常令人讨厌的赋税，增加的收入与其用来清偿国债，还不如用来废除赋税。就目前英国的状况而言，我相信，正确的政策应当是，当政府有永久性的财政盈余时，可以使用这种财政盈余来废除赋税。即使全部赋税都已符合长期的税收制度，也应当继续执行这种政策，不断减少赋税，直至达到课税给纳税人带来的压力最小的水平。我认为，达到这一压力最小的水平之后，税收增加所带来的财政盈余才可以不用于废除赋税，而用于偿还国债。最后，得自某些税种的全部收入应该专门用于偿还国债，因为如果将偿债基金单独划出来，不与国家的一般财政收入混在一起，则清偿国债会更有把握。遗产税就特别适合被用来偿还国债，因为这种税是用资本缴纳的，最好被用来偿还资本，而不是被用来支付经常费用。如果划出了专用的偿债基金，那么此后由于其他税种增加而得到的财政盈余，以及由于越来越多的国债已偿还后支付利息减少而增加的财政盈余，便可以被用来免除赋税。

有人认为，发行一定数量的公债来为比较贫困或缺乏经验的社会成员提供一种投资渠道，不仅是恰当的，而且几乎是必不可少的。在这个方面，国债的便利性是不可否认的。但是，国债作为投资对象的优点实际上来自国家的担保，但这种优点现在并非仅仅限于国债。随着工业的发展，正在逐渐出现另外一些投资方法，例如持有大型公共公司（great public company）的股票或债券，而且这些方法不需要强制性课税，却与国债同样安全和方便。还有一种满足上述需要的方法是，建立一家开展存款和贴现业务并在全国各地遍设分支机构的国家银行。它可

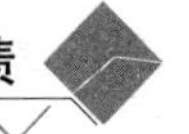

以像股份公司那样接受人们的存款，并支付固定或不固定的利息。当然，由于政府投资较为安全可靠，其所支付的利息应低于个人借款利息。这种银行可以把存款贷放给具有商业担保、地产担保或其他担保的人，由此而获得利息，并用银行所支付的利息和所得到的利息之间的差额来支付其运营开支。我认为，不管是在理论上还是实践上，人们都没有充分的理由来反对建立这种银行，以此作为一种取代现有国债的方便投资方式。建立这种银行后，国家就成了大型保险公司，就能够确保依靠利息为生的那部分社会成员不会遭受损害，而如果没有这种银行，他们不得不把钱贷给私人，故而有可能由于借款人破产而遭受损失。

第八章　从经济影响的角度论政府的一般职能

第一节　不能确保人身和财产安全的影响

在我们讨论哪些事情政府应该直接干预和哪些事情不应该直接干预以前，有必要考察一下政府在行使其一般职能时带来的好处或坏处。这里的职能指政府在所有社会都行使的那些职能，也是所有人都认为政府应当行使的那些职能。

这些职能的第一项是保护人民的人身和财产安全。毫无疑问，政府能否有效地执行这项职能，将影响到社会的经济利益。人身和财产安全得不到保障，也就等于说，人们所做出的牺牲或努力与他们所追求的目的的实现之间存在着不确定性。这种不确定性意味着，播种者不一定能收获，生产者不一定能享用自己生产的产品，人们今天节省的日后不一定能享受。它意味着劳动和节俭不是致富之路，暴力才是致富之路。当人身和财产不安全达到一定程度时，弱者的财产便会听由强者处置。生产者的自卫能力如果不敌非生产者的掠夺能力，生产者就无法保有自己生产的产品。所以，当不安全超过一定限度时，由于生产阶级无力抵抗掠夺阶级，生产阶级的成员就会纷纷投靠掠夺阶级的某个成员，宁愿受该人的单独掠夺，以免遭受所有人的掠夺。在中世纪，私有财产大都通过这种方式变成了封建财产，许多较贫穷的自由民都自愿世世代代做军事领主的农奴。

不过，在理所当然地重视人身和财产安全的极端重要性时，我们不应忘记，即使就经济目的来说，也有另外一些同样必不可少的事情，这些事情往往可以在很大程度上弥补政府保护的不足。正如我们在前面章节①所指出的，意大利、佛兰德和汉萨同盟的各个自由城市经常处于内乱和外患不绝的状态，人身和财产得

① 参见本书第一编第七章第六节。

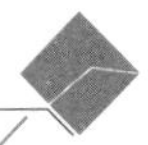

不到充分的保护。然而，在几个世纪内，这些自由城市得到了繁荣发展，财富迅速增加，许多工业技艺达到了很高水平，多次进行危险的远航探险和商业贸易，并取得了很大的成功。它们拥有足够的实力来与大封建领主抗衡，甚至能保护自己不受欧洲各国君主的侵害。它们做到所有这些的原因是：在混乱与暴力中，这些城市的居民仍能相互联合与协作，共享某种原始的自由，这些因素结合在一起，使他们成了勇敢果断、充满活力和精神高尚的民族，并且孕育了强烈的公共精神和爱国主义。这些自由城市和另外一些自由国家在乱世仍然能够繁荣昌盛这一事实告诉我们，这种不安全虽然有坏的一面，但也有好的一面，在一定条件下，它激励人们勤劳努力，极大地发挥了他们的实际才能。只有当不安全达到极为严重的程度，致使人类整体都无力对抗，必须进行必要的自卫时，不安全才会起瘫痪作用。由于这个原因的主要作用，对于一个国家的繁荣而言，政府的压迫要比自由状态下几乎不存在任何法治的混乱状态要有害得多，因为一般来说，任何个人都无力反抗政府的权力。一些国家尽管处于四分五裂的无政府状态，却仍能积累一定数量的财富并取得一定程度的进步，但如果人民遭受到政府官吏无休止的专横压榨，这样的国家就不可能继续保有产业和财富的增长。在这样的政府统治下，过不了几代，工业和财富就会损失殆尽。仅仅由于这一原因，地球上的一些最为美丽富饶的地区，先后在罗马人和土耳其人的统治下沦为一片荒漠。我说仅仅由于这一原因，是因为这些地区本来可以跟其他国家一样，迅速地从战乱或其他暂时的灾难中恢复过来。艰难困苦通常只会激励人们努力奋斗，致命的打击来自心如死灰，因为人们认为怎么努力也不会有结果。

第二节　过度课税的影响

单纯的政府过度课税虽然会造成很大危害，但从对经济的影响来说，它对人们的技艺、勤劳和节俭行为所造成的危害，却不如程度较轻的政府官吏的任意压榨那么大。在英国，人们承受着很重的税负，可是由于人人都知道赋税的限度，缴纳的赋税很少超出人们的预料和计算，因此课税挫伤人们勤劳和节俭的积极性的程度较小，并没有损害社会繁荣。有人甚至认为，赋税反而促进了繁荣发展，因为它使人们更加勤劳以减轻赋税压力。但在许多野蛮的东方专制国家，课税的目的是束缚那些已经获得了财产的人，征用他们的财产，迫使他们用巨款进行疏通。因此，在这样的国家，我们无法指望人们会自愿勤奋工作，他们只有巧取豪夺才能致富。甚至在较为文明的国家，课税方法不得当也会产生类似的结果，虽然程度要轻一些。法国学者认为，法国大革命前法国的农业之所以落后和农民生

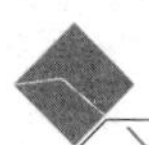

活之所以悲惨，主要是由于课征人头税。其实不是因为这种税过重，而是因为它是据农民投入的可见资本的多寡按比例课征，因而农民觉得越穷越好，由此鼓励了好逸恶劳的习性。财政官吏、督察官员以及代理总督们滥用职权，要比沉重的赋税更加有害于繁荣，因为滥用权力会破坏安全。享有自治权的地区由于没有受到这种祸害，情况就要好得多。俄罗斯帝国尽管具有极为巨大的改良经济的潜在能力，但国家官吏普遍贪污腐化，严重地拖了后腿，因为国家官吏收入的多寡，要看他们能否制造麻烦，在接受贿赂后再消除这些麻烦。

即使撇开不公正这一点不说，单纯的过度课税，即便是明确而有限的，也是一种严重的经济弊害。课税过度使人们虽然勤劳但得不到足够的报酬，因而会使人懈怠。在远未造成这一后果之前，过度课税就会极大地妨碍资本积累，或促使资本外流。落在利润上的赋税，即使没有超过这种收入所应缴纳的份额，也必然会削弱人们的储蓄动机，除非有利润较高的国外投资机会。例如，在荷兰，利润似乎很早就已达到了实际最低水平，18 世纪它的富有资本家们就把很大一部分资本投在了其他国家的公债和股票上。人们将这种低利润率归咎于沉重的赋税，而沉重的赋税在某种程度上则是其地理位置和历史缘故造成的。荷兰的赋税数额确实很高，其中许多是特别有害于工业发展和资本积累的对必需品课征的税。但是，当赋税总额很大的时候，其中必然存在一部分有害的税种。任何消费税，如果很重的话，即使不落在利润上，也往往会诱使中产阶级携带资本移居国外，因而产生与课征利润税同样的后果。虽然我并不赞同一些政治经济学家的观点，比如，他们认为，一个国家只有财富迅速增长才算境况良好，但是我们不能忽视这样一种严重不利的境地，即当邻国在不断发展的时候，一个独立国家却过早地陷入停滞状态。

第三节　法律不完善与司法不完善的影响

政府保护人身和财产安全的这个大主题，还可以细分为许多间接相关的小主题。例如，在保障权利和司法救济方面，司法机关是否完善或有效率等一系列问题就包括在内。如果司法机关的廉洁与能力存在问题，办案拖拉、程序烦琐、费用高昂，这必然使得本来向法律求助的人们不堪忍受，宁愿有冤不上诉。也就是说，如果司法不完善，我们不能认为人民的人身和财产是安全的。毫无疑问，英国的司法机关是廉洁的；在其他一些欧洲国家，社会的进步也带来了同样的成就。但是，仍然存在着其他类型的法律和司法不完善的现象。特别是在英国，人民承担了巨额赋税，而政府作为回报提供的法律服务却如此不完善，由此大大降

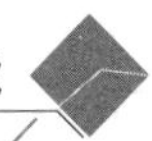

低了这种法律服务的价值。首先，法律的含糊不清（incognoscibility，边沁语）和语义多变，甚至使得一些非常熟悉法律的人，在事实确凿本来无须提起诉讼的情况下，也不得不求助于法院主持公道。其次，法院办案程序拖拉烦琐、索费极高，因而人们宁可忍受冤屈，也不愿为最后得到公道解决而付出高昂的代价。过错方，即使是法院认定有罪的一方，也仍有许多赢得胜利的机会。例如，对方由于缺少资金而撤回诉讼；或者在牺牲对方正当权利的情况下做出妥协而终结诉讼，或者玩弄花招使得法庭未能依据是非曲直做出判决。上述所列举的最后那种情况，往往不能归咎于法官，因为当前英国的法律制度已严重背离已经变化了的社会情况，它们在很大程度上不是建立在与社会状况相适应的理性原则上，而是部分建立在立法者的奇思异想上，部分建立在封建土地占有制上（尽管这种土地占有制仅仅残存于法律的虚构之中）。在整个英国法律体系中，大法官法庭（Court of Chancery）虽然拥有最好的实体法，但在办案拖拉、程序烦琐和费用高昂等方面的弊端也是无人可及的。而大多数最为复杂的案件，例如合伙案件和信托案件，都要由该法庭来处理。英国最近对大法官法庭进行了改革，虽然消除了一些弊病，但还远远没有消除所有弊病。

幸运的是，大部分商业法律还算比较符合现代的需要，有助于英国的繁荣发展。这些商业法律的产生很简单，法庭仅仅只是承认了商人便于使用的习惯做法并赋予其法律效力。因此，至少这一部分法律实际上是由利害关系最大的那些人制定的。此外，法庭的各种缺陷实际上对商业活动的损害也较少，因为对于商人来说，取决于个人品质的信用非常重要，这使舆论对那些一般认为是欺诈的商业行为施加了强有力的限制（尽管日常经验表明，这种限制还不够充分）。

法律的不完善——无论是实体法的不完善还是程序法的不完善——都对法律上所谓的“不动产”（real property，欧洲的一般法律术语称之为 immovable property）造成的损害最大。对这部分社会财富来说，法律提供的保护是非常失败的。失败的第一个原因是这方面的法律变化无常，技术细节极其混乱，人们无论花费多少金钱，都无法确保土地所有权免受侵害。失败的第二个原因是，在当前的法律下，不动产交易得不到适当的法律证明，也就是说，这种交易的法律文件得不到适当的注册登记。失败的第三个原因是，不动产的买卖以及租借和抵押，除了必须纳税外，还得签订和履行一些烦琐而费钱的文件和手续。失败的第四个原因是，在有关不动产的几乎所有案件中，诉讼费用的高昂和办案的拖拉都令人不堪忍受。毫无疑问，民事高等法院的种种缺陷使土地所有者遭受的损害最大。我估计，法律开支——无论是实际诉讼费还是填报各种法律文件的费用——恐怕在大多数大土地所有者的年度支出中都是一个不小的项目。土地所有者尽管为土地转让支付了法律费用，却很难使买者对土地所有权抱有充分的信心，土地的售价因此而大打折扣。然而，虽然至少从 1688 年起，土地所有者在英国的立法机构中就已占据了支配地位，但他们却从未在修改法律方面有所作为。不仅如此，他们还坚决反对某些对他们自己特别有利的土地法修正案。一个突出的事例是，由著名的不动产律师组成的一个委员会曾提出一项法案，规定土地买卖契约必须登记备案，这项法案由坎贝尔勋爵（Lord Campbell）提交给了下议院，但却触怒了大多数土地所有者，遭到了他们的否决，此后很长一段时间内没有人再敢做出这样的尝试。土地所有者之所以如此不近情理地敌视这种对他们自己最为有利的法案，一方面是因为他们在所有权问题上极端的胆怯，而这种胆怯正是由他们所不愿纠正的法律的缺陷造成的，另一方面是因为他们在所有法律问题上的愚昧无知，缺乏判断能力进而对法律顾问的意见言听计从，却没有看到，法律的每一缺陷在给他们带来麻烦的同时，还给律师带来了好处。

法律制度的这些缺陷如果只给土地所有者带来了麻烦，那么它还不至于严重影响生产的根基。但土地所有权的不确定性必然会严重挫伤人们为土地改良投资的积极性，而高昂的土地转让费必然会妨碍土地被转手给那些能最有效地利用土地的人。在买卖小块土地时，转让费常常高于土地的价格（除了少数例外之外），这事实上相当于禁止买卖小块土地。然而，这种买卖在几乎所有地方都很有必要，因为在几乎所有国家里，地产不是过大就是过小，需要分割大地产或合并小地产。使土地的转让像资本那样容易，这将给这个国家带来一项最大的经济改良；前面我已多次说明，进行这项改良并不存在难以克服的困难。

即使从经济观点来看，作为达到直接实际目的的一套方法，一个国家的法律和司法所起的作用除了其本身的优劣之外，在很大程度也取决于它对道德的影响。我在前面①曾说过，人类的产业活动和所有其他联合活动的效率，取决于人类能在多大程度上相互信任、严守契约。由此可见，一个国家的经济繁荣会受到其各项制度的深刻影响，这要看它们的作用是鼓励人们诚实守信还是投机取巧。至少从表面上看，各国的法律都鼓励人们在金钱问题上要诚实守信。但是，如果法律客观上为人们提供了玩弄花招的便利，从而可以依仗钱财打官司并逃避应负的义务，或者人们设法利用法庭的裁决而实施合法的欺诈，那么，法律便会败坏道德，甚至会败坏人们在金钱问题上的道德。不幸的是，在英国的制度下，这种情况屡见不鲜。此外，如果法律过于宽松，使游手好闲和挥霍浪费得不到应有的惩罚，或对犯罪行为量刑过轻，则不利于人们培育勤俭和其他社会美德。如果法律依据本身所包含的处置权和禁令在人与人之间制造了不公正，就会给人们的道德情操带来更为灾难性的影响，例如所有承认任何形式的奴隶制的法律、所有国

① 参见本书第一编第七章第六节。

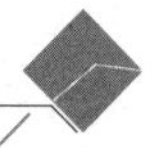

家有关家庭关系的法律（尽管程度不一）以及许多国家有关富人和穷人关系的法律（尽管程度更加不一），等等，就是如此。这类问题在广度和深度上都远远超出了政治经济学的范畴，我提及它们只是为了提醒人们注意，它们要比我们当前讨论的那些事情更为重要。

第九章　继续讨论同一主题

第一节　财产继承法

上一章讨论了一般法律制度的优缺点所产生的影响，我现在讨论法律的具体部门的特殊性质所产生的影响。既然讨论必须有所取舍，我这里只论述几个重要的主题。在一国的民法中，除决定劳动者地位为奴隶、农奴或自由民的法律外，最具经济意义的是继承法和契约法。在契约法中，最具经济意义的则是与合伙制和破产有关的法律。恰巧在所有这三种法律方面，人们都有理由谴责英国法律的某些规定。

关于财产继承问题，前面章节已考察了与此有关的一般原则，且尽可能公允地提出了我们认为法律所能采取的最佳处理办法。一般来说，遗赠自由应成为一条普遍原则，它只应受以下两个条件的限制：第一，如果遗赠人有后代且其生活尚不能自立而成为国家的负担，则应为其保留一部分遗产，数额应相当于国家供养时所给付的抚养费；第二，任何人获得的遗产都不应超过维持中等程度的自立生活所需的数额。在没有遗嘱的情况下，全部财产应归国家所有，只给财产所有者的后嗣留下正当而合理的一部分财产，就像父母或祖先根据其后嗣的具体情况、生存能力以及抚养方式而给其留下一部分财产那样。

不过，上述看法与人们当前的思维方式相距甚远，也许要经过若干阶段的社会进步，人们才会认真考虑这些看法。在当前人们公认的决定财产继承的方式当中，有些肯定较好，另一些肯定较差，我们必须考虑优先选择哪一种要好一些。作为折中方法，我建议把英国现行的个人财产继承法——遗赠自由，在没有遗嘱的情况下财产由后嗣平分——推广应用到所有财产上。不过，旁系亲属无权继承财产，如果财产所有者既无后嗣又无上辈，而又没有立遗嘱，则其财产应归国家

所有。

目前各国的法律以两种截然相反的方式违背了上述原则。在英国和许多法律仍受封建制度影响的国家里，法律的目的之一就是要维持地产和其他不动产的集中，因而在没有遗嘱的情况下，不动产通常全部归长子所有（只有少数地方的风俗与此不同）。虽然长子继承权原则对遗嘱人没有约束力，在英国，遗嘱人在名义上享有随意遗赠财产的权利，以限定继承人的方式，以便把财产永远留给其后嗣的某一分支，从而剥夺直接继承人继承财产的权利。其权利除了确保财产按指定的方式继承外，还可以禁止出售财产，因为每一代所有者对于所继承的财产只享有一代的所有权，财产转让期限不得超过该人的寿命。在其他国家，例如法国，法律则规定必须平分遗产。法律不仅规定，在没有遗嘱的情况下，由其子女或（如果没有子女）其近亲平分遗产，而且法律不承认遗赠权，或只承认对有限的一部分财产享有遗赠权，其余的财产都得平分。

我认为，在实行这两种制度的国家，这两种制度的设立和维持恐怕都不是出于正义的考虑，也不是出于对经济结果的预见，而主要是出于政治动机。一种情况是为了维护大世袭财产和土地贵族制度；另一种情况则是为了分割世袭财产，防止土地贵族制度的复辟。作为国家的政策目标而言，我认为第一个目的极为不适当。至于第二个目的，我曾经说过，还有更好的方法可以达到这一目的。不过，这两个目的的得与失属于一般政治科学论述的题目，而不属于这里所讨论的政治经济学论述的题目。对于各自所要达到的目的来说，这两种制度都是切实可行的有效手段。但我认为，每一种制度在实现其目的时，还伴随带来了大量弊害。

第二节　长子继承的法律与习惯

人们提出了两个经济方面的理由来支持长子继承权。一个理由是，长子继承权会激发其他子女的奋斗雄心，不得不自创家业。约翰逊博士（Dr. Johnson）提出了这一理由的说法，倒并不像是为世袭贵族唱赞歌。他为长子继承权辩护时说，长子继承权“使一个家庭只出一个白痴”。令人感到奇怪的是，一个贵族制度的捍卫者竟然宣称，不劳而获地继承财产会使人萎靡不振和精神消沉。不过，可以认为，在目前的教育状态下，这种看法尽管稍嫌夸大，但却基本是符合实际情况的。但不管该理由有什么说服力，它都告诉我们，如果像对待其他子女那样同样对待长子，只让其继承仅够维持其生存的财产，那么就不会有约翰逊博士所认为的那样“一个白痴”了。既然不劳而获的财富对于一个人的品德如此有害，令我无法理解的是，为什么为了不使其他子女受毒害，就只能把毒药凑在一起，挑出长子让他一个人尽情吞吃呢？我们不能仅仅因为还没有找到其他办法来处置大笔财产，就让长子遭受如此巨大的毒害。

但还有一些学者认为，长子继承权之所以能够催人奋进，与其说是由于年幼子女身陷贫困，还不如说是由于这种贫困与长子的富有形成了反差。他们认为，蜂群忙碌并保持活力的缘故就在于四处闲逛的雄蜂使得工蜂深切感受到有蜂蜜的好处。麦克库洛赫这样谈及年幼子女："他们在财富方面的不利处境以及他们想摆脱困境与其长兄平起平坐的愿望，激励他们充满了干劲和活力。但是，不均分财产而维持财产规模的好处并不仅仅在于能够刺激年幼子女，而且刺激了所有人，使人们更加努力和勤劳。所有人都羡慕大地主的生活方式。大地主的挥霍无度虽然对他们自己往往有害，但却可以强烈刺激其他阶级的才智和进取心。其他阶级除非能像大地主那样奢华无度，否则决不会自甘现状。因此，由长子继承遗产的习惯似乎会使各阶级更加勤劳，进而增加人们的财富总额并提高享乐水平。"①

我实在无法在这种观点中找到一丝真理成分，但这种观点让我想到这样一条真理，即财富的完全均等并不利于激发人们增加财富的努力。一般而言，如果人们拥有或自认拥有的东西和其邻人的一样多，就会懈怠无为——无论是就财富来说，还是就才能、知识和美德等特征来说，概莫如此。但是，这并不意味着社会因此而需要树立一些大富豪来让穷人妒忌和羡慕。劳动致富同样可以做到这一点，而且做得更好，因为看到他人通过劳动致富要比仅仅看到他人有钱，更能刺激人们勤奋努力。前者不仅树立了勤劳的榜样，而且同时树立了远虑和节俭的榜样，而后者则往往会给人们树立挥霍钱财的榜样，因而不但不会像一些人所设想的那样激励贫穷阶级，反而会产生有害的影响，会使那些意志薄弱、讲虚荣的人沉湎于"大地主的奢华"。美国很少或几乎没有世袭财产，但谁也不会认为，那里的人民的勤劳干劲和积累资本的热情会不如其他地方。正如战争是古代和中世纪从事的主要活动那样，工业是现代世界从事的主要活动。一个国家一旦进入工业化进程，通过工业获取财富的欲望便不再需要人为刺激，因为财富会自然给人们带来好处，并往往成为衡量人们的才能与成就的尺度，从而可充分激发人们追求财富的满腔热情。从深层次考虑的理由是，较为健全的社会状态所需要的是财富的分散，而不是财富的集中；不是由少数人拥有所有人眼馋的大笔财富，而是让尽可能多的人拥有并安于人人努力可得的适量财富。我在这里提及这一看法，只是为了说明，在社会问题上，长子继承权辩护者的见解与本书作者的见解大相

① 麦克库洛赫：《政治经济学原理》，1843 年版，第 264 页。该作者最近发表的文章《论遗产的继承》（On the Succession to Property Vacant by Death）对这种观点做了更为详尽的阐述。

径庭。

赞成长子继承权的另一个经济上的理由与地产有关。有人认为，在子女之间均等地或近乎均等地分配遗产的习惯，会使得土地能分割成小块土地，以致无法进行具有经济效率的耕作。这种论点反复被人提出来，并且一次又一次地遭到英国和欧洲大陆学者们的驳斥。它所依据的假设，同所有政治经济学原理所依据的假设完全对立。它假定，人类的所作所为往往有害于其直接的可见的物质利益。其实，分割遗产并不一定意味着分割土地，遗产继承人可以共同拥有土地，在法国和比利时，这种情形就比较常见。土地也可以归共同继承人中的某一个所有，他以抵押方式得到其他继承人的土地。继承人还可以把土地卖掉来分割卖得的款项。一旦分割土地会降低土地的生产能力，遗产继承人为了维护他们自己的利益就会采用上述方法中的一种。当然，我们也可以像上述论点那样假定，或者由于存在法律上的障碍，或者由于继承人愚昧无知不能维护自己的切身利益，继承人坚持平分土地而使自己陷入贫困。假如真是这样，我们便可以据此反对像法国那种强制分割土地的法律，但我们并不能据此反对遗嘱人根据平等原则行使遗赠的权利，因为遗嘱人完全可以规定处置遗产时不准分割土地。前文已经说明，长子继承权的拥趸力图用大地产的事实来反对平分遗产，这也同样是徒劳的。无论在哪个国家或某个国家的部分地区，平分遗产的做法之所以与小块农田经营制相并行，都是因为小块农田经营制是该国的一般制度，即使是大地主的土地也分作小块供人耕种。

除非能充分证明长子继承权有益于社会，否则长子继承权理应受到正义原则的严厉谴责，因为长子继承权完全是依据偶然性的理由对子女进行区别对待。所以，我们没有必要再举出经济上的理由来反对长子继承权。但这里有一个反对长子继承权的有力事例。长子继承权所带来的自然结果是使地主们沦为贫穷阶级。这种制度或习俗的目的是不使大地产分散，一般而言确实能够做到这一点。但是，大地产的法定所有者，并不必然是这种地产所产生的全部收入的真正所有者。大地产除了要负担地产所有者的奢靡支出外，通常要负担每一代人的其余子女的生活费。大土地所有者一般在开支上大手大脚，有多少花多少，而且是按收入最高时的水平花，即使情况变化，收入减少了，也不会及时缩减开支。其他阶级的成员如果挥霍浪费，就会破产而无法在社会上立足。但若地主们挥霍浪费，即使得到的地租仅够偿还债务，通常也要死死抓住自己的地产不放。人们想保持家族的“荣耀”，这是长子继承权这一习俗能够形成的缘故，也正是保持“荣耀”的欲望使地主不愿出售部分土地以摆脱债务。所以，他们表面拥有的资产往往大于他们的实际资产，而他们却总是按表面资产而不是实际资产安排支出。由于这种以及其他类似原因，在几乎所有实行大土地所有制的国家，大多数大地产都已被抵押。大地主不但没有多余的资本用于改良土地，而且需要利用由于国家财富和人口激增而自然增加的全部土地价值来避免自己陷入贫困状态。

第三节 限定继承权

为了避免后代陷入贫困，可以采用限定继承权（entails）的方法，亦即规定不可更改的继承顺序，每代所有者只能在其生存年限之内享有所有权，并且不得使其继承人负债。这样，土地便可以在不必负债的情况下，由一个继承人转归另一个继承人，现有继承人即使挥霍浪费也不会导致整个家族毁灭。同仅仅实施长子继承权的情况相比，这样处置财产所产生的经济弊害，既有相同之处，也有不同之处。但总的来说，所产生的经济弊害更大。土地所有者现在虽然不能使整个家族破产，却可以使自己破产。与长子继承权的情况相比，限定继承权的所有者更没有可能拥有改良土地所必需的资本。即使有，他也不会用于改良土地，因为改良土地所带来的好处将由那个并非他所能决定的继承人取得，而且他自己很可能有年纪较小的子女需要供养，但不能由他现在拥有的土地来负担。这样，他不但自己不会改良土地，同时也不能把土地卖给有意改良的人，因为限定继承权禁止让渡土地所有权。一般来说，他甚至不能签订超过其寿命期限的租约，理由正如布莱克斯通所说："假如这种租约有效，那么实际上就可以借助长期租约剥夺后嗣的继承权。"在这种情况下，英国便不得不通过立法放松限定继承权的严格性，使人们能够长期租赁土地，能够用土地带来的收益改良土地。还要补充说明的是，由于被限定的继承人从小就知道自己将继承遗产，因而不管自己配不配得上这笔财产，他们往往都养成了好逸恶劳、挥霍放荡的习性。

与苏格兰和大多数实行限定继承权的其他国家相比，在英格兰，限定继承人的权利所受到的法律制约更大。英格兰的土地所有者只能指定一些活着的人和一个尚未出世的人依次继承其财产。当限定继承人年满 21 岁时，限定继承权便告期满，土地也就成为他的绝对财产。按照这种方式，地产可以经由签立遗嘱时活着的一个儿子或一个儿子和一个孙子再传给这个孙子的一个尚未出世的子女。人们一直认为，这种限定继承人的权利不是很大，不会造成什么危害。但实际上，这种权利要比人们表面看到的情况大得多。这种限定继承权很少期满；被指定的第一个继承人成年时，往往会与当前的所有者共同约定重新指定继承人，以此延长限定继承权的期限。所以，大地产很少能摆脱严格的限定继承权的限制；不过，它减轻了另一方面的弊害，因为在这样重新限定继承权的时候，通常会让地

产负担其他年幼子女的生活费。

从经济的角度来看，最好的土地所有制度是让土地完全成为交易的对象，只要某个购买者的出价高于当前所有者得自土地的收入额，他就可以很容易地买到土地。这当然不包括用来维持排场的地产，这种地产带来的仅仅是开销，而不是利润。我们指的只是用于实业目的的土地，人们持有这种土地是为了获得收入。对于整个社会来说，凡是方便土地买卖的制度，往往使土地成为更具有生产能力的工具。凡是妨碍或限制土地买卖的制度，往往都会减少土地的有用性。因此，不仅限定继承权会降低土地的有用性，而且长子继承权也会造成同样的后果。保有大地产的欲望，通常都不是出于增进土地生产能力的动机，它们往往阻碍土地的转让和土地利用效率的提高。

第四节　强迫均分遗产的法律

此外，法国等国家的法律则严重限制了遗赠的权限，规定必须在子女之间平分全部财产或大部分财产。在我看来，制定这种法律虽然依据的是与前面不同的理由，但也同样应加以反对。只有当父母明确表示愿意或有充足理由推断他们愿意时，子女才有权要求得到生活费以外的财产，以使自己能独立谋生。不能因为他人主张得到不属于自己的东西，就摒弃一个人处置自己财产的权利。为子女确立更高的合法权利从而限制合法所有者的赠予自由，这一做法等于把虚构的权利置于真正的权利之上。这是反对这种法律规定的最有力且非常重要的理由，此外还可以举出许多次要理由。固然，人们希望父母应公平对待子女，不应偏爱长子或其他某个受宠的孩子，但公平分配遗产并不一定等于平分遗产。有些子女的独立生活能力要比其他子女差（但这并不是他的错），而另一些子女的自立能力就较强（但并非本人努力的缘故），所以不偏不倚（impartiality）所要求遵循的不是均等（equality）原则而是补偿（compensation）原则。即使以实现均等为目标，也存在比法律要求平分财产的硬性规定更好的方法。如果某一继承人性格暴躁，好打官司，计较个人利益并绝不让步，那么法律便无法对遗产的划分做公平的调整，从而按照对全体当事人最有利的方式分配遗产。比如遗产是若干块土地，继承人对于各块土地的价值不能达成一致意见，因此根据该法律规定，就不能一人分得一块土地，而必须卖掉每块土地或平分每块土地。如果遗产是一所房子、一座公园或一个游乐场，平分将会毁掉它们，那么必须把它们卖掉，而这样做会使金钱遭受严重损失并会严重伤害继承人的感情。在这方面，法律做不到的事情，父母却可以有办法做到。倘若允许遗赠自由，就可以依据理性和当事人的共同利益来解决所有这些难点问题。而且因为遗嘱人不用受字面意义的约束，所以从精神实质上可以更好地实现平分遗产的原则。这样，法律也就不必像在强制均分制度下那样专横地干涉私人事务。强制均分制度旨在防止父母以赠予或其他转让的名义侵犯其继承人的权利——不仅在人去世时，而且在人的整个一生中都在干涉私人事务。

总之，我认为，全部财产所有者均应有权通过立遗嘱来处置自己的全部财产，但无权决定立遗嘱时所有活着的人全部去世后应由谁来继承财产。至于应在什么情况下允许人们把财产遗赠给一个人，同时指定该人死后由另一个已经出世的人继承，这是一个立法方面的一般问题，而不属于政治经济学讨论的范畴。与各种共同拥有财产的情形相比，这种处置方法并不会妨碍财产的转让，因为在对财产做新的安排时，只要实际活着的当事人达成一致意见即可。

第五节　合伙企业法

现在我们从继承问题转到契约问题，特别是讨论合伙企业法（law of partnership）这一重要问题。凡是认识到推行广义的合作原理是发展现代工业所必需的经济条件的人都清楚，合伙企业法非常重要，应尽可能使其完善。随着生产技术的进步，许多工业部门经营所需要的资本额越来越大，因而如果小资本不能顺利地聚集成大资本，工业生产能力便必然会遭受损失。大多数国家都没有足够多的人拥有所需的资本，而如果法律的作用是促使财产分散而不是集中，那么这样的人就更少。此外，如果中小资产者很难合资经营，致使少数富人垄断了所有那些经过改良的生产方法以及只有依靠巨额资金才能获得的低成本、高效率的生产手段，这将是一个非常糟糕的局面。最后，我要重申我的看法，即工业经济把社会彻底分成了工资支付者和工资接受者这两个部分，前者数以千计，后者则数以百万计，这种经济是不恰当的，也不能够无限期地延续下去。是否有可能把这种制度转变成没有人身依附的合作制度，在这种制度下，人们只有利益的一致而不是严重冲突，这完全取决于合伙关系未来的发展情况。

然而，几乎所有国家的法律都设置巨大的甚至有意为之的障碍来阻止人们建立多人合伙企业。在英国，一个现已存在的严重障碍是：合伙人之间的争议实际上只能由大法院来裁决，这往往比私下协商还要糟糕，因为如果争议一方为人卑劣，争讼好胜，他就可以任意纠缠其他合伙人，使他们不得不花钱劳神，陷入无穷无尽的麻烦之中。这些都是在大法院打官司所不可避免的，这些合伙人甚至无

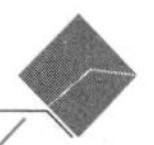

权解除合伙关系来摆脱这种困扰。[1] 此外，不久之前，任何合股公司都必须得到立法机构的专门批准，只有这样，才能正式成立并拥有法人地位。几年前通过的一项法令取消了这一规定。不过，一些业内人士称这项法令“一团糟”，说从来没有过哪项法令为加入合伙企业的成员设置了“如此多的折磨”。[2] 当一些人——不管他们的人数是几个还是许多——自愿合资从事一项共同事业时，他们既不要求得到任何特权，又不剥夺任何其他人的财产，那么法律便没有理由对他们的计划制造障碍。只要符合公开宣布的几个简单条件，任何人就都有权建立合股公司，而无须以政府官员或议会的批准为前提。但是多人组建的合伙企业实际上要由少数人经营管理，所以应为合伙人提供一切便利来对这些经营管理者——不管经营管理者本身是合伙人还是被雇用的——进行必要的控制与监督。在这方面，英国的制度还远称不上完善。

第六节　有限责任公司和特许公司

但不管英国的法律会对一般合伙企业的组建给予什么样的便利，到 1855 年之前有一种合股公司绝对不被允许私自成立，只有议会或国王颁布特别法令才能成立这种公司。这里指的是有限责任公司。

有限责任公司分为两种：一种是所有合伙人的责任都是有限的，另一种是只有部分合伙人的责任是有限的。第一种有限责任公司用法国的法律术语来说，就是所谓的“隐名合伙企业”，在英国直到最近仍称之为“特许公司”（chartered company）。所谓特许公司指的是根据国王的特许状或议会的特别法令而成立的合股公司，其股东不负担超过其出资额的债务责任。另一种有限责任公司，在法国的法律中叫作“两合有限责任公司”（commandite），这种公司在英国是非法

---

① 破产法院院长塞西尔·费恩（Gecil Fane）先生在向合伙企业法委员会提供证词时说：“我记得不久前读过两名著名律师的报告。报告说，许多关于合伙企业的案件移送给了大法院后就不知所踪……那些想参加这种合伙企业（即工人合作制企业）的人往往不知道事情的真相，即合伙人之间的纠纷事实上是根本得不到解决的。”

“一个合伙人劫掠了另一个合伙人的资产，而后者却无处申冤，他们难道就不知道这一点吗？——实际情况就是如此，但我却不能断言他们是否了解这一点。”

在费恩先生看来，这种令人愤慨的不公正现象完全是由大法院的缺陷造成的。他的原话是：“我认为，如果说有什么措施能用来解决合伙企业的纠纷，方法很简单：合伙企业所做的每一件事都记在了账簿上，证据就在手边。所以只要解决纠纷的方法得当，这个困难就将不复存在。”参见《合伙企业法特别委员会报告》（*Report of the Selected Committee on the Law of Partnership*）所附的《证词记录》（Minutes of Evidence）（《议会信件集》，1851 年），第 85～87 页。

② 《合伙企业法特别委员会报告》，第 167 页。

的，没有得到法律承认，我接下来就要讨论这种公司。

如果一些人愿意合伙从事某项商业或工业活动，彼此之间协商同意而且告诉生意伙伴，该公司的成员不对超过其出资额的债务承担责任，那么，法律是否有理由反对这种做法，强迫他们承担他们所不愿承担的无限责任呢？法律这样做又是为了谁？当然不是为了合伙人，因为限定责任对合伙人有利，保护了合伙人。所以一定是为了第三方，即为了那些与该公司做生意的人，因为公司有可能对他们欠下超过认股额所能偿付的债务。但是，谁也没有被迫与该公司做生意，更没有被迫无限信任该公司。只要有限责任公司没有欺诈别人，人们从一开始就了解真实情况，那么那些与这种公司做生意的人通常完全有能力保护自己的利益，似乎没有理由认为法律会比他们自己更关心自己的利益。法律对一切有限责任公司的要求应当是，不仅公开宣布其拥有的营业资本已如数到位或已获担保（从公开性的角度看，这种要求完全有必要），而且保存好公司的账目以便查阅，必要时予以公布，让人能随时了解公司的现实状况，了解其资本（这是人们与公司生意往来的唯一保证）是否有减损。法律应当制定严厉的处罚措施，以确保这种账目真实可信。如果法律像上面所说的那样，能确保人们了解公司的情况，让他们与这种公司打交道时，将这些情况纳入其谨慎计算的范围，那么跟其他任何私人生活领域一样，法律就没有必要再干预私人与这种公司的生意了。

人们支持这种干预的理由通常是，有限责任公司的经营管理者在盈利时可获得大量利润，而公司亏损时却没有以自己的全部财产做抵押，因而他们不会谨慎经营，往往利用公司资金过度冒险。可以肯定的是，面对两家同样经营不善的公司，但一家是股东很富有的无限责任公司，而另一家是股东只拥有所认购资本的有限责任公司，那么前者获得的信用水平一定会远远超过后者。① 不管这两种公司谁的弊害较大，受影响更多的都是股东自己，而不是第三者。因为在法律确保公司信息公开的条件下，有限责任公司的资本一旦超出其一般的营业范围从事投机，就会被公众知悉并招致非议，公司的信用也就会相应受到损害。假如在法律确保公开性的情况下，人们发现无限责任公司更善于经营，那么有限责任公司便无法与之竞争，人们就不会建立这种公司。而实际上，人们建立有限责任公司，大都是因为只有在限定责任的情况下才能筹集到足够的资本额，这时阻止建立有限责任公司的做法是非常荒唐的。

还可以进一步说明的是，虽然在资本相等的情况下，有限责任公司向其客户所提供的担保要小于无限责任公司，但在某些方面，有限责任公司所提供的担保还是要强于单个的资本家。科克兰（Coquelin）先生在 1843 年 7 月号的《两个世

① 参见《合伙企业法特别委员会报告》，第 145～158 页。

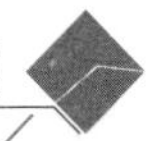

界评论》(*Revue des Deux Mondes*) 上发表了一篇优秀的论文，精辟阐述了这一问题。①

这位作者说：

> 那些与个人做生意的第三方，对个人有多少资本可以用来履行契约的情况知之甚少因而无法确定，而那些与有限责任公司做生意的人，只要进行调查，就可以充分了解情况，所以能够满怀信心地与它打交道，他们在其他情况下就往往没有这种信心。此外，个体商人可以轻易地隐瞒其经营情况，除他自己外，谁都无法掌握他的经营情况，甚至是他的心腹职员也可能一无所知，因为其借出借入的款项不一定记在自己的流水账上。他可以保守秘密，这种秘密很少被泄露，或者被泄露时已经太晚。只有在个人破产时，人们才知道真相。相反，有限责任公司只要借款，就无法隐瞒，无论是董事、职员、股东还是公众都会知道。这种公司的经营活动，在某些方面类似于政府活动。它的所有一切都是公开的，对于想了解情况的人来说，并不存在什么秘密。有限责任公司的资本和债务的所有情况都是确定的、有记录的、为人知晓的，而个体商人的这些情况都是不确定的、不为人知晓。我们要问读者，对做生意的人来说，这两者究竟哪一个更有利、更可靠？
>
> 再说，个体商人往往利用其经营情况的模糊状况谋利，他总是有意加强这种模糊状况。在生意兴隆时就制造有关其资产的假象，从而建立虚假的信用。这样在亏损而有可能破产时，由于没有人知道真实情况，他可以远远超出其偿还能力继续借债。当破产最后来临时，债权人会发现该商人所欠的债务远比人们预料的要多，而可用于偿付的资本则远比预料的要少。问题还不仅仅如此。以前人们往往利用经营情况的模糊状态来夸大资本额，增加信用，现在则被用来隐匿一部分资本，使债权人无法得到赔偿。资本现在减少了，甚至完全消失了。资本被隐藏起来，即便采取法律措施，债权人百般调查，也无法从隐藏的地方把资本找出来……有限责任公司是否也能很容易做这样的事情，读者不难自己判断。我们不能认为，有限责任公司不存在这么做的可能性。但读者会同我们一样认为，有限责任公司的性质、组织及其一切活动所不可避免地具有的公开性，大大降低了它这样做的可能性。

在合股公司的法律问题上，包括英国在内的大多数国家往往犯了以下两个方面的错误。一方面，这些国家的法律往往极为荒唐地限制这种公司——特别是有限责任合股公司——的组建。另一方面，在批准后往往又没有强迫这种公司公布

① 引文摘自凯里先生在一本名为《亨氏商人杂志》(*Hunt's Merchant's Magazine*) 的美国期刊上发表的译文，见该杂志 1845 年 5 月号和 6 月号。

其资产和负债情况，而这正是确保公众不受损害的最好保证，即使是法律特别批准建立的公司也需要这种保证。虽然英格兰银行从立法机关那里获得了开办银行的垄断权，并部分控制着像货币发行这种关系到所有人切身利益的事情，但只是最近几年法律才要求银行公布其资产负债情况，而且在最初阶段这种信息披露的内容极不充分，直到现在，其所披露的内容对于大多数实际目的来说才算是充分的。

第七节　两合公司

另一种需要加以注意的有限公司是这样一种公司，其中经营管理的一位或多位合伙人以其全部财产对公司的债务承担责任，而其他合伙人对公司债务所负的责任则只限于一定金额，对于超过这一金额的债务不负任何责任，尽管他们可按组建公司的协议分享利润。这种公司被称作两合公司，责任有限的合伙人叫作“有限责任股东”。根据法国法律的规定，他们不得干预公司的经营管理活动。英国的法律不准建立这种公司。根据英国法律的规定，私人公司中所有分享利润的人，都得像参与经营管理的合伙人一样，对债务承担全部责任。

据我所知，还没有人能够为这种禁止建立两合公司的法律给出令人满意的辩解，甚至那些反对合股公司的股东对公司债务只承担有限责任的这种不充分的理由在这里也无法适用。因为所有参与经营管理的合伙人仍是以自己的全部财产对公司债务负责，他们仍会同以前一样小心谨慎。对于第三方来说，有了有限责任股东后，他们可以得到比以前更多的保障，因为有限责任股东认购的资本额都可用来赔偿债权人，在债权人遭受损失以前，有限责任股东首先就只损失自己的全部投资。如果他们不是以认缴资本的身份成为合伙人，而是按与利润相等的利率把这笔钱借给公司，那么他们就会与其他债权人分享资产剩余，从而相应减少所有债权人的收入。两合的做法既有利于债权人的利益，对于经营管理的合伙人也非常有利，因为他们据此而募集到的资本将远远超过他们以自己的资产担保所能得到的数额。同时那些不愿也不能轻率投入全部财产来冒险的人，也有机会投资有限的一部分资本来资助有用的事业。

也许有人会认为，只要向合股公司提供适当的便利，也就没有建立两合公司的必要了。但有些情况下采用两合原则肯定要比采用合股原则好。科克兰先生说：“假设有一位发明家寻求使其发明转变为产品的资本。为了得到资助，他必须让资本家分享预期的利润。资本家必须与发明家联合，共享成功的可能性。在这种情况下，发明家会采用哪种原则呢？毫无疑问，他们肯定不会采用共同合伙

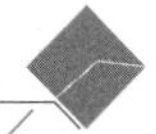

原则。”原因有很多种，主要是难以找到既拥有资本又愿意拿全部资产来冒险的合伙人。[①]“他也不会采用有限责任公司”或任何其他合股公司形式，“因为在这些公司中，他都不会享有经营者的地位。他的地位并不会高于其他股东，从而与其他合伙人没有什么两样。但既然公司是他自己一手创立的，经营权当然要归他掌握。还有些商人或制造商虽然自己不是发明家，但由于具有经营企业的特殊才能，他们也理应掌握企业的经营权”。科克兰先生接着说：“既然有限责任原则在许多情况下如此必不可少，我们就无法想象，我们怎么能够取消它或用别的原则取而代之。”对于他所在的法国而言，科克兰先生的话很可能是对的。

英国法律虽然并不鼓励限定责任的做法，但公众建立合股公司的热情也非常高。从原则上看，禁止建立两合公司完全不成立；但从纯经济的角度来看，两合原则也并不像科克兰先生所认为的那么不可或缺。英国法律规定，凡是分享联合公司利润的人，都得对公司的全部债务承担责任，这种规定也给两合公司间接带来了许多不便，它扼杀了许许多多建立公司的有益尝试。若要谴责这种法律，只需指出以下一点就已足够：假若严格坚持该法律，那么使用一部分利润来支付工资的做法也是违法的，换言之，禁止工人与资本家结成实际的合伙关系。[②]

要改善劳动阶级的处境并提高劳动阶级的地位，最重要的办法是让劳动者在建立合伙企业方面享有完全的自由。前文所描述的诸如工人协会那样的组织，是可以让劳动者依靠自身道德品质的提高获得社会解放的有力途径。劳动者享有建立公司的自由，其意义不在于仅仅树立几个成功的榜样，而且还在于能够进行不成功的尝试，失败能给人以深刻的教训，但用亲身经历获得的教训未必是肤浅

---

① 律师邓肯（Duncan）先生指出：“人们往往同情贫穷的发明家。发明家受到了高额专利申请费的压迫，但最大的压迫却是合伙企业法，合伙企业法阻止他寻求资助来把他的发明转化为产品。发明家往往都很穷，无力向借钱给他的人提供担保，因而谁也不会借钱给他。无论他给出多高的利息，都没有吸引力。但只要修改一下合伙企业法，发明家就可以同资本家共享利益和利润，资本家只对其投入的资本承担风险，这样无疑可以帮助发明家从资本家那里得到资助。但根据当前的合伙企业法，发明家却毫无办法，他的发明对他毫无益处。他日复一日地陷入困境，一次次地恳求资本家，但就是借不到钱。据我所知，有好几项专利发明就是这种情况。特别是几位拥有资本的绅士很想共同利用其中一项发明，在利物浦创建一个大企业，但他们无法这样做，就因为受到那该死的合伙企业法的阻碍。”参见《合伙企业法特别委员会报告》，第155页。

费恩先生说：“在我担任破产法院院长期间，我了解到，世界上最不幸的人就是发明家了。发明家在争取获得资本的过程中会遇到很大困难，陷入无穷无尽的麻烦之中，最终往往弄得家破人亡，发明也不得不拱手让人。”参见《合伙企业法特别委员会报告》，第82页。

② 按照布里格斯（Briggs）先生的提议，解决这个问题的办法是，通过一项有限责任法，允许资本家和工人共同建立公司。

的。任何一种社会改良理论如果有机会通过试验来加以检验，就应当允许甚至鼓励其经受这种检验。通过这种试验，劳动阶级中的活动分子可以学到许多东西，这是无法从别人的说教那里学到的，因为他们认为别人与他们利益相冲突，并抱有偏见。通过这种试验，他们可以在不给社会带来成本的情况下纠正自己对自立的错误看法，并且可以知道，要公平合理地实现他们所希望的那种社会改良，必须具备什么样的道德、知识和工业方面的条件。①

法国的合伙企业法强于英国的地方是允许建立两合公司，并且没有像大法院那样不顺手的机构，所有商业案件都由商业法庭判决，费用较低而效率较高。但在其他方面，法国的制度则要比英国糟得多。有限责任合股公司只有得到一个叫作“国务委员会”的政府机构的专门批准才能成立，该机构由行政官员组成，他们一般对工业活动一窍不通，人们往往认为设立该机构的宗旨是限制工业活动，因而要通过他们的批准大费周章，消耗很多时间，致使创建企业的活动受到很严重的阻碍。同时由于能否得到批准完全是个未知数，因此许多资本家投资的积极性受到了很大挫伤。至于在英国遍地可见而且很容易创建的无限责任合股公司，在法国则完全不存在，因为法国的法律不容许公司把资本分割成可转让的股份。

目前最好的合伙企业法似乎是新英格兰各州的合伙企业法。按照凯里先生的说法②，“新英格兰法规对公司的束缚比任何其他地方都要小；结果是，在新英格兰各州，特别是马萨诸塞州和罗得岛州，公司原则比在世界其他任何地方都得到了更充分的体现。在这些州，到处可见有限责任公司即特许公司，几乎每一种可以想象的事业都有这样的公司。每个城镇都有管理其道路、桥梁和学校的有限公司。所有这些设施都处在投资人的直接控制之下，因而管理得很好。学院和教会、讲演堂、图书馆、储蓄协会和信托公司，其数目与人民的需要相适应，并以有限公司的形式来管理。每一地区都建有自己的地方银行，其规模适应该地区的需求，银行的资本来自当地的小资本家，并由他们管理。其结果是，其银行系统要比世界上任何其他地方的银行系统都更完善，放款数额的变化都很小，由此而带来的必然结果是，这种银行的资产所具有的价值基本没有受到它所改造的通货数量和价值的影响。在我们特别提到的马萨诸塞州和罗得岛州，有将近200家银行。仅仅马萨诸塞一个州，就有53家遍布各地的各式

① 1852年通过的一项“工业和互助协会法”允许工人建立的工业协会享有“互助会”所享有的那些法定特权。该法案在热心于公益事业的斯莱尼（Slaney）先生的多方努力下，得以在议会通过。该法案不仅规定工人建立的工业协会可免于办理合股公司必须办理的那些手续，而且规定这种协会的合伙人之间的争议不必由大法院来解决。但正如1861年的《罗奇代尔公平先驱者协会年报》(*Almanack of the Rochdale Equitable Pioneers*) 所指出的，该法案仍有不足，在某些方面妨碍了协会的活动。

② 这是他为自己翻译的科克兰的论文所添加的一则注释。

保险机构，它们都是有限责任公司。工厂一律实行有限责任，按股所有。从采购原料到销售成品，每一参与公司经营管理的人都是公司的股东。同时公司雇用的每一位员工，也都有希望通过自己的勤俭努力成为公司的股东。慈善机构林立，也都是有限公司。渔船也以股份的形式为水手所共有。捕鲸船水手的报酬，在很大程度上——如果不是完全——取决于他们能捕到多少鲸鱼。所有在南大洋（Southern Ocean）做生意的船长同时也是股东，其切身利益使他克勤克俭，新英格兰人从而迅速把其他国家的商人逐出了南大洋贸易。不管是在哪里定居，新英格兰人都表现出了这种联合行动的倾向。在纽约，他们是班轮公司的主要股东，班轮公司的资本以股份的形式由造船工人、商人、船长和水手所有，水手通常最后升为船长。正是由于这一原因，这些人工作都很勤奋。这是世界上最最民主的制度，为每个劳动者、水手和工人，无论男人还是女人，都提供了升迁的机会，我们完全可以预料这会带来什么样的情景。世界上没有哪个地方能够比得上这里，人们的才能、勤劳和节俭会如此确定无疑地得到丰厚的回报。”

在欧洲，各种特许公司的破产和欺诈事件造成了极大损失，引起了人们的极大愤怒，但前面提到的美国那几个州，却很少发生这种事情，不过其他州却经常发生这种事情。在其他州，建立联合企业的权利受到了法律的严重限制，因而合股公司在数量和种类上都无法同新英格兰相比。凯里先生补充指出：“仔细考察一下这几个州的制度，我们不难得出结论，确实应该允许人们自行商定合伙建立公司的条件，确实应当允许由此而建立的公司与公众自行商定相互做生意的条件，以及合伙人可以自行决定是负有限责任，还是负无限责任。”这一原则最近已成为英国在这个问题上的立法基础。

第八节　破产法

下面我们来讨论破产法。

良好的破产法之所以重要，首先是因为破产法关系到公共道德；其他各种法律对公共道德的好与坏的影响，无过于如破产法这样涉及商业道德的法律。即使从单纯经济的观点来看，破产法也非常重要。这首先是因为，一国人民乃至全人类的经济福利，特别有赖于人们能够在债务上相互信任。其次是因为，工业活动所面临的一种风险和费用，通常与坏账有关，节省这种开支有助于降低生产费用，因为它有碍于经营目的。必须由商品消费者或资本的一般利润——具体而言看其是特定的坏账还是一般的坏账——来支付这一开支。

在这个问题上，各国的法律与习惯往往过于偏激。古代大多数国家的法律都对债务人极其严厉，赋予债权人或多或少非常专横的逼债权力，债权人可以逼迫无偿还能力的债务人交出隐藏的财产，或者可以惩罚债务人以发泄不满。在有些国家，这种专横的权力尤其严酷，债权人有权迫使债务人成为自己的奴隶。这种办法并非毫无道理，因为债务人由此可以通过劳动还债。在英国，逼债的往往采取一种比较温和的拘禁债务人的方式。这些都是原始时代的野蛮方法，既违背了人道主义原则，又不符合正义原则。不幸的是，人们将对这些方法的改革视为一种人道主义问题，就跟对刑法的改革一样，而没有视为是正义问题。而现在流行的看法实质上是一种空想的人道主义，这样与其他类似事件一样，走向了与古代严酷惩罚相反的另一个极端，对损害或浪费他人财产的行为采取了无比宽大的立场，逐渐放松甚至完全取消了破产法中一切令人不快的规定。这种做法的后果是严重败坏了道德，最近又不得不通过法令扭转方向。扭转方向是应该的，但扭转得还不够。

一些人主张对无力偿付其应偿债务的人采取宽容态度，所依据的理由通常是，当债务人没有偿债能力时，法律的唯一目的，不是惩罚债务人的人身，而是没收其财产并将其公平地分给所有债权人。我们姑且假定这是且应该是法律的唯一目的，然而问题在于，法律的惩罚非常宽松，以致无法达到这一目的。实际上，债权人可以酌情决定是否拘禁债务人的做法非常有效，它可迫使债务人交出他隐藏的或以其他方式处理掉的财产。如果禁止使用这个办法，最终得到修改后的法律是否能向债权人提供同样有效的工具，这仍有待于经验的证明。一些人认为，只要法律使债权人占有了无偿债能力者的财产，法律就完成了它的全部任务，这种理论是一种完全无法让人们接受的假人道主义。法律的责任是阻止不正当的行为，而不仅仅是弥补不当行为所造成的后果。法律不应让人们利用破产的机会来占取便宜；不应让人们在未征得他人同意的情况下利用他人的财产从事冒险事业；不应让人们在企业成功时获取利润，而在企业破产时把债务推在合法所有者身上；还不应让人们觉得挥霍他人钱财而无力偿债的做法是有利可图的。通常人们认为，法律上的所谓欺骗性破产，即谎称没有偿债能力的破产行为，一经查出，就应给予处罚。然而，是否因为真的没有偿债能力而导致破产的行为就不是不正当的呢？如果某人是败家子或赌徒，把债权人的钱财挥霍一空或者输得精光，那么是否可以事已至此，钱反正也回不来了，他就可以免受惩罚呢？从道德上看，这种行为与那种被称为欺诈或侵吞他人财产的不诚实行为究竟有什么实质性的区别？

这种情况并不少见，它们在破产案件中占据相当大的比例。有关破产的统计数据可以证明这一点。“很大一部分破产案件都是由债务人胡作非为造成的，我

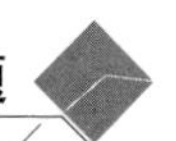

们可以用负债破产人法院（Insolvent Debtors Court）和破产法院（Bankruptcy Court）的记录来证明。一些投机者超出自己的财力或市场需要进行不靠谱的商品投机生意，他们完全凭自信‘一定会赚钱’的信念去做，但根本说不出为什么能赚钱。另一些人则做自己非常陌生的行当，如鸦片、茶叶、丝绸或玉米贸易。还有一些人疯狂购买外国公债或股票，这些都是造成破产的直接原因。"① 这位富有经验和才智的学者为证实自己的说法，采用了破产法院的几个官方受托人所做的证词。一个受托人说："从我收集的破产者提供的账簿和文件来看"，在他任职期间该法院受理的全部破产案件中，"有 14 件是因为人们从事自己不熟悉的商品投机生意而造成了破产；有 3 件是因为不记账而造成了破产；有 10 件是因为超出了自己的财力做生意，结果其融通票据无法承兑而造成了破产；有 49 件是因为支出超出预期营业利润而造成了破产，虽然其营业利润并不低；没有 1 件破产案件可以归因于普遍的生意不景气或行业衰落"。另一个官方受托人说，在 18 个月的时间里，"我经手了 52 件破产案件。在我看来，其中 32 件是乱花钱造成的，5 件是乱花钱和经营不当造成的，另外 15 件我认为是盲目投机同时还挥霍浪费造成的"。

这位学者除引用他人的证词外，还根据自己了解的情况进一步指出："许多破产案件都怪商人自己偷懒；他们不记账，至少是不认真记账，从不轧平账目；他们从不清点资产；他们扩大经营增加雇用人手，却疏于监督，最终陷入破产。可以毫不夸张地说，伦敦有一半从事商业活动的人从不清点资产，年复一年地做着生意，却对经营状况一无所知，最后像一个小学生那样，吃惊地发现口袋中只剩下一个半便士的硬币。我敢说，在全国各地的工商业界人士和农业界人士中，只有不足四分之一的人清点存货；顶多有一半人记账，而且这些账本也只是一个备忘录的性质。我很熟悉全国各地 500 个小商人的情况，因而我敢说，在这些商人中，顶多有五分之一的人清点过资产，或记过最普通的账。根据这些商人认真做的统计表，我有把握说，10 个破产者中至少有 9 个是挥霍浪费和不诚实造成的，最多只有 1 个可以归咎于‘运气不好’。"②

如果法律可以让破产者把自己胡作非为造成的结果转嫁到不幸相信他们的人头上，如果法律实际上将这种胡作非为造成的破产看作是"运气不好"，而不是犯罪，那么，我们又如何能够指望，工商业阶级必然会诚实正直、富有正义感、具有廉耻心呢？

当然，不可否认的是，有些破产是债务人无法控制的原因造成的，在许多情

① 引自 J. H. 埃利奥特（Elliott）先生 1845 年出版的一部著作《信用乃商业之生命》（*Credit the Life of Commerce*）。

② 参见《信用乃商业之生命》，第 50～51 页。

况下，债务人对破产并不负有很大责任。因此法律应当宽容这类破产，但仍应把事情调查清楚，查清破产事实和原因，而不是糊涂结案。破产者受人之托保管钱财，但钱财却亏空不见，这里肯定出了问题。我们不应让债权人证明其中有犯罪行为，十有八九他做不到这一点，而应让债务人公开其全部经营情况，表明其中没有不当行为，或不当行为是可以宽恕的，以此驳斥有罪推定。如果债务人做不到这一点，那就应根据推定的犯罪程度接受相应处罚；当然，法院可以根据债务人为弥补损失所做的努力程度而适当减轻处罚。

那些赞成放宽破产法处罚的人通常举出的一个论点是，除了在大规模的商业活动中之外，信用皆是一种弊害；而剥夺债权人的逼债权可以很好地防止他们滥用信用。毫无疑问，零售商允许非生产性消费者过多地赊购货物，是一种很大的弊害。然而，这只适用于大规模的特别是长期的信用。因为只要货款是在货物离开商店或至少离开卖主的保管后才支付的，就都涉及信用；而禁止这类信用会带来极大的不方便。破产法所触及的很大一部分债务，是小商人欠批发商的债务；如果因法律宽松造成道德败坏，这将会极其严重地影响到这种债务的偿还。这种债务是商业信用，没有人希望看到这种信用被破坏。不管是对国家的整个工业来说，还是对大量诚实正直的小资产者来说，商业信用的存在均具有重大意义，因为如果法律不能理直气壮地惩治那些不讲诚信或轻率负债的借主，致使小资产者通融不到他们所急需而决不会滥用的资金，就会给他们造成巨大的伤害。

哪怕人们认为，非现金零售交易是一种弊害，因而主张法律应当致力于完全取消这种交易，但实现这个目标的最坏方法，莫过于让那些得到他人信任的人的欺骗和掠夺他人的行为免受惩罚。一般来说，法律决不可把人类的恶行当作惩处无辜者的手段。政府如果要阻止某种行为，就应运用法律手段，而不是对那些如此行事的人置之不理，听凭坏人掠夺他们。若一个人犯了杀人罪，法律就应判处他死刑，而不可听凭抢劫人钱财的人将他杀死而逍遥法外。人们轻率地相信他人的话，固然不对；但法律不可为了阻止人们的轻率行为，听凭他们遭受掠夺。然而，自从破产法降低处罚以来，这种情况却随处可见。如果人们以为只要剥夺债权人的所有合法逼债权，就可以消除那种公认为恶行的信用，那就大错特错了。流氓和骗子终究是极少数，人们还是会相互信任。生意兴隆的大商人固然可以拒绝赊欠，他们当中的许多人现在就是这样做的。但对于身处大城市激烈竞争或在乡下开着一间小店的小商人而言，每一位顾客都十分重要。他们将会如何行事呢？即便风险再大一点，他们也会冒着这一风险赊欠。若收不回欠款，固然会破产，但货物卖不出去，同样会破产。批评他应仔细调查顾客的品行，不可轻易放款，这是毫无意义的。在破产法院受理的一些债务人肆意挥霍他人钱财的大案

中，这些骗子在骗到借款以前，都能提供极好的品行证明书。①

① 以下摘自“法国商法”(费恩先生的译文)。它表明，法国的法律对各种破产做了深入调查和细致区分。“banqueroute”这个词只能译为破产，但在法国仅仅指应受惩罚的破产，应受惩罚的破产又分为普通破产和欺诈性破产两种。普通破产案件如下所述：

通过对相关事务的调查，凡是有以下不法行为的无力偿还债务者，均可被指控为普通破产者：

定期记入其流水账中的家庭支出过大；

花费大笔金钱用于赌博或纯粹的投机交易；

最后一次核对账目的结果已表明，债务已经超过资产的一半，但他仍大量借款或仍以亏本的或低于市价的价格转卖商品；

根据其最后一次核对账目的结果计算，其所发行的流通证券是其可支配资产的 3 倍；

有以下不法行为的无力偿债者也可以被指控为普通破产者：

未按法律规定的方式自行宣布破产；

没有正当的理由，未在规定时间内向有关当局报告破产情况；

无法提供账本，或只能提供混乱的账本（即使账目混乱到可能并不能显示出欺诈行为）。

给予“普通破产者”的处罚是，一个月以上、两年以下的监禁。给予欺诈性破产者的处罚则是做一定时期的苦役。有以下行为的无力偿债者可被指控为欺诈性破产者：

虚报财产，或未申报其所有收入；

以欺诈为目的隐匿钱款、应收债款、商品或其他动产；

以欺诈为目的出售或赠予其财产；

用假债务减少自己的财产；

受托管理他人的财产（无论只是单纯保管，还是对其用途有专门指示），却擅自挪用；

以别人的名义购买不动产；

隐匿账本。

有以下行为的无力偿债者也可以被指控为欺诈性破产者：

未记账或账目不显示资产负债的真实情况；

得到政府的安全保护，却不按时出庭。

以上种种规定只适用于商业破产案件。至于一般债务案件，法律给予债务人的处罚则更加严厉。

第十章 论基于错误理论的政府干预

第一节 保护本国工业的学说

前面我们讨论了政府的各种必要职能，并讨论了能否有效执行这些职能对社会经济利益产生的有利或不利影响，下面我们进而讨论这样一些政府职能——由于没有更好的名称，姑且称之为任选职能。政府有时执行这些职能，有时不执行这些职能，而且在政府是否应该执行这些职能的问题上，人们也没有取得一致意见。

在讨论这个问题的一般性原则以前，我们应该先排除那种政府抱有的错误观念并导致有害结果的政府干预。这些情况与那种政府干预应有适当限度的理论毫无关系。有些事情政府应当干预，有些事情则政府不应当干预。但不管干预本身是否合理，如果政府不了解所干预的对象，干预必定会导致有害的结果。因此，我们首先将粗略考察一下各种错误理论，这些错误理论常常为各种损害经济的政府行动提供理论依据。

以前的政治经济学家耗费了大量精力和篇幅来讨论这一问题。幸运的是，至少在英国，现在我们可以省去其中大部分毫无意义的讨论。随着普遍观念的进步，政治经济学中那些曾造成很大危害的错误理论，在那些能够跟得上时代的进步人士当中已经名誉扫地。立法机构不再依据这些错误理论颁布法令，因而法律的形象也不再因此而受到损害。本书前面的其他章节已详尽阐述了反对这些理论的理由，这里只做一些简要说明。

在这些错误理论中，“保护本国工业”（Protection to Native Industry）的学说是其中最为著名的。保护本国工业，意味着政府设立高额关税来禁止或阻止国内能生产的外国商品的进口。如果这种理论是正确的，那么根据这种理论得出的

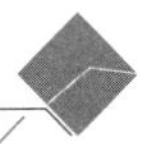

实际结论也应该完全成立。根据这种理论，购买本国商品会给国家带来好处，购买外国商品则会给国家带来害处。但很明显，如果外国商品价廉质高，消费者就会选择外国商品而不是本国商品，因此这意味着，消费者的利益似乎与公众的利益是对立的。按照这一理论可以推断，如果任由消费者根据自己的意愿行事，其所作所为肯定有害于公众。

但是，我们在分析国际贸易的影响时，得出了以前的学者所得到的同样结论：在一般贸易活动中，除非进口外国商品从经济上说有利于自己国家，也就是能以较少的劳动和资本获得同样数量的商品，否则就绝不会进口外国商品。因此，禁止这种进口或通过课征高额关税阻止进口，就是降低该国劳动和资本的生产效率，其损失相当于国内生产所需要的费用和从国外购买所需要的费用两者之间的差额。由此而给国家造成的损失，相当于本国商品价格和进口商品价格之间的差额。就制成品而言，这两种价格之间的全部差额都被用于补偿生产者所浪费的劳动和资本。那些从保护中获利的被保护商品的制造商，除非建立起一个排他性的对外国人而且对本国人都拥有垄断权的公司，否则他们并不会比别人获得更高的利润。因此，不管是对消费者，还是对整个国家，保护所带来的均纯粹是损失。如果被保护的商品是农产品，所浪费的劳动并不是落在全部商品上，而只是落在所谓最后一部分商品上，那么消费者所支付的高价只有一部分被用来补偿浪费，其余部分则成为缴纳给地主的租税。

这种限制和禁止进口的政策的原始依据是所谓"重商主义制度"（Mercantile System)。重商主义认为，对外贸易的利益仅仅在于输入货币，因而它鼓吹人为地鼓励商品出口，反对商品进口。不受这种限制的仅仅是重商主义制度所需要的那些东西，但目的并没有变化。如对于原料和生产工具采取鼓励进口的政策，但不准出口，为的是制造商能够获得廉价的工业必需品，并且能以较低廉的价格出售其产品，从而扩大出口额。基于同样的理由，对于某一国家来说，如果另外一些国家从该国进口的商品比出口给它的商品多，那么不仅应允许从这些国家进口商品，甚至应加以鼓励，因为贸易顺差会给它带来财富。作为重商主义制度的一部分，建立殖民地的一项重要任务是迫使它们购买英国的商品，或迫使它们不购买其他国家的商品。英国一般愿意承担相等的义务，即只购买殖民地的主要产品作为对它的回报。在这种理论的指导下，英国政府甚至常常奖励出口，用人为的低价诱使外国人购买英国的商品，但不购买外国人的商品。所谓人为的低价就是英国用自己的税款为外国人支付一部分价格。这种做法太不合理，即便商人招揽顾客也不会这样做。我想，没有哪个店主为了招揽顾客，永远按亏本价格出售他的商品，却拿自己的其他钱款弥补损失。

现在，即使是仍然坚持限制进口政策的学者和政府，也已经放弃了重商主义原则。限制政策之所以有市场，除了人们担心解除限制会损害自己实际的或虚构的利益外，依据的已不再是那种认为实施限制政策可以增加国内货币的旧观念，而是另外一些错误看法。其中一种最有影响力的似是而非的看法是，应该雇用本国人和保护本国工业，而不应养活外国人和帮助外国工业。根据前几章阐述的原则，对于这种看法的回应结论显而易见。有关劳动就业的性质和源泉，这里不必再讨论前面已阐述过的基本原理①，而只需复述一遍自由贸易论者经常说的一句话就够了：这里需要我们选择的不是雇用本国人还是外国人，而是雇用本国的这个阶级还是其他阶级。进口商品总是直接或间接地使用我们自己的工业产品来支付，因此也提高了英国工业的生产力，因为我们由此而能够用与之前相同数量的劳动和成本生产出更多的物品。那些没有认真思考过这个问题的人往往以为，我们能否出口相同数量的产品来支付我们所消费的外国产品，取决于种种偶然事件，比如取决于外国是否同意相应地放松进口限制，取决于外国出口商是否因此而更多地进口英国商品，如果情况不是这样，我们就必须用货币支付进口商品。实际上，首先，只要市场状况使得用货币支付是最有利的，那么就同用任何其他手段支付一样，用货币支付就没有什么不好的。其次，用货币支付进口商品有助于降低英国产品的价格，从而停止部分进口，或增加外国对英国产品的需求，由此而得到的货币足以支付进口商品。我承认，国际需求的均衡会因此而被破坏，在某种程度上会给英国进口商品带来不利；同时我也承认，如果某一国家禁止输入某些外国商品，则在其他一切条件不变的情况下，它确实可以用较低的价格获得那些它不禁止进口的商品。换言之，如果某一国家取消或完全阻止一部分对外贸易，那么整个世界都得不到这部分对外贸易所可能带来的普遍利益（本来该国将和其他国家按某种比例分享这一利益）。在某种条件下，保护政策确实可以使外国遭受损失，而让本国从它允许存在的那部分对外贸易中获得较大份额的利益。但它之所以能够做到这一点，是因为其他国家并没有采取对等的禁止或限制进口的措施。总之，毁灭其中一种利益从而取得剩下另一种利益的较大份额，这样做是否公道和合适，无须多加讨论。更何况从贸易额来看，被毁灭的那种利益肯定是两种利益中的较大者，因为如果听凭其自然发展，它无疑是资本所优先选择的那一方。

作为一般理论的保护主义虽然已经破产，但在某些情况下仍能得到人们的支持，这并不是出于节省劳动的考虑，而是出于粮食自给自足和国家安全等方面的考虑。《谷物法》的讨论让人们熟悉了这样的观点，即我们在粮食供给方面不应依赖外国。颁布《航海法》的依据，无论从理论上说还是从实践来看，都是我们

① 参见第一编第五章第九节及其以下内容。

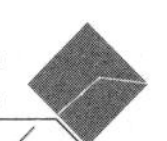

必须为海军培养水手。对于这一点，我愿立即承认，为实现这个目的做出牺牲是值得的。一个国家如果存在遭受海上侵略的威胁，在紧急情况下又不能立刻获得充足的船只和水手来组成所需要的舰队，那么它即便是牺牲经济利益，放弃低廉的运输，也应该培养自己的水手。当初英国颁布《航海法》时，荷兰人由于航海技术高超且国内航运利润较低，因而能够以低廉运价为包括英国在内的其他国家提供运输业务，这使得所有其他国家很难为自己的战舰招募到有经验的水手。《航海法》补救了这种不足，并削弱了当时经常与英国为敌的国家的海上力量，因此《航海法》虽然在经济上是不利的，但在政治上完全是对的。然而现在英国的船只和水手可以与任何其他国家相匹敌，以较低费用从事海上运输，甚至能争夺到它们的海运业务。由此可见，颁布《航海法》的依据已经不复存在，已没有必要再违反一般自由贸易原则来维持这个招人反感的例外了。

至于粮食的自给自足问题，保护主义的这种看法早已被驳得体无完肤，这里无须再说什么了。一个国家只有从最广大的土地中获得供应，才能最方便地获得充足的粮食。一个国家同时与所有国家交战的可能性是微乎其微的，因而根据这种可能性来制定一般政策的做法是非常荒谬的。认为一个国家（哪怕其海军处于劣势）会像一座城镇那样被封锁，或者认为我们希望进口外国粮食时它们自己却愿意丧失这一有利可图的市场，也是非常荒谬的。不过，关于粮食自给自足问题，有一点需要我们加以特别考虑。当粮食实际歉收时，或当人们担心粮食将歉收时，许多欧洲国家往往会停止粮食出口。这一做法是否合理？毫无疑问，在目前的国际道德状态下，我们不能责怪一国人民不愿使自己挨饿来周济别人，正如个体的行事一样。但是，如果国际行为准则的目标是要使全人类得到最大的幸福，则这种集体吝啬就确实应该受到谴责。在正常情况下，粮食贸易是完全自由的，一国粮价高于其他国家粮价的差额，通常不会超过运费外加适当的进口利润。假设后来粮食普遍歉收，所有国家就会受到程度不同的影响。假如某个国家粮价的上涨幅度大于其他国家，那就说明，该国的歉收最为严重，允许粮食自由地从其他国家输往该国，也就是让歉收较轻的国家节省一些粮食来周济歉收较重的国家。由此可见，从所有国家的利益来看，自由输出是最为可取的。从出口粮食的国家的利益来说，至少在这种特殊情况下输出粮食是不利的，但考虑到现在的输出国将来有一天也会成为输入国，同时还考虑到现在受惠于自由出口的那个国家所得到的好处，我有理由相信，即便是食物暴动者（food rioter）也会明白，此时应该以希望他人对待自己的方式对待他人。

在保护主义理论正在衰退但还没有被彻底放弃的国家，比如美国，出现了一种介乎自由贸易与保护主义之间的学说。这种学说主张，单纯地为保护而保护固然不当，但若为获得财政收入而课征的关税，附带产生了保护作用，则没有什么可非议的。甚至在英国，也有人对国家没有为获得财政收入而对进口粮食课征“适当的固定关税”表示遗憾。然而，且不谈对生活必需品课税是有害的，这种理论还忽略了这样一个事实，即财政收入虽然只来自进口粮食，但这种税却来自人们消费的所有粮食。使公众付出甚多而国库得到的却很少，这不是汲取财政收入的好方法。在制造品问题上，这种理论则包含有显而易见的自相矛盾之处。如果关税是为获得财政收入课征的，那么它就绝不能起到保护作用，哪怕是附带的保护也没有做到。只有当关税能阻止进口时，它才能起到保护作用，不管关税在多大程度上能够阻止进口，它都得不到相应的财政收入。

依据政治经济学原理，只有在以下这种情形下课征保护性关税才是正当的，即为了把一项外国产业移植到本国而暂时课征保护性关税（尤其是对正在兴起的年轻国家而言）。某一国家的生产部门优于另一国家，常常只是因为这个生产部门在前一个国家发展得更早。原因并不是存在固有的优势或者劣势，而是已经获得的技术和经验这种当前的优势。尚未获得这种技术和经验的国家，也许在其他方面比先行国家更适合于该生产部门。正如约翰·雷所说，最能改进某一生产部门的方法，莫过于在新条件下重建该生产部门。除非生产者接受了培训并达到了熟练掌握生产技术的水平，否则我们不能指望，私人会甘冒风险或在明知会遭受损失的情况下引入一种新的制造业并承受相应的经营成本。在适当时间内课征保护性关税，有时是国家支持这种试验的最为便利的手段。但只有当确有把握使所扶植的产业过一段时间就可以自立时，才应该提供这种保护，而且绝不可让国内生产者产生过高期望，以为在试验成功所必需的时间结束后他们仍会得到保护。

在知名政治经济学家中，现在唯一坚持保护主义的学者是凯里先生。他这样做主要有两个经济方面的理由。一个理由是，实行保护主义可以使人们在消费地点或离消费地点很近的地方生产商品，从而大大节省运输成本。他把全部商品——包括进口商品和出口商品——的运输成本都视为生产者的直接负担，而不是应正确地视为消费者的直接负担。毫无疑问，不管运费落在谁的身上，它对整个世界的产业而言都是一种负担。但很显然（凯里却没有认识到这一点，这确实是凯里的著作中令人感到惊讶的许多事情之一），人们之所以承受这种负担，只是因为可以获得更大的利益。如果某种商品国内可以生产，人们却甘愿负担双倍的运费而到外国购买，那就证明，尽管运费很高，但节省的生产费用却大于运费，因而总体上该国全体劳动者获得的报酬要高于在国内生产商品得到的报酬。运费是一种天然的保护性关税，即使自由贸易也无法取消它。假如美国用其谷物和棉花换取制造品所得到的利益未能超过运费损失，那么它就不会逐年增加资本来为外国市场生产谷物和棉花，而会把资本投入制造业。某一产业因运费较少而具有自然优势，至多只能成为提供暂时且仅仅尝试性的保护的理由。生产费用总

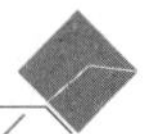

是在运营初期最高，所以如果在国内建立某种产业确实有利，也只有在经受一段时间的金钱损失之后才会显现出来，而且也不能指望私人投机者去承受该损失，虽然这将为后代造福，自己却会破产。所以，前面我已承认，新兴国家暂时课征保护性关税，有时在经济上是合理的，但是这种保护必须在时间上加以限制，而且必须规定，保护将随着时间的推移而逐渐减少。这种暂时的保护与专利权具有相同的性质，因而其受到的制约也应该具备相同条件。

凯里先生主张实行保护主义会带来经济利益的另一个理由，仅仅适用于输出农产品的国家。他认为，农业国家在这种贸易中实际上是输出了自己的土地，因为外国消费者不会像本国消费者那样，把农产品所汲取的肥料成分还给土地。这种论点值得注意，因为它讲的是实实在在的真理；这一真理直到最近才被人们理解。但此后它必将成为政治思想中一个永久性要素，正如它一直是事关国运的要素。但是，这种说法同这里所讨论的保护主义问题却毫不相干。说美国大量种植供欧洲消费的农产品正在逐步耗竭美国东部乃至西部各州的土地，并导致这些土地的生产力逐步退化，这是可信的，虽然没有确凿的证据。但是，前面我所指出的有关运费的说法，也同样适用于施肥费用。自由贸易并没有强迫美国出口粮食；假如出口粮食对它不再有利，它会停止粮食出口。一旦美国输出原料和输入制造品节省的劳动不能弥补运费损失，它就不会再坚持出口原料和进口制造品。当它觉得有必要补充土壤中损失的肥料时，并且这时所节省的生产费用超过运费和肥料费而有余，它就会进口肥料，或者即使不进口肥料，也会停止出口粮食。很显然，假如不是拥有大片肥沃的土地可以耕种，并且有助于美国推迟考虑肥料问题，则美国早已进口肥料或者停止出口粮食了。一旦开垦新土地不如给旧土地施肥合算，美国就会经常进口肥料，或者会像凯里先生所指望的那样，在不课征保护性关税的情况下只为本国生产谷物，并在国内生产制造品和肥料。①

根据上述这些显而易见的理由，我认为凯里先生赞成保护主义的经济论点无法成立。不过，经济论点并不是凯里赞成保护主义的最强有力的理由。美国保护主义者的逻辑很糟糕，但如果认为他们的保护主义信仰依据的仅仅是极为荒谬的经济理论，那就错了。他们当中的许多人赞成保护主义，与其说是出于经济理由，还不如说是出于对人类普遍利益的考虑。他们以及他们的带头人凯里先生认

① 凯里先生可能会这样回应这一看法（事实上他也确实这样回应了）：在所有商品中，肥料是最不易于运往远地的。污水和厩肥的情况确实如此，但构成这些肥料的成分却不同。相反，这些成分是这样一些体积小而肥力大的物质，人体只需有少量就够了，因而特别易于进口。这些成分是无机碱和磷酸盐，这里的问题主要涉及磷酸盐。因为无机碱中的钠到处可以得到，无机碱中的钾是花岗岩和其他杂砂岩的成分之一，存在于多种亚土壤层中，随着亚土壤层的逐渐分解而不断更新；而且河流的沉积物也蕴含着大量的钾。磷酸盐普遍以骨粉这种形式出现，因而方便买卖。英国就大量进口磷酸盐，一旦磷酸盐工业得到发展，从而把磷酸盐的价格降到合适的水平，其他国家也会进口。

为，要改善全体人类的境况，就必须实现城市的繁荣。城市中不同职业、不同能力和不同文化教养的人相互接触，可以提升人们的才智与思想。因此，美国人应通过与其邻人——而不是与地球另一边的人——相互交换产品来实现劳动的结合。他们认为，一个国家如果只从事一种产业或几乎只有一种产业，例如农业，那么该国就不会达到较高的文明和文化水平。这种观点不无道理。假如能够做到这一点，那么同时拥有自由的政治制度、普及的教育以及发达的新闻出版业的美国，应当是最适合这样做的国家。但能否做到这一点，我却相当怀疑。不过，如果目的仅仅在于防止人口过于分散，威克菲尔德先生的方法倒是不错，即修改现行处理荒地的方法，提高荒地的售价，而不是像自从颁布《霍姆斯蒂德法》（Homestead Act）以来通常所做的那样，降低荒地售价甚至免费赠地。而且要想做到像凯里先生所说的那样用保护主义一劳永逸地解决所有问题，那就不仅应保护俄亥俄州和密歇根州免受英国商品的侵害，而且还应保护它们免受马萨诸塞州的侵害，因为新英格兰的制造厂家与英国的制造厂家一样，同样做不到凯里视为最重要的那件事，即把制造业的人口带到西部农民的家门口。波士顿及纽约与曼彻斯特一样，同样没有使美国西部大草原上的城镇增加；从波士顿及纽约这些地方收回肥料，跟从曼彻斯特收回肥料一样困难。

关于保护主义，还有一点需要加以说明，即对殖民地和海外属地所采取的强迫它们只与母国进行贸易的政策。一个国家由此而扩大其商品的海外需求，无疑会使自己在商业界一般利益的分配中获得更多好处。不过，因为这种政策使殖民地的劳动和资本不能流入最富有生产性的渠道，所以给整个世界的生产能力带来了损失，其中母国得到的利益要小于它使殖民地遭受的损失。因此，如果母国拒绝承担互惠义务，那就等于它强迫殖民地间接交纳贡金，这种间接贡金要比直接贡金带来更多的负担与弊害。但是，如果母国为公平起见，相应地采取有利于殖民地的互惠措施，则全部贸易的结果将是非常荒谬的，为了另一方增进很少的一点利益，每一方都做出了更大的牺牲。

第二节　高利贷法

在对工业活动的自发进程进行的有害干预中，除保护主义外，值得关注的还有对订立契约的干预，高利贷法就是一例。高利贷法始于对收取货币利息的宗教偏见。伊斯兰国家禁止收取利息，人民也严守这一戒律。西斯蒙第认为，欧洲天主教国家的产业之所以落后于欧洲新教国家，一个原因就是天主教会在中世纪支持了上述偏见，凡是信仰天主教的地方，这种偏见仍然存在，虽已有所减弱，但

并没有被彻底消除。由于法律或良心阻止放债取息，非工商业界人士的资本便无法用于生产目的，除非通过私人关系或者一些非法手段才可以做到。因此，产业资本便只能来自实业家的自我积累，或者从那些不受这些法律和宗教的约束的人那里借款。在伊斯兰国家，银行家和货币兑换商不是印度人、亚美尼亚人，就是犹太人。

在更为发达的国家里，法律已不再禁止放债取息，但是各国往往都干预放款人和借款人的交易自由，其方法是规定利率的法定限额，凡超过这一最高限额收取利息的人都将受到刑事处罚。这种限制虽然得到了亚当·斯密的支持，但自从边沁出版其《关于高利贷的通信》（*Letters on Usury*）以来，却遭到了所有开明人士的谴责。《关于高利贷的通信》成功地抨击了这种限制做法，堪称迄今有关这一问题的最佳著作。

立法者制定和维护高利贷法的动机不外乎以下两个：或者是出于公共政策方面的考虑，或者是为有关当事人的利益着想，在这里主要为借方的利益着想。就公共政策而言，立法者也许认为，低利率是一件好事。但若认为法律通过无视供给和需求的自然作用便能压低利率，那就误解了影响商业活动的原因。如果借主的竞争不受限制，而这种竞争把利率提高到6%，那就意味着，在利率为5%的情况下，借款需求将大于市场上的资本供应量。此时如果法律不允许利率超过5%，有些放款人由于不想违背法律，同时也由于自己无法把资本用于其他方面，因而就会接受这种法定利率。但另一些放款人会认为，在需求高涨时期，把资本用于其他方面要比放款更合算，他们便不会放款，因而使得其供给本来小于需求的借贷资本进一步减少。这时，在借不到款的那些人当中，许多人愿意不惜任何代价来满足自己的需要，往往会寻求另外一些放款人，后者实行违法的欺诈性的间接交易，或者视借主的信誉而定。借主需要支付和承担这种间接交易的额外费用以及无力支付高额利息和遭受刑事处罚的风险，他由此而付出的代价要远远大于一般市场状况下所要支付的额外利息。因此，这种本来旨在降低借主所付代价的法律，结果反而大大提高了借主所付的代价。而且这种法律还会直接败坏道德。如果两个人进行这种没有第三方参与的非法金钱交易，保守秘密又符合当事双方的利益，通常很难被人发觉。立法者深悉这种内情，往往采取取消债务作为一种处罚的办法，来诱使借主告密。这样做，法律奖励了这样一些人：他们以虚假的允诺获得了他人的财产后又拒绝偿还借款，还使那些在其困难时伸出援手的人遭受刑事处罚。债务人若以高利贷为由拒绝偿还债务，这将遭受人类道德观念的谴责。只有当放款人玩弄欺骗手法或敲诈勒索时，人们才会容忍以高利贷为正当合法的理由拒绝偿还债务。舆论的这种严肃性，往往使高利贷法沦为空谈，很少有人因放高利贷而遭受刑事处罚。若有的话，那也只是个别人成为牺牲品，而对高利贷的普遍做法并没有什么影响。

如果立法者的动机不是出于公共政策方面的考虑，而是为借主的利益着想，那么我们不难指出，立法者的一片好心完全用错了地方。法律应该假定，已达到法定成年人年龄而且头脑健全的人，完全能够维护自己的金钱利益。如果法律不去干涉人们出售、转让或放弃所有财产的做法，那么法律也不应干涉他们的借款行为。法律似乎认为，放款人在与急需资金的人打交道时，肯定会乘人之危而任意索取高额利息。假如世界上只有一个放款人，情况也许是这样。但如果社会很富裕，货币资本充足，那么借款人就决不会仅仅因为急需资金而在市场上受到敲诈勒索。如果他不能以一般利息借到钱，那很可能是因为他不能像其他人那样提供可靠的担保，而在竞争条件下他所多付的利息必定相当于放款人为此而承担的违约风险。法律本意是偏袒借款人的，但在这种情况下，它反而使借款人遭到了最不公正的对待。只因为一个人不能提供可靠的担保，法律却不准那些愿意借钱给他的人为所担的风险收取相应的超额利息，从而阻止他借到钱，难道还有比这更不公正的吗？在法律这种事与愿违的好意照顾下，他要么借不到本来可以使他免遭更大损失的钱，要么不得不求助于法律无法禁止或尚未禁止的更为有害的权宜之计。

亚当·斯密断言，只有"挥霍浪费者和企业发起人"（prodigals and projectors）这两种人会按高于市场的利率借钱，这种看法失于轻率。他还应该把所有那些急需资金的人包括在内，哪怕这种急需非常短暂。实业界人士常常遇到的情况是，他们本来盘算好用来偿还某项债务的款项却未能如期收回，而如果在规定日期内没有偿还这笔债务，他们就会破产。在发生商业危机时，许多兴旺发达的企业都会陷入这种困境，它们为获得人们在普遍恐慌时期所愿意贷放的少量闲置资本而相互竞争。而英国的高利贷法——好在现在被废除了——所施加的限制往往会严重加剧商业危机。商人本来可以以 7%或 8%的利息得到所需要的资金，但在高利贷法下，有时竟不得不支付 20%或 30%的利息，否则就不得不把货物拍卖掉，从而遭受更大的损失。后来，英国国会注意到了这种弊害，不得不做出妥协。英国法律中充满了这类妥协事例，由此而把英国的法律和政策变成了前后矛盾、相互冲突的大杂烩。英国的法律改革，就好像一个人觉得鞋太硌脚但又舍不得扔掉，于是在最硌脚的地方剪个洞继续穿。议会仍把错误的原则视为一般准则，只是在弊害最为明显的地方允许有例外。它没有彻底废除高利贷法，但规定期限 3 个月以内的汇票可以不受该法律的约束。过了几年后，所有其他契约也不再受高利贷法的约束，但该法律依然对所有关于土地的契约有效。特意把有关土地的契约和其他契约区别开来是毫无道理的，然而农业行家却认为，土地抵押贷款的利息虽然几乎从未超过法律所允许的最高利率，可若是没有高利贷法，肯定会超过这一最高利率。他们认为，有了高利贷法，地主便可以按低于市场的利率

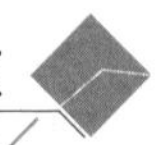

借款，正如有了《谷物法》后，地主便可以按高于市场的价格出售谷物那样。这种看法无异于这样一种观念：人们不管采用什么样的手段，都一定能达到想要达到的目的。

现在我们来看亚当·斯密所说的“挥霍浪费者和企业发起人”。法律是无法阻止挥霍浪费者破产的，除非像罗马法确立的不正当做法或像某些欧洲大陆国家依据罗马法确立的不正当制度那样，法律对挥霍浪费者的人身或其财产施加实际的约束。高利贷法对挥霍浪费者发挥的唯一作用，就是使他们破产更为迅速，因为他们不得不向声名狼藉的放款人告贷，而借款条件更为苛刻。对于企业发起人（这个贬义词被很不恰当地用来指所有那些具有某种计划的人），高利贷法的作用是使得那些虽有良好计划但无充足资本的人借不到钱。许多最伟大的改进最初都得不到资本家的支持，要花很长一段时间才能遇上一个富有冒险精神的从事新生事业的资本家。斯蒂芬森（Stephenson）就花了很多年才说服利物浦和曼彻斯特的商人认同用铁路代替收费道路是有利的。有些计划已经耗费了巨大的人力、物力而尚未见成效（此时计划会失败的说法将到处流传），如果最初的资金已用完，而法律却不允许按照与风险相适应的较高利率筹集更多的资金，那么这些计划就会被无限期中止，甚至被完全取消。

第三节　控制商品价格

借贷并不是政府自认比当事人做得更好而加以控制的唯一一种契约。对几乎所有的商品，政府都曾在某地或某时想方设法控制进而使其价格比在自由交换情形下的价格更高或更低。就人为地降低某种商品的价格而言，降低粮价似乎是合乎情理的。降低粮价的好处是不容否认的。但跟其他产品一样，粮食的平均价格相当于生产成本加普通利润，如果农民得不到这种价格，那么农民就会只生产够自己食用的粮食，除非法律采取强制性措施。这时法律如果仍决心降低粮价，那就得用一套刑罚体系代替一般促使人们耕种土地的动机。如果法律不想这样做，那就只能向全国课税，以奖励或补贴粮食的种植者或进口商，也就是说，为让每个人都得到便宜的面包，牺牲所有人的利益。这样做实际上是慷纳税人之慨，让不缴纳税款的人得利；这种做法实际上非常糟糕，无异于向劳动者赠送食物，把他们变成不劳而获的人。

不过，政府力图降低的，通常不是粮食的一般价格或平均价格，而是紧急情况下偶然高涨的粮价。在某些情况下，政府之所以要实施强制性的价格管制，例如1793年的革命政府之所以要规定著名的“最高价格”，乃是为了消除自己导致的后果：政府往往一只手无限制地发行货币，另一只手又力图压低物价。很显然，除非实施极端恐怖的统治，否则是无法压低物价的。在真正缺乏粮食的时候，例如在 1847 年爱尔兰闹饥荒时，人们常常敦促政府采取措施限制粮价。但是，若某种商品因供给不足而价格上涨，人们就会相应地减少消费量。如果政府不允许通过价格上涨来减少消费量，则减少消费量就只有一种方法，那就是像被围困的城市所做的那样，政府把所有粮食收归公有，实行定量供应。在真正缺乏粮食的时候，唯一能缓和这种短缺的方法，就是富裕阶级决心减少自己的消费量。如果富裕阶级购买和消费的粮食量仍和往常一样，只是支付的粮价较高，那也无济于事。粮价会被不断抬高，直到最穷的竞争者不再有能力出价，因而粮食短缺带来的痛苦会全部落在穷人身上，其他阶级只是在金钱上受到影响。总之，当供应不足时，总得有人减少消费。如果富人不愿减少消费，那么补贴较穷的竞争者的做法只会相应抬高粮价，结果只会使粮商发财，而这对建议实施奖励的人来说恰恰事与愿违。政府在紧急情况下所能做的，只是劝人们普遍地限制消费，禁止不十分重要的消费。如果由于特殊原因，私人投机商不愿长途采购粮食，政府还可以直接出面长途采购粮食。如果情况不是这样，政府这样做就是严重的错误。在特殊情况下，私人投机商是不敢与政府竞争的。虽然政府所能做的事情要比任何一个商人所能做的事情多，但它无法对抗所有的商人。

第四节　垄断

不过，人们更常见的指责，不是政府用错误手段降低物价，而是政府总是极为成功地提高物价。通常是用垄断的方法人为地使商品变得昂贵。赋予某个或某些——只要其数目不是多到妨碍它们采取联合行动——生产者或销售者以垄断权，实质是赋予他们任意课税的权力，而这一权力的唯一限度是价格过高而使公众不想购买商品。固然，如果享有垄断权的人很多并且分散于各地，从而无法采取联合行动，那么垄断的弊害要少得多，但即使如此，这种人数有限的垄断中的竞争也不如人数无限的竞争那么活跃。那些有把握在整个商业利益中占有相当大份额的人，很少愿意放弃一部分利润来争取得到更大的利益份额。对竞争加以限制，那么其限制的范围非常小，并会带来极为有害的结果。如果某一国家不允许外国人参与某一工业部门的竞争而只允许本国人参与竞争，则该部门就会明显成为这个国家普遍工业繁荣的例外。我们知道，英国就是这种情形。由于禁止输入外国丝织品，英国的丝织品制造业仍远远落后于欧洲其他国家。在这种情况下，消费者除了要为垄断者的真实或假想利润纳税外，还得为垄断者的懒惰和无能纳

税。一旦没有了竞争的直接刺激，生产者和销售者就不会那么迅速地根据自己最终的金钱利益采取行动，而宁愿安于现状，墨守成规，放弃富有前景的机会。一个生意已经很兴隆的人，往往不会抓住有利可图的机会来改进业务，除非他担心某个竞争对手会抢先利用而取代他。

但是对垄断的谴责不可用在专利权上面。所谓专利权，就是允许新生产方法的发明者在一定时期内享有利用新生产方法的特权。这并不是为了发明者的私利而抬高物价，而仅仅是为了补偿和奖赏发明者，推迟这部分商品价格不断下降的时间。发明者应该得到补偿和奖赏，这是不能否认的，同样不能否认的是，如果发明者付出劳动和金钱使其设想成为现实后，那些没有付出劳动和金钱的人不费吹灰之力就能用上他的发明，那么，除了非常富有和非常热心于公益事业的人外，谁都不会付出劳动和金钱来搞发明了，除非由国家来奖赏和资助发明者。在一些情况下，确实是由国家来奖赏和资助发明者的，如果发明给公众带来了很明显的利益，这样做当然无可厚非。但一般说来，更好的做法还是让发明者在一定时期内享有使用专利的特权，他人无权处置其发明：因为这样做使得发明家由此而得到的奖赏取决于发明是否有用，用处愈大，奖赏也愈大；还因为奖赏是由得到好处的商品消费者支付的。上述考虑非常重要，如果用国家奖励制度取代专利制度，那么最好的方法是为发明者向所有使用者课征一种临时性的小额税款。不过，相比专利制度，这种制度或任何其他使国家有权决定发明者是否应得到奖励的制度，都必然会遭到更为严重、更为根本的反对。人们普遍承认，现行的专利法还有很大改进的余地，但就专利权以及与此极为类似的版权来说，如果法律允许人们在没有获得发明人或作家的同意且没有付出相应的代价的情况下自由利用他人的劳动成果，那是很不道德的。最近我看到一些类似尝试：知名人士游说政府当局，力图全盘废除专利原则，这种做法令人震惊。倘若他们的企图得逞，那就可以在自由贸易的名义下肆无忌惮地自由偷窃，这必然使聪明能干的人陷入更为贫穷的境地，从而更加依附于有钱人。

第五节　禁止工人联合的法律

现在让我们来看另一种其目的和手段都令人憎恶的政府干预，这种干预在英国一直延续到上一代人，而在法国则一直延续到 1864 年。我指的是禁止工人联合起来要求提高工资的法律。颁布和实施这种法律的目的非常明确，就是使工资保持低水平，例如由雇主占支配地位的国会通过的那项著名的《劳工法》(Statute of Labourers)，就是为了在大瘟疫减少工人阶级人数从而降低竞争程度的情况下，阻止工人阶级获得较高的工资。这种法律所表现出来的是奴隶主的那种残忍凶恶的本性，虽然今天已经做不到公然把工人阶级困在奴隶地位了。

假如工人阶级联合起来促使雇主们普遍提高其工资，不用说，这不仅不是应受惩罚的做法，而且是可喜可贺的事情。不幸的是，工人阶级并不能做到这一点。工人阶级人数太多，而且又太分散，根本无法进行有效的联合。如果他们能联合起来，那么他们肯定能够缩短劳动时间，并且同时还能维持现有的工资。但如果他们企图使工资高于供给和需求所规定的水平（正是这种水平规定的工资把国家的全部流动资本分配给了全体工人），那就除非令一部分工人永远失业才能做得到。公共救济机构当然不会管那些有工作能力但是拒绝工作的人，这些人将不得不由工会来养活。由于仍然用相同的工资总额养活相同数量的工人，因而工人阶级的境况总体上不会比以前更好。不过，这可以迫使工人阶级注意到他们的人数确实太多这一事实，如果他们想得到高工资，就得使劳动的供给和需求保持在一定比例。

有些行业的工人人数较少且比较集中，工人有时是能够联合起来提高工资的。纺纱工人和织布工人能否联合起来提高他们的报酬，这很难说。有人认为，铸字工人如果能够紧密联合起来，可以将其工资提高到远远超过艰苦程度和技术程度与其相同行业的一般水平；而且人数较多的裁缝也在某种程度上做到了这一点。像这样局限在特定行业的工资上升，不同于工资普遍上升而由利润支付的情况，而是抬高这些行业生产的物品的价值和价格，其负担将落在消费者身上。生产这些物品的资本家只是在价格过高而市场缩小的情形下才会遭受损失，而即使如此，如果市场缩小程度小于价格提高幅度，资本家也不会遭受损失。因为工人工资较高时资本家在一定资本条件下所雇用的工人人数减少，但如果他能以较高价格把减少的商品全部卖掉，则他的利润仍可以维持原有的水平。

一部分工人的工资有所提高，如果没有损害其他工人的利益，那么不应被视为是坏事。消费者固然要为此付出代价，但是物品价格的低廉只有源于生产所耗费的劳动较少，而不是源于工人的报酬较低，才是可取的。当然，初看上去，一部分工人（例如铸字工人）的高工资似乎损害了工人阶级的普遍利益，这种高工资要么减少了铸字行业的工人人数，要么在损害其他行业的情况下增加了对铸字行业的投资。前一种情况会增加一般市场上的工人人数；后一种情况则会减少一般市场对劳动的需求，这两种结果都损害了工人阶级的利益。的确，某个或某些行业中的工人在成功联合后的一段时间内，肯定会产生上述结果。但如果工人的联合是永久性的，那么正如本书一再强调的那些原则所表明的，永久性的联合并不会带来这种结果。全体工人阶级的习惯工资总体上只由工人的习惯需要决定，虽然工人的习惯需要可以改变，但只要这一习惯需要保持不变，那么工人的工资

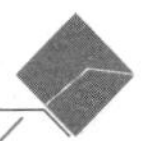

就不会长期低于或高于这种需要水平。假如某些行业中的工人从未组织工会，因而其工人工资从未高于一般水平，我们就没有理由假定，工人的一般工资水平会高出现在的水平。如果一般工资水平得以提高，那么工人的人数将比现在更多，但享有超过一般水平的高工资的工人人数则比现在更少。

因此，如果无法改善工人阶级的一般境况，那么只要一部分工人——不管其人数多么少——能够通过联合起来提高工资水平，也是值得高兴的事。但是，当全体工人的道德状况和经济状况有可能通过合理的努力来提高时，那些有技术的、报酬较高的工人就应该与其他工人共同谋求——而不是排斥——他们的利益。此时如果他们继续反对竞争以保护自己，阻止他人进入其行业从而维持其工资水平，那么我们不可能指望他们会抱有任何慷慨无私的远大目标，而只会争取提高工资和缩短工时这类小集团的利益。令人痛惜的是，工程师联合会（Amalgamated Society of Engineers）在与雇主发生争执时的言行就表现出了这种倾向。这个时候，即使能够成功地保护工人当中的一部分人，也只会阻碍全体工人阶级的解放而不是促进。

然而，尽管组织工会来提高工资非常困难，而且根据前面列举的理由，即使能做到这一点也并不可取，但是如果剥夺任何一部分工人这样做的权利，那将是非常不公平的，这会使他们严重误解导致他们处于困境的原因。只要法律禁止工人为提高工资而联合起来，这就使得法律看上去似乎是导致低工资的真正原因，在这个方面，法律确实也一直尽力使工资保持低水平。在工资与劳动的供求关系上，工人阶级最好的老师就是罢工的经验，因而最要紧的，就是法律不去扰乱这种教育课程。

不管是谴责工会还是谴责集体罢工，这种做法本身就是大错特错的。罢工力图使工资高于由供求决定的市场水平，这必将失败，供给和需求并不是自然的行动主体，它无须工人自己的意志和行动的参与而把一定数量的工资硬塞到工人手里。市场工资率不是由某种自动器械决定的，而是人与人讨价还价的结果，也就是斯密所谓“在市场中斤斤计较”的结果。那些不计较价格的人，即便是在商店购买东西，其所付的价格也会长期高于市场价格。更何况穷工人同富有的雇主打交道时，如果他们不像俗语所说的那样“锱铢必较”，他们就会长期拿不到他们应得的市场需求水平上的工资额。但如果他们不组织起来，又怎么能够做到这一点呢？一个工人单独罢工要求提高工资，并没有什么用处。如果他不与其同伴商量（这很自然地会导致联合行动），他又怎么能够知道市场状况是否允许提高工资呢？我可以毫不犹豫地说，工会之类的工人组织非但不会妨碍劳动市场的自由运行，反而有利于劳动市场的自由运行。工会是劳动的出售者在竞争制度下维护自身利益的必不可少的手段。还有一条非常重要的理由，这是福西特（Fawcett）

教授在《威斯敏斯特评论》上发表的一篇文章提醒人们注意的。那些明智的工人凭经验能够相当正确地估计出一场要求提高工资的罢工能否取胜。工人现在已几乎同雇主一样明了雇主货物的市场情况，能够计算出雇主的利得和支出，知道雇主的生意状况。他们只是在生意兴隆时才罢工要求提高工资，因为他们知道，此时雇主多半是会同意增加工资的。由此可见，事物发展的这种趋势，实际上是使任何一个行业工资的提高都取决于该行业利润的增长。正如福西特先生所说，这种趋势标志着劳动者开始经常参与分享得自其劳动的利润。根据前面某一章叙述过的理由①，主要由于存在这种值得鼓励的趋势，劳动与资本之间的社会经济关系才可望得到根本改善。基于上述理由，罢工以及组织罢工的工会，非但不是现存社会机器上的无益部件，反而是有用的部件。

不过，组建工会必须遵循一项必不可少的前提，那就是工会必须是自愿组织起来的。如果是以武力威胁强迫工人参加工会或参加罢工，那么无论采取怎样严厉的措施来惩治这种做法，都不过分。若只是通过发表言论从道义上迫使工人参加工会或参加罢工，法律就不应干涉。这时若要限制罢工，就应诉诸较为开明的舆论，提高国民的道德情操水平。但当自愿成立的工会追求违背公共利益的目标时，则又另当别论。提高工资和缩短工时通常——至少有可能——都是有益的目标，但许多工会都试图废除计件工资，消除技术最强的工人和技术最弱的工人之间的工资差别，或者限制工会会员的周薪，以便让更多的人有工资。例如在工程师联合会提出的各项要求中，取消已经做过多次修正的计件工作制就占有显著的位置。工会所要达到的这类目标是有害的。哪怕是部分实现这些目标也会有损公众利益，而如果完全实现这些目标，其无穷后患可以与有害的经济立法带来的祸害不相上下。根据劳动者应享有人身自由的原则，那些有关劳动和劳动报酬的法律中最糟糕的地方可以说就是力图拉平勤劳者和懒惰者、能者和庸者的水平，而这往往也是工会力图达到的目标，但法律并不能据此而禁止成立工会。暂且不考虑天赋自由问题，人类的最高利益也绝对允许人们进行各种自愿的经济试验，而禁止较为不幸的社会阶级进行这种试验的做法，实质上是通过暴力和欺诈手段来谋取私利罢了。②

---

① 参见本书第五编第七章。

② 如果想了解工人是如何看待工会问题的，人们应该去阅读1860年出版的一本题为《工会与罢工，它们的哲学与意图》（*Trades Unions and Strikes, Their Philosophy and Intention*）的小册子，作者是伦敦装订工人联合会干事T. J. 邓宁（T. J. Dunning）。我只能部分赞同这本杰出的小册子所提出的观点，有些观点则完全不能苟同。但这本小册子有许多有力的论述，揭露了反对工会和罢工的人常犯的各种错误，读来令人很受启发。其他阶级的读者不仅会惊讶地发现，工会方面也有许多真理，而且会认识到，若是站在工人的立场来看工会问题，那些错误观点并不那么突出和令人厌恶。

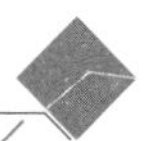

第六节　对思想和出版的限制

前面讨论了各种滥用政府权力的方式，但仅仅谈到了有理论依据的那些滥用，其所依据的理论在今天最文明的国家里仍有一定的市场。这其中并不包括在不久前还非常盛行并造成更大危害的滥用权力方式，这些做法现在至少在理论上已被学者普遍放弃，但在实践中仍然或多或少存在，因此还不能说其荒谬之处已遭到了彻底的揭露。

例如，有一种说法认为，应该由政府来决定人民的思想观念，以及政府在政治、道德、法律或宗教方面应禁止出版或公开宣讲它所不赞成的学说；这种说法作为一般性的理论已经被彻底抛弃。现在人们清楚地认识到，这种制度对一切繁荣都有巨大危害，即使是对经济繁荣也有巨大危害，因为人们如果惧怕法律和舆论，就不会在那些最为重要的问题上自由地运用心智，进而人们的精神就会普遍变得麻痹和愚钝。到了一定程度，人们甚至在日常生活中都难有作为。若进一步麻痹和愚钝，甚至会逐渐出现心智倒退的现象。这方面最能说明问题的例子，就是西班牙和葡萄牙在宗教改革后200年间的情形。当几乎所有其他欧洲国家都在不断前进时，只有这两个国家无论在民族精神上还是在物质文明上都在衰落。原因固然有很多，但最根本的原因就是在这两个国家颇为盛行的“宗教裁判”制度和它所代表的精神奴役制度。

然而，尽管人们普遍认可上述真理，尽管思想和言论自由在所有自由国家都被公认为是公理，但作为原则，这种表面上的大气和宽容态度尚未获得足够的权威地位，一旦遇到一种新思想，它就会心生恐惧和战栗。最近10年或15年内，一些人因为很温和地公开宣称不信仰宗教就会遭到监禁；一旦宪章主义和共产主义引起恐慌，公众和政府很可能也会迅速采取同样手段来阻止人们宣传民主学说和反对私有财产的学说。不过，在英国，对思想自由的限制，与其说来自法律和政府，还不如说来自国民心理的褊狭气性，而这种褊狭并不源于固执和狂热这样尚不太坏的品性，而是源于在思想和行为上已普遍养成的墨守成规的习惯。通过惩治那些没有党同伐异、敢于标新立异的人，这种墨守成规的习惯得以贯彻下去。

第十一章 论自由放任或不干预原则的依据和限度

第一节 政府干预可分为命令式干预和非命令式干预两种

现在，我们的讨论进入最后的部分。我们将根据本书的计划，从原则上而不是从细节上讨论政府的职权范围，也就是除了那些必要职能外，政府对社会生活的干预可以扩大到什么范围，或者应该扩大到什么范围。这是当今争论最为激烈的问题，争论大抵主要集中在若干点上，只是偶尔涉及这个问题的其他方面。固然，人们讨论具体政府干预问题时（例如国家是应该实施宗教教育还是世俗教育，是否应限定劳动时间，是否应向穷人提供救济，等等），往往超出就事论事的范围，提出一般性的看法，从而表现出赞成自由放任或主张政府干预的强烈倾向。但是争论者却很少明确表示，或者很少在心里明确表示，他们将把自己赞成的原则推进到什么程度。支持政府干预的人只是满足于宣称，政府拥有进行干预的一般权利。而属于自由放任学派的人们，则力图明确将政府的职权范围限定为保护人身和财产的安全，使其免受暴力和欺诈的危害。但只要深思熟虑后，无论他们自己还是其他人都不会同意这种限定，因为正如前面章节已经指出的①，它排除了某些必不可少且为人们公认的政府职责。

我认为，上述问题并没有一般性的答案，因此我无意填补一般理论上的空白，而只是力图从一种最为广泛的观点考察政府干预的利弊得失问题，以期对解决这类问题有所裨益。

首先，我们应区分两种政府干预，这两种干预虽然指向同一主题，但各自的性质和结果却大相径庭；并且如果要确证这两类政府干预的正当性，这就涉及情

---

① 参见本书第五编第一章。

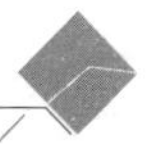

形完全不同的两类动机。政府干预可以延伸到限制个人自由的地步。政府可以禁止所有人做某些事情，或规定没有它的允许就不能做某些事情；也可以规定所有人必须做某些事情，或规定必须以某种方式做那些可做可不做的事情：这些就是所谓命令式（authoritative）的政府干预。另外一种干预是非命令式的，政府不发布命令或法令，而是给予劝告和传播信息——这是一种政府本来可以加以广泛利用但实际上却很少采用的方法。此外，政府还可以允许个人自由地以自己的方式追求具有普遍利益的目标，政府不进行干预，但并没有完全把事情交给个人撒手不管，而是也设立自己的机构来做同样的事情。因此，设立国教是一回事，不宽容其他宗教或不信仰宗教的人则是另一回事。建立中小学或大学是一回事，规定所有教师都必须取得政府发放的许可证则是另一回事。政府可以建立国家银行或官办工厂，但这并不意味着政府垄断了银行业或制造业，因为此外还有私营银行或工厂。政府可以设立邮政局，但并不禁止人们用其他方式投递信件。政府可以有自己的土木工程师队伍，但也允许人们自由从事土木工程师这一职业。政府可以建立公立医院，但对私人开业行医并没有任何限制。

第二节　反对政府干预的理由：干预本身是强制性的，或者课征干预所需的税款也是强制性的

读者一想便知，命令式政府干预的正当活动范围比非命令式政府干预小得多。在任何情况下，只有干预的必要性非常强烈，命令式干预才可以正当行使。与此同时，在人类生活的大多数领域内，我们必须彻底地、无条件地排除命令式干预。无论我们认为社会联合的基础是什么，也无论我们生活于其中的制度是什么，每个人都享有一个不受政府——无论这个政府实施独裁、寡头还是民主——侵犯的活动范围。每一个已经成年的人，都应有保留生活中的一部分不受任何他人或公众全体控制的权利。任何一个尊重人类自由和尊严的人都会同意，人类生活中确实应该有这样一种受到保护的、不受干预的神圣空间。需要解决的问题只是，界限应该划在哪里，这种保留地应包括多大的生活范围。我认为，一切只与个人内心和外在生活有关、不影响他人利益或只是通过道德示范作用影响他人的那部分生活，都应包括在内。我认为，在思想和感情方面的内心领域，以及在只涉及个人——不影响他人或至少不会给他人带来痛苦或害处——的外部行为领域，都应不受干预。并且，尽管还应允许所有人——尤其是那些把培养公众心智当成自己职责的有思想、有教养的人——发表关于善恶美丑的意见，但不允许他们用非法的胁迫手段或法律手段强迫他人认同其主张。

就影响他人利益的那部分行为而言，那些主张用法律禁止这类行为的人，有责任阐明其干预的理由。仅仅推断这类行为会损害他人的利益，并不能成为法律干预个人自由的理由。禁止人们根据自己的意愿行事或者根据对自己如何有利的判断行事，这不仅总是使人不快，而且还常常会阻碍人们身心方面的某些感觉或行动机能的发展。如果个人的良心遭受法律的禁锢而不能自由发展，那么它在某种程度上就陷入了奴隶状态。除非情非得已，并且禁令能被一般人接受，一般人已经相信或有足够理由相信，政府所禁止的事情正是他们所痛恨的事情，否则的话，不管禁令能带来多大的好处，也没有理由颁布禁令。

那些不涉及限制个人自由的政府干预的情形则有所不同。当政府想办法达到某一目的，而又允许个人采用自认更好的其他方法达到这一目的时，自由便没有受到侵犯，也不存在对自由施加的令人憎恶又诱人堕落的限制。在这种情况下，反对政府干预的主要理由也就不再成立。不过，在政府几乎所有的干预活动中，有一件事情是强制性的，那就是汲取财政资金。而财政资金来自税收，或者即使来自公共财产，它们仍然构成强制课税的原因，因为如果把公共财产的年收益卖掉，便可以免除一部分赋税。① 与此同时，为了防止逃税漏税，政府必须采取成本高昂的预防措施和严厉限制，从而会大大加重强制性赋税所固有的那些缺陷。

第三节　反对政府干预的理由：干预会扩大政府的权力和影响

反对政府干预的第二个理由是，每增加一项政府职能，都会增加一分政府的权力，这里的权力既包括政府的权威，又包括政府所产生的间接影响。这一点对政治自由的重要性已经得到了人们的普遍认可，至少在英国是如此。但近来，许多人却倾向于认为，只有当政府构建很糟糕的时候，或者当政府没有代表全体人民的利益、堕落成为某个或某些阶级的工具的时候，才有必要限制政府的权力。而对于能够充分代表民意的政府，则应赋予它统治国民的权力，因为这种政府拥有的权力只不过是国民自我管理的权力。如果这里所说的国民实际上不仅仅是大多数国民，如果少数国民只会压迫他人，而自己不会遭受压迫，那么上面这种看法也许是正确的。然而，经验证明，和寡头统治集团一样，即便是大多数人选举

---

① 只有少数政府行为不具有强制性，唯一的情形是当政府不实行人为垄断，也能自己支付其活动所需的费用时，政府活动才不带有强制性。一个恰当的例子是，政府用公款修建桥梁，但所收取的过桥费，不仅足以支付修建桥梁的费用，而且足以支付这种费用的利息。另一个例子是比利时政府和德国政府修建的铁路。如果废除邮政局的垄断地位之后，邮政局仍然能自己负担其活动费用，也属于这种情形。

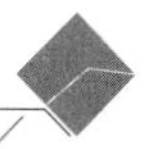

出来的当权者，当他们认为能够获得民众的支持时，也很容易滥用权力，非法侵犯个人生活的自由。公众作为一个集体，往往不仅把其狭隘的利益观转化为法律，而且把其抽象的观念甚至其爱好也转化为法律，用以约束个人。在当前的文明程度下，个人借民众名义所行使的权力，很容易成为社会中唯一的实质性权力，因而特别需要坚决保护每个人的思想、言论和行为的独立，以维护人类精神的创造性和每个人的个性，这种创造性和个性是所有真正进步的唯一源泉，是使人类远远超越动物的最重要的品质。因此，同任何其他政体一样，民主政体也应该谨慎防止政府扩大干预范围、行使不必要的权力的倾向。这一点在民主政体下甚至可能比在任何其他政体下都更为重要，因为在公众舆论享有至高无上地位的环境中，个人遭受到公众舆论的压迫时，不像在大多数其他情形下那样，可以找到与舆论相匹敌的机构来申诉，或者至少争取到同情。

第四节　反对政府干预的理由：干预会增加政府的职位和责任

反对政府干预的第三个理由所依据的是分工原则。每增加一项政府职能，就会给已经不堪重负的政府增加一个新的职位。其结果自然是，绝大多数事情都做得很糟；许多事情往往没有管，因为政府要办就得往后拖延，而拖延也就往往等于不办。那些较为麻烦而不显眼的工作不是被拖延就是被忽视，而且官吏总能为拖延找到借口。而行政机关的首脑思绪混乱，脑子里全是公事的细枝末节，没有时间和精力来考虑国家大事或考虑进行更大规模的社会改良。

但是，这些实实在在的弊害非常严重，它们与其说是由政府承担的责任过多和过重造成的，不如说是由政府组织得不好造成的。政府并不是某个或某些职能部门的名号，而是内部实行各种各样分工的行政机构。只有不实行分工的政府才会带来大量上述那种弊害，例如欧洲大陆一些国家的政府就没有分工，这些政府中有七八个被称为大臣的人住在首都，但要求全国的所有公务都要经过他们的批准，或者理论上都要经过他们的批准。如果在一个国家，在中央政府和地方政府之间进行适当的职能划分，并且中央政府划分成足够多的职能部门，那么就能够把上述那些弊害减少到可以控制的范围。当英国国会认为有必要授予政府监督和部分控制铁路的权力时，它不是把铁路划归内政部管理，而是设立了铁路董事局(Railway Board)。当英国国会决定让中央政府来监督管理济贫事业时，它设立了济贫法委员会（Poor Law Commission)。世界上几乎没有哪个国家像美国的一些州——特别是新英格兰各州——那样，把如此繁多的职责交给政府官员去行使。但这里公务方面的分工是非常彻底的；这些官员大都各有各的上司，除受市民选票的裁定和对法庭负有民事及刑事责任外，他们可以自由行使自己的职权。

毫无疑问，一个良好的政府所必须具备的条件是，其行政首脑——无论是永久性的还是临时性的——都应对其管辖范围内的各种利害关系加以扩展，形成向中央负责的具有全局性和一般性的总体观念。但是，只要行政机器运转灵活自如，就应使下属——尤其是下属地方官员——不仅有执行具体公务的权力，而且在一定程度上有决定具体事务的权力。只要下属的行为没有触犯法律，就应使他们只对行为的结果负责，而不是对行为本身负责。良好的政府还应最有效地确保诚实且富有才干的人得到任用，为官吏的晋升开辟广阔道路，并且赋予各级官吏较为广泛的执法自由，从而使最高一级的官吏能集中精力考虑国家范围内的总体利益。如果做到了所有这一切，政府在那些适合它承担的职能方面，也许就不会出现负担过重的问题；不过，如果政府承担了不适合它的职能，那么负担过重的问题就在所难免了。

第五节　反对政府干预的理由：私人经营由于利害关系大因而效率更高

虽然组织得较好的政府会使人们不那么强烈反对扩大政府的职责，但不能否认的是，在所有较为文明的社会，政府干预所做的绝大多数事情，还是比不上由利害关系最大的个人来做，或者也比不上听任事态的自然发展。这样主张的理由，可以准确地用一句人们常说的话来表达：个人要比政府更了解自己的事情和利益，并能更好地照顾自己的事情和利益。这句话对于生活中的绝大部分事情来说都是正确的，因而在所有适用的情形中，各种政府干预都应受到谴责。例如，在任何一种工业或商业活动中，政府都经营不好，这一点已经有事实证明，在个人具有足够的创业精神和能得到全部必要资源的那些领域，政府完全无力与个人展开竞争。尽管政府消息灵通，资金雄厚，能在市场上雇用到最有才干的人，但所有这些都不足以抵消它的巨大劣势，即它不那么关心经营的结果。

我们还应当记住的是，尽管政府在智力和知识方面要强于某一个人，但它肯定不如全体个人。在做某一件事时，政府只能雇用全国一部分有学识、有才干的人。即使政府在招聘工作人员时唯才是举，但在政府招聘的人才以外，也必定还有不少同样适合做此项工作的人。在个人经营制度下，这种工作常常会很自然地落在这些人身上，因为他们能比别人更好、更省钱地完成工作。既然如此，显而易见的是，政府排斥甚或取消个人经营，其实质要么是用较差的手段取代了较优

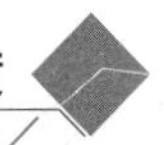

的手段，要么至少是用其自己完成工作的一种方法取代了许许多多同样合格的人会采用的各种各样的方法，而各种方法的相互竞争要远比单一方法更有利于推动社会的进步和改良。

第六节　反对政府干预的理由：培养人民集体行动习惯的重要性

我最后要说的是反对扩大政府干预的各种理由中最有说服力的一个。即便政府能把全国最有学识和才干的人都网罗到它的各个部门内，很大一部分社会事务仍应该留给具有直接利害关系的人去做。生活中的事务，乃是对人民进行实际教育的最重要的内容。书本和学校教育固然必要并且有益，但如果没有实际生活的教育，不足以使人们很好地处理事务，不足以让人们为实现目标而寻求合适的手段。学校教育只是提高智力的必要手段之一；另一种几乎同样必不可少的手段，就是积极运用自己的各种活动能力，如劳动能力、发明能力、判断能力、自制能力等，而生活中的困难对于培养这些能力而言是一种自然的刺激。不应把这种理论与自鸣得意的乐观主义相混淆，后者把生活中的困难看作是好事情，认为生活中的困难正可以使人培养与这些困难做斗争的各种品质；只是因为存在着困难，那些与困难做斗争的品质才有价值。实际上，我们的任务应该是尽量减少人类生活的困难，而不应像狩猎者为了练习追捕而有意不杀猎物那样，把许多困难保留下来。但是，由于生活对实际才能和判断力的需要只会减少，而且即使在最理想的情况下，也不会完全消失，所以重要的是，培养上述能力的范围不能局限于少数杰出人物，而应当面向全体人民，并且应该更加多样化和更为全面地培养这种能力，而不是像大多数人那样，只是在狭隘的个人利益范围内培养这种能力。如果一个民族没有养成为集体利益而自发行动的习惯，如果一个民族一遇到共同事务就习惯性地仰赖政府来发布命令或采取措施，如果一个民族总是盼望政府为他们做好每件事情，而自己只习惯性地例行公事，那么该民族就只发挥了一半的能力，该民族所受的教育存在着一项最重要方面的缺陷。

将这些通过实际运用培养出来的能力扩散至全体国民，这是国家最为宝贵的财富之一。即使国家的大小官吏已具有较高的文化水平，在全体国民中培养此种能力的必要性不但没有降低，反而更加有必要。对人类的幸福而言，最为危险的情形莫过于，只有统治集团具有较高水平的知识和才能，被统治的人既愚昧又迟钝。这样一种制度堪称最为全面地体现了专制主义思想，因为它使那些已经掌权的人享有更优越的智识水平，相当于多了一件统治人民的武器。这种制度使得政府与人民之间的差别，如同人与其他动物之间的巨大差别，政府的统治如同牧羊人照看羊群，只限于关心羊的肥壮与否问题。防止政治奴役的唯一保障，就是在被统治者中间传播知识，使他们充满活力，富有公共精神，以此约束统治者。经验证明，要使人民的上述能力永远保持足够高的水平，是非常困难的。而且随着文明程度和生活保障程度的提高，人们以前只能依靠自己的体力、技巧和勇气来对付的艰难困苦和危险逐步被消除，保持上述能力的困难还会变大。所以至关重要的是，所有社会阶级，包括最底层的阶级，都应该自行完成大量事情。在这个方面每个阶级都处在平等的地位，应当尽可能多地运用智慧和德行。政府不仅应把与个人有关的事情尽可能留给个人，而且应该允许——甚至应该鼓励——个人尽可能多地通过自愿合作来处理集体事务，因为通过协商处理集体事务，可以很好地培养人们的公共精神，并且有效地产生处理集体事务的智慧，而这种公共精神和智慧一向被看作自由国家的人民所具有的优秀品质。

如果民主制度只限于中央政府一级，所有具体事务不能贯彻民主原则，那么它不但不能保障政治自由，反而事与愿违，致使社会最底层的人也对政治统治权怀有欲望和野心。在一些国家，人民所渴望的是免于暴政统治；而在另一些国家，人民所渴望的则是人人享有实施暴政的平等机会。不幸的是，对于人类来说，这两种渴望一样都很常见，而且在许多情况下，甚至在文明社会里，后一种渴望往往更为常见。随着人民逐渐习惯于通过自己的干预来积极处理自己的事务，而不是把事情交给政府，他们就会渴望消灭暴政，而不是实施暴政。此外，如果所有的主动性和创造性都来自政府，个人总是习惯于接受政府的监督和指导，那么民主制度在人民心中培养的就不是对自由的渴望，而是对权力和地位的无限贪欲，人们的聪明才智就不会用在正经事情上，而是用来钩心斗角、争名逐利。

第七节　自由放任是一般原则

以上所述是主张把政府对社会事务的干预限制在最小范围的主要一般性理由。几乎没有人会怀疑这些理由的有效性，因而在每一种具体情况下，都应由主张政府干预的人而不是反对政府干预的人来证明自己有理。总之，自由放任应当成为一条一般性原则，除非某种巨大利益要求违背这一原则，否则，违背这一原则必然会带来弊害。

但是，迄今为止，即使在公认最适用于该原则的场合，政府也违背这一原则行事，其违背之严重程度是后人也许无法想象的。迪诺耶（Dunoyer）先生的著

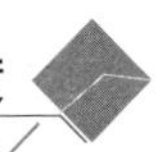

作可以让人稍稍了解其中的情形。[①] 他是这样描述法国旧政府遵照干预和控制的法律精神限制工业活动的情况的：

> 国家对制造业的控制可以说专横无度。它任意处置制造业者的资源，毫无顾忌。国家决定一切，包括谁可以办厂，应该生产什么，应使用什么原料，应采用什么工艺，应采用什么样的生产方式。制造业把事情做好乃至更好，那也不够，还必须按规定去做。众所周知，1670 年的那项法规规定：一律没收所有不符合规定的商品，并连同制造商的名单也公之于众；如若再犯，则连同厂主的姓名也要示众。人们必须时刻留意法律的命令，而不是消费者的喜好。而法令则由众多的检察官、专员、管理人、陪审员和监管者来执行。一旦不符合规定，便拆除机器，烧毁产品，因而改进受到处罚，发明者被罚款。而且对国内消费的产品和出口产品有不同的规定。手艺人既不能自主选择创业地点，也不能在所有季节为所有顾客工作。1700 年 3 月 30 日颁布的一项法令，规定 18 个城镇为可以纺织长筒袜的地点。1723 年 6 月 18 日颁布的一项法令命令里昂的制造业者从 7 月 1 日到 9 月 15 日暂时停业以帮助收割。路易十四因为要为卢浮宫修建柱廊，曾禁止一切私人擅自雇用建筑工人，对违者罚款 1 万利佛尔，并禁止建筑工人为私人干活，对初犯者判处监禁，对再犯者则判处苦役。

吉伦特派大臣罗兰（Roland）的证词告诉我们，上述规定以及与此类似的规定绝非一纸空文。这种多管闲事而刁难人的干预一直延续到法国大革命爆发时为止。罗兰说：

> 我亲眼看到官吏把 80 件、90 件乃至上百件棉织品或毛织品剪碎，然后完全销毁。类似的情景在每个星期都会发生，并延续了许多年。我看到制造品被没收，制造商被课以很重的罚金。一些纺织品在赶集的日子被当众焚毁，另一些则被示众，上面标着制造商的名字。官员威胁制造商，如果再犯，则将制造业者本人也绑到公共场所示众。所有这些都是按照现行法规或内阁的命令来执行的，是我在里昂看到的。制造业者究竟犯了什么罪，竟要被处以如此残酷的处罚？难道就因为所使用的原料或纺织品的质地，甚或某几根经线上有某些瑕疵吗？
>
> 我经常看到一些官吏闯入制造业者的住所，四处搜寻，恐吓其家人，割断布匹，扯断经线，拿走违法的证据。随后制造业者便被传唤、审讯和定罪，产品被没收，没收判决书被张贴在各个公共场所。制造业者的财产、名

① 参见《论劳工自由》（*De la Liberté du Travail*）第二卷，第 353～354 页。

誉和信用由此而丧失殆尽。他们到底犯了什么罪呢？因为他们用精纺毛线制作了一种叫作长绒粗呢的毛料，这种毛料虽然在英国有出产，甚至在法国也有人出售，但法国政府却规定这种毛料只能用安哥拉山羊毛来制作。我还看到另一些制造业者也受到了同样的处罚，因为他们制造了一种特殊宽度的羽纱，这种宽度的羽纱是英国和德国所使用的，甚至西班牙、葡萄牙等国以及法国的一些地方对这种羽纱也有很大需求，但它违反了法国政府有关羽纱宽度的规定。①

现在，即使是在最不开化的欧洲国家里，采用这种家长式统治原则的时代也已经过去。在上述那些情形中，反对政府干预的所有一般性理由都可以成立，有些反对理由尤其具有针对性。现在我们讨论问题的第二部分，也就是讨论在什么情况下，反对政府干预的一些一般性理由是完全无效的，而另外一些理由虽然成立，却被更为重要的相反的考虑压倒。

前面已经指出，一般来说，生活中的事务最好是由那些具有直接利害关系的人自主去做，无论是法令还是政府官员都不应对其加以控制和干预。那些这样做的人或其中的某些人，通常要比政府更清楚，采用什么手段有助于实现他们的目标。即便政府能够最全面地掌握个人在某一时期内积累的有关某一职业的全部知识（当然这实际上是不可能的），个人也要比政府对结果具有强烈得多、直接得多的利害关系，因而如果任由个人选择而不进行干预，那么人们更有可能对手段加以改进和完善。虽然劳动者一般来说能够选择最好的手段，但能否在同样普遍的意义上断定，消费者或被服务者也拥有正确无误的鉴别能力呢？买者是否总是有能力充分鉴别商品？如果买者做不到这一点，那么放任市场竞争的推定便不适用于买者鉴别商品的情形，而且如果商品的质量对于整个社会来说非常重要，那么权衡利弊得失，就应该由国家整体利益的全权代表采取某种方式，实施某种程度上的干预。

第八节　自由放任有许多例外：消费者不能鉴别商品的情形和教育

在这里，我们应当在消费者能够鉴别商品的情况下再加上许多限制条件和例外。一般来说，消费者是他自己所使用的物品的最好鉴别者（虽然并非完全如此）。这些物品或者用于满足消费者的某种物质需要，或者用于满足某种嗜好或

① 转引自凯里的《论工资率》(*Rate of Wages*)，第 195～196 页。

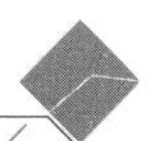

爱好，而消费者的这种需要和嗜好，显然无须别人来参与鉴别。或者这些物品是某一行业的人从事工作时所使用的工具，因而我们不妨假定，他们能够鉴别日常工作中所使用的工具的优劣。但此外还有一些事物，这些事物的价值是绝不能用市场需求来加以检验的。这些事物的效用并不在于满足人们的嗜好或日常生活的需要，那些最需要这些事物的人反而最不想得到它们。那些主要用来提高人类素质的事物，就是如此。未开化的人并不能很好地鉴别教化的价值。那些最需要提高知识水平和道德水平的人，往往最不想这样做，而即使他们想这样做，单单靠他们自身的能力也做不到这一点。在自愿的条件下，情况必将如此。既然人们不想实现某一目的，手段也就无从谈起。或者那些需要改进提高的人对自己所需要的东西抱有不全面或完全错误的看法，因而市场需求带来的供给，根本不是人们所真正需要的事物。在这种情况下，任何善意的、较为文明的政府都有理由自认具有或应该具有比其治下的普通人更高的教化水平，因而同大多数人的自发需要相比，政府应该能够向人民提供更好的教育。因此，原则上应该由政府向人民提供教育。这说明，不干预原则在一些情况下不一定适用或者不一定普遍适用，而教育就是其中的一个事例。①

我认为，在初等教育问题上，自由放任原则尤其不适用。某些基本知识是来到世上的所有人在儿童时代无论如何都应该加以掌握的。如果他们的父母或抚养者有能力使他们得到这种教育，但却没做到，那么他们在两方面都是失职的：一是对孩子本身的职责；二是对一般社会成员的职责，因为一般社会成员会因为其同胞缺少教育而遭受严重损害。所以，政府可以行使自己的权力，规定父母在法律上负有确保子女接受初等教育的义务。但要使父母承担这种义务，政府就必须采取措施，确保人们能够免费或仅仅支付低廉的费用就可以接受初等教育。

---

① 迪诺耶先生反对这种观点。我虽然在许多方面同意迪诺耶的看法，但他似乎不分青红皂白，完全敌视政府干预。他说，无论教育本身多么好，也只有当公众愿意接受时，才会对公众有用。教育符合公众需要的最好证明，就是它能成为一项有利可图的产业。不管对于启迪人类心灵的教育，还是对于医治人类身体的药物，这种说法都不能成立。如果无法说服某个病人吃某种药，那么这种药对他而言就无济于事。但我们不能由此而推论说，病人不需要任何人的帮助，自己就可以挑选到合适的药。难道就没有一种可能，他所尊重的人给出的药方，比他自己挑选的药方更好吗？这恰恰就是人们争论的教育问题的实质。毫无疑问，如果教育远远超出人们的需要，以致不能说服人们接受教育，那么这种教育就等于不存在，对人们而言就毫无价值。但在人们自发选择的事物和人们拒绝接受的事物之间，还有另外一些事物，其取舍应尽可能听从高明者的劝告。而且，针对公众无法鉴别的事物，只有长期向公众展示，引起他们的注意，并且用长期的经验证明它会带来好处，才会使公众最终了解它。而如果没有采取行动迫使公众接受，而只是在口头上提出建议，那么公众也许永远不会接受它。相反，有利可图的投机生意不可能等好几年或好几十年才成功，它要么立即成功，要么完全失败。还有一个为迪诺耶先生所忽略的理由是，一些教育设施和教育方式虽然绝不会为普通人享用，因而不会偿付它们所花的费用及其利润，但对许多人来说却具有无比重要的价值，因为它们向少数人提供了最高质量的教育，使人类的优秀分子得以世代相接。正是依靠这些优秀分子，人类的知识才能不断增进，社会文明才能不断向前发展。

当然，一些人也许提出反对意见，认为教育子女的费用应由父母负担，劳动阶级也不例外。父母应该认识到，用自己的钱履行这项义务是其义不容辞的责任；而由别人出钱提供教育，正如由政府提供生活费那样，会相应地降低必要工资的水平，并减少人们努力工作和自我克制的动力。这种论点至多只在以下情形才成立，即公家取代个人来处理个人完全能够处理的事情，也就是说，劳动阶级中的所有父母已认识到，自己有义务花钱使子女接受教育，并且这些父母都切实履行了这一职责。但是，如果父母没有履行这一职责，没有把教育费用列入其工资必须支付的费用，那就说明，工人的一般工资水平尚不足以承担这种费用，必须由其他来源承担。有时，帮助他人会出现受助者依赖帮助的结果，但提供教育的情形并非如此。真正的教育绝不会削弱人们的各种能力，而是增强和扩展这些能力。无论人们以什么方式获得教育，它们都有利于培养人的自立精神。倘若不免费提供教育，有些人便根本得不到教育，在这种情形下提供帮助所带来的结果，就不同于在其他许多情形下帮助他人而出现的事与愿违的结果。其不同之处就在于，现在提供这种帮助有助于受助者日后不需要他人的帮助。

在英国以及欧洲的大多数其他国家，非熟练工人靠其正常工资无法支付其子女初等教育的全部费用，即使勉强做得到，恐怕也不愿意支付。因此，在初等教育问题上，我们不应在政府负责和私人付费之间取舍，而应该在政府资助和自愿捐助之间取舍，也就是在政府干预和民间团体干预之间取舍。所谓民间团体干预，就是像那两个著名的学校联合会那样，由私人捐钱办学校。当然，凡是靠私人捐助已经办得很好的事情，就不应该用强制课征来的税款来办。在学校教育方面，自由放任原则适用到什么程度，要视具体情况而定。对于英国民间自愿办学的情况，最近已有大量讨论，这里不必详细评论了。需要指出的是，我深信，民间教育的规模现在远远不能满足需求，未来很可能也仍将如此；而其质量虽然显示出了某种改进的趋势，但除极少数情况外，总体上却很不高，而且许多可以说是糟糕透顶，徒有其名。所以我认为，政府有义务弥补这一缺陷，资助初等教育，以使穷人家的所有孩子都能够免费或者仅仅支付微不足道的费用就可以接受初等教育。

有一点必须坚持，那就是政府不应垄断教育，无论是初等教育还是高等教育都不得垄断。政府不可运用权力和影响，迫使人们接受政府所聘教师的教育而不接受其他教师的教育，不可使受教于政府所聘教师的学生享有特殊利益。一般来说，虽然政府所聘教师要优于私人教师，但他们并不拥有全体教师的知识和智慧，因而应该广开门路以实现教育目的。政府在法律上或在事实上完全控制教育，这都是无法令人容忍的。拥有这种控制权并行使这种控制权，就是实行专制统治。政府如果能在人民年轻时就塑造他们的思想和感情，那么将来就可以对人民

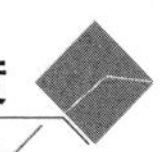

为所欲为。所以，虽然政府可以而且在许多情况下也应该设立各级学校和学院，但它不应强迫或诱使人们上公立学校。私人建立学校的权利也不应在任何程度上取决于政府的授权。要求所有人都必须接受一定程度的教育，这是有道理的；但如果规定人们应该接受什么样的教育，或应该从谁那里接受教育，那就没有道理了。

第九节　人们对他人行使权力的情形：保护儿童和青少年、保护低等动物；妇女的情形则与此不同

政府之所以干预教育问题，是因为在这件事情上，消费者的利益和判断不足以确保提供优质商品。现在我们来看另一种情形，这里当事人谁也不是消费者，只能依赖当事人本人的利益和判断来处理，例如当人们处理只关系到自身利益的商业事务时，或当人们订立私人契约时。

在这方面奉行不干预原则的理由是，与立法机关的一般法令或政府官员的命令相比，大多数人对自身的利益和促进自身利益的方法都具有更加正确和聪明的见解。作为一般原则，这一格言无疑是正确的，但是我们也不难看到一些显著的例外情形，这些例外情形可以分成以下几类。

第一，虽然我们假定个人可以对自身利益做出最好的判断，但个人也可能并不具有良好判断和行动的能力。它可能是精神病患者、智力障碍者或婴幼儿，或者虽然并非完全没有判断能力，但可能还没达到能够做出成熟判断的年龄。在这种情形下，不干预原则的理由不再成立。具有最大利害关系的个人不仅不能对事情做出最好的判断，而且根本不能做出判断。无论在哪里，精神病患者都被看作应该得到国家照顾的对象。[①] 至于儿童和少年，人们常说，虽然他们不能自己做出判断，但他们有父母或其他亲属替他们做出判断。但这样一来，问题的性质就变了，不再是政府应不应该干预个人的行为和利益，而是政府应不应该让一些人

① 英国有关精神病患者的法律，特别是有关如何确定精神病的规定，亟待改进。目前，无论什么人，如果其财产让人垂涎，其亲属缺乏道德或者与其关系不好，都有可能被指控为患有精神病。一些人可以通过他人被判为患有精神病而获益。应这种人的请求，可以组成陪审团进行审理，费用由被告的财产承担。陪审团通常由 12 个小店主组成，在审理中，这些易于轻信的小店主所听到的，无非被告的怪癖，外加仆人虚构的各种事情。这些小店主见闻短浅，对其他生活方式一无所知，把被告性格和爱好上的每一点与众不同之处都看作是怪癖，而怪癖就是他们眼中的精神异常或邪恶。如果这种自作聪明的法庭做出指控者所期望的那种裁决，财产可能会被转到合法所有者最憎恶的人手中。最近，这样一些审理实例已成了司法界的丑闻。这方面的法律需要大加修改，尤其是应该做以下两点修改：第一，同在其他诉讼活动中一样，诉讼费应由原告而不是被告承担，只有在原告胜诉时，被告才需要赔偿原告的诉讼费；第二，被宣判为患有精神病的人，只要还活着，就决不应把其财产转给其继承人，而应由政府官员来管理其财产，直到他去世或恢复健康。

的行为和利益完全听凭他人摆布。父母的权力和任何其他权力一样，有可能被滥用，而且事实上也经常被滥用。既然法律往往没能阻止父母残暴地对待甚或杀害子女，那么我们当然有理由认为，父母出于自私和无知，往往牺牲子女的利益，而且不为人所察觉。无论什么事情，只要我们能够明显判断，它们是父母为了子女的利益应该做或不应该做的，那么法律在可能的范围内就应强制父母去做或不做这些事情。一般来说，这也是法律的一项职责。我们不妨从政治经济学这一特殊领域中举例说明。毫无疑问，只有国家应当关注并尽力保护少年儿童，禁止雇用他们做过于繁重的工作。之所以禁止少年儿童的劳动时间过长或劳动强度过大，是因为如果政府不对此加以禁止，他们就往往被迫去做这些事情。就儿童来说，签约自由无异于强制自由，教育也是一个例子。父母或亲属往往出于漠不关心、嫉妒或贪婪的心理，而没有让儿童得到他们可能得到的最好教育，政府应当禁止这种情形。

为保护儿童利益而在法律上进行干预的那些理由，也同样适用于那些不幸的奴隶和受人类虐待的低等动物。针对人们虐待这些无力自卫的生灵的行为，政府有时予以惩戒。一些人严重误解了自由原则，认为政府这样做是对家庭生活的越权干预。实际上，家庭暴君所控制的家庭生活，正是最迫切地需要法律加以干预的事情之一。令人遗憾的是，许多热心支持运用法律武器来惩治虐待动物的行为的人，在政府权力的性质与由来的问题上抱有错误的看法，他们不是从事情本身的是非曲直中寻找制定这种法律的依据，而是认为制定这种法律的理由在于，人们一旦养成了虐待动物的残忍习惯，其他人的利益也会受到损害。如果说身强体壮的人看到动物被虐待时有义务出手阻止，那么一般而言，社会也同样有义务阻止这种虐待行为。在这方面，英国现行法律的主要缺陷在于，对虐待动物行为的处罚非常轻，往往流于形式，即使是那些最为严重的虐待也是如此。

为了保护处于依附地位的社会成员，应由法律限制他们的签约自由。常有人提议，妇女也应该包括在这些人中，而且现行的工厂法像对待未成年人那样对待妇女，对二者的劳动都做了具体限制。但我认为，出于这个或者其他目的而把妇女和儿童归为一类，不仅在理论上是站不住脚的，而且在实践上也是极其有害的。某一年龄以下的儿童并不能独立对事物或行动做出判断，在成年以前，他们必然或多或少地缺乏这种能力。但妇女却同男人一样，她们有能力了解和处理自己的事情，妨碍她们这样做的唯一障碍是她们现在所处的不公正的社会地位。只要法律规定妻子得到的一切都是丈夫的财产，规定妻子必须与丈夫同居，从而迫使她忍受丈夫在精神和肉体上对她任意施加的虐待，那么就有理由认为，她现在所做的每一件事情都是被迫的。而当代的改革家和慈善家所犯的一个大错误是，他们不是去纠正这种不公正本身，而是设法一点一点地弥补这种不公正所造成的

后果。如果妇女能够跟男人一样，可以完全支配自己的人身以及自己继承或挣得的财产，那就没有理由限制她们为自己劳动的时间，这样她们就有时间为丈夫——或者用鼓吹这种限制的人的话来说，丈夫的家庭——劳动。在劳动阶级的妇女中，只有那些在工厂做工的妇女，才能摆脱奴隶和苦役的命运，之所以如此，是因为没有人能够违背她们的意志强迫她们到工厂工作和挣钱。要改善妇女的处境，就应为她们广开就业门路，而不是完全或部分关闭已经向她们敞开的就业门路。

第十节　永久性契约

个人能对自己的利益做出最好的判断这种学说的第二种例外情形是，有时个人针对近期和遥远的未来什么是对自己最为有利的问题，试图在现在就做出无可挽回的决定。只有当个人判断所依据的是个人实际的尤其是当前的经验时，才有理由推论说，个人能对自己的利益做出最好的判断。而如果这种判断形成于经验之前，并且这种判断在被经验推翻之后也无法反悔，那就没有理由做出上述推论。如果人们签订一项契约的目的不只是要去做某件事情，而是要永远或在很长一个时期内都要做这件事情，在这期间绝不允许解除契约，那么，我们便不能认为，坚持履行这种契约总是对人们有利。更何况签订这种契约时人们可能还很年轻，并不真正了解自己所做的事情，在这种情况下，即使人们自愿签约，通常也不能说明问题。因此，在永久性契约问题上，应当对人们签约自由这一实际原则的应用施加很大的限制。法律应对这种契约采取极为慎重的态度，若当事人不能对这种契约所规定的义务做出正确的判断，法律就不应允许人们签订这种契约。或者如果允许人们签订这种契约，法律就应尽可能确保当事人是在深思熟虑之后才签订这种契约。尽管当事人不能自行解除这种契约，但法律应该允许当事人在向有关当局陈述了充足的理由后，得以公正无私地解除契约。以上种种考虑显然适用于婚姻这种最重要的终身契约。

第十一节　委托经营

对于政府不能像个人那样妥善处理个人事务的这种学说，我要指出的第三种例外情形是，个人委托他人经营的情形。在这种情形下，对当事人的利益而言，代理人所提供的所谓私人经营，往往不如政府官员经营得好。不管什么事情，若听任代理人去做，也能够把股份公司办好，那么政府通常也能够办好，而且实际情况往往是，政府办得更好。众所周知，政府确实办事拖沓、漫不经心、劳而无功，但是股份公司一般来说也是如此。固然，股份公司的董事常常是股东，但是政府官员也同时是纳税人。公司董事同政府官员一样，可以在经营良好时挣到一份利益，姑且不论偷懒疏忽的情况，他们有时也故意不好好经营，以便从中谋利。有人会反对说，全体股东对董事拥有控制权，而且几乎总是有权解除董事的职务。但实际上，股东很难行使这种权力，只有当公司经营状况非常糟糕，濒临破产时，股东才会行使这种权力；而在这种情况下，政府通常也会撤换它所任命的官员。为应对股东大会以及股东个人的检查和询问所提供的这种保障不能令人满意；与此相对，在自由国家里，凡政府的干预都是比较公开的，民众都可以对其进行较为积极的讨论和评论。所以，同合股经营相比，政府经营的缺陷哪怕真的更为严重一些，似乎也不会严重到哪里去。

凡是人们通过自愿合伙能做的事情，即使政府官员能做得一样好甚至更好，也应让人们自己去做。理由已经在前面说过了：这些事情如果让政府官员去做，会使政府主要官员的负担过重，分散他们的注意力，无法集中精力去履行只能由他们承担的职责，而去管理那些没有他们也能做得很好的事情；这种做法会不必要地扩大政府的直接权力和间接影响，并增加政府官员与民众发生冲突的机会；这种做法会不适当地把全国从事大规模经营的技术和经验以及采取有组织行动的权力都集中在掌握统治权的官僚机构手中；这种做法会使人民和政府的关系变成孩子和监护人的关系，这恰恰是导致人民参与政治生活的能力低下的主要原因，目前为止欧洲大陆上那些政府过度干预的国家——不管它们是否实行代议制——就是这种情况。①

尽管根据上述理由，可由私人公司办得相当好的事情通常都应让私人公司去做，但是我们不能由此而推论说，政府应当完全放任不管私人公司的经营方式。在许多情形下，由于提供某种服务方式的性质的缘故，公司实际上必然是独家的。在这种情况下，人们无法阻止实际的垄断，也无法阻止垄断者向社会课税。我已不止一次地提到了煤气公司和自来水公司，如果完全允许这些公司展开自由竞争，那么实际上并不存在竞争，而且它们实际上要比政府更加不负责任，对人们的抱怨更加置若罔闻。在这种情况下，多家经营只是增加了人们的开支，却没

① 一个与此类似的事例是，在目前的社会状态下，全体妇女表现出厌恶政治和缺乏公共精神的特征。政治改革家经常提及这一点，并发出抱怨，但他们不愿承认也不想消除产生这种情况的原因。很显然，由于各种制度的影响，以及妇女所接受的全部教育，她们认为自己与政治完全无缘。妇女只要当上政治家，就会顺应时代的潮流，表现出与同时代的男人一样的强烈兴趣与伟大才能。例如，卡斯提尔（Castile）的伊萨贝拉（Isabella）女王和英格兰的伊丽莎白（Elizabeth）女王，在历史上都绝非罕见的例外，而只不过是欧洲有地位和有教养的妇女所普遍拥有的那种精神和能力的光辉典范。

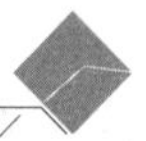

有带来好处，国民为不可或缺的服务支付的费用，实质上无异于法律强制课征的赋税，几乎所有人都没有把“水费”同地方税区分开来。因此，我们有理由认为，这些特殊的服务，同铺设道路和清扫街道等服务一样，虽然肯定不应由中央政府来提供，但应该由市政当局来提供，而且，就跟现在实际上所做的那样，其费用应由地方税来支付。在许多与此相类似的最适宜由私人经营的领域，仅仅依赖经营者的利益尚不足以确保民众得到适当的服务，还需要采取其他保障措施。政府应从一般利益出发，使这些领域中的经营活动遵守合理的规定，或保留控制这类经营活动的权力，从而让公众享有垄断利润带来的好处。这种做法适用于道路、运河和铁路的经营管理。这些行业实际上总是存在着相当大程度的垄断。一国政府如果完全让某一私人公司享有这种垄断权，那就无异于让某个人或某家公司为了自己的私利随心所欲地对该国生产的全部麦芽或进口的全部棉花课税。固然，根据发明人可以享有专利权的原则，在一定时间内允许私人公司享有这种垄断权是合理的。但是，国家应当保留将来收回这类公用事业的权利，或者保留并自由行使规定最高收费的权利，并且可以经常变动其收费标准。也许有必要指出的是，国家可以拥有运河或铁路，但不必亲自经营它们；运河或铁路由向国家取得一定期限承租权的公司来经营，它们往往会经营得更好。

第十二节 政府干预对于实现当事人的愿望是必不可少的，如规定劳动时间的长短和出售殖民地的土地

我要请求人们特别注意第四种例外情形，在我看来，迄今为止政治经济学家对这种例外尚未给予充分的注意。有些事情需要法律进行干预，并不是要否定人们对自身利益所做的判断，而是为了使这种判断得以付诸实施，因为人们只有采取协调一致的行动才能做得到，而协调一致的行动只有得到法律的认可和批准才会奏效。为了举例说明，同时也避免草率得出结论，我们来看看缩短劳动时间的问题。不管实际情况是否如此，我们姑且假设，普遍把工厂的劳动时间例如从10小时缩减为9小时，这对工人是有好处的；我们还可以假设工人劳动9小时得到的工资会和劳动10小时同样多或差不多。有人会说，假设结果确实如此，并且工人都相信这一结果，那么工人就会自发限制劳动时间。但我认为，除非全体工人协商好，相互遵守这种限制，否则这种限制是不会有用的。如果某一个工人不愿工作超过9小时，而其他工人则愿意工作10小时，那么这个工人要么失业，要么被扣掉十分之一的工资。由此可见，无论这个工人多么坚信缩短劳动时间有利于整个工人阶级，但在他尚不能确定所有工人或大多数工人都会同样做时，如

果他做出表率，他自己就会遭殃。现在假设全体工人阶级已一致同意缩短工时，在这种情况下，是否无须法律的批准也能缩短工时呢？回答是，公众舆论同法律一样严格，否则无法做到这一点。因为不管遵守这一规定对整个阶级多么有利，违反这一规定却对每个人都有直接的好处，而且遵守这一规定的人愈多，违规者得到的好处也愈多。假如几乎所有工人都遵守缩短工时的限制，只工作 9 小时，那么那些愿意工作 10 小时的工人就会得到这种限制带来的全部好处，再加上违背这种限制而带来的利润，也就是说，他们的 9 小时工作会得到 10 小时的工资，此外还有那多出 1 小时的工资。我承认，如果绝大多数工人工作 9 小时，那么没有一个工人会受到损害，整个工人阶级都会得到好处，同时那些愿意工作更长时间从而挣得更多工资的人也不会有损失。这当然是人们所希望的理想状况。姑且假设能在不减少工资且不会将某些商品逐出市场的情况下缩短工时（是否能够做到这一点要视具体情况而定，而不是理论上就能决定的），那么实现这一点的最好方式，就是工人慢慢地改变自己的一般劳动习惯。缩短工时成为工人的自发选择，而那些不愿缩短工时的工人的自由也丝毫不会受限。但在报酬提高的条件下，许多工人也许宁愿工作 10 小时，以致缩短工时无法成为普遍准则。一些人自愿做的事情，很快成为另一些人被迫做的事情，那些为了得到较多工资而宁愿长时间工作的人，最终也许不会得到比以前高的工资。在这种情况下，即使工作 9 小时确实有利于每一个工人，即使每一个工人都相信其他工人只工作 9 小时，要达到这一目标，也得通过法律把这种假定的协议转变为具有约束力的契约。我无意表达支持这种立法的意思，英国尚没有人要求颁布这种法令。在目前的情况下，我也不主张发布这种法令。我不过是想借此说明，各个阶级为贯彻实施他们全体经过深思熟虑而取得的对自身利益的看法，有时会需要法律的帮助，使他们中的每一个人都确信其他竞争者也会采取相同的做法。如果没有法律的保障，人们无法放心大胆地实践这一集体方案。

此外，可以用来说明上述原则的一个事例，是众所周知的威克菲尔德的殖民计划。该计划所依据的重要原理是，土地和劳动的生产力取决于两者之间是否具有适当的比例；在新拓殖的国家，如果少数人占有大量土地，或者如果每个工人都很快成为土地占有者和耕种者，则生产力便会降低，从而严重阻碍该殖民地的财富积累和文明进步。占有本能（大体可以这样说）以及在故国养成的那种对土地所有权的感情，会诱使几乎每一个移民尽其所能地占有尽可能多的土地，会诱使每个工人立即占有土地，耕种土地时只靠家人而无须他人的帮助。如果政府能在某种程度上限制这种立即占有土地的倾向，使每个工人工作若干年后才能占有土地，那就会长久地拥有大批雇佣工人——可以用于修筑道路、运河以及水利设施等事业，或者建立和从事各项城市产业。在这种情况下，当工人最后成为土地

所有者时，他会发现，由于市场便捷和雇工容易，其土地价值已经大大提高。所以，威克菲尔德建议阻止人们过早地占有土地，避免人口过于分散，其方法是国家对尚未被占有的土地给出高额定价，并将销售土地所得的收入用于把移民工人从其母国运送到殖民地。

然而，有人反对这个有益的计划，说它违反了政治经济学中的一条著名原理，即个人能对自身的利益做出最好的判断。据说，只要听从个人的自由选择，他们所占用的土地数量和占用土地的时机就是对每个人最有利的，从而对整个社会也是最有利的。人为地设置障碍阻止人们按自己认为最有利于自身的方式获得土地，就是承认立法者自以为是的想法，承认他比人民自己更知道什么对人民最有利。这完全误解了威克菲尔德的计划，也完全误解了该计划所违背的那条原理。其错误类似于我们在前面以劳动时间为例所说明的那种疏忽。任何人所占有的土地数量都不应超过他所能适当耕种的数量，任何工人都应等到有人取代他的职位时才能去占有土地。这种想法尽管有利于整个殖民地，也有利于殖民地中的每个人，但是，除非个人确信他人也会这样做，否则他在这方面的自我克制就决不会对自己有利。如果周围的定居者都拥有上千英亩土地，而他克制自己，只拥有 50 英亩土地，这对自己有什么好处呢？或者，如果其他所有工人都立即用所挣得的第一笔收入购买地产，而这些地产相互有数英里之遥，那么某个工人把自己购买土地的时间往后推迟几年，这对他有什么好处呢？如果所有其他工人都竞相购买土地，以致无法形成雇佣劳动阶级，那么他推迟占有土地的时间，就无法在他获得土地时充分利用土地以获得更大的收益。他为什么要在周围的人都已成了土地所有者时仍旧当雇佣劳动者，从而使自己处于不利地位呢？做对所有人都有利的事情，对每一个人都有好处，但只有当其他人也这样做时，这才真正有好处。

按照上述反对者的理解，每个人都能对自身的利益做出最好的判断这一原则，可以解释为，政府甚至不应当执行那些人们公认的职责，也就是说，政府压根就不应当存在。人们之间不存在偷盗和欺骗，不管对整个社会来说还是对社会中的每一个成员来说，都有极大的好处。但是我们仍然需要有惩处偷盗和欺骗的法律，原因就在于，虽然不偷盗、不欺骗对每一个人都有好处，但如果允许所有其他人偷盗和欺骗他，而那个不偷盗和不欺骗的人就处于不利处境了。主要是由于这个原因，我们才需要有刑法，因为即使人们一致认为某种行为对大家都有利，这也不能确保大家都会遵守该行为规则。

第十三节 利他行为的理由——济贫法

第五种例外情形是，根据个人是自身利益的最好判断者这一原则而反对政府干预的论点，不适用于以下涉及面很广的一类情形，其中政府所要干预的不是个人为自身利益采取的行动，而是为他人利益采取的行动。这特别包括公共救济这一十分重要而争议很大的问题。一般来说，凡是个人能够做的事情，都应该让他们自己去做，但如果他们无法做到而需要别人的帮助，便产生了这样的问题：他们是完全从别人那里获得帮助（这些帮助可能并不可靠，也没有规律）好呢，还是应该让社会经由国家这一工具来有组织、有计划地提供这种帮助好呢？

这就涉及济贫法的问题。如果各个阶级都是有节制而节俭的，同时财产的分配又是令人满意的，则济贫法就无足轻重了。但如果这两方面的情况都与此相反，那么济贫法的问题就极为重要，英国的情况就是如此。

不管我们在道德原则和社会团结的基础问题上持什么样的哲学观点，我们都必须承认，人类应该相互帮助，穷人更是需要帮助，而最需要帮助的人则是正在挨饿的人。所以，基于贫困而提出的给予帮助的要求，在各种要求中是最有力的，显然有最为充分的理由通过社会组织来帮助急待救济的人。

此外，不管采取哪种帮助方式，都需要考虑到两种后果：一种是帮助本身的后果，另一种是依赖于帮助的后果。前者一般是有益的，后者则大都是有害的，而且在许多情形下，害处大到使得它超过了所带来的好处。最需要帮助的人往往最容易发生这种情况。养成依赖他人帮助的习惯是有害的，而最为有害的莫过于在生活资料上依赖他人的帮助。不幸的是，人们最容易养成这种习惯，却又没有吸取教训。因而需要解决的问题非常重要，同时又非常微妙，即如何在最大限度上给予必要的帮助，而又尽量使人不过分依赖这种帮助。

然而，帮助过多和没有帮助都会同样对人的干劲和自立精神造成损害。努力而没有成功的希望，甚至要比不努力也肯定能获得成功的希望，更加令人感到沮丧。当一个人境况极其困难而意志消沉时，给予他帮助便是为他注射兴奋剂，而不是镇静剂，由此可以增强而不是削弱他的活力。不过，这种帮助绝不可以取代这个人自己的劳动、技能和节俭，不应使他丧失自立能力，而只应通过这种合法的帮助使他更有希望获得成功。因此，这可以说是一项检验标准，所有慈善救济计划——无论是面向个人的还是面向各阶级的，无论是来自民间的还是来自官方的——都应接受它的检验。

如果说在这一问题上存在任何一般的理论或准则，它应该是如此：如果我们事先可以预计，受助者和没有接受帮助而自食其力者处境相同，那么这种帮助就是有害的。此外，如果人人都可以得到帮助，但人人都尽力摆脱帮助，那么这种帮助对大多数人来说就是有益的。这一原则应用于公共慈善事业的情形，就是1834年颁布的《济贫法案》所依据的原则。如果受助者生活得同自食其力者一

样好，那么这种救济制度就会从根本上使所有人都丧失努力奋斗的精神。如果真的实施这种制度，那么就需要建立一种有组织的强迫劳动制度作为其补充，来迫使那些无意自立的人像牛马那样干活。但是，如果一方面能确保所有人都摆脱绝对贫困，另一方面能使那些接受政府救济的人的生活状况远远不如自食其力者，那么能保证所有人不致饿死（除非该人自愿如此）的法律，必然会带来有益的结果。实现这种想法至少在英国是没有问题的，在18世纪末之前的很长一个时期内的经验以及近来许多非常贫困的地区的经验都证明了这一点，这些地区严格实施了济贫规定以后，减少了大量贫民，给整个劳动阶级带来了巨大而长久的利益。无论哪一个国家，只要经常依据人民的品性调整救济方法，也许就可以为建立没有弊害的制度创造出必要的条件。

我认为，在具备了这种条件后，就完全应该由法律来规定应给予身体健康的穷人以最低限度的救济，而不应让他们依赖私人施舍过活。首先，私人慈善机构所提供的救济几乎总是要么多了，要么少了，有时在一个地方滥发救济，而在另一个地方则听凭人们挨饿。其次，既然国家必须向违法服刑的穷人提供食物，那么不犯法便不提供食物，就无异于鼓励人们犯罪。最后，如果让穷人依赖私人慈善机构过活，就不可避免地会产生大量乞丐。国家可以而且也应该让私人慈善团体去做的事情，是分辨人们的贫困程度。对于更需要救济的人，私人慈善团体可以给予较多的救济。而国家则必须按一般规则行事。国家无法分辨出，哪些穷人应得到更多救济，哪些穷人不那么需要救济；国家不能给予前者较多的救济，给予后者较少的救济。有人指责法律不公平，说法律未能给予单纯时运不济的穷人比行为不轨的穷人更好的待遇，这种说法误解了法律和公共权力机关的职权范围。发放救济的政府官员无权调查人们的私事。不应授权负责救济事务的人员去判断申请救济的人的道德行为，然后根据这种判断决定发放还是不发放来自他人的钱财。如果有人认为发放救济的政府官员——即便是非常少见的最称职的官员——会不辞辛劳地仔细调查穷人过去的行为，并据此做出合理的判断，那么他对人类行为方式未免过于无知了。私人慈善团体会做这种区分，而且它们在发放自己的钱财时，也有权根据自己的判断来决定如何发放。人们应该明白，这是特别适宜于私人慈善团体做的事情，私人慈善团体的工作是好是坏，要看它们执行这一职能时表现出来的明辨力是强还是弱。但是，我们却不应要求公共基金的管理人员也这样做，他们只能对所有的穷人一视同仁，甚至对最坏的穷人，也得发放适用于所有穷人的最低限度的救济。如果公共基金的管理人员也这样做，那么随意放宽救济尺度就会很快成为普遍做法。他们很少拒绝给予救济，当然，这种拒绝往往是任意而专横的。

第十四节　利他行为的理由——开拓殖民地

另一类事例也适用于与公共救济一样的原理。在这类事例中，个人的所作所为虽然完全是为了个人自身的利益，但其后果却远远超出了个人利益，涉及整个国家和子孙后代的利益，社会只有用其整体的力量才具有能力和责任去维护和促进这种利益。殖民地的开拓就是这方面的一个事例。谁都不会否认，殖民地的建立不应只照顾开创者的私人利益，而应认真考虑到殖民地今后的长远利益。而要做到这一点，就必须依照贤明的立法者的先见和远虑，订立种种法规，使建立殖民地的事业从一开始就被置于这些法规的约束之下。显然，只有政府才有这种能力去制定这种法规，并将它执行下去。

政府对殖民事业的干预，关系到文明本身的未来利益和长远利益，远远超出较为狭隘的纯粹经济方面的考虑。而即使仅从经济方面来说，把人口从人满为患的地方迁移到无人居住的地方，也是一项有功于社会的工作。这项工作迫切需要政府的干预，同时它也会给政府干预带来最丰厚的回报。

要理解开拓殖民地带来的利益，就不能只是从某个国家的角度去思考，而应当从人类的整个经济利益的角度去看待它。通常人们将开拓殖民地问题仅仅视为是分配问题，即减少一方劳动市场上的剩余，并用来补充另一方劳动市场。这固然是一个分配问题，但同时也是一个生产问题，它有助于高效地利用世界各地的生产性资源。人们谈论的大多是从价格最便宜的地方输入商品带来的经济利益，却很少想到在生产费用最低的地方生产商品也能带来经济利益。如果把消费品从供应过于充足的地方运送到供应不足的地方是有利可图的，那么把劳力和生产工具从供应过度的地方运送到供应不足的地方，不也同样是有利可图的吗？把古老国家的劳工和资本输往新兴国家，也就是把劳力和资本从生产力较低的地方输往生产力较高的地方，会相应增加整个世界劳动和资本的生产总量，会增加古老国家和新兴国家的共同财富，在很短的时间内，财富的增加额就会是运费的好几倍。我们可以毫不犹豫地断言，在目前的世界状况下，开拓殖民地是古老的富裕国家的资本所能从事的一项最为有利可图的商业事业。

但同样很明显的是，作为一项商业事业，大规模开拓殖民地这项工作只能由政府来进行，或者在与政府达成充分谅解的情况下由私人团体来承担。只有在非常特殊的情况下，例如在爱尔兰饥荒的情形下才可能不是这样。自愿移民对于减轻欧洲国家的人口压力没有多大帮助，虽然它肯定会给殖民地带来好处。自愿移民的劳动者很少是非常穷困的人，往往是拥有少量资本的小农或已有若干积蓄的

工人，这些移民固然减少了拥挤的劳动市场上的劳力，但同时带走了除他们自己外还可以养活和雇用他人的资金，从而减少了自己国家的资本。并且这部分人的数量很有限，即便他们全都移民，也不会对人口数量产生实质影响，甚至不会减少人口每年的增加额。要向国外迁移大量劳工，移民费用就必须由移民以外的人来支付或至少是垫付。那么应该由谁来垫付这笔费用呢？人们很自然地会说应该由殖民地的资本家来垫付，因为他们需要劳工并打算雇用劳工。但问题在于，资本家出资迁移工人后，却无法确保自己从这些工人那里得到回报。即使殖民地的所有资本家联合起来，通过捐款来承担这种费用，他们也仍然无法确保工人到达殖民地后会为他们干活。这些工人工作很短一段时间，有了一些钱后，如果没有政府的阻止，就会占据荒地并自行耕种。人们已进行过多次试验，看能否强制执行劳动合同，迫使移民者向垫款人偿还路费，但这样做却太麻烦，开支很大，总是得不偿失。剩下的唯一办法就是求助于教区或个人的自愿捐助，来消除已经成为或即将成为地方济贫税负担的剩余劳工。假如这种方法得到推广，也许会有相当大一部分人移民，进而消除现有的失业人口。但是，它并不会提高就业者的工资，而且在不到一年的时间内，人们就得再做一遍同样的事情。

之所以应该由国家来推进开拓殖民地的工作，一个主要原因是，除极为特殊的情况外，只有这样，移民费用才能得到补偿。正如前面所指出的，把资本和劳动输往新兴国家，是最有利可图的商业事业。但如果它不能像其他商业事业那样偿付自己的开支，就未免太荒唐了。它极大地增加了整个世界的产量，那么为什么政府不能从这种增加额中截留出充足的部分，用以偿付推进殖民事业所支付的费用呢？由于前面所说的原因，不管是个人还是私人团体，都无法使自己垫付的费用得到偿还，但政府却可以做到这一点。政府可以从移民每年创造的财富增加额中拿出一部分来偿付移民开支的本金和利息。向某一殖民地移民所支出的费用应由该殖民地来承担，但一般来说，只有该殖民地的政府才有可能做到这一点。

殖民地可以采用各种方法来筹集移民所需的资金，但最好的方法莫过于威克菲尔德先生首先提出并一直极力宣传的那个计划，即所有荒地标价出售，用出售土地所得的收入支付移民费用。许多反对这种计划的看法可谓毫无根据、迂腐不堪，本章前面已对这种反对意见做了回答，这里我只讨论该计划的优点。首先，它可以避免每年通过课税筹集大笔资金所带来的困难和不满；在人烟稀少的荒凉地区，根本无法通过课税筹集大笔资金，经验证明，很难迫使殖民地的人民缴纳直接税，或者即使迫使他们缴纳，所征得的税款也远远不抵课税成本。与此同时，在新建立起来的社会中，间接税很快就会达到极限。因此，出售土地是筹集所需资金的最为便利的方法。除此之外，这一计划还有其他一些优点。殖民地的居民常常采取野蛮人的生活方式，居住分散，无法享受商业、市场、分工以及合作的利益，威克菲尔德的计划正好可以有效阻止这种倾向。按照该计划，靠公费移民的人，必须先挣得一大笔钱后才能成为土地所有者，由此可以保证经常有一支雇佣劳动大军。在每一个国家，雇佣工人都是一种极为重要的辅助力量，即使对于小型农场主来说也是这样。而且该计划会减少农业投机者增加土地的欲望，从而使定居者相互住得较近，便于相互合作。他们多数都居住在外贸中心和工业中心附近，这样能够确保城镇的迅速形成和发展以及城镇产品的迅速增加。同无偿占用荒地时经常出现的人口分散状态相比，人口集中状态将极大推进经济的繁荣，并且大幅增加可以用来进一步移民的资金。未采用威克菲尔德的计划时，所有新殖民地在其创建初期都充满了艰难困苦，最近依据旧方法建立的一个殖民地斯旺河定居区就是一个最典型的事例。后来开拓殖民地的工作便采用了威克菲尔德的方法，但没有完全采用，只是把出售土地所得到的一部分收入用于移民。尽管如此，凡是采用了这种方法的地方，例如南澳大利亚、维多利亚以及新西兰，由于阻止了人口的分散，并保证人们能雇到工人，从而引来资本大量涌入。虽然这一过程中仍然存在着重重困难和管理上的许多失误，但仍然奇迹般地繁荣起来。①

这种能自我维持的殖民制度一旦建立起来，其效率就会逐年提高；其影响也会以几何级数般扩大，因为在殖民地的人口饱和以前，每个健壮的移民都会在很短的时间内增加该地的财富，所增加的财富除足以满足他自己的消费外，还能负担另一个人的移民费用。由此可见，已经移入的人数越多，将来移入殖民地的人数也就越多，因为无须增加新的开支，每个移民就都会在很短的时间内为其他人的移入奠定基础，直到殖民地的人口饱和为止。所以，在起步阶段，为加速移民速度，母国应向殖民地提供垫款，由出售殖民地土地所得的收入来偿还垫款。为大规模移民而支付的垫款，可以被视为母国的一种投资，这种投资对殖民地最为有利。勤俭的移民很快就能购买土地，使殖民地有钱偿还这种垫款。为避免劳动市场出现供过于求的现象，有必要与那些愿意把资本移往殖民地的人协调行动。一旦人们了解到在生产力非常高的殖民地有大量雇佣工人，就肯定会有大量资本从像英国这样利润很低而积累速度很快的国家流入殖民地。唯一应该注意的事情是，一次运送出的工人不应过多，以免超过资本所能吸收和高薪雇用的水平。

采用这种方法，最开始时只要垫付一笔钱，就不仅会帮助一批人移民，而且

---

① 在上述一些殖民地，有人极其恶毒地攻击威克菲尔德的计划，这种攻击即使有一定道理，也不适用于威克菲尔德的计划，而只适用于某些与该计划根本无关的规定。这些规定是毫无必要地而且极其错误地被强加在该计划上的，例如规定只能出售数量有限的土地，必须采取拍卖的形式，每块土地不得小于640英亩。威克菲尔德的计划的要求与此不同，它按固定价格出售所有人想要的土地，并且买者在土地数量和土地位置方面都享有充分的选择自由。

会促使人们源源不断地迁往殖民地，殖民人流会越来越宽、越来越深。一种减轻人口压力的方法也就具备其他方法——这些方法只是试图消除人口增长带来的后果而不是限制人口增长本身——所没有的优点，即它的规模不可限量，没有人能精确预料它在缓解剩余人口的压力方面究竟会产生多大影响。因此，像英国这样的国家，母国既然人口过多，又管辖着若干无人居住的大陆，其政府应当责无旁贷地采用上述那种能自我维持的开拓殖民地的计划，在母国和这些大陆之间建立起一座桥梁，确保人们无须支付费用就可以移居到这些殖民地，并确保移民数量可以满足这些殖民地在某一时期所能容纳的人数。

对英伦诸岛来说，近来爱尔兰的空前移民浪潮大大减轻了上述种种考虑的重要性。爱尔兰的移民中既有小农，又有最贫穷的农业工人，他们自发移民，自己筹集费用，在他们之前的移民亲友为后来者提供了所需的资金，从而保证了人们源源不断地移往殖民地。此外，还有大量人自发向金矿发现地移民，从而部分满足了英国的一些最为遥远的殖民地的劳工需求，无论对当地的利益来说还是对整个国家的利益来说，当地最需要的都是劳工。现在这两股移民浪潮已大为减弱。虽然爱尔兰的移民浪潮在某种程度上已有所恢复，但我们却不能因此断言，以后不再需要政府依据上述自我维持原则有计划地提供资助，从而为在英格兰寻找工作的人手和世界其他地方需要人手的工作之间搭建起沟通之桥。

第十五节　利他行为的理由——其他事例

前面已说明，反对政府干预的那些主要理由，不适用于开拓殖民地和救济穷人，此外还有其他各种各样的事例也是如此。在这些事例中，需要人们提供某些重要的公益服务，但没有人真正愿意提供这种服务，或者即使有人提供服务，也不会因此而获得回报。我们以地理勘探或科学考察的航行为例来说明。探险所获得的知识也许具有很大的社会价值，但个人从中得到的好处却绝对不足以补偿探险的费用，也无法从受益者那里截留一部分利益，用来回报探险的开拓者。这种探险可以依靠私人捐助来进行，但这是一种很少采用且靠不住的方法。较为常见的是由国营公司或慈善团体承担探险费用。但一般来说由政府出资探险，由政府把这一工作交给它认为最有能力的人去完成。另外，确保航行安全的灯塔、浮标等设施，也应该由政府来建立和维护，因为虽然船舶在海上航行时得到了灯塔的服务，却不可能让船舶在每次使用灯塔时支付相应的费用，所以谁也不会为了谋取个人利益而建立灯塔，除非国家强制课税，用税款补偿灯塔建造者。许多科学研究工作对于国家和人类具有重大价值，它需要人们付出大量的时间和艰苦的劳动，同时还需要投入大笔费用，而这些科研人员如果从事其他工作，有可能会获得高额回报。如果政府不能对他们的科研开销给予补偿，对他们所付出的时间和劳动给予报酬，那就只有极少数人能从事这种研究工作，这些人拥有丰厚的财产，掌握专门知识且吃苦耐劳，具有公共精神或者追求科学成就的强烈渴望。

与此相关联的一个问题是，用薪金或者捐助来养活所谓学者阶级。培养专业理论的工作虽然非常有价值，但它有利于社会，却不利于研究者个人。所以显而易见，应由整个社会来为这种工作支付报酬。如果不依靠某种公共基金来为这种工作提供报酬，谁也无法从中得到回报，那么这种工作不但不会得到促进，反而会受到阻碍，因为从事这种工作的人无法以此谋生，结果有能力从事这种工作的绝大部分人不得不耗费绝大部分时间去养家糊口。不过，这种弊害实际上并不像表面看起来的那么严重。据说，最伟大的工作一般都是由闲暇时间最少的人完成的，每天从事几小时呆板的日常工作，并不会妨碍人们在文学和哲学方面取得最辉煌的成就。然而，有些研究和实验不仅要求人们长期坚持不懈地付出时间与精力，而且极其耗费人的脑力和体力。从事这种工作的人，即使在闲暇时间，也难以运用脑力做其他事情。因此，应该采取措施保证科学家以及其他学者的生活条件，使他们有充分的时间从事研究，让社会由此而受益。大学的研究员制度就特别适合这种事情，但很少用于这个方面。研究员基金大都被用来奖励过去的功绩和纪念人们已取得的成就，而不是用来为研究人员发放薪金，保证他们能安心从事研究工作，以增进知识的发展。一些国家已在自然科学、考古、历史等方面设立研究机构，并在这些机构实行薪金制度。但最有效的同时也是最不容易滥用的方法，乃是授予一些人以教授职务，让他们承担教学任务。讲授某一门知识，尤其较为高级的知识，往往会促进而不是阻碍这门知识的发展。在教学工作以外，教师往往还会有大量时间可以从事富于创造性的研究工作。在各门科学——无论是物质方面还是精神方面的科学——中最伟大的业绩，一向都是由那些公开讲授这些科学的人开创的，从柏拉图和亚里士多德到苏格兰、法国和德国等大学的著名人物，这方面的事例有很多。我没有提到英格兰，众所周知，英格兰的教授制度直到最近还是有名无实。另外，就高等学府中的讲师来说，公众虽然无从判断其讲课的质量，但至少能对他们的才华与勤勉程度做出判断，因此与任命那些不与公众接触的人的职位上的混乱相比，在这方面不那么容易滥用任命权。

一般可以这样说，只要是为了人类或子孙后代的一般利益而应该做的事情，或者只要是为了那些需要他人帮助的社会成员的当前利益而应该做的事情，若个人或私人团体做这种事情的时候得不到回报，那么就应该由政府承担起责任。不过，在做这种事情以前，政府应该认真思考，这种事情是否可以依据所谓自愿原则由私人去做。如果有这种可能，政府又是否有可能比充满热情而又乐于解囊相

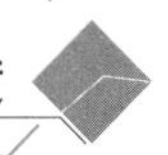

助的私人做得更好，或者更有效率。

第十六节　政府有必要干预适宜由私人去做但没有人做的事情

根据我的理解，以上几节论述了一条实际原则的全部例外情形。那条实际原则就是，社会事务最好由私人或志愿团体去做。但还应该补充一句，实际上政府干预并非无论如何也不能超出其固有的适用范围。在某一时期或某一国家的特殊情况下，那些真正关系到全体利益的事情，如果私人不愿意做（而不是没有高效率地做），那么就应该而且必须由政府来做。有时在某些地方，如果政府不出面建设道路、码头、港口、运河、灌溉系统、医院、大中小学、印刷厂等设施，也就没有人去建设，因为民众因太穷而拿不出所需要的钱，或者因知识水平太低而看不出这样做的好处，或者因缺乏联合行动的经验而不会做这样的事情。所有专制国家都或多或少是这种情形，那些国民与政府的文明程度存在着很大差距的国家更是如此。在世界许多其他地方，人民无法完成很多需要投入大量财力、需要采取联合行动的事情，这些事情如果政府不去做，就没有人会去做。在这种情况下，政府如果真心要最大限度地增进国民的幸福，就应义不容辞地承担这一责任。而且在这样做时，政府应当注意不要使人民的这种无能为力的状态进一步恶化，不要使人民永远处于这种状态，而应想方设法改变这种状态。一个良好的政府在向人民提供帮助时，会鼓励和培养它所看到的任何一点自立精神，会不懈地消除有碍于个人发挥主动性的各种障碍，会全力向个人提供必要的便利和指导，会尽力运用自己的财力帮助个人发挥主动性，而不是压抑个人的主动性，而且会利用各种奖励和荣誉制度来诱发个人的主动性。假如政府提供帮助仅仅是由于个人缺乏主动性，那么这种帮助就应尽量发挥示范作用，教导人们如何依靠个人努力和自愿合作来实现伟大的目标。

在政府的各项职能中，有一项被公认为必不可少的职能是：禁止并惩处个人在行使自己的自由权利时明显侵害他人利益，不论这种侵害行为是由使用暴力或欺诈手段造成的，还是由疏忽大意造成的。这里，我认为不需要特别强调这一职能。即使目前所建立的最好的社会，也仍然要耗费自己的绝大部分精力和才能来阻止人们相互侵害。想到这一点，就不禁令人感慨万分。政府应把这种极大的浪费减少到最低限度，采取措施把人类现在用来相互侵害或用来保护自己不受侵害的力量用于正道，即用来征服自然，使其在物质和精神两方面日益造福于人类。

图书在版编目（CIP）数据

政治经济学原理/（英）约翰·斯图亚特·穆勒著；
李风华等译. --北京：中国人民大学出版社，2023.2
书名原文：Principles of Political Economy with
Some of Their Applications to Social Philosophy
ISBN 978-7-300-29150-5

Ⅰ.①政… Ⅱ.①约…②李… Ⅲ.①政治经济学
Ⅳ.①F0

中国版本图书馆 CIP 数据核字（2021）第 048788 号

政治经济学原理
约翰·斯图亚特·穆勒　著
李风华 等　译
Zhengzhi Jingjixue Yuanli

出版发行	中国人民大学出版社		
社　　址	北京中关村大街 31 号	**邮政编码**	100080
电　　话	010－62511242（总编室）		010－62511770（质管部）
	010－82501766（邮购部）		010－62514148（门市部）
	010－62515195（发行公司）		010－62515275（盗版举报）
网　　址	http://www.crup.com.cn		
经　　销	新华书店		
印　　刷	涿州市星河印刷有限公司		
开　　本	720 mm×1000 mm　1/16	**版　　次**	2023 年 2 月第 1 版
印　　张	46 插页 2	**印　　次**	2025 年 3 月第 2 次印刷
字　　数	862 000	**定　　价**	168.00 元